Strafrecht - Besonderer Teil II

Straftaten gegen das Vermögen

von

Prof. Dr. jur. Rolf Schmidt

Hochschule für Angewandte Wissenschaften Hamburg

18. Auflage 2017

Schmidt, Rolf: Strafrecht – Besonderer Teil II (Straftaten gegen das Vermögen)

18. völlig neu bearbeitete und aktualisierte Auflage – Grasberg bei Bremen 2017

ISBN: 978-3-86651-204-7; Preis: 22,50 EUR

Autor: Prof. Dr. Rolf Schmidt c/o Verlag Dr. Rolf Schmidt GmbH

Druck: Pinkvoss GmbH, 30519 Hannover

Verlag: Dr. Rolf Schmidt GmbH, Wörpedorfer Ring 40, 28879 Grasberg bei Bremen

Tel. (04208) 895 299; Fax (04208) 895 308; www.verlag-rolf-schmidt.de

E-Mail: verlagrs@t-online.de

Für Verbraucher erfolgt der deutschlandweite Bezug über den Verlag versandkostenfrei.

Vorwort

Anliegen dieses nunmehr in der 18. Auflage vorgelegten Buches ist es, die Vermögensdelikte des Besonderen Teils des StGB zuverlässig und in einer verständlichen Sprache
zu vermitteln, ohne die Komplexität der Materie zu verschleiern oder prüfungsrelevante
Detailfragen auszuklammern.

Mit der vorliegenden Neuauflage wurde das Buch wieder auf den aktuellen Stand von
Gesetzgebung, Rechtsprechung und Literatur gebracht. Insbesondere wurde das am 19.
4.2017 in Kraft getretene Gesetz zur Strafbarkeit von Sportwettbetrug und der Manipulation von berufssportlichen Wettbewerben eingepflegt, das zur Aufnahme der §§ 265c ff.
StGB geführt hat. Änderungen brachte auch das am 22.7.2017 in Kraft getretene 55.
Strafrechtsänderungsgesetz (BGBl I 2017, S. 2442) mit sich, das zu Änderungen bzw. Er-
gänzungen des § 244 StGB (Wohnungseinbruchdiebstahl, § 244 I Nr. 3, III, IV StGB) und
der §§ 100g und 395 StPO geführt hat. Eine Verkehrsdatenerhebung (§ 100g II S. 1, S. 2
Nr. 1g StPO) sowie eine Funkzellenabfrage (§ 100g III StPO) dürfen nunmehr (freilich
unter bestimmten, strengen Voraussetzungen) auch bei Verdacht eines Einbruchdiebstahls
in eine dauerhaft genutzte Privatwohnung angeordnet und durchgeführt werden.

Die konzeptionelle Besonderheit des Buches wurde beibehalten. Sie besteht darin, dass in
den jeweiligen Abschnitten der Stoff zunächst abstrakt erläutert und danach anhand von
Beispielsfällen konkretisiert wird. Dadurch erhält der Leser nicht nur das notwendige
materiell-rechtliche Wissen, sondern auch die Befähigung, das Erlernte im Rahmen einer
Prüfungsarbeit gutachtlich umzusetzen. Weiteres Merkmal der Darstellung ist, dass der
Stoff mit Bezug auf den Aufbau von Klausuren so aufbereitet wird, dass der Leser einen
Einblick in die Erwartungen bei Prüfungsarbeiten erhält.

Zur Konkretisierung und Veranschaulichung beinhaltet das Buch zahlreiche Beispielsfäl-
le. Durch Zusammenfassungen, Prüfungsschemata, hervorgehobene Lerndefinitionen
und Klausurhinweise werden das Lernen und die Prüfungsvorbereitung deutlich erleichtert.

Hinweisen möchte ich an dieser Stelle auch auf meine beiden Fallsammlungen zum Strafrecht: Die Fälle zum Strafrecht I beschäftigen sich mit dem Allgemeinen Teil und der
Technik der Fallbearbeitung. Die Fälle zum Strafrecht II beinhalten den Besonderen Teil
und prozessuale Zusatzaufgaben.

Mein Mitarbeiter, Herr Marc Bieber, hat zuverlässig Korrektur gelesen. Dafür danke ich
ihm sehr herzlich.

Kritik und Verbesserungsvorschläge sind weiterhin willkommen und werden unter
rs@jura-institut.de erbeten

Hamburg, im September 2017   *Prof. Dr. jur. Rolf Schmidt*

Gliederung

Abkürzungsverzeichnis

a.A.	andere(r) Ansicht
a.E.	am Ende
a.a.O.	am angegebenen Ort
abl.	ablehnend
ABl	Amtsblatt (der EG)
Abs.	Absatz
abw.	abweichend
AcP	Archiv für die civilistische Praxis
a.F.	alte Fassung
AG	Amtsgericht; Aktiengesellschaft
ähnl.	ähnlich
AK	Alternativkommentar zum Strafgesetzbuch
AktG	Aktiengesetz
AL	Ad Legendum (Zeitschrift)
Alt.	Alternative
Anm.	Anmerkung
AO	Abgabenordnung
AT	Allgemeiner Teil
Aufl.	Auflage
ausf.	ausführlich
BA	Blutalkohol
BAföG	Bundesausbildungsförderungsgesetz
BAK	Blutalkoholkonzentration
BayObLG	Bayerisches Oberstes Landesgericht
BayObLGSt	Entscheidungen des Bayerischen Obersten Landesgerichts in Strafsachen
BB	Der Betriebs-Berater (Zeitschrift)
Bespr.	Besprechung
betr.	betreffend
Bd.	Band
BDSG	Bundesdatenschutzgesetz
BGB	Bürgerliches Gesetzbuch
BGBl	Bundesgesetzblatt (Teil, Seite)
BGH	Bundesgerichtshof
BGHSt	Entscheidungen des Bundesgerichtshofes in Strafsachen
BGHZ	Entscheidungen des Bundesgerichtshofes in Zivilsachen
BJagdG	Bundesjagdgesetz
BKAG	Bundeskriminalamtgesetz
BRAO	Bundesrechtsanwaltsordnung
BSG	Bundessozialgericht
Bsp.	Beispiel
bspw.	beispielsweise
BT	Besonderer Teil
BT-Drs.	Bundestagsdrucksache (Legislaturperiode, Nummer)
BtMG	Betäubungsmittelgesetz
BVerfG	Bundesverfassungsgericht
BVerfGE	Entscheidungen des Bundesverfassungsgerichts
bzgl.	bezüglich
bzw.	beziehungsweise
CR	Computer und Recht (Zeitschrift)
DAR	Deutsches Autorecht
DDR	Deutsche Demokratische Republik
ders.	derselbe

d.h.	das heißt
dies.	dieselbe
diff.	differenzierend
Diss.	Dissertation
DRiZ	Deutsche Richterzeitung
EGBGB	Einführungsgesetz zum Bürgerlichen Gesetzbuch
EGStGB	Einführungsgesetz zum Strafgesetzbuch
Einl.	Einleitung
EMRK	Europäische Menschenrechtskonvention
Erg.	Ergebnis
ESchG	Embryonenschutzgesetz
EU	Europäische Union
evtl.	eventuell
f.	folgende(r)
FamRZ	Zeitschrift für das gesamte Familienrecht
ff.	fortfolgende
Fn	Fußnote
FS	Festschrift
G	Gesetz
GA	Goltdammer's Archiv für Strafrecht
gem.	gemäß
GG	Grundgesetz für die Bundesrepublik Deutschland
ggf.	gegebenenfalls
GmbHG	Gesetz betreffend die Gesellschaft mit beschränkter Haftung
grds.	grundsätzlich
GS	Gedächtnisschrift, Gedenkschrift
GSSt	Großer Senat des BGH in Strafsachen
GVG	Gerichtsverfassungsgesetz
GWB	Gesetz gegen Wettbewerbsbeschränkungen
GWG	Geldwäschegesetz
h.A.	herrschende Ansicht
Halbs.	Halbsatz
HGB	Handelsgesetzbuch
h.L.	herrschende Lehre
h.M.	herrschende Meinung
Hrsg.	Herausgeber
i.d.F.	in der Fassung
i.d.R.	in der Regel
i.E.	im Ergebnis
i.e.S.	im engeren Sinn
inkl.	inklusive
insbes.	insbesondere
InsO	Insolvenzordnung
i.S.	im Sinne
i.S.d.	im Sinne der (des)
i.S.v.	im Sinne von
i.V.m.	in Verbindung mit
i.w.S.	im weiteren Sinn
JA	Juristische Arbeitsblätter (Zeitschrift)
JA-R	JA-Rechtsprechungs-Report
JR	Juristische Rundschau (Zeitschrift)
Jura	Juristische Ausbildung (Zeitschrift)
JuS	Juristische Schulung (Zeitschrift)

JZ	Juristenzeitung (Zeitschrift)
KG	Kammergericht; Kommanditgesellschaft
KJ	Kritische Justiz (Zeitschrift)
krit.	kritisch
LG	Landgericht
Lit.	Literatur
LK	Leipziger Kommentar zum Strafgesetzbuch
LM	Entscheidungen des Bundesgerichtshofes im Nachschlagewerk von Lindenmaier, Möhring u.a.
MarkenG	Markengesetz
MDR	Monatsschrift für Deutsches Recht
MedR	Medizinrecht (Zeitschrift)
MüKo	Münchener Kommentar zum StGB
m.w.N.	mit weiteren Nachweisen
n.F.	neue Fassung
NJ	Neue Justiz (Zeitschrift)
NJW	Neue Juristische Wochenschrift (Zeitschrift)
NK	Nomos-Kommentar zum Strafgesetzbuch
Nr.	Nummer
NStZ	Neue Zeitschrift für Strafrecht
NStZ-RR	NStZ-Rechtsprechungs-Report
NZV	Neue Zeitschrift für Verkehrsrecht
o.	oben
OLG	Oberlandesgericht
OWiG	Gesetz über Ordnungswidrigkeiten
RGSt	Entscheidungen des Reichsgerichts in Strafsachen
Rn	Randnummer
RPflG	Rechtspflegergesetz
Rs.	Rechtssache
Rspr.	Rechtsprechung
RVG	Rechtsanwaltsvergütungsgesetz
S.	Satz, Seite
s.	siehe
s.a.	siehe auch
Sch/Sch	Schönke/Schröder, Strafgesetzbuch
SGB	Sozialgesetzbuch (die römischen Ziffern bezeichnen das jeweilige Buch)
SK	Systematischer Kommentar zum Strafgesetzbuch
Slg.	Sammlung der Rechtsprechung des EuGH
s.o.	siehe oben
sog.	so genannte(r)
StGB	Strafgesetzbuch
StPO	Strafprozessordnung
str.	strittig
StraFo	Strafverteidiger-Forum
StrÄndG	Gesetz zur Änderung des Strafrechts
StrRG	Gesetz zur Reform des Strafrechts
StRR	Strafrechtsreport
StV	Strafverteidiger
StVG	Straßenverkehrsgesetz
StVO	Straßenverkehrsordnung
s.u.	siehe unten

TierSchG	Tierschutzgesetz
TKG	Telekommunikationsgesetz
u.	unten, und
u.a.	unter anderem, und andere
UrhG	Urheberrechtsgesetz
usw.	und so weiter
u.U.	unter Umständen
UWG	Gesetz gegen den unlauteren Wettbewerb
v.	vom, von
v.a.	vor allem
Var.	Variante
vert.	vertiefend
vgl.	vergleiche
VN	Vereinte Nationen
Vorbem.	Vorbemerkung
VRS	Verkehrsrechts-Sammlung (Band, Seite)
VwVfG	Verwaltungsverfahrensgesetz
WaffG	Waffengesetz
wistra	Zeitschrift für Wirtschafts- und Steuerstrafrecht
z.B.	zum Beispiel
ZIS	Zeitschrift für Internationale Strafrechtsdogmatik
ZJS	Zeitschrift für das Juristische Studium
ZPO	Zivilprozessordnung
ZRP	Zeitschrift für Rechtspolitik
ZStW	Zeitschrift für die gesamte Strafrechtswissenschaft
z.T.	zum Teil
zust.	zustimmend
zutr.	zutreffend

Lehrbücher, Grundrisse und Kommentare

Fischer, Thomas: Strafgesetzbuch und Nebengesetze, Kommentar, 64. Auflage 2017

Hartmann, Arthur/Schmidt, Rolf: Strafprozessrecht, 6. Auflage 2016

Jäger, Christian: Examensrepetitorium Strafrecht Besonderer Teil, 7. Auflage 2017

Joecks, Wolfgang, Studienkommentar StGB, 11. Auflage 2014

Kindhäuser, Urs: Lehr- und Praxiskommentar zum StGB, 7. Auflage 2017; Strafrecht Besonderer Teil II, 9. Auflage 2017

Krey, Volker/Hellmann, Uwe/Heinrich, Manfred: Strafrecht Besonderer Teil Band 2, 17. Auflage 2015

Küper, Wilfried/Zopfs, Jan: Strafrecht Besonderer Teil: Definitionen mit Erläuterungen, 9. Auflage 2015

Lackner, Karl/Kühl, Kristian: Strafgesetzbuch, Kommentar, 28. Auflage 2014

Leipziger Kommentar: 12. Auflage 2006 ff.

Matt, Holger/Renzikowski, Joachim: Kommentar zum Strafgesetzbuch, 2013

Münchener Kommentar zum Strafgesetzbuch, 2. Auflage 2011 ff., 3. Auflage 2016 ff.

Nomos-Kommentar: Kommentar zum Strafgesetzbuch, 3 Bände, 5. Auflage 2017

Otto, Harro: Grundkurs Strafrecht, Die einzelnen Delikte, 7. Auflage 2005

Rengier, Rudolf: Strafrecht Besonderer Teil I, 19. Auflage 2017

Schmidt, Rolf: Strafrecht Allgemeiner Teil, 18. Auflage 2017

Schmidt, Rolf: Strafrecht Besonderer Teil I, 18. Auflage 2017

Schmidt, Rolf/Priebe, Klaus: Fälle zum Strafrecht I, 5. Auflage 2015

Schmidt, Rolf/Priebe, Klaus: Fälle zum Strafrecht II, 6. Auflage 2015

Schönke, Adolf/Schröder, Horst: Strafgesetzbuch, Kommentar, 29. Auflage 2014

Systematischer Kommentar zum Strafgesetzbuch, Gesamtausgabe

Wessels, Johannes/Beulke, Werner/Satzger, Helmut: Strafrecht Allgemeiner Teil, 46. Auflage 2016

Wessels, Johannes/Hettinger, Michael: Strafrecht Besonderer Teil 1, 40. Auflage 2016

Wessels, Johannes/Hillenkamp, Thomas: Strafrecht Besonderer Teil 2, 39. Auflage 2016

Weitere Literatur, insbesondere Aufsatzliteratur, ist in den Fußnoten angegeben.

Einführung

Die strafbarkeitsbegründenden Bestimmungen des StGB sind in den 30 Abschnitten der §§ 80a bis 358[1] enthalten und werden als *Besonderer Teil* bezeichnet. Entgegen der vom Gesetzgeber vorgenommenen Systematik hat sich in Literatur und Rechtsprechung ein Ordnungsprinzip durchgesetzt, das sich an den geschützten Rechtsgütern orientiert. Demnach werden Straftaten, die gegen Individualrechtsgüter gerichtet sind, von solchen, die Rechtsgüter der Allgemeinheit betreffen, unterschieden. Die Individualdelikte wiederum werden nach Straftaten gegen die Person und nach Straftaten gegen das Vermögen unterschieden.

1

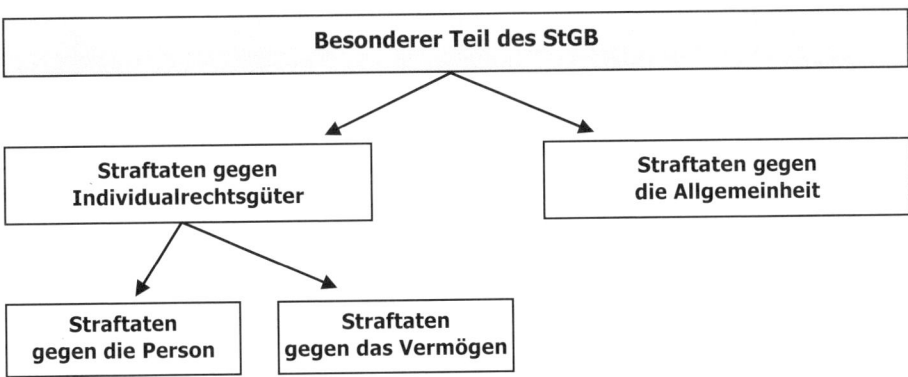

Während die Straftaten gegen die Person und die Allgemeinheit bei *R. Schmidt*, BT I behandelt werden, sind Gegenstand der vorliegenden Bearbeitung die Straftaten gegen das Vermögen (sog. Vermögensdelikte). Diese wiederum lassen sich in Straftaten gegen das Eigentum und einzelne Vermögensgüter auf der einen Seite und Straftaten gegen das Vermögen als Ganzes auf der anderen Seite unterteilen. Man spricht insoweit auch von Vermögensdelikten im weiteren und engeren Sinne.

1a

Die Straftaten gegen das Eigentum und einzelne Vermögenswerte kennzeichnen sich dadurch, dass das Vermögen nicht als Ganzes, sondern nur in seinen einzelnen Erscheinungsformen (als Gebrauchsrecht, Aneignungsrecht oder dergleichen) und unabhängig davon Schutz genießt, ob es zu einem Vermögensschaden kommt. Demgegenüber bezieht das Gesetz bei den typischen Vermögensdelikten im engeren Sinn das Vermögen als Ganzes mit all seinen wirtschaftlich fassbaren Werten (z.B. Forderungen, Besitz, Anwartschaften) in den Schutzbereich ein. Allerdings besteht ein Schutz nur dann, wenn das Vermögen des Opfers per Saldo einen wirtschaftlichen Schaden (Vermögensschaden) erleidet.[2]

1b

---

[1] Soweit nicht anders gekennzeichnet, beziehen sich alle folgenden Gesetzesangaben auf das StGB.
[2] Vgl. dazu auch *Rönnau*, JuS 2016, 114 ff.

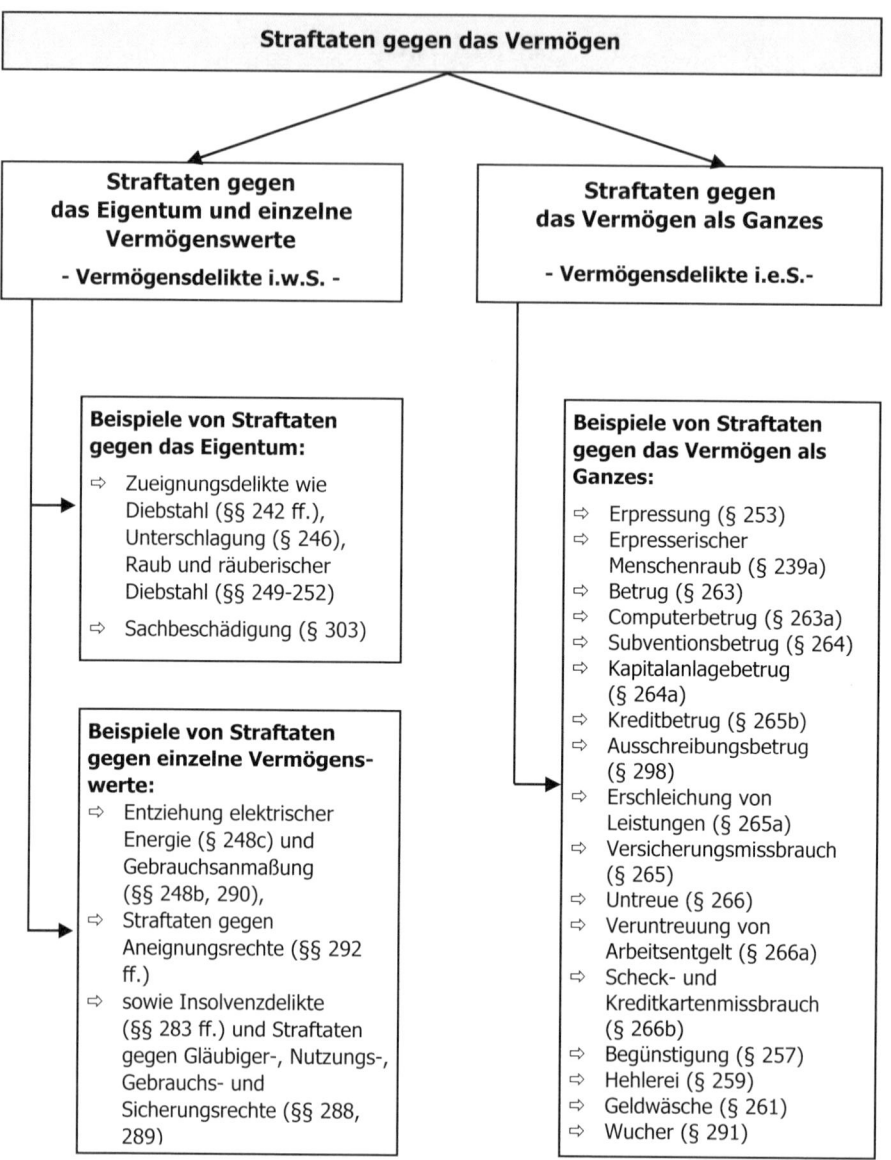

Straftaten gegen das Vermögen

Straftaten gegen das Eigentum und einzelne Vermögenswerte

- Vermögensdelikte i.w.S. -

Straftaten gegen das Vermögen als Ganzes

- Vermögensdelikte i.e.S.-

Beispiele von Straftaten gegen das Eigentum:

⇨ Zueignungsdelikte wie Diebstahl (§§ 242 ff.), Unterschlagung (§ 246), Raub und räuberischer Diebstahl (§§ 249-252)
⇨ Sachbeschädigung (§ 303)

Beispiele von Straftaten gegen einzelne Vermögenswerte:

⇨ Entziehung elektrischer Energie (§ 248c) und Gebrauchsanmaßung (§§ 248b, 290),
⇨ Straftaten gegen Aneignungsrechte (§§ 292 ff.)
⇨ sowie Insolvenzdelikte (§§ 283 ff.) und Straftaten gegen Gläubiger-, Nutzungs-, Gebrauchs- und Sicherungsrechte (§§ 288, 289)

Beispiele von Straftaten gegen das Vermögen als Ganzes:

⇨ Erpressung (§ 253)
⇨ Erpresserischer Menschenraub (§ 239a)
⇨ Betrug (§ 263)
⇨ Computerbetrug (§ 263a)
⇨ Subventionsbetrug (§ 264)
⇨ Kapitalanlagebetrug (§ 264a)
⇨ Kreditbetrug (§ 265b)
⇨ Ausschreibungsbetrug (§ 298)
⇨ Erschleichung von Leistungen (§ 265a)
⇨ Versicherungsmissbrauch (§ 265)
⇨ Untreue (§ 266)
⇨ Veruntreuung von Arbeitsentgelt (§ 266a)
⇨ Scheck- und Kreditkartenmissbrauch (§ 266b)
⇨ Begünstigung (§ 257)
⇨ Hehlerei (§ 259)
⇨ Geldwäsche (§ 261)
⇨ Wucher (§ 291)

1c   Freilich ist diese Einteilung nicht frei von Einwänden und Überschneidungen. Das gilt insbesondere hinsichtlich solcher Normen, die mehrere Rechtsgüter schützen. So wird bei § 316 a (räuberischer Angriff auf Kraftfahrer) angenommen, er schütze zum einen das Vermögen des Opfers, zum anderen (wegen des systematischen Standorts bei den gemeingefährlichen Straftaten) auch die Sicherheit des Straßenverkehrs. Letztlich kommt es im Rahmen einer Fallbearbeitung auf solche Fragen auch nicht an. Wichtig ist allein, das geschützte Rechtsgut zu kennen, weil sich die Auslegung von Tatbestandsmerkmalen stets an diesem zu orientieren hat.

1. Kapitel – Diebstahl und Unterschlagung

A. Diebstahl (§ 242)

Im Bereich der Vermögensdelikte bildet (neben dem Betrug) der Diebstahl den zentralen Tatbestand. **Geschützte Rechtsgüter** sind – da der Diebstahl eine Eigentumsverletzung *durch Wegnahme* der Sache zwecks Anmaßung einer eigentümerähnlichen Position darstellt (*se ut dominum gerere*[3]) – nach zutreffender Auffassung[4] das **Eigentum** *und* der **Gewahrsam**. Diese doppelte Schutzrichtung ist nicht nur akademischer Natur, sondern hat zur Folge, dass auch der (bloße) Gewahrsamsinhaber unabhängig von der Rechtmäßigkeit des Sachgewahrsams (z.B. der Dieb) bestohlen werden kann.[5] Daneben spielt die Antragsbefugnis (§§ 247, 248a) eine Rolle. 2

Objektiv setzt der Diebstahlstatbestand die Wegnahme einer fremden beweglichen Sache voraus, wobei regelmäßig das Merkmal „Wegnahme" problematisch ist. Für die Verwirklichung des subjektiven Tatbestands ist Vorsatz bezüglich aller objektiven Tatbestandsmerkmale erforderlich. Darüber hinaus muss der Täter die *Absicht* haben, sich oder einem Dritten die Sache rechtswidrig zuzueignen (sog. Zueignungsabsicht). Die Zueignung selbst braucht dabei nicht vollzogen zu sein. Es genügt die bloße Intention. Auch die Zueignungsabsicht kann problematisch werden.

> **Hinweis für die Fallbearbeitung:** Nicht selten kommt es vor, dass in einer gutachtlichen Prüfung der Diebstahl vom Raub, von der Unterschlagung, vom Betrug, von der Erpressung, der Sachentziehung, der Sachbeschädigung oder der Gebrauchsanmaßung abgegrenzt werden muss:
>
> - Erfolgt die Wegnahme mit Gewalt, ist i.d.R. der **Raub** (§ 249) einschlägig.
> - Scheitert die Verwirklichung des Tatbestands an der Wegnahme, ist **Unterschlagung** (§ 246) zu prüfen.
> - Erfolgt der Gewahrsamsübergang nicht durch eine Wegnahme, sondern (täuschungsbedingt) durch eine Weggabe, ist **Betrug** (§ 263) zu prüfen; erfolgt die Weggabe sogar nötigungsbedingt, ist regelmäßig **Erpressung** einschlägig.
> - War die weggenommene Sache für den Täter nicht fremd, kommt regelmäßig **Pfandkehr** (§ 289) in Betracht.
> - Scheitert der Diebstahl an der Zueignungsabsicht, kommen **Gebrauchsanmaßung** (§ 248b, § 290 oder ggf. straffrei) oder **Sachbeschädigung** (§ 303 I) in Betracht.
>
> Im Übrigen sei bereits an dieser Stelle darauf hingewiesen, dass sämtliche im Folgenden dargestellte Probleme des Diebstahls prüfungsrelevant sind.
>
> Eine **gutachterlich** aufbereitete **Diebstahlsprüfung** findet sich bei *Schmidt/Priebe*, Fälle zum Strafrecht II, Fall 1 Rn 1 ff.

In systematischer Hinsicht normiert **§ 242 den Grundtatbestand des Diebstahls**. Die (in der Fallbearbeitung nach Bejahung des § 242 zu prüfende) *Strafzumessungsvorschrift* des § 243 I nennt einige Regelbeispiele für die Annahme eines besonders schweren Falls des Diebstahls. Darüber hinaus existieren einige unselbstständige und selbstständige Abwandlungen[6]: 3

---

[3] Lateinisch: Sich als Eigentümer gerieren.
[4] BGHSt 10, 400, 401; 29, 319, 323; BGH NJW 2001, 1508; SK-*Hoyer*, vor § 242 Rn 12; *Lackner/Kühl*, § 242 Rn 1; LK-*Vogel*, vor § 242 Rn 3; *Rengier*, BT I, § 2 Rn 1. An dieser doppelten Schutzrichtung des § 242 hat auch das 6. StrRG 1998, wonach es bei der Unterschlagung seitdem nicht mehr auf den Gewahrsam ankommt, nichts geändert (a.A. *Fischer*, § 242 Rn 2; *Wessels/Hillenkamp*, BT 2, Rn 70; MüKo-*Schmitz*, § 242 Rn 8; SK-*Hoyer*, § 242 Rn 1; Sch/Sch-*Eser/Bosch*, § 242 Rn 2: kein isolierter Gewahrsamsschutz durch § 242).
[5] Nach der Gegenmeinung wird in einem solchen Fall das Rechtsgut Eigentum erneut verletzt, wodurch sich an der Strafbarkeit des Täters aber nichts ändert.
[6] Zu den diesbezüglichen Definitionen vgl. *R. Schmidt*, AT, Rn 75 ff.

- *Unselbstständige Abwandlungen* sind § 244 (Diebstahl mit Waffen, Bandendiebstahl, Wohnungseinbruchdiebstahl) und § 244a (Schwerer Bandendiebstahl). Diese Tatbestände stellen zugleich Qualifikationen zu § 242 dar. § 247 (Haus- und Familiendiebstahl) und § 248a (Diebstahl und Unterschlagung geringwertiger Sachen) sind Privilegierungen prozessualer Art.

- *Selbstständige Abwandlungen* sind in § 248b (Unbefugter Gebrauch eines Fahrzeugs) und § 248c (Entziehung elektrischer Energie) normiert.

3a Bei der Auslegung des Tatbestands stellen sich zahlreiche Probleme, die immer wieder in Prüfungsarbeiten anzutreffen sind und daher sicher beherrscht werden müssen. Die wichtigsten sind,

- ob **Leichen** oder Teile des **menschlichen Körpers** oder **Tiere** Sachen sein können (strafrechtlicher oder zivilrechtlicher Sachbegriff? ⇨ Rn 10 ff.),
- ob Sachen eines **Verstorbenen** für den Täter fremd sind (⇨ Rn 17 f.),
- ob **illegale** Sachen eigentumsfähig sind (⇨ Rn 19),
- unter welchen Voraussetzungen eine Sache oder ein Tier **herrenlos** ist (⇨ Rn 20 ff.)
- ob das Merkmal *fremd* erfüllt ist, wenn der Täter ohne zu bezahlen **tankt** (⇨ Rn 65 ff., 270), ohne zu bezahlen Waren aus **Automaten** nimmt (⇨ Rn 62, 510, 680) oder das Opfer bei der Herausgabe von **Wechselgeld** täuscht (⇨ Rn 551/562),
- ob ein Gewahrsam an einer Sache besteht, wenn das Opfer keinen unmittelbaren Zugriff darauf hat (sog. **faktischer oder sozial-normativer Gewahrsam** ⇨ Rn 28 ff., 61 ff.),
- wie es sich auswirkt, wenn mehrere Personen Gewahrsam haben (**Mitgewahrsam/ mehrstufiger Gewahrsam** ⇨ Rn 41 ff.),
- unter welchen Voraussetzungen **neuer Gewahrsam** begründet wird („Kaufhausfälle"/ Gewahrsamsenklave ⇨ Rn 70 ff.),
- welche Anforderungen an die Zueignungsabsicht zu stellen sind und wie die Zueignung von der bloßen **Gebrauchsanmaßung/Sachentziehung** abzugrenzen ist (⇨ Rn 86 ff.),
- die Bestimmung der Reichweite der **Drittzueignungsabsicht** (⇨ Rn 109 ff.) und
- wann die (erstrebte) Zueignung **rechtswidrig** ist (⇨ Rn 113 ff.) ist.

4 Es empfiehlt sich folgender Prüfungsaufbau:

Diebstahl (§ 242)

I. Tatbestand

1. Objektiver Tatbestand

Wegnahme einer fremden beweglichen Sache

- **Sachen** i.S.d. § 242 sind alle **körperlichen Gegenstände** i.S.d. § 90 BGB, und zwar unabhängig von deren wirtschaftlichem Wert und deren Aggregatzustand, solange sie von der Außenwelt abgrenzbar sind. Bei Zueignung unkörperlicher Objekte greifen Spezialtatbestände wie §§ 248c, 265a StGB, § 106 UrhG.

- **Beweglich** sind alle Sachen, die tatsächlich fortbewegt werden können. Unter gewissen Abweichungen vom Zivilrecht (vgl. §§ 94, 95 BGB) gelten auch solche Sachen als beweglich, die zum Zweck der Wegnahme erst beweglich gemacht werden müssen.

- **Fremd** sind die Sachen, wenn sie zum Zeitpunkt der Tathandlung weder im Alleineigentum des Täters stehen noch herrenlos sind. Die Frage nach dem *Alleineigentum* beantwortet sich ausschließlich nach den Vorschriften des *Bürgerlichen Rechts* über den Erwerb und den Verlust von Eigentum. Nicht im Alleineigentum stehen daher Sa-

---

chen bei Mit- oder Gesamthandseigentum oder bei Vorbehalts- und Sicherungseigentum. Bei Ansichnahme eigener Sachen greift der untaugliche Versuch, ggf. auch § 289. Bei Leichenteilen oder Implantaten, die Leichen entnommen werden, greift grundsätzlich § 168. *Herrenlos* sind die Sachen, die in niemandes Eigentum stehen oder stehen können (etwa freie Luft, fließendes Wasser, aber auch in Freiheit befindliche oder wieder dorthin gelangte Tiere, vgl. dazu auch §§ 960, 961 BGB); diese können nicht Diebstahlsobjekt, wohl aber Tatobjekt der Jagd- bzw. Fischwilderei nach §§ 292, 293 sein. Etwas anderes gilt freilich für Tiere in Wildgehegen („Tiergärten") oder für Fische in privaten Gewässern („Fischteiche"). Diese können taugliche Diebstahlsobjekte sein. Auch entlaufene Haustiere werden noch nicht allein durch das Entlaufen herrenlos (wohl aber gewahrsamslos). Darüber hinaus sind Sachen herrenlos, an denen der Eigentümer in der Absicht des Eigentumsverzichts den Besitz aufgegeben hat (sog. *Dereliktion*, vgl. § 959 BGB).

- **Wegnahme** bedeutet Bruch fremden und Begründung neuen, nicht notwendigerweise eigenen Gewahrsams. **Gewahrsam** ist die von einem natürlichen Herrschaftswillen getragene tatsächliche (auch gelockerte) Sachherrschaft eines Menschen über eine Sache bzw. die sozial-normative Zuordnung einer Sache zur Gewahrsamssphäre eines Menschen. Fremder Gewahrsam wird **gebrochen**, wenn er ohne oder gegen den Willen des Gewahrsamsinhabers aufgehoben wird. Bei Mitgewahrsam ist Wegnahme nur gegenüber einem gleichrangigen oder übergeordneten Gewahrsamsinhaber möglich. Anderenfalls ist § 246 zu prüfen. Liegt ein **Einverständnis** vor, ist das Merkmal der Wegnahme nicht erfüllt (Beispiel: Diebesfalle). Hier ist entweder §§ 242, 22 oder § 246 zu prüfen. Gewahrsam wird **begründet**, wenn der Täter die tatsächliche Sachherrschaft derart erlangt hat, dass er sie ohne Behinderung durch den bisherigen Gewahrsamsinhaber ausüben kann. Wird Gewahrsam erschlichen, entfällt § 242. Möglich sind aber §§ 263, 263a, 265a.

2. Subjektiver Tatbestand

- **Vorsatz** bzgl. aller objektiven Tatbestandsmerkmale (*dolus eventualis* genügt) und

- **Absicht**, die Sache sich oder einem Dritten rechtswidrig zuzueignen: *Zueignungsabsicht* liegt vor, wenn der Täter die Sache wegnimmt, um sie unter Anmaßung einer eigentümerähnlichen Stellung zumindest *vorübergehend* der eigenen Vermögenssphäre einzuverleiben (**Aneignungsabsicht**) *und* um sie der Verfügungsgewalt des Berechtigten dauerhaft zu entziehen (**Enteignungsvorsatz**). Dabei ist bezüglich der auch nur *vorübergehenden* Aneignung *dolus directus* 1. Grades erforderlich, während für die Enteignung (wegen ihrer Dauerhaftigkeit) bereits *dolus eventualis* genügt. Jede der Komponenten kann problematisch werden. So ist die *Enteignung* von der grundsätzlich straflosen Gebrauchsanmaßung abzugrenzen, die *Aneignung* von der bloßen Sachentziehung, der Sachbeschädigung und von der Eigenmacht.

  Schließlich muss die beabsichtigte Zueignung **rechtswidrig** sein. Es handelt sich hier (wie bei der Zueignungsabsicht des § 249 und den Bereicherungsabsichten der §§ 253 und 263) um ein objektives Tatbestandsmerkmal, das im Rahmen des subjektiven Tatbestands zu prüfen und von der Rechtswidrigkeit als allgemeines Verbrechensmerkmal zu unterscheiden ist. Rechtswidrig ist die Zueignungsabsicht, wenn der Täter keinen fälligen, einredefreien Anspruch auf gerade die weggenommene Sache hat. Bei *Speziesschuld* (Stückschuld) ist ein solcher Anspruch ohne weiteres denkbar, bei *Gattungsschuld* liegt das Aussonderungsrecht beim Schuldner (§ 243 BGB). Ein Sonderproblem besteht hinsichtlich Geldschulden.

II. Rechtswidrigkeit (als allgemeines Verbrechensmerkmal)
Es gelten die allgemeinen Grundsätze.

III. Schuld
Es gelten die allgemeinen Grundsätze.

I. Tatbestand

1. Objektiver Tatbestand

5 Der objektive Tatbestand des Diebstahls besteht in der Wegnahme einer (für den Täter) fremden beweglichen Sache.

a. Tatobjekt: Fremde bewegliche Sache

aa. Begriff der Sache

6 Ob der strafrechtliche Sachbegriff eigenständig zu bestimmen ist oder mit dem zivilrechtlichen Sachbegriff übereinstimmt mit der Folge, dass die entsprechenden zivilrechtlichen Definitionen und Wertungen auf das Strafrecht übertragen werden können, wird unterschiedlich gesehen. Während ein Teil der Literatur[7] den strafrechtlichen Sachbegriff autonom, d.h. rein strafrechtlich bestimmt, orientiert sich die h.M.[8] an dem zivilrechtlichen Sachbegriff. Demzufolge ist der strafrechtliche Sachbegriff akzessorisch zum Zivilrecht. Für die Minderheitsmeinung spricht, dass es grundsätzlich richtig ist, im Strafrecht Begriffe strafrechtlich zu bestimmen, jedoch müsste man diesen Gedanken dann auch durchgängig zugrunde legen. So ist kein Grund ersichtlich, den Sachbegriff rein strafrechtlich zu bestimmen, sich dann aber zur Bestimmung des Begriffs der Fremdheit der sachenrechtlichen Vorschriften des bürgerlichen Rechts über Erwerb und Verlust von Eigentum zu bedienen.[9] Richtigerweise sind sowohl der Sachbegriff als auch der Begriff der Fremdheit bei den Eigentumsdelikten streng akzessorisch zu den zivilrechtlichen Vorschriften des Sachenrechts.[10] Für den Sachbegriff i.S.d. § 242 gilt somit:

Sachen i.S.d. § 242 sind alle **körperlichen Gegenstände** i.S.d. § 90 BGB, und zwar unabhängig von deren wirtschaftlichem Wert und deren Aggregatzustand, solange sie von der Außenwelt (räumlich) abgrenzbar sind.[11]

7 Fehlt es an der **räumlichen Abgrenzbarkeit** des Objekts (was bei Umweltmedien wie Wasser, Luft etc. anzunehmen ist), scheidet unabhängig von der Frage, ob bereits die Sacheigenschaft[12] oder erst die Eigentumsfähigkeit[13] zu verneinen sind, Diebstahl im Ergebnis unstreitig aus.

8 Da sich die Tauglichkeit des Tatobjekts auf *körperliche* Gegenstände beschränkt, fallen konsequenterweise **Daten**, **Forderungen** und andere **Rechte** aus dem Schutzbereich heraus (insofern ist es juristisch inkorrekt, von „Raubkopie" oder „Softwarediebstahl" zu sprechen). Ein körperlicher Gegenstand und damit tauglicher Diebstahlsgegenstand ist aber das **Medium**, auf dem die Daten oder die Rechte gespeichert bzw. verbrieft sind.

> **Beispiele:** Das Papier, auf dem die Forderung oder das sonstige Recht verbrieft ist, die Girocard (früher: ec-Karte), mit deren Hilfe Geld vom Geldautomaten entnommen werden kann, oder die CD bzw. DVD, auf der das Computerprogramm, welches das Ergebnis einer geistigen Leistung darstellt, gespeichert ist, können aufgrund ihrer Körperlichkeit taugliche Diebstahlsobjekte sein.

Jedoch ist in solchen Fällen mit Blick auf den geringen Substanz- bzw. Herstellungswert des Mediums stets die Geringwertigkeitsklausel des § 248a in Betracht zu ziehen, sofern man den Wert der Sache auf das Medium, nicht auf den dokumentierten Wert bezieht. Gerade dies scheint aber unangemessen, da der Materialwert z.B. eines Sparbuchs oder

---

[7] Unter anderem *Fischer*, § 242 Rn 3.
[8] *Lackner/Kühl*, § 242 Rn 1; Sch/Sch-*Eser/Bosch*, § 242 Rn 9.
[9] Vgl. aber die abweichende Rechtsprechung des BGH bei illegalen Drogen (Rn 19).
[10] Zur (möglichen) Relevanz der verschiedenen Ansätze vgl. Rn 11 und Rn 14 ff.
[11] *Lackner/Kühl*, § 242 Rn 1; Sch/Sch-*Eser/Bosch*, § 242 Rn 9.
[12] So LK-*Vogel*, § 242 Rn 1.
[13] So Sch/Sch-*Eser/Bosch*, § 242 Rn 9. Von einer Eigentumsunfähigkeit von Wasser eines fließenden oberirdischen Gewässers und Grundwasser geht auch der Gesetzgeber aus (vgl. § 4 II WHG).

einer Girocard zwar nur wenige Cent beträgt, dem Täter durch die Verwendung aber der Zugang zu Vermögenswerten eröffnet wird, die weit über der Geringwertigkeit liegen können. Daher ist es sachgerecht, die Geringwertigkeitsklausel nicht auf Sparbücher, Wertpapiere oder (andere) Zugangsschlüssel anzuwenden.[14]

> **Beispiele:** Bei einem Handtaschendiebstahl entwendet T die Girocard. Kurze Zeit später hebt er damit von einem Geldautomaten 500,- € ab (die dazu erforderliche PIN hatte er ebenfalls auf einem Zettel notiert in der Handtasche entdeckt).
>
> Bei der Girocard handelt es sich um eine Sache. Da ihr Materialwert aber nur wenige Cent beträgt, wäre daran zu denken, die Geringwertigkeitsklausel des § 248a anzuwenden. Das scheint jedoch in Anbetracht des Umstands, dass der Täter 500,- € abgehoben hat, unangemessen. T hat sich daher eines Diebstahls schuldig gemacht. Darauf, ob ein Strafantrag gestellt wird oder die Strafverfolgungsbehörde ein öffentliches Interesse an der Strafverfolgung bejaht (§ 248a), kommt es daher nicht an. Zur Frage nach der Strafbarkeit in anderen Konstellationen vgl. Rn 93, 107 f. und 681 ff.

Zu verneinen ist die Körperlichkeit des Tatobjekts auch hinsichtlich **elektrischer Energie**. Deren Verlust wird von § 248c geschützt. § 242 ist aber auch hier einschlägig, sofern es um den Gewahrsamsverlust des Speichermediums (etwa der Batterie) geht.[15] **9**

Unstreitig ist der lebende **menschliche Körper** *keine* Sache. Denn die verfassungsrechtlich garantierte Menschenwürde (Art. 1 I GG) verbietet es, den lebenden Menschen zu einem bloßen (Diebstahls-)Objekt „herabzustufen". Das gilt auch hinsichtlich des noch **ungeborenen Menschen** (*nasciturus*).[16] Ein Problem bereitet aber die Frage, ob abgetrennte **Körperteile**, **Leichen** oder **Leichenteile** sowie **Implantate** vom Sachbegriff umfasst sind. Insgesamt ergibt sich folgende Übersicht[17]: **10**

Lebender Mensch:

Die Menschenwürde verbietet es, den lebenden Menschen und den noch ungeborenen Menschen im Mutterleib wie eine Sache zu behandeln. Bei außerhalb des Mutterleibs befindlichen Embryos ist die rechtliche Zuordnung schwierig. Für die Sacheigenschaft spricht die Strafnorm des § 2 ESchG, wonach der Gesetzgeber die Veräußerung von in vitro gezeugten, extrakorporalen Embryos unter Strafe stellt. Eine „Veräußerung" setzt aber begriffslogisch eine Sache voraus. Gegen die Bejahung der Sacheigenschaft sprechen aber ethische Gesichtspunkte; zudem besteht auch kein kriminalpolitisches Bedürfnis, die Sacheigenschaft und damit die Objektfähigkeit etwa in Bezug auf § 242 oder 303 I zu bejahen, weil umfassender Schutz nach dem ESchG besteht.

Abgetrennte Körperteile lebender Menschen:

Dagegen wird die Sacheigenschaft von Körperteilen, die vom Körper abgetrennt sind, überwiegend bejaht. Abgetrennte Körperteile sind keine Träger von Menschenwürde und können daher ohne weiteres dem Begriff des körperlichen Gegenstands i.S.d. § 242 unterfallen.[18] Auch der Gesetzgeber geht offenbar von der Sachqualität aus, indem er in § 18 TPG den Organhandel unter Strafe stellt, denn „Handel treiben" wäre schon begriffslogisch nicht möglich, wenn eine Sachqualität nicht bestünde. Namentlich geht es um dem menschlichen Körper zum Zweck der Organspende entnommene Organe (wie etwa eine Niere). Werden diese vor der Implantation in den Empfängerkörper entwendet, ist § 242 einschlägig[19]; jedoch sind die Sonderregelungen des TPG zu beachten, insbesondere die Strafnorm des § 18

---

[14] Zur Erinnerung: Es geht nicht um die Frage, ob geringwertige Sachen aus dem Diebstahlstatbestand herauszuhalten sind, sondern ausschließlich um die Anwendung des § 248a.
[15] Siehe dazu den Beispielsfall bei Rn 96.
[16] BVerfGE 88, 203, 252; *R. Schmidt*, Grundrechte, 22. Aufl. 2017, Rn 228 ff.
[17] Vgl. bereits die 11. Aufl. 2012; später auch *Kretschmer*, JA 2015, 105, 106 ff.
[18] SK-*Hoyer*, § 242 Rn 4; Sch/Sch-*Eser/Bosch*, § 242 Rn 10; LK-*Vogel*, § 242 Rn 4; *Wessels/Hillenkamp*, BT 2, Rn 76. Danach stehen die abgetrennten Körperteile im Eigentum desjenigen, von dem sie abgetrennt wurden.
[19] Die Fremdheit ergibt sich aus einer analogen Anwendung des § 953 BGB. Das Organ steht demnach im Eigentum desjenigen, von dem es stammt.

TPG, die im Fall des gewerbsmäßigen Handelns (§ 18 II TPG) sogar von einem Verbrechen mit einer Mindeststrafe von 1 Jahr ausgeht. Bliebe es bei § 242, käme lediglich die Strafzumessung nach § 243 I S. 2 Nr. 3 in Betracht (Vergehen mit einer Mindeststrafe von 3 Monaten).

Eine Besonderheit besteht jedoch, wenn der Körperteil (etwa Blut) zu dem Zweck entnommen wurde, es anschließend wieder dem Körper des Rechtsgutträgers, von dem es stammt, zuzuführen (etwa Eigenblutspende). Für den Bereich des Schadensersatzrechts nimmt der BGH in Zivilsachen in derartigen Fällen an, dass nur *vorübergehend* entnommene Körperbestandteile auch während der Lagerung außerhalb des Körpers mit diesem eine funktionale Einheit bilden. Ihre Beschädigung oder Vernichtung sei daher Körperverletzung i.S.d. § 823 BGB und begründe einen Schadensersatzanspruch.[20] Überträgt man diese Wertung auf das Strafrecht[21], hat dies zur Folge, dass extrakorporale Körperteile, die – wie etwa zur Eigenblutspende vorgesehene Blutkonserven – dem Körper zum Zweck der Reimplantation entnommen wurden, *keine* Sachen i.S.d. Strafrechts sind. Stirbt aber der Rechtsgutinhaber vor der Reimplantation, müssen die zu Lebzeiten entnommenen Körperbestandteile rechtlich genauso behandelt werden wie verstorbene Menschen. Ob aber eine im Vergleich zu den Organspendefällen unterschiedliche Betrachtung angebracht ist, darf bezweifelt werden.

Übungsfall[22]: Aus Angst, mit Hepatitis oder Aids angesteckt zu werden, spendet O vor der geplanten Herzoperation sein eigenes Blut, damit ihm dieses (und nicht fremdes) während der Operation zugeführt wird. Doch bevor es zu einer Bluttransfusion kommt, stirbt O während der Operation. Der Assistenzarzt Dr. A sieht sofort eine gute Gelegenheit, die Blutkonserven des O an ein gut zahlendes Privatklinikum zu verkaufen. In der Nacht öffnet er den Kühlschrank, in dem die Blutkonserven aufbewahrt werden, und entnimmt die des O. Darüber hinaus verschafft er sich Zutritt zum Institut für Rechtsmedizin, um aus dem toten Körper des O noch das erst kürzlich implantierte Titan-Hüftgelenk herauszunehmen, da das Privatklinikum auch daran Interesse angemeldet hat. Am nächsten Morgen übergibt er alles an das Privatklinikum. Die Witwe des O stellt Strafanzeige. Strafbarkeit des Dr. A?

Die gutachtlich ausformulierte Lösung kann unter verlagrs@t-online.de angefordert werden.

Leichen und Leichenteile:

Es ist wohl heute einhellige Auffassung, dass einer Leiche Sachqualität zukommt. Denn im Falle des Ablebens greift die der Sacheigenschaft entgegenstehende Menschenwürde nicht mehr.[23] Fraglich ist jedoch die Fremdheit. Denn unabhängig von der bei Rn 13 ff. noch näher zu erläuternden Definition, wonach Sachen fremd sind, wenn sie nicht im *Alleineigentum* des Täters stehen und nicht *herrenlos* sind, muss die Sache auch **eigentumsfähig** sein. Die Eigentumsfähigkeit ist jedenfalls bei Leichen zu verneinen, die zur Bestattung bestimmt sind und damit der Pietätsbindung unterliegen (ein Aneignungsrecht gem. § 958 I BGB ist in diesem Fall wegen § 958 II BGB ausgeschlossen).[24] Zudem fehlt die Fremdheit, weil der Körper Verstorbener gerade wegen der nicht gegebenen Eigentumsfähigkeit nicht im Wege der Universalsukzession (§ 1922 BGB) Bestandteil des Nachlasses sein kann und daher auch nicht die Erben Eigentum am Leichnam erwerben können. Bei Leichen, die nicht zur Bestattung, sondern zu Anatomiezwecken bestimmt sind oder die Plastinate darstellen, ist die Eigentumsfähigkeit aber gegeben.

Implantate, die sich im lebenden Körper befinden:

Streitig ist dagegen, ob Implantaten, die sich im lebenden menschlichen Körper befinden, Sachqualität zukommt.

---

[20] Vgl. BGHZ 124, 52, 54.
[21] So Sch/Sch-*Eser/Bosch*, § 242 Rn 10; *Fischer*, § 242 Rn 8.
[22] Vgl. bereits die 1. Aufl. 2002.
[23] OLG Hamburg NJW 2012, 1601, 1603; OLG Nürnberg NJW 2010, 2071; OLG Bamberg NJW 2008, 1543, 1547; AG Rosenheim NStZ 2003, 318; LK-*Vogel*, § 242 Rn 14; SK-*Hoyer*, § 242 Rn 4; *Lackner/Kühl*, § 242 Rn 2; *Joecks*, vor § 242 Rn 10; MüKo-*Schmitz*, § 242 Rn 25; Sch/Sch-*Eser/Bosch*, § 242 Rn 10.
[24] Vgl. OLG Hamburg NJW 2012, 1601, 1603; OLG Bamberg NJW 2008, 1543; AG Rosenheim NStZ 2003, 318 f.

- Eine Auffassung[25] steht auf dem Standpunkt, dass sämtliche Implantate mit Einpflanzung in den menschlichen Körper ihre Sachqualität verlieren.

- Die Gegenauffassung[26] unterscheidet zwischen Substitutiv-Implantaten und Supportiv-Implantaten.[27] Das Implantat sei nur dann ein fester Bestandteil des Körpers (und damit sei die Sacheigenschaft zu verneinen), wenn es als *Ersatz* für einen defekten Körperteil fungiere (Substitutiv-Implantat). Sei das Implantat dagegen nur ein *Hilfsmittel* (Supportiv-Implantat), bleibe die Sacheigenschaft bestehen. Das überzeugt. Denn nur Substitutiv-Implantate bilden mit dem Körper ein organisches Ganzes, eine Einheit, und teilen das Schicksal des Körpers.

Implantate, die sich im toten Körper befinden:

Implantate, die sich im Leichnam befinden (etwa Zahngold), sind – wie die Leiche selbst – Sachen im Rechtssinne. Hinsichtlich der Eigentumsfähigkeit gilt dasselbe wie bei Leichen. Daher sind auch die mit dem verstorbenen Körper nach wie vor in funktionaler Einheit stehenden Substitutiv-Implantate eigentumsunfähig und können nicht Diebstahlsobjekt sein.[28] In Fällen dieser Art kommt somit nicht die Verwirklichung der §§ 242, 246 oder § 303 I in Betracht, sondern ausschließlich die des **§ 168**. Entnimmt der Täter etwa das Zahngold aus der Asche einer kremierten Leiche, ist er unter dem Aspekt des „Wegnehmens von Asche" (Zahngold ist Bestandteil der Asche) gem. § 168 strafbar.[29] Ist eine Leiche aber zur Organspende vorgesehen oder nicht zur Bestattung, sondern zu Anatomiezwecken bestimmt, oder stellt sie eine Mumie oder ein Skelett dar, ist das Verhältnis der Strafnormen umgekehrt.[30]

Implantate eines Verstorbenen, der der Pietätsbindung unterliegt, sind jedoch eigentumsfähig, wenn ihre feste Verbindung mit dem (eigentumsunfähigen) Leichnam aufgehoben wird. So steht etwa Zahngold (als Substitutiv-Implantat) nach der Einäscherung der Leiche nicht mehr in fester Verbindung zu ihr und wird daher wieder eigentumsfähig.[31] Ob solches Zahngold damit aber wieder taugliches Diebstahlsobjekt wird, ist damit noch nicht gesagt. Denn dazu müsste es für den Täter fremd i.S.d. § 242 sein. Das wäre insbesondere der Fall, wenn die Erben des Verstorbenen im Wege der Universalsukzession nach § 1922 BGB Eigentum am Zahngold erworben hätten. Dies ist jedoch zweifelhaft, da die Erben bei Eintritt des Todes ja gerade nicht Eigentum am Leichnam (und somit am Zahngold) erworben haben. Geht man richtigerweise davon aus, dass der menschliche Körper erst durch den Tod zur Sache im Rechtssinne wird, gilt dies auch für Substitutiv-Implantate. Bestehen demnach kein Eigentum, das im Wege der Universalsukzession nach § 1922 BGB auf die Erben hätte übergehen können, kann Zahngold, das nach der Einäscherung der Leiche an sich genommen wird, kein taugliches Diebstahlsobjekt sein.[32]

---

[25] *Lackner/Kühl*, § 242 Rn 2; SK-*Hoyer*, § 242 Rn 5; *Hardtung*, JuS 2008, 864. Davon zu unterscheiden sind solche Gegenstände, die nicht fest in den Körper implantiert werden wie z.B. Hörgeräte oder übergestülpte Prothesen. Bei diesen bleibt die Sacheigenschaft auch während der Anhaftung am Körper erhalten.

[26] Sch/Sch-*Eser/Bosch*, § 242 Rn 10; MüKo-*Schmitz*, § 242 Rn 24; anders *Bringewat*, JA 1984, 61, 63 (stets Sachqualität).

[27] Substitutiv-Implantate sind Implantate, die als Ersatz für Körperteile eingepflanzt werden (Beispiele: künstliches Hüftgelenk; künstliche Zähne, Zahnfüllungen, Zahngold); Supportiv-Implantate sind Implantate, die defekten Körperteilen als Zusatz bzw. Hilfsmittel beigefügt werden (Beispiel: Herzschrittmacher).

[28] Vgl. OLG Hamburg NJW 2012, 1601, 1603; vgl. auch OLG Bamberg NJW 2008, 1543, 1544; LK-*Vogel*, § 242 Rn 34; *Lackner/Kühl*, § 242 Rn 4-7; Sch/Sch-*Eser/Bosch*, § 242 Rn 21. Anders SK-*Hoyer*, § 242 Rn 16, der die Auffassung vertritt, dass das Implantat nach dem Ableben des Trägers seine Eigenschaft als künstlichen Körperteil verliere, sodass die vor der Verbindung mit dem Körper stehenden Eigentumsverhältnisse wieder auflebten und das Implantat so nach § 1922 BGB Erbeneigentum werde. Das ist abzulehnen, da der menschliche Körper erst durch den Tod zur Sache wird, vor dem Tod also noch kein Eigentum bestanden hat, das im Wege der Universalsukzession nach § 1922 BGB auf die Erben hätte übergehen können (OLG Hamburg NJW 2012, 1601, 1603; MüKo-*Schmitz*, § 242 Rn 32).

[29] BGH NJW 2015, 2901, 2902; OLG Hamburg NJW 2012, 1601, 1603; OLG Bamberg NJW 2008, 1543, 1544 (anders OLG Nürnberg NJW 2010, 2071, 2073: kremiertes Zahngold fällt nicht unter den Aschebegriff des § 168). Zu § 168, wenn der Täter Zahngold aus der Asche im Krematorium verbrannter Leichen nimmt, vgl. BGH NJW 2015, 2901, 2902. Ob neben § 168 auch § 189 vorliegt, ist eine Sachverhaltsfrage. Ebenso eine Sachverhaltsfrage ist es, ob ein Verwahrungsbruch (§ 133) vorliegt (etwa, wenn sich die Leiche und damit das Implantat in dienstlicher Verwahrung etwa einer beliehenen Krematoriums-GmbH befinden – dazu OLG Hamburg NJW 2012, 1601, 1604 f.). Eine Sachverhaltsfrage ist es auch, ob ein versuchter Diebstahl vorliegt, wenn der Täter irrtümlich von der Fremdheit des Implantats ausgeht.

[30] Vgl. LK-*Vogel*, § 242 Rn 10; Palandt-*Ellenberger*, Überbl. v. § 90 BGB Rn 11; MüKo-*Stresemann*, § 90 BGB, Rn 30; *Jahn*, JuS 2008, 457, 458 und JuS 2008, 1086 ff.; *Kudlich*, JA 2008, 391, 392; *Schramm*, JuS 2008, 678, 680.

[31] OLG Hamburg NJW 2012, 1601, 1603.

[32] OLG Hamburg NJW 2012, 1601, 1603; MüKo-*Schmitz*, § 242 Rn 32.

11 Dass Eigentum und Besitz an **Tieren** dem Schutz der Strafrechtsordnung unterstehen, ist im Ergebnis unstreitig. Streitig ist lediglich die rechtsdogmatische Herleitung.

- Wie bereits bei Rn 6 erwähnt, versteht ein Teil der Literatur den strafrechtlichen Sachbegriff **autonom**, d.h. vom Zivilrecht unabhängig. Fordere das Strafrecht den Schutz einer Sache, fielen auch Tiere unter den Sachbegriff, da diese den gleichen Schutz verlangten wie leblose Sachen. Zudem gehe der Strafgesetzgeber von einer Gleichstellung von Sachen und Tieren aus, indem er von „Tieren und anderen Sachen" in §§ 324a I Nr. 1, 325 I IV Nr. 1 spreche.[33]

- Die auch hier vertretene Gegenauffassung geht hingegen von einem **einheitlichen** Sachbegriff aus.[34] Sind demnach der zivilrechtliche und der strafrechtliche Sachbegriff identisch, gilt zwar die in § 90a S. 1 BGB getroffene Regelung („Tiere sind keine Sachen") auch für das Strafrecht, was jedoch nicht bedeutet, dass Tiere nicht von § 242 StGB geschützt wären. Denn § 90a S. 3 BGB erklärt die für Sachen geltenden Vorschriften, soweit nichts anderes bestimmt ist, auf Tiere für entsprechend anwendbar. Dem steht auch nicht das strafrechtliche Analogieverbot entgegen, da es sich vorliegend nicht um eine lückenfüllende Analogie durch den Rechtsanwender, sondern um die Anwendung einer gesetzlichen Vorschrift kraft ausdrücklicher gesetzlicher Anordnung handelt.[35] Daher sind nach richtiger Auffassung Tiere zwar keine Sachen, die Tauglichkeit eines Tieres als Diebstahlsobjekt ergibt sich aber aus § 90a S. 3 BGB i.V.m. § 242 I StGB.

> **Hinweis für die Fallbearbeitung:** Da sich die beiden Begründungsmodelle im Ergebnis nicht voneinander unterscheiden, kann in der Fallbearbeitung eine Entscheidung zugunsten einer der genannten Ansichten dahinstehen.

bb. Beweglichkeit der Sache

12 **Beweglich** sind alle Sachen, die tatsächlich fortbewegt werden können.

Mit Blick auf die Tathandlung (die Wegnahme), gelten – insoweit in Abweichung zum Zivilrecht (vgl. §§ 94, 95 BGB)[36] – auch solche Sachen als beweglich, die zum Zweck der Wegnahme erst beweglich gemacht werden müssen[37] – etwa durch Abmontieren. Denn das Schutzbedürfnis des Eigentümers erstreckt sich auch auf Sachen, die (nach gewisser Einwirkung) fortgeschafft werden *können*. Dies ist auch von der Ratio der Norm gedeckt.

> **Beispiele von beweglichen Sachen:** ausgebrochene Goldzähne; das im Beispiel von Rn 10 genannte künstliche Hüftgelenk; Latten von Lattenzäunen; Feldfrüchte (Rüben, Getreide, Beeren u.Ä.), die mit dem Boden fest verbunden sind; Gras, das von fremden Schafen oder Kühen abgefressen wird; Bestandteile von Gebäuden wie Fenster, Türen, auf dem Dach montierte Solarplatten etc. Zu beachten ist, dass durch das Ablösen dieser Sachen regelmäßig auch tateinheitlich der Tatbestand der Sachbeschädigung (§ 303 I) erfüllt ist.

---

[33] *Wessels/Hillenkamp*, BT 2, Rn 18/74; MüKo-*Wieck-Noodt*, § 303 Rn 8; *Fischer*, § 242 Rn 3; *Küper*, Jura 1996, 205, 206; *Graul*, JuS 2000, 215, 219; *Fahl*, Jura 2005, 273, 274.
[34] Sch/Sch-*Eser/Bosch*, § 242 Rn 9; *Lackner/Kühl*, § 242 Rn 2; *Gropp*, JuS 1999, 1041, 1042.
[35] Wie hier *Kreß/Baenisch*, JA 2006, 707, 718.
[36] Vgl. dazu *R. Schmidt*, BGB AT, 16. Aufl. 2017, Rn 144 f.
[37] Vgl. LK-*Vogel*, § 242 Rn 3; NK-*Kindhäuser*, § 242 Rn 14; *Lackner/Kühl*, § 242 Rn 4; Sch/Sch-*Eser/Bosch*, § 242 Rn 11; MüKo-*Schmitz*, § 242 Rn 38 f.; *Wessels/Hillenkamp*, BT 2, Rn 78. Eine Minderheitsmeinung (SK-*Hoyer*, § 242 Rn 9) will die Beweglichkeit der Sache (wie die Fremdheit, vgl. Rn 14) zivilrechtsakzessorisch verstehen. Danach wären z.B. auf dem Dach eines Gebäudes befestigte Solarplatten – da sie nach den zivilrechtlichen Vorschriften (§ 94 II BGB) wesentliche Bestandteile der Immobilie sind – im Zeitpunkt der Demontage durch den Täter (noch) keine beweglichen Sachen i.S.d. § 242. Da sie jedoch durch die Demontage zu beweglichen Sachen werden, liegt – wenn der Täter sie mitnimmt – auf der Basis der Minderheitsmeinung ein Fall der Unterschlagung (§ 246) vor. Denn zum Zeitpunkt des Abtransports hat sie der Täter bereits in seinem Gewahrsam.

cc. Fremdheit der Sache

Fremd ist eine Sache, wenn sie zum Zeitpunkt der Tathandlung nicht im *Alleineigentum* des Täters steht und nicht *herrenlos* ist.[38]   **13**

Da sich die Eigentumsdelikte auf die formal-juristische Eigentumsposition beziehen und diese im bürgerlichen Recht geregelt ist, beantwortet sich die Frage nach dem **(Allein-) Eigentum** folgerichtig nicht nach (ungeschriebenen) eigenständigen strafrechtlichen Kriterien, sondern nach den **sachenrechtlichen** Vorschriften des **bürgerlichen Rechts** über Erwerb und Verlust von Eigentum[39], insbesondere nach §§ 903 ff., 873, 929 ff., 946 ff., 1922 BGB (siehe bereits Rn 10 f.). Der Begriff der Fremdheit bei den Eigentumsdelikten ist also streng akzessorisch zu den zivilrechtlichen Vorschriften über Erwerb und Verlust von Eigentum.[40] Daraus folgt: Ist nach bürgerlichem Recht die Eigentumslage unstreitig und befindet sich die Sache nicht im Alleineigentum des Täters, genügt i.d.R. *diese* Feststellung. Ist umgekehrt die zivilrechtliche Eigentumslage unklar, bedarf es auch im Strafrecht einer entsprechenden Prüfung der sachenrechtlichen Zuordnung.   **14**

dd. Unterscheidung zwischen Eigentum, Besitz und Gewahrsam

Eine Legaldefinition des Begriffs *Eigentum* besteht nicht. Aus einer Gesamtschau der §§ 903 ff. und 946 ff. BGB ergibt sich aber, dass das Eigentum das umfassende Besitz-, Verfügungs- und Nutzungsrecht über eine Sache verleiht. Eigentümer ist also derjenige, der mit der Sache nach Belieben verfahren kann, sofern nicht gesetzliche Regelungen oder Rechte Dritter entgegenstehen.[41]   **15**

> **Hinweis für die Fallbearbeitung:** Die eigentumsrechtliche Zuordnung wird im Sachverhalt zumeist dergestalt vorgenommen, dass *von der Sache des X* gesprochen oder gesagt wird, dass *die Sache dem X gehöre*. Damit ist gemeint, dass die Sache im Eigentum des X steht und damit für den Täter fremd ist.

Gibt der bisherige Eigentümer sein Eigentum an der Sache auf (sog. **Dereliktion**, vgl. § 959 BGB), wird die Sache herrenlos und ist für den Täter zum Zeitpunkt der Ansichnahme dementsprechend nicht (mehr) fremd. Vgl. dazu Rn 21.

Nicht im Alleineigentum des Täters stehen auch die Sachen im **Mit- oder Gesamthandseigentum** oder im **Vorbehalts- und Sicherungseigentum**.   **16**

Beispiele:
(1) **Mit- oder Gesamthandseigentum**[42] liegt vor, wenn die Sache im Eigentum mehrerer Personen steht. Das Paradebeispiel bildet der Fall, dass der eine Ehepartner das im Eigentum beider Ehepartner stehende Fernsehgerät im Rahmen der bevorstehenden Trennung „schon mal in Sicherheit bringt". ⇨ In diesem Fall ist von Diebstahl auszugehen, da Miteigentum einer anderen Person an der Sache genügt, damit diese als „fremd" angesehen werden kann. Hinsichtlich des Gewahrsamsbruchs sei an dieser Stelle gesagt, dass nach der Verkehrsauffassung der andere Ehepartner zumindest gelockerten Gewahrsam hat und der Täter diesen Gewahrsam durch die Mitnahme gebrochen hat (vgl. dazu auch das Beispiel bei Rn 42).

(2) **Vorbehalts- oder Sicherungseigentum** beschreibt den Fall, dass der Käufer die Sache noch nicht bezahlen (kann), aber bereits nutzen möchte, und der Verkäufer

---

[38] BGH NStZ 2006, 170, 171; *Lackner/Kühl*, § 242 Rn 4; *Fischer*, § 242 Rn 5-7; Sch/Sch-*Eser/Bosch*, § 242 Rn 12; LK-*Vogel*, § 242 Rn 6 ff.; MüKo-*Schmitz*, § 242 Rn 27.
[39] St. Rspr. seit BGHSt 6, 377, 378; aus jüngerer Zeit vgl. etwa BGH NStZ 2006, 170, 171; aus der Lit. *Wessels/Hillenkamp*, BT 2, Rn 80; *Lackner/Kühl*, § 242 Rn 4; MüKo-*Schmitz*, § 242 Rn 26 f.
[40] Vgl. aber die abweichende Rechtsprechung des BGH bei illegalen Drogen (Rn 19).
[41] Vgl. zu den erwähnten zivilrechtlichen Vorschriften *R. Schmidt*, SachenR II, 8. Aufl. 2016, Rn 1 ff.
[42] Nicht zu verwechseln mit dem bei Rn 41 ff. dargestellten Mitgewahrsam.

daher dem Käufer die Sache zur Nutzung schon einmal mitgibt (dem Käufer also den unmittelbaren Besitz überträgt). Um aber den schuldrechtlichen Anspruch auf Kaufpreiszahlung dinglich abzusichern, behält sich der Verkäufer das Eigentum an der Sache vor (vgl. §§ 455, 929, 158 I BGB) und kann sie gem. § 985 BGB herausverlangen, wenn der Käufer seiner Verpflichtung nicht nachkommt. Der Verkäufer bleibt also so lange Eigentümer, wie der gesamte Kaufpreis noch nicht bezahlt ist. Während dieser Zeit ist die Sache für den Käufer (und Besitzer) fremd. Veräußert der Käufer die Sache an einen gutgläubigen Dritten, verwirklicht er den Tatbestand des Betrugs oder zumindest der Unterschlagung.

Besonders problematisch erscheint die Eigentumslage, wenn das Opfer im Tatzeitpunkt bereits **verstorben** ist.

17

Beispiel 1: Tante O beauftragt ihren Neffen T, während ihres Krankenhausaufenthalts auf die Wohnung aufzupassen. Doch da T stets Bedarf nach „Flüssigem" hat, nimmt er eine wertvolle Statue aus der Wohnung an sich, um sie später zu verkaufen. Zu diesem Zeitpunkt ist O jedoch bereits an einer Embolie verstorben, was T aber nicht weiß. Später erfährt T, dass er die Statue geerbt hat.

Bei der Statue müsste es sich um eine für T fremde bewegliche Sache gehandelt haben. **Sachen** i.S.d. § 242 sind alle körperlichen Gegenstände i.S.d. § 90 BGB, und zwar unabhängig von deren Aggregatzustand, solange sie von der Außenwelt (räumlich) abgrenzbar sind. Eine Statue ist ein körperlicher Gegenstand, mithin eine Sache.
Fremd sind die Sachen, wenn sie weder im Alleineigentum des Täters stehen noch herrenlos sind. Die Frage nach dem *Alleineigentum* beantwortet sich ausschließlich nach den Vorschriften des *Bürgerlichen Rechts* über den Erwerb und den Verlust von Eigentum. Nicht im Alleineigentum stehen daher Sachen bei Mit- oder Gesamthandseigentum oder bei Vorbehalts- und Sicherungseigentum.
Vorliegend war O zum Zeitpunkt der Tat schon tot, sodass hinsichtlich der Statue eine Herrenlosigkeit angenommen werden könnte. Da bei der Frage nach der Fremdheit jedoch auf die Regelungen des Zivilrechts zurückgegriffen werden muss, kommt die Regelung des § 1922 BGB zum Tragen, wonach das Eigentum auf den oder die Erben, vorliegend T, übergeht. Der Eigentumsübergang nach § 1922 BGB gilt unabhängig von der Kenntnis des Erben (die Möglichkeit der Erbausschlagung soll hier nicht weiter erörtert werden). Daher wird selbst derjenige gem. § 1922 BGB Eigentümer, der – wie T im Tatzeitpunkt von der Erbschaft nichts weiß.
Die Statue war für T also nicht fremd, sodass er „nur" wegen (untauglichen) Diebstahlsversuchs bestraft werden kann, §§ 242 I, II, 22, 23 I, 12 II (der Krankenhausaufenthalt der O hob deren Gewahrsam nicht auf, dazu Rn 35). Wäre T allerdings nicht Alleinerbe der Statue gewesen, wäre sie für ihn fremd gewesen, weil sie gemäß §§ 1922 I, 2032 I BGB auch den Miterben als Gesamthandseigentümer gehört hätte. Die gleiche Folge gilt erst recht, wenn der Täter (wie im Bsp. 2) überhaupt kein Erbe ist:

18

Beispiel 2: S hat eine Rolex gekauft, die er seiner Freundin F zum Geburtstag schenken möchte. Damit F sie vor ihrem Geburtstag noch nicht sieht, bewahrt S die Uhr in seinem Schneidergeschäft, in dem er allein arbeitet, auf. Als er eines Abends an seinem Stammtisch von der Uhr und ihrem Versteck erzählt, hört der Kellner K zufällig zu. Da sich K in finanziellen Schwierigkeiten befindet, beschließt er, die Uhr an sich zu bringen. Er begibt sich am nächsten Abend nach Geschäftsschluss mit einem Dietrich zum Geschäft des S. Er öffnet die Tür, betritt das Geschäft, nimmt die Uhr an sich und läuft nach Hause.
Am nächsten Tag erfährt K aus der Zeitung, dass kurz bevor er in dem Geschäft des S die Uhr entwendete, dieser auf dem Heimweg vom Geschäft bei einem Verkehrsunfall tödlich verunglückt war. Alleinerbe des S ist sein im Ausland lebender Bruder B, der bislang noch keine Zeit hatte, sich vor Ort um den Nachlass zu kümmern.

Bei der Rolex handelt es sich um einen körperlichen Gegenstand, mithin um eine **bewegliche Sache**. Diese müsste für K auch fremd gewesen sein. **Fremd** ist eine Sache, wenn sie weder im Alleineigentum des Täters steht noch herrenlos ist. Die Frage nach dem *Alleineigentum* beantwortet sich ausschließlich nach den Vorschriften des *Bürgerlichen Rechts* über den Erwerb und den Verlust von Eigentum.

Vorliegend war S zum Zeitpunkt des Diebstahls schon tot, sodass eine Herrenlosigkeit angenommen werden könnte. Da hinsichtlich der Fremdheit jedoch auf die Regelungen des Zivilrechts zurückgegriffen werden muss, kommt die Regelung des § 1922 BGB zum Tragen, wonach das Eigentum auf den Erben, vorliegend B, übergeht. Das gilt selbst ohne dessen Kenntnis. Die Uhr war für K also fremd.

<u>Weiterführender Hinweis:</u> Der Eigentumsübergang nach § 1922 BGB gilt – wie in den Beispielen ausgeführt – unabhängig von der Kenntnis des Erben. Etwas anderes gilt für den sogleich behandelten Gewahrsam: Da dieser eine von einem Herrschaftswillen getragene tatsächliche Sachherrschaft voraussetzt, hatte Erbe B noch keinen Gewahrsam an der Uhr erlangt, da sich die Fiktion des Erbenbesitzes gem. § 857 BGB nach allgemeiner Meinung nicht auf den strafrechtlichen Gewahrsamsbegriff übertragen lässt und B die Uhr noch nicht tatsächlich in Besitz genommen hatte. Die Uhr war zu dem Zeitpunkt, als K sie an sich nahm, folglich gewahrsamslos, sodass mangels Gewahrsamsbruchs keine Wegnahme vorliegt.

K ist wegen versuchten Diebstahls strafbar. Die daneben verwirklichte Unterschlagung (§ 246) tritt nach der hier vertretenen Auffassung wegen der klaren Aussage in § 246 I a.E. zurück.[43]

Die Fremdheit der Sache scheidet auch dann aus, wenn diese **nicht eigentumsfähig** **19** ist. Nicht eigentumsfähig sind Sachen, die in niemandes Eigentum stehen können. Dazu zählen etwa die atmosphärische Luft oder das Wasser in Flüssen[44] und in Meeren. Ob der menschliche Körper bzw. natürliche oder künstliche Körperteile Tatobjekt eines Diebstahls sein können, wurde bereits bei Rn 10 ff. behandelt.

In jüngerer Zeit wird verstärkt auch die Eigentumsfähigkeit von **illegalen Drogen** wie Heroin diskutiert, weil der Handel damit ohne Erlaubnis des Bundesinstituts für Arzneimittel und Medizinprodukte (vgl. § 3 I BtMG) verboten und auch nach §§ 29 ff. BtMG strafbar ist. In zivilrechtlicher Hinsicht sagt man, illegale Drogen seien nicht verkehrsfähig, sodass ein rechtsgeschäftlicher Eigentumserwerb wegen § 134 BGB (i.V.m. § 29 I S. 1 BtMG) ausgeschlossen sei. Ob das zutrifft bzw. welche Konsequenzen dieser Befund auf das Strafrecht hat, soll im Folgenden geklärt werden. Ausgangspunkt der Überlegung ist, dass sich die zivilrechtliche Nichtigkeit eines Rechtsgeschäfts grds. nur auf das schuldrechtliche Verpflichtungsgeschäft beschränkt, nicht auch das sachenrechtliche Verfügungsgeschäft (d.h. die Eigentumsübertragung) erfasst.[45] Das sachenrechtliche Verfügungsgeschäft ist also grds. wirksam, auch wenn das schuldrechtliche Verpflichtungsgeschäft wegen Verstoßes gegen ein Verbotsgesetz oder wegen Sittenwidrigkeit nichtig ist. Lediglich bei extrem sozialschädlichen Geschäften erstreckt sich nach h.M. die Nichtigkeit auch auf das sachenrechtliche Verfügungsgeschäft. Die h.M. stellt beim Handel mit illegalen Drogen wie Heroin auf eine nicht zu tolerierende Veränderung der Güterzuordnung ab, gelangt so zu einer extremen Sozialschädlichkeit und verneint die zivilrechtliche Verkehrs- bzw. Eigentumsfähigkeit oder erklärt jedenfalls das sachenrechtliche Übertragungsgeschäft für nichtig.[46]

Überträgt man diesen zivilrechtlichen Befund auf das Strafrecht, müsste man folgern, dass illegale Drogen nicht Gegenstand eines Diebstahls sein könnten, weil es an der Eigentumsfähigkeit und damit in der Folge an der Fremdheit fehle. Dennoch hat der 3. Strafsenat des BGH entschieden, dass illegale Betäubungsmittel zwar nicht verkehrsfähig, aber fremde Sachen im strafrechtlichen Sinne und damit taugliche Objekte der Delikte nach §§ 242, 249

---

[43] Vgl. zur Begründung näher Rn 297.
[44] Vgl. § 4 II WHG: Wasser fließender oberirdischer Gewässer und Grundwasser sind nicht eigentumsfähig.
[45] Wie hier BGHZ 115, 130; Palandt-*Ellenberger*, § 134 Rn 13.
[46] Zur Nichtigkeit nicht nur des schuldrechtlichen Verpflichtungs-, sondern auch des sachenrechtlichen Verfügungsgeschäfts bei extrem sozialschädlichen Gegenständen vgl. *R. Schmidt*, BGB AT, 16. Aufl. 2017, Rn 1262.

seien.[47] Im Strafrecht sei ausschließlich auf die formale Eigentümerposition abzustellen, nicht auf die Verkehrsfähigkeit nach bürgerlichem Recht. Daher könne eine Sache Objekt eines Diebstahls sein, obwohl eine zivilrechtliche Eigentumsübertragung nicht möglich sei. Um die Richtigkeit seiner Auffassung zu untermauern, verweist der Senat dann noch auf die allgemeine Rspr. des BGH zur räuberischen Erpressung, die auch dann vorliege, wenn die erpresste Sache nicht eigentumsfähig sei; anderenfalls würde dem Schutzbedürfnis des Opfers nicht hinreichend Rechnung getragen. Schließlich meint der Senat, dass ein Strafbedürfnis für die Verletzung fremden Eigentums auch nicht deswegen entfalle, weil bereits die Strafvorschriften des BtMG eine Bestrafung ermöglichten. Denn der Schuldgehalt und der Strafrahmen eines Betäubungsmitteldelikts seien nicht vergleichbar mit denen eines Diebstahls- oder Raubdelikts (vgl. § 29 I S. 1 BtMG: Geldstrafe oder Freiheitsstrafe bis 5 Jahre; vgl. § 250 II StGB: 5-15 Jahre Freiheitsstrafe).

Verständlich wird die Entscheidung, wenn man den ihr zugrunde liegenden Sachverhalt berücksichtigt. Die Täter nahmen dem Opfer nämlich unter Einsatz eines Messers 4-6 g Heroin weg. Hätte der BGH hier die Eigentumsfähigkeit des Heroins verneint, wäre eine Strafbarkeit wegen Raubs (der eine Kombination aus Diebstahl und Nötigung darstellt) nicht möglich gewesen. Allein die Bestrafung wegen Nötigung und Verwirklichung einiger Strafnormen des BtMG war dem BGH offenbar unangemessen.

Stellungnahme: Zunächst ist festzustellen, dass es kein Argument sein kann, als Beleg für die Richtigkeit der eigenen Auffassung eine frühere Entscheidung desselben Gerichts anzuführen. Auch ist es nicht gerade überzeugend, wenn der BGH ansonsten in st. Rspr. konstatiert, dass eine Sache fremd sei, wenn sie nach bürgerlichem Recht im Eigentum einer anderen Person stehe, nun aber, da diese Definition bei illegalen Drogen offenbar nicht passt, eine abweichende strafrechtliche Beurteilung vornimmt, um zu dem gewünschten Ergebnis zu gelangen. Schließlich kann das Bestehen eines Strafbedürfnisses keine einzelfallbezogene, und damit der Rechtsunsicherheit zugängliche Definition der Fremdheit einer Sache rechtfertigen. Konsequent wäre es allein, die Fremdheit entweder immer zivilrechtlich oder immer eigenständig strafrechtlich zu definieren. Im Sinne der hier vertretenen Auffassung hat sich nunmehr auch der 2. Strafsenat des BGH geäußert, indem er formuliert: „Der Schutz des unerlaubten Besitzes von Betäubungsmitteln gegen Wegnahme durch Eigentumsdelikte erscheint (...) nicht zwingend".[48]

Im vorliegenden Fall gelangt man also zur Verneinung der Tatbestände der §§ 242 oder 249, wenn man sich nicht der vom 3. Senat angenommenen modifizierten Definition der Fremdheit anschließt, sondern der hier vertretenen und nunmehr auch vom 2. Strafsenat getragenen Auffassung. Das mag zwar als unbefriedigend empfunden werden, ist aber dogmatisch einwandfrei und konsequent.[49] Der Täter wäre dann gem. § 29 BtMG, § 240 StGB (ggf. auch § 241 StGB) strafbar. Abhilfe kann nur der Gesetzgeber schaffen, indem er entsprechende Tatbestände schafft.

ee. Begriff der Herrenlosigkeit

20   Ist eine Sache eigentumsfähig, darf sie weiterhin nicht herrenlos sein.

Herrenlos sind die Sachen, die zwar (abstrakt) eigentumsfähig sind, (konkret) aber in niemandes Eigentum stehen.[50]

> **Beispiele:** Herrenlos können zunächst in Freiheit befindliche oder wieder dorthin gelangte **Tiere** (vgl. dazu auch §§ 960, 961 BGB) sein. Diese können nicht Diebstahlsobjekt, wohl aber Tatobjekt der Jagdwilderei (§ 292) sein. Für **Fische** gilt Fischwilderei (§ 293). Etwas anderes gilt freilich für Tiere in **Wildgehegen** („Tiergärten") oder für Fische in

---

[47] BGH NStZ 2006, 170, 171. Der 4. Strafsenat ist dem gefolgt (BGH StraFo 2015, 216 f.; NStZ 2015, 571 f.). Dagegen der 2. Strafsenat (NStZ 2016, 596, 598 f.) – dazu sogleich.
[48] BGH NStZ 2016, 596, 599.
[49] Vgl. auch MüKo-*Schmitz*, § 242 Rn 14.
[50] Vgl. §§ 958 ff. BGB und BGH NStZ 2006, 170, 171; *Lackner/Kühl*, § 242 Rn 7.

privaten Gewässern („Fischteiche"). Diese können taugliche Diebstahlsobjekte sein.[51] Auch entlaufene Haustiere werden noch nicht allein durch das Entlaufen herrenlos (wohl aber gewahrsamslos).

Darüber hinaus sind Sachen herrenlos, an denen der Eigentümer in der Absicht des Eigentumsverzichts den Besitz aufgegeben hat (sog. **Dereliktion**, vgl. § 959 BGB). **21**

Beispiele:

(1) A hat kein Interesse mehr an seinem alten Portemonnaie und wirft es in den neben einer Parkbank aufgestellten Müllkorb. Wenig später wird es zufällig von T entdeckt, der es an sich nimmt.

Für T, der das Portemonnaie gutgläubig an sich nimmt, ist es aufgrund der Eigentumsaufgabe durch A herrenlos. T hat daher nicht den objektiven Tatbestand des Diebstahls verwirklicht. Anders wäre es aber gewesen, wenn A das Portemonnaie zuvor B gestohlen hätte. Dann wäre er in Ermangelung der Eigentümerposition rechtlich nicht in der Lage gewesen, das Eigentum daran aufzugeben (B bleibt gem. § 935 I 1 BGB Eigentümer). T hätte dann eine fremde bewegliche Sache weggenommen. Gleichwohl hätte T sich in Ermangelung eines entsprechenden Diebstahlsvorsatzes (er dachte ja, der bisherige Eigentümer des Portemonnaies habe sein Eigentum daran aufgegeben) auch hier nicht wegen Diebstahls strafbar gemacht, vgl. § 16 I 1.

(2) O hat am Straßenrand Sperrmüll abgestellt. Noch bevor das Entsorgungsunternehmen den Unrat abholen kann, werden einige Gegenstände von Privatleuten, die diese offenbar gebrauchen können, mitgenommen.

Hier liegt ein Fall der Dereliktion vor, wenn O die Dinge einfach nur loswerden möchte und es ihm dabei egal ist, wer letztlich die Sachen mitnimmt. Sollten sich im „Unrat" aber Gegenstände befinden, die bspw. auf Internet-Plattformen („eBay-Kleinanzeigen") zum Kauf angeboten werden könnten, mag die Sache anders aussehen. Gleiches gilt, wenn sich Gegenstände mit Persönlichkeitsbezug darunter befinden.

Hinsichtlich am Straßenrand aufgestellten Sammelguts, das bspw. für eine **Wohltätigkeitsorganisation** bestimmt ist, die dazu aufgerufen hatte („Altkleidersammlung"), oder hinsichtlich in den Müllcontainer geworfener Lebensmittel durch Angestellte eines Supermarktes verzichten die (Alt-)Eigentümer regelmäßig weder i.S.d. § 959 BGB auf ihr Eigentum noch sind sie mit der Ansichnahme durch beliebige Dritte einverstanden.[52] Es muss aber, wie stets, auf den konkreten Einzelfall geblickt und danach gefragt werden, ob ein objektiver Beobachter davon ausgeht, dass der (Alt-)Eigentümer kein Interesse mehr an der Sache hat.

Beim Abstellen von **(Elektro-)Schrott** (oder anderem Sondermüll) am Straßenrand (etwa im Rahmen einer gemeindlichen Abholaktion oder Sperrmüllaktion) darf (in Ermangelung entgegenstehender Anhaltspunkte) ebenfalls davon ausgegangen werden, dass die (Alt-)Eigentümer schon allein unter Umweltgesichtspunkten nicht mit der Ansichnahme durch beliebige Dritte einverstanden sind, sondern eine fachgerechte Entsorgung und daher eine Mitnahme ausschließlich durch den beauftragten Entsorger wünschen.

Bei **Altpapiersammlungen** darf ebenfalls davon ausgegangen werden, dass die (Alt-)Eigentümer im Zweifel nicht mit der Ansichnahme durch Dritte einverstanden sind. Denn gelegentlich befinden sich auch Unterlagen mit persönlichen Daten (Kontoauszüge, Rechnungen etc.) unter dem Altpapier.[53]

Auch bei auf **Friedhöfen** abgelegten Gegenständen wie z.B. Trauerkränze, Engel, Laternen usw. ist kaum davon auszugehen, dass der Eigentümer des Trauerkran-

---

[51] Zur Abgrenzung Diebstahl/Jagd- und Fischwilderei vgl. Rn 952.
[52] Vgl. auch den Klausurfall von *Esser/Scharnberg*, JuS 2012, 809 ff.
[53] Siehe BGH NJW 2016, 1887, 1888 f.

zes (oder Engels oder Laterne usw.) nicht i.S.d. § 959 BGB auf sein Eigentum verzichtet und damit auch nicht mit der Ansichnahme durch Dritte einverstanden ist. Daher liegt regelmäßig ein Diebstahl vor (zum Gewahrsamsbruch vgl. Rn 29 ff.).

Wirft ein Bankmitarbeiter die von einem Kunden aufgrund der Kündigung des Girovertrags abgegebene **Girocard** (früher: ec-Karte) in den Papierkorb, statt sie zu entwerten bzw. ordnungsgemäß zu entsorgen, stellt dies mit Blick auf die auf der Karte gespeicherten Daten keine Dereliktion dar. Vielmehr wird die Eigentumsaufgabe erst mit der Annahme durch den zuständigen Abfallentsorger zwecks Vernichtung anzunehmen sein. Wenn daher z.B. der Raumpfleger im Hausmüll eine Girocard entdeckt und sie an sich nimmt, macht er sich wegen Diebstahls strafbar.[54]

22

> **Hinweis für die Fallbearbeitung:** Um die Fremdheit bejahen zu können, muss zunächst die *Eigentumsfähigkeit* des fraglichen Objekts bejaht werden. Denn die Sache kann überhaupt nur dann fremd sein, wenn sie eigentumsfähig (im strafrechtlichen Sinne) ist. Zur Besonderheit bei menschlichen Körperteilen, Leichen und Leichenteilen wurde bereits im Rahmen der Sacheigenschaft Stellung genommen. Bei der sodann zu prüfenden *Herrenlosigkeit* ist – etwa wenn der Sachverhalt Anlass zu der Annahme bietet, dass eine Eigentumsaufgabe vorliegen könnte – danach zu fragen, ob ein objektiver Beobachter davon ausgehen kann, dass der (Alt-)Eigentümer kein Interesse mehr an der Sache hat bzw. mit der Ansichnahme durch beliebige Dritte einverstanden ist. Sollte danach eine Dereliktion nicht vorliegen, ist der objektive Tatbestand des Diebstahls erfüllt. In diesem Fall kommt aber ein Tatbestandsirrtum gem. § 16 I S. 1 in Betracht, sofern der Täter irrig davon ausging, der (Alt-)Eigentümer sei mit der Mitnahme durch beliebige Personen einverstanden, weil es diesem nur darum gehe, sich der Sachen zu entledigen.
>
> Im Übrigen erlangt das Merkmal *fremd* insbesondere beim **Tanken ohne zu bezahlen** (Rn 65 f., 270) und beim **Automatendiebstahl** (Rn 62, 510, 680) gewisse (Klausur-)Bedeutung.

23   Wird eine Sache nur verloren, liegt mangels Eigentumsverzichts (dieser muss ja gerade willentlich erfolgen, s.o.) keine Dereliktion vor. **Eine verlorene Sache ist also niemals herrenlos.** Allenfalls anzunehmen ist der Verlust des Gewahrsams, sofern der Berechtigte nicht mehr in der Lage ist, seine von seinem Willen geprägte, tatsächliche Herrschaft über die Sache auszuüben (dies ist wichtig für die Wegnahme, dazu sogleich).

24   Anders als im Zivilrecht sind im Strafrecht bei der Beurteilung der Eigentumsverhältnisse **Rückwirkungsfiktionen** (vgl. etwa §§ 142 I, 184, 1953 BGB) **irrelevant**. Dies entspricht dem allgemeinen Grundsatz, wonach es für die Beurteilung der Strafbarkeit nur auf den Zeitpunkt der Tatbegehung ankommt.[55]

Beispiel: A ist bei B zu Besuch und steckt in einem unbeobachteten Moment eine wertvolle kleine Skulptur aus dem 19. Jahrhundert in seine Jackentasche. Später verkauft er diese für 2.500,- € an den Hehler H. Als B später davon erfährt, ist er über die Höhe des Kaufpreises positiv überrascht und verlangt von A das Geld heraus.

Mit dem Herausgabeverlangen hat B die Veräußerung der Skulptur an H konkludent genehmigt (vgl. § 184 I BGB) und damit auch den Diebstahl des A „genehmigt". Doch diese „Genehmigung" kann keine Auswirkungen auf die Strafbarkeit des A haben, da es im Strafrecht sonst zu Zufallsergebnissen kommen könnte und die Strafbarkeit des Täters von dem nachträglichen Verhalten des Opfers abhinge (Beispiel: X und Y rauben eine Bank aus. Später stellt sich heraus, dass X der Sohn des Bankdirektors ist. Dieser verzeiht

---

[54] Vgl. OLG Hamm Kriminalistik 2011, 613. Das Gleiche würde gelten, wenn der Inhaber der Girocard die Karte in den (privaten) Hausmüll wirft und die Karte dann von der Raumpflegerin entdeckt und an sich genommen würde. Zum Gewahrsam vgl. Rn 33.

[55] Vgl. *Wessels/Hillenkamp*, BT 2, Rn 80; LK-*Vogel*, § 246 Rn 4.

seinem Sohn. ⇨ Ließe man hier eine „Genehmigung" zu, wäre zwar Y, nicht aber X wegen Raubs bzw. Erpressung strafbar).

> **Hinweis für die Fallbearbeitung:** Zur Bejahung der Fremdheit genügen für die Fallbearbeitung regelmäßig die Verneinung der Sache als im Alleineigentum des Täters stehend und die Feststellung, dass sie nicht herrenlos ist. Bei Bejahung beider Voraussetzungen ist die Sache fremd. Die oftmals schwierige Eigentumsprüfung kann dann dahingestellt bleiben. Nur wenn die Fremdheit fraglich ist, bedarf es einer genauen Prüfung.

25

b. Tathandlung: Wegnahme

Tathandlung ist die **Wegnahme**. Der Begriff der Wegnahme ist gesetzlich nicht definiert. Allgemein hat sich aber folgende Definition durchgesetzt:

26

Wegnahme bedeutet Bruch fremden und Begründung neuen, nicht notwendigerweise tätereigenen Gewahrsams.[56]

> **Hinweis für die Fallbearbeitung:** Diese allgemein anerkannte Definition muss in folgende Prüfungsschritte „zerlegt" werden:
>
> 1. Zunächst ist zu prüfen, ob an der Sache im Zeitpunkt der Tathandlung ein **fremder Gewahrsam** bestand.
> 2. Sodann ist zu prüfen, ob durch die Tathandlung der bisherige Gewahrsam **aufgehoben** und neuer (nicht notwendigerweise tätereigener) Gewahrsam **begründet** worden ist.
> 3. Schließlich ist die Frage zu beantworten, ob der Gewahrsamsübergang **ohne oder gegen den Willen** des bisherigen Gewahrsamsinhabers erfolgt ist.

27

aa. Begriff des Gewahrsams

Nach h.M. enthält der Begriff des Gewahrsams eine objektive und eine subjektive Komponente. Daher wird allgemein folgende Definition verwendet:

28

Gewahrsam ist die von einem natürlichen Herrschaftswillen getragene tatsächliche Sachherrschaft eines Menschen über eine Sache.[57]

> **Beispiel:** Wer sein Portemonnaie hinten in die Hosentasche gesteckt hat, übt tatsächliche Herrschaftsgewalt aus. Wird das Portemonnaie nun von einem Taschendieb herausgezogen, ist der Gewahrsamsbruch eindeutig zu bejahen.

Sicherlich kann die von der h.M. aufgestellte Definition für derartige (unproblematische) Fälle uneingeschränkte Geltung beanspruchen. Sie findet aber ihre Grenzen in Fällen, in denen der Berechtigte aus faktischen Gründen nicht wirklich in der Lage ist, eine tatsächliche Sachherrschaft über die Sache auszuüben.

29

> **Beispiele:**
> (1) Ist ein Wohnungsinhaber (z.B. urlaubsbedingt) abwesend, ist fraglich, wie er die tatsächliche Sachherrschaft über die in seiner Wohnung befindlichen Gegenstände ausüben soll.

---

[56] Vgl. nur RGSt 48, 58, 59; BGHSt 16, 271, 272; BGH NStZ 2008, 624, 625; aus der Lit. etwa Sch/Sch-*Eser/Bosch*, § 242 Rn 22; MüKo-*Schmitz*, § 242 Rn 48; *Lackner/Kühl*, § 242 Rn 8.
[57] RGSt 50, 183, 184; BGHSt 16, 271, 273; BGH NStZ 2008, 624, 625; *Lackner/Kühl*, § 242 Rn 8a; LK-*Vogel*, § 242 Rn 17 ff.

(2) Befindet sich ein Autofahrer zu Fuß auf einem Stadtbummel, ist fraglich, wie er die tatsächliche Sachherrschaft über seinen auf dem Parkplatz abgestellten Wagen ausüben soll.

(3) Auch derjenige, der morgens noch schläft, hat auf die Zeitung, die draußen im Briefkasten steckt, nicht wirklich eine tatsächliche Zugriffsmöglichkeit. Erst recht hat nicht wirklich eine „Sachherrschaft" über die ihm gehörenden Gegenstände, wer auf der Intensivstation eines Krankenhauses im Koma liegt.

(4) Eine tatsächliche „Sachherrschaft" übt auch nicht aus, wer seinen Hund frei im Garten herumlaufen lässt und nicht bemerkt, dass ein Fremder das Tier weglockt und mitnimmt. Dasselbe gilt für denjenigen, der einen Trauerkranz auf ein Friedhofsgrab ablegt und nicht bemerkt, wie später ein Unbekannter den Kranz fortschafft, oder für denjenigen, der abends Sperrmüll oder (Elektro-)Schrott am Straßenrand zwecks Abholung durch ein beauftragtes Entsorgungsunternehmen abstellt und nicht mitbekommt, wie nachts Unbekannte Teile davon mitnehmen.

30 Um in Fällen der vorliegenden Art dem Schutzzweck des § 242 gerecht zu werden und einen Diebstahl annehmen zu können, bedient sich die h.M. eines (korrigierenden) Kunstgriffes, indem sie in Fällen, in denen der Berechtigte nicht tatsächlich auf die Sache zugreifen kann, auf die **Verkehrsauffassung** abstellt, um – bei entsprechendem Herrschaftswillen – auch noch bei einer gewissen räumlichen **Lockerung** den Gewahrsam bejahen zu können (sog. „**gelockerter Gewahrsam**"). Eines solchen Kunstgriffes, der spätestens im Koma-Fall (Bsp. 3) an seine Grenzen stößt – bedarf es jedoch nicht, wenn man nicht von dem Erfordernis einer tatsächlichen Herrschaftsmacht über die Sache ausgeht, sondern eine **sozial-normative** Zuordnung der Sache zur Herrschaftssphäre einer Person vornimmt („**sozial-normativer Gewahrsamsbegriff**").[58]

31 Der sozial-normative Gewahrsamsbegriff ist aus rechtsdogmatischer Sicht vorzugswürdig, weil er – anders als die Konstruktion eines „gelockerten Gewahrsams" – kein bloßes Korrektiv eines an Grenzen stoßenden Gewahrsamsbegriffs darstellt. Er hat zudem zur Konsequenz, dass Gewahrsam ohne weiteres auch bei einer gewissen Bewusstseinslockerung zu bejahen ist. Zur Vorgehensweise bzw. Formulierung in einer Fallbearbeitung vgl. *Schmidt/Priebe*, Fälle zum StrafR II, Fall 1 Rn 13 ff.

> **Beispiele:** Auch *Geisteskranke, Schlafende und Bewusstlose* haben daher im dargelegten Sinne einen Herrschaftswillen und können bestohlen werden. *Bewusstlosigkeit* hebt selbst dann den Gewahrsam nicht auf, wenn der Betroffene vor seinem Tod nicht mehr aufwacht, da es keinen Unterschied machen kann, ob er sich noch einmal von seinem Zustand erholt oder nicht (str.).[59] Der Herrschaftswille endet aber mit der **endgültigen Aufgabe** oder mit dem **Tod**.
>
> Problematisch ist auch das „**Bestehlen bzw. Berauben von Toten**". Zwar wurde aufgezeigt, dass verstorbene Menschen keinen Gewahrsam (mehr) haben können, sodass eine Wegnahme ausscheidet.[60] Hat der Täter aber selbst zuvor den Tod des Gewahrsamsinhabers herbeigeführt und dies nur zu dem Zweck, das Opfer später in Ruhe „ausrauben" zu können, muss von einem einheitlichen Geschehensablauf ausgegangen werden. Schließt sich die Gewahrsamserlangung dann zeitlich an die Tötungshandlung an, liegt bereits in der Gewaltanwendung der Beginn der Wegnahme, also der Angriff auf den (noch) bestehenden Gewahrsam. Dass die Wegnahme unter diesen Umständen

---

[58] So vertreten von *Hillenkamp*, JuS 2003, 157, 158; *Wessels/Hillenkamp*, BT 2, Rn 83; *Kargl*, JuS 1996, 971, 974; *Martin*, JuS 1998, 893; *Rönnau*, JuS 2009, 1088, 1089 f.; *Kretschmer*, Jura 2009, 590; NK-*Kindhäuser*, § 242 Rn 31; MüKo-*Schmitz*, § 242 Rn 55; *Joecks*, § 242 Rn 16; SK-*Samson*, 4. Aufl., § 242 Rn 20, allesamt zurückgehend auf *Welzel*, GA 1960, 257 und Lb. (11. Aufl. 1969), S. 347, 348.

[59] Wie hier BGH NJW 1985, 1911; Sch/Sch-*Eser/Bosch*, § 242 Rn 30; *Rosenau/Zimmermann*, JuS 2009, 541, 543; a.A. BayObLG NJW 1961, 978, 979; *Seelmann/Pfohl*, JuS 1987, 199. Die Gegenauffassung hat also zur Konsequenz, dass Diebstahl ausscheidet und Unterschlagung in Betracht kommt.

[60] Regelmäßig liegt aber eine Unterschlagung (§ 246) zum Nachteil des Erben vor, der wegen § 1922 BGB Eigentümer ist (siehe dazu bereits Rn 18).

erst nach dem Tod des Opfers vollendet wird, ist bedeutungslos.[61] Der Täter ist dann regelmäßig wegen schweren Raubs mit Todesfolge (§§ 249 250, 251) in Tateinheit mit Mord (§ 211 I, II Var. 3 - Habgier) strafbar.

> **Hinweis für die Fallbearbeitung:** Sollten die Figur des „gelockerten Gewahrsams" und der sozial-normative Gewahrsamsbegriff (wie in den überwiegenden Fällen) zu denselben Ergebnissen gelangen, ist in der Fallbearbeitung eine Streitentscheidung selbstverständlich entbehrlich.

32

Folgt man dem auch hier vertretenen sozial-normativen Gewahrsamsbegriff, ergibt sich für den Gewahrsam folgende Definition:

33

Eine Person übt **Gewahrsam** über eine Sache aus, wenn ihr die Herrschaftsmacht über die Sache **sozial-normativ** zugeordnet wird („**sozial-normativer Gewahrsamsbegriff**").

34

In den **Beispielen** von Rn 29 ist also Gewahrsam anzunehmen. Auch im **Girocard-Fall** (Rn 21 a.E.) übte der Bankangestellte bzw. der Filialleiter (dazu Rn 35/43) Gewahrsam aus, weil die Girocard bis zu ihrem bestimmungsgemäßen Abtransport sozial-normativ der Herrschaftsmacht jedenfalls des Filialleiters zugeordnet bleibt.

Die bisherigen Ausführungen zur Fremdheit und zum Gewahrsam sollten verdeutlicht haben, dass der Gewahrsam streng von den (zivilrechtlichen) **Eigentumsverhältnissen** zu unterscheiden ist. Ausschließlich bei der Frage der Fremdheit kommt es (zumindest im Grundsatz) auf die zivilrechtliche Rechtslage an. Die Beurteilung des **Gewahrsams** richtet sich dagegen allein nach der faktischen, willensgetragenen bzw. sozial-normativen Sachherrschaft. Ebenso wenig darf der zivilrechtliche **Besitz** (§§ 854 ff. BGB) mit dem strafrechtlichen Gewahrsamsbegriff gleichgesetzt werden. So kann der Besitzdiener (§ 855 BGB), der zivilrechtlich nicht Besitzer ist, Gewahrsam haben. Umgekehrt sind Verpächter, Vermieter und Verleiher zwar mittelbare Besitzer (§ 868 BGB), haben jedoch keinen Gewahrsam. Auch der Erbe erlangt wegen der Besitzfiktion des § 857 BGB zwar Besitz an der Erbsache, jedoch schließt dies eine Gewahrsamsbegründung nicht notwendigerweise ein. Dies verdeutlicht das obige **Beispiel** bei Rn 17 (Statue der sich im Krankenhaus befindlichen Tante). Die Fiktion, dass der Besitz auf den Erben übergehe (§ 857 BGB), sagt nichts darüber aus, ob damit Gewahrsam begründet wird. Für den Fall, dass T Alleinerbe ist, ändert sich dadurch freilich nichts. Existiert hingegen ein Miterbe, ist die Statue für T zwar eine fremde bewegliche Sache, sie steht aber nicht in fremdem Gewahrsam, weil O´s Gewahrsam mit ihrem Tod untergegangen war und der Miterbe seinen die tatsächliche Sachherrschaft begründenden Herrschaftswillen mangels Kenntnis noch nicht fassen konnte. Das Gleiche würde bei einer sozial-normativen Betrachtungsweise gelten.

35

Unabhängig von der Definition des Gewahrsams besteht Einigkeit darüber, dass der genannte natürliche Herrschaftswille nur von einer **natürlichen Person** ausgeübt werden kann.[62] Juristische Personen (AG, GmbH etc., aber auch Behörden) und andere Institutionen können dementsprechend keinen Willen bilden; dies können nur die für sie handelnden Organe und Vertreter. Es wäre also falsch zu sagen „die Sache steht im Gewahrsam der X-GmbH". Diese Erkenntnis hat Auswirkungen auf das Innenverhältnis zwischen Organ bzw. Vertreter und Institution: Da die Institution als solche keinen Gewahrsam haben kann, kann er ihr gegenüber auch nicht gebrochen werden. Es kommen also kein Diebstahl, sondern Unterschlagung und Untreue in Betracht. Im Außenverhältnis dagegen ist Diebstahl möglich, sofern die Institution zumindest teilrechtsfähig und damit Eigentümer der Sache ist.

36

---

[61] Vgl. BGHSt 9, 135, 136; Sch/Sch-*Eser/Bosch*, § 251 Rn 9.
[62] Vgl. nur *Lackner/Kühl*, § 242 Rn 10; *Fischer*, § 242 Rn 13.

bb. Sonderfälle des Gewahrsams

a.) Genereller Gewahrsamswille

37 Um einen Gewahrsam über (diebstahlstaugliche) Gegenstände annehmen zu können, ist es nicht erforderlich, dass sich der Gewahrsamswille auf jeden einzelnen Gegenstand bezieht. Vielmehr genügt es, dass der Berechtigte einen Gewahrsamswillen hinsichtlich **sämtlicher Gegenstände, die sich in seinem Herrschaftsbereich befinden**, begründet.[63] Würde man etwas anderes annehmen, würden Fälle, in denen jemand einen Gegenstand **verloren** oder **vergessen** hat, selbst auf der Grundlage des sozial-normativen Gewahrsamsbegriffs nicht befriedigend gelöst werden können.[64]

38 **Beispiel:** Auf dem Weg zu einer Party **verliert** O in der U-Bahn sein Portemonnaie. Schaffner S bemerkt dies und steckt das Portemonnaie lieber ein, statt es dem O zu übergeben. Hier könnte ein **Diebstahl** (und nicht etwa eine **Fundunterschlagung!**) vorliegen.

Zunächst müsste es sich bei dem von O verlorenen Portemonnaie um eine für S **fremde Sache** gehandelt haben. Fremd ist eine Sache, wenn sie weder im Alleineigentum des Täters steht noch herrenlos ist.

Vorliegend hat O sein Eigentum an dem Portemonnaie nicht aufgegeben. Insbesondere macht das Verlieren (und auch das Vergessen!) eine Sache noch nicht herrenlos. Für S war das Portemonnaie daher fremd.

S müsste durch das Einstecken des Portemonnaies auch fremden **Gewahrsam gebrochen** haben. Eine Person übt Gewahrsam über eine Sache aus, wenn ihr die Herrschaftsmacht über die Sache sozial-normativ zugeordnet wird („sozial-normativer Gewahrsamsbegriff", s.o.).

Hinsichtlich einer verlorenen Sache kann eine solche Zuordnung nicht vorgenommen werden. Demzufolge übte O im Zeitpunkt der Tathandlung des S keinen Gewahrsam mehr über sein Portemonnaie aus. Möglicherweise übte aber der Betreiber der Bahn Gewahrsam über das Portemonnaie aus. Zwar endet der Gewahrsam desjenigen, der eine Sache außerhalb seines Herrschaftsbereichs verliert, allerdings übt gem. der Verkehrsauffassung bzw. dem sozial-normativen Gewahrsamsbegriff der Inhaber eines Herrschaftsbereichs (vorliegend also der Betreiber der Bahn) einen generellen Gewahrsamswillen über alle Gegenstände aus, die sich in seinem Herrschaftsbereich befinden.

S hat somit fremden Gewahrsam gebrochen und durch das Einstecken des Portemonnaies den Tatbestand des Diebstahls verwirklicht.

39 **Hinweis für die Fallbearbeitung:** Das Verlieren (aber auch das Vergessen) einer Sache ist ein häufig anzutreffendes Klausurthema. Hier ist zu differenzieren: Wird die Sache innerhalb des eigenen oder eines fremden Herrschaftsbereichs verloren, genügt ein **genereller Gewahrsamswille** des jeweiligen Inhabers des Herrschaftsbereichs, um einen Gewahrsam weiterhin annehmen zu können. Nimmt hier ein anderer die Sache mit, liegt Diebstahl und nicht Unterschlagung vor, sofern der generelle Gewahrsamswille des Inhabers des Herrschaftsbereichs vorliegt. Wird die Sache jedoch außerhalb eines Herrschaftsbereichs verloren (etwa auf dem Bürgersteig), endet in jedem Fall die tatsächliche bzw. sozial-normative Einwirkungsmöglichkeit. Die Sache wird gewahrsamslos. Hier ist der Anwendungsbereich des § 246 eröffnet.

40 Etwas anderes gilt für den Fall, in dem der Gewahrsamsinhaber einen Gegenstand an einem bestimmten Ort **vergessen** hat.

---

[63] Sch/Sch-*Eser/Bosch*, § 242 Rn 30; LK-*Vogel*, § 242 Rn 23.
[64] Vgl. zur Problematik auch Sch/Sch-*Eser/Bosch*, § 242 Rn 28; *Fischer*, § 242 Rn 13, 15.

Beispiel: Auch nach der Party läuft es für O nicht besser. Als er wieder nach Hause will, **vergisst** er beim Gastgeber seinen Regenschirm. Gast G, der kurz nach O geht, bemerkt dies und steckt den Schirm ein.

Hier kann man nicht die zum Verlieren eines Gegenstands in einer fremden Gewahrsamssphäre aufgestellten Grundsätze übertragen. Denn nach der Verkehrsauffassung bzw. nach sozial-normativen Gesichtspunkten muss man demjenigen, der eine Sache in einer fremden Gewahrsamssphäre lediglich vergessen hat, weiterhin einen bestimmten Grad an Herrschaftsmacht über die Sache zubilligen, solange er weiß, wo die Sache sich befindet und er sie ohne größere Hindernisse wieder an sich nehmen kann. In einem solchen Fall besteht ein gemeinsamer Gewahrsam zwischen O und dem Gastgeber (sog. Mitgewahrsam, dazu sogleich). Im vorliegenden Beispiel hat G auf jeden Fall einen Gewahrsam gebrochen und mithin den Tatbestand des Diebstahls erfüllt.

Zu den **Kaufhausfällen** (Ladendiebstählen) vgl. Rn 73.

b.) Gewahrsam durch mehrere Personen (Mitgewahrsam)

Besonders problematisch ist es, wenn **mehrere Personen als Gewahrsamsinhaber** in Betracht kommen und der Täter zu ihnen zählt. Dann ist regelmäßig eine Abgrenzung zu § 246 vorzunehmen, weil es dort ja gerade am Gewahrsamsbruch fehlt. In diesen Fällen ist – sofern man mit der wohl h.M. den Gewahrsam als die von einem natürlichen Herrschaftswillen getragene tatsächliche Sachherrschaft eines Menschen über eine Sache versteht – zwischen *gleichrangigem Mitgewahrsam, übergeordnetem (Mit-)Gewahrsam* und bloß *untergeordnetem (Mit-)Gewahrsam* zu unterscheiden.[65]

41

- **Gleichrangiger Mitgewahrsam** zeichnet sich dadurch aus, dass der Gewahrsam zu gleichen Teilen („gleichberechtigt") ausgeübt wird. Dies ist typischerweise zwischen Eheleuten bezüglich der gemeinsam genutzten Sachen in der gemeinsamen Wohnung der Fall. Für eine Wegnahme reicht stets der Bruch von übergeordnetem Gewahrsam (dazu sogleich) oder auch gleichrangigem Mitgewahrsam aus.

42

  Beispiel: Der mit seiner Ehefrau O in der gemeinsamen Wohnung lebende T nimmt im Hinblick auf die bevorstehende Trennung in Abwesenheit der O das beiden gehörende und gemeinsam genutzte Fernsehgerät und bringt es in „Sicherheit". Strafbarkeit nach § 242 I?

  Der Tatbestand des § 242 I setzt zunächst voraus, dass das Fernsehgerät für T fremd war. Da T nicht Alleineigentümer dieses Geräts ist, war es für ihn fremd. T müsste weiterhin das Merkmal der „Wegnahme" erfüllt haben. Wegnahme bedeutet Bruch fremden und Begründung neuen, nicht notwendig eigenen Gewahrsams. Gewahrsam ist die von einem entsprechenden Herrschaftswillen getragene tatsächliche Sachherrschaft eines Menschen über eine Sache. Ein anderes Erklärungsmodell gelangt zu demselben Ergebnis, wenn die Sache einem Menschen unter sozial-normativer Betrachtung zuzurechnen ist. Vorliegend wurde die tatsächliche bzw. sozial-normative Sachherrschaft zu je gleichen Teilen von T und O ausgeübt. Es bestand ein sog. gleichrangiger Mitgewahrsam. Für eine Wegnahme reicht stets der Bruch von gleichrangigem Mitgewahrsam aus. T hat somit fremden Gewahrsam gebrochen. Dass O zur Zeit des Fortschaffens nicht anwesend war, ist unschädlich, da sie nach der Verkehrsauffassung bzw. nach sozial-normativer Sicht Gewahrsam ausübte. T hat somit den objektiven Tatbestand des § 242 I erfüllt.

- **Mehrstufiger Gewahrsam** liegt vor, wenn der Gewahrsam nicht gleichrangig, sondern auf verschiedenen Stufen ausgeübt wird (über- und untergeordneter Gewahrsam). Gewahrsamsbruch und damit Diebstahl sind hier nur von der unteren zur oberen Stufe mög-

43

---

[65] Die beiden zuletzt genannten Fälle werden auch als *mehrstufiger Mitgewahrsam* bezeichnet. Auch ist in Mehrpersonenverhältnissen *Alleingewahrsam* möglich.

lich.[66] Mehrstufiger Gewahrsam ist typischerweise in Über- und Unterordnungsverhältnissen wie Dienst-, Arbeits- u. Auftragsverhältnissen gegeben.

Beispiele: Ladenangestellte üben im Verhältnis zum Geschäftsinhaber, Filialleiter oder Abteilungsleiter allenfalls untergeordneten Gewahrsam an den Waren aus. Nimmt also ein Angestellter ohne Einverständnis des Berechtigten Waren mit nach Hause, ist hierin eine Wegnahme zu sehen, da Gewahrsamsbruch von der unteren zur oberen Gewahrsamsstufe möglich ist.

Auf die Figur des „gestuften" Gewahrsams kommt es aber von vornherein nicht an, wenn der Täter lediglich *Gewahrsamsgehilfe* oder *Gewahrsamshüter* ist, was insbesondere bei Angestellten von Kleinstbetrieben der Fall sein kann. In diesen Fällen übt vielmehr der Geschäftsinhaber Alleingewahrsam aus; der Täter übt überhaupt keinen Gewahrsam aus und vollzieht auf jeden Fall die Wegnahme, wenn er als *Gewahrsamsgehilfe* oder *Gewahrsamshüter* eigenmächtig Sachen mitnimmt. Entsprechendes gilt für **Hausangestellte**, bei denen i.d.R. ebenfalls nur *Gewahrsamshütereigenschaft* angenommen wird.[67]

Umgekehrt kann aber auch im Einzelfall **Alleingewahrsam** des Angestellten zu bejahen sein. Insbesondere **Kassierer** (etwa im Supermarkt) und **Schalterangestellte** (etwa bei Post, Bahn oder einem Kreditinstitut), aber auch **Kellner**[68] haben nach der Verkehrsauffassung bzw. aus sozial-normativer Sicht Alleingewahrsam an dem in der Kasse bzw. Geldbörse befindlichen Geld. Voraussetzung ist nur, dass der genannte Personenkreis für das Schicksal der Kasse bzw. Geldbörse verantwortlich ist, sei es, dass er Fehlbeträge zu erstatten hat, oder sei es, dass er „nur" Ärger bekommt, wenn Beträge fehlen.[69] Nimmt eine diesem Personenkreis zugehörige Person Geld an sich, begeht sie keinen Diebstahl, da sie als Gewahrsamsinhaber keinen Gewahrsam brechen kann. In Betracht kommen aber Untreue (§ 266), veruntreuende Unterschlagung (§ 246 II) oder Betrug (§ 263).

44

> **Hinweis für die Fallbearbeitung:** Die Vollendung der genannten Delikte tritt spätestens dann ein, wenn der Täter bei Dienstschluss den Kasseninhalt unter Vortäuschung einer ordnungsgemäßen Abrechnung dem Geschäftsinhaber oder Berechtigten übergibt. Bleibt die Vollendung der genannten Delikte aus, etwa dadurch, dass der Kassierer beim Beiseiteschaffen des Geldes erwischt wird, kommt eine Versuchsstrafbarkeit in Betracht.[70]

Auch zwischen **Lkw-Fahrern** und deren Geschäftsherren können alle Formen des Gewahrsams in Betracht kommen. Entscheidend ist, ob dem Geschäftsherrn während der Fahrt eine Kontroll- bzw. Überwachungsmöglichkeit eingeräumt bleibt. Bei Fahrten im Nahverkehr wird dies eher anzunehmen sein als bei Fahrten im Fernverkehr, wobei unter Berücksichtigung moderner Kommunikationstechnologien und Satellitennavigation aber auch sehr gut vertreten werden kann, dass sich der Geschäftsherr ständig über die Position seiner Fahrzeuge informieren kann und daher zumindest übergeordneten Mitgewahrsam ausübt.

Üben **mehrere Angestellte** untereinander gleichrangigen Mitgewahrsam, aber ihrem Geschäftsherrn gegenüber übergeordneten oder Alleingewahrsam aus, ist im Verhältnis untereinander Diebstahl, im Verhältnis zum Geschäftsherrn Unterschlagung bzw. Untreue, aber auch Betrug möglich.

45 ▪ **Alleingewahrsam** kommt insbesondere in Ausbildungsverhältnissen und in Dienstverhältnissen in Betracht, in denen die Sachherrschaft des Untergeordneten im Vergleich zu der des Geschäftsherrn so bedeutungslos ist, dass noch nicht einmal von einem unterge-

---

[66] *Lackner/Kühl*, § 242 Rn 13.
[67] Vgl. dazu BGHSt 8, 273, 275; Sch/Sch-*Eser/Bosch*, § 242 Rn 33; *Fischer*, § 242 Rn 10, 14, 14a.
[68] Vgl. auch *Hillenkamp*, JuS 2003, 157, 158 f.
[69] Zu dieser Auffassung tendiert auch der BGH (StV 2001, 13).
[70] Lediglich eine versuchte Untreue kommt nicht in Betracht, da der Gesetzgeber – anders als bei der Unterschlagung (vgl. § 246 III) und dem Betrug (vgl. § 263 II) – eine Versuchsstrafbarkeit nicht angeordnet hat.

ordneten Mitgewahrsam gesprochen werden kann (*Gewahrsamsgehilfen/Gewahrsamshüter*, s.o.).

> **Hinweis für die Fallbearbeitung:** Die vorstehenden Beispiele haben die Grundprinzipien verdeutlicht, unter deren Berücksichtigung auch (regelmäßig) unbekannte Klausurkonstellationen gelöst werden können. Wichtig ist, die Überlegung anzustellen, dass (übergeordneten) Gewahrsam ausübt, wer einerseits die Kontroll- und Einwirkungsmöglichkeit, andererseits aber auch genügend Eigenverantwortlichkeit hat. Die Anerkennung eines Rangverhältnisses einzelner Mitgewahrsamsinhaber untereinander ist aber für das Ergebnis ohne Belang, wenn ein Dritter, der jedenfalls keinen Gewahrsam hat, die Sache an sich nimmt. In der Fallbearbeitung ist der Sonderfall Mitgewahrsam also nur dann zu erörtern, wenn es wirklich darauf ankommt. Da in einem solchen Fall regelmäßig ein Schwerpunkt der Arbeit liegen wird, muss die Lösung der Mitgewahrsamsproblematik argumentativ erarbeitet werden. Folgt man hingegen dem auch hier vertretenen **sozial-normativen** Gewahrsamsbegriff, kommt dem Untergeordneten erst gar keine Sachherrschaft zu. Gestuften Gewahrsam gibt es demnach also gar nicht.[71]

46

c.) Verwahrung

Eng mit dem gestuften Gewahrsam verwandt ist die Frage, wer in Fällen der Verwahrung Gewahrsam über die verwahrte Sache ausübt. Äußerst prüfungsrelevant sind in diesem Zusammenhang die sog. **Gepäckaufgabe**- und **Garderobenfälle**. Hier ist fraglich, wer den jeweiligen Gewahrsam ausübt. In Betracht kommen der Eigentümer, der Verwahrer und dessen Geschäftsherr.

47

> **Beispiel:** A ist Eigentümer einer Kawasaki ZXR 1100. An einem Samstagabend fährt er mit seiner Maschine zur nahegelegenen Diskothek und gibt seine Lederjacke, in deren Innentasche sich auch der Motorradschlüssel befindet, an der Garderobe ab. B, der gerne hin und wieder mit Motorradteilen dealt, beobachtet dies und fasst folgenden Plan: Er möchte zur Garderobenfrau G gehen und dieser glaubhaft machen, er sei Besitzer der Jacke und benötige nur mal schnell den Schlüssel; die Garderobenmarke sei bei seinem Freund, mit dem er gekommen sei und den er gerade nicht finden könne. So geschieht es denn auch. Auf diese Weise zu dem Motorrad gekommen, zerlegt er es später in alle Einzelteile und verkauft diese an den Hehler H. Strafbarkeit des B?
>
> **1.** B könnte sich dadurch, dass er aufgrund der falschen Behauptung über die Eigentumslage bezüglich des Schlüssels G dazu veranlasste, ihm den Schlüssel herauszugeben, gem. §§ 242 I, 25 I Var. 2 wegen **Diebstahls in mittelbarer Täterschaft** strafbar gemacht haben.
>
> **a.** Bei dem Schlüssel handelt es sich um einen körperlichen Gegenstand, der tatsächlich fortbewegt werden kann, mithin um eine bewegliche Sache. Er stand auch weder im (Allein-)Eigentum des B noch in dem der G und war daher fremd.
>
> **b.** Als Tathandlung verlangt der Diebstahl in mittelbarer Täterschaft die Wegnahme der Tatobjekte durch einen anderen, das Tatwerkzeug, §§ 242 I, 25 I Var. 2. Die Wegnahme erfordert den Bruch fremden und die Begründung neuen, nicht notwendigerweise tätereigenen Gewahrsams. Als Tatwerkzeug kommt die Garderobenfrau G in Betracht. Diese müsste den Gewahrsam am Schlüssel gebrochen haben. Gewahrsam am Schlüssel brechen konnte sie aber nur dann, wenn jemand anderes Gewahrsam daran hatte. Wäre G selbst Gewahrsamsinhaberin gewesen, hätte sie keinen Gewahrsam brechen können (dann wäre in der Fallbearbeitung ein Betrug zum Nachteil des A und zum Vorteil des B zu prüfen, siehe sogleich).
> Die wohl h.M. versteht Gewahrsam als eine von einem natürlichen Herrschaftswillen getragene tatsächliche Sachherrschaft eines Menschen über eine Sache unter Berücksichti-

48

---

[71] Vgl. *Wessels/Hillenkamp*, BT 2, Rn 96; SK-*Hoyer*, § 242 Rn 45; *Lackner/Kühl*, § 242 Rn 13.

gung der Verkehrsauffassung. Die Gegenauffassung bestimmt den Gewahrsam nach sozial-normativen Gesichtspunkten und gelangt regelmäßig zu denselben Ergebnissen.

Als gesichert kann angesehen werden, dass A sich bewusst seiner unmittelbaren Zugriffsmöglichkeit auf seinen Schlüssel begeben hat, als er seine Jacke bei G abgegeben hat. Fraglich kann daher nur sein, ob G oder ihr Geschäftsherr (der Inhaber der Diskothek) Gewahrsam hatten. In Anlehnung an das zu den Kassierern Gesagte muss auch hinsichtlich der G gelten, dass sie – soweit sie für das Schicksal der bei ihr abgegebenen Gegenstände verantwortlich ist, sei es, dass sie Fehlbestände zu erstatten hat, oder sei es, dass sie „nur" Ärger bekommt, wenn Gegenstände fehlen – nach der Verkehrsauffassung bzw. aus sozial-normativer Sicht trotz der (unterstellten) sozialen Abhängigkeit Alleingewahrsam bezüglich der in der Garderobe befindlichen Gegenstände hat.

Der Schlüssel des A gehörte zu dessen abgegebener Garderobe. Somit hatte G Alleingewahrsam über ihn und konnte keinen fremden Gewahrsam brechen. Folglich konnte sie kein Tatwerkzeug sein.

2. Ein Diebstahl des B in mittelbarer Täterschaft scheidet daher aus. B hat sich aber aufgrund der wahrheitswidrigen Behauptung hinsichtlich der Eigentumslage und der dadurch bedingten Herausgabe des Schlüssels wegen **Betrugs** (d.h. Dreiecksbetrug) strafbar gemacht. Vgl. dazu ausführlich Rn 521, 595.

49 Bei **verschlossenen Behältnissen** ist hinsichtlich des **Gewahrsams am Inhalt nach Art und Beschaffenheit des Behältnisses** zu differenzieren: Nach der Verkehrsauffassung bzw. der sozial-normativen Sichtweise wird bei *ortsfesten* und nur sehr schwer fortzuschaffenden Behältnissen (Schließfächer, Tresore, Automaten, etc.) der Schlüsselinhaber (zumindest Mit-)Gewahrsam am Inhalt haben. Bei *beweglichen* bzw. leicht fortzuschaffenden Behältnissen (aufgegebene Reisekoffer, bei Freunden verwahrte Schmuckkassette etc.) wird hingegen derjenige, der Gewahrsam am Behältnis hat, zugleich auch die alleinige tatsächliche Sachherrschaft und somit Alleingewahrsam über den Inhalt ausüben, selbst wenn sich der Schlüssel nicht bei ihm befindet.[72]

cc. Bruch fremden Gewahrsams

50 Der fremde Gewahrsam muss durch den Täter (bzw. bei mittelbarer Täterschaft durch den Tatmittler) gebrochen werden.

51 Fremder Gewahrsam wird **gebrochen**, wenn er ohne oder gegen den Willen des Gewahrsamsinhabers aufgehoben wird.[73]

Beispiel: Wenn der Täter nachts in eine Villa einsteigt und die dort befindlichen maritimen Antiquitäten fortschafft, bricht er dadurch den Gewahrsam des bisherigen Gewahrsamsinhabers an den Antiquitäten. Doch in der Klausur sind die zu würdigenden Sachverhalte nicht so einfach. Vielmehr wird die Auseinandersetzung mit folgenden Problemkreisen erwartet:

52 Dadurch, dass auf den Willen des bisherigen Gewahrsamsinhabers abgestellt wird, ist das Merkmal der Wegnahme nicht erfüllt, wenn ein Einverständnis vorliegt (sog. **tatbestandsausschließendes Einverständnis**). Dieses Einverständnis muss seiner Rechtsnatur nach weder ausdrücklich noch konkludent erklärt werden; vielmehr genügt der im Inneren des Berechtigten verborgene Wille.

53 **Hinweis für die Fallbearbeitung:** Entscheidend ist das tatsächliche Vorliegen bei *Beginn* der Tatausführung. Im Gegensatz zur rechtfertigenden Einwilligung, bei der nach der herrschenden Lehre von den subjektiven Rechtfertigungselementen der Täter mit

---

[72] BGHSt 22, 180, 182 f.; Sch/Sch-*Eser/Bosch*, § 242 Rn 34; *Wessels/Hillenkamp*, BT 2, Rn 105.
[73] *Fischer*, § 242 Rn 16; Sch/Sch-*Eser/Bosch*, § 242 Rn 35; *Ludwig/Lange*, JuS 2000, 446, 449. Vgl. auch BGH NStZ 2008, 624, 625 und *Jahn*, JuS 2008, 1119, 1120.

einem entsprechenden Rechtfertigungswillen gehandelt haben muss, ist es beim tatbestandsausschließenden Einverständnis unerheblich, ob der Täter in Kenntnis des Einverständnisses handelt. Weiß er nichts von einem in Wirklichkeit vorliegenden Einverständnis, kommt ein strafbarer (untauglicher) Versuch in Betracht (vgl. §§ 242 II, 22). Liegt aber ein wirksames Einverständnis vor und weiß der Täter dies, ist dieser nicht notwendig straflos. Vielmehr kommt ein **Betrug** (§ 263) in Betracht, wenn der Täter über Tatsachen getäuscht und das Opfer (bzw. den Verfügenden) zu einer Vermögensverfügung, die auch durch Unterlassen (hier: Einverständnis zum Gewahrsamswechsel durch den Täter) veranlasst hat, vgl. Rn 57 ff.

Von einem Einverständnis kann daher nicht gesprochen werden, wenn der Berechtigte die Tat lediglich **duldet** oder **geschehen lässt**.   **54**

> **Beispiel:** Der Inhaber eines Kaufhauses bzw. der dort angestellte Ladendetektiv beobachtet einen Ladendiebstahl, ohne zunächst einzugreifen. Vielmehr soll abgewartet werden, wie der Dieb sich insgesamt im Kaufhaus verhält und ob er später das Kaufhaus mit der nicht bezahlten Ware verlassen möchte.
>
> Zum einen hindert die Beobachtung nicht den Gewahrsamswechsel („**Diebstahl ist kein heimliches Delikt**"[74]), und zum anderen liegt mit der Beobachtung nicht etwa ein tatbestandsausschließendes Einverständnis vor[75].
>
> Erst recht liegt kein tatbestandsausschließendes Einverständnis vor, wenn der das Tatgeschehen beobachtende Eigentümer einen Diebstahl lediglich für möglich hält.[76]

Anders liegt es bei der sog. **Diebesfalle** (Lockspitzelfälle). Damit sind Fälle gemeint, bei denen für den Täter zu dessen Überführung ein lohnendes Diebstahlsobjekt bereitgelegt wird und dieses Objekt so präpariert ist, dass nach Entdecken der Tat mit Hilfe technischer Mittel eine Überführung des Täters möglich ist.   **55**

> **Beispiel:** O vermutet, dass ihr Gärtner T stiehlt. Sie präpariert eine Rosenschere in der Weise, dass jeder, der sie berührt, durch chemische Rückstände an den Händen identifiziert werden kann. Anschließend legt sie sie an eine unauffällige Stelle im Gartenhäuschen, sodass es aussieht, als habe sie sie verlegt. Die Rosenschere wird erwartungsgemäß von T entdeckt und eingesteckt.   **56**
>
> Damit die gewünschte Überführung gelingt, muss der/die Berechtigte (vorliegend O) mit dem Gewahrsamswechsel (vorliegend Ergreifen und Einstecken der Rosenschere) einverstanden sein. Ist das der Fall, kann der Gewahrsam nicht gebrochen werden; der objektive Tatbestand des § 242 I ist nicht erfüllt. Da T aber entsprechenden Diebstahlsvorsatz hatte, ist er wegen **versuchten Diebstahls** strafbar (§§ 242 II, 22).
>
> Erstreckt man das Einverständnis auch auf die Zueignung (was immer dann naheliegt, wenn der Berechtigte den Verlust des „Köders" in Kauf nimmt), scheidet auch eine *vollendete* rechtswidrige Zueignung i.S.d. Unterschlagung (§ 246) aus. Die an sich gegebene *versuchte* Unterschlagung (§§ 246 III, 22) tritt subsidiär hinter den Diebstahlsversuch zurück (vgl. § 246 I a.E.).[77]
>
> O hat sich dagegen nicht strafbar gemacht. Die in Betracht kommende Anstiftung zum versuchten Diebstahl (§§ 242 I, II, 22, 23 I, 26) ist zwar objektiv erfüllt, sie scheitert aber am fehlenden „doppelten" Anstiftervorsatz. O wollte lediglich T überführen, nicht jedoch die Vollendung der Haupttat. Deshalb ist O als *agent provocateur* („Lockspitzel") straflos.[78]

---

[74] Vgl. dazu etwa BGH NStZ 2008, 624, 625; NStZ 2007, 336, 337; OLG Hamm NJW-Spezial 2013, 664 f.; OLG Hamm NStZ-RR 2014, 209.

[75] So nun auch OLG Hamm NJW-Spezial 2013, 664 f.

[76] OLG Hamm NStZ-RR 2014, 209.

[77] Vgl. dazu OLG Gera StraFo 2000, 358, 359; *Krey/Hellmann/Heinrich*, BT II, Rn 35; *Wessels/Hillenkamp*, BT 2, Rn 118; *Fischer*, § 242 Rn 23.

[78] Zum *agent provocateur* vgl. im Übrigen ausführlich SK-*Hoyer*, vor § 26 Rn 64 ff.

57 Da ein tatbestandsausschließendes Einverständnis nur auf den natürlichen (nicht etwa den rechtlichen) Willen abstellt, berührt ein durch **Täuschung** oder **Drohung** erlangtes Einverständnis grundsätzlich dessen Wirksamkeit nicht. Im Ergebnis ist dann zumeist ein Diebstahl zu verneinen. Bei Täuschung kommt aber regelmäßig ein **Betrug** (in Form des Sachbetrugs), und bei Drohung eine **räuberische Erpressung** (§ 255) in Betracht.

58

> **Hinweis für die Fallbearbeitung:** Die Abgrenzung zwischen Diebstahl und (Sach-)Betrug ist äußerst prüfungsrelevant. Insbesondere sind häufig sog. **Kaufhausfälle** zu beobachten, in denen der Täter eine Sache verbirgt (ohne jedoch eine Gewahrsamsenklave zu bilden) und dann den Kassenbereich passiert. Hier stellt sich die Frage, ob ein Diebstahl oder ein Betrug vorliegt. Vgl. dazu Rn 73, 76, 78, 589. Auch sog. **Beschlagnahmefälle**, in denen sich der Täter z.B. als Kriminalbeamter ausgibt und die im Gewahrsam des Opfers stehende Sache „beschlagnahmt", werden in diesem Zusammenhang gerne geprüft. Vgl. dazu Rn 69, 587 und 767a. Schließlich sind Fälle relevant, in denen der Täter eine **Selbstbedienungskasse** „täuscht", vgl. dazu Rn 697.

59-62 Die Grenzen des Einverständnisses zur Gewahrsamsübertragung sind auch dort zu ziehen, wo ein Gegenstand lediglich zur **Ansicht oder zur Anprobe ausgehändigt** wird. Hier ist regelmäßig lediglich von einer **Gewahrsamslockerung** und nicht von einer Gewahrsamsübertragung auszugehen. Wer in einem solchen Fall mit der Sache in Zueignungsabsicht verschwindet, begeht einen **Diebstahl** (sog. täuschungsbedingte Gewahrsamslockerung – **Trickdiebstahl**). Vgl. dazu auch das **Beispiel** bei Rn 592.

63 Ferner sind Grenzen des Einverständnisses dort zu sehen, wo es der Gewahrsamsinhaber an die **Einhaltung bestimmter Voraussetzungen** (bzw. **Bedingungen**) knüpft.

64 ▪ So ist nach h.M. etwa der Inhaber eines **Warenautomaten** nur dann mit der Entnahme der Ware einverstanden, wenn das Gerät korrekt funktioniert und es auch ordnungsgemäß bedient wird[79] (das Einverständnis bezieht sich sowohl auf die zivilrechtliche Übereignung und Übergabe als auch auf den strafrechtlichen Gewahrsamsübergang). Wer daher Falschgeld, Münzen mit geringerem Nennwert oder geringwertigere (ausländische) Münzen einwirft bzw. den Automaten mit mechanischen Tricks wie mit Drähten usw. manipuliert, begeht durch die Entgegennahme der auf diese Weise freigegebenen Ware einen Gewahrsamsbruch und damit einen **Diebstahl**, sodass insofern für die subsidiäre Vorschrift des § 265a kein Raum ist. Die Ratio dieser *Lehre vom bedingten Einverständnis* schließt nach Auffassung der h.M. die Lücke, die entsteht, wenn – wie vorliegend – ein Täuschungsgegner fehlt und damit ein (gegenüber § 265a im Strafmaß gesteigerter) Betrug ausscheiden muss. Bricht der Täter hingegen den Automaten mittels eines Brechwerkzeugs auf, um sich den Inhalt zuzueignen, kommt es auf die genannte Problematik erst gar nicht an. Hier ist zweifelsfrei Diebstahl gegeben (die Sachbeschädigung am Automaten tritt als typische Begleittat im Wege der Gesetzeskonkurrenz – Konsumtion – zurück, es sei denn, die Höhe des Sachschadens liegt erheblich über dem Wert der Beute).

65 ▪ Relevant ist auch das **Tanken ohne zu bezahlen**: So kommen beim **Selbstbedienungstanken** hinsichtlich desjenigen, der Kraftstoff in seinen Tank einfüllt und anschließend das Tankstellengelände ohne zu bezahlen verlässt, *Diebstahl*, *Unterschlagung* oder *Betrug* in Betracht.[80]

Beispiel[81]**:** Ohne auch nur einen Cent in der Tasche zu haben (die Kreditkarte und die Girocard hat man ihm schon vor langer Zeit gesperrt), sucht B mit seinem Lieferwagen eine SB-Tankstelle auf und befüllt dort seinen Tank. Der Vorgang wird vom Tankstellenpersonal nicht weiter wahrgenommen. Sodann verlässt er entsprechend seinem von An-

---

[79] Wie hier *Joecks*, § 242 Rn 32.
[80] Auf den (im Ergebnis abzulehnenden Tatbestand des Automatenmissbrauchs (§ 265a I Var. 1) soll hier nicht eingegangen werden, da der Tankautomat kein Leistungsautomat ist.
[81] Nach OLG Köln NJW 2002, 1059. Vgl. auch BGH NStZ 2009, 694, BGH NJW 2012, 1092 f. und BGH NJW 2016, 1109 f.

fang an gefassten Entschluss mit dem Wagen das Tankstellengelände, ohne zu bezahlen. Später, als ein anderer Kunde tanken möchte und dies nicht funktioniert, weil die Zapfsäule noch nicht freigegeben ist, fällt die Sache auf. B kann aufgrund der Auswertung der Videoaufzeichnung gefasst werden. Strafbarkeit des B?

1. Strafbarkeit wegen Diebstahls

Durch das Einfüllen des Kraftstoffes in den Tank könnte B sich gem. § 242 I strafbar gemacht haben. Dazu müsste das Einfüllen des Kraftstoffes in den Tank die Wegnahme einer fremden beweglichen Sache gewesen sein. **Sachen** i.S.d. § 242 sind alle körperlichen Gegenstände i.S.d. § 90 BGB, und zwar unabhängig von deren wirtschaftlichem Wert und deren Aggregatzustand, solange sie von der Außenwelt (räumlich) abgrenzbar sind. Das ist bei dem Kraftstoff, den B in den Tank gefüllt hat, der Fall. Der Kraftstoff war auch **beweglich**, wie das Einfüllen in den Tank anschaulich bewiesen hat. Der in den Tank des Wagens eingefüllte Kraftstoff müsste für B aber auch fremd gewesen sein. **Fremd** ist eine Sache, wenn sie weder im Alleineigentum des Täters steht noch herrenlos ist. Zunächst einmal kann festgehalten werden, dass sich an den Tanksäulen einer Selbstbedienungstankstelle regelmäßig der Hinweis befindet, der Kraftstoff verbleibe bis zur vollständigen Bezahlung im Eigentum des Tankstellenbetreibers. In diesen Fällen erfolgt die Eigentumsübertragung (d.h. die dingliche Einigungserklärung des Tankstellenbetreibers) aufschiebend bedingt gem. §§ 929 S. 1, 158 I BGB, d.h. die Eigentumsübertragung erfolgt erst, nachdem der Kunde den Kaufpreis entrichtet hat. Mit Blick auf das Kriterium der Fremdheit bedeutet dies, dass der Kunde allenfalls Miteigentum durch Vermischung (vgl. § 948 I i.V.m. § 947 BGB), nicht aber Alleineigentum erwirbt. Im Zeitpunkt des Einfüllens bleibt der Kraftstoff für ihn also fremd i.S. der Eigentumsdelikte.[82] Geht man auch im vorliegenden Fall vom Bestehen einer aufschiebenden Bedingung aus, war der Kraftstoff zum Tatzeitpunkt für B fremd i.S.d. § 242 I.[83]

B müsste den Kraftstoff auch weggenommen haben. **Wegnahme** bedeutet Bruch fremden und Begründung neuen Gewahrsams. Gewahrsam wird allerdings nicht gebrochen, wenn der bisherige Gewahrsamsinhaber mit der Gewahrsamsverschiebung einverstanden ist (tatbestandsausschließendes Einverständnis). Im Fall des SB-Tankens wäre es lebensfremd anzunehmen, der Tankstellenbetreiber behalte (zumindest) Mitgewahrsam, wenn er dem Kunden erlaubt, den Kraftstoff selbstständig in dessen Tank einzufüllen. Vielmehr ist davon auszugehen, dass der SB-Tankstellenbetreiber generell sein Einverständnis zur Gewahrsamsverschiebung erteilt, wenngleich er sich das Eigentum bis zur vollständigen Kaufpreiszahlung vorbehält.[84] Der einzige Gesichtspunkt, der gegen eine Gewahrsamsübertragung sprechen könnte, wäre eine Heranziehung des von den Automatenfällen her bekannten Gedankens eines *bedingten Einverständnisses*, wonach die Übertragung des Gewahrsams von der vollständigen Bezahlung des Kaufpreises abhängen könnte. Doch nach der Struktur des automatisierten Ablaufs muss der Kraftstoff als freigegeben angesehen werden, solange nur der Tankautomat äußerlich ordnungsgemäß betätigt wird. Dies ist vorliegend geschehen. Insbesondere kann es keine Rolle spielen, ob das Tankstellenpersonal die Kraftstoffentnahme im konkreten Fall wahrnimmt oder nicht.

Insoweit lässt sich feststellen, dass mangels Wegnahme ein Diebstahl ausscheidet.

2. Strafbarkeit wegen Betrugs

Indem B als Kunde auftrat und damit zum Ausdruck brachte, er wolle wie jeder andere (redliche) Kunde den Kraftstoff nach Erhalt bezahlen, könnte er sich wegen **Betrugs** (§ 263 I) strafbar gemacht haben. Denn durch die von Anfang an bestehende innere Tat-

---

[82] Wie hier OLG Köln NJW 2002, 1059; OLG Hamm NStZ 1983, 266; OLG Koblenz NStZ-RR 1998, 364; Sch/Sch-*Eser/Bosch*, § 246 Rn 7; LK-*Vogel*, § 246 Rn 8; NK-*Kindhäuser*, § 242 Rn 16/49 ff.; *Wessels/Hillenkamp*, BT 2, Rn 197, und nun auch *Hoffmann-Holland/Singelnstein/Simonis*, JA 2009, 513, 516; *v. Heintschel-Heinegg*, JA 2012, 305, 306; anders OLG Düsseldorf JR 1982, 343; *Herzberg*, NJW 1984, 896; NStZ 1983, 251 und JA 1980, 385, 386 f. Vgl. auch *Schramm*, JuS 2008, 678, 681; *Lange/Trost*, JuS 2003, 961 ff.; *Streng*, JuS 2002, 454; *Rebler*, JA 2013, 179 ff.; *Ast*, NStZ 2013, 6 ff.

[83] Von einer aufschiebenden Bedingung kann nach der hier vertretenen Auffassung auch dann ausgegangen werden, wenn an der Tanksäule kein Hinweis auf den Eigentumsvorbehalt besteht. Denn unter Zugrundelegung der Auslegungsregeln der §§ 133, 157 BGB darf auch der Kunde davon ausgehen, dass der Tankstellenbetreiber nicht bedingungsfrei Eigentum übertragen möchte (a.A. BGH NJW 2011, 2871 f.).

[84] Vgl. bereits die 1. Aufl. 2002 dieses Buches; wie hier nun auch *Radtke/Meyer*, JA 2009, 702 f.

sache nicht vorhandener Zahlungsbereitschaft könnte er bei dem Tankstelleninhaber oder dessen Personal einen entsprechenden Irrtum erweckt haben mit der Folge, dass ihm – da es sich um eine Selbstbedienungstankstelle handelte – das Einfüllen gestattet wurde. Die für den Betrugstatbestand vorauszusetzende Verfügung könnte vorliegend also darin bestanden haben, dass das Tankstellenpersonal (auch ohne B beobachtet zu haben) mit dem Tanken einverstanden war.[85]

Ein entsprechender (Verfügungs-)Wille als Folge der Täuschungshandlung des Täters kann aber nur gebildet werden, wenn eben diese Handlung von dem Tankstellenbetreiber oder seinen Mitarbeitern überhaupt wahrgenommen worden ist. Bleibt der Täter dagegen – wie im vorliegenden Fall – bis zur Beendigung des Tankvorgangs unbemerkt[86], gewinnt seine Handlungsweise keinen Einfluss auf die Willensbildung des Tankstellenpersonals und kann schon deshalb weder zu einem Irrtum noch zu einer Vermögensverfügung in Bezug auf den von ihm getankten Kraftstoff führen.[87] Eine Strafbarkeit wegen vollendeten Betrugs scheidet damit aus.

3. Strafbarkeit wegen versuchten Betrugs

Möglicherweise hat sich B jedoch wegen **versuchten Betrugs** (§§ 263 II, 22) strafbar gemacht. Die in § 263 vorausgesetzte Täuschungshandlung kann auch – wie vorliegend – in einem schlüssigen Verhalten gesehen werden. B müsste also zunächst Vorsatz gehabt haben, auf das Vorstellungsbild des Tankstellenpersonals (Tankwarts) einzuwirken (zur Definition vgl. Rn 524). Das wäre nicht der Fall, wenn B gewusst hätte, dass er nicht beobachtet würde. Heutzutage sind allerdings kaum Fälle vorstellbar, in denen der Täter davon ausgehen kann, sein Verhalten werde nicht wahrgenommen. Vielmehr ist bei realitätsnaher Betrachtung unter den heutigen Verhältnissen stets mit der Möglichkeit der unmittelbaren oder durch Überwachungsanlagen vermittelten Wahrnehmung zu rechnen.[88] Abgesehen von Ausnahmesituationen ist daher davon auszugehen, dass der Täter beim Vorfahren an der Tankstelle billigend in Kauf nimmt, dass er jederzeit bemerkt werden kann, und dass er für diesen Fall auf eine Täuschung bzw. Irreführung des Beobachters abzielt, also mit zumindest bedingtem Täuschungsvorsatz handelt. Im vorliegenden Fall hätte B – wenn er beobachtet worden wäre – durch sein Verhalten konkludent und wahrheitswidrig vorgespiegelt, den Kraftstoff nach Erhalt bezahlen zu wollen. Dann hätte ein vollendeter Betrug vorgelegen. B wurde aber nicht beobachtet. Da er bei lebensnaher Betrachtung aber damit rechnen musste, liegt eben eine Versuchskonstellation vor. Da B auch in der Absicht stoffgleicher Bereicherung handelte, hat er sich somit wegen **versuchten Betrugs** strafbar gemacht.[89]

Eine **Unterschlagung** (§ 246 I), die aufgrund des äußerlich erkennbaren Zueignungsakts (das Fahren vom Hof, ohne zu bezahlt zu haben) in Betracht kommt, liegt demnach nicht vor. Folgt man der Tatbestandslösung, der zufolge eine wiederholte Zueignung derselben Sache nicht möglich ist, ist § 246 I bereits tatbestandlich ausgeschlossen. Schließt man sich dagegen der Konkurrenzlösung an, ist zwar eine wiederholte Zueignung möglich, allerdings tritt dann die Unterschlagung kraft formeller Subsidiarität (vgl. § 246 I a.E.) hinter dem versuchten Betrug zurück.[90]

Weiterführender Hinweis: Anders wäre die Situation zu beurteilen gewesen, wenn B den Entschluss, nicht zahlen zu wollen, erst *nach* dem Tankvorgang gefasst hätte. Dann hätten weder Betrug noch versuchter Betrug vorgelegen. Denn dann hätte es zum Zeitpunkt der Kraftstoffeinfüllung an der Täuschung bzw. am Täuschungsvorsatz gefehlt und die Unterschlagung wäre nicht verdrängt worden. B hätte sich dann also wegen Unterschlagung strafbar gemacht.

---

[85] Vgl. Sch/Sch-*Perron*, § 263 Rn 63b.
[86] Davon, dass dies trotz Videokameraüberwachung des Tankstellengeländes möglich ist, geht auch der BGH aus (vgl. BGH NJW 2016, 1109).
[87] Vgl. bereits sämtliche Vorauflagen; wie hier nun auch BGH NJW 2012, 1092, 1093.
[88] BGH NStZ 2009, 694 f.; OLG Köln NJW 2002, 1059, 1060; *Fischer*, § 242 Rn 24.
[89] Vgl. auch die Fälle BGH NJW 2012, 1092 f. und BGH NJW 2016, 1109 f.
[90] Vgl. bereits die 1. Aufl. 20012; wie hier nun auch *Schramm*, JuS 2008, 678, 681; *Hoffmann-Holland/Singelnstein/Simonis*, JA 2009, 513, 516; *Radtke/Meyer*, JA 2009, 702, 703.

Zusammenfassung: Wer an einer Selbstbedienungstankstelle mit von vornherein gegebener Zahlungsunwilligkeit tankt und wegfährt, ohne den Kraftstoff zu bezahlen, macht sich i.d.R. **nicht** wegen **Diebstahls** (insoweit fehlt es am Bruch fremden Gewahrsams und damit an der Wegnahme, da der Tankstellenbetreiber mit der Entnahme des Kraftstoffes einverstanden war), sondern wegen **Betrugs** strafbar, sofern der Tankvorgang vom Tankstellenpersonal bemerkt wird. Wird das Verhalten des Täters vom Tankstellenpersonal allerdings erst nachträglich bemerkt, fehlt es an einer auf das täuschende Verhalten des Täters zurückzuführenden Vermögensverfügung des Tankstellenpersonals. In derartigen Fällen liegt dann ein **versuchter Betrug** vor, da der Täter damit rechnen musste, beobachtet zu werden. Eine Unterschlagung ist dann entweder tatbestandlich nicht erfüllt oder aber tritt subsidiär zurück.

Anders liegt der Fall, wenn der Kunde sich erst **nach Beendigung des Tankvorgangs** entschließt, ohne zu zahlen davonzufahren. Auch hier ist **Diebstahl** wegen des Einverständnisses zur Kraftstoffentnahme zu **verneinen**. Da zum Zeitpunkt der Kraftstoffentnahme noch Zahlungsbereitschaft vorhanden war, liegt auch ein (versuchter) Betrug nicht vor. Eine Strafbarkeit kann daher nur in dem anschließenden Wegfahren gesehen werden. Folgt man der genannten Minderheitsmeinung, die mit dem Einfüllen des Kraftstoffes in den Tank zugleich eine Übereignung des Kraftstoffes annimmt, ist zu dem hier nachfolgenden Zeitpunkt des Verlassens des Tankstellengeländes der Kraftstoff für den Täter nicht mehr fremd mit der Folge, dass auch eine **Unterschlagung** ausscheidet. Nicht nur wegen dieses inakzeptablen Ergebnisses, sondern auch aus den o.g. Gründen sollte man einen Eigentumswechsel erst mit der Bezahlung des Kraftstoffes annehmen. Da diese ausblieb, ist der Täter dann wegen des Wegfahrens ohne zu bezahlen aus § 246 I strafbar.[91]

66

- Gleiches gilt für **Geldautomaten**, wenn der Täter unter unbefugter Benutzung einer **Girocard** (früher: ec-Karte) mit der ihm bekannten Geheimnummer Geld abhebt, und für **Spielautomaten**, wenn der Täter unter Verwendung von speziellen Programmkenntnissen ohne Einsatz spielt. In beiden Fällen liegen keine Zueignungsabsicht bzw. keine Wegnahme und damit **kein Diebstahl** vor. Zur Strafbarkeit vgl. Rn 679 ff./668/696. Hingegen macht sich der Täter, der bei einer **Selbstbedienungskasse** eines Supermarktes einen falschen Strichcode einscannt, wegen Diebstahls strafbar, vgl. dazu Rn 697.

67

- Auch derjenige, der (abends) Sperrmüll oder (Elektro-)Schrott am Straßenrand abstellt, ist i.d.R. mit der Mitnahme nur durch das beauftragte Entsorgungsunternehmen einverstanden, nicht aber mit der Mitnahme durch beliebige Personen (siehe bereits Rn 21/29).

68

Schließlich sind im Rahmen der Abgrenzung des Diebstahls zum Betrug die Fallgruppen des „**falschen Kriminalbeamten**" bzw. der „**vorgetäuschten Beschlagnahme**" zu nennen. Vgl. dazu den zum Betrug dargestellten Beispielsfall bei Rn 587.

69

dd. Begründung neuen Gewahrsams

Ein Gewahrsam endet nicht nur durch Aufgabe, sondern auch dadurch, dass ihn ein anderer bricht und neuen (regelmäßig, aber nicht notwendigerweise eigenen[92]) Gewahrsam begründet. Auch die Frage, ob neuer Gewahrsam begründet wird, richtet sich nach den tatsächlichen Umständen unter Berücksichtigung der Verkehrsauffassung bzw. nach sozial-normativen Gesichtspunkten. Allgemein wird die Begründung neuen Gewahrsams mit folgender Formel beschrieben:

70

---

[91] Vgl. auch *Streng*, JuS 2002, 454, 455.
[92] Eine Konstellation für das Vorliegen einer Wegnahme, bei der neuer, nicht tätereigener, Gewahrsam begründet wird, liegt z.B. vor, wenn der Täter seiner (nichts ahnenden) Freundin im Juweliergeschäft in einem unbeobachteten Moment einen wertvollen Ring in die Jackentasche steckt.

71   **Neuer Gewahrsam** wird **begründet**, wenn der Täter die tatsächliche Sachherrschaft derart erlangt hat, dass er sie ohne Behinderung durch den bisherigen Gewahrsamsinhaber ausüben kann.[93]

72   Zur Präzisierung dieser Formel werden verschiedene Theorien vertreten. Während die **Kontrektationstheorie** ein bloßes Berühren der fremden Sache genügen lässt, verlangt die **Ablationstheorie**[94] das Fortschaffen und die **Illationstheorie** das Bergen des Diebstahlsobjekts. Wegen ihrer Starrheit und Undifferenziertheit werden diese Ansätze jedoch weitgehend als überholt angesehen. Die heute h.M. folgt der **Apprehensionstheorie** und lässt ein zum Gewahrsamswechsel führendes *Ergreifen* (und Festhalten) der fremden Sache jedenfalls dann genügen, wenn es um kleine, leicht zu transportierende Sachen wie Schmuck oder Bargeld geht.[95] Dem ist zuzustimmen. Zu fordern ist aber, dass der Täter die tatsächliche Herrschaft über die Sache derart erlangt hat, dass er sie ohne Behinderung durch den bisherigen Gewahrsamsinhaber ausüben und dieser seinerseits nicht mehr über die Sache verfügen kann, ohne wiederum die Verfügungsmacht des Täters zu beseitigen.

> **Beispiel**[96]: T veranlasste O, ihm sein Mobiltelefon zu zeigen. Er nahm ihm dieses sodann aus der Hand in der Absicht, es zu behalten und für eigene Zwecke zu verwenden. Nach Entnahme der SIM-Karte, die er O aushändigte, steckte er es in seine Tasche und entfernte sich.
>
> Hier liegt eine Wegnahme vor, wenn T fremden Gewahrsam gebrochen und eigenen begründet hat. Der Täter bricht fremden und begründet neuen eigenen Gewahrsam, wenn er die tatsächliche Sachherrschaft derart erlangt hat, dass ihrer Ausübung keine weiteren Hindernisse mehr entgegenstehen. Bei handlichen und leicht zu bewegenden Gegenständen genügt hierfür ein bloßes Ergreifen und Festhalten jedenfalls dann, wenn der Berechtigte seine ungehinderte Verfügungsgewalt nur noch gegen den Willen des Täters und unter Anwendung von körperlicher Gewalt wiederherstellen könnte. Nach diesen Maßstäben war die Wegnahme bereits vollendet, als T dem O das Mobiltelefon aus der Hand nahm, denn um die ungehinderte eigene Verfügungsgewalt wiederzuerlangen, hätte O es gegen den Widerstand des T wieder an sich nehmen müssen.[97]

73   Schwierigkeiten bereiten regelmäßig die Fälle, in denen der Täter während des Ergreifens der fremden Sache sich noch im Machtbereich des bisherigen Gewahrsamsinhabers befindet. In erster Linie geht es um Diebstahl in **Kaufhäusern** und **Selbstbedienungsläden**. Aber auch Vorfälle auf Betriebsgelände und Wohnungen von Gastgebern sind häufig Klausurgegenstand. Für eine adäquate Lösung muss unterschieden werden:

74   ▪ Bei **schwer fortzuschaffenden** Gegenständen genügt das bloße Ergreifen oder Verstecken innerhalb des fremden Herrschaftsbereichs zum Gewahrsamswechsel nicht. Vielmehr bedarf es zur Vollendung der Wegnahme des Herausbringens des Gegenstands aus dem Herrschaftsbereich.[98]

> **Beispiele:** Heraustragen des Tresors aus dem Bürogebäude; Herausfahren des Wagens aus dem Betriebsgelände; Herüberwerfen der erbeuteten Orientteppiche über den Absperrzaun des Verkaufsgeländes; Wegschaffen des Fernsehgeräts aus der Wohnung etc.

---

[93] BGH NStZ 2014, 41. Vgl. auch BGH NStZ 2008, 624, 625; LG Zwickau NJW 2006, 166; Sch/Sch-*Eser/Bosch*, § 242 Rn 38; *Lackner/Kühl*, § 242 Rn 15.

[94] Die Begriffe entstammen dem Lateinischen und bedeuten: *ablatio* = Abtragung, Ablösung; *illatio* (von inferre) = hineinbringen, -tragen und *apprehendere* = ergreifen.

[95] BGH NStZ 2014, 41; NStZ 2011, 158. Vgl. auch *Lackner/Kühl*, § 242 Rn 15; *Fischer*, § 242 Rn 17; Sch/Sch-*Eser/Bosch*, § 242 Rn 37; *Wessels/Hillenkamp*, BT 2, Rn 125.

[96] In Anlehnung an BGH NStZ 2011, 36 f.

[97] So BGH NStZ 2011, 36, 37. Zu beachten ist aber, dass der BGH gleichwohl nicht Diebstahl, sondern Unterschlagung bejaht hat, denn im zu entscheidenden Fall hatte der Täter zum Zeitpunkt der Wegnahme noch keine Zueignungsabsicht, da er das Telefon gegen Zahlung von 20,- € zurückgeben wollte. Erst als sich das Opfer weigerte, das Geld zu zahlen, fasste der Täter den Entschluss, das Telefon zu behalten. Da der Täter zu diesem Zeitpunkt aber bereits Gewahrsam hatte, machte er sich wegen Unterschlagung strafbar.

[98] Vgl. auch BGHSt 26, 24, 25 f.; LG Zwickau NJW 2006, 166; OLG Karlsruhe NStZ-RR 2005, 140 f. sowie den Umkehrschluss aus BGHSt 23, 254, 255.

▪ Bei handlichen, **leicht zu verbergenden** Gegenständen ist sowohl nach der Verkehrs-auffassung als auch nach sozial-normativer Zuordnung bereits das Einstecken in die eige-ne Kleidung, in die Hand- oder Aktentasche, einen mitgebrachten Beutel oder sonstiges, **leicht zu transportierendes** Behältnis auch innerhalb des fremden Herrschaftsbereichs als Vollendung anzusehen. Die h.M. bezeichnet dies als *Gewahrsamswechsel im „Tabubereich"* oder als „Schaffung einer *Gewahrsamsenklave*"). Zur Begründung wird angeführt, dass die Körpersphäre mit einem Tabu umgeben sei (Persönlichkeits-recht). Wollte der alte Gewahrsamsinhaber die Sache zurückerlangen, müsste er wiede-rum ggf. mit Gewalt in den fremden Tabubereich eindringen, wobei er erfahrungsgemäß auf heftigen Widerstand stoßen würde. Aus diesem Grund tritt in solchen Fällen der Ge-wahrsamswechsel mit der Begründung einer Gewahrsamsenklave ein.[99]

75

Dies hat beispielsweise in den **Kaufhausfällen** die Konsequenz, dass derjenige, der ein Zigarettenpäckchen, eine kleinere Spirituosenflasche, Süßigkeiten u.Ä., aber auch ein Notebook[100] auf die oben beschriebene Weise an sich bringt, die Wegnahme und damit den **Diebstahl** noch vor Erreichen der Kasse bzw. des Ausgangs vollendet, und zwar un-abhängig davon, ob er dabei beobachtet oder erst später am Ausgang durch einen alarmauslösenden (elektromagnetischen) Sicherheitsmechanismus ertappt wird. Wegen der Vollendung ist auch ein strafbefreier Rücktritt durch freiwillige Rückgabe noch vor der Kasse ausgeschlossen (vgl. § 24). Fraglich ist, ob der Täter noch zusätzlich an der Kasse einen **Sicherungsbetrug** begehen kann. Dies wird teilweise mit der Begründung bejaht, dass der Täter durch sein Verhalten an der Kasse zugleich erkläre, andere Waren als die zur Abrechnung vorgezeigten nicht entnommen zu haben.[101] Die schädigende Vermögensverfügung bestehe dann in der täuschungsbedingten unterlassenen Geltend-machung des (zivilrechtlichen) Herausgabeanspruchs (vgl. § 985 BGB). Die Gegenauffas-sung[102] hält auch in dieser Konstellation an der Exklusivität von Diebstahl und Betrug an ein und derselben Sache fest. Sie begründet ihren Standpunkt damit, dass bis zur Been-digung des Diebstahls auf das einheitliche Geschehen abzustellen sei.

76

Anders liegt der Fall, in dem *keine* Gewahrsamsenklave gebildet wird. Hier tritt der Ge-wahrsamswechsel so lange nicht ein, wie der alte Gewahrsamsinhaber mühelos und ohne Verletzung des tätereigenen Tabubereichs Zugriff auf die Sache erhalten kann.

77

Beispiel: Stets auf der Suche nach Abenteuern schlendert T durch die Elektronikabtei-lung eines Kaufhauses, um nach passendem Diebesgut zu schauen. Bereits nach kurzer Zeit entdeckt er dort eine DVD des Films „Planet der Affen". Interessiert hält er die DVD in den Händen.

78

Solange T die DVD noch nicht in seine Jackentasche o.ä. eingesteckt, also noch keine Gewahrsamsenklave geschaffen hat, ist sein Verhalten mehrdeutig. Im Zweifel wird man in diesem Stadium noch von einer strafrechtlich irrelevanten Tatgeneigtheit ausgehen müssen.[103] Auch wenn T die DVD in seinem **Einkaufswagen** verbirgt, indem er sie etwa mit einem Kleidungsstück, einem Kaufhausprospekt o.ä. bedeckt, erlangt er dadurch noch keinen eigenen Gewahrsam. Denn in einem solchen Fall hat er weder nach den tat-sächlichen Gegebenheiten unter Berücksichtigung der Verkehrsauffassung noch nach so-zial-normativen Gesichtspunkten eine Gewahrsamssphäre im eigenen Tabubereich be-gründet; vielmehr befindet sich die DVD nach wie vor in der Gewahrsamssphäre des Kaufhausinhabers (bzw. des Filial- oder Abteilungsleiters). Insoweit kommt lediglich ein Versuch in Betracht (vgl. zu dieser Konstellation Rn 79). Passiert T nun den Kassenbe-reich, ohne die im Einkaufswagen versteckte DVD zu bezahlen, oder hat die Kassiererin K

---

[99] Vgl. BGH NStZ 2011, 158; BGHSt 41, 198, 205; LG Gera NJW 2000, 159, 160; *Lackner/Kühl*, § 242 Rn 16; *Fischer*, § 242 Rn 20; *Wessels/Hillenkamp*, BT 2, Rn 125 ff. Vgl. auch BGH NStZ 2008, 624, 625; NStZ 2015, 276.
[100] BGH NStZ 2015, 276.
[101] Sch/Sch-*Perron*, § 263 Rn 58.
[102] BGHSt 17, 205, 208 f.; *Rengier*, BT I, § 13 Rn 115.
[103] Vgl. aber BGH NStZ 2008, 624, 625, wo der Täter das Diebesgut (ein Laptop) so fest hielt, dass der bisherige Gewahr-samsinhaber seine Verfügungsgewalt über die Sache nur noch gegen den Willen des Täters und unter Anwendung von körperlicher Gewalt wiederherstellen konnte. In diesem Fall nahm der BGH zu Recht eine Vollendung der Wegnahme an. Das Gleiche gilt für den Fall BGH NStZ 2011, 36 (oben Rn 72).

den Vorgang als abgeschlossen betrachtet, ist fraglich, ob wenigstens in diesem Zusammenhang die Verwirklichung eines Straftatbestands anzunehmen ist. In Betracht kommen ein Diebstahl oder ein Betrug. Um einen Betrug annehmen zu können, müsste K über das Vermögen des Supermarktes verfügt haben. Dies kann angenommen werden, wenn man darauf abstellt, dass K davon ausgeht, alle Waren im Einkaufswagen erfasst zu haben und generell über den gesamten Inhalt verfügen zu wollen.[104] Dem ist jedoch entgegenzuhalten, dass eine Person nur über etwas verfügen kann, von dessen Existenz sie auch weiß. Wenn K also bestimmte Waren nicht zu Gesicht bekommt, kann sie auch kein Verfügungsbewusstsein haben. Nach dieser Auffassung muss ein Betrug konsequenterweise ausscheiden.[105]

T könnte sich aber wegen **Diebstahls** strafbar gemacht haben. Dazu müsste der Gewahrsamswechsel gegen oder ohne den Willen des Gewahrsamsinhabers erfolgt sein. Wie bereits festgestellt, wusste K nicht, dass T die DVD versteckt hielt. Sie konnte daher auch keinen Gewahrsam übertragen. Vielmehr hat T die Gewahrsamssphäre täuschungsbedingt und in Zueignungsabsicht aufgehoben. Er ist daher wegen Diebstahls strafbar.

Etwas anderes würde gelten, wenn T an der Kasse beispielsweise eine verpackte Ware bezahlen würde, bei der er zuvor die Packung geöffnet und durch Zubehör o.ä. **ergänzt** bzw. den gesamten **Inhalt** komplett (gegen höherwertigere Waren) **ausgetauscht** hätte. Hier hätte T zunächst (d.h. vor Erreichen der Kasse) mangels Schaffung einer Gewahrsamsenklave keinen Gewahrsam an den fraglichen Artikeln begründet. Der Gewahrsamswechsel findet erst an der Kasse statt. Fraglich ist allerdings, ob die Artikel dann im Wege der Wegnahme (= § 242) oder der täuschungsbedingten Verfügung (= § 263) erlangt wurden. Richtigerweise wird man sowohl bei der Ergänzung des Packungsinhalts als auch beim kompletten Austausch des Inhalts **Betrug** annehmen müssen. An der Kasse kommt es nämlich zu einem willentlichen Gewahrsamswechsel durch die Kassiererin: Diese verfügt (täuschungsbedingt) in der Weise, wie das Paket in ihr Blickfeld gerät, also als Ganzes mit dem vollständigen Inhalt. Ein partielles Verfügungsbewusstsein dergestalt, dass sie etwa nur über den ordnungsgemäßen Inhalt verfügt, ist abzulehnen. T hat sich also wegen Betrugs strafbar gemacht.[106] Vgl. dazu auch Rn 590.

Zur **täuschungsbedingten Gewahrsamslockerung**, die der Täter ausnutzt, um eigenen Gewahrsam zu begründen, siehe Rn 593. Eine gutachtliche Prüfung zu den behandelten Themen findet sich bei *Schmidt/Priebe*, Fälle zum Strafrecht II, Fall 5 Rn 2 ff.

79 Verbringt der Täter eine Sache, die er stehlen möchte, innerhalb einer fremden Gewahrsamssphäre in ein **Versteck**, findet allein dadurch noch kein Gewahrsamswechsel statt. Vielmehr liegt i.d.R. nur ein Diebstahlsversuch vor.[107]

Beispiel[108]: Kurz vor Ladenschluss um 20 Uhr betritt T die Verkaufsräume eines Baumarkts. Dort verpackt er eine Bohrmaschine sowie einige (sehr teure) Titanbohrer in eine Kiste und bringt sie in den von einem drei Meter hohen Gitterzaun umgebenen Außenbereich, in dem Gartenartikel ausgestellt sind. Dort versteckt er die Kiste in einem leeren Blumenkübel. Er beabsichtigt, in der folgenden Nacht den Zaun zu überwinden und in den Außenbereich einzudringen, um die Kiste herauszuholen. Als T anschließend im Ge-

---

[104] So OLG Düsseldorf NJW 1993, 1407.
[105] So BGHSt 41, 198 ff. mit Anm. *Zopfs*, NStZ 1996, 190; OLG Köln NJW 1984, 810.
[106] Wie hier OLG Düsseldorf NJW 1988, 922; *Fahl*, JuS 2004, 885, 886 und NStZ 2014, 244, 247. Vertretbar wäre es auch gewesen, an der Kasse einen Diebstahl anzunehmen, indem man mit der Lehre vom bedingten Einverständnis operiert hätte. Dann hätte sich das Einverständnis der K zur Gewahrsamsübertragung nur auf den ordnungsgemäßen Inhalt der Verpackung bezogen. Für den zusätzlichen oder ausgetauschten Inhalt hätte so ein Gewahrsamsbruch angenommen werden können. Diese Konstruktion hätte aber eine „Aufspaltung" des Verfügungsbewusstseins vorausgesetzt, deren Zulässigkeit einer näheren Begründung bedurft hätte. Für Diebstahl im Falle des ergänzten Inhalts *Vitt*, NStZ 1994, 133, 134; *Wessels/Hillenkamp*, BT 2, Rn 635; *Roßmüller/Rohrer*, Jura 1994, 471, 473 f. Dagegen soll auch nach diesen Stimmen Betrug anzunehmen sein, wenn der Täter, statt nur den Inhalt zu ergänzen, den Inhalt komplett ausgetauscht hat. Dann sei eine irrtumsbedingte Vermögensverfügung auszugehen, sodass für § 242 kein Raum sei.
[107] Vgl. dazu *R. Schmidt*, AT, Rn 679/680 (jeweils Bsp. 6) und nunmehr auch LG Potsdam NStZ 2007, 336, 337.
[108] In Anlehnung an LG Potsdam NStZ 2007, 336 (mit Bespr. v. *Walter*, NStZ 2008, 156 f.).

bäude des Baumarkts die Kassenzone durchquert, wird er vom Ladendetektiv, der ihn bei seiner Aktion beobachtet hat, angehalten.

In dem Verstecken der Bohrmaschine und der Titanbohrer in dem leeren Blumenkübel im Außenbereich des Baumarkts wird man wohl noch keinen Gewahrsamsbruch sehen können; denn nach wie vor befanden sich die Sachen in der Gewahrsamssphäre des Baumarktinhabers. Die Schaffung einer Gewahrsamsenklave kann nicht angenommen werden. Ein vollendeter Diebstahl scheidet damit aus.

Möglicherweise hat sich T aber wegen versuchten Diebstahls strafbar gemacht. Dazu hätte er nach seiner Vorstellung von der Tat unmittelbar zur Tatbestandsverwirklichung ansetzen müssen (§ 22). T hatte den Vorsatz, sich in der Nacht Bohrmaschine und Titanbohrer rechtswidrig zuzueignen. Fraglich ist allein, ob er durch das Verstecken der Sachen in dem leeren Blumenkübel bereits unmittelbar zur Tatbestandsverwirklichung angesetzt hat. Das wäre jedenfalls dann der Fall, wenn in dem Verstecken bereits der erste Teilakt der Wegnahme zu sehen wäre. Das LG Potsdam verneint dies; vielmehr geht es davon aus, dass der Täter lediglich alles Erforderliche getan hat, um (später) die Wegnahmehandlung durchzuführen. Das Gericht stellt darauf ab, dass der drei Meter hohe Gitterzaun kein wesentliches Hindernis mehr darstellte, zumal die Gitterstäbe des Zauns durch einen Bolzenschneider oder ein ähnliches Schneidegerät unschwer hätten aufgeschnitten oder zumindest verbogen werden können. Gleiches gelte für die Möglichkeit, den Zaun mittels einer Leiter und einer Decke zu übersteigen, was für geübte Kletterer unschwer möglich sei.

Damit geht das Gericht offenbar vom Vorliegen eines beendeten Versuchs aus. Nach der hier vertretenen Auffassung hat T aber bereits einen Teilakt der Wegnahme verwirklicht; immerhin hat er durch seine Handlung eine Gewahrsamslockerung herbeigeführt und den Zugriff des Baumarktpersonals erschwert. Hat der Täter bereits einen Teilakt der Ausführungshandlung verwirklicht, ist er unproblematisch in das Versuchsstadium eingetreten, sodass es auf die Voraussetzungen des beendeten Versuchs nicht mehr ankommt (vgl. dazu ausführlich *R. Schmidt*, AT, Rn 669 ff.). T ist daher wegen versuchten Diebstahls im besonders schweren Fall (§§ 242 I, II, 22, 23 I, 12 II i.V.m. § 243 I S. 1, S. 2 Nr. 1) strafbar.[109]

79a Nur in dem Fall, dass der Täter freien und ungehinderten Zugang zu dem Versteck hat, ist von einer so gewichtigen Verdrängung des bisherigen Gewahrsamsinhabers von seiner Position auszugehen, dass der Täter eine mit dem Tabubereich vergleichbare Situation geschaffen hat. Dann liegt ein Gewahrsamswechsel vor.

ee. Vollendung und Beendigung des Diebstahls

a.) Abgrenzung

79b Allein mit der Wegnahme der fremden beweglichen Sache hat der Täter den objektiven Tatbestand des § 242 I verwirklicht. Hat der Täter dann auch noch mit entsprechendem Tatbestandsvorsatz (§ 15) sowie mit der Absicht gehandelt, die Sache sich oder einem Dritten rechtswidrig zuzueignen (dazu Rn 80 ff.; 83 ff.), ist das Diebstahlsdelikt **vollendet**. Das allein reicht aus, um die Strafbarkeit auszulösen. Darauf, ob der Täter die Sache sich oder einem Dritten *tatsächlich* zugeeignet, dem neu begründeten Gewahrsam also eine **gewisse Festigung und Sicherung** verliehen hat, sodass eine direkte Einwirkungsmöglichkeit des Berechtigten nicht mehr besteht (sog. **Beendigung** des Delikts), kommt es für die Strafbarkeit aus § 242 I nicht an.

---

[109] Zwar nicht überzeugend, wohl aber vertretbar wäre es, wenn man sich auf den Standpunkt stellte, eine Gewahrsamslockerung reiche noch nicht aus, um eine Teilverwirklichung der Wegnahme anzunehmen, sondern es sei erforderlich, dass der Täter durch sein Verhalten dem Berechtigten praktisch jeglichen Zugriff auf die Sache verweigert habe (so *Walter*, NStZ 2008, 156 f.). Dann läge eine straflose Vorbereitungshandlung vor. Die Bejahung des Versuchs aber für falsch zu erklären und den Täter derart zu privilegieren (so aber *Walter*, NStZ 2008, 156 f.), ist nicht zwingend.

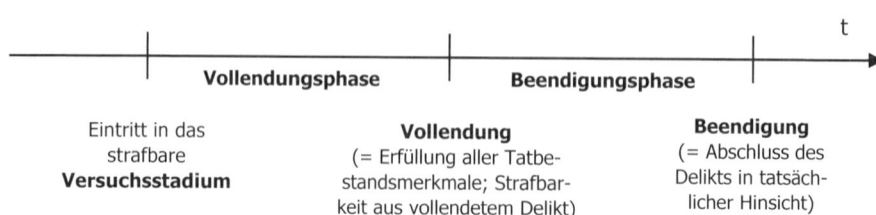

Beispiel: Der Ladendieb, der ein Päckchen Zigaretten in die Jackentasche steckt, begründet mit dieser Handlung eine Gewahrsamssphäre und vollendet einen Diebstahl. Da er jedoch jederzeit bspw. von einem Ladendetektiv angehalten und vorläufig festgenommen werden kann (vgl. § 127 I StPO), kann von einer Festigung und Sicherung noch nicht gesprochen werden. Das wäre frühestens dann der Fall, wenn der Ladendieb den räumlichen Herrschaftsbereich des Berechtigten, vorliegend also den Laden, verlässt. Aber auch während der Fluchtphase nach Verlassen des Ladens liegt noch keine Beendigung vor, solange der Täter einem erhöhten Risiko ausgesetzt ist, die Beute infolge der Nacheile (des Kaufhausdetektivs) wieder herausgeben zu müssen bzw. wieder abgenommen zu bekommen.[110]

79c Generell hängt der genaue Zeitpunkt der Beendigung von den Umständen des Einzelfalls ab.[111] Beim Diebstahl gilt als Faustformel, dass die Beendigung frühestens mit dem Verlassen des räumlichen Herrschaftsbereichs des bisherigen Gewahrsamsinhabers angenommen werden kann. Denn befindet sich der Täter noch im räumlichen Herrschaftsbereich, kann von einem gefestigten und gesicherten Gewahrsam und damit von einem tatsächlichen Abschluss des Delikts nicht die Rede sein.[112] Im Übrigen ist der Zeitpunkt der Beendigung einer normativen Betrachtungsweise unterworfen und zu verneinen, solange noch ein örtlicher und zeitlicher Zusammenhang mit der Vollendung der Tat besteht.[113]

b.) Bedeutung der Abgrenzung

79d Da – wie gesehen – die Strafbarkeit aus § 242 I bereits mit der Vollendung eintritt und auch z.B. ein strafbefreiender Rücktritt i.d.R. nach Vollendung der Tat nicht mehr möglich ist, stellt sich die Frage, warum es so wichtig sein soll, zwischen Vollendung und Beendigung zu unterscheiden. Die Unterscheidung ist zunächst für die Strafverfolgungsverjährung (§§ 78 ff.) wichtig, da die Frist erst bei Beendigung zu laufen beginnt (§ 78a). Sie ist aber auch deshalb wichtig, weil nach h.M. in der Beendigungsphase je nach Täterwillen entweder **sukzessive Beihilfe** bzw. **sukzessive Mittäterschaft** oder bereits **Anschlussstraftaten** (z.B. § 259) möglich sind (nach Beendigung des Diebstahls sind unstreitig weder sukzessive Beihilfe noch sukzessive Mittäterschaft möglich, sondern ausschließlich Anschlussstraftaten[114]). Zudem ist **räuberischer Diebstahl** nur während der Beendigungsphase möglich.[115] Schließlich ist die Abgrenzung von Vollendung und Beendigung bedeutsam, weil die Rspr. in der Beendigungsphase auch die Realisierung **qualifizierender Umstände** zulässt.[116]

Beispiel: T steigt nachts in ein Geschäftshaus ein, um dort kleinere Wertgegenstände zu stehlen (§§ 242 I, 243 I S. 2 Nr. 1). Nachdem er die Gegenstände, auf die er es abgesehen hatte, eingesteckt hat, entdeckt er zufällig eine Schusswaffe, die er sodann ebenfalls einsteckt und mitnimmt.

---

[110] Vgl. BGH NStZ 2015, 219, 220.
[111] BGH NStZ 2001, 88, 89; BGH wistra 2008, 20 f.
[112] Vgl. dazu BGH NStZ 2008, 624, 625.
[113] BGH NStZ 2015, 219, 220.
[114] Insoweit klarstellend BGH NStZ 2008, 624, 625.
[115] BGH NStZ 2015, 219, 220 – vgl. dazu Rn 459 ff.
[116] Auf diese Problemkreise wird an betreffender Stelle zurückzukommen sein, vgl. Rn 207 ff., 391 f., 437 f., 460, 459 ff.

Hier könnte neben §§ 242 I, 243 I S. 2 Nr. 1 auch § 244 I Nr. 1a verwirklicht sein. Da T die Schusswaffe jedoch erst nach Vollendung des eigentlichen Diebstahls an sich genommen hat, stellt sich die Frage, ob er den Qualifikationstatbestand des § 244 I Nr. 1a überhaupt verwirklichen konnte. Das wäre der Fall, wenn man die Beendigungsphase als qualifikationsgeeignete Phase ansähe. Vgl. dazu Rn 210.

2. Subjektiver Tatbestand

a. Allgemeiner Tatbestandsvorsatz

Zur Erfüllung des subjektiven Tatbestands ist zunächst allgemeiner **Tatbestandsvorsatz** (§ 15) erforderlich, wobei *dolus eventualis* genügt. Der Vorsatz muss sich auf alle objektiven Tatbestandsmerkmale beziehen. Dazu zählt insbesondere die Eigenschaft des Objekts als „fremde bewegliche Sache". Hinsichtlich der Fremdheit der Sache muss der Täter aufgrund einer **„Parallelwertung in der Laiensphäre"** den wesentlichen **rechtlich-sozialen Bedeutungsgehalt des Tatumstands** (laienhaft) erfassen. Der Grund dafür ist, dass der Täter i.d.R. überhaupt nicht in der Lage ist, rechtlich exakte Wertungen über die zivilrechtliche Eigentumslage vorzunehmen. Deshalb genügt für das Merkmal „fremd" die laienhafte Vorstellung, dass die Sache einem anderen gehört (sog. normatives Tatbestandsmerkmal).[117] Folgende **Irrtümer** sind in Prüfungsarbeiten regelmäßig anzutreffen:

80

- Glaubt der Täter bspw., die Sache sei herrenlos oder gehöre ihm ausschließlich, oder geht er irrig von dem Vorliegen eines tatbestandsausschließenden Einverständnisses seitens des Gewahrsamsinhabers aus, fehlt der Vorsatz mit der Folge des **Tatbestandsausschlusses** nach § 16 I S. 1.

81

- Kennt der Täter umgekehrt sein Alleineigentum an der weggenommenen Sache oder das Einverständnis des Gewahrsamsinhabers nicht, liegt ein **untauglicher** (und strafbarer!) **Versuch** vor (§§ 242 I, II, 22, 23 I, 12 II).[118]

82

- Nimmt der Täter ein (verschlossenes) Behältnis weg, weil er in ihm einen bestimmten Inhalt vermutet, und stellt sich später heraus, dass der vorgefundene Inhalt nicht dem erwarteten entspricht (Beispiel: Zeitungen statt Geldscheine), liegt bzgl. des Inhalts zwar ein **error in obiecto** vor, dieser ist im konkreten Fall aber unbeachtlich, weil die Tatobjekte tatbestandlich gleichwertig sind. Denn bei beiden Objekten handelt es sich um fremde bewegliche Sachen, die vom Tatbestand des § 242 erfasst sind.[119] Zur Frage, ob im Rahmen der Zueignungsabsicht etwas anderes gilt, vgl. Rn 90a.

82a

b. Zueignungsabsicht

Über den allgemeinen Tatbestandsvorsatz hinaus muss der Täter zum Zeitpunkt der Wegnahme in der **Absicht** handeln, die Sache *sich oder einem Dritten* rechtswidrig zuzueignen (sog. Zueignungsabsicht). Mit „Absicht" ist nicht die Vorsatzform i.S.d. *dolus directus* 1. Grades bzgl. der Verwirklichung des objektiven Tatbestands gemeint, sondern die bloße **Intention** der rechtswidrigen Zueignung. Ob die Zueignung *tatsächlich* erfolgt, ist für § 242 also irrelevant (vgl. oben Rn 79a-d); anders verhält es sich bei § 246: dort ist die Zueignung objektives Tatbestandsmerkmal (vgl. Rn 271). Die Absicht muss aber im Zeitpunkt der Tathandlung (d.h. der Wegnahme) vorliegen.[120] Daraus folgt:

83

---

[117] Vgl. dazu näher *R. Schmidt*, AT, Rn 207 ff.
[118] Vgl. dazu auch *Kudlich*, JuS 2003, 243 ff.
[119] Vgl. BGH NStZ 2006, 686, 687; *Streng*, JuS 2007, 422, 423. Zur näheren Begründung vgl. *R. Schmidt*, AT, Rn 286.
[120] Vgl. bereits die 1. Aufl. 2002; wie hier nun auch *Noltenius*, JuS 2006, 988, 989.

- Wird die Zueignungsabsicht erst nach Vollendung der Wegnahme gefasst, kommt jedenfalls eine Strafbarkeit gem. § 242 nicht mehr in Betracht (stattdessen aber insb. gem. § 246, vgl. Rn 87).

- Überlegt sich der Täter nach vollendeter und in Zueignungsabsicht durchgeführter Wegnahme, die Sache wieder zurückzugeben, ist diese Einsicht zu spät: Er ist wegen Diebstahls strafbar, weil er im Zeitpunkt der Wegnahme noch vorhatte, das Opfer dauerhaft zu enteignen.

Da bezüglich der Zueignungsabsicht keine Entsprechung im objektiven Tatbestand existiert, handelt es sich bei dem Diebstahl um ein Delikt mit **„überschießender Innentendenz"** bzw. um ein **„kupiertes Erfolgsdelikt"**.

84

> **Hinweis für die Fallbearbeitung:** In systematischer Hinsicht hat die Zueignung bei § 242 die gleiche Bedeutung wie bei den §§ 246 und 249. Dadurch, dass die Zueignung bei § 242 (und § 249) aber nur beabsichtigt, bei § 246 dagegen vollzogen sein muss, ist sie bei § 242 (und § 249) im *subjektiven* Tatbestand, bei § 246 dagegen im *objektiven* Tatbestand zu prüfen.

85 Die Zueignungsabsicht liegt vor, wenn der Täter die Sache wegnimmt, um sie unter Anmaßung einer eigentümerähnlichen Stellung (*se ut dominum gerere*) zumindest *vorübergehend* der eigenen Vermögenssphäre (oder der eines Dritten) einzuverleiben (**Aneignungskomponente**) *und* um sie der Verfügungsgewalt des Berechtigten *dauerhaft* zu entziehen (**Enteignungskomponente**). Dabei ist bezüglich der auch nur *vorübergehenden* Aneignung *dolus directus* 1. Grades erforderlich, während bezüglich der Enteignungskomponente (wegen des Umstands, dass es dem Täter i.d.R. nicht auf die Enteignung ankommt) bereits *dolus eventualis* genügt.[121] Beide Komponenten können im Einzelfall Probleme aufwerfen.

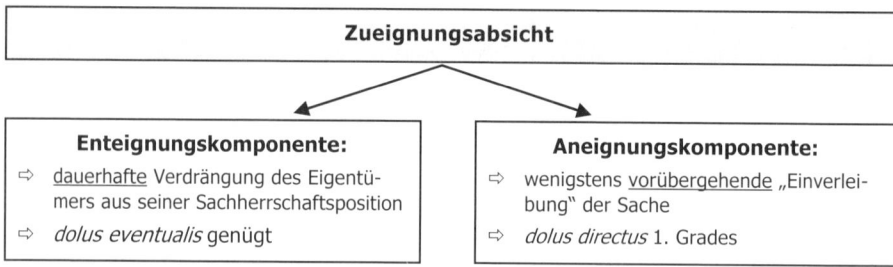

aa. Enteignungskomponente

86 Die Komponente der **Enteignung** spielt als Abgrenzungskriterium zwischen der Zueignung und der Gebrauchsanmaßung (*furtum usus*), die nur ausnahmsweise strafbar ist (vgl. §§ 248 b, 290), eine wichtige Rolle. Abgrenzungskriterium ist die Dauerhaftigkeit des Verdrängens des Eigentümers aus seiner Sachherrschaftsposition. Während die **Enteignung** auf **Dauer angelegt** sein muss, hat die **Gebrauchsanmaßung** nur eine **vorübergehende Nutzung** der fremden Sache zum Ziel. Wesentlich für die Annahme einer **Gebrauchsanmaßung** ist der **Rückführungswille** des Täters. Diesen zu bestimmen kann sich mitunter als äußerst schwierig erweisen und ist stets eine Frage des Einzelfalls.

87 - Wo es um die **Ingebrauchnahme von Fahrzeugen** geht, hat die Rspr.[122] als Beweiszeichen dafür u.a. den Umstand verwertet, an welchem Ort der Täter das Fahrzeug hat

---

[121] Vgl. BGH NStZ 2006, 686, 687; *Streng*, JuS 2007, 422, 423; *Fischer*, § 242 Rn 41; *Lackner/Kühl*, § 242 Rn 21 ff.; Sch/Sch-*Eser/Bosch*, § 242 Rn 60 ff.; NK-*Kindhäuser*, § 242 Rn 69; *Wessels/Hillenkamp*, BT 2, Rn 156 ff.
[122] Vgl. BGHSt 22, 46; BGH NStZ 1996, 38; *Fischer*, § 242 Rn 39; *Wessels/Hillenkamp*, BT 2, Rn 161.

stehen lassen (vor der Polizeiwache, an einem dem Tatort nahegelegenen Platz, weit entfernt in einer Nebenstraße usw.), ob das Fahrzeug leicht zu identifizieren ist (Farbe, Fa-
brikat, Kennzeichen usw.) und ob der Täter es ggf. durch Verschließen der Wagentür gegen weiteren unbefugten Gebrauch durch Dritte gesichert hatte.

Allgemein lässt sich sagen: je größer die Chance ist, dass das Fahrzeug wiedergefunden
wird, desto eher ist anzunehmen, dass der Täter mit Rückführungswillen handelte (und
ggf. aus § 248b strafbar ist). Dagegen ist Diebstahl statt Gebrauchsanmaßung i.S.d.
§ 248b (gilt auch für Fahrräder!) anzunehmen, wenn die Wegnahme erwiesenermaßen
von dem Willen (*dolus eventualis*!) getragen war, das Fahrzeug nach dem Gebrauch
wahllos preiszugeben und es dem Zufall zu überlassen, ob, wann und in welchem Zustand der Eigentümer es zurückbekommen wird. Wird § 242 bejaht, ist wegen der ausdrücklich angeordneten Subsidiarität des § 248b für dessen Prüfung kein Raum. In einer
Klausur sollte aber ein kurzer Hinweis nicht fehlen. Wird dagegen § 248b statt § 242 für
einschlägig befunden, darf die Wertung des § 248b keinesfalls dadurch unterlaufen werden, dass bezüglich des zwangsläufig mitverbrauchten Kraftstoffes aus § 242 bestraft
wird. Dies ist im Unrecht des § 248b enthalten und tritt im Wege der Konsumtion (mitbestrafte Begleittat) zurück.

Hat der Täter den Willen zur Preisgabe des Fahrzeugs erst *während des noch andauernden Gebrauchs* gefasst, schließt das zwar (wegen des fehlenden zeitlichen Zusammentreffens mit der Wegnahmehandlung) die Anwendbarkeit des § 242 aus, es kommt dann
aber eine Unterschlagung (§ 246) in Betracht. Dagegen ist nur für § 248b Raum, wenn
der zunächst vorhandene Rückführungswille *erst nach dem Ende des unbefugten Gebrauchs* aufgegeben und durch den Entschluss zur Preisgabe des Fahrzeugs ersetzt wird,
etwa deshalb, weil es wegen technischer Mängel liegen geblieben oder der Kraftstoffvor-
rat verbraucht ist.

■ Schwierigkeiten bei der Abgrenzung zur Gebrauchsanmaßung können sich auch in dem **88**
Fall ergeben, dass infolge des Gebrauchs eine **Wertminderung der Sache** eintritt. Da
dieser Aspekt aber bei den Sachwerterwägungen eine Rolle spielt, sei auf die dortigen
Ausführungen (Rn 92 ff.), insbesondere das Beispiel 2 bei Rn 96 verwiesen.

■ Auf der Ebene der Enteignungskomponente zu diskutieren ist auch der Fall, in dem der **88a**
Gläubiger einer Forderung bei seinem Schuldner eine Sache **eigenmächtig pfändet**,
um ein Druckmittel für den Ausgleich seiner (nicht gleichartigen) Forderung zu erhalten.
Unterstellt, dass ein Pfandrecht nicht besteht, ist die Pfändung widerrechtlich. Strafrechtlich kommen bzgl. der eigenmächtigen „Inpfandnahme" Diebstahl oder Raub in Betracht,
wobei die Wegnahme einer fremden beweglichen Sache unproblematisch vorliegt. Hinsichtlich der im subjektiven Tatbestand zu prüfenden Zueignungsabsicht sind beide Komponenten problematisch: Die *Enteignungskomponente* liegt nur vor, wenn der Täter
wenigstens mit bedingtem Vorsatz in Kauf nimmt, dass das Opfer dauerhaft aus seiner
Eigentümerstellung verdrängt wird. Dies wiederum kann nur dann bejaht werden, wenn
der Täter trotz der „Inpfandnahme", die bereits begriffslogisch auf eine spätere Rückgabe
angelegt ist, eine dauerhafte Enteignung für den Fall in Kauf nimmt, dass das Opfer nicht
zahlt. Zur Aneignungskomponente dieses Falls vgl. Rn 90.

■ Auch wenn der Täter dem Opfer dessen Mobiltelefon entreißt, um darauf gespeicherte **88b**
Fotos zu versenden, kann die Enteignungskomponente vorliegen, sofern der Täter es billigend in Kauf nimmt, dass das Opfer das Telefon danach nicht wiedererlangt.[123]

■ Schließlich sind die Fälle zu nennen, in denen sich der Eigentümer **vernünftigerweise** **89**
Ersatz beschaffen wird. Hier wird auch ohne Wertminderung eine Enteignung zu bejahen sein. Wenn also beispielsweise kurz vor Saisonbeginn eine Surfausrüstung weggenommen wird in der Absicht, diese erst im Herbst wieder zurückzubringen, liegt ein **unangemessen langer Gebrauch** vor, der rechtlich wie eine dauerhafte Enteignung zu

---

[123] Vgl. dazu BGH NStZ 2012, 627 f. (mit Bespr. v. *Hecker*, JuS 2013, 468).

behandeln ist, wenn davon auszugehen ist, dass der Eigentümer sich vernünftigerweise Ersatz beschaffen wird.[124]

89a

> **Hinweis für die Fallbearbeitung:** Ist der Täter im Zeitpunkt der Wegnahmehandlung fest entschlossen, die Sache später wieder zurückzugeben, liegt ein sog. Rückführungswille vor, der (bis auf die genannten Ausnahmen) zur Verneinung der Enteignungskomponente und damit des Diebstahls führt. Das heißt für die Fallbearbeitung jedoch nicht, dass nunmehr eine Unterschlagung (§ 246) zu prüfen wäre. Denn mit der Verneinung des Enteignungsvorsatzes im Rahmen der Diebstahlsprüfung stellt der Klausurbearbeiter gleichzeitig fest, dass der Täter auch kein Zueignungsunrecht i.S.d. § 246 verwirklichen wollte. Ein kurzer, feststellender Hinweis, dass eine Strafbarkeit nach § 246 (aus den o.g. Gründen) nicht vorliege, sollte dennoch erfolgen. Anders liegt aber der Fall, wenn sich der Täter nachträglich (d.h. zu einem beliebigen Zeitpunkt nach Vollendung der Wegnahme) entschließt, die Sache zu behalten und dies auch tut. In diesem Fall liegen eine Zueignung und damit eine Unterschlagung vor, weil der Täter im Zeitpunkt der Manifestation des Zueignungswillens bereits im Besitz der Sache war und die Subsidiaritätsklausel des § 246 a.E. wegen des zuvor verneinten Diebstahls nicht greift.

bb. Aneignungskomponente

90 Mit „Aneignung" kann nicht die Begründung von Eigentum i.S.d. Zivilrechts gemeint sein, weil wegen § 935 I BGB Eigentumserwerb bei gestohlenen Sachen regelmäßig nicht in Betracht kommt. Daher kann es bei § 242 nur darum gehen, dass sich der Täter wie ein Eigentümer aufführt, indem er die Absicht hat, die Sache zumindest vorübergehend seinem Vermögen einzuverleiben (se ut dominum gerere: sich als Eigentümer gerieren). Es geht also um die Erlangung eines **wirtschaftlich messbaren Gebrauchsvorteils**. Mit der Komponente der (beabsichtigten) **Aneignung** werden der Diebstahl und andere Zueignungsdelikte wie der Raub von der reinen *Sachentziehung*, der *Sachbeschädigung* bzw. *Zerstörung* oder *Vernichtung* und der bloßen *Eigenmacht* (als Hauptform der Besitzbegründung) abgegrenzt. An einer Aneignung und damit an einer Zueignung **fehlt** es daher, wenn jemand eine fremde Sache wegnimmt, um sie sogleich zu zerstören, zu vernichten, wegzuwerfen oder zu verbergen.[125] Das gilt auch für den **sofortigen Konsum**.[126] Zwar führt sich der Täter in Fällen dieser Art in gewisser Weise wie ein Eigentümer auf, er eignet sich die Sache aber nicht an.[127] Keine Aneignung liegt auch vor, wenn der Täter dem Berechtigten die Sache schlicht **entzieht**.[128] Denn bei der reinen *Sachentziehung* wird die Sache ihrem Eigentümer zeitweilig oder dauernd entzogen, ohne dass eine Einverleibung in das Vermögen des Täters oder des Dritten stattfindet (oder dass es auf die sofortige Zerstörung oder das sofortige Wegwerfen ankommt). Das Schulbeispiel für eine reine Sachentziehung stellt der Fall dar, in dem der Täter das Opfer nur ärgern[129] oder sich an ihm rächen oder sonst schädigen will. Aber auch, wenn der Täter andere nichtvermögenswerte Ziele verfolgt, fehlt es an der Aneignungskomponente.

Beispiel: Bei der (gewaltsamen) Wegnahme eines Mobiltelefons in der Absicht, lediglich Daten auszuspähen, weil der Täter Informationen vermutet, geht es nicht um die Erlangung eines wirtschaftlich messbaren Gebrauchsvorteils bzw. um eine (vorübergehende)

---

[124] Vgl. NK-*Kindhäuser*, § 242 Rn 118; *Wessels/Hillenkamp*, BT 2, Rn 157 ff.
[125] *Wessels/Hillenkamp*, BT 2, Rn 153. Vgl. auch BGH 11.6.2013 – 1 StR 86/13; BGH NStZ 2011, 669, 701; NStZ 2006, 686, 687; NJW 2015, 690 f.; *Streng*, JuS 2007, 422, 423.
[126] Vgl. BGH NJW 2015, 690 f. Zu beachten ist hier aber, dass der BGH eine Aneignung dennoch bejahte, da die Täter die Sache (hier: Marihuana) nicht auf der Stelle konsumierten, sondern etwas später („unmittelbar im Anschluss an die Tat"). Das genügt dann zur Bejahung der Aneignungskomponente.
[127] Je nach den Umständen kann eine Sachbeschädigung (§ 303 I), ein Verwahrungsbruch (§ 133) oder eine Urkundenunterdrückung (§ 274 I Nr. 1) vorliegen (vgl. auch *Lackner/Kühl*, § 242 Rn 21).
[128] Vgl. auch hierzu BGH NJW 2015, 690 f.
[129] BGH NStZ 2011, 699, 701.

Einverleibung in das eigene Vermögen. Mithin fehlt der Aneignungswille.[130] Es liegt eine reine Sachentziehung vor, die nicht zu § 242 bzw. § 249 führt.

Aber auch im Fall von Rn 88a könnte es an der *Aneignungskomponente* fehlen, weil es hierbei dem Täter darauf ankommen muss, die Sache sich oder einem Dritten zumindest vorübergehend in das Vermögen einzuverleiben. Will der Täter eine Sache lediglich „**pfänden**", obwohl kein Pfandrecht besteht, verschafft er sich zwar durchaus eine starke Position, allerdings ist zweifelhaft, ob durch sein Verhalten der Sachwert eigentumsgleich in das Vermögen einverleibt wird. Denn nach der Intention des Täters soll die „gepfändete" Sache lediglich die Funktion eines Druckmittels erfüllen. Eine Anmaßung von Eigentümerbefugnissen kann damit nicht ohne weiteres begründet werden.[131] Selbstverständlich wäre es ebenso vertretbar, den Gedanken des „se ut dominum gerere" stärker zu betonen und sich auf den Standpunkt zu stellen, dass es eben Sache des Eigentümers sei, zu bestimmen, wo und unter welchen Voraussetzungen eine Sache verbleibt. Dann wären die Aneignungskomponente und damit die Zueignungsabsicht zu bejahen. Allerdings würden dadurch die Grenzen zu einer im Rahmen von § 242 nicht erfassten Sachentziehung verwischt und der (zivilrechtliche) Unterschied zwischen Eigentum und Pfandrecht vernachlässigt.

Nimmt man dennoch eine Zueignungsabsicht an, ist regelmäßig auch die Rechtswidrigkeit der beabsichtigten Zueignung zu bejahen. Denn der eigenmächtig handelnde Gläubiger hat – sofern nicht etwa ein gesetzliches oder vertragliches Pfandrecht an der Sache besteht – keinen fälligen und einredefreien Anspruch auf die Sache (der die Rechtswidrigkeit der Zueignung entfallen ließe). Zur möglichen Strafbarkeit wegen räuberischer Erpressung vgl. Rn 764.

Demgegenüber liegen aber die Zueignungsabsicht und damit ein Diebstahl vor, wenn der Täter beabsichtigt, das „Pfandgut" weiterzuverkaufen. Zwar ist ein gutgläubiger Erwerb von gestohlenen Sachen grds. nicht möglich (vgl. § 935 I BGB), jedoch kommt es auf die Sicht des Täters an. Und dieser will durch die Veräußerung den wirtschaftlichen Wert der Sache realisieren.

Im Fall von Rn 88b kann indes die Aneignungskomponente angenommen werden, weil sich der Täter zumindest vorübergehend wie ein Eigentümer geriert und das Telefon seinem Vermögen für die Dauer der Benutzung einverleibt.

„Behältnisfälle": Es kommt vor, dass der Täter ein Behältnis (Karton, Tasche, Handtasche, Aktentasche, Geldbörse etc.) wegnimmt, es ihm dabei aber nicht auf das Behältnis ankommt, sondern lediglich auf den (vermuteten) Inhalt. In diesen Fällen muss hinsichtlich des Bezugsgegenstandes (Behältnis; Inhalt) unterschieden werden.   **90a**

Beispiel: T ist bei O zu Besuch. In einem unbeobachteten Moment steckt er ein kleines, dem O gehörendes Lederetui ein, von dem er weiß, dass sich darin eine wertvolle Armbanduhr befindet. Nachdem er die Wohnung verlassen hat, öffnet er das Etui, nimmt die Uhr heraus, steckt sie in die Hosentasche und wirft das Etui, das er für nutzlos hält, ins Gebüsch.

Hinsichtlich des **Etuis** hat T den objektiven Tatbestand des Diebstahls verwirklicht. Jedoch scheitert der subjektive Tatbestand am Fehlen der Absicht der wenigstens vorübergehenden Aneignung, wenn man davon ausgeht, dass es T ausschließlich auf die Uhr abgesehen hat und er das Etui ohne zwischenzeitlichen Eigengebrauch sogleich wegwerfen wollte. Das Wegwerfen selbst ist lediglich als Sachbeschädigung (§ 303 I) zu bewerten.[132]

Hinsichtlich der **Uhr** hat T sowohl den objektiven als auch den subjektiven Tatbestand des § 242 I erfüllt, da er die Uhr in der Absicht weggenommen hat, sie sich zuzueignen.

---

[130] Vgl. dazu BGH NStZ 2012, 627 f. (mit Bespr. v. *Hecker*, JuS 2013, 468).
[131] Vgl. auch *Kudlich/Roy/Tyszkiewicz*, JA 2006, 779, 781 und *Heger*, JA 2013, 929, 831, die die Aneignung verneinen.
[132] Würde T aber bezwecken, das Etui (auch nur vorübergehend) als Transport- bzw. Aufbewahrungsmittel zu nutzen oder gar zu behalten (so der Fall LG Düsseldorf NStZ 2008, 155 f.), läge durchaus eine Aneignungsabsicht vor.

90b An einer Aneignungsabsicht hinsichtlich des (vermuteten) Inhalts kann es aber fehlen, wenn der Täter ein Behältnis, in dem er einen bestimmten Inhalt vermutet, wegnimmt, sich später aber herausstellt, dass sich **nichts** oder **etwas anderes** in dem Behältnis befindet.

> **Beispiel 1**[133]: T betritt einen Kindergarten. Vor einem Gruppenraum steht ein Kinderwagen, an dem die Handtasche der O hängt. T entnimmt der Handtasche eine Geldbörse und verlässt mit dieser das Gelände. Dabei geht er davon aus, dass sich in der Geldbörse Geld befindet. Später, als er die Geldbörse öffnet, stellt er jedoch enttäuscht fest, dass die Börse leer ist. Er wirft sie ins Gebüsch.
>
> Hinsichtlich der **Geldbörse** selbst hat T den objektiven Tatbestand des Diebstahls verwirklicht. Jedoch scheitert der subjektive Tatbestand am Fehlen der Absicht der wenigstens vorübergehenden Aneignung, wenn man davon ausgeht, dass es T ausschließlich auf das Geld abgesehen hat und er die Geldbörse ohne zwischenzeitlichen Eigengebrauch sogleich wegwerfen wollte. Das Wegwerfen selbst ist lediglich als Sachbeschädigung (§ 303 I) zu bewerten.
>
> Hinsichtlich des erwarteten **Inhalts** der Geldbörse hat T bereits den objektiven Tatbestand des § 242 I nicht erfüllt. Da er aber die Absicht hatte, sich den erwarteten Inhalt zuzueignen, liegt diesbezüglich ein versuchter Diebstahl vor (§§ 242 I, II, 22, 23 I).
>
> **Beispiel 2**[134]: T vermutet in einer Aktentasche, die sich im Kofferraum des Wagens des O befindet, eine größere Menge Bargeld. Er bricht daher den Kofferraum auf und entnimmt die Aktentasche. Aufgrund der Eile unterlässt er es aber, sich vom Inhalt der Aktentasche zu überzeugen. Zu Hause stellt er zu seiner Überraschung fest, dass sich in ihr lediglich wertlose Zeitungen befinden, die er daraufhin enttäuscht wegwirft. Auch die Aktentasche wirft er – wie von Anfang an geplant – weg.
>
> T hat sowohl hinsichtlich der Aktentasche als auch des Inhalts den objektiven Tatbestand des Diebstahls in einem besonders schweren Fall gem. §§ 242 I, 243 I S. 2 Nr. 2 verwirklicht. Fraglich ist allein die subjektive Seite. Es ist zu differenzieren:
>
> Hinsichtlich der **Aktentasche** hat T zwar den Tatbestand des Diebstahls vorsätzlich verwirklicht, eine Strafbarkeit wegen Diebstahls scheitert aber am Fehlen der Absicht rechtswidriger Zueignung. Zwar lässt sich der Vorsatz einer *Enteignung* damit begründen, dass T von vornherein vorhatte, die Aktentasche nach der Tat wegzuwerfen und O damit dauerhaft zu enteignen. Es fehlte bei T aber an der Absicht der wenigstens vorübergehenden *Aneignung*. Denn T wollte die Aktentasche von Anfang an ohne zwischenzeitlichen Eigengebrauch sogleich wegwerfen. Eine Aneignungsabsicht ließe sich nur dann annehmen, wenn T im Zeitpunkt der Tatausführung geplant hatte, die Aktentasche weiter (als Transportmittel) zu nutzen oder gar zu behalten (s.o.). Doch das war ausweislich des Sachverhalts nicht der Fall. Das Wegwerfen selbst ist lediglich als Sachbeschädigung (§ 303 I) zu bewerten.
>
> Auch hinsichtlich des **Inhalts** der Aktentasche hat T den objektiven Tatbestand des § 242 I erfüllt. Jedoch ist diesbezüglich bereits der allgemeine Tatbestandsvorsatz fraglich, da T einen anderen Inhalt erwartet hat und von den Zeitungen nichts wusste. Insoweit ist T einem *error in obiecto* unterlegen. Dieser ist im vorliegenden Fall aber unbeachtlich, weil die Tatobjekte tatbestandlich gleichwertig sind. Denn bei beiden Objekten handelt es sich um fremde bewegliche Sachen, die vom Tatbestand des § 242 erfasst sind.[135]
>
> Handelte T somit vorsätzlich, ist des Weiteren danach zu fragen, ob er auch in der Absicht gehandelt hat, sich die Sache rechtswidrig zuzueignen. Überträgt man den soeben zum allgemeinen Tatbestandsvorsatz aufgestellten Befund und die dort festgestellte

---

[133] In Anlehnung an BGH StV 2010, 22.
[134] In Anlehnung an BGH NStZ 2006, 686 ff.; vgl. auch LG Düsseldorf NStZ 2008, 155 f.
[135] Vgl. BGH NStZ 2006, 686, 687; *Streng*, JuS 2007, 422, 423.

Unbeachtlichkeit des *error in obiecto*, müsste man die Zueignungsabsicht ebenfalls bejahen. Der BGH vertritt jedoch eine unterschiedliche Betrachtungsweise. Er verneint die Vollendungsstrafbarkeit, soweit der Täter diejenige Sache, die er weggenommen hat, sich nicht zueignen wollte, diejenige aber, die er sich zueignen wollte, sich tatsächlich nicht in der Verpackung (hier: Aktentasche) befand.[136] Demzufolge hat T nicht mit Zueignungsabsicht gehandelt, da er nie die Absicht hatte, sich die Zeitungen zuzueignen.

Bewertung: Warum der BGH im Vergleich zum allgemeinen Tatbestandsvorsatz bei der Zueignungsabsicht eine andere Sichtweise zugrunde legt, ist unklar. Denn es ließe sich auch hinsichtlich der Zueignungsabsicht in Übereinstimmung mit dem zum allgemeinen Tatbestandsvorsatz Gesagten argumentieren, dass sie sich auf *die* Sache beziehe, die der Täter wegnehmen wolle. Und da sich der Vorsatz wegen der Unbeachtlichkeit des Irrtums gerade auf die weggenommene Beute bezieht, ist die Zueignungsabsicht nach der hier vertretenen Auffassung ebenfalls zu bejahen.[137] Insoweit besteht eine Konnexität zwischen Vorsatz und Zueignung (a.A. freilich der BGH).

Ergebnis: Nach der hier vertretenen Auffassung ist T eines Diebstahls in einem besonders schweren Fall schuldig. Auf der Basis der Rspr. des BGH liegt dagegen ein versuchter Diebstahl in einem besonders schweren Fall vor (vgl. dazu Rn 158 f.).

90c Möglicherweise hätte auch nach Auffassung des BGH der Fall anders gelegen, wenn sich der Täter **keine konkrete Vorstellung über den Inhalt** gemacht hätte. Denn dann wäre die Abweichung weniger deutlich gewesen.

Beispiel: T des obigen Beispiels nimmt die Aktentasche an sich, wobei er deren Inhalt nicht kennt und auch keine Vermutung hat, welche Gegenstände sich in ihr befinden könnten. Zu Hause öffnet er die Aktentasche und entdeckt neben den wertlosen Zeitungen einen 100-€-Schein, den er einsteckt. Die Aktentasche und die Zeitungen wirft er weg.

Hatte T von vornherein vor, die Aktentasche nach der Tat ohne zwischenzeitlichen Eigengebrauch wegzuwerfen, hatte er zwar den Vorsatz, O diesbezüglich dauerhaft zu enteignen, es fehlte aber an der Absicht der wenigstens vorübergehenden Aneignung.

Hinsichtlich der Zeitungen und des Geldes ist es problematisch, ob und ggf. wie es sich auf die Zueignungsabsicht auswirkt, dass sich T über den Inhalt der Aktentasche im Unklaren war und sie später nach „brauchbaren" und „unbrauchbaren" Sachen sortierte.

Die Unklarheit im Zeitpunkt der Wegnahme könnte man – ähnlich wie bei der Prüfung des Versuchs, was wiederum damit zusammenhängt, dass die Zueignungsabsicht keine Entsprechung im objektiven Tatbestand hat – als **Vorbehalt subjektiver Unentschlossenheit** werten.[138] Dann läge keine Aneignungsabsicht vor. Es wäre aber auch denkbar, den Tatentschluss des T als **festen Entschluss auf bewusst unsicherer Tatsachengrundlage** anzusehen.[139] Dann läge sehr wohl eine Aneignungsabsicht vor.

Für die Annahme eines festen Entschlusses auf bewusst unsicherer Tatsachengrundlage spricht, dass die Einordnung der vorgefundenen Gegenstände als „brauchbar" oder „unbrauchbar" zwar eine vom Täter abzugebende Beurteilung erfordert, es sich bei dieser aber gleichwohl um eine von diesem nicht beeinflussbare objektive Bedingung handelt und nicht um einen inneren Entscheidungsvorbehalt der Zueignung.[140] Letzterer läge nur dann vor, wenn der Täter sich auch für den Fall der Beurteilung der weggenommenen Sachen als „brauchbar" die endgültige Entscheidung über die Aneignung vorbehalten hätte.[141]

---

[136] So ausdrücklich BGH NStZ 2006, 686, 687.
[137] Vgl. bereits die 5. Aufl. 2006; später auch *Streng*, JuS 2007, 422, 423 und *Kudlich/Oğlakcıoğlu*, JA 2012, 321, 374; zweifelnd auch LG Düsseldorf NStZ 2008, 155 f.
[138] So *Streng*, JuS 2007, 422, 425.
[139] So *Graul*, JR 1999, 338, 340; *Gropp*, JR 1985, 517, 520 f.
[140] *Graul*, JR 1999, 338, 340.
[141] *Graul*, JR 1999, 338, 340.

Ob bei T ein fester Entschluss auf unsicherer Tatsachengrundlage oder zu seinen Gunsten ein Aneignungsvorbehalt angenommen werden muss, ist eine Tatfrage. Nur wenn man einen festen Entschluss auf unsicherer Tatsachengrundlage annähme, käme man zur Bejahung der Aneignungsabsicht und damit zur Strafbarkeit wegen Diebstahls.

91 Wieder anders ist es, wenn die fremde Sache erst **nach einem vorherigen Eigengebrauch** für die Zwecke des Täters ihrem Schicksal überlassen wird oder wenn die Sachvernichtung im eigennützigen **Verbrauch der Sache** durch den Täter besteht.[142]

> **Beispiel:** Wegen Diebstahls macht sich daher strafbar, wer fremde Nahrungs- oder Genussmittel oder Getränke an sich nimmt und sogleich verzehrt[143] oder wer aus dem Schuppen des Nachbarn ohne dessen Kenntnis bzw. Erlaubnis Kaminholz holt und im eigenen Ofen verheizt. Auch das nicht gestattete Duschen („Entnahme bzw. Verbrauch von Fremdwasser") gehört hierher.[144]

cc. Insbesondere: Sachwert- bzw. Vereinigungstheorie

92 Gegenstand der Zueignung können nach der herrschenden Vereinigungstheorie[145] auch die mit der Sachsubstanz verbundene **Verwendungsmöglichkeit** bzw. der mit der Sache verbundene wirtschaftliche **Wert** sein. Danach ist es möglich, die für die Zueignungsabsicht erforderliche Enteignungskomponente auch dann anzunehmen, wenn keine dauerhafte Sachentziehung vorliegt. Das wird am sog. **Sparbuchfall** deutlich, der sich dadurch kennzeichnet, dass der Substanzwert (das Sparbuch als solches) nicht entzogen wird, jedoch der vom Sparbuch verkörperte wirtschaftliche Wert (das Guthaben). Ob diese Auffassung, der zufolge es nicht auf die Sache selbst, sondern auf den der Sache unmittelbar innewohnenden Wert (lucrum ex re = ein Gewinn/ein Wert aus der Sache selbst) ankommt, eine noch zulässige Auslegung des Sachbegriffs, auf den sich auch die Zueignungsabsicht beziehen muss, darstellt, darf bezweifelt werden.

93 **Beispiel:** Die Hausangestellte H nimmt aus einer Schublade das ihrem Geschäftsherrn G gehörende **Sparbuch**[146] und hebt davon einen größeren Teilbetrag ab. Anschließend legt sie das Sparbuch - wie von Anfang an geplant - wieder an seinen Platz zurück.

I. Geschehen im Haus des H

H hat den objektiven Tatbestand des § 242 I erfüllt. Sie hat den (gelockerten) Gewahrsam des G an dem Sparbuch gebrochen und eigenen begründet. Sie handelte auch vorsätzlich.

Sie müsste aber auch in der Absicht gehandelt haben, sich das Sparbuch rechtswidrig zuzueignen. Zueignungsabsicht besteht aus dem Enteignungsvorsatz und der Aneignungsabsicht. Fraglich ist, ob H Enteignungsvorsatz hatte. Dazu müsste sie mindestens mit *dolus eventualis* hinsichtlich einer dauerhaften Enteignung des G gehandelt haben. H hatte jedoch von Anfang an geplant, das Sparbuch wieder an seinen Platz zurückzubringen. Von einer billigend in Kauf genommenen dauerhaften Enteignung, zumindest im Hinblick auf das Sparbuch selbst, kann daher nicht gesprochen werden. Von diesem Standpunkt aus hat lediglich eine Gebrauchsanmaßung (*furtum usus*) vorgelegen, die bis auf die vorliegend nicht einschlägigen §§ 248b und 290 straflos ist.

---

[142] BGHSt 16, 271, 273; OLG Köln NJW 1986, 392; *Wessels/Hillenkamp*, BT 2, Rn 156 ff.; NK-*Kindhäuser*, § 242 Rn 87.
[143] Vgl. BGHSt 16, 271, 273.
[144] Vgl. dazu die Fallbearbeitung von *Reinbacher/Brodowski*, JA 2016, 106 ff.
[145] Vgl. BGHSt 4, 263, 238 f.; 16, 190, 192; 24, 115, 119; 35, 152, 156; Sch/Sch-*Eser/Bosch*, § 242 Rn 47-49; *Fischer*, § 242 Rn 35; *Lackner/Kühl*, § 242 Rn 22; NK-*Kindhäuser*, § 242 Rn 85; SK-*Hoyer*, § 242 Rn 81; *Wessels/Hillenkamp*, BT 2, Rn 146 ff.
[146] Zu beachten ist, dass mittlerweile viele Kreditinstitute das „klassische" Sparbuch abgeschafft und durch eine Chipkarte („Sparcard") ersetzt haben. Die Inhaber von Sparkonten bei den betreffenden Kreditinstituten können seitdem mit Hilfe der Chipkarte und einer PIN Geld am Automaten abheben und auch einzahlen. Die genannte Problematik wurde somit weitgehend „entschärft". Allerdings eröffnet dies wiederum den Anwendungsbereich des § 263a bzw. des § 266b. Dass vorliegend dennoch der klassische Sparbuchfall erläutert wird, hängt damit zusammen, dass er nach wie vor in der Praxis möglich ist und an den Universitäten gelehrt und geprüft wird.

Gegenstand der Zueignung kann nach h.M. aber auch der wirtschaftliche Wert sein, sofern er in der Sache selbst unmittelbar verkörpert ist. Bei einem Sparbuch handelt es sich um ein Legitimationspapier i.s.v. § 808 BGB. Das bedeutet, dass an den Inhaber mit befreiender Wirkung geleistet werden kann. Mit „Inhaber" ist aber nicht nur der im Sparbuch als Gläubiger Eingetragene gemeint, sondern – da eine formlose Abtretung des im Sparbuch verbrieften Anspruchs auf Auszahlung der Spareinlage möglich ist – **jeder, der das Sparbuch vorlegt**. Voraussetzung für eine Auszahlung ohne zusätzliche Legitimation (Vollmacht des Inhabers i.V.m. dem Personalausweis des Vorlegenden) ist lediglich, dass kein Sperrvermerk eingetragen ist bzw. das Kreditinstitut von der Ordnungsgemäßheit der Abhebung ausgeht.[147] Ein Sparbuch verkörpert also nicht nur das in ihm eingetragene Guthaben, sondern auch die Möglichkeit des Vorlegenden, über das Guthaben zu verfügen.

Durch das (spätere) Abheben des Teilbetrags hat H der Sache (dem Sparbuch) daher dauerhaft den entscheidenden Wert entzogen und somit mehr oder weniger eine „leere Sachhülse" zurückgegeben. Dies kann man als eine der Sachentziehung gleichgestellte Verhaltensweise und damit als noch vom Sachbegriff des § 242 erfasst ansehen.

Auf den Entzug des wirtschaftlichen Werts des Sparbuchs bezog sich der Vorsatz der H bereits im Zeitpunkt der Wegnahme. Diesen wirtschaftlichen Wert hat sie sich auch absichtlich angeeignet. Damit hat sie im Zeitpunkt der Wegnahme auch den subjektiven Tatbestand des § 242 I erfüllt.

II. Geschehen in der Bank

Das Abheben selbst erfüllt dagegen nicht den Tatbestand des § 242. In Betracht kommt aber § 263 gegenüber dem Bankschalterpersonal zugunsten der H und zu Lasten des G. Das setzt jedoch voraus, dass sich das Bankschalterpersonal trotz der Legitimationswirkung des Sparbuchs (s.o.) Gedanken macht und dadurch überhaupt erst getäuscht werden kann. Für die Strafbarkeit der H hat dies jedoch keine Relevanz, da § 263 als mitbestrafte Nachtat im Wege der Gesetzeskonkurrenz (Konsumtion) ohnehin zurücktreten würde.[148]

Hinweis für die Fallbearbeitung: Das vorstehende Beispiel hat gezeigt, dass in Fällen, in denen die Substanztheorie versagt, zunächst auf diese einzugehen und dann die Vereinigungstheorie zu erörtern ist. Um dabei aber nicht die Wortlautgrenze hinsichtlich des Sachbegriffs zu überschreiten, ist zu beachten, dass der der Sache entzogene wirtschaftliche Wert die Sache ausgemacht haben muss, die Sache ohne den entzogenen Wert praktisch wertlos ist. Bei Sparbüchern ist dies der Fall, da sie Legitimationspapiere i.S.d. § 808 BGB darstellen, bei denen an den Inhaber (besser: den Vorlegenden) grds. mit befreiender Wirkung geleistet werden kann. Ein Sparbuch, dessen Guthaben entzogen wurde, ist praktisch wertlos. Der Entzug des Guthabens kann daher der Zueignung von Bargeld gleichgestellt werden. Gleiches gilt auch für andere Legitimationspapiere wie Theaterkarten, Fahrkarten, Gutscheine, Getränke- oder Garderobenmarken.

94

An die Grenzen zulässiger Auslegung gerät die Vereinigungstheorie aber, wenn der der Sache entzogene Wert nur eine untergeordnete Bedeutung hat, d.h., die Sache weder in ihrer Substanz geschmälert noch als wertlose Hülle zurückgeführt wird.

95

Beispiel[149]**:** T nimmt unbefugt das E-Bike des O an sich, um damit herumzufahren. Nachdem er den Akku „leergefahren" hat, stellt er das E-Bike, wie von Anfang an beabsichtigt, wieder an seinen Platz bei O ab.

96

---

[147] Vgl. Palandt-*Sprau*, BGB, § 808 Rn 4-6. Anders *Rengier*, BT I, § 2 Rn 52, der zur Legitimation des Vorlegenden den Personalausweis des Eingetragenen ins Spiel bringt. Das widerspricht jedoch gerade der zivilrechtlichen Legitimationswirkung (wie hier nunmehr auch *Valerius*, JA 2007, 778, 779; *Kudlich/Oğlakcıoğlu*, JA 2012, 321, 325).

[148] Vgl. dazu *R. Schmidt*, AT, Rn 1204 sowie BGH wistra 2007, 458, 459 f. (versuchter Betrug am Bankschalter); BGHSt 35, 152, 157; *Fischer*, § 242 Rn 37/59; LK-*Vogel*, § 242 Rn 60; *Wessels/Beulke/Satzger*, AT, Rn 795; *Wessels/Hillenkamp*, BT 2, Rn 174.

[149] Sachverhalt in Anlehnung an *Jänicke*, JuS 2016, 1099.

Durch das beschriebene Verhalten könnte T sich in Bezug auf das **E-Bike** wegen Diebstahls gem. § 242 strafbar gemacht haben.

Der objektive Tatbestand des Diebstahls setzt die Wegnahme einer fremden beweglichen Sache voraus. Das E-Bike war eine bewegliche Sache. Es war für T auch fremd, da es im Eigentum des O stand.

T müsste das E-Bike auch weggenommen haben. Wegnahme setzt den Bruch fremden und die Begründung neuen, nicht notwendigerweise tätereigenen Gewahrsams voraus.

Dadurch, dass T das E-Bike des O ohne Befugnis benutzte, hat er dessen Gewahrsam gebrochen und eigenen Gewahrsam begründet, mithin die Wegnahme vollendet.

Damit hat T den objektiven Tatbestand des Diebstahls vollendet.

Subjektiv verlangt § 242 zunächst den allgemeinen Tatbestandsvorsatz (§ 15), wobei *dolus eventualis* genügt. Der Vorsatz muss sich auf alle objektiven Tatbestandsmerkmale beziehen. Dazu zählen die Eigenschaft des Objekts als „fremde bewegliche Sache" und das Verhalten hinsichtlich der „Wegnahme". Dass T einen dieser Umstände nicht gekannt haben könnte, ist nicht anzunehmen.

§ 242 verlangt jedoch auch die Absicht des Täters, die Sache sich oder einem Dritten rechtswidrig zuzueignen. Die Zueignungsabsicht liegt vor, wenn der Täter die Sache wegnimmt, um sie unter Anmaßung einer eigentümerähnlichen Stellung (*se ut dominum gerere*) zumindest *vorübergehend* der eigenen Vermögenssphäre (oder der des Dritten) einzuverleiben (Aneignungskomponente) *und* um sie der Verfügungsgewalt des Berechtigten *dauerhaft* zu entziehen (Enteignungskomponente). Dabei ist bezüglich der auch nur *vorübergehenden* Aneignung *dolus directus* 1. Grades erforderlich, während für die Enteignung (wegen ihrer Dauerhaftigkeit) bereits *dolus eventualis* genügt.[150]

An der Absicht des T, sich das E-Bike vorübergehend anzueignen, bestehen keine Zweifel; immerhin hat er es – wie von Anfang an geplant – O zurückgebracht und es sich daher nur vorübergehend angeeignet.

Jedoch liegt die andere Komponente – die dauerhafte Entziehung – nicht vor, da T das E-Bike – wie von Anfang an geplant – O zurückgebracht hat. Bezüglich des E-Bikes hat T aber eine nach § 248b I strafbare Gebrauchsanmaßung verwirklicht.

In Bezug auf den **Akku** könnte hinsichtlich der Enteignungskomponente der Zueignungsabsicht jedoch etwas anderes gelten. Denn es ist anerkannt, dass eine bloße Gebrauchsanmaßung nicht mehr vorliegt, wenn infolge des (vorübergehenden) Gebrauchs der Sache ihr wirtschaftlicher Wert entzogen wurde, die Sache ohne den entzogenen Wert praktisch wertlos ist. Dann soll nach h.M. ein Diebstahl gegeben sein.

Erscheint die differenzierende Betrachtung von E-Bike und Akku, der ja einen wesentlichen Bestandteil des E-Bikes darstellen dürfte, schon zweifelhaft genug, sind erst recht Zweifel dahingehend angebracht, ob der Akku im entleerten Zustand tatsächlich praktisch wertlos ist. Immerhin geht mit der Entleerung eines Akkus eine lediglich kaum messbare Abnutzung einher, und auch die Aufladung dürfte kostenmäßig nicht ins Gewicht fallen, sodass es nicht angemessen erscheint, die Tat als Diebstahl anzusehen. Insbesondere entwertet das bloße Leerfahren den Akku nicht. Hierin besteht der entscheidende Unterschied zu den Sparbuchfällen, bei denen die Sparbücher völlig entwertet zurückgeführt werden. Es verstieße gegen das verfassungsrechtliche Bestimmtheitsgebot gem. Art. 103 II GG, behandelte man das Verbrauchen elektrischer Energie aus einem Akku als Entzug des wirtschaftlichen Werts des Akkus und damit als Zueignung einer *Sache*.[151] Unerwünschte Strafbarkeitslücken zu schließen ist ausschließlich Aufgabe des Gesetzgebers.

---

[150] Vgl. *Samson*, JuS 2003, 263, 264; *Fischer*, § 242 Rn 41; *Lackner/Kühl*, § 242 Rn 25; *Wessels/Hillenkamp*, BT 2, Rn 150 ff.

[151] Daher ist der Lösung von *Jänicke* (JuS 2016, 1099, 1103) nicht zu folgen, der einen Diebstahl annimmt und dabei darauf abstellt, dass dem (positiven) Ladungszustand ein wesentlicher und damit eigenständiger wirtschaftlicher (Gebrauchs-)Wert zukomme, der spezifisch mit der Sache verbunden sei bzw. ihr innewohne. Dies überschreitet m.E. klar den möglichen Wortsinn des Sachbegriffs und ist abzulehnen.

T hat sich im Ergebnis auch nicht hinsichtlich des Leerfahrens des Akkus wegen Diebstahls strafbar gemacht. Eine Entziehung elektrischer Energie (§ 248c I) liegt schon deshalb nicht vor, da T dem Akku elektrische Energie nicht mittels eines Leiters entzogen hat. Bezüglich des Leerfahrens des Akkus liegt also lediglich eine straflose Gebrauchsanmaßung vor.

dd. (Sonstige) Sonderfälle

Nach dem herrschenden engen Verständnis der Sachwerttheorie ist aber nicht jeder wirtschaftliche Vorteil erfasst, der mit Hilfe der Sache erlangt werden kann. Anderenfalls würden die Grenzen zwischen dem Diebstahl als Eigentumsdelikt und Vermögensdelikten im engeren Sinne unscharf.[152] So ist der **Gewinn aus der bloßen Verwendung** der Sache (*lucrum ex negotio cum re*) **nicht** von § 242 erfasst.   97

▪ Daher begeht **keinen Diebstahl**, wer ein entlaufenes, beim Finder befindliches Haustier diesem wegnimmt, um beim Eigentümer den öffentlich ausgelobten **Finderlohn** (vgl. §§ 657, 971 BGB) entgegenzunehmen. Hier fehlt es an der Zueignungsabsicht, da niemals eine Eigentümerstellung angemaßt wurde. In Betracht kommt **aber ein Betrug** (§ 263) zum Nachteil des Finders, dessen Finderlohnanspruch nicht schon mit der Wegnahme des Haustieres, sondern erst dadurch erloschen ist, dass der gutgläubige Eigentümer die falsche Person für den Finder gehalten und den Finderlohn an diese gezahlt hat. Damit ist der Eigentümer auch dem wirklichen Finder gegenüber frei geworden (§ 851 BGB analog). Der Eigentümer selbst hat keinen Schaden erlitten, da die Hingabe des Finderlohns durch das Freiwerden von seiner Verbindlichkeit dem Finder gegenüber ausgeglichen wird (Problem der Schadenskompensation). Da der Getäuschte nicht zugleich der Geschädigte sein muss (bei § 263 müssen nur *Getäuschter* und *Verfügender* personenidentisch sein), ist es unerheblich, wen der Täter für den Benachteiligten gehalten hat (den Eigentümer oder den Finder). Für seinen Betrugsvorsatz genügt die Vorstellung, dass ein anderer unmittelbar durch die Verfügung des Eigentümers geschädigt wurde, auf dessen Kosten ihm die erstrebte Bereicherung in Gestalt des Finderlohns zufloss.   98

▪ Eine ähnliche Konstellation besteht bei den sog. „**Dienstkleidungsfällen**". Zur Lösung dieser Fälle ist es entscheidend zu wissen, dass Ausrüstungsgegenstände stets im Eigentum des Dienstherrn verbleiben und nur für die Dauer des jeweiligen Dienstverhältnisses den Soldaten, Polizisten usw. zur Verfügung gestellt werden. Wenn nun beispielsweise ein Bundeswehrsoldat einem Kameraden einen (mit seinem verlorenen vergleichbaren) Ausrüstungsgegenstand zur Vermeidung von Regressansprüchen aus dessen Besitz nimmt, um diesen anschließend an die Ausgabestelle, die „Kleiderkammer", zurückzugeben, entfällt bereits die Zueignungsabsicht. Der Wegnehmende wollte sich niemals - auch nicht vorübergehend - eine eigentümerähnliche Stellung anmaßen. Es kommt aber auch hier eine Bestrafung wegen **Betrugs** in Betracht.[153]   99

▪ Wer dem **Eigentümer** eine bestimmte **Sache wegnimmt** (bspw. ein Kfz), um sie diesem später zu einem „günstigen" Preis **zum „Rückkauf" anzubieten**, macht sich (sofern die Sache im Zeitpunkt der Rückgabe nicht wesentlich weniger wert ist als sie es vorher war, s.o.) nicht wegen Diebstahls strafbar, weil es insoweit an der *dauernden Enteignung* fehlt. Denn zur Bejahung der Zueignungsabsicht müsste der Täter beabsichtigen, die Sache oder den in ihr verkörperten Sachwert mit Ausschlusswirkung gegenüber dem Eigentümer dem eigenen Vermögen einzuverleiben. Dadurch, dass der Täter dem Eigentümer aber das Kfz später wieder – unter **Anerkennung von dessen Eigentümerstellung** – zurückgibt und dafür den „Kaufpreis" erhält, hat er das Kfz nicht (auch nicht vorübergehend) in das eigene Eigentum einverleibt. Der Eigentümer muss zwar den „Kaufpreis" zahlen, erhält aber unter Anerkennung der eigenen Eigentümerstellung das Kfz un-   100

---

[152] Vgl. bereits die 1. Aufl. 2002; später auch *Rönnau/Golombek*, JuS 2007, 348, 350.
[153] Vgl. zu dieser Fallgruppe BGHSt 19, 387 ff.; kritisch *Gropp*, JuS 1999, 1041, 1043.

versehrt zurück. In Ermangelung eines Enteignungsvorsatzes scheidet Diebstahl somit aus. In Betracht kommt aber eine Strafbarkeit nach §§ 253, 248b und 240, wenn man davon ausgeht, das Opfer sei nicht darüber getäuscht worden, dass es die eigene Sache „zurückkauft".[154]

100a ▪ Anders verhält es sich aber, wenn der Täter dem Opfer die zuvor von ihm entwendete Sache als **fremde** (also als dem Täter gehörende) Sache zum Kauf anbietet.

Beispiel: T entwendet vom Hinterhof eines Kfz-Verwertungsbetriebs einige elektronische Bauteile aus Unfallfahrzeugen neueren Baujahres. Am nächsten Tag tritt er an den Betriebsinhaber O heran und bietet diesem die Bauteile zum Kauf an. O kauft die Bauteile an in dem Glauben, es handele sich um Sachen des T.

In diesem Fall soll O die Bauteile nicht in Anerkennung seines Eigentums „zurückkaufen", sondern im Glauben erwerben, es handele sich für ihn fremde Sachen (also unter **Leugnung seiner Eigentümerstellung**). Der Täter geriert sich also als Eigentümer bzw. als Verfügungsbefugter. Dies setzt aber eine vorherige Anmaßung einer Eigentümerstellung und eine Einverleibung in das eigene Vermögen voraus. Daher ist das Geschehen am Vortag als Diebstahl anzusehen. Dieser Diebstahl ist auch im Zeitpunkt der Wegnahme vollendet. Das Geschehen am nächsten Tag ist in der Fallbearbeitung im Rahmen der Zueignungsabsicht zu prüfen. Dort ist dann auch auf die Frage einzugehen, ob der Täter zusätzlich den Tatbestand des Betrugs verwirklicht hat und – wenn ja – ob dieser (etwa weil der Täter dem Opfer dadurch keinen weiteren Nachteil zufügt) als mitbestrafte Nachtat hinter den Diebstahl zurücktritt.

101 ▪ Schließlich gehört die (äußerst examensrelevante) Wegnahme von **Leergut** (Pfandflaschen) in diese Kategorie. Hinsichtlich der möglichen Strafbarkeit kommt es auf die zivilrechtlichen Beziehungen zwischen dem Hersteller bzw. Abfüller der Getränke und dem Händler an. Hierbei ist zwischen *individualisiertem Spezial-Leergut* und *Standard-Leergut* (= *Einheitsleergut*) zu unterscheiden:

102 **Individualisiertes Spezial-Leergut:** Nach der zivilrechtlichen Verkehrsauffassung behält der Hersteller von Pfandflaschen, die nur von einem bestimmten Getränkehersteller verwendet werden (Beispiel: Flaschen der Marke „Coca-Cola"), das Eigentum an diesen Flaschen (und an der Kiste). Der Getränkehändler erwirbt also lediglich das Eigentum am Inhalt, nicht an den Flaschen und der Kiste. Diesbezüglich wird er nur Nutzungsberechtigter aufgrund eines leih- oder darlehensähnlichen Vertrags (das Pfand, das er beim Kauf mit entrichtet, dient also lediglich der Sicherung der Rückgabe (Kaution) bzw. als Darlehenszins). Die Rückgabe des Leerguts gegen Erstattung des Pfands bedeutet somit nicht Rückübereignung, sondern lediglich Rückkehr der Sache in die Gewahrsamssphäre des Eigentümers ohne Substanzeinbuße/Wertverlust und ohne Leugnung dieser Eigentümerstellung.[155] Daraus folgt: Entwendet jemand derartiges Leergut vom Hof eines Getränkehändlers, um es anschließend (bei diesem oder einem anderen Getränkehändler) gegen Entgegennahme des Pfands einzulösen, fehlt es bereits an der Enteignungskomponente der Zueignungsabsicht, da der Täter gerade keinen Vorsatz bzgl. einer dauerhaften Enteignung hegt. Denn dadurch, dass der Täter das Leergut zurückzugeben beabsichtigt, leugnet er das Eigentumsrecht des Herstellers gerade nicht und entzieht keine Sachsubstanz. Ebenso wenig liegt eine Entziehung des Sachwertes des Leergutes vor, weil der Täter dem Eigentümer nicht den in der Sache selbst unmittelbar verkörperten Wert entzieht.

Daher ist die Zueignungsabsicht i.S.d. § 242 I und damit Diebstahl zu verneinen, wenn jemand derartiges Leergut in der Absicht entwendet, das Pfand zu erhalten. Regelmäßig liegt aber **Pfandkehr** nach § 289 I Var. 2 vor, falls die Wegnahme erfolgt, um das

---

[154] Vgl. dazu den Fall von *Samson*, JuS 2003, 263 ff.
[155] Vgl. bereits die 5. Aufl. 2006; später auch BGH NJW 2007, 2912 f., OLG Hamm NStZ 2008, 154 f. und *Wolf*, JA 2007, 737, 738.

Leergut dem Eigentümer (d.h. dem Getränkehersteller) zurückzugeben.[156] Auch wird wegen der Geltendmachung des tatsächlich nicht bestehenden Anspruchs auf Auszahlung des Pfandgeldes bei der Abgabe des Leerguts an einer Leergutkasse ein **Betrug** (§ 263) gegeben sein, weil der Täter schlüssig vortäuscht, zum Empfang des Pfandgeldes berechtigt zu sein. Bei den heute üblichen Leergutautomaten ist zwar an **Computerbetrug** (§ 263a) zu denken, jedoch scheitert die Verwirklichung dieses Tatbestands daran, dass der Täter durch das Einführen des Leerguts in den Automaten weder „Daten" verwendet noch unbefugt auf den Programmablauf einwirkt. Auch scheidet in diesem Fall eine Strafbarkeit wegen **Erschleichens von Leistungen** (§ 265a) aus, weil – unabhängig davon, ob es sich bei einem Leergutautomaten um einen Leistungs- oder Warenautomaten handelt – das eingegebene Leergut nicht als „Entgelt" für den ausgezahlten „Pfandbetrag" oder den ausgegebenen Bon anzusehen ist.

Standard-Leergut: Etwas anderes gilt, wenn es sich nicht um Spezial-Leergut, sondern um *Standard-Pfandflaschen* handelt, etwa um Pfandflaschen, die von der Genossenschaft Deutscher Brunnen ausgegeben und von einer Vielzahl von Getränkeherstellern benutzt werden. Hier verliert der Hersteller bzw. Abfüller sein Eigentum schon im Wege der Vermengung mit den Flaschen und Kisten anderer Hersteller gem. §§ 948 I, 947 I BGB. Daher geht das Eigentum auf den verschiedenen Vertriebsstufen jeweils auf den Erwerber (etwa auf den Getränkemarkt) gem. § 929 S. 1 BGB über. Daraus folgt: Der Erwerber der Getränke erwirbt *auch* das Eigentum an den Flaschen und Kisten, sodass bei der Rückgabe des Leerguts ein Verkauf und eine Rückübereignung an die entgegennehmende Stelle stattfinden.[157] Entwendet nun jemand derartiges Leergut vom Hof des Getränkeladens, liegt eine Zueignung des Sachwertes vor, selbst wenn die Entwendung in der Absicht erfolgt, das Leergut gegen Erstattung des „Pfandgeldes" bei diesem oder einem anderen Getränkeladen zurückgeben zu wollen. Denn mit der Tathandlung maßt sich der Täter eine eigentümerähnliche Stellung an und leugnet damit das Eigentum des Händlers. Der Täter ist dann wegen **Diebstahls** strafbar. Zu **Betrug**, **Computerbetrug** und **Erschleichen von Leistungen** gelten die obigen Ausführungen. Sofern im Zeitpunkt der Rückgabe Betrug gegeben ist, tritt dieser – sofern man nicht schon eine tatbestandliche Exklusivität zu § 242 I annimmt (dazu Rn 76) – im Wege der Gesetzeskonkurrenz unter dem Aspekt der mitbestraften Nachtat (Konsumtion) hinter den Diebstahl zurück.

> **Fazit:** Die vorstehend behandelten Fallgruppen haben gezeigt, wie sehr es bei der Frage nach der Strafbarkeit wegen Diebstahls auf eine differenzierte Betrachtungsweise ankommt. Das sei am Beispiel der Leergut-Fälle veranschaulicht: Entnimmt jemand Leergut aus dem Gewahrsam des Getränkemarktes mit der Absicht, dieses an der Leergutannahme einzulösen, um das Pfandgeld zu erhalten, hängt die Strafbarkeit wegen Diebstahls in erster Linie davon ab, ob es sich um individualisiertes Spezial-Leergut (dann i.d.R. Pfandkehr) oder um standardisiertes Einheitsleergut (dann Diebstahl) handelt. Gibt der Täter anschließend das Leergut beim Personal des Marktes ab, ist ein Betrug gegeben, der jedoch als mitbestrafte Nachtat zurücktritt. Im Übrigen können die genannten Argumente auch für andere Verpackungssysteme (etwa Paletten) nutzbar gemacht werden.

Auch scheitert die Sachwerttheorie beim **Kopieren und Verwerten von Daten auf Computerspeichermedien** (**Diskette, USB-Stick, CD, DVD** etc.), wenn die dort gespeicherten Daten anschließend unverändert zurückgegeben werden sollen. Es fehlt die der Wegnahme entsprechende Zueignungsabsicht (Enteignungskomponente).

---

[156] Wie hier OLG Hamm NStZ 2008, 154 f.; vgl. auch *Hoeren/Neurauter*, JuS 2010, 412, 413 f.; a.A. *Rönnau/Golombek*, JuS 2007, 348, 349, die eine straflose Gebrauchsanmaßung annehmen.
[157] Den Unterschied zwischen Spezial-Leergut und Standard-Leergut übersieht AG Flensburg NStZ 2006, 101, 102, das daher zu dem zweifelhaften Ergebnis gelangt, der Täter mache sich weder aus § 242 noch aus § 289 strafbar. Selbst wenn man diese Auffassung teilte, wäre in jedem Fall eine Strafbarkeit aus § 263 bzw. § 263a gegeben, die sich durch die Rückgabe der Flaschen und des damit verbundenen Herausgabeverlangens in Bezug auf das Pfand ergibt. Das AG Flensburg erwähnt den Betrug bzw. den Computerbetrug aber nicht und gelangt so zu dem zweifelhaften Ergebnis der Straflosigkeit. Überzeugend aber OLG Hamm NStZ 2008, 154 f.

105 Wesentliche Unterschiede zu den Sparbuchfällen (Rn 92 f.) weisen auch die sog. **Code-card-Fälle** auf. Insbesondere hinsichtlich des **Girocard-Missbrauchs** (die früher von den Kreditinstituten ausgegebene ec-Karte ist nunmehr in Form der **Girocard** erhältlich[158]), sind zur rechtlichen Erfassung technische Kenntnisse unabdingbar: So haben seit langem alle Kreditinstitute **Geldautomaten** installiert, um Schalterpersonal einzusparen und das Abheben von Bargeld auch außerhalb der Schalterstunden und auch außerhalb der Schalterräume zu ermöglichen. Zu diesem Zweck erhält der Kunde eine Codekarte (Girocard), deren Magnetstreifen die Daten des Kunden aufweist, die der Automat lesen kann. Daneben wird dem Kunden eine nur ihm bekannte Geheimzahl (die sog. PIN – persönliche Identifikationsnummer) zugeteilt, die er nach den (zivil-) rechtlichen Rahmenbedingungen über das Girocard-Geldautomatensystem Dritten nicht mitteilen darf. Die Codekarte stellt also einen **„Zugangsschlüssel"** zum eigenen Girokonto dar. Nach dem Einführen der Codekarte in den Geldautomaten gibt dieser – nach entsprechender Prüfung nach Vorgaben des zugeschalteten Zentralrechners – seine Bedienbarkeit für den Benutzer frei, dem über Bildschirm Schritt für Schritt mitgeteilt wird, was er jeweils zu tun hat. Wird neben dem gewünschten Betrag, für den pro Tag eine bestimmte Höchstgrenze besteht, die richtige PIN eingegeben, vergleicht das Gerät diese Eingaben mit den Daten der Codekarte, prüft den Tag der letzten Verfügung und gibt, wenn sich keine Sperre ergibt, den gewünschten Geldbetrag aus. Um einem Missbrauch entgegenzuwirken, zieht das Gerät die eingelegte Codekarte automatisch ein, wenn nicht spätestens bei der dritten Aufforderung die richtige PIN eingegeben wird.

106 Nach den bereits erwähnten (zivil-)rechtlichen Rahmenbedingungen über das Girocard-Geldautomatensystem verbleibt die Codekarte im **Eigentum des ausstellenden Geldinstituts**. Sie dient dem Karteninhaber lediglich als Zugangsschlüssel zu seinem Konto. Der Karteninhaber weiß und muss gegen sich gelten lassen, dass jeder, der im Besitz seiner Codekarte ist und die PIN kennt, über sein Konto verfügen kann. Abhebungen durch **Unbefugte** gehen i.d.R. zu seinen Lasten.[159]

107 Hinsichtlich der **Strafbarkeit** ist ein **Diebstahl**[160] der Codekarte gegeben, wenn diese mit dem Willen weggenommen wird, sie nicht wieder an den Berechtigten zurückzugeben, sondern sie nach erfolgtem Gebrauch zu behalten oder zu vernichten. Aneignungsabsicht und Enteignungsvorsatz sind dann ohne weiteres zu bejahen. § 248a findet keine Anwendung.[161] Ein solcher Diebstahl tritt auch nicht als mitbestrafte Vortat hinter einen durch Geldabhebung begangenen Computerbetrug zurück.[162] Ein Diebstahl scheidet i.d.R. aber aus, wenn die Codekarte nach ihrer missbräuchlichen Verwendung alsbald wieder in den Besitz des Berechtigten zurückgelangt, weil sie – anders als ein Sparbuch – nicht als entwertete Sachhülse an den Berechtigten zurückgegeben wird.

108 **Beispiel**[163]**:** In Abwandlung zum Sparbuchfall von Rn 93 entdeckt H in der Schublade des G eine Girocard. Die dazugehörige Geheimnummer („PIN") hatte sie zufällig während eines vor kurzer Zeit stattfindenden Gespräches des G mit dessen Frau mitbekommen. Sie nimmt die Karte, hebt am nächsten Bankautomaten 200,- € ab und legt die Karte anschließend - wie geplant - wieder zurück.

Auch hier ist der objektive Tatbestand des § 242 bezüglich der Karte selbst erfüllt (und zwar unabhängig davon, ob die Karte dem G oder der Bank gehört). Es fehlte aber an der

---

158 Die Kreditinstitute geben nunmehr ausschließlich Girocards aus, die sich in ihrer Funktion allerdings nicht von den bisherigen ec-Karten unterscheiden. Gleichwohl sollte der Begriff „ec-Karte" nur noch für Altkarten verwendet werden, auch wenn selbst der Reformgesetzgeber in § 152b IV nach wie vor von „Euroscheckkarten" spricht.
159 Vgl. auch *Wessels/Hillenkamp*, BT 2, Rn 146.
160 Da nach h.M. auch der bloße Gewahrsam geschütztes Rechtsgut des § 242 ist, kommt es für die Strafbarkeit des Täters letztlich nicht darauf an, ob die Karte im Eigentum der Bank oder des Karteninhabers steht. Sie ist für ihn fremd.
161 Vgl. bereits Rn 8 sowie *Wessels/Hillenkamp*, BT 2, Rn 146.
162 Vgl. *R. Schmidt*, AT, Rn 1205 sowie BGH wistra 2007, 458, 459 f. und BGH NJW 2001, 1508.
163 Nach BGHSt 35, 152 ff. Vgl. auch BGH NJW 2001, 1508 f.

Zueignungsabsicht. Zwar handelte H mit Aneignungsabsicht, da sie von der Karte Gebrauch machen und sie diese somit wenigstens vorübergehend eigentümerähnlich dem eigenen Vermögen einverleiben wollte. Es fehlte jedoch am Enteignungselement, da sie die Karte nicht dauerhaft aus der Gewahrsamssphäre des G und aus der Eigentümerposition der Bank herauslösen wollte. Nach der Substanztheorie lag somit kein Diebstahl vor. Fraglich ist, ob sich unter Zugrundelegung der Sachwerttheorie etwas anderes ergeben kann. Im Gegensatz zum Sparbuch gelangt die Girocard nicht als „leere Sachhülse" zurück, da sie lediglich als „Schlüssel" zum ständigen Zugriff auf das Konto dient und sich dadurch nicht verbraucht. Die Karte sollte also ohne Verminderung des in ihr verkörperten Wertes zurückgelangen. Auch nach der Sachwerttheorie lag daher **kein Diebstahl**, sondern nur eine straflose Gebrauchsanmaßung vor.[164]

H könnte sich aber wegen **Urkundenunterdrückung** aus § 274 I Nr. 1 und 2 strafbar gemacht haben. Eine Girocard enthält eine verkörperte Gedankenerklärung, die zum Beweis im Rechtsverkehr geeignet und bestimmt ist und die ihren Aussteller erkennen lässt (§ 274 I Nr. 1). Sie ist mithin als Urkunde zu qualifizieren. Die Verfügungsberechtigung über die Karte lag bei G. Die Karte enthält beweiserhebliche Daten i.S.v. § 202a II (§ 274 I Nr. 2). H hat diese Urkunde mit den auf ihr vorhandenen Daten unterdrückt, indem sie sie dem Gebrauch des verfügungsberechtigten G entzogen hat. Auch ein nur kurzfristiger Entzug genügt. H handelte in der Absicht, G einen Vermögensschaden, mithin einen Nachteil i.S.d. § 274 zuzufügen. Dieser Nachteil sollte aber *nicht* aus der Vereitelung der Beweisfunktion der Karte entstehen, wie es § 274 I Nr. 1 und 2 verlangen, sondern erst aus einer weiteren (missbräuchlichen) Nutzung der Karte. Daher ist H nicht wegen Urkundenunterdrückung aus § 274 I Nr. 1 oder 2 strafbar.

Dagegen kann eine Bestrafung wegen **Datenveränderung** (§ 303a I Var. 2) bejaht werden. H hat Daten unterdrückt, die ihr nicht zustanden.

Ausspähen von Daten (§ 202a) scheidet dagegen aus, da H keine besondere Sicherung überwunden hat. Insbesondere stellt die PIN vorliegend keine besondere Sicherung dar, da H diese bekannt war und es somit nichts zu überwinden gab.[165]

Ein **Diebstahl** kommt nicht nur bezüglich der Wegnahme der Girocard, sondern auch bezüglich der **Entnahme des Geldes** in Betracht. Da das Geld aber unter der Bedingung einer ordnungsgemäßen Bedienung des Bankautomaten übereignet wurde (§§ 929 S. 1, 158 I BGB) und H den Automaten funktionsgerecht bedient hat, war das Geld bei der Entnahme nicht mehr fremd (a.A. vertretbar).[166]

Aus demselben Grund liegt auch eine **Unterschlagung** (§ 246) **nicht** vor.

Durch die Entnahme des Geldes kommt auch eine Bestrafung wegen **Betrugs** (§ 263) **nicht** in Betracht, da ein Bankautomat nicht getäuscht werden kann.

Der Tatbestand des § 265a (**Erschleichen von Leistungen**) ist ebenfalls nicht erfüllt. Zum einen handelt es sich bei einem Bankautomaten um einen Warenautomaten, nicht aber – wie die h.M. bei § 265a voraussetzt – um einen Leistungsautomaten.[167] Zum anderen setzt § 265a eine ordnungswidrige Benutzung des Automaten voraus. H hat den Bankautomaten aber funktionsgerecht bedient. Ihr fehlte lediglich die Befugnis, über das Konto zu verfügen.

---

[164] Wie hier BGHSt 35, 152, 156 f.; *Eisele/Fad*, Jura 2002, 305, 306. Vgl. auch *Kudlich*, JuS 2003, 537, 539.

[165] Zu § 202a vgl. ausführlich Rn 717a ff.

[166] Wie hier *Eisele/Fad*, Jura 2002, 305, 306; *Löhnig*, JR 1999, 362, 364; *Spahn*, Jura 1989, 513, 517; *Ennuschat*, StV 1990, 498; *Wessels/Hillenkamp*, BT 2, Rn 146; *Schramm*, JuS 2008, 773, 774; anders BGHSt 35, 152, 161, nach dessen Auffassung das aus dem Automaten entnommene Geld für den Täter fremd bleibt, weil eine interessengerechte Auslegung der einschlägigen Geschäftsbedingungen ergebe, dass ein konkludentes Übereignungsangebot der Bank nur dann vorliege, wenn der Automat von einem Berechtigten bedient werde. Zu beachten ist jedoch, dass die Entscheidung des BGH zu einer Zeit erging, als es § 263a noch nicht gab, und der BGH ersichtlich bemüht war, die vorhandene Strafbarkeitslücke zu schließen. Nach Einführung des § 263a am 1.8.1986 ist die (zweifelhafte) Annahme des § 242 nicht mehr erforderlich.

[167] Vgl. dazu Rn 510.

H könnte sich aber wegen **Computerbetrugs** (§ 263a) strafbar gemacht haben. Als Tatvariante kommt § 263a I Var. 3 (die unbefugte Datenverwendung) in Betracht. Unbefugt ist eine Datenverwendung, wenn diese täuschungsgleich erfolgt (betrugsspezifische Auslegung). Dies kann hier ohne weiteres angenommen werden. Auch sind ein Vermögensschaden seitens des G sowie die Bereicherungsabsicht seitens der H gegeben. Durch die Verwendung der Girocard hat H sich deshalb nach § 263a I Var. 3 strafbar gemacht.[168] Hätte H hinsichtlich der Girocard mit Zueignungsabsicht gehandelt, wäre mit dem späteren Computerbetrug Tatmehrheit anzunehmen gewesen.[169] Da dies vorliegend jedoch nicht der Fall ist, hat sich H also nach § 263a I Var. 3 in Tateinheit mit § 303a I Var. 2 strafbar gemacht.[170] (zu § 263a vgl. ausführlich Rn 663 ff.).

ee. Problem der Drittzueignungsabsicht

109 Vor dem 6. StrRG 1998 musste der Täter *sich* die Sache zueignen wollen (*animus rem sibi habendi*). Der fremdnützige Diebstahl war demnach – anders als der fremdnützige Betrug und die fremdnützliche Erpressung – straflos (zumindest in Bezug auf Täterschaft). Häufig kommt es jedoch vor, dass der Täter eine fremde Sache zwar zunächst für sich, sie aber insgesamt mit dem Willen wegnimmt, sie einem Dritten zu verschaffen, sie also letztlich einem Dritten zuzueignen. Dies ist insbesondere in den Fällen anzunehmen, in denen der Täter eine Sache wegnimmt, um sie einem Dritten zu schenken oder einem gutgläubigen Dritten zum Kauf anzubieten. Problematisch waren auch die Fälle, in denen der Täter sich *nicht* zwischenzeitlich als Eigentümer gerierte, sondern von *vornherein* die Sache mit der Absicht der Drittzueignung wegnimmt und dabei unter maßgeblichem Einfluss des Dritten steht. Wie derartige Sachverhalte heute zu lösen sind, soll im Rahmen eines Beispielfalls erörtert werden.

110 **Beispiel:** A lebt von seiner Frau O getrennt und hat bei ihr Hausverbot. Dennoch möchte er an ein der O gehörendes antikes Schmuckstück herankommen. Er bittet daher die bei O beschäftigte Haushälterin G, das betreffende Stück wegzunehmen und es ihm zu geben. So geschieht es. Dabei handelt G ausschließlich mit dem Motiv, sich an O wegen einer anderen Angelegenheit zu rächen; die „Bitte" des A ist ihr dabei egal.

Vorüberlegung: Bevor mit dem 6. StrRG 1998 die Drittzueignungsabsicht in den Tatbestand des § 242 I aufgenommen wurde, musste, um die Lösung dieser sehr prüfungsrelevanten Konstellation anhand der aktuellen Rechtslage leichter nachvollziehen zu können, von folgenden Überlegungen ausgegangen werden: G hatte dem Sachverhalt zufolge keine Zueignungsabsicht, da sie das Schmuckstück weder für sich noch für einen Dritten unter Berücksichtigung auch nur eines mittelbaren wirtschaftlichen Vorteils wegnehmen wollte. Ein bloß immaterieller Vorteil genügte nach der bisherigen Rechtslage nicht. Sie konnte daher nicht aus § 242 bestraft werden. Bezüglich des A lag eine typische Anstifterkonstellation vor, wegen der er aber mangels tauglicher Haupttat (§ 242 bei G lag ja gerade nicht vor) nicht bestraft werden konnte. Konsequenz wäre gewesen, dass beide nicht wegen Diebstahls bzw. Anstiftung zum Diebstahl bestraft werden konnten. Um dieses Ergebnis zu vermeiden, bediente sich die h.M. eines Kunstgriffes, in dem sie von einer *normativen* Tatherrschaft ausging. Danach war A wegen Diebstahls in **mittelbarer Täterschaft** (mit G als absichtslos-dolosem Tatwerkzeug) und G wegen Beihilfe dazu strafbar. Nach der Gegenauffassung war diese Vorgehensweise mit der Tatherrschaftslehre und letztlich mit dem Analogieverbot unvereinbar. Vielmehr lag nach ihr (da Zueignung und Gewahrsamserlangung zeitlich zusammenfallen) unter Zuhilfenahme der sog. „kleinen berichtigenden Auslegung" eine **Unterschlagung** vor. Hiernach wäre A wegen Unterschlagung strafbar gewesen und G wegen Beihilfe dazu.

---

[168] Insoweit lediglich klarstellend BGHSt 38, 120, 124 f.
[169] Vgl. *R. Schmidt*, AT, Rn 1205; BGH wistra 2007, 458, 459 f.; BGH NJW 2001, 1508 f.
[170] So auch *Eisele/Fad*, Jura 2002, 305, 307. Vgl. auch *Krey/Hellmann/Heinrich*, BT II, Rn 513 d.

Mit der 1998 erfolgten Aufnahme der **Drittzueignungsabsicht** in den Tatbestand des § 242 I könnten sich diese Probleme erledigt haben. Denn mit der Formulierung „sich oder einem Dritten" muss der Täter einen wie auch immer gearteten Vorteil für sich nicht mehr anstreben. Die Strafbarkeitslücke, die sich beim Fehlen eines solchen Vorteilsstrebens ergab, hat das 6. StrRG bewusst geschlossen.[171] Dennoch ändert die neue Formulierung nichts an dem Erfordernis, dass der Täter in entsprechender (Dritt-)Zueignungsabsicht gehandelt haben muss. Findet sich der Vordermann also mit der Aneignung des Hintermanns nur ab (verfolgt er also nicht zielgerichtet die Drittaneignung), ist er mangels Drittzueignungsabsicht (Drittzueignungsvorsatz i.S.v. dolus directus 2. Grades reicht nicht) nicht Täter, sondern – der bisherigen h.M. zufolge – nur Gehilfe eines vom Hintermann getragenen Diebstahls in mittelbarer Täterschaft (bzw. nach der bisherigen Gegenauffassung Gehilfe einer Unterschlagung). Hier lebt der alte Streit also fort. Für das vorliegende Beispiel ergibt sich somit Folgendes:

1. Strafbarkeit der G wegen Diebstahls

G könnte sich durch das Mitnehmen des antiken Schmuckstücks gemäß § 242 I strafbar gemacht haben. Bei dem Schmuckstück handelte es sich für sie um eine fremde bewegliche Sache. Diese hat sie auch weggenommen. Sie handelte diesbezüglich auch vorsätzlich. Fraglich ist aber, ob sie mit der Absicht handelte, sich oder einem Dritten das Schmuckstück rechtswidrig zuzueignen. Zweifelhaft ist allein die Aneignungsabsicht. Zwar genügt es nach der neuen Rechtslage, wenn der Täter die Sache (von vornherein) einem Dritten beschaffen will, jedoch muss er sich nach wie vor gegenüber dem Bestohlenen wie ein Eigentümer gerieren und hinsichtlich der Aneignung mit *dolus directus* 1. Grades handeln. Vorliegend wollte sich G niemals in eine eigentümerähnliche Stellung versetzen. Auch kam es ihr nicht darauf an, jemandem die Sache zuzueignen. Vielmehr hat sie sich nur mit der Aneignungsabsicht des A abgefunden. Daher kann von (Dritt-)Zueignungsabsicht i.S.d. § 242 I nicht gesprochen werden. G ist daher nicht wegen Diebstahls strafbar.

2. Strafbarkeit des A wegen Diebstahls in mittelbarer Täterschaft

A könnte sich dadurch, dass er G veranlasste, das Schmuckstück aus der Wohnung der O mitzunehmen, wegen Diebstahls in mittelbarer Täterschaft strafbar gemacht haben, §§ 242 I, 25 I Var. 2. Dazu müsste er nach der h.L. funktionale Tatherrschaft gehabt haben. Funktionale Tatherrschaft ist das „In-den-Händen-Halten" des tatbestandsmäßigen Geschehensablaufs. G handelte objektiv tatbestandsmäßig und uneingeschränkt vorsätzlich. Ihr fehlte lediglich die erforderliche Absicht, sich bzw. dem A das Schmuckstück zuzueignen. Das Fehlen der Zueignungsabsicht schließt insoweit die Tatherrschaft nicht aus. Bei wertender Betrachtung hielt G den Geschehensablauf aber nur vordergründig in den Händen. Die Tatausführung war allein vom Willen des A abhängig. G handelte ausschließlich, um diesem Willen nachzukommen. A hatte daher übergeordnete Willensherrschaft. Er benutzte G als sein absichtslos-doloses Werkzeug. Er hat somit die Tat durch G begangen (so die h.M.; a.A. sehr gut vertretbar). A handelte auch vorsätzlich bezüglich der Tatausführung durch G und seiner übergeordneten Willensherrschaft. Darüber hinaus hatte er die Absicht, sich das Schmuckstück rechtswidrig zuzueignen. A hat sich somit wegen Diebstahls in mittelbarer Täterschaft (§§ 242 I, 25 I Var. 2) strafbar gemacht (a.A. wie gesagt vertretbar). Im Hinblick auf § 247 i.V.m. § 11 I Nr. 1 wird die Tat jedoch nur auf Antrag verfolgt.

3. Strafbarkeit der G wegen Beihilfe zum Diebstahl in mittelbarer Täterschaft

Eine vorsätzlich und rechtswidrig begangene Haupttat - hier der Diebstahl des A in mittelbarer Täterschaft - liegt vor. Indem G das Schmuckstück aus der Wohnung der O mitgenommen hat, hat sie auch Hilfe geleistet. Darüber hinaus handelte sie sowohl vorsätzlich bezüglich der Vollendung der Haupttat als auch bezüglich ihrer Gehilfenleistung. Insbesondere ist hier keine (Zueignungs-)Absicht erforderlich. G ist daher nach §§ 242 I, 25 I Var. 2, 27 I strafbar.

---

[171] Vgl. BT-Drs. 13/8587, S. 43; Sch/Sch-*Eser/Bosch*, § 242 Rn 57; *Lackner/Kühl*, § 242 Rn 26a; *Wessels/Hillenkamp*, BT 2, Rn 166; *Jäger*, JuS 2000, 651, 652.

Fazit: Der umstrittenen Rechtsfigur des „absichtslos-dolosen" Werkzeugs bedarf es nicht mehr, sofern der Wegnehmende die Absicht der Drittzueignung hat. Fehlt es bei dieser, ist die besagte Rechtsfigur nach wie vor bedeutsam.

111 Jedenfalls sind durch die Neufassung des § 242 I diejenigen Fälle unproblematisch erfasst, in denen der Täter eine fremde Sache zwar zunächst für sich, sie aber insgesamt mit dem Willen wegnimmt, sie einem Dritten zu verschaffen, sie also etwa wegnimmt, um sie (später) einem Dritten zu **schenken** oder einem gutgläubigen Dritten **zum Kauf anzubieten**. Denn sowohl die unentgeltliche Zuwendung als auch die (entgeltliche) Veräußerung erfolgen dadurch, dass der Täter Aufwendungen aus seinem eigenen Vermögen spart, im Eigeninteresse und unter **Anmaßung einer eigentümerähnlichen Stellung**.[172] Etwas anderes gilt nur, wenn – wie aufgezeigt – der Täter sich der Aneignungsabsicht des Dritten fügt oder wenn er in anderer Weise die Zueignung durch Dritte ermöglicht.[173]

112 Weitere **Beispiele fehlender (Dritt-)Zueignungsabsicht:**

(1) G ist Angestellte in einer Boutique und sieht tatenlos zu, wie sich ihr Freund „selbst bedient" und anschließend den Laden verlässt, ohne die Ware zu bezahlen. G ist aber wegen Beihilfe (durch Unterlassen) strafbar

(2) S steht bei einem Einbruchdiebstahl draußen vor der Villa lediglich „Schmiere", weil er seinem Kumpel noch einen Gefallen schuldet. Von einer Teilung der Beute war nie die Rede, weshalb eine Mittäterschaft ausscheidet. S ist aber wegen Beihilfe strafbar.

c. Rechtswidrigkeit der (erstrebten) Zueignung

113 Die (erstrebte) Zueignung muss nach dem Wortlaut des § 242 I (objektiv) **rechtswidrig** sein. Es handelt sich hier (wie bei der Zueignungsabsicht des § 249 und den Bereicherungsabsichten der §§ 253 und 263) nach ganz h.M. um ein objektives Tatbestandsmerkmal, das im Rahmen des subjektiven Tatbestands zu prüfen und von der Rechtswidrigkeit als allgemeines Verbrechensmerkmal zu unterscheiden ist.

114 **Rechtswidrig** ist die (erstrebte) Zueignung, wenn sie im Widerspruch zur (zivil-)rechtlichen Eigentumsordnung steht.[174]

115 Hat der Täter einen **fälligen, einredefreien Anspruch** auf Übereignung der Sache, steht die (erstrebte) Zueignung nicht im Widerspruch zur (zivil-)rechtlichen Eigentumsordnung und es fehlt folgerichtig an der Rechtswidrigkeit der (erstrebten) Zueignung. Im Falle der Drittzueignung genügt ein entsprechender Anspruch auf Seiten des Dritten.

116 ■ Bei einem **Speziesanspruch** (Anspruch auf Übereignung einer bestimmten individualisierten Sache ⇒ **Stückschuld**) ist dies ohne weiteres stets denkbar. Eine Sache ist individualisiert, wenn es sich um ein neues Einzelstück oder um eine gebrauchte Sache handelt.

Beispiel: T hat von O einen gebrauchten Laptop gekauft und den Kaufpreis bereits bezahlt. Die Übereignung und Übergabe des Laptops soll am folgenden Tag erfolgen, da O noch seine persönlichen Daten sichern und sie anschließend vom Laptop entfernen möchte. Doch noch am späten Abend entschließt sich O, das Gerät doch lieber behalten zu wollen. Er verweigert daher am nächsten Tag die Herausgabe des Geräts. T ist darüber wenig erfreut; er bricht in der darauffolgenden Nacht in das Haus des O ein und holt sich den Laptop heraus.

---

[172] Vgl. auch NK-*Kindhäuser*, § 242 Rn 129 f.; *Lackner/Kühl*, § 242 Rn 26a; Sch/Sch-*Eser/Bosch*, § 242 Rn 57; *Wessels/Hillenkamp*, BT 2, Rn 168; *Jäger*, JuS 2000, 651.
[173] Vgl. *Rönnau*, GA 2000, 410, 418; Sch/Sch-*Eser/Bosch*, § 242 Rn 58.
[174] Vgl. BGH NStZ 2011, 519; *Lackner/Kühl*, § 242 Rn 27; *Fischer*, § 242 Rn 49; LK-*Vogel*, § 242 Rn 68. Vgl. auch die Ausführungen zu §§ 263 und 253 (zu den sog. „Bereicherungsabsichten").

Hier hat T den Laptop, eine fremde bewegliche Sache, weggenommen. Der Laptop war für T deshalb fremd, weil er noch im Eigentum des O stand. Allein ein Kaufvertrag führt noch keine Änderung der Eigentumslage herbei. Hierzu bedarf es eines sachenrechtlichen Verfügungsgeschäfts, das vorliegend jedoch ausblieb. T handelte auch vorsätzlich und in der Absicht, sich den Laptop zuzueignen. Fraglich ist allenfalls die Rechtswidrigkeit der (beabsichtigten) Zueignung. Daran fehlt es, wenn der Täter einen fälligen, einredefreien Anspruch auf Übereignung der weggenommenen Sache hat. T hatte aufgrund des Kaufvertrags mit O einen Übereignungsanspruch. Dieser Anspruch war auch fällig und einredefrei.

Mithin hat T nicht den subjektiven Tatbestand des Diebstahls (§ 242 I) verwirklicht. Daher ist er auch nicht aus § 244 I Nr. 3 (Wohnungseinbruchdiebstahl) strafbar. Selbstverständlich bleibt eine Strafbarkeit wegen Hausfriedensbruchs und ggf. wegen Sachbeschädigung (wenn T z.B. das Kellerfenster aufgebrochen hat, um in das Haus einzusteigen) unberührt.

Sollte der Täter im Zeitpunkt der Tathandlung bereits Eigentümer der Sache sein und einen Herausgabeanspruch aus § 985 BGB haben (Beispiel: T des obigen Beispiels hatte bereits den Laptop von O übereignet bekommen, brachte ihn aber zwecks Reparatur zwischenzeitlich zu O zurück, der sich sodann weigerte, den Laptop an T herauszugeben, woraufhin T eigenmächtig den Laptop nachts aus der Wohnung des O holt), fehlt es schon an der Fremdheit der Sache und damit am objektiven Diebstahlstatbestand. In diesen Fällen macht sich der Täter bzgl. seiner Tathandlung allenfalls nach §§ 123, 303 I und/oder § 289 strafbar.

Bei einem **Irrtum** gilt: Besteht kein fälliger, einredefreier Anspruch auf die weggenommene Sache, glaubt der Täter aber irrig, einen solchen zu haben, fehlt gem. § 16 I S. 1 der Vorsatz bzgl. der Rechtswidrigkeit der (beabsichtigten) Zueignung. Denn ist die Rechtswidrigkeit der (beabsichtigten) Zueignung ein objektives Tatbestandsmerkmal (das lediglich im subjektiven Tatbestand geprüft wird), führt die Vorstellung des Täters, einen fälligen, einredefreien Anspruch auf die weggenommene Sache zu haben, zu einem vorsatzausschließenden Tatbestandsirrtum i.S.d. § 16 I S. 1.[175] Dem steht im Fall der Drittzueignungsabsicht der Irrtum gleich, der Dritte habe diesen Anspruch.

Anders ist die Rechtslage bei **Gattungsschulden**. Eine Gattungsschuld liegt vor, wenn die geschuldete Leistung nur nach generellen, also allgemeinen Merkmalen (Typ, Sorte, Gewicht, Farbe, Herkunft, Jahrgang etc.) bestimmt ist. Da nicht der Gläubiger, sondern der *Schuldner* ein Auswahl- und Konkretisierungsrecht hat (vgl. § 243 BGB), widerspricht die eigenmächtige Auswahl durch den Gläubiger der Rechtsordnung, ist also rechtswidrig im Sinne der Zueignungsabsicht des § 242.

Beispiel: A will beim Obst- und Gemüsehändler H fünf Äpfel zu einem Preis von je 0,50 € kaufen. Dazu gibt er diesem schon einmal das Geld. Als H sich nun weigert, dem A die Äpfel zu übergeben, nimmt sich dieser eigenmächtig fünf Äpfel aus der Apfelkiste und verlässt den Laden.

Hier ist A wegen Diebstahls strafbar, da das Auswahl- und Konkretisierungsrecht ausschließlich dem H zustand.

Bei einem **Irrtum** gilt: Irrt sich der Täter hinsichtlich des Auswahl- bzw. Konkretisierungsrechts (glaubt er also, selbst auswählen zu dürfen), liegt auch hier ein beachtlicher Tatbestandsirrtum i.S.d. § 16 I S. 1 vor. Dem Täter, dem bewusst ist, das Auswahl- bzw. Konkretisierungsrecht zu verletzen, der aber glaubt, ein (tatsächlich nicht bestehendes) Selbsthilferecht zu haben, kommt immerhin § 17 zugute.

117

---

[175] Das ist die Konsequenz daraus, dass die h.M. die „Rechtswidrigkeit der erstrebten Zueignung" als ein normatives Tatbestandsmerkmal ansieht (vgl. BGHSt 17, 87, 91; *R. Schmidt*, AT, Rn 208; Sch/Sch-*Eser/Bosch*, § 242 Rn 65).

118 ▪ Da es im Rahmen des Diebstahls aber nicht selten um **Geldschulden** geht, ist fraglich, ob dort etwas anderes gilt.

119 **Beispiel:** O schuldet T 100,- €, die dieser ihm vor geraumer Zeit „geliehen" hatte (vgl. § 488 BGB). Trotz mehrfacher Aufforderung, seiner Verpflichtung zur Rückzahlung des Geldes nachzukommen, denkt O nicht im Ansatz daran. Ein paar Tage später bricht T in die Wohnung des O ein und nimmt dort eigenmächtig zwei 50-€-Scheine aus dem Portemonnaie des O, in dem sich insgesamt vier solcher Scheine befanden. Strafbarkeit des T?

Indem T in die Wohnung des O einbrach und dort aus dessen Portemonnaie zwei 50-€-Scheine entnahm, könnte er sich wegen eines Wohnungseinbruchdiebstahls gem. §§ 242 I, 244 I Nr. 3 Var. 1 strafbar gemacht haben.
Die beiden Geldscheine waren für T fremde bewegliche Sachen. Diese hat er spätestens mit Verlassen der Wohnung dem O auch weggenommen. T handelte auch vorsätzlich und mit der Absicht, sich die beiden Geldscheine zuzueignen. Die (erstrebte) Zueignung i.S.d. § 242 I müsste aber auch rechtswidrig gewesen sein. Rechtswidrig ist die (erstrebte) Zueignung, wenn sie im Widerspruch zur (zivil-)rechtlichen Eigentumsordnung steht. Das ist nicht der Fall, wenn der Täter einen fälligen, einredefreien Anspruch auf Übereignung der weggenommenen Sache hat. Dies ist bei einem Speziesanspruch ohne weiteres denkbar. Ist die Forderung dagegen auf eine Gattungsschuld gerichtet, bleibt die eigenmächtige Zueignung rechtswidrig, da (sofern zwischen den Parteien nicht anders vereinbart) ausschließlich der Schuldner das Recht hat, ein Stück aus der Gattung auszuwählen und dem Gläubiger zu übergeben (§ 243 BGB). Da es sich vorliegend jedoch um eine Geldforderung handelt, ist fraglich, ob hier etwas anderes gilt.

⇨ Die Rechtsprechung und ein Teil der Literatur[176] setzen Geldschulden mit **Gattungsschulden** gleich und billigen daher nur dem Schuldner das Auswahlrecht an den Geldscheinen zu. Nach dieser Ansicht ist also die eigenmächtige Auswahl der Geldscheine unter Verletzung des Auswahlrechts des Schuldners objektiv rechtswidrig und damit grds. subjektiv tatbestandsmäßig i.S.d. § 242.

⇨ Die Annahme eines vollendeten Diebstahls wird bei der Wegnahme von Geld aber dann vermieden, wenn man sich unter Zugrundelegung der von der h.L. vertretenen **Wertsummentheorie** auf den Standpunkt stellt, bei Geldschulden mache das Auswahlrecht des Gattungsschuldners keinen Sinn. Geld sei nämlich ein Wertsummenträger, bei dem man nicht zwischen guten und schlechten Stücken auswählen könne, wie das gerade der Hintergrund des § 243 I BGB („mittlerer Art und Güte") sei. Entscheidend sei dann das Bestehen eines fälligen und einredefreien Anspruchs auf die Geld*summe*.[177] Schließt man sich dieser Ansicht an, handelt subjektiv *nicht* tatbestandsmäßig i.S.d. § 242, wer (wie T) eigenmächtig Geld entnimmt, das der Wertsumme des fälligen, einredefrei geschuldeten Geldes entspricht.

120 ⇨ Aber auch die Rspr. kommt (im Hinblick auf § 242) im Ergebnis oftmals zur Straflosigkeit, da sie in Zweifelsfällen dazu tendiert, entweder großzügig einen **Tatbestandsirrtum** gem. § 16 I S. 1 (vgl. oben Rn 116 f.) oder eine **mutmaßliche Einwilligung** des Schuldners, die die Rechtswidrigkeit der (erstrebten) Zueignung entfallen lässt, anzunehmen. Bejaht man bei T einen Tatbestandsirrtum, handelte er subjektiv *nicht* tatbestandsmäßig i.S.d. § 242. War ihm aber bewusst, das Auswahl- bzw. Konkretisierungsrecht zu verletzen, glaubte er jedoch, ein (tatsächlich nicht bestehendes) Selbsthilferecht zu haben, kommt ihm immerhin § 17 zugute (s.o.).

121 **Weiteres Beispiel:** T ist Gast in einem Hotel. Von der Zigarettensucht geplagt, begibt er sich nachts in die (bereits geschlossene) Hotelbar und nimmt sich ein Päckchen Zigaretten. Auf die Innenseite des Tresens legt er das entsprechende Geld.

---

[176] BGHSt 17, 87, 91; BGH GA 1968, 121; OLG Hamm NJW 1969, 619; BGH NStZ 1998, 216; BGH StV 1988, 526, 529; 2000, 78. Zustimmend *Fischer*, § 242 Rn 50.
[177] Die Wertsummentheorie ist entwickelt worden von *Roxin*, in: FS für Mayer, 1966, S. 467 ff. Ihm folgend SK-*Hoyer*, § 242 Rn 99; *Lackner/Kühl*, § 242 Rn 27; LK-*Vogel*, § 242 Rn 69; Sch/Sch-*Eser/Bosch*, § 242 Rn 59; MüKo-*Schmitz*, § 242 Rn 164; *Wessels/Hillenkamp*, BT 2, Rn 202.

In diesem Fall hat T keinen Anspruch auf Lieferung aus der Gattung. Es kann sich bei dem Verhalten des T also nur um die Abgabe eines Angebots zum Kauf eines Zigarettenpäckchens handeln. Da der Verkauf von Zigaretten aber im Interesse des Hoteliers liegt und dieser im vorliegenden Fall ja auch das Geld bekommen hat, wird man in diesem Fall eine mutmaßliche Einwilligung annehmen können, die die Rechtswidrigkeit der Zueignung ausschließt.

Hat die vom Täter angenommene Forderung **zivilrechtlich keinen Bestand**, nimmt   121a
der BGH nur dann einen Tatbestandsirrtum i.S.d. § 16 I S. 1 an, wenn sich der Täter
vorstellt, dass der (vermeintliche) Anspruch auch von der Rechtsordnung anerkannt
wird und er seine Forderung demgemäß mit gerichtlicher Hilfe in einem Zivilprozess
durchsetzen könnte.[178]

> **Beispiel:** A übergibt dem Kurier B Kokain, damit dieser es dem Käufer C übergibt. Das von C erhaltene Geld soll B dann dem A herausgeben. Doch dieser behält das Geld. Daraufhin sucht A ihn auf und nimmt ihm Geld in entsprechender Höhe weg.
>
> Hier hat A den objektiven Tatbestand des § 242 I verwirklicht. Auch hat er vorsätzlich gehandelt. Fraglich ist allein, ob die Zueignung rechtswidrig war. Unabhängig davon, ob man bei Geldschulden von Gattungsschulden ausgeht oder den Gedanken der Wertsummentheorie zugrunde legt, muss dem Gläubiger die Forderung letztlich zustehen. Das ist bei Geld aus illegalen Drogengeschäften nicht der Fall. Denn ist der Kaufvertrag bzgl. illegaler Drogen wegen § 134 BGB nichtig (das gesetzliche Verbot ergibt sich aus § 29 BtMG), kann kein Kaufpreisanspruch bestehen. Auch bereicherungsrechtliche Ansprüche (§§ 812, 818 II) bestehen wegen § 817 S. 2 BGB nicht. Ob A einem Tatbestandsirrtum i.S.d. § 16 I S. 1 unterlegen ist, hängt davon ab, ob er sich vorstellte, dass der (vermeintliche) Anspruch auch von der Rechtsordnung anerkannt wird und er seine Forderung demgemäß mit gerichtlicher Hilfe in einem Zivilprozess durchsetzen könnte. Es wird jedoch kaum anzunehmen sein, dass A glaubte, Ansprüche aus illegalen Drogengeschäften gerichtlich durchsetzen zu können. A handelte daher in der notwendigen Absicht rechtswidriger Zueignung. Da sein Irrtum im Übrigen vermeidbar war (§ 17 S. 2), ist er wegen Diebstahls strafbar.

> **Hinweis für die Fallbearbeitung:** Ist nach der Sachverhaltsangabe davon auszugehen,   122
> dass der Täter glaubte, ein (zivilrechtliches) Auswahlrecht bezüglich der weggenommenen Sache zu haben, bzw., dass diese ihm zustehe, ist sein Irrtum gegenstandsbezogen und somit als im subjektiven Tatbestand zu prüfender Tatbestandsirrtum zu qualifizieren. Glaubt er jedoch, es existiere ein in Wirklichkeit nicht gegebenes Selbsthilferecht, unterliegt er einem begriffsbezogenen Irrtum, vorliegend einem Erlaubnisirrtum und damit einem Verbotsirrtum, der nach § 17 und damit innerhalb der Schuldprüfung zu würdigen ist. Die gleiche Problematik kann auch im Rahmen des § 249 vorliegen, insbesondere wenn der Täter mit Gewalt oder Drohung von seinem vermeintlichen Zueignungsrecht Gebrauch macht. Da Raub ein aus Diebstahl und Nötigung zusammengesetztes Delikt darstellt, entfällt je nach Fallkonstellation wegen des zu § 242 Gesagten die Diebstahlskomponente. Unbeschadet dessen bleibt natürlich Raum für eine Nötigung und ggf. für eine Körperverletzung.

Die Frage nach der Rechtswidrigkeit der (beabsichtigten) Zueignung hat auch einen   123
zeitlichen Bezugspunkt. So besteht ein Widerspruch zur Eigentumsordnung grds.
nicht, wenn jemand eine Sache zunächst einsteckt, dabei jedoch die Absicht hat, sie
später noch bezahlen zu wollen.

> **Beispiel:** T kauft im Supermarkt ein. Da sein Einkaufskorb bereits überfüllt ist, er aber noch ein Fläschchen Magenbitter mitnehmen möchte, steckt er es kurzerhand in die Jackentasche, freilich in der Absicht, dieses später an der Kasse auf das Transportband zu

---

[178] Diese in BGHSt 48, 322, 328 f. auf die Bereicherungsabsicht beim Erpressungstatbestand bezogene Rspr. hat der BGH nunmehr auf die Zueignungsabsicht beim Diebstahlstatbestand übertragen (BGH NStZ 2008, 626).

legen und zu bezahlen. Aufgrund seiner Schusseligkeit vergisst er dies aber. Erst zu Hause bemerkt er das Fläschchen und trinkt es auf den Schreck aus.

Der objektive Tatbestand des § 242 I ist erfüllt; T hat durch das Einstecken des Fläschchens in die Jackentasche eine Gewahrsamsenklave begründet und damit den Magenbitter weggenommen. T handelte auch mit Vorsatz bzgl. der Wegnahme und der Absicht, sich den Magenbitter (später) zuzueignen.[179] Fraglich ist allein die Rechtswidrigkeit der beabsichtigten Zueignung. Zwar hat sich T den Magenbitter später durch das Trinken im Widerspruch zur (zivil-)rechtlichen Eigentumsordnung zugeeignet, maßgeblich für die Bejahung der Rechtswidrigkeit der Zueignungsabsicht ist jedoch der Zeitpunkt des Gewahrsamswechsels. Beim Einstecken des Fläschchens in die Jackentasche hatte T noch die Absicht, es an der Kasse zu bezahlen. Diebstahl ist daher zu verneinen.[180]

123a Schließlich ist zu beachten, dass aufgrund der Eigenschaft der Rechtswidrigkeit der Zueignung als objektives Tatbestandsmerkmal der Täter auch diesbezüglich mit **Vorsatz** (§ 15) handeln muss, wobei *dolus eventualis* genügt.[181]

II. Rechtswidrigkeit und III. Schuld

124 Bezüglich der Rechtswidrigkeit als allgemeines Verbrechensmerkmal und der Schuld ergeben sich keine Besonderheiten.

IV. Mittäterschaft und Beihilfe

125 Bei der (Dritt-)Zueignungsabsicht (§§ 242, 249) handelt es sich um ein besonderes subjektives Tatbestandsmerkmal. Da gem. § 25 II aber nur objektive Tatbeiträge bzw. Tatbestandsmerkmale zugerechnet werden können, kann Mittäter eines Diebstahls oder Raubs nur sein, wer *selbst* die erforderliche (Dritt-)Zueignungsabsicht hat. Das gilt auch für die anderen Absichten wie die Bereicherungsabsichten der §§ 253, 263.

126

> **Hinweis für die Fallbearbeitung:** Für die Fallbearbeitung bedeutet das insgesamt: Eine gemeinsame Prüfung ist nur für den Fall zulässig, dass sämtliche objektiven und subjektiven Tatbestandsmerkmale unproblematisch und gleichermaßen bei allen Mittätern vorliegen. Meistens ist das aber nicht der Fall, sodass stets eine getrennte Prüfung vorzunehmen ist. Zum Prüfungsaufbau mittäterschaftlich begangener Taten vgl. *R. Schmidt,* AT, Rn 1035.

Im Übrigen sind sukzessive Mittäterschaft und Beihilfe nur bis zum Zeitpunkt der Beendigung möglich (Rn 79b ff.). *Danach* kommen ausschließlich Anschlussstraftaten in Betracht.

V. Konkurrenzen

127 Zu den Konkurrenzen vgl. die zusammengefasste Darstellung bei § 243.

---

[179] In dem Einstecken des Fläschchens in die Jackentasche kann noch keine Zueignung gesehen werden, da in diesem Zeitpunkt noch keine dauerhafte Enteignung stattfindet; T wollte den Magenbitter zwecks Bezahlung auf das Transportband legen und damit in die Gewahrsamssphäre des Berechtigten zurückführen.
[180] Freilich würde die Aussage, man habe die Sache noch bezahlen wollen, im Ermittlungsverfahren als Schutzbehauptung angesehen. Da es bei einem materiellen Strafrechtsgutachten i.d.R. aber auf Beweisfragen nicht ankommt, sind derartige Fragen nicht zu erörtern. Auf die Frage, ob an der Kasse ein Betrug möglich ist (vgl. dazu Rn 65 und 588), kommt es nicht an, da bei T jedenfalls der Vorsatz fehlt. T hat sich aber durch das Austrinken des Fläschchens wegen Unterschlagung (§ 246) strafbar gemacht.
[181] Das ist – soweit ersichtlich – unstreitig, vgl. nur BGH NStZ 2015, 699, 700.

B. Besonders schwerer Fall des Diebstahls (§ 243)

I. Regelbeispielstechnik des StGB

Mit § 243 und anderen Bestimmungen über besonders schwere Fälle (vgl. etwa § 263 III[182], § 267 III, § 176 III, § 177 VI usw.) hat der Gesetzgeber Regularien geschaffen, die dem erhöhten Unrechts- und Schuldgehalt der Tat gerecht werden und dem Tatrichter eine flexible Möglichkeit schaffen sollen, das begangene Unrecht adäquat zu sanktionieren. Um andererseits dem verfassungsrechtlichen Bestimmtheitsgebot (Art. 103 II GG) gerecht zu werden, hat der Gesetzgeber in den meisten Vorschriften über besonders schwere Fälle **Regelbeispiele** genannt, deren Verwirklichung eine **widerlegbare Vermutung** für das Vorliegen eines besonders schweren Falls zur Folge hat. Widerlegbare Vermutung bedeutet, dass die Verwirklichung eines Regelbeispiels zwar nicht zwingend, aber regelmäßig zum Vorliegen eines besonders schweren Falls führt. Man kann sagen, dass die Verwirklichung eines Regelbeispiels eine **Indizwirkung** für die Annahme eines besonders schweren Falls entfaltet.

128

> **Beispiel:** Öffnet der Täter mit einem Dietrich die Hintertür eines Warenlagers, um aus diesem DVD-Rekorder zu stehlen, verwirklicht er das Regelbeispiel des Einbruchdiebstahls gem. § 243 I S. 2 Nr. 1, das eine Indizwirkung für die Annahme einen besonders schweren Fall des Diebstahls i.S.v. § 243 I S. 1 entfaltet. Indizwirkung bedeutet: bei Vorliegen eines Regelbeispiels besteht eine widerlegbare Vermutung dafür, dass die Tat insgesamt als besonders schwer einzustufen ist und damit der in der Vorschrift genannte strengere Strafrahmen Anwendung findet. Bestehen also – wie im vorliegenden Fall – keine Anhaltspunkte, die den gesetzlich vermuteten erhöhten Unrechts- und Schuldgehalt kompensieren, ist der Täter aus dem im Vergleich zu § 242 höheren Strafrahmen des § 243 I S. 1 zu bestrafen.

Wie das vorstehende Beispiel gezeigt hat, ist es gerade aufgrund der Regelbeispielstechnik nicht ausgeschlossen, dass trotz Verwirklichung eines Regelbeispiels ein besonders schwerer Fall des Diebstahls zu verneinen ist, wenn der mit der Verwirklichung eines Regelbeispiels indizierte Unrechts- und Schuldgehalt durch mildernde Umstände kompensiert und damit die Indizwirkung widerlegt wird (**Gegenschlusswirkung** – auch „umgekehrte Indizwirkung" genannt). Ist das der Fall, findet nur der Strafrahmen des Grunddelikts Anwendung.[183]

128a

> **Beispiel:** Öffnet der Täter des obigen Beispiels die Hintertür des Warenlagers nur deshalb mit einem Dietrich, weil er den Schlüssel, den er in seiner Funktion als Hausmeister ohnehin besitzt, zu Hause vergessen hat, wird man trotz Vorliegens des Regelbeispiels gem. § 243 I S. 2 Nr. 1 einen besonders schweren Fall des Diebstahls i.S.v. § 243 I S. 1 verneinen können. Denn in diesem Fall greift die Ratio des § 243, dem erhöhten Unrechts- und Schuldgehalt der Tat Rechnung zu tragen, nicht. Der Täter wäre dann „nur" aus dem Strafrahmen des § 242 zu bestrafen.

Die genannte Regelbeispielstechnik lässt es aber auch zu, einen besonders schweren Fall anzunehmen, wenn zwar keines der vom Gesetzgeber genannten Regelbeispiele vorliegt, der zu beurteilende Fall im Unrechts- und Schuldgehalt aber ebenso schwer wiegt und damit mit den geschriebenen Regelbeispielen vergleichbar ist (sog. **Analogiewirkung**). Verfassungsrechtliche Bedenken in Bezug auf das im Strafrecht geltende Analogieverbot[184] bestehen hier nicht, weil es sich bei den Regelbeispielen – wie noch zu sehen sein wird – gerade *nicht* um Tatbestände handelt. Zudem wirken sie

128b

---

[182] Zu beachten ist, dass diese Strafzumessungsvorschrift auch auf den Computerbetrug und die Untreue Anwendung findet (vgl. § 263a II, § 266 II).
[183] Strafverfahrensrechtlich ist die Verurteilung aus dem Grundstrafrahmen trotz Verwirklichung eines Regelbeispiels im Urteil als Ausnahme gem. § 267 III S. 3 Halbs. 1 StPO näher zu begründen.
[184] Vgl. dazu im Einzelnen *R. Schmidt*, AT, Rn 31 ff.

auch nicht strafbarkeitsbegründend (das tun allenfalls die Generalklauseln wie z.B. § 243 I S. 1 oder § 263 III S. 1), sondern sie formulieren nur Beispiele, die in der Regel zur Annahme eines besonders schweren Falls i.S.v. § 243 I S. 1 führen.

> **Beispiel**[185]: In der Umkleidekabine eines Kaufhauses entfernt T bei einem Kleidungsstück das Sicherungsetikett, steckt das „entsicherte" Kleidungsstück anschließend in seine mitgebrachte Tasche und begibt sich in Richtung Ausgang. Auf dem Weg dorthin wird er vom Kaufhausdetektiv festgehalten, bis die Polizei eintrifft.
>
> Hier sind trotz der elektronischen Sicherung die Wegnahme der Sache und damit der Tatbestand des Diebstahls (§ 242) bereits mit dem Einstecken in die Tasche (= Begründung einer Gewahrsamsenklave) vollendet. Denn nach h.M. soll mit Hilfe des Sicherungsetiketts nicht die Begründung einer Gewahrsamsenklave bzw. der Diebstahl verhindert, sondern lediglich der bereits verlorene Gewahrsam wiedererlangt werden, wenn der Täter die Sicherheitseinrichtungen an der Kasse oder am Ausgang passiert. Man kann also sagen, das Sicherungsetikett soll nicht die Vollendung des Diebstahls verhindern, sondern die Beendigung.
>
> Auf der Grundlage dieser Überlegung ist das Regelbeispiel des § 243 I S. 2 Nr. 2 folgerichtig zu verneinen, da das Kleidungsstück nicht durch eine Schutzvorrichtung besonders gegen Wegnahme gesichert ist. Das Sicherungsetikett steht der Wegnahme i.S.d. § 242 gerade nicht entgegen. Da das Sicherungsetikett dennoch eine Schutzvorrichtung – wenn auch nur zur Verhinderung der Beendigung der Tat – darstellt, kann ein im Unrechts- und Schuldgehalt gleichgelagerter „unbenannter" besonders schwerer Fall gem. § 243 I S. 1 angenommen werden.

128c   Ist also im konkreten Fall ein Regelbeispiel nicht verwirklicht, kann dennoch ein unbenannter besonders schwerer Fall gem. § 243 I S. 1 gegeben sein. Es tritt halt nur keine Indizwirkung ein, wie das bei Verwirklichung eines Regelbeispiels der Fall wäre. Möchte der Tatrichter in diesem Fall einen besonders schweren Fall annehmen, kann er dies nur, wenn er aufgrund einer Gesamtwürdigung der Tat und des Täterverhaltens unter Berücksichtigung der Gesamtheit der genannten Regelbeispiele zu der Überzeugung gelangt, dass eine Vergleichbarkeit mit einem Regelbeispiel und damit ein besonders schwerer Fall vorliegt. Im Urteilstenor muss er dies aber separat begründen.[186] Insofern bietet sich eine Übertragung der Kriterien an, die für die echte Wahlfeststellung entwickelt wurden. Danach kann ein unbenannter besonders schwerer Fall angenommen werden, wenn er mit einem benannten Regelbeispiel rechtsethisch und psychologisch vergleichbar ist.

- Unter **rechtsethischer Vergleichbarkeit** ist eine annähernd gleiche Schwere der Schuldvorwürfe und eine nach allgemeinem Rechtsempfinden sittlich und rechtlich vergleichbare Bewertung zu verstehen.[187]

- Eine **psychologische Vergleichbarkeit** liegt vor, wenn eine einigermaßen gleich geartete seelische Beziehung des Täters zu den mehreren in Frage stehenden Verhaltensweisen besteht.[188]

128d   > **Fazit:** Wie die vorstehenden Ausführungen gezeigt haben, besteht bei Verwirklichung eines Regelbeispiels eine widerlegbare Vermutung (ein Indiz) für das Bestehen eines besonders schweren Falls. Die Indizwirkung kann aber durch mildernde Umstände kompensiert und damit widerlegt werden. Umgekehrt ist ein besonders schwerer Fall auch dann möglich, wenn ein benanntes Regelbeispiel nicht verwirklicht wurde. Ausschlaggebend für

---

[185] Vgl. OLG Dresden NStZ-RR 2015, 211.
[186] Strafverfahrensrechtlich folgt auch dies aus § 267 III S. 3 Halbs. 2 i.V.m. § 267 III S. 2 StPO, wonach die Urteilsgründe ergeben müssen, weshalb der besonders schwere Fall trotz Nichtverwirklichung eines Regelbeispiels zur Anwendung gelangt (vgl. *Eisele*, JA 2006, 309, 310).
[187] *Wessels/Beulke/Satzger*, AT, Rn 806; *Stuckenberg*, JA 2001, 221, 223.
[188] BGHSt GS 9, 390, 394; *Wessels/Beulke/Satzger*, AT, Rn 806.

die Beurteilung, ob ein besonders schwerer Fall vorliegt, ist stets die **Gesamtwürdigung der Tat**.[189]

II. Rechtsnatur des § 243 als Strafzumessungsregel

Nach wie vor umstritten ist die **Rechtsnatur** der Vorschriften über die besonders schweren Fälle. Im Wesentlichen werden zwei Auffassungen vertreten. 128e

- Nach der h.M. sind die (mit Regelbeispielen versehenen) Vorschriften über besonders schwere Fälle als **Strafzumessungsregeln** einzustufen. Das ergebe sich aus dem vom Gesetzgeber gewollten nicht abschließenden Charakter der Regelbeispiele. Denn enthalte sich der Gesetzgeber einer abschließenden Wertung und lege das Schwergewicht auf eine Einzelfallbewertung im Wege einer Gesamtwürdigung aller Strafzumessungstatsachen, folge daraus, dass es sich um keine Tatbestände handeln könne.[190]

- Den Gegenpol bilden die Vertreter der Ansicht, dass jedenfalls die Vorschriften über besonders schwere Fälle, die Regelbeispiele enthalten (wie z.B. § 243), **Tatbestände** seien.[191]

Stellungnahme: Auf den ersten Blick scheint die zuletzt genannte Auffassung nachvollziehbar. Denn die Regelbeispiele sind ebenso präzise umrissen wie echte Qualifikationstatbestandsmerkmale. Auch verwendet der Gesetzgeber dieselben strafschärfenden Merkmale bei manchen Delikten als qualifizierende Merkmale, bei anderen als Regelbeispiele für besonders schwere Fälle. So ist z.B. die Gewerbsmäßigkeit einerseits in §§ 243 I S. 2 Nr. 3, 253 IV S. 2 Var. 1, 263 III S. 2 Nr. 1 als Regelbeispiel, andererseits in §§ 260 I Nr. 1, 275 II als Qualifikationstatbestand ausgestaltet. Auch die Regelbeispiele des § 243 I S. 2, die von § 244a I in Bezug genommen werden, stellen dort abschließende Tatbestandsqualifikationen dar. Schließlich ist nicht zu leugnen, dass im Rahmen der tatrichterlichen Rechtsfindung eine gewisse Wesensverwandtschaft zu den echten Qualifikationstatbeständen besteht. Hier wie dort stellt der Richter das Vorliegen von gesetzlich formulierten Merkmalen durch Subsumtion fest. Ist das Regelbeispiel verwirklicht, verfestigt sich die vom Gesetzgeber getroffene Wertung, falls keine Umstände vorliegen, die die Indizwirkung widerlegen. Die Anwendung des Strafrahmens für besonders schwere Fälle beruht dann allein auf dem Regelbeispiel. Diese Vorgehensweise ist materielle Voraussetzung für die Anwendung des Sonderstrafrahmens und spricht für die Zuordnung der Regelbeispiele zur Tatbestandsseite.

Die Vertreter dieser Einstufung verkennen jedoch, dass der entscheidende Unterschied zu Qualifikationstatbeständen darin liegt, dass das Vorliegen eines Regelbeispiels nicht zwingend zur Anwendung des schärferen Strafrahmens führt, sondern eben nur ein widerlegbares Indiz darstellt. Bei echten Qualifikationstatbeständen ist das anders. Daraus folgt, dass es sich bei den Regelbeispielen schon rechtsdogmatisch nicht um Tatbestandsmerkmale, sondern nur um Strafzumessungsgesichtspunkte handeln kann.

Unbegründet ist schließlich auch das Argument, die Strafzumessungslösung müsse sich einen gewissen Widerspruch entgegenhalten lassen, weil häufig zwar eine Einstufung als Strafzumessungsregel befürwortet werde, dann aber zur Begründung der Anwendbarkeit der Vorschriften des Allgemeinen Teils auf die Tatbestandsähnlichkeit der Regelbeispiele verwiesen werde. So ist z.B. die Anwendung des § 15 auf Strafzumessungsregeln geradezu geboten, jedenfalls aber nicht schädlich, weil dadurch ein tätergünstiges Kriterium gefordert wird.[192]

---

[189] Vgl. BGHSt 29, 319, 322; OLG Düsseldorf NJW 2000, 158 f. Zu § 263 III S. 2 vgl. BGH NStZ 2004, 265, 266.
[190] BGHSt 23, 254, 256; 26, 104, 105; 33, 370, 373; BGH NStZ 2008, 514, 515; Sch/Sch-*Stree/Kinzig*, Vorbem §§ 38 ff. Rn 44; SK-*Hoyer*, § 243 Rn 1; *Lackner/Kühl*, § 46 Rn 11; *Fischer*, § 243 Rn 2 (Strafrahmenverschiebung); *Wessels/Hillenkamp*, BT 2, Rn 206 ff.; im Ergebnis auch *Huber*, JuS 2016, 597.
[191] *Callies*, NJW 1998, 929, 933 ff.; *Jakobs*, AT, § 6 Rn 99; *Kindhäuser*, BT II, § 3 Rn 4; *Eisele*, JA 2006, 309, 312; MüKo-*Schmitz*, § 243 Rn 3.
[192] Nicht überzeugend daher *Eisele*, JA 2006, 309, 311 und *Kindhäuser*, BT II, § 3 Rn 4.

Letztlich muss die Einstufung als Strafzumessungsregel auch für die Vorschriften über besonders schwere Fälle gelten, die nur eine Generalklausel, nicht jedoch auch Regelbeispiele enthalten (also z.B. für § 176 III). Denn aus rechtsdogmatischer Sicht besteht kein Unterschied zu den besonders schweren Fällen mit Regelbeispielen.

> **Hinweis für die Fallbearbeitung:** Die unterschiedlichen Auffassungen üben auch Einfluss auf den Prüfungsaufbau aus: Stuft man die Regelbeispiele als Tatbestandsmerkmale ein, ist es gut vertretbar, sie bereits beim Tatbestand des Grunddelikts zu prüfen (möglicher Obersatz: Strafbarkeit gem. §§ 242, 243 I S. 1, S. 2 Nr. ..."). Stuft man sie demgegenüber zutreffend als Strafzumessungsgesichtspunkte ein, sind sie vorzugswürdigerweise im Prüfungsaufbau erst nach der Schuldprüfung des Grundtatbestands (beim Versuch erst nach einer etwaigen Rücktrittsprüfung) zu behandeln (möglicher Obersatz: Strafbarkeit gem. § 242 i.V.m. § 243 I S. 1, S. 2 Nr. ...").[193] Schließlich bleiben Strafzumessungsvorschriften bei der Deliktseinteilung i.S.v. § 12 III unberücksichtigt, d.h. sie üben keinen Einfluss auf die Einteilung in Verbrechen und Vergehen aus.

128f Faktisch kommen die Regelbeispiele jedoch Tatbestandsmerkmalen nahe. Das zeigt sich insbesondere im Bereich des Vorsatzes, des Versuchs und bei der Teilnahme.

129 ▪ **Vorsatz:** Da im StGB die Regelbeispiele lediglich bei Vorsatzdelikten genannt sind, ist es folgerichtig allgemein anerkannt, dass der Tätervorsatz analog § 15 auch die Merkmale des objektiv verwirklichten Regelbeispiels umfassen muss. Jedoch darf bzgl. der subjektiven Verwirklichung von Regelbeispielen nicht von „Vorsatz" gesprochen werden, da es sich (nach h.M.) gerade nicht um Tatbestände handelt. Vielmehr sollte von „in subjektiver Hinsicht" oder von „Quasi-Vorsatz" gesprochen werden. Bei einem Irrtum ist § 16 I S. 1 anzuwenden, und zwar analog, weil es sich ja nicht um Tatbestandsmerkmale handelt. Hierin liegt ein Verstoß gegen das aus Art. 103 II GG zu schließende Analogieverbot schon deshalb nicht vor, weil sowohl § 15 als auch § 16 I S. 1 jedenfalls *zugunsten* des Täters herangezogen werden.

130 ▪ **Versuch:** Ein Versuch des § 243 scheidet in Ermangelung des Tatbestandscharakters schon begrifflich aus. Doch kann der Versuch des § 242 nach den Strafsätzen des § 243 zu bestrafen sein. Freilich ist dann ein Konflikt mit dem Analogieverbot möglich, da die Versuchsvorschriften (anders als die soeben erwähnten §§ 15, 16) zu Lasten des Täters bemüht werden (dazu Rn 156 ff.).

131 ▪ **Beteiligung/Teilnahme:** Sofern man sich auf den Standpunkt stellt, bei den Regelbeispielen handele es sich um echte Tatbestandsmerkmale, gelten die §§ 25 ff. unmittelbar. Da dies mit der zutreffenden h.M. jedoch abgelehnt wird, kommt lediglich eine „quasiakzessorische" Haftung für *tatbezogene* Regelbeispiele, die vom Haupttäter verwirklicht werden, in Betracht. Das bedeutet: Soweit der notwendige Teilnehmervorsatz bezüglich der Verwirklichung des Regelbeispiels gegeben ist, tritt die Indizwirkung auch beim Teilnehmer ein. Um also Beteiligter an einem Diebstahl in einem besonders schweren Fall zu sein, ist die eigenhändige Verwirklichung eines Regelbeispiels grds. nicht erforderlich; vielmehr ist die Regelwirkung schon dann ausgelöst, wenn der Beteiligte (i.d.R. der Teilnehmer) die Verwirklichung durch den (Haupt-) Täter kennt (§ 16 I S. 1 analog). Lediglich bei dem personenbezogenen (*täterbezogenen*) Merkmal der *Gewerbsmäßigkeit* (§ 243 I S. 2 Nr. 3) muss der Beteiligte das Merkmal unter analoger Anwendung des § 28 II selbst erfüllen, da dieses Merkmal ausschließlich eine subjektive Komponente enthält (dazu Rn 149 ff.). Für *mittelbare Täter und Mittäter* gelten ebenso die allgemeinen Zurechnungsregeln der § 25 I Var. 2, § 25 II analog, sodass etwa bei einem Exzess eines Beteiligten das Regelbeispiel den anderen Beteiligten nicht zugerechnet werden kann.

---

[193] Vgl. bereits die 1. Aufl. 2002; später auch *Heintschel-Heinegg*, JA 2008, 742, 743 Fußn. 1.

Zusammenfassung und Hinweise für die Fallbearbeitung: **132**

(1) Die zur Strafschärfung führenden Merkmale des § 243 sind unselbstständige Bestandteile des Diebstahls und sollten gemäß ihrer Rechtsnatur als Strafzumessungsgründe im **Anschluss an die Schuldfeststellung des § 242 geprüft werden**. Keinesfalls sind, da es lediglich um Strafzumessungsfragen geht, Rechtswidrigkeit und Schuld (erneut) zu prüfen. Fehler bei der Prüfung des § 243 wiegen schwer. Wenn die Merkmale des § 243 etwa im Tatbestand des § 242 oder die gesamte Vorschrift des § 243 als Tatbestands- bzw. Erfolgsqualifikation des § 242 geprüft werden, zeigt der Klausurbearbeiter, dass er die Natur des § 243 als Strafzumessungsregel für besonders schwere Fälle des Diebstahls nicht erkannt hat.

(2) Weiterhin muss beachtet werden, dass die in § 243 aufgeführten Regelbeispiele - wie bereits erwähnt - bei der Frage nach einem besonders schweren Fall des Diebstahls weder **abschließend** noch **zwingend** sind. In einer Klausur kann aber in Ermangelung entgegenstehender Anhaltspunkte ein besonders schwerer Fall von der objektiven und subjektiven Verwirklichung eines Regelbeispiels abhängig gemacht werden.

(3) Kommen hinsichtlich ein und derselben Handlung **mehrere** Regelbeispiele in Betracht, sind grds. *alle* zu prüfen (wobei auch bei Verwirklichung mehrerer Regelbeispiele insgesamt nur *ein* besonders schwerer Fall des Diebstahls vorliegt). Einzige Ausnahme ist Nr. 1 im Verhältnis zum verschlossenen Behältnis i.S.v. Nr. 2. Liegt Nr. 1 vor, kann im Einzelfall die Annahme des verschlossenen Behältnisses i.S.v. Nr. 2 ausgeschlossen sein, weil als Behältnisse i.S.v. Nr. 2 nur Einrichtungen in Betracht kommen, die – im Gegensatz zum umschlossenen Raum i.S.v. Nr. 1 – *nicht* dazu bestimmt sind, von Menschen betreten zu werden (**Exklusivität von umschlossenem Raum und verschlossenem Behältnis**).[194]

(4) Schließlich ist zu beachten, dass § 243 auch nicht *wie* ein Tatbestand geprüft wird. So wäre es **verfehlt, von einem objektiven oder subjektiven Tatbestand zu sprechen**. Vielmehr sollten Formulierungen wie „In objektiver Hinsicht" oder „In subjektiver Hinsicht" verwendet werden. Eine Besonderheit gilt schließlich für § 243 I S. 2 Nr. 3 (gewerbsmäßiges Stehlen). Dort sind ausschließlich subjektive Elemente zu prüfen (vgl. dort).

III. Einzelne Regelbeispiele

1. Regelbeispiel des § 243 I S. 2 Nr. 1

Die größte (Klausur-)Relevanz von den in § 243 I S. 2 genannten Regelbeispielen besitzt **133** die Nr. 1. Grund für die Erhöhung des Strafrahmens im Vergleich zum einfachen Diebstahl ist, dass sich der Täter zur Ausführung des Diebstahls über die durch ein **Gebäude**, einen **Dienst- oder Geschäftsraum** oder einen **anderen umschlossenen Raum** geschaffene Schutzsphäre hinweggesetzt hat.

Hinweis für die Fallbearbeitung: Durch die Formulierung „*anderer* umschlossener **134** Raum" wird klargestellt, dass *alle* Tatobjekte umschlossene Räume darstellen müssen und dass der umschlossene Raum daher lediglich den Oberbegriff der geschützten Räumlichkeiten bilden kann. Kommen aber als Tatobjekt ein Gebäude oder ein Dienst- bzw. Geschäftsraum in Betracht, ist dieses als spezieller Fall des umschlossenen Raums selbstverständlich vorrangig zu prüfen. Nur wenn das konkrete Tatobjekt nicht unter den Begriff Gebäude bzw. Dienst- oder Geschäftsraum subsumiert werden kann, ist Raum für die Prüfung des „anderen umschlossenen Raums".

---

[194] Teilweise wird vertreten, Nr. 1 und 2 stünden in ihrer *Gesamtheit* in einem Exklusivitätsverhältnis zueinander (so etwa *Rengier*, BT I, § 3 Rn 12). Dem kann so nicht zugestimmt werden. Denn würde man dies annehmen, dürfte man nicht die Fahrgastzelle eines Pkw als umschlossenen Raum i.S.v. Nr. 1 und (zusätzlich) das Aufbrechen des Lenkradschlosses oder das gewaltsame Herausziehen des Autoradios aus der Halterung als Überwindung einer besonderen Sicherung i.S.v. Nr. 2 ansehen (so aber *Rengier*, BT I, § 3 Rn 4, 12, 14 und 16a). Vgl. dazu auch unten Rn 145 a.E.

135 ▪ Ein **Gebäude** ist ein durch Wände und Dach begrenztes, mit dem Grund und Boden fest – wenn auch nur durch eigene Schwere – verbundenes Bauwerk, das den Eintritt von Menschen ermöglicht und geeignet und bestimmt ist, dem Schutz von Menschen zu dienen, und Unbefugte abhalten soll.[195] Auch eine **Wohnung** ist regelmäßig ein Gebäude im dargelegten Sinne, wird seit dem 1.4.1998 aber von dem Qualifikatstatbestand des § 244 I Nr. 3 (Wohnungseinbruchdiebstahl) und seit dem 22.7.2017 ggf. auch von § 244 IV erfasst, sofern es sich um eine „dauerhaft genutzte Privatwohnung" handelt (siehe dazu Rn 245 ff.).

> **Hinweis für die Fallbearbeitung:** Da nach zutreffender Ansicht § 244 I Nr. 3 als lex specialis auf Konkurrenzebene den Grundtatbestand des § 242 verdrängt und § 243 auf § 242 aufbaut, verdrängt § 244 I Nr. 3 folgerichtig auch § 242 i.V.m. § 243 I S. 2 Nr. 1.[196] Das führt zu der Frage, ob in einer Klausur § 243 I S. 2 Nr. 1 überhaupt noch geprüft werden muss, wenn zuvor § 244 I Nr. 3 bejaht wurde. Nach der hier vertretenen Auffassung genügt der Hinweis, dass „der ebenfalls verwirklichte Diebstahl im besonders schweren Fall gem. § 242 I i.V.m. § 243 I S. 2 Nr. 1 hinter den Tatbestand des § 244 I Nr. 3 zurücktritt". Entsprechendes gilt für das Verhältnis zwischen § 244 IV und § 243 I S. 2 Nr. 1.

136 ▪ Ein **Geschäftsraum** ist eine Räumlichkeit, die hauptsächlich für eine gewisse Zeit oder dauernd zur Verrichtung von Geschäften beliebiger, nicht notwendigerweise wirtschaftlicher Art, bestimmt ist.[197]

Beispiele: Ladenlokale, Filiale einer Handelsgesellschaft, Bürowagen (etwa eines Bauunternehmens), mit Mauern oder Zäunen umgebene Fabrikhöfe oder Lagerplätze[198]

137 ▪ Unter einem **umschlossenen Raum** ist jedes Raumgebilde (mit oder ohne Dach) zu verstehen, das (mindestens auch) *dazu bestimmt ist, von Menschen betreten zu werden*, und das mit (mindestens teilweise künstlichen) Vorrichtungen umgeben ist, die das Eindringen von Unbefugten abwehren sollen.[199] Umschlossen bedeutet nicht notwendigerweise fest verschlossen; daher sind auch zeitweilig unverschlossene Räume erfasst. Erforderlich ist aber eine Umschließung oder Umfriedung, sodass ein tatsächliches Hindernis besteht. Das Eindringen des Täters muss erheblich erschwert sein.

Beispiele: So werden eingezäunte Grundstücke wie Gärten, Lagerplätze, Friedhöfe und Kasernengelände einbezogen, es sei denn, dass Lücken in der Umfriedung vorhanden sind oder ein Zaun so niedrig ist, dass er mühelos überstiegen werden kann.[200] Erfasst werden auch Schiffe, die Fahrgastzelle eines Autos und zum Betreten bestimmte Ladeflächen von Liefer- und Lastwagen. *Nicht* zum Betreten bestimmt ist der Kofferraum eines Pkw (auch wenn der im Einzelfall tatsächlich betreten werden könnte); dieser stellt aber ein (vom umschlossenen Raum i.S.d. § 243 I S. 2 Nr. 1 streng zu unterscheidendes!) *verschlossenes Behältnis* dar und fällt daher unter § 243 I S. 2 Nr. 2.

Gegenbeispiele: Nicht erfasst werden zunächst Räume, die jederzeit von jedermann betreten werden können, weil sie keine Hindernisse bieten (etwa Telefonzellen).[201] Aber auch Grundstücke, die mit einem Zaun umgeben sind, werden nicht erfasst, wenn der Zaun nicht das Betreten durch Unbefugte verhindern will, sondern lediglich die Funktion hat, ein Entlaufen von Tieren (etwa von Schafen oder Kühen) zu verhindern.

---

[195] Vgl. nur *Großer Senat* BGHSt 1, 158, 164; Sch/Sch-*Eser/Bosch*, § 243 Rn 7.
[196] Für Spezialität des § 244 I Nr. 3 gegenüber § 242 i.V.m. § 243 I S. 2 Nr. 1 auch *Achenbach*, JuS 1999, L 41, 43, *Fahl*, NJW 2001, 1699, 1700 und *Heintschel-Heinegg*, JA 2008, 742, 743 Fußn. 4. Für Subsidiarität des § 243 I S. 2 Nr. 1 SK-*Hoyer*, § 243 Rn 15; *Wessels/Hillenkamp*, BT 2, Rn 245; *Mitsch*, ZStW 111 (1999), 65, 72.
[197] *Lackner/Kühl*, § 243 Rn 9 i.V.m. § 123 Rn 3; BGH wistra 2008, 20 f.; NStZ 2008, 514.
[198] BGH NStZ 2000, 143. Zu den gemischt genutzten Gebäuden vgl. Rn 247 ff.
[199] BGHSt 1, 158, 164; *Wessels/Hillenkamp*, BT 2, Rn 223.
[200] BGH NJW 1993, 2252, 2253; BGH NStZ 2000, 143.
[201] *Fischer*, § 243 Rn 4.

Als Tathandlungsmodalitäten werden das **Einbrechen**, das **Einsteigen** und das **Eindringen** mit einem *falschen Schlüssel* oder einem anderen, nicht zur ordnungsgemäßen Öffnung bestimmten *Werkzeug* genannt.

138

- **Einbrechen** bedeutet das *gewaltsame* Öffnen von Umschließungen, die ein tatsächliches Hindernis bilden und insoweit dem Eintritt in den umschlossenen Raum entgegenstehen. Die Gewalt setzt die Anwendung nicht unerheblicher körperlicher Kraft voraus[202]; eine Substanzverletzung an dem Tatobjekt ist aber nicht erforderlich[203]. Da der erschwerende Umstand allein in der Überwindung des Hindernisses durch gewaltsame Aufhebung der äußeren Umschließung besteht, ist auch ein *Betreten* des Raums nicht erforderlich. Auch ein Hineinlangen mit der Hand oder mit Werkzeugen, um sich Sachen „herauszuangeln", genügt daher.

139

   Beispiele: T bricht nachts das Schloss eines Geschäftshauses auf oder drückt die Scheibe eines kleinen Kellerfensters ein, um dann von draußen Sachen „herauszuangeln".

- **Einsteigen** bedeutet das Eindringen in den geschützten Raum auf einem dafür regelmäßig nicht bestimmten Weg unter Entfaltung von Kraft oder Geschicklichkeit.[204] Es wird also mehr verlangt als bei § 123, der allein das Gelangen in die geschützten Räume gegen (oder ohne) den Willen des Berechtigten genügen lässt[205]. Insbesondere genügt es für ein Eindringen i.S.v. § 243 I S. 2 Nr. 1 nicht, wenn der Täter einen offen, wenngleich verbotenen Eingang benutzt. Der Täter muss zudem in dem Raum Fuß gefasst, d.h. einen Stützpunkt gewonnen haben, der ihm die Wegnahme ermöglicht. Das bloße Hineinbeugen, um Sachen herauszuangeln, genügt (anders als beim Einbrechen) nicht.[206]

140

   Beispiele: Sich mit einem Seil hinablassen in den umschlossenen Raum; Überklettern oder Überspringen einer Mauer oder eines Zaunes mit einer nicht unerheblichen Höhe; Benutzung eines offenen Fensters, das 1 m über dem Boden liegt; Hindurchkriechen durch eine enge Öffnung im Zaun (nach Auffassung des BGH soll die Nr. 1 aber nicht erfüllt sein, wenn der Täter durch einfaches Hochhalten des – lockeren – Zaunes mühelos unter diesem hindurchkriechen kann[207]). Dagegen ist das Merkmal „Einsteigen" zu verneinen, wenn sich der Täter etwa durch eine nicht verriegelte Terrassentür Zutritt verschafft. Hier kann zwar § 123, aber noch nicht ohne weiteres auch § 243 verwirklicht sein; für § 243 muss hinzukommen, dass der Täter Kraft oder Geschicklichkeit anwendet, um den Raum zu betreten.

- **Eindringen mit einem falschen Schlüssel.** Für das Merkmal **„Eindringen"** genügt es, wenn der Täter unbefugt einen Körperteil in den Raum einbringt. Zu den Schlüsseln gehören nicht nur klassische Metallschlüssel, sondern auch elektronische Kartenschlüssel (Key-Card), wie sie bspw. in Hotels oder Büroräumen verwendet werden. **Falsch** ist ein Schlüssel, wenn der Berechtigte (im Zeitpunkt der Tathandlung) dem Schlüssel die Bestimmung zum ordnungsgemäßen Öffnen von Räumen entzogen, ihn also **entwidmet** hat.[208] Der bloße bestimmungswidrige Gebrauch eines gefundenen oder gestohlenen Schlüssels macht diesen (noch) nicht zwingend zu einem falschen.[209] Insoweit ist aber folgendermaßen zu differenzieren:

141

   ⇨ Bei **verloren gegangenen** Schlüsseln ist eine Entwidmung erst dann anzunehmen, wenn der Berechtigte nach Kenntnis des Verlusts einen anderen Schlüssel in Gebrauch nimmt oder die Anfertigung eines anderen Schlüssels in Auftrag gibt.

---

[202] BGH NStZ 2000, 143 f.; Sch/Sch-*Eser/Bosch*, § 243 Rn 11; *Lackner/Kühl*, § 243 Rn 10.
[203] *Fischer*, § 243 Rn 5; Sch/Sch-*Eser/Bosch*, § 243 Rn 11.
[204] Sch/Sch-*Eser/Bosch*, § 243 Rn 12.
[205] Vgl. zum „Eindringen" i.S.v. § 123 vgl. *R. Schmidt*, BT I, Rn 1004.
[206] Vgl. BGHSt 10, 132, 133; BGH NJW 1993, 2252 f.; Sch/Sch-*Eser/Bosch*, § 243 Rn 12; LK-*Vogel*, § 243 Rn 12; *Fischer*, § 243 Rn 6; *Lackner/Kühl*, § 243 Rn 11.
[207] Vgl. BGH NStZ 2000, 143, 144 f.; OLG Karlsruhe NStZ-RR 2005, 140, 142.
[208] BGHSt 13, 15; 14, 291; 21, 189; *Wessels/Hillenkamp*, BT 2, Rn 228 ff.
[209] Vgl. bereits *Schmidt/Seidel*, BT, 1997, S. 254; wie hier nun auch *Noltenius*, JuS 2006, 988, 989.

⇨ Wurde der Schlüssel dagegen zuvor **gestohlen**, ist wiederum zu differenzieren: Glaubt der Berechtigte, der Schlüssel sei nur verlegt, ist eine Entwidmung noch nicht anzunehmen. Hat der Berechtigte jedoch den Diebstahl bemerkt oder geht er zumindest von einem Diebstahl aus, ist nach der allgemeinen Lebenserfahrung (allein durch die Kenntnis des Diebstahls) eine Entwidmung anzunehmen, ohne dass es eines ausdrücklichen Entwidmungsakts bedarf.[210]

Beispiele: Falsch sind jedenfalls unbefugt nachgemachte Schlüssel. Entwidmet und damit falsch i.S.d. § 243 I S. 2 Nr. 1 ist auch der Schlüssel des Mieters, den dieser nach Mietende und Auszug nicht zurückgibt.

Zu den dem falschen Schlüssel gleichgestellten **anderen, nicht zur ordnungsgemäßen Öffnung bestimmten Werkzeugen** zählen alle Geräte und Hilfsmittel, die geeignet sind, auf den Verschlussmechanismus des geschützten Raums einzuwirken.[211]

Beispiele: Dietriche, Drähte, Haken, Schraubendreher, Zangen und zwischen Schlossfalle und Türzarge geschobene Plastikkarten. Dagegen fehlt Brechwerkzeugen, die eine gewaltsame Öffnung herbeiführen sollen (Stemmeisen), die Schlüsselersatzfunktion, sodass sie nicht unter diese Tathandlungsmodalität fallen. Sie sind aber im Rahmen des Einbrechens erfasst.[212]

141a

> **Hinweis für die Fallbearbeitung:** Ein gelegentlich anzutreffendes Klausurthema bietet der Fall, in dem der Täter einen von innen im Schloss einer Tür steckenden Schlüssel durch den Postschlitz der Tür greift und diese dann von außen ordnungsgemäß öffnet. In der Fallvariante drückt der Täter mit einem Draht o.ä. den von innen steckenden Schlüssel aus dem Schloss, sodass dieser auf ein von ihm zuvor unter die Tür geschobenes Papierblatt fällt. Zu denken wäre hier zunächst daran, den Schlüssel als falsch anzusehen, weil er deliktisch erlangt sein könnte. Da aber der Berechtigte von dem Vorgang noch nichts wusste, konnte er den Schlüssel folglich noch nicht entwidmen. Nach zutreffender Überlegung findet durch die bloße Benutzung des Schlüssels noch keine Enteignung i.S. einer rechtswidrigen Zueignung statt. Das Problem des deliktisch erlangten Schlüssels stellt sich also erst gar nicht. Die Besitzstörung am Schlüssel macht diesen noch nicht zum falschen Schlüssel, solange er noch nicht entwidmet ist. Wenn also aus keinem anderen Grund § 243 (oder § 244 I Nr. 3, wenn es sich um eine Wohnungstür handelt) zu bejahen ist, kommt nur ein „einfacher" Fall des Diebstahls in Betracht. Zu denken wäre aber dann an das Vorliegen eines unbenannten besonders schweren Falls des Diebstahls i.S.d. § 243 I S. 1, wofür vorliegend sehr viel spricht.

142 ▪ Als letzte Tathandlungsmodalität nennt § 243 I S. 2 Nr. 1 das **Sichverborgenhalten** in dem geschützten Raum. Bei dieser Tathandlungsmodalität versteckt sich der Täter zunächst in dem geschützten Raum, um anschließend von dort aus (ungestört) einen Diebstahl zu begehen. Ob er legal oder illegal in den Raum gelangt ist oder ob er den Raum zu anderer Zeit berechtigt betreten darf, ist unerheblich.[213]

Beispiel: Der Kunde eines kleinen „Tante-Emma-Ladens" versteckt sich kurz vor Geschäftsschluss hinter einem Regal und lässt sich einsperren, um den Laden in aller Ruhe ausräumen zu können.

143 Alle Tathandlungsmodalitäten setzen voraus, dass der Täter **zur Ausführung der Tat** handelt. Der Täter muss also bereits beim Einbrechen, Einsteigen, Eindringen oder Sichverborgenhalten mit Diebstahlsvorsatz gehandelt haben. Wer daher bspw. zunächst nur einbricht, um Räume zu verwüsten, sich dann aber (während der Verwüstung) zu

---

[210] Vgl. BGHSt 21, 189; BGH StV 1993, 422; OLG Hamm NStZ-RR 2001, 300, 301.
[211] Vgl. etwa *Lackner/Kühl*, § 243 Rn 12.
[212] Sch/Sch-*Eser/Bosch*, § 243 Rn 15.
[213] Vgl. BGHSt 22, 127; *Fischer*, § 243 Rn 10; Sch/Sch-*Eser/Bosch*, § 243 Rn 18 f.

einem Diebstahl entscheidet, verwirklicht nicht § 243 I S. 2 Nr. 1. Problematisch ist dagegen der Fall, wenn der Täter bspw. einbricht, um eine bestimmte Sache zu stehlen, diese dann aber nicht findet und sich sodann entschließt, etwas anderes zu stehlen. Ob in einem solchen Fall § 243 angenommen werden kann, bestimmt sich nach den allgemeinen Grundsätzen der Abweichung des tatsächlichen Kausalverlaufs vom vorgestellten Kausalverlauf. Siehe dazu auch die (Parallel-)Ausführungen zu § 243 II bei Rn 165 ff.

2. Regelbeispiel des § 243 I S. 2 Nr. 2

Die (bis auf die Variante der „anderen Schutzvorrichtung") grundsätzlich in einem Exklusivitätsverhältnis zur Nr. 1 stehende Nr. 2 betrifft den Diebstahl einer durch ein **verschlossenes Behältnis** oder eine **andere Schutzvorrichtung** besonders gesicherten Sache. Nr. 2 setzt also nicht (wie Nr. 1) an die Tatausführung hinsichtlich einer allgemein gesicherten Sache an, sondern an die besondere Sicherung, die vor Wegnahme schützen soll.[214]

144

▪ Durch die Formulierung „andere Schutzvorrichtung" wird klar, dass das verschlossene Behältnis lediglich den Spezialfall einer Schutzvorrichtung darstellt. Unter **Behältnis** versteht man ein zur Aufnahme von Sachen dienendes und diese umschließendes Raumgebilde, das (im Gegensatz zur Nr. 1) *nicht* dazu bestimmt ist, von Menschen betreten zu werden.[215] Das Behältnis kann unbeweglich oder beweglich sein. **Verschlossen** ist das Behältnis, wenn sein Inhalt durch ein Schloss, eine sonstige technische oder elektronische Schließvorrichtung oder auf andere Weise gegen einen ordnungswidrigen Zugriff gesichert ist.[216]

145

Beispiele: Nr. 2 ist daher gegeben, wenn der Täter Sachen aus einer verschlossenen Kiste, Geldkassette, Aktentasche bzw. aus einem verschlossenen Wandschrank, Briefkasten, Warenautomaten, Geldautomaten, Schaukasten, Koffer, Container oder Tresor stiehlt. Gleiches gilt hinsichtlich eines verschlossenen Koffer- bzw. Laderaums eines Kfz, der nicht zum Betreten bestimmt ist.

Problematisch ist es, wenn der Täter **das Behältnis als Ganzes** (Beispiel: Geldkassette) fortschafft, um es an einem sicheren Ort aufzubrechen und sich des Inhalts anzunehmen. Hinsichtlich Behältnissen, die mühelos entwendbar bzw. abtransportierbar sind, wird teilweise die Annahme der Nr. 2 abgelehnt, da der Täter keine größere deliktische Energie aufwende und in diesen Fällen der Verschluss gar nicht die Funktion habe, die Gesamtsache gegen Wegnahme besonders zu sichern.[217] Danach wäre der Täter nur nach § 242 zu bestrafen, sofern nicht ein anderer Erschwernisgrund greift. Nach der Gegenauffassung kann es aber keinen Unterschied machen, ob der Täter das Behältnis an Ort und Stelle aufbricht oder es zu diesem Zweck zunächst nur fortschafft. Im Gegenteil zeige die Verbringung des Behältnisses an einen anderen Ort eher eine noch größere kriminelle Energie.[218] Nach dieser Ansicht ist Nr. 2 also bereits dann erfüllt, wenn der Täter das Behältnis entwendet, um später an einem sicheren Ort die Schutzvorrichtung tatsächlich zu überwinden. Aber auch nach der zuerst genannten Auffassung ist Nr. 2 erfüllt, wenn das Behältnis *nicht* mühelos entwendbar bzw. abtransportierbar ist. Denn in Fällen dieser Art kommt dem Verschluss unter Berücksichtigung der Eigenschaften des Behältnisses gerade eine besondere Sicherungsfunktion zu.[219]

Beispiele: Das trifft auch etwa einen fest montierten Wandautomaten oder einen Geldautomaten zu. Werden derartige Behältnisse entwendet, ist Nr. 2 erfüllt.[220] Befindet sich das betreffende Behältnis noch dazu in einem umschlossenen Raum (Beispiel: Geldauto-

---

[214] Vgl. dazu bspw. BGH NStZ 2011, 36.
[215] GS BGHSt 1, 158, 163.
[216] *Lackner/Kühl*, § 243 Rn 15. Vgl. auch BGH NStZ 2011, 36.
[217] Sch/Sch-*Eser/Bosch*, § 243 Rn 25.
[218] BGHSt 24, 248, 250 f.; *Wessels/Hillenkamp*, BT 2, Rn 234.
[219] Vgl. auch MüKo-*Schmitz*, § 243 Rn 36.
[220] Vgl. BGH wistra 2008, 20 f.

mat in einer Postfiliale), liegt ein Fall vor, in dem ausnahmsweise Nr. 2 neben Nr. 1 erfüllt ist (vgl. dazu Rn 132).

146 ▪ Auch **andere Schutzvorrichtungen** kommen in Betracht, soweit sie nicht schon unter Nr. 1 fallen. Unter solchen „anderen Schutzvorrichtungen" sind Einrichtungen oder Mittel zu verstehen, die ihrer Art nach geeignet und dazu bestimmt sind, die Wegnahme einer Sache erheblich zu erschweren.[221]

Beispiele: Autoschlösser (Tür-, Kofferraum- und Zündschloss), Wegfahrsperren, Fahrradschlösser, Schutzvorrichtungen an Museumsstücken, Alarmanlagen, durch Ketten befestigte Gegenstände usw.; zu den elektromagnetischen Sicherungsetiketten vgl. bereits Rn 128b, c sowie sogleich Rn 147 Bsp. 5.

147 Das verschlossene Behältnis bzw. die andere Schutzvorrichtung muss die Sache **gegen Wegnahme besonders sichern**.

Beispiele:

(1) Bei einem *verschlossenen Behältnis* (Kofferraum, Tresor o.ä.) wird die besondere Sicherung, wenn nicht gerade der Schlüssel steckt oder daneben liegt, stets anzunehmen sein.[222] Nr. 2 soll auch vorliegen, wenn der Täter durch Täuschung (über die Zugangsberechtigung) einen gutgläubigen Dritten (etwa den Portier eines Hotels) dazu bewegt, den zur ordnungsgemäßen Öffnung bestimmten Zugangscode für den Schließmechanismus des Zimmersafes zu verwenden.[223] Bei Verpackungen, Umhüllungen und Befestigungen muss durch entsprechende Einzelfallprüfung festgestellt werden, ob sie nur dem Transport dienen bzw. lediglich vor Erschütterungen, Beschädigungen oder dem Abhandenkommen schützen sollen oder ob sie auch vor Wegnahme besonders sichern.

(2) Beim Diebstahl von Geld aus *Geldspiel-, Waren- oder Vergnügungsautomaten* ist Nr. 2 nur dann verwirklicht, wenn der Täter unter *mechanischer* Überwindung von Sicherungseinrichtungen an sein Ziel gelangt, wie dies z.B. bei Manipulationen mit Drähten der Fall ist. Erfolgte der Diebstahl des Geldes hingegen lediglich mit Hilfe von *List* (etwa durch Einwurf falscher oder ausländischer Münzen oder unter Zuhilfenahme eines mit einem Tesafilmstreifen manipulierten Geldscheines), ist Nr. 2 nicht erfüllt. Je nach Schwere der Schuld liegt dann nur ein „einfacher" Diebstahl oder ein unbenannter Fall eines besonders schweren Diebstahls vor (vgl. bereits Rn 128c).

(3) Ein abgeschlossenes Fahrrad ist auch dann als „besonders" gesichert anzusehen, wenn es bspw. nicht mit einer ortsfesten Vorrichtung verbunden ist, weil bereits das Schloss den Abtransport in nennenswerter Weise erschwert.

(4) *Keinem* besonderen Sicherungszweck dienen die normalen Befestigungen eines Autoradios (wie gesagt, steht die Qualifikation der Fahrgastzelle als umschlossener Raum i.S.v. Nr. 1 nur der Anwendbarkeit des „verschlossenen Behältnisses", nicht aber der „anderen Schutzvorrichtung" i.S.v. Nr. 2 entgegen).

(5) Besonderheiten bereiten die Fälle, in denen ein Kaufhauskunde in Diebstahlsabsicht ein Kleidungsstück, das mit einem **elektromagnetischen Sicherungsetikett** versehen ist, anzieht und sich dann, ohne es bezahlt zu haben, zum Ausgang begibt und dabei von einem Hausdetektiv beobachtet und gestellt wird. Nach dem zu § 242 Gesagten hat der Täter durch den sog. *Gewahrsamswechsel im „Tabubereich"* (Schaffung einer *„Gewahrsamsenklave"*) die Wegnahme und wegen vorliegender Zueignungsabsicht unabhängig von einer eventuellen Beobachtung durch den Hausdetektiv einen Diebstahl vollendet. Bei der Frage nach einem besonders schweren Fall des Diebstahls stellt sich das Problem des Sicherungsetiketts. Dieses Siche-

---

[221] Vgl. *Fischer*, § 243 Rn 15; *Wessels/Hillenkamp*, BT 2, Rn 235.
[222] Vgl. auch BGH NStZ 2011, 36 (§ 243 I Nr. 2 liegt auch vor, wenn der Täter den Tresorschlüssel entwendet und damit später den Tresor öffnet); KG NJW 2012, 1093 f.
[223] Vgl. dazu den Fall KG NJW 2012, 1093.

rungsetikett stellt keine besondere Schutzvorrichtung dar, weil es gerade nicht die Wegnahme verhindern soll. Vielmehr soll das Sicherungsetikett den Alarm erst am Ausgang auslösen. Daher entfaltet es seine Sicherungsleistung erst zeitlich *nach* der Vollendung der Wegnahme und dient lediglich der Wiedererlangung des Gewahrsams durch das Kaufhauspersonal, nicht aber der Verhinderung des Diebstahls.[224] Ein besonders schwerer Fall i.S.v. § 243 I S. 2 Nr. 2 muss daher ausscheiden. Das Gleiche gilt, wenn der Täter vor der Wegnahme das Sicherungsetikett entfernt.[225] In solchen Fällen ist aber wegen der „erhöhten kriminellen Energie" stets an einen unbenannten besonders schweren Fall i.S.v. § 243 I S. 1 zu denken (vgl. dazu bereits Rn 128b, c). Zur Strafbarkeit nach § 123 vgl. *R. Schmidt*, BT I, Rn 997 ff.

Wegen seiner Relevanz soll zusammenfassend noch einmal auf den Diebstahl **von und aus Autos** eingegangen werden. Werden Sachen aus dem verschlossenen Kfz gestohlen oder Teile (z.B. Radio) abmontiert und mitgenommen, ist Nr. 1 erfüllt, wenn sie sich in der Fahrgastzelle oder im betretbaren Laderaum befanden. Für den nur von außen zugänglichen Koffer- oder nicht betretbaren Laderaum gilt Nr. 2, da es sich hier um (verschlossene) Behältnisse i.S.v. Nr. 2 handelt.[226] Stiehlt der Täter den Wagen als Ganzes, ist je nach Konstellation Nr. 1 oder Nr. 2 erfüllt. Für Nr. 1 ist erforderlich, dass der Einbruch in das verschlossene Kfz das „Mittel zur Ausführung der Tat" ist, unabhängig davon, ob nur der Inhalt des Kfz oder dieses selbst gestohlen werden soll.[227] Wohl Nr. 2 (nicht Nr. 1) ist einschlägig, wenn der Täter die Wegfahrsperre überwindet.

148

3. Regelbeispiel des § 243 I S. 2 Nr. 3

Gewerbsmäßig stiehlt, wer sich durch die wiederholte Begehung von Diebstählen eine nicht nur vorübergehende Einnahmequelle von einigem Umfang verschaffen will.[228] Liegt ein derartiges Gewinnstreben vor, ist schon die erste der ins Auge gefassten Tathandlungen als gewerbsmäßig anzusehen.[229]

149

> **Hinweis für die Fallbearbeitung:** Aus dem Sachverhalt muss hervorgehen, dass der Täter sich *im zu prüfenden Fall* eine nicht nur vorübergehende Einnahmequelle verschaffen möchte. Liegen nur Erkenntnisse vor, dass er sich in der Vergangenheit eine Einnahmequelle verschaffte, reicht das allein zur Annahme von Nr. 3 noch nicht aus. Der Täter muss vielmehr die Absicht haben, auch *demnächst* wieder zu stehlen. So wird ein besonders schwerer Fall nach Nr. 3 zu verneinen sein, wenn der Täter erstmalig stiehlt, es sich um keine *größeren* Werte handelt und keine Anhaltspunkte darauf schließen lassen, dass der Täter demnächst *wieder* stehlen will.[230]
> Darüber hinaus ist zu beachten, dass Nr. 3 ausschließlich subjektiv geprüft wird, d.h. die alleinige Absicht des Täters maßgebend ist. Im Übrigen genügt für die Fälle der Nrn. 1-2 und 4-7 *dolus eventualis*.

150

In Anlehnung an die Inhalte der Regelbeispiele kann auch ein (unbenannter) besonders schwerer Fall des Diebstahls anzunehmen sein, wenn zwar im konkreten Fall die Gewerbsmäßigkeit ausscheidet, dennoch ein vergleichbarer Fall vorliegt (vgl. Rn 128 ff.). Das ist etwa bei *gewohnheitsmäßigem* Stehlen der Fall. Ist der Täter Bandendieb, tritt § 242 i.V.m. § 243 I S. 2 Nr. 3 hinter § 244 I Nr. 2 subsidiär zurück.

151

---

[224] Vgl. OLG Düsseldorf NJW 1998, 1002. Vgl. auch OLG Dresden NStZ-RR 2015, 211.
[225] Vgl. OLG Dresden NStZ-RR 2015, 211.
[226] *Fischer*, § 243 Rn 12; anders Sch/Sch-*Eser/Bosch*, § 243 Rn 28, der den Laderaum generell zu Nr. 2 zählt.
[227] Sch/Sch-*Eser/Bosch*, § 243 Rn 27.
[228] BGH NStZ 2015, 396, 397; *Lackner/Kühl*, vor § 52 Rn 20; *Fischer*, § 243 Rn 18; Sch/Sch-*Eser/Bosch*, § 243 Rn 31.
[229] BGH NStZ 2004, 265, 266 (zu § 263 III S. 2 Nr. 1).
[230] Vgl. Sch/Sch-*Eser/Bosch*, § 243 Rn 31; *Wessels/Hillenkamp*, BT 2, Rn 239.

4. Regelbeispiele des § 243 I S. 2 Nr. 4-7

152
Auf die Fälle der Nrn. 4-7 wird wegen der geringen Examensrelevanz nicht weiter eingegangen. Sollten sie dennoch einmal zu prüfen sein, sind sie mit Hilfe der Gesetzeslektüre ohne Schwierigkeiten in den Griff zu bekommen. So ist bspw. Nr. 6 erfüllt, wenn der Täter einen Unglücksfall ausnutzt, um das hilflose Opfer zu bestehlen (sog. „Schmarotzerdiebstahl").

153
> **Hinweis für die Fallbearbeitung:** Verwirklicht der Täter durch ein und dieselbe Tat mehrere Regelbeispiele, sind zwar alle verwirklichten Erschwernisgründe zu benennen, gleichwohl liegt im Ergebnis nur *ein* Diebstahl in einem besonders schweren Fall vor. Wichtig für die rechtsfehlerfreie Prüfung des § 243 ist des Weiteren die analoge und ausschließlich begünstigende Anwendung der für *Vorsatztatbestände* geltenden Regeln des AT: So tritt die Indizwirkung der Regelbeispiele nur im Fall ihrer vorsätzlichen Verwirklichung (§ 15 analog) ein. Darüber hinaus gelten die §§ 16 I S. 1, 25-27 (analog). Für § 28 (analog) gilt folgende Besonderheit:

IV. Teilnehmerstrafbarkeit und § 28

154
Die Strafe für Anstifter und Gehilfen richtet sich grds. (unter Berücksichtigung der obligatorischen Strafmilderung für Gehilfen, § 27 II i.V.m. § 49 I) nach der für den Täter geltenden Strafandrohung (Akzessorietät der Teilnahme). Nach den Regeln des AT folgt allerdings aus dem Grundsatz, dass jeder Beteiligte ohne Rücksicht auf die Schuld des anderen nach seiner Schuld bestraft wird (§ 29), eine Limitierung der Teilnahmeakzessorietät auf den Tatbestand und die Rechtswidrigkeit des Haupttäters. Für § 243 bedeutet das, dass der Teilnehmer grds. aus §§ 242, 243, 26 (bzw. 27 I) zu bestrafen ist, wenn er die erschwerenden Umstände in seinen Vorsatz mit aufgenommen hat.
Allerdings besteht eine zusätzliche Akzessorietätslockerung bei *Tatbeständen*, die strafbegründende und strafmodifizierende besondere persönliche Merkmale enthalten, vgl. § 28 I und II. Zweck dieser Vorschrift ist es, die jeweiligen persönlichen Merkmale von Mittätern und Teilnehmern besonders zu berücksichtigen und strafrechtlich noch unabhängiger von den anderen Beteiligten zu würdigen. Für § 243 kommt lediglich § 28 II in Betracht, da es hier um eine Strafmodifizierung (Strafschärfung) geht. Zu beachten ist aber, dass § 28 II nur *analog* angewendet werden kann, da es sich bei § 243 *nicht* um einen Tatbestand handelt. Aus diesem Grund bestehen auch keine Bedenken gegen eine analoge Anwendung *zu Lasten* des Teilnehmers.
Steht fest, dass § 28 II anwendbar ist, ist zu beachten, dass diese Vorschrift das Vorliegen eines besonderen persönlichen Merkmals voraussetzt. Dies nimmt die ganz h.M. nur bei dem sog. *täterbezogenen* Regelbeispiel des § 243 I S. 2 Nr. 3 (gewerbsmäßiges Stehlen) an.

155
> **Hinweis für die Fallbearbeitung:** Für die Prüfung der Teilnehmerstrafbarkeit bedeutet das Folgendes: Ist der Teilnehmer – im Gegensatz zum Haupttäter – nicht gewerbsmäßig motiviert, ist er analog § 28 II nur wegen Teilnahme am (einfachen) Diebstahl zu bestrafen. Handelt umgekehrt nur der Teilnehmer gewerbsmäßig, ist wegen § 28 II analog auch nur er wegen eines besonders schweren Falls des Diebstahls gem. Nr. 3 zu bestrafen. Verwirklicht der Haupttäter dagegen eines der anderen (jetzt *tatbezogenen*) Regelbeispiele, ist auch der Teilnehmer nach §§ 242, 243 zu bestrafen. Voraussetzung dafür ist nur (nach den allgemeinen Regeln), dass der Teilnehmer entsprechenden Teilnehmervorsatz bezüglich der Haupttat und des Regelbeispiels hatte.

V. § 243 und „Versuch"

Problematisch im Zusammenhang mit den besonders schweren Fällen ist die rechtliche **156** Behandlung des Versuchs. In Fallkonstellationen dieser Art ist zunächst festzustellen, dass es einen Versuch eines besonders schweren Falls schon begrifflich nicht geben kann, da die Strafbarkeit des Versuchs gemäß der Formulierung in § 22 an *Tatbestandsmerkmale* anknüpft. Regelbeispiele dagegen sind nach zutreffender h.M. weder Tatbestands- noch Qualifikationsmerkmale, sondern Strafzumessungsregeln und stehen außerhalb von Tatbestand und Schuld (sie können also nicht versucht werden).[231] Gleichwohl bringt der Täter durch sein Verhalten einen gesteigerten Unwert zum Ausdruck, der strafrechtlich gewürdigt werden muss. Es lassen sich hinsichtlich des Versuchs in Bezug auf § 243 drei Konstellationen unterscheiden[232]:

(1) Grundtatbestand versucht – Regelbeispiel verwirklicht
(2) Grundtatbestand erfüllt – Regelbeispiel gewollt, aber nicht verwirklicht
(3) Grundtatbestand versucht – Regelbeispiel gewollt, aber nicht verwirklicht

> **Hinweis für die Fallbearbeitung:** Auch beim Versuch darf auf das Regelbeispiel **157** erst nach der Schuldfeststellung des § 242 – zweckmäßigerweise auch erst nach Verneinung des Rücktritts – eingegangen werden. Ausführungen zum Tatentschluss oder zum unmittelbaren Ansetzen wären verfehlt, da es gerade nicht um die Prüfung eines versuchten Tatbestands geht.

1. Diebstahl versucht – Regelbeispiel verwirklicht

In dieser Konstellation wurde der Diebstahl nur versucht, das Regelbeispiel hingegen **158** verwirklicht. Die in der Fallbearbeitung zu bildende Überschrift könnte lauten: Strafbarkeit des T gem. §§ 242 I, II, 22, 23 I, 12 II i.V.m. § 243 I S. 2 Nr. (1-7).

> **Beispiel:** T will nachts aus einem Lager Fahrzeugteile stehlen. Dazu bricht er die Hinter- **159** tür des Lagergebäudes auf. Auf diese Weise in das Lager gelangt, muss er feststellen, dass seine Mühe vergebens war. Die Fahrzeugteile sind nicht da. Unverrichteter Dinge muss er den Tatort verlassen.
>
> T hat sich wegen versuchten Diebstahls (§ 242 I, II) strafbar gemacht. Fraglich ist jedoch, ob – da T die Hintertür aufgebrochen hat – ein besonders schwerer Fall nach § 243 I S. 2 Nr. 1 vorliegt.
> Die ganz herrschende Meinung sieht in einem solchen Fall kein Problem, einen besonders schweren Fall anzunehmen. Allerdings müsse die Strafmilderungsmöglichkeit gem. §§ 23 II, 49 I angewendet werden, da die Tat insgesamt nur einen Versuch darstelle.[233] Schließt man sich dem an, hat T sich somit wegen versuchten Diebstahls in einem besonders schweren Fall gem. §§ 242 I, II, 22, 23 I, 12 II i.V.m. § 243 I S. 2 Nr. 1 strafbar gemacht, wobei die Strafmilderungsmöglichkeit gem. §§ 23 II, 49 I anzuwenden ist.

2. Diebstahl verwirklicht - Regelbeispiel gewollt, aber nicht verwirklicht

Erfüllt der Täter zwar den Grundtatbestand, nicht aber das Regelbeispiel, obwohl er **160** auch dieses erfüllen wollte, ist umstritten, ob diese Intention strafrechtlich sanktioniert werden kann. Die in der Fallbearbeitung zu bildende Überschrift könnte lauten: Strafbarkeit des T gem. § 242 i.V.m. „gewolltem" § 243 I S. 2 Nr. (1-7).[234]

---

[231] Unzutreffend ist daher die Überschrift von *Schramm*, JuS 2008, 773, 777 („Versuchtes Regelbeispiel").
[232] Vgl. bereits die 1. Aufl. 2002; vgl. später auch *Huber*, JuS 2016, 597 f.
[233] Vgl. BGHSt 33, 370, 375 f.; *Joecks*, § 243 Rn 44; *Sch/Sch-Eser/Bosch*, § 243 Rn 44; *Krey/Hellmann/Heinrich*, BT II, Rn 109; *Wessels/Hillenkamp*, BT 2, Rn 212 ff.; anders in jüngerer Zeit an sich nur *Graul*, 1999, 852, 854.
[234] Die Versuchsvorschriften (§§ 22, 23) sind bewusst nicht aufgenommen worden, weil die Frage nach ihrer Platzierung nicht eindeutig beantwortet werden kann. Sie hinter § 242 zu platzieren könnte den falschen Eindruck erwecken, man

161 **Beispiel:** T will nachts aus einem Lager Fahrzeugteile stehlen. Als er die Hintertür aufbrechen will, stellt er völlig überrascht fest, dass diese gar nicht verschlossen ist. Über diese Stümperei hocherfreut tritt er ein und schafft die Fahrzeugteile weg.

In diesem Fall hat sich T wegen Diebstahls (§ 242 I) strafbar gemacht. Fraglich ist jedoch, ob es sich strafrechtlich in irgendeiner Weise auswirkt, dass T nicht nur einen einfachen Diebstahl begehen, sondern dazu noch in ein Gebäude einbrechen wollte.

⇨ Die überwiegende Auffassung[235] macht die straferhöhende Wirkung des Regelbeispiels von dessen vollständiger Verwirklichung abhängig. Die Versuchsregeln der §§ 22, 23 könnten auf die Regelbeispiele (Strafzumessungsregeln) nicht übertragen werden, da diese gerade keine Tatbestände darstellten. Nach dieser Ansicht kann ein „versuchtes" Regelbeispiel nur im Rahmen einer Gesamtwürdigung der Tat zu einem unbenannten besonders schweren Fall führen oder bei der Strafzumessung des Grunddelikts berücksichtigt werden. Folgt man dieser Auffassung, hat T sich grundsätzlich nur wegen Diebstahls (§ 242 I) strafbar gemacht. Sollten die Fahrzeugteile einen gewissen Wert haben, kann man bei einer Gesamtbewertung der Tat jedoch einen unbenannten besonders schweren Fall (§ 243 I S. 1) annehmen.

⇨ Die Gegenauffassung[236] hält es demgegenüber für naheliegend, die Regelbeispiele wie Tatbestandsmerkmale bzw. wie Qualifikationen zu behandeln, weil sie einen erhöhten Unrechts- und Schuldgehalt typisierten. Außerdem habe der Gesetzgeber bei der Umwandlung der Qualifikationstatbestände in Regelbeispiele (die meisten heutigen Regelbeispiele waren früher Qualifikationstatbestände) nichts an der Versuchsstrafbarkeit ändern wollen. Nach dieser Gegenauffassung liegt hinsichtlich des T auf jeden Fall eine Strafbarkeit wegen Diebstahls in einem in den Vorsatz aufgenommenen, aber nicht verwirklichten besonders schweren Fall vor.

Stellungnahme: Da der Gesetzgeber mit der klaren Formulierung in § 22 den Versuch nur bei Tatbeständen zulässt, ist die Gegenauffassung kaum mit dem Analogieverbot (Art. 103 II GG) vereinbar. Außerdem ist die Annahme, der Gesetzgeber habe bei der Umwandlung der Qualifikationstatbestände in Regelbeispiele an der Strafbarkeit des Versuchs nichts ändern wollen, eine reine Unterstellung und jedenfalls nicht mit den Gesetzesmaterialien belegbar. Diese Bedenken hat offenbar nun auch der BGH aufgegriffen, indem er ohne weitere Begründung feststellt, dass es einen Versuch eines besonders schweren Falls im System des StGB nicht geben könne, weil die Vorschriften über besonders schwere Fälle, insbesondere die gesetzlichen Regelbeispiele, keine Tatbestände, sondern lediglich Strafzumessungsgesichtspunkte darstellten. Ein Versuch im Zusammenhang mit Regelbeispielen könne nur bei Hinzukommen weiterer Umstände und als Ergebnis einer umfassenden Gesamtwürdigung als unbenannter besonders schwerer Fall aufgefasst werden.[237] Dieser Auffassung ist zu folgen. Daher kann die Indizwirkung, die der Gesetzgeber den Regelbeispielen für das Vorliegen eines besonders schweren Falls beigegeben hat, nur dann bejaht werden, wenn der Täter das betreffende Regelbeispiel objektiv erfüllt hat. Rein subjektive Aspekte (Wille zur Verwirklichung) genügen nicht.

Folgt man der hier vertretenen Auffassung, hat T sich nur wegen Diebstahls (§ 242 I) strafbar gemacht. Allerdings ist es auch gut vertretbar, bei Vorliegen eines gewissen Wertes der Fahrzeugteile zumindest einen unbenannten besonders schweren Fall anzunehmen (Strafbarkeit dann aus § 242 I i.V.m. § 243 I S. 1).

---

wolle einen versuchten Diebstahl prüfen. Verfehlt wäre es jedenfalls, sie hinter § 243 zu platzieren, da nur eine Tat i.S.e. Tatbestands versucht werden kann, nicht aber eine Strafzumessungsregel!

[235] *Wessels/Hillenkamp*, BT 2, Rn 212 ff.; *Jescheck/Weigend*, AT, § 49 III 2; Sch/Sch-*Eser/Bosch*, § 243 Rn 44; MüKo-*Schmitz*, § 243 Rn 84; *Zieschang*, Jura 1999, 561, 566; *Zopfs*, Jura 2007, 421, 423.

[236] BGHSt 33, 370 ff. – *3. Senat* für den Fall, dass sowohl das Grunddelikt als auch das Regelbeispiel versucht wurden. Vgl. auch *Schultze*, JA 2002, 777, 780.

[237] Vgl. BGH NStZ-RR 1997, 293 – *5. Senat* (zu § 176 III S. 2 Nr. 1 a.F., der nunmehr als Tatbestandsqualifikation gefasst ist - § 176a I Nr. 1 n.F.); dies verkennt *Schultze*, JA 2002, 777, 780.

3. Diebstahl versucht - Regelbeispiel gewollt, aber ebenfalls nicht verwirklicht

In dieser Konstellation bleibt der Täter im Versuchsstadium des § 242 stecken, und sein **162** Bestreben, einen besonders schweren Fall zu begehen, kann er ebenfalls nicht verwirklichen. Die in der Fallbearbeitung zu bildende Überschrift könnte lauten: Strafbarkeit des T gem. §§ 242 I, II, 22, 23 I, 12 II i.V.m. § 243 I S. 2 Nr. (1-7).[238]

Beispiel: T will nachts aus einem Lager Fahrzeugteile stehlen. Als er die Hintertür auf- **163** brechen will, stellt er völlig überrascht fest, dass diese gar nicht verschlossen ist. Über diese Stümperei hocherfreut tritt er ein. Doch er kann die begehrten Fahrzeugteile nicht finden. Unverrichteter Dinge muss er den Tatort verlassen.

Da sich hier teilweise die gleiche Frage stellt wie in Konstellation (2), nämlich ob das gewollte, aber nicht verwirklichte Regelbeispiel zur Annahme eines Versuchs in einem besonders schweren Fall führen kann, ist auch der Meinungsstand übertragbar. Folgt man der hier vertretenen Meinung, ist T nicht aus §§ 242 I, II 22, 23 I, 12 II i.V.m. § 243 I S. 2 Nr. 1, sondern (lediglich) aus §§ 242 I, II, 22, 23 I, 12 II strafbar. Sofern es sich aber um besonders wertvolle Fahrzeugteile handeln sollte, ist aufgrund einer Gesamtbewertung der Tat ein unbenannter besonders schwerer Fall (§§ 242 I, II 22, 23 I, 12 II i.V.m. § 243 I S. 1) denkbar.

Fasst man die bisherigen Ausführungen zusammen, ergibt sich folgender Überblick[239]: **164**

	§ 243 erfüllt	§ 243 „versucht"
§ 242 ver- wirklicht	Strafbarkeit gem. §§ 242 I, 243	Nach strittiger, aber vorzugswürdiger Auffassung Strafbarkeit gem. § 242 I; bei entsprechender Gesamtbewertung aber §§ 242 I i.V.m. 243 möglich
§ 242 ver- sucht	Strafbarkeit gem. §§ 242 I, II, 22, 23 I, 12 II i.V.m. § 243 I S. 1 oder S. 2	Strafbarkeit nach dem 3. Strafsenat des BGH gem. §§ 242 I, II, 22, 23 I, 12 II i.V.m. § 243 I S. 2; nach dem 5. Senat und der h.L. Strafbarkeit gem. §§ 242 I, II, 22, 23 I, 12 II (bei entsprechender Gesamt- bewertung aber auch hier §§ 242 I, II, 22, 23 I, 12 II i.V.m. § 243 I S. 1 möglich)

VI. Ausschluss durch § 243 II (Geringwertigkeit der Sache)

§ 243 II enthält eine **zwingende Ausschlussklausel** mit einer unwiderleglichen Ge- **165** genschlusswirkung für den Fall, dass sich die Tat auf **eine geringwertige Sache bezieht**.

Was den **Anwendungsbereich** des § 243 II anbelangt, spricht § 243 II von den Fällen des § 243 I S. 2 Nr. 1-6. Damit ist schon einmal klar, dass sich der zwingende Ausschluss jedenfalls nicht auf die Nr. 7 bezieht.[240] Nach der Ratio der Vorschrift ist die Ausschlusswirkung (trotz der missglückten Formulierung) aber auch auf die unbenannten Fälle i.S.v. § 243 I S. 1 zu erstrecken.[241]

---

[238] Verfehlt wäre es auch hier, die Versuchsvorschriften (§§ 22, 23 I) hinter § 243 zu platzieren (s.o.).
[239] Vgl. bereits *R. Schmidt*, BT, 1997, S. 232.
[240] A.A. MüKo-*Schmitz*, der den fehlenden Verweis auf Nr. 7 als „gesetzgeberisches Versehen" sieht.
[241] Wie hier *Lackner/Kühl*, § 243 Rn 4; *Wessels/Hillenkamp*, BT 2, Rn 249; *Krey/Hellmann/Heinrich*, BT II, Rn 127a; anders *Mitsch* ZStW 111 (1999), 65, 73 ff.; ihm sich anschließend *Jesse*, JuS 2011, 313 ff.

166 Durch die Ausschlussklausel hat der Gesetzgeber dem betreffenden Diebstahl trotz der erschwerenden Begleitumstände einen Bagatellcharakter beigemessen. Damit wird der Diebstahl in den Regelungsbereich der §§ 248a StGB, 153, 153a StPO einbezogen. Zur Beantwortung der Frage, ob es für die Anwendbarkeit des § 243 II genügt, dass die Sache objektiv geringwertig ist, oder ob sich auch der Tätervorsatz auf die Geringwertigkeit der Sache beziehen muss, dient folgende Überlegung: § 248a setzt lediglich voraus, dass der Diebstahl (bzw. die Unterschlagung!) *objektiv* eine geringwertige Sache zum Gegenstand hat. Ob der Täter die Geringwertigkeit kannte oder infolge eines Irrtums nicht kannte, spielt keine Rolle, weil § 248a nicht den sachlichen Charakter der Tat, sondern nur die Zulässigkeit der Strafverfolgung betrifft und bei Verfahrensvoraussetzungen allein die *objektive Sachlage* entscheidet. Dadurch wird deutlich, dass sich ein Irrtum über den Wert der Sache bei § 248a nicht auswirken kann. Anders liegt es bei § 243 II. Dort geht es um die qualitative Bewertung der Tat, die davon abhängig ist, ob sie sich auf eine geringwertige Sache *bezogen* hat. Insoweit gelangt man folgerichtig zu der Annahme, dass die Vorschrift des § 243 II nur dann zur Anwendung gelangt, wenn sich die Tat **objektiv *und* subjektiv** auf eine geringwertige Sache bezieht.[242]

> **Beispiel:** T ist süchtig nach Gummibärchen. Als er nachts um 2.00 Uhr einen unerträglichen Heißhunger verspürt, entschließt er sich kurzerhand, in einen nahegelegenen Kiosk einzubrechen, um sich zwei Tüten herauszuholen. So geschieht es.
>
> Die Strafbarkeit des T aus § 242 I ist unproblematisch. Bei der Frage nach der Verwirklichung des § 243 I S. 2 Nr. 1 ist die Geringwertigkeitsklausel des § 243 II zu beachten, wonach die Annahme eines besonders schweren Falls des Diebstahls (jedenfalls in Bezug auf § 243 I S. 2 Nr. 1) zwingend ausgeschlossen ist, wenn der Gegenstand der Tat objektiv und subjektiv eine geringwertige Sache ist, die Geringwertigkeit also beim vollendeten Diebstahl wirklich und vom Vorsatz umfasst vorliegt. Vorliegend sind die beiden Tüten Gummibärchen unabhängig von der Frage, ob die Geringwertigkeitsklausel bei 25,- €, 30,- € oder 50,- € anzusiedeln ist (vgl. Rn 167), objektiv eine geringwertige Sache. Auf diese Geringwertigkeit bezog sich auch der Vorsatz des T. Er ist daher „nur" aus § 242 I strafbar (auf § 303 I wegen des Einbrechens soll nicht eingegangen werden).

167 **Gering** ist der Wert einer Sache, wenn nach der allgemeinen Verkehrsauffassung weder ihr Gewinn noch ihr Verlust als bedeutend anzusehen ist. Entscheidend für die Annahme der Geringwertigkeit der Sache ist in erster Linie ihr **objektiver Verkehrswert**, d.h. der Verkaufswert der Sache zur Tatzeit. Daher ist auch bspw. der gestohlene Firmenstempel im Wert von 5,- €, mit dessen Hilfe ein Millionenbetrug ermöglicht wird, geringwertig i.S.v. § 243 II.[243] Auf Sachen, die **keinen messbaren** Verkehrswert haben, auch wenn deren Verlust mittelbar erhebliche Vermögenswerte beeinträchtigen kann (z.B. Strafakten, Scheckformulare zur Fälschung, Girocards zum Zweck des unbefugten Gebrauchs, Personalausweis), passt die Vorschrift des § 243 II nicht (vgl. auch Rn 8). In diesen Fällen bleibt es bei der Regelung des § 243 I.[244] Das ist kein Wertungswiderspruch zum o.g. Firmenstempel, weil es gerade auf den Verkehrswert des Diebstahlsobjekts ankommt.

Hinsichtlich der **Wertgrenze**, bei der noch von einer Geringwertigkeit der Sache gesprochen werden kann, hat der BGH den Tatrichtern bisher keine starren Regeln vorgegeben, sondern (mit Blick auf die allgemeine Verkehrsauffassung) dem tatrichterlichen Ermessen Raum gelassen. Im Hinblick auf die seit der Euro-Einführung festzustellende deutliche Teuerungsrate gerade der kleinpreisigen Artikel dürfte aktuell eine Wertgrenze

---

[242] Vgl. *Wessels/Hillenkamp*, BT 2, Rn 240; *Kudlich*, JuS 1999, L 89, L 92; BGH NStZ 2012, 571.
[243] Vgl. dazu BGH NStZ 1981, 62.
[244] H.M., vgl. nur Sch/Sch-*Eser/Bosch*, § 248a Rn 7; *Lackner/Kühl*, § 248a Rn 3; *Wessels/Hillenkamp*, BT 2, Rn 243; OLG Hamm Kriminalistik 2011, 613 zu § 248a.

von **50,- €** angemessen sein.[245] Bei mehreren Tatbeteiligten sowie im Rahmen einer natürlichen Handlungseinheit kommt es auf die **Gesamtmenge** und den **Gesamtwert** der Diebesbeute an.[246]

Ob darüber hinaus auch **persönliche** (vor allem wirtschaftliche) **Verhältnisse des Geschädigten** wie Armut, besonderer Affektionswert (persönlicher Wert; Liebhaberwert) berücksichtigt werden können oder müssen, ist umstritten. Der BGH macht den Tatrichtern auch hier keine zwingenden Vorgaben.[247] Sachgerecht dürfte es sein, in Fällen, in denen der Geschädigte auch durch den Verlust einer objektiv geringwertigen Sache **fühlbar geschädigt** wurde und der Täter dies im Tatzeitpunkt billigend in Kauf genommen hat, ein Bagatellunrecht und damit § 243 II auszuschließen.[248]

Dadurch, dass sich auch der Tätervorsatz auf die Geringwertigkeit der Sache beziehen muss, sind zwei **Irrtumskonstellationen** denkbar: **168**

- Der Täter hält eine in Wirklichkeit hochwertige Sache für geringwertig.   **169**

  Beispiel 1: T bricht in das maritime Privatmuseum des O ein und stiehlt einen alten Schiffskompass, den er für geringwertig hält. Tatsächlich hat dieser aber einen messbaren Verkehrswert von 300,- €.

- Der Täter hält eine in Wirklichkeit geringwertige Sache für hochwertig.   **170**

  Beispiel 2: Wieder bricht T in das maritime Privatmuseum des O ein. Diesmal stiehlt er aber einen alten Chronographen, den er für wertvoll hält. Tatsächlich hat dieser aber nur einen messbaren Verkehrswert von 40,- €.

Zur Lösung dieser Irrtumskonstellationen ist der bereits erläuterte Umstand heranzuziehen, dass § 243 II nur dann greift, wenn die Sache objektiv geringwertig ist **und** sich der (Quasi-)Vorsatz des Täters *bei Erfüllung des Regelbeispiels* auch lediglich auf die Erlangung einer geringwertigen Sache bezog. **Fehlt eine der beiden Komponenten, liegt ein besonders schwerer Fall des Diebstahls vor**.   **171**

In **Beispiel 1** kann § 243 II also nicht greifen, sodass aufgrund der Indizwirkung der in § 243 I S. 2 genannten Regelbeispiele grds. von einem besonders schweren Fall (hier § 243 I S. 2 Nr. 1) auszugehen ist. Lediglich wenn man bei einer (letztlich entscheidenden) wertenden Gesamtbetrachtung zu dem Ergebnis kommt, dass die Bestrafung des T aus dem erhöhten Strafrahmen des § 243 unverhältnismäßig wäre, greift die Indizwirkung nicht.

Auch in **Beispiel 2** scheitert die Anwendbarkeit des § 243 II, und zwar diesmal am subjektiven Bezug. Dennoch wird auch hier letztlich eine wertende Gesamtbetrachtung darüber entscheiden, ob T wegen eines besonders schweren Falls des Diebstahls zu bestrafen ist.

Hinweis für die Fallbearbeitung: Dadurch, dass in der Regelung des § 243 II eine Geringwertigkeitsklausel mit Gegenschlusswirkung gesehen werden kann, empfiehlt es   **172**

---

[245] Wie hier OLG Frankfurt/M NStZ-RR 2008, 311; OLG Hamm NJW 2003, 3145; OLG Hamm wistra 2004, 34; OLG Zweibrücken NStZ 2000, 536; *Lackner/Kühl*, § 248a Rn 3; MüKo-*Hohmann*, § 248a Rn 6; *Wessels/Hillenkamp*, BT 2, Rn 252; *Henseler*, StV 2007, 323, 326; dem sich anschließend *Jahn*, JuS 2008, 1024 f. und *Kudlich/Noltensmeier/Schuhr*, JA 2010, 342, 343. Die sonst in Rspr. und Lit. seit ca. 20 Jahren unverändert genannte Größe von umgerechnet 25,- bis 30,- € (BGH 9.7.2004 - 2 StR 176/04; *Fischer*, § 248a Rn 3; OLG Oldenburg NStZ-RR 2005, 111), die auch vom OLG Oldenburg (2.12.2014 – 1 Ss 261/14) mit Nachdruck bestätigt wurde („Wertgrenze von 50 € nicht nachvollziehbar"), dürfte angesichts der erwähnten Teuerungsrate überholt sein; sie ist daher abzulehnen.

[246] *Lackner/Kühl*, § 248a Rn 3; *Wessels/Hillenkamp*, BT 2, Rn 252; BGH NStZ 2012, 571.

[247] Vgl. BGH GA 1957, 17, 19.

[248] Wie hier *Fischer*, § 248a Rn 3; *Lackner/Kühl*, § 248a Rn 3; *Wessels/Hillenkamp*, BT 2, Rn 242; anders MüKo-*Schmitz*, § 243 Rn 64; Sch/Sch-*Eser/Bosch*, § 248a Rn 7; *Krey/Hellmann/Heinrich*, BT II, Rn 127.

> sich in der Fallbearbeitung, zunächst auf das Vorliegen eines oder mehrerer Regelbeispiele einzugehen und erst danach § 243 II zu prüfen.[249] Dabei ist zu beachten, dass § 243 II nur dann greift, wenn die gestohlene Sache *objektiv geringwertig* ist *und* der (Quasi)-Vorsatz des Täters *bei Erfüllung des Regelbeispiels* auch lediglich auf die Erlangung einer geringwertigen Sache gerichtet war. Diese Grundregel, mit der sich nahezu jeder Fall lösen lässt, gilt ebenso für den Vorsatzwechsel.[250]

173 Schwierigkeiten bereiten auch die Fälle, in denen der Täter *während* der Tat (d.h. zwischen Versuch und Vollendung!) einen **Vorsatzwechsel** hat. Es kommen drei Konstellationen in Betracht.

174 ▪ Ursprünglich Vorsatz bezüglich einer geringwertigen Sache, Wegnahme einer hochwertigen Sache

Beispiel: T bricht nachts in das maritime Privatmuseum des O ein, um einen bestimmten Schiffskompass (Wert 40,- €) zu stehlen. Als er diesen nicht findet, entschließt er sich, einen anderen Kompass im Wert von 400,- € mitzunehmen. So geschieht es.

Zwar ist T lediglich zur Begehung eines Diebstahls bezüglich einer geringwertigen Sache eingebrochen, nach h.M. ist es für die **Gesamtbeurteilung der Tat** jedoch unwesentlich, ob der Diebstahlsvorsatz zunächst auf die Wegnahme einer geringwertigen Sache beschränkt war oder ob er dahin ging, alles Stehlenswerte mitzunehmen. Deshalb ist T bei aufrechterhaltenem Diebstahlsvorsatz (hier: **Vorsatzerweiterung**) wegen Diebstahls in einem besonders schweren Fall strafbar (str.).[251]

175 ▪ Ursprünglich Vorsatz bezüglich einer hochwertigen Sache, Wegnahme einer geringwertigen Sache

Beispiel: Wieder bricht T in das maritime Museum des O ein, um einen bestimmten Schiffskompass (Wert 400,- €) zu stehlen. Als er diesen nicht findet, entschließt er sich, einen anderen Kompass im Wert von 40,- € mitzunehmen. So geschieht es.

Hier liegt zwar eine **Vorsatzverengung** vor. Nach dem zu der ersten Konstellation Gesagten kann aber hier nichts anderes gelten. Im Zeitpunkt der Verwirklichung des Regelbeispiels Nr. 1 bezog sich der Vorsatz des T auf den Diebstahl einer hochwertigen Sache. Der einheitliche Geschehensablauf, auf den abzustellen ist, muss auch die Vorsatzverengung unberücksichtigt lassen. Somit liegen die für § 243 II kumulativ zu erfüllenden Voraussetzungen nicht vor. Bei einer Gesamtbewertung der Tat hat sich T auch hier wegen Diebstahls in einem besonders schweren Fall strafbar gemacht (a.A. vertretbar).

176 ▪ Endgültige Aufgabe des ursprünglichen Diebstahlsvorsatzes und Fassen eines neuen Vorsatzes, der vom ursprünglichen unabhängig ist

Beispiel: Nachdem es die vorigen Male so gut geklappt hat, bricht T noch einmal in das Schiffsmuseum des O ein. Diesmal möchte er einen bestimmten Sextanten (Wert 600,- €) stehlen. Als er diesen erblickt, überkommt ihn plötzlich ein Gefühl der Reue, sodass er von seinem geplanten Vorhaben Abstand nimmt. Auf dem Weg nach draußen entdeckt er zufällig eine Schachtel Pralinen, deren Wert er zutreffend mit 10,- € einschätzt. Er entschließt sich, diese einzustecken und dann das Museum zu verlassen. So geschieht es.

Hier ist T von dem durch *Einsteigen* begangenen Versuch, eine bestimmte Sache im Wert von 600,- € zu stehlen, gemäß § 24 I S. 1 wirksam zurückgetreten. Dies konnte er, weil der Rücktritt freiwillig erfolgte, die Tat noch nicht vollendet war und er seinen diesbezüglichen Tatentschluss **endgültig aufgegeben** hatte. Erst **danach** fasste er einen **neuen Tatentschluss** bezüglich der Pralinen. Bei einer Gesamtbewertung des Geschehens kann

---

[249] Gleichermaßen gangbar *Wessels/Hillenkamp*, BT 2, Rn 244 (zustimmend *Zopfs*, Jura 2007, 421, 422), der mit dem Argument der weichenstellenden Funktion der Geringwertigkeitsklausel diese *vor* den Regelbeispielen erörtert.
[250] Vgl. dazu sogleich Rn 173 ff.
[251] Vgl. BGHSt 22, 350, 351; Sch/Sch-*Eser/Bosch*, § 243 Rn 55; *Lackner/Kühl*, § 243 Rn 6; LK-*Vogel*, § 243 Rn 41; *Wessels/Hillenkamp*, BT 2, Rn 249; anders SK-*Hoyer*, § 243 Rn 53; *Kindhäuser*, BT II, § 3 Rn 50.

daher nicht mehr von einem einheitlichen Tatgeschehen gesprochen werden. Vielmehr lag eine Zäsur vor, die dazu führt, dass zwei Taten angenommen werden müssen, die jeweils unabhängig voneinander zu würdigen sind. Bezüglich der ersten Tat konnte T – wie gesehen – mit Blick auf den Diebstahl strafbefreiend zurücktreten. Er ist aber wegen Hausfriedensbruchs (§ 123) und ggf. wegen Sachbeschädigung (§ 303) strafbar. Die zweite Tat führt zu einer Strafbarkeit wegen (einfachen) Diebstahls in Tatmehrheit mit Hausfriedensbruch. Der Hausfriedensbruch wird hier deshalb nicht konsumiert, weil der vorhergehende Erschwerungsgrund des Einsteigens, der zur Konsumtion führen würde, den nachfolgenden Diebstahl nicht erfasst, da T nicht „zur Ausführung dieser Tat" eingestiegen ist. Aus demselben Grund kommt es auch auf § 243 II (Wert der Pralinen!) nicht mehr an.

VII. Prozessvoraussetzungen (Strafverfolgungsvoraussetzungen)

Gemäß **§ 248a** werden der einfache Diebstahl (§ 242) und die Unterschlagung (§ 246) geringwertiger Sachen (vgl. dazu Rn 167) nur auf **Antrag** verfolgt, es sei denn, dass die Strafverfolgungsbehörde wegen des besonderen öffentlichen Interesses an der Strafverfolgung ein Einschreiten von Amts wegen für geboten hält (sog. **bedingtes Antragsdelikt**).[252]

177

Das zwingende Antragserfordernis des **§ 247** (**unbedingtes Antragsdelikt**) gilt dagegen für *alle* Taten nach den §§ 242 bis 246 (also auch für die qualifizierenden Fälle der §§ 243 bis 244a). Ferner ist die entsprechende Anwendung des § 247 in den §§ 259 II, 263 IV, 263a II, 265a III, 266 II vorgesehen. Ratio des § 247 ist es, das Strafrecht aus dem familiären und häuslichen Bereich weitestgehend herauszuhalten. Konflikte sollen innerhalb dieser Gemeinschaft bewältigt werden. Zum Begriff des „Angehörigen" vgl. § 11 I Nr. 1, zum „Vormund" §§ 1773 ff. BGB und zum „Betreuer" §§ 1896 ff. BGB. Eine häusliche Gemeinschaft setzt den freien und ernstlichen Willen der Mitglieder zum Zusammenleben auf eine gewisse Dauer voraus. Dies ist bei Familien- und Hofgemeinschaften, Wohn- und Lebensgemeinschaften, Internaten, Klöstern und Altersheimen der Fall, nicht aber in Pflichtgemeinschaftsunterkünften wie Bundeswehr-, Bundes- oder Landespolizeikasernen oder gar in Haftanstalten u.Ä.

178

VIII. Konkurrenzen/Aufbauregeln

Da § 243 lediglich eine Strafzumessungsregel (und nicht etwa eine Tatbestandsqualifikation) darstellt, kann es ein Konkurrenzverhältnis zu anderen Vorschriften (auch zu § 242) nicht geben. Ein solches kann aber stets zwischen §§ 242 i.V.m. § 243 und anderen *Tatbeständen* anzunehmen sein.

179

▪ In Betracht kommt zunächst **Konsumtion**. Nach h.M.[253] liegt ein Fall der Konsumtion vor, wenn der Täter einen Straftatbestand verwirklicht, der weder im Wege der Spezialität noch im Wege der Subsidiarität verdrängt wird, der aber - trotz anderer Schutzrichtung - neben einem anderen Straftatbestand **regelmäßig und typischerweise** - nicht notwendigerweise - mit verwirklicht und mit der Bestrafung aus dem vorrangigen Tatbestand mit abgegolten wird. Es handelt sich hierbei regelmäßig um die sog. **mitbestrafte Begleittat**.

180

Beispiel: T bricht nachts in die Werkstatt des O ein. Zu diesem Zweck musste er ein Kellerfenster einschlagen. Aus der Werkstatt entwendet er einige Werkzeuge.

Hier hat T neben dem Diebstahl in einem besonders schweren Fall (§§ 242 I, 243 I S. 2 Nr. 1) auch eine Sachbeschädigung (§ 303 I) und einen Hausfriedensbruch (§ 123) begangen. Nach der h.L. stellen diese Taten typische Begleittaten des Einbruchdiebstahls

---

[252] Vgl. dazu näher *Hartmann/Schmidt*, StrafProzR, Rn 73 ff.
[253] BGH NJW 2002, 150 f.; BGHSt 46, 24, 25; *Wessels/Beulke/Satzger*, AT, Rn 791; *Lackner/Kühl*, Vor § 52 Rn 27.

dar; sie werden daher von §§ 242, 243 I S. Nr. 1 im Wege der Gesetzeskonkurrenz (hier: Konsumtion) verdrängt.[254] Das Gleiche gilt nach h.L. für §§ 303 I, 123 in Bezug auf den Wohnungseinbruchdiebstahl gem. § 244 I Nr. 3. Sie werden von § 244 I Nr. 3 verdrängt.

Eine **Einschränkung** erfährt der Grundsatz der Konsumtion nach der Rechtsprechung des BGH[255] zunächst dann, wenn der Hausfriedensbruch (zusätzlich) dazu dient, die Begehung **weiterer Straftaten** zu ermöglichen. § 123 erlangt dann eigenständige Bedeutung. Das Gleiche gilt hinsichtlich der **Sachbeschädigung**, wenn diese **vom regelmäßigen Tatbild des Einbruchdiebstahls abweicht**, also gerade *nicht* typische Begleittat zu diesem ist. In derartigen Fällen stehen – bei Befolgung der BGH-Rechtsprechung – die §§ 123, 303 I in **Tateinheit** (Idealkonkurrenz) zu §§ 242, 243.

Beispiel[256]: T bricht nachts in einen Laden für Mobiltelefone ein, um sich dort zu bedienen. Dabei verwüstet er auch noch nebenbei den Laden und verursacht einen Sachschaden.

Hier ist die Sachbeschädigung gerade nicht typische Begleiterscheinung des Einbruchdiebstahls, sondern steht je nach innerer Tatseite in Tatmehrheit oder Tateinheit zu diesem. Generell steht der BGH der Annahme einer Konsumtion skeptisch gegenüber und favorisiert vielmehr eine Tateinheit. Denn beim Einbruchdiebstahl werde keineswegs typischerweise auch eine Sache beschädigt. Beim Einsteige- und Nachschlüsseldiebstahl liege dies auf der Hand. Überdies habe die fortgeschrittene technische Entwicklung dazu geführt, dass zum Verschließen oder Sichern von Sachen zunehmend auch elektronische Sicherungssysteme verwendet werden, die sich mit Magnetstreifen und Codekarten – also intelligent und nicht mit Gewalt – bedienen lassen. Daher sei das Aufbrechen von Türen **keineswegs mehr typischerweise Begleittat** eines Einbruchdiebstahls, sondern stehe in **Tateinheit** mit diesem.

181 ▪ Im Fall des § 244 I Nr. 3 gilt: Typischerweise verwirklicht der Täter eines Wohnungseinbruchdiebstahls auch die Tatbestände des Hausfriedensbruchs (§ 123) und der Sachbeschädigung (§ 303 I). Diese werden dann im Wege der Gesetzeskonkurrenz (hier: Konsumtion) verdrängt. Lediglich, wenn §§ 123, 303 I im Einzelfall nicht typische Begleittaten des Wohnungseinbruchdiebstahls sind, besteht Tateinheit (s.o.). Auch für den Fall, dass die während des Einbruchdiebstahls verursachten Sachschäden **den Wert des Diebesguts erheblich übersteigen**, steht die Sachbeschädigung in **Tateinheit** mit dem Einbruchdiebstahl, weil anderenfalls der Verschiedenheit der Rechtsgüter nicht genügend Rechnung getragen würde.[257]

Beispiel: T schlitzt mit einem Messer das Stoffdach eines Cabriolets auf, um das im Innenraum befindliche mobile Navigationsgerät (Wert: 50 €) zu stehlen.

> **Hinweis für die Fallbearbeitung:** Soweit demnach noch Konsumtion angenommen werden kann, wird die Verwirklichung der konsumierten Delikte (ohne diese separat zu prüfen) grds. lediglich am Ende der Diebstahlsprüfung festgestellt. Wird das Gutachten dagegen nicht nach dem Prinzip, dass zunächst die schwerwiegenderen Delikte geprüft werden ("Dickschiffe vorne"), aufgebaut, sondern historisch, ist eine separate Prüfung dieser Delikte wohl zwingend, auch wenn sie (später) zurücktreten.

Zum Verhältnis zwischen **Wohnungseinbruchdiebstahl** gem. § 244 I Nr. 3, Einbruchdiebstahl in eine „**dauerhaft genutzte Privatwohnung**" (§ 244 IV) und „einfachem" **Einbruchdiebstahl** gem. § 242 I i.V.m. § 243 I S. 2 Nr. 1 vgl. bereits Rn 135.

---

[254] Vgl. LK-*Rissing-van Saan*, vor § 52 Rn 146; SK-*Hoyer*, § 243 Rn 58; Sch/Sch-*Eser/Bosch*, § 243 Rn 59; *Fischer*, § 123 Rn 45; *Wessels/Beulke/Satzger*, AT, Rn 791. Skeptisch BGH NJW 2002, 150, 151, der Tateinheit favorisiert.
[255] BGH NJW 2002, 150 f.
[256] Vgl. BGH NJW 2002, 150.
[257] BGH NStZ 2014, 40; MüKo-*Schmitz*, § 244 Rn 69/§ 243 Rn 93; SK-*Hoyer*, § 244 Rn 40.

- In Betracht kommt auch die **Subsidiarität**. So ist die Unterschlagung (§ 246) aufgrund ihrer formellen Subsidiarität (vgl. § 246 a.E.) nur dann anwendbar, wenn Diebstahl (auch der versuchte!) nicht vorliegt. **182**

- Verfährt der Dieb nach der Wegnahme mit der Sache so, wie er es als Eigentümer könnte, liegt keine neue Straftat, sondern allenfalls eine mitbestrafte Nachtat (**Konsumtion**) vor, soweit das Rechtsgut des § 242 erneut verletzt wird (beispielsweise bei Verwertung oder Beschädigung der Sache). Wird dagegen ein anderes Rechtsgut verletzt, kommt **Realkonkurrenz** in Betracht. Beispiel: Die gestohlene Sache wird an einen gutgläubigen Dritten verkauft. Da hier der Dritte wegen § 935 I BGB nicht Eigentümer werden kann (beachte aber § 935 II BGB), steht der damit verwirklichte Betrug in Realkonkurrenz zum vorherigen Diebstahl. **183**

C. Diebstahl mit Waffen, Banden- und Wohnungseinbruchdiebstahl (§ 244)

184 Während es sich bei § 243 um eine Strafzumessungsvorschrift handelt, stellt § 244 eine **Qualifikation** zu § 242 dar[258], die besonders gefährliche Formen des Diebstahls erfasst.

> **Hinweis für die Fallbearbeitung:** Für die Falllösung empfiehlt es sich, § 244 I im Anschluss an die vollständige Prüfung (Tatbestand, Rechtswidrigkeit, Schuld) des § 242 I bzw. § 242 I i.V.m. § 243 zu prüfen. Etwas anderes kann freilich dann gelten, wenn der Täter bspw. gerechtfertigt oder entschuldigt bzw. schuldunfähig ist. Prüft man in einem solchen Fall die Rechtswidrigkeit bzw. die Schuld nach dem Tatbestand des § 242 I, kommt man (außer im Rahmen eines etwaigen Hilfsgutachtens) nicht mehr zur Prüfung der Erschwernisgründe des § 244 I. Das Beisichführen einer Schusswaffe bspw. könnte in der Falllösung also gar nicht mehr gewürdigt werden. Daher kann es durchaus angebracht sein, zunächst den Tatbestand des § 242 I zu prüfen, dann auf die Qualifikation des § 244 I einzugehen, um schließlich Rechtswidrigkeit und Schuld zu prüfen.[259]

185 Unter Berücksichtigung der im Zuge des 6. StrRG 1998[260] erfolgten sowie später erneut vorgenommenen Änderungen stellen sich bei § 244 I folgende Problemkreise:

- Als weiterer Qualifikationstatbestand ist 1998 der **Wohnungseinbruchdiebstahl** in die Vorschrift aufgenommen worden (vgl. § 244 I Nr. 3); zuvor war dieser lediglich ein Regelbeispiel des § 243 I S. 2 Nr. 1. Dieser Umstand hat nicht nur zur Folge, dass der Täter nun aus einer Qualifikation zu bestrafen ist statt aus einer bloßen Strafzumessungsregel, sondern v.a., dass sowohl die Geringwertigkeitsklausel des § 243 II als auch das Strafantragserfordernis nach § 248a seitdem für den Wohnungseinbruchdiebstahl keine Rolle mehr spielen. Auch ist der Versuch eindeutig strafbar (§ 244 II).[261] Gerade das Fehlen einer Geringwertigkeitsklausel kann im Einzelfall zu unbilligen Ergebnissen führen und bedarf daher einer restriktiven Auslegung insbesondere des Wohnungsbegriffs (⇨ Rn 247 ff.). Zwar hat der Gesetzgeber 2011 einen minder schweren Fall (§ 244 III) eingeführt[262], andererseits 2017 wiederum einen Abs. 4 angefügt, der eine Freiheitsstrafe von 1 Jahr bis zu 10 Jahren vorsieht, wenn der Wohnungseinbruchdiebstahl eine dauerhaft genutzte Privatwohnung betrifft[263], wodurch nicht nur ein Verbrechenstatbestand geschaffen wurde, sondern auch neue Auslegungsprobleme entstanden sind, zumal § 244 III hier nicht gilt (⇨ Rn 244 ff.).

- 244 I Nr. 1a hat im Gegensatz zum früheren Recht (d.h. § 244 I Nr. 1 i.d.F. vor dem 6. StrRG 1998, der nur Schusswaffen erfasst hatte) die Tatmittel erheblich ausgeweitet, indem nun das Beisichführen einer **Waffe** (also nicht notwendigerweise Schusswaffe) genügt. Nach wie vor ist aber erforderlich, dass das Tatmittel objektiv gefährlich ist (⇨ Rn 186 ff.). Auch ist nach wie vor fraglich, ob der Tatbestand der Nr. 1a für den Fall, dass es sich bei dem Täter um einen zum Waffentragen Verpflichteten handelt, teleologisch reduziert werden muss (⇨ Rn 215 f.).

- § 244 I Nr. 1b (sonstige **Werkzeuge** und **Mittel**) dehnt gegenüber § 244 I Nr. 1a (und auch gegenüber § 244 I Nr. 2 i.d.F. vor dem 6. StrRG 1998, der von Waffen sprach) den

---

[258] Klarstellend BGHSt 33, 50, 53.

[259] Zu weiteren Konsequenzen der verschiedenen Aufbaumöglichkeiten vgl. *R. Schmidt*, BT I, Rn 301.

[260] Auf den ersten Blick mag es befremdend erscheinen, dass vorliegend immer noch die umfassenden Gesetzesänderungen aus dem Jahr 1998 kommentiert werden. Dies ist jedoch notwendig, da nach wie vor Streit über die Auslegung einiger 1998 geschaffener bzw. geänderter Qualifikationstatbestandsmerkmale besteht.

[261] Bei § 243 ist – gemessen an seiner Rechtsnatur als Strafzumessungsvorschrift – eine Versuchsstrafbarkeit nur i.V.m. § 242 möglich (dazu Rn 156 ff.).

[262] 44. StrÄG v. 1.11.2011 – BGBl I 2011, S. 2130.

[263] 55. StrÄG v. 17.7.2017 – BGBl I 2017, S. 2442. Der zuvor in der Vorschrift enthaltene Abs. 4, der in den Fällen des Abs. 1 Nr. 2 auf die Verfallsvorschrift des § 73d (die ebenfalls aufgehoben bzw. ersetzt wurde) verwies, wurde im Zuge des Gesetzes zur Reform der strafrechtlichen Vermögensabschöpfung v. 13.4.2017 (BGBl I 2017, S. 872) gestrichen.

Kreis der tauglichen Tatmittel offenbar auch auf objektiv völlig ungefährliche Tatmittel aus. Als „Ausgleich" für diese Erweiterung enthält die Vorschrift aber verschärfte Anforderungen an die subjektive Seite (Bestehen einer Verwendungsabsicht). Ob dieser „Ausgleich" mit Blick auf die gleiche Strafandrohung wie bei Nr. 1a dem Schuldprinzip gerecht wird oder ob wenigstens die objektive Tauglichkeit des Gegenstands als Nötigungsmittel erforderlich ist, stellt (insbesondere im Hinblick auf sog. „Scheinwaffen") das Kernproblem der Norm dar (⇨ Rn 218 ff.).

▨ Bei allen Tatmodalitäten der Nr. 1a und b kann das Merkmal des **Beisichführens** sowohl in räumlicher („Waffe im entfernt abgestellten Fluchtauto") als auch in zeitlicher Hinsicht („Zugriff auf die Waffe nur in der Beendigungsphase des Diebstahls") problematisch werden (⇨ Rn 207 ff.). Damit eng verbunden ist das Problem, ob der Täter bei vollendetem § 242 von der Qualifikation des § 244 I **zurücktreten** kann (⇨ Rn 212 f.).

▨ Bei § 244 I Nr. 2 ist der **Bandenbegriff** unklar: Zum einen ist fraglich, wie hoch die Mindestzahl der Mitglieder sein muss, um von einer „Bande" sprechen zu können. Zum anderen ist klärungsbedürftig, welche Organisationsstrukturen vorauszusetzen sind. Schließlich ist zweifelhaft, ob der Tatbestand des Bandendiebstahls das zeitliche und örtliche Zusammenwirken von (mindestens) zwei Bandenmitgliedern am Tatort fordert (⇨ Rn 225 ff.). Hinsichtlich der Strafbarkeit eines Teilnehmers ist unklar, ob sie streng akzessorisch erfolgt oder ob dem Teilnehmer § 28 II zugutekommt (⇨ Rn 242 ff.).

▨ In subjektiver Hinsicht muss der Täter bei allen qualifizierenden Tatbeständen des § 244 I vorsätzlich handeln (§ 15). Zusätzlich ist bei Nr. 1a ein *Verwendungsvorbehalt* zu fordern, bei Nr. 1b eine *spezielle Verwendungsabsicht*, bei Nr. 2 ein Handeln *im Bandeninteresse* und bei Nr. 3 muss der Täter *zur Ausführung der Tat* handeln. Der Versuch ist strafbar (§ 244 II).

▨ Schließlich muss in systematischer Hinsicht beachtet werden, dass § 244 I Nr. 1a und b mit § 250 I Nr. 1a und b sowie § 244 I Nr. 2 mit § 250 I Nr. 2 übereinstimmt, was die zu § 244 I gefundenen Ergebnisse weitgehend (aber nicht uneingeschränkt!) übertragbar macht.

Diebstahl mit Waffen, Bandendiebstahl, Wohnungseinbruchdiebstahl (§ 244)

1. Objektiver Qualifikationstatbestand

a. Diebstahl mit Waffen oder anderen gefährl. Werkzeugen (§ 244 I Nr. 1a)

▨ **Waffen** sind alle Waffen **im technischen Sinn** in Anlehnung an den umfangreichen Katalog des WaffG in der seit dem 1.4.2003 geltenden Fassung i.V.m. der Anlage 1 zum WaffG. Unterfall der Waffen sind **Schusswaffen**, in Anlehnung an § 1 II Nr. 1 WaffG i.V.m. der Anlage 1 zum WaffG also solche Geräte, die zum Angriff oder zur Verteidigung, zur Signalgebung, zur Jagd, zur Distanzinjektion, zur Markierung, zum Sport oder zum Spiel bestimmt sind und bei denen ein **Geschoss** (also feste Körper, gasförmige, flüssige oder feste Stoffe in Umhüllungen) oder mehrere zugleich durch einen **Lauf getrieben** werden. Auch **Schreckschuss-, Reizstoff- und Signalwaffen** sowie sonstige Feuerwaffen sind nunmehr Waffen. Auch **Gaspistolen** werden gem. Anlage 1 zum WaffG den Waffen im technischen Sinn zugeordnet. Dagegen zählen **Scheinwaffen** (Spielzeugpistolen etc.) *nicht* zu den Waffen.

▨ **Gefährlich** ist ein mitgeführtes **Werkzeug** immer nur dann, wenn zu seiner allgemeinen Eignung, erhebliche Körperverletzungen zuzufügen, hinzutritt, dass der Täter sich insgeheim vorbehält, den Gegenstand notfalls auch einzusetzen.

▨ Tathandlung ist das **Beisichführen**, also die tatsächliche Zugriffsmöglichkeit zu irgendeinem Zeitpunkt des Diebstahls, jedenfalls nach Versuchsbeginn und auch noch während der Beendigungsphase (str.). Sonderprobleme „**Berufswaffenträger**" und „**Teilrücktritt von der Qualifikation**".

b. Diebstahl mit sonstigen Werkzeugen und Mitteln (§ 244 I Nr. 1b)

- **Sonst ein Werkzeug oder Mittel** ist nur ein in Verwendungsabsicht mitgeführter Gegenstand, der nach seiner Art und seinem Verwendungszweck in der konkreten Situation dazu geeignet ist, Widerstand durch Gewalt oder durch Drohung mit Gewalt zu verhindern oder zu überwinden.

c. Bandendiebstahl (§ 244 I Nr. 2, § 244a)

- Der Begriff der **Bande** setzt den Zusammenschluss von mindestens **drei Personen** voraus, die sich mit dem Willen verbunden haben, künftig für eine gewisse Dauer mehrere selbstständige, im Einzelnen noch ungewisse Straftaten zu begehen (sog. „Bandenabrede"). Ein „gefestigter Bandenwille" oder ein „Tätigwerden in einem übergeordneten Bandeninteresse" sind nicht erforderlich. Auch ist eine vorherige Tatplanung kein konstitutives Element für eine Bandenabrede. So können auch Straftaten, die in wechselseitiger Beteiligung spontan aus der Situation heraus begangen werden, bandenmäßig verübt werden. Schließlich genügt es, wenn ein Täter mit zwei Gehilfen zusammenwirkt, deren Beiträge nicht gänzlich unbedeutend sind.

- Die Tathandlung **„Stehlen unter Mitwirkung eines anderen Bandenmitglieds"** setzt *nicht* voraus, dass wenigstens zwei Bandenmitglieder örtlich und zeitlich den Diebstahl zusammen begehen. Vielmehr genügt es, wenn am Tatort ein Bandenmitglied als Täter und ein anderes Bandenmitglied beim Diebstahl in irgendeiner Weise zusammenwirken. Die Wegnahmehandlung selbst kann sogar durch diejenige Person erfolgen, die nicht Bandenmitglied ist.

- **Schwerer Bandendiebstahl:** § 244a ist immer dann einschlägig, wenn der Täter des § 244 I Nr. 2 eines der Regelbeispiele des § 243 I S. 2 erfüllt oder die Tatbestände des § 244 I Nr. 1 oder Nr. 3 verwirklicht hat. Liegen Anhaltspunkte für das Vorliegen des § 244a vor, ist diese Vorschrift wegen ihrer Spezialität vorrangig vor § 244 I Nr. 2 zu prüfen!

d. Wohnungseinbruchdiebstahl (§ 244 I Nr. 3)

- Der Begriff der **Wohnung** entspricht grds. dem des § 123. Danach sind Wohnungen Räumlichkeiten, deren *Hauptzweck* darin besteht, Menschen zur ständigen Unterkunft zu dienen. Auch Wohnwagen, Wohnzelte und Wohnschiffe können dazugehören. Dem Schutzzweck des § 244 I Nr. 3 und der hohen Mindeststrafe entsprechend sind insgesamt jedoch als Wohnungen i.S.d. § 244 I Nr. 3 nur solche Räumlichkeiten anzusehen, die im unmittelbaren Zusammenhang mit der **Privat- und Intimsphäre** stehen und **psychische Integrität** vermitteln. Nicht geschützt sind also bspw. leer stehende Wohnungen und Arbeitsräume einerseits, aber auch nicht zur eigentlichen Wohnung gehörende, von ihnen getrennte Hausflure, Kellerräume und andere „offene Zubehörflächen" wie Terrassen, Gartenhäuschen und Gärten andererseits.

e. Wohnungseinbruchdiebstahl in Bezug auf eine dauerhaft genutzte Privatwohnung (§ 244 IV)

- § 244 IV sanktioniert den Wohnungseinbruchdiebstahl, der eine **dauerhaft genutzte Privatwohnung** betrifft. In Abgrenzung zu § 244 I Nr. 3 kommt es also entscheidend auf die Dauerhaftigkeit der Wohnnutzung an sowie auf den Begriff der Privatwohnung, da die bisherige Rechtsprechung zu § 244 I Nr. 3 auch den vorübergehenden Wohnzweck genügen ließ sowie gemischt-genutzte Räume, ggf. sogar reine Geschäftsräume erfasste. Der Gesetzgeber möchte mit § 244 IV also eine Abgrenzung vornehmen und die Straferwartung an die Intensität des mit dem Wohnungseinbruchdiebstahl verbundenen Eingriffs in die Privat- und Intimsphäre knüpfen.

2. Subjektiver Qualifikationstatbestand

Bei allen Modalitäten ist Vorsatz bzgl. der jeweiligen objektiven Tatbestandsmerkmale erforderlich. Zusätzlich ist bei Abs. 1 Nr. 1a ein *Verwendungsvorbehalt* zu fordern, bei Abs. 1 Nr. 1b eine *spezielle Verwendungsabsicht*, bei Abs. 1 Nr. 2 ein Handeln *im Bandeninteresse* und bei Abs. 1 Nr. 3 sowie bei Abs. 4 muss der Täter *zur Ausführung der Tat* handeln. Der **Versuch** einer Tat nach § 244 I ist gem. § 244 II strafbar, der des § 244 IV aufgrund des Verbrechenscharakters des § 244 IV stets (§§ 23 I, 12 I).

I. Tatbestand

1. Objektiver Tatbestand

a. Diebstahl mit Waffen/anderen gefährlichen Werkzeugen, § 244 I Nr. 1a

Erschwernisgrund des § 244 I Nr. 1a ist die erhöhte abstrakte Gefährlichkeit, welche von Tätern ausgeht, die eine **Waffe** oder ein **anderes gefährliches Werkzeug** bei sich führen. Der Tatbestand der Nr. 1a setzt seinem Wortlaut nach (anders als Nr. 1b) nicht voraus, dass der Täter auch den Vorsatz hat, die Waffe bzw. das andere gefährliche Werkzeug zu verwenden. Es genügt also das bloße Beisichführen ohne Verwendungsvorsatz (vgl. aber Rn 195 ff.).

186

> **Hinweis für die Fallbearbeitung:** Durch die Formulierung *„anderes* gefährliches Werkzeug"* wird klargestellt, dass (wie bei § 224 I Nr. 2) das gefährliche Werkzeug den Oberbegriff bildet und die Waffe nur beispielhaft genannt wird.[264] Kommt aber als Tatmittel eine Waffe in Betracht, ist diese als spezieller Fall des gefährlichen Werkzeugs selbstverständlich vorrangig zu prüfen. Nur wenn das konkrete Tatmittel nicht unter den Begriff Waffe subsumiert werden kann, ist Raum für die Prüfung des „anderen gefährlichen Werkzeugs".

187

aa. Begriff der Waffe i.S.v. § 244 I Nr. 1a Var. 1

Der Begriff der Waffe ist im StGB nicht definiert. Wegen ihrer Einstufung als Unterfall des „gefährlichen Werkzeugs" können mit den Waffen nur solche objektiv gefährlichen Werkzeuge gemeint sein, die ihrer Natur nach zu den besonders gefährlichen Tatgegenständen zählen. Nach der allgemein üblichen Definition des strafrechtlichen Waffenbegriffs sind Waffen Gegenstände, die **bestimmungsgemäß** geeignet sind, **erhebliche Verletzungen** herbeizuführen.[265] Es handelt sich um sog. **Waffen im technischen Sinn**, die sich mittels objektiver, im WaffG i.V.m. den in der Anlage 1 zum WaffG definierten Kriterien bestimmen lassen. Innerhalb dieser Kategorie stellen die **Schusswaffen** eine Untergruppe dar.

188

> **Exkurs zum Waffenrecht:** Zwar hat der Gesetzgeber den strafrechtlichen Begriff der Waffe nicht in § 244 bzw. § 250 definiert, allerdings hat er mit dem WaffG und den beiden Anlagen zum WaffG ein höchst differenziertes, wenn auch kompliziertes Regelungswerk hinsichtlich des Waffenbegriffs geschaffen. Der BGH zieht die Definitionen des WaffG zumindest zur Auslegung der strafrechtlichen Waffenbegriffe der §§ 244 und 250 StGB ohne weiteres heran.[266] Dies ist methodisch gut vertretbar und wird auch der folgenden Darstellung zugrunde gelegt.

189

a.) <u>Schusswaffen</u>: In Anlehnung an § 1 II Nr. 1 WaffG i.V.m. der Anlage 1 zum WaffG können als Schusswaffen solche Geräte angesehen werden, die zum Angriff oder zur Verteidigung, zur Signalgebung, zur Jagd, zur Distanzinjektion, zur Markierung, zum Sport oder zum Spiel bestimmt sind und bei denen ein **Geschoss** (also feste Körper, gasförmige, flüssige oder feste Stoffe in Umhüllungen)[267] oder mehrere zugleich durch einen **Lauf getrieben** werden.[268]

190

> **Beispiele:** Gewehre, Pistolen und Revolver. Aber auch Luftgewehre und -pistolen gehören – trotz ihrer vergleichsweise geringeren Gefährlichkeit – dazu.

---

[264] BGHSt 44, 103, 105; BGH NJW 2002, 2889; *Geppert*, Jura 1999, 599, 600.
[265] Vgl. BGHSt 48, 197 ff. (*Großer Senat*); 43, 266, 269; SK-*Hoyer*, § 244 Rn 8.
[266] So auch BGHSt 48, 197 ff. (*Großer Senat*); *Fischer*, § 244 Rn 3c ff.
[267] Zum Begriff des Geschosses vgl. die Definition im Unterabschnitt 3 des Abschnitts 1 der Anlage 1 zum WaffG.
[268] Vgl. Abschnitt 1, Unterabschnitt 1, Ziff. 1.1 der Anlage 1 zum WaffG.

Da die Waffe (und damit auch die Schusswaffe) als „Spezialfall" eines gefährlichen Werkzeugs genannt wird, wird man nicht umhinkommen, als (Schuss-)Waffe i.S.d. § 244 I Nr. 1a nur eine **objektiv gefährliche (Schuss-)Waffe** zu bezeichnen.[269] **Funktions<u>un</u>tüchtige** und in der *konkreten Situation* **nicht** einsatzbereite Schusswaffen sind daher **nicht** unter den Begriff der „Waffe" i.S.d. § 244 I Nr. 1a Var. 1 zu subsumieren.[270] Aber auch hier gilt, dass die nicht schussbereit zu machende Schusswaffe ein „anderes gefährliches Werkzeug" i.S.d. § 244 I Nr. 1a Var. 2 sein kann, wenn sie objektiv geeignet ist, bspw. als Schlagwerkzeug eingesetzt zu werden und der Täter sich insgeheim vorbehält, sie notfalls als Schlagwerkzeug einzusetzen.[271] Kann die mitgeführte Schusswaffe allerdings ohne weiteres schussbereit (also einsatzbereit) gemacht werden (indem etwa die Munition griffbereit in der Hosentasche steckt), muss von einer Schusswaffe i.S.d. § 244 I Nr. 1a Var. 1 ausgegangen werden.

Für die Fallbearbeitung bietet sich folgende Definition an:

191 **Schusswaffen** sind solche Gegenstände, bei denen Geschosse durch einen Lauf nach vorne getrieben werden. Als **Geschosse** gelten feste Körper, aber auch gasförmige, flüssige oder feste Stoffe in Umhüllungen.

192 **b.) <u>Waffen</u>:** Waffen sind – wie bereits erwähnt – neben den Schusswaffen jedenfalls alle sonstigen **Waffen im technischen Sinn**, also Objekte, die **bestimmungsgemäß** geeignet sind, **erhebliche Verletzungen** herbeizuführen (Rn 188). In Anwendung des WaffG gehören dazu zunächst die den Schusswaffen gleichgestellten, ebenfalls in der Anlage 1 zum WaffG näher beschriebenen tragbaren Gegenstände. Das sind zunächst solche Gegenstände, durch die **Munition verschossen** werden kann und die für die bei der Schusswaffe genannten Zwecke bestimmt sind. Darüber hinaus sind solche Gegenstände erfasst, bei denen bestimmungsgemäß **feste Körper gezielt verschossen** werden können, deren Antriebsenergie durch **Muskelkraft** eingebracht und durch eine Sperrvorrichtung gespeichert werden kann (z.B. Armbrüste).[272]

193 Da zu den Waffen im Übrigen auch geladene und einsatzbereite **Feuerwaffen** und zudem auch geladene und einsatzbereite **Schreckschuss-**, **Reizstoff-** und **Signalwaffen** zählen[273], sind auch **Schreckschusswaffen** (das sind Schusswaffen mit einem Kartuschenlager, die zum Abschießen von Kartuschenmunition bestimmt sind) jedenfalls dann vom Begriff der (Schuss-)Waffe i.S.v. § 244 I Nr. 1a Var. 1 erfasst, wenn sie geladen sind.[274] Schließlich sind gemäß der Anlage 1 zum WaffG **Gaspistolen**, also Pistolen, die mit Gaspatronen geladen sind und bei denen das Gas nach vorne durch den Lauf verschossen wird, den Waffen im technischen Sinn und damit § 244 I Nr. 1a Var. 1 zuzuordnen, sofern sie funktionstüchtig und auch geladen sind.[275] Denn es liegt auf der Hand, dass von diesen eine bestimmungsgemäße objektive Gefährlichkeit ausgeht. Die Waffeneigenschaft dürfte nur dann entfallen, wenn die Pistole so konstruiert ist, dass das Gas nicht nach vorne aus der Mündung austreten kann.[276] Hiervon unberührt bleibt aber die Möglichkeit, das Objekt als Schlagwerkzeug, also als „anderes gefährliches Werkzeug", zu benutzen.

---

[269] Vgl. BGH NJW 1998, 3130; BGH NStZ 2000, 156.

[270] BGHSt 48, 197 ff. (*Großer Senat*); 45, 92, 93; SK-*Hoyer*, § 244 Rn 14; *Geppert*, Jura 1999, 599, 600.

[271] BGHSt 44, 103, 105 (zu § 250 I Nr. 1a). Zu den Scheinwaffen und den nicht einsatzbereiten Schusswaffen vgl. auch Rn 218, 219, 387 ff., 397 und 417.

[272] Vgl. Abschnitt 1, Unterabschnitt 1, Ziff. 1.2 der Anlage 1 zum WaffG.

[273] Vgl. Abschnitt 1, Unterabschnitt 1, Ziff. 2 der Anlage 1 zum WaffG.

[274] Klarstellend insoweit BGHSt 48, 197 ff. (*Großer Senat*); BGH StV 2004, 380 (zu § 250); NStZ 2006, 176, 177: krit. zu der Qualifikation der (geladenen) Schreckschusspistole als „Schusswaffe" *Fischer*, NStZ 2003, 569, 571 ff.; *Baier*, JA 2004, 12, 15 f.; *Erb*, JuS 2004, 653, 654 f.; abl. *Wessels/Hillenkamp*, BT 2, Rn 266.

[275] BGHSt 48, 197 ff. (*Großer Senat*); BGH NStZ 2002, 31, 33; BGHSt 45, 92, 93 f.; *Wessels/Hillenkamp*, BT 2, Rn 266; *Fischer*, § 244 Rn 9 f. (Gaspistole nicht bestimmungsgemäß geeignet, erhebliche Verletzungen herbeizuführen, sondern nur infolge bestimmungswidriger Verwendung). Abzulehnen BGH NStZ 2006, 176, 177, der die Gaspistole als „Schuss"waffe bezeichnet.

[276] BGH NStZ 1999, 135 f.

Zu den Waffen i.S.v. § 244 I Nr. 1a Var. 1 lassen sich schließlich die in § 1 II Nr. 2 WaffG i.V.m. der Anlage zum WaffG genannten **tragbaren Gegenstände** zählen, **193a**

- die ihrem Wesen nach **dazu bestimmt sind**, die **Angriffs- oder Abwehrfähigkeit** von Menschen zu **beseitigen oder herabzusetzen**. Dazu zählen insbesondere Hieb- und Stoßwaffen, Gegenstände, die unter Ausnutzung einer anderen als mechanischen Energie Verletzungen beibringen, und Reizstoffsprühgeräte (vgl. § 1 II Nr. 2a WaffG i.V.m. Ziff. 1 des Unterabschnitts 2 des Abschnitts 1 der Anlage 1 zum WaffG jeweils mit Legaldefinitionen);

- die, **ohne dazu bestimmt** zu sein, insbesondere wegen ihrer Beschaffenheit, Handhabung oder Wirkungsweise aber **geeignet sind**, die **Angriffs- oder Abwehrfähigkeit** von Menschen zu **beseitigen oder herabzusetzen**. Dazu zählen insbesondere manche Springmesser, Fallmesser, Faustmesser und Butterflymesser sowie Gegenstände, die bestimmungsgemäß unter Ausnutzung einer anderen als mechanischen Energie Tieren Schmerzen beibringen (z.B. Elektroimpulsgeräte), vgl. § 1 II Nr. 2b WaffG i.V.m. Ziff. 2 des Unterabschnitts 2 des Abschnitts 1 der Anlage 1 zum WaffG jeweils mit Legaldefinitionen (und Anforderungen z.B. an die Klingenlänge).

Aber auch Dolche, Stilette, Säbel, Degen, Schlagringe, Schlagstöcke, Gummiknüppel, Handgranaten und Molotow-Cocktails zählen zu den Waffen i.S.v. § 244 I Nr. 1a Var. 1. **193b**

Für die Fallbearbeitung bietet sich folgende Definition an:

Waffen sind alle Waffen im technischen Sinn, also neben den Schusswaffen alle Gegenstände i.S.d. WaffG, die wegen ihrer Beschaffenheit, Handhabung oder Wirkungsweise bestimmt und geeignet sind, erhebliche Verletzungen herbeizuführen. **193c**

Keine Waffen im technischen Sinn sind hingegen Äxte, Beile, Sensen, Schlachtmesser, „Schweizer Offiziersmesser", Fahrten- und Taschenmesser, Schraubendreher. Auch der **ungeladenen Schreckschusswaffe** fehlt die generelle Gefährlichkeit. Sie unterfällt daher – wie auch die ungeladene „echte" Schusswaffe – **nicht** dem strafrechtlichen Waffenbegriff i.S.d. § 244 I Nr. 1a Var. 1.[277] Das Gleiche gilt hinsichtlich **Scheinwaffen** (Spielzeugpistolen etc.), da Waffen objektiv gefährlich sein müssen. Diese fallen allesamt nicht unter den Waffenbegriff des § 244 I Nr. 1a Var. 1. **Pfefferspray**, das nach der Terminologie des WaffG ein Reizstoffsprühgerät ist[278], fällt unter den Waffenbegriff des § 1 II Nr. 2a WaffG, wenn es seinem Wesen nach dazu bestimmt ist, gegen Menschen eingesetzt zu werden. Fehlt diese Zweckbestimmung (indem es etwa als „Tierabwehrspray" deklariert ist), greift § 1 II Nr. 2a WaffG folgerichtig nicht. Aber auch § 1 II Nr. 2b WaffG ist in diesem Fall nicht einschlägig, da sich die Anlagen zum WaffG bezüglich Reizstoffsprühgeräten nur auf § 1 II Nr. 2a WaffG beziehen. Im Ergebnis fällt also handelsübliches Pfefferspray, das zur Tierabwehr bestimmt ist, daher auch nicht unter das Waffengesetz. Das schließt freilich eine Subsumtion unter § 244 I Nr. 1a Var. 1 nicht aus, wegen der gebotenen restriktiven Auslegung ist aber Zurückhaltung geboten. **194**

Hinweis für die Fallbearbeitung: Selbstverständlich bleibt stets die Möglichkeit unberührt, die genannten Gegenstände als **„andere gefährliche Werkzeuge"** i.S.v. § 244 I Nr. 1a Var. 2 einzustufen (etwa wenn diese als „Schlagwerkzeuge" eingesetzt werden). Bei Pistolenattrappen aus Gummi ist aber selbst dies fraglich. Diese unterfallen dann aber i.d.R. § 244 I Nr. 1b.

---

[277] BGH StV 2004, 380.
[278] Vgl. Abschnitt 1, Unterabschnitt 2, Ziff. 1.2.2 der Anlage 1 zum WaffG, wonach Reizstoffsprühgeräte Gegenstände sind, aus denen Reizstoffe versprüht oder ausgestoßen werden, die eine Reichweite bis zu 2 m haben. Aber auch Gegenstände, bei denen in einer Entfernung von mehr als 2 m bei Menschen eine angriffsunfähig machende Wirkung durch ein gezieltes Versprühen oder Ausstoßen von Reizstoffen hervorgerufen werden kann, sind Reizstoffsprühgeräte (Ziff. 1.2.3). Beide Arten von Reizstoffsprühgeräten werden jedoch verboten, es sei denn, dass die Stoffe als gesundheitlich unbedenklich amtlich zugelassen sind und die Gegenstände in Reichweite und Sprühdauer begrenzt sind und zum Nachweis der gesundheitlichen Unbedenklichkeit, der Reichweiten- und der Sprühdauerbegrenzung ein amtliches Prüfzeichen („PTB"-Zeichen) tragen, vgl. Abschnitt 1, Ziff. 1.3.5 der Anlage 2 zum WaffG.

> Eine ausführliche gutachtliche Prüfung der Problematik findet sich bei *Schmidt/Priebe*, Fälle zum Strafrecht II, Fall 6 Rn 12 ff.

bb. Anderes gefährliches Werkzeug i.S.v. § 244 I Nr. 1a Var. 2

195   Weitaus größere Schwierigkeiten bereitet die Beantwortung der Frage, was unter einem „**anderen gefährlichen Werkzeug**" zu verstehen ist. Nach dem Willen des Reformgesetzgebers, der diese Formulierung dem § 223a a.F. (seit dem 6. StRG 1998: § 224 I Nr. 2) entnommen hat, sollen auch die zur Auslegung des § 223a a.F. entwickelten Grundsätze übernommen werden.[279] Demzufolge müsste ein gefährliches Werkzeug als (körperfremder) Gegenstand definiert werden, der nach *seiner objektiven Beschaffenheit* und nach der *Art seiner Verwendung* im Einzelfall geeignet ist, erhebliche Körperverletzungen zuzufügen. Ließe man die Übertragung dieser Definition auf § 244 I Nr. 1a jedoch zu, wäre etwa die Ladendiebin, die einen Lippenstift aus dem Regal nimmt und in ihre Handtasche steckt und in dieser Handtasche bereits eine (eigene) Nagelfeile (oder etwa Pfefferspray) bei sich führt, über deren mögliche Verwendung sie zu keinem Zeitpunkt nachdenkt, nicht bloß aus § 242 I (mit der hier möglichen Vergünstigung nach § 248a), sondern auch aus § 244 I Nr. 1a strafbar. Denn sowohl Nagelfeile als auch Pfefferspray sind nach ihrer objektiven Beschaffenheit und nach der Art ihrer Verwendung (etwa indem die Nagelpfeile ins Auge gestochen oder das Pfefferspray ins Gesicht gesprüht wird) durchaus geeignet, erhebliche Körperverletzungen zuzufügen. Einer solchen Annahme wäre ein Verstoß gegen den Bestimmtheitsgrundsatz (Art. 103 II GG) und den ebenfalls verfassungsrechtlich verankerten Grundsatz der Verhältnismäßigkeit immanent, zumal der Wortlaut des § 244 I Nr. 1a (anders als derjenige der §§ 244 I Nr. 1b und 250 I Nr. 1b) noch nicht einmal eine Verwendungsabsicht oder doch zumindest einen Verwendungsvorbehalt verlangt, sondern das schlichte „Dabeihaben" genügen lässt. Auch wäre jeder Einbruchdiebstahl i.S.d. § 243 I Nr. 1, bei dem der Täter Brechwerkzeug bei sich führt, automatisch ein Fall des § 244 I Nr. 1a Var. 2, würde man das bloße Beisichführen des Brechwerkzeugs genügen lassen. Um die Vorschrift des § 244 I Nr. 1a Var. 2 daher nicht dem Verdikt der Verfassungswidrigkeit auszusetzen, werden etliche Versuche unternommen, die Norm restriktiv auszulegen.

196   ■   Verbreitet wird der Versuch unternommen, die Gefährlichkeit des Werkzeugs **abstraktobjektiv** zu bestimmen und subjektive Erwägungen gänzlich unberücksichtigt zu lassen. Die hierbei vertretenen Nuancen sind mannigfaltig. Überwiegend werden solche Gegenstände, bei denen nach allgemeiner Lebenserfahrung eine Verwendung zur Zufügung erheblicher Körperverletzungen nicht naheliegt (etwa Gürtel, Schuhe, Plastiktüten, Schreibutensilien oder Kleinwerkzeuge) aus dem Begriff des gefährlichen Werkzeugs ausgenommen.[280] Andere stellen auf die **konkrete Tatsituation** bzw. auf eine **Missbrauchsvermutung (Zweckentfremdung)** ab.[281] Folgt man diesen Auffassungen, kann derselbe Gegenstand (etwa ein langer Schraubendreher) einmal ein gefährliches Werkzeug i.S.d. § 244 I Nr. 1a sein (etwa wenn er beim Ladendiebstahl mitgeführt wird) und ein anderes Mal nicht (etwa wenn er beim Einbruchdiebstahl mitgeführt wird). In diese Richtung weisen auch einige Entscheidungen verschiedener Obergerichte, die allerdings ohne jedes Problembewusstsein ein kleines Gebrauchsmesser, ein zusammengeklapptes Taschenmesser und ein Butterflymesser als gefährliches Werkzeug angesehen haben, obwohl die Täter nach den jeweiligen tatrichterlichen Feststellungen zu keinem Zeitpunkt irgendeine Verwendung des Tatmittels in Betracht gezogen hatten.[282] Würde man dem zu-

---

[279] Vgl. BT-Drs. 13/9064, S. 18.
[280] SK-*Hoyer*, § 244 Rn 20; SK-*Günther*, § 250 Rn 11; *Kargl*, StraFo 2000, 10; *Otto*, BT, § 41 Rn 52; *Seier*, JA 1999, 666, 669.
[281] *Hörnle*, Jura 1998, 169, 172; *Jäger*, JuS 2000, 651, 654 f.; *Bussmann*, StV 1999, 613, 620 f.; *Schlothauer/Sättele*, StV 1998, 505, 507; *Streng*, GA 2001, 359 ff.; *Kindhäuser/Wallau*, StV 2001, 18, 19; *Fischer*, § 244 Rn 9d; Sch/Sch-*Eser/Bosch*, § 244 Rn 5.
[282] Vgl. in der angegebenen Reihenfolge BayObLG StV 1999, 383; BayObLG StV 2001, 17 (vgl. aber OLG Braunschweig NJW 2002, 1735); OLG Hamm StV 2001, 352.

stimmen, wäre nicht nur die o.g. Ladendiebin, sondern es wären auch Wanderer oder Pfadfinder, die Bagatelldiebstähle begehen, aus § 244 I Nr. 1a strafbar, wenn sie Gegenstände (etwa Fahrtenmesser) bei sich führen, die nach der *objektiven Beschaffenheit* und nach der *Art der Verwendung* im Einzelfall geeignet sind, erhebliche Körperverletzungen zuzufügen. Zweifel an einer derart weiten Auslegung hat nunmehr auch der BGH geäußert.[283]

- Andere nehmen subjektive Einschränkungen vor und fordern eine konkrete **Verwendungs- bzw. Gebrauchsabsicht**[284] oder zumindest einen **Verwendungsvorbehalt**[285]. Gefährlich sind demnach mitgeführte Gegenstände nur dann, wenn zu ihrer allgemeinen Eignung, erhebliche Körperverletzungen zuzufügen, hinzutritt, dass der Täter sich insgeheim vorbehält, den Gegenstand notfalls auch einzusetzen.

197

Stellungnahme: Die **abstrakt-objektiven** Begriffsbestimmungen haben zumindest das Wortlautargument auf ihrer Seite, denn im Gegensatz zu § 244 I Nr. 1b setzt – wie gesagt – § 244 I Nr. 1a gerade keine Verwendungsabsicht voraus, sondern lässt allein das Beisichführen genügen. Andererseits führen die abstrakt-objektiven Begriffsbestimmungen gerade aufgrund der Nichtberücksichtigung subjektiver Erwägungen zu unübersehbaren Definitions- und Abgrenzungsschwierigkeiten. Daran ändert auch die zur Einschränkung teilweise geforderte **Waffenähnlichkeit** des Werkzeugs[286] nichts, wonach nur solche Werkzeuge als gefährlich gelten sollen, deren Beschaffenheit und Zweckbestimmung in einer typischen Beziehung mit Handhabungen stehen, die verletzende Wirkungen auslösen. Auch die in diesem Zusammenhang vorgeschlagene **induktiv-kasuistische Vorgehensweise**, wonach (ähnlich den sog. Kampfhundegesetzen) ein Katalog aufgestellt werden soll, in dem bestimmte Gegenstände als gefährlich i.S.v. § 244 I Nr. 1a eingestuft sind[287], kann nicht wesentlich zu einer Rechtssicherheit beitragen und muss im Ergebnis ebenfalls abgelehnt werden. Denn zum einen ist fraglich, wer (außer dem Gesetzgeber) befugt sein soll, einen solchen „rechtsverbindlichen" Katalog aufzustellen, und zum anderen wird es auch bei einem noch so großen „Erfindungsreichtum" des Erstellers eines solchen Katalogs in der Praxis stets Fälle geben, in denen der Täter ein Werkzeug einsetzt, von dem zuvor niemand gedacht hätte, dass es bei einem Diebstahl eingesetzt werden könnte.

198

Im Ergebnis sind die rein abstrakt-objektiven Begriffsbestimmungen also nicht geeignet, die bedenkliche Weite des § 244 I Nr. 1a in verfassungskonformer Weise einzuschränken. Auch der BGH hat (bzgl. des § 244, aber auch bzgl. des Parallattatbestands des § 250) dieses Problem erkannt und erhebliche Bedenken hinsichtlich der vom Gesetzgeber gewollten Orientierung am Tatbestand der gefährlichen Körperverletzung geäußert. Er hält eine „generelle, von der konkreten Tat losgelöste, Bestimmung des Gegenstands zur gefährlichen Verwendung seitens des Täters", für nicht möglich und lastet dieses Manko dem Gesetzgeber an. Allerdings vermeidet es der Senat, konkrete Maßstäbe aufzustellen. Lediglich die subjektiven Einschränkungen lehnt er ausdrücklich ab.[288]

199

Was die Ablehnung der subjektiven Einschränkungen betrifft, ist dem BGH jedenfalls insoweit beizupflichten, dass eine konkrete **Verwendungs- bzw. Gebrauchsabsicht** nicht maßgeblich sein kann. Denn verlangte man, dass beim Täter eine konkrete Verwendungs- bzw. Gebrauchsabsicht vorliegen muss, ignorierte man den Umstand, dass der Gesetzgeber bereits in § 244 I Nr. 1b eine Gebrauchsabsicht fordert und damit zu

200

---

[283] Vgl. BGH NStZ 2012, 571 f.
[284] So OLG Braunschweig NJW 2002, 1735, 1736 (a.A. BayObLG StV 2001, 17). Aus der Lit. *SK-Hoyer*, § 250 Rn 8; *Rengier*, BT I, § 4 Rn 25-25b; *Küper*, JZ 1999, 194; *Geppert*, Jura 1999, 599, 602; vgl. auch *Maatsch* GA 2001, 82 f.
[285] So OLG Frankfurt StV 2007, 354 f.; OLG Celle StV 2005, 336; *Geppert*, Jura 1999, 599, 602; *Graul*, Jura 2000, 205 f.; *Hilgendorf*, ZStW 112 (2000), 832; *Erb*, JR 2001, 207; *Wessels/Hillenkamp*, BT 2, Rn 275.
[286] So *Mitsch*, ZStW 111 (1999), 65, 79; *Kindhäuser/Wallau*, StV 2001, 18 f.; *Streng*, GA 2001, 359, 365.
[287] So *Mitsch*, JuS 1999, 640, 643.
[288] BGH NStZ 2008, 512, 513 (mit Anm. v. *Foth*, NStZ 2009, 93, 94).

erkennen gibt, dass es bei § 244 I Nr. 1a auf eine Gebrauchsabsicht gerade nicht ankommen soll (so auch schon sämtliche Vorauflagen dieses Buches seit 1998).

201 Sachgerecht ist daher allein eine **teleologische Reduktion** der Vorschrift unter Zugrundelegung einer **kombinierten Begriffsbestimmung**: Durch die in § 244 I Nr. 1a
genannte Formulierung „anderes" gefährliches Werkzeug wird zunächst einmal klar,
dass dieses „andere" Werkzeug eine (objektive) Gefährlichkeit aufweisen muss, die der
einer *Waffe* im Wesentlichen nicht nachsteht, also ebenfalls ein erhebliches Verletzungspotential aufweist, ohne jedoch eine Waffe im technischen Sinn darzustellen
(sonst würde sich das Problem schon nicht stellen).

202 **Beispiele:** Diese erhöhte objektive Gefährlichkeit liegt etwa nahe bei **Schneide- und
Stichwerkzeugen** (Teppichmesser[289] o.ä.), **Handwerksgeräten** (Hammer, größerer
Schraubendreher[290], Meißel, Stemmeisen), **Schlaggeräten** wie Metallstangen oder -rohre,
Brecheisen, Ketten, (stabile) Holzlatten[291] usw. Die Einordnung eines der genannten
Werkzeuge als gefährliches Werkzeug i.S.v. § 244 I Nr. 1a drängt sich insbesondere dann
auf, wenn der Gegenstand nach den Umständen der Tat eine dem Gewahrsamsbruch
dienende Funktion hat (Messer beim Ladendiebstahl, um Sicherungsetikett abzutrennen
oder Verpackung aufzuschneiden[292]; Metallrohr oder Brecheisen beim Einbruchdiebstahl,
um Hindernisse wegzuheben; Holzlatte, um ggf. Widerstand des Opfers zu brechen[293]).
Wird z.B. ein Taschenmesser aber erst am Tatort vom Täter entdeckt und von diesem an
sich genommen, ist die Qualifikation des § 244 I Nr. 1a weniger eindeutig.[294]

Ob **chemisch wirkende Stoffe** wie CS-Reizgas oder Pfefferspray dem Werkzeugbegriff
unterfallen, ist mit Blick auf Art. 103 II GG zweifelhaft; vgl. dazu Rn 388.

203 Neben der erläuterten „Waffenersatzfunktion" ist weiterhin zu fordern, dass es sich um
einen **beweglichen** Gegenstand handelt, also um einen solchen, der durch menschliche Einwirkung gegen einen anderen Menschen in Bewegung gesetzt werden kann.[295]
Zudem muss der Täter i.S. eines inneren *Verwendungsvorbehalts* bereit sein, das
mitgeführte Werkzeug notfalls auch gegen Menschen einzusetzen. Der Einwand, der
Forderung eines Verwendungsvorbehalts stehe der Wortlaut des § 244 I Nr. 1a entgegen, ist zwar gewichtig, im Ergebnis aber nicht tragfähig, weil ja gerade eine einschränkende und damit täterbegünstigende Auslegung vorgenommen wird. Ein Verstoß gegen
das Analogieverbot ist also gerade nicht gegeben. Auch ist die bereits genannte Konstellation des Einbruchdiebstahls zu bedenken: Forderte man keinen Verwendungsvorbehalt, hätte dies zur Folge, dass ein tatbildtypisches Verhalten i.S.d. § 243 I S. 2 Nr. 1
regelmäßig die Tat nach § 244 I Nr. 1a qualifizieren und zu einem höheren Strafrahmen
führen würde. § 243 I S. 2 Nr. 1 hätte damit keinen messbaren Anwendungsbereich
mehr und auch Bagatelleinbruchdiebstähle fielen regelmäßig unter § 244 I Nr. 1a, was
ersichtlich nicht gewollt sein kann. Der 2011 eingeführte minder schwere Fall nach §
244 III (Rn 204a) schafft nur bedingt Abhilfe. Nicht überzeugend ist es schließlich, eine
abstrakt-objektive Begriffsbestimmung vorzunehmen, weil in der Praxis Beweisschwierigkeiten hinsichtlich des Verwendungsvorbehalts auftreten könnten. Denn „Beweisschwierigkeiten" bestehen naturgemäß bei jedem Tatbestand, der eine vorsätzliche
Begehungsweise fordert.

204 Interessant ist auch die Auffassung des OLG Schleswig, wonach ein Ladendieb, der mit
einem mitgebrachten **Teppichmesser** das Stromkabel eines ausgestellten DVD-Players

---

[289] Vgl. dazu OLG Schleswig NStZ 2004, 212, 213; *Hardtung*, StV 2004, 399 ff.
[290] Vgl. dazu BGH NJW 2004, 3437 (Überfall auf Grillstube); OLG Stuttgart StraFo 2009, 297.
[291] BGH NJW 2015, 690 f.
[292] Vgl. dazu OLG Köln NStZ 2012, 327.
[293] BGH NJW 2015, 690 f.; zum Einsatz einer Holzlatte vgl. BGH StraFo 2015, 216.
[294] Vgl. dazu OLG Frankfurt StV 2007, 354 f.
[295] BGH StV 2013, 444.

durchschneidet, um diesen stehlen zu können, ein gefährliches Werkzeug i.S.v. § 244 I Nr. 1a verwendet, sofern er das Teppichmesser mit dem Bewusstsein bei sich führt, dass dieses im Falle eines wenn auch nicht von vornherein für möglich gehaltenen oder sogar höchst unerwünschten Einsatzes gegen Menschen erhebliche Verletzungen verursachen könne.[296] Ob er dieses Bewusstsein habe, sei im Rahmen einer (strafprozessualen) umfassenden Beweiswürdigung zu ermitteln. Die Beweisanforderungen seien dabei umso niedriger, je gefährlicher und waffenähnlicher der Gegenstand sei. Umgekehrt verhalte es sich bei Alltags- und Berufsgegenständen, deren Beisichführen als sozialadäquat zu bewerten wäre, wenn der Täter nicht gerade eine Straftat beginge. Hier seien die Anforderungen an die Feststellungen zum Vorstellungsbild des Täters desto höher, je weniger der bestimmungsgemäße Gebrauch des Gegenstands eine Zweckentfremdung als potentielles Nötigungsmittel nahelege.[297]

Der Sache nach besteht also kein Unterschied zum inneren Verwendungsvorbehalt. Hier wie dort muss eine umfassende und einzelfallbezogene Beweiswürdigung ergeben, ob der Täter ein gefährliches Werkzeug bei sich geführt hat oder nicht.

Der 3. Strafsenat des BGH hat allein auf objektive Kriterien abgestellt und daher bei einem Täter, der in einem Supermarkt mit einem mitgeführten **Taschenmesser** das Sicherungsetikett von einer Flasche Whiskey abgetrennt und die Flasche gestohlen hat, § 244 I Nr. 1a bejaht.[298]

Nicht überzeugend ist auch die Auffassung des 5. Strafsenats des BGH, der bei dem „anderen gefährlichen Werkzeug" als „Minimalvoraussetzung" fordert, dass es sich um einen Gegenstand handelt, der nach seiner objektiven Beschaffenheit geeignet sei, einem Opfer erhebliche Verletzungen zuzuführen[299], dabei jedoch nicht ausführt, welche zusätzlichen Voraussetzungen das Tatgericht verlangen muss.

Ganz i.S.d. der hier vertretenen Auffassung ist die Entscheidung des OLG Stuttgart, das Einbruchwerkzeug (hier: 20cm langer **Schraubendreher**) nicht schon dann als gefährliches Werkzeug zu qualifizieren, wenn es geeignet ist, erhebliche Körperverletzungen herbeizuführen, sondern nur dann, wenn auch ein Gebrauch (i.S. eines Einsatzes gegen Menschen) droht.[300] Bedauerlicherweise hat sich das OLG Köln dem nicht angeschlossen, sondern mit Verweis auf den klaren Wortlaut des § 244 I Nr. 1a Var. 2, der eine Einschränkung i.S. eines inneren Verwendungsvorbehalts nicht enthalte, allein die abstrakte Gefährlichkeit (hier: des **Schweizer Offiziersmessers**) genügen lassen.[301]

Eine gewisse Entschärfung des Problems für die Praxis hat der Gesetzgeber mit dem am 5.11.2011 in Kraft getretenen 44. StrÄndG herbeigeführt, indem er eine Reduzierung des Strafmaßes für **minder schwere Fälle** eingeführt hat. Nach § 244 III n.F. beträgt das Mindestmaß der angedrohten Freiheitsstrafe lediglich 3 Monate statt (wie bei § 244 I) 6 Monate und das Höchstmaß 5 Jahre (statt 10 Jahre). Das ist zwar eine deutliche Verbesserung der Situation des Täters, dennoch wäre es wünschenswert gewesen, wenn der Gesetzgeber auch dem Tatbestand des § 244 I Nr. 1a Var. 2 Konturen verliehen hätte, statt lediglich auf der Rechtsfolgeseite eine Reduzierung des Strafrahmens für minder schwere Fälle vorzunehmen.

204a

Folgt man unbeschadet der Möglichkeit, einen minder schweren Fall anzunehmen, ergibt sich nach der hier vertretenen Auffassung, die einen inneren Verwendungsvorbehalt fordert, für das gefährliche Werkzeug folgende Definition:

205

---

[296] OLG Schleswig NStZ 2004, 212, 213 (dazu *Hardtung*, StV 2004, 399 ff.).
[297] OLG Schleswig NStZ 2004, 212, 214.
[298] BGH NStZ 2008, 512, 513.
[299] BGH NStZ 2012, 571 f.
[300] OLG Stuttgart StraFo 2009, 297. Auf dieser Linie auch BGH NStZ 2012, 571 f.
[301] OLG Köln NStZ 2012, 327 f.

206 **Gefährlich** ist ein mitgeführtes Werkzeug, wenn zu seiner allgemeinen Eignung, erhebliche Körperverletzungen zuzufügen, hinzutritt, dass der Täter sich insgeheim vorbehält, den Gegenstand notfalls auch gegen Menschen einzusetzen.

cc. Tathandlung: Beisichführen

207 *Tathandlung* ist das **Beisichführen** der Waffe oder des anderen gefährlichen Werkzeugs durch mindestens einen der Tatbeteiligten (Täter, Mittäter oder Teilnehmer[302]). Dieses Tatbestandsmerkmal hat eine **räumliche** und eine **zeitliche** Komponente.

208 ▪ **Räumliche Komponente:** Aus räumlicher Sicht kann von Beisichführen immer dann gesprochen werden, wenn dem Beteiligten das Tatmittel während des Tatvorgangs *zur Verfügung steht*. Nicht erforderlich ist es, dass der Beteiligte das Tatmittel in der Hand hält oder zumindest am eigenen Körper trägt. Es genügt, wenn sich das Tatmittel trotz einer gewissen räumlichen Distanz in **Griffnähe befindet** oder der Täter sich seiner **jederzeit ohne nennenswerten Zeitaufwand bedienen kann**.[303] Bei einer Schusswaffe, die sich bspw. in einem am Rücken getragenen Rucksack befindet, ist dies möglicherweise noch anzunehmen[304], dürfte aber bei einer Schusswaffe, die im 200 m vom Tatort entfernt geparkten Fluchtauto zurückgelassen wurde, ausgeschlossen werden. Andererseits kann das Beisichführen aber bejaht werden, wenn die (in Griffnähe befindliche) Schusswaffe noch nicht geladen (bzw. noch nicht durchgeladen) ist, der Täter oder ein anderer Beteiligter jedoch scharfe (jetzt auch: Schreckschuss-) Munition bei sich führt.

209 ▪ **Zeitliche Komponente:** Weitaus schwieriger und sehr examensrelevant ist die Frage, in welchem Stadium der Tat das Tatmittel (i.S. der Nr. 1a *oder* der Nr. 1b) mitgeführt werden muss: Zunächst kann festgestellt werden, dass es nach unstreitiger Auffassung *nicht* erforderlich ist, dass der Täter das Tatmittel während des *gesamten* Tatgeschehens bei sich führt. Vielmehr genügt es, wenn es ihm zu *irgendeinem* Tatzeitpunkt der Ausführungshandlung zur Verfügung steht.[305] Das kann beispielsweise der Fall sein, wenn der Täter es am Tatort (zufällig) vorfindet[306] und (auch nur zeitweilig) an sich nimmt.[307] Selbst wenn das Tatmittel **Teil der Diebesbeute** ist (Beispiel: Täter bricht ein Auto auf und nimmt ein im Wageninneren befindliches Butterflymesser an sich), steht dies dem Begriff des Beisichführens nicht entgegen, da in diesem Fall das Werkzeug in der Zeitspanne zwischen Versuchsbeginn und Vollendung an sich genommen wurde.[308] Damit ist schon einmal klargestellt, dass das Mitführen des Tatmittels während des Vorbereitungsstadiums, also vor Eintritt in die Versuchsphase des § 22, im Rahmen des § 244 irrelevant ist.[309] Die Grenze des strafbaren Versuchs muss somit überschritten sein. So macht sich der Täter während der Fahrt zum Tatort noch nicht nach §§ 242, 244 I strafbar. Umstritten ist dagegen, ob § 244 I erfüllt ist, wenn der Täter die Waffe erst im *Beendigungsstadium*, d.h. in der Phase zwischen Vollendung und Beendigung des Diebstahls (also typischerweise während der Flucht), bei sich führt.

210 ▪ **Beispiel**[310]**:** T ist wieder in der Stadt. Diesmal hat er sich zum Ziel gesetzt, in das Juweliergeschäft des O einzubrechen. Mit seinem Pkw und einer einsatzbereiten Pistole fährt er zum Tatort, lässt die Schusswaffe aber in dem 200 m entfernt geparkten Wagen zurück. Nachdem er eingebrochen ist und einige wertvolle Herrenarmbanduhren einge-

---

[302] Auf eine Zurechnung nach § 25 II kommt es hier nicht an, vgl. dazu BGH NJW 2002, 1337 (zu § 30a II Nr. 2 BtMG). Zum Beisichführen einer Schusswaffe durch einen Gehilfen vgl. *Hillenkamp*, JuS 2003, 157, 159.

[303] BGHSt 31, 105, 108; BayObLG StV 2001, 17, 18. Die Begriffsbestimmung des § 1 III WaffG i.V.m. Abschnitt 2 Ziff. 4 der Anlage 1 zum WaffG gilt hier nicht, weil sich der in § 244 I verwendete Begriff des Beisichführens nicht nur auf Waffen, sondern auch auf Werkzeuge und Mittel bezieht.

[304] Dafür *Wessels/Hillenkamp*, BT 2, Rn 267; dagegen BayObLG NStZ 1999, 460, 461.

[305] BGH NStZ 1998, 354; BGHSt 31, 105, 106. Vgl. auch BGHSt 43, 8, 10; BGH NStZ 2007, 332, 333 – mit Bespr. v. *Bosch*, JA 2007, 468 ff.

[306] Vgl. dazu BGH NStZ 2004, 152, 153.

[307] Siehe BGH NStZ 2001, 88, 89; NK-*Kindhäuser*, § 244 Rn 10; SK-*Hoyer*, § 244 Rn 20; Sch/Sch-*Eser/Bosch*, § 244 Rn 6; *Rengier*, BT I, § 4 Rn 15; *Wessels/Hillenkamp*, BT 2, Rn 267.

[308] Vgl. BGH NStZ 2015, 85 f.; NStZ 1985, 547; OLG Frankfurt StV 2007, 354 f.

[309] Insoweit klarstellend BGHSt 31, 105, 106.

[310] In Anlehnung an BGHSt 31, 105 ff.

steckt hat, wird er von O entdeckt und verfolgt. T gelingt es, seinen Wagen zu erreichen und davonzufahren. Dadurch verliert O den Anschluss.

Variante: T begibt sich ohne Waffe zum Tatort. Als er dort zufällig eine geladene Pistole in einer Schublade entdeckt, steckt er diese ein.

Im Ausgangsfall ist der Tatbestand des § 242 i.V.m. der Strafzumessungsregel des § 243 I S. 2 Nr. 1 erfüllt. Fraglich ist, ob T auch aus § 244 zu bestrafen ist. In Betracht kommt § 244 I Nr. 1a. Dazu müsste er eine Waffe oder ein anderes gefährliches Werkzeug bei sich geführt haben. Die mitgeführte Pistole ist ein taugliches Tatmittel. Problematisch ist das Kriterium des „Beisichführens". Während der Fahrt zum Tatort ist T noch nicht in das Versuchsstadium eingetreten, weil der Versuch frühestens mit dem Betreten des das Juweliergeschäft umgebenden Grundstücks beginnt. Angesichts der räumlichen Distanz von 200 m kann auch nicht angenommen werden, dass T am Tatort – in der Phase vom Versuchseintritt bis zum Verlassen des Geschäfts, also der Vollendung – die Waffe zur Verfügung stand. Als qualifikationsgeeignete Phase kommt daher nur das Beendigungsstadium, die Flucht, in Betracht.

⇨ Die Rspr. und ein Teil der Lit.[311] nehmen dies mit der Begründung an, die Beendigungsphase gehöre zum Tatbestand, außerdem sei der Zeitpunkt der Vollendung ungenau und mehr oder weniger zufällig. Darüber hinaus seien Täter, die erst während der Beendigungsphase Waffen bei sich trügen, besonders gefährlich, weil es ihnen um das sichere Entkommen gehe.
Schließt man sich dieser Auffassung an, muss § 244 I Nr. 1a bejaht werden, weil die Beendigung erst nach dem Davonfahren eintritt. Außerdem wird § 242 i.V.m. § 243 I S. 2 Nr. 1 verdrängt mit der Folge, dass die §§ 123, 303 wieder eigenständige Bedeutung erhalten und in Idealkonkurrenz zu § 244 I Nr. 1a treten.

⇨ Die auch hier vertretene Gegenauffassung[312] hält eine derartige Ausweitung des Begriffs „Beisichführen" im Hinblick auf den Bestimmtheitsgrundsatz des Art. 103 II GG für bedenklich. Zudem würde die eigens für die Tatphase nach Vollendung der Wegnahme geschaffene Vorschrift des § 252 unterlaufen, wenn man Strafschärfungen nach vollendeter Wegnahme unabhängig von den besonderen Voraussetzungen des § 252 (der ja gerade die *tatsächliche* Verwendung des Tatmittels erfordert) für möglich hielte. Ferner muss der Zweck des § 244 I Nr. 1a beachtet werden, der die besondere Gefährlichkeit erfassen will, die sich durch einen „gerüsteten" Täter *bei der Wegnahme* ergibt. Schließlich spricht gegen die Auffassung des BGH, dass nach § 243 I S. 2 Nr. 7 der Diebstahl bestimmter Schusswaffen und Sprengstoffe einen besonders schweren Fall des Diebstahls darstellt. Würde man ein Beisichführen während der Beendigungsphase für ausreichend erachten, wäre ein Diebstahl von Schusswaffen automatisch auch ein Fall des § 244, weil die Gewahrsamserlangung eine logische Sekunde vor Vollendung der Tat stattfindet.
Demzufolge greift § 244 I Nr. 1a insoweit nicht ein. Vielmehr bleibt es bei einer Strafbarkeit aus § 242 i.V.m. § 243 I S. 2 Nr. 1. Die ebenfalls verwirklichten §§ 123, 303 I werden je nach Auffassung entweder verdrängt (Konsumtion) oder stehen in Tateinheit mit dem Einbruchdiebstahl (dazu Rn 179 ff.).

> **Hinweis für die Fallbearbeitung:** Hätte T unverrichteter Dinge, d.h. ohne Beute abziehen müssen, hätte es sich um einen gescheiterten Einbruchsversuch gehandelt, der bereits beendet gewesen wäre, ehe die Flucht mit dem Wagen und der in diesem befindlichen Schusswaffe begonnen hätte. In diesem Fall hätte nach allen Auffassungen zum Tathergang nicht mehr die Flucht gehört, sodass sich die obige Problematik gar nicht erst gestellt hätte. In der Fallbearbeitung ist daher stets auf die genaue Sachverhaltsangabe zu achten!

---

[311] BGHSt 20, 194, 197; 31, 105, 107; 38, 295, 299; BGH StV 1998, 429; NStZ 2007, 332, 333; NStZ-RR 2014, 110; *Haft*, JuS 1988, 364, 367 f.; Sch/Sch-*Eser/Bosch*, § 244 Rn 7.
[312] SK-*Günther*, § 250 Rn 12; SK-*Hoyer*, § 244 Rn 16; NK-*Kindhäuser*, § 244 Rn 21; *Lackner/Kühl*, § 244 Rn 2; *Wessels/Hillenkamp*, BT 2, Rn 268.

Für die Variante gilt: Sollte T die Pistole an sich genommen haben, bevor er (weitere) Juwelen etc. eingesteckt hat, liegt das „Beisichführen einer Waffe" unproblematisch vor. Denn in diesem Fall war die Wegnahme der betreffenden Juwelen noch nicht vollendet. Schwierig wäre hingegen die Konstellation gewesen, in der die Ansichnahme der Pistole zu einem Zeitpunkt stattgefunden hätte, in der die Wegnahme der Juwelen bereits vollendet war (etwa weil T die Pistole beim Verlassen des Geschäfts zufällig entdeckt und eingesteckt hätte). In diesem Fall hätte man diskutieren müssen, ob ein Beisichführen während der Beendigungsphase qualifikationsgeeignet ist. Da dies nach der hier vertretenen Auffassung nicht der Fall ist (s.o.), wäre T nicht auch aus § 244 I Nr. 1a strafbar.

211 **Keine** Voraussetzung für das „Beisichführen" durch den Täter ist die Kenntnis des Opfers hiervon.[313]

dd. Sonderproblem „Teilrücktritt" von der Qualifikation

212 Im Rahmen der zeitlichen Komponente kann sich die Auslegung des Tatbestandsmerkmals „Beisichführen" auch unter dem Aspekt des **„Teilrücktritts" von der Qualifikation** als besonders schwierig erweisen. Auch diese Problematik ist von besonderer Prüfungsrelevanz, da sie zu ihrer Lösung fundierte Kenntnisse des AT verlangt.

213 **Beispiel:** O betreibt in einer norddeutschen Hafenstadt ein Wrackmuseum. Der an den dort ausgestellten maritimen Antiquitäten äußerst interessierte T beschließt, nachts einzubrechen und die ihn interessierenden Stücke mitzunehmen. Als T nun das Museum des O umgebende Grundstück zwecks Diebstahls einiger Antiquitäten betritt, kommen ihm jedoch Bedenken, dass es zu einer unkontrollierbaren Eskalation kommen könnte. Aus diesem Grund wirft er seine mitgebrachte Schusswaffe ins Gebüsch. Im Übrigen führt er die Tat wie geplant aus.

Der Tatbestand des § 242 ist i.V.m. mit dem Regelbeispiel des § 243 I S. 2 Nr. 1 erfüllt. Bei der Frage, ob bei der Tat auch die Qualifikation des § 244 I Nr. 1a erfüllt wurde, ist auf die zeitliche Dimension des Merkmals des „Beisichführens" abzustellen. T ist mit dem Betreten des Grundstücks in das Stadium des strafbaren Versuchs eingetreten, insbesondere waren keine weiteren Zwischenakte der Tatbestandsverwirklichung mehr erforderlich. Nach den allgemeinen Grundsätzen, wonach für das Beisichführen irgendein Zeitpunkt des Tathergangs ab Versuchsbeginn genügt, ist das Handlungsunrecht des § 244 I Nr. 1a unabhängig von dem „Rücktrittsverhalten" des T bereits verwirklicht. Fraglich ist jedoch, ob T dadurch, dass er noch vor Vollendung der Wegnahme die Schusswaffe ins Gebüsch geworfen (i.Ü. die Tat aber wie geplant ausgeführt) hat, strafbefreiend von § 244 I Nr. 1 zurücktreten konnte.

⇨ Der BGH[314] erkennt in solchen Fällen - in der Dogmatik konsequent - einen „Teilrücktritt" von der Qualifikation nicht an, sofern die Qualifikation verwirklicht ist. Er begründet seinen Standpunkt damit, dass die Qualifikation bereits vollendet sei (zur Erinnerung: Es genügt zur Vollendung des § 244 I Nr. 1a das Beisichführen zu irgendeinem Zeitpunkt ab Versuchsbeginn jedenfalls bis zur Vollendung des Grunddelikts) und damit die qualifikationsbegründende erhöhte Gefahr schon eingetreten sei.[315]

Unter Zugrundelegung dieser Rspr. hätte sich T aus § 244 I Nr. 1a strafbar gemacht. Die ebenfalls verwirklichten §§ 242, 243 I S. 2 Nr. 1 träten dann subsidiär zurück, wodurch die §§ 123, 303 I auflebten (sofern man sie überhaupt als von §§ 242, 243 verdrängt ansieht) und tateinheitlich mit § 244 zusammenträfen.[316]

---

[313] BGH NJW 2004, 3437; vgl. auch den Beispielsfall bei Rn 416 (Überfall auf Grillstube).
[314] BGH NStZ 1984, 216, 217; zust. LK-*Lilie/Albrecht*, § 24 Rn 494. Vgl. auch BGH NJW 2007, 1699 in Bezug auf § 177 IV Nr. 1 a.F. (vgl. jetzt § 177 VIII Nr. 1 n.F.), wo der BGH jedoch ausdrücklich auf BGH NStZ 1984, 216, 217 verweist.
[315] Zu beachten ist, dass der BGH (NJW 2007, 1699) die Figur des „Teilrücktritts von der Qualifikation" allenfalls dann anerkennen will, wenn die Qualifikation lediglich nur versucht (also nicht vollendet) worden ist. Nicht überzeugend ist daher die Bewertung von *v. Heintschel-Heinegg* (JA 2007, 656, 657), der das Urteil des BGH so versteht, als habe dieser generell (also auch bei Vollendung der Qualifikation) die Figur anerkannt.
[316] Insbesondere neigt der BGH dazu, die Sachbeschädigung tateinheitlich mit dem Einbruchdiebstahl zusammentreffen zu lassen (vgl. BGH NJW 2002, 150, 151).

⇨ Demgegenüber lässt das ganz überwiegende Schrifttum[317] einen „Teilrücktritt" von der Qualifikation mit der Begründung zu, der Verzicht auf die Qualifikation stelle eine rechtlich erhebliche Unrechtsreduzierung dar. Obwohl Grunddelikt und Qualifikation materiell-rechtlich eine Einheit bildeten, stellten sie wertungsmäßig zwei Tatbestände dar. Zwar passten angesichts der vollendeten Qualifikation die Rücktrittsvorschriften nicht, aber es entspreche dem Gedanken der tätigen Reue, den vor Vollendung des Grunddelikts erfolgenden (freiwilligen) Abbruch von qualifizierenden, abstrakt gefährlichen Verhaltensweisen als strafrechtlich relevanten „Teilrücktritt" anzuerkennen, solange es bei abstrakten Gefahren geblieben sei.

Nach dem herrschenden Schrifttum hätte T das Beisichführen einer Waffe mit strafbefreiender Wirkung aufgegeben. Folglich hätte er sich nur nach §§ 242, 243 I S. 2 Nr. 1 strafbar gemacht. Die §§ 123, 303 I würden ggf. verdrängt (Konsumtion unter dem Aspekt der mitbestraften Begleittat, dazu Rn 179 ff.).

> **Hinweis für die Fallbearbeitung:** Die Aufgabe eines Qualifikationsmerkmals in der **214** Tatphase zwischen Versuch und Vollendung stellt sowohl beim Diebstahl als auch beim Raub einen typischen Fall des „Teilrücktritts" von der Qualifikation dar. Kenntnisse in diesem Bereich sind für eine gute Fallbearbeitung unerlässlich. Welcher Auffassung man sich dabei anschließt, ist aus juristischer Sicht zwar irrelevant, wer sich jedoch der Auffassung des BGH anschließt, sollte bedenken, dass er dann nicht mehr die Voraussetzungen des Rücktritts prüfen kann. Jedenfalls ist die Problematik bei der Frage nach der Anwendbarkeit des § 24 zu diskutieren.

ee. Sonderproblem „zum Waffentragen verpflichtete Personen"

Ferner kann im Rahmen der Tathandlung das Merkmal des „Beisichführens" bei zum **215** **Waffentragen verpflichteten Personen** (Polizeibeamte, Bundeswehrsoldaten, zivile Objektschützer u.Ä.) problematisch werden.

> **Beispiel**[318]**:** Polizeivollzugsbeamter P, der gemäß der Dienstvorschrift während des Strei- **216** fengangs eine schussbereite Dienstwaffe bei sich trägt, stiehlt in einem Tante-Emma-Laden ein Zigarettenpäckchen.

Eine Strafbarkeit nach § 242 liegt vor. Fraglich ist, ob P auch den Tatbestand des § 244 I Nr. 1a erfüllt hat. Dem Wortlaut dieser Vorschrift zufolge fällt die geladene Dienstpistole eines Polizeibeamten als einsatzbereite Schusswaffe unter § 244 I Nr. 1a. Diese hat P auch bei sich geführt. Auch kann davon ausgegangen werden, dass sich P bewusst war, eine Schusswaffe bei sich zu führen, zumal die h.M. ein sachgedankliches Mitbewusstsein, ein Begleitwissen, zur Bejahung des Vorsatzes in Bezug auf das Beisichführen genügen lässt.[319] Bedenken ergeben sich jedoch daraus, dass bei Berufswaffenträgern der vom Gesetzgeber vermutete Gefährlichkeitszusammenhang zwischen dem Beisichführen einer Schusswaffe und der Tat nicht ohne weiteres vorliegt.

⇨ Diesem Umstand könnte durch eine teleologische Reduktion des § 244 I Nr. 1a für Berufswaffenträger Rechnung getragen werden mit der Folge, sie aus dem Anwendungsbereich herauszuhalten.[320] Denn gerade bei Kleindiebstählen wie dem vorliegenden kann es bei Anwendung des § 244 I Nr. 1a zu einer schuldunangemessenen Strafe kommen, da bei § 244 I die im Mindestmaß erhöhte Strafandrohung 6 Monate beträgt und weder die Geringwertigkeitsklausel des §§ 243 II noch die Strafantragsklausel des § 248a anwendbar sind.

Angesichts der Gewichtung des durch § 244 I sanktionierten Unrechts ist auch kaum mit einer Einstellung des Verfahrens nach §§ 153, 153a StPO zu rechnen. Daher

---

[317] Sch/Sch-*Eser/Bosch*, § 24 Rn 113; *Fischer*, § 24 Rn 27; *Wessels/Beulke/Satzger*, AT, Rn 643; *Wessels/Hillenkamp*, BT 2, Rn 268; *Kudlich*, NStZ 2011, 518, 519.
[318] Einen ähnlichen Fall hatte vor einiger Zeit auch das OLG Hamm (NStZ 2007, 473) zu entscheiden.
[319] Vgl. BGHSt 43, 8, 14; BayObLG NJW 1999, 2535, 2536; vgl. auch OLG Hamm NStZ 2007, 473, das sich den beiden genannten Entscheidungen im Ergebnis anschließt, auch wenn es sich dabei etwas missverständlich ausdrückt.
[320] So Sch/Sch-*Eser/Bosch*, § 244 Rn 5; *Scholderer*, StV 1998, 429, 431; *Seier*, JA 1999, 666, 672.

könnte es insgesamt erforderlich erscheinen, Berufswaffenträger aus dem Anwendungsbereich des § 244 I Nr. 1a herauszuhalten. P hätte sich somit (lediglich) aus § 242 strafbar gemacht. Insbesondere bestünde dann Raum für § 248a.

⇨ Auf der anderen Seite darf nicht verkannt werden, dass der Gesetzgeber die Geringwertigkeitsklausel des §§ 243 II und die Strafantragsklausel des § 248a ausdrücklich nicht auf § 244 I anwendet haben möchte. Das ist mit dem Zweck des § 244 I zu erklären, der in der Sanktionierung einer erhöhten *objektiven* Gefährlichkeit liegt. An eine teleologische Reduktion wäre daher allenfalls zu denken, wenn die Gefährlichkeit im Vergleich zu dem typischen Täter des Waffendiebstahls geringer wäre. Dies kann aber nicht ohne weiteres angenommen werden. Vielmehr bleibt die Gefährlichkeit gleich, unabhängig davon, ob der Täter zum Tragen von Waffen verpflichtet ist oder nicht. Auch ein Berufswaffenträger kann wie jeder andere Täter durch einen plötzlich auftretenden Zwischenfall zum Einsatz der Schusswaffe verleitet werden. Nicht zuletzt steht für den Amtsträger die berufliche Zukunft auf dem Spiel. Daher wird hinsichtlich des Schusswaffeneinsatzes keine höhere Hemmschwelle zu erwarten sein als bei jedem anderen Täter.[321] Somit ist § 244 I Nr. 1a auch auf Berufswaffenträger anwendbar. Immerhin steht dem Tatrichter mit der zum 5.11.2011 in Kraft getretenen Bestimmung des § 244 III gerade für Fälle der vorliegenden Art die Möglichkeit offen, einen minder schweren Fall anzunehmen. Dann reduziert sich der Strafrahmen auf 3 Monate bis 5 Jahre Freiheitsstrafe.

217

> **Hinweis für die Fallbearbeitung:** Die dargestellte Problematik zählt zum Standard-Repertoire der juristischen Ausbildung. Im Ergebnis sind beide Auffassungen gleichermaßen vertretbar, denn gleichgültig, wie man sich entscheidet, befindet man sich in einem Dilemma: Auf der einen Seite kann es gerade bei Kleindiebstählen wie dem vorliegenden bei Anwendung des § 244 I zu einer schuldunangemessenen Strafe kommen (wenn man einen minder schweren Fall verneint), da bei § 244 I die im Mindestmaß erhöhte Strafandrohung 6 Monate beträgt. Auf der anderen Seite hat der Gesetzgeber im Bereich des § 244 I bewusst keine tatbestandliche Einschränkung gemacht. Man missachtete also das Gesetz, hielte man Berufswaffenträger, die bei der Begehung eines Diebstahls eine Schusswaffe bei sich führen, aus dem Tatbestand des § 244 I Nr. 1a heraus. Eine gewisse Abhilfe hat der Gesetzgeber aber dadurch geschaffen, dass er mit Wirkung zum 5.11.2011 eine Reduzierung des Strafrahmens für minder schwere Fälle (§ 244 III) vorgesehen hat.
>
> Aufbautechnisch sollte man zunächst – nach Bejahung des § 242 – den Qualifikationstatbestand in objektiver und subjektiver Hinsicht durchprüfen. Denn die Erörterung einer teleologischen Reduktion kann sinnvollerweise erst dann erfolgen, wenn zuvor die Strafbarkeit wegen Verwirklichung des Tatbestands festgestellt wurde. Prüft man also zunächst den objektiven und subjektiven Tatbestand des § 244 I Nr. 1a, ist im Rahmen des subjektiven Tatbestands die Frage aufzuwerfen, ob sich der Täter im Moment der Tatbegehung überhaupt bewusst war, eine Schusswaffe bei sich zu führen. Als Antwort darauf könnte angeführt werden, dass das Bewusstsein des Beisichführens einer Waffe bei berufsmäßigen Waffenträgern aus dem objektiven Umstand des Beisichführens der Waffe geschlossen werden kann, sofern nicht besondere Tatumstände nahelegen, dass dem Täter im Moment der Tatbegehung das aktuelle Bewusstsein der Bewaffnung fehlte.[322] Wird demnach der subjektive Tatbestand bejaht, ist die Frage nach der teleologischen Reduktion aufzuwerfen und die Problematik – wie aufgezeigt – zu diskutieren.

---

[321] BGHSt 30, 44, 45 f.; BayObLG NJW 1999, 2535, 2536; *Wessels/Hillenkamp*, BT 2, Rn 270; *Lackner/Kühl*, § 244 Rn 3; *Fischer*, § 244 Rn 5; MüKo-*Sander*, § 250 Rn 37; *Jäger*, JuS 2000, 651, 655.
[322] Der Schluss von der objektiven Tatbegehung auf die subjektive Tatseite, wenn dem keine Gründe entgegenstehen, ist eine übliche Vorgehensweise und wird vom BGH insb. bei Tötungsdelikten angewendet.

b. Diebstahl mit sonstigen Werkzeugen und Mitteln, § 244 I Nr. 1b

Da § 244 I Nr. 1a von „Waffen und anderen gefährlichen Werkzeugen" spricht, ist klar, **218** dass es sich bei den „sonstigen Werkzeugen und Mitteln" i.S.d. § 244 I Nr. 1b nur um solche handeln kann, die objektiv *keine* Gefährlichkeit aufweisen. Als „Ausgleich" für das Genügenlassen der objektiven Ungefährlichkeit des sonstigen Werkzeugs oder Mittels fordert das Gesetz jedoch das Beisichführen, „um ... zu verhindern oder zu überwinden". Damit ist die Absicht des Täters im Sinne eines Vorbehalts gemeint, „notfalls" das sonstige Werkzeug oder Mittel (ohne Verletzungsbereitschaft) zur Überwindung von Widerstand einzusetzen.[323] Ob diese sog. **Verwendungsabsicht** (freilich i.S. eines inneren Verwendungsvorbehalts) gerade wegen der Ungefährlichkeit des sonstigen Werkzeugs oder Mittels die Schwere der Strafandrohung von grds. 6 Monaten bis zu 10 Jahren rechtfertigen kann, ist zweifelhaft. Daher ist auch die (bisherige) Rspr. bemüht, den Tatbestand des § 244 I Nr. 1b restriktiv auszulegen.

Als taugliche Tatmittel kommen demnach in Betracht: **219**

- Werkzeuge und Mittel, die bei ihrem (geplanten) Einsatz „nur", aber immerhin einfache Körperverletzungen i.S.d. § 223 herbeiführen können,

- Werkzeuge und Mittel wie bspw. Handschellen, Klebeband, Schnüre, Kabelstücke und Tücher sowie andere objektiv (bzw. abstrakt) ungefährliche Werkzeuge/Mittel, die eingesetzt werden (sollen), um Widerstand „durch Gewalt" zu überwinden, und sei es auch nur als Fesselungs- und Knebelwerkzeuge[324],

- Werkzeuge und Mittel, die ohne Verletzungsbereitschaft verwendet werden sollen, um Widerstand „durch Drohung mit Gewalt" zu überwinden. Dazu zählen insbesondere **Scheinwaffen**.[325] Bei diesen handelt es sich um solche Mittel, die objektiv nicht geeignet sind, das Angedrohte (Tod, Körperverletzung etc.) zuzufügen, deren Verwendung als Drohmittel dem Täter aber „Durchsetzungsmacht" verleiht. Das ist etwa bei **Spielzeugpistolen**, Wasserpistolen, Bombenattrappen o.ä. der Fall, da diese wenigstens **als Nötigungsmittel objektiv tauglich** sind.[326]

Im Übrigen kann bei Anwendung des § 244 I Nr. 1b, der sich von § 244 I Nr. 1a letzt- **220** lich durch die nicht gegebene objektive Gefährlichkeit des Tatmittels unterscheidet, dem Schuldprinzip durch eine angemessene Strafrahmenbestimmung Rechnung getragen werden. Eine Hilfe ist hier sicherlich die am 5.11.2011 in Kraft getretene Bestimmung des § 244 III, die für minder schwere Fälle einen Strafrahmen von 3 Monaten bis 5 Jahre vorsieht. Davon unbeschadet sollte in der Fallbearbeitung von folgender **Definition** ausgegangen werden:

Sonst ein Werkzeug oder Mittel ist ein Gegenstand, dem aus objektiver Sicht eine **221** waffenähnliche Funktion grds. nicht zukommt, der nach seiner Art und seinem Verwendungszweck in der konkreten Situation jedoch dazu aus der Sicht des Täters geeignet ist, Widerstand durch Gewalt oder durch Drohung mit Gewalt zu verhindern oder zu überwinden.

Hinweis für die Fallbearbeitung: Folgt man dem Willen des Gesetzgebers, wonach **222** der Nr. 1b im Verhältnis zur Nr. 1a eine Auffangfunktion zukommt, kann es zwischen

---

[323] Wie hier *Kett-Straub/Henn*, JA 2010, 590, 593.
[324] Vgl. BT-Drs. 13/9064, S. 18; SK-*Günther*, § 250 Rn 20; *Lackner/Kühl*, § 244 Rn 4; *Fischer*, § 244 Rn 10; *Kett-Straub/Henn*, JA 2010, 590, 593.
[325] Vgl. auch BGH NStZ 2014, 40, 41.
[326] Nicht einsatzbereite Schusswaffen (etwa weil sie defekt sind oder weil der Täter keine Munition greifbar hat) können jedenfalls dann, wenn sie als „Schlagwerkzeug" benutzt werden können, bereits als „anderes gefährliches Werkzeug" in den Anwendungsbereich des § 244 I Nr. 1a fallen. Nimmt man dies an, besteht für § 244 I Nr. 1b insoweit kein Raum (siehe bereits Rn 195 ff.). Jedenfalls gilt die geladene Schreckschusspistole als Waffe und unterfällt damit dem § 244 I Nr. 1a.

den beiden Nummern kein Exklusivitätsverhältnis geben.[327] Soweit der Täter also ein Tatmittel i.S.d. Nr. 1a in Verwendungsabsicht bei sich führt, ist die Nr. 1b tatbestandlich ebenfalls erfüllt. Diese Nummer braucht in der Fallbearbeitung dann auch nicht gesondert geprüft zu werden. Etwas anderes gilt aber dann, wenn der Täter einem **Irrtum** unterliegt:

- Hält der Täter ein objektiv gefährliches Tatmittel irrtümlich für ungefährlich und nimmt man zwischen Nr. 1a und Nr. 1b ein Exklusivitätsverhältnis an, kommt man in der genannten Irrtumskonstellation zu einer Strafbarkeit aus § 242 I in Tateinheit mit §§ 244 I Nr. 1b, II, 22. Geht man demgegenüber von einer Auffangfunktion aus, hat der Täter den Tatbestand des § 244 I Nr. 1b voll verwirklicht.

- Hält der Täter ein objektiv ungefährliches Tatmittel irrtümlich für gefährlich und nimmt man zwischen Nr. 1a und Nr. 1b ein Exklusivitätsverhältnis an, kommt man in dieser umgekehrten Konstellation zu einer Strafbarkeit aus § 242 I in Tateinheit mit §§ 244 I Nr. 1a, II, 22. Geht man aber auch hier von einer Auffangfunktion aus, hat der Täter den Tatbestand des § 244 I Nr. 1b voll verwirklicht.

223 **Übungsfall:** T bricht in die Villa des O ein, um eine antike Wanduhr zu stehlen. Um im Fall der Entdeckung einen möglichen Widerstand zu verhindern, nimmt er eine ungeladene *Smith & Wesson* mit. Passende Munition besitzt T nicht. Die Tat des T bleibt während der Dauer der Ausführungshandlung jedoch unentdeckt. Er verlässt mit der Beute den Tatort. Strafbarkeit des T?

224 Die ausformulierte Lösung kann unter verlagrs@t-online.de angefordert werden.

c. Bandendiebstahl, §§ 244 I Nr. 2, 244a

aa. Problemaufriss

225 Der Qualifikationstatbestand des § 244 I Nr. 2 setzt seinem Wortlaut nach voraus, dass der Diebstahl von einem Bandenmitglied unter Mitwirkung eines anderen Bandenmitglieds begangen wird. Eine Definition des Begriffs „Bande" hat der Gesetzgeber dem Rechtsanwender ebenso wenig an die Hand gegeben wie eine Erläuterung, was unter „Mitwirkung" zu verstehen ist. Im Wesentlichen stellen sich drei zentrale Fragen:

- Zum einen ist fraglich, wie hoch die **Mindestzahl der Mitglieder** sein muss, um von einer „Bande" sprechen zu können.

- Zum anderen ist klärungsbedürftig, welche **Organisationsstrukturen** vorauszusetzen sind.

- Schließlich ist fraglich, ob der Tatbestand des Bandendiebstahls das **zeitliche und örtliche Zusammenwirken** von (mindestens) zwei Bandenmitgliedern **am Tatort** fordert.

226 **Beispiel 1**[328]: A und M fassten den Entschluss, gebrauchte Kraftfahrzeuge zu entwenden und gewinnbringend weiterzuverkaufen. Innerhalb eines Zeitraums von mehreren Wochen suchten sie verschiedene Autohändler auf, nahmen im Freien abgestellte Autos in Augenschein und täuschten Kaufinteresse vor. Entsprechend dem zuvor gefassten Tatplan begaben sie sich nun zu dem Autohaus des P. Dort lenkte A die Aufmerksamkeit des P auf sich, während M die Situation ausnutzte und unbemerkt einen der Originalschlüssel des besichtigten Kraftfahrzeugs gegen einen mitgeführten, ähnlich aussehenden Schlüssel desselben Fahrzeugtyps austauschte. In der darauf folgenden Nacht entwendeten sie den mit einer elektronischen Wegfahrsperre ausgerüsteten Wagen unter Verwendung des Originalschlüssels. Diese Vorgehensweise wiederholten sie in dem genannten Zeitraum bei verschiedenen Autohändlern einige Male, bis sie schließlich überführt wurden.

---

[327] Wie hier nun auch BGHSt 44, 103, 104.
[328] In Anlehnung an BGHSt 46, 321 ff. (Großer Senat); vgl. auch *Franke*, JA 2002, 106; BGH NJW 2002, 1662 f.; 2004, 2840 f.; 2005, 2629 ff.; NStZ 2009, 35 f.

Das Landgericht (LG) hat A und M wegen Bandendiebstahls in mehreren Fällen zu hohen Gesamtfreiheitsstrafen verurteilt. Der zur Entscheidung über die Revision der beiden Angeklagten berufene 4. Strafsenat des BGH[329] hat den Großen Senat für Strafsachen des BGH angerufen, um zu klären, ob der Begriff der Bande eine Verbindung von mehr als zwei Personen voraussetzt und der Tatbestand des Bandendiebstahls das zeitliche und örtliche Zusammenwirken von (mindestens) zwei Bandenmitgliedern verlangt.

bb. Mindestmitgliederzahl und erforderliche Organisationsstruktur

In der auf Vorlage des 4. Strafsenats ergangenen Grundsatzentscheidung v. 22.3.2001 hat der Große Strafsenat des BGH entschieden, dass der Begriff der Bande den Zusammenschluss von mindestens **drei Personen** voraussetze. Diese Personen müssten sich mit dem Willen verbunden haben, künftig für eine gewisse Dauer mehrere selbstständige, im Einzelnen noch ungewisse Straftaten des im Gesetz genannten Deliktstypus zu begehen.[330] Auf einen **„gefestigten Bandenwillen"**, der über das bloße mittäterschaftliche Zusammenwirken hinausgeht, bzw. auf ein **„übergeordnetes Bandeninteresse"**, das über das individuelle Interesse hinausgeht, im Rahmen der Banden Straftaten zu begehen, könne dagegen **verzichtet werden**.[331]

Stellungnahme: Die Auffassung des Großen Senats ist nicht nur gem. § 138 I S. 3 GVG für die Praxis rechtsverbindlich, sondern sie überzeugt auch in der Sache. Denn sie hat nicht nur das Wortlautargument auf ihrer Seite, wonach man im allgemeinen Sprachgebrauch mit dem Begriff der Bande eher eine größere Personenzahl als zwei verbindet, sondern auch den Umstand, dass die erhöhte Gefährlichkeit einer Bande von der Gruppendynamik („Korpsgeist") einer mehrgliedrigen Personengruppe herrührt, deren Existenz nicht vom Ausscheiden eines einzelnen Mitglieds abhängig ist (was aber der Fall wäre, wenn man von einer Mindestmitgliederzahl von zwei ausginge). Schließlich wird durch die Annahme einer Mindestmitgliederzahl von drei der Unterschied zur (bloßen) Mittäterschaft nach § 25 II deutlich. Im Ergebnis ist daher mit dem *Großen Senat* eine Mindestzahl von **drei Personen** zu fordern.

Sind ein über das bloße mittäterschaftliche Zusammenwirken hinausgehender gefestigter Bandenwille bzw. ein über das individuelle Interesse hinausgehendes übergeordnetes Bandeninteresse nicht erforderlich, muss die Bandenabrede auch nicht ausdrücklich getroffen werden; vielmehr genügt **jede Form stillschweigender Vereinbarung**, die aus dem konkret feststellbaren wiederholten deliktischen Zusammenwirken mehrerer Personen hergeleitet werden kann.[332] Es genügt aber nicht, wenn sich die Täter von vornherein nur zu einer einzigen Tat verbunden haben und in der Folgezeit jeweils aus neuem Entschluss derartige Taten begehen.[333]

Vorherige Tatplanung ist zwar ein regelmäßiges, nicht aber ein zwingendes Kriterium für eine Bandenabrede. Auch Straftaten, die in wechselseitiger Beteiligung **spontan aus der Situation heraus** begangen werden, kann eine Bandenabrede zugrunde liegen, nämlich dann, wenn unter der Tätergruppe eine grundsätzliche Übereinkunft dahin besteht, in Zukunft sich ergebende günstige Situationen entsprechend auszunutzen. Auch der Umstand, dass die Tätergruppe außer den gesetzlich umschriebenen Bandentaten weitere Straftaten anderer Art begeht, steht einer Bandenabrede nicht entgegen. So kann die Tatsache, dass einige Bandenmitglieder außer Vermögensdelikten insbe-

227

228

229

230

---

[329] BGH JR 2000, 73.

[330] Vgl. zum Diskussionsstand die 1.-6. Aufl. dieses Buches.

[331] BGHSt 46, 321, 338; zust. BGH NJW 2002, 1662; NJW 2004, 2840, 2842; NStZ 2009, 35 f.; NStZ 2015, 647, 648; *Erb*, NStZ 2001, 561, 562; *Ellbogen*, wistra 2002, 9 f.; *Lackner/Kühl*, § 244 Rn 6; *Dessecker*, NStZ 2009, 184, 185 ff.; ablehnend Sch/Sch-*Eser/Bosch*, § 244 Rn 24; *Hillenkamp*, JuS 2003, 157, 162; *Wessels/Hillenkamp*, BT 2, Rn 299 (zwei Personen genügen).

[332] BGH NStZ 2002, 318, 319.

[333] BGH NStZ 2009, 35 f.

sondere Körperverletzungsdelikte und auch Brandstiftungsdelikte begehen, sogar ein Indiz für einen bandenmäßigen Zusammenschluss sein.[334]

> **Beispiel**[335]**:** Acht in Köln-Bickendorf lebende Jugendliche schlossen sich zur einer Gruppierung zusammen, die sich „Bickendorf-Gangsters" nannte. Sie begingen in wechselnder Beteiligung zahlreiche Straftaten, zu denen Brandstiftungs-, Raub, Körperverletzungs- und Diebstahlsdelikte gehörten. Dabei handelten sie jeweils spontan aus der Situation heraus, während sie in der Gruppe ihre Freizeit miteinander verbrachten.
>
> Wegen der jeweiligen fehlenden Tatplanung hatte die Vorinstanz (das LG Köln) drei Angeklagte nur zu Jugendstrafen zwischen zehn Monaten und zwei Jahren auf Bewährung verurteilt. Bei zwei weiteren Jugendlichen hatte das Gericht sich die Verhängung von Jugendstrafen nur für den Fall von „schlechter Führung" in der Bewährungszeit vorbehalten. Drei Angeklagte hatte das LG lediglich verwarnt und ihnen Weisungen für ihre Lebensführung erteilt.
>
> Gegen dieses Urteil legte die Staatsanwaltschaft Revision ein. Der 2. Strafsenat des BGH sah zunächst die Beweiswürdigung als lückenhaft an. Das LG habe belastende Tatumstände nicht gewürdigt. Auch sei die rechtliche Würdigung des LG, mit der das Bestehen einer Bande verneint worden sei, falsch (zur Begründung siehe oben). Daher seien die Angeklagten *auch* wegen Bandendiebstahls gem. § 244 I Nr. 2 bzw. Bandensraubs gem. § 250 I Nr. 2 zu bestrafen.

230a Einem **bestimmten Kriminalitätsfeld** muss der Zusammenschluss **nicht** angehören; insbesondere verlangt § 244a nicht, dass die Bande dem Bereich der Organisierten Kriminalität angehört. Daher können auch regionale Jugend-Diebesbanden der Strafvorschrift des § 244a unterfallen.[336]

231 **Bandenmitglied** kann auch sein, wer nach der Bandenabrede von Anfang an nur **Gehilfenbeiträge** leistet, solange diese nicht von gänzlich untergeordneter Bedeutung sind. Daher ist die Begehung eines Bandendiebstahls „unter Mitwirkung eines anderen Bandenmitglieds" auch möglich, wenn der andere nur als Gehilfe tätig wird.[337]

Demnach kann also auch dann von einer Bande gesprochen werden, wenn **ein Haupttäter unter Mitwirkung von zwei Gehilfen** (i.S.v. § 27 I) stiehlt. Eine unzulässige Analogie wegen Überdehnung des Wortlauts des § 244 I Nr. 2 liegt nicht vor, da als „Ausgleich" für die Lockerung der inneren Verbindung drei Personen verlangt werden.

Folge dieser Auffassung ist, dass die Personen, die im Rahmen des Diebstahls zwar als Bandenmitglieder gelten, nach allgemeinen Grundsätzen jedoch „nur" Gehilfen i.S.v. § 27 I sind, sich bei einer späteren Verwertung des Diebesguts der Hehlerei (§ 259) schuldig machen können (vgl. dazu Rn 824). Tatbeteiligte, die nicht selbst Bandenmitglieder sind, können nach Auffassung des BGH dagegen von vornherein „nur" wegen Beteiligung am Grunddelikt des § 242 strafbar sein, weil die Bandenmitgliedschaft ein besonderes persönliches Merkmal i.S.d. § 28 II sei.[338]

232 **Zusammenfassung:** Legt man die dargestellte Rspr. des BGH zugrunde, ergibt sich hinsichtlich der Bande folgende Definition:

233 Der Begriff der **Bande** setzt den Zusammenschluss von mindestens drei Personen voraus, die sich mit dem Willen verbunden haben, künftig für eine gewisse Dauer mehrere selbstständige, im Einzelnen noch ungewisse Straftaten zu begehen[339] (sog. „Bandenabrede").

---

[334] BGH NStZ 2009, 35 f.
[335] Vgl. BGH NStZ 2009, 35 f.
[336] BGH NStZ 2008, 625 f.
[337] BGH NStZ 2007, 33 f. Vgl. auch BGH wistra 2012, 433, 434.
[338] BGH NStZ 2013, 102, 103. Vgl. zum Streitstand Rn 242 ff.
[339] BGHSt 46, 321, 338; BGH NStZ 2015, 647, 648.

Dem Bereich der Organisierten Kriminalität muss der Zusammenschluss nicht angehören. Auch ist ein „gefestigter Bandenwille" oder ein „Tätigwerden in einem übergeordneten Bandeninteresse" nicht erforderlich. Eine vorherige Tatplanung ist ebenfalls kein konstitutives Element für eine Bandenabrede. So können auch Straftaten, die in wechselseitiger Beteiligung spontan aus der Situation heraus begangen werden, bandenmäßig verübt werden. Schließlich genügt es, wenn ein Täter mit zwei Gehilfen zusammenwirkt, deren Beiträge nicht gänzlich unbedeutend sind.

In **Beispiel 1** (Rn 226) haben sich A und M also *nicht* wegen Bandendiebstahls gem. § 244 I Nr. 2 strafbar gemacht. Hiervon unberührt bleibt selbstverständlich eine Strafbarkeit aus §§ 242 I, 25 II i.V.m. § 243 I S. 2 Nrn. 1 u. 3 in mehreren Fällen.

cc. Unter *Mitwirkung* eines anderen Bandenmitglieds

Nach dem Wortlaut des § 244 I Nr. 2 kann nur bestraft werden, wer als Mitglied einer   **234**
Bande **unter Mitwirkung eines anderen Bandenmitglieds** einen Diebstahl begeht. Diese „Mitwirkung" des anderen Bandenmitglieds brauchte schon nach der bisherigen h.M., die nun vom Großen Senat a.a.O. und vom diese Rspr. fortführenden 4. Senat bestätigt wurde, nicht in Form einer mittäterschaftlichen Zusammenarbeit i.S.d. § 25 II geschehen. Es genügt, wenn ein Tatbeitrag des anderen „mitwirkenden" Bandenmitglieds vorliegt, der nach allgemeinen Grundsätzen eine Anstiftung (§ 26) oder eine Beihilfe (§ 27) darstellen würde.[340]

Beispiel 2: Wären A und M des Beispiels von Rn 226 Mitglieder einer (größeren) Autoschieberbande und würde M lediglich eine untergeordnete Gehilfenrolle spielen, machte A sich nach § 244 I Nr. 2 strafbar und M – ob akzessorisch oder über § 28 II (dazu später) – lediglich nach §§ 244 I Nr. 2, 27 I.

Demgegenüber war lange Zeit äußerst **umstritten**, ob die gesetzliche Formulierung   **235**
„unter Mitwirkung eines anderen Bandenmitglieds" fordert, dass Täter eines Bandendiebstahls nur sein kann, **wer am Tatort auch anwesend ist**.

▪ Nach der älteren Rechtsprechung konnte Täter eines Bandendiebstahls nur ein Bandenmitglied sein, das auch gefahrerhöhend am Tatort selbst mitwirkte.[341]

Beispiel 3: Wäre in Beispiel 1 (Rn 226) noch der alles steuernde, im Hintergrund agierende „Bandenchef" C vorhanden gewesen, hätte man zwar von einer „Bande" sprechen müssen, *nicht* aber C aus §§ 244 I Nr. 2, 25 II bestrafen können, weil dieser – obwohl er nach allgemeinen Regeln Mittäter gem. § 25 II gewesen wäre – gerade nicht am Tatort selbst mitwirkte. C wäre also „nur" aus §§ 242 I, 25 II i.V.m. § 243 I S. 2 Nrn. 1 u. 3 in Tateinheit mit §§ 244a I Nr. 2, 26 oder 27 strafbar gewesen, nicht aber aus §§ 244 I Nr. 2, 25 II.

▪ Diese Rechtsprechung war in der Literatur zu Recht auf vehemente Kritik gestoßen.[342] Denn es leuchtet nicht ein, warum der den „Kopf" der Bande bildende Bandenchef, der etwa von zu Hause aus bequem über ein Mobiltelefon „Anweisungen" gibt, milder bestraft werden soll als seine „Schergen" vor Ort.

▪ Zwischenzeitlich hatten auch einige Senate des BGH diese Kritik aufgenommen und es für die Bejahung des § 244 I Nr. 2 (i.V.m. § 25 II) genügen lassen, wenn der im Hintergrund agierende Bandenchef (oder auch ein „normales" Bandenmitglied) einen anderen funktionalen Tatbeitrag erbringt.[343]

---

[340] BGHSt 46, 321, 332; BGH StraFo 2006, 340 f. Vgl. auch BGH NJW 2002, 1662; BGH NStZ 2003, 32, 33; *Kudlich*, JA 2006, 746 f.
[341] Vgl. BGHSt 33, 50, 52; BGH StV 1997, 247.
[342] Vgl. nur Sch/Sch-*Eser/Bosch*, § 244 Rn 27; *Wessels/Hillenkamp*, BT 2, Rn 301/302.
[343] Vgl. BGHSt 46, 120, 122 ff.; 46, 136, 138.

■ Der Große Senat in Strafsachen hat a.a.O. auch diese Frage (zumindest für die Praxis) verbindlich entschieden, indem er es – wie bereits ausgeführt – genügen lässt, wenn ein Tatbeitrag (des nicht am Tatort anwesenden Bandenmitglieds) vorliegt, der nach allgemeinen Grundsätzen lediglich eine Anstiftung (§ 26) oder eine Beihilfe (§ 27) darstellen würde. Er spricht sich also für eine weite Auslegung des Tatbestandsmerkmals „unter Mitwirkung eines anderen Bandenmitglieds" aus und gelangt so zu einer Strafbarkeit von nicht am Tatort anwesenden Bandenmitgliedern aus § 244 I Nr. 2, 25 II selbst dann, wenn vor Ort ein anderes Bandenmitglied als Täter und ein weiteres Bandenmitglied beim Diebstahl in irgendeiner Weise zusammenwirken.

Folgt man der Auffassung des *Großen Senats*, ist in **Beispiel 3** C also nicht lediglich aus §§ 242 I, 25 II i.V.m. § 243 I S. 2 Nrn. 1 u. 3 in Tateinheit mit §§ 244 I Nr. 2, 26 oder 27 strafbar, sondern aus §§ 244 I Nr. 2, 25 II.

■ Die ebenfalls bereits erläuterte Rechtsprechung des 4. Senats[344] (Rn 234) lässt es sogar genügen, wenn nur der Haupttäter vor Ort stiehlt und die beiden anderen Mitglieder, die nach allgemeinen Grundsätzen lediglich Gehilfen zu sein brauchen, ihre Beiträge anderweitig (etwa in dem Zur-Verfügung-Stellen von Stauraum für das Diebesgut oder in dem Beschaffen von Einbruchwerkzeugen) erbringen. Voraussetzung ist nur, dass diese Gehilfenbeiträge nicht von gänzlich untergeordneter Bedeutung sind.

236 Schließlich hat der Große Senat entschieden, dass die **Wegnahmehandlung** selbst sogar durch eine **bandenfremde** Person erfolgen kann.[345]

237 **Beispiel 4:** Diesmal wollen A, M und der Bandenchef sich nicht selbst „die Finger schmutzig machen". Daher „beauftragen" sie den (bandenfremden) kleinkriminellen Helfichgern (H), gegen ein Entgelt von 1.000,- € den Wagen vom Hof des P „abzuholen". Zur Ausführung der Tat fahren A und M den H zum Tatort und warten in der Nähe.

I. Strafbarkeit von A, M und C
1. §§ 242, 25 II, 243
Gegeben ist ein erneuter Fall gemeinschaftlichen Diebstahls im Zusammenwirken mit H gem. §§ 242, 25 II. Für A, M und C lag erneut das Regelbeispiel des § 243 I S. 2 Nr. 3 vor.

2. § 244 I Nr. 2, 25 II
Darüber hinaus könnte für A, M und C ein Bandendiebstahl gem. § 244 I Nr. 2 anzunehmen sein. Eine Bande mit der Mindestpersonenzahl von drei lag vor.

Fraglich ist allein, ob die Tat „unter Mitwirkung eines anderen Bandenmitglieds" begangen worden ist. Bedenken knüpfen an den Umstand, dass die eigentliche Wegnahmehandlung nicht von einem Bandenmitglied, sondern von einem Außenstehenden verwirklicht worden ist. Andererseits handelte H im Zusammenwirken mit A und M, die ihrerseits Bandenmitglieder und untereinander Mittäter waren.

Nach Auffassung des Großen Senats des BGH können die Voraussetzungen eines Bandendiebstahls selbst dann erfüllt sein, wenn die Wegnahmehandlung von einem Nichtbandenmitglied, der für die Bande handelt, ausgeführt wird. Bedienten sich die Mitglieder einer Bande eines Nichtmitglieds als Ausführenden, hindere das die Annahme eines Bandendiebstahls nicht, wenn im Übrigen zwei Mitglieder der aus zumindest drei Personen bestehenden Bande am Diebstahl mitwirkten und wenigstens einem von ihnen die unmittelbare Tatausführung des Nichtmitglieds als Täter zuzurechnen sei. Denn auch beim Bandendiebstahl seien die allgemeinen Teilnahme- und Zurechnungsregeln, nach denen Täterschaft nicht zwingend eine Mitwirkung am Kerngeschehen voraussetzt, anzuwenden. So könne es für die Annahme von Mittäterschaft ausreichen, wenn mehrere die Begehung eines Diebstahls derart vereinbaren, dass nur einer von ihnen die Wegnahme (körperlich) durchführen solle, weil dieser besser als die anderen dazu geeignet sei. Der

---

[344] BGH StraFo 2006, 340 f.
[345] BGHSt 46, 321, 338. Vgl. auch BGH NStZ 2003, 32, 33.

Umstand, dass ein unmittelbar die Wegnahme ausführender Dritter nicht Mitglied der Bande sei, stehe nur dessen Verurteilung als Täter eines Bandendiebstahls entgegen, nicht aber der Annahme eines Bandendiebstahls.

Damit ist also entscheidend, dass die Tat als solche unter Mitwirkung eines Bandenmitglieds verwirklicht worden ist, mag auch die Wegnahme allein von einem Nichtbandenmitglied ausgeführt worden sein.

A, M und C sind Bandenmitglieder, Täter des Diebstahls und damit wegen Bandendiebstahls gem. §§ 244 I Nr. 2, 25 II strafbar. H ist dabei der Tatmittler i.S.d. § 25 I Var. 2.

3. § 244a I

Wegen der Gewerbsmäßigkeit ist auch der schwere Bandendiebstahl nach § 244a für A, M und C ausgelöst.

II. Strafbarkeit des H

H erfüllt jedenfalls den Tatbestand der Unterschlagung gem. § 246. Diebstahl scheitert an der erforderlichen Drittzueignungsabsicht[346], sodass es für § 244 I Nr. 2 nicht mehr darauf ankommt, dass er nicht „als Mitglied" einer Bande gehandelt hat. Da H jedoch Hilfe zum Bandendiebstahl geleistet hat, ist er unter Zugrundelegung der Auffassung des *Großen Senats* in Tateinheit mit dem bereits bejahten § 246 auch – ob akzessorisch oder über § 28 II (vgl. dazu näher das Beispiel 6 bei Rn 242) – wegen Beihilfe nach §§ 242 I, 27 I bzw. nach §§ 242 I, 244 I Nr. 2, 27 I strafbar.

Stellungnahme: Der Verzicht auf das Erfordernis eines örtlichen und zeitlichen Zusammenwirkens von (wenigstens) zwei Bandenmitgliedern am Tatort macht immer dann Sinn, wenn dank sorgfältiger Planung innerhalb gut organisierter und spezialisierter Diebesbanden regelmäßig nur ein einziges Bandenmitglied vor Ort erscheint und dann im Extremfall kein einziges Bandenmitglied jemals den Tatbestand des § 244 I Nr. 2 erfüllen würde. Siehe dazu auch das Beispiel 5 bei Rn 240.

Zusammenfassung: Legt man die Rechtsprechung des Großen Senats zugrunde, ergibt sich folgende **Definition** des Tatbestandsmerkmals „**unter Mitwirkung eines anderen Bandenmitglieds**":

Das Tatbestandsmerkmal „**Stehlen unter Mitwirkung eines anderen Bandenmitglieds**" setzt *nicht* voraus, dass wenigstens zwei Bandenmitglieder örtlich und zeitlich den Diebstahl zusammen begehen. Es genügt, wenn die Tat **am Tatort durch eine Person allein** verübt wird, die anderen (tatortfremden) Bandenmitglieder jedoch am Diebstahl in irgendeiner Weise, auch in Form der Beihilfe, mitwirken. Die **Wegnahmehandlung** selbst kann sogar durch eine Person erfolgen, die **nicht Bandenmitglied** ist.

Daraus folgt zuletzt, dass eine **Mitgliedschaft in einer Bande**, die sich zur fortgesetzten Begehung von Diebstählen verbunden hat (dazu sogleich unter § 244a), zwar regelmäßig, **nicht** jedoch **zwingend eine Strafbarkeit** nach §§ 244 I Nr. 2, 244a zur Folge hat.

Beispiel 5[347]: X und Y waren Mitglieder einer straff organisierten und hierarchisch strukturierten Bande, die in Deutschland Pkw der Oberklasse entwendete und in verschiedene osteuropäische Staaten verbrachte, um sie gewinnbringend zu verkaufen. Die einzelnen Taten wurden stets im Zusammenwirken mehrerer hochspezialisierter Mitglieder ausgeführt. Einige nahmen in den Empfängerstaaten Fahrzeugbestellungen entgegen und leite-

238

239

240

---

[346] Zwar genügt es, wenn der Täter die Sache (von vornherein) einem Dritten beschaffen will, jedoch muss er sich nach wie vor gegenüber dem Bestohlenen wie ein Eigentümer gerieren und hinsichtlich der Aneignung mit *dolus directus* 1. Grades handeln. Vorliegend ist unterstellt worden, dass sich H niemals in eine eigentümerähnliche Stellung versetzen wollte. Vielmehr hat er sich nur mit der Aneignungsabsicht von A, M und C abgefunden. Daher wurde die (Dritt-)Zueignungsabsicht i.S.d. § 242 I verneint. Selbstverständlich kann man aber anderer Meinung sein.
[347] In Anlehnung an BGH NStZ 2003, 32 f.

ten diese weiter. Andere beschafften durch den Ankauf von preisgünstigen Unfallfahrzeugen Originalkraftfahrzeugpapiere. Wieder andere entwendeten Fahrzeuge des bestellten Typs und verbrachten diese in zu diesem Zweck angemietete Hallen. Dort wurden von weiteren Mitgliedern Aufbruchspuren beseitigt, Bauteile der „geknackten" Wegfahrsperren ausgetauscht und die Fahrzeuge durch Änderung der Fahrzeugidentifikationsnummern so „aufbereitet", dass sie zu den beschafften Kraftfahrzeugpapieren passten. Weitere Mitglieder verbrachten die Fahrzeuge schließlich als Kuriere in die Empfängerstaaten. Koordiniert und organisiert wurde dies alles von dem in Russland tätigen Kopf der Bande. Infolge eines Hinweises eines „Spitzels" wurde X überführt. Von diesem erfuhr die Polizei nach einigen Vernehmungen, dass er in dieser Organisation die Aufgabe eines Verbindungsmannes hatte, der die mit der Aufbereitung der Fahrzeuge beschäftigten Mitglieder logistisch unterstützte und die Fahrzeuge an die Kuriere übergab. Infolge weiterer Hinweise konnte die Polizei auch Y festnehmen. Dieser war einer der mit der Aufbereitung der Fahrzeuge befassten Spezialisten. Auch konnte im Zuge weiterer Ermittlungen aufgeklärt werden, dass zwei gesondert verfolgte Bandenmitglieder in fünf Fällen Pkw entwendet und diese in eine angemietete Halle verbracht hatten. Auch konnte aufgeklärt werden, dass X den Y später an der Halle absetzte, wo dieser die Fahrzeuge in der beschriebenen Art aufbereiten sollte.

Nicht geklärt werden konnte, ob X von den Diebstählen wusste, ob er an den Tatorten war oder ob er sich an den Diebstahlstaten beteiligt hatte. In Bezug auf Y konnte noch nicht einmal festgestellt werden, ob ihm die einzelnen Diebstähle vor seinem Einsatz überhaupt bekannt waren. Haben sich X und Y dennoch strafbar gemacht?

Hier reichen die Feststellungen nicht aus, um eine jeweilige Mittäterschaft hinsichtlich der Diebstähle zu belegen. Zudem sollten nach der Bandenabrede beide mit der Planung und Ausführung der Diebstähle selbst nichts zu tun haben. Vielmehr sollten sie nur mit dem Absatz der gestohlenen Fahrzeuge befasst sein. Daher scheidet eine Strafbarkeit nach §§ 244 I Nr. 2, 244a aus; es gelten daher – trotz der Bandentat – die allgemeinen Teilnahme- und Zurechnungsregeln nach §§ 25 ff.[348] Bei Y kommt daher eine Beihilfe zum schweren Bandendiebstahl in Betracht, bei X zusätzlich Hehlerei.

241 Zu beachten ist, dass die Bandenabrede die allgemeinen Regeln über die Tatbeteiligung unberührt lässt. Die Bandenmitgliedschaft und die Beteiligung an Bandentaten sind daher unabhängig voneinander zu beurteilen.[349] So kann jemand Mitglied einer Bande sein, ohne jedoch Mittäter i.S.d. § 25 II an den bandenmäßig begangenen Taten zu sein.

dd. Strafbarkeit des Teilnehmers

242 Klärungsbedürftig bleibt somit nur noch die Frage, ob die Strafbarkeit eines Teilnehmers **streng akzessorisch** über §§ 244 I Nr. 2, 26 bzw. §§ 244 I Nr. 2, 27 I erfolgt[350] oder ob es sich bei der Bandenmitgliedschaft um ein **strafschärfendes besonderes persönliches Merkmal** i.S.d. § 28 II handelt mit der Folge, dass die Strafbarkeit des Teilnehmers unter **gelockerten** Akzessorietätsgesichtspunkten zu würdigen ist[351].

> **Beispiel 6:** Da in Beispiel 4 (Rn 237) H den beiden Bandenmitgliedern A und M Beihilfe zu §§ 244 I Nr. 2, 25 II geleistet hat, ist fraglich, ob er in Tateinheit mit der bereits bejahten Unterschlagung (§ 246) auch wegen Beihilfe zum (Banden-)Diebstahl strafbar ist.
>
> ⇨ Stellt die Bandenmitgliedschaft ein **täterbezogenes** Merkmal dar, kann wegen Beihilfe zu § 244 I Nr. 2 nur derjenige bestraft werden, der selbst Mitglied der Bande ist. Für ein Nichtmitglied entfallen über § 28 II die §§ 244 I Nr. 2, 25 II, 26 (bzw. 27 I).

---

[348] BGH NStZ 2003, 32, 33.
[349] BGH NStZ 2011, 637.
[350] So vertreten von Sch/Sch-*Eser/Bosch*, § 244 Rn 28; LK-*Schünemann*, § 28 Rn 67; SK-*Hoyer*, § 244 Rn 35; *Kindhäuser*, BT II, § 4 Rn 26; *Otto*, BT, § 41 Rn 65; *Rengier*, BT I, § 4 Rn 53.
[351] So vertreten von BGH NStZ 2013, 102, 103; NStZ 2007, 526; BGH NStZ-RR 2007, 112; BGHSt 46, 120, 128; SK-*Günther*, § 250 Rn 41; *Lackner/Kühl*, § 244 Rn 7; *Fischer*, § 244 Rn 22; *Wessels/Hillenkamp*, BT 2, Rn 296.

Der Teilnehmer kann daher ggf. lediglich nach §§ 242 I, 26, 28 II (ggf. i.V.m. § 243) bzw. nach §§ 242 I, 27 I, 28 II (ggf. i.V.m. § 243) bestraft werden. Demzufolge wäre H nach §§ 242 I, 27 I, 28 II (ggf. i.V.m. § 243) strafbar.

⇨ Kennzeichnet die Bandenmitgliedschaft dagegen die besondere Gefährlichkeit der *Tat*, sodass darin ein **tatbezogenes** Merkmal gesehen werden muss, wird danach der nicht mitgliedschaftlich verbundene Teilnehmer streng akzessorisch nach §§ 244 I Nr. 2, 25 II, 26 (bzw. 27 I) bestraft. Nach dieser Auffassung wäre H also nach §§ 244 I Nr. 2, 25 II, 27 I strafbar.

Stellungnahme: Die Entscheidung dieses Streits ist, wie verdeutlicht wurde, von ergebnisrelevanter Bedeutung. Sieht man in der Bandenmitgliedschaft ein besonderes persönliches täterbezogenes Merkmal i.S.d. § 28, kommt wegen § 28 II eine Bestrafung eines Nichtbandenmitglieds wegen Anstiftung oder Beihilfe zu § 244 I Nr. 2 nicht in Betracht. Dagegen ist bei der Einstufung der Bandenmitgliedschaft als tatbezogenes Merkmal eine Bestrafung wegen Anstiftung oder Beihilfe zum Bandendiebstahl möglich. Wenn man bedenkt, dass bei einer Bandenmitgliedschaft die persönliche Stellung als Mitglied im Vordergrund steht, die eine gruppendynamisch bedingte Steigerung der Gefährlichkeit der Bandenverbindung ermöglicht, sollte man in der Bandenmitgliedschaft ein täterbezogenes Merkmal sehen. H ist also nicht nach §§ 244 I Nr. 2, 25 II, 27 I, sondern nach §§ 242 I, 27 I, 28 II (ggf. i.V.m. § 243) strafbar.

ee. Schwerer Bandendiebstahl, § 244a

§ 244a kombiniert den besonders schweren Fall des Diebstahls mit dem Diebstahl mit Waffen bzw. dem Wohnungseinbruchdiebstahl und qualifiziert zugleich den § 244 I Nr. 2 zu einem **Verbrechen**. Voraussetzung ist die Mitgliedschaft in einer Bande, die sich zur fortgesetzten Begehung von Raub oder Diebstahl verbunden hat.[352]

243

> **Hinweis für die Fallbearbeitung:** Liegen Anhaltspunkte für das Vorliegen des § 244a vor, ist diese Vorschrift wegen ihrer Spezialität vorrangig vor § 244 I Nr. 2 zu prüfen! § 244a ist immer dann einschlägig, wenn der Täter eines der Regelbeispiele des § 243 I S. 2 erfüllt oder die Tatbestände des § 244 I Nr. 1 oder Nr. 3 verwirklicht hat. In diesem Zusammenhang ist zu beachten, dass die Strafzumessungsmerkmale des § 243 I S. 2 (Regelbeispiele) im Rahmen des § 244a echte Tatbestandsmerkmale sind, sodass sich insbesondere Fragen rund um den „Versuch" eines Regelbeispiels nicht stellen können. Schließlich ist zu beachten, dass mit der Aufstufung dieses Delikts zum Verbrechen eine Vorverlagerung der Strafbarkeitsschwelle erreicht wird, namentlich durch die Anwendung des § 30, sodass schon die Verabredung von Bandenmitgliedern zum Diebstahl und dessen Planung (auch vom Ausland her - § 7 I) verfolgt werden können.

d. Wohnungseinbruchdiebstahl, § 244 I Nr. 3, und Einbruchdiebstahl aus dauerhaft genutzter Privatwohnung, § 244 IV

Wohnungseinbrüche dringen in besonderer Intensität in die Privat- und Intimsphäre der Opfer ein und können ernste psychische Störungen und langwierige Angstzustände hervorrufen.[353] Nicht selten sind Wohnungseinbruchdiebstähle auch mit Gewalttätigkeiten gegenüber Menschen und Verwüstungen von Räumen bzw. Wohnungseinrichtungen verbunden. Daher hat sich der Reformgesetzgeber im Zuge des 6. StRG 1998 veranlasst gesehen, den bis dahin in § 243 I S. 2 Nr. 1 als Strafzumessungsnorm geregelten „Wohnungseinbruchdiebstahl" zur Tatbestandsqualifikation (§ 244 I Nr. 3) „aufzuwerten".[354] Die (abstrakte) Strafandrohung beträgt seitdem 6 Monate bis 10 Jahre Freiheitsstrafe, sieht man einmal ab von der am 5.11.2011 in Kraft getretenen Möglichkeit

244

---

[352] Vgl. dazu BGH NStZ 2007, 526 f.; NJW 2002, 1662; NStZ 2003, 32, 33.
[353] Vgl. BT-Drs. 13/8587, S. 43; BT-Drs. 18/12359 S. 1 und 7; BT-Drs. 18/12729, S. 1.
[354] Vgl. BT-Drs. 13/8587, S. 43.

der Annahme eines minder schweren Falls (§ 244 III) einerseits und der am 22.7.2017 in Kraft getretenen Neuregelung in § 244 IV andererseits, die eine Freiheitsstrafe von 1 Jahr bis zu 10 Jahren vorsieht, wenn der Wohnungseinbruchdiebstahl eine dauerhaft genutzte Privatwohnung betrifft.[355] Insbesondere sind durch die Aufnahme des Wohnungseinbruchdiebstahls in § 244 I die Bagatellklausel des § 243 II sowie das Strafantragserfordernis des § 248a unanwendbar geworden; der Versuch des § 244 I Nr. 3 ist unter Strafe gestellt (§ 244 II).

245 Aus diesem Grund muss die Wohnung i.S.d. § 244 I Nr. 3 einerseits von den sonstigen Räumlichkeiten i.S.v. § 243 I S. 2 Nr. 1, die nicht dem Schutz der häuslichen Privat- und Intimsphäre unterfallen, andererseits aber auch von den „dauerhaft genutzten Privatwohnungen", die dem mit Wirkung zum 22.7.2017 neu geschaffenen Verbrechenstatbestand des § 244 IV unterfallen, abgegrenzt werden, um zu bestimmen, ob der Täter „nur" aus § 242 i.V.m. § 243 I S. 2 Nr. 1, aus § 244 I Nr. 3 oder sogar aus § 244 IV strafbar ist. Bei der Abgrenzung bieten sich folgende Überlegungen an:

246 Abgrenzung zu § 243 I S. 2 Nr. 1:

§ 243 I S. 2 Nr. 1 schützt Gebäude, Dienst- oder Geschäftsräume sowie andere umschlossene Räume, die keine Wohnungen bzw. Wohnräume (i.S.v. § 244 I Nr. 3) sind. Abgrenzungskriterium zu § 244 I Nr. 3 ist also der Wohnungsbegriff, der sich wiederum über den **Wohnzweck** definiert. Hinsichtlich des Wohnungsbegriffs (i.S.v. § 244 I Nr. 3) wird in der Literatur nicht selten auf § 123 verwiesen[356] (vgl. dazu *R. Schmidt*, BT I, Rn 997 ff.). Da sich jedoch der Schutzzweck des § 244 I Nr. 3 von dem des § 123 unterscheidet (§ 123 schützt im Wesentlichen die Freiheit des Rechtsgutträgers, darüber zu entscheiden, wer sich innerhalb der Räumlichkeit bzw. des befriedeten Besitztums aufhalten darf, wohingegen § 244 I Nr. 3 – wie gesehen – neben dem Eigentum verstärkt die Privat- und Intimsphäre im räumlichen Bereich schützt), muss auch die Auslegung des Wohnungsbegriffs i.S.v. § 244 I Nr. 3 vor diesem Hintergrund erfolgen. Zudem zwingt die höhere Strafandrohung des § 244 I zu einer restriktiven Auslegung.[357] Danach sind als Wohnungen i.S.d. § 244 I Nr. 3 nur solche Räumlichkeiten anzusehen, die im unmittelbaren Zusammenhang mit der **Privat- und Intimsphäre** stehen und **psychische Integrität** vermitteln.[358] Bei Räumlichkeiten, deren *Hauptzweck* in der Erfüllung o.g. Kriterien besteht, ist dies unproblematisch der Fall. Auch Nebenräume wie Flure, Toiletten, Keller und Speicher sind umfasst, sofern sie im unmittelbaren Zusammenhang mit den geschützten Räumlichkeiten stehen, was bei Einfamilienhäusern regelmäßig anzunehmen sein dürfte.[359] Selbst in das Einfamilienhaus integrierte Garagen, in denen die Hausbewohner regelmäßig auch Warenvorräte und Getränke lagern, dürften dem Schutz des § 244 I Nr. 3 unterstehen.[360] Mit Blick auf den Schutzzweck des § 244 I Nr. 3 wird man den Begriff der Wohnung schließlich auch bei Hotelzimmern[361], Wohnwagen, Wohnzelten und Wohnschiffen bejahen können, und zwar selbst dann, wenn diese Objekte Menschen nur zur vorübergehenden Unterkunft dienen, sofern nur o.g. Kriterien erfüllt sind, was insbesondere beim Vorhandensein von Schlafplätzen anzunehmen ist, da Schlafplätze typischerweise die Privat- und Intimsphäre kennzeichnen, auch wenn sie nur gelegentlich als solche benutzt werden[362]. Etwaigen Unbilligkeiten kann hinreichend über § 244 III begegnet werden.

---

[355] 55. StRÄG v. 17.7.2017 – BGBl I 2017, S. 2442. Siehe dazu bereits Rn 185 sowie sogleich Rn 247.
[356] Vgl. etwa Sch/Sch-*Eser/Bosch*, § 244 Rn 30; MüKo-*Schmitz*, § 244 Rn 58; *Jäger*, JA 2016, 872.
[357] Daran ändert auch der am 5.11.2011 in Kraft getretene § 244 III nichts, da die Vorschrift methodisch nicht geeignet ist, eine restriktive Auslegung von Tatbestandsmerkmalen zu ersetzen (vgl. *Wessels/Hillenkamp*, BT 2, Rn 290).
[358] BGH StV 2016, 639; LK-*Vogel*, § 244 Rn 75; *Wessels/Hillenkamp*, BT 2, Rn 289; *El-Ghazi*, JA 2014, 26, 27.
[359] Siehe dazu BGH StV 2016, 639 (in Bezug auf Kellerräume eines Einfamilienhauses).
[360] Siehe *Jäger*, JA 2016, 872, 873, der die Frage aber nicht eindeutig beantwortet.
[361] BGH StV 2001, 624.
[362] Vgl. BGH NJW 2017, 1186, 1187 (Wohnwagen bzw. Wohnmobile, die zu Schlafzwecken genutzt werden, dienten Insassen zur Unterkunft und seien Wohnungen i.S.d. § 244 I Nr. 3). Siehe auch Sch/Sch-*Eser/Bosch*, § 244 Rn 30.

Zu weit ginge es aber, bspw. leer stehende Wohnungen und reine Arbeitsräume, aber auch Flure und Kellerräume in Mehrparteienmietshäusern bzw. Wohnheimen in den Tatbestand des § 244 I Nr. 3 einzubeziehen, sofern hier (wie regelmäßig) eine klare Trennung zur Wohnung im eigentlichen Sinne besteht.[363] Bei „offenen Zubehörflächen" wie Terrassen, Gärten, Gartenhäuschen und frei stehenden Garagen dürfte der Schutzzweck des § 244 I Nr. 3 erst recht nicht greifen.[364] In diesen Fällen bietet § 243 I S. 2 Nr. 1 genügend Schutz. Zu den gemischt genutzten Gebäuden, d.h. Gebäuden, die teils der Wohnung, teils der Ausübung eines Gewerbes dienen, siehe Rn 249.

Abgrenzung zu § 244 IV:

247

§ 244 IV erfasst dauerhaft genutzte Privatwohnungen. Gemäß der Gesetzesbegründung schützt § 244 IV sowohl private Wohnungen oder Einfamilienhäuser als auch die dazugehörenden, von ihnen nicht getrennten weiteren Wohnbereiche wie Nebenräume, Keller, Treppen, Wasch- und Trockenräume sowie Zweitwohnungen von Berufspendlern.[365] In Abgrenzung zu § 244 I Nr. 3 kommt es bei § 244 IV zum einen also auf die Privatnutzung und zum anderen auf die Dauerhaftigkeit der Privatnutzung an. Beides wird man bspw. bei Hotelzimmern regelmäßig verneinen können (es sei denn, man hat sich dauerhaft in ein Hotelzimmer „einquartiert"). Bei privaten Ferienwohnungen und Wohnwagen, die nur gelegentlich von ihren Eigentümern bewohnt werden, dürfte zumindest die Dauerhaftigkeit der Privatnutzung fehlen. Deren Schutz bemisst sich nach § 244 I Nr. 3. Eine mit Blick auf den Bestimmtheitsgrundsatz und das Schuldprinzip gewisse verfassungsrechtliche Brisanz bildet aber der Umstand, dass der Gesetzgeber die Möglichkeit eines minder schweren Falls ausdrücklich ausgenommen hat. Denn aufgrund seiner systematischen Stellung sowie ausweislich seines Wortlauts bezieht sich § 244 III ausschließlich auf § 244 I, nicht auch auf § 244 IV. Erfasst § 244 IV nach dem Willen des Gesetzgebers also auch Nebenräume, Keller, Treppen, Wasch- und Trockenräume, ist der Täter stets wegen eines Verbrechens mit einer Mindeststrafe von 1 Jahr strafbar, wenn er lediglich in eine dieser Räumlichkeiten einbricht, einsteigt oder eindringt. Gleichwohl hält diese Regelung verfassungsrechtlichen Bedenken stand, wenn man berücksichtigt, dass ein Täter, der sich schon einmal in einem dieser Räume aufhält, i.d.R. jederzeit seinen Aktionsradius ausdehnen und in die eigentlichen Wohnräume vordringen könnte. Sozusagen stellt der Gesetzgeber damit also die niedrigere Hemmschwelle, weiter in dem Gebäude vorzudringen, und mithin eine abstrakte Gefährlichkeit unter die Verbrechensstrafbarkeit des § 244 IV. Die Neuregelung ist nach der hier vertretenen Auffassung daher richtig. Ein Täter, der das Risiko der Verwirklichung des Verbrechenstatbestands nicht eingehen möchte (etwa, weil er nicht abschätzen kann, ob das Ferienhaus oder der Wohnwagen, in das bzw. den er mit Diebstahlsabsicht einbricht, nicht doch dauerhaft als Privatwohnung dient), muss im Zweifel von der Tat Abstand nehmen.

Hinsichtlich **gemischt genutzter Gebäude** hat der BGH bereits vor etlichen Jahren entschieden, dass der Tatbestand des § 244 I Nr. 3 unabhängig davon erfüllt sei, ob der Täter nach dem Eindringen in die Wohnung die Sache aus der Wohnung selbst oder dem angrenzenden Geschäftsraum wegnehme.[366] Später hat er denn auch die umgekehrte Konstellation entschieden, also diejenige, in der der Täter in den vom Wohnbereich räumlich eindeutig abgegrenzten Geschäftsraum einbricht, von dort aus ohne Überwindung weiterer Hindernisse (etwa weil die Verbindungstür zur Wohnung nicht abgeschlossen ist) in den Wohnbereich vordringt und von dort Gegenstände mitnimmt.

248

---

[363] Siehe dazu ausdrücklich BGH StV 2016, 639.
[364] Vgl. BGH StV 2016, 639; BGH NStZ 2005, 631; OLG Schleswig NStZ 2000, 479, 480; AG Saalfeld NStZ-RR 2004, 141; *Jäger*, JA 2016, 872 f.; *Lackner/Kühl*, § 244 Rn 11; *Fischer*, § 244 Rn 24a; *Wessels/Hillenkamp*, BT 2, Rn 290; *Krey/Hellmann/Heinrich*, BT II, Rn 197; MüKo-*Schmitz*, § 244 Rn 56.
[365] BT-Drs. 18/12359, S. 10.
[366] BGH NJW 2001, 3203 mit Bespr. v. *Martin*, JuS 2001, 1231.

Diesbezüglich hat der BGH entschieden, dass diese Konstellation nicht unter § 244 I Nr. 3 falle. Denn in diesem Fall breche der Täter nicht in eine Wohnung, sondern „nur" in einen Geschäftsraum ein.[367] Damit legt der BGH den Wortlaut des § 244 I Nr. 3, der von einem Einbruch *in die Wohnung* spricht, eng aus, was mit Blick auf Art. 103 II GG grds. zu begrüßen ist, jedoch dann nicht überzeugt, wenn der Geschäftsraum aufgrund seiner konkreten Nutzung der Privatsphäre zuzuordnen ist. Im zu entscheidenden Fall konnte dies gleichwohl dahinstehen, weil der Täter nicht in die Wohnung, sondern in den räumlich abgegrenzten Geschäftsraum eingebrochen war, der nicht als Wohnraum genutzt wurde und daher auch nicht vom Schutzzweck des § 244 I Nr. 3 erfasst war. Vielmehr war diese Situation gerade von § 243 I S. 2 Nr. 1 erfasst. Eine Vernachlässigung des Opferschutzes ist insoweit auch nicht gegeben, da immerhin ein besonders schwerer Fall i.S.v. § 243 I S. 2 Nr. 1 vorliegt. Sollte der Täter aufgrund mangelhafter Kenntnisse über die Eigenschaft des Gebäudes als gemischt genutztes Gebäude davon ausgegangen sein oder zumindest billigend in Kauf genommen haben, er werde in eine Wohnung einbrechen, liegt tateinheitlich dazu auch ein Versuch des § 244 I Nr. 3 vor (vgl. § 244 II). Generell liegt (lediglich) ein Versuch vor, wenn der Täter rechtsirrig davon ausgeht, ein im konkreten Fall vom Wohnungsbegriff nicht umfasster Neben-, Geschäfts- oder Lagerraum sei der Wohnung zugeordnet. Umgekehrt fehlt es am Vorsatz in Bezug auf § 244 I Nr. 3, wenn der Täter den Zusammenhang des objektiv der Wohnung zuzurechnenden Neben-, Geschäfts- oder Lagerraums nicht kennt. In diesem Fall lebt dann § 243 I S. 2 Nr. 1 wieder auf.

249 Sollte der Täter aber in einen Geschäftsraum eindringen, der derart in die Wohnung integriert ist, dass wertungsmäßig insgesamt eine in sich geschlossene Einheit vorliegt, ist es überzeugend, (stets) einen Fall des § 244 I Nr. 3[368] bzw. des § 244 IV anzunehmen.

> **Beispiel:** T will IT-Geräte stehlen und bricht dazu von außen in das Arbeitszimmer des O ein, das in dessen Wohnhaus, in dem O dauerhaft lebt, integriert ist. Dazu hebelt er das Außenfenster auf und steigt in den Büroraum. Ohne auch noch in andere Räume vorzudringen, verlässt er das Gebäude, nachdem er Laptop und Smartphone an sich genommen hat.
>
> Hier liegt ein Fall des § 244 IV vor, obwohl T lediglich von außen gleich in einen Geschäftsraum eingedrungen ist. Die Rechtfertigung für die Annahme des § 244 IV kann darin gesehen werden, dass es sich bei dem Büroraum (wie bei von der Privatwohnung nicht getrennten Nebenräumen, Kellern, Treppen, Wasch- und Trockenräumen) um einen Teil der dauerhaft genutzten Privatwohnung (und damit der durch § 244 IV geschützten räumlichen Privatsphäre) handelt, auch wenn O den betreffenden Raum lediglich geschäftlich nutzt.

> **Hinweis für die Fallbearbeitung:** Auch eine Wohnung i.S.d. § 244 I Nr. 3 bzw. § 244 IV ist regelmäßig ein **Gebäude** i.S.d. § 243 I S. 2 Nr. 1, also ein durch Wände und Dach begrenztes, mit dem Grund und Boden fest verbundenes Bauwerk, das den Eintritt von Menschen ermöglicht und geeignet und bestimmt ist, dem Schutze von Menschen zu dienen, und Unbefugte abhalten soll.[369] Da § 243 aber eine Strafzumessungsvorschrift zu § 242 darstellt und § 242 wiederum vom Qualifikationstatbestand des § 244 verdrängt wird, braucht man das bei Wohnungseinbruchdiebstählen — vom Wortlaut her nach wie vor erfüllte — Regelbeispiel des § 243 I S. 2 Nr. 1 nach der hier vertretenen Auffassung nicht separat zu prüfen. Vielmehr genügt am Ende der Prüfung des § 244 I Nr. 3 bzw. des § 244 IV der Hinweis, dass der „ebenfalls verwirklichte Diebstahl

---

[367] BGH NStZ 2008, 514, 515.
[368] BGH NStZ 2013, 120 f.
[369] Vgl. BGHSt 1, 158, 164 (Großer Senat); BGH NStZ 2005, 631; Sch/Sch-*Eser/Bosch*, § 243 Rn 7.

im besonders schweren Fall gem. § 242 I i.V.m. § 243 I S. 2 Nr. 1 hinter den speziellen Tatbestand des § 244 I Nr. 3 (bzw. des § 244 IV) zurücktritt".[370] Zum Konkurrenzverhältnis zu §§ 123, 303 I vgl. Rn 179 ff.

Zusammenfassende Übersicht: 250

Gebäude i.S.v. § 243 I S. 2 Nr. 1	**Wohnung i.S.v. § 244 I Nr. 3**	**Dauerhaft genutzte Privatwohnung i.S.v. § 244 IV**
Definition: Sämtliche Gebäude und andere umschlossene Räumlichkeiten, die keinen Wohnzwecken dienen.	Definition: Sämtliche Gebäude und andere umschlossene Räumlichkeiten, die im unmittelbaren Zusammenhang mit der Privat- und Intimsphäre stehen und psychische Integrität vermitteln. Dazu zählen nicht nur „eigentliche" Wohnräume, sondern auch Hotelzimmer, Wohnwagen, Wohnzelte und Wohnschiffe, sofern diese Objekte Menschen auch nur zur vorübergehenden Unterkunft dienen und die o.g. Kriterien erfüllt sind, was insbesondere beim Vorhandensein von Schlafplätzen anzunehmen ist. Arbeitsräume sind erfasst, wenn sie geschlossene Einheiten zur Wohnung bilden.	Definition: Sämtliche Gebäude und andere umschlossene Räumlichkeiten, die im unmittelbaren Zusammenhang mit der Privat- und Intimsphäre stehen, psychische Integrität vermitteln und dabei dauerhaft als Privatwohnung genutzt werden. Erfasst sind somit die „klassische" Wohnung (sofern dauerhaft als Privatwohnung genutzt) sowie nach der Gesetzesbegründung auch die dazugehörenden, von ihnen nicht getrennten weiteren Wohnbereiche wie Nebenräume, Keller, Treppen, Wasch- und Trockenräume sowie Zweitwohnungen von Berufspendlern. Arbeitsräume sind ebenfalls erfasst, wenn sie geschlossene Einheiten zur dauerhaft genutzten Privatwohnung bilden.
Anwendungsbereich: Wenn Einbruchdiebstahl aus umschlossener Räumlichkeit begangen wird, die weder § 244 I Nr. 3 noch § 244 IV unterfällt.	Anwendungsbereich: Wenn Einbruchdiebstahl aus Wohnung begangen wird, die nicht § 244 IV unterfällt, also von vornherein keine Privatwohnung oder keine dauerhaft genutzte Privatwohnung darstellt.	Anwendungsbereich: Wenn Einbruchdiebstahl aus dauerhaft genutzter Privatwohnung i.S.v. § 244 IV begangen wird.
Versuch: Strafbar nach den Maßstäben des Versuchs des § 242.	Versuch: Strafbar gem. § 244 II.	Versuch: Als Verbrechenstatbestand stets strafbar (§§ 23 I, 12 I).
Minder schwerer Fall: Nicht vorgesehen, aber Geringwertigkeitsklausel des § 243 II.	Minder schwerer Fall: Nach Maßgabe des § 244 III.	Minder schwerer Fall: Gemäß § 244 III nicht möglich.

---

[370] Für Spezialität des § 244 I Nr. 3 gegenüber § 242 i.V.m. § 243 I S. 2 Nr. 1 auch *Achenbach*, JuS 1999, L 41, 43, *Fahl*, NJW 2001, 1699, 1700 und *Heintschel-Heinegg*, JA 2008, 742, 743 Fußn. 1. Für Subsidiarität des § 243 I S. 2 Nr. 1 SK-*Hoyer*, § 243 Rn 15; *Mitsch*, ZStW 111 (1999), 65, 72.

251 Als Tathandlungsmodalitäten werden bei § 244 I Nr. 3 in Übereinstimmung zu § 243 I S. 2 Nr. 1 vor allem das **Einbrechen**, das **Einsteigen** und das **Eindringen** mit einem *falschen Schlüssel* oder einem anderen, nicht zur ordnungsgemäßen Öffnung bestimmten *Werkzeug* genannt, die in gleicher Weise auch für § 244 IV gelten. Insoweit kann uneingeschränkt auf die Ausführungen bei Rn 138 ff. verwiesen werden.

252 Der **Versuch** des § 244 I Nr. 3 ist gem. § 244 II strafbar, der des § 244 IV wegen seines Verbrechenscharakters stets. Die Probleme eines „versuchten" Regelbeispiels stellen sich bei § 244 I Nr. 3 bzw. bei § 244 IV also nicht. Würde man folglich in den bei Rn 156 ff. erörterten drei Konstellationen das Tatobjekt *Museum* durch das Tatobjekt *Wohnung* bzw. *dauerhaft genutzte Privatwohnung* ersetzen, wären in allen drei Konstellationen §§ 244 I Nr. 3, 22 bzw. §§ 244 IV, 22 zu bejahen; in der zweiten Konstellation träte noch tateinheitlich § 242 hinzu.

2. Subjektiver Tatbestand

253 Zur Erfüllung des subjektiven Tatbestands ist bei allen drei Nummern des § 244 I **Vorsatz** in Form des *dolus eventualis* bezüglich der jeweiligen objektiven Tatbestandsmerkmale erforderlich. Sofern man entgegen der hier vertretenen Auffassung bei § 244 I Nr. 1a eine Verwendungsabsicht fordert (und nicht einen inneren Verwendungsvorbehalt genügen lässt), ist diesbezüglich *dolus directus* 1. Grades erforderlich. Beim Beisichführen i.S.v. § 244 I Nr. 1a verlangt der BGH das Bewusstsein des Täters (i.S.v. *dolus directus* 2. Grades), die Waffe bzw. das gefährliche Werkzeug bei sich zu führen.

Hinsichtlich § 244 I Nr. 1a wendet der BGH damit das Kriterium des „inneren Verwendungsvorbehalts" an, das sonst für die Bejahung des objektiven Tatbestands herangezogen wird. Bei § 244 I Nr. 1b ist neben dem allgemeinen Tatbestandsvorsatz jedenfalls eine *spezielle Verwendungsabsicht* zu fordern und hinsichtlich § 244 I Nr. 2 ist Vorsatz in Bezug auf die *Mitwirkung* erforderlich.

Bei § 244 I Nr. 3 bzw. bei § 244 IV muss der Täter Vorsatz zum einen in Bezug auf das Merkmal *zur Ausführung der Tat* und zum anderen in Bezug auf die Wohnungseigenschaft der Räumlichkeit bzw. die Eigenschaft als dauerhaft genutzte Privatwohnung haben. Geht der Täter, der zwecks Ausführung der Tat in eine dauerhaft genutzte Privatwohnung einbricht, davon aus, es handele sich zwar um eine Privatwohnung, diese werde aber nur gelegentlich als Privatwohnung genutzt, kann der Vorsatz in Bezug auf § 244 IV zu verneinen sein. In diesem Fall greift dann aber § 244 I Nr. 3, der auch einen vorübergehenden Wohnzweck genügen lässt.

II. Rechtswidrigkeit und III. Schuld

254 Bezüglich Rechtswidrigkeit und Schuld ergeben sich keine Besonderheiten.

D. Unbefugter Gebrauch eines Fahrzeugs (§ 248 b)

I. Tatbestand

§ 248b will bestimmte **Gebrauchsanmaßungen** (*furtum usus*) **ohne Zueignungs-** **absicht** unter Strafe stellen und der damit verbundenen Gefährdung der öffentlichen Sicherheit entgegentreten.[371] *Tathandlung* ist das Ingebrauchnehmen eines Kfz[372] oder Fahrrads gegen den Willen des Berechtigten. In Abgrenzung zu § 242 ist damit das *vorübergehende* eigenmächtige Benutzen des Fahrzeugs unter *zeitweiliger* Brechung fremden Gewahrsams zur selbstständigen Fahrt gemeint. *Gegen den Willen* (= Tatbestandsmerkmal) erfolgt die Gebrauchsanmaßung, wenn die Erlaubnis zur Nutzung des Fahrzeugs weder ausdrücklich noch mutmaßlich erteilt wurde.[373] Umgekehrt folgt aus dem Charakter des Einvernehmens als Tatbestandsmerkmal positiv, dass es bei Vorliegen *tatbestandsausschließend* wirkt. Nimmt der Täter also ein (mutmaßliches) Einverständnis irrig an, fehlt es gem. § 16 I S. 1 an der subjektiven Tatbestandsverwirklichung. Davon abzugrenzen ist die Möglichkeit der rechtfertigenden Einwilligung, wobei dem Täter auch die sog. mutmaßliche Einwilligung helfen kann, sofern er davon ausging, der Berechtigte habe in die Fahrt eingewilligt.

255

> **Beispiel**[374]: T mietet bei einer Autovermietung für drei Tage ein Fahrzeug. Da er jedoch den Wagen dringend einen weiteren Tag benötigt, bringt er ihn erst nach Ablauf des 4. Tages zurück. Die Autovermietung hat er nicht informiert.
>
> T war aufgrund des Mietvertrags zunächst „befugt" i.S.d. § 248b. Diese „Befugnis" endete aber mit Ablauf des Mietvertrags, also mit Ablauf des 3. Tages. Wegen des Gebrauchs des Wagens am 4. Tag hat T also den objektiven Tatbestand des § 248b verwirklicht. Sofern T dachte, die Weiterbenutzung sei stillschweigend geduldet (weil die Autovermietung die Benutzung des Wagens am 4. Tag in Rechnung stellen würde), könnte ein Fall des § 16 I S. 1 vorliegen, wenn man diesen Irrtum als Irrtum über das Vorliegen eines tatbestandsausschließenden Einverständnisses ansieht. Billigt man T dieses Irrtumsprivileg nicht zu, kommt ein Irrtum über das Vorliegen der Voraussetzungen der rechtfertigenden Einwilligung in Betracht, der analog § 16 I S. 1 den Vorsatzschuldvorwurf entfallen lässt.

256

II. Konkurrenzen

Die in § 248b I bestimmte formelle Subsidiarität gilt nach h.M. (*Lackner/Kühl*, § 248b Rn 6) nur für Vorschriften mit gleichem oder ähnlichem Schutzzweck, so etwa für §§ 242, 246, die § 248b regelmäßig vorgehen (sog. relative Subsidiarität). Jedoch gilt das Gegenteil, soweit im Rahmen des unbefugten Gebrauchs des Fahrzeugs Kraftstoff und Schmiermittel verbraucht werden. Diesbezüglich sind §§ 242, 246 gegenüber § 248b subsidiär.

257

Zwar müsste hier § 248b wegen seiner Subsidiaritätsklausel an sich zwar von § 242 verdrängt werden, eine solche Annahme würde aber die beabsichtigte Privilegierung der bloßen Gebrauchsentwendung von Fahrzeugen aushöhlen. Deshalb wird hier nach allgemeiner Auffassung § 242 in Umkehrung des gesetzlichen Subsidiaritätsverhältnisses von § 248b zurückgedrängt. Der Verbrauch von Kraftstoff und Schmiermitteln ist sozusagen im Unrecht des § 248b enthalten.

258

Bei Vorschriften mit anderer Schutzrichtung liegt dagegen Realkonkurrenz (z.B. mit §§ 222, 229, 315b, 315c, 316 oder mit § 21 StVG bei teilidentischem Zusammentreffen) oder Idealkonkurrenz (z.B. mit § 242 oder § 21 StVG, wenn der unbefugt Fahrende das Fahrzeug zum Abtransport des Diebesguts benutzt) vor.[375]

259

---

[371] Zum Schutzgut vgl. BGHSt 11, 47, 51; *Fischer*, § 248b Rn 2. Vgl. auch BGH NStZ 2015, 156.
[372] Zur „Ingebrauchnahme" vgl. BGHSt 11, 47, 50; NStZ 2015, 156; zur Definition von Kfz i.S.d. § 248b vgl. § 248b IV.
[373] BGH NStZ 2015, 156.
[374] Nach BGH NStZ 2015, 156.
[375] *Fischer*, § 248b Rn 11.

E. Unterschlagung (§ 246)

260 Gemäß § 246 I wird bestraft, wer eine fremde bewegliche Sache sich oder einem Dritten rechtswidrig zueignet, sofern die Tat nicht in anderen Vorschriften mit schwererer Strafe bedroht ist. Mit dieser gesetzlichen Formulierung werden verschiedene Aspekte deutlich:

261 ■ Zunächst einmal stellt man bei einem Vergleich mit § 242 fest, dass der Tatbestand des Diebstahls die Wegnahme einer fremden beweglichen Sache in Zueignungsabsicht voraussetzt, wohingegen der Tatbestand der Unterschlagung die Zueignung als objektives Tatbestandsmerkmal charakterisiert. Während beim Diebstahl die Zueignung also lediglich beabsichtigt sein muss, muss der Täter einer Unterschlagung sich die Sache **tatsächlich zueignen**.

262 ■ Im Übrigen lässt das Gesetz in der seit 1998 geltenden Fassung (wie bei § 242) auch die **Drittzueignung** genügen.

263 ■ Da § 246 in der seit 1998 geltenden Fassung keinen Gewahrsam des Täters an der Sache voraussetzt, sind hinsichtlich der **objektiv zu verwirklichenden Zueignung** theoretisch auch Tathandlungen erfasst, die zu einem Zeitpunkt erfolgen, in dem der Täter keinen Gewahrsam mehr hat oder einen solchen niemals hatte. Ob die hier geschaffene tatbestandliche Weite gegen den Bestimmtheitsgrundsatz aus Art. 103 II GG verstößt oder mit Hilfe einer restriktiven Auslegung des Begriffs „Zueignung" kompensiert werden kann, ist Gegenstand der Darstellung zum objektiven Tatbestand.

264 ■ Aus dem bisher Gesagten wird deutlich, dass jeder vollendete Diebstahl (das Gleiche gilt auch für alle anderen Zueignungsdelikte), bei dem der Täter die Sache sich oder einem Dritten tatsächlich zugeeignet hat, **gleichzeitig eine Unterschlagung** darstellt. Der Gesetzgeber hat daher dem § 246 den Charakter eines **Auffangtatbestands** beigemessen, „der alle Formen rechtswidriger Zueignung fremder beweglicher Sachen umfasst, die nicht einen mit schwererer Strafe bedrohten eigenständigen Straftatbestand verwirklichen".[376]

265
> **Hinweis für die Fallbearbeitung:** Im strafrechtlichen Gutachten müssen daher Vermögensdelikte wie §§ 242, 249, 253, 259, 263, 266 stets vorrangig vor § 246 geprüft werden. Ist neben einem solchen vorrangigen Delikt – wie typischerweise beim Diebstahl – zugleich der subsidiäre § 246 I erfüllt, genügt regelmäßig der kurze Hinweis, dass „der ebenfalls verwirklichte § 246 I kraft gesetzlicher Subsidiarität zurücktritt". Zur Subsidiaritätsklausel des § 246 I a.E. vgl. Rn 282 ff.

266 ■ Schließlich ergeben sich Schwierigkeiten hinsichtlich des **Prüfungsaufbaus**. Denn dadurch, dass die Zueignung gegenüber dem Diebstahl zur *objektiven* Tatbestandsvoraussetzung gemacht ist, bedarf es eines äußerlichen Erkennungsakts durch den Täter. Der Zueignungswille muss sich „äußerlich manifestiert" haben. Da sich ein Wille aber nur dann äußerlich manifestieren kann, wenn er innerlich bereits feststeht, birgt dies die Aufbauschwierigkeit in sich, dass innerhalb des objektiven Tatbestands subjektive Elemente zu prüfen wären. In der **Fallbearbeitung** käme man also nicht umhin, bei der im objektiven Tatbestand zu prüfenden Zueignung zunächst die subjektive Seite des Täters zu untersuchen. Diese Durchmischung von objektiven und subjektiven Tatbestandsmerkmalen müsste als sachliche Notwendigkeit bei der Prüfung des Unterschlagungstatbestands akzeptiert werden und sollte zu keiner Beanstandung durch den Korrektor führen. Dennoch ist es ratsam und ebenso vertretbar, bei der Prüfung des § 246 von der Einteilung in *objektiver Tatbestand* und *subjektiver Tatbestand* abzusehen und folgenden Prüfungsaufbau zu wählen:

---

[376] Vgl. BT-Drs. 13/8587, S. 43 f. sowie *Jäger*, JuS 2000, 1167 und *Kudlich*, JuS 2001, 767.

Unterschlagung (§ 246)

I. Tatbestand

1. Tatobjekt: Fremde bewegliche Sache

Bei diesem Tatbestandsmerkmal besteht im Grundsatz volle Kongruenz zu § 242. Zu beachten ist jedoch, dass nach dem Sachbegriff das Tatobjekt **individuell bestimmt** sein muss. Bei nicht ausgesonderten bzw. konkretisierten Teilen einer Sachgesamtheit ist das nicht der Fall, sodass diesbezüglich eine Unterschlagung nicht verwirklicht werden kann.

2. Tathandlung: Die Sache sich oder einem Dritten rechtswidrig zueignen

a. Zur Verwirklichung des objektiven Tatbestands ist es nicht erforderlich, dass der Täter die Sache in Besitz oder Gewahrsam hat. Die Strafnorm ist mithin **zu weit gefasst**. Um sie daher nicht dem Verdikt der Verfassungswidrigkeit zu unterstellen, muss das Merkmal „Zueignung" restriktiv ausgelegt werden.

⇨ **Subjektiv** sind eine Enteignungs- und eine Aneignungskomponente erforderlich. Da bei § 246 jedoch – anders als bei § 242 – die Zueignung objektives Tatbestandsmerkmal ist und der Gesetzgeber nicht von „Absicht" spricht, muss der Aneignungswille als Aneignungsvorsatz verstanden werden (wobei dann auch *dolus eventualis* genügt). Hinsichtlich der Enteignungskomponente genügt von vornherein *dolus eventualis*, da diese Vorsatzform auch bei § 242 genügt.

⇨ **Objektiv** muss auf dem Boden der herrschenden „engen" Manifestationstheorie darauf abgestellt werden, ob ein nach **außen erkennbares Verhalten** des Täters (aus der Sicht eines Beobachters, der die Sachlage überblickt) **verlässlich** zum Ausdruck bringt, dass der Täter die Sache in seine **Herrschaftsgewalt** bringt und auch **behalten will**.

⇨ Im Bereich der **Drittzueignung** kann eine sinnvolle Einschränkung des Zueignungsbegriffs dadurch erreicht werden, dass man mit Blick auf die der Zueignung innewohnenden Aneignungskomponente eine **Herrschaftsbeziehung** des Empfängers zur Sache fordert. Von einer solchen Herrschaftsbeziehung ist regelmäßig dann auszugehen, wenn der Empfänger willentlich **Eigenbesitz** über die Sache begründet bzw. **besitzähnlich** über sie **verfügt**.

b. Schließlich muss die (tatsächlich erfolgte!) Zueignung **rechtswidrig** sein. Hinsichtlich des Begriffs „Rechtswidrigkeit" besteht volle Kongruenz zu § 242.

c. Sonderproblem **Wiederholte (bzw. erneute) Zueignung**: Begeht der Täter zunächst ein Zueignungsdelikt und nimmt anschließend Verwertungshandlungen vor, stellt sich die Frage, ob er sich aufgrund einer sog. wiederholten Zueignung (noch einmal) wegen Unterschlagung strafbar machen kann. Nach der hier vertretenen Auffassung kann der Täter dieselbe Sache (durch weitere Herrschaftsbetätigungen) sich schon begrifflich nicht noch einmal zueignen, sodass bereits der Tatbestand des § 246 nicht greift (**Tatbestandslösung**). Die Gegenauffassung sieht bei jeder Verwertungshandlung bzgl. der zugeeigneten Sache eine erneute tatbestandliche Zueignung, lässt diese aber auf der Konkurrenzebene im Wege der Konsumtion als mitbestrafte Nachtat zurücktreten (**Konkurrenzlösung**). Etwas **anderes** gilt freilich für die **Drittzueignung**.

d. Sonderproblem: **Gleichzeitige Zueignung und Subsidiaritätsanordnung**: Kraft ausdrücklicher Anordnung in § 246 I a.E. wird der Täter wegen Unterschlagung nur dann bestraft, wenn die Tat nicht in anderen Vorschriften mit schwererer Strafe bedroht ist (**formelle Subsidiarität**). Mit „anderen Vorschriften" sind nach der hier vertretenen Auffassung nur solche Vorschriften gemeint, die die gleiche Schutzrichtung verfolgen (**relative Subsidiarität**).

e. Anvertrautsein: Die **veruntreuende Unterschlagung** (§ 246 II) ist eine Qualifikation zur einfachen Unterschlagung. Die Sache ist anvertraut, wenn die Gewahrsamserlangung durch den Täter mit der Maßgabe des Anvertrauenden erfolgt, mit der Sache in dessen Interesse zu verfahren oder sie ihm zurückzugeben.

3. Vorsatz: *dolus eventualis* bezüglich der *fremden beweglichen Sache*, der *Zueignung*, der *Rechtswidrigkeit* der Zueignung und ggf. des *Anvertrautseins*.

II. Rechtswidrigkeit und III. Schuld

IV. Gegebenenfalls §§ 247, 248a

I. Tatbestand

1. Tatobjekt: Fremde bewegliche Sache

268 Bei diesem Tatbestandsmerkmal besteht im Grundsatz volle Kongruenz zu § 242. Einschränkend gilt jedoch, dass bei der Unterschlagung das Tatobjekt **individuell bestimmt** sein muss. Nicht ausgesonderte bzw. nicht konkretisierte Teile einer Sachgesamtheit sind daher nicht taugliche Gegenstände einer Unterschlagung.[377]

269 **Beispiel:** O betreibt ein Fahrradgeschäft. Da er von dem Kaufinteresse des T weiß, überlässt er diesem über das Wochenende fünf Mountainbikes zur Ansicht. T, der im Moment in Geldschwierigkeiten steckt, kommt diese Gelegenheit ganz recht. Am Samstagabend ruft er den zwielichtigen Z an und bietet diesem zwei Mountainbikes zu einem „fairen" Preis an. Doch Z lehnt ab, da er sich schon anderweitig zwei Fahrräder besorgt hat.

T ist jedenfalls nicht wegen vollendeter (veruntreuender) Unterschlagung (§ 246 I, II) strafbar. Aber auch ein Versuch (vgl. §§ 246 III) scheidet aus, weil allein in dem Angebot noch keine Individualisierung der Tatobjekte und damit noch kein unmittelbares Ansetzen zur Tatbestandsverwirklichung i.S.d. § 22 eingetreten ist.

Hätte Z das Angebot des T angenommen, indem er etwa vorbeigekommen wäre und sich zwei Fahrräder ausgesucht hätte, wäre von einer Konkretisierung der Tatobjekte auszugehen gewesen. In diesem Fall wäre T wegen vollendeter veruntreuender Unterschlagung (§ 246 I, II) und Z wegen Beihilfe zur (einfachen) Unterschlagung (§§ 246 I, 27 I) strafbar gewesen (das Anvertrautsein ist nach h.M. ein strafschärfendes besonderes persönliches Merkmal i.S.v. § 28 II, sodass Z „nur" wegen Beihilfe zum Grundtatbestand strafbar ist). Was die Strafbarkeit des Z wegen Hehlerei (§ 259) betrifft, ist zunächst festzustellen, dass auch der Teilnehmer an der Vortat Täter einer Hehlerei sein kann, sodass zumindest diesbezüglich eine Strafbarkeit des Z nicht ausgeschlossen ist. Eine solche ist aber deshalb ausgeschlossen, weil der Tatbestand der Hehlerei voraussetzt, dass der Vortäter die Sache „erlangt hat", die Vortat also bereits vollendet ist. Erforderlich ist zumindest eine „logische Sekunde" zwischen Vollendung der Vortat und Tathandlung der Hehlerei. Vorliegend fallen aber die Vollendung der Vortat und die Hehlereihandlung (das Ankaufen) zeitlich zusammen. Vgl. dazu die Ausführungen zu § 259 bei Rn 811 ff.

270 Ferner ist zu beachten, dass die Sache **im Zeitpunkt der Zueignung** fremd sein muss. Ist die Sache bereits vor der Zueignung dem Täter übereignet worden oder fällt die Übereignung mit der Zueignung zeitlich zusammen, ist die Sache nicht mehr fremd. Der Tatbestand der Unterschlagung ist schon deshalb zu verneinen.[378]

Beispiele:

(1) Wird das Geld aus einem **Geldautomaten** bei der Entnahme übereignet, ist es für den Täter im Zeitpunkt der Entgegennahme nicht mehr fremd (Eigentumsübertragung und Entgegennahme finden gleichzeitig statt). Daher ist der Tatbestand der Unterschlagung regelmäßig auch dann nicht erfüllt, wenn der Täter die Girocard etwa zuvor gestohlen oder gefälscht hat. Zur Strafbarkeit wegen Computerbetrugs vgl. Rn 108 und 681.

(2) Dagegen ist das Verlassen einer **SB-Tankstelle**, ohne den Kraftstoff zuvor bezahlt zu haben, differenziert zu betrachten. Wer an einer Selbstbedienungstankstelle mit von vornherein gegebener Zahlungsunwilligkeit tankt und wegfährt, ohne den Kraftstoff zu bezahlen, macht sich i.d.R. nicht wegen Diebstahls (insoweit fehlt es am Bruch fremden Gewahrsams und damit an der Wegnahme, sofern der Tankstellenbetreiber mit der Entnahme des Kraftstoffes einverstanden war), sondern wegen Betrugs strafbar. Wird das Verhalten des Täters vom Tankstellenpersonal allerdings erst nachträglich bemerkt, fehlt es an einer auf das täuschende Verhalten des Täters zurückzuführenden Vermögensverfügung des Tankstellenpersonals. In derartigen Fällen liegt

---

[377] Vgl. *Rengier*, BT I, § 5 Rn 10; *Wessels/Hillenkamp*, BT 2, Rn 308; Sch/Sch-*Eser/Bosch*, § 246 Rn 3.
[378] Vgl. die zuvor Genannten.

dann ein versuchter Betrug vor[379], da der Täter mit der Beobachtung rechnen musste und daher Betrugsvorsatz angenommen werden kann (die durch das Verlassen des Tankstellengeländes in Betracht kommende Unterschlagung ist entweder schon tatbestandlich nicht erfüllt oder sie tritt aufgrund ihrer Subsidiarität in beiden Fällen zurück). Entschließt sich der Täter, erst nach Beendigung des Tankvorgangs ohne zu zahlen davonzufahren, ist auch hier Diebstahl zu verneinen, da der eingefüllte Kraftstoff aufgrund des auch hier zu bejahenden Einverständnisses seitens des Tankstellenbetreibers vom Täter nicht weggenommen worden ist. Eine Strafbarkeit kann daher nur in dem anschließenden Wegfahren gesehen werden. Folgt man der Minderheitsmeinung (*Herzberg*), die mit dem Einfüllen des Kraftstoffes in den Tank zugleich eine Übereignung des Kraftstoffes annimmt, ist zu dem hier nachfolgenden Zeitpunkt des Verlassens des Tankstellengeländes der Kraftstoff für den Täter nicht mehr fremd, mit der Folge, dass auch eine Unterschlagung ausscheidet. Nicht nur wegen dieses inakzeptablen Ergebnisses, sondern auch aus den o.g. Gründen sollte man mit der h.M. einen Eigentumswechsel erst mit der Bezahlung des Kraftstoffes annehmen. Der Täter ist dann wegen des Wegfahrens ohne zu zahlen aus § 246 strafbar.[380] Vgl. dazu Rn 65 f.

2. Tathandlung: (Dritt-)Zueignung

a. Manifestation des Zueignungswillens

aa. Zueignungswille

Dadurch, dass in Abgrenzung zum Diebstahl bei der Unterschlagung die Zueignung ein **objektives** Tatbestandsmerkmal darstellt, bedarf es folglich eines äußerlichen Erkennungsakts. Die beim Diebstahl rein subjektiv zu prüfende Zueignung muss sich bei der Unterschlagung „äußerlich manifestiert" haben (dazu sogleich Rn 275). Da sich ein Zueignungswille aber nur dann äußerlich manifestieren kann, wenn er innerlich bereits feststeht, stellt sich prüfungstechnisch das Problem der richtigen Verortung. **271**

Aufbautechnisch kommt also nicht umhin, innerhalb des objektiven Tatbestandsmerkmals der Zueignung subjektive Komponenten anzusprechen. Man löst dieses „vermeintliche" Aufbauproblem etwa dadurch, dass man es im objektiven Tatbestand bei der Tathandlung genügen lässt, wenn es zumindest möglich erscheint, dass sich aus dem Tatgeschehen auf den (später dann im Rahmen des subjektiven Tatbestands zu prüfenden) Zueignungswillen schließen lässt. **272**

Unabhängig vom soeben erwähnten Aufbauproblem sind **subjektiv** (wie bei § 242) eine Enteignungs- und eine Aneignungskomponente erforderlich. Während beim Diebstahl die Zueignung aber lediglich subjektiv bestehen muss (Aneignungsabsicht, Enteignungsvorsatz, siehe Rn 83 ff.), ist sie bei der Unterschlagung objektives Tatbestandsmerkmal (s.o.). Der Unterschlagungstäter muss die Sache also wenigstens vorübergehend der eigenen Vermögenssphäre (oder der eines Dritten) einverleiben (**Aneignungskomponente**) *und* sie der Verfügungsgewalt des Berechtigten *dauerhaft* entziehen (**Enteignungskomponente**). Anders als beim Diebstahl, der hinsichtlich der Aneignungskomponente *dolus directus* 1. Grades fordert, genügt bei der Unterschlagung hinsichtlich beider Komponenten *dolus eventualis*. **273**

---

[379] So nunmehr auch BGH NJW 2012, 1092, 1093; vgl. auch BGH NJW 2016, 1109 f.
[380] Vgl. auch *Streng*, JuS 2002, 454, 455.

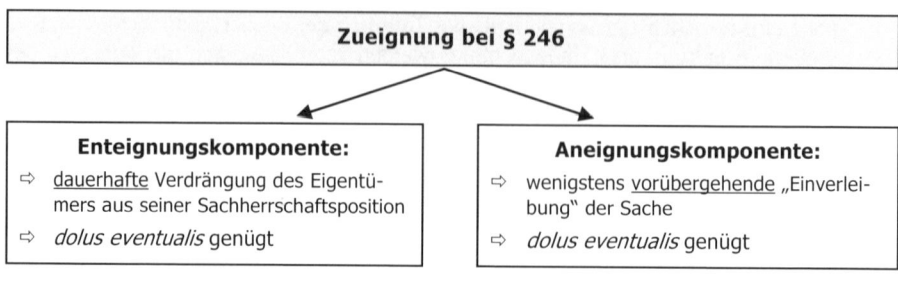

bb. Äußerlich erkennbarer Zueignungsakt

274 Wie ausgeführt, muss der Täter die Sache sich oder einem Dritten *tatsächlich* zugeeignet haben, wobei die Enteignungskomponente, also die dauerhafte Verdrängung des Eigentümers aus seiner Sachherrschaftsposition, das ebenfalls bereits erwähnte Problem aufwirft, wie man im Zeitpunkt der Tathandlung die Dauerhaftigkeit der Enteignungskomponente feststellen will. Für den Fall, dass der Täter wenige Stunden nach der Tat gefasst und die Sache dem Eigentümer zurückgeführt würde, erscheint das Vorliegen des Tatbestandsmerkmals der Dauerhaftigkeit der Enteignungskomponente zweifelhaft. Beim Diebstahl stellt sich das Problem nicht, weil es dort ja lediglich auf die Absicht bzw. den Vorsatz zum Zeitpunkt der Tathandlung ankommt. Nimmt der Täter zumindest billigend in Kauf, dass der Eigentümer dauerhaft aus seiner Eigentümer- bzw. Sachherrschaftsposition verdrängt wird, liegt die Enteignungskomponente vor. Bei der Unterschlagung genügt diese allein subjektiv zu bestimmende Komponente gerade nicht. Wegen der Einstufung als objektives Tatbestandsmerkmal muss der Täter zum Ausdruck bringen, dass er den Berechtigten (dauerhaft) von der Sachherrschaft ausschließt und (zumindest vorübergehend) für sich selbst oder einen Dritten umfassende Sachherrschaft über die Sache begründet bzw. aufrechterhält. Mit Blick auf Art. 103 II GG bedarf es dabei einer engen Auslegung.

275 Erforderlich ist eine Handlung des Täters, die seinen Zueignungswillen für Dritte erkennbar macht; die h.M. spricht insoweit von einer „äußerlich erkennbaren **Manifestation des Zueignungswillens**". Sie stellt darauf ab, ob ein nach außen erkennbares Verhalten des Täters (aus der Sicht eines Beobachters, der die Sachlage überblickt) verlässlich zum Ausdruck bringt, dass er die Sache in seine Herrschaftsgewalt bringen, sie dem Eigentümer dauerhaft entziehen und dem eigenen Vermögen einverleiben will.[381]

> **Beispiel**[382]**:** T entlieh sich von O kurz das Smartphone, um ein wichtiges Telefonat zu führen. Nach dessen Beendigung entschloss sich T, das Smartphone zu behalten. Er steckte es ein und suchte mit ihm das Weite.

> Hier hat T durch sein Verhalten das Smartphone einverleibt und damit zum Ausdruck gebracht, dass er es dem O dauerhaft entziehen und dem eigenen Vermögen einverleiben will. Da O dem T das Smartphone anvertraut hat, liegt somit sogar ein Fall des § 246 II (dazu unten Rn 298 ff.) vor.

276 Weitere (typische) **Beispiele** des äußerlich erkennbaren Zueignungsakts sind etwa:

(1) Verbrauch, Verzehr oder Verarbeitung (§ 950 BGB) von Sachen

(2) „Bestehlen" eines Toten („Leichenfledderei"); vgl. dazu bereits Rn 31 a.E.

(3) Rechtsgeschäftliche Handlungen wie Verkauf und Veräußerung fremder Sachen unter Anmaßung der Eigentümerrechte, wobei u.U. schon das Angebot oder der Auftrag

---

[381] Vgl. BGHSt 24, 115, 119; 34, 309, 312; OLG Brandenburg NStZ 2010, 220; SK-*Hoyer*, § 246 Rn 13; *Wessels/Hillenkamp*, BT 2, Rn 309 ff.; *Joecks*, § 246 Rn 15 ff.; *Rengier*, BT I, § 5 Rn 23 ff.; Sch/Sch-*Eser/Bosch*, § 246 Rn 10 f.; *Jäger*, JuS 2000, 1167, 1168; *Kudlich*, JuS 2001, 767, 771; *Cantzler*, JA 2001, 567, 568; *Sinn*, NStZ 2002, 64 ff.
[382] Sachverhalt in Anlehnung an *Jänicke*, JuS 2016, 1099.

zum Verkauf der (individualisierten) Sache genügt; jedoch ist mit Blick auf Art. 103 II GG einschränkend zu fordern, dass der Täter zum Tatzeitpunkt eine Herrschaftsbeziehung zur Sache hat (vgl. dazu Rn 280).

(4) Die eigenmächtige Verpfändung (§§ 1204 ff. BGB) fremder Sachen ist nicht bloße Gebrauchsanmaßung, sondern Zueignung, wenn die Wiedereinlösung des Pfands aufgrund der Vermögensverhältnisse des Täters nicht mit Sicherheit sofort erfolgen kann, sobald der Eigentümer die Sache benötigt.

(5) In der unbefugten Verwendung fremder Gelder zum Ausgleich von Kassenfehlbeträgen durch den Ersatzpflichtigen oder den sich für ersatzpflichtig haltenden Kassenverwalter erblickt die h.M.[383] stets eine Unterschlagung.

(6) Ob in der Vermischung fremder Gelder oder vertretbarer Sachen mit eigenen eine Zueignung liegt, hängt von den konkreten Umständen ab. Da hier regelmäßig Miteigentum besteht (vgl. § 948 i.V.m. § 947 I BGB)[384], wird eine Unterschlagung nur dann anzunehmen sein, wenn der Täter das fremde Miteigentum ignoriert und den Gesamtbestand für eigene Zwecke nutzen will. Zum Tanken ohne zu bezahlen vgl. bereits Rn 65 f., 270.

(7) Die Zerstörung einer Sache, die der Täter in seinem Gewahrsam hat, enthält für sich allein noch keine Zueignung, da es regelmäßig an der Aneignungskomponente fehlt (Merksatz: Was würde ein Eigentümer mit der Sache machen?).

(8) Auch das bloße Unterlassen bspw. der geschuldeten Rückgabe einer geliehenen oder gemieteten Sache kann nicht ohne weiteres als Zueignung angesehen werden, wenn der „Entleiher" oder „Mieter" noch nicht durch ein nach außen erkennbares Verhalten zum Ausdruck bringt, dass er die Sache in seine Herrschaftsgewalt bringt, sie dem Eigentümer dauerhaft entziehen und dem eigenen Vermögen einverleiben will.[385]

Problematisch kann auch die Bestimmung des Zueignungsakts bei der sog. **Fundunterschlagung** sein. Bei der Fundunterschlagung handelt es sich nicht etwa um einen eigenständigen Straftatbestand, sondern um den Fall, dass der Täter eine Sache findet, diese an sich nimmt und sich (sofort oder später) dazu entschließt, die Sache zu behalten (sie sich also einzuverleiben). Von Beweisschwierigkeiten in der Praxis abgesehen, manifestiert sich der gefasste Zueignungswille *selten* bereits im Zusammenhang mit der Gewahrsamsbegründung. Vielmehr verhält sich der Täter typischerweise zunächst unauffällig und neutral wie ein ehrlicher Finder, der oft in der gleichen Weise die Sache aufhebt und vielleicht vorübergehend mit nach Hause nimmt. Solange nach außen sichtbare Zueignungsmerkmale fehlen, erfüllt der mit Zueignungswillen handelnde Finder den Tatbestand des § 246 nicht. Auch ein Versuch (§ 22) kann erst bei unmittelbarem Ansetzen zur äußerlich erkennbaren Manifestation beginnen. Je länger der Täter aber die Sache bei sich behält, desto eher ist die Zueignung anzunehmen. **277**

Die aus dem 1998 erfolgten Wegfall des Erfordernisses „in Besitz oder Gewahrsam" resultierende tatbestandliche Weite des Begriffs „Zueignung" und die damit verbundene verfassungsrechtliche Problematik werden dadurch noch verschärft, dass der Tatbestand seitdem auch die **Drittzueignung** zulässt.[386] Dadurch werden Fälle erfasst, die zu überaus erstaunlichen Ergebnissen führen und vor dem Bestimmtheitsgrundsatz keinen Bestand haben können. **278**

Beispiel: Die beiden Kumpel A und B machen Skiurlaub in Kitzbühel. Da A am Abend zuvor B das Skihäschen S ausgespannt hat, möchte dieser sich nun an A rächen. Im Tal **279**

[383] Vgl. dazu *Wessels/Hillenkamp*, BT 2, Rn 309 ff. m.w.N.
[384] Wie hier auch *Gehrlein*, NJW 2010, 3543.
[385] Vgl. OLG Brandenburg NStZ 2010, 220 hinsichtlich eines Werkunternehmers.
[386] § 246 I in der Fassung vor dem 6. StRG 1998 lautete: „Wer eine fremde bewegliche Sache, die er in Besitz oder Gewahrsam hat, sich rechtswidrig zueignet, wird (...) bestraft". Mit dem 6. StRG wurde zum einen das Erfordernis „die er in Besitz oder Gewahrsam hat" aufgehoben und zum anderen durch die Aufnahme des Merkmals „oder eines Dritten" die Drittzueignung unter Strafe gestellt.

verkauft er die Ski des A an D, die aber – wie B weiß – vor einer mehrere Kilometer entfernten Berghütte im Schnee stecken, wo A gerade mit S Bergtee trinkt.

Dadurch, dass die seit 1998 geltende Fassung des Unterschlagungstatbestands nicht voraussetzt, dass der Täter die Sache in Besitz oder Gewahrsam hat, und zudem die Drittzueignung zulässt, hätte B sich wegen Unterschlagung strafbar gemacht. Dass dieses Ergebnis auf einer unüberschaubaren Weite der Strafnorm fußt und daher keinen Bestand haben kann, liegt auf der Hand. Fraglich ist nur, mit welchen Argumenten eine Strafbarkeit verneint werden kann.

280 Eine sinnvolle Einschränkung des Zueignungsbegriffs kann etwa dadurch erreicht werden, dass man mit Blick auf die der Zueignung innewohnenden Aneignungskomponente wenigstens eine **Herrschaftsbeziehung des Empfängers** zur Sache fordert, wenn schon dem Täter eine Zugriffsmöglichkeit zur Sache fehlt. Dazu ist als Minimalvoraussetzung die Eröffnung einer Zugriffsmöglichkeit zu fordern, die es dem Dritten jederzeit erlaubt, sich die Sache anzueignen. Jedenfalls ist von einer solchen Herrschaftsbeziehung regelmäßig dann auszugehen, wenn der Empfänger Eigenbesitz über die Sache begründet bzw. besitzähnlich über sie verfügt.[387] Da ein Eigenbesitz bzw. eine besitzähnliche Verfügung jedoch einen entsprechenden Besitzwillen voraussetzt, genügt allein das Verbringen der Sache mit Drittzueignungswillen in den Herrschaftsbereich des Empfängers nicht, um von einer „Drittzueignung" sprechen zu können. Erforderlich ist vielmehr zumindest ein genereller Wille auf Seiten des Dritten, sich fremde Sachen einverleiben zu wollen. Eine heimliche oder „aufgedrängte" Drittzueignung kann es also nicht geben (str.). Ein Besitzwille ist nur dann nicht erforderlich, wenn die Sache kraft Gesetzes (§§ 946 ff. BGB) in die Eigentumssphäre des Dritten gelangt.

Im obigen **Beispiel** hat sich B daher nicht wegen Unterschlagung strafbar gemacht, weil weder er noch D jemals eine Sachherrschaft über die Ski ausgeübt haben.

281 Es lässt sich somit sagen, dass 1998 „Besitz und Gewahrsam" zwar aus dem Tatbestand des § 246 herausgenommen worden sind, in dem daraufhin geschaffenen ungeschriebenen Kriterium der besitzähnlichen Verfügungsgewalt des Empfängers aber fortleben. Mit diesem Erfordernis wird auch nicht der Wille des Gesetzgebers umgangen, da die durch den Wegfall des Gewahrsamserfordernisses verfolgte Zielsetzung des Gesetzgebers, bislang strittige Fälle durch die Neuregelung nunmehr eindeutig zu regeln, auch mit diesem Verständnis des Zueignungsbegriffs erreicht wird. Würde man dieses Auslegungsergebnis nicht tragen, käme man nicht umhin, die Strafnorm wegen ihrer Unbestimmtheit für verfassungswidrig zu erklären. Jedenfalls hat die seit 1998 geltende Regelung zur Folge, dass die Trennlinie zwischen *täterschaftlicher Zueignung* und *Beihilfe zur Fremdzueignung* unscharf geworden und es zu einer Verschiebung in Richtung täterschaftliche (Dritt-)Zueignung gekommen ist.

b. Rechtswidrigkeit der Zueignung

282 Schließlich muss die (Dritt-)Zueignung **rechtswidrig** sein. In Übereinstimmung mit § 242 ist die Zueignung rechtswidrig, wenn sie im Widerspruch zur (zivil-)rechtlichen Eigentumsordnung steht. Nach allgemeiner Auffassung fehlt es daher an der Rechtswidrigkeit der Zueignung, wenn der Täter einen **fälligen, einredefreien Anspruch** auf Übereignung der einverleibten Sache hat (Rn 115 ff.). Im Falle der Drittzueignung genügt ein entsprechender Anspruch auf Seiten des Dritten. Im Übrigen kann (auch hinsichtlich Tatbestandsirrtümern) auf die Ausführungen zu § 242 verwiesen werden.

---

[387] Vgl. zur Problematik auch Sch/Sch-*Eser/Bosch*, § 246 Rn 10; *Lackner/Kühl*, § 246 Rn 8; *Wessels/Hillenkamp*, BT 2, Rn 316 ff.; *Rengier*, BT I, § 5 Rn 29; *Krey/Hellmann/Heinrich*, BT II, Rn 170b; *Mitsch*, ZStW 111 (1999), 65, 90; *Kudlich*, JuS 2001, 767, 771 f.; *Cantzler*, JA 2001, 567, 569; *Schenkewitz*, NStZ 2003, 17, 18.

Zusammenfassung: Die Strafnorm des § 246, die im Zeitpunkt der Tathandlung weder vorherigen Besitz noch Gewahrsam des Täters an der Sache verlangt, umgekehrt aber selbst eine Drittzueignung genügen lässt, ist **zu weit gefasst**. Um sie daher nicht dem Verdikt der Verfassungswidrigkeit zu unterstellen, müssen Wege gefunden werden, sie verfassungskonform auszulegen.

» Subjektiv sind eine Enteignungs- und eine Aneignungskomponente erforderlich. Während die Enteignung auf Dauer angelegt sein muss, ist es bei der Aneignung ausreichend, wenn sie vorübergehend erfolgt. Anders als bei § 242 ist aber hinsichtlich beider Komponenten dolus eventualis ausreichend, weil der Tatbestand des § 246 nicht von „Absicht" spricht.

» Objektiv muss auf dem Boden der engen Manifestationstheorie darauf abgestellt werden, ob ein nach **außen erkennbares Verhalten** des Täters (aus der Sicht eines Beobachters, der die Sachlage überblickt) verlässlich zum Ausdruck bringt, dass er die Sache in seine **Herrschaftsgewalt** bringt, sie dem Eigentümer **dauerhaft entziehen** und dem eigenen Vermögen **einverleiben** will.

» Im Bereich der **Drittzueignung** kann eine sinnvolle Einschränkung des Zueignungsbegriffs dadurch erreicht werden, dass man mit Blick auf die der Zueignung innewohnenden Aneignungskomponente eine **Herrschaftsbeziehung** des Empfängers zur Sache fordert. Von einer solchen Herrschaftsbeziehung ist regelmäßig dann auszugehen, wenn der Empfänger willentlich **Eigenbesitz** über die Sache begründet bzw. **besitzähnlich** über sie **verfügt**.

c. Sonderproblem unverlangt zugesendete Sachen

Eine sich seit der Einfügung des § 241a in das BGB am 1.1.2002 stellende Frage ist, ob ein Verbraucher, der von einem Unternehmer unverlangt eine Sache zugeschickt bekommt, sich wegen Unterschlagung strafbar machen kann, wenn er die Sache in Gebrauch nimmt und dabei in der Absicht handelt, diese nicht zu bezahlen.

Beispiel[388]**:** Verbraucher V ist Mitglied in einem Automobilclub. Eines Tages bekommt er von der Versandhandel GmbH (U) unverlangt ein mobiles Navigationsgerät (Wert ca. 380,- €) zugesandt. In dem Begleitschreiben heißt es, dass V das Gerät innerhalb von 14 Tagen zurückschicken könne, sofern er das Gerät nicht wünsche, anderenfalls komme ein Vertrag zustande und V müsse den Kaufpreis bezahlen. V, der einige Semester Jura studiert hatte, weiß, dass durch die Lieferung unbestellter Sachen durch einen Unternehmer an einen Verbraucher ein Anspruch gegen diesen nicht begründet wird (§ 241a I BGB). Daher entschließt er sich, das Gerät mit Hilfe der mitgelieferten Saugnäpfe an die Innenseite der Frontscheibe seines Wagens zu befestigen und zu nutzen, nicht aber zu bezahlen. Hat sich V dadurch wegen Unterschlagung strafbar gemacht?

Dadurch, dass V das Navigationsgerät an der Frontscheibe seines Wagens befestigte und in Betrieb nahm, könnte er den Tatbestand der Unterschlagung gem. § 246 I verwirklicht haben.

Dazu müsste das Navigationsgerät eine für V fremde bewegliche Sache gewesen sein. An der Beweglichkeit des Geräts bestehen keine Bedenken; insbesondere reicht es für § 242 – und damit auch für § 246 – aus, dass die Sache beweglich gemacht werden kann. Möglicherweise war das Navigationsgerät für V im Zeitpunkt des Anbringens an die Frontscheibe aber nicht mehr fremd.

Ein gesetzlicher Erwerbstatbestand gem. § 947 BGB fand nicht statt, weil das Navigationsgerät von V lediglich durch Saugnäpfe befestigt wurde. Daher kann diesbezüglich auch offenbleiben, wie es sich ausgewirkt hätte, dass gesetzlicher Erwerbstatbestand und Zueignungsakt zeitlich zusammengefallen wären.

---

[388] Vgl. (zur zivilrechtlichen Seite des Falls) *R. Schmidt*, BGB AT, 16. Aufl. 2017, Rn 237.

In Betracht kommt aber ein rechtsgeschäftlicher Erwerb gem. § 929 S. 1 BGB. Dies setzt neben der Übergabe der Kaufsache auch die rechtsgeschäftliche Einigung über den Eigentumserwerb voraus. Auf Seiten des U muss davon ausgegangen werden, dass dieser die Übereignung der unverlangt verschickten Ware nur unter der aufschiebenden Bedingung des Abschlusses eines Kaufvertrags (vgl. § 158 I BGB) vornimmt. Da V sich weigerte, den Kaufpreis zu entrichten, könnte angenommen werden, dass die Bedingung nicht eingetreten und ein rechtsgeschäftlicher Erwerb gem. § 929 S. 1 BGB nicht erfolgt sei. Folgt man diesem (im Übrigen von der h.M. getragenen) Gedanken, ist das Gerät für V fremd geblieben und damit grundsätzlich tauglicher Gegenstand einer Unterschlagung.

Möglicherweise ändert aber § 241a BGB an diesem Gedanken etwas. Nach dieser Vorschrift wird durch die Lieferung unbestellter Ware durch einen Unternehmer an einen Verbraucher ein Anspruch gegen diesen nicht begründet. Das bedeutet, dass im Anwendungsbereich des § 241a BGB weder vertragliche noch gesetzliche Ansprüche bestehen[389] (Ausnahmen gelten nur nach Maßgabe des § 241a II und III S. 1 BGB).

Bestehen also aus zivilrechtlicher Sicht keine gesetzlichen Ansprüche, kann eine „Zueignung" auch strafrechtlich keine Konsequenzen haben.[390] Die Frage kann allein sein, wie dies rechtsmethodisch herzuleiten ist.

⇨ Teilweise wird vertreten, dass in dem Fall, dass ein Unternehmer an einen Verbraucher unverlangt Sachen liefert, diese Sachen im Hinblick auf das Verhalten des Verbrauchers im Wege **teleologischer Reduktion** aus dem Kreis der Tatobjekte der § 242 bzw. § 246 I herauszuhalten seien. Demzufolge wäre V nicht wegen Unterschlagung strafbar.

⇨ Ein anderer Ansatz will die **Rechtswidrigkeit der Zueignung ausschließen**.[391] Dieses Merkmal lässt den Tatbestand der Unterschlagung entfallen, wenn die Zueignungshandlung im Einklang mit den zivilrechtlichen Regelungen steht. Im Rahmen des (insoweit vergleichbaren) § 242 ist anerkannt, dass die Rechtswidrigkeit der Zueignung bei Bestehen eines fälligen, einredefreien und durchsetzbaren Anspruchs entfällt (siehe dazu Rn 282 und 113 ff.). Überträgt man diese Wertung auf den Unterschlagungstatbestand, führt das Nichtvorhandensein zivilrechtlicher Ansprüche des Unternehmers gegenüber dem Verbraucher zu einer vergleichbaren Wirkung: Eignet sich der Verbraucher die unbestellt gelieferte Sache zu, ist diese Zueignung nicht rechtswidrig. Demzufolge wäre V auch nach diesem Ansatz nicht wegen Unterschlagung strafbar.

⇨ Schließlich wird vertreten, § 241a BGB in den Kanon der **allgemein anerkannten Rechtfertigungsgründe** einzuordnen.[392] Teilt man diesen Standpunkt, wirkt § 241a BGB auch im Strafrecht rechtfertigend. Nach der Lehre von den subjektiven Rechtfertigungselementen hätte V demnach aber auch mit Rechtfertigungswillen gehandelt haben müssen.[393] Ob dies in Anbetracht des eigennützigen Verhaltens des V angenommen werden kann, erscheint zwar zweifelhaft, auf der anderen Seite hat sich V jedoch lediglich die Rechtsfolge des § 241a BGB zunutze gemacht. Demnach muss auch nach diesem Ansatz eine Strafbarkeit wegen Unterschlagung verneint werden.

Da alle genannten Lösungsmodelle zu demselben Ergebnis gelangen, kann eine diesbezügliche Streitentscheidung dahinstehen. V hat sich nicht gem. § 246 I strafbar gemacht.

---

[389] Wie hier *Lorenz*, JuS 2000, 833, 841; *Sosnitza*, BB 2000, 2317, 2321; *Wendehorst*, DStR 2000, 1311, 1116; *Schwarz*, NJW 2001, 1449; *Czeguhn/Dickmann*, JA 2005, 587, 588; *Deutsch*, JuS 2005, 997, 998; *Finkenauer*, in: MüKo-BGB, § 241a Rn 25 ff.; a.A. *Casper*, ZIP 2000, 1597; ZIP 2001, 1602, 1607.
[390] Vgl. dazu im Einzelnen *R. Schmidt*, BGB AT, 16. Aufl. 2017, Rn 237.
[391] *Haft/Eisele*, in: Gedächtnisschrift für Meurer, 2002, S. 245, 259.
[392] NK-*Kindhäuser*, § 246 Rn 26; *Wessels/Hillenkamp*, BT 2, Rn 320; *Matzky*, NStZ 2002, 458, 462.
[393] Die von *Kreß/Baenisch*, JA 2006, 707, 712 genannte Kenntnis der rechtfertigenden Umstände genügt nicht; vielmehr ist erforderlich, dass der Täter aufgrund eines Rechtfertigungsgrundes auch rechtmäßig handeln möchte.

d. Erneute bzw. wiederholte Zueignung

Nach einer Unterschlagung kommt es häufig zu Verwertungshandlungen wie beispielsweise zum Veräußern oder Zerstören einer bereits *früher* unterschlagenen Sache. Ebenso ist es denkbar, dass ein Täter nach einer bereits *erfolgten* Zueignung *durch Diebstahl* (vgl. auch Raub, Erpressung, Betrug und Untreue) Verwertungshandlungen begeht, sich die Sache also erneut zueignet. Damit stellt sich die Frage nach der rechtlichen Behandlung einer **wiederholten Zueignung** („Zueignung nach der Zueignung"). | 284

> **Hinweis für die Fallbearbeitung:** Der Streit um die erneute bzw. wiederholte Zueignung ist nicht nur akademischer Natur, sondern ist vor allem in der Praxis relevant, wenn die Vortat (§§ 242, 249, 253, 263 oder 266) nicht nachgewiesen werden kann. Ist die Vortat nicht nachweisbar, bleibt neben § 259 nur § 246. | 285

Beispiel: T hat das Fahrrad des O gestohlen (§ 242 I). Da er es nicht selbst benutzen möchte, veräußert er es an den gutgläubigen X (§§ 929 S. 1, 932 I S. 1 BGB). Diese Veräußerung war nur möglich, weil G sie in die Wege geleitet hat. Strafbarkeit der Beteiligten? | 286

Der Diebstahl durch T wurde bereits vorgegeben. Bezüglich der Veräußerung des Fahrrades an X liegt auch eine Betrugshandlung zum Nachteil des X vor, da es keinen gutgläubigen Erwerb von gestohlenen Sachen gibt (§§ 929 S. 1, 932 I S. 1, 935 I S. 1 BGB). Ein Betrug zum Nachteil des O scheitert allerdings schon an der erforderlichen „Zurechnungseinheit" zwischen O und X. Zuletzt liegt an sich auch eine Unterschlagungshandlung vor. Für die Strafbarkeit des T aus § 246 I ist aber Voraussetzung, dass er mit dieser Verwertungshandlung überhaupt tatbestandsmäßig handeln konnte.

▪ Hat der Täter sich die Sache zugeeignet, kann er sich nach Auffassung des *Großen Senats* des BGH[394] dieselbe Sache (durch weitere Herrschaftsbetätigungen wie z.B. Veräußerung oder unentgeltliche Eigentumsübertragung) nicht noch einmal zueignen (**keine wiederholte Selbstzueignung**). In diesem Fall sei schon der **Tatbestand des § 246 I nicht anwendbar**, denn diese Vorschrift setze tatbestandlich voraus, dass sich der Täter die fremde Sache nicht bereits durch eine strafbare Handlung zugeeignet hat (sog. **Tatbestandslösung**). Die Literatur hat sich dem teilweise angeschlossen.[395] Demnach hat T den Tatbestand des § 246 I nicht verwirklicht. | 287

▪ Die Gegenstimmen sehen bei jeder Verwertungshandlung bezüglich der zugeeigneten Sache eine erneute tatbestandliche Zueignung, lassen diese aber auf der Konkurrenzebene zurücktreten (sog. **Konkurrenzlösung**).[396] Dabei ist zu beachten, dass die Unterschlagung *nicht* im Wege der in § 246 I a.E. angeordneten Subsidiarität zurücktritt (die Subsidiaritätsklausel betrifft per definitionem nur *gleichzeitige*, nicht *erneute* Zueignungen), sondern im Wege der Konsumtion als mitbestrafte Nachtat. Demnach hat T den Tatbestand des § 246 I verwirklicht. | 288

Stellungnahme: Für die Konkurrenzlösung spricht, dass das Eigentum an einer deliktisch entzogenen Sache auch gegen weitere Eigentumsverletzungen geschützt werden muss.[397] Andererseits kann in den §§ 257 und 259 eine abschließende Regelung gerade für solche Fälle gesehen werden. Schwerer wiegt jedoch die grammatikalische, d.h. semantische Aussage des Begriffs „Zueignung". „Zueignen" kann man sich nur etwas, was zuvor nicht schon dem eigenen Herrschaftsbereich unterstellt war. Wie man sich *dieselbe* | 289

---

[394] BGHSt 14, 38, 46 f.

[395] So *Lackner/Kühl*, § 246 Rn 7; *Krey/Hellmann/Heinrich*, BT II, Rn 246; *Schroth*, BT, S. 131; *Rengier*, BT I, § 5 Rn 54, 29; *Jäger*, JuS 2000, 1167, 1170.

[396] So etwa *Mitsch*, ZStW 111 (1999), 65, 92; Sch/Sch-*Eser/Bosch*, § 246 Rn 19; *Wessels/Hillenkamp*, BT 2, Rn 328; *Eckstein*, JA 2001, 25, 30. Die unterschiedlichen Auffassungen üben insbesondere Einfluss auf die Teilnahme aus, da diese eine Haupttat voraussetzt und es an dieser fehlt, wenn man die Tatbestandslösung vertritt.

[397] Auch wäre eine Bestrafung von Teilnehmern - was eine vorsätzlich und rechtswidrig begangene Haupttat voraussetzt - aus den Verwertungshandlungen des Täters sonst nicht möglich. Diese praktische Folge darf allerdings nicht als Argument für die Konkurrenzlösung herangezogen werden. Generell gilt: Dass ein bestimmtes Verhalten als strafwürdig angesehen wird, kann kein Argument für die Bejahung des Tatbestands sein.

Sache, über die man bereits Herrschaftsgewalt ausübt, noch einmal zueignen soll, ist fraglich. Schließlich führt die Konkurrenzlösung – jedenfalls dann, wenn man den Begriff der Tat i.S.d. strafprozessualen Tatbegriffs (§ 264 StPO) versteht – zu einer praktisch unbegrenzten Verlängerung der Verjährungsfrist von begangenen Vortaten, wenn man in den späteren Verwertungstaten eine Tatbestandsverwirklichung sieht. Aus diesen Gründen ist im Ergebnis der **Tatbestandslösung** der Vorzug zu geben.

Auf der Basis der Tatbestandslösung hat T sich somit ausschließlich gem. § 242 I strafbar gemacht. Bei G fehlt es bezüglich der Hilfeleistung i.S.d. § 246 I an der Haupttat. Er ist daher nicht aus §§ 246 I, 27 I strafbar. Es kommt aber eine Strafbarkeit aus § 259 tateinheitlich mit §§ 263 I, 27 I in Betracht.

290

> **Hinweis für die Fallbearbeitung:** In Fällen, in denen es um die Verwertung von deliktisch zugeeigneten Sachen geht, ist neben §§ 263, 257 und 259 stets auch § 246 in Erwägung zu ziehen. Wie der vorstehende Beispielsfall gezeigt hat, ist dann die Entscheidung, ob der Tatbestands- oder der Konkurrenzlösung gefolgt werden soll, in erster Linie für die Frage nach der Teilnehmerstrafbarkeit relevant. Nur dort führen die beiden Ansichten in der Praxis zu unterschiedlichen Ergebnissen. Dennoch sollte auch außerhalb dieser Fallkonstellationen (kurz) auf den Streit eingegangen werden, dessen Entscheidung dann jedoch dahingestellt bleiben kann.

291

Etwas **anderes** gilt freilich für die 1998 geschaffene **Drittzueignung**. Im Gegensatz zu der oben behandelten Konstellation der erneuten Selbstzueignung lässt sich eine Drittzueignung nach der (zuvor erfolgten) Selbstzueignung begrifflich nicht leugnen. Denn hier eignet sich der Täter die Sache nicht selbst (noch einmal) zu, sondern einem Dritten. Daher kann die grammatikalische Grenze des Begriffs „Zueignung" hier nicht als Argument für die Tatbestandslösung herangezogen werden. Auch wenn es als Wertungswiderspruch angesehen werden sollte, im Rahmen der erneuten Selbstzueignung von einer Tatbestandslösung und im Rahmen der nachträglichen Drittzueignung von einer Konkurrenzlösung auszugehen, ist diese Vorgehensweise im Vergleich zu anderen Lösungsmodellen immer noch überzeugender. Insbesondere ist die Auffassung abzulehnen, die in einer der Selbstzueignung folgenden Drittzueignung lediglich ein den Vortäter nicht belastendes Hehlereiunrecht sieht und § 246 im Wege einer teleologischen Reduktion um diese Drittzueignungskonstellation i.S.d. Tatbestandslösung verkürzt.[398] Wegen der genannten Unmöglichkeit, die nach der Selbstzueignung erfolgte Drittzueignung begrifflich zu leugnen, kann auch eine teleologische Reduktion dieser Drittzueignungskonstellation nicht in Betracht kommen.

e. Subsidiaritätsanordnung

292

Kraft ausdrücklicher Anordnung in § 246 I a.E. wird der Täter wegen Unterschlagung nur dann bestraft, wenn „die Tat nicht in anderen Vorschriften mit schwererer Strafe bedroht ist" (formelle Subsidiarität). Mit dieser gesetzlichen Formulierung wird zunächst einmal klar, dass die Subsidiaritätsanordnung nur greift, wenn die Zueignungshandlung i.S.d. § 246 *gleichzeitig* mit einem anderen (schwereren) Zueignungsdelikt ausgeführt wird (sog. gleichzeitige Zueignung). Die Möglichkeit der wiederholten Zueignung bleibt von der Subsidiaritätsanordnung also unberührt. Steht demnach fest, dass sich die Subsidiaritätsanordnung nur auf gleichzeitige Zueignungen bezieht, kann der Frage nach der inhaltlichen Reichweite der Subsidiarität nachgegangen werden. Denn aus den Formulierungen „wenn die Tat" und „in anderen Vorschriften" geht nicht eindeutig hervor, ob nur solche Vorschriften mit gleicher Schutzrichtung (Schutz der Eigentums- oder Vermögensinteressen) gemeint sind (sog. *relative Subsidiarität*) oder ob *alle* Strafvorschriften, die eine höhere Strafandrohung enthalten, der Unterschlagung vorgehen (sog. *absolute Subsidiarität*).

---

[398] So aber *Hohmann/Sander*, BT I, Rn 25; *Murmann*, NStZ 1999, 15.

- Teilweise wird dem § 246 I eine **relative Subsidiarität** der Unterschlagung (auch der veruntreuenden gem. § 246 II und der versuchten gem. § 246 III) entnommen.[399] Schließt man sich diesem Gedanken an, tritt § 246 nur hinter solchen Delikten subsidiär zurück, die den *gleichen* oder einen *ähnlichen* Schutzzweck verfolgen. Das betrifft in erster Linie den Schutz der Eigentums- oder Vermögensinteressen in den §§ 242, 249, 252, 253, 257, 259, 261, 263, 263a, 266. **293**

- Die Gegenauffassung entnimmt dem Wortlaut des § 246 I eine derartige Einschränkung der Subsidiarität nicht, sodass – bei Befolgung dieser Auffassung – eine Subsidiarität der Unterschlagung zu *allen* Vorschriften mit schwererer Strafandrohung, somit etwa auch zu einem Mord oder Totschlag, anzunehmen ist, sog. **absolute Subsidiarität**.[400] **294**

- Stellungnahme: Würde man die Subsidiaritätsanordnung in einem absoluten Sinn verstehen, müsste man die Unterschlagung auch hinter Strafnormen zurücktreten lassen, die nicht die Zueignung fremder Sachen schützen (so etwa §§ 212, 211), sodass im Urteilstenor die Eigentumsverletzung nicht zum Ausdruck käme. Zudem sprechen die systematische Auslegung der Formulierung „wenn die *Tat* nicht in anderen Vorschriften ..." und der gesetzgeberische Wille (BT-Drs. 13/8587, S. 43 f.) für eine Bezugnahme nur auf Vorschriften gleicher Schutzrichtung. Mit der zuerst genannten Auffassung ist daher von einer **relativen** Subsidiarität auszugehen. **295**

Im Übrigen ist zu beachten, dass aufgrund der Formulierung: „wenn die Tat nicht in anderen Vorschriften mit schwererer Strafe bedroht ist" die formelle Subsidiarität auch dann gilt, wenn **die andere Tat nur versucht wurde**. Denn auch ein Versuch ist eine Tat im Rechtssinne; die fakultative Strafmilderung gem. §§ 23 II i.V.m. 49 I ändert daran nichts. **296**

Beispiel: Im Beispiel von Rn 18 ist K wegen versuchten Diebstahls strafbar. Ob er daneben (d.h. tateinheitlich) wegen vollendeter Unterschlagung strafbar ist, hängt davon ab, ob die Subsidiaritätsklausel des § 246 I a.E. greift. Teilweise wird vertreten, die vollendete Unterschlagung habe im Urteilstenor neben dem versuchten Diebstahl zum Ausdruck zu kommen, weil ein Versuchsunrecht die erfolgte Eigentumsverletzung nicht verdrängen könne.[401] Diese Auffassung ist abzulehnen, weil sie sich über den klaren Wortlaut des § 246 I a.E. hinwegsetzt, auch wenn man sie rechtspolitisch für noch so wünschenswert hält. Entscheidend ist allein, was der Gesetzgeber in der Strafnorm formuliert, nicht was bestimmte Literaturmeinungen für angemessen halten; allein der Gesetzgeber ist berufen, Konkurrenzverhältnisse festzulegen. Für das Konkurrenzverhältnis zwischen versuchtem Diebstahl und vollendeter Unterschlagung ergibt sich auf der Grundlage der gesetzlichen Regelung in § 246 I a.E. daher Folgendes: **297**

Bei einem vollendeten Diebstahl lautet die Strafandrohung „bis zu 5 Jahre" (vgl. § 242 I a.E.). Der Versuch des Diebstahls wird regelmäßig gem. § 23 II i.V.m. § 49 I Nr. 2 S. 1 gemildert auf maximal 3 Jahre und 9 Monate (3/4 von 5 Jahren).[402] Dagegen lautet die abstrakte Strafandrohung der vollendeten Unterschlagung maximal 3 Jahre. Daraus folgt, dass selbst der versuchte Diebstahl mit einer höheren Strafandrohung belegt ist als die vollendete Unterschlagung. Die formelle Subsidiaritätsanordnung in § 246 I a.E. greift also auch in diesem Fall.

Fazit: Die vollendete Unterschlagung tritt auch hinter versuchten Delikten der gleichen Schutzrichtung zurück, solange die abstrakte Strafandrohung des versuchten Delikts höher ist als die der vollendeten Unterschlagung.

---

[399] So *Mitsch*, ZStW 111 (1999), 65, 95; *Wessels/Hillenkamp*, BT 2, Rn 327; *Fischer*, § 246 Rn 23; *Sch/Sch-Eser/Bosch*, § 246 Rn 32; NK-*Kindhäuser*, § 246 Rn 67; SK-*Hoyer*, § 246 Rn 48; *Jäger*, JuS 2000, 1167, 1171; *Cantzler*, JA 2001, 567, 571; *Cantzler/Zauner*, Jura 2003, 483; *Duttge/Sotelsek*, NJW 2002, 3756; *Hoyer*, JR 2002, 517; *Küpper*, JZ 2002, 1115.
[400] So BGH NJW 2012, 3046; BGHSt 47, 243, 244 (mit zust. Anm. v. *Otto*, NStZ 2003, 87; *Heger*, JA 2003, 8 ff.; *Freund/Putz*, NStZ 2003, 242 ff.); *Lackner/Kühl*, § 246 Rn 14; *Otto*, Jura 1998, 550, 551).
[401] So vertreten von *Rengier*, BT I, § 1 Rn 12.
[402] Die Fakultativbestimmung des § 23 II wird zwar in der gerichtlichen Praxis als „Muss-Bestimmung" gehandhabt, wenn nicht gewichtige Gründe im Einzelfall gegen die Strafmilderung sprechen. Aber rechtsdogmatisch ist es eine Kann-Bestimmung.

f. Qualifikation der veruntreuenden Unterschlagung, § 246 II

298 Bei der **veruntreuenden Unterschlagung** handelt es sich um eine Qualifikation der einfachen Unterschlagung nach § 246 I. Nach h.M.[403] gelten solche Sachen als anvertraut, die der Täter mit der Maßgabe erlangt hat, sie zurückzugeben oder nur zu bestimmten Zwecken im Sinne des Anvertrauenden zu verwenden. Das kommt insbesondere bei Sachen in Betracht, die im Rahmen von Auftrag, Miete, Pacht, Leihe, Verwahrung und Kauf unter Eigentumsvorbehalt (bzw. Sicherungsübereignung) übergeben worden sind (siehe auch schon das Beispiel bei Rn 274).

299 Fraglich ist, ob eine Sache auch dann anvertraut i.S.d. § 246 II ist, wenn das der Überlassung zugrunde liegende Rechtsgeschäft sittenwidrig oder aus anderen Gründen unwirksam ist.

300 **Beispiel:** A will in die Boutique der O einbrechen. Um an das nötige Einbruchwerkzeug zu kommen, schickt er seinen Helfer B in den nahegelegenen Baumarkt, um dort eine Brechstange zu kaufen. Dazu gibt er diesem Geld, das er zuvor aus einem Geldwechselautomaten gestohlen hatte. Behält B nun das Geld für sich, ist fraglich, ob er wegen veruntreuender Unterschlagung strafbar ist.

⇨ Teilweise wird in Fällen dieser Art eine veruntreuende Unterschlagung verneint mit dem Argument, dass Treueverhältnisse, die der Rechtsordnung zuwiderlaufen, nicht schutzwürdig seien.[404] Folgt man dieser Auffassung, wäre B nur aus dem Grundtatbestand des § 246 I zu bestrafen.

⇨ Demgegenüber geht die h.M. davon aus, dass das Merkmal des Anvertrautseins auch im Rahmen rechts- oder sittenwidriger Beziehungen erfüllt sein könne.[405] Demzufolge müsste man auch bei B von einer Verwirklichung des § 246 II ausgehen. Da die h.M. die Qualifikation allerdings auch dann verneint, wenn die Überlassung der Sache den Interessen des Eigentümers widerspricht und im vorliegenden Fall kaum vorstellbar ist, dass der Eigentümer des Geldes mit der Weitergabe an Dritte (hier an den B) einverstanden ist, kommt man auch bei Befolgung der h.M. zu dem Ergebnis, dass B „nur" aus § 246 I strafbar ist.

301 Das Anvertrautsein ist ein **strafschärfendes besonderes persönliches** Merkmal i.S.d. § 28 II.[406] Daher kann bei einem Gehilfen, bei dem dieses Merkmal nicht vorliegt, nur der gem. §§ 27 II, 49 I gemilderte Normalstrafrahmen des § 246 I zugrunde gelegt werden. Im Übrigen wird neben der veruntreuenden Unterschlagung oft die Untreue (§ 266) zu prüfen sein.

302 Schließlich ist zu beachten, dass aufgrund des Verweises in § 246 II „auf die Fälle des § 246 I" auch auf die Subsidiaritätsklausel verwiesen wird. Verwirklicht der Täter also gleichzeitig ein Delikt mit höherer Strafandrohung, als dies bei § 246 II der Fall ist, tritt auch die veruntreuende Unterschlagung subsidiär zurück.[407]

3. Vorsatz

303 Der Täter muss mit *dolus eventualis* bezüglich der *fremden beweglichen Sache* und der Tathandlung (der *Zueignung*) handeln, wobei in der Fallbearbeitung der Vorsatz bzgl. der Zueignung an dieser Stelle nur noch kurz festzustellen ist, sofern er bereits im Rahmen der Manifestation des Zueignungswillens geprüft wurde (vgl. Rn 271 ff.). Auch hinsichtlich der *Rechtswidrigkeit* der Zueignung muss *dolus eventualis* vorliegen. Im Fall

---

[403] *Cantzler*, JA 2001, 567, 573; *Fischer*, § 246 Rn 16; *Joecks*, § 246 Rn 28; *Wessels/Hillenkamp*, BT 2, Rn 321; *Rengier*, BT I, § 5 Rn 60 jeweils unter Bezugnahme auf BGHSt 9, 90, 91 und 16, 280, 282.

[404] Sch/Sch-*Eser/Bosch*, § 246 Rn 30; SK-*Hoyer*, § 246 Rn 47; *Joecks*, § 246 Rn 28; NK-*Kindhäuser*, § 246 Rn 41.

[405] *Wessels/Hillenkamp*, BT 2, 322; LK-*Vogel*, § 246 Rn 26; *Otto*, BT, § 42 Rn 27, jeweils unter Berufung auf BGH NJW 1954, 889.

[406] BGH StV 1995, 84; *Rengier*, BT I, § 5 Rn 63; *Joecks*, § 246 Rn 32.

[407] *Lackner/Kühl*, § 246 Rn 14.

der veruntreuenden Unterschlagung hat sich der Vorsatz auch auf das Anvertrautsein der Sache zu beziehen. Zur Rechtswidrigkeit der Zueignung vgl. Rn 113 ff.

II. Rechtswidrigkeit und III. Schuld

Bezüglich Rechtswidrigkeit und Schuld gelten die allgemeinen Regeln. **304**

IV. Haus- und Familienunterschlagung/Unterschlagung geringwertiger Sachen

Eventuelle Antragserfordernisse ergeben sich aus §§ 247, 248a. **305**

V. Wahlfeststellung zwischen Diebstahl und Unterschlagung

Ein in der Praxis äußerst relevantes Thema ist die Wahlfeststellung zwischen Diebstahl **306** und Unterschlagung.

> **Beispiel**[408]**:** In das Antiquitätengeschäft des O wurde eingebrochen. Die entwendeten Gegenstände werden später bei T gefunden. Es kann aber nicht ermittelt werden, ob T die Gegenstände bei O selbst entwendet oder ob er die vom Dieb zurückgelassenen Gegenstände irgendwo gefunden und mitgenommen hat. Strafbarkeit des T?

Würde man in Fällen, in denen man zwar weiß, dass der Angeklagte sich strafbar ge- **307** macht hat, aber Zweifel hinsichtlich der konkreten Handlung oder gar des konkreten Delikts hat, den Grundsatz *in dubio pro reo* konsequent anwenden, käme man zu Strafbarkeitslücken, die auch vor dem Rechtsstaatsprinzip, das an sich für die Unschuldsvermutung streitet, keinen Bestand haben können. Daher ist es verfassungs- und völkerrechtlich nicht zu beanstanden, den Täter unter bestimmten Voraussetzungen auf wahldeutiger Grundlage zu verurteilen (sog. **Wahlfeststellung**).[409] Diesbezüglich ist zwischen echter und unechter Wahlfeststellung zu unterscheiden:

▪ Steht fest, dass der Angeklagte einen Straftatbestand verwirklicht hat, und ist nur unklar, **308** *welche* seiner Handlungen den Taterfolg herbeigeführt hat, liegt keine wirkliche Wahlfeststellung, sondern ein Fall der **unechten** oder **gleichartigen** Wahlfeststellung vor (auch **Tatsachenalternativität** genannt) (*Lackner/Kühl*, § 1 Rn 17).

▪ Bei der **echten Wahlfeststellung** (auch **Tatbestandsalternativität** oder **ungleich-** **309** **artige** Wahlfeststellung genannt) liegt eine Unsicherheit im Sachverhalt vor, die sich auch unter Ausschöpfung aller prozessualen Erkenntnismittel nicht klären lässt. Der Unterschied zum Grundsatz *in dubio pro reo* und zur Tatsachenalternativität besteht darin, dass bei der Tatbestandsalternativität feststeht, dass der Täter entweder den einen *oder* den anderen Tatbestand verwirklicht hat. Um hier aber nicht mit dem Gesetzlichkeitsprinzip und der Unschuldsvermutung zu kollidieren, verlangte der BGH in bisheriger ständiger Rechtsprechung eine **rechtsethische** und **psychologische Vergleichbarkeit** oder **Gleichwertigkeit** der in Betracht kommenden Verhaltensweisen.[410] Ist eine echte Wahlfeststellung gleichwohl möglich, wird der Angeklagte im Urteilstenor „entweder wegen ... (Straftat X) oder wegen ... (Straftat Y) schuldig" gesprochen.

Nach der aktuell geltenden Fassung des § 246 kommt bei Sachverhaltsungewissheit der **310** geschilderten Art eine sog. *unechte* Wahlfeststellung in Betracht. Denn nach der gesetzlichen Formulierung des Unterschlagungstatbestands besteht nämlich kein Ausschlussverhältnis zwischen vollendetem Diebstahl und vollendeter Unterschlagung. Vielmehr tritt der bei einem

---

[408] Vgl. BGHSt 16, 184, wiedergegeben auch bei *Jäger*, JuS 2000, 1167, 1171 f.
[409] Vgl. *Fischer*, § 1 Rn 18 ff.; *Lackner/Kühl*, § 1 Rn 9 ff.; *Stuckenberg*, JA 2001, 221 ff.
[410] BGHSt GS 9, 390, 394; 21, 152, 153. Nach Auffassung des 5. Strafsenats des BGH handelt es sich bei der ungleichartigen Wahlfeststellung nicht um Strafverfahrensrecht, sondern um Richterrecht, das strafbarkeitsbegründend wirkt und daher dem Regelungsbereich des Art. 103 II GG unterfällt (BGH NStZ 2014, 392, 394 - dazu näher *Hartmann/Schmidt*, StrafProzR, Rn 1141 ff.).

Diebstahl regelmäßig mitverwirklichte § 246 lediglich als subsidiärer Auffangtatbestand hinter anderen Formen rechtswidriger Zueignung zurück (s.o.). Hat der Täter also unter Zugrundelegung jeder denkbaren Sachverhaltsalternative (Gewahrsamsbruch oder nicht) jedenfalls *auch* den § 246 verwirklicht, ist diese Strafnorm in jedem Fall einschlägig, sodass es hier nicht der Prüfung einer rechtsethischen und rechtspsychologischen Vergleichbarkeit bedarf, wie dies bei der echten Wahlfeststellung der Fall wäre.

Bezogen auf das **Beispiel** von Rn 306 bedeutet dies, dass die Tatsachenalternativität die Eindeutigkeit des Schuldspruchs nicht berührt und sich daher die Frage nach den materiell-rechtlichen Voraussetzungen einer echten Wahlfeststellung nicht stellt. T ist daher eindeutig wegen Unterschlagung strafbar (unechte Wahlfeststellung aufgrund bloßer Tatsachenalternativität).[411]

---

[411] Vgl. *Jäger*, JuS 2000, 1167, 1172.

2. Kapitel – Raub und raubähnliche Delikte

A. Raub (§ 249)

Der Tatbestand des Raubs ist nicht nur eine Verbindung aus dem **Diebstahl** und einer qualifizierten **Nötigung**, sondern er verknüpft diese beiden Merkmale zu einem *zweiaktigen Delikt* eigenständiger Art.[412] § 249 stellt also weder gegenüber § 242 noch gegenüber § 240 eine Tatbestandsqualifikation dar, sondern kennzeichnet ein selbstständiges und spezielles Delikt. **Geschützte Rechtsgüter** sind entsprechend der Rechtsnatur als zusammengesetztes Delikt aus Diebstahl und Nötigung das Vermögen (Eigentum und nach h.M. auch Gewahrsam) und die Freiheit der Willensbildung und -betätigung. §§ 247, 248a sind nicht anwendbar.[413]

311

- Hinsichtlich der **Diebstahlskomponente** stimmt § 249 mit § 242 vollständig überein, sodass sich sämtliche Probleme in Bezug auf die bewegliche Sache und deren Wegnahme sowie in Bezug auf die Absicht der rechtswidrigen Zueignung auch bei § 249 stellen können.

- Hinsichtlich der **Nötigungskomponente** stellt § 249 im Vergleich zu § 240 höhere Anforderungen und verlangt Gewalt *„gegen eine Person"* bzw. Drohung *„mit gegenwärtiger Gefahr für Leib oder Leben"* (§ 240 lässt *jede* Gewalt bzw. Drohung mit einem *empfindlichen Übel* genügen). Der Nötigungserfolg liegt in der Duldung der Wegnahme.

Was die **Verbindung** zwischen Nötigungsmittel und Wegnahme betrifft, muss die Anwendung des Nötigungsmittels für das Gelingen der Wegnahme nach h.M. **weder objektiv erforderlich noch kausal** (i.S. einer *conditio sine qua non*) sein. Denn § 249 sei **final** formuliert und lasse es genügen, dass das Nötigungsmittel nach der **subjektiven Zwecksetzung** des Täters als wesentlicher Bestandteil der Tat dazu dienen *soll*, die Wegnahme durch Ausschaltung oder Überwindung eines erwarteten Widerstands zu erreichen.[414] Vgl. dazu Rn 348 ff.

312

> **Hinweis für die Fallbearbeitung:** Liegen im Sachverhalt Hinweise auf einen Raub vor, ist dieses Delikt wegen seiner Spezialität vorrangig vor den §§ 242 ff. und 240 zu prüfen. Deren eigenständige Prüfung ist bei Bejahung des Raubs (ggf. i.V.m. §§ 250, 251) grds. nicht mehr angezeigt. Das erspart insbesondere Ausführungen zur Verwerflichkeit i.S. des § 240 II, da Gewalt „gegen eine Person" und Drohungen „mit gegenwärtiger Gefahr für Leib oder Leben" sowie die Nötigung zwecks Wegnahme einer fremden Sache in der Absicht der rechtswidrigen Zueignung stets als verwerflich anzusehen sind. Scheitert der Raub allerdings an einem dieser beiden Tatbestände oder kommt lediglich ein versuchter Raub in Betracht, können die §§ 240, 242 ff. eigenständige Bedeutung erlangen.
>
> Eine Besonderheit besteht hinsichtlich des Raubs in Wohnungen, da § 250 einen mit § 244 I Nr. 3 vergleichbaren Qualifikationsgrund nicht enthält. Diesbezüglich lässt sich vertreten, nach § 249 (ggf. i.V.m. §§ 250, 251) auch den Wohnungseinbruchdiebstahl zu erörtern. Als Argument könnte angebracht werden, dass der besondere Unwertgehalt des § 244 I Nr. 3 für die Annahme von Tateinheit mit den Raubdelikten spricht.[415] Nach der hier vertretenen Auffassung tritt § 244 I Nr. 3 hinter § 249 zurück[416], weil auch § 242 hinter § 249 zurücktritt und es daher an der Basis für § 244 fehlt.

313

---

[412] BGHSt 20, 235, 237 f.; BGH NStZ-RR 2002, 304, 305; BGH 15.4.2008 – 4 StR 42/08; *Wessels/Hillenkamp*, BT 2, Rn 344.

[413] BGHSt 20, 235, 237 f.; BGH NStZ-RR 1998, 103.

[414] BGHSt 30, 375, 377; 41, 123, 124; BGH NStZ-RR 2002, 304, 305; NStZ 2013, 103, 104; *Lackner/Kühl*, § 249 Rn 4; Sch/Sch-*Eser/Bosch*, § 249 Rn 7; *Fischer*, § 249 Rn 6; *Wessels/Hillenkamp*, BT 2, Rn 350; a.A. NK-*Kindhäuser*, § 249 Rn 28 ff.; SK-*Sinn*, § 249 Rn 29; *Joecks*, § 249 Rn 22.

[415] So *Wessels/Hillenkamp*, BT 2, Rn 392; *Rengier*, BT I, § 7 Rn 6; Sch/Sch-*Eser/Bosch*, § 244 Rn 35.

[416] So auch BGH NStZ-RR 2005, 202, 203; *Lackner/Kühl*, § 244 Rn 13; *Eisele*, BT II, Rn 321 und 343.

314 Systematisch darf der Raub nach § 249 nicht ohne Zusammenhang mit den Delikten seines Umfelds gesehen werden.

315 ▪ So stellt der **schwere Raub** (§ 250), der weitgehend dem Diebstahl mit Waffen (§ 244 I Nr. 1a u. b) und dem Bandendiebstahl (§§ 244 I Nr. 2, 244a) entspricht, einen *Qualifikationstatbestand* dar (⇨ Rn 376 ff.).

316 ▪ Der **Raub mit Todesfolge** (§ 251) stellt eine *Erfolgsqualifikation* dar, bei der der Täter den Tod eines anderen Menschen wenigstens leichtfertig verursacht haben muss (⇨ Rn 429 ff.).

317 ▪ Der **räuberische Diebstahl** (§ 252) ist ein *raubähnliches Delikt* und unterscheidet sich vom Raub dadurch, dass die Nötigung nicht das Mittel zur Wegnahme ist, sondern erst nach Vollendung der Wegnahme zur Sicherung des bereits erlangten Gewahrsams eingesetzt wird. § 249 und § 252 stehen daher in einem Exklusivitätsverhältnis zueinander. Im Einzelfall können sich aber Abgrenzungsschwierigkeiten ergeben, wenn der Täter qualifizierende Merkmale des § 250 und/oder die Erfolgsqualifikation des § 251 verwirklicht. Denn die Rspr. erstreckt die qualifikationsgeeignete Phase auf die Beendigungsphase des Raubs. Ist also die Wegnahme vollendet, aber noch nicht beendet, und setzt der Täter das Nötigungsmittel zur Beutesicherung ein, kommen nach der Rspr. grundsätzlich §§ 249, 250 bzw. §§ 249, 251 zur Anwendung. Die h.L. sieht darin eine unzulässige Ausweitung der den Raub qualifizierenden Phase und eine Unterlaufung der § 252 kennzeichnenden Beuteerhaltungsabsicht. Der h.L. zufolge ist im Beendigungsstadium des Raubs daher ausschließlich § 252 anwendbar. Liegen dessen Voraussetzungen nicht vor, ist der Täter ausschließlich nach anderen (milderen) Vorschriften (etwa §§ 240, 223 ff., 222) zu bestrafen (⇨ Rn 437 f., 460). Zum Verhältnis zur **räuberischen Erpressung** (§ 255) vgl. Rn 322 ff.

318 ▪ Schließlich ist der **räuberische Angriff auf Kraftfahrer** (§ 316a) zu nennen, der aufgrund seiner systematischen Stellung zwar dem Verkehrsstrafrecht zugeordnet, wegen des Sachzusammenhangs mit den Raubdelikten vorliegend jedoch im Rahmen der raubähnlichen Delikte erörtert wird (⇨ Rn 474 ff.).

319 Dadurch, dass der Raub einen durch (qualifizierte) **Nötigungselemente** „angereicherten" **Diebstahl** darstellt, gilt es in der **Fallbearbeitung** die Nötigungselemente sinnvoll in den Diebstahl zu integrieren. Mithin empfiehlt sich folgender Aufbau:

320

Raub (§ 249)

I. Tatbestand

  1. Objektiver Tatbestand

    a. Wegnahme einer fremden beweglichen Sache

    ⇨ Tatobjekt ist in Übereinstimmung mit § 242 eine **fremde bewegliche Sache**.

    ⇨ Auch hinsichtlich der **Wegnahme** besteht volle Kongruenz zu § 242, sodass eine Wegnahme immer dann vorliegt, wenn fremder Gewahrsam gebrochen und neuer Gewahrsam begründet wird. Sollte in der Fallbearbeitung eine Abgrenzung zu der – äußerlich sehr ähnlichen – **räuberischen Erpressung** (§ 255) erforderlich werden, dann wäre der richtige Prüfungsstandort an dieser Stelle. Als Faustformel lässt sich nach h.L. sagen: Duldet das Opfer die Wegnahme, liegt Raub vor; gibt das Opfer die Sache nötigungsbedingt heraus, liegt (räuberische) Erpressung vor. Demgegenüber verlangt die Rspr. bei § 255 keine Vermögensverfügung, sondern lässt die Duldung der Wegnahme genügen. Folge ist, dass §§ 249 und 255 nicht in einem Exklusivitätsverhältnis zueinander stehen, sondern in einem Spezialitätsverhältnis: § 249 ist lex specialis zu § 255.

---

b. Qualifizierte Nötigung als Mittel zur Wegnahme

Die Wegnahme muss unter Einsatz von „Gewalt gegen eine Person" oder „Drohung mit gegenwärtiger Gefahr für Leib oder Leben" erfolgen.

⇨ Der Begriff der **Gewalt** in § 249 entspricht prinzipiell dem des § 240. Danach ist unter Gewalt jeder körperlich wirkende Zwang zu verstehen, der der Überwindung eines geleisteten oder erwarteten Widerstands dient. Die in § 249 genannte Einschränkung: „gegen eine Person" bringt jedoch zum Ausdruck, dass die Gewaltanwendung auf den Körper des Opfers bezogen sein muss. Rein psychische Einwirkungen wie das Auslösen von Angst- oder Erregungszuständen scheiden demnach grds. aus.

⇨ **Drohung** ist das Inaussichtstellen eines *künftigen* Übels, auf dessen Eintritt der Drohende Einfluss hat oder zu haben *vorgibt*. Als **Adressaten** der Drohung kommen wie bei der Gewalt auch **schutzbereite Dritte** in Betracht.

⇨ **Einsatz von Gewalt oder Drohung zum Zweck der Wegnahme**: Die h.M. versteht die Formulierung „mit Gewalt ... oder durch Anwendung von Drohungen" in § 249 final. Das bedeutet:

  ⇨ **Subjektiv** muss ein **Finalzusammenhang** bestehen, d.h. die Nötigung muss zumindest *nach der* **Vorstellung des Täters** den Zweck haben, die Wegnahme zu ermöglichen (***subjektiv-finales Kriterium***).[417]

  ⇨ Eines Kausalzusammenhangs bedarf es nicht.[418] Im Hinblick auf den spezifischen Unrechtsgehalt des Raubs müssen Nötigung und Wegnahme aber in einem **objektiv** zu bestimmenden **räumlich-zeitlichen Verhältnis** zueinander stehen („raubspezifischer Zusammenhang").[419]

⇨ Unabhängig davon, ob man diesen Standpunkt teilt oder einen Kausalzusammenhang fordert (vgl. Rn 348 ff.), fehlt es aber an der *Finalität der Nötigungsmittel*, wenn der Täter zunächst ohne dieses Ziel nötigt und die Situation anschließend zur Wegnahme lediglich ausnutzt.

2. Subjektiver Tatbestand

In subjektiver Hinsicht ist neben dem **Vorsatz** (*dolus eventualis* genügt) bezüglich aller objektiven Tatbestandsmerkmale (einschließlich des räumlich-zeitlichen Zusammenhangs zwischen dem Nötigungsmittel und der Wegnahme) die **Absicht** (i.S.e. Intention), die Sache sich oder einem Dritten rechtswidrig zuzueignen, erforderlich. Hinsichtlich dieser Zueignungsabsicht besteht volle Kongruenz zu § 242 (siehe dazu Rn 113 ff.). Problematisch kann also insb. die **Rechtswidrigkeit der (beabsichtigten) Zueignung** sein.

Sollten mehrere Tatbeteiligte als **Mittäter** in Betracht kommen, ist zu beachten, dass gem. § 25 II nur *objektive* Tatbeiträge zugerechnet werden können. Fehlt also bei einem Beteiligten die erforderliche (Dritt-)Zueignungsabsicht, kommt eine Mittäterschaft in Bezug auf § 249 nicht in Betracht. Es bleibt aber die Möglichkeit der diesbezüglichen Teilnahme (§§ 249, 27 I).

Schließlich ist die **subjektiv-finale Verknüpfung** zu prüfen (sofern nicht mit der auch hier vertretenen Auffassung des BGH bereits im objektiven Tatbestand geprüft).

II. Rechtswidrigkeit und III. Schuld

Es gelten die allgemeinen Grundsätze.

---

[417] Vgl. BGH NJW 2016, 2129 f. mit Verweis u.a. auf BGHSt 18, 329, 331, wo der BGH ausdrücklich betont, dass allein die Vorstellung und der Wille des Täters für den Finalzusammenhang maßgebend seien. Es genügt also nicht, dass die Anwendung von Gewalt oder Drohungen nur bloße „Begleiterscheinung" anlässlich der Entwendung von Sachen sind (BGH NStZ 2015, 698).

[418] Das betont der BGH in st. Rspr., vgl. nur jüngst BGH NJW 2016, 2129.

[419] So ausdrücklich BGH NJW 2016, 2129, 2130. Der BGH prüft also auch den subjektiv ausgelegten Finalzusammenhang im objektiven Tatbestand. Dem ist wegen des engen Zusammenhangs mit der Nötigungshandlung und der Wegnahme zuzustimmen. Zugleich wird aus diesem Urteil deutlich, dass der BGH das räumlich-zeitliche Verhältnis zwischen Nötigung und Wegnahme nach dem Finalzusammenhang prüft. Auch dem ist zu folgen, da der raubspezifische Zusammenhang eine einschränkende Funktion ausübt, die (auch) infolge des rein subjektiv ausgelegten Finalzusammenhangs erforderlich wird.

I. Tatbestand

1. Objektiver Tatbestand

a. Tatobjekt: Fremde bewegliche Sache

321 Tatobjekt ist wie bei § 242 eine **fremde bewegliche Sache**, sodass uneingeschränkt auf die zum Diebstahl gemachten Ausführungen verwiesen werden kann.

b. Tathandlung: Wegnahme unter Einsatz von Nötigungsmittel

aa. Wegnahme

322 Auch hinsichtlich der **Wegnahme** besteht volle Kongruenz zu § 242, sodass eine Wegnahme immer dann vorliegt, wenn fremder Gewahrsam gebrochen und neuer Gewahrsam begründet wird. Vor allem durch dieses Erfordernis ist der Raub von der **räuberischen Erpressung** (§ 255) abgegrenzt:

- Wird durch die Gewalt oder Drohung erreicht, dass der Gewahrsamsinhaber die Sache **weggibt**, liegt *keine* Wegnahme und damit *kein* Raub vor; es kommt aber eine **räuberische Erpressung** in Betracht, da (auf Basis der h.L.) die Weggabe als nötigungsbedingte Vermögensverfügung angesehen werden kann.

- **Duldet** das Opfer jedoch nur die Wegnahme der Sache durch den Täter, ist ein **Raub** anzunehmen, weil die Duldung bloßes **Gewährenlassen der Wegnahme** bedeutet und somit eine Weggabe in Form einer Vermögensverfügung nicht angenommen werden kann.

323 Somit bleiben die Fragen zu beantworten, wie die Abgrenzung zwischen Raub und räuberischer Erpressung vorzunehmen ist, ob bei der räuberischen Erpressung eine Vermögensverfügung erforderlich ist und wodurch sich Wegnahme und Weggabe voneinander unterscheiden.

324 - Nach h.L.[420] schließen sich Weggabe und Wegnahme begrifflich aus mit der Folge, dass §§ 249 und 255 in einem **Exklusivitätsverhältnis** zueinander stehen. Bei der (räuberischen) Erpressung handele es sich aufgrund der zu fordernden Vermögensverfügung um ein Selbstschädigungsdelikt, wohingegen ein Raub aufgrund der Wegnahmehandlung ein Fremdschädigungsdelikt sei. Eine Selbstschädigung (hier: Weggabe) könne nicht gleichzeitig eine Fremdschädigung (hier: Wegnahme) sein. Abzugrenzen sei die Wegnahme von der Weggabe im Wesentlichen nach der **inneren Willensrichtung** des Opfers. Übertrage dieses den Gewahrsam willentlich, d.h. mit seinem faktischen (wenn auch erzwungenen) Einverständnis, liege ein Geben und somit eine für §§ 253, 255 zu fordernde Vermögensverfügung vor. Glaube das Opfer aber, ihm bleibe angesichts der Nötigung keine Wahl und es werde den Gewahrsam in jedem Fall verlieren, sei eine Wegnahme auch dann anzunehmen, wenn das Geschehen sich nach dem äußeren Erscheinungsbild als Geben darstelle. Als Indiz könne man aber auch durchaus das *äußere Erscheinungsbild* (Geben oder Nehmen) heranziehen, um mit seiner Hilfe auf den Opferwillen zu schließen. Vgl. dazu die Beispiele bei Rn 763 ff.

325 - Die Rspr.[421] und ein kleiner Teil der Lit.[422] stellen dagegen auf das **äußere Erscheinungsbild** des Täterverhaltens ab. Raub liege vor, wenn der Täter die Sache *nehme*, räuberische Erpressung, wenn das Opfer die Sache *gebe*. Da die Rspr. im Übrigen bei § 255 keine Vermögensverfügung fordert, sondern ein Dulden der Wegnahme genügen

---

[420] *Lackner/Kühl*, § 255 Rn 2; MüKo-*Sander*, § 253 Rn 13 ff.; *Fischer*, § 253 Rn 5, 9; *Wessels/Hillenkamp*, BT 2, Rn 710 ff., 730; Sch/Sch-*Eser/Bosch*, § 249 Rn 2; § 253 Rn 8; *Krey/Hellmann/Heinrich*, BT II, Rn 305d; *Rengier*, BT I, § 11 Rn 13, 33 ff.

[421] BGHSt 7, 252, 255; 14, 386, 390; 25, 224; 41, 123, 126; 42, 196, 199; BGH NStZ 2002, 31, 32; NStZ 2003, 604, 605. Vgl. auch BGH NStZ-RR 2003, 40; NStZ-RR 2002, 304, 305. Unpräzise bei der Abgrenzung BGH NStZ 2012, 389 (Annahme von Raub, obwohl sich das äußere Tatgeschehen als Geben darstellt).

[422] LK-*Herdegen*, § 253 Rn 6 ff.; SK-*Günther*, vor §§ 249 ff. Rn 13 ff.; *Hecker*, JA 1998, 300, 305; *Rönnau*, JuS 2012, 888 ff.

lässt[423], folgt daraus, dass **in jedem Raub zugleich auch eine räuberische Erpressung liegt**. Auf der Basis der Rspr. ist § 249 **speziell** und **verdrängt** § 255 im Wege der Gesetzeskonkurrenz. Freilich setzt dies voraus, dass § 249 tatbestandlich greift.[424] Kommt also eine Bestrafung nach § 249 etwa mangels Zueignungsabsicht (etwa wenn der Täter nur mit dem Willen zur Gebrauchsanmaßung handelt) nicht in Betracht, kann § 249 den § 255 auch nicht verdrängen. In diesem Fall kann auf der Basis der Rspr. aber immer noch eine Bestrafung „gleich einem Räuber" über § 255 angenommen werden. Vgl. auch dazu die Beispiele bei Rn 763 ff.

▪ Stellungnahme: Für die Auffassung des BGH spricht der Gesetzeswortlaut der §§ 253, 255, aus dem sich in der Tat nicht das Erfordernis einer Vermögensverfügung ergibt. Dem lässt sich allerdings entgegenhalten, dass bei § 263 I ebenfalls nicht von einer Verfügung die Rede ist, sie aber dort auch nach Auffassung des BGH als Tatbestandsmerkmal gefordert ist. Darüber hinaus erfordert die Erpressung sowohl den Eintritt eines Vermögensnachteils als auch eine Bereicherungsabsicht, ist also ein dem Betrug ähnlich konstruiertes Vermögensdelikt. Raub und Erpressung stehen daher aus dogmatischer Sicht wie Diebstahl und Betrug in einem strengen Alternativverhältnis. Dies spricht für das Erfordernis einer Vermögensverfügung bei den §§ 253, 255. Eine solche Annahme ist auch durchaus kriminalpolitisch sinnvoll. Auf der Basis der Rechtsprechung wird nämlich die Privilegierung der Gebrauchsanmaßung unterlaufen: Die Wegnahme ohne Zueignungsabsicht erfüllt weder § 242 noch § 249. Den Täter dennoch nach §§ 253, 255 „wie einen Räuber" zu bestrafen, erscheint vor dem Hintergrund der vom Gesetzgeber in § 248b zum Ausdruck gebrachten Wertung nicht sachgerecht. Diese gesetzgeberische Wertung darf man nicht ignorieren. Die Gewaltanwendung kann zudem durch § 240 und §§ 223 ff. i.d.R. hinreichend berücksichtigt werden. Selbst, wenn dies einmal nicht der Fall sein sollte, dürfen Rspr. und Lit. nicht die genannte gesetzgeberische Privilegierung in § 248b unterlaufen. Im Ergebnis stehen daher nicht nur §§ 249 und 255 in einem **Exklusivitätsverhältnis** zueinander, sondern auch für §§ 253, 255 ist **eine Vermögensverfügung zu fordern**.

326

Hinweis für die Fallbearbeitung: In Lösungen von Prüfungsaufgaben werden oft Meinungsstände fehlerhaft dargestellt. Das kann daran liegen, dass sie an falscher Stelle präsentiert werden, oder auch daran, dass sie dargestellt (und mit Argumenten versehen) werden, obwohl sie keinen Einfluss auf das Ergebnis haben. In der Fallbearbeitung bietet sich daher folgende Herangehensweise an (siehe dazu die Beispiele bei Rn 763 ff.): Legt der Sachverhalt eine Abgrenzung zwischen § 249 und § 255 nahe, sollte mit dem Wegnahmedelikt des § 249 begonnen werden. Liegen dessen Voraussetzungen vor, erübrigt sich nach allen Auffassungen eine anschließende Prüfung der §§ 253, 255[425]: Nach der h.L. kommt sie nicht in Betracht, weil die durch den bejahten Raub vorliegende Wegnahme nicht gleichzeitig eine Vermögensverfügung sein könne, diese für §§ 253, 255 aber vorauszusetzen sei. Nach der Rspr. erübrigt sich eine Prüfung der §§ 253, 255, da ihr zufolge § 249 *lex specialis* zu §§ 253, 255 ist. Entscheidend ist daher, ob in dem Tatgeschehen eine Wegnahme oder eine Weggabe liegt. Zu den jeweiligen Argumenten s.o.

Weiterhin bedarf es keiner Ausführungen zum Streit über die Vermögensverfügung, wenn diese vorliegt. Denn dann schadet es nicht, wenn man mit dem BGH eine solche nicht fordert. Der Erpressungstatbestand liegt vor.

Schließlich ist zu beachten, dass eine Entscheidung zwischen den beiden Auffassungen auch dann dahinstehen kann, wenn eine Strafbarkeit aus §§ 253, 255 ausscheidet, weil eine der übrigen Tatbestandsvoraussetzungen (etwa die Absicht, sich rechtswidrig zu bereichern) nicht gegeben ist. Vgl. dazu das Beispiel bei Rn 764.

326a

---

[423] Vgl. dazu Rn 762 ff.
[424] BGHSt 14, 386, 390.
[425] Vgl. bereits die 1. Aufl. 2002; später auch *Hecker*, JuS 2013, 468; *Bode*, JA 2017, 110, 112.

bb. Qualifizierte Nötigungsmittel

327 Die Wegnahme muss unter Einsatz von „Gewalt gegen eine Person" oder unter Anwendung von „Drohungen mit gegenwärtiger Gefahr für Leib oder Leben" erfolgen.

a.) Gewalt gegen eine Person

328 Die Auslegung des Begriffs der Gewalt ist umstritten. Teilweise wird ein restriktiverer Ansatz vertreten als bei § 240. Das ist mit Blick auf die hohe Strafandrohung grundsätzlich zu begrüßen. Auch scheint der Vergleich zwischen § 240, wo lediglich von „Gewalt" gesprochen wird, also begrifflich auch „Gewalt gegen Sachen" erfasst ist, und § 249, wo es „Gewalt gegen eine Person" heißt, höhere Anforderungen an den Gewaltbegriff in § 249 zu fordern. Folgt man diesem Ansatz, ist ein körperbezogener Eingriff von einigem Gewicht erforderlich, um § 249 bejahen zu können.[426] Die h.M. folgt diesem Ansatz jedoch nicht. Sie legt den Gewaltbegriff in § 249 gleichermaßen wie in § 240 aus.[427] Dem ist aufgrund folgender Überlegung zuzustimmen: Auch bei § 240 ist es erforderlich, dass durch die Einwirkung auf Sachen letztlich ein – wenn auch nur *mittelbarer* – körperlich wirkender Zwang ausgeübt wird und eine *mittelbare* Auswirkung wird auch für § 249 allgemein als ausreichend erachtet.[428] Daher kann unter dieser Maßgabe auch eine Sachgewalt im Ergebnis eine „Gewalt gegen eine Person" sein. Wegen des hohen Strafmaßes des § 249 wird man aber fordern müssen, dass die Sachgewalt – wenn auch nur mittelbar – **auf den Körper des Opfers bezogen ist**. Im Übrigen scheidet Sachgewalt als taugliches Raubmittel aus.

329 Sollten dennoch im Einzelfall unangemessene Ergebnisse in Betracht kommen, können diese durch Annahme eines minder schweren Falls (§ 249 II) vermieden werden.

330 Danach ist **Gewalt** jeder durch körperliche Kraftentfaltung vermittelte Zwang, der auch beim Opfer körperlich (und nicht nur psychisch) wirkt und der Überwindung eines geleisteten oder erwarteten Widerstands dient.

331 Rein psychische Einwirkungen wie das Auslösen von Angst- oder Erregungszuständen scheiden jedenfalls aus.

332 **Beispiele**[429]:

(1) Wer eine Tür **eintritt**, um Sachen wegzunehmen, übt keine auch nur mittelbar auf eine Person wirkende Gewalt aus. Somit liegt kein Raub, sondern nur ein Einbruchdiebstahl vor. Nichts anderes ergibt sich, wenn das Opfer dabei anwesend ist und der Täter die Tür zertrümmert, um das Opfer in Angst und Schrecken zu versetzen. Denn in diesem Fall richtet sich die „Gewalt gegen Sachen" mittelbar zwar psychisch, nicht aber physisch gegen eine Person.

(2) Gewalt gegen eine Person liegt auch nicht vor, wenn der Täter, um in Ruhe die Wohnung des Opfers ausplündern zu können, dessen **Autoreifen zersticht** und das Opfer somit daran hindert, nach Hause fahren zu können.

(3) Das Gleiche gilt, wenn der Täter sich **verbarrikadiert** oder unüberwindbare **Hindernisse errichtet**, um eingriffsbereite Personen **auszusperren** und die Wegnahme vollenden zu können.

(4) Schließlich reicht das **Quälen von (Lieblings-)Tieren** nicht aus, um den Widerstand des Tierhalters i.S.d. § 249 zu brechen.

---

[426] So LG Gera NJW 2000, 159, 160; *Krey/Hellmann/Heinrich*, BT II, Rn 187.

[427] Vgl. BVerfG NJW 2007, 397, 398; BVerfG NJW 2002, 1031, 1032; BGH NStZ 2004, 152, 153; BayObLG NJW 2002, 628 f.; *Fischer*, § 249 Rn 4. Zum Gewaltbegriff in § 240 vgl. *R. Schmidt*, BT I, Rn 748 ff.

[428] BGHSt 23, 126, 127 (unter Aufgabe der früheren Rspr. in BGHSt 1, 145, 147); *Wessels/Hillenkamp*, BT 2, Rn 349; *Sch/Sch-Eser/Bosch*, § 249 Rn 4; *Lackner/Kühl*, § 249 Rn 2.

[429] Zu sämtlichen nachfolgenden Beispielen vgl. *Wessels/Hillenkamp*, BT 2, Rn 349 ff.; *Rengier*, BT I, § 7 Rn 9 ff.; *Lackner/Kühl*, § 249 Rn 2; SK-*Günther*, § 249 Rn 7-16; LK-*Herdegen*, § 249 Rn 4-8; Sch/Sch-*Eser/Bosch*, § 249 Rn 4-4a; *Joecks*, § 249 Rn 16-22.

Umgekehrt liegt Gewalt jedenfalls dann vor, wenn der Täter durch sein Verhalten dem Opfer Willensbildung oder Willensbetätigung unmöglich macht (***vis absoluta***). **333**

Fallgruppen: **334**

(1) Das **Fesseln** und das **Festhalten** sind unproblematisch vom Begriff der Gewalt umfasst.[430]

(2) Auch das **Einsperren** in einen Raum wird weithin als Fall von (mittelbarer) Personengewalt anerkannt.[431]

(3) Eine dem Einsperren gleichwertige Personengewalt übt aus, wer mit dem Pkw einen Radfahrer im fließenden Straßenverkehr so **einzwängt**, dass dieser sich gegen eine Wegnahme aus dem Gepäckkorb nur unter Gefahren wehren kann.[432]

(4) Das Verabreichen von Drogen, Narkosemitteln oder Ähnlichem stellt Personengewalt i.S.v. § 249 dar (vertretbar ist es auch, das Verabreichen der genannten Mittel als *vis compulsiva* anzusehen).

(5) Ebenso stellen der Angriff mit einem **Reizgas** (CS, Pfefferspray etc.) und das Sprühen von **Deospray** in das Gesicht des Opfers willensausschließende Gewalt i.S.v. § 249 dar.[433] Insbesondere im zuletzt genannten Fall wird es dem Täter darum gehen, den dadurch ausgelösten Lidschlusseffekt auszunutzen und dadurch dessen Widerstandsmöglichkeiten gegen die Wegnahme zu beeinträchtigen.[434]

(6) Auch im **Wegreißen einer Sache**, beispielsweise einer **Handtasche**, liegt eine *mittelbar* auf eine Person wirkende Sachgewalt vor, sodass grds. Raub angenommen werden muss. Voraussetzung ist aber, dass die vom Täter entfaltete Kraft wesentlicher Bestandteil der Wegnahme, also erheblich genug ist, um zur Brechung erwarteten Widerstands geeignet zu sein, und insbesondere deshalb vom Opfer als körperlich wirkender Zwang empfunden wird.[435] Das ist z.B. der Fall, wenn das Opfer die Handtasche in der Erwartung, dass sie entrissen werde, mit beiden Händen festhält. Da aber zum Gewaltbegriff der Wille gehört, Widerstand überwinden zu wollen, entfällt Gewalt, wenn der Täter erwarteten Widerstand gerade nicht brechen, sondern ihn vermeiden oder ihm zuvorkommen möchte. Wer also durch List, Tücke, Schnelligkeit und ein Überraschungsmoment gerade vermeiden möchte, dass es zum Widerstand seitens des Opfers kommt, begeht keinen Raub, sondern einen Diebstahl.[436]

Beispiel: T fährt mit seinen Rollerskates von hinten auf die in der Fußgängerzone schlendernde O zu und entreißt ihr mit einem Ruck die locker um die Schulter baumelnde Handtasche. **335**

Hier nutzt T lediglich ein Überraschungsmoment aus. Das für den Raub typische finale Element der Nötigung (Brechen eines Widerstands, *um* die Wegnahme zu ermöglichen) fehlt daher. T ist somit „nur" aus § 242 (ggf. i.V.m. § 243 I S. 1) strafbar.

Ist dann auch noch die Handtasche (generell jedes Behältnis) wider Erwarten leer, wird, wenn man davon ausgeht, dass T es nicht auf die Handtasche, sondern nur auf den Inhalt abgesehen hat, bezüglich des Inhalts nur ein Versuch anzunehmen sein und bezüglich der Handtasche eine Sachentziehung, da es insoweit an der Zueignungsabsicht fehlt.

---

[430] Vgl. dazu BGH NStZ 2004, 152, 153.
[431] BGHSt 20, 194, 195.
[432] LG München I NStZ 1993, 188.
[433] Vgl. bereits die 1. Aufl. 2002; wie hier nun auch LG Düsseldorf NStZ 2008, 155 f. Vgl. auch BGH NJW 2008, 3651 f.
[434] BGH NStZ 2003, 89.
[435] Sch/Sch-*Eser/Bosch*, § 249 Rn 4a; LK-*Herdegen*, § 249 Rn 7 f.
[436] Vgl. BGH StV 1990, 205, 206.

336 | Fazit zum „Handtaschenraub": Hält das Opfer seine Tasche in Erwartung einer möglichen Wegnahme schutzbereit so fest, dass der Widerstand nur durch *vis absoluta* überwunden werden kann, liegt ein Raub vor. Prägen hingegen „List, Tücke und Schnelligkeit" das Tatgeschehen, liegt lediglich ein Diebstahl (ggf. in einem unbenannten besonders schweren Fall) vor.

337 Daneben kommt als Raubmittel ***vis compulsiva***, die zweite Erscheinungsform der Gewalt, in Betracht.

Beispiele:

(1) Einen Raub (und nicht nur einen Diebstahl) begeht, wer seinem Opfer Schmerzen oder sonstige Qualen zufügt, bis dieses „**mürbe**" ist und die Wegnahme duldet.

(2) Das Gleiche gilt für das Beibringen von **Rausch- und Betäubungsmitteln**, sofern man dies nicht schon als *vis absoluta* qualifiziert. Jedenfalls stellt das **Verspritzen einer gesundheitsunschädlichen Flüssigkeit in das Gesicht des Opfers** *vis absoluta* dar.

338 Zwar ist körperliche Zwangswirkung als Folge der Gewaltanwendung unerlässlich, daraus folgt aber nicht zwingend, dass die körperliche Zwangswirkung vom Opfer auch „empfunden" werden muss. Daher ist Gewalt i.S.d. § 249 auch gegenüber **Schlafenden, Bewusstlosen und Betrunkenen** möglich, die von dem gewaltsamen Vorgehen des Täters nichts mitbekommen.[437] Allerdings darf in solchen Fällen – z.B. beim Wegziehen eines Bewusstlosen in eine Seitenstraße zwecks Ausplünderung – die subjektive Komponente des Gewaltbegriffs (Einwirkung, „um ... Widerstand zu überwinden") nicht unberücksichtigt gelassen werden. Daher genügt die bloße Absicht, das Opfer an dunkler Stelle lediglich unbeobachtet ausplündern zu können, für die Annahme des § 249 nicht. Anders stellt sich die Rechtslage dar, wenn es dem Täter zumindest auch darauf ankommt, etwaige Hilferufe des Opfers aussichtslos zu machen oder erwartete Störungen durch Dritte zu verhindern. Dann handelt der Täter zur Überwindung des Widerstands beim Opfer.[438]

339 Problematisch ist schließlich die Frage, ob das **Bedrohen mit einer Schusswaffe** als „Gewalt gegen eine Person" angesehen werden kann.

▪ Vom BGH wird *Gewalt* mit der Begründung bejaht, das Opfer gerate in einen Zustand starker seelischer Erregung, durch den sein ganzes körperliches Wohlbefinden aktuell beeinflusst werde (= aktuelle Übelzufügung).[439]

▪ Die Literatur nimmt *Drohung* mit der Begründung an, dass der zwangsauslösende Schwerpunkt in diesen Fällen eindeutig in der Angst vor dem liege, was künftig passieren könne - etwa ein tödlicher Schuss (= Inaussichtstellen eines künftigen Übels).[440]

340 | Stellungnahme und Hinweis für die Fallbearbeitung: Die vom BGH vorgenommene extensive Auslegung des Gewaltbegriffs verwischt nicht nur die Abgrenzung zur Drohungsvariante, sondern sie überzeugt auch aus rechtsdogmatischer Sicht nicht. Denn beim Bedrohen mit einer Schusswaffe liegt der zwangsauslösende Schwerpunkt nicht in dem, was aktuell als spürbares Übel zugefügt wird, sondern in der Angst vor dem, was künftig passieren kann. Folgt man daher der vorzugswürdigen Literatur, ist auch für die Fallbearbeitung zu empfehlen, dass man sich – da in solchen Fällen die einschlägige Drohungsvariante i.d.R. unproblematisch vorliegt (vgl. dort) – sinnvollerweise auf diese beschränkt und die Frage bei der Gewaltvariante offenlässt. So hat

---

[437] Vgl. bereits die 1. Aufl. 2002 sowie *Rengier*, BT I, § 7 Rn 11; *Wessels/Hillenkamp*, BT 2, Rn 349; nun auch *Kinzig/Linke*; JuS 2012, 229, 230.
[438] Vgl. BGHSt 4, 210, 212; 25, 237, 238; *Wessels/Hillenkamp*, BT 2, Rn 349; *Rengier*, BT I, § 7 Rn 11; LK-*Herdegen*, § 249 Rn 7.
[439] BGHSt 23, 126, 127.
[440] LK-*Herdegen*, § 249 Rn 9; *Rengier*, BT I, § 7 Rn 16; *Wessels/Hillenkamp*, BT 2, Rn 353.

auch der BGH – jedenfalls bei der Bedrohung mit einem **Messer** – die Drohungs-variante bejaht.[441]

Als **Adressaten** der Gewalt kommen nicht nur der Eigentümer bzw. der Gewahrsams-inhaber in Betracht, sondern auch ein **Dritter** kann Adressat der Gewalt sein, sofern er (nach der Vorstellung des Täters) bereit ist, den Gewahrsam zu schützen.[442] **341**

> **Beispiel:** T schlägt den auf dem Betriebsgelände des O patrouillierenden Privatwächter D nieder, um einbrechen und stehlen zu können.
>
> Hier ist T wegen Raubs strafbar, da Gewalt gegen einen zur Verteidigung bereiten Dritten ausreicht.

b.) Drohung mit gegenwärtiger Gefahr für Leib oder Leben

Zweite Nötigungsform ist die Drohung mit gegenwärtiger Gefahr für Leib oder Leben, worauf in der Fallbearbeitung jedenfalls dann eingegangen werden muss, wenn zuvor die Gewalt verneint worden ist. **342**

Mit einer **gegenwärtigen Gefahr für Leib oder Leben** droht, wer eine Schädigung für Leib oder Leben in Aussicht stellt, die als sicher oder höchst wahrscheinlich zu erwarten ist, falls nicht alsbald eine Abwehrmaßnahme ergriffen wird.[443] **343**

Die Drohung kann ausdrücklich oder konkludent (durch schlüssiges Verhalten) erfolgen; allein entscheidend ist, dass der Täter für den Adressaten erkennbar die Gefahr für Leib oder Leben zum Ausdruck bringt.[444] Im Gegensatz zu § 240 (der die Drohung mit einem „empfindlichen Übel" genügen lässt)[445] muss also bei § 249 das in Aussicht gestellte Übel eine gegenwärtige Gefahr für Leib oder Leben sein. Durch dieses Kriterium ist die Nötigung gegenüber derjenigen in § 240 qualifiziert. Der Begriff der *Gegenwärtigkeit* entspricht dem Grunde nach zwar dem des § 34[446], er darf in seiner zeitlichen Dimension aber nicht missverstanden werden. Es geht lediglich um die *Gegenwärtigkeit* eines in Aussicht gestellten *künftigen* (nicht gegenwärtigen) Übels. Bei § 34 muss das Übel (die Gefahr) gegenwärtig sein. Bei § 255 wird darauf zurückzukommen sein. **344**

Folgt man der h.M., wonach beim Raub lediglich ein **Finalzusammenhang**, nicht aber ein Kausalzusammenhang zwischen Nötigung und Wegnahme erforderlich ist (s.o. und sogleich Rn 348 ff.), genügt es, dass das Nötigungsmittel den **Anschein der Ernst-lichkeit erweckt** und vom Adressaten ernst genommen werden *soll* („finales Ele-ment"). Nicht erforderlich ist daher, dass die Drohung vom Adressaten auch *tatsächlich* ernst genommen wird. Infolgedessen fällt unter § 249 (nicht aber unter § 250 I Nr. 1, siehe Rn 396 ff.) die Bedrohung mit einer ungeladenen Schreckschuss- oder Spielzeug-pistole selbst dann, wenn das Opfer die Ungefährlichkeit dieses Tatmittels und damit die Täuschung durchschaut. Zwar fehlt es an einem Drohungs*erfolg*, dieses Fehlen ist aber unschädlich, da es – wie gesagt – auf einen Kausalzusammenhang zwischen Nöti-gungsmittel und Wegnahme gerade nicht ankommt.[447] Zur finalen Verknüpfung vgl. auch sogleich Rn 348 ff. **345**

---

[441] BGH NStZ-RR 2002, 304, 305.
[442] Sch/Sch-*Eser/Bosch*, § 249 Rn 5; *Lackner/Kühl*, § 249 Rn 2; *Krey/Hellmann/Heinrich*, BT II, Rn 192; *Rengier*, BT I, § 7 Rn 17; *Wessels/Hillenkamp*, BT 2, Rn 351.
[443] Vgl. BGH NStZ 2015, 36 f. (zu § 255). Vgl. auch BGH NStZ-RR 2016, 45, der hinsichtlich des Vorsatzes bei der räuberi-schen Erpressung dolus eventualis genügen lässt.
[444] Vgl. BGH NStZ 2015, 461.
[445] Vgl. dazu *R. Schmidt*, BT I, Rn 743 ff.
[446] Vgl. dazu *R. Schmidt*, AT, Rn 414.
[447] Vgl. *Fischer*, § 249 Rn 6; *Wessels/Hillenkamp*, BT 2, Rn 350.

346 Abzugrenzen ist die Drohung auch von der schlichten **Warnung**. Während die Drohung sich durch den tatsächlichen oder vermeintlichen Einfluss des Drohenden auf das Eintreten des angekündigten Übels auszeichnet, liegt eine Warnung immer dann vor, wenn jemand lediglich auf ein künftiges Übel aufmerksam macht, auf dessen Eintritt er keinen Einfluss hat, und dieses auch deutlich zum Ausdruck bringt.[448]

347 Als **Adressaten** der Drohung kommen wie bei der Gewalt auch **schutzbereite Dritte** in Betracht. Dabei ist nicht erforderlich, dass sich die angedrohte gegenwärtige Gefahr gegen den Nötigungsadressaten selbst richtet. Auch braucht keine Nähebeziehung zwischen dem Drohungs- und dem potentiellen Übelsempfänger zu bestehen. Es genügt, dass die angedrohte Gefahr sonst jemanden betrifft, für den sich der Adressat verantwortlich fühlt.[449]

> **Beispiel:** Die Hausangestellte A befindet sich allein im Haus ihres Geschäftsherrn, als es an der Tür klingelt. Als sie die Tür öffnet, steht ihr ein maskierter Mann gegenüber, der ihr für den Fall eines Widerstands mit dem Einsatz des mitgeführten Baseballschlägers droht. Auf diese Weise eingeschüchtert, ermöglicht A ihm die Wegnahme einiger Kunstgegenstände. Hier ist der Täter aus § 250 I Nr. 1a strafbar.

cc. Nach h.M.: Gewalt oder Drohung als Mittel zur Wegnahme (finale Verknüpfung)

348 Wie aus der Formulierung in § 249 „wer mit Gewalt … oder unter Anwendung von Drohungen … eine Sache wegnimmt" hervorgeht, muss die Gewalt oder Drohung das Mittel sein, um die Wegnahme zu ermöglichen. Ob damit (ähnlich wie bei §§ 253, 255) ein Kausalzusammenhang dergestalt gemeint ist, dass die Nötigung objektiv die Wegnahme ermöglichen muss[450], lässt sich nicht eindeutig sagen. Für ein solches Verständnis des § 249 spricht, dass damit eine einengende Wortlautinterpretation verbunden ist und eine Kollision mit dem Bestimmtheitsgrundsatz von vornherein ausscheidet. Die h.M.[451] versteht den Wortlaut des § 249 jedoch **final** und lässt es genügen, wenn die Nötigung *zum Zweck der Wegnahme* erfolgt, wenn also (aus Sicht des Täters) Gewalt oder Drohung der Ermöglichung der Wegnahme dient. Um aber der gegenüber Nötigung und Diebstahl erheblich erhöhten Strafandrohung (und damit letztlich dem Bestimmtheitsgrundsatz) Rechnung zu tragen, verlangt die h.M. trotz des Finalitätskriteriums einen **räumlich-zeitlichen Zusammenhang** mit dem Nötigungsmittel („raubspezifischer Zusammenhang"), der vom (subjektiven) Finalzusammenhang getrennt zu beurteilen ist. Bei diesem „raubspezifischen Zusammenhang" wird also eine Parallele zu den erfolgsqualifizierten Delikten (wie z.B. § 251) deutlich, bei denen die h.M. einen „tatbestandsspezifischen Gefahrzusammenhang" (der BGH spricht bisweilen auch von „Unmittelbarkeitszusammenhang") fordert, um den erhöhten Strafandrohungen jeweils im Vergleich zu den Delikten, die durch die Erfolgsqualifikation verbunden werden (vgl. dazu Rn 435 f.), Rechnung zu tragen.

349 Danach besteht auf Basis der h.M. bei § 249 aufgrund der Formulierung „mit Gewalt … oder durch Anwendung von Drohungen" die „spezielle Verbindung" zwischen der Nötigung und der Wegnahme aus zwei Komponenten:

---

[448] Vgl. Sch/Sch-*Eser/Bosch*, § 240 Rn 9.
[449] BGH StV 1999, 377; *Wessels/Hillenkamp*, BT 2, Rn 354; Sch/Sch-*Eser/Bosch*, § 249 Rn 5; SK-*Günther*, § 249 Rn 20; *Rengier*, BT I, § 7 Rn 20 f.
[450] So vertreten von NK-*Kindhäuser*, § 249 Rn 28 ff.; SK-*Sinn*, § 249 Rn 29; *Joecks*, § 249 Rn 25.
[451] BGHSt 4, 210, 211; 18, 329, 331; 20, 375, 377; 41, 123, 124; BGH NStZ 2004, 152, 153; NJW 2008, 3651 f.; NStZ 2009, 325 f.; NJW 2011, 1979; NStZ 2013, 103, 104; NStZ 2015, 585 f.; NStZ 2015, 698; NJW 2016, 2129, 2130; *Lackner/Kühl*, § 249 Rn 4; Sch/Sch-*Eser/Bosch*, § 249 Rn 7; *Fischer*, § 249 Rn 6; *Wessels/Hillenkamp*, BT 2, Rn 350.

- **Subjektiv** muss ein **Finalzusammenhang** bestehen, d.h. die Nötigung muss zumindest *nach der* **Vorstellung des Täters** den Zweck haben, die Wegnahme zu ermöglichen (***subjektiv-finales Kriterium***).[452]

- Im Hinblick auf den spezifischen Unrechtsgehalt des Raubs müssen Nötigung und Wegnahme zudem in einem **objektiv** zu bestimmenden **räumlich-zeitlichen** Verhältnis zueinander stehen („raubspezifischer Zusammenhang").[453]

Eines Kausalzusammenhangs bedarf es nach dieser von der h.M. vorgenommenen Auslegung also nicht.[454] Entschieden werden müssen also all jene Fälle, in denen ein Kausalzusammenhang nicht besteht und der Raub daher zu verneinen wäre, wenn man einen Kausalzusammenhang forderte.

350

> **Beispiel:** Eines Nachts dringt T in die Wohnung des O ein, um dessen wertvolle Münzsammlung zu stehlen. Dabei weiß T, dass O stets sehr tief und fest schläft, dieser also höchstwahrscheinlich ohnehin nichts bemerkt hätte. Dennoch will T auf Nummer sicher gehen und jedwedes Risiko ausschließen. Er betritt zunächst das Schlafzimmer des O und betäubt diesen mit Chloroform. Danach durchsucht er in aller Ruhe die Wohnung nach der Münzsammlung, die er schließlich findet und mitnimmt.

> Unterstellt, dass O tatsächlich nichts bemerkt hätte, wäre eine Strafbarkeit des T wegen Raubs zu verneinen, wenn man einen **Kausalzusammenhang** zwischen der Nötigung (dem Betäuben) und der Wegnahme verlangte. Denn das Betäuben war nicht kausal für den Gewahrsamsbruch. T wäre auch nicht wegen versuchten schweren Raubs (§§ 249 I, 250 II Nr. 1 Var. 2, 22, 23 I, 12 I) strafbar, da er ja gerade davon ausging, dass O auch ohne Betäubung nichts von der Tat bemerkt hätte. T wäre aber wegen Diebstahls mit Waffen (§§ 242 I, 244 I Nr. 1a Var. 2 in Bezug auf das Einbruchwerkzeug), wegen Wohnungseinbruchsdiebstahls (§§ 242 I, 244 I Nr. 3), Nötigung (§ 240), Körperverletzung (§§ 223 I, 224 I Nr. 1, Nr. 5) und Hausfriedensbruchs (§ 123) strafbar.

> Versteht man den Wortlaut des § 249 jedoch final, muss

> ⇨ subjektiv ein **Finalzusammenhang** bestehen, d.h. die Nötigung muss zumindest *nach der* **Vorstellung des Täters** den Zweck haben, die Wegnahme zu ermöglichen (***subjektiv-finales Kriterium***).[455]

> ⇨ Im Hinblick auf den spezifischen Unrechtsgehalt des Raubs müssen Nötigung und Wegnahme zudem in einem **objektiv** zu bestimmenden **räumlich-zeitlichen** Verhältnis zueinander stehen („raubspezifischer Zusammenhang").[456]

> Eines Kausalzusammenhangs bedarf es nach dieser von der h.M. vorgenommenen Auslegung also nicht.[457]

> Da T nicht gänzlich ausschließen wollte, dass O die Tat bemerken könnte, und er daher mit der Betäubung auf Nummer sicher gehen wollte, verfolgte er mit ihr den Zweck, die Wegnahme zu ermöglichen. Nötigung und anschließende Wegnahme standen auch in einem räumlich-zeitlichen Verhältnis zueinander („raubspezifischer Zusammenhang"). Teilt man also den Standpunkt der h.M., wäre T wegen schweren Raubs (§§ 249 I, 250 II Nr. 1 Var. 2) in Tateinheit mit Körperverletzung (§§ 223 I, 224 I Nr. 1, Nr. 2 Var. 2) und Hausfriedensbruch (§ 123) strafbar.

> Hinsichtlich der Beantwortung der Frage, welcher Auffassung zu folgen ist, ist ein Vergleich mit dem Wortlaut des § 240 hilfreich. Sowohl in § 240 als auch in § 249 heißt es: „mit Gewalt". Ist es bei § 240 einhellige Auffassung, dass die Nötigungshandlung kausal

---

[452] Vgl. BGH NJW 2016, 2129 f. mit Verweis u.a. auf BGHSt 18, 329, 331, wo der BGH ausdrücklich betont, dass allein die Vorstellung und der Wille des Täters für den Finalzusammenhang maßgebend seien. Es genügt also nicht, dass die Anwendung von Gewalt oder Drohung nur bloße „Begleiterscheinung" anlässlich der Wegnahme ist (BGH NStZ 2015, 698).
[453] So ausdrücklich BGH NJW 2016, 2129, 2130.
[454] Das betont der BGH in st. Rspr., vgl. nur jüngst BGH NJW 2016, 2129.
[455] Zu den Nachweisen s.o.
[456] Zu den Nachweisen s.o.
[457] Zu den Nachweisen s.o.

für den Taterfolg sein muss[458], dürfte für § 249 daher an sich nichts anderes gelten. Dennoch hat sich die subjektiv-finale Auslegung durchgesetzt. Hauptgrund dürfte sein, dass bei einem Raub selbst bei einem aussagetüchtigen Zeugen (i.d.R. das Opfer) nachträglich nur schwer feststellbar ist, ob die ausgeübte Gewalt oder die angewendete Drohung tatsächlich erst die Wegnahme ermöglichte oder ob das Opfer schon vorher zu eingeschüchtert war, um bei der Wegnahme Widerstand zu leisten. Der Täter wäre dann in dubio pro reo lediglich wegen versuchten (schweren) Raubs (mit der fakultativen Strafmilderung nach § 23 II) in Tateinheit mit den genannten anderen Delikten zu bestrafen.[459]

Ob Beweisschwierigkeiten über die Auslegung eines Straftatbestands entscheiden können, ist jedenfalls dann zweifelhaft, wenn die besseren Argumente ein anderes Ergebnis (hier: Erfordernis eines Kausalzusammenhangs) verlangen. Immerhin betont der BGH, dass im Hinblick auf den spezifischen Unrechtsgehalt des Raubs Nötigung und Wegnahme in einem **objektiv** zu bestimmenden **räumlich-zeitlichen** Verhältnis zueinander stehen müssen („raubspezifischer Zusammenhang"). Das relativiert die Kritik am Genügenlassen der subjektiv-finalen Auslegung.

> **Hinweis für die Fallbearbeitung:** Dem Leser wird (auch aufgrund der Anmerkungen im Aufbauschema bei Rn 320) nicht entgangen sein, dass der nach h.M. maßgebliche Finalzusammenhang, bei dem es ja auf die Sicht des Täters ankommt, im Rahmen des objektiven Tatbestands geprüft wurde. Eine solche „Durchmischung" von objektiven und subjektiven Merkmalen lässt sich aber nicht vermeiden, wenn man mit der h.M. die Gesetzesfassung des § 249 I final versteht, zumal das Kriterium „mit Gewalt" den objektiven Tatbestand des Raubs entscheidend prägt. Das sollte schon deshalb gut vertretbar sein, weil auch der BGH dies so prüft (siehe dazu Rn 320/354). In jedem Fall dürfte klar geworden sein, dass der Raub den Einsatz des Nötigungsmittels vor der Vollendung des Diebstahls fordert.[460]

351 Die finale Verknüpfung ist daher grds. zu **verneinen**, wenn der Täter den Entschluss zur Wegnahme erst nach Abschluss der Nötigungshandlung fasst.[461]

> **Beispiel**[462]**:** A und B traten und schlugen auf Körper und Kopf des O ein. Anschließend fassten sie den Entschluss, O zu durchsuchen. Sie fanden Geldbörse, Mobiltelefon, Autoschlüssel und einen Ehering, was sie an sich nahmen.
>
> Da sich der Wegnahmeentschluss erst nach Abschluss der Gewaltausübung ergab, stand die Gewalt nicht im Dienste der Wegnahme. Denn die Nötigung muss zumindest nach der Vorstellung des Täters den Zweck haben, die Wegnahme zu ermöglichen.[463]

352 Daher kann auch das bloße Ausnutzen einer hilflosen Lage ebenso wenig ausreichen[464] wie das Ausnutzen der noch andauernden Wirkungen eines ohne Wegnahmevorsatz eingesetzten Nötigungsmittels[465]. Folgerichtig ist die finale Verknüpfung fraglich und i.d.R. zu **verneinen**, wenn der Täter den Wegnahmeentschluss erst zu einem Zeitpunkt fasst, in dem die aus anderen Gründen verübte Gewaltanwendung selbst nicht mehr andauert, sondern allenfalls noch in der Weise fortwirkt, dass sich das Opfer im Zustand allgemeiner Angst oder Einschüchterung befindet.[466]

---

[458] Vgl. nur BGH NStZ 2004, 385, 386; *Fischer*, § 240 Rn 55.
[459] Vgl. *Jahn*, JuS 2008, 741, 742.
[460] Freilich ist zu beachten, dass der BGH das Beisichführen qualifizierender Raubmittel i.S.d. § 250 auch während der Beendigungsphase zulässt, vgl. dazu Rn 207/391.
[461] Vgl. BGH NStZ 2015, 585 f.; NStZ 2015, 156, 157; NJW 2016, 2129 (mit Verweis auf BGHSt 32, 92; BGHSt 41, 123, 124; BGH NStZ 2003, 431, 432; NStZ 2006, 508; NStZ 2009, 325; NStZ-RR 2013, 45, 46; NStZ 2015, 156).
[462] In Anlehnung an BGH NStZ 2015, 585.
[463] So ausdrücklich BGH NStZ 2015, 585 mit Verweis auf BGH NStZ 2015, 156, 157.
[464] BGH NStZ-RR 2014, 110.
[465] BGH NJW 2016, 2129 mit Verweis auf BGH NStZ 2006, 508; NStZ 2009, 325; NStZ-RR 2013, 45.
[466] BGH NJW 2016, 2129 (mit Verweis auf BGH NStZ 2013, 648; NStZ 2014, 269; NStZ 2015, 156, 157).

Beispiel: T überfällt O und vergewaltigt sie. Nachdem er von ihr abgelassen hat, erblickt er deren Geldbörse und nimmt diese an sich.

Hier hat T sich tateinheitlich aus §§ 177 I, VI S. 2 Nr. 1, 223 I sowie damit in Tatmehrheit aus § 242 (ggf. i.V.m. § 243 I S. 2 Nr. 6) strafbar gemacht. Eine Strafbarkeit aus § 249 I Var. 1 (der §§ 242, 243 verdrängen würde) scheidet dagegen aus, da T nicht „mit Gewalt" gestohlen hat. Vielmehr fasste er den Entschluss, die Geldbörse an sich zu nehmen, erst zu einem Zeitpunkt, als er die Gewaltanwendung **abgeschlossen** hatte. Er **nutzte** die Situation lediglich **aus**.[467] Der Umstand, dass die Wirkungen eines ohne Wegnahmeabsicht eingesetzten Nötigungsmittels noch andauern und der Täter dies ausnutzt, genügt für die Annahme eines Raubs nicht.[468] Auch das bloße Ausnutzen der Angst eines der Einwirkung des Täters schutzlos ausgelieferten Opfers reicht nicht aus.[469] Daraus folgt die Straflosigkeit in Bezug auf § 249.

Etwas anderes hätte gegolten, wenn T die Geldbörse noch während der Vergewaltigung erblickt und diese spontan ergriffen hätte. Dann hätte die Gewaltanwendung noch fortgewirkt und wäre von T nachträglich als Mittel zur Wegnahme eingesetzt worden. Dann wäre T aus § 249 I Var. 1 in Tatmehrheit mit den §§ 177 I, VI S. 2 Nr. 1, 223 I zu bestrafen gewesen.

Allerdings kann nach dem BGH der erforderliche Finalzusammenhang durchaus anzunehmen sein, wenn eine durch Gewalt geschaffene Zwangslage (also Drohung) noch andauert[470] oder wenn eine zuvor ausgeübte (beendete) *Gewalt* als aktuelle *Drohung erneuter Gewaltanwendung* **fortwirkt**[471].

353

Beispiel[472]**:** T hatte O in Verdacht, seinen PC gestohlen zu haben. Um diesen „zurückzuholen", drang er nachts in die Wohnung des O ein. Doch zur Überraschung des T befand sich O zu Hause und bemerkte den Einbruch. Nachdem O sich T in den Weg gestellt hatte, schlug dieser den O so heftig mit der Faust ins Gesicht, dass dieser stark blutete. In Begleitung des T durfte O in das Badezimmer gehen und das Blut abwaschen. Anschließend zwang T den O auf die Couch, von wo aus O mit ansehen musste, wie T die Wohnung weiter durchsuchte. Nachdem aber T seinen PC nicht gefunden hatte, entschloss er sich, ein anderes Gerät mitzunehmen. Im Rahmen des strafrechtlichen Ermittlungsverfahrens stellte sich heraus, dass O tatsächlich den PC des T gestohlen hatte, das Gerät sich zum Zeitpunkt des Geschehens jedoch im Keller befand.

Ein Raub, der daran anknüpfen könnte, dass T den O mit der Faust ins Gesicht geschlagen hat, um die Wegnahme des PC zu dulden, kommt nicht in Betracht, weil T lediglich *sein* Gerät wiedererlangen wollte (Raub setzt eine *fremde* Sache voraus; insofern liegen aber Körperverletzung und Nötigung vor in Tateinheit mit Hausfriedensbruch).

Ein Raub liegt aber vor, weil T den O zwang, sich auf die Couch zu setzen, und von dort aus die Wegnahme von dessen PC zu dulden. Denn man kann davon ausgehen, dass O die Wegnahme nur unter dem Eindruck der Gewalttätigkeit des T duldete und T dies auch ausnutzte.

Gegenbeispiel[473]**:** T drang in die Wohnung der O ein, um gewaltsam an deren Schmuck und Geld zu gelangen. Er bedrohte sie mit einem Messer und versuchte vergeblich, ihr ein Schlafmittel einzuflößen. Nachdem er der am Boden liegenden O zweimal ein Kissen fest auf das Gesicht gedrückt und sie anschließend gefesselt hatte, erklärte diese in Todesangst, das Geld befinde sich im Keller, den Schlüssel dafür verwahre die Nachbarin N. Daraufhin ließ T die O aus der Wohnung und verfolgte sie bis in die Nähe der Wohnung

---

[467] Zum bloßen Ausnutzen einer Situation vgl. auch BGH NStZ 2009, 325 f.; NStZ 2015, 156, 157.
[468] So ausdrücklich BGH NStZ 2015, 156, 157 (mit Verweis u.a. auf BGH NStZ-RR 2013, 45).
[469] So ebenfalls ausdrücklich BGH NStZ 2015, 156, 157 (mit Verweis auf BGH NStZ 2013, 648).
[470] BGHSt 48, 365, 368.
[471] BGH NStZ 2004, 556.
[472] In Anlehnung an BGH 15.4.2008 – 4 StR 42/08. Vgl. auch BGH NStZ 2004, 556; BGHSt 48, 365, 368.
[473] Nach BGH NStZ-RR 2002, 304, 305. Vgl. auch BGH NStZ 2003, 431, 432; NStZ 2009, 325 f.; NStZ 2015, 585 f.

der N. Diese ließ O herein und alarmierte die Polizei. Während dieses Geschehens oder unmittelbar danach ging T in die Wohnung der O zurück und entnahm ca. 40,- € aus einem Geldbeutel und ca. 200,- € aus einer Mappe. Hat T sich wegen Raubs strafbar gemacht?

Der objektive Tatbestand des Raubs setzt voraus, dass der Täter zum Zweck der Wegnahme Gewalt gegen eine Person anwendet oder mit gegenwärtiger Gefahr für Leib oder Leben droht. Ein Kausalzusammenhang dergestalt, dass die Nötigung *conditio sine qua non* für die Wegnahme ist, wird nach h.M. nicht verlangt. Subjektiv muss nach h.M. dafür aber ein Finalzusammenhang bestehen, d.h. die Nötigung muss zumindest *nach der Vorstellung des Täters* den Zweck haben, die Wegnahme zu ermöglichen (*subjektiv-finales Kriterium*). An der Finalität der Nötigungsmittel fehlt es daher i.d.R., wenn deren Einsatz erst *nach* Vollendung der Wegnahme erfolgt (etwa, um die Flucht zu ermöglichen).[474]

T nahm das Geld erst weg, als O sich bereits in der Wohnung der N in „Sicherheit" befand. Ein Fortwirken der Gewaltanwendung als Drohung mit weiterer Gewalt kann daher <u>nicht</u> festgestellt werden. Ebenso wenig kann festgestellt werden, dass T die O zum Verlassen der Wohnung gezwungen hatte, um das Geld an sich nehmen zu können. Damit war der ursprünglich geplante Raub nach der Flucht der O gescheitert. Neben dem damit nur versuchten schweren Raub kann die Wegnahme des Geldes danach nur noch als Diebstahl bewertet werden (in Tateinheit mit Hausfriedensbruch, Nötigung und Körperverletzung).

354 Eine Besonderheit ergibt sich bei **mehraktigen Geschehensabläufen** bzw. bei Situationen, in denen Nötigung und Wegnahme in einem distanzierten Verhältnis zueinander stehen. Der BGH hat hierzu entschieden, dass der Finalzusammenhang als solcher grundsätzlich unabhängig von der räumlichen und zeitlichen Einordnung der Wegnahmehandlung sei.[475] Die Folge daraus ist, dass Abweichungen der Vorstellung des Täters vom tatsächlichen Tatgeschehen bzw. Kausalverlauf damit (noch stärker) getrennt voneinander gewürdigt werden können. Weicht die Vorstellung des Täters zum Zeitpunkt der Nötigungshandlung über die Verknüpfung von Nötigungshandlung und Wegnahme von der Verknüpfung, wie sie sich dann tatsächlich darstellt, ab, hebt dies – so der BGH – den Finalzusammenhang nicht auf, wenn es sich insoweit nur um eine unerhebliche Abweichung im Kausalverlauf handele. Das sei der Fall, wenn die angewendete Gewalt das Opfer nötige, die Wegnahme zu dulden, und die Wegnahme bei ununterbrochen fortbestehendem Wegnahmevorsatz (mit Zueignungsabsicht) auch umgesetzt worden sei.[476] Und hinsichtlich des zeitlich-räumlichen Zusammenhangs zwischen der Nötigung und der Wegnahme macht der BGH deutlich, dass stets die Umstände des Einzelfalls entscheiden.

Beispiel[477]**:** Über eine Internetseite, die der Anbahnung homosexueller Kontakte dient, lernten sich T und O kennen. T, der selbst ohne Wohnung und mittellos war, besuchte O mehrmals und übernachtete auch bei ihm. So auch am Tattag. Spätestens gegen 5 Uhr fasste T den Entschluss, O durch Schläge auf den Kopf „kampfunfähig" zu machen, um ungestört die Wohnung nach Wertgegenständen durchsuchen zu können. Er holte aus der Küche einen hölzernen, auf den Schlagflächen mit Metallplatten versehenen Fleischhammer und eine ungeöffnete Flasche Sekt mit einem Gewicht von 1,6 kg und begab sich mit den beiden Gegenständen in der Hand in das Schlafzimmer, in dem O noch schlief. Er trat an das Bett heran und schlug O die Flasche und den Fleischhammer gegen den Kopf. Dabei war ihm bewusst, dass heftige Schläge mit harten Gegenständen gegen den Kopf eines Menschen geeignet sind, lebensgefährliche Verletzungen hervorzurufen.

---

[474] Vgl. BGH NJW 2008, 3651 f.
[475] BGH NJW 2016, 2129, 2130 (mit Verweis auf *Albrecht*, Die Struktur des Raubtatbestandes, 2011, S. 103).
[476] BGH NJW 2016, 2129, 2130.
[477] Nach BGH NJW 2016, 2129.

Dies und den möglichen Tod des O als Folge seines Handelns nahm er jedoch billigend in Kauf.

Beim Schlag der Flasche auf den Kopf des O ging die Flasche zu Bruch. O wachte auf und floh in den Flur. Dort schlug ihm T ein Blumentopfgestell aus Plastik gegen Kopf und Schulter. Dabei zerbrach das Gestell. Das Geschehen verlagerte sich in die Küche, wo T mehrmals mit einem Barhocker auf O einschlug. Als es O gelang, T wegzudrücken, ließ dieser von weiteren Attacken ab.

Insgesamt erlitt O einen Schädelbasisbruch mit einem Bruch im Bereich der rechten Stirnhöhlen mit Verbringung von Fragmenten in die Stirnhöhle, einen Bruch des Nasenbeins sowie einen Bruch der unteren linken Augenhöhle, der inneren linken Augenhöhle und des Augenhöhlendachs links sowie weitere Verletzungen. Aufgrund der erlittenen Kopfverletzungen blutete er stark, weswegen er fast nichts sah. Er ging deshalb ins Badezimmer, um sich zu säubern, und anschließend ins Schlafzimmer, um sich anzuziehen.

Währenddessen duschte T im Badezimmer. Dort nahm er aus einem Schrank eine im Eigentum des Geschädigten stehende Goldkette im Wert von mindestens 930,- € an sich und kleidete sich in der Küche an. Das in der Küche liegende Smartphone des O steckte er ebenfalls ein; dann begab er sich zur Wohnungstür. Es gelang ihm aber nicht, den Mechanismus der Sperrkette zu öffnen, sodass ihm O öffnen musste. Nachdem T gegangen war, verständigte O den Rettungsdienst.

T könnte sich durch die beschriebenen Handlungen zunächst wegen versuchten Mordes gem. §§ 212 I, 211 I, II Var. 3 (Habgier) und 5 (Heimtücke), 22, 23 I, 12 I strafbar gemacht haben (was in der Fallbearbeitung geprüft werden müsste). Da jedoch die Situation eines unbeendeten Versuchs vorlag[478], könnte T gem. § 24 I S. 1 Var. 1 allein durch das Unterlassen weiterer Angriffshandlungen strafbefreiend vom Mordversuch zurücktreten.

Es könnte aber eine Strafbarkeit wegen schweren Raubs gem. §§ 249, 250 II Nr. 1 vorliegen. Eine Wegnahme von Vermögensgegenständen liegt vor. Auch hat T qualifizierte Nötigungsmittel (Schlag mit Sektflasche auf den Kopf, Schlag mit Blumentopfgestell aus Plastik gegen Kopf und Schulter; Einschlagen mit Barhocker) eingesetzt.

Diese Gewalteinwirkungen müssten auch im zeitlich-räumlichen Zusammenhang mit der Wegnahme („raubspezifischer Zusammenhang") gestanden haben; zudem müsste der für den Raub erforderliche Finalzusammenhang vorgelegen haben, der von dem zeitlich-räumlichen Zusammenhang unabhängig zu beurteilen ist.[479]

Ein solcher **Finalzusammenhang** besteht, wenn die Nötigung zumindest nach der Vorstellung des Täters den Zweck hat, die Wegnahme zu ermöglichen (subjektiv-finales Kriterium).

T ging davon aus, dass seine Gewaltanwendungen den Widerstand des O brechen würden. Tatsächlich konnte er die Gegenstände später – wie er dann auch erkannte – aber nur deshalb wegnehmen, weil O infolge der von T zugefügten schweren Verletzungen kaum noch etwas sah, sich vom Blut reinigte und anzog.

Damit wich also die Vorstellung des T zum Zeitpunkt der Nötigungshandlung (d.h. der Gewalteinwirkung) über die Verknüpfung von Nötigungshandlung und Wegnahme von der Verknüpfung, wie sie sich dann tatsächlich darstellte, ab. Diese Abweichung hebt nach der Kernaussage des BGH-Urteils den Finalzusammenhang aber nicht auf, da es sich nur um eine unerhebliche Abweichung handele.

Damit überträgt der BGH also die Kriterien, die er für die Rechtsfigur der unerheblichen Abweichung des tatsächlichen Kausalverlaufs vom vorgestellten Kausalverlauf verwen-

---

[478] Siehe dazu *R. Schmidt*, AT, Rn 710 ff.
[479] So ausdrücklich BGH NJW 2016, 2129, 2130 (mit Verweis auf *Albrecht*, Die Struktur des Raubtatbestandes, 2011, S. 103).

det.[480] Nach dieser Rechtsfigur sei eine Divergenz zwischen dem eingetretenen und dem vom Täter gedachten Geschehensablauf im Rahmen der Prüfung des Vorsatzes regelmäßig dann unbeachtlich, wenn sie unwesentlich sei, namentlich weil beide Kausalverläufe gleichwertig seien.[481] Dieser Gedanke gelte auch für Abweichungen des vorgestellten Finalzusammenhangs von der tatsächlichen Verknüpfung von Nötigungshandlung und Wegnahme. Abweichungen des tatsächlichen Finalverlaufs vom vorgestellten Finalverlauf seien für die rechtliche Bewertung bedeutungslos, wenn sie sich innerhalb der Grenzen des nach allgemeiner Lebenserfahrung Voraussehbaren hielten und keine andere Bewertung der Tat rechtfertigten.[482]

Auf dieser Basis sei es unerheblich, ob sich das Opfer nach Abschluss der vom Täter zum Zwecke der Duldung der Wegnahme verübten Tathandlung entschließe, die Wegnahme wegen des zuvor angewendeten Nötigungsmittels zu dulden, oder ob es infolge des Einsatzes des Nötigungsmittels nicht mehr in der Lage sei, einen entsprechenden Willen zu bilden und umzusetzen, wie dies bei Bewusstlosigkeit, schweren Verletzungen oder Fesselung der Fall sei. Aus Sicht des Opfers sei es gleichgültig, ob das Dulden der Wegnahme oder die Unmöglichkeit, Widerstand zu leisten, auf Fesselung, Bewusstlosigkeit oder verletzungsbedingter Wehrlosigkeit beruhe.[483] Die je nach Konstitution und Persönlichkeit des Opfers unterschiedlichen Reaktionen auf die Gewalthandlung des Täters seien für das Fortbestehen eines Finalzusammenhangs ohne Relevanz.[484] Daher sei der Finalzusammenhang vorliegend gegeben.

(Auch) Hinsichtlich des **zeitlich-räumlichen Zusammenhangs** zwischen der Nötigung und der Wegnahme besteht das Problem, dass die Gewaltanwendungen zum Zeitpunkt der Wegnahme bereits abgeschlossen waren, sodass der raubspezifische Zusammenhang fehlen könnte. Der BGH führt dazu aus, dass der Ort der Nötigungshandlung und derjenige der Wegnahmehandlung nicht identisch sein müssten; auch sei nicht erforderlich, dass ein bestimmtes Maß an zeitlicher oder örtlicher Differenz zwischen Nötigung und Wegnahme nicht überschritten werden dürfe.[485] Entscheidend seien jeweils die Umstände des Einzelfalls. Habe O die Wertgegenstände dem ungehinderten Zugriff des T preisgegeben, weil er sich infolge der verübten Gewalt nicht mehr willens und in der Lage sah, seinen Gewahrsam zu schützen, spreche dies trotz der verstrichenen Zeit und der wiederholten Ortsveränderung von Täter und Opfer für den erforderlichen räumlich-zeitlichen Zusammenhang zwischen Nötigungshandlung und Wegnahme. Dasselbe gelte, soweit die vorangegangene Anwendung von Gewalt durch ausdrückliche oder konkludente Drohung aktualisiert worden sei.[486] Da das Urteil des Tatgerichts hierzu keine Feststellungen getroffen hatte, verwies der BGH die Sache zurück.

355 **Fazit:** In seiner soeben aufbereiteten Entscheidung arbeitet der BGH zunächst deutlich heraus, dass zwischen dem „raubspezifischen Zusammenhang" (also dem zeitlich-räumlichen Zusammenhang zwischen der Nötigung und der Wegnahme) und dem Finalzusammenhang zu unterscheiden ist.

- Hinsichtlich des Finalzusammenhangs (den der BGH vor dem raubspezifischen Zusammenhang prüft) überträgt der BGH bei mehraktigen Geschehensabläufen, wenn der vom Täter vorgestellte Finalzusammenhang von der tatsächlichen Verknüpfung von Nötigungshandlung und Wegnahme abweicht, seine Rechtsprechung zur Abweichung des tat-

---

[480] Zur Abweichung des tatsächlichen Kausalverlaufs vom vorgestellten Kausalverlauf, die der BGH nicht auf der Ebene der objektiven Zurechnung behandelt, sondern bei der Vorsatzprüfung innerhalb des subjektiven Tatbestands, wo er die damit verbundenen Probleme im Rahmen des „Irrtums über den Kausalverlauf" löst, siehe *R. Schmidt*, AT, Rn 297 ff.
[481] BGH NJW 2016, 2129, 2130 (mit Verweis auf seine Rechtsprechung zum „Irrtum über den Kausalverlauf" BGHSt 7, 325, 329; 23, 133, 135; BGH NStZ 2002, 475, 476; BGHSt 38, 32 sowie auf *Fischer*, § 16 Rn 7).
[482] BGH NJW 2016, 2129, 2130 (mit Verweis auf seine Rechtsprechung zum „Irrtum über den Kausalverlauf" BGHSt 38, 32, 34).
[483] BGH NJW 2016, 2129, 2130 (mit Verweis auf *Fischer*, § 249 Rn 12b und *Albrecht*, Die Struktur des Raubtatbestandes, 2011, S. 147).
[484] BGH NJW 2016, 2129, 2130.
[485] BGH NJW 2016, 2129, 2130.
[486] BGH NJW 2016, 2129, 2131.

sächlichen Kausalverlaufs vom vorgestellten Kausalverlauf und gelangt zu dem Ergebnis, dass Abweichungen des tatsächlichen Finalverlaufs vom vorgestellten Finalverlauf für die rechtliche Bewertung bedeutungslos seien, wenn sie sich innerhalb der Grenzen des nach allgemeiner Lebenserfahrung Voraussehbaren hielten und keine andere Bewertung der Tat rechtfertigten.

▪ Hinsichtlich des raubspezifischen Zusammenhangs (also des zeitlich-räumlichen Zusammenhangs zwischen der Nötigung und der Wegnahme) macht der BGH deutlich, dass weder Ort der Nötigungshandlung und derjenige der Wegnahmehandlung identisch sein müssten, noch dass ein bestimmtes Maß an zeitlicher oder örtlicher Differenz zwischen Nötigung und Wegnahme einzuhalten sei. Entscheidend seien vielmehr stets die Umstände des Einzelfalls. Damit schafft sich der BGH also eine gewisse Flexibilität beim Umgang mit „atypischen", insbesondere mehraktigen Raubgeschehen. Demnach wäre es im obigen Beispiel also nicht ausgeschlossen, T wegen schweren Raubs zu bestrafen, obwohl er die Vermögensgegenstände erst dann wegnahm, als O sich im Badezimmer aufhielt, um sich zu säubern, und anschließend ins Schlafzimmer ging, um sich anzuziehen. Sollte O lediglich verletzungsbedingt oder aus Einsicht, dass weiterer Widerstand zwecklos sei, auf die Ausübung des Gewahrsams verzichtet (also die Wegnahme geduldet) haben, wäre der raubspezifische Zusammenhang zu bejahen. Sollte O aber freiwillig bzw. aus Gleichgültigkeit seine Vermögensgegenstände preisgegeben haben (was nach hiesiger Einschätzung eher nicht angenommen werden kann), wäre ein Raub ausgeschlossen, weil dann ein tatbestandsausschließendes Einverständnis vorgelegen hätte. In Betracht käme dann aber immerhin ein Raubversuch, wobei die Möglichkeit eines strafbefreienden Rücktritts auch hier im Raum stünde.

Da der Gewahrsamsbruch nicht etwa deshalb ausscheidet, weil **Tote** keinen Gewahrsam ausüben können, begeht auch derjenige, der sein Opfer zunächst tötet, um es anschließend ungehindert ausplündern zu können, einen Raub (in Tateinheit mit Mord). Da der Täter bereits *mit der Tötung* den fremden Gewahrsam bricht (zerstört), ist in einem solchen Fall die Gewalt ein Bestandteil der Wegnahme. Für die Annahme eines Raubs ist es auch unschädlich, dass die Begründung neuen Gewahrsams (also die Vollendung der Wegnahme) erst zu einem Zeitpunkt erfolgt, in dem der fremde Gewahrsam bereits erloschen ist. Etwas anderes würde nur dann gelten, wenn der Tatentschluss zum Raub erst nach der Tötung gefasst würde.[487]

356

2. Subjektiver Tatbestand

In subjektiver Hinsicht verlangt § 249 neben dem **Vorsatz** (*dolus eventualis* genügt) bezüglich aller objektiven Tatbestandsmerkmale die **Absicht** (i.S.e. Intention), die Sache sich oder einem Dritten rechtswidrig zuzueignen. Hinsichtlich dieser **Zueignungsabsicht** besteht volle Kongruenz zu § 242 (vgl. Rn 83 ff.). Sollten mehrere Tatbeteiligte als **Mittäter** in Betracht kommen, ist zu beachten, dass gem. § 25 II nur *objektive* Tatbeiträge zugerechnet werden können. Fehlt also bei einem Beteiligten die erforderliche (Dritt-)Zueignungsabsicht, kommt bei diesem eine Mittäterschaft in Bezug auf § 249 nicht in Betracht. Es bleibt aber die Möglichkeit der diesbezüglichen Teilnahme (§§ 249, 27 I).

357

In Prüfungsarbeiten anzutreffen sind auch Fälle des **Objektwechsels** und der **Vorsatzänderung** sowie Fragen bzgl. der **Rechtswidrigkeit der beabsichtigten Zueignung**.

358

Beispiel: O schuldet T 1.000,- €, die dieser ihm vor geraumer Zeit geliehen hat (vgl. § 488 BGB: Darlehen). Als T den O nun unmissverständlich auffordert, endlich seine Schulden zu begleichen, O aber nicht gewillt ist, dieser Forderung nachzukommen, ver-

---

[487] BGHSt 1, 133, 138; LK-*Herdegen*, § 249 Rn 17.

liert T die Geduld. Um seinen Anspruch durchzusetzen, schlägt er O nieder und greift sich aus dessen Jackentasche die Geldbörse. Wider Erwarten befindet sich kein Geld darin, sodass T nun spontan beschließt, die teure Rolex, die O am Handgelenk trägt, einzustecken. Die Geldbörse steckt er wieder an ihren Platz zurück.

Variante 1: O schuldet T lediglich 50,- €. Als T in der Geldbörse sogar 200,- € (4 Banknoten zu je 50,- €) vorfindet, entschließt er sich, den gesamten Inhalt mitzunehmen. An die Rolex denkt er zu keiner Zeit.

Variante 2: Wie Variante 1, doch erst nachdem T mit der Geldbörse verschwunden ist, öffnet er diese und entdeckt die 200,- €. Er entschließt sich, alles zu behalten. Strafbarkeit des T?

Zum Ausgangsfall:

T könnte sich dadurch, dass er O niederschlug und die Rolex von dessen Handgelenk zog, wegen Raubs (§ 249 I) strafbar gemacht haben.

Die Rolex war für T eine fremde bewegliche Sache, die er gegen den Willen des O von dessen Handgelenk gezogen und ihm somit weggenommen hat.

Weiterhin geht aus dem Wortlaut des § 249 I hervor, dass „Gewalt" oder „Drohung mit gegenwärtiger Gefahr für Leib oder Leben" *zum Zweck der Wegnahme* erfolgen muss (Finalität der Nötigungsmittel). Daran fehlt es, wenn das Raubmittel nur bloße Begleiterscheinung eines Diebstahls ist.

Wenn dies auf den vorliegenden Fall zuträfe, würde ein vollendeter Raub ausscheiden und ein versuchter Raub bezüglich des Geldes (§§ 249 I, 22, 23 I) in Tatmehrheit mit Diebstahl in einem besonders schweren Fall (§ 242 I i.V.m. § 243 I S. 2 Nr. 6) bezüglich der Rolex in Betracht kommen. Zu einer solchen Annahme könnte man aber wiederum nur kommen, wenn T den ursprünglichen Raubvorsatz endgültig aufgegeben hätte und die Aufgabe nicht als strafbefreiender Rücktritt (§ 24 I S. 1) von den §§ 249, 22, 23 I zu werten wäre. Auf den vorliegenden Fall trifft dies jedoch nicht zu. T hatte, als O am Boden lag, den ursprünglich gefassten Raubvorsatz nicht aufgegeben, sondern lediglich ein **Alternativobjekt** bestimmt. Auch rein äußerlich lag damit ein **einheitliches Tatgeschehen** vor und nicht nur ein bloßes Ausnutzen einer zuvor geschaffenen, hiervon unabhängigen Situation. Die Gewalt gegen O erfolgte somit zum Zweck der Wegnahme. Der objektive Tatbestand des § 249 I ist damit erfüllt.

T handelte auch vorsätzlich sowohl bezüglich der Wegnahme als auch der Nötigung. Er müsste aber auch in der Absicht gehandelt haben, die Rolex sich (oder einem Dritten) rechtswidrig zuzueignen. Rechtswidrig ist die Zueignung, wenn sie der Rechtsordnung widerspricht. Dies ist nicht der Fall bei Bestehen eines Aneignungsrechts und bei einem fälligen, einredefreien Anspruch auf Übereignung gerade der weggenommenen Sache. Vorliegend kommt nur Letzteres in Betracht. Selbst wenn man davon ausgeht, dass T die Rolex an Erfüllungs statt an sich nimmt (vgl. § 364 I BGB), liegt die Entscheidung darüber, dieses anzubieten, doch beim Schuldner O. Die eigenmächtige Entscheidung hierüber durch den Gläubiger T widerspricht der Rechtsordnung und ist somit rechtswidrig. Auch der subjektive Tatbestand ist damit erfüllt. Nachdem darüber hinaus kein Rechtfertigungsgrund in Erwägung zu ziehen ist und T schuldhaft gehandelt hat, ist er aus § 249 I in Tateinheit mit §§ 223, 224 I Nr. 2 und 5 strafbar.

Zu Variante 1:

(1) T könnte sich hinsichtlich der 50,- €, die er ursprünglich entwenden wollte, wegen Raubs strafbar gemacht haben. T setzte gegenüber O Personengewalt als Mittel zur Wegnahme ein und erfüllte damit den objektiven Tatbestand des § 249 I. Er handelte auch vorsätzlich. Fraglich ist jedoch, ob er dies mit der Absicht tat, sich das Geld rechtswidrig zuzueignen. Rechtswidrig ist die erstrebte Zueignung, wenn sie im Widerspruch zur rechtlichen Eigentumsordnung steht. Nach allgemeiner Auffassung fehlt es daher an der Rechtswidrigkeit der Zueignung, wenn der Täter einen **fälligen, einredefreien Anspruch** auf Übereignung der weggenommenen Sache hat (wobei im Fall der hier nicht einschlägigen Drittzueignung ein entsprechender Anspruch auf Seiten des Dritten genügt).

Bei einem **Speziesanspruch** (Anspruch auf Übereignung einer bestimmten individualisierten Sache ⇒ **Stückschuld**) ist dies ohne weiteres stets denkbar. Sofern der Täter Eigentümer der Sache ist und einen Herausgabeanspruch gem. § 985 BGB hat, fehlt es schon an der Fremdheit der Sache. In diesen Fällen macht er sich bzgl. seiner Tathandlung allenfalls nach §§ 123, 303 und/oder § 289 strafbar, wenn er beispielsweise in eine Wohnung einsteigt und dabei eine Fensterscheibe zerbricht, nicht jedoch nach § 242 bzw. § 249. Glaubt der Täter irrig, einen entsprechenden Anspruch zu haben, entfällt gemäß § 16 I S. 1 der Tatbestandsvorsatz. Dem steht im Fall der Drittzueignung der Irrtum gleich, der Dritte habe diesen Anspruch.

Anders ist die Rechtslage bei **Gattungsschulden**. Da nicht der Gläubiger, sondern der *Schuldner* ein Auswahl- und Konkretisierungsrecht hat (vgl. § 243 BGB), widerspricht die eigenmächtige Auswahl durch den Gläubiger der Rechtsordnung, ist also rechtswidrig i.S. der Zueignungsabsicht des § 242 bzw. des § 249.

Da es vorliegend jedoch um **Geldschulden** geht, ist fraglich, ob dort etwas anderes gilt.

⇨ Insbesondere die Rspr.[488] hält die eigenmächtige Zueignung von Geld für objektiv rechtswidrig, weil Geldschulden **Gattungsschulden** seien und folglich nur der Schuldner das Auswahlrecht an den Geldscheinen habe. Nach dieser Ansicht handelt im Grundsatz also auch subjektiv tatbestandsmäßig i.S.d. § 242, wer eigenmächtig Geld entnimmt und dadurch das Auswahlrecht des Schuldners verletzt.
Nach dieser Ansicht handelte T also auch subjektiv tatbestandsmäßig, da er eigenmächtig O die 50,- € weggenommen und dadurch dessen Auswahlrecht verletzt hat.

⇨ Die Annahme eines vollendeten Diebstahls wird bei der Wegnahme von Geld aber dann vermieden, wenn man sich unter Zugrundelegung der von der h.L. vertretenen **Wertsummentheorie** auf den Standpunkt stellt, bei Geldschulden mache das Auswahlrecht des Gattungsschuldners keinen Sinn. Geld sei nämlich ein Wertsummenträger, bei dem man nicht zwischen guten und schlechten Stücken auswählen könne, wie das gerade der Hintergrund des § 243 I BGB („mittlerer Art und Güte") sei. Entscheidend sei dann das Bestehen eines fälligen und einredefreien Anspruchs auf die Geld*summe*.[489] Schließt man sich dieser Ansicht an, handelt subjektiv *nicht* tatbestandsmäßig i.S.d. § 242, wer eigenmächtig Geld entnimmt, das der Wertsumme des fälligen, einredefrei geschuldeten Geldes entspricht.
Nach dieser Ansicht handelte T *nicht* subjektiv tatbestandsmäßig, da die 50,- €, die er eigenmächtig entnahm, der Wertsumme des fälligen, einredefrei geschuldeten Geldes entsprachen.

⇨ Aber auch die Rspr. kommt (im Hinblick auf § 242 bzw. § 249) im Ergebnis oftmals zur Straflosigkeit, da sie in Zweifelsfällen dazu tendiert, entweder eine **mutmaßliche Einwilligung** des Schuldners, die die Rechtswidrigkeit der (erstrebten) Zueignung entfallen lässt, oder großzügig einen **Tatbestandsirrtum** gem. § 16 I S. 1 (vgl. Rn 116 f.) anzunehmen. Wenn nämlich die Rechtsordnung die „Rechtswidrigkeit der Zueignung" als objektives Tatbestandsmerkmal einordne, führe die Vorstellung des Täters, ein Aneignungsrecht oder einen fälligen, einredefreien Anspruch auf gerade die weggenommene Sache zu haben, zu einem vorsatzausschließenden Tatbestandsirrtum nach § 16 I S. 1. Insoweit werde auch ein (nicht rechtskundiger) Täter, der einen (auch vermeintlichen) fälligen *Geld*anspruch eigenmächtig realisieren wolle, aus seiner Parallelwertung in der Laiensphäre i.d.R. die Vorstellung haben, auf das gerade in der Sachherrschaft des Schuldners befindliche Geld zugreifen zu dürfen. Dann unterliege er auch bei Geldschulden der Regelung des § 16 I S. 1.[490] Wem jedoch bewusst

---

[488] BGHSt 17, 87, 91; BGH GA 1968, 121; NStZ 1998, 216; StV 1988, 526, 529; StV 2000, 78; OLG Hamm NJW 1969, 619. Zustimmend *Fischer*, § 242 Rn 50.
[489] Die Wertsummentheorie ist entwickelt worden von *Roxin*, in: FS für Mayer, 1966, S. 467 ff. Ihm folgend SK-*Hoyer*, § 242 Rn 99; *Lackner/Kühl*, § 242 Rn 27; LK-*Vogel*, § 242 Rn 69; Sch/Sch-*Eser/Bosch*, § 242 Rn 59; *Wessels/Hillenkamp*, BT 2, Rn 202.
[490] Vgl. BGHSt 17, 87, 91; BGH GA 1968, 121; NStZ 1998, 216; StV 1988, 526, 529; StV 2000, 78; OLG Hamm NJW 1969, 619.

ist, das Auswahlrecht zu verletzen, kann der Glaube an ein dennoch bestehendes Selbsthilferecht nur als Verbotsirrtum nach § 17 zugutekommen.

Für T ist somit entscheidend, ob er glaubte, einen fälligen, einredefreien Anspruch auf 50,- € aus der Geldbörse des O zu haben. Trifft dies zu, liegt ein Tatbestandsirrtum nach § 16 I S. 1 mit der Folge eines Tatbestandsausschlusses vor. Hat T dagegen irrtümlich angenommen, sich die 50,- € unter dem Aspekt eines Selbsthilferechts nehmen zu dürfen, liegt ein Verbotsirrtum vor, der bei seiner – vorliegend zu unterstellenden – Vermeidbarkeit zu einer Bestrafung aus § 249 I i.V.m. § 17 S. 2 i.V.m. § 49 I führt. Folgt man der auch hier vertretenen Auffassung der Rspr., die mit den oben dargestellten Argumenten dazu neigt, in Zweifelsfällen zugunsten des Täters einen Tatbestandsirrtum anzunehmen, ist T hinsichtlich der 50,- € nicht nach § 249 strafbar. Es verbleibt nach beiden Auffassungen daher eine Strafbarkeit aus § 240 tateinheitlich mit § 223, 224 I Nr. 2 und 5.

> **Hinweis für die Fallbearbeitung:** Ist nach der Sachverhaltsangabe davon auszugehen, dass der Täter glaubte, ein (zivilrechtliches) Auswahlrecht bezüglich der weggenommenen Sache zu haben, ist sein Irrtum gegenstandsbezogen und somit als im subjektiven Tatbestand zu prüfender Tatbestandsirrtum zu qualifizieren. Glaubt er jedoch, es existiere ein in Wirklichkeit nicht gegebenes Selbsthilferecht, unterliegt er einem begriffsbezogenen Irrtum, vorliegend einem Erlaubnisirrtum und damit einem Verbotsirrtum, der nach § 17 und demnach innerhalb der Schuldprüfung zu würdigen ist. Unbeschadet dessen bleibt natürlich Raum für eine Nötigung und ggf. für eine Körperverletzung.

(2) T könnte sich aber dadurch wegen Raubs strafbar gemacht haben, dass er den gesamten Inhalt, d.h. die 200,- € und damit 150,- € mehr, als über seinen Irrtum gedeckt waren, an sich genommen hat. Eine Wegnahme liegt vor. T müsste zu diesem Zweck aber auch ein Nötigungsmittel (Raubmittel) eingesetzt haben. Im Rahmen des § 249 dürfen Raubmittel nicht bloße Begleiterscheinungen sein, sondern müssen – zumindest nach der Vorstellung des Täters – das Mittel sein, um die Wegnahme zu ermöglichen (finale Verknüpfung von Nötigung und Diebstahl). Daraus folgt, dass das Ausnutzen einer zunächst zu anderen Zwecken geschaffenen Zwangslage nicht ohne weiteres einen Raub begründet. Entscheidend ist hier, ob der Täter seinen Wegnahmevorsatz während der noch fortdauernden Gewaltanwendung fasst. Nutzt der Täter dagegen lediglich die fortdauernde Wirkung einer bereits beendeten Gewaltanwendung zur Wegnahme, liegt kein Raub, sondern Diebstahl (und Nötigung) vor.

T hatte den Vorsatz und die Absicht, sich den gesamten Inhalt der Geldbörse rechtswidrig zuzueignen, zu einem Zeitpunkt gefasst, in dem die Gewaltanwendung noch fortdauerte, also noch nicht beendet war. Folglich hat sich T wegen Raubs bezüglich des Mehrbetrags strafbar gemacht. Die ebenfalls verwirklichten §§ 240, 242 werden im Wege der Gesetzeskonkurrenz (Spezialität) verdrängt. Die §§ 223, 224 I Nr. 2 und 5 stehen zu § 249 in Idealkonkurrenz.

Zu Variante 2: Gegenüber der vorherigen Konstellation hat T den Vorsatz und die Absicht, sich den gesamten Inhalt der Geldbörse rechtswidrig zuzueignen, zu einem Zeitpunkt gefasst, in dem er bereits den Tatort verlassen hatte. Die Gewaltanwendung war damit bereits beendet. Eine Strafbarkeit wegen Raubs bezüglich des Mehrbetrags scheidet demnach aus. Da T die Absicht, sich den Mehrbetrag rechtswidrig zuzueignen, nicht bereits im Zeitpunkt der Wegnahme, sondern erst zu einem späteren Zeitpunkt gefasst hat, ist er auch nicht nach § 242, sondern nach § 246 in Tatmehrheit mit den §§ 240, 223, 224 I Nr. 2 und 5, die ihrerseits in Tateinheit zueinander stehen, strafbar.

358a Hat der vom Täter angenommene Anspruch auf die Sache **zivilrechtlich keinen Bestand**, nimmt der BGH nur dann einen Tatbestandsirrtum i.S.d. § 16 I S. 1 an, wenn sich der Täter vorstellt, dass der (vermeintliche) Anspruch auch von der Rechtsordnung anerkannt wird und er seine Forderung demgemäß mit gerichtlicher Hilfe in einem Zivilprozess durchsetzen könnte.[491] Vgl. dazu Rn 121a.

II. Rechtswidrigkeit und III. Schuld

Bezüglich Rechtswidrigkeit und Schuld gelten die allgemeinen Grundsätze.

359

IV. Mittäterschaft und Teilnahme

1. Mittäterschaft und (Dritt-)Zueignungsabsicht

Mittäter eines Raubs kann nur sein, wer **selbst** (Dritt-)Zueignungsabsicht hat, denn § 25 II lässt nur die Zurechnung *objektiver* Tatbeiträge zu. Im Übrigen sei auf die Ausführungen zu § 242 verwiesen.

360

2. Sukzessive Mittäterschaft

Bei Delikten mit **überschießender Innentendenz** ist aufgrund des Umstands, dass einige subjektive Merkmale sich nicht auf die Erfüllung des objektiven Tatbestands beziehen müssen (z.B. die Zueignungsabsicht bei §§ 242, 249, 255, 263), zwischen **Vollendung** und **Beendigung** zu unterscheiden. Eine Tat ist *vollendet* (und der Täter strafbar), wenn alle Merkmale des gesetzlichen Tatbestands erfüllt sind. *Beendet* ist die Tat dagegen, wenn das Tatgeschehen seinen tatsächlichen Abschluss gefunden hat. Da die Beendigung nicht einer gesetzlichen, sondern vielmehr einer tatsächlichen Bewertung unterzogen wird, kann für die Bestimmung des Zeitpunkts der Beendigung keine allgemeingültige Formel angeboten werden.

361

■ So liegt bei den §§ 249 ff. und den §§ 242 ff. *Vollendung* dann vor, wenn der Täter die Sache derart in seine Herrschaftssphäre gebracht hat, dass der Ausübung der Sachherrschaft keine nennenswerten Hindernisse mehr entgegenstehen.

■ Von einer *Beendigung* kann hingegen erst mit der tatsächlichen Sicherung des Diebesguts gesprochen werden.

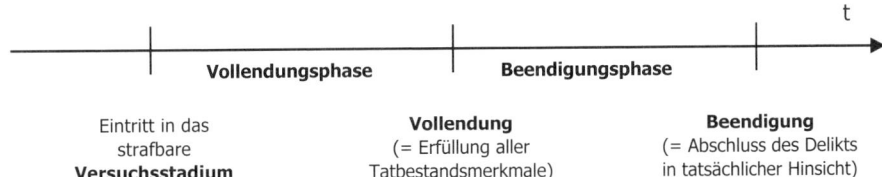

Die Unterscheidung zwischen Vollendung und Beendigung ist nicht nur für die **Strafverfolgungsverjährung** (§§ 78 ff.) und die Anwendung des Anschlussdelikts des **räuberischen Diebstahls** (§ 252) wichtig, sondern auch für die Frage nach der **Beteiligung**. Aufgrund ihrer Natur als Delikte mit überschießender Innentendenz, insbesondere im Rahmen der §§ 249 ff. und der §§ 242 ff., stellt sich das Problem, wie das Verhalten von Personen, die **nachträglich in ein tatbestandliches Geschehen** eingreifen, rechtlich zu beurteilen ist.

362

■ Soweit nach dem Hinzutreten des betreffenden Tatbeteiligten noch tatbestandliche Handlungen (oder Unterlassungen) vorgenommen werden (das Delikt also noch *nicht* vollendet ist), ist sukzessive Mittäterschaft unstreitig möglich.[492]

■ Schwierigkeiten bestehen lediglich in der Phase zwischen Vollendung und Beendigung (sog. **Beendigungsphase**).

---

[491] BGH NStZ 2008, 626.
[492] BGHSt 2, 344, 346; 37, 106, 130; BGH NStZ 2016, 524, 525; *Lackner/Kühl*, § 25 Rn 10.

363 **Beispiel:** Kiebitz (K) will nachts aus einem Elektrogroßmarkt digitale Kameras stehlen. Als er vor Ort aber eine neue Generation von Flachbild-Fernsehgeräten erblickt, beschließt er nunmehr, diese mitzunehmen. Noch bevor er sich an den Geräten zu schaffen machen kann, wird er vom Streifenpolizisten S überrascht. K gelingt es aber, S mit seiner Maglite-Taschenlampe (Metallgehäuse) niederzuschlagen. Als er dann einige Fernsehgeräte bereits in seinen auf dem (befriedeten) Gelände des Marktes abgestellten Wagen verbracht hat, stellt er fest, dass ein Reifen defekt ist und das Vorhaben ohne Hilfe letztlich nicht zu realisieren ist. Er ruft daher über sein Handy seinen Freund Elster (E) an, erklärt ihm die Lage und bittet ihn um Unterstützung. E willigt unter der Bedingung ein, dass die Beute geteilt wird. Als er am Tatort erscheint, erfährt er von K nunmehr die gesamte Sachlage. E schafft dennoch zusammen mit K einige Geräte fort. Strafbarkeit von K und E?

K hat sich wegen schweren Raubs (§§ 249, 250 I Nr. 1a, II Nr. 1 u. 3) in Tateinheit mit einer gefährlichen Körperverletzung (§§ 223, 224 I Nr. 2 u. 5) und wegen Hausfriedensbruchs (§ 123: Betretung des befriedeten Geländes) und Sachbeschädigung (§ 303 I: Beschädigung einer Tür oder eines Fensters) strafbar gemacht. Fraglich ist die Strafbarkeit des E. Dieser ist erst nach Vollendung des Raubs[493], aber noch vor dessen Beendigung hinzugekommen und hat das bisher geleistete Raubgeschehen durch Billigung konkludent anerkannt. Ob dieser Umstand für die Zurechnung gem. § 25 II genügt, ist klärungsbedürftig.

364 ⇨ Die **Rechtsprechung** hält die sukzessive Mittäterschaft auch noch in der Phase zwischen Vollendung und Beendigung für möglich, wenn sie wie folgt formuliert: „Wenn jemand in Kenntnis und Billigung des bisher Geschehenen als Beteiligter eintritt, bezieht sich sein Einverständnis auf einen verbrecherischen Gesamtplan. Das Einverständnis hat dann die Kraft, dass ihm auch das einheitliche Verbrechen – und zwar auch jenes, das das Regelbeispiel eines besonders schweren Falls begründet – als solches strafrechtlich zugerechnet wird. Nur das, was vollständig abgeschlossen vorliegt, kann trotz Einverständnisses nicht zugerechnet werden."[494]

E hat das – noch nicht beendete und damit noch nicht vollständig abgeschlossene – Tatgeschehen gem. §§ 249, 250 I Nr. 1a (konkludent) anerkannt. Folgt man also der Rechtsprechung, hat E sich wegen mittäterschaftlich begangenen schweren Raubs nach §§ 249, 250 I Nr. 1a, 25 II in Tateinheit mit Hausfriedensbruch (§ 123) strafbar gemacht. Dagegen kann die Qualifikation des § 250 II nicht zugerechnet werden, weil die dort genannten Erschwernisgründe bereits vollständig abgeschlossen vorlagen, als E in das Tatgeschehen eintrat (insb. hatte K die Taschenlampe als Schlagwerkzeug bereits verwendet). Gleiches gilt für die gefährliche Körperverletzung, da auch diese abgeschlossen war, als E hinzukam.

<u>Ergebnis nach der Rechtsprechung:</u> Demzufolge wäre E strafbar nach §§ 249, 250 I Nr. 1a, 25 II, 123.

365 ⇨ Die **Tatherrschaftslehre** lehnt demgegenüber die sukzessive Mittäterschaft in der Beendigungsphase von vornherein ab. Der nachträglich eintretende Beteiligte könne über Vorgänge der Vergangenheit schon begrifflich keine Tatherrschaft haben. Zudem laufe die Zurechnung bereits verwirklichter Tatbestandsmerkmale auf die Bestrafung eines nachträglichen Vorsatzes hinaus.[495]

Folgt man dieser Auffassung, hat E sich überhaupt nicht wegen mittäterschaftlich begangenen schweren Raubs (weder nach § 250 I noch II) strafbar gemacht. Auch eine mittäterschaftliche Körperverletzung nach §§ 223, 224, 25 II liegt nicht vor, weil die Körperverletzung bereits abgeschlossen war, als E hinzukam.

---

[493] Der Raub ist vollendet, weil sowohl die Diebstahlskomponente (K hat durch das Verbringen der Geräte in seinen Wagen eine Gewahrsamsenklave begründet) als auch die Gewaltkomponente abgeschlossen waren.
[494] Grundlegend BGHSt 2, 344, 346; fortführend BGH NJW 1992, 2103, 2104; NStZ 1997, 272; 1998, 565 f.; 1999, 510 f.; NStZ-RR 2011, 111, 112; NStZ 2016, 524, 525. Vgl. auch *Nix*, JA 2015, 24, 27.
[495] *Roxin*, AT II, § 15 Rn 221; *Lackner/Kühl*, § 25 Rn 12; *Kühl*, AT, § 20 Rn 126 ff.; *Schmitz*, Unrecht und Zeit, 2001, S. 194; Sch/Sch-*Heine/Weißer*, § 25 Rn 91; SK-*Hoyer*, § 25 Rn 115 ff.; LK-*Schünemann*, § 25 Rn 197 ff.

<u>Ergebnis nach der Tatherrschaftslehre:</u> Demzufolge wäre E strafbar nach §§ 242, 25 II, 123.

Stellungnahme: Die Einbeziehung der Beendigungsphase in die teilnahmefähige Tatphase gerät in Konflikt mit dem Bestimmtheitsgrundsatz, da der Zeitpunkt der Beendigung der Haupttat schwer bestimmbar ist und es somit vom Zufall abhängen kann, ob im Zeitpunkt des Dazutretens die Haupttat schon beendet ist oder nicht. Zudem überzeugt das von den Vertretern der Tatherrschaftslehre vorgebrachte Argument des nachträglichen Vorsatzes. Der Tatherrschaftslehre ist daher zu folgen. E hat sich (nur) gem. §§ 242, 25 II, 123 strafbar gemacht.

3. Sukzessive Beihilfe

Tritt der Gehilfe nachträglich in ein Tatgeschehen ein und ist die Haupttat noch nicht vollendet, liegt unstreitig die Möglichkeit einer Teilnahme an der vollendeten Haupttat vor (Normalfall einer Beihilfe). Ist die Haupttat dagegen beendet, ist unstreitig eine Beihilfe *nicht* mehr möglich.[496] In Fällen, in denen die (formelle) Vollendung und die (materielle) Beendigung zeitlich auseinanderfallen können, ist fraglich, ob in der Beendigungsphase, also in der Phase zwischen Vollendung und Beendigung, nicht nur sukzessive Mittäterschaft, sondern auch **sukzessive Beihilfe** möglich ist. Denn wird in diesem Deliktsstadium Hilfe geleistet, wird regelmäßig bereits die Anschlussstraftat Begünstigung (§ 257) in Betracht kommen. | **366**

> **Beispiel:** T hat nur Dummheiten im Kopf. Diesmal entreißt er der 80-jährigen O unter Gewalteinwirkung die Handtasche und ist auf der Flucht. Sein zufällig vorbeikommender Freund G erblickt die Lage und hilft T zu entkommen. Strafbarkeit der Beteiligten? | **367**
>
> T ist wegen vollendeten Raubs (§ 249) strafbar. Fraglich ist, ob G sich wegen Beihilfe dazu strafbar gemacht hat.

⇨ Die h.M. unter Einschluss der Rspr.[497] sieht die Beutesicherung als Teil der Beendigungsphase an und lässt in Fällen dieser Art sowohl (sukzessive) Beihilfe als auch Begünstigung (§ 257) zu; sie nimmt die Abgrenzung nach der Vorstellung und der Willensrichtung des Täters bzw. Gehilfen vor. Wolle dieser die Beendigung fördern, liege Beihilfe vor, wolle er die Vorteile sichern, Begünstigung. | **368**

Folgt man der h.M., ist auch vorliegend die Willensrichtung des G entscheidend: Will er dazu beitragen, dass die Vortat·beendet wird, liegt Beihilfe zum Raub (§§ 249, 27 I) vor. Dann scheidet die gleichzeitige Annahme einer Begünstigung wegen § 257 III S. 1 aus. Will G dagegen die Vorteile der Tat sichern helfen, liegt (nur) Begünstigung vor.

⇨ Die Gegenauffassung[498] will unter Berufung auf § 257 III S. 1 stets einen Vorrang der sukzessiven Beihilfe vor der Begünstigung annehmen. Derjenige, der die Deliktsbeendigung tatsächlich fördere, könne sich nicht deshalb der unter Umständen strengeren Haftung wegen Beihilfe zur Vortat entziehen, weil er nur eine Vorteilssicherung anstrebe. Daher sei die innere Willensrichtung kein taugliches Abgrenzungskriterium. | **368a**

Demzufolge hätte sich G wegen Beihilfe zum Raub strafbar gemacht.

⇨ Wieder andere[499] lehnen eine sukzessive Beihilfe unter Bezug auf Art. 103 II GG nach Vollendung der Haupttat ab. Der Bestimmtheitsgrundsatz verbiete es, durch die Ausdehnung der Tatphase die zeitlichen Grenzen zu verwischen und auf diese Weise | **368b**

---

[496] Insoweit lediglich klarstellend BGH NStZ 2013, 463, 464; NStZ 2007, 35, 36.

[497] BGHSt 4, 132, 133; 6, 248, 251; BGH wistra 2008, 20 f.; BGH NStZ 2012, 316, 317; NStZ 2013, 463, 464; zust. Sch/Sch-*Heine/Weißer*, § 27 Rn 17; *Fischer*, § 27 Rn 6 und 10.

[498] Sch/Sch-*Stree/Hecker*, § 257 Rn 8; *Seelmann*, JuS 1983, 32, 33 f.

[499] LK-*Schünemann*, § 27 Rn 39 ff.; *Lackner/Kühl*, § 27 Rn 3 und § 257 Rn 9; SK-*Hoyer*, § 27 Rn 18; dem sich anschließend *Rönnau/Golombek*, JuS 2007, 348, 351.

die Tatbeteiligung von dem unpräzisen Begriff der Tatbeendigung abhängig zu machen.

Folgt man dieser Überlegung, stellt sich generell nicht (und daher auch nicht im vorliegenden Fall) die Frage nach der Abgrenzung zwischen sukzessiver Beihilfe und Begünstigung. Zu bestrafen ist lediglich wegen Begünstigung.

368c Stellungnahme: Gegen die h.M. spricht, dass die innere Willensrichtung nur schwer feststellbar ist und der Täter daher stets die Schutzbehauptung aufstellen wird, er habe lediglich die Vorteile der Tat sichern wollen. Für die zweitgenannte Auffassung spricht, dass sie aus den genannten Gründen die h.M. ablehnt. Allerdings ist ihr wiederum mit der zuletzt genannten Auffassung entgegenzuhalten, dass Art. 103 II GG eine restriktive Auslegung der Straftatbestände verlangt. Zudem ist die Abgrenzung der Beihilfe – ließe man diese zu – zur Begünstigung auch unter Zugrundelegung objektiver Gesichtspunkte nicht mit hinreichender Sicherheit konturiert. Außerdem liefe die Zurechnung bereits verwirklichter Tatbestandsmerkmale auf die Bestrafung eines nachträglichen Vorsatzes hinaus. Schließlich gewährt bereits § 257 hinreichenden Schutz.[500] Der zuletzt genannten Auffassung ist daher zu folgen. G hat sich wegen **Begünstigung** strafbar gemacht.

369
> **Hinweis für die Fallbearbeitung:** Folgt man in einer Klausur – entgegen der hier vertretenen Ansicht – der h.M., ist zunächst die sukzessive Beihilfe zu prüfen. Liegt diese vor, ist für eine Prüfung des § 257 kein Raum, da der Vortäter nicht „ein anderer" sein kann. Ein kurzer Hinweis auf § 257 III S. 1 sollte dann genügen. Gleiches gilt, wenn man die zweitgenannte Auffassung vertritt. Wer der hier vertretenen Auffassung folgt, muss zwar ebenfalls zunächst auf die sukzessive Beihilfe eingehen, diese aber ablehnen und sodann mit der Prüfung des § 257 fortfahren.

4. Abstiftung, Aufstiftung, Umstiftung und sonstige Tatplanänderung

370 Insbesondere im Rahmen der §§ 242 ff. und §§ 249 ff. sind Tatplanänderungen ein häufig gewähltes Klausurthema. Ausgangspunkt ist das „Bestimmen" i.S.d. § 26. Darunter ist das (kausale) **Hervorrufen des Tatentschlusses** zu verstehen. Ein bereits fest zur Tat Entschlossener (*omnimodo facturus*) kann daher nicht mehr angestiftet werden („offene Türen kann man nicht mehr einrennen"). Hier kommt (insbesondere bei §§ 249 ff.) nur versuchte Anstiftung (§ 30 I) oder (generell) psychische *Beihilfe* durch Bestärken des Tatvorsatzes in Betracht. Ein fest zur Tat Entschlossener kann aber zu einer **Tatplanänderung** angestiftet werden. Ein solcher „Sonderfall der Anstiftung" kann in einer Abstiftung, Aufstiftung oder Umstiftung liegen.

371 ▪ Eine **Abstiftung** (Abwiegeln) liegt vor, wenn ein zur Begehung eines gefährlichen qualifizierten Delikts (z.B. § 250) entschlossener Täter zur Begehung des weniger gefährlichen (Grund-)Delikts („Minus", z.B. 242) bewegt wird. Da hier das (Grund-)Delikt notwendigerweise im qualifizierten Delikt enthalten ist, kann eine Anstiftung zum weniger gefährlichen Grunddelikt nicht in Betracht kommen. Hier ist dann an eine psychische Beihilfe zum weniger gefährlichen Delikt zu denken. Liegt in der Abstiftung allerdings eine ausschließliche Risikoverringerung, wird man die objektive Zurechnung der Gehilfenleistung verneinen müssen. Zumindest aber ist der Abstifter gem. § 34 gerechtfertigt, wenn die Abstiftung das einzige Mittel war, um das gefährlichere qualifizierte Delikt zu verhindern.[501]

Beispiel: Die beiden Rechtsanwälte A und B sind Partner einer Rechtsanwaltskanzlei. Da die Kanzlei nicht gut läuft, will A eine Bank überfallen. B ist zwar grundsätzlich nicht abgeneigt, aufgrund eines Banküberfalls endlich einmal zu Geld zu kommen, um sich die lang ersehnte Joop!-Tasche kaufen zu können. Als ihr Partner dann aber eine Pistole einsteckt, befürchtet sie, dass es zu einer Eskalation mit schwerwiegenden Folgen kommen könnte. Aufgrund des unnachgiebigen Drängelns seiner Partnerin entschließt sich A

---

[500] So nun auch *Kühl*, JA 2014, 668, 673.
[501] Vgl. LK-*Schünemann*, § 26 Rn 28 f.; Sch/Sch-*Heine/Weißer*, § 26 Rn 6-8; *Geppert*, Jura 1997, 299, 384.

schließlich, die Waffe zu Hause zu lassen. Im Übrigen begeht er den Überfall wie geplant. Strafbarkeit der Beteiligten?

Geht man davon aus, dass A wegen Raubs (§ 249) und nicht wegen räuberischer Erpressung (§ 255) strafbar ist, scheidet bei B eine Anstiftung zu § 249 aus, da A hinsichtlich des (einfachen) Raubs als Minus des schweren Raubs (§ 250 I Nr. 1a) ohnehin fest entschlossen war. Möglicherweise ist B aber wegen Beihilfe zum Raub strafbar. Doch sieht man in der Handlung der B eine ausschließliche Risikoverringerung, hat sie keine tatbestandliche Gefahr geschaffen, sodass die Hilfeleistung ihr objektiv nicht zurechenbar ist. Lehnt man die Lehre von der objektiven Zurechnung ab oder verneint die ausschließliche Risikoverringerung, muss man bei B von einer Notstandslage i.S.v. § 34 ausgehen, sofern man ihr unterstellt, dass das Zureden das einzige Mittel war, das Mitführen der Waffe und somit die Begehung eines schweren Raubs zu verhindern.

Anders würde es im Ergebnis für B aussehen, wenn sie die leichtere Tatform nicht notgedrungen in Kauf genommen hätte, sondern sie diese dem A (etwa wegen der Joop!-Tasche) schmackhaft gemacht hätte. Dann wäre sie wegen psychischer Beihilfe oder sogar wegen Anstiftung zum (einfachen) Raub zu bestrafen.

- Den Umkehrfall zur Abstiftung bildet die **Aufstiftung** (Übersteigerung, Überstiftung). **372** Von Aufstiftung wird gesprochen, wenn der zur Begehung des Grunddelikts fest entschlossene Haupttäter zur Begehung einer Qualifikation veranlasst wird.

Beispiel: Im obigen Beispiel war A von Anfang an nur zu einem (einfachen) Raub entschlossen. Seine weniger fürsorgliche Partnerin B befürchtet aber, dass A sich ohne Schusswaffe nicht den nötigen Respekt gegenüber den Bankangestellten verschaffen wird. Daher rät sie ihm zum Mitführen einer Pistole. A befolgt den Rat und begeht so einen schweren Raub (§§ 249, 250 I Nr. 1a). Wie ist B strafbar?

Wegen der mit der Aufstiftung verbundenen wesentlichen Erhöhung des Unrechtsgehalts nimmt die h.M. eine Anstiftung zum qualifizierten Delikt an.[502] Demzufolge wäre B aus §§ 249, 250 I Nr. 1a, 26 strafbar. In Fällen wie dem vorliegenden, in dem der Haupttäter jedoch bereits zum Grunddelikt fest entschlossen war, macht die Gegenauffassung geltend, dem Anstifter könne das Grunddelikt nicht angelastet werden.[503] Kann dieses dem Anstifter aber nicht angelastet werden, fehlt eine konstitutive Voraussetzung für die Qualifikation. Folgt man also der Gegenauffassung, wäre B nur wegen psychischer *Beihilfe* zum Tatganzen (§§ 249, 250 I Nr. 1a, 27 I) strafbar. Nach der hier vertretenen Auffassung ist die Lösung der h.M. sachgerecht, weil die Aufstiftung eine erhebliche Übersteigerung des ursprünglichen, einen wesentlich niedrigeren Unrechtsgehalt aufweisenden Tatentschlusses bewirkt hat. Dieser wesentlichen Erhöhung des Unrechtsgehalts wird eine Bestrafung wegen Beihilfe zum schweren Raub (oder Anstiftung bspw. zur gefährlichen Körperverletzung, wenn der Haupttäter die Waffe oder den Gegenstand einsetzt und dabei § 224 verwirklicht) nicht gerecht. B hat sich somit wegen Anstiftung zum schweren Raub (§§ 249, 250 I Nr. 1a, 26) strafbar gemacht.

- Eine **Umstiftung** ist gegeben, wenn der fest zur Tat entschlossene Haupttäter zu einem **373** völlig anderen Delikt („aliud") umgestimmt wird. In den Lehrbüchern wird hier stets der Fall genannt, dass der Haupttäter bspw. zu einer Sachbeschädigung entschlossen war, nun aber von dem Anstifter (auch) zu einer Körperverletzung motiviert wird. Hier liegt klar auf der Hand, dass der Anstifter (ausschließlich) wegen Anstiftung zur Körperverletzung strafbar ist. Doch in den Übungs- und Examensklausuren sind die Sachverhalte nicht so einfach gelagert. Dort werden Sachverhalte der folgenden Art anzutreffen sein:

Beispiel: T erzählt A, er wolle in die Wohnung des O einbrechen, um dort Verwüstungen anzurichten. Da A weiß, dass sich in der maritimen Sammlung des O ein wertvolles nauti-

---

[502] BGHSt 19, 339, 341; *Roxin*, AT II, § 26 Rn 102 ff.; *Wessels/Beulke/Satzger*, AT, Rn 571; LK-*Schünemann*, § 26 Rn 34; *Fischer*, § 26 Rn 3.
[503] Sch/Sch-*Heine/Weißer*, § 26 Rn 8; SK-*Hoyer*, § 26 Rn 17; *Kühl*, AT, § 20 Rn 183. Eine vermittelnde Auffassung vertritt *Küpper* (JuS 1996, 23, 24), indem er eine Anstiftung zum Tatganzen nur bei Aufstiftung zu einem völlig anderen Delikt (*delictum sui generis*) annimmt, gleichzeitig aber dessen in seinen Konturen verwischte Einordnung einräumt.

sches Messgerät befindet, bittet er T, ihm dieses mitzubringen. Sollte sich O widerspenstig zeigen, möge sich T mit entsprechendem Nachdruck durchsetzen. So geschieht es. Strafbarkeit der beiden?

T hat die Tatbestände des Hausfriedensbruchs (§ 123), der Sachbeschädigung (§ 303), des Wohnungseinbruchdiebstahls (§§ 242, 244 I Nr. 3) und des Raubs (§ 249) erfüllt. Da T hinsichtlich des Hausfriedensbruchs und der Sachbeschädigung bereits fest entschlossen war, kommt eine diesbezügliche Anstiftung durch A nicht in Betracht. Überdies fehlt es bei A am diesbezüglichen Anstiftervorsatz. A ist aber (jedenfalls) wegen Anstiftung zum Diebstahl (§§ 242, 26) strafbar. Da er jedoch von T das Diebesgut aus einer besonders geschützten Sphäre hat stehlen lassen, ist fraglich, ob mit der Strafbarkeit (nur) aus §§ 242, 26 dem Schutzbedürfnis des bestohlenen O hinreichend Rechnung getragen wird. Möglicherweise wäre eine Bestrafung wegen Anstiftung zum Wohnungseinbruchdiebstahl (§§ 242, 244 I Nr. 3, 26) angemessen. Gegen eine Strafbarkeit wegen Anstiftung zum Wohnungseinbruchdiebstahl spricht jedoch der Umstand, dass T sowieso in die Wohnung des O eingebrochen wäre, er also hinsichtlich der Einbruchskomponente nicht mehr angestiftet werden konnte. Andererseits hat der Gesetzgeber gerade durch die Aufnahme des Wohnungseinbruchdiebstahls in den Qualifikationstatbestand des § 244 zum Ausdruck gebracht, dass ein Diebstahl aus einer verschlossenen Wohnung einen besonderen Eingriff in die Intimsphäre des Opfers darstellt und nur durch ein erhöhtes Strafmaß hinreichend sanktioniert werden kann. Dem würde eine Bestrafung des A lediglich aus dem Grundtatbestand nicht gerecht. Folgt man der hier vorgenommenen Wertung, ist A wegen Anstiftung zum Wohnungseinbruchdiebstahl (§§ 242, 244 I Nr. 3, 26) strafbar. Das Gleiche gilt hinsichtlich des Raubs, sodass A tateinheitlich zu §§ 242, 244 I Nr. 3, 26 auch aus §§ 249, 26 strafbar ist.

374 ■ Schließlich sind Fallkonstellationen zu nennen, in denen die Teilnahmehandlung dazu führt, dass der Haupttäter eine andere Begehungsform desselben (Qualifikations-)Tatbestands erfüllt (sog. **Tatplanänderung**).

Beispiel: T will O unter Zuhilfenahme eines *Baseballschlägers* ausrauben (§§ 249, 250 I Nr. 1a Var. 2.). G rät T, stattdessen doch lieber eine Schusswaffe mitzunehmen (§§ 249, 250 I Nr. 1a Var. 1). So geschieht es.

Die rechtliche Behandlung dieser Fallgruppe ist in ihren Einzelheiten noch weitgehend ungeklärt. In Betracht kommt bei G entweder eine Strafbarkeit wegen Anstiftung oder wegen psychischer Beihilfe. Sachgerechter dürfte eine Strafbarkeit wegen Beihilfe sein. Zwar rät G zu einem Qualifikationstatbestand, der in seiner konkreten Begehungsform so nicht vorgesehen war, T war aber bereits zu einer anderen, tatbestandlich gleichwertigen Begehungsform desselben Qualifikationstatbestands entschlossen, sodass die Regelung über den *omnimodo facturus* uneingeschränkt Anwendung finden kann. G ist demnach wegen Beihilfe zum schweren Raub (§§ 249, 250 I Nr. 1a Var. 1) strafbar.

V. Konkurrenzen

375 Körperverletzungsdelikte stehen aufgrund der unterschiedlichen Schutzrichtung in Idealkonkurrenz zu den Raubdelikten. §§ 240 und 242 ff. werden dagegen grds. von § 249 im Wege der Gesetzeskonkurrenz (Spezialität) verdrängt. Deren eigenständige Prüfung ist bei Bejahung des Raubs (ggf. i.V.m. §§ 250, 251) i.d.R. nicht mehr angezeigt.[504]

Bezüglich des „Wohnungsraub" kann man vertreten, dass dadurch, dass § 250 einen mit § 244 I Nr. 3 vergleichbaren Qualifikationsgrund nicht enthält, bei Verdrängung des § 244 I Nr. 3 der Eingriff in die Intimsphäre im Urteilstenor nicht hinreichend zum Ausdruck kommen würde. Folgt man diesem Gedanken, kommt man nicht umhin, nach § 249 (ggf. i.V.m. §§ 250, 251) auch den Wohnungseinbruchdiebstahl (§ 244 I Nr. 3) zu prüfen (anders die auch hier vertretene Ansicht des BGH, vgl. Rn 313). Zu § 255 vgl. dort.

---

[504] Scheitert der Raub allerdings an einem dieser beiden Tatbestände oder kommt lediglich ein versuchter Raub in Betracht, können die §§ 240, 242 ff. eigenständige Bedeutung erlangen.

B. Schwerer Raub (§ 250)

Der schwere Raub ist eine **tatbestandliche Qualifikation** zum Grundtatbestand des (einfachen) Raubs. Seine Erschwerungsgründe gelten kraft ausdrücklicher Verweisung („gleich einem Räuber") auch in den Fällen des § 252 (räuberischer Diebstahl) und des § 255 (räuberische Erpressung), wodurch § 250 zu einer **zentralen Vorschrift im Bereich der Raub- und raubähnlichen Delikte** erhoben wird. In systematischer Hinsicht ist zu beachten, dass § 250 I Nr. 1a/b mit § 244 I Nr. 1a/b und § 250 I Nr. 2 mit § 244 I Nr. 2 sprachlich übereinstimmt, was die zu § 244 I gefundenen Ergebnisse weitgehend (aber nicht ausnahmslos) übertragbar macht. Eine Besonderheit besteht hinsichtlich des § 250 I Nr. 1c und des § 250 II, da eine Entsprechung in § 244 fehlt. Es empfiehlt sich folgender Prüfungsaufbau, der – um die Zweistufigkeit des schweren Raubs zu betonen – die beiden Absätze des § 250 auch gliederungstechnisch wie zwei selbstständige Delikte behandelt:

376

377

Schwerer Raub (§ 250)

Verwirklichung des Grundtatbestands des § 249 (i.d.R. TB, RW und S)[505]

I. Qualifikationstatbestand des § 250 I

1. Objektiver Tatbestand

⇨ **Raub mit Waffen/anderen gefährlichen Werkzeugen, § 250 I Nr. 1a**
Hier besteht im Grundsatz (nicht im Detail!) volle Kongruenz zu § 244 I Nr. 1a (vgl. dort).

⇨ **Raub mit sonstigen Werkzeugen oder Mitteln, § 250 I Nr. 1b**
Hier besteht im Grundsatz volle Kongruenz zu § 244 I Nr. 1b (vgl. dort).

⇨ **Gesundheitsgefährdender Raub, § 250 I Nr. 1c**
Bei dieser Strafnorm handelt es sich um einen **Gefährdungstatbestand**, bei dem der Täter mit **Gefährdungsvorsatz** (*dolus eventualis*) handeln muss. **Andere Person** kann nur sein, wer nicht selbst an der Tat beteiligt ist. Mittäter und Teilnehmer scheiden daher als taugliche Tatobjekte aus. Mit **Gefahr** ist eine konkrete Gefahr gemeint. Der Täter muss also eine Lage schaffen, bei der es vom (rettenden) Zufall abhängt, ob das Opfer eine schwere Gesundheitsschädigung erleidet oder nicht. Die **schwere Gesundheitsschädigung** setzt (in Übereinstimmung mit § 218 II S. 2 und § 221) *keine* schwere Körperverletzung i.S.d. § 226 I Nr. 1-3 voraus, sondern liegt auch bei einschneidenden oder nachhaltigen Beeinträchtigungen der Gesundheit vor, etwa bei langwierigen ernsthaften Krankheiten oder erheblicher Beeinträchtigung der Arbeitskraft für lange Zeit. Die konkrete Gefahr ist jedenfalls dann **durch die Tat** verursacht worden, wenn die Gefahr unmittelbar auf der zum Zweck der Wegnahme eingesetzten Gewalt fußt. Aber auch wenn die Gefahr erst durch eine Handlung in der *Beendigungsphase* verursacht wird, bejaht die Rspr. dieses Kriterium. Anders die auch hier vertretene Literatur.

⇨ **Bandenraub, § 250 I Nr. 2**
Dieser Qualifikationstatbestand ist bis auf die dem Raub eigentümliche Nötigungskomponente identisch mit dem des § 244 I Nr. 2 (Bandendiebstahl), was die zu § 244 I Nr. 2 gefundenen Ergebnisse weitgehend übertragbar macht.

2. Subjektiver Tatbestand

Subjektiv ist **Vorsatz** (wobei grds. *dolus eventualis* genügt) bezüglich aller objektiven Qualifikationsmerkmale erforderlich. Bei § 250 **I Nr. 1b** muss der Täter zusätzlich in der *Absicht* (i.S. des *dolus directus* 1. Grades) handeln, den Widerstand eines anderen durch Gewalt oder Drohung mit Gewalt zu verhindern oder zu überwinden. Bei § 250 **I Nr. 1c** muss der Täter *Gefährdungsvorsatz* (*nicht* § 18!) haben, da es sich nicht um eine Erfolgsqualifikation, sondern um eine Vorsatzqualifikation (für die § 15 gilt) handelt.

---

[505] Ggf. ist es ratsam, Rechtswidrigkeit und Schuld erst im Anschluss an § 250 zu prüfen, damit die Erschwernisgründe des § 250 noch geprüft werden können (vgl. näher zur Begründung *R. Schmidt*, BT I, Rn 301).

II. Qualifikationstatbestand des § 250 II (*besonders schwerer Raub*)

1. Objektiver Tatbestand

⇨ **Raub unter Verwendung v. Waffen oder anderen gefährlichen Werkzeugen, § 250 II Nr. 1**

Der Begriff des **Verwendens** setzt nicht voraus, dass der Einsatz des abstrakt gefährlichen Mittels eine *konkrete* Gefahr erheblicher Verletzungen anderer begründet. Es genügt, wenn das Mittel zur Drohung eingesetzt wird. Allerdings ist in einem Fall, in dem es zu keiner konkreten Gefährdung anderer gekommen ist, zu prüfen, ob nicht ein minder schwerer Fall gem. § 250 III vorliegt.

⇨ **„Bandenraub" unter Beisichführen von Waffen, § 250 II Nr. 2**

§ 250 II Nr. 2 kumuliert die Voraussetzungen des „Bandenraubs" nach § 250 I Nr. 2 und des „Waffenraubs" nach § 250 I Nr. 1a Var. 1.

⇨ **Schwere körperliche Misshandlung, § 250 II Nr. 3a**

Zu verlangen sind entweder **vorsätzlich herbeigeführte schwere Gesundheitsschädigungen i.S.d. § 250 I Nr. 1c** oder neben einer nicht unerheblichen Beeinträchtigung der körperlichen Integrität zumindest **besonders rohe Misshandlungen**. Heftige und mit **schweren Schmerzen** verbundene Schläge erfüllen diese Voraussetzung jedenfalls dann, wenn sie zu nicht unerheblichen Gesundheitsschädigungen führen.

⇨ **Bringen des Opfers in die Gefahr des Todes, § 250 II Nr. 3b**

Wie bei § 250 I Nr. 1c handelt es sich auch bei dieser Strafnorm *nicht* um ein erfolgsqualifiziertes Delikt i.S.d. § 18, bei dem Fahrlässigkeit bezüglich des Eintritts der konkreten Gefahr genügen würde, sondern um ein **konkretes Gefährdungsdelikt**, bei dem der Täter mit **Gefährdungsvorsatz** (*dolus eventualis*) handeln muss. Zu den Merkmalen „andere Person", „konkrete Gefahr" und „durch die Tat" vgl. die Ausführungen zu § 250 I Nr. 1c.

2. Subjektiver Tatbestand

Auch bei den Vorsatzqualifikationen des § 250 II ist wenigstens *dolus eventualis* bezüglich aller objektiven Qualifikationsmerkmale erforderlich. Bei § 250 II Nr. 3b muss der Täter Gefährdungs*vorsatz* (*nicht* § 18!) haben, da es sich nicht um eine Erfolgsqualifikation, sondern um eine Vorsatzqualifikation (§ 15) handelt.

III. Minder schwerer Fall des Raubs

Eine **Strafzumessungsregel** für minder schwere Fälle enthält § 250 III, die sowohl für § 250 I als auch für § 250 II gilt. Ein minder schwerer Fall ist insbesondere dann in Betracht zu ziehen, wenn der Täter zwar eine Waffe i.S.d. § 250 II Nr. 1 einsetzt, es aber zu keiner konkreten Gefährdung anderer kommt (s.o.).

I. Qualifikationstatbestand des § 250 I

1. Objektiver Tatbestand

a. Raub mit Waffen/anderen gefährlichen Werkzeugen, § 250 I Nr. 1a

378 In Übereinstimmung mit § 244 I Nr. 1a (Rn 186 ff.) ist Erschwernisgrund der Qualifikation die erhöhte abstrakte Gefährlichkeit, welche von Tätern ausgeht, die eine **Waffe** oder ein **anderes gefährliches Werkzeug** bei sich führen.

Hinweis zu den nachfolgenden Ausführungen: Zwar können aufgrund der sprachlichen Anlehnung des § 250 I Nr. 1a, b an § 244 I Nr. 1a, b viele der zu § 244 entwickelten Grundsätze übernommen werden, doch bestehen einige wichtige Unterschiede im Detail[506], sodass nicht pauschal auf § 244 verwiesen werden kann.[507] Um den Besonderheiten des schweren Raubs Rechnung zu tragen, greifen die nachfolgenden Ausführungen die zu § 244 entwickelten Grundsätze auf und modifizieren diese um die Besonderheiten des § 250.

---

[506] Insbesondere in Bezug auf die gefährlichen Werkzeuge (vgl. Rn 203, 204 einerseits; Rn 382 andererseits) und die Scheinwaffenproblematik (Rn 392 ff.).

[507] Vgl. bereits die 1. Aufl. 2002; differenzierend auch *Kudlich*, JA 2007, 468, 470.

aa. Begriff der Waffe i.S.v. § 250 I Nr. 1a Var. 1

Der Begriff der Waffe einschließlich der Schusswaffe ist mit dem des § 244 I Nr. 1a **379** identisch. Insofern wird auf die Ausführungen bei Rn 188-194 verwiesen.

bb. Anderes gefährliches Werkzeug i.S.v. § 250 I Nr. 1a Var. 2

Hinsichtlich des Begriffs „**anderes gefährliches Werkzeug**" in § 250 I Nr. 1a besteht **380** zumindest im Grundsatz ebenfalls eine Kongruenz zu § 244 I Nr. 1a, sodass auch bei § 250 I Nr. 1a nach dem Willen des Gesetzgebers grds. die zur Auslegung des § 223a a.F. (nun § 224 I Nr. 2) entwickelten Grundsätze übernommen werden müssten. Demnach müsste auch bezüglich des § 250 I Nr. 1a ein gefährliches Werkzeug als (körperfremder) Gegenstand definiert werden, der nach *seiner objektiven Beschaffenheit* und nach der *Art seiner Verwendung* im Einzelfall geeignet ist, erhebliche Körperverletzungen zuzufügen. Ließe man die Übertragung dieser Definition auf § 250 I Nr. 1a jedoch unreflektiert, wäre etwa die Räuberin, die eine andere Person überfällt und dabei in ihrer Handtasche (zufällig) eine Nagelfeile bei sich führt, nicht bloß aus § 249 I, sondern auch aus § 250 I Nr. 1a strafbar. Denn eine Nagelfeile ist nach ihrer objektiven Beschaffenheit nach der Art ihrer Verwendung (etwa indem sie ins Auge gestochen wird) durchaus geeignet, erhebliche Körperverletzungen zuzufügen. Einer solchen Annahme wäre ein Verstoß gegen die verfassungsrechtlich verankerten Prinzipien der Bestimmtheit (Art. 103 II GG) und des Grundsatzes der Verhältnismäßigkeit immanent, zumal der Wortlaut des § 250 I Nr. 1a (anders als der der §§ 250 I Nr. 1b und 250 II Nr. 1) noch nicht einmal eine Verwendungsabsicht oder doch zumindest einen Verwendungsvorbehalt verlangt, sondern das schlichte Beisichführen genügen lässt. Um die Vorschrift des § 250 I Nr. 1a daher nicht dem Verdikt der Verfassungswidrigkeit auszusetzen, werden unzählige Versuche unternommen, die Norm **restriktiv** auszulegen. Vgl. dazu die bei § 244 I Nr. 1a dargestellte und auf § 250 I Nr. 1a übertragbare Diskussion. Folgt man der hier vertretenen Auffassung, wird durch die in § 250 I Nr. 1a genannte Formulierung „anderes" gefährliches Werkzeug zunächst einmal klar, dass dieses „andere" Werkzeug eine (objektive) Gefährlichkeit aufweisen muss, die der einer *Waffe* im Wesentlichen nicht nachsteht, also ebenfalls ein erhebliches Verletzungspotential aufweist, ohne jedoch eine Waffe im technischen Sinn darzustellen (sonst würde sich das Problem schon nicht stellen).

Beispiele/Gegenbeispiel: Diese erhöhte objektive Gefährlichkeit liegt etwa nahe bei **381** **Schneide- und Stichwerkzeugen** (Teppichmesser o.ä.), **Handwerksgeräten** (Hammer, größerer Schraubendreher, Meißel, Stemmeisen) und **Schlaggeräten** (Metallstangen oder -rohren, Baseballschläger, Ketten, (stabile) Holzlatten[508] usw., aber auch eine ungeladene oder nicht funktionsfähige Schusswaffe, die als Schlagwerkzeug eingesetzt werden könnte). Die Einordnung eines der genannten Werkzeuge als gefährliches Werkzeug i.S.v. § 250 I Nr. 1a drängt sich insbesondere dann auf, wenn der Gegenstand nach den Umständen der Tat eine dem Gewahrsamsbruch dienende Funktion hat (Messer, Baseballschläger, Metallrohr oder ungeladene Schusswaffe beim Raubüberfall).

Ein besonderes Problem bereitet das Beisichführen von **chemisch wirkenden Stoffen** wie CS oder Pfefferspray. Zwar sind diese Stoffe objektiv gefährlich, sie jedoch als „Werkzeuge" anzusehen ist mit Blick auf die Wortlautgrenze nicht ganz unproblematisch (vgl. dazu *R. Schmidt*, BT I, Rn 327). Wenn sich Pfefferspray darüber hinaus als „Alltagsphänomen" sozusagen als „Standardausstattung" in den Handtaschen vieler Frauen finden lässt und sich der Täter/die Täterin bei der konkreten Tatbegehung auch keine Gedanken darüber macht, ggf. das Pfefferspray als Tatmittel einzusetzen, wird die Einstufung des Pfeffersprays als gefährliches Werkzeug vollends fraglich. Auf der anderen Seite sprechen kriminalpolitische Erwägungen für die Einbeziehung von chemisch wirkenden

---

[508] BGH NJW 2015, 690 f.

Stoffen in den Werkzeugbegriff, sofern beim Täter keine Verwendungsabsicht i.S.v. § 250 I Nr. 1b vorliegt. Denn verneint man die Einstufung von chemisch wirkenden Mitteln wie z.B. Pfefferspray als „Werkzeug" und fehlt die Verwendungsabsicht, gelangt man zur Verneinung des § 250 I. Ob aber kriminalpolitische Erwägungen eine extensive Auslegung des „Werkzeugbegriffs" rechtfertigen, ist zweifelhaft. Der BGH bejaht beim Pfefferspray indes ohne weiteres die „Werkzeugeigenschaft."[509]

382 Neben der genannten „Waffenersatzfunktion" ist weiterhin zu fordern, dass es sich um einen **beweglichen** Gegenstand handelt, also um einen solchen, der durch menschliche Einwirkung gegen einen anderen Menschen in Bewegung gesetzt werden kann.[510] Darüber hinaus muss der Täter im Sinne eines inneren ***Verwendungsvorbehalts*** bereit sein, das mitgeführte Werkzeug notfalls auch gegen Menschen einzusetzen. Dem steht auch nicht der Wortlaut des § 250 I Nr. 1a entgegen, da ja gerade eine einschränkende und damit täterbegünstigende Auslegung vorgenommen wird. Ein Verstoß gegen das Analogieverbot ist also gerade nicht zu befürchten. Kein Argument ist es jedenfalls, nur deswegen eine abstrakt-objektive Begriffsbestimmung vorzunehmen, weil in der Praxis Beweisschwierigkeiten hinsichtlich des inneren Verwendungsvorbehalts auftreten könnten. Denn diese „Beweisschwierigkeiten" bestehen naturgemäß bei jedem Tatbestand, der eine vorsätzliche Begehungsweise (so etwa auch § 250 I Nr. 1b) fordert. Folgt man der hier vertretenen Auffassung, ergibt sich für das gefährliche Werkzeug folgende Definition:

383 **Gefährlich** ist ein mitgeführtes Werkzeug immer nur dann, wenn zu seiner allgemeinen Eignung, erhebliche Körperverletzungen zuzufügen, hinzutritt, dass der Täter sich insgeheim vorbehält, den Gegenstand notfalls auch einzusetzen.

cc. Tathandlung: Beisichführen

384 Tathandlung ist wie bei § 244 I Nr. 1a das **Beisichführen** durch mindestens einen der Tatbeteiligten (Täter, Mittäter oder Teilnehmer). Dieses Tatbestandsmerkmal hat in Übereinstimmung mit § 244 I Nr. 1a eine **räumliche** und eine **zeitliche** Komponente, was die zu § 244 I Nr. 1a gemachten Ausführungen (Rn 207 ff.) prinzipiell übertragbar macht. Folgt man der auch hier vertretenen h.L.[511], muss der Täter die Waffe oder das andere gefährliche Werkzeug **zwischen Versuchsbeginn und Vollendung** bei sich führen; es genügt, wenn der Täter oder ein Mittäter während des Raubs eine Waffe oder ein anderes gefährliches Werkzeug vorfindet und mitnimmt.[512] Das Beisichführen während der **Beendigungsphase** genügt aber **nicht**. Anderenfalls würde der Begriff „Beisichführen" zu weit ausgelegt und ein Verstoß gegen Art. 103 II GG wäre immanent. Darüber hinaus würde die eigens für die Tatphase nach Vollendung der Wegnahme geschaffene Vorschrift des § 252 unterlaufen, wenn man Strafschärfungen nach vollendeter Wegnahme unabhängig von den besonderen Voraussetzungen des § 252 (der ja gerade den tatsächlichen Einsatz des Tatmittels voraussetzt) für möglich hielte.[513] Ferner muss der Zweck des § 250 I Nr. 1a beachtet werden, der die besondere Gefährlichkeit erfassen will, die sich durch einen „gerüsteten" Täter *bei der Wegnahme* ergibt. Demzufolge greift § 250 I Nr. 1a während der Beendigungsphase nicht ein.

---

[509] Vgl. BGH NJW 2008, 3651 f. (*Bosch*, JA 2009, 737, 739).
[510] BGH StV 2013, 444.
[511] SK-*Günther*, § 250 Rn 12; SK-*Hoyer*, § 244 Rn 16; NK-*Kindhäuser*, § 244 Rn 13; *Lackner/Kühl*, § 244 Rn 2; *Wessels/Hillenkamp*, BT 2, Rn 268; a.A. BGHSt 20, 194, 197; 38, 295, 299; BGH StV 1998, 429; BGH NStZ 2007, 332, 333 (mit Bespr. v. *Bosch*, JA 2007, 468 ff.); *Haft*, JuS 1988, 364, 367 f.; Sch/Sch-*Eser/Bosch*, § 244 Rn 7. Vgl. aber BGH NJW 2008, 3651 f., BGH NJW 2009, 3041, 3042 und BGH NStZ-RR 2014, 110, wo das Gericht das Beisichführen in der Beendigungsphase zulässt (vgl. dazu Rn 422 und 424).
[512] BGH NStZ 2015, 85 f. (Ansichnahme eines Messerblocks während eines Raubzuges).
[513] Vgl. auch das Parallelproblem bei § 251 (Rn 437 f.).

Im Strafmaß gibt es jedenfalls dann keinen Unterschied, wenn der Täter das Tatmittel während der Beendigungsphase auch *tatsächlich* einsetzt. **385**

> **Beispiel:** T bricht in den Lagerraum des O ein. Um ungehindert stehlen zu können, fesselt er O an einen Stuhl. Doch als T gerade dabei ist, das Diebesgut in den Wagen zu laden, wird er von O überrascht, der sich zwischenzeitlich befreien konnte. Mit einem zum Diebesgut zählenden Kerzenleuchter schlägt T den O nieder und kann die Flucht fortsetzen.
>
> Nach Auffassung der Rspr. läge hier – obwohl T das Tatmittel nicht zur Wegnahme, sondern zur Beutesicherung einsetzte – eine Strafbarkeit wegen schweren Raubs gem. § 250 II Nr. 1 vor. Die hier vertretene Gegenauffassung käme zu einem schweren räuberischen Diebstahl gem. § 252, der den (einfachen) Raub verdrängen würde. Das Strafmaß der §§ 252 und 250 II ist allerdings dasselbe, sodass sich für T im Ergebnis kein Unterschied ergibt.

Keine Voraussetzung für das „Beisichführen" durch den Täter ist die Kenntnis des Opfers hiervon.[514] **386**

dd. „Teilrücktritt von der Qualifikation"

Im Rahmen der zeitlichen Komponente kann sich die Auslegung des Tatbestandsmerkmals „Beisichführen" auch unter dem Aspekt des **„Teilrücktritts von der Qualifikation"** als besonders schwierig erweisen. Auch diese Problematik ist bereits ausführlich im Rahmen des § 244 erläutert (Rn 212 ff.). **387**

ee. „Berufswaffenträger"

Ferner kann im Rahmen der Tathandlung das Merkmal des „Beisichführens" bei zum **Waffentragen verpflichteten Personen** (Polizeibeamten, Bundeswehrsoldaten, Nachtwächtern u.Ä.) problematisch werden. Vgl. auch hierzu die Darstellung zu § 244. **389**

b. Raub mit sonstigen Werkzeugen oder Mitteln, § 250 I Nr. 1b

Da § 250 I Nr. 1a von „Waffen und anderen gefährlichen Werkzeugen" spricht, ist klar, dass es sich bei den „sonstigen Werkzeugen und Mitteln" i.S.d. § 250 I Nr. 1b auch bzw. nur um solche handeln kann, die **objektiv keine Gefährlichkeit** aufweisen.[515] Als „Ausgleich" für diese nicht erforderliche objektive Gefährlichkeit nennt das Gesetz die **Verwendungsabsicht**. Ob diese Verwendungsabsicht bei gleichzeitig gegebener objektiver Ungefährlichkeit des Tatmittels die Schwere der Strafandrohung von drei bis fünfzehn Jahren rechtfertigen kann, ist zweifelhaft (dazu sogleich). **390**

Daher ist auch die Rspr. bemüht, den Tatbestand des § 250 I Nr. 1b restriktiv auszulegen. Zwar lässt sie als Drohmittel eingesetzte ungeladene Schusswaffen, täuschend echt aussehende Spielzeugpistolen, gut nachgemachte Bombenattrappen und sogar metallische Gegenstände, die sich wie der Lauf einer Pistole anfühlen und in das Genick des Opfers gesetzt wurden, gelten. Zu weit geht es aber auch nach der Rspr., ein Plastikrohr oder eine Wasserpistole, mit dem bzw. der der Täter seine Jacke (oder sein T-Shirt) ausbeult und unter der Bemerkung: „... bin bewaffnet" oder „Willst Du ein paar Kugeln abbekommen?" droht, als tatbestandsmäßig anzusehen. Gleiches gilt für einen in den Rücken gedrückten Lippenpflegestift („Labello"), für die dem Opfer einer (versuchten) Erpressung übersandte Schrotpatrone und für ein Holzstück, das der Täter in seiner Hand umschlossen hält, um damit den Eindruck zu erwecken, er führe eine Schusswaffe **391**

---

[514] Insoweit klarstellend BGH NStZ 2007, 332, 333; NJW 2004, 3437. Vgl. auch den Beispielsfall bei Rn 416.
[515] Insoweit klarstellend BGH NStZ 2016, 215, 216.

bei sich. Denn in derartigen Fällen stehe die Täuschung und nicht – wie erforderlich – die Drohung im Vordergrund[516] (dazu sogleich Rn 393).

392 Als taugliche Tatmittel kommen aber in Betracht:

- Werkzeuge und Mittel, die bei ihrem (geplanten) Einsatz „nur", aber immerhin einfache Körperverletzungen i.S.d. § 223 herbeiführen können,

- Werkzeuge und Mittel wie bspw. Handschellen, Klebeband, Schnüre, Kabelstücke und Tücher sowie andere objektiv ungefährliche Werkzeuge/Mittel, die eingesetzt werden (sollen), um Widerstand „durch Gewalt" zu überwinden, und sei es auch nur als Fesselungs- und Knebelwerkzeuge[517],

- Werkzeuge und Mittel, die verwendet werden (sollen), um Widerstand „mit Gewalt" oder „durch Drohung mit Gewalt" zu überwinden. Dazu zählen das **Verspritzen einer gesundheitsunschädlichen Flüssigkeit in das Gesicht des Opfers**, um den dadurch ausgelösten Lidschlusseffekt auszunutzen und dadurch dessen Widerstandsmöglichkeiten gegen die Wegnahme zu beeinträchtigen[518], aber auch **Scheinwaffen**[519].

Scheinwaffen sind solche Mittel, die objektiv ungefährlich, d.h. objektiv überhaupt nicht geeignet sind, das Angedrohte (Tod, Körperverletzung etc.) zuzufügen.

Virulent wird der Einsatz von Scheinwaffen dann, wenn ihre Verwendung als Drohmittel dem Täter „Durchsetzungsmacht" verleihen soll. Das ist etwa bei der Verwendung von Spielzeugpistolen, Bombenattrappen o.ä. regelmäßig der Fall. Ob objektiv ungefährliche Mittel, die das Opfer nicht visuell wahrnimmt, taugliche Tatmittel sein können, soll im Folgenden untersucht werden.

393 Zur **Scheinwaffenproblematik**: Vor dem 6. StrRG 1998 war die Einbeziehung von Scheinwaffen in den Kreis der tauglichen Tatmittel umstritten, da die alte Gesetzesfassung noch zusätzlich den Begriff der Waffe umfasste. Daraus folgerte die h.L., das Tatmittel müsse eine objektive Gefährlichkeit aufweisen, was bei einer Scheinwaffe gerade nicht der Fall sei. Zudem sei eine restriktive Auslegung schon deshalb geboten, weil § 250 I Nr. 1 (a.F.) eine Mindestfreiheitsstrafe von fünf Jahren vorsehe. Die Rspr. und der andere Teil der Lit. vertraten demgegenüber die Auffassung, dass auch objektiv ungefährliche Mittel wie die Scheinwaffe für die Qualifikation genügen könnten. Wegen der sehr hohen Strafandrohung sei es aber erforderlich, dass das Opfer die Scheinwaffe für echt halte und besonders beeindruckt werde. So wurden zwar als Drohmittel eingesetzte ungeladene Schusswaffen, täuschend echt aussehende Spielzeugpistolen, gut nachgemachte Bombenattrappen und sogar metallische Gegenstände, die sich wie der Lauf einer Pistole anfühlen und in das Genick des Opfers gesetzt wurden, gelten gelassen. Zu weit ging es nach der Rspr. aber, ein Plastikrohr, mit dem der Täter seine Jacke ausbeult und unter der Bemerkung: "... bin bewaffnet" droht, als tatbestandsmäßig anzusehen. Denn hier sei die Einschüchterung maßgeblich *durch Täuschung*, und nicht das mitgeführte Werkzeug oder Mittel bewirkt worden. Gleiches galt für einen in den Rücken gedrückten Lippenpflegestift („Labello"), für die dem Opfer einer (versuchten) Erpressung übersandte Schrotpatrone und für ein Holzstück, das der Täter in seiner Hand umschlossen hält, um damit den Eindruck zu erwecken, er führe eine Schusswaffe bei sich.[520]

---

[516] Vgl. BGHSt 38, 116, 118 (metallischer Gegenstand am Genick; BGH NJW 1996, 2663 (Labello); NStZ-RR 1996, 356, 357 (Holzstück); NStZ 1998, 38 (Schrotpatrone); NStZ 2009, 95 (kleiner Gegenstand unter T-Shirt, der den Eindruck vermitteln soll, der Täter führe eine Schusswaffe bei sich); NStZ 2011, 703 (Wasserpistole in ausgebeulter Jackentasche, die den Eindruck vermitteln soll, der Täter führe eine Schusswaffe bei sich).

[517] Vgl. BT-Drs. 13/9064, S. 18; SK-*Günther*, § 250 Rn 20; *Lackner/Kühl*, § 244 Rn 4; *Fischer*, § 244 Rn 10; *Rengier*, BT I, § 4 Rn 26.

[518] BGH NStZ 2003, 89. Äußerst problematisch ist die Verwendung sog. K.-o.-Tropfen, vgl. dazu Rn 415.

[519] So auch BGH NStZ 2014, 40, 41; NStZ 2007, 332, 333.

[520] Vgl. BGHSt 38, 116, 118 (metallischer Gegenstand am Genick); BGH NStZ-RR 1996, 356, 357 (Holzstück); BGH NJW 1996, 2663 (Labello); BGH NStZ 1998, 38 (Schrotpatrone).

Der Reformgesetzgeber von 1998 hat diese Rspr. ausdrücklich gebilligt und ist bei der Verab- **394**
schiedung des 6. StRG davon ausgegangen, dass diese Einschränkungen auch in Zukunft
Beachtung finden.[521] Daher hat der o.g. Streit erheblich an Bedeutung verloren. Denn zum
einen sollen nach dem Willen des Reformgesetzgebers durch die Streichung der „Waffe" aus
dem Kreis der tauglichen Tatmittel die Scheinwaffen ausdrücklich erfasst sein[522] und zum
anderen wäre in systematischer Hinsicht – wenn man eine objektive Gefährlichkeit verlangte
– § 250 I Nr. 1b neben der Nr. 1a (gefährliches Werkzeug!) weitgehend überflüssig. Hinzu
kommt, dass mit dem 6. StRG 1998 auch die in § 250 I angedrohte Mindeststrafe von fünf
Jahren auf drei Jahre gesenkt und damit auch das Argument der hohen Freiheitsstrafe relativiert wurde. Dementsprechend geht nunmehr nicht nur die ganz überwiegende Lit.[523] von der
Einbeziehung von Scheinwaffen aus, sondern auch die Rspr. hat bezüglich § 250 I Nr. 1b in
mehreren Entscheidungen klargestellt, dass objektiv ungefährliche Scheinwaffen jeder Art
unter *diese* Variante und nicht unter § 250 I Nr. 1a fallen.[524] Um aber trotz der Herabsetzung
der Mindeststrafe auf drei Jahre nicht mit dem Schuldprinzip in Konflikt zu geraten, hält der
BGH Gegenstände, die bereits nach ihrem **äußeren Erscheinungsbild offensichtlich
ungefährlich** sind und bei denen deshalb die erforderliche Zwangseinwirkung beim Opfer
nur durch zusätzliche Täuschung hervorgerufen werden kann, aus dem Tatbestand heraus.[525]

Beispiel[526]**:** T drang zusammen mit einem Mittäter (M) in eine Spielhalle mit Internetcafé **395**
ein, um sich dort unter Einsatz von Gewalt stehlenswerte Gegenstände zu verschaffen.
Dazu schlugen sie den in der Spielhalle Aufsicht führenden O zunächst und stießen ihn zu
Boden. Dort fixierten sie ihn und zogen ihm sein T-Shirt so vor das Gesicht, dass er nichts
mehr sehen konnte. Sodann hielt T ihm wiederum einen metallischen Gegenstand mit der
Drohung an den Kopf, er werde „ihm das Licht ausknipsen". O hatte den Eindruck, er
werde mit einer (Schuss-)Waffe bedroht, sodass er aus Angst keinen Widerstand leistete.
M gelang es so, aus der Kasse des Internetcafés 900,- € zu nehmen.

Ein mittäterschaftlich begangener Raub gem. §§ 249, 25 II liegt vor. Fraglich ist allein, ob
T und M auch den Qualifikationstatbestand des § 250 I Nr. 1b erfüllt haben. Da § 250 I
Nr. 1a eine Waffe oder ein anderes gefährliches Werkzeug fordert, verbleibt der Vorschrift des § 250 I Nr. 1b nur dann ein eigenständiger Anwendungsbereich, wenn man
objektiv ungefährliche, aber zur Überwindung von Widerstand geeignete Gegenstände
einbezieht. Dann aber besteht die Gefahr, dass die Anwendung der Strafnorm trotz
Herabsetzung der Mindestfreiheitsstrafe auf drei Jahre gegen das Schuldprinzip verstößt.
Folgerichtig verlangt der BGH von den Tatrichtern eine restriktive Auslegung. Gegenstände, die bereits nach ihrem äußeren Erscheinungsbild offensichtlich ungefährlich seien und
bei denen deshalb die erforderliche Zwangseinwirkung beim Opfer nur durch zusätzliche
Täuschung (entweder ausdrücklich, etwa durch die Aussage: „Bin bewaffnet" oder konkludent durch das Ausbeulen der Jacke oder des T-Shirts, dem der gleiche Erklärungsgehalt beimessen wird) hervorgerufen werden könnte, seien als taugliche Tatmittel abzulehnen.

Da im konkreten Fall nähere Feststellungen des Tatgerichts zur Beschaffenheit des verwendeten Metallgegenstands fehlten, hat der BGH entschieden, dass zugunsten der Täter
davon auszugehen sei, dass es sich um einen nach dem „äußeren Erscheinungsbild"
offensichtlich ungefährlichen Metallstift oder um ein dünnes Metallrohr gehandelt habe.[527]

Diese Rechtsprechung hat der BGH jüngst bestätigt. Im zu entscheidenden Fall hatte der **396**
Täter unter Beisichführen einer Wasserpistole eine Sparkasse überfallen. Da die Wasser-

---

[521] BT-Drs. 13/9064, S. 18.
[522] BT-Drs. 13/9064, S. 18.
[523] SK-*Hoyer*, § 244 Rn 3; Sch/Sch-*Eser/Bosch*, § 244 Rn 13; *Lackner/Kühl*, § 244 Rn 4; *Wessels/Hillenkamp*, BT 2, Rn
373; *Rengier*, BT I, § 8 Rn 5 ff.; *Schroth*, NJW 1998, 2861, 2865; *Geppert*, Jura 1999, 599, 603; *Seier*, JA 1999, 666, 670;
zweifelnd *Hörnle*, Jura 1998, 169, 174; ablehnend *Kindhäuser*, BT II § 4 Rn 15.
[524] Vgl. BGH NStZ 2007, 332, 333; NStZ-RR 2001, 41; 2002, 9; StV 2001, 274.
[525] BGH NStZ 2007, 332, 333.
[526] In Anlehnung an BGH NStZ 2007, 332 ff.
[527] Dennoch kam der BGH im konkreten Fall zu einem Schuldspruch, da die Täter das Opfer noch mit einem Klebeband
fesselten und jedenfalls dieses ein sonstiges Mittel i.S.d. § 250 I Nr. 1b sei.

pistole sofort als solche aufgefallen wäre, beulte er mit ihr von innen die Jackentasche aus, um somit den Eindruck zu erwecken, als führe er eine echte Schusswaffe mit sich. Der BGH hat entschieden, dass solche Gegenstände, bei denen die Drohungswirkung nicht auf dem objektiven Erscheinungsbild des Gegenstands, sondern maßgeblich auf der täuschenden (konkludenten) Erklärung des Täters zurückzuführen sei, nicht unter § 250 I Nr. 1b fielen.[528]

397 Ist aber für einen objektiven Beobachter in der Rolle des Opfers die Gefährlichkeit des objektiv ungefährlichen Mittels und die vom Täter behauptete Gefährlichkeit überhaupt nicht einzuschätzen, liegt der Fall nicht anders als bei Verwendung sonstiger als „Scheinwaffen" bezeichneter, objektiv ungefährlicher Gegenstände, sodass eine Strafbarkeit nach § 250 I Nr. 1b durchaus vorliegt.

398 **Beispiel[529]:** Gegen 23.40 Uhr betrat T eine Tankstelle, stellte eine verschlossene Sporttasche auf die Verkaufstheke, nahm demonstrativ sein Mobiltelefon in die Hand und erklärte der Verkäuferin O, in der Tasche befinde sich eine Bombe, die er zünden werde, wenn ihm nicht das Geld aus der Kasse ausgehändigt werde. Die verängstigte Verkäuferin händigte ihm aufgrund seiner Drohung 1.525,- € Bargeld sowie eine Stange Zigaretten aus.

Hier liegt zwar eine räuberische Erpressung (§ 255) und kein Raub (§ 249) vor, durch den Verweis in § 255: „gleich einem Räuber zu bestrafen" sind aber auch die Raubqualifikationen (und damit § 250 I Nr. 1b) auf die räuberische Erpressung anwendbar.

Eine Sporttasche und ein Mobiltelefon sind objektiv ungefährliche Gegenstände, damit an sich taugliche Gegenstände i.S.v. § 250 I Nr. 1b. Allerdings greift § 250 I Nr. 1b nicht, wenn die Drohungswirkung eingesetzter Gegenstände nicht auf deren objektivem Erscheinungsbild, sondern ausschließlich auf täuschenden Erklärungen des Täters beruht. Dies ist nach der Rechtsprechung des BGH der Fall, wenn die objektive Ungefährlichkeit eines vorgeblich gefährlichen Gegenstands schon nach dessen äußerem Erscheinungsbild offenkundig auf der Hand liegt und bei dem deshalb die erforderliche Zwangseinwirkung beim Opfer nur durch zusätzliche Täuschung hervorgerufen werden kann.

Vorliegend hat T eine Gefährlichkeit nur durch sein täuschendes Zutun suggeriert, nämlich durch die Behauptung, in der Tasche befinde sich eine Bombe, die er zünden werde, wenn ihm nicht das Geld aus der Kasse ausgehändigt werde. Allerdings vermochte O die Gefährlichkeit des objektiv ungefährlichen Mittels und die von T behauptete Gefährlichkeit überhaupt nicht einzuschätzen. Daher scheint es angemessen, diesen Fall von § 250 I Nr. 1b zu erfassen.[530]

T hat sich daher wegen schwerer räuberischer Erpressung gem. §§ 255, 250 I Nr. 1b strafbar gemacht.

399 **Fazit:** Scheinwaffen, also objektiv ungefährliche, aber zur Überwindung von Widerstand geeignete Gegenstände, sind vom Wortlaut des § 250 I Nr. 1b erfasst und somit grundsätzlich taugliche Tatmittel des schweren Raubs. Um aber trotz der im Zuge des 6. StrRG 1998 erfolgten Herabsetzung der Mindeststrafe auf drei Jahre nicht mit dem Schuldprinzip in Konflikt zu geraten, hält der BGH Gegenstände, die bereits nach ihrem äußeren Erscheinungsbild offensichtlich ungefährlich sind und bei denen deshalb die erforderliche Zwangseinwirkung beim Opfer nur durch zusätzliche Täuschung hervorgerufen werden kann, aus dem Tatbestand heraus. Daraus folgt:

---

[528] BGH NStZ 2011, 703.
[529] In Anlehnung an BGH NStZ 2011, 278.
[530] BGH NStZ 2011, 278.

- Dient das objektiv ungefährliche Tatwerkzeug nur der Durchsetzung einer (verbal oder konkludent kundgetanen) Drohung, bleibt die Drohung eine Drohung i.S.d. §§ 249, 252 oder 255. Eine Strafbarkeit aus § 250 I Nr. 1b muss ausscheiden.[531]

- Geht der bedrohliche Täuschungseffekt aber gerade von dem Gegenstand aus, den das Opfer visuell wahrgenommen hat, und glaubt das Opfer aus der Sicht eines objektiven Betrachters, bei dem (objektiv ungefährlichen) Gegenstand handele es sich um einen gefährlichen Gegenstand, erlangt das in Wahrheit objektiv ungefährliche Werkzeug oder Mittel eine selbstständige Funktion („**waffengleiches Mittel**"), sodass eine Strafbarkeit aus § 250 I Nr. 1b nicht unangemessen ist.[532] Das Gleiche gilt, wenn für einen objektiven Beobachter in der Rolle des Opfers die Gefährlichkeit des objektiv ungefährlichen Mittels und die vom Täter behauptete Gefährlichkeit überhaupt nicht einzuschätzen sind.

Hinweis für die Fallbearbeitung: Folgt man dem Willen des Gesetzgebers, wonach der Nr. 1b in Bezug auf Nr. 1a eine Auffangfunktion für objektiv ungefährliche Tatmittel zukommt, kann es zwischen den beiden Nummern kein Exklusivitätsverhältnis geben. Soweit der Täter also ein Tatmittel i.S.d. Nr. 1a in Verwendungsabsicht bei sich führt, ist die Nr. 1b zwar tatbestandlich ebenfalls erfüllt, hat i.d.R. jedoch keine eigenständige Bedeutung und braucht in der Fallbearbeitung dann auch nicht gesondert geprüft zu werden. Etwas anderes gilt aber dann, wenn der Täter einem **Irrtum** unterliegt:

- Hält der Täter ein objektiv gefährliches Tatmittel irrtümlich für ungefährlich und nimmt man zwischen Nr. 1a und Nr. 1b ein Exklusivitätsverhältnis an, kommt man in der genannten Irrtumskonstellation zu einer Strafbarkeit aus § 249 I in Tateinheit mit § 250 I Nr. 1b, II, 22. Geht man demgegenüber von einer Auffangfunktion aus, hat der Täter den Tatbestand des § 250 I Nr. 1b voll verwirklicht.

- Hält der Täter ein objektiv ungefährliches Tatmittel irrtümlich für gefährlich und nimmt man zwischen Nr. 1a und Nr. 1b ein Exklusivitätsverhältnis an, kommt man in dieser umgekehrten Konstellation zu einer Strafbarkeit aus § 249 I in Tateinheit mit § 250 I Nr. 1a, 22. Geht man aber auch hier von einer Auffangfunktion aus, hat der Täter den Tatbestand des § 250 I Nr. 1b voll verwirklicht.

400

Unabhängig von der Problematik bzgl. der Scheinwaffen können **nicht einsatzbereite Schusswaffen** (etwa weil sie defekt sind oder weil der Täter keine Munition greifbar hat) jedenfalls dann, wenn sie als „Schlagwerkzeug" benutzt werden können und der Täter sich dies auch insgeheim vorbehält, bereits als „**anderes gefährliches Werkzeug**" in den Anwendungsbereich des § 250 I Nr. **1a** Var. 2 fallen. Nimmt man dies an, besteht für § 250 I Nr. 1b insoweit kein Raum. Jedenfalls ist die **geladene Schreckschusspistole** nach der Novellierung des WaffG nunmehr eine Waffe und unterfällt damit dem § 250 I Nr. 1a Var. 1.

401

In der Fallbearbeitung sollte von folgender Definition ausgegangen werden:

Sonst ein Werkzeug oder Mittel ist ein Gegenstand, dem aus objektiver Sicht eine waffenähnliche Funktion grds. nicht zukommt, der nach seiner Art und seinem Verwendungszweck in der konkreten Situation jedoch dazu geeignet ist, Widerstand durch Gewalt oder durch Drohung mit Gewalt zu verhindern oder zu überwinden.

402

c. Gesundheitsgefährdender Raub, § 250 I Nr. 1c

§ 250 I Nr. 1c sanktioniert den Fall, dass der Täter oder ein anderer Raubbeteiligter eine andere Person durch die Tat in die Gefahr einer **schweren Gesundheitsschädi-**

403

---

[531] Wie hier *Lackner/Kühl*, § 244 Rn 4; *Wessels/Hillenkamp*, BT 2, Rn 374; *Fischer*, § 244 Rn 11. Vgl. nun auch BGH NStZ 2009, 95.
[532] Vgl. auch BGH NStZ 2011, 278.

gung bringt. Bei dieser Strafnorm handelt es sich *nicht* um ein erfolgsqualifiziertes Delikt i.S.d. § 18, bei dem grds. Fahrlässigkeit bezüglich des Eintritts der konkreten Gefahr genügen würde, sondern um einen **Gefährdungstatbestand**, bei dem der Täter mit **Gefährdungsvorsatz** (*dolus eventualis*) handeln muss.[533]

> **Hinweis für die Fallbearbeitung:** Immer wenn das Gesetz Formulierungen wie *„.... eine andere Person durch die Tat in die Gefahr ... bringt"* verwendet, liegt eine Vorsatzqualifikation (als Tatbestandsqualifikation) vor. Heißt es hingegen *„Verursacht der Täter durch die Tat den Tod/die schwere Gesundheitsschädigung ..."*, liegt eine Erfolgsqualifikation i.S.d. § 18 vor.

Im Einzelnen gilt:

404 ▪ **Andere Person** kann nur sein, wer nicht selbst an der Tat beteiligt ist. Mittäter und Teilnehmer scheiden daher als taugliche Tatobjekte aus (str., vgl. *R. Schmidt*, AT, Rn 1018). Umgekehrt muss die gefährdete Person nicht selbst der Gewahrsamsinhaber sein. Es genügt, wenn bspw. bei einem Banküberfall ein zufällig anwesender Kunde gefährdet wird.[534]

405 ▪ Mit **Gefahr** ist eine konkrete Gefahr gemeint. Der Täter muss also eine Lage schaffen, bei der es vom (rettenden) Zufall abhängt[535], ob das Opfer eine schwere Gesundheitsschädigung erleidet oder nicht. Dabei ist auf die Gefahr abzustellen, der das Opfer allein wegen seiner individuellen Schadensdisposition ausgesetzt ist.[536] Im Gegensatz zu § 251, bei dem es sich um eine Erfolgsqualifikation zu § 249 handelt, muss bei § 250 I Nr. 1c die schwere Folge also nicht wirklich eingetreten sein. Es genügt, dass der Täter einen bestimmten *Gefährdungs*erfolg, nämlich die Gefahr einer schweren Gesundheitsschädigung einer anderen Person, herbeiführt.[537] Hat sich die Gefahr allerdings in einem *Verletzungs*erfolg realisiert, ist darin der Gefährdungserfolg als notwendige Zwischenstufe selbstverständlich enthalten (*argumentum a maiori ad minus*). Die in diesem Fall verwirklichten Verletzungsdelikte (§§ 223 ff.) stehen in Idealkonkurrenz zu § 250 I Nr. 1c. Gegenüber § 251 sowie gegenüber § 250 II Nr. 3b tritt § 250 I Nr. 1c zurück.

406 ▪ Die **schwere Gesundheitsschädigung** setzt (in Übereinstimmung mit § 218 II S. 2 und § 221) *keine* schwere Körperverletzung i.S.d. § 226 I Nr. 1-3 voraus, sondern liegt auch bei einschneidenden oder nachhaltigen Beeinträchtigungen der Gesundheit vor, etwa bei ernsthaften Störungen der körperlichen Funktionen, langwierigen ernsthaften Krankheiten oder erheblichen Beeinträchtigungen der Arbeitskraft für lange Zeit.[538]

407 ▪ Schließlich muss die konkrete Gefahr **durch die Tat** verursacht worden sein. Das ist jedenfalls dann der Fall, wenn die Gefahr unmittelbar auf der zum Zweck der Wegnahme eingesetzten Gewalt fußt. Wird die Gefahr dagegen erst durch eine Handlung in der *Beendigungsphase* (also in dem Zeitraum zwischen Vollendung und Beendigung) verursacht, mag die Annahme des Qualifikationsgrundes des § 250 I Nr. 1c bezweifelt werden.

408 ⇨ Der BGH und ein Teil der Literatur lassen wiederum (also in Übereinstimmung mit dem Merkmal „Beisichführen" des Tatmittels) Tathandlungen im Beendigungsstadium jedenfalls dann genügen, wenn die die Lebensgefahr verursachende Motivation der Beutesicherung noch vorhanden ist.[539]

---

[533] Vgl. BGH NJW 2002, 2043; *Hellmann*, JuS 2003, 17, 18; *Baier*, JA 2003, 107, 109; *Wessels/Hillenkamp*, BT 2, Rn 376; Sch/Sch-*Eser/Bosch*, § 250 Rn 24; SK-*Günther*, § 250 Rn 27; *Fischer*, § 250 Rn 5.
[534] Sch/Sch-*Eser/Bosch*, § 250 Rn 22; SK-*Günther*, § 250 Rn 29.
[535] Vgl. BGH NStZ 2017, 281, 282 (zu § 306b II Nr. 1).
[536] BGH NJW 2002, 2043.
[537] SK-*Günther*, § 250 Rn 27.
[538] BT-Drs. 13/8587, S. 28; BGH NJW 2002, 2043; *Schroth*, NJW 1998, 2861, 2865; *Lackner/Kühl*, § 250 Rn 3; *Baier*, JA 2003, 107, 109. Für eine Orientierung an § 226 plädiert *Hellmann*, JuS 2003, 17, 18. Liegt aber eine schwere Folge i.S.v. § 226 vor, kann die Frage dahinstehen.
[539] Vgl. BGHSt 38, 295, 296; NStZ 2010, 451 f.; Sch/Sch-*Eser/Bosch*, § 250 Rn 23.

⇨ Demgegenüber verlangt der andere Teil der Literatur, dass die gefahrverursachende Handlung in der Zeitspanne zwischen Versuch und Vollendung gelegen haben muss.[540]

409

Stellungnahme: Dem Grunde nach läuft die Argumentation parallel zu derjenigen des „Beisichführens des Tatmittels". Handlungen in der Beendigungsphase haben in rechtlicher Hinsicht nun einmal keinen Raubbezug mehr. Wertet man daher mit der hier vertretenen Auffassung jede Raubqualifikation während der Beendigungsphase als Verstoß gegen den Bestimmtheitsgrundsatz des Art. 103 II GG und als Umgehung des eigens für diese Tatphase geschaffenen § 252, kommt auch bezüglich des § 250 I Nr. 1c die Beendigungsphase nicht als qualifikationsgeeignete Phase in Betracht. Bezüglich § 250 II Nr. 1 und Nr. 3a hat sich der BGH der auch hier vertretenen Auffassung angeschlossen (vgl. Rn 422 und 424), sodass abzuwarten bleibt, ob damit eine Änderung der Rspr. eingeläutet worden ist.

410

Beispiel: O wird von T dabei beobachtet, wie er von einem Geldautomaten einen größeren Betrag abhebt. Als O dabei ist, das Geld in die Manteltasche zu stecken, wird er von T überfallen, indem er von T zu Boden gestoßen und ausgeraubt wird. Dabei fällt O so ungünstig, dass sein Arm mehrmals gebrochen wird. T verschwindet mit dem Geld. Später im Krankenhaus wird festgestellt, dass der Bruch sehr ungünstig ist und vielleicht nie wieder richtig verheilen wird.

Hier liegt ein Fall des § 250 I Nr. 1c vor, weil T eine Lage geschaffen hat, bei der es vom (rettenden) Zufall abhängt, ob O einschneidend oder nachhaltig in seiner Gesundheit beeinträchtigt wird bzw. ob ernsthaft eine körperliche Funktion gestört sein wird. Die Gefahr wurde auch durch Stoß begründet, welche auf die Tat des Raubs zurückführt.

d. Bandenraub, § 250 I Nr. 2

Dieser Qualifikationstatbestand ist bis auf die dem Raub eigentümliche Nötigungskomponente identisch mit dem des § 244 I Nr. 2 (Bandendiebstahl), was die zu § 244 I Nr. 2 gefundenen Ergebnisse weitgehend übertragbar macht.[541]

411

2. Subjektiver Tatbestand

Subjektiv ist **Vorsatz** (wobei grds. *dolus eventualis* genügt) bezüglich aller objektiven Qualifikationsmerkmale erforderlich. Bei § 250 **I Nr. 1b** muss der Täter zusätzlich in der *Absicht* (i.S. des *dolus directus* 1. Grades) handeln, den Widerstand eines anderen durch Gewalt oder Drohung mit Gewalt zu verhindern oder zu überwinden. Bei § 250 **I Nr. 1c** muss der Täter *Gefährdungsvorsatz* (*nicht* § 18!) haben, da es sich nicht um eine Erfolgsqualifikation, sondern um eine Vorsatzqualifikation (für die § 15 gilt) handelt.

412

3. Typische Irrtumskonstellationen

Bei § 250 **I Nr. 1a** und **1b** führt die irrige Annahme des Täters, *kein taugliches Tatmittel* bei sich zu führen, zu einem Tatbestandsausschluss nach § 16 I S. 1.
Meint der Täter umgekehrt, das in Wirklichkeit nicht taugliche Tatmittel sei tauglich, entfällt bereits der objektive Tatbestand des § 250 I. Es liegt aber ein Versuch vor. Die Strafbarkeit ergibt sich dann aus § 249 I in Tateinheit mit §§ 249 I, 250 I Nr. 1a (bzw. Nr. 1b), 22, 23 I, 12 I.

413

---

[540] SK-*Günther*, § 250 Rn 31; *Wessels/Hillenkamp*, BT 2, Rn 377; *Fischer*, § 250 Rn 14.
[541] Vgl. auch BGH NJW 2001, 83, 84.

II. Qualifikationstatbestand des § 250 II

1. Objektiver Tatbestand

a. Raub unter Verwendung einer Waffe oder eines anderen gefährlichen Werkzeugs, § 250 II Nr. 1

414

§ 250 II Nr. 1 qualifiziert den Raub für den Fall, dass der Täter oder ein Beteiligter bei dem Raub eine Waffe oder ein anderes gefährliches Werkzeug (Rn 378 ff.) **verwendet**.

§ 250 II Nr. 1 greift somit nur bei der Verwendung von Waffen oder gefährlichen Werkzeugen i.S.d. § 250 I Nr. 1a, nicht jedoch in den Fällen des § 250 I Nr. 1b.[542] Während aber bei § 250 I Nr. 1a bereits das Beisichführen des Tatmittels sanktioniert wird, ist – wie gesehen – bei § 250 II Nr. 1 gerade erforderlich, dass das Tatmittel auch *tatsächlich* zum Einsatz gebracht wird. Die damit verbundene noch größere Gefährlichkeit sanktioniert das Gesetz mit dem nochmals erhöhten Strafrahmen von 5 bis 15 Jahren.

415

Verwenden bedeutet Gebrauchen i.S.d. § 224 I Nr. 2 Var. 2.[543] Das „offene" Beisichführen stellt (aufgrund der gebotenen restriktiven Auslegung) insoweit noch kein „Verwenden" dar.[544] Verwendet wird die Waffe (oder generell das gefährliche Werkzeug) jedenfalls dann, wenn sie zumindest **als Drohmittel eingesetzt** wird und dabei der Bedrohte in eine **konkrete Leibes- oder Lebensgefahr** gebracht wird.[545] Die Abgabe eines Schusses oder ein Schlag sind aber nicht erforderlich.

> **Beispiele** (vgl. auch die bereits zu § 244 I Nr. 1a genannten): Halten eines mit Platzpatronen geladenen Gas- oder Schreckschussrevolvers an den Körper[546]; sonstige Bedrohung etwa eines Bankangestellten mit einer derartigen Waffe[547]; „Aufsetzen" einer mit Platzpatronen geladenen Gas- oder Schreckschusspistole auf den Kopf des Opfers[548]. Zur Frage, ob das Bedrohen des Opfers mit einer mit Platzpatronen geladenen Schreckschusspistole, wenn diese innerhalb kürzester Zeit unmittelbar am Körper des Opfers zum Einsatz gebracht werden könnte, ein „Verwenden i.S.v. § 250 II Nr. 1 darstellt, siehe sogleich. Jedenfalls erfüllt die Drohung mit dem Einsatz eines in der Hand gehaltenen (und vom Opfer wahrgenommenen) Messers den Qualifikationstatbestand des § 250 II Nr. 1, wenn das Messer zu den Waffen im technischen Sinn gehört (diese Frage beantwortet das WaffG i.V.m. dessen Anlage 1). Gehört das Messer nicht dazu, muss geprüft werden, ob es die Eigenschaft eines gefährlichen Werkzeugs hat.[549] Verneint man auch dies (indem die Drohung etwa nur vorgetäuscht ist), greift zwar § 250 I Nr. 1b, diese Vorsatzqualifikation ist aber von § 250 II Nr. 1 nicht umfasst.
>
> Äußerst problematisch ist auch die Rechtsprechung des BGH hinsichtlich der Verwendung sog. **K.-o.-Tropfen** (Gammahydroxybuttersäure GHB oder „Liquid Ecstasy"), wo das Gericht kein gefährliches Werkzeug, sondern lediglich ein sonstiges Mittel i.S.d. § 250 I Nr. 1b annimmt, wenn die Dosis konkret ungefährlich sei.[550] Dem ist zwar im Ergebnis, nicht aber in der Begründung zu folgen. Richtigerweise hätte der BGH im Hinblick auf den verfassungsrechtlichen Bestimmtheitsgrundsatz (Art. 103 II GG) die Werkzeugeigenschaft in Frage stellen müssen statt die objektive Gefährlichkeit zu verneinen. Denn in medizinischer Hinsicht besteht Einigkeit, dass bei der Verwendung von K.-o.-Tropfen gerade durch Nichtärzte und ohne Kenntnis des Gesundheitszustands des Betroffenen erhebliche Gesundheitsrisiken bestehen, selbst wenn die verabreichte Dosis gering ist. Ohne sach-

---

[542] Insoweit klarstellend BGH NJW 2004, 3437; NStZ-RR 1999, 103.
[543] BGH StraFo 2015, 216; NStZ 2013, 37; NStZ 2008, 687.
[544] BGH NStZ 2013, 37.
[545] Vgl. BGH NJW 2004, 3437. Nach BGHSt 45, 92 (Bankangestellte hinter schusssicherem Glas) und BGH NStZ 2011, 158 (Tankstellenraub) ist die Schaffung einer konkreten Gefahr nicht erforderlich. Es genüge, wenn das Opfer das Nötigungsmittel als solches erkenne und die Androhung seines Einsatzes wahrnehme (vgl. dazu unten Rn 416).
[546] BGH NStZ-RR 1999, 173; NStZ-RR 1999, 102.
[547] BGHSt 45, 92 ff. mit Anm. *Zopfs*, JZ 1999, 1062, und *Mitsch*, NStZ 1999, 617.
[548] BGH NStZ-RR 2002, 9.
[549] Vgl. BGH NStZ-RR 2001, 41; NStZ-RR 2002, 9.
[550] BGH NStZ 2009, 505 f.

verständige Beurteilung des körperlichen Allgemeinzustands gibt es keine ungefährliche Herbeiführung einer Bewusstlosigkeit des Opfers.[551] Das erkennbare Bestreben des BGH, die hohe Mindeststrafe des § 250 II (nicht unter 5 Jahren) nicht anwenden zu müssen, kann kein Argument für die Vernachlässigung des Opferschutzes sein, zumal das Gericht durchaus auch einen minder schweren Fall nach § 250 III hätte annehmen können. Dogmatisch korrekt wäre es gewesen, die Werkzeugeigenschaft zu verneinen und zu § 250 I Nr. 1c zu gelangen, oder aber – wie aufgezeigt – § 250 II Nr. 3b anzunehmen und dabei den milderen Strafrahmen des § 250 III anzuwenden.

Schließlich muss die Verwendung in einem funktionalen Zusammenhang mit der tatbestandlichen Nötigung stehen.[552] Nicht von § 250 II Nr. 1 umfasst ist folglich der Gebrauch der Waffe, um etwa ein Schloss zu knacken. Auch wenn der Einsatz des Tatmittels nicht der Beuteerhaltung (Sicherung des durch die Tat Erlangten) dienen, sondern die Flucht ermöglichen soll, ist ein funktionaler Zusammenhang mit der raubspezifischen Nötigung nicht gegeben; der Täter ist dann nicht nach § 250 II strafbar.[553]

415a

Fraglich ist, ob ein „Verwenden" auch dann vorliegt, wenn das Raubopfer die Schusswaffe oder das andere gefährliche Werkzeug **nicht wahrnimmt**.

416

> **Beispiel**[554]: A und B überfallen eine Grillstube, wobei der Inhaber O aufgrund der Bedrohung mit einem 28 cm langen Schraubendreher den Kasseninhalt herausgeben soll. Dazu ergreift B den O und hält den zum Teil mit seiner Jacke verdeckten Schraubendreher gegen dessen rechte Hüfte, um den Eindruck zu erwecken, er habe eine Pistole. Dann ruft er das Wort „Geld". O gibt unter dem Eindruck des bedrohlichen Auftretens den Kasseninhalt heraus, bemerkt aber nicht den Druck mit dem Schraubendreher.
>
> A und B könnten sich wegen schweren Raubs bzw. schwerer räuberischer Erpressung in Mittäterschaft strafbar gemacht haben. Die Verwirklichung der Tatbestände der §§ 249 bzw. 255 liegen vor, da O entweder die Wegnahme geduldet (dann § 249) oder den Kasseninhalt nötigungsbedingt herausgegeben hat (dann § 255).[555] Auch haben A und B die Qualifikation des § 250 I Nr. 1a verwirklicht (die aufgrund der Formulierung „gleich dem Räuber" in § 255 auch auf die räuberische Erpressung anwendbar ist), da ein Schraubendreher ein „gefährliches Werkzeug" darstellt und er von B mitgeführt wurde. Insbesondere setzt das „Beisichführen" durch den Täter keine Kenntnis des Opfers hiervon voraus.
>
> Fraglich ist, ob die Raubqualifikation des § 250 II Nr. 1 (die ebenfalls sowohl auf § 249 als auch auf § 255 anwendbar ist) verwirklicht ist.
>
> § 250 II Nr. 1 verlangt, dass der Täter oder ein anderer Beteiligter das gefährliche Tatmittel zur Verwirklichung der raubspezifischen Nötigung verwendet, also zur Gewaltanwendung oder zur Drohung mit Gewalt gebraucht. Gewaltanwendung setzt eine körperliche Zwangseinwirkung voraus; Drohung ist verwirklicht, wenn sie vom Opfer wahrgenommen wird. Beides ist vorliegend nicht der Fall. B hat den Schraubendreher nicht zur Gewaltausübung gebraucht, da mit ihm keine körperliche Zwangseinwirkung entfaltet wurde. Auch eine Drohung muss verneint werden, weil O den Schraubendreher nicht bemerkt hat und deshalb eine entsprechende Wirkung nicht eingetreten ist.[556]
>
> Insofern liegt lediglich ein Versuch der Verwendung als Drohmittel vor[557], der jedoch hinter der Tatbestandsvollendung nach § 250 I Nr. 1a zurücktritt[558].

---

[551] *Bosch*, JA 2009, 737, 739.
[552] *Rengier*, BT I, § 8 Rn 15.
[553] Vgl. BGH NJW 2008, 3651 f.
[554] Nach BGH NJW 2004, 3437. Vgl. auch BGH NStZ 2012, 389.
[555] Zur Abgrenzung Raub/räuberische Erpressung vgl. Rn 322.
[556] Vgl. auch BGH NStZ 2011, 158 (Tankstellenraub) und BGH NStZ 2012, 389 (Überfall auf Passanten, um Wertsachen wegzunehmen).
[557] Vgl. bereits die 1. Aufl. 2002; wie hier nun auch BGH NStZ 2008, 687.
[558] So auch BGH NJW 2004, 3437; vgl. auch BGH NStZ 2012, 389.

Ergebnis: A und B haben sich wegen schweren Raubs bzw. schwerer räuberischer Erpressung in Mittäterschaft strafbar gemacht, §§ 249, 250 I Nr. 1a, 25 II bzw. §§ 253, 255, 250 I Nr. 1a, 25 II.

417 Weiterhin ist fraglich, ob von einem „Verwenden" i.S.v. § 250 II Nr. 1 gesprochen werden kann, wenn die mitgeführte Schusswaffe zwar als Drohmittel „eingesetzt" wird, sie im Zeitpunkt ihres Einsatzes aber **nicht schussbereit** ist.

Beispiel[559]**:** T überfällt eine Tankstelle und droht mit einer ungeladenen Gaspistole, wobei er passende Munition griffbereit in seiner Jackentasche bei sich führt.

Der BGH hat entschieden, dass der Täter nach § 250 I Nr. 1a eine (einsatzfähige) Waffe bei sich geführt, er diese aber nicht i.S.v. § 250 II Nr. 1 verwendet habe. Der Täter habe nur eine ungeladene, objektiv ungefährliche Pistole „verwendet" und den für die Gefährlichkeit noch notwendigen Teil, die Munition, lediglich „bei sich geführt".

Diese Entscheidung ist in der Literatur heftig kritisiert worden. Begründe die in Griffnähe befindliche Munition die Waffeneigenschaft i.S.d. § 250 I Nr. 1a, leuchte es nicht ein, diesem Kriterium dann im Rahmen des § 250 II Nr. 1 die „gefährliche" Wirkung abzusprechen.[560] Dem ist zuzustimmen.

Anmerkung: Anders ist zu entscheiden, wenn der Täter keine Munition griffbereit hat bzw. die Schusswaffe nicht einsatzbereit ist und lediglich als Drohmittel eingesetzt wird. In diesem Fall erscheint eine Bestrafung nach § 250 II Nr. 1 mit Blick auf das hohe Strafmaß („nicht unter 5 Jahren") schuldunangemessen hoch. Das gilt jedenfalls für den Fall, in dem der Täter die ungeladene bzw. funktionsuntüchtige Schusswaffe auch nicht als Schlagwerkzeug verwendet; § 250 II Nr. 1 ist zu verneinen. Es verbleibt dann die Prüfung das Beisichführens eines gefährlichen Werkzeugs i.S.v. § 250 I Nr. 1a Var. 2 oder eines sonstigen Mittels i.S.v. § 250 I Nr. 1b. Nr. 1b knüpft an die objektive Ungefährlichkeit an, verlangt dafür aber eine Verwendungsabsicht. Nr. 1a Var. 2 verlangt eine objektive Gefährlichkeit, stellt aber keine Anforderungen an die subjektive Seite bzgl. des Verwendens, wobei richtigerweise aber ein Verwendungsvorbehalt zu fordern ist. Kann also die ungeladene bzw. funktionsuntüchtige Schusswaffe als Schlagwerkzeug eingesetzt werden (und gilt damit als gefährliches Werkzeug) und behält sich der Täter diese Art der Verwendung vor, sollte man eine Strafbarkeit nach § 250 I Nr. 1a Var. 2 bejahen.[561]

418 Schließlich stellt sich im Hinblick auf das hohe Strafmaß die Frage, ob auch dann noch ein „Verwenden" angenommen werden kann, wenn die Art und Weise des konkreten Einsatzes zu **keinerlei Leibes- oder Lebensgefahr** irgendeiner anderen Person geführt hat.

419 **Beispiel**[562]**:** In einer Bankfiliale sind einige Bilder eines berühmten Malers ausgestellt. T sieht darin eine vorzügliche Gelegenheit, an die Bilder zu kommen und sie anschließend im osteuropäischen Ausland zu verkaufen. Eines Morgens sucht er den Ausstellungsraum auf. Außer dem Wächter, der sich hinter einer von innen verschlossenen, kugelsicheren Glasscheibe befindet, ist keine weitere Person anwesend. Mit den Worten: „Nicht rauskommen, sonst sind Sie dran. Und kein Alarm, sonst ist der nächste Besucher dran", richtet T einen mit Tränengaspatronen geladenen **Gasrevolver** auf den Wächter. Dadurch

---

[559] In Anlehnung an BGHSt 45, 249 ff.; rechtliche Würdigung bestätigt von BGHSt 48, 197 ff. (*Großer Senat*). Vgl. auch BGH NStZ 2012, 37.
[560] *Hannich/Kudlich*, NJW 2000, 3475 f.; *Rengier*, BT I, § 8 Rn 15 f.; *Joecks*, § 250 Rn 30.
[561] Vgl. auch BGHSt 44, 103, 104: „Die Gefährlichkeit der Waffe kann sich auch aus der konkreten Art ihrer Benutzung im Einzelfall ergeben, etwa bei der Verwendung einer ungeladenen Schusswaffe als Schlagwerkzeug". Vgl. aber auch BGH 2.12.2008 – 4 StR 517/08, wo es heißt: „eine ungeladene Schusswaffe unterfällt dem Auffangtatbestand des § 250 Abs. 1 Nr. 1b" mit allerdings unzutreffendem Verweis auf BGHSt 44, 103, 105, wo es wiederum heißt: „Der Angeklagte hat seine Waffe nur zur Bedrohung und nicht als Schlagwerkzeug gegen den Tankwart verwendet, sodass auch aus der konkreten Art der Verwendung die Gefährlichkeit der Tatwaffe nicht hergeleitet werden kann". In BGHSt 44, 103, 105 wird also ausdrücklich festgestellt, dass auch eine ungeladene Waffe ein gefährliches Werkzeug sein kann.
[562] In Anlehnung an BGHSt 45, 92 ff. (*4. Senat*).

gelingt es T, den Wächter in Schach zu halten und am Auslösen des Alarms zu hindern. Auf diese Weise kann T einige Bilder entwenden.

T hat sich zunächst wegen schweren Raubs gem. §§ 249 I, 250 I Nr. 1a strafbar gemacht. Denn eine mitgeführte schussbereite Gaspistole kann nach der Neufassung des § 250 I Nr. 1a, in der „nur" noch von Waffe (und nicht mehr – wie in § 250 I Nr. 1 a.F. – von „Schuss"waffe) gesprochen wird, ohne weiteres unter § 250 I Nr. 1a subsumiert werden (vgl. auch die Neufassung des WaffG). Fraglich ist hingegen, ob T die Gaspistole auch „verwendet" hat i.S.v. § 250 II Nr. 1. Bedenken an einer solchen Annahme knüpfen an den Umstand, dass zu keiner Zeit irgendeine Person gefährdet wurde und dass die Mindeststrafandrohung fünf Jahre beträgt.

⇨ Der 4. Senat des BGH in Strafsachen hatte sich zunächst für eine einschränkende Auslegung des § 250 II Nr. 1 ausgesprochen und ein „Verwenden" verneint, wenn die Art und Weise des konkreten Einsatzes zu *keinerlei* Leibes- oder Lebensgefahr irgendeiner anderen Person geführt hat. Gleichzeitig legte der *Senat* diese Rechtsfrage gem. § 132 GVG dem *Großen Senat* in Strafsachen vor.[563]

⇨ Nachdem die übrigen Strafsenate diese einschränkende Auslegung auf die Anfrage des 4. Senats hin abgelehnt hatten[564], hat nun auch der 4. Senat seine einschränkende Auslegung aufgegeben und lässt den Einsatz des Mittels zur Drohung genügen. Nach seiner aktuellen Rechtsprechung setzt der Begriff des Verwendens also nicht mehr voraus, dass der Einsatz des abstrakt gefährlichen Mittels eine *konkrete* Gefahr erheblicher Verletzungen anderer begründet.[565]

Folgt man dieser (weiten) Auslegung, hat T auch die qualifizierenden Umstände des § 250 II Nr. 1 verwirklicht, da er die Waffe jedenfalls als Drohmittel eingesetzt hat. Allerdings ist auch nach Auffassung des 4. Senats in einem Fall, in dem es – wie vorliegend – zu keiner konkreten Gefährdung anderer gekommen ist, zu prüfen, ob nicht ein minder schwerer Fall gem. § 250 III angenommen werden muss.[566]

Insbesondere „**Schreckschusswaffenproblematik**": Nach der bisherigen Rechtsprechung aller Senate des BGH handelte es sich bei einer (beim Raub zur Bedrohung verwendeten geladenen) Schreckschusspistole im Gegensatz zur Gaspistole weder um eine Waffe i.S.v. § 250 II Nr. 1 noch um ein gefährliches Werkzeug im Sinne dieser Regelung, wenn der drohende Einsatz nicht unmittelbar am Körper des Tatopfers erfolgt, sondern der Täter die Schreckschusswaffe lediglich innerhalb kürzester Zeit ohne weitere Zwischenschritte unmittelbar am Körper der bedrohten Person zur Abgabe eines Nahschusses einsetzen kann.[567] Die rechtliche Einordnung der Schreckschusswaffe war insbesondere für die zu verhängende Mindeststrafe im Regelfall (drei bzw. fünf Jahre Freiheitsstrafe) von Bedeutung. Seite der Neuregelung im Waffengesetz hat sich die Frage aber erledigt, was anhand eines Beispielsfalls erläutert werden soll:

420

Beispiel[568]: In einer Bankfiliale zog T eine mit Platzpatronen geladene Schreckschusspistole aus seiner Kleidung, lud sie durch und forderte von den beiden anwesenden Bankangestellten A und B mit den Worten: „Sofort Geld her, sonst schieße ich" die Herausgabe von Bargeld. A befand sich in der (schuss-)gesicherten Kassenbox, B im Schalterraum. Im angrenzenden Besprechungsraum führte der Filialleiter F ein Kundengespräch. Als ihm nicht sogleich Bargeld ausgehändigt wurde, drohte T damit, „alle zu erschießen"; hierbei deutete er auf die Tür des Besprechungsraums. A, die die Drohung ernst nahm, übergab T daraufhin einen Bargeldbetrag in Höhe von 17.000,- € aus der Kassenbox, mit dem dieser flüchtete. Strafbarkeit des T?

421

---

[563] BGH StV 1999, 152, 152 (Anfrage des 4. Senats).
[564] Vgl. nur BGH NStZ 1999, 301, 302 (3. Senat).
[565] BGHSt 45, 92 ff. (4. Senat). Vgl. auch BGH NStZ 2011, 158 (Tankstellenraub).
[566] Vgl. auch BayObLG StV 2001, 17, 18.
[567] Vgl. BGH NJW 2002, 2889, 2890; NStZ-RR 2002, 265 ff.
[568] Vgl. BGHSt 48, 197 ff.; BGH NStZ 2002, 594 ff.; NStZ-RR 2002, 265 ff.; StV 2004, 380.

Lösungsgesichtspunkte:

Dadurch, dass T damit drohte, „alle zu erschießen", und dadurch A veranlasste, das Geld herauszugeben, könnte er sich wegen **schwerer räuberischer Erpressung** (§§ 253, 255, 250 II Nr. 1) strafbar gemacht haben.

T hat die Bankangestellten A und B mit gegenwärtiger Gefahr für ihr Leben bedroht und A dadurch zur Aushändigung des Bargeldes genötigt. Durch die Herausgabe hat A auch über das ihr anvertraute Vermögen der Bank verfügt. Schließlich hat die Bank durch den Verlust des Geldes einen Vermögensschaden erlitten.

Da T vorsätzlich und in der Absicht gehandelt hat, sich aus dem Schaden der Bank zu Unrecht zu bereichern, hat er eine räuberische Erpressung i.S.v. §§ 253, 255 verübt.

Möglicherweise ist seine Tat nach § 250 II Nr. 1 erschwert. Das ist der Fall, wenn er in Gestalt der von ihm zur Bedrohung der Bankangestellten eingesetzten Schreckschusspistole „eine **Waffe oder ein anderes gefährliches Werkzeug verwendet**" hat.

Ob eine mit Platzpatronen geladene Schreckschusspistole eine „**Waffe**" im Sinne dieser Vorschrift ist, war zwischen den Strafsenaten des BGH streitig[569], hat sich aber seit der Waffenrechtsreform 2003 erledigt. Der Gesetzgeber hat nunmehr Schreckschusswaffen wegen ihrer allgemeinen, nicht nur im einzelnen Anwendungsfall gegebenen Gefährlichkeit als „Waffen" eingestuft[570] und für deren Führen eine Waffenscheinpflicht eingeführt („Kleiner Waffenschein")[571]. Die jetzige Bewertung der geladenen Schreckschusswaffe als Waffe im strafrechtlichen Sinne führt auch zu einer Harmonisierung desselben in § 250 I Nr. 1a und in § 250 II Nr. 1 verwendeten Begriffs.[572]

Damit hat T eine Waffe i.S.v. § 250 II Nr. 1 verwendet, obwohl eine konkrete Gefährdung für eine der Bankangestellten nicht vorlag. T hat deshalb eine schwere räuberische Erpressung verübt.

Die **Bedrohung** (§ 241 I) und die **Nötigung** (§ 240) der Angestellten mit einem Tötungsverbrechen treten als Mittel der Erpressung hinter diese zurück.

Der schließlich in Betracht zu ziehende **erpresserische Menschenraub** (§ 239a I) entfällt. Zwar hat sich T der Angestellten durch das In-Schach-Halten mit der Schreckschusspistole in Erpressungsabsicht „bemächtigt", allerdings hat er diese Bemächtigungssituation nicht als Grundlage für eine weitere Erpressung „ausnutzen" wollen, da ihm das drohende Vorhalten der Schreckschusspistole zugleich dazu diente, sich seiner Opfer zu bemächtigen und sie zur Übergabe des Geldes zu nötigen.

Ergebnis: T hat sich wegen schwerer räuberischer Erpressung strafbar gemacht.

422 Hinsichtlich des Merkmals **bei der Tat** ergeben sich ähnliche Probleme wie bei der sukzessiven Qualifikation nach § 250 I Nr. 1a (vgl. Rn 391 ff.). Wegen des im Vergleich zu § 250 I höheren Strafmaßes ist bei der Verwendung des Tatmittels i.S.d. § 250 II Nr. 1 während der Beendigungsphase aber ein noch restriktiverer Maßstab anzulegen.[573]

b. „Bandenraub" unter Beisichführen von Waffen, § 250 II Nr. 2

423 § 250 II Nr. 2 kumuliert die Voraussetzungen des „Bandenraubs" nach § 250 I Nr. 2 und des „Waffenraubs" nach § 250 I Nr. 1a Var. 1. Zu beachten ist, dass durch die Nennung ausschließlich der *Waffe* das Beisichführen eines *anderen gefährlichen Werkzeugs* während eines „Bandenraubs" nicht § 250 II Nr. 2 erfüllen kann.

---

[569] Vgl. zum Streitstand die Vorauflagen a.a.O. (bis zur 9. Aufl. 2010).
[570] Vgl. § 1 II Nr. 1 WaffG i.V.m. Anlage 1, Abschnitt 1, Unterabschnitt 1, Ziff 1.1.
[571] Vgl. §§ 4 ff. WaffG i.V.m. Anlage 2, Abschnitt 2.
[572] Vgl. BGHSt 48, 197 ff. (*Großer Senat*); Vgl. nun auch BGH StV 2004, 380. Kritisch zu der Qualifikation der (geladenen) Schreckschusspistole als „Waffe" *Fischer*, NStZ 2003, 569, 571 f.; *Erb*, JuS 2004, 653 ff.
[573] So nunmehr auch BGH NJW 2008, 3651 f. Vgl. aber auch BGH StV 2010, 629 f.; StV 2010, 632 f.

c. Schwere körperliche Misshandlung, § 250 II Nr. 3a

§ 250 II Nr. 3a qualifiziert den Raub, wenn der Täter oder ein anderer Raubbeteiligter bei der Tat (nach dem BGH ggf. auch während der Beendigungsphase[574]) eine andere Person **körperlich schwer misshandelt**.

424

* **Körperliche Misshandlung** ist eine Körperverletzung i.S.d. § 223. Eine schwere Körperverletzung i.S.d. § 226 wird dabei nicht vorausgesetzt.

* Fraglich ist lediglich, welche Intensität oder welche Folgen die Körperverletzung aufweisen muss, um von „**schwerer**" körperlicher Misshandlung sprechen zu können. Der Reformgesetzgeber von 1998 hat dem Rechtsanwender keinerlei Auslegungshilfen an die Hand gegeben. Teilweise wird auf das gleichlautende Regelbeispiel des § 176 III Nr. 2 a.F. (§ 176a V n.F.) zurückgegriffen.[575] Doch dieser Rückgriff ist nicht ohne weiteres möglich, da dort der sexuelle Missbrauch von *Kindern* sanktioniert wird, bei § 250 II Nr. 3a aber als Tatopfer in erster Linie wohl nur Erwachsene in Betracht kommen. Wenn man bedenkt, dass die schwere körperliche Misshandlung eine besonders gravierende Form der Gewaltausübung beschreibt, sind für § 250 II Nr. 3a entweder **vorsätzlich herbeigeführte schwere Gesundheitsschädigungen i.S.d. § 250 I Nr. 1c** oder neben einer nicht unerheblichen Beeinträchtigung der körperlichen Integrität zumindest **besonders rohe Misshandlungen** zu verlangen. Heftige und mit **schweren Schmerzen** verbundene Schläge und Tritte gegen Kopf und Rücken erfüllen diese Voraussetzung jedenfalls dann, wenn sie zu nicht unerheblichen Gesundheitsschädigungen führen.[576]

* Hinsichtlich des Merkmals **bei der Tat** ergeben sich ähnliche Probleme wie bei der sukzessiven Qualifikation nach § 250 I Nr. 1c (vgl. Rn 407 ff.). Wegen des im Vergleich zu § 250 I höheren Strafmaßes ist bei der Misshandlung i.S.d. § 250 II Nr. 3a während der Beendigungsphase aber ein noch restriktiverer Maßstab anzulegen. Auch der BGH, der eine sukzessive Qualifikation der Raubtatbestände im Zeitraum zwischen Vollendung und Beendigung des Grunddelikts grds. für möglich hält, ist bei § 250 II deutlich zurückhaltender. So hat er in Bezug auf § 250 II bereits in zwei Entscheidungen die Möglichkeit der sukzessiven Qualifikation dahingehend eingeschränkt, dass die zu beurteilende Handlung wenigstens zu einer Intensivierung der tatbestandstypischen Rechtsgutverletzung bzw. zur Sicherung des Erlangten dienen muss, um in der Beendigungsphase den Qualifikationstatbestand erfüllen zu können.[577]

d. Bringen des Opfers in die Gefahr des Todes, § 250 II Nr. 3b

Schließlich qualifiziert § 250 II Nr. 3b den Raub für den Fall, dass der Täter oder ein anderer Raubbeteiligter durch die Tat eine andere Person „**in die Gefahr des Todes** bringt". Wie bei § 250 I Nr. 1c handelt es sich auch bei dieser Strafnorm *nicht* um ein erfolgsqualifiziertes Delikt i.S.d. § 18, bei dem Fahrlässigkeit bezüglich des Eintritts der konkreten Gefahr genügen würde, sondern um ein **konkretes Gefährdungsdelikt**, bei dem der Täter mit **Gefährdungsvorsatz** (*dolus eventualis*) handeln muss.[578] Zu den Merkmalen „andere Person", „konkrete Gefahr" und „durch die Tat" (mit der gebotenen Einschränkung in der Beendigungsphase) vgl. die Ausführungen zu § 250 I Nr. 1c (Rn 410) und zu § 250 II Nr. 3a (Rn 424).

425

2. Subjektiver Tatbestand

Auch bei den Vorsatzqualifikationen des § 250 II ist wenigstens *dolus eventualis* bezüglich aller objektiven Qualifikationsmerkmale erforderlich. Bei § 250 II Nr. 3b muss der

426

---

[574] BGH NJW 2009, 3041, 3042 – vgl. dazu auch Rn 391 und 422.
[575] *Hörnle*, Jura 1998, 169, 174; *Fischer*, § 250 Rn 9.
[576] BGH NStZ 1998, 461; NStZ-RR 2011, 337 f.; *Wessels/Hillenkamp*, BT 2, Rn 385; SK-*Günther*, § 250 Rn 47.
[577] BGH NJW 2008, 3651 f. (zu § 250 II Nr. 1); BGH StV 2009, 409 f. (zu § 250 II Nr. 3a); BGH StV 2010, 632 f. (zu § 250 II Nr. 3b).
[578] Wie hier nun auch BGH NStZ 2005, 156, 157. Klarstellend BGH NStZ 2005, 212.

Täter Gefährdungs*vorsatz* (*nicht* § 18!) haben, da es sich nicht um eine Erfolgsqualifikation, sondern um eine Vorsatzqualifikation (§ 15) handelt.

III. Minder schwerer Fall des Raubs

427 Eine **Strafzumessungsregel** für minder schwere Fälle enthält § 250 III, die sowohl für § 250 I als auch für § 250 II gilt. Ein minder schwerer Fall ist insbesondere dann in Betracht zu ziehen, wenn der Täter zwar eine Waffe i.S.d. § 250 II Nr. 1 einsetzt, es aber zu keiner konkreten Gefährdung anderer kommt (s.o.).

IV. Konkurrenzen

428 Verwirklicht der Täter mehrere gleichwertige Varianten des § 250 (z.B. § 250 I Nr. 1a und § 250 I Nr. 1c oder § 250 II Nr. 1 und § 250 II Nr. 3a), ist er nur wegen *eines* schweren Raubs strafbar. Im Übrigen verdrängt § 250 II Nr. 1 den § 250 I Nr. 1a und § 250 II Nr. 2 den § 250 I Nr. 2 (jeweils aufgrund Spezialität). Zum „**Teilrücktritt von der Qualifikation**" vgl. die zu § 244 gemachten Ausführungen (Rn 212 ff.).

C. Raub mit Todesfolge (§ 251)

I. Grundlagen und Struktur

Von den reinen Vorsatz- und Fahrlässigkeitstaten unterscheidet das StGB sog. Mischtatbestände. Das sind Tatbestände, die Vorsatz bei der Tathandlung und wenigstens Fahrlässigkeit hinsichtlich einer besonders schweren Folge fordern. Dazu zählen zunächst die eigentlichen **Vorsatz-Fahrlässigkeits-Kombinationen**. Das sind Deliktskombinationen, bei denen der Vorsatzteil für sich alleine *nicht* selbstständig strafbar ist (vgl. §§ 308 V, 315 V, 315a III Nr. 1, 315b IV, 315c III Nr. 1). Aber auch Delikte, bei denen ein *eigenständig strafbarer* Grundtatbestand (etwa § 223 oder § 249) mit einer schweren Folge verknüpft wird, bezüglich derer dem Täter gem. § 18 lediglich Fährlässigkeit (bzw. Leichtfertigkeit) zur Last fallen muss (bspw. §§ 226, 227 oder 251), ist vom Begriff des Mischtatbestands umfasst. Gerade wegen des hier eigenständig strafbaren vorsätzlichen Grundtatbestands darf man aber nur von *uneigentlichen* Vorsatz-Fahrlässigkeits-Kombinationen sprechen. Allgemein werden sie als **erfolgsqualifizierte Delikte** bezeichnet. Die Mischtatbestände gelten gemäß §§ 11 II, 18 als **Vorsatzdelikte**. Diese Erkenntnis ist wichtig für die Versuchsstrafbarkeit (§ 22) und die Beteiligung (§§ 25 ff.). Darauf wird im Einzelnen noch zurückzukommen sein.

429

Die in Bezug auf § 251 **relevanten Probleme**, die immer wieder in Klausuren (insbesondere in Examensklausuren) anzutreffen sind, bestehen darin,

430

- ob ein von der Vorschrift vorausgesetzter „anderer Mensch" auch ein **Tatbeteiligter** sein kann (⇨ Rn 433),
- wie eng die Verknüpfung zwischen dem Grunddelikt und der schweren Folge zu sein hat (**tatbestandsspezifischer Gefahrzusammenhang** ⇨ Rn 435 f.),
- ob die schwere Folge an den Erfolg des Grunddelikts anknüpfen muss oder ob die Verbindung zur Tathandlung genügt (**Anknüpfungspunkt der schweren Folge** ⇨ Rn 442 ff.),
- ob der genannte tatbestandsspezifische Gefahrzusammenhang auch dann angenommen werden kann, wenn die Tathandlung, die zum Eintritt der schweren Folge führt, nach Vollendung, aber noch vor Beendigung des Grunddelikts (also in der **Beendigungsphase**), begangen wird (⇨ Rn 437 f.),
- ob ein **Rücktritt** vom Versuch in Bezug auf § 251 (⇨ Rn 447 ff.),
- und eine **Beteiligung** an § 251 (⇨ Rn 452) möglich sind.

Im Übrigen bereitet der **Aufbau** der Erfolgsqualifikation des § 251 vergleichsweise geringe Schwierigkeiten, wenn zunächst das einschlägige „Grunddelikt" vollständig durchgeprüft wird und erst im Anschluss daran die tatbestandlichen Merkmale der Erfolgsqualifikation behandelt werden.

431

> **Hinweis für die Fallbearbeitung:** Besteht in der Fallbearbeitung möglicherweise Anlass, **Raub** *und* **Mord** zu prüfen, stellt sich erfahrungsgemäß die Frage, mit welcher Deliktsgruppe die Prüfung begonnen werden sollte.
>
> - Eindeutig ist die Sachlage zunächst, wenn der Tötungsvorsatz fernliegt. Hier kann man in jedem Fall gleich mit der Prüfung des Raubs beginnen, um sodann auf die Qualifikation des § 250 und schließlich auf die Erfolgsqualifikation des § 251 einzugehen. Ob anschließend noch der objektive Tatbestand des Totschlags geprüft werden muss, kann nicht eindeutig beantwortet werden und hängt von der Vorstellung des Aufgabenstellers/Korrektors ab.
> - Kommt Tötungsvorsatz zwar in Betracht, muss dieser (bei gedanklicher Prüfung) aber verneint werden, empfiehlt es sich, im Gutachten zunächst die vorsätzlichen Tötungsdelikte (§§ 212, 211) anzuprüfen und im subjektiven Tatbestand zu vernei-

nen. Anschließend sind der Raub bzw. die raubähnlichen Delikte (§ 249, § 252 oder § 255), danach die Qualifikation des § 250 und schließlich die Erfolgsqualifikation des § 251 zu prüfen.[579]

- Kommt dagegen Tötungsvorsatz nicht nur in Betracht, sondern liegt auch vor, sollte im Gutachten dennoch mit der Prüfung der §§ 249 ff. begonnen, diese durchgeprüft und erst anschließend auf die Tötungsdelikte eingegangen werden. Denn prüfte man in dieser Konstellation die Tötungsdelikte zuerst, liefe man zum einen Gefahr, bei den Mordmerkmalen des § 211 II (insbesondere bei der Habgier, aber auch bei der Ermöglichungs- und Verdeckungsabsicht) die §§ 249 ff. inzident prüfen zu müssen, und zum anderen käme durch den „Einbau" der Raubdelikte in die Prüfung der Mordmerkmale die eigenständige Bedeutung der Raubdelikte nicht hinreichend zum Ausdruck.

- Am Ende der Prüfung bleibt – sofern Tötungsvorsatz zu verneinen war – noch § 222 anzusprechen.[580] Die fahrlässige Tötung tritt zwar aus Subsidiaritätsgründen hinter § 251 zurück, gewinnt aber dann eigenständige Bedeutung, wenn § 251 am tatbestandsspezifischen Gefahrzusammenhang oder am Leichtfertigkeitserfordernis scheitert.

Mithin ergibt sich für den Raub mit Todesfolge folgendes Prüfungsschema[581]:

432

Raub mit Todesfolge (§ 251)

I. **Verwirklichung** des vorsätzlichen **Grunddelikts** (neben §§ 249, 250 auch §§ 252 und 253, 255) in Bezug auf TB, RW und Schuld (ebenso ist es vertretbar und ggf. sogar angezeigt, die RW und Schuld nach der Erfolgsqualifikation zu prüfen – etwa, wenn die Tat gerechtfertigt oder entschuldigt ist oder der Täter schuldunfähig ist).[582]

II. **Eintritt der besonderen Tatfolge** i.S.d. § 18 (*Tod* eines anderen Menschen). Dabei bezieht die h.M. jeden „anderen Menschen", also nicht nur das **Tatopfer**, sondern auch jeden **unbeteiligten Dritten**, der bspw. durch ein abirrendes Geschoss getötet wird, in den Schutzbereich ein. Ausgenommen sind Mittäter, da ihnen der Tatbeitrag über § 25 II zugerechnet wird und sie daher keine „anderen" i.S.d. § 251 sein können. Für Teilnehmer gilt dies wegen der Veranlassung bzw. Unterstützung erst recht.

III. **Tatbestandsspezifischer Gefahrzusammenhang** zwischen dem Grunddelikt und der Todesfolge. Diese enge Verknüpfung ist erforderlich, um die im Vergleich zum Grunddelikt, aber auch zum Fahrlässigkeitsdelikt des § 222 (das bei isolierter Betrachtung des leichtfertig herbeigeführten Todes vorliegen würde), hohen Strafandrohungen zu rechtfertigen. In dem tödlichen Tatausgang muss sich gerade die dem Grundtatbestand anhaftende spezifische Gefahr niedergeschlagen haben („**Realisierung der grunddeliktsspezifischen Gefahr**"). Nur bei Vorliegen dieses Zusammenhangs ist der Tod „durch den Raub" bzw. „durch den räuberischen Diebstahl" oder „durch die räuberische Erpressung" verursacht worden. Beim Ausbleiben des Taterfolgs des Grunddelikts kann dieser enge Zusammenhang nur dann angenommen werden, wenn man nicht auf den (ausgebliebenen) Taterfolg abstellt, sondern auf das **Gesamtgeschehen** (d.h. auf die räuberische Handlung). Auch bei einem **dazwischentretenden Verhalten** des Opfers bzw. eines Dritten wird der erforderliche Zusammenhang dann bejaht, wenn im Grunddelikt bereits die Ge-

---

[579] Wie hier nun auch *Rengier*, BT I, § 9 Rn 2 (anders aber noch *ders*. in der 6. Aufl. Rn 1a).
[580] Wie hier nun auch *Hinderer*, JuS 2010, 590.
[581] Das vorgestellte Prüfungsschema sollte ein sehr gut vertretbares Schema darstellen. Das heißt aber nicht, dass eine andere Prüffolge unvertretbar wäre.
[582] Zu den Konsequenzen der verschiedenen Aufbaumöglichkeiten vgl. auch *R. Schmidt*, BT I, Rn 301.

fahr des entsprechenden Verhaltens (z.B. Panikreaktionen) angelegt war. Schließlich ist es problematisch, den grunddeliktsspezifischen Gefahrzusammenhang auch dann noch anzunehmen, wenn die todesverursachende Handlung erst **nach Vollendung** des Grunddelikts vorgenommen wird.

Da der tatbestandsspezifische Gefahrzusammenhang jedenfalls enger ist als die reine Erfolgsverursachung und die objektive Zurechnung, sind diese beiden Voraussetzungen in der Fallbearbeitung nicht gesondert zu prüfen.

IV. **Wenigstens Leichtfertigkeit** bezüglich der konkreten Todesverursachung (§ 18 i.V.m. § 251). „Wenigstens" bedeutet, dass auch eine vorsätzliche Todesverursachung nicht ausgeschlossen ist. Handelt der Täter diesbezüglich aber vorsätzlich, hat er regelmäßig auch den Tatbestand des Mordes gem. § 211 I, II Var. 3 (Habgier) verwirklicht. Wegen der unterschiedlich geschützten Rechtsgüter und des damit verbundenen Klarstellungsinteresses im Urteilstenor ist hier Tateinheit anzunehmen. Die Möglichkeit der vorsätzlich verursachten Folge gewinnt aber auch deswegen besondere Bedeutung, weil bei Vorsatz ein Versuch konstruktiv möglich ist (§ 22). Dagegen ist eine Teilnahme auch dann möglich, wenn die schwere Folge unvorsätzlich herbeigeführt wurde (§§ 26, 27 setzen eine vorsätzliche Haupttat voraus; die Erfolgsqualifikation gilt gem. §§ 11 II, 18 insgesamt als Vorsatztat). Im Übrigen ist die Leichtfertigkeit wie folgt zu prüfen:

⇨ Das **objektive Leichtfertigkeitselement** besteht aus der *objektiven Sorgfaltspflichtverletzung* und der *objektiven Vorhersehbarkeit des wesentlichen Kausalverlaufs und der schweren Folge*. Allerdings ist zu beachten, dass der Täter allein durch die schuldhafte Begehung des Raubs objektiv (und subjektiv) sorgfaltspflichtwidrig handelt. Alleiniges Merkmal der Fahrlässigkeitsprüfung hinsichtlich der qualifizierenden Tatfolge ist demnach die *Vorhersehbarkeit der schweren Folge*.

⇨ Das **subjektive Leichtfertigkeitselement** besteht aus der Vorwerfbarkeit der besonders groben Sorgfaltspflichtverletzung im Hinblick auf die *persönlichen Kenntnisse und Fähigkeiten* des Täters sowie aus der *individuellen Erkennbarkeit der schweren Folge und des tatbestandsspezifischen Gefahrzusammenhangs*.

V. **Rechtswidrigkeit und Schuld:** Nach der Prüfung des § 251 bedarf es nur dann einer Prüfung der RW und Schuld, sofern diese nicht bereits nach dem Tatbestand des Grunddelikts (s.o.) geprüft worden sind.

VI. Ggf. **Versuch des erfolgsqualifizierten Delikts:** Besondere Examensrelevanz besitzen die versuchte Erfolgsqualifikation und der Rücktritt vom erfolgsqualifizierten Versuch.

II. Eintritt der schweren Folge *Tod eines anderen Menschen*

Die Erfolgsqualifikation des § 251 setzt den Tod eines anderen Menschen voraus. Problematisch ist lediglich, ob ein „**anderer**" Mensch auch ein am Raub Beteiligter sein kann („**Tatbeteiligter als Tatopfer**"). **433**

Beispiel: T und O verüben einen bewaffneten Raubüberfall. Als T mit seiner Schusswaffe unvorsichtig herumfuchtelt, löst sich plötzlich ein Schuss, der den O tödlich trifft. Ist T wegen schweren Raubs mit Todesfolge strafbar?

Der Grundtatbestand des Raubs (§ 249) ist erfüllt. Auch hat T den Qualifikationstatbestand des schweren Raubs (§ 250 II Nr. 1) verwirklicht. Hinsichtlich der Frage, ob auch eine Strafbarkeit aus § 250 II Nr. 3 und § 251 gegeben ist, muss berücksichtigt werden, dass diese beiden Strafnormen den Erfolgseintritt bei einem „anderen" Menschen fordern. Da O nicht mit T personenidentisch war, könnte man annehmen, O sei ein „anderer" Mensch i.S.d. § 251 gewesen. Folge wäre eine Strafbarkeit des T aus §§ 249, 250, 251. Andererseits war O aber auch Mittäter, dem sämtliche von T erfüllten objektiven Tatbestandsmerkmale gem. § 25 II zugerechnet werden und der letztlich die schwere Folge mitverursacht hat. Das ändert jedoch nichts daran, dass O nicht mit T personenidentisch ist. Auch der BGH hat klargestellt, dass ein Mittäter ein anderer Mensch i.S. eines Straftatbestands sei.[583] Dies leuchtet ein, denn trotz der wechselseitigen Zurechnung objektiver Tatbeiträge handelt es sich bei dem Mittäter um einen anderen Menschen. Dennoch wird es in der Literatur für unangemessen gehalten, die gewaltige Strafschärfung des § 251 anzuwenden, wenn einer der Verursacher selbst den Tod findet. Schließt man sich diesem Gedanken an, scheiden Mittäter als taugliche Tatobjekte aus.[584] T ist daher (nur) gem. § 250 II Nr. 1 zu bestrafen.[585]

434   Umgekehrt muss der Getötete nicht selbst der durch den Raub Verletzte (also der Gewahrsamsinhaber) gewesen sein. Es genügt, wenn z.B. bei einem Banküberfall ein zufällig anwesender Kunde durch ein abirrendes Geschoss getötet wird.[586]

III. Tatbestandsspezifischer Gefahrzusammenhang zw. Raub und Tod

1. Realisierung der dem Grunddelikt anhaftenden spezifischen Gefahr

435   Verwirklicht der Täter nur den Grundtatbestand oder – unabhängig von diesem – das Delikt, das – wenn es sich um ein erfolgsqualifiziertes Delikt handelte – die schwere Folge darstellte, ergibt sich in aller Regel eine geringere Strafandrohung als bei dem erfolgsqualifizierten Delikt, das beide Tatbestände miteinander verknüpft.

> **Beispiel:** Der Raub (§ 249) hat einen Strafrahmen von einem Jahr bis fünfzehn Jahren Freiheitsstrafe (bei § 250 I von drei bis fünfzehn Jahren).[587] Die fahrlässige Tötung (§ 222) wird dagegen „nur" mit Freiheitsstrafe bis zu fünf Jahren bestraft. Demgegenüber führt die mit § 251 vorgenommene Verknüpfung des § 249 mit § 222 zu einer Verschiebung des Strafrahmens auf eine Mindeststrafe von zehn Jahren.

> Betrachtet man dieses hohe Strafmaß des § 251, wird mit Blick auf das verfassungsrechtlich verankerte Schuldprinzip deutlich, dass die Strafbarkeit aus § 251 deutlich mehr voraussetzen muss, als die bloße Idealkonkurrenz von Raub und leichtfertiger Tötung. Durchweg ist (zumindest bei unvorsätzlicher Herbeiführung der Todesfolge) eine restriktive Auslegung geboten. Die Prüfung, ob der Täter nun aus § 251 schuldig gesprochen werden muss oder (lediglich) idealkonkurrierend aus § 249 und § 222, hat also stets vor diesem Hintergrund zu erfolgen.

436   Um dem genannten Schuldprinzip Rechnung zu tragen, besteht absoluter Konsens darüber, dass eine bloße Verwirklichung des Grunddelikts und ein bloßer ursächlicher Zusammenhang zwischen dem Einsatz der qualifizierten Nötigungsmittel und der schweren Folgen nicht ausreichen können. Vielmehr muss sich der Tod des anderen Menschen als Verwirklichung gerade der dem Grunddelikt innewohnenden Gefahr darstellen. Dieser sog. **tatbestandsspezifische Gefahrzusammenhang** (bzw. qualifikationsspezifische Zusammenhang[588]) verlangt, dass sich gerade die dem Grundtatbestand anhaftende spezifische Gefahr in der schweren Folge niedergeschlagen hat[589] bzw. sich ein Risiko realisiert hat, das typischerweise mit dem Grundtatbestand einhergeht[590]. Nur bei Bestehen dieses Gefahrzusammenhangs ist der Tod „durch den Raub" (bzw. „durch den räuberischen Diebstahl" oder „durch die räuberische Erpressung") verursacht worden.

---

[583] BGHSt 11, 268, 270.
[584] Das gilt nach einigen Literaturstimmen im Übrigen auch für Teilnehmer, vgl. LK-*Herdegen*, § 251 Rn 1; SK-*Günther*, § 251 Rn 7; *Rengier*, BT I, § 9 Rn 4; *Joecks*, § 251 Rn 9.
[585] Vgl. ausführlich zu dieser Konstellation *R. Schmidt*, AT, Rn 1018.
[586] Vgl. BGHSt 38, 295, 297 f.
[587] Die Obergrenze einer zeitigen Freiheitsstrafe von fünfzehn Jahren ergibt sich zwar nicht unmittelbar aus der Strafnorm, jedoch aus § 38 II.
[588] So die Terminologie von BGH NJW 2016, 2516, 2518.
[589] Vgl. nur BGH NStZ 2001, 478 f.; BGHSt 14, 110 ff. (Pistolen-Fall); 31, 96, 98 f. (Hochsitz-Fall); 33, 322, 38, 295; BGH NJW 1971, 152 (Rötzel-Fall); *Fischer*, § 18 Rn 2; SK-*Rudolphi*, § 18 Rn 3; Sch/Sch-*Sternberg-Lieben/Schuster*, § 18 Rn 4; *Baier*, 2001, 751, 753 und JA 2002, 275 ff. Zum Raub mit Todesfolge vgl. auch BGH NStZ-RR 2003, 44; Sch/Sch-*Eser/Bosch*, § 251 Rn 4; SK-*Günther*, § 251 Rn 10.
[590] Vgl. BGH NJW 2016, 2516, 2517.

Beispiel: Schlägt T den O mit einem Baseballschläger kräftig auf den Kopf, um die Wegnahme der begehrten Sache zu ermöglichen, und stirbt O aufgrund einer durch den Schlag herbeigeführten Schädelfraktur, hat sich gerade die dem Schlag anhaftende spezifische Gefahr in dem Tod des O niedergeschlagen. Das gilt auch dann, wenn T den Tod des O nicht gewollt hat, da § 251 keine vorsätzliche Verursachung verlangt.

Im Einzelfall kann auch die Beantwortung der Frage schwierig sein, welcher Anknüpfungspunkt für den tatbestandsspezifischen Gefahrzusammenhang maßgeblich ist. Es ist denkbar, auf den **Taterfolg** des § 249 abzustellen und einen tatbestandsspezifischen Gefahrzusammenhang zwischen dem Rauberfolg und dem Todeseintritt zu fordern (enge Auslegung), oder aber es genügen zu lassen, wenn der tatbestandsspezifische Gefahrzusammenhang zwischen der **Tathandlung** des § 249 und dem Todeserfolg besteht (weite Auslegung). Zu unterschiedlichen Ergebnissen gelangen diese beiden Ansichten vor allem dann, wenn der Taterfolg des § 249 (die nötigungsbedingte Wegnahme) ausbleibt, das Opfer dennoch die schwere Folge des § 251 erleidet. Da dieser Fall dem des sog. erfolgsqualifizierten Versuchs entspricht und die Problematik des Anknüpfungspunkts dort behandelt wird, sei insoweit auf die Darstellung bei Rn 442 ff. verwiesen. **437**

2. Zeitliche Grenzen des Gefahrzusammenhangs

Im Rahmen des § 249 wurde bei Rn 348 ff. darauf hingewiesen, dass die Anwendung des Nötigungsmittels (Gewalt oder Drohung) gerade die Wegnahme der Sache ermöglichen (Finalität des Nötigungsmittels), also noch vor Vollendung erfolgen muss und dass es auch nach Auffassung des BGH an dieser Finalität folgerichtig fehlt, wenn das Nötigungsmittel erst nach der Wegnahme (d.h. nach Vollendung der Diebstahlskomponente) eingesetzt werde. Überträgt man diese Wertung auf den tatbestandsspezifischen Gefahrzusammenhang bei § 251, mag auch das Vorliegen dieses Zusammenhangs bezweifelt werden, wenn die Anwendung des qualifizierten Nötigungsmittels, das zum Tod des Opfers führt, zwischen Vollendung und Beendigung erfolgt. Der BGH entscheidet hier jedoch anders. Der für § 251 erforderliche qualifikationsspezifische Zusammenhang sei nicht nur gegeben, wenn der Täter durch eine Nötigungshandlung, die der Ermöglichung der Wegnahme dient, den Tod des Opfers herbeiführe. Mit Blick auf den Schutzzweck des § 251 sei der besondere Zusammenhang auch dann gegeben, wenn die den Tod des Opfers herbeiführende Handlung zwar nicht mehr in finaler Verknüpfung mit der Wegnahme stehe, sie mit dem Raubgeschehen aber derart eng verbunden sei, dass sich in der Todesfolge die der konkreten Raubtat eigentümliche besondere Gefährlichkeit verwirkliche.[591] Demzufolge könne der Tatbestand des § 251 StGB auch dann gegeben sein, wenn der Täter die zum Tode führende Gewalt nicht mehr zur Ermöglichung der Wegnahme, sondern zur Flucht oder Beutesicherung anwende, sofern sich in der schweren Folge noch die spezifische Gefahr des Raubes realisiere und der Raub bzw. die räuberische Erpressung noch nicht beendet gewesen sei.[592] **438**

Beispiel[593]: A und B beschlossen, auf einem Autobahnparkplatz jemanden auszurauben. Nachdem sie den O erblickt hatten, wie dieser gerade die Weiterfahrt mit seinem Transporter fortsetzen wollte, überwältigten sie ihn und zerrten ihn in den Laderaum seines Transporters. Sie nahmen ihm Girocard und Kreditkarte ab und nötigten ihm die PIN hinsichtlich der Girocard ab. Während A den O in seiner Gewalt hielt, fuhr B zum nächsten Geldautomaten und hob den Maximalbetrag ab. Nachdem B zurückgekehrt war, verlangten A und B nun auch die PIN hinsichtlich der Kreditkarte. Da sie O dahin verstanden, diese Nummer befinde sich auf dessen Laptop, gestatteten sie ihm die Benutzung des Geräts. Die Stimmung unter den Tätern war sehr angespannt, weil seit Tatbeginn bereits

---

[591] BGH NJW 2016, 2516, 2518 mit Verweis auf BGH NJW 1998, 3361.
[592] BGH NJW 2016, 2516, 2518 mit Verweis u.a. auf BGHSt 38, 295, 298; 52, 376, 378; 53, 234, 236.
[593] In Anlehnung an BGH NJW 2016, 2516 (Sachverhalt stark vereinfacht).

mehrere Stunden verstrichen waren und ihres Erachtens nun das Entdeckungsrisiko stieg. Als auf dem Computerbildschirm nach Eingabe des Passwortes durch O ein sich drehender Briefumschlag erschien, nahmen A und B an, O habe versucht, eine Nachricht zu verschicken, um Hilfe zu holen. Das löste bei ihnen Panik aus und A schlug dem O den Laptop mit der flachen Seite einmal auf den Kopf. Sodann verletzten A und B den O schwer durch heftige Tritte gegen Brustkorb, Hals und Kopf. O erlitt ein Schädel-Hirn-Trauma, ein massives Hirnödem, Rippen- sowie Brustbeinbrüche und Lungenquetschungsblutungen. Anschließend fesselten A und B Hände und Füße des O mit Klebeband und legten ihn auf der Ladefläche seines Transporters in zusammengekauerter Haltung dergestalt in einem engen Freiraum zwischen den dort befindlichen Umzugskartons und Möbeln ab, dass er kaum Bewegungen ausführen konnte. A und B war bewusst, dass die dargestellte Gewalteinwirkung zum Tode führen könnte. Gleichwohl ließen sie O in dieser Situation zurück. O verstarb innerhalb von 24 Stunden nach der Tat an einer Lungenfettembolie sowie an seinen schweren inneren Verletzungen.

Ein vollendeter gemeinschaftlicher schwerer Raub gem. §§ 249 I, 250 II Nr. 1 Var. 2 („beschuhter Fuß"), Nr. 3a und b, 25 II[594] liegt vor.

Möglicherweise haben A und B auch die Erfolgsqualifikation des § 251 erfüllt. Der Tod des O ist eingetreten. In dessen Tod müsste sich aber gerade eine dem Raub anhaftende tatspezifische Gefahr realisiert haben. Bedenken ergeben sich aus dem Umstand, dass die Tathandlung, die unmittelbar zum Tod führte, erst *nach* der Vollendung der Wegnahme erfolgte.

⇨ Die herrschende Literatur interpretiert den Wortlaut des § 251 „durch den Raub" eng und lehnt folgerichtig eine Ausdehnung der qualifikationsgeeigneten Phase auf die Zeitspanne zwischen Vollendung und Beendigung ab. Auch aus kriminalpolitischen Gründen bestehe kein Bedürfnis, die qualifikationsgeeignete Phase auf die Beendigungsphase auszudehnen, da der Gesetzgeber eigens für die Beendigungsphase den Tatbestand des § 252 geschaffen habe. Man beseitige die klare Grenzziehung zwischen § 249 und § 252 und umgehe u.U. die besonderen Voraussetzungen des § 252 (d.h. die Beuteerhaltungsabsicht), wenn man Tathandlungen in der Beendigungsphase, die zum Tod des Opfers führen, für qualifikationsgeeignet i.S.v. § 251 halte.[595]

Folgt man dieser Auffassung, genügt eine innerhalb der Beendigungsphase eingesetzte Gewalt nicht, den für § 251 erforderlichen tatbestandsspezifischen Gefahrzusammenhang mit § 249 herzustellen. Für den vorliegenden Fall bedeutet das, dass sich A und B nicht aus §§ 249, 250 II Nr. 1 Var. 2, Nr. 3a und b, 251 strafbar gemacht haben.

⇨ Demgegenüber nehmen der BGH[596] und ein Teil der Literatur[597] bei Raubdelikten die Möglichkeit eines tatbestandsspezifischen Gefahrzusammenhangs auch in der Beendigungsphase an. Die Formulierung „durch den Raub" in § 251 stelle auf das Gesamtgeschehen ab und sei nicht auf die Wegnahmehandlung beschränkt. Die Phase der Beutesicherung sei genauso gefährlich und tatspezifisch wie die Phase der eigentlichen Wegnahme. Hinzu komme, dass § 252 dem Schutzbedürfnis des Opfers nicht hinreichend gerecht werde, da die Vorschrift eine *Beuteerhaltungsabsicht* voraussetze und daher nicht alle in Betracht kommenden Fälle erfasse. Wer sich seinen Weg freischieße (und dabei ohne Beuteerhaltungsabsicht handele), dürfe nicht besserstehen als derjenige, der die Schusswaffe zur Beuteerzielung einsetze.

---

[594] Stellt man auf das Abnötigen der PIN ab, ist (nach h.L.) auch eine gemeinschaftliche schwere räuberische Erpressung gem. §§ 255, 250 II Nr. 3 a und b, 25 II möglich.

[595] Vgl. *Fischer*, § 251 Rn 5; SK-*Günther*, § 251 Rn 8; *Joecks*, § 251 Rn 6; LK-*Herdegen*, § 251 Rn 6; *Wessels/Hillenkamp*, BT 2, Rn 388; *Kindhäuser*, LPK, § 251 Rn 6; MüKo-*Sander*, § 251 Rn 10 f.; *Kühl*, AT, § 17a Rn 20; *Kühl*, JuS 2002, 729, 734; *Hefendehl*, StV 2000, 107, 110; *Joecks*, § 251 Rn 5.

[596] BGHSt 38, 295, 297 f.; 53, 234, 236; BGH NJW 1998, 3361; NJW 1999, 1039, 1040; StV 2000, 74; NStZ 2001, 371; NJW 2016, 2516, 2518.

[597] Sch/Sch-*Eser/Bosch*, § 251 Rn 4; *Schroth*, NStZ 1999, 554; *Otto*, Jura 1997, 475.

Folgt man dieser Auffassung, haben sich A und B – da sie in Bezug auf § 251 wenigstens leichtfertig gehandelt haben – aus §§ 249, 250 II Nr. 1 Var. 2, Nr. 3a und 3b, 251, 25 II strafbar gemacht.

Stellungnahme: Da die Formulierung „durch den Raub" in § 251 nicht notwendig voraussetzt, dass die den Tod verursachende Handlung vor Eintritt in das Beendigungsstadium begangen werden muss, ist die diesbezügliche Schlussfolgerung der h.L. nicht zwingend. Denn der Raub findet seinen materiellen Abschluss erst mit der Beendigung. Gegen die Auffassung des BGH spricht aber, dass der eigens für die Beendigungsphase geschaffene § 252 mit seiner tatbestandlich normierten Beuteerhaltungsabsicht unterlaufen würde, weitete man – bei Fehlen dieser Beuteerhaltungsabsicht – die qualifikationsgeeignete Phase auf die Beendigungsphase des Raubs aus. Es läge eine Kollision mit dem Bestimmtheitsgebot (Art. 103 II GG) vor. Denn der Tatbestand des Raubs ist mit der Wegnahme vollendet; das Geschehen nach der Vollendung kann nicht mehr der Wegnahme dienen und muss daher außerhalb des durch §§ 242, 249 geschützten Tatbereichs liegen. Wendet der Täter in der Beendigungsphase des Raubs also Gewalt an, greift allein § 252. Liegen dessen Voraussetzungen nicht vor (weil es an der Beuteerhaltungsabsicht fehlt), muss man eine Strafbarkeit aus § 252 verneinen, auch wenn man diese Konsequenz kriminalpolitisch für verfehlt hält. Strafbarkeitslücken zu schließen ist allein Aufgabe des Gesetzgebers, nicht der Strafgerichte.

Ergebnis: Folgt man der auch hier vertretenen Auffassung der h.L., haben sich A und B – sofern sie in Bezug auf § 252 mit Beuteerhaltungsabsicht gehandelt haben – aus §§ 252, 250 II Nr. 1 Var. 2, Nr. 3a und 3b, 251, 25 II strafbar gemacht. Der zuvor verwirklichte Raub gem. § 249 tritt dann zurück.

Fehlte die Beuteerhaltungsabsicht, wäre § 252 nicht gegeben und könnte folgerichtig den Raub nicht verdrängen. A und B wären dann wegen Raubs gem. §§ 249, 25 II strafbar.

In jedem Fall aber sind A und B auch wegen schwerer Körperverletzung mit Todesfolge gem. §§ 223 I, 224 I Nr. 2 Var. 2, Nr. 4 und 5, 227, 25 II strafbar.

Auf eine eventuelle Strafbarkeit gem. § 239a I, III soll hier nicht eingegangen werden.

Hinweis für die Fallbearbeitung: Sofern die Voraussetzungen des § 252 gegeben sind, liegen im Ergebnis keine Unterschiede im Strafmaß vor, da der Täter des § 252 „gleich dem Räuber" bestraft wird. Ein Unterschied zwischen den aufgezeigten Auffassungen besteht aber dann, wenn beim Täter die Beuteerhaltungsabsicht fehlt. Die h.L. führt dann zur Konsequenz, dass der Täter weder aus §§ 249, 251 noch aus §§ 252, 251 bestraft werden kann. Selbstverständlich ist eine Strafbarkeit aus § 222 gegeben, die in Tateinheit mit dem zuvor verwirklichten Raub steht.

Ein häufig gewähltes Klausurthema ist auch das „**Bestehlen bzw. Berauben von Toten**". In Abweichung zum vorangestellten Beispiel gilt, dass *verstorbene* Menschen keinen Gewahrsam (mehr) haben können, sodass eine Wegnahme grds. (zugunsten einer Unterschlagung) ausscheidet. Etwas anderes gilt freilich, wenn die todesverursachende Gewaltanwendung im inhaltlichen Zusammenhang mit der Zueignung steht. Hätte T also zunächst den Tod des O herbeigeführt, dies jedoch zu dem Zweck, diesen später in Ruhe „ausrauben" zu können, hätte von einem einheitlichen Geschehensablauf ausgegangen werden müssen, in dem sich die Gewahrsamserlangung dann zeitlich an die Tötungshandlung angeschlossen hätte. Dann hätte bereits in der Gewaltanwendung der Beginn der Wegnahme, also der Angriff auf den (noch) bestehenden Gewahrsam vorgelegen. Dass die Wegnahme unter diesen Umständen erst nach dem Tod des Opfers vollendet worden wäre, wäre bedeutungslos gewesen.[598] T wäre dann wegen schweren Raubs mit Todesfolge (§§ 249, 250, 251) in Tateinheit mit Mord (§ 211 I, II Var. 3 - Habgier) strafbar gewesen.

439

---

[598] Vgl. BGHSt 9, 135, 136; Sch/Sch-*Eser/Bosch*, § 251 Rn 9.

IV. Subjektive Beziehung zur schweren Folge: Leichtfertigkeit

440 Subjektiv muss der Täter **wenigstens leichtfertig** den Tod des anderen Menschen verursacht haben.

- Die Formulierung „**wenigstens**" bedeutet, dass auch eine vorsätzliche Herbeiführung des Todes nicht schadet. Handelt der Täter aber vorsätzlich hinsichtlich der schweren Folge, hat er regelmäßig auch den Tatbestand des Mordes gem. § 211 I, II Var. 3 (Habgier) verwirklicht. Wegen der unterschiedlich geschützten Rechtsgüter und des damit verbundenen Klarstellungsinteresses im Urteilstenor ist hier Tateinheit anzunehmen.[599]

- „**Leichtfertig**" meint einen besonders hohen Grad von Fahrlässigkeit, vergleichbar mit der groben Fahrlässigkeit im Zivilrecht. Dieser hängt nicht nur vom Umfang der Tatsachenkenntnis, sondern vor allem vom Grad der Vermeidbarkeit ab.

  Danach handelt **leichtfertig**, wer aus besonderem Leichtsinn oder aus besonderer Gleichgültigkeit die nach den Umständen gebotene und auch ihm mögliche Sorgfalt außer Acht lässt und deshalb mit der Tatbestandsverwirklichung nicht rechnet.[600]

V. Versuch des § 251

441 Geht man mit §§ 11 II, 18 von der Einstufung der erfolgsqualifizierten Delikte als Vorsatzdelikte aus, ist ein Versuch konstruktiv möglich.[601] Bei § 251 muss zwischen folgenden Formen des Versuchs unterschieden werden:

- Grunddelikt versucht / Tod eingetreten ⇒ **erfolgsqualifizierter Versuch**
- Grunddelikt verwirklicht / Tod versucht ⇒ **versuchte Erfolgsqualifikation**
- Grunddelikt versucht / Tod versucht ⇒ **versuchte Erfolgsqualifikation**

Da diese Versuchskonstellationen ausführlich bei *R. Schmidt*, AT, Rn 895 ff. erläutert sind, kann insoweit auf die dortigen Ausführungen verwiesen werden. Wegen ihrer besonderen Examensrelevanz (auch in Bezug auf einen möglichen Rücktritt) sollen vorliegend jedoch die erste und zweite Konstellation – spezifiziert auf § 251 – noch einmal veranschaulicht werden.

1. Erfolgsqualifizierter Versuch

442 Tritt der leichtfertig verursachte Tod schon beim Versuch des Grundtatbestands ein (sog. **erfolgsqualifizierter Versuch**), wird man eine Strafbarkeit aus § 251 nur dann annehmen können, wenn bereits der Tat*handlung* (und nicht erst dem Tat*erfolg*) des Grunddelikts die spezifische Gefahr anhaftet, die sich unmittelbar im Todeseintritt realisiert.[602] Ob dies der Fall ist, muss durch **Auslegung** des § 251 ermittelt werden.

443
> **Hinweis für die Fallbearbeitung:** In der gerichtlichen Praxis ist die tatbestandsbezogene Frage, ob die schwere Folge bereits an die Tathandlung anknüpft oder ob das Gesetz die Bestrafung aus der schweren Folge von dem Eintritt des Taterfolgs des Grunddelikts abhängig macht, bereits hinreichend beantwortet (so lässt die Rspr. bei den §§ 178, 226, 227, 239 III Nr. 2, IV, **251**, 306c die Tathandlung genügen und fordert bei den §§ 306b I, 306d I Halbs. 2 teilweise die Vollendung des Grunddelikts). In der Fallbearbeitung darf der Prüfung aber nicht ein bestimmtes Auslegungsergebnis der Rspr. zugrunde gelegt werden. Vielmehr muss die o.g. Frage durch eigene Auslegung beantwortet werden. Nur eine juristisch korrekte Auslegung des jeweiligen erfolgsqualifizierten Tatbestands unter Beachtung der genannten verfassungsrechtlichen Vorgaben kann den Korrektor überzeugen. Im Übrigen ist anzumerken, dass die Streit-

---

[599] Vgl. BGHSt 39, 100, 108 f.; BGH NJW 2002, 3559, 3560; *Altvater*, NStZ 2003, 21, 24.
[600] Vgl. BGHSt 33, 66, 67; 43, 158, 168; BGH NStZ-RR 2010, 178, 179; NStZ 2013, 406; *Joecks*, § 251 Rn 8; *Wessels/Hillenkamp*, BT 2, Rn 389; Sch/Sch-*Eser/Bosch*, § 251 Rn 6.
[601] BGH NStZ 2003, 149, 150; BGH NStZ 2001, 534 und NStZ 2001, 371 (mit Bespr. v. *Martin*, JuS 2001, 821).
[602] Wie hier nunmehr auch *Radtke/Matula*, JA 2012, 265, 268.

frage nach dem Anknüpfungspunkt des tatbestandsspezifischen Gefahrzusammenhangs i.d.R. nur in der vorliegend behandelten Konstellation eine Rolle spielt. Ist der Grundtatbestand vollendet, bedarf es keines Wortes darüber, ob auch allein die Tathandlung des Grundtatbestands geeignet gewesen wäre, dem Täter die schwere Folge als Erfolgsqualifikation zuzurechnen. Insbesondere wäre es verfehlt, zusammenhanglos einen Prüfungspunkt „Anknüpfungspunkt des tatbestandsspezifischen Gefahrzusammenhangs" zu bilden.

Beispiel: T möchte O zwingen, ihm seine goldene Taschenuhr herauszugeben. Zur Unterstreichung seiner Entschlossenheit nimmt er seine schussbereite Pistole mit, möchte sie aber nicht als Schusswaffe einsetzen. Als er gerade dabei ist, von O die Herausgabe der Uhr zu erzwingen, löst sich aufgrund seiner überaus großen Nervosität ungewollt ein Schuss. O wird tödlich getroffen und verstirbt sofort. Von Panik ergriffen, verlässt T den Tatort, ohne die Uhr mitzunehmen. Strafbarkeit?

444

T könnte sich wegen **versuchten schweren Raubs mit Todesfolge** strafbar gemacht haben, §§ 249, 250 II Nr. 1 u. 3b, 22, 23 I, 12 I i.V.m. § 251. Der Raub ist nicht vollendet, da es nicht zur Wegnahmehandlung gekommen ist. Der Versuch ist aufgrund des Verbrechenscharakters strafbar.

T müsste auch den Tatentschluss zum Raub gehabt haben. Er wollte mit Hilfe der Schusswaffe O dazu bringen, die Uhr herauszugeben. Damit könnte zwar an eine räuberische Erpressung gem. § 255 gedacht werden, aber sowohl nach dem äußeren Tatgeschehen als auch nach der inneren Willensrichtung des O liegt eher ein Nehmen als ein Geben vor (O hatte keine wirkliche Alternative zur Herausgabe der Uhr; hätte er sich geweigert, hätte T sich die Uhr genommen). T handelte auch in der Absicht, sich die Uhr rechtswidrig zuzueignen. Damit ist bei T der Tatentschluss zum Raub gegeben.

Allein dadurch, dass T die Schusswaffe hochhielt, hat er auch unmittelbar zur Tatbestandsverwirklichung angesetzt.

Hinsichtlich des § 251 müsste T wenigstens leichtfertig den Tod des O verursacht haben. Dabei ist zu beachten, dass sich aufgrund der hohen Strafandrohung des § 251 der Tod als Verwirklichung gerade der dem Grunddelikt innewohnenden Gefahr darstellen muss (tatbestandsspezifischer Gefahrzusammenhang). Nur dann ist der Tod „durch den Raub" verursacht worden. Der vorliegende Fall enthält aber die Besonderheit, dass der Tod des anderen Menschen bereits beim Versuch des Grundtatbestands eingetreten ist (sog. erfolgsqualifizierter Versuch). In einem solchen Fall wird man eine Strafbarkeit aus § 251 nur dann annehmen können, wenn bereits der Tat*handlung* (und nicht erst dem Tat*erfolg*) des Grunddelikts die spezifische Gefahr anhaftet, die sich unmittelbar im Todeseintritt realisiert. Ob dies der Fall ist, muss durch Auslegung des § 251 ermittelt werden.

⇨ Versteht man die Formulierung „durch den Raub" in § 251 **eng**, d.h. dergestalt, dass sich der Todeserfolg gerade aus dem vorsätzlich zugefügten **Rauberfolg** (also aus der nötigungsbedingten Wegnahme) ergeben haben muss, wäre T (nur) wegen fahrlässiger Tötung (§ 222) in Tateinheit mit versuchtem schweren Raub (§§ 250 II Nr. 1 u. 3b, 22, 23 I, 12 I) strafbar.

⇨ Schließt man demgegenüber das **gesamte Raubgeschehen**, soweit bereits *ihm* das Risiko eines tödlichen Ausgangs anhaftet, in den Gefahrenzusammenhang mit ein (**weite** Auslegung)[603], ist T – bei gegebenen übrigen Voraussetzungen – aus § 251 strafbar.

Stellungnahme: Der Wortlaut des § 251 ist insofern offen und lässt beide Auslegungen zu. Bezieht man aber sowohl den Opferschutz in die Auslegung des § 251 mit ein, als auch den Umstand, dass der Täter allein in der Tathandlung bereits ein großes kriminelles Unrecht verwirklicht sieht und es u.U. lediglich vom Zufall abhängt, ob der Erfolg eintritt oder nicht, sollte man bei § 251 in Übereinstimmung mit der Rechtsprechung des BGH den Anknüpfungspunkt des tatbestandsspezifischen Gefahrzusammenhangs in dem

---

[603] So ausdrücklich BGH NStZ 2001, 534 und NStZ 2001, 371 mit Bespr. v. *Martin*, JuS 2001, 821 und *Baier*, JA 2001, 751.

Gesamtgeschehen sehen.[604] Haftet also bereits der Tathandlung des Grundtatbestands die spezifische Gefahr des Todeseintritts an, ist der Täter – bei gegebenen übrigen Voraussetzungen – aus § 251 strafbar.

Ergebnis: Folgt man der auch hier vertretenen Auffassung des BGH, hat sich das Risiko des tödlichen Ausgangs bereits mit dem Hochhalten der geladenen (und entsicherten) Schusswaffe realisiert. Der geforderte tatbestandsspezifische Gefahrzusammenhang zwischen dem Grundtatbestand und der Todesfolge ist somit zu bejahen. T handelte hinsichtlich der Todesfolge auch leichtfertig. Denn wer eine geladene und entsicherte Schusswaffe gegen einen Menschen richtet und dabei noch überaus nervös ist, verhält sich in besonderem Maße fahrlässig, auch wenn die Schussabgabe nicht gewollt war. T handelte schließlich auch rechtswidrig und schuldhaft.

Der ebenfalls verwirklichte Tatbestand der fahrlässigen Tötung (§ 222) tritt aufgrund der Spezialität des § 251 zurück.

2. Versuchte Erfolgsqualifikation

445 Während sich der erfolgsqualifizierte Versuch dadurch auszeichnet, dass der Täter bereits beim Versuch des Grundtatbestands den Erfolg (je nach Tatbestand fahrlässig oder leichtfertig) herbeiführt, ist für den Versuch der Erfolgsqualifikation das Ausbleiben des Erfolgs bei vollendetem oder versuchtem Grunddelikt typisch, obwohl der Täter dessen Eintritt mindestens bedingt vorsätzlich anstrebte. Grundsätzlich gestattet § 18 sowohl die Konstruktion des erfolgsqualifizierten Versuchs als auch des Versuchs der Erfolgsqualifikation, denn nach § 11 II i.V.m. § 18 gelten die **Erfolgsqualifikationen als Vorsatzdelikte**.

446 **Beispiel[605]:** A und B wollten den alkoholisierten M zu einem Geldautomaten schleppen, um dort mit dessen Scheckkarte Geld zu erlangen. Als M Widerstand leistete, schlug A ihm unter bedingtem Tötungsvorsatz mit einem dicken Ast zweimal wuchtig auf den Kopf. Beim Versuch, die Schläge abzuwehren, erlitt M Knochenbrüche und Kopfverletzungen. Nachdem er zu Boden gefallen war, zog B ihm die Geldbörse aus der Jacke. A schlug sodann ein drittes Mal mit dem Ast auf den Kopf des M und trat diesem ferner mit dem Fuß mehrfach gegen den Kopf, wobei er wiederum den Tod des M billigend in Kauf nahm. A und B entfernten sich sodann im Bewusstsein, M könne sterben. Sie erzählten Dritten von der Tat. Deren Rat, einen Krankenwagen zu rufen, lehnte A jedoch ab. M überlebte, trug jedoch eine dauernde Hirnschädigung davon, die epileptische Anfälle in der Zukunft vermuten lässt. Wie haben sich A und B strafbar gemacht? (Konkurrenzen sind nicht zu prüfen).

Lösungsgesichtspunkte:

I. Strafbarkeit von A und B wegen versuchten Mordes

Durch das mehrmalige wuchtige Schlagen mit einem dicken Ast auf den Kopf könnte sich A zunächst wegen versuchten Totschlags gem. §§ 212, 22 strafbar gemacht haben. Nachdem A und B den M berauben wollten, liegt es nahe, hinsichtlich der ersten zwei Schläge sogar *Handeln aus Habgier* und damit versuchten Mord anzunehmen, §§ 211, 22. Lediglich bedingter Tötungsvorsatz steht dem nicht entgegen. Ein strafbefreiender Rücktritt nach § 24 II S. 1 (Tatbeteiligung mehrerer!) durch Aufhören mit den Misshandlungen scheidet aus. A ging davon aus, alles getan zu haben, was für den Erfolgseintritt erforderlich sei, nachdem er mit dem baldigen Tod des M rechnete. Es lag somit ein beendeter Versuch vor, sodass A Gegenmaßnahmen zur Erfolgsabwendung hätte ergreifen

---

[604] Darin besteht auch kein Wertungswiderspruch zu dem bei Rn 438 Gesagten, wo es um die qualifikationsgeeignete Phase des § 249 geht. Denn dort besteht die Besonderheit, dass eigens für die Beendigungsphase des § 242 bzw. § 249 die Vorschrift des § 252 geschaffen wurde, die u.U. unterlaufen würde, sähe man die in der Beendigungsphase des Raubs verwirklichten Erschwernisgründe als Qualifikation des Raubs (und nicht des räuberischen Diebstahls) an. Vorliegend geht es jedoch um die Frage, ob der Eintritt der schweren Folge an den Tatrefolg oder an die Tathandlung des Grunddelikts anknüpft.

[605] Nach BGH NStZ 2001, 371 (dazu *Baier*, JA 2001, 751); vgl. auch BGH NStZ-RR 2003, 44.

müssen. Dies hat er nicht nur unterlassen; er verhinderte vielmehr noch die Einleitung von Rettungsmaßnahmen durch Dritte.

A ist wegen versuchten Mordes (Habgier) strafbar.

B werden die insoweit von A verwirklichten objektiven Tatbeiträge über § 25 II zugerechnet. Fraglich ist allerdings, ob zugunsten des B nicht ein Mittäterexzess des A angenommen werden muss.

Überschreitet ein Mittäter den gemeinschaftlichen Tatentschluss/Tatplan, liegt ein Mittäterexzess vor. Gerade wegen des Überschreitens des gemeinsamen Tatentschlusses/Tatplans belastet der Exzess eines Mittäters die anderen Mittäter nicht. Die gegenteilige Annahme wäre auch schon mit dem Wortlaut des § 25 II nicht vereinbar. Somit verdichtet sich die konkrete Fallprüfung auf die Frage, *wann* ein Überschreiten des gemeinschaftlichen Tatentschlusses/Tatplans vorliegt. In Übereinstimmung mit den Kausalitätslehren bzw. mit der Lehre von der objektiven Zurechnung sollte man *unwesentliche* Abweichungen vom vorgestellten Tatablauf als unerheblich und somit als vom gemeinsamen Tatentschluss/Tatplan umfasst ansehen. Das sind solche, mit denen nach den Umständen gewöhnlich zu rechnen ist oder bei denen die verabredete Tatausführung nur durch eine in ihrer Schwere und Gefährlichkeit gleichwertige ersetzt wird.[606] Dies ist i.d.R. dann nicht anzunehmen, wenn der Tatnächste bewusst und entgegen dem gemeinsamen Tatentschluss/Tatplan eine völlig andere Tat (*delictum sui generis*) begeht. Hier wird man die Abweichung vom gemeinsamen Tatentschluss/Tatplan für so wesentlich erachten müssen, dass mit ihr nach den Umständen gewöhnlich nicht zu rechnen ist. Dem anderen Beteiligten kann daher die völlig andere Tat nicht als eigene Tat zugerechnet werden.[607]

Vorliegend kann man mit guten Gründen davon ausgehen, dass sich der gemeinsame Tatplan nicht auf eine (versuchte) Tötung bezog und dass das Tatgeschehen derart von der Vorstellung des B abwich, dass ihn der Exzess des A nicht belastet.

B ist nicht wegen versuchten Mordes strafbar.

II. Strafbarkeit von A und B wegen Raubs

A hat zusammen mit B arbeitsteilig den Tatbestand des Raubs erfüllt, § 249. Durch die ersten beiden Schläge hat A Gewalt angewendet, deren Wirkung B zur Wegnahme der Börse des M ausnutzte. Das jeweils nicht eigenhändig verwirklichte Tatbestandsmerkmal wird dem anderen Täter aufgrund der Mittäterschaft (§ 25 II) zugerechnet. Der Ast stellt ein gefährliches Werkzeug i.S.d. § 250 I Nr. 1a dar. Bei seiner objektiven Beschaffenheit und der konkreten Art der Benutzung, die die Gefahr erheblicher Verletzungen des M mit sich brachte, lässt sich der Einsatz des Astes als Verwendung eines gefährlichen Werkzeugs i.S.d. § 250 II Nr. 1 qualifizieren. Angesichts der gravierenden Folgen der Tat (Hirnschädigung) liegt eine schwere körperliche Misshandlung, § 250 II Nr. 3a, vor. Möglicherweise war M auch in eine konkrete Todesgefahr gebracht worden, § 250 II Nr. 3b (beides vertretbar).

A und B haben sich wegen gemeinschaftlichen schweren Raubs strafbar gemacht.

III. Strafbarkeit von A und B wegen Raubs mit versuchter Todesfolge

Fraglich ist, ob ein Raub mit versuchter Todesfolge vorliegt, §§ 249, 251, 22. Es handelt sich um ein Verbrechen im formellen Sinn, dessen Versuch grds. strafbar ist, §§ 12 I, 23 I. Allerdings stellt die Norm ein sog. erfolgsqualifiziertes Delikt dar, § 18. Die hohe Strafe ist an den Eintritt des besonderen Erfolgs geknüpft, den der Täter wenigstens fahrlässig (§ 18) bzw. sogar wenigstens leichtfertig (§ 251) herbeigeführt haben muss, etwa den Tod in §§ 227, 251. Leichtfertigkeit meint ein gesteigertes Maß an Fahrlässigkeit. Da hiermit nur eine Mindestvoraussetzung umschrieben wird ("wenigstens"), schadet vorsätzliche Verursachung der schweren Folge nicht. Dann bedarf es keines Eingehens auf die Voraussetzungen der Fahrlässigkeit, während bei bloß fahrlässiger Erfolgsverursachung objektive wie subjektive Vorhersehbarkeit und Vermeidbarkeit zu prüfen bleiben.

---

[606] Vgl. BGH NStZ 2002, 597, 598; BGH NStZ 2000, 29; NStZ-RR 2000, 366 f.; NStZ 1998, 511, 513; Sch/Sch-*Heine/Weißer*, § 25 Rn 95; *Fischer*, § 25 Rn 20; *Hörnle*, Jura 2001, 44, 48.
[607] Selbstverständlich bleibt die Möglichkeit der Beihilfe oder einer Bestrafung wegen Fahrlässigkeit hiervon unberührt.

Das Vorliegen einer Sorgfaltspflichtverletzung ergibt sich bereits aus der vorsätzlichen Verwirklichung des Grundtatbestands.

Bei Erfolgsqualifikationen erscheint die Möglichkeit einer Versuchsstrafbarkeit immer problematisch. Man unterscheidet insoweit zwei Konstellationen, den erfolgsqualifizierten Versuch und den Versuch der Erfolgsqualifikation. Die erstgenannte Fallgruppe zeichnet sich dadurch aus, dass der Täter bereits beim Versuch des Grundtatbestands den Qualifikationserfolg (je nach Tatbestand fahrlässig oder leichtfertig) herbeiführt. Für den Versuch der Erfolgsqualifikation ist dagegen das Ausbleiben des Qualifikationserfolgs bei vollendetem oder versuchtem Grunddelikt typisch, obwohl der Täter dessen Eintritt mindestens bedingt vorsätzlich anstrebte. Grundsätzlich gestattet § 18 sowohl die Konstruktion des erfolgsqualifizierten Versuchs als auch des Versuchs der Erfolgsqualifikation, denn nach § 11 II gelten die Erfolgsqualifikationen als Vorsatzdelikte.

Nach Auffassung des BGH[608] steht der Anwendung des Tatbestands des Raubs mit Todesfolge das Vorliegen von bedingtem Tötungsvorsatz nicht entgegen, wie sich bereits aus der Norm selbst („wenigstens leichtfertig") ergibt. Ein Problem folgt für den BGH auch nicht aus der zeitlichen Abfolge des Geschehens. Zwar wurden die mit Tötungsvorsatz geführten Schläge und Tritte teilweise erst nach der Wegnahme der Geldbörse durch den Mittäter verabreicht, unter „Raub" i.S.d. § 251 versteht der BGH jedoch im Gegensatz zu einem Teil der Literatur die gesamte Situation über die Vollendung hinaus bis hin zur Beendigung, also etwa auch noch die Flucht des Täters, d.h. alles bis zu dem Zeitpunkt, da das Deliktsgeschehen unter Beruhigung der Lage seinen tatsächlichen Abschluss gefunden hat. Vor dem Verlassen des Tatortes war vorliegend der Raub auf keinen Fall beendet.

Über bloße Kausalität hinaus verlangt man wegen der hohen Strafandrohung erfolgsqualifizierter Delikte eine engere Beziehung zwischen Grundtatbestand und schwerer Folge, den sog. **tatbestandsspezifischen Gefahrzusammenhang**. Bei § 251 muss sich im Eintritt des Todeserfolgs gerade die der Begehung eines Raubs immanente Gefahr niedergeschlagen haben. Beim Versuch der Erfolgsqualifikation bedarf es der Feststellung, dass der Täter das Vorliegen einer solchen Beziehung in seinen Tatentschluss aufgenommen hat. Dies bejaht der BGH für den vorliegenden Fall. Es stelle eine typische Raubgefahr dar, wenn der Täter das Opfer zur Ermöglichung der Wegnahme in lebensgefährlicher Weise misshandele und dieses Vorgehen auch danach fortsetze, etwa um sich die Flucht zu ermöglichen, einen Zeugen zu beseitigen oder um die Macht über das Opfer auszukosten.

Da das erfolgsqualifizierte Delikt gem. §§ 11 II, 18 insgesamt als Vorsatzdelikt gilt und A die schwere Folge auch in seinen Vorsatz mit aufgenommen hat, ist er wegen Raubs mit versuchter Todesfolge strafbar, §§ 249, 250, 251, 22. Da hinsichtlich dieser Folge beim Mittäter B Leichtfertigkeit (vgl. § 251) genügt (siehe dazu ausführlich den Beispielsfall bei Rn 452), hat auch B sich wegen Raubs mit versuchter Todesfolge strafbar gemacht.

IV. Strafbarkeit von A und B wegen erpresserischen Menschenraubs

Die Verübung eines erpresserischen Menschenraubs, § 239a I setzt voraus, dass A und B sich zunächst des M bemächtigten und auf der Basis einer sicheren Beherrschungssituation Geld von M erpressen wollten. Die Sachverhaltsangaben lassen insoweit keine gesicherte Aussage zu. In dubio pro reo ist daher eine Strafbarkeit zu verneinen.

V. Strafbarkeit von A und B wegen schwerer Körperverletzung

Die Körperverletzung an M wurde mittels des gefährlichen Werkzeugs Ast, mit einem anderen Beteiligten gemeinschaftlich sowie mittels einer das Leben gefährdenden Behandlung begangen, §§ 223, 224 I Nr. 2, 4, 5. Der Schuh am Fuß gilt im Fall heftiger Tritte gegen den Kopf ebenfalls als gefährliches Werkzeug. Die tatfolgebedingte Wahrscheinlichkeit schwerer epileptischer Anfälle gestattet die Annahme einer schweren Körperverletzung, § 226 I Nr. 3, wenn die § 18 zu entnehmenden Voraussetzungen der Erfolgsqualifikation vorliegen. Das kann vorliegend mit guten Gründen bejaht werden.

---

[608] BGH NJW 2001, 2187. Vgl. auch *Kühl/Schramm*, JuS 2003, 681, 685.

A und B haben sich wegen schwerer Körperverletzung strafbar gemacht.

VI. Strafbarkeit von A und B wegen Aussetzung

Dadurch, dass A mit bedingtem Tötungsvorsatz auf M eingeschlagen und ihn anschließend seinem Schicksal überlassen hat, könnte er sich wegen Aussetzung gem. § 221 I Nr. 1 und Nr. 2 strafbar gemacht haben. § 221 I Nr. 1 liegt unproblematisch vor, da sich M nach den Schlägen mit dem Ast auf den Kopf und den Tritten mit dem Fuß gegen den Kopf nicht mehr aus eigener Kraft zu helfen vermag.

Fraglich ist allein, ob A auch § 221 I Nr. 2 verwirklicht hat. Zweifellos hat A den M in einer hilflosen Lage im Stich gelassen. Er müsste M aber auch beizustehen verpflichtet gewesen sein. Mit „Beistandspflicht" meint das Gesetz eine Garantenstellung i.S.d. § 13.[609] In Betracht kommt aufgrund des pflichtwidrigen Vorverhaltens eine Garantenstellung aus Ingerenz.

Der BGH verneint für Fälle der vorliegenden Art aber eine Garantenstellung aus Ingerenz. Wenn das Vorverhalten vorsätzlich auf die Verwirklichung des Erfolges ausgerichtet war, könne der Täter nicht gleichzeitig Garant einer Erfolgsabwendung sein.[610] Folge dieser Auffassung ist, dass § 221 I Nr. 2 schon tatbestandlich ausscheidet. Die Lit. kritisiert diese Rspr.; wenn schon die fahrlässige Herbeiführung für das Entstehen der besonderen Pflicht ausreiche, müsse dies erst recht für das vorsätzliche Vorverhalten gelten. Nur so sei auch die strafbare Beteiligung Dritter an dem Unterlassen gewährleistet. Das Begehungsdelikt verdränge jedoch im Wege der Gesetzeskonkurrenz als lex specialis das Unterlassungsdelikt.[611]

Zwar kann es kein Argument sein, beim Täter eine Garantenstellung zu bejahen, um eine teilnahmefähige Haupttat annehmen zu können, dennoch ist der Lit. im Ergebnis zu folgen, um den vorsätzlich handelnden Täter nicht gegenüber dem fahrlässig handelnden besserzustellen.

A hat daher § 221 I Nr. 1 verwirklicht. Diese Tat wird auch B zugerechnet.

Die versuchte Herbeiführung der schweren Folge (§ 211 III) ist in Anlehnung an das zu III. Gesagte ebenfalls zu bejahen.

VII. Gesamtergebnis (ohne Rücksicht auf Konkurrenzen)
- A hat sich wegen versuchten Mordes (Habgier) strafbar gemacht.
- A und B haben sich wegen gemeinschaftlichen schweren Raubs strafbar gemacht.
- A und B haben sich wegen Raubs mit versuchter Todesfolge strafbar gemacht.
- A und B haben sich wegen schwerer Körperverletzung strafbar gemacht.
- A und B haben sich wegen Aussetzung mit versuchter Todesfolge strafbar gemacht.

3. Rücktritt vom erfolgsqualifizierten Versuch

447

Gemäß den obigen Ausführungen liegt ein erfolgsqualifizierter Versuch vor, wenn das Grunddelikt nur versucht wurde, die schwere Tatfolge gleichwohl eingetreten ist. Gerade wegen des Eintritts der schweren Folge ist fraglich, ob ein Rücktritt vom Versuch des Grunddelikts überhaupt möglich ist.

448

> **Hinweis für die Fallbearbeitung:** Zu beachten ist, dass sich diese Frage nur dann stellen kann, wenn sich die schwere Folge bereits aus der Versuchs*handlung* des Grunddelikts ergibt (also nicht den Tat*erfolg* des Grunddelikts voraussetzt). Ist demnach ein Rücktritt nicht von vornherein ausgeschlossen, sollte man entgegen der allg. Grundregel, wonach der Rücktritt vom Versuch als persönlicher Strafaufhebungsgrund unmittelbar nach der Versuchsprüfung geprüft wird, in dieser Konstellation mit der Er-

---

[609] So ausdrücklich BT-Drs. 13/8587, S. 34; aus der Rspr. vgl. BGH NJW 2008, 2199, 2200 und OLG Stuttgart NStZ 2009, 102, 103; aus der Lit. MüKo-*Hardtung*, § 221 Rn 17; *Lackner/Kühl*, § 221 Rn 4; *Fischer*, § 221 Rn 8; *Wessels/Hettinger*, BT 1, Rn 202.
[610] BGH NStZ 1996, 131; Vgl. auch BGH NJW 2003, 1060.
[611] Vgl. nur *Kühl*, AT, § 18 Rn 105a; *Walter*, NStZ 2005, 241; *Wessels/Beulke/Satzger*, AT, Rn 725.

> folgsqualifikation beginnen. Anderenfalls hätte man keine Gelegenheit mehr, etwas zur schweren Folge des § 251 zu sagen, wenn der Täter strafbefreiend vom Versuch des Grunddelikts zurücktreten könnte.

449 **Beispiel:** Im obigen Beispiel von Rn 444 könnte T dadurch, dass er in Panik den Tatort verließ, ohne die Uhr mitzunehmen, strafbefreiend vom versuchten Raub mit Todesfolge zurückgetreten sein.

Dazu hätte die Tat noch nicht vollendet sein dürfen. Formal gesehen war der Raub nicht vollendet, da T auf die Wegnahme verzichtet hat. Aus materieller Sicht bestehen aber Bedenken an der Rücktrittsmöglichkeit. Betrachtet man eine Erfolgsqualifikation als kombiniertes Delikt von Grundtatbestand und besonderer Tatfolge und daher als materielle Einheit, scheint vorliegend gerade wegen des Eintritts der besonderen Folge ein Rücktritt ausgeschlossen.

⇨ Tatsächlich wird aus diesen Gründen teilweise die Rücktrittsmöglichkeit abgelehnt, wenn die schwere Folge eingetreten ist.[612]

⇨ Die herrschende Meinung hält aber einen strafbefreienden Rücktritt auch dann für möglich, wenn die schwere Tatfolge bereits eingetreten ist. Mit dem wirksamen Rücktritt vom Grunddeliktsversuch entfalle nämlich der erforderliche Anknüpfungspunkt für die betreffende Erfolgsqualifikation, die dadurch das sie tragende Fundament verliere. Zudem bezögen sich die Rücktrittsregeln auf Tatbestände, nicht auf Strafzumessungsgesichtspunkte. Gerade aber vom Versuch eines Tatbestands sei der Täter zurückgetreten. Man verstoße also gegen das Analogieverbot zu Lasten des Täters (Art. 103 II GG), wenn man dem vom Grunddelikt zurücktretenden Täter das Rücktrittsprivileg nehme.[613]

Die Argumente der h.M. überzeugen. Ihr ist daher zu folgen. Da T aus seiner Sicht noch nicht alles zur Verwirklichung des Tatbestands Erforderliche getan hat, befand er sich im Stadium des noch unbeendeten Versuchs. Zu seiner Straffreiheit genügte daher das freiwillige Unterlassen weiterer Tathandlungen. Unterstellt man bei T, dass Auslöser für das Nichtergreifen der Uhr die Erkenntnis des angerichteten Unrechts war und er nicht lediglich infolge des Schocks physisch nicht in der Lage war, die Uhr zu ergreifen, erfolgte der Rücktritt auch freiwillig. T konnte somit strafbefreiend vom versuchten Raub mit Todesfolge zurücktreten. Davon unberührt bleibt eine Strafbarkeit wegen versuchter Nötigung (§§ 240 I, III, 22, 23 I, 12 II). Die daneben verwirklichte Bedrohung (§ 241) tritt dahinter subsidiär zurück. Schließlich ist eine Strafbarkeit wegen fahrlässiger Tötung (§ 222) zu bejahen, die mit der versuchten Nötigung in Idealkonkurrenz (Tateinheit) steht.

VI. Selbstschädigung des Opfers und Eingreifen Dritter in das Geschehen

450 Der Streit um den strafrechtlichen Anknüpfungspunkt des tatbestandsspezifischen Gefahrzusammenhangs setzt sich auf Sachverhalte fort, in denen das Opfer selbstschädigend aktiv wird oder Dritte in das Geschehen eingreifen. Hier ist es aufgrund der gebotenen restriktiven Auslegung erfolgsqualifizierter Delikte nicht ohne weiteres möglich, noch einen tatbestandsspezifischen Gefahrzusammenhang zwischen dem Grundtatbestand und der besonderen Tatfolge anzunehmen. Berühmt geworden sind in diesem Zusammenhang der sog. **Rötzel-Fall** und der **Hochsitz-Fall**, die ausführlich bei *R. Schmidt*, AT, Rn 907 ff. erläutert sind. Wenn man bedenkt, dass zu den spezifischen Gefahren, denen § 251 mit der hohen Strafandrohung begegnen will, auch der Umstand gehört, dass das Opfer aus Angst vor weiteren Angriffshandlungen unbesonnen reagiert

---

[612] So *Ulsenheimer*, Festschrift für Bockelmann, 1979, S. 405, 414 f.; *Tröndle/Fischer* (49. Aufl.), § 18 Rn 4; LK-*Herdegen*, § 251 Rn 16; *Jäger*, JuS 1998, 161, 163 f.; *Wolters*, GA 2007, 65 ff.; *Jäger*, AT, Rn 325 f.
[613] So BGHSt 42, 158, 160 f.; LK-*Lilie/Albrecht*, § 24 Rn 461; SK-*Rudolphi*, § 24 Rn 16; NK-*Paeffgen*, § 24 Rn 130 f.; *Wessels/Beulke/Satzger*, AT, Rn 653a; *Kühl*, AT, § 17a Rn 56 ff.; Sch/Sch-*Eser/Bosch*, § 24 Rn 26; Sch/Sch-*Sternberg-Lieben/Schuster*, § 18 Rn 13; *Herzberg*, JZ 2007, 615, 618 ff. Vgl. auch BGH NJW 2001, 980; *Altvater*, NStZ 2003, 21, 24.

und beispielsweise waghalsige Fluchtversuche unternimmt, um sich vor dem Angreifer in Sicherheit zu bringen, ist der erforderliche tatbestandsspezifische Gefahrzusammenhang nicht ausgeschlossen. Denn solche Reaktionen sind Teil des elementaren Selbsterhaltungstriebs des Menschen und daher bei gravierenden Misshandlungen ebenso naheliegend und deliktstypisch wie Fluchtversuche bei einer Freiheitsberaubung oder einer drohenden Vergewaltigung. Infolgedessen muss es auch im Bereich des § 251 zur Bejahung des tatbestandsspezifischen Gefahrzusammenhangs zwischen nötigungsbedingter Wegnahmehandlung und Todesfolge genügen, dass der Tod unmittelbar durch einen Fluchtversuch herbeigeführt worden ist, den das Opfer bei einem gegenwärtigen Angriff in naheliegender, nachvollziehbarer Weise aus Furcht vor (weiteren) schweren Gewaltanwendungen unternommen hat. Lediglich wenn der Angriff beendet ist und das Opfer später durch das eigenverantwortliche Ingangsetzen eines neuen Kausalverlaufs seinen Tod herbeiführt, kann von einem tatbestandsspezifischen Gefahrzusammenhang nicht mehr gesprochen werden. Zum Zusammentreffen von **erfolgsqualifiziertem Versuch und Selbstschädigung des Opfers** vgl. *R. Schmidt*, AT, Rn 907 ff.

Greifen **Dritte** in den Geschehensablauf ein, entfällt der tatbestandsspezifische Gefahrzusammenhang nicht, wenn die dem Grunddelikt anhaftende eigentümliche Gefahr für den Eintritt der besonderen Tatfolge erhalten bleibt. Lediglich wenn das Fehlverhalten Dritter auf grober Fahrlässigkeit beruht oder ein anderer die durch die Primärverletzung geschaffene hilflose Lage des Opfers vorsätzlich zu seiner eigenen Tat ausnutzt, ist für § 251 kein Raum. **451**

VII. Beteiligung am Raub mit Todesfolge

Sind an einem Raub mit Todesfolge mehrere Personen beteiligt, ist gem. § 29 für jeden Beteiligten separat zu prüfen, ob diesem die schwere Tatfolge als solche zugerechnet werden kann. Sofern der Beteiligte den Grundtatbestand nicht eigenhändig begeht, ist der sonst erforderliche tatbestandsspezifische Gefahrzusammenhang nicht Voraussetzung. Vielmehr genügt es, wenn dem Beteiligten hinsichtlich der besonderen Tatfolge Fahrlässigkeit bzw. (bei § 251) **Leichtfertigkeit** zur Last fällt und die erfolgsursächliche Handlung keinen **Exzess** darstellt.[614] **452**

> **Beispiel:** Bandenchef B bezahlt T, damit dieser dem O unter Zuhilfenahme eines Baseballschlägers die Rolex vom Handgelenk zieht. So geschieht es. Wenig später stirbt O an den Folgen der Kopfverletzungen, die T ihm zugefügt hatte. Dabei konnte dem T nachgewiesen werden, dass er deswegen handelte, weil er in die Bande des B aufgenommen werden wollte und daher den Tod des O billigend in Kauf nahm. Strafbarkeit der Beteiligten?
>
> T hat sich wegen schweren Raubs mit Todesfolge (§§ 249 I, 250 II Nr. 1 Var. 2, Nr. 3b, 251) sowie tateinheitlich wegen Mordes aus niedrigen Beweggründen (§ 211 I, II Var. 4) strafbar gemacht. Insbesondere genügt für den Vorsatz dieser Mordvariante die billigende Inkaufnahme des Todes. Daneben hat T auch die Erfolgsqualifikation des § 227 erfüllt, die aber auf Konkurrenzebene (Gesetzeskonkurrenz) zurücktritt (nach a.A.[615] schließen sich die §§ 211 ff. und § 227 schon tatbestandlich aus).
>
> Fraglich ist die Strafbarkeit des B. Zumindest hat er sich wegen Anstiftung zur gefährlichen Körperverletzung (§§ 223 I, 224 I Nr. 2 Var. 2, Nr. 5, 26) und zum schweren Raub (§§ 249, 250 II Nr. 1 Var. 2, Nr. 3b, 26) strafbar gemacht. Problematisch ist, wie sich der Tod des O auf seine Strafbarkeit auswirkt. Anstiftung zum Mord scheidet aus, da der Anstiftervorsatz des B nicht auf ein Tötungsdelikt gerichtet war. Möglicherweise ist er aber

---

[614] Vgl. dazu insgesamt BGHSt 19, 339 ff.; BGH NStZ 1997, 82; 1998, 513; NStZ-RR 2000, 366 f.; NStZ 2010, 81 f.; NJW 2016, 2516, 2517 f.; Sch/Sch-*Sternberg-Lieben/Schuster*, § 18 Rn 7; SK-*Rudolphi*, § 18 Rn 6; *Fischer*, § 18 Rn 5; *Wessels/Hillenkamp*, BT 2, Rn 389.
[615] LK-*Hirsch*, § 227 Rn 1, 9.

wegen Anstiftung zum schweren Raub mit Todesfolge strafbar (§§ 249 I, 250 II Nr. 1 Var. 2, Nr. 3b, 251, 26).

Dass § 26 eine *vorsätzliche* Haupttat voraussetzt und es sich bei § 251 um eine *Erfolgsqualifikation* handelt, steht dem nicht entgegen, da Erfolgsqualifikationen im Allgemeinen gem. §§ 11 II, 18 als Vorsatztaten gelten und § 251 im Besonderen „wenigstens" Leichtfertigkeit genügen lässt. Auch spielt es für B keine Rolle, dass T wegen Mordes strafbar ist. Denn nach zutreffender h.M. ist gem. § 29 für B allein seine **psychische Beziehung zum Eintritt der schweren Folge** entscheidend.

B muss sich also wegen Anstiftung zum schweren Raub mit Todesfolge verantworten, sofern ihm hinsichtlich der Todesfolge wenigstens Leichtfertigkeit zur Last fällt. Er wusste und wollte, dass T dem O unter Einsatz des Baseballschlägers die Rolex vom Handgelenk zieht. Dass das Zusammenschlagen mit einem Baseballschläger stets die Gefahr schwerer Folgen, ja sogar den Tod bedeuten kann, ist für jedermann ersichtlich. In Ermangelung entgegenstehender Gesichtspunkte gilt dies auch für B. In Bezug auf den Tod des O handelte B somit leichtfertig. B ist daher wegen Anstiftung zum schweren Raub mit Todesfolge (§§ 249 I, 250 II Nr. 1 Var. 2, Nr. 3b, 251, 26) strafbar.

Zum **mittäterschaftlich** verübten Raub mit Todesfolge, bei dem die Todesfolge auf einen **Exzess eines Mittäters** zurückzuführen ist, vgl. *R. Schmidt*, AT, Rn 919 nebst Beispiel.

VIII. Konkurrenzen

453 § 249 verdrängt den stets mitverwirklichten § 242 im Wege der Spezialität, tritt jedoch wiederum hinter § 250 zurück. § 249 tritt auch hinter § 251 zurück. Dagegen tritt § 250 nach der hier vertretenen Auffassung nicht hinter § 251 zurück, da anderenfalls nicht deutlich wird, dass die Todesfolge gerade durch eine schwere Begehungsweise des § 250 verursacht wurde. Denn § 251 könnte auch „nur" infolge des § 249 verursacht worden sein.

Dagegen stehen der versuchte Raub mit Todesfolge (§§ 251, 22) und die zugleich verwirklichte vollendete Körperverletzung (§ 223) im Verhältnis der Tateinheit.[616]

Ist neben § 251 die Strafnorm des § 227 erfüllt, ist zu beachten, dass diese Norm zwar die §§ 223, 224 I Nr. 5 verdrängt, ihrerseits jedoch wiederum von § 251 verdrängt wird.[617] Folgerichtig verdrängt § 251 auch § 222.

Verursacht der Täter vorsätzlich den Tod des Raubopfers (was angesichts der Formulierung in § 251, wo von „wenigstens leichtfertig" gesprochen wird, konstruktiv möglich ist, s.o.), besteht Idealkonkurrenz zwischen § 251 und § 211 I, II Var. 3, um im Urteilstenor klarzustellen, dass der vorsätzlich herbeigeführte Tod eine tatbestandsspezifische Folge des Raubs ist.[618]

---

[616] BGHSt 46, 24, 28.
[617] Vgl. BGHSt 46, 24, 25 ff.
[618] Vgl. BGHSt 39, 100, 108 f.

D. Räuberischer Diebstahl (§ 252)

454

Der räuberische Diebstahl ist nicht etwa ein erschwerter Fall des Diebstahls, sondern ein **selbstständiger, raubähnlicher Tatbestand**, der sich vom Raub dadurch unterscheidet, dass das Nötigungsmittel (Gewalt oder Drohung mit gegenwärtiger Gefahr für Leib oder Leben) hier **nicht Mittel der Wegnahme** ist, sondern zur **Sicherung des gerade erlangten Gewahrsams** eingesetzt wird.[619] Man kann sagen, der räuberische Diebstahl sei die **Verteidigung der Diebesbeute mit Raubmitteln**. Und genau darin besteht der Strafgrund des § 252, der den Täter „gleich einem Räuber" bestrafen lässt: Wer mittels Gewalt oder Drohung „auf frischer Tat" noch ungesicherten Gewahrsam sichern will, ist nach Auffassung des Gesetzgebers genauso gefährlich wie der Räuber, der Gewalt gegen Personen oder Drohung mit gegenwärtiger Gefahr für Leib oder Leben in den Dienst der Gewahrsamserlangung stellt. Diese gesetzgeberische Wertung ist allerdings mit Blick auf das Schuldprinzip und der in § 252 steckenden Selbstbegünstigung des Täters nicht ganz unproblematisch, da sich der Täter des § 252 anders als der Räuber meist überraschend in der Situation findet, Gewalt oder Drohung anwenden zu „müssen". Denn es ist nicht sicher, ob von dem Täter, der im unmittelbaren Anschluss an die Wegnahme Raubmittel *zur Verteidigung* der Diebesbeute einsetzt, auch zu erwarten wäre, dass er zu diesen Mitteln auch *zwecks Erlangung* des Gewahrsams gegriffen hätte, wenn er früher überrascht worden wäre. Da es andererseits beim Betreffen des Täters auf frischer Tat aber oft nur vom Zufall abhängt, ob die Wegnahme bereits vollendet war oder nicht, und der Wille, den schon erlangten Gewahrsam mit Raubmitteln zu verteidigen, nicht weniger gefährlich ist als der Wille, die Wegnahme auf diese Weise zu ermöglichen, ist die Gleichbehandlung mit dem Räuber trotz der genannten Bedenken letztlich gerechtfertigt.[620]

Unabhängig von dieser Problematik sind **geschützte Rechtsgüter** neben dem Eigentum die Willensbildungs- und Willensbetätigungsfreiheit des Opfers.[621]

454a

Dadurch, dass der Täter des § 252 „gleich einem Räuber" bestraft wird, finden auch die den § 249 qualifizierenden Erschwernisgründe der §§ 250 und 251 auf § 252 Anwendung.[622] Benutzt der Täter beim räuberischen Diebstahl also eine Waffe, erfolgt die Strafbarkeit aus §§ 252, 250 II Nr. 1; wird durch den räuberischen Diebstahl der Tod eines Menschen verursacht, ist der Täter aus §§ 252, 251 strafbar. Wurde der Tod jedoch bereits durch die Wegnahmehandlung verursacht, genügt dies für § 252 i.V.m. § 251 nicht. Der Täter ist dann aber aus §§ 249, 251 strafbar. Möglich sind daher:

454b

⇨ Schwerer räuberischer Diebstahl (§§ 252, 250)
⇨ Räuberischer Diebstahl mit Todesfolge (§§ 252, 251)
⇨ Schwerer räuberischer Diebstahl mit Todesfolge (§§ 252, 250, 251)

> **Hinweis für die Fallbearbeitung:** Der Täter kann sich demnach also nicht nur wegen **räuberischen Diebstahls** gem. § 252 (mit Diebstahl oder Raub als Vortat), sondern auch wegen **schweren räuberischen Diebstahls** gem. §§ 252, 250, wegen räuberischen Diebstahls mit Todesfolge gem. §§ 252, 251 und wegen **schweren räuberischen Diebstahls mit Todesfolge** gem. §§ 252, 250, 251 strafbar machen. In der Fallbearbeitung können daher unter Nennung der vorstehenden Paragraphenkette im Obersatz auch im Rahmen der Prüfung des § 252 viele der bisher zu §§ 242 ff. und §§ 249 ff. behandelten Probleme Eingang finden.

---

[619] BGHSt 3, 76, 77; BGH NStZ-RR 2001, 41; BGH NJW 2002, 2043, 2044; *Fischer*, § 252 Rn 1; Sch/Sch-*Eser/Bosch*, § 252 Rn 1; SK-*Günther*, § 252 Rn 1; ähnlich nunmehr auch *Kudlich/Aksoy*, JA 2014, 81, 84.
[620] Vgl. BGHSt 9, 255, 257; *Wessels/Hillenkamp*, BT 2, Rn 395; LK-*Herdegen*, § 252 Rn 3.
[621] Vgl. dazu BGH NJW 2002, 2043, 2044; *Lackner/Kühl*, § 252 Rn 1; *Küper*, Jura 2001, 21, 25.
[622] Ganz h.M., vgl. nur BGH NStZ 2009, 36; *Fischer*, § 252 Rn 13; *Wessels/Hillenkamp*, BT 2, Rn 394; *Kudlich/Aksoy*, JA 2014, 81.

454c Die in Bezug auf § 252 **relevanten Probleme**, die immer wieder in Klausuren (insbesondere in Examensklausuren) anzutreffen sind, bestehen darin,

- ob die Vorschrift von §§ 249, 250, 251 verdrängt wird, wenn die Tathandlung, die zur Qualifikation führt, nach Vollendung, aber noch vor Beendigung des Raubs (also in der **Beendigungsphase**), begangen wird (⇨ Rn 459 ff.),

- wie die **Gewalt von der Drohung abzugrenzen** ist (⇨ Rn 327 f.), ob auch **Gewalt gegen Sachen** als Nötigungsmittel in Betracht kommt (⇨ Rn 328 ff.) und ob **Dritte Nötigungsadressaten** sein können (⇨ Rn 341),

- ob von einem „Betroffensein" auch dann gesprochen werden kann, wenn der unbeteiligte Dritte den Täter als solchen **noch nicht einmal sinnlich wahrgenommen hat** (⇨ Rn 463),

- ob von einer „Besitzerhaltungsabsicht" auch dann gesprochen werden kann, wenn der Täter primär nur **verhindern möchte, der Vortat überführt zu werden** (⇨ Rn 465), wenn er plant, **sich der Beute später zu entledigen** (etwa um zu verhindern, dass sie als Beweismittel im Strafverfahren verwendet wird ⇨ Rn 465), oder wenn er den Besitz zuvor **auf einen Dritten** übertragen hat (⇨ Rn 465, 468a).

Es empfiehlt sich folgender Aufbau:

455

Räuberischer Diebstahl (§ 252)

I. Tatbestand

1. Objektiver Tatbestand

a. Bei einem Diebstahl auf frischer Tat betroffen

Vortat: Als taugliche *Vortat* kommen **Diebstahl** oder der einen Diebstahl enthaltene **Raub** (mit jeweiligen Qualifikationen) in Betracht. Die Vortat muss objektiv **vollendet**, darf aber noch **nicht beendet** sein. Die Grenze zwischen § 249 und § 252 wird also durch den Zeitpunkt der Vollendung der Wegnahme markiert.

Auf frischer Tat betroffen ist der Täter jedenfalls dann, wenn er in **Tatortnähe** und **alsbald nach Tatausführung** von einem *anderen* (d.h. von dem Berechtigten oder auch von einem beliebigen Dritten) wahrgenommen wird. Nach h.M. kann von einem „Betroffenwerden" aber auch dann gesprochen werden, wenn der Dritte den Täter als solchen **noch nicht einmal sinnlich wahrgenommen hat**, weil allein auf das **raum-zeitliche Zusammentreffen** zwischen Täter und Opfer abzustellen sei.

b. Einsatz qualifizierter Nötigungsmittel

In Übereinstimmung mit § 249 muss der Täter **Personengewalt verübt oder mit gegenwärtiger Gefahr für Leib oder Leben gedroht** haben. Als Adressaten der Gewalt/Drohungen kommen alle Personen in Betracht, die – zumindest nach der Vorstellung des Täters – bereit sind, ihm die Beute wieder (zugunsten des Bestohlenen) zu entziehen. Dementsprechend gehören auch Ahnungslose und Unbeteiligte – sogar Mittäter der Vortat – zu den Personen, die den Täter „betreffen" können.

2. Subjektiver Tatbestand

Subjektiv verlangt der Tatbestand des § 252 neben dem allgemeinen **Vorsatz** i.S.d. § 15, der sich auf alle objektiven Tatbestandsmerkmale beziehen muss, die **Absicht** i.S.d. *dolus directus* 1. Grades („um ... zu"), den Besitz des gestohlenen Gutes zu erhalten.

II. Rechtswidrigkeit und III. Schuld: Es gelten die allgemeinen Grundsätze.

IV. Qualifikationen

Folgende Konstruktionen werden ermöglicht durch den Verweis „gleich einem Räuber" in § 252.

⇨ Schwerer räuberischer Diebstahl (§§ 252, 250)

⇨ Räuberischer Diebstahl mit Todesfolge (§§ 252, 251)
⇨ Schwerer räuberischer Diebstahl mit Todesfolge (§§ 252, 250, 251)

V. Teilnahme und Konkurrenzen: Hier bestehen besondere Probleme.

I. Tatbestand
1. Objektiver Tatbestand

Der objektive Tatbestand verlangt das Verüben von Gewalt oder das Anwenden einer **456** Drohung mit gegenwärtiger Gefahr für Leib oder Leben desjenigen, der bei einem Diebstahl (oder Raub) auf frischer Tat betroffen ist.

a. Vortat: Diebstahl, aber auch Raub

Als Vortat nennt § 252 einen **Diebstahl**. Selbstverständlich beinhaltet diese Formulierung auch sämtliche Erschwernisformen des Diebstahls, also die Fälle der §§ 243-244a.[623] Auch, ob der Diebstahl umgekehrt unter §§ 247 oder 248a fällt, ist für die Anwendbarkeit des § 252 ohne Belang. **457**

Auch ein **Raub** (mit seinen Erschwernisgründen aus §§ 250, 251) kommt als Vortat zu **458** § 252 in Betracht, da er den Diebstahl tatbestandlich einschließt.[624] Wenn zudem schon vom Gesetz der Diebstahl als taugliche Vortat genannt wird, muss dies erst recht für den Raub gelten. Die Einbeziehung eines Raubs als Vortat kann jedoch zu Konkurrenzproblemen führen (vgl. dazu Rn 460 f.). Eine Unterschlagung kann dagegen von vornherein keine „Vortat" i.S.d. § 252 sein.[625] Dasselbe gilt für einen Betrug (§ 263) bzw. Computerbetrug (§ 263a), was äußert praktische Konsequenzen hat bei der Einordnung des Vortatgeschehens als Diebstahl oder Betrug, vgl. dazu Rn 592 ff.

b. Vollendung der Vortat

Die Vortat muss **vollendet** sein. Dies ist der Fall, wenn der Täter fremden Gewahrsam **459** gebrochen und neuen Gewahrsam begründet hat. Eine **Beendigung** der Vortat ist dagegen **nicht** erforderlich und auch nicht zulässig. Denn ist das Zueignungsdelikt bereits beendet, gibt es nichts mehr zu sichern i.S.d. § 252. Spätestens die Beendigung der Vortat markiert somit die letzte Möglichkeit für die Verwirklichung des räuberischen Diebstahls.[626]

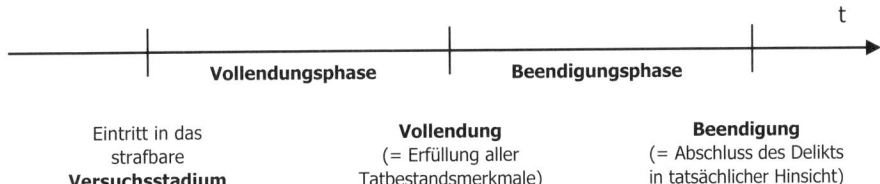

| Vollendungsphase | Beendigungsphase | | t |

Eintritt in das strafbare **Versuchsstadium** — **Vollendung** (= Erfüllung aller Tatbestandsmerkmale) — **Beendigung** (= Abschluss des Delikts in tatsächlicher Hinsicht)

Damit scheint eine Strafbarkeit aus § 252 also immer dann möglich, wenn die Vortat **460** zwar vollendet, aber noch nicht beendet ist. Dann aber stellen sich Abgrenzungsproble-

---

[623] Da sich Wegnahme und Weggabe begrifflich ausschließen, kommt als geeignete Vortat zu § 252 keine räuberische Erpressung (§ 255) in Betracht. Daraus folgt, dass nach vollendeter räuberischer Erpressung auch dann nicht § 252 gegeben sein kann, wenn der Täter mit Gewalt die Beute verteidigt. In Betracht kommen ausschließlich §§ 223 ff., 211 ff. und 240.
[624] Vgl. BGHSt 21, 377, 380; 41, 198, 203; BGH NJW 2002, 2043, 2044; *Hellmann*, JuS 2003, 17, 20; *Baier*, JA 2003, 107, 110; *Lackner/Kühl*, § 252 Rn 2; *Fischer*, § 252 Rn 3; *Sch/Sch-Eser/Bosch*, § 252 Rn 3.
[625] Klarstellend BGH NStZ 2011, 36, 37.
[626] BGHSt 28, 224, 229; BGH NStZ 2015, 219, 220; NStZ 2015, 276; OLG Köln NStZ 2005, 448 f.; *Sch/Sch-Eser/Bosch*, § 252 Rn 3; *Rengier*, BT I, § 10 Rn 6; LK-*Vogel*, § 252 Rn 34, 39; *Wessels/Hillenkamp*, BT 2, Rn 398; a.A. *Lackner/Kühl*, § 252 Rn 4. Zur Beendigungsphase vgl. Rn 79b ff.

me, wenn der Täter bei der Vortat qualifizierende Umstände verwirklicht, denn nach der Rechtsprechung[627] kann der Täter auch in der Beendigungsphase des Raubs qualifizierende Umstände verwirklichen.

Beispiel: T hat O überfallen und mit Gewalt deren Portemonnaie weggenommen. Als er gerade zur Flucht ansetzt, eilt X herbei und will T festhalten. Doch T schlägt X mit der Faust nieder, wobei X so unglücklich mit dem Kopf auf einen Stein stürzt, dass er einen Schädelbruch erleidet und daran verstirbt.

T hat wegen des Überfalls auf O und des gewaltsamen Wegnehmens von deren Portemonnaie den Tatbestand des § 249 vollendet. Fraglich ist allein die Strafbarkeit in Bezug auf das Verhalten gegenüber X.

Diesbezüglich kommt eine Strafbarkeit des T aus §§ 252, 251 in Betracht, da er offensichtlich in der Absicht handelte, die Beute zu erhalten und die Flucht zu ermöglichen. Da die Vortat (der Raub zum Nachteil der O) aber noch nicht beendet war und der BGH die Beendigungsphase als qualifikationsgeeignete Phase zulässt, kommt auch eine Ausdehnung der Vortat auf das Geschehen gegenüber X in Betracht. T wäre dann aus §§ 249, 251 strafbar (§ 252 wäre nicht anwendbar bzw. würde als mitbestrafte Nachtat im Wege der Konsumtion zurücktreten). Gegen die Auffassung des BGH spricht aber, dass der eigens für die Beendigungsphase geschaffene § 252 mit seiner tatbestandlich normierten Beuteerhaltungsabsicht unterlaufen würde, weitete man – bei Fehlen dieser Beuteerhaltungsabsicht – die qualifikationsgeeignete Phase auf die Beendigungsphase des Raubs aus. Zudem läge eine Kollision mit dem Bestimmtheitsgebot (Art. 103 II GG) vor. Denn der Tatbestand des Raubs ist mit der Wegnahme vollendet; das Geschehen nach der Vollendung kann nicht mehr der Wegnahme dienen und muss daher außerhalb des durch §§ 242, 249 geschützten Tatbereichs liegen. Wendet der Täter in der Beendigungsphase des Raubs also (weitere) Gewalt an, findet allein § 252 Anwendung (a.A. der BGH). Liegen dessen Voraussetzungen nicht vor (weil es an der Beuteerhaltungsabsicht fehlt), muss man eine Strafbarkeit aus § 252 verneinen, auch wenn man diese Konsequenz kriminalpolitisch für verfehlt ansieht, weil dann „nur" § 227 den Tod des X sanktioniert. Strafbarkeitslücken zu schließen ist allein Aufgabe des Gesetzgebers. Strafgerichte sind hierzu nicht berufen (vgl. zum Meinungsstand Rn 210 und 437 f.).

Ergebnis: Demnach hat sich T – sofern er in Bezug auf § 252 mit Beuteerhaltungsabsicht und in Bezug auf § 251 leichtfertig gehandelt hat – aus §§ 252, 251 strafbar gemacht.

461

> **Zusammenfassung:** Die Anwendung des § 252 setzt jedenfalls voraus, dass der die Vortat bildende Diebstahl (bzw. Raub) objektiv **vollendet, aber noch nicht beendet** ist. Da Vortat i.S.d. § 252 aber auch ein Raub sein kann und die Rechtsprechung die qualifikationsgeeignete Phase auf die Beendigungsphase der Vortat ausdehnt, dehnt sie die qualifikationsgeeignete Phase in den Zeitraum aus, in dem § 252 Anwendung findet. Daher sind Abgrenzungsprobleme immanent. Es lassen sich folgende Aussagen treffen:
>
> - Gewalt und Drohungen *vor* Vollendung der Wegnahme führen zu § 249.
> - Gewalt und Drohungen *nach* Beendigung der Wegnahme führen nur zu einer Strafbarkeit aus § 240 und ggf. aus §§ 223 ff. oder aus §§ 211, 212 in Tatmehrheit zur Vortat.
> - Äußerst problematisch ist die Verübung von Gewalt oder Drohung *nach* erfolgtem raubbedingtem Gewahrsamswechsel *bis* zur Beendigung der Vortat (also in der Beendigungsphase des Raubs), da der BGH in diesem Stadium den Raub als qualifikationsgeeignet ansieht (vgl. Rn 210, 437 f., 460).

---

[627] BGHSt 20, 194, 197; 38, 295, 299; BGH NStZ 2007, 332, 333 (mit Bespr. v. *Bosch*, JA 2007, 468 ff.). Vgl. dazu bereits Rn 210 und 437 f. mit Begründung der auch hier vertretenen Gegenauffassung.

c. Auf frischer Tat betroffen

Weiterhin setzt § 252 voraus, dass der Täter „auf frischer Tat betroffen" wird. Wann dies der Fall ist, ist mitunter schwierig zu beantworten. Jedenfalls wird man sagen können, dass die „Frische" der Tat nicht mehr vorliegt, wenn diese beendet ist. „Auf frischer Tat" betroffen werden kann der Täter also nur in der Zeitspanne zwischen Vollendung und Beendigung der Vortat, also **während der Beendigungsphase**. Hierbei ist wiederum klar, dass die Tat „frisch" ist und der Täter „betroffen" werden kann, wenn der Täter in unmittelbarer **Tatortnähe** und **alsbald nach Tatausführung** von einem *anderen* (d.h. von dem Berechtigten oder auch von einem beliebigen Dritten) wahrgenommen wird.[628] Um nicht mit dem Bestimmtheitsgrundsatz aus Art. 103 II GG zu kollidieren, ist grundsätzlich ein enger **raum-zeitlicher Zusammenhang** zwischen der Vortat (d.h. der Wegnahme der Beute) und dem Einsatz des Raubmittels zur Beutesicherung erforderlich.[629]

> **Beispiel:** T hat im Juweliergeschäft des O eine Uhr an sich genommen (d.h. gestohlen) und ist auf dem Weg zum Ausgang, wo sich D ihm in den Weg stellt. Aus vollem Lauf stößt T den D so heftig zur Seite, dass dieser zu Boden stürzt.
>
> Hier hat T in einem raum-zeitlichen Zusammenhang mit dem Diebstahl den D einem durch nicht unerhebliche Kraftentfaltung körperlich empfundenen Zwang ausgesetzt und damit gegen ihn Gewalt verübt. Tat er dies auch deshalb, um sich im Besitz der Beute zu erhalten, hat T sich daher (auch) aus § 252 strafbar gemacht.

Auf einen engen zeitlichen und räumlichen Zusammenhang zwischen der Vortat und der Gewaltanwendung kommt es jedoch nicht an, wenn das Raubmittel im Rahmen der sog. **Nacheile** angewendet wird, also während der sich unmittelbar an das Betreffen auf frischer Tat anschließenden Verfolgung.[630] Es genügt, wenn der Täter im engen zeitlichen und räumlichen Zusammenhang mit der Vortat wahrgenommen wird, er ohne zeitlich relevante Zäsur sogleich die Flucht aufnimmt und erst im Zuge der Flucht das Raubmittel einsetzt. Voraussetzung ist nur, dass die Verfolgung ohne (zeitliche) Zäsur nach der Wahrnehmung und damit dem Betroffenwerden aufgenommen wird.[631]

> **Beispiel**[632]**:** Durch gewaltsames Öffnen eines Geldautomaten erbeutete T rund 78.000 €. T bemerkte nicht, dass das Geschehen durchgehend von Polizeikräften beobachtet wurde, die dann auch sogleich die Verfolgung aufnahmen. Nach ca. 35 km gelang es ihnen, das Fluchtfahrzeug zu stoppen. T erkannte aufgrund der Uniformen, dass es sich um Polizisten handelte. Um sich der Festnahme zu widersetzen, aber auch, um sich im Besitz der Beute zu erhalten, entschloss er sich, die Flucht wieder aufzunehmen. Zu diesem Zweck fuhr er an, obwohl sich Polizeibeamter O vor dem Fahrzeug befand. Dieser erlitt durch den Zusammenstoß eine Knieverletzung.
>
> Eine Vortat, der Diebstahl, liegt vor. Um eine Strafbarkeit auch wegen § 252 bejahen zu können, müsste grds. ein raum-zeitlicher Zusammenhang zwischen dem Diebstahl und dem Einsatz des Raubmittels zur Beutesicherung bestanden haben. Daran fehlt es vorliegend. Allerdings genügt es nach Auffassung des BGH, wenn der Täter im engen zeitlichen und räumlichen Zusammenhang mit der Vortat angetroffen wird, er ohne zeitlich relevante Zäsur sogleich die Flucht aufnimmt und erst im Zuge der Flucht das Raubmittel einsetzt. Voraussetzung ist nur, dass die Verfolgung ohne (zeitliche) Zäsur aufgenommen wird.[633] Das ist vorliegend der Fall. T hat sich daher gem. § 252 strafbar gemacht.[634]

---

[628] BGHSt 9, 255, 257; 26, 95, 96; 28, 224, 229; BGH NJW 2015, 3178, 3179; *Fischer*, § 252 Rn 5; Sch/Sch-*Eser/Bosch*, § 252 Rn 1; *Küper*, Jura 2001, 21, 24.
[629] BGH StV 2013, 445 f.; NStZ 2015, 219, 220; NJW 2015, 3178, 3179.
[630] BGH NJW 2015, 3178, 3179 (mit Verweis auf BGH NJW 1952, 1026; GA 1962, 145).
[631] BGH NJW 2015, 3178, 3179; Sch/Sch-*Eser/Bosch*, § 252 Rn 5, 6.
[632] Nach BGH NJW 2015, 3178 (abgewandelt).
[633] BGH NJW 2015, 3178, 3179; Sch/Sch-*Eser/Bosch*, § 252 Rn 5, 6.
[634] Auf die Frage nach der Strafbarkeit auch wegen §§ 223, 224, § 315b und § 113 soll hier nicht eingegangen werden, vgl. dazu *R. Schmidt*, BT I, Rn 327, 561 und 826.

462b An dem raum-zeitlichen Erfordernis fehlt es jedenfalls, wenn der Täter seine Beute zwischenlagert und erst später, nach Entdeckung durch einen Dritten, unter Einsatz von Raubmitteln wieder an sich nimmt.

> **Beispiel[635]:** In einem Nachtzug bestahl T den in seinem Abteil schlafenden Mitreisenden O, indem er dessen Notebook an sich nahm und zur Zwischenlagerung in ein anderes Abteil verbrachte. In den frühen Morgenstunden wurde der Zugbegleiter Z auf T aufmerksam. Nachdem er ihn zunächst zur Rede gestellt hatte, gingen sie gemeinsam in Richtung des Abteils, in dem T das Notebook versteckt hatte. Dort angekommen, nahm Z das Notebook an sich und zeigte es T, um diesen mit dem Tatvorwurf zu konfrontieren. In der Folge kam es zu einer Rangelei zwischen T und Z um das Diebesgut, wobei T den Z an die Wand des Abteils drückte und ein bei sich geführtes Messer auf ihn richtete. So gelang es T, das Notebook wieder an sich zu nehmen und damit in den Gang zu flüchten, um dort die Notbremse zu betätigen. Z gelang es aber, T zu überwältigen.
>
> Eine Vortat, der Diebstahl, liegt vor. Um eine Strafbarkeit auch wegen § 252 bejahen zu können, müsste ein raum-zeitlicher Zusammenhang zwischen dem Diebstahl und dem Einsatz des Raubmittels zur Beutesicherung bestanden haben. Daran fehlt es, wenn der Täter seine Beute zwischenlagert und erst später, nach Entdeckung durch einen Dritten, unter Einsatz von Raubmitteln wieder an sich nimmt. T hat sich daher nicht gem. § 252 strafbar gemacht.

Wie bei Rn 458 bereits ausgeführt, kann auch ein Raub taugliche Vortat zu § 252 sein. Dann aber ergeben sich dadurch, dass die Rechtsprechung in Bezug auf die Vortat die qualifikationsgeeignete Phase auf die Beendigungsphase erstreckt und daher der Täter auch in der Beendigungsphase des Raubs qualifizierende Umstände (d.h. §§ 250 und 251) verwirklichen kann, Abgrenzungsprobleme in Bezug auf § 252. Diese schlagen durch auf die Frage des „Betroffenseins". Denn der Täter kann nur betroffen sein i.S.v. § 252, wenn § 252 überhaupt anwendbar ist und nicht durch eine Ausweitung der qualifikationsgeeigneten Phase der Vortat ausgeschlossen ist. Siehe dazu Rn 210, 437 f. und 460.

463 Fraglich ist weiterhin, ob von einem „Betroffensein" auch dann gesprochen werden kann, wenn der unbeteiligte Dritte den Täter als solchen **noch nicht einmal sinnlich wahrgenommen hat**.

> **Beispiel:** T hat eine Bank überfallen und ist auf der Flucht. Unterwegs begegnet er dem O. Im Glauben, von diesem erkannt zu werden, und mit der Absicht, dem Bemerktwerden zuvorzukommen, schlägt er O nieder. Tatsächlich ist O ahnungslos und hätte T auch nicht mit dem Raub in Verbindung gebracht. Hat T sich wegen räuberischen Diebstahls strafbar gemacht?
>
> Eine Vortat – hier ein Raub – liegt vor. Diese war auch vollendet und noch nicht beendet. T müsste aber auch „auf frischer Tat betroffen" gewesen sein. Bedenken an der Bejahung dieses Tatbestandsmerkmals knüpfen an den Umstand, dass O den T mit dem Raub überhaupt nicht in Verbindung gebracht hat.
>
> ⇨ Ein Teil der Literatur verneint in einem solchen Fall den § 252: Es sei eine verbotene Analogie, denjenigen, der ein Betreffen gerade durch schnelles Zuschlagen verhindere, einem Täter gleichzustellen, der tatsächlich betroffen worden sei.[636]
>
> Demzufolge wäre T nicht „betroffen" i.S.v. § 252 und folgerichtig nicht wegen räuberischen Diebstahls strafbar.
>
> ⇨ Demgegenüber bejaht die h.M. § 252, weil allein auf das räumlich-zeitliche Zusammentreffen zwischen Täter und Opfer abzustellen sei.[637]

---

[635] Nach BGH StV 2013, 445 (abgewandelt).
[636] *Krey/Hellmann/Heinrich*, BT II, Rn 211; MüKo-*Sander*, § 252 Rn 9 ff.; NK-*Kindhäuser*, § 252 Rn 14; *Wessels/Hillenkamp*, BT 2, Rn 401; *Geppert*, Jura 1990, 554, 556; *Seelmann*, Jus 1986, 201, 206.
[637] BGHSt 26, 95, 96; OLG Köln NStZ 2005, 448, 449; LK-*Herdegen*, § 252 Rn 12; *Lackner/Kühl*, § 252 Rn 4; *Fischer*, § 252 Rn 6; SK-*Günther*, § 252 Rn 12 f.; Sch/Sch-*Eser/Bosch*, § 252 Rn 4.

Da danach der Täter auch dann „betroffen" i.S.v. § 252 sein kann, wenn er nicht weiß, dass der andere ihn noch nicht (als Täter der Vortat) wahrgenommen hat, wäre T folgerichtig wegen räuberischen Diebstahls strafbar.

Stellungnahme: Ausgangspunkt der Diskussion ist der Wortlaut des § 252, der voraussetzt, dass der Täter „auf frischer Tat betroffen" wird. Versteht man das Wort „betreffen" mit der zuerst genannten Auffassung objektiv, muss man in der Tat ein tatsächliches Bemerktwerden des Täters voraussetzen. Die bejahende Interpretation der h.M. würde demzufolge das Wortlautargument überdehnen und gegen das Analogieverbot verstoßen. Da das Gesetz in § 252 aber lediglich von „betreffen" und nicht etwa von „bemerken" spricht, ist das Wort „betreffen" nicht zwingend im Sinne von (tatsächlichem) „antreffen", „ertappen" oder „bemerken" zu verstehen. Vielmehr kann man den Begriff „betreffen" auch aus der Sicht des Täters oder des „Bemerkenden" (also subjektiv) bestimmen und daher als bloßes „zusammentreffen" oder „begegnen" interpretieren. Teilt man diese Auffassung, führt jedes Zusammentreffen des Täters mit einem Dritten während der Beendigungsphase zu einem Betroffensein auf frischer Tat. Dieser Befund entspricht auch dem Zweck des § 252, die Verteidigung des (noch) ungesicherten Gewahrsams mit Raubmitteln zu sanktionieren. T ist wegen räuberischen Diebstahls strafbar.

d. Verüben von Gewalt oder Anwendung von Drohungen mit gegenwärtiger Gefahr für Leib oder Leben

Der Täter (oder der Mittäter, dessen objektive Tatbeiträge dem Täter über § 25 II zugerechnet werden[638]) muss **Personengewalt verübt oder mit gegenwärtiger Gefahr für Leib oder Leben gedroht** haben.

464

Wie bei § 249 ist auch bei § 252 die Auslegung des Begriffs der Gewalt umstritten. Teilweise wird mit Blick auf die hohe Strafandrohung ein restriktiverer Ansatz als bei § 240 vertreten. Der Vergleich zwischen § 240, wo lediglich von „Gewalt" gesprochen wird, und §§ 249, 252, wo es „Gewalt gegen eine Person" heißt, spricht in der Tat dafür, dass §§ 249, 252 höhere Anforderungen an die Auslegung des Gewaltbegriffs stellen und dass ein körperbezogener Eingriff von einigem Gewicht erforderlich sein könnte. Die auch hier vertretene h.M. folgt diesem Ansatz jedoch nicht. Sie legt den Gewaltbegriff in §§ 252, 249 gleichermaßen wie bei § 240 aus. Danach ist Gewalt (i.S.d. § 252) jeder durch körperliche Kraftentfaltung vermittelte Zwang, der auch beim Opfer körperlich (und nicht nur psychisch) wirkt und der Überwindung eines geleisteten oder erwarteten Widerstands dient (vgl. zu Begründung sowie zu den Nachweisen Rn 328).

Die mit § 249 übereinstimmenden qualifizierten Nötigungsmittel brauchen nicht zwingend am Tatort oder in dessen unmittelbarer Nähe angewendet zu werden. Es genügt, dass der auf frischer Tat Betroffene sie erst während der Nacheile (also i.d.R. während der Flucht) einsetzt.[639] Die Raubmittel brauchen auch nicht gegen denjenigen angewendet zu werden, der den Täter auf frischer Tat betroffen hat. Vielmehr kommen als Adressaten der Gewalt bzw. Drohung alle Personen in Betracht, die – zumindest nach der Vorstellung des Täters – bereit sind, ihm die Beute wieder (zugunsten des Bestohlenen) zu entziehen. Dementsprechend gehören auch Ahnungslose und Unbeteiligte – sogar Mittäter der Vortat – zu den Personen, die den Täter „betreffen" können.[640]

Beispiel: Die beiden Mittäter A und B sind bei der Tatausführung von einem Nachtwächter entdeckt worden und befinden sich nun mit ihrer Beute auf der Flucht. In der irrigen

---

[638] Vgl. dazu auch *Hillenkamp*, JuS 2003, 157, 160.
[639] *Wessels/Hillenkamp*, BT 2, Rn 401.
[640] BGHSt 9, 162, 163.

Ansicht, B sei der verfolgende Nachtwächter, schießt A auf seinen Tatgenossen. ⇨ Hier liegt ein vollendeter[641] räuberischer Diebstahl vor.

2. Subjektiver Tatbestand

465 Subjektiv verlangt der Tatbestand des § 252 neben dem allgemeinen **Vorsatz** i.S.d. § 15, der sich auf alle objektiven Tatbestandsmerkmale (also auf die Frische der Tat, das in unmittelbarer zeitlicher und räumlicher Nähe zum Diebstahl Bemerktwerden sowie die Tathandlung) beziehen muss[642], die Absicht i.S.d. *dolus directus* 1. Grades (vgl. den Wortlaut des § 252: „um ... zu") , den Besitz des gestohlenen Gutes zu erhalten. Diese **Besitzerhaltungsabsicht** umschreibt das Täterziel. Ob dieses Ziel tatsächlich erreicht wird, ist unerheblich (kupiertes Erfolgsdelikt). Es kommt lediglich darauf an, dass es dem Täter darum geht, eine Gewahrsamsentziehung zu verhindern, die – tatsächlich oder nur aus Tätersicht – gegenwärtig ist oder unmittelbar bevorsteht.[643] Allerdings muss die Besitzerhaltungsabsicht nicht der einzige Beweggrund des Täters für die Gewaltanwendung oder den Einsatz des Nötigungsmittels sein.[644] Die Besitzerhaltungsabsicht darf nur nicht gänzlich hinter dem Fluchtwillen zurücktreten. Wenn der Täter also durch seine Gewaltanwendung lediglich **verhindern** will, der Vortat überführt zu werden, oder damit **nur die Flucht ermöglichen oder absichern** will, kann darin **keine** Besitzerhaltungsabsicht gesehen werden; § 252 scheidet aus.[645]

Schwierig ist daher die Frage, ob eine Besitzerhaltungsabsicht vorliegt, wenn der Täter nach der Vortat den Entschluss fasst, sich der Beute später zu entledigen, etwa um zu verhindern, dass sie im Fall seines Ergreifens als Beweismittel im Strafverfahren verwendet wird. Letztlich mündet diese Frage in die Frage, ob § 252 eine **fortdauernde Zueignungsabsicht** fordert oder einen **vorübergehenden Gewahrsamswillen** genügen lässt. Das Ergebnis hängt davon ab, ob man den Begriff der Besitzerhaltungsabsicht weit oder eng versteht. Gegen die fortdauernde Zueignungsabsicht (und damit für eine enge Auslegung der Besitzerhaltungsabsicht) spricht die hohe Strafandrohung des § 252. Auf der anderen Seite darf nicht verkannt werden, dass es sich bei § 252 um ein Anschlussdelikt zu § 242 bzw. § 249 handelt und der Raubcharakter unverkennbar ist, was dazu führt, dass man eine fortdauernde Zueignungsabsicht fordern muss. Nur so bleibt der Raubcharakter erhalten.[646]

Mithin lässt sich sagen: Es schadet nicht, wenn die Beuteerhaltungsabsicht nicht der einzige Beweggrund für die Gewaltanwendung ist. Es steht § 252 nicht entgegen, wenn auch andere Motive vorhanden sind, wie z.B. eine Fluchtabsicht oder die Absicht, eine Beweismittelbeschlagnahme zu verhindern, sofern diese nicht die Besitzerhaltungsabsicht in den Hintergrund drängen.[647]

Da es um eine (dauerhafte) Erhaltung des Beutebesitzes geht, kann schließlich nur derjenige die erforderliche Absicht besitzen, der in seiner Person die tatsächliche Sachherrschaft über die Beute ausübt oder dem als Täter des Diebstahls der Beutebesitz eines Diebstahlsbeteiligten gem. § 25 II zugerechnet werden kann. Die Absicht, einem Dritten den Besitz zu wahren, reicht nicht aus (dazu sogleich Rn 468 ff.).

II. Rechtswidrigkeit und Schuld

466 Es gelten die allgemeinen Grundsätze.

---

[641] Wie hier *Wessels/Hillenkamp*, BT 2, Rn 402. Nach der Gegenauffassung (*Küper*, JZ 2001, 735) liegt nur ein *versuchter* räuberischer Diebstahl vor, weil im Falle einer vom Täter nur irrtümlich angenommenen Schutzbereitschaft des „Antreffenden" dieser kein taugliches Tatobjekt sein könne.

[642] Vgl. dazu auch BGH NJW 2015, 3178, 3179.

[643] Vgl. dazu BGH NStZ-RR 2005, 340, 341; OLG Köln NStZ 2005, 448 f.; OLG Hamm StV 2005, 336.

[644] BGH NStZ 2015, 157; NStZ-RR 2005, 340, 341. Vgl. auch BGH NJW 2015, 3178, 3179.

[645] BGH NStZ 2015, 157; OLG Köln NJW-RR 2004, 299.

[646] Vgl. dazu auch den Fall OLG Brandenburg NStZ-RR 2008, 201.

[647] Vgl. auch BGH NStZ 2015, 157.

III. Versuch des § 252

Scheitert die Vollendung der Vortat aus einem beliebigen Grund (etwa weil der Täter irrtümlich davon ausging, fremden Gewahrsam zu brechen), sind im Übrigen aber die Voraussetzungen des § 252 erfüllt, stellt sich die Frage nach einer Strafbarkeit wegen versuchten räuberischen Diebstahls. Die einzige Schwierigkeit, die sich in diesem Bereich stellt, ist die in § 252 fehlende Strafandrohung, aus der üblicherweise die Strafbarkeit des Versuchs abgeleitet wird. In der Formulierung „gleich einem Räuber" steckt aber der Verweis auf § 249, der gemäß seiner Strafandrohung ein Verbrechen darstellt (vgl. § 23 I i.V.m. § 12 I). Der Versuch des § 252 ist somit stets strafbar.

467

IV. Beteiligungsfälle

Zunächst ist unstreitig, dass es bei § 252 Mittäterschaft und Teilnahme geben kann.[648] Unstreitig ist auch, dass Täter des § 252 jedenfalls sein kann, wer an der Vortat als Täter oder Mittäter beteiligt war *und* seinen Besitz verteidigen will. Ein Mittäter der Vortat kann also nur dann tauglicher Täter des § 252 sein, wenn er zum Zeitpunkt der Tathandlung i.S.d. § 252 im Besitz der Beute ist. Das folgt aus der von § 252 verlangten Beuteerhaltungsabsicht.[649] Wer also trotz mittäterschaftlicher Beteiligung an der Vortat nicht im Besitz der Beute ist, kann ebenso wenig Täter des § 252 sein[650] wie derjenige, der an der Vortat nicht beteiligt war, obwohl er im Rahmen der Tathandlung des § 252 *seinen* Besitz bzw. den – über § 25 II zurechenbaren (dazu Rn 468a) – Besitz des Mittäters verteidigen will[651].

468

> **Beispiel:** Die beiden Freundinnen T und G stehen an der Bushaltestelle und warten auf den nächsten Bus. Als T plötzlich die Handtasche der zufällig anwesenden, ebenfalls auf den Bus wartenden O erblickt, beschließt sie kurzerhand, die Handtasche der O wegzunehmen, um sie für sich zu behalten. So geschieht es. Doch unter den wartenden Fahrgästen befinden sich einige Mutige, die unmittelbar dazu ansetzen, der T die Tasche wieder abzunehmen. Stets der T solidarisch verbunden, stellt G sich den Mutigen unter Gewaltanwendung entgegen, um T die Flucht mit der Handtasche zu ermöglichen.
>
> Hier ist T aus § 252 strafbar, weil ihr nach Auffassung des BGH[652] die „Verteidigungshandlungen" der G über § 25 II zugerechnet werden. Der zuvor verwirklichte § 242 wird im Wege der Gesetzeseinheit verdrängt.
>
> G kommt dagegen nicht als (Mit-)Täterin des § 252 in Betracht, da sie nicht an der Vortat (mittäterschaftlich) beteiligt war.[653] Außerdem verlangt § 252 eine eigennützige Beuteerhaltungsabsicht (vgl. den Wortlaut des § 252: „um *sich* im Besitz ... zu halten").[654] G wollte aber nur die Besitzerhaltung auf Seiten der T sichern. Sie ist hinsichtlich des räuberischen Diebstahls daher nur wegen Beihilfe strafbar (§§ 252, 27 I). Eine täterschaftliche Begehung kommt bei G jedoch unter dem Aspekt der abgenötigten Preisgabe des Herausgabeanspruchs in Betracht. Hier ist sie möglicherweise wegen räuberischer Erpressung strafbar (§§ 253, 255). Doch dies setzt einen neuen Vermögensschaden voraus, was vorliegend zu bezweifeln ist. Selbst bei Bejahung eines solchen müsste man unter dem Gesichtspunkt der Sicherungserpressung die genannten Tatbestände als mitbestrafte Nachtat zurücktreten lassen. Der BGH betont darüber hinaus, man dürfe nicht die Begrenzungen des § 252 sowie die entsprechenden Teilnahmeregelungen unterlaufen.[655]

---

[648] Insoweit (in Bezug auf Mittäterschaft) klarstellend BGH NJW 2015, 3178, 3179.
[649] BGH NStZ 2015, 276.
[650] BGH NStZ 2015, 276.
[651] Vgl. BGHSt 6, 248, 250; *Wessels/Hillenkamp*, BT 2, Rn 406; *Rengier*, BT I, § 10 Rn 19. Vgl. auch *Dehne-Niemann*, JuS 2008, 589 ff. und *Dehne-Niemann*, NStZ 2015, 251 ff.
[652] BGH StV 1991, 349, 350. Vgl. auch *Wessels/Hillenkamp*, BT 2, Rn 406 und *Rengier*, BT I, § 10 Rn 19.
[653] Es mag widersprüchlich erscheinen, T die Verteidigungshandlung der G über § 25 II zuzurechnen, dann aber bei der Prüfung der Strafbarkeit der G eine Mittäterschaft an § 252 abzulehnen. Nach Auffassung der genannten Quellen vervollständigt die Nötigungshandlung der G das Verhalten der T zu einer Haupttat nach § 252.
[654] Vgl. bereits die 1. Aufl. 2002; wie hier auch *Weigend*, GA 2007, 274, 281.
[655] BGH StV 1991, 349, 350.

468a Hat aber der Täter der Vortat im Zeitpunkt der Verteidigungshandlung den Besitz voll-ständig auf einen Dritten übertragen, scheidet eine Strafbarkeit des § 252 aus, weil eine Zurechnung des Besitzes gem. § 25 II ausscheidet und § 252 eine **Drittzueignungs-absicht nicht erfasst**.

Beispiel: T macht mit seiner Freundin F einen Stadtbummel. Im Schaufenster eines Ju-weliergeschäfts entdeckt F eine Halskette, die ihr hervorragend stehen würde. T meint, F solle draußen warten; er werde sich nach dem Preis erkundigen. In dem Geschäft lässt sich T die Halskette geben, um sie – wie er der Verkäuferin V glaubhaft macht – näher anzuschauen. Als V gerade dabei ist, noch einen anderen Kunden zu bedienen, verlässt T mit der Halskette in der Hand schnell das Geschäft. Draußen überreicht er die Halskette sofort der F, die davon ausgeht, dass T ihr die Halskette gekauft hat. Doch F´s Freude währt nicht lange. V, die das Geschehen mitbekommen hat, kommt auf F zu und möchte die Halskette wieder an sich nehmen. Doch T tritt dazwischen und wehrt den „Angriff" der V mit Gewalt ab, um F im Besitz der Halskette zu halten.

I. Geschehen im Laden:

T ist, obwohl V ihm die Halskette zwecks Ansicht übergeben hatte, nicht etwa wegen Be-trugs, sondern wegen Diebstahls strafbar (vgl. zu dieser Fallkonstellation Rn 60). Eine Be-teiligungsform auf Seiten der F liegt nicht vor.

II. Geschehen später vor dem Laden:

Fraglich ist allein, ob T durch sein „Abwehrverhalten" gegenüber V den Tatbestand des räuberischen Diebstahls verwirklicht hat. Die „Frische" der Vortat liegt vor. Auch hat T Personengewalt gegenüber V ausgeübt. T müsste dem Wortlaut des § 252 zufolge aber auch mit der Absicht gehandelt haben, *sich* im Besitz der Halskette zu halten. Damit ist die „Selbstzueignungsabsicht" gemeint. Anders als bei § 242 hat der Gesetzgeber im Zu-ge der Strafrechtsreform (6. StrRG) 1998 bei § 252 die „Drittzueignungsabsicht" („sich oder einen Dritten") nicht eingefügt. Daraus lässt sich der Umkehrschluss ziehen, dass der Gesetzgeber bei § 252 ausschließlich die „Selbstzueignungsabsicht" verlangt.[656]

T hatte keinen Besitz an der Halskette. Eine für § 252 erforderliche „Selbstzueignungsab-sicht" kann aber auch dann vorliegen, wenn der Besitz auf Seiten der F dem T über § 25 II zugerechnet wird. Doch das würde das Vorliegen einer Mittäterschaft voraussetzen. Das ist jedoch nicht der Fall, weil F von dem Tatgeschehen noch nicht einmal etwas mit-bekommen hatte; dementsprechend konnte auch kein gemeinsamer Tatplan existieren. Selbst eine sukzessive Mittäterschaft, die nach der Rspr. des BGH konstruktiv möglich ist und immer dann vorliegt, wenn eine Person nachträglich, d.h. nach Vollendung, aber noch vor Beendigung der Tat in das Tatgeschehen „einsteigt", kommt nicht in Betracht, da auch diese zumindest Kenntnis der F von der Sachlage erfordert hätte.

Demzufolge konnte T „sich" nicht im Besitz der Halskette halten. Er hat sich durch die Gewaltanwendung gegenüber V daher nicht gem. § 252 strafbar gemacht.

Möglicherweise liegt bei T aber eine räuberische Erpressung (§§ 253, 255) vor. Die Tat-bestandsvoraussetzungen scheinen vorzuliegen: T hat V durch Gewaltanwendung daran gehindert, ihren (unstreitig gegebenen) Herausgabeanspruch durchzusetzen; insbesonde-re lässt § 253 (anders als § 252) auch die Drittbereicherungsabsicht zu. Dennoch wird man bei T eine Strafbarkeit aus §§ 253, 255 im Ergebnis verneinen müssen, um nicht die gesetzgeberische Wertung, bei § 252 die „Drittzueignung" aus dem Tatbestand herauszu-lassen, durch Anwendung der §§ 253, 255, die die Einschränkung nicht enthalten, zu un-tergraben.

T ist daher auch nicht gem. §§ 253, 255 strafbar; es liegt lediglich eine Strafbarkeit gem. § 240 und ggf. gem. § 223 vor, die in Tatmehrheit zum zuvor verwirklichten Diebstahl stehen.

---

[656] Vgl. auch hierzu nunmehr ebenfalls *Weigend*, GA 2007, 274, 281.

Fraglich ist schließlich, ob Täter oder Mittäter des § 252 sein kann, wer zwar (Mit-)Gewahrsam an der Beute hat, aber hinsichtlich der **Haupttat** lediglich **Teilnehmer** war. **469**

> **Beispiel:** In Abwandlung des Beispiels von Rn 468 hatten T und G im Vorfeld verabredet, dass G „Schmiere" stehen solle, um den Handtaschendiebstahl der T abzusichern.

⇨ Nach Auffassung des BGH und eines Teils der Literatur kann G (Mit-)Täterin des § 252 sein, da sie zumindest Gehilfin der Vortat war.[657] Demzufolge wäre G aus §§ 252, 25 II strafbar. Die Teilnahme an der Vortat (§§ 242, 27 I) träte im Wege der Gesetzeseinheit zurück.

⇨ Die überwiegende Literatur lehnt diese Auslegung des § 252 ab. Während das 6. StrRG 1998 in zahlreichen anderen Delikten die Drittzueignung nun ausdrücklich zulasse, sei § 252 nach wie vor auf den Fall beschränkt, dass der Täter die qualifizierten Nötigungsmittel einsetzt, „um *sich*" im Besitz des gestohlenen Gutes zu halten (s.o., Rn 468a). Täter oder Mittäter des § 252 könne daher nur sein, wer schon (Mit-)Täter der Vortat gewesen sei.[658]

Stellungnahme: Das Argument, § 252 sei nach wie vor auf den Fall beschränkt, dass der Täter die qualifizierten Nötigungsmittel einsetze, „um *sich*" im Besitz des gestohlenen Gutes zu halten, ist zwar richtig, widerlegt aber nicht die Richtigkeit der zuerst genannten Auffassung. Dennoch ist dieser Auffassung zu folgen. Denn beim räuberischen Diebstahl handelt es sich wie beim Raub um ein zusammengesetztes Delikt aus Diebstahl und Nötigung. Daher kann Täter des § 252 folgerichtig nur sein, wer *beide* Komponenten erfüllt. Das bedeutet, dass derjenige, der aus § 252 strafbar sein soll, auch das subjektive Unrechtselement der Zueignungsabsicht verwirklicht und damit die Voraussetzungen der Täterschaft des Diebstahls erfüllt haben muss. G war nicht (Mit-)Täterin der Vortat, sondern lediglich Gehilfin; sie kann daher auch nicht aus §§ 252, 25 II strafbar sein.

V. Konkurrenzen

Hinsichtlich der Konkurrenzen gilt Folgendes[659]:

▨ Ist die Vortat i.S.d. § 252 ein vollendeter Diebstahl (§ 242), tritt dieser (und grds. auch dessen Qualifikationen) hinter § 252 im Wege der Gesetzeseinheit zurück. **470**

▨ Wurde im Rahmen des § 252 die Anwendung der Raubmittel hingegen nur versucht, liegt zwischen dem vollendeten (einfachen) Diebstahl und dem versuchten räuberischen Diebstahl Tateinheit vor, weil nur so klargestellt werden kann, dass die Vortat vollendet und nicht lediglich untauglich versucht wurde. **471**

▨ Liegt ein Fall des schweren räuberischen Diebstahls gem. §§ 252, 250 vor und würde gem. dem bisher Gesagten § 244 dahinter zurücktreten, gilt dies nicht für § 244 I Nr. 3 (Wohnungseinbruchdiebstahl), da anderenfalls im Urteilstenor das Eindringen in die Intimsphäre nicht hinreichend zum Ausdruck gebracht würde. **472**

▨ Ist die Vortat ein Raub und sind die Raubmittel sowohl zur Wegnahme als auch später zur Sicherung des Gewahrsams eingesetzt worden, geht der räuberische Diebstahl im Raub auf. Er tritt hinter diesen zurück (Gedanke der mitbestraften Nachtat).[660] Erfüllt aber erst der räuberische Diebstahl einen erschwerenden Umstand nach §§ 250, 251, wird umgekehrt der vorausgegangene einfache oder weniger erschwerte Raub aufgezehrt. Insgesamt gilt: **Das Delikt geht vor, das im Verhältnis zu dem anderen die weitergehenden Strafschärfungen verwirklicht hat**. Sind § 249 und § 252 gleich qualifiziert (etwa durch § 251), geht jedoch der vorangegangene Raub (mit Todesfolge) **473**

[657] BGHSt 6, 248, 250; SK-*Günther*, § 252 Rn 25; *Fischer*, § 252 Rn 11; *Geppert*, Jura 1999, 554, 558.
[658] Sch/Sch-*Eser/Bosch*, § 252 Rn 10; LK-*Herdegen*, § 252 Rn 18; NK-*Kindhäuser*, § 252 Rn 32; *Fischer*, § 252 Rn 11; *Wessels/Hillenkamp*, BT 2, Rn 408; dem sich anschließend *Weigend*, GA 2007, 274, 281.
[659] Vgl. BGH NJW 2002, 2043, 2044; BGHSt 21, 377, 379; *Hellmann*, JuS 2003, 17, 29; *Baier*, JA 2003, 107, 110; SK-*Günther*, § 252 Rn 29; Sch/Sch-*Eser/Bosch*, § 250 Rn 28; *Fischer*, § 252 Rn 12; *Lackner/Kühl*, § 252 Rn 8.
[660] BGH NJW 2002, 2043, 2044.

dem späteren räuberischen Diebstahl (mit Todesfolge) vor. Ist neben § 252 auch § 223 verwirklicht, besteht Tateinheit.

E. Räuberischer Angriff auf Kraftfahrer (§ 316a)

§ 316a sanktioniert den Fall, dass jemand zur Begehung eines Raubs (§§ 249, 250), eines räuberischen Diebstahls (§ 252) oder einer räuberischen Erpressung (§ 255) einen Angriff auf Leib oder Leben oder die Entschlussfreiheit des Führers eines Kraftfahrzeugs oder eines Mitfahrers verübt und dabei die besonderen Verhältnisse des Straßenverkehrs ausnutzt. Mit dieser tatbestandlichen Umschreibung sowie der systematischen Stellung der Vorschrift im Bereich der Straßenverkehrsdelikte wird klar, dass die Vorschrift eine Schnittstelle zwischen den genannten Vermögensdelikten und Verkehrsdelikten darstellt. Die Vorschrift verlangt für die Vollendung der Tat die **Verübung** (= Ausführung) **eines Angriffs** mit der Absicht, einen Raub, einen räuberischen Diebstahl oder eine räuberische Erpressung zu begehen. Die Bezugstat muss also nicht vollendet sein. Noch nicht einmal muss sie in das Stadium des Versuchs eingetreten sein („*zur Begehung ...*"). Typische Anwendungsfälle sind tätliche Angriffe auf Taxifahrer und sog. „Autofallen", also Situationen, in denen der Täter beispielsweise eine Panne oder einen Unfall vortäuscht, um einen Autofahrer zum Anhalten zu bewegen und ihn sodann zu überfallen und auszurauben.

474

Der Versuch ist strafbar und richtet sich nach den allgemeinen Versuchsregeln (§§ 22, 23 I, 12 I) mit der Möglichkeit des strafbefreienden Rücktritts nach § 24. Schließlich enthält die Vorschrift in Absatz III eine **Erfolgsqualifikation** in Form des wenigstens leichtfertig verursachten Todes eines anderen Menschen.

Geschütztes Rechtsgut sind in erster Linie Eigentum und Vermögen. Mit Blick auf die systematische Stellung im Normengefüge der Verkehrsstraftaten wird man ebenso die Sicherheit und Funktionsfähigkeit des Straßenverkehrs als geschützt ansehen müssen.[661] Kfz-Führer und Mitfahrer sollen davor geschützt werden, dass der Täter die typischen Situationen und Gefahrenlagen des fließenden Kraftfahrzeugverkehrs in den Dienst seines räuberischen Angriffs stellt.[662] Die gegenüber §§ 249, 252 und 255 deutlich erhöhte Mindeststrafandrohung von 5 Jahren zwingt aber stets zu einer **engen Auslegung** des § 316a.

475

> **Hinweis für die Fallbearbeitung:** Wegen seines systematischen Standorts im Normengefüge der Verkehrsstraftaten wird bei der Prüfung des auf Raubdelikte angelegten Sachverhalts der Tatbestand des § 316a oft übersehen. An diesen muss man aber – da der subjektive Tatbestand des § 316a neben dem üblichen Vorsatz die Absicht verlangt, eine Tat gemäß § 249, § 252 oder § 255 zu begehen – immer dann denken, wenn im Zusammenhang mit dem Führen eines Kraftfahrzeugs die §§ 249, 252, 255 in Betracht kommen.
>
> Prüfungstechnisch kann es – um komplizierte Inzidentprüfungen zu vermeiden und die Absichtsprüfung des § 316a zu entlasten – bei einer Strafbarkeitsprüfung nach § 316a empfehlenswert sein, in der Fallbearbeitung die Bezugstaten – §§ 249, (22), 252, (22), 255, (22) – vor § 316a zu prüfen.[663]

476

Die in Bezug auf § 316a **prüfungsrelevanten Probleme**, die immer wieder in Klausuren (insbesondere in Examensklausuren) anzutreffen sind, bestehen darin,

476a

---

[661] BGHSt 39, 249, 250; 49, 8, 11; BGH NStZ 2008, 153, 154; *Lackner/Kühl*, § 316a Rn 1; Sch/Sch-*Sternberg-Lieben/Hecker*, § 316a Rn 1; *Fischer*, § 316a Rn 1; *Wessels/Hillenkamp*, BT 2, Rn 415 f.; *Martin*, JuS 2001, 717; *Baier*, JA 2001, 452, 453; *Ingelfinger*, JZ 2000, 225 ff. Vgl. auch BGH NStZ-RR 2002, 108; NStZ 2004, 266 ff. (dem sich anschließend *Duttge/Nolden*, JuS 2005, 193 ff.).

[662] BGHSt 49, 8, 14; 50, 169, 172; 52, 44, 46; BGH NStZ 2016, 607, 608; Sch/Sch-*Sternberg-Lieben/Hecker*, § 316a Rn 1 und 10.

[663] Vgl. bereits die 1. Aufl. 2002; später auch *Hecker*, JuS 2013, 366, 367; *Jahn*, JuS 2014, 1135, 1136 (mit Verweis auf *Hecker*); *Eisele*, JuS 2017, 793.

- ob von einem „**Fahrzeugführer**" i.S.v. § 316a gesprochen werden kann, wenn der Angegriffene das Fahrzeug noch nicht führt, den Wagen gestoppt hat oder sogar ausgestiegen ist (⇨ Rn 478),

- wann „ein Angriff **verübt**" (⇨ Rn 479) wird,

- ob ein „**Ausnutzen**" der besonderen Verhältnisse des Straßenverkehrs angenommen werden kann, wenn der Angriff zu einem Zeitpunkt verübt wird, in dem das Fahrzeug noch nicht in Bewegung gesetzt oder nicht verkehrsbedingt angehalten wurde (⇨ Rn 484 ff.),

- und welche Maßstäbe aufgrund der vorgenannten Probleme bei der Auslegung der Begriffe „Fahrzeugführer" und „Verüben eines Angriffs" in Konstellationen anzulegen sind, in denen das Opfer mittels Gewalt, Drohung, List oder Täuschung an einen einsamen Ort gelockt, gezwungen oder gefahren wird, wo es **nach der Ankunft** überfallen werden soll (⇨ Rn 490 ff.).

Es empfiehlt sich folgender Aufbau[664]:

477

Räuberischer Angriff auf Kraftfahrer (§ 316a)

I. Tatbestand

1. Objektiver Tatbestand

Der objektive Tatbestand verlangt das Verüben eines Angriffs auf Leib, Leben oder Entschlussfreiheit des „Führers" oder eines Mitfahrers eines Kraftfahrzeugs unter Ausnutzung der besonderen Verhältnisse des Straßenverkehrs.

- „**Führer**" i.S.d. § 316a ist derjenige, der im Augenblick des Angriffs mit dem Inbewegungsetzen oder -halten des Kfz befasst oder mit der Bewältigung von Verkehrsvorgängen beschäftigt ist. Daher ist derjenige, der sein Fahrzeug zwar vorübergehend, aber **nicht verkehrsbedingt** (rote Ampel, Bahnübergang, Stau etc.), sondern aus anderen Gründen (Absetzen des Fahrgastes) angehalten und den Motor abgestellt hat, **nicht** „Führer" eines Kfz. Verübt der Täter in einem solchen Moment den Angriff auf das Opfer, „führt" dieses das Fahrzeug nicht (mehr). Daran ändert auch der Umstand nichts, dass der Täter den Tatentschluss bereits während der Fahrt oder sogar bereits vor Fahrtantritt gefasst hat.

- **Verüben eines Angriffs** ist jede feindselige (auch nur mittelbare) Einwirkung auf Leib, Leben oder Entschlussfreiheit des Opfers. Eine tatsächliche Verletzung auf Seiten des Opfers ist nicht erforderlich! Das führt zu einer erheblichen Vorverlagerung der Strafbarkeit, was die Verfassungsmäßigkeit der Norm in Frage stellt. Zumindest ist eine restriktive Auslegung des Tatbestandsmerkmals erforderlich.

- Ein **Ausnutzen** der besonderen Verhältnisse des Straßenverkehrs liegt immer dann vor, wenn der Täter die **typischen Situationen und Gefahrenlagen des fließenden Kraftfahrzeugverkehrs in den Dienst seines Vorhabens stellt** und das Opfer ihm **schutzlos ausgeliefert** ist.

  - ⇨ Das ist jedenfalls dann der Fall, wenn der Angriff **während der Fahrt** erfolgt.
  - ⇨ Auch, wenn der Angriff zwar **vor Fahrtbeginn** stattfindet, der Täter sich des Opfers aber noch nicht kontrolliert bemächtigt hat, wenn er dieses zwingt, die Fahrt aufzunehmen, stellt der Täter mit der erzwungenen Fahrt die typischen Gefahren des fließenden Straßenverkehrs in den Dienst seines Vorhabens.
  - ⇨ Der erforderliche Zusammenhang wird auch nicht dadurch beseitigt, dass der Fahrer **verkehrsbedingt vorübergehend anhalten muss** (Bsp.: rote Ampel oder Stau, s.o.).
  - ⇨ Prüfungsrelevant sind auch die Fälle, in denen das Opfer mittels List oder Täuschung an einen **einsamen Ort** gelockt oder gefahren wird, wo es **nach der Ankunft** überfallen werden soll. Erfolgt der Angriff **unmittelbar nach Fahrzeugstopp, innerhalb des Fahrzeugs** und bei laufendem Motor, ist die Verwirklichung des § 316a nur dann

---

[664] Eine ausführliche gutachtliche Prüfung des § 316a findet sich auch bei *Schmidt/Priebe*, Fälle zum Strafrecht II, Fall 8 Rn 17 ff. und 51 ff.

anzunehmen, wenn die Fahrt noch nicht **beendet** ist. Befindet sich das Opfer sogar **außerhalb des Fahrzeugs**, ist ein **besonderer Bezug zum fließenden Straßenverkehr** noch weniger zu erkennen.

2. Subjektiver Tatbestand

Subjektiv ist im Zeitpunkt der Angriffshandlung neben dem **Vorsatz** (*dolus eventualis* genügt) bezüglich aller objektiven Tatbestandsmerkmale (zu denen auch das Ausnutzen gehört) die **Absicht** (i.S.d. des *dolus directus* 1. Grades) erforderlich, einen Raub, einen räuberischen Diebstahl oder eine räuberische Erpressung zu begehen. Für die Fallbearbeitung kann es empfehlenswert sein, diese „Zieltaten" (als Vollendung oder Versuch) vorab zu prüfen, um eine unübersichtliche Schachtelprüfung zu vermeiden.

II. Rechtswidrigkeit und III. Schuld: Es gelten die allgemeinen Grundsätze.

IV. Versuch und Rücktritt vom Versuch

Der **Versuch** ist aufgrund des Verbrechenscharakters strafbar. **Versuchsbeginn** ist gem. § 22 das unmittelbare Ansetzen zum Angriff. Konstruktiv möglich ist auch ein **Rücktritt** vom Versuch (§ 24). Ein solcher wird aber eher die Ausnahme sein, weil aufgrund der Deliktsstruktur des § 316a der Versuch der Vollendung sehr naheliegt. Zur verfassungsrechtlichen Problematik s.o.

V. Erfolgsqualifikation *Tod eines anderen Menschen*

§ 316a III enthält eine Erfolgsqualifikation für den Fall, dass der Täter durch die Tat wenigstens leichtfertig den **Tod eines anderen Menschen** verursacht. Da diese Erfolgsqualifikation in ihrer Struktur der des § 251 entspricht, kann insoweit dorthin verwiesen werden.

VI. Minder schwerer Fall

Eine **Strafzumessungsregel** enthält § 316a II. Ein **minder schwerer Fall** kommt insbesondere dann in Betracht, wenn der Täter von der beabsichtigten Bezugstat strafbefreiend zurücktritt, vom räuberischen Angriff auf Kraftfahrer aufgrund des Eintritts der Vollendung aber nicht mehr zurücktreten kann.

I. Tatbestand

1. Objektiver Tatbestand

Tatopfer des § 316a können nur der **Fahrer** oder **Mitfahrer** eines Kraftfahrzeugs sein.   478

- Bei der Bestimmung des Begriffs des **Fahrers** (Fahrzeugführers) i.S.d. § 316a[665] nimmt der BGH (mit Blick auf die hohe Strafandrohung in § 316a) eine tendenziell restriktive Interpretation vor.[666] Danach ist Fahrer eines Kfz jedenfalls derjenige, der **im Augenblick des Angriffs** mit dem Inbewegungsetzen oder -halten des Kraftfahrzeugs befasst ist.[667] Um andererseits aber auch dem Schutzbedürfnis des Opfers hinreichend Rechnung zu tragen, hat der BGH auch bestimmte, vor oder nach dem eigentlichen Bewegungsvorgang liegende Standphasen mit einbezogen. Allerdings verlangt er hierbei, dass das Opfer mit der Bewältigung von Verkehrsvorgängen beschäftigt ist.[668] Präzisierend lässt sich festhalten:

  Der Fahrer, der noch nicht mit der Bewältigung von Verkehrsvorgängen beschäftigt ist (etwa, weil er gerade erst in den Wagen gestiegen ist und noch nicht einmal den Motor gestartet hat), ist folgerichtig noch kein taugliches Angriffsziel i.S.d. § 316a.[669] Fahrer

---

[665] Zu beachten ist, dass sich die nachfolgenden Ausführungen zur Fahrereigenschaft explizit auf § 316a beziehen. Denn auch der BGH betont, dass sich seine Ausführungen ausdrücklich (und ausschließlich) auf § 316a beziehen. Bezüglich anderer Tatbestände (etwa § 316) kann also etwas anderes gelten.

[666] BGHSt 49, 8 ff. Zur Bewertung dieses Urteils vgl. Rn 492.

[667] Siehe auch BGH 27.4.2017 – 4 StR 592/16, wonach Führer eines Kfz i.S.d. § 316a ist, wer das Fahrzeug in Bewegung zu setzen beginne, es in Bewegung halte oder allgemein mit dem Betrieb des Fahrzeugs oder mit der Bewältigung von Verkehrsvorgängen beschäftigt sei.

[668] BGHSt 49, 8, 11; 50, 169, 171; BGH NStZ 2008, 153; NJW 2015, 2131, 2132. Vgl. auch SK-*Wolters/Horn*, § 316a Rn 3; Sch/Sch-*Sternberg-Lieben/Hecker*, § 316a Rn 5.

[669] BGHSt 49, 8, 11; BGH NStZ 2008, 153. Freilich kann das Opfer zum tauglichen Angriffsziel werden, wenn es vom Täter zur anschließenden Fahrt gezwungen und während der Fahrt weiterhin bedroht wird. Dass der Täter den Tatentschluss

i.S.d. § 316a ist aber derjenige, der sein Kfz bewegt, sowie derjenige, der sein Kfz **verkehrsbedingt** (Rotlicht zeigende Ampel, Bahnübergang, Stau etc.) anhält. Denn auch dann ist die betreffende Person mit dem Betrieb des Fahrzeugs und/oder der Bewältigung von Verkehrsvorgängen beschäftigt.[670]

Bei jemandem, der sein Fahrzeug **nicht verkehrsbedingt** anhält (etwa Absetzen eines Fahrgastes, Pause machen in einer Parkbucht etc.), kann demgegenüber nicht ohne weiteres die Fahrereigenschaft bejaht werden. Es ist zu unterscheiden:

- Hält sich das Tatopfer nach wie vor **im Fahrzeug** auf und läuft auch noch der Motor, deutet gerade der laufende Motor darauf hin, dass ein betrieblicher Vorgang nach wie vor stattfindet. In diesem Fall besteht der erforderliche Bezug zu den Gefahren des Straßenverkehrs; die Fahrereigenschaft ist zu bejahen.[671]

  Zu weit ginge es jedoch, die Fahrereigenschaft i.S.d. § 316a anzunehmen, wenn im Stand der Motor lediglich zu Heizungszwecken läuft oder gar abgestellt ist[672]. Dasselbe gilt, wenn das Opfer (gleichgültig, ob der Motor noch läuft) die Feststellbremse aktiviert hat.[673] Denn dann ist der erforderliche Bezug zu den Gefahren des Straßenverkehrs nicht mehr ersichtlich. Daran ändert auch der Umstand nichts, dass der (sich im Fahrzeug befindliche) Täter den Tatentschluss bereits während der Fahrt gefasst hat.[674]

  Beispiel: So ist ein Taxifahrer, der im Fahrzeug sitzend bei laufendem Motor abrechnet, noch taugliches Angriffsziel i.S.d. § 316a jedenfalls dann, wenn er das Fahrzeug allein mit der Hauptbremse gegen Wegrollen gesichert hat. Hat er aber den Motor abgestellt oder den Wagen mit der Feststellbremse gegen Wegrollen gesichert, besteht der erforderliche Bezug zu den Gefahren des Straßenverkehrs nicht mehr und ein Angriff (durch den Fahrgast) würde nicht unter Ausnutzung der besonderen Verhältnisse des Straßenverkehrs (dazu Rn 484 ff.) erfolgen.

⇨ Ein Fahrer, die sich **außerhalb des Kfz** aufhält, ist kein taugliches Angriffsziel i.S.d. § 316a.[675] Dabei spielt es keine Rolle, ob er das Kfz noch gar nicht bestiegen oder es lediglich vorübergehend verlassen hat. In beiden Fällen befindet er sich gewissermaßen in der Rolle eines „Fußgängers" und insoweit eben nicht bzw. noch nicht oder nicht mehr in der speziellen Rolle des Kfz-Führers.

⇨ Anders ist es wiederum, wenn der Fahrer vom Täter (ohne Verüben des Angriffs) zum Anhalten bewegt wird. Dann kann ein Fall des § 316a auch dann angenommen werden, wenn der Fahrer nach dem Anhalten den Motor abgestellt hat, bevor der Täter mit dem Verüben des Angriffs beginnt.

  Beispiel (Vortäuschen einer Polizeikontrolle)[676]: Die beiden Täter A und B geben sich im Straßenverkehr als Polizisten aus („Autobahnpolizei in Zivil") und veranlassen auf diese Weise den Autofahrer O, den nächsten Parkplatz anzusteuern. Dort angekommen, stoppt O sein Fahrzeug und stellt den Motor ab. A fragt nach den Papieren. Als O durch das Heraussuchen der Papiere einen Moment abgelenkt ist, öffnet B von außen die Fahrertür und fordert O unter vorgehaltener Schusswaffe auf, das mitgeführte Bargeld herauszugeben.

  Zum Zeitpunkt des eigentlichen Verübens des Angriffs war O nicht mehr Fahrer i.S.d. § 316a, da er bereits den Motor abgestellt hatte (s.o.). Der BGH hat jedoch entschie-

---

bereits vor Fahrtantritt gefasst hat, ist dabei irrelevant. Denn das Schutzgut des § 316a ist nicht nur dann beeinträchtigt, wenn das Tatopfer während des Führens des Kfz erstmals angegriffen wird, sondern auch dann, wenn ein vor Fahrtantritt begonnenes Angriffsverhalten während der Fahrt fortgesetzt wird (BGH NStZ 2008, 153 f.).

[670] BGHSt 49, 8, 11; 50, 169, 171; BGH 27.4.2017 – 4 StR 592/16.

[671] BGH 27.4.2017 – 4 StR 592/16.

[672] Siehe BGH 27.4.2017 – 4 StR 592/16: keine Fahrereigenschaft mehr, wenn Opfer sein Fahrzeug zum Halten gebracht und den Motor ausgestellt hat.

[673] Siehe BGH 27.4.2017 – 4 StR 592/16.

[674] BGHSt 49, 8, 11.

[675] BGHSt 49, 8, 14.

[676] In Anlehnung an BGH NJW 2015, 2131 ff. und BGH NStZ-RR 2014, 342 f.

den, dass die Täter auf die Entschlussfreiheit des Opfers bereits zu einem Zeitpunkt eingewirkt hätten, als sich dieses noch im fließenden Verkehr befand. Daher sei die erforderliche enge zeitliche Verknüpfung zwischen dem Verüben des Angriffs und der Fahrereigenschaft des Angegriffenen gegeben.

▪ **Mitfahrer** ist jeder an dem Verkehrsgeschehen – wenn auch i.d.R. nur passiv – Beteiligte in dem vom Fahrer geführten Kraftfahrzeug.[677]

▪ Der Begriff des **Kraftfahrzeugs** ist in § 248b IV legaldefiniert und auf § 316a übertragbar. Auch ein Mofa zählt dazu, vgl. § 1 II StVG.

Die **Tathandlung** besteht in dem Verüben eines Angriffs auf Leib, Leben oder Entschlussfreiheit des Fahrers oder eines Mitfahrers eines Kraftfahrzeugs.

479

▪ Unter einem **Angriff** versteht man (m.E. in Übereinstimmung mit § 32) das (feindselige) Verhalten eines Menschen, welches ein rechtlich geschütztes Interesse zu verletzen droht oder verletzt. Der Angriff muss sich gegen ein taugliches Angriffsziel richten, was u.a. immer dann zweifelhaft ist, wenn das Opfer noch keine Fahrereigenschaft i.S.d. § 316a aufweist. Allerdings kann ein Angriff i.S.d. § 316a auch dann vorliegen, wenn der Tatentschluss zwar zu einem Zeitpunkt gefasst wird, in dem das Opfer noch keine Fahrereigenschaft aufweist (etwa weil das Opfer gerade erst in den Wagen gestiegen und noch nicht den Motor gestartet hat), es jedoch gezwungen wird, den Wagen fortzubewegen und damit das Angriffsverhalten fortdauert. Denn die Anwendbarkeit des § 316a erfordert nicht, dass das Tatopfer bereits bei Beginn des Angriffs Fahrer oder Mitfahrer des Kfz ist. Das Tatbestandsmerkmal „Verüben eines Angriffs" ist vielmehr auch dann erfüllt, wenn ein Opfer durch einen vor Fahrtantritt begonnenen Angriff zur Fahrt gezwungen wird und der Angriff während der Fahrt fortdauert. Eine engere, allein auf den ersten nötigenden Zugriff auf das Tatopfer abstellende Auslegung würde dem Schutzzweck der Norm nicht gerecht.[678] Denn es liegt auf der Hand, dass die Sicherheit des Kraftfahrzeugverkehrs auf Straßen als Schutzgut des § 316a nicht nur dann beeinträchtigt wird, wenn das Tatopfer während des Führens des Kfz erstmals angegriffen wird, sondern auch dann, wenn ein bereits vor Fahrtantritt begonnenes, offenes Bedrohungsgeschehen während des Führens des Kraftfahrzeugs (nur) seinen Fortgang nimmt.[679] Gleiches gilt, wenn der eigentliche Angriff erst nach Fahrtende verübt wird (s.o., vorgetäuschte Polizeikontrolle).

▪ **Angreifer** können Dritte, Mitfahrer oder der Fahrer selbst sein.[680]

▪ Unklar ist der Begriff des **Verübens**. Da dieser Begriff den bis zum 31.3.1998 verwendeten Begriff „Unternehmen" ersetzt hat, ist jedenfalls klar, dass das „Verüben" mehr voraussetzt als das bloße Unternehmen eines Angriffs, bei dem schon der Versuch zur Tatbestandsverwirklichung genügt. Hieraus wird man – insbesondere unter Berücksichtigung der Gesetzesmaterialien – schließen müssen, dass ein Verüben erst dann vorliegt, wenn der Täter den Angriff **tatsächlich ausführt**. Andererseits ist ein tatsächlich eingetretener **Verletzungs*erfolg*** nicht erforderlich. Denn sonst hätte der Gesetzgeber nicht von „Verüben" sprechen dürfen, sondern ein „Verletzen" fordern müssen. Das führt freilich zu einer erheblichen **Vorverlagerung der Strafbarkeit** (der Täter wird mit Freiheitsstrafe nicht unter *fünf* Jahren bestraft, obwohl er das Opfer nicht verletzt hat und ihm aufgrund der Vollendung des „Verübens" eine Rücktrittsmöglichkeit nicht mehr offensteht). Ob die Vorschrift damit dem **Bestimmtheitsgrundsatz** bzw. dem **Schuldprinzip** gerecht wird, mag – wie schon die Auslegung des Begriffs „Fahrzeugführer" gezeigt hat – bezweifelt werden. Um sie vor dem Verdikt der Verfassungswidrigkeit zu bewahren, könnte zunächst an eine Übertragung der zu § 211 entwickelten Rechtsfolgelösung des BGH (siehe dazu *R. Schmidt*, BT I, Rn 48 und 96 f.) gedacht werden. Auch an eine Übertragung der in § 264a genannten Möglichkeit der tätigen Reue oder des in § 264 V normierten Straf-

---

[677] Vgl. insoweit klarstellend BGH NStZ 2013, 43.
[678] BGHSt 49, 8, 10; BGH NStZ 2008, 153, 154.
[679] BGH NStZ 2008, 153, 154. Insofern besteht also eine parallele Argumentation zur Fahrereigenschaft.
[680] Vgl. BGH NStZ 2000, 144; *Lackner/Kühl*, § 316a Rn 2; MüKo-*Sander*, § 316a Rn 8.

aufhebungsgrundes könnte gedacht werden (diese Tatbestände setzten ebenfalls keinen Erfolg voraus). Doch diesen Lösungen fehlt letztlich die feste Verankerung im geltenden Recht. Nach der hier – seit geraumer Zeit – vertretenen Auffassung muss vielmehr versucht werden, in zweifelhaften Fällen den Tatbestand durch **restriktive** und methodisch einwandfreie **Auslegung** des Begriffs des **Verübens** zu verneinen. Erfreulich ist, dass nun auch der *4. Senat* des BGH nicht nur den Fahrerbegriff, sondern auch den Begriff des Verübens i.S.d. § 316a I restriktiv handhabt.[681] Hinsichtlich der Deliktsnatur lässt sich jedenfalls sagen, dass der Gesetzgeber den § 316a I nunmehr als **Tätigkeits- und Absichtsdelikt** ausgestaltet hat, was nach h.M. zu folgender Definition des Begriffs „Verüben eines Angriffs" führt:

480   **Verüben eines Angriffs** ist jede feindselige (auch nur mittelbare) Einwirkung auf Leib, Leben oder Entschlussfreiheit des Opfers. Eine Verletzung des Opfers ist nicht erforderlich.[682]

481   **Hinweis für die Fallbearbeitung:** Tritt ein Verletzungserfolg tatsächlich ein, ist das Merkmal des Verübens keinesfalls zu problematisieren. Fehlt es jedoch an einem Verletzungserfolg, ist zunächst festzustellen, dass der Tatbestand des § 316a I einen solchen gerade nicht erfordert. Allerdings darf man in einem solchen Fall nicht bereits die schlichte Angriffstätigkeit als Verüben ansehen. Denn sonst würde man zum einen an die verfassungsrechtlichen Grenzen stoßen und zum anderen die versuchte Tat mit der Vollendung gleichsetzen und somit ein Unternehmensdelikt annehmen, was der Gesetzgeber mit der Neufassung des § 316a I gerade ändern wollte.

482   **(Weitere) Beispiele des Verübens/Nichtverübens eines Angriffs:**

(1) Gibt sich der Täter als Fahrgast aus und setzt sich mit einer Schusswaffe in ein Taxi, liegt darin noch kein „Verüben" i.S.d. § 316a I. Ergreift der Täter dann während der Fahrt seine Waffe, um sie dem Taxifahrer von hinten in den Nacken zu drücken, ist darin das Erreichen des strafbaren Versuchsstadiums (§§ 316a I, 22) zu sehen. Drückt der Täter seine Waffe dann tatsächlich von hinten in den Nacken des Taxifahrers, verübt er einen Angriff. Dabei ist – wie gesehen – nicht erforderlich, dass der Täter das Opfer tatsächlich verletzt. Demzufolge genügt es auch, wenn die Schusswaffe ungeladen oder sonst wie nicht einsatzfähig ist oder wenn es sich um eine Schreckschusspistole handelt, die das Opfer irrtümlich für echt hält.[683]

(2) Auch List oder Täuschung können einen Angriff auf die Entschlussfreiheit darstellen, wenn sie eine nötigende Komponente enthalten. So verübt der Täter einen Angriff i.S.d. § 316a I, wenn er einen Autofahrer bspw. durch Errichtung von Barrikaden oder anderen Hindernissen oder durch Ausführung von diversen Täuschungsmanövern (Aufstellen falscher Verkehrsschilder, Vortäuschen eines Unfalls oder einer polizeilichen Kontrolle[684]) zum Anhalten oder Ausweichen veranlasst.

483   **Vollendet** ist die Tat, wenn der Täter den Angriff **ausgeführt** hat, etwa durch Aussprechen der Drohung oder Abgabe eines Schusses. Auf eine Verletzung auf Seiten des Opfers kommt es – wie gesehen – ebenso wenig an wie auf den Eintritt des in der Vorschrift genannten Angriffserfolgs (Raub, räuberischer Diebstahl oder räuberische Erpressung), da der Täter lediglich „zu deren Begehung" handeln muss. Mit Vollendung des § 316a I tritt der Täter aber zugleich in das Versuchsstadium der betreffenden Bezugstat ein.[685]

---

[681] Vgl. BGHSt 49, 8, 11 ff.
[682] Vgl. dazu BGH NJW 2015, 2131, 2132; NStZ-RR 2014, 342 f.; NStZ 2003, 35; MüKo-*Sander*, § 316a Rn 11; LK-*Sowada*, § 316a Rn 12 ff.; *Lackner/Kühl*, § 316a Rn 2; Sch/Sch-*Sternberg-Lieben/Hecker*, § 316a Rn 3; *Wessels/Hillenkamp*, BT 2, Rn 417 f.; *Ingelfinger*, JR 2000, 225, 227; *Baier*, JA 2001, 452, 454 f.
[683] Vgl. BGH NStZ 2003, 35.
[684] Vgl. dazu BGH NJW 2015, 2131, 2132 und BGH NStZ-RR 2014, 342 f. (dazu bereits oben Rn 478).
[685] Vgl. *Wessels/Hillenkamp*, BT 2, Rn 425; *Ingelfinger*, JR 2000, 225, 231; *Fischer*, Jura 2000, 433, 439.

Die **Tatsituation** verlangt, dass der Täter die **besonderen Verhältnisse des Stra-** **484**
ßenverkehrs ausnutzt, um sein Ziel zu erreichen. Mit dieser Formulierung will das
Gesetz dem Umstand Rechnung tragen, dass gerade das Konzentrieren auf die Verkehrslage und die Fahrzeugbedienung den Fahrer eines Kfz in besonderem Maße beansprucht und ihn in seiner Verteidigungsbereitschaft einschränkt bzw. seine Gegenwehr
erschwert und diesem kaum ermöglicht, Hilfe herbeizuholen.[686]

Ein **Ausnutzen der besonderen Verhältnisse des Straßenverkehrs** kann immer **485**
dann angenommen werden, wenn der Täter die typischen Situationen und Gefahrenlagen des Kraftfahrzeugverkehrs in den Dienst seines Vorhabens stellt und das Opfer, das
mit der Bewältigung von Verkehrsvorgängen beschäftigt ist, gerade deshalb leichter zu
einem Angriffsobjekt eines Überfalls werden kann.[687]

 • In Übereinstimmung mit dem zum Fahrerbegriff Gesagten ist daher klar, dass jedenfalls **486**
   Angriffe während der Fahrt von § 316a erfasst werden. Zu den Angriffen in diesem
   Stadium zählen insbesondere das bereits genannte Errichten von falschen Polizeikontrol-
   len, Vortäuschen von Unfällen, Errichten von Straßensperren und (sonstigen) Barrikaden.
   Denn in allen diesen Fällen wird der Fahrer zumindest psychisch gezwungen anzuhalten,
   um etwa seinen Pflichten aus der StVO oder (im Fall des Vortäuschens eines Verkehrsun-
   falls) der allgemeinen Hilfspflicht aus § 323c I nachzukommen. Derartige Methoden des
   Täters schließen gerade aufgrund der psychischen Zwangslage und der teilweise gegebenen rechtlichen Hilfspflicht die freie Willensbestimmung des Opfers aus und greifen damit
   in die Entschlussfreiheit des Opfers ein. Unzweifelhaft tatbestandsmäßig i.S.v. § 316a
   sind auch tätliche Angriffe jeder Art, die *im fahrenden Kfz* stattfinden (etwa Fahrgast gegen Fahrer; Fahrer gegen Beifahrer, Beifahrer gegen Beifahrer). Auch ein *noch rollendes*
   Fahrzeug „fährt" in diesem Sinne.[688] Unerheblich ist, ob der Tatentschluss, einen Angriff
   zu verüben, bereits vor oder erst während der Fahrt gefasst wird. Auch kann die auf die
   Begehung der Bezugstat (§ 249 usw.) gerichtete Absicht noch während der Fahrt gefasst
   werden, muss aber spätestens mit Beginn des Angriffs vorliegen.[689]

 • Die für die Verwirklichung des § 316a erforderliche typische Gefahrenlage des fließenden **487**
   Fahrzeugverkehrs wird auch nicht dadurch beseitigt, dass der Fahrer **verkehrsbedingt**
   vorübergehend anhalten muss. Denn i.d.R. besteht in dieser Situation nach wie vor
   kaum die Möglichkeit, sich dem Angriff ohne Eigengefährdung zu entziehen.[690] Der BGH
   nennt hier als Beispiel den Halt vor einer Rotlicht zeigenden Ampel.[691] Gleiches wird man
   für die Fälle annehmen müssen, in denen der Fahrer vor einem Bahnübergang hält, in einem Stau steht oder eine Panne hat. Denn in diesen Fällen ist kein Grund ersichtlich, warum der erforderliche Zusammenhang mit den Gefahren des fließenden Fahrzeugverkehrs
   nicht mehr gegeben sein sollte. Ein Ausnutzen der besonderen Verhältnisse des Straßenverkehrs ist regelmäßig auch dann gegeben, wenn etwa ein Taxifahrer hält, um einen
   Fahrgast zu- oder aussteigen zu lassen und dabei den Motor laufen lässt. Dasselbe gilt
   für den Fall, dass ein Autofahrer hält, um einen Anhalter ein- oder aussteigen zu lassen,
   oder wenn ein Autofahrer aufgrund einer vorgetäuschten Polizeikontrolle zum Anhalten
   veranlasst wird[692].

 • Fraglich ist hingegen, ob das Tatbestandsmerkmal des Ausnutzens der besonderen Ver- **487a**
   hältnisse des Straßenverkehrs auch dann gegeben ist, wenn der Angriff zu einem Zeitpunkt stattfindet, in dem **die Fahrt noch nicht aufgenommen** wurde (etwa weil das
   Opfer gerade erst in den Wagen gestiegen und noch nicht den Motor gestartet hat), das

---

[686] Vgl. dazu BGH 27.4.2017 – 4 StR 592/16; BGH NStZ 2016, 607, 608; NStZ 2013, 43; BGHSt 25, 315, 317; 38, 196,
197; 49, 8, 16; 50, 169, 171; BGH NStZ-RR 2006, 185; NStZ 2004, 269 f.; NStZ-RR 2004, 171, 172; NStZ 2003, 35; NStZ-
RR 2002, 108.
[687] Vgl. aus jüngerer Zeit etwa BGHSt 50, 169, 171; BGH NStZ 2016, 607, 608; BGH 27.4.2017 – 4 StR 592/16.
[688] Vgl. dazu BGH NStZ 2016, 607, 608.
[689] Vgl. BGH NStZ 2004, 626 f.
[690] Vgl. auch BGH NStZ 2013, 43.
[691] BGHSt 50, 169, 171 ff.
[692] Vgl. dazu BGH NJW 2015, 2131 f.; NStZ-RR 2014, 342 f. (dazu bereits oben Rn 478).

Opfer jedoch gezwungen wird, den Wagen fortzubewegen. Sofern das Angriffsverhalten dann fortdauert, kann jedenfalls von einem tatrelevanten Angriff i.S.d. § 316a I gesprochen werden. Klar dürfte auch sein, dass ein Kraftfahrzeugführer, dessen sich der Täter bereits vor Fahrtantritt bemächtigt hat, infolge seiner Konzentration auf die Verkehrslage und die Fahrzeugbedienung in seiner Gegenwehr gegen den während der Fahrt fortdauernden Angriff des Täters eingeschränkt ist. Ein *Ausnutzen* dieses Umstands i.S.d. § 316a I ist allerdings nur dann gegeben, wenn der räuberische Angriff auch durch die verkehrsspezifischen Einschränkungen, denen sich der Kraftfahrzeugführer während der Fahrt ausgesetzt sieht, erleichtert wird. Die Eigenschaft des Tatopfers als Kraftfahrzeugführer muss deshalb in objektiver Hinsicht für die Aufrechterhaltung bzw. Fortdauer des Angriffs mindestens mitursächlich geworden sein. Ein solcher Ursachenzusammen-hang fehlt, wenn der Täter sein Opfer bereits vor der Fahrt unter seine uneingeschränkte Kontrolle gebracht hat und die dadurch geschaffene Nötigungslage während der nachfolgenden Fahrt lediglich aufrechterhält. In diesen Fällen dient das Fahrzeug nur Beförderungszwecken, ohne dass sich die mit der Fahrt einhergehende eingeschränkte Abwehrmöglichkeit des Tatopfers auf die Angriffshandlung des Täter noch in irgendeiner Weise fördernd auswirkt. So verhält es sich etwa, wenn der Täter sein Tatopfer bereits in dessen Wohnung überfallen hat und es später unter Vorhalt einer Waffe zur Fahrt zu einem Geldautomaten zwingt, um dort vom Konto des Opfers Geld abzuheben. In solchen Fällen hat sich die Nötigungslage in aller Regel bereits vor Fahrtantritt derart verfestigt, dass die fahrtbedingten eingeschränkten Abwehrmöglichkeiten des Tatopfers für die fortdauernde Angriffshandlung des Täters ohne jeden Belang sind. Anders soll es sich nach Auffassung des BGH wiederum in Fällen verhalten, in denen der Täter durch die erste Angriffshandlung, die noch vor Fahrtantritt stattfindet, sich des Opfers noch nicht kontrolliert bemächtigt hat, dennoch anschließend die Fahrt erzwingen kann und dadurch die Gegenwehr und insbesondere die Fluchtmöglichkeit des Opfers endgültig einschränkt. In diesen Fällen stelle der Täter den fließenden Kraftfahrzeugverkehr in den Dienst seines Vorhabens.[693]

Bewertung: Es ist zweifelhaft, wie es möglich sein soll, bei einer nicht gesicherten Bemächtigungslage einen Zwang zu bejahen, der das Opfer zur Aufnahme der Fahrt veranlasst. Vielmehr ist es doch so, dass der Täter, der eine Drohkulisse aufbaut und dadurch das Opfer zwingen kann, die Fahrt anzutreten, auch eine gesicherte Bemächtigungslage schafft. Die Argumentation des BGH ist nicht schlüssig und daher wenig überzeugend.[694] Richtigerweise wird man trotz der gebotenen engen Auslegung des § 316a I den Fall, in dem der Täter das Opfer in der Wohnung überfällt und unter Vorhalt einer Waffe zur Fahrt zu einem Geldautomaten zwingt, mit dem Angriff auf ein Opfer gleichsetzen müssen, das gerade erst in den Wagen gestiegen und noch nicht den Motor gestartet hat. In beiden Fällen stellt der Täter den fließenden Straßenverkehr in den Dienst seines Vorhabens (a.A. freilich der BGH).

> **Fazit:** Unter Zugrundelegung der (zweifelhaften, aber für die Praxis maßgeblichen) Rspr. des BGH ergibt sich:
>
> ⇨ Hat der Täter bereits vor Fahrtantritt eine stabile Bemächtigungslage geschaffen, kann von einem Ausnutzen der besonderen Verhältnisse des Straßenverkehrs i.d.R. nicht gesprochen werden. Denn dann dient das Fahrzeug nur Beförderungszwecken, ohne dass sich die mit der Fahrt einhergehende eingeschränkte Abwehrmöglichkeit des Tatopfers auf die Angriffshandlung des Täter noch in irgendeiner Weise fördernd auswirkt. Eine Strafbarkeit nach § 316a ist dann regelmäßig zu verneinen.
>
> ⇨ Anders verhält es sich, wenn der Angriff während der Fahrt fortdauert und sich erst dann die Bemächtigungslage einstellt. Dann wird ein Ausnutzen der besonde-

---

[693] BGH NStZ 2008, 153, 154.
[694] Wie hier nunmehr auch *Kraemer*, JA 2011, 193, 195 f.

ren Verhältnisse des Straßenverkehrs ausnahmsweise auch dann zu bejahen sein, wenn der Angriff bereits vor Fahrtantritt begonnen wurde.

Insofern besteht eine gewisse Parallele zu §§ 239a, 239b.

▪ Nach Auffassung des BGH[695] soll aber **kein** Ausnutzen der besonderen Verhältnisse des Straßenverkehrs vorliegen, wenn der Fahrer eines Taxis am Straßenrand steht (und auf einen Fahrgast wartet), obwohl der Motor läuft.[696] Für den BGH kommt es allein darauf an, dass die Feststellbremse betätigt ist und der Fahrer keinen Gang eingelegt hat. Denn in dieser Konstellation richte sich die Aufmerksamkeit des Fahrers in erster Linie nicht auf das Führen eines Kfz, sondern auf andere Tätigkeiten. Daher seien weder die Verteidigungsmöglichkeit des Opfers (hier: des Taxifahrers) verkehrsbedingt eingeschränkt noch die sich aus dem Straßenverkehr ergebenden Gefahren vergrößert. Finde in dieser Situation ein räuberischer Angriff statt, nutze der Täter eben nicht die besonderen Verhältnisse des Straßenverkehrs aus. **488**

▪ Unabhängig davon liegt grds. auch **kein** Ausnutzen vor, wenn der **Angriff** erst **nach Beendigung** der Fahrt verübt wird. Denn in einem solchen Fall ist der Fahrer nicht mehr mit der Beherrschung des Fahrzeugs und/oder der Bewältigung von Verkehrsvorgängen beschäftigt. Der erforderliche enge Zusammenhang mit den Gefahren des fließenden Straßenverkehrs ist dann i.d.R. nicht (mehr) erkennbar[697] (zu den möglichen Ausnahmen siehe sogleich). Das gilt selbst dann, wenn der Täter bereits während der Fahrt den Entschluss fasste, zum Nachteil des Fahrers unmittelbar nach dem Halten des Fahrzeugs ein in § 316a genanntes Delikt zu begehen.[698] **489**

Aufgrund der vorgenannten Probleme bei der Auslegung der Begriffe „Fahrzeugführer" und „Verüben eines Angriffs" sind auch Konstellationen, in denen das Opfer mittels Gewalt, Drohung, List oder Täuschung an einen **einsamen Ort** gelockt, gezwungen oder gefahren wird, wo es **nach der Ankunft** überfallen werden soll, besonders **prüfungsrelevant**. Hier bietet sich eine Unterscheidung danach an, ob das Tatopfer erst **außerhalb** oder noch **innerhalb** des **Fahrzeugs** angegriffen wird. **490**

Beispiel 1 (Angriff erfolgt zwar unmittelbar nach Fahrzeugstopp, aber <u>außerhalb</u> des Fahrzeugs): **491**

Carlos ist wieder einmal pleite und auf der Suche nach einer Möglichkeit, an Geld zu kommen. Er nimmt sich ein Taxi und gibt Taxifahrer Anton als Fahrtziel ein benachbartes Dorf an. Als sie unterwegs an einer Tankstelle vorbeikommen, bittet C den A anzuhalten, da er etwas kaufen wolle. Tatsächlich begibt sich C kurz in die Tankstelle. Als er zum Taxi zurückkehrt, schildert er dem A wahrheitswidrig, der rechte Hinterradreifen habe keine Luft mehr. Nachdem A ausgestiegen ist und sich über das Rad gebeugt hat, schlägt C ihm von hinten einen harten Gegenstand auf den Kopf. Während A benommen am Boden liegt, sucht C mit A´s Geldbörse das Weite. Hat C sich aus § 316a I strafbar gemacht?

Um § 316a I zu erfüllen, müsste C zur Begehung eines Raubes (§§ 249 oder 250), eines räuberischen Diebstahls (§ 252) oder einer räuberischen Erpressung (§ 255) einen Angriff auf Leib oder Leben oder die Entschlussfreiheit des Führers eines Kraftfahrzeugs oder eines Mitfahrers verübt und dabei die besonderen Verhältnisse des Straßenverkehrs ausgenutzt haben (Wortlaut § 316a I). Da auf die *konkrete Angriffshandlung* abzustellen ist, muss die Frage aufgeworfen werden, wie die besonderen Gefahren des fließenden Straßenverkehrs ausgenutzt werden sollen, wenn sich das Opfer im Zeitpunkt der Angriffshandlung noch nicht einmal im Fahrzeug befindet. Zweck des § 316a ist es gerade, dem Umstand Rechnung zu tragen, dass das Konzentrieren auf die Verkehrslage und die Fahr-

---

[695] BGH NStZ-RR 2006, 185; BGHSt 50, 169, 171 f.; BGH 27.4.2017 – 4 StR 592/16.

[696] Wäre der Motor abgestellt, fehlte es schon an der Fahrereigenschaft der als Tatobjekt in Betracht kommenden Person, sodass es auf das Ausnutzungsmerkmal nicht mehr ankäme.

[697] BGH NStZ 2003, 35; NStZ 2000, 144. Vgl. auch BGH NStZ 2013, 43.

[698] Vgl. BGH NStZ-RR 2002, 108; NStZ 2000, 144; *Wessels/Hillenkamp*, BT 2, Rn 420 f.

zeugbedienung den Fahrer eines Kfz in besonderem Maße beansprucht und ihn in seiner Verteidigungsbereitschaft einschränkt bzw. in seiner Gegenwehr erschwert. Befindet sich das Opfer also außerhalb des Fahrzeugs und ist ein besonderer Bezug zum fließenden Straßenverkehr nicht (mehr) ersichtlich, muss eine Strafbarkeit aus § 316a konsequenterweise ausscheiden.[699]

Schließt man sich dem an, hat C sich (lediglich) aus §§ 249, 250 II Nr. 1 (ggf. auch Nr. 3) und §§ 223 ff. strafbar gemacht. Zu §§ 239 I, 239a I siehe den Abschlussfall (Rn 499).

492   **Beispiel 2 (Angriff erfolgt unmittelbar nach Fahrzeugstopp und _innerhalb_ des Fahrzeugs)[700]:**

Auch Bruno möchte zu Geld kommen. Er nimmt sich ein Taxi und gibt dem Taxifahrer Toni als Fahrtziel einen einsamen Waldparkplatz an, wo er einen Kumpel treffen wolle. Dort angekommen, schlägt er den T – als dieser den Motor abgestellt hat und gerade dabei ist, die Innenleuchte einzuschalten – mit der Faust noch _im_ Wagen nieder und nimmt dessen Geldbörse an sich.

Im direkten Vergleich zum vorigen Beispiel könnte man hier annehmen, dass der erforderliche enge Zusammenhang mit den Gefahren des fließenden Kraftfahrzeugverkehrs nicht nur während einer zwischenzeitlichen Fahrtunterbrechung, sondern sogar nach **Beendigung der Fahrt** (also nach endgültiger Fahrtaufgabe) gegeben sei, solange der Angriff nur **unmittelbar nach Fahrzeugstopp _und_ innerhalb des Fahrzeugs** erfolgt.[701] Der _4. Senat_ des BGH ist in seinem genannten diesbezüglichen Urteil jedoch anderer Auffassung. Er meint, dass der Fahrer, der sein Fahrzeug nicht verkehrsbedingt (Rotlicht zeigende Ampel, Bahnübergang, Stau etc., s.o.), sondern aus anderen Gründen (Absetzen des Fahrgastes) angehalten hat, schon nicht „Führer" eines Kfz sei. Denn verübe der Täter erst in diesem Moment den Angriff auf den Fahrer, „führe" dieser das Fahrzeug nicht mehr. Daran ändere auch der Umstand nichts, dass der Täter den Tatentschluss bereits während der Fahrt oder sogar bereits vor Fahrtantritt gefasst habe. Auf jeden Fall sei **die Fahrt mit Abstellen des Motors**[702] **und Einschalten der Innenleuchte beendet**, sodass im vorliegenden Fall (neben der „Führereigenschaft" des Fahrers) auch der erforderliche enge Zusammenhang mit den Gefahren des fließenden Kraftfahrzeugverkehrs **nicht** gegeben sei.[703]

Demzufolge hat B sich nicht aus § 316a strafbar gemacht. Verwirklicht sind aber die §§ 249 und 223 ff.; § 239a I dagegen scheidet aus, weil die Handlung des Sichbemächtigens mit der Nötigungshandlung des Raubs zusammenfällt (vgl. Übungsfall bei Rn 499).

Bewertung: Mit der genannten Entscheidung hält der _4. Senat_ des BGH – in Abweichung zu seiner früheren Auffassung[704] und der Auffassung des _2. Senats_[705] – eine enge, am Schutzzweck, den einzelnen Tatbestandsmerkmalen und der hohen Strafandrohung („nicht unter 5 Jahren") orientierte Auslegung für geboten und legt den Tatbestand des § 316a restriktiv zugunsten des Täters aus. Das überrascht auf den ersten Blick, da er damit den Opferschutz hinten anstellt. Gleichwohl überzeugt die vom BGH vertretene Rechtsauffassung zumindest im vorliegenden Fall, da die Strafandrohung von mindestens fünf Jahren bei § 316a im Vergleich zu mindestens einem Jahr bei § 249, den der Täter, der keine Waffe und kein anderes gefährliches Werkzeug bei sich führt, verwirklicht, eklatant verschärft ist. Hätte der _4. Senat_ die Tatbestandsmerkmale „Führer" und „Ausnutzen der besonderen Verhältnisse des Straßenverkehrs" nicht eng und damit verfassungskonform ausgelegt, hätte er eine konkrete Normenkontrolle gem. Art. 100 I GG in Erwägung

---

[699] Vgl. auch den ähnlichen Fall BGH NStZ-RR 2004, 171.
[700] In Anlehnung an BGHSt 49, 8 ff. (_4. Senat_). Vgl. auch BGH NStZ 2004, 626 f. (_4. Senat_).
[701] Vgl. BGH NStZ 2001, 197 (mit Bespr. v. _Martin_, JuS 2001, 717 und _Baier_, JA 2001, 452). Vgl. auch BGH NStZ-RR 2002, 108.
[702] Bei der neuerdings häufig anzutreffenden „Stopp-Start-Automatik" wird man nicht von „Abstellen" des Motors sprechen können, da anders als beim manuellen Abstellen keine (vorläufige) Beendigung der Fahrt eingeleitet wird.
[703] BGHSt 49, 8, 14; vgl. auch BGHSt 50, 169, 171 f.; BGH NStZ-RR 2006, 185; BGH 27.4.2017 – 4 StR 592/16.
[704] BGHSt 5, 280 ff.
[705] BGH NStZ 2003, 35. Siehe dazu den Übungsfall bei Rn 499.

ziehen müssen. Auch hätte der Verurteilte gegen das Urteil Verfassungsbeschwerde einlegen können mit der Begründung, das Urteil habe ihn in seinen Grundrechten verletzt.

2. Subjektiver Tatbestand

Subjektiv ist im Zeitpunkt der Angriffshandlung zunächst **Vorsatz** (*dolus eventualis* genügt) bezüglich aller objektiven Tatbestandsmerkmale (zu denen auch die Fahrer- bzw. Mitfahrereigenschaft des Opfers und das Ausnutzen der besonderen Verhältnisse des Straßenverkehrs gehören) erforderlich. Hinsichtlich des Ausnutzens der besonderen Verhältnisse des Straßenverkehrs genügt es, wenn sich der Täter – entsprechend dem Ausnutzungsbewusstsein bei der Heimtücke nach § 211 II Var. 5 – in tatsächlicher Hinsicht der die Abwehrmöglichkeiten des Tatopfers einschränkenden besonderen Verhältnisse des Straßenverkehrs bewusst ist.[706] § 316a verlangt nicht, dass der Täter eine solche Erleichterung seines Angriffs zur ursächlichen Bedingung seines Handelns macht.[707]

493

Daneben ist die **Absicht** (*dolus directus* 1. Grades) erforderlich, einen Raub, einen räuberischen Diebstahl oder eine räuberische Erpressung zu begehen.

II. Rechtswidrigkeit und III. Schuld

Zu Rechtswidrigkeit und Schuld gelten die allgemeinen Grundsätze.

494

IV. Versuch und Rücktritt vom Versuch

Der **Versuch** ist aufgrund des Verbrechenscharakters strafbar. **Subjektiv** setzt eine Strafbarkeit wegen Versuchs zunächst den Vorsatz (*dolus eventualis*) voraus, einen Angriff auf einen „Führer" oder „Mitfahrer" eines Kfz zu verüben und dabei die besonderen Verhältnisse des Straßenverkehrs auszunutzen. Hinzukommen muss die Absicht (*dolus directus* 1. Grades), eine in § 316a genannte Bezugstat zu begehen, auch wenn diese Bezugstat erst nach Fahrtende begangen werden soll. **Versuchsbeginn** ist gem. § 22 das unmittelbare Ansetzen zum Angriff (also i.d.R. nicht schon mit Fahrtantritt gegeben). Konstruktiv möglich ist auch ein **Rücktritt** vom Versuch (§ 24). Ein solcher wird aber eher die Ausnahme sein, weil aufgrund der Deliktsstruktur des § 316a der Versuch der Vollendung sehr naheliegt.[708] Die damit verbundene **verfassungsrechtliche Problematik** wurde bereits bei der Auslegung der Begriffe „Fahrzeugführer" und „Verüben eines Angriffs" erläutert.

495

V. Erfolgsqualifikation *Tod eines anderen Menschen*

§ 316a III enthält eine Erfolgsqualifikation für den Fall, dass der Täter durch die Tat wenigstens leichtfertig den **Tod eines anderen Menschen** verursacht. Da diese Erfolgsqualifikation in ihrer Struktur der des § 251 entspricht, sei insoweit auf die dortigen Ausführungen verwiesen.

496

VI. Minder schwerer Fall

Eine **Strafzumessungsregel** für **minder schwere Fälle** enthält § 316a II. Ein minder schwerer Fall kommt insbesondere dann in Betracht, wenn der Täter von der beabsichtigten Bezugstat (Raub, räuberischer Diebstahl, räuberische Erpressung) strafbefreiend

497

---

[706] BGH NStZ 2016, 607, 608.
[707] BGH NStZ 2016, 607, 609.
[708] Vgl. dazu *Mitsch*, JA 1999, 662, 665. Kritisch zum frühen Vollendungsstadium des § 316a *Wessels/Hillenkamp*, BT 2, Rn 426 und *Ingelfinger*, JA 2000, 225, 231, die eine analoge Anwendung der Vorschriften der tätigen Reue erwägen. Doch diese Auffassung ist in Ermangelung einer planwidrigen Regelungslücke abzulehnen. Der Gesetzgeber hat im Zuge des 6. StRG die zuvor enthaltene tätige Reue zugunsten der allgemeinen Rücktrittsregeln *ausdrücklich* aus dem Tatbestand des § 316a herausgenommen (vgl. BT-Drs. 13/8587, S. 51, 89).

zurücktritt, vom räuberischen Angriff auf Kraftfahrer aufgrund des Eintritts der Vollendung aber nicht mehr zurücktreten kann.

VII. Konkurrenzen

498 In der *Vollendung* des § 316a liegt regelmäßig zumindest auch ein *Versuch* der beabsichtigten Bezugstat (§§ 249, 252 oder 255). Insoweit tritt die versuchte Bezugstat im Wege der Gesetzeskonkurrenz (hier: Konsumtion) zurück, sofern die versuchte Bezugstat nicht nach §§ 250 oder 251 qualifiziert ist (sonst Idealkonkurrenz). Ist die Bezugstat *vollendet*, besteht Idealkonkurrenz (Tateinheit) zwischen ihr und § 316a, unabhängig davon, ob sie qualifiziert ist oder nicht.

VII. Übungsfall

499 **Sachverhalt**[709]: Seit einiger Zeit verfügte der in Wiesbaden lebende Carlos nicht mehr über die für den täglichen Bedarf erforderlichen Geldmittel. Völlig ausgehungert kam er daher auf den Gedanken, ein Taxi „zu kapern", um sich unentgeltlich nach Berlin fahren zu lassen, wo seine Eltern wohnten und von denen er wusste, dass deren Kühlschrank stets gefüllt war. Gegen 23.30 Uhr bestieg er am Frankfurter Flughafen das Taxi des Toni. Er setzte sich auf den Rücksitz hinter den T und ließ sich zunächst zu seinem früheren Wohnort nach Wiesbaden fahren. Diese Fahrt wollte er dazu nutzen, sich darüber klar zu werden, ob er die geplante „Kaperung" des Taxis tatsächlich durchführen solle. Als T am angegebenen Ziel anhielt, den Motor abstellte, das Innenlicht anschaltete und kassieren wollte, fasste C den Entschluss, sein Vorhaben durchzuführen. Er drückte dem T einen geladenen Schreckschussrevolver gegen den Hals und forderte ihn auf, Innenlicht und Sprechfunk auszuschalten und ihn nach Berlin zu fahren. T, der den Revolver für eine scharfe Waffe hielt, nahm die Drohung ernst und fuhr auf die Autobahn in Richtung Berlin. In der Nähe von Kassel zwang C den T mit vorgehaltenem Revolver, ihn mit seinem Mobiltelefon ein Telefongespräch führen zu lassen sowie an der nächsten Raststätte zu halten und ihm für ca. 10,- € etwas zu essen zu kaufen. Gegen 4.00 Uhr des Folgetages verspürte C erneut Hunger. Wieder zwang er den T, die nächste Raststätte anzufahren. Diesmal wollte C sich jedoch selbst etwas zu essen kaufen. Er forderte - die Waffe in der Hand - den T auf, ihm 10,- € und die Fahrzeugschlüssel auszuhändigen. Nachdem er beides erhalten hatte, versteckte er den Schreckschussrevolver unter dem Fahrersitz und stieg aus, um sich etwas zu kaufen. T entdeckte den Revolver, nahm ihn an sich und ging dem C nach. Als C dies erkannte, warf er den Wagenschlüssel ins Taxi und flüchtete. Wie hat C sich strafbar gemacht?

---

[709] Nach BGH NStZ 2003, 35. Die gutachtlich aufbereitete Lösung kann unter verlagrs@t-online angefordert werden.

3. Kapitel – Betrug und Untreue

A. Einführung in die Betrugstatbestände

I. Betrug (§ 263)

Der Betrug ist ein sehr häufig begangenes **Vermögens(verschiebungs)delikt**. Folgerichtig ist es auch oft (in zahlreichen Begehungsvarianten) in Leistungsnachweisen anzutreffen. Geschütztes **Rechtsgut** ist nach h.M. nicht das Eigentum oder (wie vereinzelt angenommen) die Redlichkeit des Geschäftsverkehrs bzw. die Dispositionsfreiheit des Getäuschten[710], sondern ausschließlich das **Vermögen** in seiner Gesamtheit als **Inbegriff aller wirtschaftlichen Güter**.[711] | **500**

Anknüpfungspunkt des Betrugsvorwurfs ist ein **Täuschungsverhalten** in Bezug auf Tatsachen, das den Getäuschten dazu veranlasst, über sein **Vermögen** oder das eines Dritten zu **verfügen**, *ohne* dass dabei eine **angemessene Gegenleistung** (sog. Äquivalent) erfolgt. Doch da im Grundsatz jeder seines Glückes Schmied und für sich selbst verantwortlich ist, kann nicht jedes Bestreben nach einem Vermögensvorteil und das Verlangen unangemessener Preise strafrechtlich relevant sein. Denn einer Marktwirtschaft sind Geschäftstüchtigkeit und Gewinnmaximierung auf Kosten anderer nicht fremd, sondern diese sind gerade systemimmanent. Wenn also bestimmte Grenzen nicht überschritten werden, ist das Streben nach Gewinn (juristisch) nicht verwerflich. Der Strafnorm des § 263 kann daher nur die Aufgabe zukommen, über die Frage zu entscheiden, ob eine Vermögensschädigung im konkreten Fall noch tolerabel ist oder mit den Mitteln des Strafrechts bekämpft werden muss. Die Beantwortung dieser mitunter äußerst schwierigen Frage ist Aufgabe der nachfolgenden Darstellung. | **501**

Der Betrugstatbestand enthält viele **prüfungs- und examensrelevante Probleme**, die sicher beherrscht werden müssen. Dazu zählen: | **502**

- Abgrenzung zwischen **(Trick-)Diebstahl** und **Sachbetrug** (⇨ Rn 59, 586)
- Abgrenzung zwischen **Sachbetrug** und **Diebstahl in mittelbarer Täterschaft** bei Personenverschiedenheit von Getäuschtem und Geschädigtem (⇨ Rn 48, 595)
- Abgrenzung zwischen **Betrug** und **Erpressung**, die deshalb notwendig wird, weil die h.L. auch bei der Erpressung eine Vermögensverfügung erfordert (Abgrenzung zwischen täuschungsbedingter und nötigungsbedingter Vermögensverfügung und damit zwischen Betrug und Erpressung) (⇨ Rn 322 ff., 761 ff.)
- Innerhalb des Betrugstatbestands die Abgrenzung zwischen **konkludenter Täuschung** und **Täuschung durch Unterlassen** (⇨ Rn 541 ff.)
- Begriff des **Vermögens** (⇨ Rn 603 ff., 614 ff.)
- Normativierung des **Schadensbegriffs** (⇨ Rn 614 ff.)
- **Individueller Schadenseinschlag** (⇨ Rn 631 ff.)

Hinzu kommt, dass der Betrug nicht nur vom Diebstahl und von der Erpressung abzugrenzen ist, sondern auch von einer Vielzahl von Sondertatbeständen (= Spezialfälle) des Betrugs, die teilweise Vorrang vor § 263 haben, teilweise aber auch hinter diesem subsidiär zurücktreten. Zu nennen sind: | **503**

II. Computerbetrug (§ 263a)

Zunächst ist der Computerbetrug (§ 263a) zu nennen. Diese Vorschrift wurde nachträglich in das StGB aufgenommen, um bestehende Strafbarkeitslücken zu schließen, die darin bestanden, dass bei einer missbräuchlichen Benutzung von Datenverarbeitungsan- | **504**

---

[710] BGHSt 16, 220, 221; 16, 321, 325; 34, 199, 203; BGH StV 1995, 254, 255; 2000, 478; SK-*Hoyer*, § 263 Rn 1; *Lackner/Kühl*, § 263 Rn 2; *Fischer*, § 263 Rn 3; *Sch/Sch-Perron*, § 263 Rn 1; *Wessels/Hillenkamp*, BT 2, Rn 489.
[711] Vgl. nur aus jüngerer Zeit BVerfG NJW 2012, 907 ff.; BGH NJW 2016, 3543, 3544.

lagen ein Betrug ausscheidet. Denn ein Betrug setzt eine Täuschung, also eine Einwirkung auf das intellektuelle Vorstellungsbild eines anderen Menschen mit dem Ziel der Irreführung, sowie eine Vermögensverfügung voraus. Bei dem Ingangsetzen bspw. des Geldausgabemechanismus eines Geldautomaten ist beides nicht der Fall: Zum einen wird nicht auf das intellektuelle Vorstellungsbild eines Menschen eingewirkt, sondern nur ein vollautomatisierter Datenverarbeitungsprozess in Gang gesetzt, und zum anderen wird nicht verfügt, weil nur ein Mensch ein Verfügungsbewusstsein entwickeln und damit verfügen kann. Wegen seiner nicht unerheblichen Examensrelevanz wird dieser Tatbestand im Anschluss an den Betrug näher erläutert (Rn 663 ff.).

> **Hinweis für die Fallbearbeitung:** Aufgrund des Umstands, dass § 263a Strafbarkeitslücken in Bezug auf § 263 schließen soll, empfiehlt es sich in der Fallbearbeitung, mit der Prüfung des § 263 zu beginnen, die Verwirklichung dieses Tatbestands am Merkmal der Täuschung scheitern zu lassen, um sodann auf § 263a einzugehen und diesen Tatbestand durchzuprüfen.

III. Subventionsbetrug (§ 264)

505 Der Subventionsbetrug (§ 264) ist ein Vermögensgefährdungsdelikt, das auf das Schadenserfordernis verzichtet und daher dem Umstand Rechnung trägt, dass insbesondere, wenn Geschäftsvorgänge bewertet werden müssen, die Schadensfeststellung oftmals sehr schwierig ist. Begründet wird daher eine Strafbarkeit für ein Verhalten im Vorfeld des § 263. Geschützt wird neben dem Allgemeininteresse an der Richtigkeit der Subventionsvergabe das Vermögen der öffentlichen Hand. Der Tatbestand wird bereits dadurch verwirklicht, dass gegenüber einem Subventionsgeber unvollständige, d.h. falsche Angaben gemacht werden.[712] Auf einen Erfolg dieses Verhaltens (Irrtum, Vermögensverfügung, Schaden) kommt es – anders als bei § 263 – nicht an. Das führt – ähnlich wie bei § 316a – zu einer erheblichen Vorverlagerung der Strafbarkeit. Im Gegensatz zu § 316a enthält die Vorschrift aber in Abs. 5 einen Ausgleich in Form eines Strafaufhebungsgrundes für den Fall, dass der Täter freiwillig die Subventionsvergabe verhindert. Der Begriff der Subvention ist in Abs. 7 legaldefiniert, der der subventionserheblichen Tatsache in Abs. 8.[713]

IV. Kapitalanlagebetrug (§ 264a)

506 Der Kapitalanlagebetrug (§ 264a) ist ein abstraktes Vermögensdelikt im Vorfeld des § 263. Geschützt wird nach der h.M. neben dem Vermögen des Anlegers das Allgemeininteresse an der Funktionsfähigkeit des Kapitalmarktes.[714] Die Tathandlung liegt in der unrichtigen vorteilhaften Angabe oder im Verschweigen (echtes Unterlassungsdelikt) nachteiliger Tatsachen, die für die Entscheidung über die in der Vorschrift bezeichneten Anlageformen erheblich sind. Der Terminus „erheblich" dient als Filter, um Bagatellfälle aus der Strafbarkeit herauszuhalten. Auf einen Erfolg in Form eines Vermögensschadens kommt es – wie bei § 264 – nicht an. Die Tat ist allein schon dadurch vollendet, dass unrichtige oder unvollständige Angaben in Prospekten, Darstellungen und Übersichten gemacht werden, sanktioniert also wie § 264 eine Vermögensgefährdung. Einen Ausgleich für diese Vorverlegung der Strafbarkeit enthält Abs. 3 in Form einer „tätigen Reue".

---

[712] Zu den unvollständigen bzw. falschen Angaben vgl. BGH NStZ 2006, 625, 626 f. Vgl. auch BGH NStZ 2013, 406.
[713] Zu § 264 vgl. aus jüngerer Zeit etwa BGH NStZ 2015, 93 ff.
[714] Vgl. OLG Köln NJW 2000, 598, 600; *Lackner/Kühl*, § 264a Rn 1; Sch/Sch-*Perron*, § 264a Rn 1.

V. Versicherungsmissbrauch (§ 265)

Der Versicherungsmissbrauch (§ 265) ist ein *Vorbereitungsdelikt* zum Sachversicherungsbetrug und tritt ausdrücklich hinter § 263 zurück (*formelle Subsidiarität*). In diesem Zusammenhang zu beachten ist bei Brand- oder Schiffsbetrügereien insbesondere das Regelbeispiel des § 263 III S. 2 Nr. 5.

> **Hinweis für die Fallbearbeitung:** Obwohl die Tathandlung in Bezug auf § 263 in zeitlicher Hinsicht der des § 265 nachfolgt, sollte man in Fällen, in denen es tatsächlich zu einer Schadensmeldung gegenüber der Versicherung gekommen ist, zunächst § 263 prüfen und bei dessen Bejahung den Tatbestand des § 265 lediglich benennen und dahinter zurücktreten lassen.

Tatobjekt ist ein gegen Untergang, Beschädigung, Beeinträchtigung der Brauchbarkeit, Verlust oder Diebstahl versicherter körperlicher Gegenstand i.S.d. § 90 BGB. Tathandlungen sind das Beschädigen und Zerstören des Tatobjekts, das Beeinträchtigen der Brauchbarkeit, das Beiseiteschaffen (also jede Handlung, durch die der Zugriff auf die Sache erschwert wird, wie z.B. das Verstecken) und schließlich das Überlassen der Sache an einen anderen. Wichtige Anwendungsfälle sind das Inbrandsetzen eines gegen Feuer versichertes Bauwerk und das Verschieben von kasko-versicherten Kfz in das (osteuropäische) Ausland. Vollendet ist die Tat bereits mit der Vornahme einer der genannten Tathandlungen. Das führt auch bei diesem Tatbestand zu einer nicht unerheblichen Vorverlagerung der Strafbarkeit. Anders als bei § 264a (oder bei § 306e) besteht jedoch nicht die Möglichkeit der tätigen Reue. Auch ist kein mit § 264 V vergleichbarer Strafaufhebungsgrund normiert. Gleichwohl stößt die Vorschrift – anders als etwa § 316a – nicht auf verfassungsrechtliche Bedenken, weil der in ihr angedrohte Strafrahmen (Freiheitsstrafe bis zu drei Jahren oder Geldstrafe) im Vergleich etwa zu § 316a gering ist. Subjektiv ist neben dem allgemeinen Tatbestandsvorsatz die Absicht erforderlich, sich oder einem Dritten Leistungen aus der Versicherung zu verschaffen. Diese Absicht braucht nicht betrügerisch zu sein. Es genügt, dass eine Versicherungssumme erstrebt wird. Ob der Versicherungsnehmer tatsächlich einen Anspruch auf Versicherungsleistung hat oder ob diese gem. § 26 VVG ausgeschlossen ist, spielt keine Rolle. Daher kann auch derjenige einen Versicherungsmissbrauch begehen, der dem Versicherungsnehmer die Versicherungssumme verschaffen will, selbst wenn dieser an der Tat unbeteiligt ist und deshalb aus dem Versicherungsvertrag Leistungen beanspruchen kann (vgl. § 265: „Dritter"). Insofern liegt aber in der späteren Schadensmeldung durch den Versicherungsnehmer kein (versuchter) Betrug mehr vor.[715]

VI. Erschleichen von Leistungen (§ 265a)

Das Erschleichen von Leistungen (§ 265a) enthält vier näher in der Norm bezeichnete Auffangtatbestände, die immer dann greifen sollen, wenn spezielle Vermögensdelikte (insbesondere Betrug) nicht verwirklicht sind. Die Vorschrift ist gegenüber Vorschriften, die eine schwerere Strafandrohung enthalten, formell subsidiär. Ob diese Subsidiaritätsanordnung nur gegenüber Vorschriften mit gleicher Schutzrichtung (etwa § 263) oder gegenüber *allen* Vermögensdelikten (also auch etwa gegenüber § 242) mit höherer Strafandrohung gilt, ist höchstrichterlich noch nicht entschieden.[716]

> **Hinweis für die Fallbearbeitung:** Aufgrund der formellen Subsidiarität sollte in der Fallbearbeitung auf § 265a erst nach der Prüfung des einschlägigen vorrangigen Delikts eingegangen werden.

507

508

509

---

[715] Vgl. dazu *Geppert*, Jura 1998, 382, 383 ff.; *Volk*, NJW 2000, 3385, 3386.
[716] Für Subsidiarität nur ggü Delikten gleicher Schutzrichtung MK-*Wohlers*, § 265a Rn 69; NK-*Hellmann*, § 265a Rn 50; Sch/Sch-*Perron*, § 265a Rn 14. Für Subsidiarität ggü allen Vermögensdelikten *Lackner/Kühl*, § 265a Rn 8; M/R-*Gaede*, § 265a Rn 23. Vgl. dazu auch die Diskussion zu § 246, dargestellt bei Rn 292.

Zur Vorschrift des § 265a I im Einzelnen:

510　■　Als **Automat** i.S.d. Var. 1 kommt nach h.M. nur ein **Leistungsautomat** (z.B. Musikbox, Waage, Fernglas an einem Aussichtspunkt, Spieleautomat[717] etc.) in Betracht. Das Ausleeren eines **Waren- oder Geldspielautomaten** ist dagegen regelmäßig Diebstahl, auch wenn es mittels Falschgeld oder ungültiger Münzen, durch Anwendung von Tricks beim Geldeinwurf oder durch andere Manipulationen geschieht.[718] Ein *Erschleichen* liegt vor, wenn der Mechanismus des Automaten in ordnungswidriger Weise betätigt wird (etwa durch Einwurf von Falschgeld oder ausländischer Münzen mit geringerem Nennwert). Folgerichtig ist der Tatbestand des § 265a zu verneinen, wenn die Automatenbenutzung mechanisch korrekt und programmgemäß erfolgt. Der sog. **Geldautomatenmissbrauch** (Entnahme von Geld unter Verwendung einer unrechtmäßig erlangten oder gefälschten bzw. manipulierten Girocard) ist daher aus zwei Gründen **nicht** von § 265a erfasst: Zum einen handelt es sich um einen Warenautomaten, und zum anderen wird der Automat äußerlich korrekt bedient. Zur Anwendung kommt aber der eigens für diese Fälle geschaffene § 263a (s.o.).

511　■　Zu den **Telekommunikationsnetzen** i.S.d. Var. 2 gehören nicht nur die Telefonnetze, sondern alle Datenübertragungssysteme im Fernmeldebereich, also auch die Breitbandkabelnetze zur Übertragung von Fernseh- und Hörfunkprogrammen.[719]

512　■　**Beförderung durch ein Verkehrsmittel** i.S.d. Var. 3 ist jede entgeltliche Transportleistung, unabhängig davon, ob Personen, Tiere oder Sachen befördert werden, ob es sich um eine Massenbeförderung (Bahn, Bus etc.) oder um eine Individualleistung (Taxi) und ob es sich bei dem Verkehrsmittel um ein öffentliches oder privates handelt.[720] Bei der Erschleichung einer Individualleistung wird bereits der Tatbestand des § 263 erfüllt sein, sodass aufgrund der Subsidiaritätsklausel des § 265a für diesen Tatbestand kein Raum mehr besteht. Ist die Beförderung nicht Gegenstand des Beförderungsvertrags (Beispiele: Ein Skater hängt sich hinten an eine Straßenbahn und lässt sich ziehen; ein Täter springt auf einen Autozug, um dort während der Fahrt Autos aufzubrechen), liegt keine Beförderungsleistung i.S.d. § 265a vor, sodass auch ein „Erschleichen" verneint werden muss. Beim **„Schwarzfahren"** ist dagegen problematisch, ob ein ordnungswidriges Verhalten, bei dem der Täter durch sein äußeres Verhalten den Anschein erweckt, ein ehrlicher Fahrgast zu sein, genügt, oder ob ein Umgehen oder Ausschalten von Kontrollmechanismen erforderlich ist. Wenn man bedenkt, dass in der Zeit, in der die Vorschrift des § 265a in das StGB eingefügt wurde, Kontrollmechanismen selbstverständlich waren, heute aber zugunsten einer kostengünstigeren Tarifgestaltung zunehmend abgebaut werden, kann dies nicht zu einem Entfallen der Strafbarkeit führen. Für die Bejahung des Tatbestands des § 265a I Var. 3 genügt daher das schlichte ordnungswidrige Verhalten[721], d.h. das bloße Betreten des Verkehrsmittels ohne gültigen Fahrschein[722]. Dass entsprechende Strafverfahren – jedenfalls bei Ersttätern – gem. § 153 I StPO eingestellt werden, ändert zwar nichts an der Strafbarkeit, führt in der Praxis allerdings dazu, dass das Vergehen weitgehend unsanktioniert bleibt. Unstreitig liegt ein Erschleichen jedenfalls dann vor, wenn der Inhaber eines Fahrscheins der 2. Klasse die 1. Klasse benutzt.[723]

---

[717] Damit ist nicht der sogleich anzusprechende Geldspielautomat gemeint, sondern der „Videospielautomat".

[718] Vgl. dazu *Lackner/Kühl*, § 265a Rn 2; OLG Celle NJW 1997, 1518; OLG Düsseldorf NJW 2000, 158 (mit Bespr. v. *Biletzki*, NStZ 2000, 424; *Martin*, JuS 2000, 406; *Otto*, JR 2000, 214; *Kudlich*, JuS 2001, 20, 21).

[719] Sch/Sch-*Perron*, § 265a Rn 10 u. 13; *Lackner/Kühl*, § 265a Rn 3.

[720] *Lackner/Kühl*, § 265a Rn 4.

[721] Vgl. bereits die 1. Aufl. 2002; wie hier nun auch BGH NJW 2009, 1091, 1092 (mit Verweis auf *R. Schmidt*, BT II, 4. Aufl., Rn 512); KG NJW 2011, 2600; OLG Düsseldorf StV 2001, 112; OLG Frankfurt NStZ-RR 2001, 269; *Sternberg-Lieben/ Sternberg-Lieben*, JuS 2002, 576, 577; *Martin*, JuS 2001, 366; *Rengier*, BT I, § 16 Rn 6. Nach der Rspr. des BVerfG ist diese Rechtsauffassung verfassungsrechtlich nicht zu beanstanden (vgl. BVerfG NJW 1998, 1135, 1136); a.A. *Ellbogen*, JuS 2005, 20, 21; *Hinrichs*, NJW 2001, 932 ff.; Sch/Sch-*Perron*, § 265a Rn 11; SK-*Günther*, § 265a 18; *Fischer*, § 265a Rn 3; *Wessels/Hillenkamp*, BT 2, Rn 676. Zur methodengerechten Auslegung des § 265a vgl. ausführlich *Putzke/Putzke*, JuS 2012, 500 ff.

[722] Wie hier OLG Hamm NStZ-RR 2011, 206; OLG Frankfurt/M NJW 2010, 3107, 3108; KG NJW 2011, 2600. A.A. für den Fall, dass der Fahrgast im Rahmen einer Protestaktion offen zum Ausdruck bringt, dass er die Leistung unentgeltlich in Anspruch nimmt *Wessels/Hillenkamp*, BT 2, Rn 677; *Otto*, BT § 52 Rn 20; *Krey/Hellmann/Heinrich*, BT II, Rn 512.

[723] LK-*Tiedemann*, § 265a Rn 31.

Anders liegt der Fall, bei dem der Fahrgast seine gültige Monatskarte lediglich zu Hause vergessen hat.

■ **Zutritt zu einer Veranstaltung** (z.B. Konzert, Theater, Kino, Vortrag, Sportkampf etc.) oder **Einrichtung** (z.B. Park, Museum, Schwimmbad, Bibliothek, Tierpark, Parkhaus etc.) i.S.d. Var. 4 bedeutet körperliche Anwesenheit.[724] Klar ist, dass es sich auch hier um eine entgeltliche Darbietung bzw. Einrichtung handeln muss. Ein *Erschleichen* liegt jedenfalls dann vor, wenn vorhandene Zugangskontrollen (bzw. -mechanismen) umgangen werden (Überklettern eines Absperrzauns, Benutzung eines unbewachten Notausgangs etc.). Wurde *im konkreten Einzelfall* auf eine Zugangskontrolle verzichtet, wird man – anders als in der Var. 3 – ein tatbestandliches Erschleichen verneinen müssen, da Kontrollen bei Veranstaltungen oder Einrichtungen auch heute noch *allgemein* üblich sind.[725] Problematisch ist der Fall, wenn der Kontrolleur bestochen wird (Beispiel: Die Eintrittskarte zu einem Formel-Eins-Rennen kostet 200,- €; der Täter steckt dem Kontrolleur einen 50-€-Schein in die Brusttasche; dieser gewährt ihm Zutritt). Richtigerweise wird man hier nur dann ein Erschleichen bejahen dürfen, wenn der Kontrolleur keine Entscheidungsbefugnisse hatte.[726]

513

Subjektiv muss sich mit dem allgemeinen **Tatbestandsvorsatz** (wobei insoweit *dolus eventualis* genügt) die **Absicht** (*dolus directus* 1. Grades – zielgerichtetes Wollen) verbinden, das Entgelt nicht oder nicht voll zu entrichten.[727] Der **Versuch** ist strafbar (§ 265a II). Gemäß § 265a III gelten §§ 247 und 248a entsprechend.

514

VII. Kreditbetrug (§ 265b)

Im Rahmen der betrugsähnlichen Wirtschaftsstraftaten ist schließlich der Kreditbetrug (§ 265b) zu nennen. Schutzgegenstände sind das individuelle Vermögen des Kreditgebers und das überindividuelle Rechtsgut der Kredit- und Volkswirtschaft, die gefährdet sind, wenn der Kreditnehmer seine Lage und deren Entwicklung „zu optimistisch" beurteilt.[728] Im Übrigen ist der Tatbestand ähnlich wie der Subventionsbetrug konstruiert. Er ist daher bereits durch falsche Angaben gegenüber einem (auch ausländischen[729]) Kreditgeber erfüllt. Ein (Vermögens-)Schaden ist insoweit ebenso wenig erforderlich. Der hiermit verbundenen Vorverlagerung des Vollendungszeitpunkts trägt das Gesetz – ähnlich §§ 264 V, 264a III – mit der Regelung des § 265b II Rechnung. Zu beachten ist ferner, dass die Vorschrift auf Kredite für Betriebe und Unternehmen außerhalb der in § 265b III Nr. 1 genannten Art sowie auf Privatkredite, auch wenn sie von Geschäftsleuten beantragt werden, nicht anwendbar ist. In diesen Fällen ist der Täter straflos, wenn ihm die in § 263 erforderliche Absicht nicht nachgewiesen werden kann.

515

VIII. Sportwettbetrug (§§ 265c ff.)

Manipulationen von Spielverläufen und von Sportwetten beeinträchtigen in besonderem Maße nicht nur die Integrität des Sports, d.h. die Glaubwürdigkeit, Unverfälschtheit und Authentizität des sportlichen Kräftemessens, sondern schädigen auch das Vermögen anderer.[730] § 263, vor der betrügerischen Handlungen allgemein schützt, trägt dem nicht hinreichend Rechnung, da er nicht alle Fälle von Manipulationen sportlicher Wettbewerbe erfasst, insbesondere solche nicht, die keinen direkten Bezug zu Sportwetten aufweisen[731] und bei denen (daher) nicht sämtliche Tatbestandsmerkmale des § 263 greifen. Somit sah sich der Gesetzgeber veranlasst, den Schutz zu erweitern und neue Straftat-

515a

---

[724] *Fischer*, § 265a Rn 22 f.; *Lackner/Kühl*, § 265a Rn 5; Sch/Sch-*Perron*, § 265a Rn 2.
[725] Vgl. *Fischer*, § 265a Rn 3; *Rengier*, BT I, § 16 Rn 8.
[726] Vgl. Sch/Sch-*Perron*, § 265a Rn 11; LK-*Tiedemann*, § 265a Rn 46.
[727] Vgl. *Lackner/Kühl*, § 265a Rn 7; *Hellmann*, JuS 2001, 353, 356.
[728] BGH NStZ 2015, 163; Sch/Sch-*Perron*, § 265b Rn 3; LK-*Tiedemann*, § 265b Rn 10 ff.; *Fischer*, § 265b Rn 2.
[729] Vgl. BGH NStZ 2015, 163, 164.
[730] So der Gesetzentwurf der Bundesregierung BT-Drs. 18/8831 S. 1 und 10.
[731] So der Gesetzentwurf der Bundesregierung a.a.O.

bestände des Sportwettbetrugs (§ 265c) und der Manipulation von berufssportlichen Wettbewerben (§ 265d) zu schaffen.[732]

515b Wie es in der Gesetzesbegründung heißt, erfassen §§ 265c und 265d (zumindest intendierte) korruptive Absprachen zwischen einem Vorteilsnehmer und einem Vorteilsgeber mit dem Ziel, den Verlauf oder das Ergebnis eines sportlichen Wettbewerbs zu manipulieren.[733] Während der Straftatbestand des Sportwettbetrugs (§ 265c) solche Absprachen bei Wettbewerben des organisierten Sports erfasst, die einen Bezug zu Sportwetten aufweisen, sanktioniert der Straftatbestand der Manipulation von berufssportlichen Wettbewerben (§ 265d) auch solche korruptiven Absprachen, die keinen Bezug zu Sportwetten aufweisen. § 265d bezieht sich aber ausschließlich auf berufssportliche Wettbewerbe, während § 265c auch amateursportliche Wettbewerbe erfasst, solange diese nur organisiert sind. Im Kern ist beiden Tatbeständen gemeinsam, dass Sportler, Trainer, Schieds-, Wertungs- und Kampfrichter strafbar sein können, wenn sie einen Vorteil für sich oder einen Dritten als Gegenleistung dafür fordern, sich versprechen lassen oder annehmen, dass sie den Verlauf oder das Ergebnis eines Wettbewerbs des organisierten Sports beeinflussen und infolgedessen ein rechtswidriger Vermögensvorteil durch eine auf diesen Wettbewerb bezogene öffentliche Sportwette erlangt wird (§ 265c) bzw. wenn sie durch das beschriebene Verhalten den berufssportlichen Wettbewerbs zugunsten des Wettbewerbsgegners beeinflussen (§ 265d).

515c Sowohl § 265c als auch § 265d erfassen in- und ausländische sportliche Wettbewerbe (§ 265c V, § 265d V – jeweils i.V.m. § 5 Nr. 10a, wonach hinsichtlich Sportwettbetrug und Manipulation von berufssportlichen Wettbewerben unabhängig vom Recht des Tatorts das deutsche Strafrecht gilt, wenn sich die Tat auf einen Wettbewerb bezieht, der im Inland stattfindet). Damit werden also auch Täter erfasst, die vom Ausland aus agieren und in Deutschland stattfindende Sportwettkämpfe manipulieren.

515d Bezüglich beider Tatbestände hat der Gesetzgeber mit § 265e zudem eine Strafzumessungsregel mit 2 Regelbeispielen aufgenommen.

515e Schließlich ist durch Änderung des § 100a StPO die Möglichkeit geschaffen worden, bei Sportwettbetrug und Manipulation von berufssportlichen Wettbewerben unter den in § 265e S. 2 genannten Voraussetzungen die Telekommunikation zu überwachen und aufzuzeichnen (§ 100a I, II Nr. 1p StPO).

IX. Gebühren- und Abgabenüberhebung (§ 352 und § 353)

516 Ferner sind die Gebührenüberhebung (§ 352) und die Abgabenüberhebung (§ 353) zu nennen. Die Gebührenüberhebung stellt eine Privilegierung für Amtsträger (§ 11 I Nr. 2) und Rechtsanwälte etc. für übermäßiges Sportulieren[734] dar. Der im Vergleich zu § 263 geringe Strafrahmen soll sich daraus erklären, dass das Opfer sich über die richtigen Gebührensätze leicht hätte informieren können. Wenn man aber bedenkt, dass wegen der Komplexität der Gebührensätze sogar RVG-Wochenendseminare für Rechtsanwälte angeboten werden, überzeugt dies wenig. Die Abgabenüberhebung (§ 353) hat aber nahezu keine Prüfungs- oder Examensrelevanz.

---

[732] BGBl I 2017 v. 18.4.2017, S. 815.
[733] So der Gesetzentwurf der Bundesregierung BT-Drs. 18/8831 S. 12.
[734] Sportulieren meint die Erhebung von Sporteln, d.h. von Gebühren etc., von denen der Erhebende weiß, dass der Zahlende sie nicht oder nur in geringerem Maße schuldet.

B. Betrug (§ 263)

Zum geschützten Rechtsgut und zu den prüfungsrelevanten Problemen des Betrugstatbestands wurde bereits im Rahmen der *Einführung in die Betrugstatbestände* Stellung genommen (Rn 500 ff.). Aufgabe des folgenden Abschnitts ist es nunmehr, die einzelnen Tatbestandsmerkmale des § 263 näher zu erläutern.

517

Hinsichtlich der Tatbestandsvoraussetzungen des § 263 ist man sich einig, dass der gesetzliche Wortlaut missglückt ist. Allgemein anerkannt ist die Prüfung des **objektiven Tatbestands** anhand von **vier Merkmalen**:

518

- *Täuschungsverhalten in Bezug auf Tatsachen*
- *Irrtum*
- *Vermögensverfügung*
- *Vermögensschaden*

Die vier Tatbestandsmerkmale müssen aufeinander **aufbauen** und jeweils **kausal miteinander verknüpft** sein.

Der **subjektive Tatbestand** erfordert neben dem allgemeinen *Vorsatz* (*dolus eventualis* genügt) bezüglich aller objektiven Tatbestandsmerkmale die *Absicht* (*dolus directus* 1. Grades), sich oder einem Dritten einen rechtswidrigen und stoffgleichen Vermögensvorteil zu verschaffen. Da die Rechtswidrigkeit des Vermögensvorteils – ähnlich der Zueignungsabsicht beim Diebstahl – keinen (deklaratorischen) Hinweis auf das allgemeine Verbrechensmerkmal der Rechtswidrigkeit, sondern ein objektives Tatbestandsmerkmal darstellt, muss sich der Täter*vorsatz* auch darauf beziehen. Und das ungeschriebene Merkmal der Stoffgleichheit dient dazu, die Eigenschaft des Betrugs als Vermögensverschiebungsdelikt hervorzuheben, was nur dann angenommen werden kann, wenn die Vermögensminderung, die das Opfer erleidet, „spiegelbildlich" dem Täter (oder einem Dritten) als Vermögensmehrung zufließt. Sowohl die Vermögensminderung als auch der erstrebte Vermögensvorteil müssen sich auf denselben Gegenstand beziehen. Dies ist mit „Stoffgleichheit" gemeint (dazu Rn 646).

519

Schließlich ist zu beachten, dass in einer Betrugskonstellation nicht nur Täuschender und Getäuschter bestehen, sondern auch weitere Personen hinzutreten können. So ist es einerseits möglich, dass der Täuschende sowohl zu *seinem* Vorteil (**eigennütziger Betrug**) als auch zum Vorteil *eines Dritten* (**fremdnütziger Betrug**) handelt.

520

> **Beispiel 1:** T, Stellvertreter des Autoverkäufers D, arbeitet bei diesem auf Provisionsbasis. Dem gutgläubigen O verkauft er wider besseres Wissen einen wiederhergestellten Unfallwagen als unfallfrei, um so einen höheren Preis zu erzielen und letztlich eine höhere Provision zu erhalten.
>
> Hier handelt T zum unmittelbaren Vorteil des D, da dieser Vertragspartner des O wird und den Kaufpreis erhält.

Andererseits brauchen der Getäuschte (der aber zugleich der Verfügende sein muss!) und der Geschädigte nicht personenidentisch zu sein. Um aber den Selbstschädigungscharakter des Betrugs zu wahren, ist eine hinreichende Nähebeziehung zwischen dem Verfügenden und dem Geschädigten (bzw. dessen Vermögen) erforderlich: Der Getäuschte muss im Zeitpunkt der Täuschungshandlung im Lager des Geschädigten stehen (**Dreiecksbetrug**, vgl. Rn 595). In diesem Zusammenhang ist zu beachten, dass der Getäuschte nur ein Mensch sein kann, während als Geschädigter auch eine juristische Person bzw. eine Handelsgesellschaft in Betracht kommt.

521

Beispiel 2: Im obigen Beispiel ist O keine natürliche Person, sondern eine OHG, die einen Firmenwagen kaufen möchte. Darüber hinaus wird der Wagen nicht von dem Geschäftsinhaber selbst, sondern von dessen Stellvertreter V gekauft.

> **Hinweis für die Fallbearbeitung:** Wie die vorstehenden Erläuterungen und die Beispiele ergeben haben, können durchaus bis zu vier[735] Personen beteiligt sein. Bereits im Obersatz ist daher klarzustellen, zu wessen Nachteil und zu wessen Vorteil ein Betrug in Frage kommt. So kommen etliche Konstellationen in Betracht, die in der Fallbearbeitung relevant werden könnten und bereits durch entsprechende Obersatzbildung benannt werden müssten:
>
> 1. „Strafbarkeit des T gem. § 263 zu seinem Vorteil und zum Nachteil des O" (eigennütziger Betrug; Zweipersonenverhältnis; Grundkonstellation)
>
> 2. „Strafbarkeit des T gem. § 263 zum Vorteil des D und zum Nachteil des O" (fremdnütziger Betrug; Beispiel 1)
>
> 3. „Strafbarkeit des T gem. § 263 zu seinem Vorteil und zum Nachteil des O" [eigennütziger Betrug, der an der Stoffgleichheit der Bereicherungsabsicht scheitert: Der erstrebte Vermögensvorteil (Provision) ist nicht das Spiegelbild des Vermögensschadens (unerwünschter Vertrag) des O; Beispiel 1]
>
> 4. „Strafbarkeit des T gem. § 263 wegen des Verhaltens gegenüber V zu seinem Vorteil und zum Nachteil des O" (eigennütziger Dreiecksbetrug, der aus dem gleichen Grund scheitert wie bei 3.; Beispiel 2)
>
> 5. „Strafbarkeit des T gem. § 263 wegen des Verhaltens gegenüber V zum Vorteil des D und zum Nachteil des O" (fremdnütziger Dreiecksbetrug; Beispiel 2)
>
> 6. „Strafbarkeit des T gem. § 263 zum Nachteil des D" (eigennütziger Betrug; Beispiele 1 und 2)

Die sechste Konstellation ergibt sich daraus, dass O einen anfechtbaren Kaufvertrag nebst Übereignung (§§ 433, 929 S. 1 BGB i.V.m. § 123 I Var. 1 i.V.m. § 142 I BGB; T ist nicht Dritter i.S.d. § 123 II BGB) gegenüber D in der Hand hat. Die Täuschung gegenüber D bestand in der (konkludenten) Erklärung, dass der Vertragsabschluss erfolgreich sei. Davon ausgehend, dass D dadurch einem Irrtum unterlegen ist und die Provision ausgezahlt hat (= Vermögensverfügung, die zu einem Vermögensschaden führt), ist der Tatbestand des § 263 erfüllt.

Für die Prüfung des Betrugstatbestands empfiehlt sich folgender Aufbau:

522

> **Betrug (§ 263)**
>
> **I. Tatbestand**
> **1. Objektiver Tatbestand**
> **a. Täuschungsverhalten in Bezug auf Tatsachen**
> ⇨ **Täuschungsverhalten** ist die intellektuelle Einwirkung auf das Vorstellungsbild eines anderen, die zu einem Irrtum führen oder diesen unterhalten kann.
>
> ⇨ **Tatsachen** sind alle konkreten Geschehnisse und Zustände der Vergangenheit oder Gegenwart, die die Außenwelt oder psychische Vorgänge betreffen und dem Beweis zugänglich sind. Im Gegensatz dazu stehen **Werturteile** oder **Meinungsäußerungen**. Die Abgrenzung erfolgt ähnlich wie im Beleidigungsrecht: Maßgebend ist nicht die äußere Form, sondern ob der Sinn der Äußerung einen nachprüfbaren Kern enthält. So werden von der Verkehrsanschauung bspw. Äußerungen im Bereich der Werbung oft als übertrieben angesehen, können aber dennoch Tatsachen enthalten.

---

[735] Bezieht man den Fall der Unterstellvertretung mit ein, kann die Zahl der beteiligten Personen noch höher sein.

⇨ Das **Täuschungsverhalten** kann *ausdrücklich*, *konkludent* und durch *Unterlassen* erfolgen. Ferner können Deliktsmängel auftreten, etwa dass nur auf Automaten eingewirkt wird (Prüfung der §§ 263a, 265a, 266b, 242 und 246), die Täuschung notwendiger Bestandteil eines Spezialtatbestands ist (Prüfung der §§ 352, 353 I StGB, §§ 370, 371 AO, § 16 UWG) oder nicht über gegenwärtige, sondern über künftige Tatsachen getäuscht wird (Prüfung des § 265b).

b. Irrtum über Tatsachen, die Gegenstand der Täuschungshandlung waren

Infolge der Täuschungshandlung muss bei dem anderen ein Irrtum erregt oder unterhalten werden. **Irrtum** ist jede Fehlvorstellung über die Tatsachen, die Gegenstand der Täuschung waren. „Erregen" bedeutet das Hervorrufen des Irrtums. „Unterhalten" ist nicht nur das Verhindern oder Erschweren der Aufklärung, sondern auch das Bestärken einer bestehenden Fehlvorstellung. Es können folgende Deliktsmängel auftreten: Das schlichte Nichtwissen, die Unkenntnis des Sachverhalts (*ignorantia facti*) genügen für eine positive Fehlvorstellung nicht (Prüfung der §§ 246, 265a). Macht sich der Getäuschte überhaupt keine Gedanken über den Inhalt der Täuschung, unterliegt er keiner Fehlvorstellung. Ein Betrug kommt nur dann in Betracht, wenn er es wenigstens für möglich hält, getäuscht zu werden.

c. Vermögensverfügung

Infolge des Irrtums muss eine Vermögensverfügung erfolgt sein. Eine **Vermögensverfügung** ist jedes Handeln, Dulden oder Unterlassen, das (beim Sachbetrug) mit Verfügungsbewusstsein erfolgt und unmittelbar vermögensmindernd wirkt. **Getäuschter und Verfügender müssen beim Betrug dieselbe Person sein. Allerdings muss die Vermögensminderung nicht notwendig im Vermögen des Verfügenden eintreten**. Möglich ist auch, dass durch die Handlung des Getäuschten das Vermögen eines Dritten betroffen ist, sog. **Dreiecksbetrug**. Es können folgende Deliktsmängel auftreten:

(1) Der Getäuschte und Verfügende steht in keiner Nähebeziehung zum Geschädigten,

(2) die Vermögensminderung wird erst durch einen neuen deliktischen Zwischenschritt ausgelöst oder

(3) der Verfügende hat bei erschlichener Gewahrsamsverschiebung kein konkretes, sondern nur ein durch Täuschung hervorgerufenes Verfügungsbewusstsein.

In allen Fällen ist § 242 zu prüfen (bei (1) in mittelbarer Täterschaft).

Da das „Vermögen" begriffslogisch Element der Vermögensverfügung ist, kann es notwendig werden, schon bei diesem Tatbestandsmerkmal die verschiedenen Vermögensbegriffe aufzuwerfen und zu erörtern, ob der „weggegebene" Gegenstand tatsächlich zum Vermögen i.S.d. § 263 gehört. Heute werden im Wesentlichen zwei Vermögensbegriffe vertreten:

⇨ Der vom BGH und einem Teil der Literatur vertretene, aber zunehmend in Frage gestellte *ökonomische (wirtschaftliche) Vermögensbegriff* versteht unter Vermögen i.S.d. § 263 die **Gesamtheit der wirtschaftlichen Güter eines Rechtsträgers, unabhängig davon, ob sie diesem rechtlich zustehen oder nicht**. Nach diesem Begriff sind also auch solche Vermögenswerte geschützt, die aus nichtigen Geschäften stammen. Als Hauptargument für diese Auffassung wird hervorgebracht, dass man anderenfalls im „Ganovenmilieu" einen straffreien Raum zuließe.

⇨ Die wohl h.L. vertritt den sog. *juristisch-ökonomischen Vermögensbegriff*. Nach diesem gehören zum Vermögen i.S.d. § 263 nur solche Positionen, die einen **wirtschaftlichen Wert haben *und* unter dem Schutz der Rechtsordnung stehen**. Demzufolge sind insbesondere solche Wirtschaftsgüter nicht von § 263 geschützt, die aus sittenwidrigen und damit nichtigen Forderungen stammen. Für die Richtigkeit dieses Standpunkts wird hauptsächlich hervorgebracht, die Rechtsordnung setze sich in Widerspruch zu sich selbst, wenn das, was in einer Teilrechtsordnung – insbesondere dem Zivilrecht – verboten ist, strafrechtlich geschützt werde.

Beide Vermögensbegriffe stimmen darin überein, dass sie zunächst voraussetzen, dass die fragliche Position zum **Wirtschaftsverkehr** gehört. Geschützt sind somit alle **schuldrechtlichen Ansprüche**, **alle dinglichen Rechte** unter Einschluss des **redlichen Besitzes** und des **Anwartschaftsrechts** sowie sog. **Exspektanzen**, also tatsächliche Erwerbsaussichten, die nicht nur vage und unbestimmt, sondern bereits so weit konkretisiert sind, dass ihnen der Geschäftsverkehr schon für die Gegenwart einen wirtschaftlichen Wert beimisst. Vermögenswert hat schließlich auch die **Arbeitskraft**, sofern für sie im Geschäftsleben üblicherweise eine Gegenleistung verlangt wird. **Nicht** zum strafrechtlich geschützten Vermögen zählen dagegen **Geldstrafe**, **Geldbuße**, **Verwarnungsgelder** gemäß § 56 OWiG oder die **Geldauflage** nach § 153a StPO, weil diese ausschließlich sanktionsrechtliche Funktion haben. Unterschiede zwischen den Vermögensbegriffen ergeben sich bei Positionen, **die von der Rechtsordnung missbilligt** werden:

⇨ **Erschleichen von gem. §§ 134, 138 BGB verbotenen oder sittenwidrigen Arbeitsleistungen** unter Vortäuschung einer Zahlungsbereitschaft. Dazu gehören insbesondere das Versprechen eines „Killerlohnes", das Beauftragen, „Geld zu waschen", und das Beauftragen, sich gegen Entgelt an einer (sonstigen) Straftat zu beteiligen. Erfüllt der Auftraggeber, wie von Anfang an geplant, trotz auftragsgemäßer Arbeit sein Versprechen nicht, macht er sich wegen Betrugs strafbar. Die früher diskutierten Prostitutionsfälle haben sich mit Inkrafttreten des Prostitutionsgesetzes am 1.1.2002 erledigt. Zwar ist nach der Rspr. des BGH Prostitution nach wie vor als sittenwidrig anzusehen, jedoch gehörten die von einer Prostituierten aufgrund einer vorherigen Vereinbarung erbrachten sexuellen Handlungen und die dadurch begründete Forderung auf das vereinbarte Entgelt (§ 1 S. 1 ProstG) zum strafrechtlich geschützten Vermögen.

⇨ **Erschleichung der Vorauszahlung bzgl. einer verbotenen oder sittenwidrigen Handlung**. Zu dieser Fallgruppe gehören insbesondere Vorleistungen an beauftragte Killer, die den Willen zur Gegenleistung nur vorspiegeln. Auch hier begeht nach h.M. einen Betrug, wer einen Vorschuss für die Durchführung eines Mordauftrags entgegennimmt, wenn er dessen Realisierung nicht beabsichtigt.

⇨ **Schutz des rechtswidrig erlangten Besitzes?** Schließlich ist fraglich, ob und inwieweit ein rechtswidrig erlangter Besitz zu den durch § 263 geschützten Vermögenswerten gehören kann. Das betrifft in erster Linie die Frage, ob es einen Betrug gegenüber einem Dieb oder Hehler geben kann. Hier ist auch nach dem juristisch-ökonomischen Vermögensbegriff die Einbeziehung des unrechtmäßigen Besitzes in den durch § 263 garantierten Vermögensschutz möglich.

d. Vermögensschaden

Ein **Schaden** liegt vor, wenn (bei Austauschverhältnissen) ein Vergleich der Vermögenslage vor und nach der Verfügung ergibt, dass die Vermögensminderung nicht unmittelbar durch ein vermögenswertes Äquivalent ausgeglichen wurde. Probleme liegen in der Bestimmung des strafrechtlichen Vermögensbegriffs bei nur subjektiv vorhandenen Nachteilen und in der Zweckverfehlung.

2. Subjektiver Tatbestand

Vorsatz (mindestens *dolus eventualis*) und **Absicht** (*dolus directus* 1. Grades) der rechtswidrigen und stoffgleichen eigen- oder fremdnützigen Bereicherung. Es können sich insb. folgende Delliktsmängel ergeben: Der Täter erkennt erst nachträglich, dass er die vermögensschädigende Verfügung veranlasst hat und unterlässt eine Aufklärung (Prüfung der §§ 263, 13). Der Täter hat lediglich Schädigungswillen (Prüfung des § 266). Der Täter hat objektiv einen Anspruch auf den Vermögensvorteil, weiß das aber nicht (Prüfung der §§ 263, 22).

II. Rechtswidrigkeit und III. Schuld: Es gelten die allgemeinen Grundsätze.

IV. Strafzumessungsregel (§ 263 III) und Qualifikation (§ 263 V)[736]

I. Tatbestand

1. Objektiver Tatbestand

a. Täuschungsverhalten in Bezug auf Tatsachen

aa. Täuschungsverhalten und Tatsachenbegriff

523 Nach dem Wortlaut des § 263 I besteht die Tathandlung in der Vorspiegelung falscher oder in der Entstellung oder Unterdrückung wahrer Tatsachen. Wie bereits ausgeführt,

---

[736] Zum prüfungstechnischen Aufbau von Grundtatbestand und Tatbestandsqualifikation vgl. *R. Schmidt*, AT, Rn 84 ff.

wird diese Formulierung allgemein als missglückt angesehen, da es schon begriffslogisch keine „falschen Tatsachen" geben kann. Allgemein anerkannt ist die Kurzform „Täuschung über Tatsachen", die aber ebenfalls unpräzise ist, da der Begriff der Täuschung impliziert, dass das Opfer getäuscht worden ist[737], was wiederum einen entsprechenden Irrtum voraussetzt. Der Irrtum wird in diesem Prüfungspunkt aber noch nicht festgestellt. Daher bietet es sich an, den vorliegenden Prüfungspunkt mit „Täuschungsverhalten in Bezug auf Tatsachen" zu betiteln.

Täuschungsverhalten ist die intellektuelle Einwirkung auf das Vorstellungsbild eines anderen, die zu einem Irrtum führen oder diesen unterhalten kann.[738]

524

Erforderlich ist stets eine **kommunikative Beziehung** zwischen dem Täuschenden und dem Getäuschten. Diese kann in einem aktiven (ausdrücklichen oder konkludenten) Verhalten liegen, aber auch in der Unterlassung der Nennung offenbarungspflichtiger Tatsachen. Die bloße Veränderung von Tatsachen, das Einschleichen als Schwarzfahrer oder die schlichte Manipulation von Objekten ohne kommunikative Beziehung zum Täuschungsopfer genügen daher nicht, auch wenn dadurch dessen Vorstellung unrichtig wird (vgl. auch Rn 575 zur *ignorantia facti*). Auch genügt es für die Bejahung der Täuschung nicht, aus dem Vorhandensein eines Irrtums auf die Täuschungshandlung nur rückzuschließen.[739]

Das Verhalten muss einen **Erklärungswert** besitzen, um als Täuschungsverhalten i.S.d. § 263 zu gelten. Welcher Erklärungswert einem Verhalten zukommt, ist durch Auslegung zu ermitteln, wobei die Verkehrssitte oder der (gem. §§ 133, 157 BGB zu ermittelnde) objektive Empfängerhorizont entscheidet.[740]

Schließlich fordert die h.M. ein **Täuschungsbewusstsein**; anderenfalls liege schon objektiv keine Täuschung vor.[741]

Tatsachen sind alle vergangenen oder gegenwärtigen Sachverhalte (Geschehnisse, Zustände) einschließlich solcher der menschlichen Psyche, die objektiv bestimmt und dem Beweis zugänglich sind.[742]

525

Werturteile sind **nicht** erfasst. Denn nach der (überzeugenden) Konzeption des Gesetzgebers ist insbesondere derjenige, der sich auf Werturteile oder künftige, noch ungewisse Geschehnisse verlässt, weniger schutzwürdig. Zudem lassen sich auf Werturteile und noch ungewisse Umstände kaum rationale Verfügungen stützen, was für die Annahme eines Betrugs aber erforderlich ist. Folgerichtig sind Werturteile, aber auch Meinungsäußerungen, bloße Rechtsansichten[743] und künftige Geschehnisse *nicht* von § 263 erfasst. Ein weiterer Vorteil, der mit der Reduktion des Tatsachenbegriffs auf empirisch beweisbare Sachverhalte verbunden ist, besteht darin, dass z.B. mystische oder religiöse Behauptungen aus dem Anwendungsbereich des Tatbestands herausgehalten werden können. Denn wer sich auf derartige Aussagen verlässt, bedarf ebenfalls – zumindest im Grundsatz – nicht des Schutzes der Strafrechtsordnung. Daher kommt der Abgrenzung zwischen Tatsachenbehauptungen auf der einen Seite und Werturteilen/künftigen, noch ungewissen Geschehnissen sowie mystischen und religiösen Behauptungen andererseits

526

---

[737] Ein Täuschungsverhalten ohne „Täuschungserfolg" würde man als „Täuschungsversuch" beschreiben.
[738] Vgl. BGHSt 47, 1, 3 ff.; Sch/Sch-*Perron*, § 263 Rn 6; *Lackner/Kühl*, § 263 Rn 6; *Fischer*, § 263 Rn 14; *Wessels/Hillenkamp*, BT 2, Rn 490; *Putzke*, ZJS 2016, 787, 788.
[739] BGHSt 47, 1, 3; *Garbe*, NJW 1999, 2868, 2869; *Lackner/Kühl*, § 263 Rn 4; a.A. *Mahnkopf/Sonnberg*, NStZ 1997, 187: „Wo ein Irrtum ist, ist auch eine Täuschung".
[740] *Putzke*, ZJS 2016, 787, 788. Siehe dazu auch unten Rn 546.
[741] Vgl. etwa BGHSt 47, 1, 3 ff.; *Wessels/Hillenkamp*, BT 2, Rn 492; *Rengier*, BT I, Rn 9.
[742] BGHSt 15, 24, 26; 47, 1, 3; BGH NStZ 2015, 89, 90; *Hillenkamp*, JuS 2003, 157; Sch/Sch-*Perron*, § 263 Rn 8; *Fischer*, § 263 Rn 6.
[743] Anders diesbezüglich *Puppe*, JZ 2004, 102 ff.

entscheidende Bedeutung zu. Kann eine Unterscheidung nicht eindeutig vorgenommen werden, muss eine Abgrenzung anhand der folgenden Kriterien vorgenommen werden.

527 ■ **Tatsachen** stehen dem Wahrheitsbeweis offen. Es kommen *äußere* und *innere* Tatsachen in Betracht. ***Äußere*** **Tatsachen** sind die in der Definition beschriebenen äußeren Geschehnisse oder Zustände wie bspw. die Zahlungsfähigkeit, die Herkunft oder die Beschaffenheit einer Sache oder das Alter (auch einer Person). Als ***innere*** **Tatsachen** kommen insbesondere Motive, Überzeugungen, Kenntnisse und Absichten in Betracht. Dazu zählt bspw. die Überzeugung, trotz gegenwärtiger Zahlungsunfähigkeit eine Leistung termingerecht zu erbringen (also die Zahlungswilligkeit).

Die Tatsache muss – um dem Beweis zugänglich zu sein – der **Gegenwart** oder der **Vergangenheit** angehören. So ist bspw. beim Kreditkauf oder Darlehen zwar die zukünftige Zahlungsfähigkeit keine Tatsache im dargelegten Sinn, wohl aber die gegenwärtige Überzeugung des Käufers oder Darlehensnehmers von dieser künftigen Fähigkeit oder dessen Absicht oder Bereitschaft zu späterer Zahlung.

Beispiel: Kunigunde nimmt einen Privatkredit auf (§ 488 BGB) und erklärt dem Kreditgeber gutgläubig, dass sie die Valuta bei Fälligkeit zurückzahlen könne.

⇨ Hier täuscht K *nicht* über eine Tatsache i.S.d. § 263, da der Zeitpunkt der Rückzahlung in der Zukunft liegt. Etwas anderes gilt, wenn K *schon im Zeitpunkt des Vertragsschlusses* nicht die Absicht hat, ihrer Rückzahlungspflicht nachzukommen, oder weiß, dass sie dies nicht können wird. Dann täuscht sie über die *gegenwärtige* innere Tatsache der Zahlungswilligkeit oder späteren Zahlungsfähigkeit.[744]

Generell lässt sich sagen, dass alle Bezugspunkte, die in der Zukunft liegen, noch keine Tatsachen sind, es sei denn, dass Naturgesetze das sichere Eintreten bestimmen.

Weitere Beispiele gegenwärtiger Tatsachen über zukünftige Ereignisse:

(1) Wer ein Restaurant besucht und dort Speisen und Getränke bestellt, erklärt mit der Bestellung konkludent, auch der damit verbundenen Zahlungspflicht nachkommen zu können und zu wollen. Denn Zahlungsfähigkeit und -willigkeit sind dem Beweis zugänglich und stellen damit Tatsachen dar.[745]

(2) Wer einen Gegenstand verkauft, erklärt konkludent, dem Käufer das Eigentum an diesem Gegenstand verschaffen zu können. Denn die Pflicht zur Übereignung und Übergabe folgt aus § 433 I S. 1 BGB und ist damit eine Tatsache.

528 ■ **Werturteile** geben dagegen lediglich die persönliche Auffassung (wie etwa die eigene Rechtsauffassung) wieder. Sie sind daher nicht geeignet, eine Täuschung auf Seiten des Empfängers zu begründen.

529 Die **Abgrenzung** zwischen Tatsachenbehauptungen und Werturteilen ist fließend. Maßgebend ist, ob der Sinn der Äußerung einen nachprüfbaren Kern enthält. Von besonderer Relevanz sind Äußerungen im Bereich der **Werbung**. Hier stellt sich die Frage, ob die Verantwortlichkeit des Verkäufers für Werbeaussagen Einfluss auf die Strafbarkeit wegen Betrugs ausübt: Beschreibt der Verkäufer in der Werbung *bestimmte Eigenschaften* der Sache, die zur Grundlage des Vertrags gemacht werden (vgl. § 434 I S. 1 BGB) bzw. die der Käufer gerade aufgrund der Werbeaussage von der Sache erwarten kann (vgl. § 434 I S. 3 BGB), hat dieser gegen den Verkäufer einen kaufrechtlichen Anspruch auf Lieferung einer mangelfreien Sache (§§ 433 I, 434, 437 Nr. 1, 439 I BGB)[746] bzw. auf Schadensersatz (§ 437 Nr. 3 BGB), wenn die Sache die in der Werbung beschriebenen Eigenschaften nicht aufweist. Gleichzeitig ist ein **Betrug** anzunehmen, da die zugesicherten Eigenschaften **Tatsachen** darstellen, über die getäuscht wurde.

---

[744] Vgl. auch *Hillenkamp*, JuS 2003, 157, 158 und nun auch *Kühl/Brutscher*, JuS 2011, 335, 336.
[745] Siehe dazu auch Bsp. 1 bei Rn 544 und Bsp. 2 bei Rn 572.
[746] Dieser sog. Nacherfüllungsanspruch besteht deshalb, weil die Mangelfreiheit der Sache zur Primärleistungspflicht des Verkäufers gehört (§ 433 I S. 2 BGB).

Beispiel: Der Gebrauchtwagenhändler H macht während eines Verkaufsgesprächs mit K, einem begeisterten Classic-Fan, Angaben über die Kraftstoffverbräuche der von ihm angebotenen Gebrauchtwagen. Bei einem Opel Diplomat 5,4 V8 Bj. 78 gibt er einen Kraftstoffverbrauch von 12 l/100 km an. K kauft daraufhin den Wagen. Doch schon bei dem nächsten Tankstopp muss er überraschend feststellen, dass der Wagen tatsächlich 22 l/100 km verbraucht.

Hier hat K nicht nur bestimmte zivilrechtliche Ansprüche gegen H, sondern er ist auch einem täuschungsbedingten Irrtum, mithin einem Betrug unterlegen. Insbesondere ist die Angabe über den Kraftstoffverbrauch dem Beweis zugänglich und stellt daher eine Tatsache dar.

Schwieriger ist die Rechtslage, wenn die Werbung **übertriebene Anpreisungen** enthält oder **marktschreierische Reklame** darstellt.　　　　　　　　　　　　　**530**

Beispiele: Aussage eines juristischen Fachverlags, der gerade eine neue Buchreihe vermarktet: „Darauf haben alle Jurastudenten gewartet"; Aussage eines kommerziellen juristischen Repetitoriums: „Ohne uns ist das Examen nicht zu schaffen"

Hier bietet sich weniger eine Abgrenzung zwischen Tatsachen und Werturteilen als eine normative Betrachtung an. Ausgangspunkt ist folgende Überlegung: Eigenschaften, die erkennbar übertrieben angepriesen werden, kann der durchschnittliche Käufer kaum erwarten. Anpreisende oder reißerische Werbeaussagen und erst recht absurde Behauptungen können also nicht die Qualität einer Eigenschaftszusicherung erlangen. Da sie andererseits aber durchaus dem Gegenbeweis zugänglich sein können und beim Betrugstatbestand nicht auf den Durchschnittsmenschen, sondern – da das Strafrecht auch den Leichtgläubigen schützt – auf den *konkreten* Erklärungsempfänger abzustellen ist[747], ist ein Betrug u.U. nicht ausgeschlossen. So sollte das Täuschungsmerkmal angenommen werden, wenn das Opfer redlicherweise auf die Richtigkeit der Angaben vertrauen durfte („Erkennbarkeit der Unwahrheit der Behauptung"). Lediglich bei erkennbar nicht ernst gemeinten, absurden Behauptungen sollte man die Täuschungsqualität der Aussage verneinen.

Beispiel: V ist selbstständiger Handelsvertreter für Heimsportgeräte. Vormittags stattet er nach einer teuren Werbekampagne Hausbesuche ab und beschreibt in diesem Rahmen noch einmal die Funktionalität eines von ihm angebotenen „Fitnessgeräts". Ein 30-minütiges tägliches Training verschaffe dem Benutzer bereits nach 6 Monaten eine Figur wie die des „Mister Universum".

Stellt man in Fällen dieser Art auf die Sicht (eines objektiven Dritten in der Rolle) des Erklärungsempfängers ab, muss man annehmen, dass der Adressat der Erklärung nicht ernsthaft auf die Richtigkeit der Angabe vertraut bzw. vertrauen darf. Obwohl also bei einer übertriebenen Anpreisung ein nachprüfbarer Kern verbleibt, sollte man eine betrugsrelevante Täuschungshandlung insbesondere dann verneinen, wenn die Anpreisung offenbar (bzw. erkennbar) nicht ernst gemeint bzw. absurd ist; eine betrugsrelevante Täuschung sollte man indes lediglich dann annehmen, wenn das Opfer redlicherweise auf die Richtigkeit der Angaben vertrauen durfte.[748]

Folgt man dieser Auffassung, dürfte im Heimsportgerätefall eine betrugsrelevante Täuschungshandlung zu verneinen sein, da die maßlos übertriebene und marktschreierische Aussage erkennbar nicht ernst gemeint sein kann. Aus demselben Grund dürften auch die o.g. übertriebenen und marktschreierischen Aussagen des juristischen Fachverlags und des kommerziellen Repetitoriums nicht dem Betrugstatbestand unterfallen. Ob ein *versuchter* Betrug in Betracht kommt, ist eine Frage des Täuschungsvorsatzes.

---

[747] Vgl. bereits die 8. Aufl. 2009; später auch *Kubiciel*, JZ 2010, 422, 423; JA 2013, 112, 118 f.; *Majer/Buchmann*, NJW 2014, 3342 ff. Vgl. auch BGH NStZ 2015, 158 ff. und BGH NJW 2014, 2595 ff. – dazu Rn 554a und 554b.
[748] Vgl. dazu auch BGHSt 34, 199, 200 f. (Schlankheitspillenfall), bei dem der BGH einen Betrug bejaht hat.

531 Wird allerdings die übertriebene Anpreisung bzw. die marktschreierische Reklame etwa mit vorgespiegelten Marketing-Untersuchungen untermauert, liegt nach Auffassung des BGH aber in jedem Fall eine Täuschung i.S.d. § 263 vor. Die Rechtsauffassung des BGH leidet jedoch insgesamt an einer rechtstechnischen Schwäche: Sie verkennt die Spezialregelung in **§ 16 UWG** (strafbare Werbung). Bei übertriebenen Anpreisungen und marktschreierischer Reklame dürfte die Grenze zum strafbaren Betrug regelmäßig dann überschritten sein, wenn die Werbung irreführend i.S.d. UWG (§§ 5, 5a UWG) ist.

532 Reine Werturteile (sowie Rechtsauffassungen) werden aber dann als Tatsachenbehauptung behandelt, wenn der Erklärende eine **besondere Fachkompetenz** besitzt oder auch nur vortäuscht und der Empfänger der Erklärung (intellektuell) nicht in der Lage ist, die tatsächlichen Grundlagen des Werturteils zu überprüfen.[749] Ist das Werturteil bzw. die Rechtsauffassung jedoch schon objektiv in keiner Weise geeignet, einen Irrtum auf Seiten des Kommunikationspartners zu erregen, wird noch keine Tatsachenbehauptung i.S.d. § 263 anzunehmen sein.

> **Beispiel**[750]: Rechtsanwalt R erklärt in einer mündlichen Gerichtsverhandlung wahrheitswidrig, dass es mehrere Gerichtsentscheidungen gebe, die das Vorgehen seines Mandanten (= den Beklagten) als gerechtfertigt ansähen, sodass die Klage abzuweisen sei.
>
> Durch diese (objektiv unzutreffende) Behauptung könnte sich R wegen versuchten **Prozessbetrugs**[751] (§§ 263, 22) strafbar gemacht haben. Doch nach Auffassung des OLG Koblenz wird kein Richter eine Behauptung eines Prozessvertreters über entgegenstehende höchstrichterliche Rechtsprechung seiner Urteilsfindung zugrunde legen. Denn jeder Richter sei dazu verpflichtet, den ihm vorgetragenen Sachverhalt in rechtlicher Hinsicht zu überprüfen. Die Behauptung des R sei deshalb schon in objektiver Hinsicht *in keiner Weise* geeignet gewesen, bei dem zuständigen Richter eine Fehlvorstellung herbeizuführen. R sei schon deshalb nicht wegen versuchten (Prozess-)Betrugs strafbar. Sollte R die Absicht gehabt haben, einen (Prozess-)Betrug zu begehen, wäre er einer straflosen Wahnvorstellung unterlegen, denn die wahnhafte Vorstellung, ein bestimmtes Verhalten sei strafbar, obwohl es tatsächlich straflos ist, bleibe straflos.

533 Gelegentlich sind auch (Klausur-)Fälle anzutreffen, die sich mit sog. „Insertionsofferten" bzw. „suggestiver Irrtumserregung" beschäftigen.

534 Unter einer **Insertionsofferte** im strafrechtlichen Sinne ist ein Angebot zu verstehen, das rechnungsähnlich gestaltet ist und dadurch beim Empfänger den Eindruck vermittelt, es handele sich um eine Rechnung für eine erbrachte Dienstleistung, zu deren Bezahlung der Empfänger verpflichtet sei.

535 Strafrechtlich geht es um die Frage, ob ein Betrug angesichts der gesetzlichen Formulierung in § 263 I „Vorspiegelung *falscher* Tatsachen oder Entstellung oder Unterdrückung wahrer Tatsachen" auch durch das **„Behaupten einer *wahren* Tatsache"** angenommen werden kann. Es ist zu differenzieren:

536 Handelt es sich um die **Schädigung von Privatpersonen**, hat die Rechtsprechung schon immer einen (versuchten) Betrug angenommen.[752]

> **Beispiel**[753]: Eberhard hat sich zum Ziel gesetzt, schnell zu Geld zu kommen. Aus insgesamt 180 abonnierten Tageszeitungen schneidet er systematisch Todesanzeigen aus und übersendet den Angehörigen zwei bis drei Tage nach dem Erscheinen einer jeden Anzeige unverlangt ein Schreiben, jeweils zusammen mit einem teilweise vorausgefüllten

---

[749] OLG Koblenz NJW 2001, 1364; Sch/Sch-*Perron*, § 263 Rn 9; *Joecks*, § 263 Rn 36 ff.
[750] In Anlehnung an OLG Koblenz NJW 2001, 1364, das allerdings ein Strafverfahren zum Gegenstand hatte.
[751] Zum Prozessbetrug vgl. ausführlich Rn 599 und 629.
[752] OLG Frankfurt/M NJW 2003, 3215 ff.
[753] In Anlehnung an BGHSt 47, 1 ff.; dem sich anschließend OLG Frankfurt/M NJW 2003, 3215 ff.

Überweisungsträger. Die Schreiben weisen vordergründig eine Vielzahl von Merkmalen auf, die bei Rechnungen für bereits erbrachte Leistungen typisch sind. Lediglich kleingedruckt und an versteckter Stelle befindet sich jeweils ein Hinweis, dass nach Zahlung des entsprechenden Betrags die Todesanzeige auch im Internet erscheinen werde.

Der BGH hat für den vorliegenden Fall eine Täuschungshandlung bejaht, da mit dem unaufgefordert zugesandten Schreiben zugleich erklärt werde, es handele sich um eine Rechnung für eine bereits anderweitig erfolgte Veröffentlichung der Todesanzeigen. Eine Täuschungshandlung setze eine Einwirkung auf die Vorstellung des Getäuschten voraus, nämlich ein Verhalten des Täters, das objektiv geeignet und subjektiv bestimmt sei, beim Adressaten eine Fehlvorstellung über tatsächliche Umstände hervorzurufen. Dies könne selbst dann gegeben sein, wenn die Adressaten der von dem Angeklagten veranlassten Schreiben bei sorgfältiger Prüfung den wahren Charakter seines Schreibens als Angebot anstatt als Rechnung erkennen könnten. Zur tatbestandlichen Täuschungshandlung werde ein solches Verhalten dann, wenn der Täter die Eignung der innerlich richtigen Erklärung, einen Irrtum hervorzurufen, planmäßig einsetze, wenn also die Irrtumserregung nicht die bloße Folge, sondern der Zweck der Handlung sei.[754] Erforderlich sei dann freilich direkter Vorsatz, *dolus eventualis* genüge nicht.

Dieser Entscheidung ist zuzustimmen. Zwar kann allein der Umstand, dass E moralisch sicherlich verwerflich gehandelt hat, noch nicht zur Annahme einer Täuschung i.S.d. § 263 führen. Allerdings hat E aktiv auf das Vorstellungsbild der in Trauer befindlichen Angehörigen eingewirkt, mit dem Ziel, diese über eine Zahlungspflicht wegen bereits erbrachter Leistungen zu täuschen. Damit findet zwar eine gewisse Subjektivierung des objektiven Tatbestandsmerkmals *Täuschungshandlung* statt, doch zum einen ist diese Vorgehensweise dem Strafrecht auch sonst nicht fremd (vgl. nur das Merkmal *Zueignung* in § 246, bei dem niemand die subjektivierende Auslegung ernsthaft in Frage stellt) und zum anderen würde ein anderes Auslegungsergebnis weder dem kriminalpolitischen Bedürfnis nach einer Sanktionierung der kriminellen Energie des Täters noch dem Schutzinteresse der trauernden Angehörigen gerecht.

Handelt es sich um die **Schädigung von Geschäftsleuten**, hatte die Rechtsprechung zunächst regelmäßig **keinen** (versuchten) Betrug angenommen.   537

Beispiel: Lieselotte hat jüngst eine Boutique in der Rechtsform einer GmbH eröffnet. Ungefähr zwei Wochen nach Veröffentlichung ihrer Firmengründung im Bundesanzeiger erhält sie ein Schreiben hinsichtlich einer „gebührenpflichtigen" Eintragung ihrer Firma in das Firmenregister. Nach dem äußeren Anschein des Schreibens und einigen Textpassagen wie „Zahlen Sie 580,- € unter Angabe des Kassenzeichens ... unter Verwendung des vorgedruckten Zahlscheins" glaubt L, es handele sich um eine behördliche Zahlungsaufforderung, der sie nachkommen müsse. Erst am Abend, als ihr Freund Willibald – ein Jurastudent, der gerade eine Strafrechtsvorlesung besucht hatte – zu Besuch kommt, klärt sich das Missverständnis auf, weil W mehrere kleingedruckte Passagen wie „Eintragungsofferte", „Firmenregister GmbH" und „gebührenpflichtige Eintragung ist optional" erblickt. Ziemlich empört über die „Abzockerei" stellt L Strafanzeige wegen versuchten Betrugs. Die Strafverfolgungsbehörde ermittelt, dass der Urheber des Schreibens eine Briefkastenfirma betreibt und 132 weiteren Existenzgründern derartige Schreiben zugeschickt hatte.

Fälle dieser Art sind (leider) üblich. Deshalb wurden sie auch schon mehrfach gerichtlich entschieden. Sofern es sich bei dem Geschädigten um einen **Gewerbetreibenden** handelt, lehnte die bisherige Rechtsprechung eine Strafbarkeit durchweg ab, wenn sich aus dem Text der Anzeigen- bzw. Eintragungsofferte der Angebotscharakter zweifelsfrei ergebe und sie sich zudem an im Geschäftsleben erfahrene Personen richte. Die erforderliche Geschäftserfahrung unterstellte die Rechtsprechung bspw. bei einem GmbH-Geschäftsführer. Den Begriff „zweifelsfrei" legte sie großzügig zugunsten des Verfassers

---

[754] BGHSt 47, 1, 3 f.

des Schreibens aus.[755] Damit bestätigte die bisherige Rechtsprechung die Linie des Gesetzgebers, der einen Unternehmer kaum als schutzwürdig ansieht. Demzufolge wäre vorliegend ein versuchter Betrug in einem besonders schweren Fall gem. §§ 263 I, II, III Nr. 1 Var. 1, Nr. 2, 22, 23 I, 12 II zu verneinen.

538 Später hat sich in der Rechtsprechung ein Wandel vollzogen, indem der BGH auch dann einen (versuchten) Betrug annimmt, wenn es um die **Schädigung von Geschäftsleuten** geht.

Der BGH hob in einem Fall wie dem vorstehenden das Urteil des Tatgerichts, das den Angeklagten vom Vorwurf des Betrugs freigesprochen hatte, auf. Der Angeklagte habe durch Verwendung typischer Rechnungsmerkmale schlüssig vorgetäuscht, er verlange Zahlung für eine bereits erbrachte amtliche Registereintragung. Leichtgläubigkeit oder Erkennbarkeit der Täuschung bei hinreichend sorgfältiger Prüfung schlössen die Schutzbedürftigkeit des potentiellen Opfers nicht aus. Eine Täuschungshandlung könne auch konkludent erfolgen, nämlich durch irreführendes Verhalten. Eine Täuschungshandlung könne somit auch gegeben sein, wenn sich der Täter hierzu - isoliert betrachtet - wahrer Tatsachenbehauptungen bediene. In solchen Fällen werde ein Verhalten dann zur tatbestandlichen Täuschungshandlung, wenn der Täter die Eignung der - inhaltlich richtigen - Erklärung, einen Irrtum hervorzurufen, planmäßig einsetze und damit unter dem Anschein „äußerlich verkehrsgerechten Verhaltens" gezielt die Schädigung des Adressaten verfolge, wenn also die Irrtumserregung nicht die bloße Folge, sondern der Zweck der Handlung sei. An dem Betrugsvorwurf ändere auch die Geschäftserfahrung des Opfers jedenfalls dann nichts, wenn ein auf Unaufmerksamkeit beruhender Routineirrtum naheliege oder wenn die Erledigung des Schreibens durch Büropersonal zu erwarten sei.[756]

Diese Rechtsprechung überzeugt. Auch geschäftserfahrene Adressaten sind Mitglieder der Rechtsgemeinschaft und verdienen Schutz vor planmäßig herbeigeführten Missverständnissen.[757] Ihr Mitverschulden infolge unzulänglicher Prüfung des Schreibens oder ihre Geschäftserfahrung können bei der Strafzumessung angemessen berücksichtigt werden, rechtfertigen es jedoch nicht, ihnen – durch Freispruch des Angeklagten – den Strafrechtsschutz zu entziehen.

Auch im Fall von Rn 537 wurden die Schreiben gezielt an einen Personenkreis gerichtet, für den unmittelbar zuvor eine Eintragung im Handelsregister erfolgt war und der deshalb mit einer Kostenfolge rechnen musste. L ist daher schutzwürdig und der Täter ist wegen versuchten Betrugs in einem besonders schweren Fall gem. §§ 263 I, II, III Nr. 1 Var. 1, Nr. 2, 22, 23 I, 12 II zu bestrafen.

538a Mit der Fallgruppe der Insertionsofferte verwandt sind die „**Spendenfälle**", d.h. die Fälle, in denen zu Geldspenden aufgerufen und dabei suggeriert wird, ein Großteil der Spenden komme beim Empfänger an, obwohl in Wahrheit ein Großteil für die Vermarktung der Spendenaktion verwendet wird.

Beispiel[758]: T betreibt in der Rechtsform einer vorläufig als gemeinnützig anerkannten GmbH kommerzielle Spendenwerbung (sog. Fundraising). Mithilfe eines „Spendenschreibens" teilte er einer Großzahl von Personen mit, eine sofortige Spende könne die Krebsforschung zeitnah fördern. Angaben über die Höhe der Werbekosten sowie der (sonstigen) Verwaltungskosten machte er in dem Schreiben nicht. Tatsächlich wurden nur ca. 36% der vereinnahmten Gelder an die Krebsforschung weitergeleitet. Ca. 64% der Ein-

---

[755] BGH NStZ 1997, 186; OLG Frankfurt/M NStZ 1997, 187; LG Frankfurt/M NStZ-RR 2000, 7; vgl. auch Sch/Sch-*Perron*, § 263 Rn 16c.

[756] BGH NStZ-RR 2004, 110, 111 unter Bezugnahme auf OLG Frankfurt/M NJW 2003, 3215 ff., bei dem es um die Eintragung in ein öffentliches Telefonregister ging. Vgl. auch BGH NStZ 2017, 274, 275.

[757] Anders *Wessels/Hillenkamp*, BT 2, Rn 499 und *Schneider*, StV 2004, 537 ff. mit dem Argument, dass Geschäftsleute besondere Prüfpflichten besäßen. Das ist zwar richtig, nicht einzusehen ist jedoch, warum Personen, die kriminelles Unrecht gegenüber Geschäftsleuten begehen (und mindestens ebenso „geschäftserfahren" sind), privilegiert sein sollen.

[758] Vgl. OLG Celle NStZ-RR 2013, 13.

nahmen wurden als Betriebskosten verbucht, davon wurde ein nicht unerheblicher Teil als Geschäftsführergehalt ausgezahlt.

Hier kommt eine Strafbarkeit wegen (gewerbsmäßigen) Betrugs in Betracht. Das setzt jedoch zunächst eine Täuschungshandlung in Bezug auf Tatsachen voraus. Eine betrugsrelevante Täuschungshandlung könnte darin gesehen werden, dass der Eindruck entstand, die anerkannte „Gemeinnützigkeit" führe dazu, dass eine „Ehrenamtlichkeit" des Personals vorliege und so der Großteil der Spendeneinnahmen weitergeleitet würde. Das OLG Celle hat jedoch entschieden, dass allein der Eindruck ehrenamtlicher Tätigkeit für jeden objektiven Spender nicht den Schluss zulasse, die Beiträge würden in vollem Umfang oder zumindest zu einem Großteil der eigentlichen Unterstützungsarbeit zugeführt. Ein objektiver Erklärungsempfänger könne durchaus wissen, dass ein Spendenaufruf kostenintensiv sei und dass die spendenwerbende Organisation im Vorhinein nicht wisse, ob auf ihr Schreiben hin überhaupt, und wenn ja, in welcher Höhe eine Spende geleistet würde, sodass vorab auch nicht sicher beurteilt werden könne, ob das Spendenaufkommen insgesamt überhaupt die Kosten decken werde. Daher liege keine Täuschungshandlung vor.

Fehlt es damit bereits am objektiven Tatbestand einer Täuschungshandlung, scheidet Betrug aus.

In jeder Täuschungshandlung liegt auch ein **subjektives Element**, dessen Fehlen bereits zum (objektiven) Ausschluss der Täuschungshandlung führt. **539**

Beispiel: Geht Kunigunde des bei Rn 527 genannten Beispiels zwar bei Vertragsschluss davon aus, die Valuta später zurückzahlen zu können, weiß sie aber nicht, dass sie in Existenzschwierigkeiten geraten wird, die sie zahlungsunfähig werden lassen, liegt nicht etwa eine unvorsätzliche Täuschung vor, sondern es fehlt bereits am objektiven Tatbestand einer Täuschungshandlung.

bb. Arten von Täuschungsverhalten

Bereits im Rahmen des vorstehenden Prüfungspunkts mussten einige Aspekte des Täuschungsverhaltens (intellektuelle Einwirkung auf das Vorstellungsbild eines anderen, die zu einem Irrtum führen oder diesen unterhalten kann; kommunikative Beziehung zwischen Täter und Opfer – Rn 524) behandelt werden. Eine gewisse Überschneidung lässt sich nicht vermeiden, da viele Gedankengänge „aufbauschemaübergreifend" bestehen. So wurde bereits im Rahmen der sog. „Insertionsofferten" deutlich, dass ein Täuschungsverhalten zunächst durch **aktives Verhalten** – auch *Irreführung* genannt – angenommen werden kann. Der Hauptfall der irreführenden Täuschung, der Falschinformation durch eine Tatsachenbehauptung, kann wiederum sowohl durch *ausdrückliches* oder *konkludentes* aktives Verhalten erfolgen.[759] Die zweite Kategorie des Täuschungsverhaltens besteht in der Täuschung durch **Unterlassen**. **540**

- Ein **ausdrückliches** (irreführendes) Täuschungsverhalten liegt vor, wenn der Täter Wörter, Formulierungen oder Gesten verwendet, die nach Herkommen oder Vereinbarung die Aufgabe haben, Erklärungen zu ermöglichen. Vgl. dazu Rn 541.

- Ein **konkludentes**, d.h. **schlüssiges** (irreführendes) Täuschungsverhalten liegt vor, wenn das Gesamtverhalten des Täters nach der Verkehrsanschauung als Erklärung über eine Tatsache zu verstehen ist. Entscheidend ist, ob sich der Täuschungsgegner in einer bestimmten Situation auf das Vorliegen bzw. Nichtvorliegen einer relevanten Tatsache verlassen darf. Vgl. dazu Rn 542 ff.

---

[759] Zu den nachfolgenden Definitionen vgl. BGH NStZ 2015, 461 ff.; NStZ 2007, 151 ff.; BGHSt 47, 1, 3 f.; OLG Stuttgart NStZ 2003, 554, 555; Sch/Sch-*Perron*, § 263 Rn 11 ff.; *Lackner/Kühl*, § 263 Rn 7 ff. Vgl. auch OLG Frankfurt/M NJW 2011, 398 (mit Bespr. v. *Hecker*, JuS 2011, 470).

■ Schließlich verwirklicht ein Täuschungsverhalten **durch Unterlassen**, wer entgegen einer Offenbarungs- bzw. Aufklärungspflicht die Entstehung eines Irrtums nicht verhindert oder einen entstandenen Irrtum nicht beseitigt. Vgl. dazu Rn 556 ff.

> **Hinweis für die Fallbearbeitung:** Die Reihenfolge der drei Arten des Täuschungs-verhaltens sollte auch in der Fallbearbeitung beachtet werden. Dort ist auf eine nach-folgende Verhaltensweise immer erst dann einzugehen, wenn die vorherige verneint wurde. Vor allem sollte nicht (vorschnell) auf ein Täuschungsverhalten durch Unter-lassen eingegangen werden, ohne zuvor die Möglichkeit des konkludenten Täu-schungsverhaltens behandelt (und verneint) zu haben. Denn die Annahme eines Täu-schungsverhaltens durch Unterlassen statt eines konkludenten Täuschungsverhaltens kann v.a. dann ergebnisrelevant sein, wenn der Täter keine für die Annahme eines Täuschungsverhaltens durch Unterlassen erforderliche Offenbarungspflicht (dazu Rn 557) hat. Denn dann wäre er bei Annahme eines Täuschungsverhaltens durch Unter-lassen nicht, möglicherweise aber bei Annahme eines konkludenten Täuschungsver-haltens nach § 263 strafbar (siehe Rn 546/563).

a.) Ausdrückliches Täuschungsverhalten

Die einfachste Täuschungsverhaltensvariante liegt dann vor, wenn der Täter ausdrück-lich auf das Vorstellungsbild des Täuschungsgegners einwirkt.

541 Ein **ausdrückliches Täuschungsverhalten** liegt vor, wenn der Täter Wörter, Formu-lierungen oder Gesten verwendet, die nach Herkommen oder Vereinbarung die Aufgabe haben, Erklärungen zu ermöglichen.[760]

> **Beispiele:**
>
> **(1)** Nickt der Verkäufer eines Kfz aufgrund der Nachfrage des Käufers, ob der Wagen **un-fallfrei** sei, mit dem Kopf, gibt er damit ausdrücklich eine bestimmte Erklärung ab. Gleiches gilt für das Unterschreiben falscher Beweismittel, namentlich unwahrer oder unechter Urkunden, das Manipulieren von Verbrauchsmessgeräten (Strom-, Wasser- oder Gaszählern), Kilometerzählern oder Glücksspielautomaten.
>
> **(2)** Auch das Zuschicken einer fingierten **Liebeserklärung via SMS** mit der Aufforde-rung zum Rückruf unter einer (teuren) 0900er-Nummer verwirklicht nach der hier vertretenen Auffassung den Tatbestand des § 263. Daran ändert auch die Leichtgläu-bigkeit bzw. Naivität des oder der Geschädigten nichts.[761]
>
> **(3)** Bei **Kostenfallen im Internet** (als „Abo-Fallen" bekannt) liegt eine Täuschungs-handlung vor, wenn der Anbieter durch die Aufmachung der Seite den Eindruck ver-mittelt, die angebotene Leistung sei kostenlos, obwohl in Wahrheit (an versteckter Stelle) auf die Kostenpflichtigkeit hingewiesen wird (vgl. dazu Rn 554a).
>
> **(4)** Zum sog. **BAföG-Betrug** (durch Unterlassen) vgl. Rn 560a.

b.) Konkludentes Täuschungsverhalten

Gibt es keine ausdrücklichen Angaben oder Gesten, die auf das Vorstellungsbild des anderen einwirken, ist zu prüfen, ob ein konkludentes Täuschungsverhalten vorliegt.

542 Ein **konkludentes (= schlüssiges) Täuschungsverhalten** liegt vor, wenn das Gesamtverhalten des Täters nach der Verkehrsanschauung als unwahre Erklärung über eine Tatsache zu verstehen ist.[762]

---

[760] Sch/Sch-*Perron*, § 263 Rn 13; *Fischer*, § 263 Rn 11; *Lackner/Kühl*, § 263 Rn 8. Vgl. auch OLG Stuttgart NStZ 2003, 554, 555; *Jaguttis/Parameswaran*, NJW 2003, 2277 ff.
[761] Vgl. dazu *Jaguttis/Parameswaran*, NJW 2003, 2277 ff.; *Cornelius*, NJW 2014, 2056.
[762] Sch/Sch-*Perron*, § 263 Rn 14; *Fischer*, § 263 Rn 12; *Lackner/Kühl*, § 263 Rn 9. Vgl. auch OLG Frankfurt/M NJW 2011, 398; BGH NStZ 2015, 461, 463; NJW 2014, 2295, 2297. Siehe auch *Putzke*, ZJS 2016, 787, 788 f.

Das Genügenlassen eines konkludenten Täuschungsverhaltens liegt im Rahmen zulässiger Auslegung des Betrugstatbestands. Ein Verstoß gegen den Bestimmtheitsgrundsatz (Art. 103 II GG, § 1 StGB) liegt also nicht vor.[763] Fraglich (und entscheidend) ist aber, wann man einem an sich neutralen Verhalten des Täters einen Erklärungswert bezogen auf Tatsachen beimessen kann. Dabei kommt man nicht umhin, auch subjektive Erwägungen bei der Bestimmung des dem objektiven Tatbestand zuzuordnenden Kriteriums heranzuziehen; denn das Täuschungsverhalten ist gerade geprägt durch die intellektuelle Einwirkung auf das Vorstellungsbild eines anderen, die zu einem Irrtum führen oder diesen unterhalten kann. Und die intellektuelle Einwirkung auf das Vorstellungsbild eines anderen ist gerade Ausdruck eines subjektiven Bestrebens. Bei der Feststellung dieses Bestrebens ist es Rechtsprechung und Literatur bislang jedoch nicht gelungen, über die Bildung von Fallgruppen hinaus verlässliche Regeln aufzustellen. Daher kommt man auch im juristischen Studium nicht umhin, fallgruppenorientiert zu lernen.

Folgende **Fallgruppen** haben sich als besonders prüfungsrelevant erwiesen und sollten daher sicher beherrscht werden[764]: **543**

- Das **Eingehen einer vertraglichen Verpflichtung** enthält – sofern sich aus den Umständen nichts anderes ergibt – die stillschweigende Erklärung des Schuldners, dass er zur Vertragserfüllung willens und nach seinem Urteil auch in der Lage sei (sog. **Eingehungsbetrug**).[765] Bei später fälligen Leistungen ist auf die im Zeitpunkt des Vertragsschlusses vorhandene Überzeugung der künftigen Leistungsfähigkeit bzw. Leistungsbereitschaft abzustellen. **544**

  Beispiele:
  (1) Der Gast, der Speisen und Getränke in Kenntnis seiner Zahlungsunfähigkeit bestellt bzw. von Anfang an vorhat, nicht zu zahlen, ist demnach wegen Betrugs strafbar.[766]

  (2) Das gilt auch für denjenigen, der an einer Tankstelle vorfährt und in Anwesenheit des Tankstellenpersonals Kraftstoff in seinen Kraftstoffbehälter einfüllt, ohne ihn bezahlen zu wollen (dazu näher Rn 65).

  (3) Auch wer eine Sache auf Kredit kauft und aufgrund seiner gegenwärtigen Vermögenslage weiß, dass er im Fälligkeitszeitpunkt nicht wird zahlen können, täuscht über seinen gegenwärtigen Zahlungswillen und begeht damit einen Betrug.

- Die **Hingabe eines Bankschecks** enthält zumindest die konkludente Erklärung dafür, dass nach der Überzeugung des Ausstellers *bei Einlösung* Deckung vorhanden sein wird (sog. **Scheckbetrug**). Ob auch schon *vorhandene* Deckung zugesichert wird, ist umstritten und hängt von den Umständen des Einzelfalls ab. **545**

- Die **Teilnahme an einem Sportwettkampf** (z.B. Radrennen) enthält gegenüber dem Veranstalter, den Mitbewerbern und den Verantwortlichen des Rennstalls die konkludente Erklärung dafür, bei Erbringung der Leistung nicht gedopt zu sein.[767] **545a**

---

[763] Vgl. BVerfGE 130, 1, 44: „Der mögliche Wortsinn des § 263 Abs. 1 StGB („durch Vorspiegelung falscher oder durch Entstellung oder Unterdrückung wahrer Tatsachen") ist nicht überschritten, wenn eine Täuschung durch schlüssiges Verhalten angenommen wird. Auch die Erfassung konkludenter Täuschungen darüber, zukünftig den eigenen vertraglichen Verpflichtungen nachkommen zu wollen und keine Verletzung vertraglicher Pflichten zu beabsichtigen, bewirkt keine Entgrenzung des § 263 Abs. 1 StGB oder Ausuferung der Strafbarkeit."
[764] Wobei sich bei der Einteilung durchaus Überschneidungen ergeben können; zu den nachfolgenden Fallgruppen vgl. auch LK-*Lackner* (10. Aufl.), § 263 Rn 22 ff.; *Lackner/Kühl*, § 263 Rn 9 ff.; *Fischer*, § 263 Rn 13 ff.; Sch/Sch-*Perron*, § 263 Rn 14 ff.; *Rengier*, BT I, § 13 Rn 5 ff.; *Wessels/Hillenkamp*, BT 2, Rn 498 ff. Vgl. auch *Kett-Straub/Müller*, JA 2013, 182 ff.
[765] Vgl. BGH NStZ 2013, 404, 405 mit Bespr. v. *Albrecht*, NStZ 2014, 17 ff.
[766] Das ist – soweit ersichtlich – unstreitig. Fasst der Täter den Tatentschluss, nicht zahlen zu wollen, aber erst nach dem Verzehr, liegt kein Betrug vor, da die Restaurantleistung zu diesem Zeitpunkt ja bereits erbracht worden ist. Freilich ist der Nachweis, zu welchem Zeitpunkt der Täter den entsprechenden Vorsatz gefasst hat, mitunter nahezu unmöglich. Die Behauptung des Täters, er habe den Tatentschluss erst nach dem Verzehr gefasst, dürfte richtigerweise als Schutzbehauptung eingestuft werden. Siehe auch Bsp. 2 bei Rn 572.
[767] OLG Stuttgart SpuRt 2012, 74, 75 f. (Radprofi Schumacher). Zu beachten ist, dass Sportwettbetrug nunmehr speziell in §§ 265c ff. geregelt ist (siehe dazu Rn 515a ff.). In deren Anwendungsbereich kommt es auf § 263 nicht (mehr) an.

546 ▪ Die **Abgabe rechtsgeschäftlicher Erklärungen** schließt die schlüssige Behauptung ein, dass die anspruchsbegründenden Voraussetzungen gegeben seien.

Beispiel[768]: Werkunternehmer U ersetzte am Wagen des B die durch Steinschlag beschädigte Frontscheibe und ließ sich dabei dessen Ersatzansprüche gegen die Kfz-Kaskoversicherung (Teilkasko) i.H.v. rund 800 € – den mit Rechnung ausgewiesenen Werklohn – abtreten und machte diesen Anspruch gegenüber der Versicherung geltend. Tatsächlich hatte er dem B aber einen „Rabatt" in Höhe der Selbstbeteiligung (150 €) gewährt bzw. mit diesem zuvor vereinbart, B erhalte die Selbstbeteiligung, um die die Auszahlung der Versicherung gekürzt werde, von U in bar bzw. als Gutschrift bei der nächsten Reparaturrechnung zurück.

In diesem Fall reichte U bei der Versicherung also eine Reparaturrechnung (aus abgetretenem Recht) ein, die den dem B gewährten Rabatt nicht berücksichtigte. Das kann (und muss) man als (ausdrückliches oder zumindest konkludentes) Täuschungsverhalten werten, da der Versicherung das Bestehen eines Zahlungsanspruchs in einer Höhe suggeriert wurde, die in Wahrheit nicht bestand. Denn letztlich ging es darum, dass B nicht auf der Selbstbeteiligung „sitzen bleiben" solle.

547 ▪ Der **Abschluss eines Rechtsgeschäfts** beinhaltet stillschweigend die Erklärung jener Tatsachen, die den **Geschäftstyp** ausmachen, d.h. die **Geschäftsgrundlage** (i.S.d. § 313 BGB) bilden.

Beispiele:

(1) Wer eine **Lotterie** veranstaltet, erklärt konkludent gegenüber den Loskäufern, dass in den zum Kauf angebotenen Losen bereits von Anfang an sämtliche Gewinnlose enthalten seien. Daher begeht der Veranstalter, der das Gewinnlos für den Hauptgewinn vorerst zurückbehält und es erst gegen Ende des Losverkaufs unter die Lose mischt, gegenüber den früheren Loserwerbern einen Betrug.

(2) Hinsichtlich desjenigen, der eine Rennwette abschließt, obwohl er den Ausgang schon kennt (sog. **Spätwette**), wird teilweise vertreten, dass er schlüssig erkläre, den Ausgang des bereits stattgefundenen Rennens nicht zu kennen. Damit täusche er den Buchmacher über seine Bereitschaft zum Eingehen des Wettrisikos.[769] Der BGH ging im Originalfall dagegen davon aus, dass die Annahme einer stillschweigenden Erklärung in diesem Bereich eine nicht zu rechtfertigende willkürliche Konstruktion sei. In Wahrheit erkläre der Spieler dem Buchmacher nichts Falsches über seine Kenntnis, sondern verschweige sie ihm nur. Eine Offenbarungspflicht des Kunden könne nicht angenommen werden.[770] Hält es der Wettende nur für möglich, dass das Spiel manipuliert ist (etwa weil er einen Tipp bekommen hat), und klärt er den Wettbetreiber nicht über seine Vermutung auf, liegt darin keine (vorsätzliche) Täuschungshandlung.[771]

(3) Wer beim **Pferderennen** wettet und dabei verschweigt, dass er zuvor durch Bestechung einzelner Reiter oder durch Dopen des Rennpferds das Wettrisiko zu seinen Gunsten vermindert hat, begeht einen Betrug.

(4) Das Gleiche gilt für den **gedopten Sportler**, der den Veranstalter über sein regelwidriges Verhalten täuscht (etwa um die Chancen auf die Siegprämie zu erhöhen).

(5) Bei einer **förmlichen öffentlichen Ausschreibung**, aber auch bei einer freihändigen Auftragsvergabe mit Angebotsanfrage enthalten die abgegebenen Angebote die schlüssige Erklärung, dass das jeweilige Angebot ohne vorherige Preisabsprache zwischen den Bietern zustande gekommen sei[772] (sog. **Submissionsbetrug**, vgl. Rn 643).

---

[768] Nach LG Passau 13.1.2016 – 1 Ns 35 Js 4140/13; AG Erfurt 28.4.2016 – 880 Js 10703/13 Ds; *Putzke*, ZJS 2016, 787.
[769] *Lackner/Kühl*, § 263 Rn 9; *Fischer*, § 263 Rn 18; Sch/Sch-*Perron*, § 263 Rn 16e.
[770] BGHSt 16, 120, 121.
[771] BGH NStZ 2014, 317.
[772] BGH NJW 2001, 3718 mit Bespr. v. *Rönnau*, JuS 2002, 545 ff.

(6) Wer **Lebensmittel** mit noch nicht abgelaufenem Mindesthaltbarkeitsdatum im **Supermarkt versteckt** und diese nach Ablauf des Mindesthaltbarkeitsdatums an der Kasse vorlegt, um eine ausgelobte Prämie zu erhalten, täuscht im Rahmen eines Betrugs konkludent darüber, dass er ein abgelaufenes Produkt gefunden hat, das der Kontrolle des Geschäftspersonals entgangen ist.[773]

Beim **Anbieten von Waren oder Leistungen zu einem überhöhten Preis** ist zu differenzieren: Da im Grundsatz jeder seines Glückes Schmied und für sich selbst verantwortlich ist, kann nicht jedes Bestreben nach einem Vermögensvorteil und das Verlangen überhöhter Preise strafrechtlich relevant sein. Denn bereits in der Einführung wurde gesagt, dass einer Marktwirtschaft Geschäftstüchtigkeit und Gewinnmaximierung auf Kosten anderer nicht fremd, sondern gerade immanent sei. Wenn also bestimmte Grenzen nicht überschritten werden, ist das Streben nach Gewinn nicht verwerflich. Wer demnach eine Ware oder eine Leistung zu einem bestimmten Preis anbietet, erklärt damit im Allgemeinen nicht schon schlüssig, der Preis sei angemessen oder üblich.[774]   **548**

Beispiel: Nach der Rspr. liegt kein Betrug vor, wenn bspw. ein Bauunternehmer einen Hauseigentümer zum Abschluss von Werkverträgen veranlasst und dabei im Voraus Preise vereinbart, die 200% über der marktüblichen Vergütung liegen.[775]

Etwas anderes gilt aber dann, wenn für eine Leistung ein bestimmtes Entgelt öffentlich-rechtlich festgesetzt ist (etwa über **feste Preise**, **Taxen** oder **Tarife**), der Leistungsempfänger die Forderung nicht ohne weiteres auf ihre Übereinstimmung mit dem amtlich festgesetzten Betrag überprüfen kann und der Fordernde die mangelnde Sachkunde sowie das ihm entgegengebrachte Vertrauen des Vertragspartners zur Erzielung eines erhöhten Entgelts ausnutzt.[776]

Das gilt auch für Geschäfte, bei denen der Partner auf **Vertrauen angewiesen ist**, weil er die Angemessenheit nicht oder nur mit unverhältnismäßigem Aufwand nachprüfen kann, etwa in gewissen Bereichen des Fachhandels (Apotheken-, Antiquitäten-, Kunst- und Schmuckhandel) oder bei Reparaturen von komplizierten Geräten (sog. **Preisgestaltungsbetrug** als Unterform des Eingehungsbetrugs).

Ein **Preisgestaltungsbetrug** ist auch im umgekehrten Verhältnis denkbar, also dann, wenn es um den **Ankauf von Waren oder Dienstleistungen** geht.   **549**

Beispiel[777]**:** Als Inhaber eines Autohauses hatte A bei der Abwicklung des Ankaufs von Kfz von privaten Verkäufern Formularverträge verwendet, wonach der Kfz-Ankauf zum Händlereinkaufspreis netto nach Sachverständigen-Bewertung abzüglich ... % erfolge. Weiter hieß es in den Formularverträgen, dass der Händlereinkaufspreis bereits Gewinn und Kosten des Händlers berücksichtige, wovon dann der vereinbarte Abschlag vorgenommen werde. Auch beinhalteten die Formularverträge den Hinweis, dass die Händlereinkaufsbewertung ohne gesetzliche Mehrwertsteuer erfolge. Der private Käufer habe - wie auch im Gesetz ausdrücklich vorgesehen - keinen Anspruch auf Erstattung der gesetzlichen Mehrwertsteuer.
Die Staatsanwaltschaft wirft A Betrug vor. Es sei auf der Grundlage der dem Kunden übermittelten Wertgutachten abgerechnet worden. Die Gutachter hätten sich bei ihrer Wertermittlung an der Schwackeliste orientiert. Diese beinhalte jedoch bereits die gesetzliche Mehrwertsteuer als Teil des üblichen Ankaufspreises für Gebrauchtfahrzeuge. Hierüber seien die Kunden nicht informiert gewesen. Dies habe dazu geführt, dass sie zumindest um 16% der von den Sachverständigen ermittelten Ankaufspreise geschädigt worden seien. Ist der Ansicht der Staatsanwalt zu folgen?

---

[773] OLG München NJW 2009, 1288 f. mit Bespr. v. *Kudlich*, JA 2009, 467 ff.
[774] Vgl. auch BGH NStZ 2015, 461, 463.
[775] Vgl. BGH NJW 1990, 2005, 2006 (zur Buchpreisbindung); OLG Stuttgart NStZ 1985, 503.
[776] Vgl. auch *Hebenstreit*, in: Müller-Gugenberger, Wirtschaftsstrafrecht, 6. Aufl. 2015, § 47 Rn 20.
[777] In Anlehnung an OLG Stuttgart NStZ 2003, 554, 555.

In Betracht kommt zunächst eine Täuschung durch aktives Tun. Allerdings ist zu beachten, dass allein das Verlangen eines bestimmten Preises oder einer Vergütung grds. nicht die Behauptung der Angemessenheit oder Üblichkeit enthält. Sowohl beim Ankauf als auch beim Verkauf von Wirtschaftsgütern gilt, dass das Fordern eines überhöhten Verkaufs- bzw. zu niedrigen Ankaufspreises noch keine Täuschungshandlung darstellt. Prinzipiell darf jeder Teilnehmer am Geschäftsverkehr seine bessere Information oder seine überlegene Sachkenntnis zu seinem Vorteil ausnutzen. In einer Marktwirtschaft richtet sich der Preis nach Angebot und Nachfrage. Vereinbarungen über den Austausch von Gütern und Leistungen unterliegen der Vertragsfreiheit. Etwas anderes gilt nur, wenn der Wert der Ware bzw. der zu erbringenden Leistung tax- und oder listenmäßig festgelegt ist, es an einer individuellen Preisvereinbarung fehlt und der Geschäftspartner nach allgemeinen Marktgepflogenheiten darauf vertrauen darf, dass sein Vertragspartner nur den Listen-, Tax- oder handelsüblichen Preis verlangen wird.

Vorliegend ist nicht ersichtlich, wodurch A die Üblichkeit seiner angebotenen Einkaufspreise zum Ausdruck gebracht hätte. Zusagen im Hinblick auf die von den Kunden genannten Preisvorstellungen hat er nicht gemacht. Zudem sind beim An- und Verkauf von Pkw die Wertvorstellungen der Geschäftspartner auch von subjektiven Affektionsgesichtspunkten und regionalen Preisschwankungen abhängig. Zudem weiß jeder, der an einen gewerblichen Händler verkauft, dass dieser mit der angekauften Ware einen höheren Verkaufspreis erzielen will und damit der Händlereinkaufspreis stets unter dem Händlerverkaufspreis liegt. Daher rechtfertigt auch die Verwendung des in der Branche unüblichen, den Ankäufer einseitig begünstigenden Preisfestsetzungsverfahrens den Vorwurf des Betrugs durch eine aktive Täuschungshandlung noch nicht.[778]

Zu der Frage, ob ein Betrug durch Unterlassen gem. §§ 263, 13 I angenommen werden kann, vgl. Rn 556 ff.

550 ▪ Dem **Angebot** oder der **Lieferung einer Sache** kann grundsätzlich nicht die Erklärung entnommen werden, dass diese **mangelfrei** sei. Hat der Verkäufer jedoch **täuschende Manipulationen** vorgenommen, um dem Erwerber die Vertragsgemäßheit der Ware vorzuspiegeln, ist i.d.R. ein Betrug anzunehmen.

Beispiel: Liefert ein Futtermittellieferant einem Ökobetrieb Futtermittel, das auf konventionelle Art hergestellt worden ist, begeht er regelmäßig einen Betrug gegenüber dem belieferten Betrieb.

551 ▪ Davon unabhängig enthält das **bloße Ausnutzen eines Irrtums** i.d.R. keine schlüssige Täuschungshandlung, da es insoweit an einem auf Verdeckung der Wahrheit gerichteten Verhalten fehlt. Daher beinhaltet allein die **Entgegennahme einer Leistung nicht** die schlüssige Erklärung, diese Leistung sei vom anderen geschuldet.[779] Es gehört grds. in den Risikobereich des Leistenden, dass die Schuld besteht und die Leistung den Anspruch nicht übersteigt.

Beispiele:
(1) Wer an einer Kasse versehentlich zu viel Wechselgeld entgegennimmt, erklärt nicht schlüssig, der herausgegebene Betrag stimme, und begeht daher grds. kein Betrug (zur möglichen Unterlassungstäterschaft vgl. Rn 562).

(2) Wer einen anderen Mantel als den, den er zuvor beim Garderobenpersonal abgegeben hat, bei Verlassen der Veranstaltung entgegennimmt, erklärt nicht schlüssig, der herausgegebene Mantel sei der eigene.

552 ▪ Dagegen ist bei der **Beantragung einer staatlichen Subvention** oder der **Einforderung einer Leistung** ein Betrug zu **bejahen**, *sofern* in der Beantragung oder dem Ein-

---

[778] So ausdrücklich OLG Stuttgart NStZ 2003, 554, 555.
[779] *Rengier*, BT I, § 13 Rn 19.

fordern zugleich eine Täuschungshandlung in Bezug auf die den Anspruch begründenden *Tatsachen* gesehen werden kann.[780]

Beispiel: Wer eine Rechnung stellt, erklärt damit konkludent, die der Rechnung zugrunde liegenden Leistungen erbracht zu haben (= Tatsachenbehauptung). Dies gilt auch für die bereits erörterten „**Insertionsofferten**", also für die Fälle, in denen es sich bei näherem Hinsehen gar nicht um eine Rechnung handelt, sondern um ein Angebotsschreiben, das der Täter aber durch Verwendung typischer Rechnungsmerkmale (Zahlungsfrist, Fehlen von Anrede und Grußformel, Beifügung eines ausgefüllten Überweisungsträgers etc.) so abgefasst hat, dass ein typischer Empfänger in der Situation des Adressaten den Eindruck gewinnen muss, dass es sich um eine Rechnung handele.

▪ Im heute üblichen **Lastschrift-Einzugsverfahren** steht die Erteilung eines Einziehungsauftrags an das einzelne Kreditinstitut (die sog. Inkassostelle) konkludent dafür, dass der Auftraggeber eine ordnungsmäßige Einziehungsermächtigung hat und dass ihm eine sofort fällige Geldforderung in der angegebenen Höhe zusteht.[781] Hinsichtlich des **elektronischen Lastschriftverfahrens** unter Verwendung einer Codekarte vgl. die Ausführungen zu § 263a Var. 3 bei Rn 687 und 707.

553

▪ Demgegenüber stellt **das Einlösen eines irrtümlich doppelt erhaltenen Schecks bei der Bank** keinen vollendeten Betrug dar, weil der Bankangestellte nach der Pflichten- und Risikoverteilung im Zahlungsverkehr nicht die Aufgabe hat, die Berechtigung zur Scheckeinlösung zu prüfen.[782] Denkbar ist eine Täuschungshandlung durch schlüssiges Verhalten aber bei **Fehlüberweisungen** und **Fehlbuchungen**.

554

⇨ Eine **Fehlüberweisung** liegt vor, wenn infolge einer irrtümlichen Überweisung auf dem Konto des Überweisungsempfängers ein Geldbetrag eingeht. In einem solchen Fall wird der Überweisungsempfänger (wie auch im Fall einer normalen Überweisung) Inhaber der Forderung und hat gegen die Bank einen vertraglichen Anspruch auf Auszahlung; denn die Bank ist verpflichtet, eingehende Zahlungen auf das Empfängerkonto gutzuschreiben (vgl. §§ 675b-676c BGB).

⇨ Demgegenüber spricht man von einer **Fehlbuchung**, wenn durch einen bankinternen Fehler (ohne zugrunde liegenden Überweisungsauftrag) dem Konto ein Betrag gutgeschrieben wird.

Beispiel[783]: Wigand ist geschäftsführender Alleingesellschafter der *Classic-Car GmbH* und unterhält für diese ein Geschäftskonto bei der B-Bank. Aufgrund der wirtschaftlichen Situation ist der GmbH bislang keine Kreditlinie eingeräumt worden. Eines Tages – bei Durchsicht der Kontoauszüge – stellt W fest, dass dem zuvor leeren Girokonto aufgrund einer bankinternen **Fehlbuchung** irrtümlich ein Betrag von 3 Mio. € gutgeschrieben worden ist. W erkennt sofort, dass es sich nur um ein Versehen handeln kann. Gleichwohl veranlasst er in den nächsten Tagen unter Verwendung entsprechender Überweisungsträger 20 Überweisungen und tilgt damit Verbindlichkeiten seiner GmbH.

Durch dieses Verhalten könnte W sich nach § 263, und zwar zum Vorteil seiner GmbH und zum Nachteil der B-Bank, strafbar gemacht haben. Dazu müsste er zunächst über Tatsachen getäuscht haben.

Ausdrücklich hat W nichts erklärt. Fraglich ist, ob er schlüssig über eine Tatsache getäuscht hat. Das ist dann der Fall, wenn in der Vorlage eines Überweisungsauftrags zugleich eine Täuschungshandlung in Bezug auf die den Anspruch begründenden *Tatsachen* gesehen werden kann.

⇨ Bei einer **Fehlbuchung** hat dies die bisherige Rechtsprechung mit der Erwägung **bejaht**, dass der Auszahlungs- oder Überweisungsauftrag die Erklärung einschließe, ein

---

[780] Vgl. BGHSt 46, 196, 199; *Hellmann*, JuS 2001, 353, 356.
[781] Vgl. dazu BGH NJW 2014, 2295, 2297; *Eisele/Fad*, Jura 2002, 305 ff.
[782] Vgl. BGH NStZ 2002, 144, 145.
[783] Nach BGHSt 46, 196 ff.

entsprechendes (in Wirklichkeit nicht vorhandenes) Guthaben sei vorhanden.[784] Sie hat deshalb in solchen Fällen **Betrug** angenommen, wenn der auf diese Weise getäuschte Bankangestellte den Auftrag ausführte.

⇨ Demgegenüber hat sie bei einer durch einen **Dritten** vorgenommenen **Fehlüberweisung** eine Täuschung **verneint**, weil durch sie der Kunde im Verhältnis zu seiner Bank ein entsprechendes Guthaben erwerbe und daher dessen Vorhandensein nicht vorspiegeln könne.[785] Folglich konnte in diesen Fällen eine Täuschung nur in der unterlassenen Aufklärung des irrtümlich Überweisenden liegen, für deren Vornahme es aber regelmäßig an einer Garantenpflicht fehlte.[786]

Diese von der Literatur weitgehend gebilligte Differenzierung hat der BGH mit sorgfältig begründeten Ausführungen zur zivilrechtlichen Rechtslage aufgegeben. Er behandelt nunmehr Fehlüberweisung und Fehlbuchung **grundsätzlich gleich**. Auch bei einer *Fehlbuchung* sei an dem Entstehen eines Guthabens nicht zu zweifeln. Soweit in dem Auftrag zur Überweisung eine Rechtsbehauptung liege, einen Anspruch zu besitzen, sei dies keine Täuschung über eine Tatsache. Die weitergehende Tatsachenbehauptung, dass für die zu überweisende Summe eine ausreichende Kontodeckung vorhanden sei, wird ebenfalls nicht angenommen. Die Führung des Kontos und die ordnungsgemäße Buchung von Last- und Gutschriften falle in den Pflichtenkreis der Bank (vgl. heute § 675f BGB: Zahlungsdienstevertrag). Diese trage die Verantwortung für die Kontoführung und damit grundsätzlich auch das Risiko, dass die Schuld bestehe und die Leistung den Anspruch nicht übersteige. Im Hinblick auf diese Risiko- und Pflichtenverteilung lasse die Bank durch ihre Mitarbeiter neben den formellen Anforderungen an eine Überweisung auch eine Kontodeckung prüfen. Kein Bankangestellter nehme allein deshalb, weil ein Kunde von ihm einen bestimmten Betrag fordere, sofort eine Auszahlung vor. Der Erklärungswert des Überweisungsauftrags erschöpfe sich damit lediglich in dem **Begehren auf Durchführung** der gewollten Transaktion.[787]

Hiernach fehlt dem **Überweisungsauftrag** (der allein Gegenstand der BGH-Entscheidung ist) die Täuschungsqualität.[788] Damit scheidet eine Täuschungshandlung durch aktives Tun aus (zum Täuschungsverhalten durch Unterlassen vgl. sogleich).

Weiterführender Hinweis: Das Gleiche würde für den Fall gelten, wenn W Bargeld abgehoben hätte. Denn auf der Basis der Rspr. des BGH erschöpft sich auch bei der **Abhebung** der Erklärungswert des W lediglich in dem **Begehren auf Durchführung** der gewollten Abhebung.

Für alle Fälle gilt schließlich, dass bei Verneinung der Täuschung stets an eine **Unterschlagung** zu denken ist (problematisch ist allerdings das Merkmal „Fremdheit").

554a ▪ Mit den bei Rn 533 ff. behandelten Insertionsofferten vergleichbar sind die **Kostenfallen im Internet** (Betrug durch irreführende Gestaltung einer Internetseite). Dabei handelt es sich um Internetseiten, auf denen vermeintlich unentgeltliche Dienstleistungen (etwa Routenplaner) in Aussicht gestellt werden, für die aber an versteckter Stelle auf die Kostenpflichtigkeit des Angebots – häufig verbunden mit einem Abonnement – hingewiesen wird.[789] Wenig später erhalten die Betroffenen eine Rechnung, die sich meist auf Beträge zwischen 50,- und 100,- € beläuft. Die Betreiber der Internetseiten rechnen damit, dass ein Großteil der Betroffenen lieber sogleich bezahlt, als sich in eine lästige juristische Auseinandersetzung über das tatsächliche Bestehen einer Forderung zu begeben. Häufig wird die Forderung dann noch durch das Einschalten von Anwälten, Inkassounternehmen

[784] OLG Celle StV 1994, 188, 189; OLG Köln JR 1961, 433.
[785] BGHSt 39, 392, 395; OLG Celle StV 1994, 188, 189; dem sich anschließend *Hefendehl*, NStZ 2001, 281, 282 ff.; *Valerius*, JA 2007, 778, 781.
[786] Vgl. BGHSt 39, 392, 398 f.
[787] BGHSt 46, 196, 199.
[788] Zumindest im Ergebnis zustimmend *Hefendehl*, NStZ 2001, 281 ff.; *Ranft*, JuS 2001, 854 ff.; *Joerden*, JZ 2001, 614 ff.; kritisch *Heger*, JA 2001, 538 f.
[789] Vgl. BGH NJW 2014, 2595 ff.; *Heintschel-Heinegg*, JA 2014, 790; *Majer/Buchmann*, NJW 2014, 3342 ff.; *Eisele*, NStZ 2010, 193 ff.; *Hecker*, JuS 2011, 470 ff.

oder durch Drohen mit einem Schufa-Eintrag unterstrichen.[790] Zutreffend haben der BGH und das OLG Frankfurt/M entschieden, dass auf den Webseiten zwar nicht explizit erklärt werde, die angebotenen Leistungen seien kostenlos, allerdings enthielten sie einen versteckten (verschleierten) Hinweis auf die Kostenpflichtigkeit, was aufgrund ihres Gesamterklärungswerts als Täuschungshandlung zu werten sei.[791]

■ Das Gleiche gilt hinsichtlich sog. **„Ping-Anrufe"**. Beim „Anpingen" werden computergesteuert von einem Festnetzanschluss aus massenhaft Anrufe an willkürlich bestimmte Anschlüsse generiert, wobei das Rufsignal nach dem ersten Rufton unterbrochen wird, um auf dem Display des Empfängertelefons die Anzeige „Anruf in Abwesenheit" oder „entgangener Anruf" herbeizuführen.[792] Bei der auf dem Display angezeigten Nummer handelt es sich aber nicht um die Festnetznummer des „Anrufers", sondern um eine Servicenummer (meistens eine 0137-7er-Nummer). Die dahinterstehende Absicht ist klar: Es soll ein gebührenpflichtiger Rückruf provoziert werden (der Anruf bei einer 0137-7er-Nummer kostet den Anrufer gegenwärtig 1,- € pro Verbindung). Die Täuschungshandlung besteht darin, dass dem Opfer durch die Anzeige der 0137er-Nummer im Display suggeriert wird, der Anruf sei von einem Mobiltelefon erfolgt und der Anrufer erwarte einen Rückruf zwecks Kommunikation. Glaubt das Opfer dann, bei der angezeigten 0137er-Nummer handele es sich um eine normale Mobiltelefonnummer, bei deren Anwahl nur die üblichen (oder bei der heutzutage nicht unüblichen „Allnet-Flatrate" überhaupt keine) Gebühren anfielen, unterliegt es einem Irrtum. Ruft der Betroffene dann zurück, fällt die entsprechende Gebühr an, was mit Blick auf den Betrugstatbestand die Vermögensverfügung und den (da der Rückruf für das Opfer „nutzlos" ist) Vermögensschaden ausmacht.[793] Der Betrugsvorsatz lässt sich damit begründen, dass gem. § 66k I S. 3 TKG die Rufnummer u.a. für Massenverkehrsdienste, Premium-Dienste und Kurzwahl-Sprachdienste nicht als Rufnummer des Anrufers übermittelt werden darf. Die Telekommunikationsanbieter haben es technisch unterbunden, dass ein Anruf von einer Mehrwertdienstenummer ausgehen kann. Ruft also der „Ping-Anrufer" von einer Festnetznummer aus an und übermittelt dabei eine Mehrwertdienstenummer, ist dies nur durch entsprechende Programmierung der EDV-Anlage möglich, was nicht ohne Vorsatz möglich ist.

■ Schließlich ist die Fallgruppe zu nennen, in der ein **Patient den Kassenarzt** über die medizinische Notwendigkeit der **Verschreibung eines Medikaments** täuscht und der Arzt ein Rezept ausstellt, das der Patient anschließend in der Apotheke auf Kosten der gesetzlichen Krankenversicherung einlöst. Hier macht sich der Patient wegen Betrugs gegenüber dem Kassenarzt zu seinem Vorteil und zum Nachteil der gesetzlichen Krankenversicherung strafbar, sofern er sich die Medikamente nur deshalb verschreiben ließ, um sie anschließend zu verkaufen. Davon zu unterscheiden ist der Fall, in dem der Patient – ohne den Arzt über die medizinische Notwendigkeit getäuscht zu haben – kassenärztlich verordnete, aber nicht medizinisch notwendige Medikamente bezieht. Hier verfügt der Apotheker zwar über diese Medikamente, er irrt aber nicht darüber, ob der Patient sozialversicherungsrechtlich zu ihrem Bezug berechtigt ist. Die gesetzliche Krankenversicherung irrt zwar hierüber, verfügt aber nicht über die Medikamente. Der Patient macht sich somit lediglich in der zuerst genannten Konstellation wegen Betrugs strafbar.[794] Daneben ist er u.U. wegen Anstiftung zur Untreue strafbar (Täter der Untreue ist der Arzt, sofern er billigend in Kauf nimmt, dass der Patient die Medikamente nur deshalb wünscht, um sie später zu verkaufen, dazu Rn 573).

554b

555

---

[790] So im Fall von BGH NJW 2014, 2595 ff.

[791] Vgl. BGH NJW 2014, 2595 ff.; OLG Frankfurt/M NJW 2011, 398 ff. Vgl. auch *Majer/Buchmann*, NJW 2014, 3342 ff.; *Eisele*, MMR 2011, 273 ff.; *Hatz*, JA 2012, 186 ff. Der Gesetzgeber hat darauf reagiert und die sog. Buttonlösung eingeführt, d.h., dass auf dem Absendebutton deutlich auf die Kostenpflichtigkeit hingewiesen werden muss; anderenfalls kommt kein Vertrag zustande.

[792] Vgl. bereits *Kölbel*, JuS 2013, 193 und die 13. Aufl. dieses Buches Rn 541; später auch BGH NStZ 2015, 158, 159; *Jäger*, JA 2014, 630 ff.

[793] Vgl. nun auch BGH NStZ 2015, 158, 159.

[794] Vgl. BGH NJW 2004, 454 f. (Kassenärztliche Verordnung medizinisch nicht notwendiger Medikamente).

c.) Täuschungsverhalten durch Unterlassen

Kommt ein Täuschungsverhalten durch aktives (ausdrückliches oder konkludentes) Tun nicht in Betracht oder ist eine solche nach entsprechender Prüfung zu verneinen, stellt sich die Frage nach einem Täuschungsverhalten durch Unterlassen.

556 Ein **Täuschungsverhalten durch Unterlassen** ist anzunehmen, wenn der Täter entgegen der tatsächlichen Möglichkeit und einer rechtlichen Aufklärungspflicht die Entstehung eines Irrtums nicht verhindert oder einen entstandenen Irrtum nicht beseitigt.[795]

557 Diese Art des Täuschungsverhaltens setzt voraus, dass der Täter gegenüber dem Täuschungsopfer eine Rechtspflicht zur Aufklärung bestimmter, dem Täuschungsopfer (noch) unbekannter Tatsachen (d.h. eine **Offenbarungspflicht**) hat. Es ist also i.S.d. § 13 danach zu fragen, ob für den Täter eine **Garantenpflicht** zur Aufklärung besteht, das Unterlassen der Verwirklichung des § 263 durch aktives Tun **entspricht** und die Aufklärung (tatsächlich) **möglich** und (rechtlich) **zumutbar** ist.[796]

558 Die Rechtspflicht zur Aufklärung kann sich insbesondere aus **Gesetz**[797] ergeben, aber auch aus pflichtwidrigem Vorverhalten (**Ingerenz**) oder aus einem vertraglich oder außervertraglich begründeten, aus dem Grundsatz von Treu und Glauben (§ 242 BGB) abgeleiteten, **besonderen Vertrauensverhältnis**. Wegen des im Strafrecht geltenden Bestimmtheitsgrundsatzes können allerdings nicht alle zivilrechtlichen Aufklärungs- oder Treuepflichten auch strafrechtlich relevant sein. Eine strafrechtliche Garantenpflicht entsteht vielmehr im Rahmen von § 263 nur in eng begrenzten, eindeutigen Ausnahmefällen. Früher nahm die Rechtsprechung eine Garantenpflicht wegen eines besonderen Vertrauensverhältnisses an in Fällen, in denen

- die Nichtaufklärung einen erheblichen Schaden verursacht (**Schadensfaktor**) und/oder
- es dem Partner erkennbar auf einen verschwiegenen Umstand ankommt (**Wesentlichkeitsfaktor**) und/oder
- der Partner erkennbar unerfahren ist (**Unerfahrenheitsfaktor**).

559 Die aktuelle Rechtsprechung[798] orientiert sich weniger an den genannten Fallgruppen, sondern nimmt eine **Einzelfallabwägung der Interessenlage anhand der Verantwortungsbereiche der Beteiligten vor**. Eine strafrechtlich relevante Aufklärungspflicht in allgemeinen Vertragsverhältnissen mit gegenseitigen Leistungspflichten setze voraus, dass **besondere Umstände**, etwa ein **besonderes Vertrauensverhältnis** oder auf **gegenseitigem Vertrauen beruhende Verbindungen**, vorlägen.

- Das sei i.d.R. bei Verträgen der Fall, die **Aufklärungs-, Informations- oder Beratungspflichten** zum Gegenstand haben (z.B. Steuerberater-, Rechtsberater[799] oder Vermögensberaterverträge[800]). Aber auch bei sonstigen **engen laufenden Geschäftsbeziehungen**, bei denen ein Vertragsteil auf Abruf oder auf weitere Bestellung **ständig** Waren oder Leistungen auf laufende Rechnung geliefert erhalte, könne dies angenommen werden.

---

[795] Vgl. BGH NJW 2017, 2052, 2053 f.; NStZ 2015, 461, 463; NJW 2014, 3669, 3670; Sch/Sch-*Perron*, § 263 Rn 18 ff.; *Fischer*, § 263 Rn 38; *Lackner/Kühl*, § 263 Rn 12 ff.; *Wessels/Hillenkamp*, BT 2, Rn 503.
[796] Zur Relevanz siehe Rn 540 (Hinweis für die Fallbearbeitung). Zur prüfungstechnischen Vorgehensweise vgl. Rn 564.
[797] Vgl. etwa § 60 I Nr. 2 SGB I, wonach Änderungen in den für die Leistungsgewährung erheblichen Verhältnissen unverzüglich mitzuteilen sind; vgl. (dazu BGH NStZ 2015, 520, 521 (Bsp. 4 bei Rn 560)); BayObLG NJW 2005, 309 f. (Rn 560a). Auch versicherungsrechtliche Anzeigepflichten (vgl. etwa solche nach dem VVG) können (müssen aber nicht) eine Unterlassungsstrafbarkeit begründen. Aus dem Zivil- und Zivilprozessrecht: vgl. etwa § 666 BGB und § 138 I ZPO.
[798] Vgl. BGH NJW 2017, 2052, 2053 f.; NJW 2000, 3013, 3014; BGHSt 46, 196, 200; 39, 392, 399; OLG Stuttgart NStZ 2003, 554, 555; OLG Hamburg wistra 2004, 151 ff.
[799] Vgl. BGH NJW 2014, 3669, 3670 zur Garantenpflicht eines Rechtsanwalts, gem. § 4a II Nr. 1 RVG den Mandanten vor Vereinbarung eines Erfolgshonorars auf die voraussichtliche gesetzliche Vergütung hinzuweisen.
[800] Vgl. BGH NJW 2017, 2052, 2053 f.

- Allein die **Unerfahrenheit** des Geschäftspartners sei indes **irrelevant**, solange dieser Gelegenheit habe, sich eine Überlegungsfrist **auszubedingen** und sich bei einer **sachkundigen Stelle** von der Angemessenheit des Preises bzw. der vertraglichen Regelung der Preisbestimmung **zu überzeugen**.

- Schließlich begründe die **Höhe eines drohenden Schadens** für sich genommen noch **keine** Garantenstellung mit einer daraus resultierenden Offenbarungspflicht. Der Schadensfaktor wirke sich auf die Eigenart der zu beurteilenden Rechtsbeziehungen grds. nicht aus. Das Verschweigen einer zur Selbstschädigung des anderen führenden Tatsache sei vom Grunde her gleich strafwürdig, gleichgültig ob der Schaden groß sei oder nicht. Zudem sei eine Abgrenzung nach der Höhe des Schadens im Hinblick auf das Bestimmtheitserfordernis des Art. 103 II GG nicht frei von Bedenken. Die Höhe des Schadens könne aber ein Hilfskriterium sein, um die im Rahmen einer Gesamtwürdigung des Täterverhaltens zu ermittelnde Garantenstellung festzustellen.

Beispiele von **Garantenstellungen**, die infolge **besonderer Vertrauensverhältnisse** strafbegründende **Aufklärungspflichten** zur Folge haben: **560**

(1) Verlässt sich ein **Bankkunde** oder ein **Anleger** in besonderer Weise auf den Sachverstand des Bank- bzw. Vermögensberaters, obliegt diesem regelmäßig eine Aufklärungspflicht.[801]

(2) Teilt der **Vermieter** dem wegen Eigenbedarfs gekündigten Mieter nicht mit, dass die Gründe für die Eigenbedarfskündigung (§ 573 II Nr. 2 BGB) nachträglich weggefallen sind, liegt ein Täuschungsverhalten durch Unterlassen vor. Umgekehrt begeht der Mieter keinen Betrug durch Unterlassen, wenn er den Vermieter nicht über seine eingetretene Zahlungsunfähigkeit informiert bzw. den fälligen Mietzins nicht entrichtet. Denn hier fehlt es der erforderlichen Garantenstellung.[802]

(3) Im obigen Beispiel zur bankinternen **Fehlbuchung** (Rn 554) kommt ein Betrug durch Unterlassen gegenüber der Bankangestellten zum Vorteil der GmbH und zu Lasten des Kreditinstituts gemäß §§ 263, 13 in Betracht, weil Wigand die Mitarbeiter nicht auf die Fehlbuchung hingewiesen hat. Gemäß den in § 13 formulierten Regeln des unechten Unterlassungsdelikts ist Voraussetzung dafür, dass der Täter die ihm mögliche Aufklärung eines anderen über eine Tatsache unterlässt, dass eine Garantenpflicht zur Aufklärung besteht, das Unterlassen der Verwirklichung durch aktives Tun entspricht und die gebotene Aufklärung dem Täter zumutbar ist.

Eine *Garantenstellung aus Ingerenz* liegt nicht vor. Wigand hatte zu der Fehlbuchung in keiner Weise beigetragen und war deshalb auch nicht an der Schaffung der durch die versehentliche Gutschrift entstandenen Gefahrenlage beteiligt. Es fehlt also an einem rechtswidrigen Vorverhalten.[803]

In Betracht kommt aber eine *Garantenstellung aus vertraglicher Beziehung*, sofern hieraus ein besonderes Vertrauensverhältnis entstanden ist. Regelmäßig schafft allein die Unterhaltung eines Girokontos noch keine Vertrauensbeziehung, die eine solche Garantenstellung auslöst. Gleiches gilt auch für die zivilrechtlichen Nebenpflichten, die aus einer solchen vertraglichen Beziehung erwachsen.[804] Das muss auch für den vorliegenden Fall angenommen werden, da keine Besonderheiten ersichtlich sind, die eine abweichende Beurteilung rechtfertigen könnten. Vielmehr war der GmbH noch nicht einmal ein Überziehungskredit eingeräumt, was gerade *gegen* ein besonderes Vertrauensverhältnis spricht. Auch die üblicherweise in den AGB dem Kunden auferlegten Informationspflichten genügen nicht. Vielmehr ist dafür erforderlich, dass der Bankkunde im Sinne einer tatsächlichen Gewährübernahme deutlich werden lässt, dass ihm eine solche Pflicht bewusst ist.

---

[801] Vgl. BGH NJW 2017, 2052, 2053 f.
[802] BGH NStZ 2015, 461, 463.
[803] BGHSt 46, 196, 202.
[804] BGHSt 39, 392, 400.

Schließlich bleibt zu prüfen, ob wenigstens die *Höhe des drohenden Schadens* geeignet ist, eine Offenbarungspflicht zu begründen. Nach Auffassung des BGH kann die Garantenpflicht zwar bejaht werden, wenn die Nichtaufklärung einen erheblichen Schaden verursacht, allerdings sei die Garantenpflicht in erster Linie aus der Eigenart der zugrunde liegenden Rechtsbeziehungen zu klären, die unabhängig von der auf Zufälligkeiten beruhenden Höhe möglicher Schäden beurteilt werden müsse.[805]

Folgt man dieser Auffassung, hat Wigand (Rn 554) damit weder durch aktives Tun noch durch Unterlassen getäuscht. Das bloße Ausnutzen eines Irrtums ist also auch in diesem Fall betrugsrechtlich irrelevant.

(4) Beim sog. Unterstützungsbetrug **durch unberechtigten Weiterbezug von Sozialhilfe** (= Empfänger erfüllt nicht mehr die Voraussetzungen zum Bezug von Sozialhilfe) lässt sich allein aus der Benachrichtigungspflicht aus § 60 I S. 1 Nr. 2 SGB I (Pflicht zur Mitteilung von erstattungserheblichen Umständen an die Behörde) eine Aufklärungspflicht i.S.d. §§ 263, 13 ableiten.[806] Zur Strafbarkeit ist nicht erforderlich, dass bereits ein Verwaltungsverfahren zur Prüfung, ob der Empfänger erhaltene Sozialleistungen zu erstatten hat, eingeleitet wurde.[807]

560a Sonderfall **BAföG-Betrug:** Ob sich jemand, der beim „BAföG-Antrag" vorsätzlich über der Freigrenze liegendes Kapitalvermögen (i.d.R. 7.500,- €, § 29 I S. 1 Nr. 1 BAföG) verschweigt, wegen Betrugs gem. § 263 strafbar macht, ist (entgegen dem ersten Eindruck) höchst problematisch.

Dass eine Strafbarkeit aus § 263 höchst problematisch sein kann, ist deshalb auf den ersten Blick nicht ohne weiteres klar, weil i.d.R. die Voraussetzungen des Betrugs ohne weiteres vorliegen: Die Verpflichtung zur Offenlegung der Vermögensverhältnisse ergibt sich aus § 60 I S. 1 Nr. 1 SGB I, wonach derjenige, der Sozialleistungen beantragt oder erhält, alle für die Leistung erheblichen Tatsachen anzugeben und leistungserhebliche Änderungen unverzüglich mitzuteilen hat[808]; eine Täuschung des Sachbearbeiters (konkludent oder durch Unterlassen) über diese Tatsache erregt bei diesem eine entsprechende Fehlvorstellung; aufgrund des Irrtums wird an den Antragsteller der Zuschuss/das zinslose Darlehen (überhöht) ausgezahlt (Vermögensverfügung), was beim Leistungsträger einen Vermögensschaden verursacht, weil die Leistung (teilweise) einem Nichtberechtigten gewährt wird. Schließlich erstrebt der Antragsteller mit dem Zuschuss/der Nutzbarkeit des Darlehens einen stoffgleichen Vermögensvorteil, der ihm (so) nicht zusteht (Bereicherungsabsicht). Auf Nichtwissen (Vorsatzausschluss) kann sich der Antragsteller dabei schwerlich überzeugend berufen. Denn die Antragsformblätter, deren richtige und gewissenhafte Ausfüllung er mit seiner Unterschrift bestätigt, verlangen Angaben zum Kapitalvermögen und verweisen unmissverständlich auf die Freigrenzen sowie die Gefahr strafrechtlicher Verfolgung bei unrichtigen oder unvollständigen Angaben bzw. beim Unterlassen von Änderungsanzeigen.[809]

Problematisch ist beim „BAföG-Betrug" allein die **Anwendbarkeit des § 263**. Dieser Straftatbestand könnte nämlich von dem **(speziellen) Bußgeldtatbestand des § 58 I Nr. 1 BAföG verdrängt** sein. Diese Rechtsfrage wird in Literatur und Rechtsprechung kontrovers diskutiert. Im Ergebnis wird § 263 aber nicht durch die Bußgeldvorschrift des § 58 I Nr. 1 BAföG ausgeschlossen. Denn zum einen greift § 21 OWiG, der bei Zusammentreffen von Ordnungswidrigkeit und Straftat das Konkurrenzverhältnis zugunsten der Straftat löst, und zum anderen ist § 58 I Nr. 1 BAföG auch nicht gegenüber § 263 speziell, kann diesen also auch schon deswegen nicht

---

[805] BGHSt 39, 392, 401; 46, 196, 202.
[806] BGH NStZ 2015, 520, 521. Vgl. auch BGH NStZ 2016, 412 f.
[807] BGH NStZ 2015, 520, 521.
[808] Vgl. dazu auch BGH NStZ 2015, 520, 521.
[809] Vgl. *König*, JA 2004, 497 f.; *Bohnert*, NJW 2003, 3611 f.; *Zorn*, JuS 2006, 628, 632 ff.

verdrängen.[810] Wer also BAföG-Leistungen erschleicht, macht sich bei gegebenen Voraussetzungen des § 263 wegen Betrugs strafbar.

Für die Abgrenzung zwischen *konkludentem Täuschungsverhalten* und *Täuschungsverhalten durch Unterlassen* bietet im Übrigen insbesondere der **Gebrauchtwagenhandel** sehr lehrreiche **Anwendungsfälle**.

561

> **Beispiel:** Gebrauchtwagenhändler Hendrik verkauft der sachunkundigen Liesbeth ein einwandfrei aussehendes Fahrzeug und verschweigt, dass es sich um einen wiederhergestellten Unfallwagen handelt, der – als solcher gekennzeichnet – tatsächlich nur einen wesentlich geringeren Preis einbringen würde. Da L keinen Anlass zur Skepsis sieht, stellt sie diesbezüglich auch keinerlei Fragen und unterschreibt den Kaufvertrag. Strafbarkeit des H?
>
> H könnte sich wegen Betrugs gemäß § 263 I zu seinem Vorteil und zum Nachteil der L strafbar gemacht haben. Dazu müsste er zunächst über Tatsachen getäuscht haben. Die Unfallfreiheit ist ein dem Beweis zugänglicher Zustand der Gegenwart, mithin eine Tatsache. H hat aber nichts über die Eigenschaft als Unfallwagen gesagt. Er hat somit nicht ausdrücklich getäuscht. Eine Täuschungshandlung kann aber auch konkludent erfolgen. Eine solche Annahme scheint vorliegend allerdings fraglich. Zwar könnte bereits in dem Verkaufsangebot ein konkludentes Täuschungsverhalten gesehen werden, da der Kauf eines Gebrauchtwagens allgemein als risikoreich angesehen wird. Auf der anderen Seite kann der Käufer sein Informationsdefizit durch gezieltes Fragen ausgleichen. Daher ist dem Angebot einer solchen Ware zu einem bestimmten Preis nicht zugleich die Erklärung zu entnehmen, dieser sei angemessen oder üblich. Vorliegend hat L nicht entsprechend nachgefragt. Ein Täuschungsverhalten durch schlüssiges Handeln ist daher abzulehnen (a.A. vertretbar).
>
> In Betracht kommt schließlich ein Täuschungsverhalten durch Unterlassen. Nach allgemeinen Regeln über die Unterlassungstäterschaft ist dazu eine Garantenstellung erforderlich, die sich vorliegend aus Ingerenz ergeben könnte. An einem pflichtwidrigen Vorverhalten fehlt es aber gerade, da das gesamte pflichtwidrige Verhalten des H zeitlich zusammenfällt. Speziell im Rahmen des Betrugs ist aber, wenn auch nur in sehr engen Grenzen, anerkannt, dass sich eine Garantenstellung auch aus einem **besonderen Vertrauensverhältnis** oder aus auf **gegenseitigem Vertrauen beruhenden Verbindungen** ergeben kann, die dem Grundsatz von Treu und Glauben zugrunde liegen. Unter Berücksichtigung von Interessenlage, Verkehrsauffassung und Gepflogenheiten des Gebrauchtwagenhandels kann vorliegend bei einer Risikoabwägung angenommen werden, dass L auf die Ordnungsgemäßheit des Verhaltens des H vertrauen durfte. Daher erfüllt H den Tatbestand des Betrugs durch Unterlassen (§§ 263, 13).[811]
>
> Zu demselben Ergebnis gelangt man im Übrigen bei Anwendung der früheren Kriterien, wenn also die Nichtaufklärung einen erheblichen Schaden verursacht, es dem Partner erkennbar auf einen verschwiegenen Umstand ankommt und/oder der Partner erkennbar unerfahren ist. Denn der minderwertige Wagen bedeutet für L einen erheblichen Schaden. Da darüber hinaus davon auszugehen ist, dass L den Wagen – zumindest zu diesem Preis – nicht gekauft hätte und außerdem noch auf dem Gebiet des Gebrauchtwagenkaufs unerfahren ist, liegen alle drei Kriterien vor.[812]

Das **bloße Ausnutzen eines Irrtums** ist i.d.R. keine schlüssige Täuschungshandlung, da es insoweit an einem auf Verdeckung der Wahrheit gerichteten Verhalten fehlt. Es gehört grds. in den Risikobereich des Leistenden, wenn er einen Fehler begeht.

562

---

[810] So im Ergebnis auch BayObLG NJW 2005, 309 f.
[811] Vertretbar wäre es auch gewesen, bereits im Verkaufsangebot eine aktive konkludente Täuschung über die Unfallfreiheit zu sehen (so vertreten von *Jäger*, BT, Rn 324). Dann wäre aber eine Auseinandersetzung mit der betrugsspezifischen Garantenstellung nicht mehr möglich gewesen.
[812] Eine ausführliche gutachtliche Prüfung findet sich auch bei *Schmidt/Priebe*, Fälle zum Strafrecht II, Fall 11 Rn 13 ff.

Beispiel: Die Annahme von zu viel (Wechsel-)Geld ist *nicht* als konkludente Täuschung anzusehen (Rn 551). Es lässt sich auch grundsätzlich keine besondere Einstandspflicht für das Vermögen des Leistenden herleiten, die zu einer Unterlassungstäterschaft führen würde, da nach den Gepflogenheiten des Geschäftsverkehrs die Verantwortlichkeit für das Unwissenheitsrisiko alleine bei dem anderen Vertrags-/Geschäftspartner liegen soll. Eine sehr restriktive Ausnahme ist nur dort zu machen, wo langjährige enge Geschäftsbeziehungen oder sonstige besondere Vertrauensverhältnisse aus dem Grundsatz von Treu und Glauben und unter Bejahung der genannten Fallgruppen (Schadensfaktor, Wesentlichkeitsfaktor, Unerfahrenheitsfaktor) zu einer Aufklärungspflicht führen. Dann kann das Untätigbleiben als ein auf Verdeckung der Wahrheit gerichtetes Verhalten gewertet und somit als Täuschungsverhalten durch Unterlassen angesehen werden.

563 Auch der Werkunternehmer, der aufgrund abgetretenen Rechts mit der Kfz-Versicherung einen Kasko-Schaden abrechnet (siehe Rn 546), tritt regelmäßig nicht in das Versicherungsvertragsverhältnis zwischen dem Versicherer und dem Versicherungsnehmer ein und hat daher gegenüber dem Versicherer auch keine Offenbarungspflicht (etwa in Bezug auf den dem Kunden gewährten Preisnachlass bei der Reparatur, der zu einer Anspruchsminderung geführt hätte). Nimmt man in einem solchen Fall also kein konkludentes Täuschungsverhalten an, scheidet ein Betrug aus (siehe Rn 540/546).

564 **Hinweis für die Fallbearbeitung:** Für die Fallbearbeitung empfiehlt es sich, die in Frage kommende Täuschungshandlung zunächst darauf hin zu untersuchen, ob ein Täuschungsverhalten durch **ausdrückliche Erklärung** vorliegt. Erst bei deren Verneinung ist darauf einzugehen, dass ein Täuschungsverhalten auch in einem **konkludenten Verhalten** gesehen werden kann. Muss man in der konkreten Fallbearbeitung auch dies verneinen, etwa weil man aus dem Gesamtverhalten des Täters keinerlei Erklärungsgehalt ableiten kann, muss man schließlich nach den Grundsätzen des *unechten Unterlassungsdelikts* auf das **Täuschungsverhalten durch pflichtwidriges Unterlassen** i.S.d. § 13 eingehen. In diesem Rahmen ist danach zu fragen, ob der (mögliche) Täter eine rechtlich gebotene, mögliche und zumutbare Handlung i.S.e. Aufklärung des Sachverhalts versäumt hat. Eine Umformung des Betrugtatbestands nach dem Aufbauschema eines unechten Unterlassungsdelikts[813] ist dabei nicht erforderlich. Es genügt, wenn man nach Verneinung eines Täuschungsverhaltens durch aktives Tun an dem Aufbau des bei Rn 522 vorgestellten Betrugtatbestands festhält und danach fragt, ob der Täter zur Verhinderung oder zur Beseitigung des Irrtums als Zwischenerfolg kraft einer Garantenstellung verpflichtet war.

gg.) Zusammenfassung

565 **Täuschungsverhalten** ist jede intellektuelle Einwirkung auf die Vorstellung eines anderen mit dem Ziel der Irreführung über Tatsachen. Als Täuschungsarten kommen in Betracht:

- **Ausdrückliche Erklärungen**
- **Konkludente Erklärungen**
- Nichtaufklärung eines Sachverhalts trotz Aufklärungspflicht (§ 13), Möglichkeit und Zumutbarkeit (**Täuschungsverhalten durch Unterlassen**)

Kein Täuschungsverhalten liegt vor bei

- **Sachverhaltsmanipulationen**, die den Schwellenwert einer Erklärung nicht erreichen
- **bloßem Ausnutzen** einer bereits vorhandenen Fehlvorstellung ohne täuschendes Zutun
- **bloßer Entgegennahme** einer Leistung ohne täuschendes Zutun

---

[813] Vgl. das Prüfungsschema bei *R. Schmidt*, AT, Rn 767.

b. Irrtum

Infolge des Täuschungsverhaltens (Kausalität) muss beim Täuschungsgegner ein Irrtum **566** erregt oder unterhalten werden.

Ein **Irrtum** ist jede Fehlvorstellung über Tatsachen, die Gegenstand des Täuschungs- **567** verhaltens waren.[814]

Da nur ein Mensch Gedanken entwickeln kann, kann auch nur ein Mensch irren. Die **568** damit verbundenen (ehemaligen) Strafbarkeitslücken, die durch die betrügerische Mani-pulation von Geräten oder sonstigen Einrichtungen (Geldautomaten etc.) entstanden sind, wurden durch die Aufnahme neuer Tatbestände in das StGB (§§ 263a, 265a, 266b) geschlossen. Auch wenn niemand anwesend ist, der getäuscht werden könnte, oder zwar jemand anwesend ist, der das Geschehen aber nicht beobachtet (Beispiel: Tanken und Verlassen des Tankstellengeländes ohne zu zahlen, wenn das Tankstellen-personal gerade anderweitig beschäftigt ist und daher das Geschehen nicht mitbe-kommt[815]), entfällt der Betrugsstraftatbestand. In Betracht kommen aber ein versuchter Betrug, ein Diebstahl und eine Unterschlagung (vgl. dazu Rn 22/65 f./270).

Ein Irrtum wird **erregt**, wenn eine Fehlvorstellung hervorgerufen wird. **Unterhalten** **569** wird ein Irrtum insbesondere dann, wenn eine bereits vorhandene Fehlvorstellung ver-stärkt oder (im Rahmen einer unterlassenen Aufklärung) nicht beseitigt wird.[816] Das bloße Ausnutzen eines schon bestehenden Irrtums genügt dagegen nicht. Hier fehlt es schon an einer Täuschungshandlung.

Fraglich ist, ob der Fehlvorstellung ein bestimmter **Bewusstseinsgrad** zugrunde liegen **570** muss. Jedenfalls ist ein Irrtum immer dann anzunehmen, wenn die Fehlvorstellung des Opfers auf einem **aktuellen Bewusstsein** basiert, wenn das Opfer also über die Tat-sache reflektiert und dem Täter glaubt, wobei auch **Leichtgläubigkeit** einem Irrtum nicht entgegensteht.

> **Beispiel:** Im Gebrauchtwagenfall von Rn 561 hat H der L durch sein Verhalten sugge-riert, dass es sich um einen unfallfreien Wagen handele. L hat ihm uneingeschränkt ge-glaubt.

Schwierig ist die rechtliche Erfassung, wenn das Opfer zwar **Zweifel** an der Richtigkeit **571** der Tatsache hat, aber dennoch verfügt. Hier könnte ein Irrtum ausgeschlossen sein. Denn jemand, der an der Richtigkeit von Tatsachenangaben zweifelt, sieht i.d.R. die Möglichkeit, dass die Tatsachenangaben ganz oder teilweise nicht stimmen. Das könnte dazu führen, einen Irrtum zu verneinen. Möglich wäre es auch, nur dann einen Irrtum anzunehmen, wenn das Opfer die Richtigkeit seiner Vorstellung für wahrscheinlicher hält als ihre Unrichtigkeit. Diese Wege geht die h.M. nicht. Ihr zufolge schließen Zweifel – seien sie auch noch so erheblich – die Möglichkeit eines Irrtums nicht aus, sofern der Betroffene die Wahrheit der fraglichen Tatsachenangabe nur für **möglich** hält und **durch die Möglichkeitsvorstellung zur Vermögensverfügung motiviert wird**.[817] Dem ist zuzustimmen. Denn dem Betrugstatbestand ist immanent, dass der Täter nur eine solche Person zu betrügen versucht, bei der er bestimmte „Schwachstellen" er-blickt. Nutzt der Täter also bspw. die Gutgläubigkeit oder Unerfahrenheit des Opfers

---

[814] St. Rspr. seit BGHSt 2, 325, 326; BGH NStZ 2003, 313, 314; OLG Frankfurt/M NJW 2011, 398 f.; aus der Lit. Sch/Sch-*Perron*, § 263 Rn 33; *Fischer*, § 263 Rn 33; *Lackner/Kühl*, § 263 Rn 18. Teilweise findet sich in der Rspr. auch die simple Formulierung: „Ein Irrtum im Sinne des Betrugstatbestandes ist jeder Widerspruch zwischen einer subjektiven Vorstellung (des Getäuschten) und der Wirklichkeit" (BGH NJW 2016, 3383). Diese Definition ist abzulehnen, da sie den Bezugspunkt zur Täuschungshandlung vermissen lässt.
[815] Vgl. dazu BGH NJW 2016, 1109 f. – dazu oben Rn 65 f.
[816] Sch/Sch-*Perron*, § 263 Rn 43-46; SK-*Hoyer*, § 263 Rn 83; *Fischer*, § 263 Rn 37; *Lackner/Kühl*, § 263 Rn 20.
[817] Vgl. nur BGH NJW 2004, 454 f.; BGH NStZ 2003, 313, 314; BGH NJW 2001, 3718, 3719; *Rönnau*, JuS 2002, 545, 546; Sch/Sch-*Perron*, § 263 Rn 40; SK-*Hoyer*, § 263 Rn 68 ff.; OLG Stuttgart SpuRt 2012, 74, 75 f. (Radprofi Schumacher).

aus, ist nicht einzusehen, warum das Opfer trotz des Hegens von Zweifeln nicht dem Strafrechtsschutz unterstehen soll. Für die Annahme des Betrugstatbestands kann daher nur entscheidend sein, ob das Opfer letztlich einer Fehlvorstellung unterlag und ob diese durch die Täuschungshandlung des Täters verursacht worden ist.[818]

Beispiel: Die im Gebrauchtwagenfall von Rn 561 getäuschte L hatte bereits im Vorfeld des Autokaufs durch Gespräche mit Bekannten gehört, dass ein Gebrauchtwagenkauf stets mit gewissen Risiken verbunden sei, was umso mehr gelte, je sachunkundiger der Käufer sei. Daraufhin hielt sie während des Vertragsschlusses eine Täuschung zwar nicht für ausgeschlossen, ging aber von der Möglichkeit aus, dass H zutreffende Angaben machen bzw. keine rechtserheblichen Tatsachen verschweigen werde. Nach der zutreffenden h.M. liegt daher ein Irrtum vor.

572-574 In einem noch weiter abgeschwächten Bewusstseinsgrad macht sich der Betroffene erst gar keine konkreten Vorstellungen, sondern geht davon aus, dass **„alles in Ordnung"** sei. Wenn man bedenkt, dass nach allgemeiner Auffassung auch für den Tatbestandsvorsatz i.S.d. § 16 I kein ständiges, aktuelles Bewusstsein der betreffenden Tatsache erforderlich ist, sondern ein **sachgedankliches Mitbewusstsein, ein ständiges Begleitwissen** genügt[819], kann für eine Fehlvorstellung i.S.d. § 263 nichts anderes gelten.[820] Daher müssen prinzipiell eine Fehlvorstellung über Tatsachen und damit ein Irrtum auch dann möglich sein, wenn kein ständig vorhandenes Nachdenken über die Ordnungsgemäßheit des verfügungsrelevanten Handelns vorliegt.[821] Voraussetzung für die Annahme einer Fehlvorstellung i.S.d. Betrugstatbestands ist aber, dass sich das Vorstellungsbild des von der Täuschungshandlung Betroffenen auf eine hinreichende Tatsachengrundlage stützen lässt. **Indizien** dafür sind vorherige Kontrollen, die allgemeine Lebenserfahrung oder (im Rahmen gleichförmiger, massenhafter oder routinemäßiger Geschäfte) das Fehlen von Auffälligkeiten und die Erwartung, dass sich der Geschäftspartner ordnungsgemäß bzw. pflichtgemäß verhält.[822]

Beispiele:

(1) Wenn L im Gebrauchtwagenfall von Rn 561 mangels Auffälligkeiten davon ausgehen konnte, dass alles in Ordnung sei, genügt auch ein sachgedankliches Mitbewusstsein, um einen Irrtum annehmen zu können.

(2) Es darf unterstellt werden, dass Servicekräfte in Restaurants (siehe bereits Bsp. 1 von Rn 544) stillschweigend von der Zahlungswilligkeit und Zahlungsfähigkeit der Gäste, die Bestellungen aufgeben, ausgehen. Für die Bejahung eines Irrtums genügt es, wenn ein Gast, der beabsichtigt, die Zeche zu prellen, seine Bestellung aufgibt.

(3) Auch ist ein Irrtum anzunehmen, wenn ein Fahrkartenkontrolleur durch den Fahrgastraum geht und allgemein fragt, ob noch jemand zugestiegen sei, und von einem betreffenden Fahrgast keine Antwort erhält. Eilt er jedoch ohne zu fragen durch die Fahrgastkabine, kann ein Einwirken auf die Vorstellung, dass „alles in Ordnung" sei, zu verneinen sein, wenn sich der Kontrolleur überhaupt keine Gedanken macht. Teilt man diese Überlegung, liegt ein Fall der *ignorantia facti* (dazu Rn 575) vor, bei der mangels Tatsachenkenntnis eine Strafbarkeit wegen Betrugs ausscheidet. Vorliegend in Betracht kommt aber selbstverständlich eine Strafbarkeit aus § 265a.

575 Da Täuschungshandlung und Irrtum einen Kommunikationsvorgang voraussetzen, ist ein Betrug zu verneinen, wenn die als Getäuschter in Frage kommende Person die zugrunde liegenden Tatsachen überhaupt nicht kennt (sog. *ignorantia facti*).

---

[818] BGH NStZ 2003, 313, 314; *Joecks*, § 263 Rn 49.
[819] Siehe dazu *R. Schmidt*, AT, Rn 228.
[820] Vgl. auch BGH NStZ 2015, 160, 161.
[821] So auch BGH NStZ 2006, 687.
[822] BGHSt 2, 325, 326; BGH NJW 2016, 3383; SK-*Hoyer*, § 263 Rn 64; Sch/Sch-*Perron*, § 263 Rn 39.

Beispiele:

(1) Sofern ein Schiffsführer nicht weiß, dass ein blinder Passagier an Bord ist, kann dieser auch nicht auf Vorstellungsbild des Schiffsführers einwirken.

(2) Der Mitarbeiter, der ein Smartphone aus dem Lager seines Arbeitgebers stiehlt, verursacht zwar beim Arbeitgeber möglicherweise den Irrtum, das Lager sei vollständig, jedoch nicht mittels einer Täuschungshandlung. Ein derartiger Irrtum ist daher im Rahmen des § 263 irrelevant. Als *ignorantia facti* gelten somit die Fälle des schlichten Nichtwissens, die Unkenntnis der Wahrheit.

Von den bisherigen Fallkonstellationen sind diejenigen zu unterscheiden, in denen der Kommunikationspartner sich wegen **bestimmter Sicherungsmechanismen** des Rechtsverkehrs **überhaupt keine Gedanken** machen muss. Hier ist ein betrugsrelevanter Irrtum regelmäßig zu **verneinen**. **576**

Beispiele für regelmäßige Verneinung eines Irrtums: **577**

(1) Lukrezia ist Inhaberin einer *Visacard* mit der vertraglichen Ausgestaltung, dass sie nicht nur einen bestimmten Kreditrahmen nicht überschreiten darf, sondern dass ihr auch ganz allgemein untersagt ist, Verpflichtungen einzugehen, wenn ihre Einkommens- und Vermögensverhältnisse einen Kontoausgleich nicht gestatten. Während sie in einem Elektronikfachgeschäft einen günstigen Monitor für ihren PC entdeckt, entschließt sie sich zum Kauf, obwohl sie weiß, dass ihr Bankkonto keine Deckung aufweist und sie auch in absehbarer Zeit nicht an den erforderlichen Betrag kommen wird. An der Kasse zahlt sie den Kaufpreis i.H.v. 800,- € mit ihrer *Visacard*. Der Kartenaussteller muss diesen Betrag aufgrund der mit der Karte verbundenen Garantieerklärung an das Geschäft zahlen.

Hier könnte L sich wegen Betrugs strafbar gemacht haben. Dazu müsste sie zunächst über Tatsachen getäuscht haben. Ihre Zahlungsunfähigkeit, die sie bereits bei Benutzung der Karte kannte, ist eine Tatsache. Zweifelhaft ist aber, ob sie über ihre Zahlungsfähigkeit getäuscht hat. Bedenken knüpfen an den Umstand, dass mit einer **Kreditkarte** im **Drei-Partner-System** eine **Garantiefunktion** verbunden ist, die in ihrer Höhe von der individuellen Vereinbarung zwischen dem Kreditkartenaussteller und dem -inhaber abhängig ist. Für ein Überschreiten dieses Limits, das sich in der Sperrung der Karte auswirkt, liegen vorliegend keine Anhaltspunkte vor. Wegen der mit einer nicht gesperrten Kreditkarte verbundenen Garantieerklärung braucht sich ein Vertragspartner keine Gedanken über die Deckung des Kontos zu machen.[823] Da dies auch für den vorliegenden Fall zutrifft, scheidet ein Betrug schon aufgrund der fehlenden Täuschung aus. Es liegt aber ein Fall des § 266b vor (dazu ausführlich Rn 702 ff.).

(2) Auch wer in einer Verkaufsstätte mit seiner **Girocard** (früher: ec-Karte)[824] im sog. Point-of-sale-Verfahren (das ist das Verfahren mit PIN-Eingabe – auch POS-Verfahren genannt)[825] bezahlt, obwohl sein Girokonto keine ausreichende Deckung aufweist, macht sich nicht wegen (versuchten) Betrugs strafbar. Eine Strafbarkeit wegen (versuchten) Betrugs kommt hier deswegen nicht in Betracht, weil sich der Händler aufgrund der mit der Online-Autorisierung verbundenen Garantiefunktion keine Gedanken über die Zahlungsfähigkeit machen muss und daher keinem Irrtum unterliegen kann. In Betracht kommt aber je nach Auffassung eine Strafbarkeit wegen (versuchten) Computerbetrugs (§ 263a) oder wegen (versuchten) Scheck- oder Kreditkartenmissbrauchs (§ 266b). Davon zu unterscheiden ist der Fall, dass die Girocard im elektronischen Lastschriftverfahren (das ist das Unterschriftenverfahren ohne PIN-Eingabe)[826] eingesetzt wird. Wer hier ohne Kontodeckung bezahlt (oder zu bezahlen

---

[823] Vgl. BGHSt 33, 244, 249, und *Eisele/Fad*, Jura 2002, 305, 310.
[824] Zur Girocard vgl. bereits Rn 105, aber auch ausführlich Rn 680 ff.
[825] Vgl. dazu Rn 689.
[826] Vgl. dazu Rn 691 ff.

versucht), täuscht regelmäßig über die Deckung des Girokontos und macht sich dann wegen (versuchten) Betrugs strafbar.

(3) Macht im gerichtlichen **Mahnverfahren** der Antragsteller bewusst wahrheitswidrig einen Anspruch geltend oder erklärt bewusst wahrheitswidrig anspruchsbegründende oder -erhöhende Tatsachen, um den (nach § 20 Nr. 1 RPflG) für die Bearbeitung des Antrags zuständigen Rechtspfleger zum Erlass des gewünschten Mahnbescheids zu veranlassen, liegt zwar eine Täuschung vor (sofern das Verfahren nicht voll automatisiert durchgeführt wird), jedoch ist die Irrtumserregung fraglich. Denn nach §§ 688 ff. ZPO unterliegt der Rechtspfleger keiner Prüfungspflicht im Mahnverfahren (vgl. § 692 I Nr. 2 ZPO). Das heißt, er braucht sich keine Gedanken über den Wahrheitsgehalt der in einem Antrag auf Erlass eines Mahnbescheids enthaltenen (anspruchsbegründenden oder -erhöhenden) Angaben zu machen.[827] Gleichwohl hat das OLG Celle entschieden, dass dies einem (versuchten) Prozessbetrug nicht entgegenstehe, weil gemäß der zivilgerichtlichen Rechtsprechung der Rechtspfleger zumindest eine Pflicht zur Prüfung habe, wenn die geltend gemachte Forderung offensichtlich unbegründet oder gerichtlich nicht durchsetzbar sei. Daher müsse der Rechtspfleger wenigstens dort, wo er Missstände erkenne, einschreiten und vom Erlass eines Mahnbescheids absehen.[828] Und der BGH hat § 263 verneint mit dem Argument, der Rechtspfleger müsse den Antrag zurückweisen, wenn er Kenntnis von der Unrichtigkeit der Forderung habe. Dies setze daher voraus, dass der Rechtspfleger sich Gedanken über den Anspruch mache.[829] Das überzeugt aus dem genannten Grund der fehlenden Prüfpflicht nicht. Aber selbst wenn man mit Rspr. ein Vorstellungsbild des Rechtspflegers annimmt, bewirkt allein ein Mahnbescheid noch keine Vermögensverfügung. Vielmehr bedarf es dafür noch eines weiteren Schrittes, nämlich des Erlasses eines Vollstreckungsbescheides, dessen Beantragung nicht vor Ablauf der Widerspruchsfrist erfolgen kann. Solange dies nicht erfolgt ist, ist selbst das unmittelbare Ansetzen zur Tatbestandsverwirklichung und damit ein Betrugsversuch (§§ 263 II, 22) noch nicht gegeben oder zumindest doch sehr fraglich. Zur Frage, ob im automatisierten Mahnverfahren ein Computerbetrug vorliegt, vgl. Rn 674.

(4) Der Rechtspfleger, der im Rahmen eines **Zwangsversteigerungsverfahrens** die Versteigerung eines Hausgrundstücks durchführt und nicht erkennt, dass der Bieter, der später den Zuschlag erhält, seine Zahlungsfähigkeit und Zahlungsbereitschaft nur vortäuscht, unterliegt nach Auffassung des BGH regelmäßig keiner Fehlvorstellung über die Zahlungswilligkeit und Zahlungsfähigkeit des Bieters. Die vom Rechtspfleger von Amts wegen vorzunehmende Prüfung beim Versteigerungstermin beschränke sich im Wesentlichen auf die Einhaltung der gesetzlichen Verfahrensvorschriften. Schon deshalb liege es nicht nahe, dass sich der im Zwangsvollstreckungsverfahren tätige Rechtspfleger etwa im Sinne eines sachgedanklichen Mitbewusstseins Vorstellungen zur Zahlungsfähigkeit und Zahlungswilligkeit eines Bieters mache.[830]

(5) Legt ein Bankkunde dem Bankpersonal einen **Überweisungsauftrag** vor, obwohl er materiell nicht zu Überweisungen berechtigt ist, liegt kein Irrtum seitens des Bankpersonals vor. Denn die Prüfungspflicht erstreckt sich nicht auf die materielle Berechtigung der Anweisung; insoweit machen sich die Bankmitarbeiter auch keine Gedanken.[831] Bankmitarbeiter, die Überweisungsaufträge bearbeiten, denen keine wirksame Forderung zugrunde liegt[832] oder bei denen dem Überweisenden das Guthaben materiell nicht zusteht (etwa weil dieser zuvor eine unberechtigte Überweisung er-

---

[827] Daher verneint die h.L. einen (Prozess-)Betrug, vgl. LK-*Tiedemann*, § 263 Rn 90; *Lackner/Kühl*, § 263 Rn 17/19; *Rengier*, BT I, § 13 Rn 48; *Krell/Mattern*, StraFo 2012, 77 f.; *Otto*, JZ 1993, 652, 654 f.; a.A. NK-*Kindhäuser*, § 263 Rn 192.
[828] OLG Celle ZWH 2012, 28 ff.
[829] BGH NStZ 2012, 322, 323.
[830] BGH NJW 2016, 3383, 3384. Dem ist nicht zu folgen; vielmehr darf davon ausgegangen werden, dass Rechtspfleger beim Versteigerungstermin durchaus zumindest ein sachgedankliches Mitbewusstsein entwickeln. Ein Betrug ist also durchaus möglich.
[831] BGH NStZ 2000, 375, 376.
[832] BGH NStZ 2000, 375, 376.

halten hat und nunmehr das Geld weiterüberweisen möchte)[833] unterliegen daher i.d.R. keinem Irrtum. Etwas anderes gilt hinsichtlich der **formellen Richtigkeit des Überweisungsträgers**: Da die Prüfung der Identität von Auftraggeber und Konto-inhaber zum Aufgabenbereich des Bankpersonals gehört (vgl. § 675f BGB: Zahlungs-diensterahmenvertrag), liegen bei diesen ein **sachgedankliches Mitbewusstsein** und damit ggf. ein Irrtum vor.[834]

(Weitere) Gegenbeispiele: 578

(1) Nicht anzuwenden sind die zu den Kreditkarten im Drei-Partner-System und zur Giro-card im PIN-Verfahren aufgestellten Grundsätze auf **schlichte Bankschecks**. Hier ist der Anwendungsbereich des § 263 eröffnet.

(2) Auch **Kreditkarten** im **Zwei-Partner-System** (sog. Kundenkarten wie bspw. die IKEA-Family-Card) fehlt es an der Garantieerklärung (vgl. auch dazu die Ausführungen zu § 266b).

(3) Hinsichtlich **Sparbücher**[835] gilt, dass diese als **Legitimationspapiere** i.S.d. § 808 BGB anerkannt sind: Übergibt der Inhaber eines Legitimationspapiers dieses seinem Schuldner, wird dieser bei Leistung an den Vorlegenden grds. von seiner Verbindlich-keit frei, ohne dass er die Legitimation (die Berechtigung) des Vorlegenden prüfen müsste. Überträgt man diesen Befund auf die Sparbuchfälle, folgt daraus, dass das Schalterpersonal des Kreditinstituts somit zwar berechtigt, grds. aber nicht verpflich-tet ist, die Legitimation des Vorlegenden zu prüfen. Es darf also grds. davon ausge-hen, dass der ein Sparbuch Vorlegende aufgrund der Legitimationswirkung des auf Sparbücher anwendbaren § 808 BGB zur Verfügung über das Sparguthaben berech-tigt ist.[836] Da aber als ungeschriebene Ausnahme zu § 808 BGB anerkannt ist, dass der Schuldner bei Vorsatz und grober Fahrlässigkeit hinsichtlich fehlender Empfangs-berechtigung von seiner Verbindlichkeit nicht befreit wird, steht die h.M. auf dem Standpunkt, dass sich das Schalterpersonal sehr wohl Gedanken über die Berechti-gung des Vorlegenden mache.[837] Dem ist zuzustimmen. Um zumindest evidente Miss-bräuche auszuschließen, schauen sich Schalterangestellte selbst bei längeren Warte-schlangen an den Bankschaltern durchaus genau an, wer Geld von einem Sparbuch abhebt. Dies hat jedoch zwingend zur Voraussetzung, dass sich das Schalterpersonal gewisse Gedanken über die Berechtigung des das Sparbuch Vorlegenden macht.[838] Das Vorliegen eines Irrtums i.S.d. § 263 ist daher nicht ausgeschlossen.

cc. Zusammenfassung

Irrtum ist die Fehlvorstellung über Tatsachen, die Gegenstand der Täuschungshandlung 579 waren. Ein Irrtum wird **erregt**, wenn eine Fehlvorstellung hervorgerufen wird. **Unterhal-ten** wird ein Irrtum insbesondere dann, wenn eine bereits vorhandene Fehlvorstellung verstärkt oder (im Rahmen einer unterlassenen Aufklärung) nicht beseitigt wird. Das bloße Ausnutzen einer Fehlvorstellung genügt (außer bei Vorliegen einer Garantenstellung) dagegen nicht.

Mögliche Bewusstseinsgrade, in denen ein Irrtum möglich ist, sind:

- Das Opfer hat **aktuelles Bewusstsein,** dem Täter somit zweifelsfrei geglaubt.
- Trotz **Zweifel** hielt das Opfer die **Richtigkeit der Tatsache für möglich** und wurde

---

[833] BGHSt 46, 196, 199.
[834] BGH NStZ 2000, 375, 376.
[835] Zu beachten ist, dass mittlerweile viele Kreditinstitute das „klassische" Sparbuch abgeschafft und durch eine Chipkarte („Sparcard") ersetzt haben. Die Inhaber von Sparkonten bei den betreffenden Kreditinstituten können seitdem mit Hilfe der Chipkarte und einer PIN Geld am Automaten abheben und auch einzahlen. Die genannte Problematik wurde somit weitgehend „entschärft". Allerdings eröffnet dies wiederum den Anwendungsbereich des § 263a bzw. des § 266b. Dass vorliegend dennoch der klassische Sparbuchfall erläutert wird, hängt damit zusammen, dass er nach wie vor in der Praxis möglich ist und an den Universitäten gelehrt und geprüft wird.
[836] Zur Legitimationswirkung von Sparbüchern vgl. bereits Rn 93.
[837] Sch/Sch-*Perron*, § 263 Rn 48; *Wessels/Hillenkamp*, BT 2, Rn 175/511; dem sich anschließend *Valerius*, JA 2007, 778, 779. A.A. LK-*Tiedemann*, § 263 Rn 44, 88, 125; SK-*Hoyer*, § 263 Rn 77.
[838] Vgl. bereits die 1. Aufl. 2002; später auch *Valerius*, JA 2007, 778, 779.

dadurch zur Vermögensverfügung motiviert.

▪ Das Opfer hatte die Vorstellung, „dass alles in Ordnung sei" und stützte sich dabei auf eine hinreichende Tatsachengrundlage (**sachgedankliches Mitbewusstsein; ständiges Begleitwissen**).

Kein Irrtum liegt vor,

▪ wenn sich der Adressat der Täuschungshandlung infolge bestimmter Sicherungsmechanismen **keinerlei Gedanken machen muss** (§§ 263, 22 prüfen)

▪ oder bei bloßer Unkenntnis einer Tatsache (***ignorantia facti***, §§ 263, 22 prüfen).

c. Vermögensverfügung

580 Der Getäuschte muss durch den Irrtum veranlasst worden sein, eine Vermögensverfügung vorzunehmen. Die Vermögensverfügung ist zwar nicht explizit dem gesetzlichen Tatbestand zu entnehmen, sie ist jedoch objektiv erforderlich, damit aus dem Irrtum als einem bloßen inneren Ereignis ein Schaden entstehen kann; zudem bringt sie zum Ausdruck, dass der Betrug seinem Charakter nach ein Selbstschädigungsdelikt ist.[839] Daher ist die Nichterwähnung im Gesetzeswortlaut unschädlich.

Der Begriff der Vermögensverfügung ist nicht zivilrechtlich, sondern rein faktisch zu verstehen. Daher sind weder die Geschäftsfähigkeit des Verfügenden erforderlich noch die zivilrechtliche Wirksamkeit oder die Anfechtbarkeit der Verfügung.

581 **Vermögensverfügung** i.S.d. Strafrechts ist jedes (rechtliche oder tatsächliche) Handeln, Dulden oder Unterlassen, das (jedenfalls beim Sachbetrug) mit Verfügungsbewusstsein erfolgt und unmittelbar zu einer Vermögensminderung führt.[840]

aa. Handeln, Dulden, Unterlassen

582 Zunächst erfordert die Vermögensverfügung ein (rechtliches oder tatsächliches) **Handeln**, **Dulden** oder **Unterlassen**.

Beispiele:

(1) Dem gutgläubigen Kunden T wird eine minderwertige Sache aufgeschwatzt. Er lässt sich auf einen Kaufvertrag ein und zahlt den Preis. ⇨ Hier liegt eine Vermögensverfügung durch ein **Handeln** vor.

(2) Der Bekannte T schwindelt der Antiquitätenhändlerin O vor, ihr Mann habe ihn beauftragt, eine bestimmte Statue abzuholen. Daraufhin greift T das fragliche Stück aus der Vitrine und nimmt es mit. ⇨ Hier liegt eine Vermögensverfügung seitens der O durch ein **Dulden** vor.

(3) Der Unfallverursacher V schwindelt dem Unfallgegner O vor, dass an dessen Wagen kein Schaden entstanden sei, sodass er ruhig weiterfahren könne. Da dies tatsächlich so aussieht, glaubt O dem V und macht keine Forderungen geltend (Forderungsbetrug in Form der Nichtgeltendmachung einer Forderung). ⇨ Hier liegt eine Vermögensverfügung durch ein **Unterlassen** vor.

bb. Verfügungsbewusstsein (beim Sachbetrug)

583 Die Vermögensverfügung muss zwar nicht stets, aber beim **Sachbetrug mit Verfügungsbewusstsein** erfolgen.[841]

▪ Unter einem **Sachbetrug** ist ein Betrug zu verstehen, bei dem die Vermögensverfügung in der Hergabe einer Sache besteht.

---

[839] Das ist bei § 263 unstreitig. Zu der Frage, ob eine Vermögensverfügung auch bei § 253 erforderlich ist, vgl. Rn 762.
[840] BGHSt 14, 170, 172; BGH NStZ 2017, 351, 352; Sch/Sch-*Perron*, § 263 Rn 55; SK-*Hoyer*, § 263 Rn 158 ff.
[841] BGHSt 14, 170, 172; SK-*Hoyer*, § 263 Rn 168 ff.; Sch/Sch-*Perron*, § 263 Rn 60; *Lackner/Kühl*, § 263 Rn 24; *Fischer*, § 263 Rn 44; *Böse/Nehring*, JA 2008, 110, 111 f.; a.A. NK-*Kindhäuser*, § 263 Rn 278.

■ Mit **Verfügungsbewusstsein** verfügt der Getäuschte über das Vermögen, wenn er um die vermögensmindernde Wirkung der Verfügung weiß.

Verlangte man aber außerhalb des Sachbetrugs ein Verfügungsbewusstsein, wäre etwa ein Täuschungsverhalten durch Unterlassen durchgängig nicht möglich. Auch Fälle der Unterschriftenerschleichung wären kaum als Betrug zu werten. Dies hätte inakzeptable Strafbarkeitslücken zur Folge. Aus diesem Grund fordert man kein generelles Verfügungsbewusstsein. Beim *Sachbetrug* ist das Kriterium der bewussten Vermögensverfügung (i.S.e. bewussten Gewahrsamsübertragung) jedoch erforderlich, damit (zusammen mit dem Kriterium der Unmittelbarkeit der Vermögensminderung) eine **Abgrenzung zum Diebstahl** (Gewahrsamsbruch) **vorgenommen werden kann**. Für den *Forderungsbetrug* ist aber festzuhalten, dass die Vermögensverfügung nicht bewusst erfolgen muss. **584**

Äußerst umstritten ist dagegen die Frage, ob die Vermögensverfügung frei von Zwang, also **freiwillig** erfolgen muss. Da dieses Sachproblem (auch) eine Frage der Unmittelbarkeit der Vermögensverfügung darstellt, sei insoweit auf den nachfolgenden Prüfungspunkt verwiesen. **585**

cc. Unmittelbarkeit der Vermögensminderung als Kriterium für die Abgrenzung von Diebstahl und Sachbetrug

Des Weiteren muss sich gemäß der o.g. Definition die Vermögensverfügung *unmittelbar* vermögensmindernd auswirken. Das ist jedenfalls der Fall, wenn das irrtumsbedingte Verhalten des Getäuschten zu der Vermögensminderung führt, ohne dass dafür noch zusätzliche deliktische Zwischenschritte des Täters erforderlich wären. **586**

Geht es um das Eingehen einer vertraglichen Verpflichtung (etwa täuschungsbedingter Abschluss eines Kaufvertrags über eine minderwertige Sache), erscheint allein der Vertragsschluss als Vermögensverfügung fraglich, da zur Vermögensminderung ja noch das sachenrechtliche Verfügungsgeschäft aussteht. Dennoch kann allein das Eingehen einer vertraglichen Verpflichtung als Vermögenverfügung i.S.d. § 263 angesehen werden, da es zur Unmittelbarkeit genügt, wenn keine weiteren deliktischen Zwischenschritte des Täters mehr erforderlich sind. Auf weitere zivilrechtliche Schritte des Betrugsopfers kommt es gerade nicht an. **586a**

Die auch hier vertretene h.M.[842] hat das Kriterium der Unmittelbarkeit auch nur zum Bestandteil des Begriffs der Vermögensverfügung erklärt, um den Charakter des Betrugs als **Selbstschädigungsdelikt** zu sichern und um die Abgrenzung zu den Fremdschädigungsdelikten (d.h. Wegnahmedelikte) zu ermöglichen. Denn die h.M. geht zutreffend von der **tatbestandlichen Exklusivität von Diebstahl und Betrug** aus: Wird demzufolge bei der Prüfung des Diebstahls festgestellt, dass eine Wegnahme vorliegt, ist damit implizit eine Vermögensverfügung abgelehnt, sodass die Prüfung des Betrugs entbehrlich wird. Eine Vermögensverfügung liegt nur dann vor, wenn der Getäuschte den Gewahrsam bewusst und freiwillig überträgt. Dabei nimmt die h.M. (in Bezug auf § 263 auch die Rspr.!) die **Abgrenzung zwischen Wegnahme und Weggabe** nicht nach dem äußeren Tatgeschehen, sondern nach der **inneren Willensrichtung** des Getäuschten vor.[843] **587**

Beispiele zur Abgrenzung von Diebstahl und Sachbetrug:

(1) Wer wegen **Vortäuschung einer Beschlagnahme** die Wegnahme einer Sache nur duldet, verfügt nicht, selbst wenn er im Hinblick auf die vermeintlich unausweichliche Zwangslage selbst mitwirkt. Denn sieht das Opfer unter der massiven Einwirkung des Täters keine andere Möglichkeit, als die Sache herauszugeben, liegt keine Vermö- **588**

---

[842] Vgl. nur BGHSt 14, 170, 172; *Lackner/Kühl*, § 263 Rn 26; *Wessels/Hillenkamp*, BT 2, Rn 515, 516.
[843] Vgl. nur *Lackner/Kühl*, § 263 Rn 27; *Biletzki*, JA 1995, 857, 858.

gensverfügung vor (str., siehe sogleich). Es lässt sich insoweit sagen, es fehle an der **Freiwilligkeit der Vermögensverfügung**. Die Strafbarkeit erfolgt dann wegen **Diebstahls**.

Beispiel[844]: Olek hat bei einer Kunstauktion ordnungsgemäß eine russische Ikone ersteigert. Am nächsten Tag erscheint bei ihm der kleinkriminelle Toto, der sich als Kriminalbeamter ausgibt und Olek glaubhaft versichert, die Ikone stamme aus einem illegalen Handel; aus Gründen der Strafverfolgung müsse er sie daher **beschlagnahmen** (vgl. §§ 94 II, 98 StPO). Daraufhin händigt O sie ihm aus.

Zweifellos ist O getäuscht worden. Um aber einen Betrug annehmen zu können, müsste O auch über sein Vermögen (hier: die Ikone) verfügt haben. Eine Verfügung ist jedes (freiwillige) Tun, Dulden oder Unterlassen, das unmittelbar vermögensmindernd wirkt. Eine derartige vermögensmindernde Verfügung kann auch in einer Übertragung des Gewahrsams gesehen werden. Vorliegend ist allerdings fraglich, ob O Gewahrsam übertragen hat.

Die Abgrenzung Diebstahl/Betrug hat nach dem Gesichtspunkt zu erfolgen, dass der Betrug stets eine *Vermögensverfügung* (also eine *Weggabe*) des Getäuschten voraussetzt. Diebstahl erfordert dagegen eine *Wegnahme* durch den Täter. Wegnahme bedeutet Bruch fremden und Begründung neuen, nicht notwendigerweise tätereigenen Gewahrsams. Fremder Gewahrsam wird gebrochen, wenn er ohne oder gegen den Willen des Gewahrsamsinhabers aufgehoben wird. Vorliegend hat O dem T die Ikone zwar gegeben, was nach dem äußeren Erscheinungsbild auf eine Verfügung und damit auf eine Weggabe statt auf eine Wegnahme schließen lässt. Beim Betrug ist aber unstreitig (im Gegensatz zu § 255!) auf die **innere Willensrichtung** des Opfers abzustellen. Sieht das Opfer unter der massiven Einwirkung des Täters also keine andere Möglichkeit, als die Sache herauszugeben (O dachte, T sei die „Obrigkeit" und er müsse sich der Anordnung fügen), liegt keine Vermögensverfügung vor, da diese - zumindest beim Sachbetrug - eine Freiwilligkeit voraussetzt (s.o.).[845] Da es vorliegend insoweit also am Einverständnis fehlte, liegt ein Gewahrsamsbruch vor. T hat die Ikone weggenommen und sich wegen **Diebstahls** strafbar gemacht.

> **Hinweis für die Fallbearbeitung:** In Fällen der vorliegenden Art, in denen das Opfer sich dem vermeintlichen Zwang beugt in der Vorstellung, Widerstand sei nicht zulässig und daher zwecklos, sind zwei Aufbaumöglichkeiten denkbar: Zum einen ist es zulässig, mit der Prüfung eines Diebstahls zu beginnen und das genannte Sachproblem im Rahmen der Wegnahme zu diskutieren. Bejaht man demnach die Unfreiwilligkeit des Gewahrsamsverlusts und damit das Vorliegen einer Wegnahme i.S.d. § 242, ist für eine anschließende Prüfung des § 263 kein Raum, da Diebstahl und Betrug ja gerade in einem tatbestandlichen Exklusivitätsverhältnis zueinander stehen. Es ist aber ebenso vertretbar, die Prüfung zunächst mit § 263 zu beginnen, um dieselbe Frage im Rahmen der Vermögensverfügung zu beantworten. Entscheidend ist allein die richtige Erfassung des Sachproblems.

589 (2) Auch wer in einem **Selbstbedienungsladen** bspw. Zigarettenpäckchen, kleinere Spirituosenflaschen, Süßigkeiten, DVDs o.Ä. einsteckt und damit eine Gewahrsamsenklave begründet, vollendet noch vor Erreichen der Kasse einen **Diebstahl**. Fraglich ist nur, ob der Täter noch zusätzlich an der Kasse einen **Sicherungsbetrug** begehen kann. Dies wird teilweise mit der Begründung bejaht, dass der Täter durch sein Verhalten an der Kasse zugleich erkläre, andere Waren als die zur Abrechnung vorgezeigten nicht entnommen zu haben.[846] Die schädigende Vermögensverfügung bestehe

---

[844] In Anlehnung an BGHSt 18, 221 ff. Ganz ähnlich auch der Fall BGH NJW 2011, 1979 f.
[845] Wie hier die h.M., vgl. nur BGHSt 18, 221, 223; BGH NJW 1952, 796; BGH NJW 1953, 73; *Lackner/Kühl*, § 263 Rn 26; Sch/Sch-*Perron*, § 263 Rn 63; *Wessels/Hillenkamp*, BT 2, Rn 634; *Otto*, BT, § 53 Rn 19 ff. Vgl. nun auch *Jäger*, JA 2007, 604, 605. Der BGH hat die Problematik der „vorgetäuschten Beschlagnahme" auf die Abgrenzung zwischen §§ 249, 250 und §§ 253, 255 übertragen (BGH NJW 2011, 1979, 1980 f.) – dazu Rn 767a.
[846] Sch/Sch-*Perron*, § 263 Rn 63a; LK-*Tiedemann*, § 263 Rn 50.

dann in der täuschungsbedingten unterlassenen Geltendmachung des (zivilrechtlichen) Herausgabeanspruchs (vgl. § 985 BGB). Die zutreffende Gegenauffassung[847] hält auch in dieser Konstellation an der Exklusivität von Diebstahl und Betrug an ein und derselben Sache fest. Sie begründet ihren Standpunkt damit, dass bis zur Beendigung des Diebstahls auf das einheitliche Geschehen abzustellen sei (vgl. dazu das Beispiel bei Rn 65).

(3) Wer kleinere Waren der oben genannten Art in seinem **Einkaufswagen** verbirgt, indem er sie etwa mit einem Kleidungsstück, einem Kaufhausprospekt o.ä. bedeckt, erlangt dadurch noch keinen eigenen Gewahrsam. Denn in einem solchen Fall hat er weder nach den tatsächlichen Gegebenheiten unter Berücksichtigung der Verkehrsauffassung noch nach sozial-normativen Gesichtspunkten eine Gewahrsamssphäre im eigenen Tabubereich begründet; vielmehr befindet sich die Ware nach wie vor in der Gewahrsamssphäre des Kaufhausinhabers (bzw. des Filial- oder Abteilungsleiters). Insoweit kommt lediglich ein versuchter Diebstahl in Betracht. Passiert der Täter dann aber den Kassenbereich, ohne die im Einkaufswagen versteckte Ware zu bezahlen, oder hat die Kassiererin den Vorgang als abgeschlossen betrachtet, ist fraglich, ob in diesem Verhalten ein Diebstahl oder ein Betrug anzunehmen ist. Um einen Betrug annehmen zu können, müsste die Kassiererin über das Vermögen des Supermarktes verfügt haben. Dies ist der Fall, wenn man darauf abstellt, dass die Kassiererin davon ausgeht, alle Waren im Einkaufswagen erfasst zu haben und generell über den gesamten Inhalt verfügen zu wollen.[848] Dem ist jedoch entgegenzuhalten, dass eine Person nur über etwas verfügen kann, von dessen Existenz sie auch weiß. Wenn die Kassiererin also bestimmte Waren nicht zu Gesicht bekommt, kann sie auch kein Verfügungsbewusstsein haben. Dieser Auffassung folgend, muss ein Betrug konsequenterweise ausscheiden.[849] Hinsichtlich des dann zu prüfenden Diebstahls müsste der Gewahrsamswechsel gegen oder ohne den Willen des Gewahrsamsinhabers erfolgt sein. Sofern die Kassiererin nicht wusste, dass der Täter die Ware im Einkaufswagen verborgen hielt, konnte sie auch keinen Gewahrsam übertragen. Vielmehr hat der Täter in einem solchen Fall die Gewahrsamssphäre täuschungsbedingt und in Zueignungsabsicht aufgehoben. Er ist daher wegen **Diebstahls** strafbar (vgl. dazu ebenfalls Rn 65).

(4) Etwas anderes gilt für den Fall, dass der Täter an der Kasse eines Selbstbedienungsladens bspw. eine verpackte Ware bezahlt, bei der er zuvor die Packung geöffnet und durch Zubehör o.Ä. **ergänzt** bzw. den gesamten **Inhalt** komplett (gegen höherwertigere Bestandteile) **ausgetauscht** hat. In einem solchen Fall ist zunächst festzustellen, dass der Täter vor Erreichen der Kasse mangels Schaffung einer Gewahrsamsenklave noch keinen Gewahrsam an den fraglichen Artikeln begründet hat. Vielmehr findet der Gewahrsamswechsel erst an der Kasse statt. Fraglich ist allerdings, ob die Artikel dann im Wege der Wegnahme (= § 242) oder der täuschungsbedingten Verfügung (= § 263) erlangt wurden. Überzeugend erscheint es, **Betrug** anzunehmen. An der Kasse kommt es nämlich zu einem willentlichen Gewahrsamswechsel durch die Kassiererin: Diese verfügt (täuschungsbedingt) in der Weise, wie das Paket in ihr Blickfeld gerät, also als Ganzes mit dem vollständigen Inhalt. Ein partielles Verfügungsbewusstsein dergestalt, dass sie etwa nur über den ordnungsgemäßen Inhalt verfügt, ist abzulehnen.[850]

[847] BGHSt 17, 205, 208 f.; *Rengier*, BT I, § 13 Rn 86 ff.
[848] So OLG Düsseldorf NJW 1993, 1407.
[849] So BGHSt 41, 198, 202 *Scheffler*, JR 1996, 342; *Hillenkamp*, JuS 1997, 217; OLG Köln NJW 1984, 810; OLG Zweibrücken NStZ 1995, 448; Sch/Sch-*Perron*, § 263 Rn 63a. Vgl. auch *Böse/Nehring*, JA 2008, 110, 111 f.
[850] Wie hier OLG Düsseldorf NJW 1988, 922; *Rengier*, BT I, § 13 Rn 88; SK-*Hoyer*, § 263 Rn 169; *Dürr*, Jura 2014, 352, 357; *Fahl*, NStZ 2014, 244, 247. Vertretbar wäre es auch gewesen, an der Kasse einen Diebstahl anzunehmen, indem man der Lehre vom bedingten Einverständnis gefolgt wäre. Dann hätte sich das Einverständnis der Kassiererin zur Gewahrsamsübertragung nur auf den ordnungsgemäßen Inhalt der Verpackung bezogen. Für den zusätzlichen oder ausgetauschten Inhalt hätte so ein Gewahrsamsbruch angenommen werden können. Diese Konstruktion hätte aber eine „Aufspaltung" des Verfügungsbewusstseins vorausgesetzt, deren Zulässigkeit einer näheren Begründung bedurft hätte. Für Diebstahl für den Fall des ergänzten Inhalts *Vitt*, NStZ 1994, 133, 134; *Wessels/Hillenkamp*, BT 2, Rn 639; MüKo-*Hefendehl*, § 263 Rn 252 f.; *Eisele*, BT II, Rn 55, 564; *Roßmüller/Rohrer*, Jura 1994, 471, 473 f. Dagegen soll (m.E.

592　**(5)** Relevant sind auch solche Fälle, in denen der Täter sich eine **Gewahrsamslockerung erschleicht, um einen (Trick-)Diebstahl vorzubereiten**:

593　**Beispiel („Anprobefall")**[851]**:** T kleidet sich vornehm, um den Eindruck zu vermitteln, er sei ein Geschäftsmann, und betritt ein Juweliergeschäft. Dort lässt er sich eine Rolex aushändigen, um diese angeblich einmal an das Handgelenk zu halten. Doch sobald er die Uhr in den Händen hält, verlässt er fluchtartig das Geschäft.

Da der Täter in einer solchen Konstellation seinen Tatentschluss bereits vor Betreten des Geschäfts gefasst hat, kommen sowohl Diebstahl als auch Betrug in Betracht, die nach oben aufgestellten Grundsätzen voneinander abgegrenzt werden müssen. Es bietet sich folgende Formulierung an:

T könnte sich durch Täuschung des Personals zu seinem Vorteil und zum Nachteil des Geschäftsinhabers wegen **Betrugs** strafbar gemacht haben (sog. Dreiecksbetrug). Er hat das Personal über seine Kaufabsicht getäuscht und so bei diesem einen Irrtum erregt. Das Personal müsste aber auch über die Uhr verfügt haben. Eine Verfügung ist jedes Tun, Dulden oder Unterlassen, das unmittelbar vermögensmindernd wirkt. Eine derartige vermögensmindernde Verfügung kann in einer Übertragung des Gewahrsams gesehen werden. Vorliegend ist allerdings fraglich, ob das Ladenpersonal durch die Überlassung der Uhr zur Ansicht bzw. Anprobe den Gewahrsam auf T überhaupt übertragen hat. Diese Frage beurteilt sich nach der Verkehrsauffassung bzw. nach sozial-normativen Gesichtspunkten. Überlässt jemand einem anderen einen Gegenstand lediglich zur Ansicht bzw. Anprobe, kann nicht davon ausgegangen werden, dass er damit zugleich den Gewahrsam daran aufgeben wollte.[852] Es findet vielmehr eine Gewahrsamslockerung statt, die vom Täter ausschließlich zu dem Zweck erschlichen wurde, den Gegenstand in die Hände zu bekommen, um damit das Weite zu suchen. Vorliegend kann von einer Vermögensverfügung seitens des Personals daher nicht gesprochen werden. Folglich scheidet ein Betrug aus.

T könnte sich aber wegen **Diebstahls** strafbar gemacht haben. Die Uhr war für ihn fremd. Diese müsste er auch weggenommen haben. Wegnahme bedeutet Bruch fremden und Begründung neuen, regelmäßig eigenen Gewahrsams. Wie bereits festgestellt, bestand lediglich eine täuschungsbedingte Gewahrsamslockerung, die T ausnutzte, um eigenen Gewahrsam zu begründen.[853] Indem er mit der Uhr auch in Zueignungsabsicht verschwand, hat er sich nach § 242 I strafbar gemacht.

594
> **Hinweis für die Fallbearbeitung:** Das vorstehende Beispiel hat gezeigt, dass im Ergebnis entweder Diebstahl *oder* Betrug vorliegt. Dabei wurde die Prüfung mit demjenigen Delikt begonnen, das im Ergebnis verneint werden soll. Diesen Aufbau sollte man jeder Klausurprüfung zugrunde legen. Hinsichtlich der Abgrenzung Diebstahl/ Sachbetrug wurden folgende Regeln aufgestellt:
>
> ▪ Eine Wegnahme bleibt möglich, solange nur eine Gewahrsamslockerung vorliegt.
> ▪ Dagegen entfällt eine Wegnahme mangels „Bruchs" fremden Gewahrsams, sobald der durch den Täter herbeigeführte Gewahrsamswechsel mit dem Willen des Be-

---

abzulehnen) auch nach diesen Stimmen Betrug anzunehmen sein, wenn der Täter, statt nur den Inhalt zu ergänzen, den Inhalt komplett ausgetauscht hätte. Dann sei von einer irrtumsbedingten Vermögensverfügung auszugehen, sodass für § 242 kein Raum sei. Ob letztlich Diebstahl oder Unterschlagung angenommen wird, ist mit Blick auf das identische Strafmaß in § 242 I und § 263 I irrelevant; bei beiden Tatbeständen beträgt die Strafandrohung Freiheitsstrafe bis zu fünf Jahren oder Geldstrafe. Die Annahme von Diebstahl oder Unterschlagung ist aber dann von besonderer Bedeutung, wenn der Täter etwa vom Kaufhausdetektiv gestoppt wird und sich dann „in Beuteerhaltungsabsicht" „zur Wehr setzt". In diesem Fall kann **räuberischer Diebstahl** vorliegen, der gem. § 252 das gleiche Strafmaß nach sich zieht wie der Raub mit seinen Qualifikationen (vgl. § 249 I: ein Jahr bis 15 Jahre (§ 38 II) und etwa § 250 II: 5-15 Jahre!), wenn man hinsichtlich des Geschehens an der Kasse Diebstahl annimmt. Bei Annahme von Betrug greift § 252 ausweislich seines Wortlautes nicht. Für diesen Fall blieben lediglich §§ 223 ff. und § 240. Daraus folgt zugleich die hohe praktische Relevanz des Meinungsstreits.

[851] Vgl. bereits die 1. Aufl. 2002. Ein Fall, der dasselbe juristische Problem enthält, findet sich nunmehr auch bei BGH NStZ 2016, 727.
[852] Auf das äußere Erscheinungsbild *und* die Willensrichtung des Getäuschten abstellend nun auch BGH NStZ 2016, 727.
[853] Vgl. nun auch BGH NStZ 2016, 727.

rechtigten stattfindet (es liegt insoweit ein tatbestandsausschließendes Einverständnis vor, siehe dazu Rn 52 ff.).

- Ist eine Wegnahme gegeben, kann eine Vermögensverfügung begriffslogisch nicht vorliegen. Der Schritt zu § 263 ist in diesem Fall ausgeschlossen.

Die Exklusivität von Diebstahl und Betrug ist nicht nur dogmatischer Natur, sondern hat unter Umständen **strafbarkeitsentscheidende** Bedeutung. Denn die Wegnahme einer – nicht von § 248b erfassten – Sache ohne Zueignungsabsicht bleibt in der Regel straflos, während die täuschungsbedingte Verfügung über eine solche Sache durchaus einen Sachbetrug begründen kann.

Auch ist die Frage, ob Betrug oder Diebstahl vorliegt, für die Anschlusstat des **räuberischen Diebstahls** entscheidend. Der Betrug ist keine taugliche Vortat für den räuberischen Diebstahl. Hätte also T des obigen Beispiels auf der Flucht Gewalt angewendet (um sich im Besitz der Rolex zu halten), wäre § 252 nur einschlägig gewesen, wenn man zuvor einen Diebstahl angenommen hätte (siehe auch schon Rn 456 ff.).

dd. „Dreiecksbetrug" – Abgrenzung von Diebstahl in mittelbarer Täterschaft und Sachbetrug im Dreipersonenverhältnis

Die bisherigen Ausführungen zur Abgrenzung von Diebstahl und Sachbetrug betrafen die Frage, welche Detailvoraussetzungen die Vermögensverfügung bei Identität von Verfügendem und Geschädigtem hat. Da beim (Sach-)Betrug nach allgemeiner Auffassung jedoch nur Getäuschter und Verfügender, nicht Verfügender und Geschädigter identisch sein müssen, besteht die Möglichkeit eines sog. Dreiecksbetrugs: Der Täter täuscht jemanden, der daraufhin irrtumsbedingt über das Vermögen eines Dritten verfügt. Da in solchen Fällen der Verfügende gerade als Mittelsperson für die Schädigung eines Dritten benutzt wird, kommt ebenso gut eine **Wegnahme in mittelbarer Täterschaft** (mit der Mittelsperson als Werkzeug) in Frage. Dass einem solchen **Dreipersonenverhältnis** Abgrenzungsprobleme immanent sind, versteht sich von selbst. Für die Abgrenzung allgemein anerkannt ist folgende Regel:

595

- Bilden Verfügender und Geschädigter eine „**Zurechnungseinheit**", ist von einem **Dreiecksbetrug** auszugehen.

- Besteht eine solche „Zurechnungseinheit" **nicht**, ist von einem **Diebstahl in mittelbarer Täterschaft** auszugehen. Denn bei fehlender „Zurechnungseinheit" greift der Verfügende wie ein beliebiger Dritter von außen in das Vermögen des Geschädigten ein.

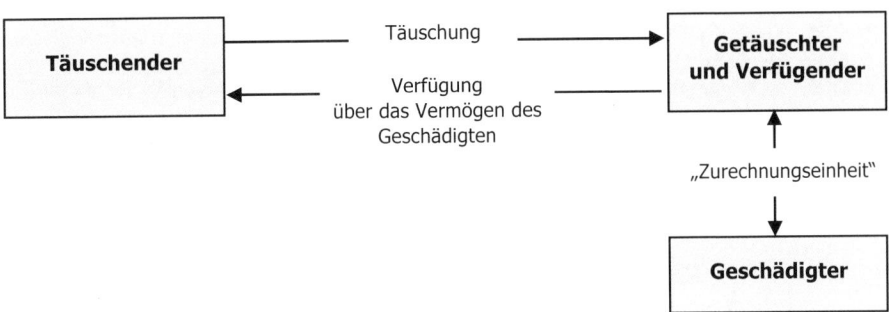

596 Die erforderliche „Zurechnungseinheit" zwischen dem Verfügenden und dem Geschädigten ist erforderlich, um den Selbstschädigungscharakter des Betrugs zu wahren. Das ist unstreitig. Umstritten ist jedoch, wie die erforderliche „Zurechnungseinheit" beschaffen sein muss.

597 **Beispiel:** T, gemeinsamer Bekannter der Eheleute M und F, betritt das Antiquitätengeschäft der F und spiegelt ihr vor, im Auftrag ihres Mannes eine diesem gehörende, nicht zum Verkauf bestimmte antike Brosche abholen zu wollen. Gutgläubig händigt F ihm das betreffende Stück des M aus. Strafbarkeit des T?

a. Strafbarkeit des T wegen Diebstahls in mittelbarer Täterschaft

T könnte sich wegen Diebstahls in mittelbarer Täterschaft (§§ 242 I, 25 I Var. 2) strafbar gemacht haben. Dazu müsste er die Brosche durch F weggenommen haben. Wegnahme bedeutet Bruch fremden und Begründung neuen, regelmäßig eigenen Gewahrsams. Die Brosche stand im (gelockerten) Gewahrsam des M, auch wenn sie sich im Geschäft der F befand.[854] Auch könnte F als vorsatzloses Werkzeug angesehen werden, die dadurch den Gewahrsam des M an der Brosche brach, dass sie die Brosche an T aushändigte und dass sich das Einverständnis des M nicht auf eine täuschungsbedingte Weggabe erstreckte. Auf das fehlende Einverständnis eines Geschädigten kann es aber dann nicht ankommen, wenn der getäuschte Dritte ihn als eine Art „Gewahrsamshüter" vertritt. F war die Obhut über die Brosche übertragen. Sie hatte unmittelbare räumliche Einwirkungsmöglichkeiten auf die Brosche und muss daher als Gewahrsamshüterin angesehen werden. Daher schließt das Einverständnis der F, die Brosche wegzugeben, das Einverständnis des M ein mit der Folge, dass diesem gegenüber kein Gewahrsamsbruch erfolgen konnte. T hat sich somit nicht aus §§ 242 I, 25 I Var. 2 strafbar gemacht.

b. Strafbarkeit des T wegen Betrugs gegenüber F zu seinem Vorteil und zum Nachteil des M

T könnte sich wegen seines Verhaltens gegenüber F jedoch gemäß § 263 zu seinem Vorteil und zum Nachteil des M strafbar gemacht haben.

T hat F vorgetäuscht, zur Abholung der Brosche beauftragt zu sein. Dadurch hat er bei ihr einen Irrtum über die Berechtigung zur Entgegennahme herbeigeführt.

Fraglich ist aber, ob F mit der Herausgabe der Brosche über das Vermögen des M verfügt hat. Eine Vermögensverfügung ist jedes (im Falle des hier allein in Frage kommenden Sachbetrugs) willentliche Tun, Dulden oder Unterlassen, das sich unmittelbar vermögensmindernd auswirkt. Vorliegend besteht aber die Besonderheit, dass M nicht selbst, sondern F die Brosche an T herausgegeben hat. Zwar ist allgemein anerkannt, dass Verfügender und Geschädigter nicht personenidentisch sein müssen, um aber eine klare Abgrenzung zum Diebstahl in mittelbarer Täterschaft vornehmen zu können (und letztlich die Personenverschiedenheit zu „überwinden"), ist ebenso anerkannt, dass eine „**Zurechnungseinheit**" zwischen dem Verfügenden und dem Geschädigten bestehen muss. Umstritten ist jedoch, wie diese „Zurechnungseinheit" beschaffen sein muss.

⇨ Ein Teil der Literatur vertritt die sog. **Theorie von der rechtlichen Befugnis** (auch „**Ermächtigungstheorie**" genannt).[855] Nach dieser Theorie kommt es entscheidend darauf an, ob der Mittelsmann zu der Verfügung (Besitzübertragung) ausdrücklich, stillschweigend oder zumindest dem Anschein nach rechtlich ermächtigt gewesen ist. Eine rechtliche Ermächtigung ist bspw. gem. § 80 InsO beim Insolvenzverwalter, gem. § 2206 BGB beim Testamentsvollstrecker oder gem. § 56 HGB beim Laden- und Geschäftspersonal anzunehmen. Vorliegend kommt lediglich eine rechtliche Befugnis gem. § 56 HGB in Betracht. Doch F gehört weder zum Laden- oder Geschäftspersonal noch war sie von M auf sonstige Weise rechtlich ermächtigt, über die Brosche zu verfügen. Dieser Auffassung folgend, bestünde zwischen F und M nicht die erforderliche „Zurechnungseinheit", um eine Vermögensverfügung i.S.d. § 263 zu bejahen.

---

[854] Vgl. die unterschiedliche Behandlung zu den bei Rn 48 dargestellten „Garderobenfällen".
[855] SK-*Hoyer*, § 263 Rn 144 ff.; MüKo-*Schmitz*, § 242 Rn 100 f.; *Krey/Hellmann/Heinrich*, BT II, Rn 587, 591; *Roxin/Schünemann*, JuS 1969, 374, 375.

⇨ Die h.M. unter Einschluss der Rechtsprechung vertritt demgegenüber die sog. **Theorie von der faktischen Befugnis**[856] bzw. die „**Lagertheorie**"[857], wenn man auf ein normatives Näheverhältnis abstellt. Danach genügt eine rein tatsächliche Möglichkeit des Dritten zur Verfügung über das Vermögen des Geschädigten, sofern der Verfügende nur „im Lager" des Geschädigten steht. Folgt man dieser Auffassung, ist es bereits ausreichend, wenn der Verfügende bloß untergeordneten Mitgewahrsam, Dienstbotenstellungen oder sonstige Gewahrsamshüterpositionen innehat. Einschränkend gilt jedoch, dass diese Beziehungen bereits zum Zeitpunkt der Verfügung bestanden haben müssen. Da vorliegend bereits festgestellt wurde, dass F Gewahrsamshüterin war und dieses faktische Verhältnis auch schon zum Zeitpunkt der Herausgabe der Brosche bestand, wäre bei Befolgung dieser Theorie eine Vermögensverfügung i.S.d. § 263 zu bejahen.

Stellungnahme: Da die beiden Theorien zu unterschiedlichen Ergebnissen kommen, ist eine Streitentscheidung unentbehrlich. Die Theorie von der faktischen Befugnis leidet an dem Umstand, dass das Kriterium des „im Lager des Geschädigten stehen" wenig bestimmt ist, um eine Strafbarkeit wegen Betrugs zu begründen. Die Theorie von der rechtlichen Befugnis teilt diese Schwäche gerade nicht, indem sie auf die rechtliche Ermächtigung zur Vermögensübertragung abstellt. Auf der anderen Seite ist die Theorie von der rechtlichen Befugnis aber systemwidrig, weil die Begriffe „Gewahrsam" und „Verfügung" nicht rechtlicher, sondern faktischer Natur sind. Es erscheint daher insgesamt sachgerechter, sich der Theorie von der faktischen Befugnis (der „Lagertheorie") anzuschließen. T ist somit wegen **Betrugs** strafbar.

Weiterführender Hinweis: Der aufmerksame Leser mag sich gefragt haben, ob T straflos gewesen wäre, wenn man sich der Theorie von der rechtlichen Befugnis angeschlossen hätte. In solchen Fällen wird teilweise vertreten, einen Diebstahl in mittelbarer Täterschaft anzunehmen.[858] Doch diese Auffassung verkennt, dass in Fällen der „Gewahrsamshüterschaft" das Einverständnis des Gewahrsamshüters zum Gewahrsamsübergang das Einverständnis des Geschädigten einschließt mit der Folge, dass diesem gegenüber gerade *kein* Gewahrsam gebrochen werden konnte. Gerade deshalb wurde vorliegend der Diebstahl in mittelbarer Täterschaft ja verneint. T wäre aber wegen **Unterschlagung** (§ 246) strafbar gewesen.

Gegenbeispiel: T bittet den Hotelpagen B, ihm „seinen" in der Lobby stehenden Koffer an den Wagen zu bringen. B holt den fraglichen Koffer, der in Wahrheit dem nichts bemerkenden O gehört.   **598**

Hier kommt ein Dreiecksbetrug des T gegenüber B zu Lasten des O nicht in Betracht, da B vorher nicht im Lager des O stand (B wäre im Übrigen auch rechtlich nicht befugt gewesen, T den Koffer des O auszuhändigen). T ist aber wegen eines Diebstahls in mittelbarer Täterschaft (§§ 242, 25 I Var. 2) strafbar, da er bei B kraft seines überlegenen Wissens einen Irrtum über die Eigentumsverhältnisse an dem Koffer hervorrief. B ist einem Tatbestandsirrtum gem. § 16 I S. 1 unterlegen, der bei ihm zum Ausschluss des subjektiven Tatbestands führt.[859]

ee. Sog. Prozessbetrug als Sonderfall des Dreiecksbetrugs

Ein Dreiecksbetrug ist auch in der Form des **Prozessbetrugs** möglich. Dort sind der   **599**
getäuschte Irrende der Richter (oder ein anderes Rechtspflegeorgan) und der Geschädigte die unterliegende Prozesspartei. Ein Irrtum des Richters kann dadurch erregt werden, dass durch die mangelhafte Beweislage und den Vortrag beispielsweise des Beklagten der Sachverhalt nicht aufgeklärt werden kann. Die Vermögensverfügung liegt

---

[856] BGHSt 18, 221, 223; BGH NStZ 1997, 32, 33; OLG Düsseldorf NJW 1994, 3366, 3367; wohl auch *Kindhäuser*, LPK, § 263 Rn 151 f.
[857] *Fischer*, § 263 Rn 49 f.; Sch/Sch-*Perron*, § 263 Rn 66; *Wessels/Hillenkamp*, BT 2, Rn 645; *Rengier*, BT I, § 13 Rn 100; *Jäger*, BT, Rn 343; *Lenckner*, JZ 1966, 320, 321. Vgl. auch *Böse/Nehring*, JA 2008, 110, 111.
[858] So *Rengier*, BT I, § 13 Rn 104.
[859] Vgl. dazu ausführlich *R. Schmidt*, AT, Rn 279 ff.

dann darin, dass dadurch die Klage wegen eines *non liquet* abgewiesen werden muss. Die erforderliche „Zurechnungseinheit" zwischen Richter und Geschädigtem besteht in der Befugnis des Richters, kraft seiner hoheitlichen Stellung Anordnungen über fremdes Vermögen zu treffen[860]. Der Vermögensschaden liegt in der Verpflichtung, der richterlichen Entscheidung Folge zu leisten.

600   **Beispiel:** Bauunternehmer B hatte kurz vor seinem Ableben eine Garage an das Haus des H angebaut und den Werklohn von 5.000,- € in bar kassiert. Nach dem Tod des B führt dessen Tochter T das verschuldete Baugeschäft fort. Sie weiß zwar, dass die Forderung gegen H erfüllt ist, möchte aber den Umstand ausnutzen, dass B dem H seinerzeit keine Quittung erteilt hatte. Sie verklagt daher den H auf Zahlung der angeblich noch offenen Werklohnforderung. H wendet zwar ein, dass er erfüllt habe, Richter R gibt jedoch der Klage der T statt, weil H beweisfällig bleibt. Hat T sich wegen Betrugs strafbar gemacht?

T könnte sich aufgrund ihrer wahrheitswidrigen Behauptung, ihr stehe die Werklohnforderung zu, wegen sog. Prozessbetrugs gem. § 263 gegenüber R zu ihren Gunsten und zu Lasten des H strafbar gemacht haben.

Nach § 138 I ZPO unterliegen die Parteien im Zivilprozess der Wahrheitspflicht. Sie müssen danach die Tatsachen wahrheitsgemäß vortragen, für die sie darlegungs- und beweispflichtig sind. Auch müssen sich die Parteien wahrheitsgemäß zu den Behauptungen des Gegners äußern, dürfen also nicht wahrheitswidrig bestreiten. Schließlich bezieht sich die Wahrheitspflicht auf solche Tatsachen, die rechtshindernde oder rechtsvernichtende (wie etwa die Erfüllung gem. § 362 BGB) Wirkung entfalten und dem jeweiligen Vorbringen die Rechtsgrundlage entziehen. T hat spätestens durch ihren Sachvortrag in der mündlichen Verhandlung zum Ausdruck gebracht, die klagebegründenden Tatsachen seien vollständig vorgetragen.[861] Da sie aber die anspruchsvernichtende Erfüllung in ihrem Sachvortrag absichtlich ausließ, hat sie schlüssig über die Einhaltung der prozessualen Wahrheitspflicht getäuscht.

R müsste aber auch einem Irrtum erlegen sein. Ein Irrtum eines Richters ist jedenfalls dann anzunehmen, wenn er der unwahren Parteibehauptung glaubt oder seine Entscheidung auf das falsche Beweismittel stützt. Ein solcher Fall liegt hier jedoch nicht vor. Vielmehr stützte sich die Verurteilung des H zur Werklohnzahlung auf die allgemeinen Beweislastregeln (§ 286 ZPO), weil H den ihm obliegenden Beweis für die Erfüllung als rechtsvernichtende Einrede nicht erbringen konnte. Allerdings ist nach h.M. ein Prozessbetrug auch durch Ausnutzen von Beweislastregeln möglich, denn im Ergebnis hat der Richter so entschieden, wie es der Täuschende wollte. Zur Begründung ihrer Auffassung stellt die h.M. auf die prozessuale Wahrheitspflicht ab und argumentiert, dass der Richter es zumindest für wahrscheinlich hält, dass die Parteien ihre Wahrheitspflichten eingehalten haben. Dies genüge, um einen Irrtum i.S.d. § 263 I für den Fall anzunehmen, in dem eine Partei die Unwahrheit behaupte.[862]

Dieser Irrtum müsste auch kausal zu einer unmittelbaren Vermögensminderung auf Seiten des H geführt haben. Zwar schreibt das Zivilurteil eine Geldzahlungspflicht des H an T fest, fraglich ist aber die Unmittelbarkeit. Nach h.M. ist einer unmittelbaren Vermögensminderung die konkrete Vermögensgefährdung gleichgestellt. Unterstellt, dass vorliegend das erstinstanzliche Urteil gemäß §§ 708, 709, 704 ZPO für vorläufig vollstreckbar erklärt wurde und daher die Grundlage für eine Zwangsvollstreckung bildet, besteht der Zugriff auf das Vermögen schon von diesem Zeitpunkt an, ohne dass es noch der Rechtskraft der Entscheidung bedarf. Mit Erlass des Urteils ist also eine der Minderung gleichkommende Vermögensgefährdung gegeben.

---

[860] Vgl. OLG München NJW 2006, 3364, 3365; Sch/Sch-*Perron*, § 263 Rn 69.
[861] Sch/Sch-*Perron*, § 263 Rn 71.
[862] Sch/Sch-*Perron*, § 263 Rn 51; LK-*Tiedemann*, § 263 Rn 313; *Krey/Hellmann/Heinrich*, BT II, Rn 421.

> **Exkurs zum Vollstreckungsrecht nach ZPO:** Normalerweise bedarf es der Rechtskraft eines Urteils, um aus diesem vollstrecken zu können (§§ 704 I Var. 1, 705 ZPO). Jedoch kann auch ohne Rechtskraft vollstreckt werden, wenn das Urteil für vorläufig vollstreckbar erklärt wurde (§ 704 I Var. 2 ZPO; eine vorläufige Vollstreckbarkeit ist aber nicht möglich in den Fällen des § 704 II ZPO). Die gerichtliche Erklärung der vorläufigen Vollstreckbarkeit bedarf eines Antrags (§ 714 ZPO). Die vorläufige Vollstreckbarkeit eines noch nicht rechtskräftigen Urteils dient dem Zweck, dem Beklagten möglichst den Anreiz zu nehmen, das Verfahren durch Einlegen eines Rechtsmittels zu verzögern. Kommt es demnach zu einer vorläufigen Vollstreckbarkeitserklärung, bedarf es aber aus Gründen des Insolvenzschutzes grds. einer Sicherheitsleistung durch den Kläger[863], damit für den Fall, dass das Urteil doch noch erfolgreich angefochten wird, der (zu Unrecht) vollstreckte Betrag zurückgeführt werden kann. Der Beklagte braucht also grds. nicht zu befürchten, dass der Kläger den beigetriebenen Betrag nach einer für den Beklagten erfolgreich durchgeführten Berufung nicht mehr besitzt und daher „entreichert" ist. Ausnahmsweise kann aus einem noch nicht rechtskräftig gewordenem Urteil auch ohne Sicherheitsleistung vollstreckt werden, wenn die Nichterklärung der Vollstreckbarkeit für den Gläubiger unzumutbar wäre (§ 710 ZPO). Unter bestimmten Voraussetzungen kann der Beklagte die vorläufige Vollstreckung verhindern. So kann er in den Fällen des § 708 Nr. 4-11 ZPO durch Hinterlegung einer Sicherheitsleistung die vorläufige Vollstreckung verhindern, wenn nicht der Gläubiger (der Kläger) eine Sicherheitsleistung erbringt (§ 711 ZPO). Aber auch ohne Sicherheitsleistung kann der Schuldner die vorläufige Vollstreckung verhindern, wenn die Vollstreckung einen nicht zu ersetzenden Nachteil bringen würde (§ 712 ZPO).

Da vorliegend Verfügender und Geschädigter nicht personenidentisch sind, bedarf es der Herstellung der erforderlichen „Zurechnungseinheit". Nach der herrschenden Lagertheorie muss der Verfügende im Zeitpunkt der Verfügung „im Lager" des Geschädigten gestanden haben, und nach der Theorie von der rechtlichen Befugnis kraft Gesetzes, behördlichen Auftrags oder Rechtsgeschäfts befugt gewesen sein, Rechtsänderungen oder Anordnungen mit unmittelbarer Wirkung für das fremde Vermögen vorzunehmen. Die erforderliche „Zurechnungseinheit" zwischen Richter und Geschädigtem besteht in der Befugnis des Richters, kraft seiner hoheitlichen Stellung Anordnungen über fremdes Vermögen zu treffen.

Der Vermögensschaden liegt in der Verpflichtung, der richterlichen Entscheidung Folge zu leisten. Da der Belastung des Vermögens des H kein wirtschaftlicher Wert gegenüberstand, hat H auch einen Vermögensschaden erlitten.

Schließlich handelte T auch vorsätzlich und in der Absicht, sich durch den Vollstreckungstitel stoffgleich und rechtswidrig zu bereichern. Sie hat sich wegen Betrugs strafbar gemacht.

ff. Vermögensminderung als „Verfügungserfolg"

a.) Vermögensschaden als Begriffselement der Vermögensverfügung

Schließlich muss gemäß der oben dargestellten Definition der Vermögensverfügung das Verfügungsverhalten zu einer Vermögens*minderung* geführt haben.[864] 601

> **Hinweis für die Fallbearbeitung:** Da man eine Vermögens*minderung* streng genommen nur feststellen kann, wenn man den Begriff des Vermögens kennt, stellt sich das Aufbauproblem, inwieweit der Begriff des Vermögens schon an dieser Stelle der Fallbearbeitung definiert werden muss. Einige Lehrbücher und Kommentare umgehen dieses Problem, indem sie im Rahmen der Vermögensverfügung schlicht einen vermögensrelevanten Abfluss feststellen, um dann im Rahmen des Vermögensschadens 602

---

[863] Die Sicherheitsleistung steht gem. § 108 ZPO im Ermessen des Gerichts, wird jedoch der Höhe nach in der Praxis auf 110% des zu vollstreckenden Betrags festgesetzt; sie ist aber auch durch Bankbürgschaft möglich!
[864] Zu der Frage, inwieweit bereits eine Vermögens*gefährdung* genügt, vgl. Rn 617 ff.

den Begriff des Vermögens zu definieren und eine etwaige Saldierung des Vermögensverlusts durch Vermögenszuwächse vorzunehmen. Doch wie will man im Rahmen der Vermögensverfügung einen vermögensrelevanten Abfluss bejahen, wenn man den Begriff des Vermögens (noch) nicht kennt? Um daher in der Klausur dogmatisch korrekt vorzugehen und ein zur Vermögensverfügung gefundenes Ergebnis bei der Prüfung des Vermögensschadens nicht wieder in Frage zu stellen, kommt man nicht umhin, **den Begriff des Vermögens bereits im Rahmen der Vermögensverfügung zu definieren.**[865]

b.) Begriff des Vermögens

603 Nach wie vor bereiten die Bestimmung dessen, was zum geschützten Vermögen gehört, und die Feststellung des Vermögensschadens erhebliche Schwierigkeiten. Diese Schwierigkeiten hängen mit den unterschiedlichen Vermögensbegriffen zusammen, die ihren Ursprung in der Frage haben, inwieweit das Strafrecht auch missbilligenswerte Verhaltensweisen (betrügerische Drogengeschäfte, betrügerische Hehlereigeschäfte, illegaler Waffenhandel etc.) sanktionieren bzw. missbilligenswerte Vermögenswerte schützen soll. Einigkeit besteht wenigstens insoweit, dass unter Vermögen i.S.d. §§ 253, 263 und 266 begrifflich das Gleiche zu verstehen ist.

- Der (früher) vom BGH und einem Teil der Literatur vertretene, zunehmend (jüngst auch vom 2. Strafsenat[866]) jedoch in Frage gestellte *ökonomische (wirtschaftliche) Vermögensbegriff* versteht unter Vermögen i.S.d. § 263 die **Gesamtheit der wirtschaftlichen Güter eines Rechtsträgers, unabhängig davon, ob sie diesem rechtlich zustehen oder nicht.**[867] Nach diesem Begriff ist also allein entscheidend, ob der Täter faktisch über das Vermögensgut disponieren kann. Demzufolge sind auch solche Vermögenswerte geschützt, die aus illegalen Geschäften oder aus Straftaten stammen. Als Hauptargument für diese Auffassung wird hervorgebracht, dass man anderenfalls die Strafwürdigkeit des Täuschenden nicht sachgerecht erfassen könne und im „Ganovenmilieu" einen straffreien Raum zulassen würde.[868] Folgt man diesem Standpunkt, gehört etwa die Diebesbeute zum strafrechtlich geschützten Vermögen, und der Hehler, der den Dieb prellt, macht sich gem. § 263 zum Nachteil des Diebs strafbar.

- Heute wird (in der Literatur) herrschend der sog. *juristisch-ökonomische Vermögensbegriff* vertreten. Nach diesem Ansatz gehören unter Zugrundelegung einer „teleologischen Auslegung des strafrechtlichen Vermögensbegriffs" zum Vermögen (i.S.d. § 263) nur solche Positionen, die einen **wirtschaftlichen Wert haben *und* unter dem Schutz der Rechtsordnung stehen.**[869] Das, was unter dem Schutz der Rechtsordnung stehen soll, wird dabei einer wertenden („normativen") Betrachtungsweise unterworfen. Auf der Basis dieses Standpunkts sind insbesondere solche Wirtschaftsgüter nicht (von § 263) geschützt, die aus sittenwidrigen und damit nichtigen Forderungen bzw. aus Straftaten stammen. Folgt man diesem Standpunkt, gehört die oben erwähnte Diebesbeute nicht zum strafrechtlich geschützten Vermögen, und der Hehler, der den Dieb prellt, macht sich nicht gem. § 263 zum Nachteil des Diebs strafbar.

604 Die beiden Vermögensbegriffe stimmen also darin überein, dass sie zunächst voraussetzen, dass die fragliche Position allgemein zum **Wirtschaftsverkehr** gehört.

---

[865] Vgl. bereits die 1. Aufl. 2002; später auch *Satzger*, Jura 2009, 518, 519; *Jäger*, JuS 2010, 761.

[866] BGH NStZ 2016, 596 ff., der wegen der damit verbundenen Abweichung von der Rspr. der anderen Strafsenate eine sog. Divergenzvorlage (§ 132 II GVG) an den Großen Senat gestellt hat.

[867] Vgl. BGHSt 2, 364, 366 f.; 16, 220, 221; 26, 346, 347; 32, 88, 91; BGH NJW 2001, 981; BGH NStZ 2002, 33 (mit Bespr. v. *Heger*, JA 2002, 454); BGH NStZ 2003, 151, 152 ff.; NStZ 2008, 627; LG Frankfurt/M NStZ-RR 2003, 140; KG NJW 2001, 86 (mit Bespr. v. *Hecker*, JuS 2001, 228); *Krey/Hellmann/Heinrich*, BT II, Rn 433.

[868] So BGH NStZ 2003, 151, 152 ff.

[869] SK-*Samson/Günther*, § 264 Rn 112 ff.; Sch/Sch-*Perron*, § 263 Rn 82 ff.; LK-*Tiedemann*, § 263 Rn 132; *Lackner/Kühl*, § 263 Rn 35; *Fischer*, § 263 Rn 90; *Keller*, ZStW 107, 457, 469; *Kargl*, JA 2001, 714; *Wessels/Hillenkamp*, BT 2, Rn 532 ff.; *Rengier*, BT I, § 13 Rn 121 ff. Vgl. nun auch BGH NStZ 2015, 514, 515.

Nicht zum strafrechtlich geschützten Vermögen zählen deshalb unstreitig **Geldstrafe, Geldbuße, Verwarnungsgelder gemäß § 56 OWiG oder die Geldauflage nach § 153a StPO**, weil diese ausschließlich sanktionsrechtliche Funktion haben.[870] Täuschungshandlungen, die auf Vermeidung solcher Gelder gerichtet sind, verwirklichen demzufolge nicht den Betrugstatbestand.[871]

Gehört die fragliche Position allgemein zum **Wirtschaftsverkehr**, muss ihr auch **tatsächlich ein wirtschaftlicher Wert** zukommen. Nach allgemeiner Auffassung gehören damit folgende Positionen zum Vermögen i.S.v. § 263[872]:

605

- Alle **dinglichen Rechte** unter Einschluss des **redlichen Besitzes** und des **Anwartschaftsrechts**.

- Alle **schuldrechtlichen Ansprüche**.[873] Selbst die als Naturalobligationen nicht einklagbaren und auch die verjährten Ansprüche sind geschützt, sofern sich diese wegen der persönlichen Beziehungen der Beteiligten zueinander und der tatsächlichen Erfüllungsbereitschaft des Schuldners als durchsetzbar darstellen.

- Die **Gewinnchance**, also die durch Spieleinsatz erkaufte Möglichkeit, Gewinn erzielen zu können. Betrug ist also möglich durch Zurückhalten des Gewinnloses oder durch Ausschalten der Gewinnausschüttung eines Geldspielautomaten.

- Die **Arbeitskraft**, sofern sie üblicherweise nur gegen Entgelt erbracht wird. Ob das Opfer die Möglichkeit gehabt hätte, seine Arbeitskraft anderweitig gewinnbringend zu verwerten oder ob der Täter eine Verbesserung seiner wirtschaftlichen Gesamtlage erreicht, ist dabei unbeachtlich.[874]

- Geschützt sind schließlich auch **Erwerbsaussichten** (sog. **Exspektanzen**), die so konkretisiert sind, dass sie eine reale Vermögensposition darstellen, weil ihnen die Verkehrsauffassung bereits jetzt wirtschaftlichen Wert beimisst. Dazu gehören bspw. der Verlust der Stammkundschaft[875] oder die Schädigung eines Mitbewerbers, der nach den Vergabebedingungen als Mindestbietender eine sichere Anwartschaft auf den Zuschlag hat[876].

Wie bereits bei Rn 603 angesprochen, führen die Vermögensbegriffe allerdings dann zu unterschiedlichen Ergebnissen, wenn sie Positionen betreffen, **die von der Rechtsordnung missbilligt** werden. Das betrifft in erster Linie solche Wirtschaftsgüter, die aus verbotenen bzw. sittenwidrigen und damit nichtigen Geschäften oder aus Straftaten stammen (vgl. dazu auch die bei Rn 610 ff. genannten Fallgruppen). In derartigen Fällen bedarf es einer Streitentscheidung.

606

Die Vertreter des rein ökonomischen Vermögensbegriffs, die ihren Standpunkt damit begründen, es dürfe kein strafrechtlich ungeschütztes Vermögen geben, verkennen, dass es durchaus Vermögensgegenstände geben muss, die niemandem rechtlich zugeordnet werden dürfen. Man denke etwa an Drogen wie Heroin, Kokain etc. oder an Kriegswaffen. Aber auch Vermögensgegenstände, die an sich den Schutz der Rechtsordnung genießen, müssen in bestimmten Fällen aus dem Vermögensschutz herausgenommen werden. So ist etwa die Diebesbeute hinsichtlich des an ihr fortbestehenden Eigentums des Bestohlenen (selbstverständlich) weiterhin geschützt; lediglich der Dieb darf – zur Vermeidung eines Wertungskonflikts – nicht durch das Strafrecht geschützt werden.

607

---

[870] Vgl. BGHSt 38, 345, 351 f.; OLG Köln NJW 2002, 527, 528; LK-*Tiedemann*, § 263 Rn 145.
[871] Vgl. auch *Rengier*, BT I, § 13 Rn 126; *Hoffmann-Holland/Singelnstein/Simonis*, JA 2009, 513, 515.
[872] Vgl. BGH wistra 2002, 138; BGHSt 20, 143, 145; 32, 88, 91; BGH NJW 2001, 981; LK-*Tiedemann*, § 263 Rn 134 ff.; Sch/Sch-*Perron*, § 263 Rn 84 ff.; *Lackner/Kühl*, § 263 Rn 33 ff.
[873] Mit Blick auf die Berechnung des Vermögensschadens ist auf das sog. positive Interesse (Erfüllungsinteresse) abzustellen. Der Vermögensschaden bemisst sich also nach der Höhe des zustehenden Anspruchs, nicht nach der Höhe der entstandenen Kosten (vgl. BGH wistra 2002, 138).
[874] BGH NJW 2001, 981.
[875] BGHSt 20, 143, 145.
[876] BGHSt 17, 147, 148; 34, 379, 390 f.; BGH NStZ 1997, 542.

608 Jedoch ist auch der juristisch-ökonomische Vermögensbegriff nicht frei von Kritik. Das betrifft die auch von den Vertretern des juristisch-ökonomischen Ansatzes aufgestellte Forderung, ein Vermögensgegenstand müsse wirtschaftlichen Wert besitzen. So wird kritisiert, dass dieser Standpunkt zur Folge habe, dass Sachen ohne Marktwert zwar von den Eigentumsdelikten, nicht aber von den Vermögensdelikten (wie § 263) geschützt würden. Vor allem im Verhältnis von Raub (Eigentumsdelikt) und Erpressung (Vermögensdelikt) könne dies zu Widersprüchen führen. Nötige der Täter sein Opfer mit einer Schusswaffe, die Wegnahme eines (wirtschaftlich wertlosen) Erinnerungsfotos zu dulden, verwirkliche er den Tatbestand des schweren Raubs nach §§ 249, 250 II Nr. 1, der mit einer Mindestfreiheitsstrafe von fünf Jahren bewehrt sei. Lasse sich der Täter dagegen auf dieselbe Weise vom Opfer das Erinnerungsfoto aushändigen, liege nach dem juristisch-ökonomischen Vermögensbegriff (nur) eine Nötigung nach § 240 vor (maximale Freiheitsstrafe von drei Jahren); eine schwere räuberische Erpressung nach §§ 255, 250 II Nr. 1 scheide dagegen mangels Vermögensschadens aus. Dieses Ergebnis sei vor allem dann sachwidrig, wenn man mit der Rechtsprechung den Raub nur als Spezialfall der Erpressung ansehe, da der Spezialtatbestand logisch nicht weiter gehen könne als das Grunddelikt. Solche Wertungswidersprüche und systematische Verwerfungen ließen sich vermeiden, wenn man den juristisch-ökonomischen Vermögensbegriff mit Blick auf seine strafrechtliche Funktion dahingehend modifiziere, dass er auch Güter ohne konkreten Veräußerungswert zum Tatzeitpunkt umfasse, sofern sie nur überhaupt (gegen Geld) übertragbar seien.[877]

Folgt man dieser Auffassung, unterfallen dem strafrechtlich geschützten Vermögen i.S.d. § 263 alle Güter und Nutzungsmöglichkeiten – einschließlich Know-how, Geschäftsgeheimnisse, Anwartschaften –, die auf eine andere Person (rechtswirksam) übertragen und damit auch auf Kosten des Berechtigten rechtswidrig erlangt werden können.

609 Die Bedenken, die gegenüber dem rein ökonomischen Vermögensbegriff aufgezeigt werden, sind zwar einleuchtend, dennoch darf nicht übersehen werden, dass der Gesetzgeber nun einmal eine Unterscheidung zwischen Eigentums- und Vermögensdelikten vorgenommen hat. Gegenstände, die keinen (messbaren) Vermögenswert innehaben, dürfen nicht durch extensive Auslegung des Vermögensbegriffs unter den Schutz der Vermögensdelikte des StGB gestellt werden. Hat der Gesetzgeber eine Wertung getroffen, darf diese nicht dadurch unterlaufen werden, dass man den Vermögensbegriff auf Gegenstände ausweitet, die keinen (messbaren) Vermögenswert innehaben. Die gegenteilige Annahme kommt einer unzulässigen Analogie gleich. Aber auch schon in der Sache überzeugen die Vertreter der genannten Auffassung nicht, wenn sie konstatieren, dass ohne die Erstreckung des Vermögensbegriffs auf Gegenstände ohne messbaren Vermögenswert Strafbarkeitslücken bestünden. Denn die Behauptung, dass z.B. vermögensrechtliche Güter sonst nicht geschützt wären, ist unzutreffend. Allein der Blick z.B. in § 2 UrhG (mit der Strafvorschrift des § 106 UrhG) belegt das Gegenteil. Auch das Argument, das Opfer sei bei Befolgung des juristisch-ökonomischen Vermögensbegriffs und der damit verbundenen Verneinung der Tatbestände der §§ 263, 253, 255 hinreichend durch §§ 223 ff. und § 240 geschützt, weil der Unrechtsgehalt der Tat im Rahmen der diesbezüglichen Strafzumessung berücksichtigt werden könne[878], überzeugt nicht, weil der „Rückgriff" auf §§ 223 ff. und § 240 lediglich die Folge aus einer rechtsmethodisch sauber hergeleiteten Verneinung der §§ 263, 253, 255 sein kann, nicht aber als Begründung für deren Verneinung dienen kann.

Ergebnis: Dem Unrechtsgehalt betrügerischer Drogengeschäfte, betrügerischer Hehlereigeschäfte, illegaler Waffengeschäfte etc. kann nur durch eine entsprechende – rechts-

---

[877] So *Kindhäuser/Nikolaus*, JuS 2006, 193, 198.
[878] Dieser Schluss klingt bei BGH NStZ 2016, 596, 599 durch.

methodisch zulässige – Auslegung des Vermögensbegriffs Rechnung getragen werden. Daher ist dem rein ökonomischen Vermögensbegriff zu folgen. Um dabei möglichen Einwänden vorzubeugen, man stelle das Strafrecht in den Dienst von Kriminellen, ist zu betonen, dass es in erster Linie um die Sanktionierung des Unrechts geht, nicht darum, missbilligenswerte Vermögensgüter zu schützen.

Folgende Fallgruppen sind allgemein anerkannt[879]:

- **Erschleichen von gem. §§ 134, 138 BGB verbotenen oder sittenwidrigen Arbeitsleistungen** unter Vortäuschung einer Zahlungsbereitschaft: Dazu gehören insbesondere das Versprechen eines „Killerlohnes", das Beauftragen, „Geld zu waschen", und das Beauftragen, sich gegen Entgelt an einer (sonstigen) Straftat zu beteiligen. Erfüllt der Auftraggeber, wie von Anfang an geplant, trotz auftragsgemäßer Arbeit sein Versprechen nicht, stellt sich die Frage nach der Strafbarkeit wegen Betrugs.

  ⇨ Folgt man dem **juristisch-ökonomischen Vermögensbegriff**, ist der Arbeitsansatz in Fällen der genannten Art nicht von § 263 geschützt, weil er außerhalb der Rechtsordnung erfolgt (§§ 134, 138 I BGB); entsprechende „Lohnforderungen" sind nichtig, sodass sich der Auftraggeber *nicht* wegen Betrugs gegenüber dem Beauftragten strafbar macht, wenn er sich insgeheim vorbehält, die vereinbarte „Vergütung" nicht zu zahlen.

  ⇨ Demgegenüber kommt man auf dem Boden des **ökonomischen Vermögensbegriffs** zur Annahme eines Betrugs, sofern die genannten Tätigkeiten üblicherweise nur gegen Entgelt erbracht werden und daher grds. Vermögensschutz genießen. Diesem Befund könnte zwar entgegengehalten werden, dass derjenige, der sich in kriminelles Unrecht verwickele, nicht noch den Schutz der Strafrechtsordnung verdiene, allerdings soll durch die Anerkennung des rein ökonomischen Vermögensbegriffs auch nicht der Auftragnehmer einer kriminellen Handlung geschützt werden, sondern es soll auch und gerade der Auftraggeber zur Rechenschaft gezogen werden. Und dies ist nur auf dem Boden des rein ökonomischen Vermögensbegriffs möglich. Dennoch hat sich der BGH in einzelnen Judikaten vom rein wirtschaftlichen Vermögensbegriff gelöst und die Auffassung vertreten, dass sich der Auftraggeber wegen Betrugs gegenüber seinem Auftragnehmer nicht strafbar mache, wenn er sich insgeheim vorbehalte, die vereinbarte „Vergütung" nicht zu zahlen.[880]

610

Früher wurde (wegen § 138 I BGB) unter diese Fallgruppe auch die Rspr. des BGH zur Dienstleistung von **Prostituierten** gefasst.[881] Durch das am 1.1.2002 in Kraft getretene **Prostitutionsgesetz** (BGBl I 2001 S. 3983) sollte aber nunmehr klargestellt sein, dass die Prostitution selbst nicht (mehr) sittenwidrig ist.[882] Indes ist die Rechtsprechung etwas zurückhaltender. So hat der BGH in Zivilsachen zwar entschieden, dass die Vereinbarung zwischen Prostituierten und Kunden über die Vornahme sexueller Handlungen gegen Entgelt nicht mehr dem Verdikt der Sittenwidrigkeit unterfalle[883], aber nicht die Frage behandelt, ob die Prostitution selbst noch sittenwidrig ist. Und der 1. Strafsenat des BGH hat entschieden, dass die von einer Prostituierten aufgrund einer vorherigen Vereinbarung erbrachten sexuellen Handlungen und die dadurch begründete Forderung auf das vereinbarte Entgelt (§ 1 S. 1 ProstG) zwar zum strafrechtlich geschützten Vermögen gehörten, die Prostitution selbst aber nach wie vor sittenwidrig (i.S.d. § 138 I BGB) sei.[884]

Jedenfalls folgt daraus, dass entsprechende Entgeltforderungsansprüche der Prostituierten wirksam sind; daraus entstandene (zivilrechtliche) Forderungen (jedenfalls auf Seiten

---

[879] Sch/Sch-*Perron*, § 263 Rn 88 ff.; *Lackner/Kühl*, § 263 Rn 34 ff.; *Joecks*, § 263 Rn 108 ff.; *Rengier*, BT I, § 13 Rn 130 ff.; *Wessels/Hillenkamp*, BT 2, Rn 534 ff.; *Hecker*, JuS 2001, 228, 230 f.; *Baier*, JA 2001, 280.
[880] BGH NStZ 2001, 534 (zu § 253).
[881] Vgl. nur BGH JR 1988, 125.
[882] Vgl. bereits die 1. Aufl. 2002, S. 199 sowie *Eckstein*, JZ 2012, 101, 105; *Zimmermann*, NStZ 2012, 211, 214; *Barton*, StV 2014, 417, 419.
[883] BGHZ 168, 314, 318.
[884] BGH NStZ 2016, 283, 284.

der/des Prostituierten) sind gerichtlich durchsetzbar (§ 1 S. 1 ProstG).[885] Damit muss sowohl nach dem ökonomischen als auch nach dem juristisch-ökonomischen Vermögensbegriff eine Strafbarkeit nach § 263 bejaht werden, wenn der Kunde (etwa durch Zahlung mit ungedecktem Scheck oder mit gefälschter Kreditkarte oder Girocard) eine Zahlungsbereitschaft vorgaukelt und die Dienste des/der Prostituierten in Anspruch nimmt.

611 ▪ **Erschleichung der Vorauszahlung bzgl. einer verbotenen oder sittenwidrigen Handlung**: Zu dieser Fallgruppe gehören insbesondere erschlichene Vorleistungen an beauftragte Killer, die den Willen zur Gegenleistung nur vorspiegeln.[886] Auch hier ist fraglich, ob eine Strafbarkeit wegen Betrugs angenommen werden kann.

Beispiel[887]: Berufskiller K hatte M, der seiner Ehefrau überdrüssig war und sie deshalb von professioneller Seite beseitigen lassen wollte, die Ausführung dieses Vorhabens gegen Zahlung von 20.000,- € versprochen, obwohl er nicht gewillt war, das Verbrechen tatsächlich zu begehen. Gleichwohl besprach K bei mehreren Treffen mit M Details der Tatausführung, verlangte aber einen Vorschuss und nahm als solchen 5.000,- € an, die er für sich verbrauchte. Als K in einer anderen Angelegenheit festgenommen wurde, belastete er den M schwer. M wird wegen versuchter Anstiftung zum Mord, K wegen Betrugs angeklagt.

Zur Beantwortung der Frage, ob K sich wegen Betrugs gegenüber M zu seinem Vorteil und zum Nachteil des M strafbar gemacht hat, muss zunächst folgender Umstand berücksichtigt werden:

In Fällen der vorliegenden Art steht jedenfalls fest, dass der Getäuschte den rechtmäßigen Besitz an seinem (redlich erworbenen) Geld verliert und dadurch einen Schaden erleidet (dieser liegt in der fehlenden Rückforderungsmöglichkeit, § 817 S. 2 BGB). Fraglich ist aber, ob das Vermögen überhaupt strafrechtlichen Schutz verdient, wenn es zu einem von der Rechtsordnung missbilligten Geschäft eingesetzt wird.

⇨ Einzelne Vertreter des juristisch-ökonomischen Vermögensbegriffs verneinen in solchen Fällen eine vermögensmindernde Verfügung trotz realer Wertminderung des (redlich erworbenen) Vermögens. Wer zur Erfüllung eines verbotenen oder sittenwidrigen Geschäfts Vermögenswerte einsetze, verliere den strafrechtlichen Vermögensschutz, leiste also auf eigene Gefahr, weil es einen unauflöslichen Wertungswiderspruch darstelle, eine wirtschaftlich nutzbare Position als Vermögensbestandteil i.S.d. Strafrechts anzuerkennen, während andere Teile der Rechtsordnung deren Realisierung in jeglicher Beziehung verbieten. Das zeige auch § 817 S. 2 BGB, der eine Rückforderung bei beiderseitigem Sittenverstoß ausschließe.[888] Folgt man dieser Auffassung, hätte K sich nicht wegen Betrugs strafbar gemacht.

⇨ Demgegenüber bejaht die h.M. – die sich sowohl aus Vertretern des ökonomischen als auch aus denen des juristisch-ökonomischen Vermögensbegriffs rekrutiert – eine Vermögensminderung i.S.d. § 263 auch bei Verfolgung verbotener Zwecke. Anderenfalls erhalte der Schädiger einen Freibrief, sich ungestraft Vermögenswerte zu verschaffen. § 817 S. 2 BGB versage lediglich die zivilrechtliche Rückabwicklung des verbotenen Geschäfts und enthalte aufgrund der unterschiedlichen Schutzrichtungen der Teilrechtsordnungen keine Wertung für das Strafrecht.[889] Demzufolge begeht also einen Betrug, wer einen Vorschuss für die Durchführung eines Mordauftrags entgegennimmt, wenn er dessen Realisierung nicht beabsichtigt. K wäre somit wegen Betrugs strafbar.

---

[885] Vgl. dazu im Einzelnen *R. Schmidt*, BGB AT, 16. Aufl. 2017, Rn 1242 ff.
[886] KG NJW 2001, 86 mit Bespr. v. *Baier*, JA 2001, 280 ff., *Martin*, JuS 2001, 301 und (ablehnend) *Hecker*, JuS 2001, 228 ff. Vgl. auch BGH NStZ 2003, 151 ff.
[887] In Anlehnung an KG NJW 2001, 86. Vgl. nun auch *Waszczynski*, JA 2010, 251, 253.
[888] Sch/Sch-*Perron*, § 263 Rn 150; SK-*Hoyer*, § 263 Rn 96; *Bergmann/Freund*, JR 1988, 191; *Renzikowski*, GA 1992, 175; *Hecker*, JuS 2001, 228.
[889] BGH NStZ 2002, 33 (mit Bespr. v. *Heger*, JA 2002, 454); BGH NStZ 2003, 151, 152 ff.; KG NJW 2001, 86 (mit Bespr. v. *Hecker*, JuS 2001, 228); *Baier*, JA 2001, 280, 281 f.; *Otto*, Jura 1993, 425 f.; *Neumann*, JuS 1993, 749; *Wessels/Hillenkamp*, BT 2, Rn 568 ff.; *Rengier*, BT I, § 13 Rn 136.

Stellungnahme: Die von der h.M. gewählte Lösung mag auf den ersten Blick erstaunen. Bedenkt man aber, dass mit dem strafrechtlichen Unwerturteil über das Verhalten des K keine Billigung des von M verfolgten Vorhabens einhergeht, erscheint die h.M. zustimmungswürdig. Zudem ist nicht ersichtlich, warum gerade die nach außen in Erscheinung getretene Missachtung der Rechtsordnung durch die Verabredung eines Tötungsverbrechens, selbst wenn die Erklärung aufgrund eines geheimen Vorbehalts nicht ernst gemeint wird, zu einer Privilegierung gegenüber jemandem führen soll, der für die nur vorgetäuschte Durchführung eines legalen Geschäfts eine Gegenleistung einstreicht.[890] K ist wegen Betrugs strafbar.

Innerhalb dieser Fallgruppe wurde früher auch der Fall der **nicht leistungswilligen Prostituierten** diskutiert, die sich Vorauszahlungen erschleichen. Da eine Sittenwidrigkeit des „Dienstleistungsvertrags" nicht mehr angenommen werden kann (s.o., Rn 610) und damit auch der „Dirnenlohn" zum geschützten Vermögen gehört, folgt daraus umgekehrt, dass sich die Prostituierte, die Vorkasse erhält, obwohl es für sie von vornherein feststeht, dass sie ihre Dienstleistung versagen würde, wegen Betrugs strafbar macht.

▪ **Unrechtmäßige Bereicherung beim betrügerischen Drogengeschäft**: Diese mit der vorstehenden Konstellation eng verwandte Fallgruppe betrifft die Frage, ob einen Vermögensschaden auch derjenige erleidet, der eine Geldleistung im Rahmen eines verbotenen oder sittenwidrigen Geschäfts erbringt, ohne die vereinbarte Leistung zu erhalten.

612

Beispiel[891]**:** A und B vermittelten ein Geschäft über die Lieferung von 40 kg Marihuana durch den Drogendealer D an den Erwerber E. Gegen Bezahlung des vereinbarten Kaufpreises von 50.000,- € lieferte D dem E nur 4 kg Marihuana; die Restmenge von 36 kg bestand aus Schokolade.

Durch den Verkauf der 4 kg Marihuana hat D mit Betäubungsmitteln in nicht geringer Menge unerlaubt Handel betrieben und damit den Tatbestand des § 29a I Nr. 2 BtMG verwirklicht.[892]

Indem D den Kaufpreisanteil für die anstelle von Haschisch gelieferte Menge von 36 kg Schokolade in Höhe von 45.000,- € erlangt hat, könnte er sich auch wegen Betrugs (§ 263) zu seinem Vorteil und zum Nachteil des E strafbar gemacht haben.

D hat dem E vorgespiegelt, er übergebe ihm - wie vereinbart - 40 kg Marihuana. Dadurch hat er bei E einen entsprechenden Irrtum erregt. Dieser hat durch Zahlung des vereinbarten Kaufpreises auch irrtumsbedingt eine Verfügungshandlung vorgenommen. Fraglich ist jedoch, ob E überhaupt einen Vermögensschaden erlitten hat.

⇨ Gegen die Annahme eines Vermögensschadens spricht der Umstand, dass das Geschäft gegen § 29a I Nr. 2 BtMG verstieß und daher gem. § 134 BGB nichtig war. E hatte also keinen (schuldrechtlichen) Anspruch auf die Rauschgiftlieferung. Gestützt wird diese Annahme durch die Regelung des § 817 S. 2 BGB, aus der sich ergibt, dass die Rechtsordnung dem Leistenden, der sein Vermögen bewusst zur Verfolgung verbotswidriger Zwecke einsetzt, den rechtlichen Schutz versagt, sodass auch das von E in das Rauschgiftgeschäft investierte Geld kein rechtlich geschütztes Vermögen darstellt. Folgt man dieser Auffassung, gelangt man auf dem Boden des sog. *juristisch-ökonomischen Vermögensbegriffs*[893] zu einer Verneinung des Vermögensschadens auf Seiten des E und damit zu einer Verneinung der Strafbarkeit des D wegen (vollendeten) Betrugs.

---

[890] Vgl. *Baier*, JA 2001, 280, 282 f.
[891] Nach BGH NStZ 2003, 151 ff. Vgl. auch *Mitsch*, JuS 2003, 122 ff. und BGH NJW 2003, 3283, 3284.
[892] Zum Handeltreiben mit Betäubungsmitteln vgl. auch BGH NStZ 2002, 375 ff.; *Winkler*, NStZ 2003, 247 ff.
[893] Vgl. SK-*Hoyer*, § 263 Rn 92, 108; Sch/Sch-*Perron*, § 263 Rn 82 ff.; LK-*Tiedemann*, § 263 Rn 132; *Lackner/Kühl*, § 263 Rn 35; *Keller*, ZStW 107, 457, 469; *Kargl*, JA 2001, 714; *Wessels/Hillenkamp*, BT 2, Rn 534 ff., 568 ff.; *Rengier*, BT I, § 13 Rn 142 ff. Vgl. auch BGH NStZ 2001, 534.

Für dieses Ergebnis spricht, dass es sich nicht in Widerspruch zu den Regelungen des Zivilrechts setzt, wonach das vorliegende Geschäft ja gerade missbilligt wird (§ 134 BGB i.V.m. § 29a I Nr. 2 BtMG).

⇨ Auf der anderen Seite ist jedoch zu beachten, dass bei dieser Betrachtungsweise D einen „Freibrief" erhielte, sich redlich erworbene „Vermögenswerte, die der getäuschte E zu unerlaubten Zwecken riskiert[894], zu eigenem Nutzen zu verschaffen". Man würde also die Strafwürdigkeit des D nicht sachgerecht erfassen und im „Ganovenmilieu" einen straffreien Raum zulassen. Um derartige Lücken im Vermögensschutz zu vermeiden, verzichten Rechtsprechung und ein Teil der Literatur auf dem Boden des **ökonomischen Vermögensbegriffs** auf die Schutzwürdigkeit des Verletzten und betonen stattdessen die Strafwürdigkeit des Täuschenden.[895]

Schließt man sich den Vertretern des ökonomischen Vermögensbegriffs an, ist vorliegend ein Vermögensschaden zu bejahen. Da D auch vorsätzlich und in der Absicht handelte, sich auf Kosten des E rechtswidrig zu bereichern, hat er sich wegen Betrugs strafbar gemacht.[896] Zur Fortsetzung des Falls vgl. Rn 774 (zu § 253).

613 ▪ **Schutz des rechtswidrig erlangten Besitzes?** Schließlich ist fraglich, ob und inwieweit ein rechtswidrig erlangter Besitz zu den durch § 263 geschützten Vermögenswerten gehören kann. Das betrifft in erster Linie die Frage, ob es einen Betrug gegenüber einem Dieb oder Hehler geben kann.

Beispiel: Autoknacker T bricht in den Wagen des O ein und stiehlt dessen Autoradio. Anschließend verkauft er es an den Hehler H und übergibt es ihm. H denkt aber – wie von Anfang an geplant – nicht an eine Bezahlung. Strafbarkeit des H nach § 263?

H hat T über seine Zahlungswilligkeit (= innere Tatsache) getäuscht. Dadurch ist T einem Irrtum unterlegen, der ihn veranlasste, über das Radio zu verfügen. Fraglich ist aber, ob bei T ein Schaden entstanden ist. Dazu müsste sich bei einem Vergleich der Vermögenslage vor und nach der Verfügung eine Differenz ergeben haben. Wenn man davon ausgeht, dass dem Begriff des Vermögens alle Positionen (nach Abzug der Verbindlichkeiten) ohne Rücksicht auf ihre Rechtsnatur zugerechnet werden, liegt diese Voraussetzung bei dem fraglichen Autoradio vor mit der Folge, dass bei T ein Vermögensschaden eingetreten ist. Bedenken ergeben sich aber aus dem Umstand, dass das Radio durch den Diebstahl, d.h. deliktisch erlangt wurde. In solchen Fällen verneinen die Vertreter des juristisch-ökonomischen Vermögensbegriffs grds. die Möglichkeit eines Vermögensschadens. Es entstehe ein Wertungswiderspruch, wenn zivilrechtlich nicht anzuerkennende Vermögenspositionen strafrechtlich geschützt würden. Dieses Argument vermag nur vordergründig zu überzeugen. Zum einen hätte eine umfassende Versagung des strafrechtlichen Schutzes in Bezug auf unrechtmäßig erlangte Vermögensgüter zur Folge, dass zwischen Kriminellen ein rechtsfreier Raum entstünde. Der Selbstjustiz wären Tür und Tor geöffnet. Zum anderen steht gerade auch der unrechtmäßig erlangte Besitz – wie die §§ 858 ff. BGB zeigen – unter einem gewissen Schutz der Rechtsordnung. Nur auf dem Boden des rein ökonomischen Vermögensbegriffs ist daher die Einbeziehung des unrechtmäßigen Besitzes in den durch § 263 garantierten Vermögensschutz möglich.

In der vorliegenden Konstellation zählt das Autoradio somit zum „Vermögen" des T. Durch die sachenrechtliche Verfügung ist bei T auch ein Vermögensschaden entstanden. H ist im Ergebnis daher wegen Betrugs zum Nachteil des T strafbar.

---

[894] Dass E die Vermögenswerte redlich und nicht durch eine Straftat erworben hat, ist zu seinen Gunsten zu unterstellen.
[895] Vgl. BGHSt 2, 364, 366 f.; 16, 220, 221; 26, 346, 347; 32, 88, 91; BGH NJW 2001, 981; NStZ 2002, 33; NStZ 2003, 151, 152; KG NJW 2001, 86; *Fischer*, § 263 Rn 54, 64; *Krey/Hellmann/Heinrich*, BT II, Rn 433.
[896] Nach der (ebenfalls vertretbaren) Gegenauffassung wäre nun ein Versuch zu prüfen.

d. Vermögensschaden

aa. Begriff des Vermögensschadens

Im Rahmen der Vermögens*verfügung* wurde gesagt, dass diese sich unmittelbar vermögensmindernd auswirken muss. Eine Vermögensminderung bedeutet, dass bei einem Vergleich der Vermögenslage vor und nach der Verfügung ein negativer Saldo vorliegt. Fraglich ist daher, inwieweit noch Raum für eine separate Prüfung des Vermögensschadens besteht. Der Grund für eine separate Prüfung des Vermögensschadens liegt darin, dass durch die Vermögensverfügung nicht nur ein Vermögensabfluss, sondern auch ein Vermögenszufluss (Zuwachs) eintreten kann, der von dem Begriff der Vermögensverfügung nicht erfasst ist. Beim Vermögensschaden geht es daher um die **Saldierung von Vermögensverlusten und Vermögenszuwächsen** (Gesamtsaldierung).[897] Liegt eine vollständige **Kompensation** vor (bspw. durch eine wirksam erhaltene äquivalente oder höherwertige Gegenleistung), fehlt es folglich am Schaden – **objektiv-individueller Schadensbegriff**.[898] Dabei setzt eine solche Kompensation voraus, dass die Vermögensminderung **unmittelbar** durch zuwachsende Vermögensvorteile ausgeglichen wird. Denn steht die Schadenskompensation nicht in unmittelbarem **Zusammenhang** mit dem Schadenseintritt, kann von einer „Saldierung" nicht gesprochen werden.[899] So müssen grds. alle gesetzlichen Ansprüche (z.B. Anfechtungs-, Gewährleistungs-, Schadensersatz- und Bereicherungsansprüche), die dem Betrugsopfer gerade als Folge der Täuschung erwachsen, unberücksichtigt bleiben, weil sie allenfalls mittelbar, d.h. im Wege ungenügender nachträglicher Schadensbeseitigung, einen Ausgleich herbeiführen.[900] Folgende Definition des Vermögensschadens i.S.d. § 263 ist allgemein anerkannt:

615 Ein **Schaden** liegt vor, wenn (bei Austauschverhältnissen) ein Vergleich der Vermögenslage vor und nach der Verfügung ergibt, dass die Vermögensminderung nicht unmittelbar durch ein vermögenswertes Äquivalent ausgeglichen wurde (Prinzip der Gesamtsaldierung).[901]

615a Maßgeblicher **Zeitpunkt** für die Berechnung des Schadens ist der Zeitpunkt der Vermögensverfügung. Spätere Entwicklungen (Schadenswiedergutmachungen) sind also nicht geeignet, das Merkmal des Vermögensschadens und damit die Betrugsstrafbarkeit zu beseitigen.[902]

615b Da § 263 ausschließlich das Vermögen, **nicht** die **Dispositionsfreiheit** schützt[903], genügt es grds. auch nicht, wenn sich das Opfer aufgrund der Täuschung nur geschädigt fühlt, objektiv aber keine Werteinbuße erleidet.

> **Beispiel**[904]: T betrieb einen internetbasierten Felgen- und Reifenhandel. Unter anderem bot er Felgen an, wobei er wahrheitswidrig angab, es handele sich um hochwertige Originalfelgen von Porsche. Tatsächlich handelte es sich bei den Felgen aber um Replikate (Plagiate), die T aus Italien bezog. Diese waren zwar materiell gleichwertig, aber nicht vom KBA zugelassen; vielmehr waren falsche Prüfnummern eingestanzt und

---

[897] St. Rspr., vgl. nur BGH NJW 2016, 3543, 3544; NStZ 2016, 674, 675.
[898] Vgl. BGH NStZ 2013, 404, 405; NStZ 2013, 234 f.; NStZ 2011, 638, 639; NJW 2001, 3718, 3719; *Rönnau*, JuS 2002, 545, 547; LK-*Tiedemann*, § 263 Rn 163.
[899] Vgl. bereits die 1. Aufl. 2002; später auch *Jäger*, JuS 2010, 761, 764.
[900] Vgl. BGHSt 23, 300, 302; LK-*Tiedemann*, § 263 Rn 161 f. und 166; *Lackner/Kühl*, § 263 Rn 36a; *Müller-Christmann*, JuS 1988, 108, 113; *Rengier*, BT I, § 13 Rn 135 f.
[901] Vgl. BGH NStZ 2017, 413 414; NStZ 2016, 674, 675; NStZ 2016, 343; NStZ 2016, 286, 287; NStZ 2015, 89, 91; NStZ 2014, 517, 518 f.; NStZ 2013, 404, 405; NStZ 2013, 234 f.; NStZ 2012, 629 f.; NStZ 2011, 2675 f.; NStZ 2011, 638, 639; BGHSt 51, 165, 174; 16, 321, 325; 16, 220, 221; 3, 99, 102; *Jäger*, JA 2014, 875, 876; Sch/Sch-*Perron*, § 263 Rn 106; *Lackner/Kühl*, § 263 Rn 36; *Fischer*, § 263 Rn 71.
[902] BGH NStZ 2016, 674, 675.
[903] Siehe bereits oben Rn 500 sowie BGH NJW 2016, 3543, 3544.
[904] In Anlehnung an BGH NStZ 2012, 629 f.

Porsche-Nabenkappen aufgesetzt, die eine KBA-Freigabe suggerierten. T verkaufte 26 Felgensätze für 2.500,- € pro Satz. Der Preis für einen Originalfelgensatz hätte bei ca. 3.000,- € gelegen. Nachdem der „Schwindel" aufflog, wurde T wegen gewerbsmäßigen Betrugs (§ 263 I, III S. 2 Nr. 1 Var. 1) angeklagt. Die dem BGH-Urteil vorangegangene Tatsacheninstanz kam aufgrund eines Sachverständigengutachtens zu dem Ergebnis, dass die Replikate (aufgrund ihrer materiellen Gleichwertigkeit) genehmigungsfähig gewesen seien und dass die nachträgliche behördliche Zulassung (Einzelabnahmen) 500,- € pro Felgensatz gekostet hätte.

Die Frage nach der Strafbarkeit wegen gewerbsmäßigen Betrugs könnte an das zivilrechtliche Fehlen einer zugesicherten Eigenschaft (§ 434 I S. 2 Nr. 2 und S. 3 BGB) anknüpfen. Denn der Verkauf von Replikaten als Original begründet einen Sachmangel, da der Käufer eine Sache erhält, die von der Beschreibung negativ abweicht. Wären die Felgen zudem nicht genehmigungsfähig, würden sie sich auch nicht für die nach dem Vertrag vorausgesetzte Verwendung eignen (§ 434 I S. 2 Nr. 1 BGB). Dies berechtigte den Käufer nicht nur zum kaufvertraglichen Rücktritt und zum Schadensersatz, sondern zudem, den Kaufvertrag anzufechten (§§ 119 II und 123 I Var. 1 BGB). Auf das Strafrecht bezogen, könnte also ein Betrug vorliegen, der an einer (arglistigen) Täuschung ansetzt. Allerdings müsste T bei den Käufern einen Schaden verursacht haben. Das wäre jedenfalls der Fall gewesen, wenn die Felgen nicht genehmigungsfähig gewesen wären. Denn nicht zugelassene und auch nicht genehmigungsfähige Felgen sind objektiv wertlos, da sie ja gerade nicht im Straßenverkehr verwendet werden dürfen. Auf der anderen Seite darf nicht verkannt werden, dass die Felgen im vorliegenden Fall nach den Feststellungen der Tatsacheninstanz, die sich wiederum auf das Sachverständigengutachten stützte, genehmigungsfähig waren. Unter Berücksichtigung der Möglichkeit und der Kosten einer nachträglichen behördlichen Zulassung waren sie nach Auffassung des BGH den Preis objektiv wert. Der BGH hat daher entschieden, dass das Fehlen einer zugesicherten Eigenschaft einer Kaufsache grds. keinen Betrugsschaden begründe, solange sie ihren Preis wert sei. Das gelte selbst dann, wenn der Erwerb Folgeausgaben erforderlich mache, solange Kaufpreis und Folgekosten dem Wert des Gegenstands noch entsprächen.

Bewertung: Richtig ist, dass man einen Betrug verneinen muss, wenn der Getäuschte im Rahmen eines Austauschverhältnisses für seine Leistung eine wirtschaftlich gleichwertige Gegenleistung erhalten hat, obwohl er die vertragliche Verpflichtung beim Durchschauen der wahren Zusammenhänge nicht eingegangen wäre. Denn der Betrug schützt nur das Vermögen, nicht aber die Dispositionsfreiheit des Vermögensinhabers (dazu sogleich Rn 615b). Verkauft also ein Händler einen wiederhergestellten Unfallwagen und teilt dabei dem Käufer wahrheitswidrig mit, es handele sich um einen unfallfreien Wagen, ist ein Betrug grds. nicht gegeben, solange der Wagen nur den vereinbarten Kaufpreis objektiv wert ist (zur Möglichkeit der Annahme einer subjektiven Schadenskomponente vgl. Rn 631 ff.).[905] Die Auffassung des BGH ist aber deshalb bedenklich, weil es bei der Schadensfeststellung nicht darauf ankommen kann, dass die Sache nur durch nachträgliche Aufwendungen ihren „Gesamtpreis" objektiv wert ist. Vielmehr kommt es allein darauf an, dass zum Zeitpunkt der vereinbarten Leistung und Gegenleistung die Sache die vereinbarte Beschaffenheit hat bzw. sich objektiv zur vertraglich vereinbarten Verwendung eignet. Folgekosten liegen außerhalb dieses Betrachtungshorizonts und können an der Schadensfeststellung nichts ändern.[906]

615c Wie bereits im letzten Beispiel angesprochen, genügt die Feststellung, das Opfer habe infolge des Irrtums eine Verfügung getroffen, die es bei Kenntnis der tatsächlichen Umstände nicht vorgenommen hätte, grds. nicht, da sonst der Betrug als Vermögensschädigungsdelikt zum Delikt gegen die Wahrheit im Geschäftsverkehr umfunktioniert

---

[905] Ob eine Einziehung nach § 74 I StGB sowie § 74a StGB i.V.m. § 143 V S. 2 MarkenG möglich gewesen wäre, die einen Vermögensschaden begründet hätte, ist eine Tatfrage.
[906] Vgl. auch *Jäger*, JA 2012, 952, 953.

würde.[907] Vielmehr muss das Opfer bei einer Gesamtsaldierung stets im Ergebnis ärmer geworden sein.

Beispiel: O ist Fan von amerikanischen SUV-Fahrzeugen. Bei einem Verkaufsgespräch bietet ihm der windige US-Direktimporteur und Autohändler T einen Dodge Durango 5.7 Bj 2011 mit einem Verkehrswert von 12.000,- € für 12.000,- € an mit der wahrheitswidrigen Behauptung, es handele sich um ein besonders günstiges Angebot, das er (T) im Rahmen einer Lagerbereinigung mache und das O nur sofort annehmen könne; der reguläre Preis für dieses Fahrzeug betrage 15.000,- €. Im Glauben, ein Schnäppchen zu machen, nimmt O das Angebot an. Nachdem O später in Erfahrung gebracht hat, dass er den Wagen lediglich zum Verkehrswert erworben hat, und da er den Kauf ohne die Täuschung auch nicht getätigt hätte, stellt er Strafanzeige wegen Betrugs in einem besonders schweren Fall (§§ 263 I, III S. 2 Nr. 1 Var. 1).

Zweifellos hat T den O über die Höhe des Marktwerts und damit über eine Tatsache getäuscht. Auch ist O einem Irrtum unterlegen und hat in Form der Kaufpreiszahlung auch über sein Vermögen verfügt. Fraglich ist allein, ob O einen Vermögensschaden erlitten hat. Um die Schutzrichtung des § 263 nicht zu unterlaufen, liegt eine Vermögensbeschädigung nicht bereits dann vor, wenn der Getäuschte im Rahmen eines Austauschverhältnisses für seine Leistung zwar eine wirtschaftlich gleichwertige Gegenleistung erhalten hat, die vertragliche Verpflichtung beim Durchschauen der wahren Zusammenhänge jedoch nicht eingegangen wäre. Denn der Betrug schützt nur das Vermögen, nicht aber die Dispositionsfreiheit des Vermögensinhabers. Ein Vermögensschaden liegt daher grds. nicht vor, wenn – wie vorliegend – die Verpflichtung wirtschaftlich voll ausgeglichen ist.[908] T hat sich daher nicht wegen Betrugs strafbar gemacht.

Beachte: Trotz formaler Gleichwertigkeit der geleisteten Kompensation kann – in nicht ganz widerspruchsfreier Weise – ausnahmsweise im Hinblick auf die **persönliche Situation** des Opfers im Einzelfall ein Schaden anzunehmen sein. Das betrifft die Fälle des **individuellen Schadenseinschlags** und der **Zweckverfehlung**. Vgl. dazu Rn 631 ff. und 637 f.

bb. Berechnung des Vermögensschadens/der Kompensation

a.) Objektive Komponente

Wie bereits bei Rn 615 ausgeführt, liegt ein Schaden vor, wenn (bei Austauschverhältnissen) ein Vergleich der Vermögenslage vor und nach der Verfügung ergibt, dass die Vermögensminderung nicht unmittelbar durch ein vermögenswertes Äquivalent ausgeglichen wurde.

615d

aa.) Marktwert der Leistung

Besteht die Vermögensverfügung in der Weggabe einer Sache oder eines sonstigen Vermögensstücks, ist grundsätzlich der **(objektive) Marktwert der Leistung** entscheidend.[909] **Affektionsinteressen** (besonderer persönlicher Bezug zur Sache) spielen bei der Wertberechnung grundsätzlich **keine** Rolle.[910] Gleiches gilt hinsichtlich der Wertberechnung der Kompensation (also der Gegenleistung). Im Übrigen sind die jeweiligen konkreten Umstände zu berücksichtigen.

616

Beispiele:
(1) Für die Bewertung von **Waren** kommt es nicht nur auf ihre Qualität, sondern auf *alle* preisbildenden Faktoren an. Deshalb kann die Lieferung von Hopfen aus einem weniger renommierten Anbaugebiet an eine Brauerei oder die Lieferung von Butter aus

---

[907] Vgl. BGH NJW 2006, 1679, 1681.
[908] Vgl. BGH NJW 2006, 1679, 1681.
[909] BGHSt 16, 321, 325; *Lackner/Kühl*, § 263 Rn 37.
[910] Vgl. nur BGH NJW 2016, 3543, 3544.

dem Ausland, die im Inland einen geringeren Verkehrswert hat, an eine Großküche eine Schädigung darstellen, auch wenn qualitativ kein Unterschied besteht.

(2) Für die Bewertung entgeltlicher **Dienstleistungen** bedeutet das Erbringen der Leistung ohne volles Entgelt einen Vermögensschaden auf Seiten des Dienstleistenden. Bei der Berechnung der Höhe des Vermögensschadens ist auf das sog. **positive Interesse** (Erfüllungsinteresse) abzustellen. Der Vermögensschaden bemisst sich also nach der Höhe des zustehenden Anspruchs.[911]

bb.) Konkrete Vermögensgefährdung als Schaden i.S.d. § 263?

617 Aus der Maßgeblichkeit des (objektiven) Wertvergleichs folgt für die h.M. zugleich, dass ein Schaden auch bei einer **konkreten Vermögensgefährdung** angenommen werden kann, was insbesondere beim sog. **Eingehungsbetrug** der Fall ist. Ein Eingehungsbetrug liegt vor, wenn der Vertragspartner mittels Täuschung zum Eingehen einer vertraglichen Verpflichtung (etwa Vertragsschluss) veranlasst wird. Diesbezüglich ergibt sich für die Schadensbestimmung, dass auch hier eine Gesamtsaldierung (Rn 614/615) vorzunehmen ist. Da aber noch kein sachenrechtliches Erfüllungsgeschäft und damit keine Vermögensverschiebung stattgefunden haben, vergleicht man den Geldwert des gegen den Täuschenden erworbenen Anspruchs mit dem Geldwert der eingegangenen Verpflichtung. Der Getäuschte soll dann geschädigt sein, wenn sich ein Negativsaldo zu seinem Nachteil ergibt.[912] Dies ist unter mehreren Gesichtspunkten bedenklich. Zum einen ist mit dieser Schlussfolgerung eine **Vorverlagerung** der Betrugsstrafbarkeit verbunden (ein Schaden ist ja gerade noch *nicht* eingetreten, sondern es besteht nach den Grundsätzen des zivilrechtlichen Trennungsprinzips lediglich eine schuldrechtliche Verpflichtung zur späteren schadensbegründenden Leistungserbringung), was die **Wortlautgrenze** des § 263 (die Norm spricht von Vermögensbeschädigung und nicht von Vermögensgefährdung) überschreiten könnte und mit Blick auf Art. 103 II GG höchst problematisch ist. Zum anderen handelt es sich bei § 263 um ein **Erfolgsdelikt** und nicht um ein Gefährdungsdelikt. Auch sonst hat der Gesetzgeber, wenn er eine (konkrete) Gefährdung unter Strafe stellen möchte, spezielle Tatbestände geschaffen (vgl. mit Blick auf Vermögensgefährdungen etwa §§ 264, 264a – dazu Rn 505, 506). Lässt man daher bei § 263 eine – wenn auch konkrete – Vermögensgefährdung genügen, nivelliert man diese gesetzgeberische Wertung, von einem Verstoß gegen die Wortlautgrenze einmal ganz abgesehen. Diese Bedenken sieht auch die Rechtsprechung, indem sie fordert, dass bei wirtschaftlicher Betrachtungsweise zumindest die **hohe Wahrscheinlichkeit** späterer Verluste bestehen müsse, um eine „schadensgleiche Vermögensgefährdung" annehmen zu können.[913] Aber auch diese vermeintliche Einschränkung löst das Problem nicht. Immerhin bedarf es (nach aktueller Rechtsprechung des BVerfG[914] und des BGH[915]) **konkreter Feststellungen** des Tatgerichts zur Schadenshöhe, damit eine Abgrenzung zu den anderen Tatbestandsmerkmalen und zum versuchten Betrug, der insbesondere dann in Betracht kommt, wenn noch kein Vermögensschaden vorliegt, möglich ist. Dabei nimmt das BVerfG explizit Bezug auf seine zuvor ergangene Rechtsprechung zum Vermögensnachteil i.S.d. § 266 I StGB[916], die in gleicher Weise für das Merkmal des Vermögensschadens nach § 263 I StGB relevant sei und die es erforderlich mache, im Hinblick auf das Bestimmtheitsgebot des Art. 103 II GG eigenständige Feststellungen zum Vorliegen und zur Höhe des Vermögensschadens zu treffen. Von einfach gelagerten und eindeutigen Fallgestaltungen ab-

---

[911] BGH wistra 2002, 138. Vgl. aber die Besonderheiten im Beamtenverhältnis (Rn 626).
[912] So etwa BGH NStZ 2017, 413, 414.
[913] BGH NStZ 2015, 514, 515. Vgl. auch BGH NStZ 2016, 280, 283; NStZ 2016, 409, 410.
[914] BVerfGE 130, 1, 42 ff.
[915] BGH wistra 2011, 387 f.; NJW 2011, 2675 f.; NJW 2012, 2370, 2371; NStZ 2013, 37 f.; NStZ 2013, 404, 405; NStZ 2015, 514, 515.
[916] BVerfGE 126, 170, 221 ff.

gesehen bedeute dies, dass im Rahmen der strafgerichtlichen Beweisaufnahme der Schaden bzw. die konkrete Vermögensgefährdung der **Höhe nach in wirtschaftlich nachvollziehbarer Weise zu beziffern** und in den Urteilsgründen nachvollziehbar darzulegen seien.[917] Die Benennung von (abstrakten) Risiken genüge nicht, da letztlich jeder Vertragsschluss das Risiko eines unredlichen Vertragspartners mit sich bringe.[918]

Virulent wird die Problematik der konkreten Vermögensgefährdung auch bei sog. Schneeballsystemen. Hier nimmt der BGH bereits in der Einzahlung des Einsatzes in das System eine schadensgleiche Vermögensgefährdung an, und zwar auch dann, wenn es im konkreten Fall zu einer Auszahlung des „Gewinns" gekommen ist. Der dahinter stehende Gedanke ist, dass das System betrügerisch aufgebaut ist und die versprochenen Auszahlungen in Wahrheit höchst unsicher sind.[919] Tatsächlich erfolgte Auszahlungen berücksichtigt die Rechtsprechung lediglich bei der Strafzumessung.

617a

Im Übrigen soll die Problematik anhand der folgenden, allgemein anerkannten Fallgruppen verdeutlicht werden. Unbeschadet von kriminalpolitisch wünschenswerten strafrechtlichen Sanktionen ist aber der Gesetzgeber aufgerufen, konkrete Vermögensgefährdungen explizit unter Strafe zu stellen, wie er es bereits in Bereichen der Wirtschaftskriminalität getan hat (siehe §§ 264, 264a). Solange § 263 als Erfolgsdelikt ausgestaltet ist und nach seinem Wortlaut eine Vermögensbeschädigung fordert, bleiben nur zwei Wege: Entweder man nimmt Vermögensgefährdungen ganz aus dem Anwendungsbereich des § 263 heraus (dann würde man vermutlich eine schnelle Reaktion des Gesetzgebers herbeiführen) oder aber man stellt zumindest hohe Anforderungen an die „konkrete Vermögensgefährdung" und bejaht § 263 in diesem Fall nur dann, wenn dem Geschädigten praktisch keine Möglichkeit verbleibt, den Umschlag der Gefahr in einen Schaden zu vermeiden.

617b

(a.) Eingehungsbetrug

Beim Eingehungsbetrug (vgl. bereits Rn 617) wird der potentiell Geschädigte (oder beim Dreiecksbetrug der im „Lager" des potentiell Geschädigten stehende Dritte) durch einen täuschungsbedingten Irrtum zum Abschluss eines Vertrags veranlasst (= Vermögensverfügung i.S.d. § 263). Wird der potentiell Geschädigte durch diesen Vertragsschluss zu einer Leistung (i.d.R. zu einer Verfügung im zivilrechtlichen Sinn[920]) verpflichtet, deren objektiver Gegenwert bei einem Wertvergleich zu der angebotenen Gegenleistung[921] zu einem negativen Saldo führt, ist nur unter Beachtung der soeben dargestellten Rspr. des BVerfG und der daraufhin ergangenen Rspr. des BGH von einer hinreichend konkretisierten Vermögensgefährdung auszugehen und ein Schaden i.S.d. § 263 zu bejahen. Der Betrug ist daher bereits durch **Eingehung** *der vertraglichen Verpflichtung* regelmäßig vollendet.[922] Die zivilrechtliche Anfechtbarkeit wegen Täuschung (§ 123 I Var. 1 BGB) und die Sachmängelrechte (§ 437 BGB) bleiben unberücksichtigt, da sie auch hier nur Folge des Betrugs und nicht Voraussetzung sind.

618

Beispiel: Der Gebrauchtwagenhändler Hendrik (H) von Rn 561 ist unbelehrbar und verkauft nach wie vor sachunkundigen Personen minderwertige Autos. Diesmal verkauft er

619

---

[917] BVerfGE 130, 1, 42 ff.; vgl. auch BGH NStZ 2013, 37 f.; NStZ 2013, 404, 405; NStZ 2015, 514, 515; *Albrecht*, NStZ 2014, 17 ff.
[918] BVerfGE 130, 1, 42 ff.; vgl. auch BGH NStZ 2013, 37 f.; NStZ 2013, 404, 405.
[919] Vgl. BGH NStZ 2016, 280, 283; NStZ 2016, 409, 410.
[920] Hier wird deutlich, dass der strafrechtliche Begriff der Verfügung nicht mit dem des Zivilrechts gleichgesetzt werden darf: Eine Verfügung i.S.d. Zivilrechts (z.B. nach § 816 BGB) ist jedes Rechtsgeschäft, das ein Recht unmittelbar aufhebt, überträgt, belastet oder seinem Inhalt nach ändert.
[921] Abzustellen ist also nicht auf den vereinbarten Preis oder auf die subjektiven Wertvorstellungen der Parteien, sondern auf den wirtschaftlichen Wert von Leistung und Gegenleistung nach dem Urteil eines objektiven Dritten (vgl. BGH NStZ 2013, 404, 405; NStZ 2013, 234 f.; NStZ 2011, 638, 639; NStZ 2008, 96, 98). Vgl. auch BGH NStZ 2017, 413, 414.
[922] So etwa BGH NStZ 2017, 413, 414.

dem Barnabas einen Fiat 500 für 8.000,- € und verschweigt ihm, dass es sich um einen wiederhergestellten Unfallwagen handelt, der – als solcher gekennzeichnet – tatsächlich nur einen Wert von 6.000,- € aufweisen würde. Da B keinen Anlass zur Skepsis sieht, stellt er diesbezüglich auch keinerlei Fragen und unterschreibt den Kaufvertrag. Strafbarkeit des H?

H könnte sich wegen Betrugs gem. § 263 I zu seinem Vorteil und zum Nachteil des B strafbar gemacht haben. Bezüglich der Täuschungshandlung, des Irrtums und der Vermögensverfügung kann auf das Beispiel bei Rn 561 verwiesen werden. Fraglich ist, ob B einen Schaden erlitten hat. Tatsächlich hat er noch kein Geld gezahlt. Ein Schaden kann also nur dann angenommen werden, wenn man allein die schuldrechtliche Verpflichtung zur Kaufpreiszahlung (§ 433 II BGB) genügen lässt. Dies wird nach der Rechtsprechung angenommen, sofern bereits durch das Eingehen der vertraglichen Verpflichtung der Eintritt des endgültigen Vermögensverlusts (hier die Übergabe des Geldes) naheliegt bzw. hinreichend wahrscheinlich ist. Bejaht man dies trotz der geäußerten Bedenken (dazu Rn 617) für den vorliegenden Fall, liegt ein Vermögensschaden i.S.d. § 263 vor, wenn der Schaden bzw. die konkrete Vermögensgefährdung der Höhe nach in wirtschaftlich nachvollziehbarer Weise beziffert werden können (was in den Urteilsgründen nachvollziehbar darzulegen wäre).[923] Vorliegend ist ein Negativsaldo eindeutig zu berechnen und er beträgt 2.000,- €. H hat sich demnach also wegen Betrugs strafbar gemacht (bei abweichender Auffassung läge ein Versuch vor). Daran ändern auch die Möglichkeit der Anfechtung wegen arglistiger Täuschung (§ 123 I Var. 1 BGB) oder die Geltendmachung von Sachmängelrechten (§ 437 BGB) nichts (s.o.).

620

> **Hinweis für die Fallbearbeitung:** Gerade beim Eingehungsbetrug ist die bei Rn 617 erörterte Rspr. des BVerfG zur Erforderlichkeit einer restriktiven Auslegung des Begriffs des Vermögensschadens zu beachten. Ein solcher kann also nur dann angenommen werden, wenn die konkrete Vermögensgefährdung der **Höhe nach in wirtschaftlich nachvollziehbarer Weise beziffert** werden kann und nicht nur die Risiken aufgezeigt werden können. Das Problem um die mit dem Eingehungsbetrug verbundene Vorverlagerung der Betrugsstrafbarkeit löst sich aber auf, wenn der Vertrag wie vorgesehen erfüllt wird. Denn dann wirkt die Täuschung in den anschließenden Erfüllungshandlungen (Übereignung und Übergabe) nur fort; es liegt insgesamt nur *ein* Betrug vor (sog. **unechter Erfüllungsbetrug** oder „**abgewickelter Eingehungsbetrug**", siehe Rn 639).[924] Prüfungstechnisch kann man in derartigen Fällen i.d.R. von einem einheitlichen Geschehen ausgehen und auf den im Zeitpunkt der Vertragserfüllung tatsächlich eingetretenen Schaden abstellen.

621   Schließlich bleibt die Frage zu beantworten, ob eine konkrete Vermögensgefährdung ausgeschlossen ist, wenn mit dem Vertragsschluss eine von Anfang an gegebene **Stornierungsbereitschaft** des Begünstigten verbunden ist.

Beispiel: Peppo ist Zeitschriftenwerber und arbeitet auf Provisionsbasis für den Storno-Verlag. Am Tag der Tat schwatzt er der 86-jährigen Adele, die in ihrem Leben noch nicht ein einziges Mal die Tastatur eines PC berührt hat, das Magazin „PC-Welt" auf. Es handele sich um eine äußerst günstige, nicht wiederkehrende Gelegenheit. A unterschreibt den Abonnentenvertrag. Doch noch bevor sie die erste Rechnung erhält, wird sie von ihrem zufällig zu Besuch kommenden Enkel über die wahren Absichten des P aufgeklärt. Nach einem klärenden Telefongespräch mit dem Verlag storniert dieser sofort den Auftrag.

Kann die Stornierungsbereitschaft des Vertragspartners in zumutbarer Weise wahrgenommen werden, wird eine konkrete Vermögensgefährdung wohl zu verneinen sein (in diesem Fall kommt aber ein versuchter Betrug in Betracht, wobei der erforderliche Vorsatz jedoch kaum nachweisbar ist). Hängt die Erkennbarkeit der Stornierungsbereitschaft

---

[923] BVerfGE 130, 1, 42 ff.; vgl. auch BGH NStZ 2013, 37 f.; NStZ 2013, 404, 405.
[924] BGH wistra 1997, 144, 146; LK-*Tiedemann*, § 263 Rn 274.

indes (wie vorliegend) von einem Zufall ab, entspricht die Vermögensgefährdung einem Schaden.[925] Die Stornierungsbereitschaft steht dann der Strafbarkeit wegen vollendeten (oder versuchten) Betrugs nicht entgegen.

Dieser Gedanke ist auch auf die Fälle übertragbar, in denen ein **vertragliches Rück-trittsrecht** eingeräumt wurde: Besteht ein Rücktrittsrecht, das *vor* der Leistungserbringung eine Überlegungs- und Entscheidungsfrist gewährt, ist in aller Regel eine zum Schaden führende konkrete Vermögensgefährdung für die Dauer des Rücktrittsrechts ausgeschlossen. Noch eindeutiger ist das der Fall bei Bestehen eines **gesetzlichen Rücktritts-, Widerrufs- und/oder Rückgaberechts** nach den §§ 312, 312d, 346 ff., 355, 356 BGB, da diese Regelungen dem Kunden ein Recht zum Lösen von einer vertraglichen Verpflichtung gewähren, ohne ihm dabei irgendwelche Begründungs- oder Beweispflichten aufzuerlegen. Die Verpflichtung der Rückgewähr bereits erhaltener Leistungen (vgl. § 348 BGB) ändert daran nichts.

622

Besteht dagegen ein Vertrag, der ein (vertragliches) Rücktrittsrecht erst *nach* Leistungserbringung einräumt, ist dieses Rücktrittsrecht wegen des dann bestehenden Risikos grundsätzlich nicht kompensationsfähig.[926]

623

(b.) Anstellungsbetrug als Sonderfall des Eingehungsbetrugs

Einen Sonderfall des Eingehungsbetrugs bildet der sog. **Anstellungsbetrug**: Jemand erschleicht sich durch *Täuschung* eine öffentlich-rechtliche oder privatrechtliche Anstellung. Die Täuschungshandlung kann durch falsche Angaben zur Person oder zu Qualifikationen begangen werden (Beispiel: Gesucht wird ein Volljurist für die Rechtsabteilung des Landkreises; der Bewerber hat einen solchen Abschluss nicht, gibt aber an, einen solchen zu haben; zudem hat er das Zeugnis über die bestandene Zweite Juristische Staatsprüfung selbst hergestellt). In Anlehnung an das zu dem reinen Eingehungsbetrug Gesagte besteht auch hier bereits durch den Vertragsschluss die Möglichkeit einer hinreichend konkretisierten Vermögensgefährdung, die einem Vermögensschaden gleichgestellt ist. Das ist namentlich der Fall, wenn bei einer erschlichenen privat- oder öffentlich-rechtlichen Anstellung die gewährte Vergütung die Qualifikation, derentwegen die Anstellung erfolgte, wertmäßig übersteigt.[927] Es ist wie folgt zu differenzieren:

624

- Bei **Anstellungen durch Private** kommt es für den Schaden primär darauf an, ob der Betreffende die fachlichen Anforderungen erfüllt. Allerdings kann nach h.M. trotz einer der Vergütung entsprechenden fachlichen Eignung und Arbeitsleistung ein Vermögensschaden angenommen werden, wenn die Entlohnung Anteile für besondere (formale) Qualifikationen, Vertrauenswürdigkeit oder Zuverlässigkeit des Stelleninhabers enthält, dieser aber die dafür erforderlichen formalen Qualifikationen bzw. Eigenschaften nicht erfüllt.[928]

625

- Anders stellt sich nach h.M. die Rechtslage bei der Erschleichung einer **Beamtenstellung** dar. Hier wird selbst dann, wenn der Betreffende die fachlichen Anforderungen erfüllt und dienstrechtlich tadellos arbeitet, ein Vermögensschaden und damit ein Betrug bejaht, wenn die (formalen) Ernennungsvoraussetzungen nicht vorlagen oder darüber getäuscht wurde. Die h.M. begründet den Vermögensschaden mit der Gefahr, die vom Dienstherrn zum Zeitpunkt der Einstellung erwartete Eignung, Befähigung und Leistung

626

---

[925] BGHSt 23, 300, 302 f.
[926] BGHSt 34, 199, 202 f.
[927] Vgl. BVerfG NJW 1998, 2589, 2590; BGH NJW 1978, 2042 f.; BGHSt 45, 1, 4; *Geppert*, NStZ 1999, 305 ff.; *Otto*, JZ 1999, 738 ff.; *Jahn*, JA 1999, 628 ff.; *Sch/Sch-Perron*, § 263 Rn 153 ff.; *Joecks*, § 263 Rn 90; *Rengier*, BT I, § 13 Rn 224; *Wessels/Hillenkamp*, BT 2, Rn 540.
[928] BGHSt 17, 254, 256 ff.; BGH NJW 1978, 2042, 2043; *Miehe*, JuS 1980, 261, 265; *Sch/Sch-Perron*, § 263 Rn 154; *Lackner/Kühl*, § 263 Rn 52; *Rengier*, BT I, § 263 Rn 224; *Wessels/Hillenkamp*, BT 2, Rn 540; *Joecks*, § 263 Rn 90.

würden nicht eintreten[929] (Aspekt der konkreten Vermögensgefährdung, die beim Einge-hungsbetrug genügen solle). Das überzeugt nicht. Denn die h.M. hat an keiner Stelle ar-gumentativ eine konkrete Vermögensgefährdung und erst recht keinen tatsächlichen Ver-mögensschaden hergeleitet. Der schlichte Verweis, die fehlenden laufbahnrechtlichen Vo-raussetzungen stellten eine schadensgleiche Vermögensgefährdung dar, kann keine Be-gründung für eine solche sein, zumal der Wortlaut des § 263 ohnehin von „Schaden" und nicht von „Gefährdung" spricht. Außerdem geht es bei der Frage nach einem Vermögens-schaden um eine Gesamtsaldierung von Vermögenswerten (so die h.M. an anderer Stelle) und nicht um Reputation oder immaterielle Schäden. Letztlich wird mit der zweifelhaften Bejahung eines Vermögensschadens (in Form der ausgezahlten Bezüge) die geleistete Ar-beit des Beamten praktisch als wertlos angesehen. Entgegen der h.M. ist daher ein Ver-mögensschaden bzw. eine schadensgleiche konkrete Vermögensgefährdung zu vernei-nen, wenn der Betreffende die fachlichen Anforderungen in tatsächlicher Hinsicht erfüllt und dienstrechtlich tadellos arbeitet.[930]

627 ■ Schwierig zu beurteilen sind auch die sog. **Vorstrafenfälle**. Bei diesen geht es zumeist um das Verschweigen einschlägiger Vorstrafen, deren Kenntnis für den Arbeitgeber/ Dienstherrn aber wesentlich ist (Beispiel: Der Buchhalter verschweigt bei seiner Bewer-bung für eine Stelle als Finanzbuchhalter, dass er wegen Bilanzfälschung und Untreue vorbestraft ist). Hier ist fraglich, in welchem Umstand eine konkrete Vermögensgefähr-dung bzw. ein Vermögensschaden angenommen werden kann. Die bisherige Rspr. hielt bereits allein mit der Anstellung eine konkrete Vermögensgefährdung für gegeben, wenn der Angestellte über erhebliche Vorstrafen wegen begangener einschlägiger Vermögens-straftaten getäuscht hat und über Vermögen des Dienstberechtigten verfügen kann.[931] Die zutreffende h.L. lehnte diese Auffassung schon immer ab. Der Betreffende verschaffe sich nämlich durch die Anstellung allenfalls die *Gelegenheit* zu einem *späteren* eigenen deliktischen Verhalten. Doch allein in dieser geschaffenen Gelegenheit bereits eine kon-krete Vermögensgefährdung zu sehen und damit den Tatbestand des Betrugs zu beja-hen, führe zu einer bedenklichen Ausweitung des Betrugstatbestands.[932] Nach den bereits beschriebenen höchstrichterlichen Grundsatzentscheidungen dürfte hier eine Änderung der Rechtsprechung zu erwarten sein.

(c.) Fehlende Bonität

628 Eine konkrete Vermögensgefährdung mit hinreichend wahrscheinlichem Schadenseintritt wird auch für den Fall angenommen, dass ein Anspruch minderwertig ist, weil ihm wegen Zahlungsunwilligkeit oder -unfähigkeit des Schuldners die erforderliche **Bonität** fehlt.[933] Das betrifft insbesondere die Fälle des **Scheckbetrugs**, also die Hingabe eines ungedeckten Schecks, aber auch den (nicht i.S.d. § 265b zu verstehenden) **Kreditbe-trug**.

Beispiel[934]: Bei einer Kreditvergabe (Darlehensgewährung) handelt es sich um ein sog. Risikogeschäft. Daher stehen die Bonität des Darlehensnehmers sowie der Wert gestellter Sicherheiten im Mittelpunkt der Entscheidung über die Kreditvergabe. Täuscht jemand ein Kreditinstitut über seine Bonität (etwa durch Vorlage gefälschter Gehaltsbescheinigun-gen) und/oder den Wert der gestellten Sicherheiten und zahlt das Kreditinstitut daraufhin

---

[929] So ausdrücklich BGHSt 1, 13, 14; 5, 358, 360 ff.; 45, 1, 4 ff.; BVerfG NJW 1998, 2589, 2590; OLG Dresden NStZ 2000, 259; Sch/Sch-*Perron*, § 263 Rn 156; LK-*Tiedemann*, § 263 Rn 224; *Krey/Hellmann/Heinrich*, BT II, Rn 482; *Geppert*, NStZ 1999, 305 ff.; *Jahn*, JA 1999, 628 ff.; *Otto*, JZ 1999, 738, 739; *Prittwitz*, JuS 2000, 335 ff.; *Seelmann*, JR 2000, 164. Hinsichtlich Arbeiter und Angestellten im öffentlichen Dienst gilt die Besonderheit, dass für jene die Grundsätze über die privatrechtliche Anstellung anwendbar sind (BGHSt 17, 254, 257).
[930] Skeptisch hinsichtlich der Annahme eines Vermögensschadens auch *Jerouschek/Koch*, GA 2001, 273 ff.; SK-*Hoyer*, § 263 Rn 257; *Protzen*, NStZ 1997, 525; *Geppert*, NStZ 1999, 305, 306; *Otto*, JZ 1999, 738, 739.
[931] BGHSt 17, 254, 258 ff.; BGH NJW 1978, 2042, 2043.
[932] Wie hier LK-*Tiedemann*, § 263 Rn 227; Sch/Sch-*Perron*, § 263 Rn 154; *Miehe*, JuS 1980, 261, 264; *Jerouschek/Koch*, GA 2001, 273 ff.; *Satzger*, Jura 2009, 518, 527; *Rengier*, BT I, § 13 Rn 229.
[933] Vgl. BayObLG NJW 1999, 663.
[934] Vgl. BGH NStZ 2016, 343. Siehe auch BGH NStZ 2016, 286.

das Darlehen zu Konditionen aus, die es nur bei Richtigkeit der gemachten Angaben gewährt hätte, ist der Rückzahlungsanspruch minderwertig, da insoweit ein erhöhtes Ausfallrisiko besteht. Da in einem solchen Fall das erhöhte Ausfallrisiko (täuschungsbedingt) nicht durch einen entsprechenden Risikoaufschlag bei der Zinshöhe ausgeglichen wird, führt dies zur Annahme einer schadensgleichen Vermögensgefährdung bzw. sogar zu einem „echten" Vermögensschaden.

Auch der Fall, dass der Käufer (eines Grundstücks) den Kaufvertrag schließt, obwohl er von Anfang an weder zahlungsfähig noch -willig ist, fällt hierunter.[935] An einer konkreten Vermögensgefährdung kann es aber auch in diesem Fall fehlen, wenn ausreichende Sicherheiten gegeben wurden, die es dem Gläubiger ermöglichen, sich wegen des Anspruchs ohne Schwierigkeiten zu befriedigen.

(d.) Prozessbetrug

Auch beim bereits erläuterten **Prozessbetrug** ist der Eintritt eines Schadens hinreichend wahrscheinlich, wenn ein (nicht notwendigerweise rechtskräftiges, aber jedenfalls vorläufig vollstreckbares) Urteil erschlichen wurde (siehe Rn 532 und 599). **629**

(e.) Gutgläubiger Erwerb vom Nichtberechtigten/Prozessrisiko

Ein weiteres Problem besteht darin, ob eine konkrete Vermögensgefährdung beim Erwerb eines Gegenwerts angenommen werden kann, der nach den Vorschriften des **gutgläubigen Erwerbs vom Nichtberechtigten** (also vindikations- und kondiktionsfest) erlangt wurde, insbesondere, wenn die gutgläubig erworbene Sache mit dem „**Makel**" behaftet ist, dass durch den Gutglaubenserwerb (vgl. §§ 929 S. 1, 932 BGB) die Eigentümerstellung des Berechtigten aufgehoben worden ist und/oder der Erwerber der **Gefahr der Strafverfolgung** (wegen Hehlerei) oder eines **Zivilrechtsstreits** ausgesetzt ist. Während der genannte Makel als schadenstaugliches Kriterium vom BGH abgelehnt wird, kann jedoch das **Prozessrisiko** geeignet sein, eine schadensgleiche Vermögensgefährdung zu begründen. Das Prozessrisiko kann etwa darin bestehen, dass das Zivilgericht die Gutgläubigkeit des Erwerbers verneint und so dem Herausgabeverlangen des Klägers stattgibt. Die Gutgläubigkeit kann etwa zweifelhaft sein, wenn der Gegenstand deutlich unter Marktwert und/oder ausschließlich als Barkauf bzw. außerhalb des gewöhnlichen Geschäftsverkehrs angeboten wurde[936] („Kauf aus dem Kofferraum heraus"). Von einfach gelagerten und eindeutigen Fallgestaltungen abgesehen, verlangt der BGH hierzu jedoch, dass das Risiko, den Prozess zu verlieren, der **Höhe nach in wirtschaftlich nachvollziehbarer Weise beziffert** werden können müsse[937] (s.o.). Wenn nicht ersichtlich sei, nach welchen wirtschaftlich nachvollziehbaren Maßstäben ein bezifferbarer Schaden allein in dem Bestehen eines zivilrechtlichen Prozessrisikos liegen könne, und keine Parameter für die Berechnung der Höhe des Schadens erkennbar seien, könne eine schadensgleiche Vermögensgefährdung nicht angenommen werden und damit eine Verurteilung wegen Betrugs nicht erfolgen.[938] **630**

Beispiel[939]**:** T mietete bei gewerblichen Fahrzeugvermietern hochpreisige Pkw, die er dann unter Vorlage unechter Urkunden (Fahrzeugzulassungsbescheinigungen I und II), die er von einem Dritten auf vorher entwendeten Blankoformularen herstellen ließ, an Dritte verkaufte. Bei den Verkaufsgesprächen suggerierte er den jeweiligen Käufern, er lebe in guten finanziellen Verhältnissen und sei in rechtmäßigem Eigenbesitz des Fahrzeugs; der zweite Fahrzeugschlüssel könne nicht sofort überlassen werden, weil er ihn in

---

[935] Vgl. BGH NStZ 2013, 404, 405 mit Bespr. v. *Albrecht*, NStZ 2014, 17 ff.
[936] MüKo-*Oechsler*, § 932 BGB Rn 48 ff.
[937] BGH NStZ 2013, 37 f.
[938] BGH NStZ 2013, 37 f.; bestätigt von BGH NStZ 2015, 514, 515.
[939] In Anlehnung an BGH NStZ 2013, 37 f.

seinem Zweitwohnsitz in der Schweiz vergessen habe. Auf diese Weise veräußerte er mehr als 10 Fahrzeuge, bis aufgrund eines Datenabgleichs bei einer Zulassungsstelle herauskam, dass die Buchstaben-/Zahlenkombination einer Zulassungsbescheinigung nicht stimmte.

Zunächst liegt jeweils ein Betrug zu Lasten der Autovermietungen vor. Denn T hat die jeweiligen Mitarbeiter über seine wahre Absicht getäuscht, wodurch diese einem Irrtum unterlegen sind und in Form von Abschlüssen von Mietverträgen und Aushändigen der Fahrzeuge über das Vermögen der jeweiligen Gesellschaft verfügt haben. Der Schaden besteht in der (späteren) Herauslösung aus der jeweiligen Eigentümerposition.

Auch bei der Frage nach der Strafbarkeit wegen Betrugs zum Nachteil der Käufer müsste zunächst eine Täuschungshandlung vorliegen. Diese liegt darin, dass T die jeweiligen Käufer über die Eigentümerstellung fehlinformiert hat. Aufgrund dieser Täuschung sind die Käufer auch einem Irrtum über die Eigentümerstellung des T unterlegen. Die jeweilige Vermögensverfügung liegt in dem Bezahlen des Kaufpreises.

Fraglich ist allein, ob die Käufer jeweils einen Schaden erlitten haben. T war Nichtberechtigter, d.h. zur Veräußerung der Fahrzeuge nicht berechtigt, weil ihm die Fahrzeuge nicht gehörten und er auch sonst nicht befugt war, sie zu veräußern. Gleichwohl war ein Eigentumserwerb der jeweiligen Käufer möglich, weil sie gutgläubig i.S.d. § 932 I BGB waren. Denn die Vorlage der Zulassungsbescheinigungen I und II ließ die Käufer nicht an der Redlichkeit des T und der Geschäfte zweifeln. Zu weiteren Nachforschungen waren sie deshalb nicht verpflichtet.[940] Die Gutgläubigkeit i.S.d. § 932 I BGB ist auch nicht deswegen ausgeschlossen, weil T die Zweitschlüssel nicht mit aushändigte. Denn der Hinweis auf die Zweitwohnung schien plausibel. Die Käufer waren hinsichtlich der Eigentümerstellung des T also **in gutem Glauben**, weil sie davon ausgehen durften, T sei Eigentümer der Fahrzeuge. Nach §§ 929, 932 BGB erwirbt der gutgläubige Käufer etwa einer unterschlagenen oder betrügerisch erlangten Sache **unanfechtbares Eigentum**. Ein Vermögensschaden bzw. eine konkrete Vermögensgefährdung i.S.d. § 263 auf Seiten der Käufer scheint damit ausgeschlossen. Daran ändert auch der Umstand nichts, dass die rechtmäßig erworbenen Sachen mit dem „**Makel**" behaftet sind, dass durch sie die Eigentümerstellung eines anderen vernichtet worden ist. Zwar wurde eine solche „moralische" Begründung eines Vermögensschadens bzw. einer konkreten Vermögensgefährdung vom Reichsgericht vertreten[941], der BGH hat sie jedoch sehr schnell abgelehnt[942]. Gerade aber dieser „Makel" könnte dazu führen, dass trotz der starken Stellung des gutgläubigen Erwerbers in der Rechtsordnung nie ausgeschlossen werden kann, dass er einen Zivilprozess (mit dem Altberechtigten) verliert. Denn ein Tatgericht könnte die Gutgläubigkeit bezweifeln. Besteht also das Risiko, trotz der beim Kläger liegenden Beweislast den **Prozess zu verlieren** und die erworbene Sache wieder herausgeben zu müssen, kann eine schadensgleiche konkrete Vermögensgefährdung vorliegen.[943] Jedoch verlangt der BGH unter Verweis auf die (übertragbare) Rspr. des BVerfG zur Untreue[944], dass mit Blick auf Art. 103 II GG die konkrete Vermögensgefährdung der **Höhe nach in wirtschaftlich nachvollziehbarer Weise beziffert** werden müsse.[945] Wenn nicht ersichtlich sei, nach welchen wirtschaftlich nachvollziehbaren Maßstäben ein bezifferbarer Schaden allein in dem Bestehen eines zivilrechtlichen Prozessrisikos liegen könne, und keine Parameter für die Berechnung der Höhe des Schadens erkennbar seien, könne eine schadensgleiche Vermögensgefährdung nicht angenommen werden und damit eine Verurteilung wegen Betrugs nicht erfolgen.[946]

Wenn man also davon ausgeht, dass der „gute Glaube" i.S.d. § 932 II BGB hinsichtlich der Eigentümerstellung nicht allein dadurch verneint werden muss, dass T die Zweitschlüssel nicht übergeben konnte, dürfte das Risiko, trotz der bei den Vermietungsgesell-

---

[940] Vgl. dazu *Hütte/Hütte*, SachenR I, 7. Aufl. 2015, Rn 470 ff.
[941] RGSt 73, 61, 63 f.
[942] BGHSt 3, 370, 372; 15, 83, 86 f.
[943] LK-*Tiedemann*, § 263 Rn 209; *Lackner/Kühl*, § 263 Rn 43.
[944] BVerfGE 126, 170 ff.
[945] BGH NStZ 2013, 37 f.; NStZ 2015, 514, 515.
[946] BGH NStZ 2013, 37 f.; NStZ 2015, 514, 515.

schaften liegenden Beweislast die auf die Herausgabe der Fahrzeuge gerichteten **Prozesse zu verlieren** und die Fahrzeuge wieder herausgeben zu müssen, äußerst gering sein und damit eine konkrete Vermögensgefährdung zu verneinen sein.

Folgt man diesem Gedanken, hat T sich nicht wegen Betrugs gegenüber den Käufern und zu deren Nachteil strafbar gemacht.[947]

Fazit: Insbesondere dann, wenn der Erwerber den Vermögenswert unter regelwidrigen Umständen erlangt hat, die es wahrscheinlich machen, dass er ihn in einer (zivilgerichtlichen) Auseinandersetzung verteidigen muss, ist eine konkrete Vermögensgefährdung gegeben. Dieses **Prozessrisiko** ist es dann, das die konkrete Vermögensgefährdung begründen kann. Allerdings muss die risikobegründende Vermögensgefährdung in **wirtschaftlich nachvollziehbarer Weise beziffert werden können**.

b.) Individuelle Komponente

aa.) „Persönlicher Schadenseinschlag"

Es gibt Fälle, in denen Leistung und Gegenleistung zwar objektiv in einem wirtschaftlichen Äquivalenzverhältnis zueinander stehen, die Leistung speziell für den Betroffenen **zu dem vertraglich vorausgesetzten Zweck jedoch unbrauchbar** ist und er sie auch **nicht in anderer zumutbarer Weise verwenden kann** (sog. „**individueller oder subjektiver Schadenseinschlag**").

631

> **Beispiel**[948]**:** Handelsvertreter V verkauft Bauer B unter Vorspiegelung eines besonders günstigen, nicht wiederkehrenden Angebots eine Melkmaschine, die den gleichzeitigen Anschluss von zwanzig Kühen zulässt, obwohl er weiß, dass B nur drei Kühe besitzt und auch eine Betriebserweiterung nicht plant. Um die Maschine bezahlen zu können, nimmt B einen für seine Verhältnisse sehr hohen Kredit auf, was dazu führt, dass seine Familie und er über Monate einen nur sehr eingeschränkten Lebensstandard aufrechterhalten können.

In solchen und ähnlichen Fällen ist man sich einig, dass der ansonsten maßgebende rein ökonomische bzw. juristisch-ökonomische Ansatz einer Korrektur bedarf. So bejahte der BGH im genannten **Melkmaschinenfall** trotz **gegebenen Äquivalenzverhältnisses zwischen Leistung und Gegenleistung** einen **Schaden**, wenn

632

- die Gegenleistung für den Betroffenen nicht oder nicht in vollem Umfang zu dem vertraglich vorausgesetzten Zweck brauchbar ist und er sie auch nicht in anderer zumutbarer Weise verwenden kann,
- der Betroffene zu vermögensschädigenden Maßnahmen genötigt wird *oder*
- der Betroffene infolge der Verpflichtung nicht mehr über die Mittel verfügen kann, die zur ordnungsgemäßen Erfüllung seiner Verbindlichkeiten oder sonst für eine seinen persönlichen Verhältnissen angemessene Wirtschafts- oder Lebensführung unerlässlich sind.[949]

Obwohl diese Auffassung im Melkmaschinenfall zu einem begrüßenswerten Ergebnis führt, ist sie in ihrer dogmatischen Herleitung doch bedenklich. Nicht nur, dass der BGH sich in Widersprüche verwickelt, wenn er einerseits darauf hinweist, dass die Strafnorm des § 263 nicht die Verfügungsfreiheit des Individuums schütze (die Verfügungsfreiheit

633

---

[947] Anders wäre es, wenn T die Fahrzeuge gestohlen hätte. Dann wäre wegen § 935 I BGB ein gutgläubiger Erwerb ausgeschlossen (vgl. dazu *R. Schmidt*, BGB AT, 16. Aufl. 2017, Rn 216 f.) und ein Betrug gegenüber den Käufern hätte vorgelegen. Lediglich, wenn die Käufer die wahren Umstände durchschaut oder zumindest vermutet hätten, wären sie nicht gutgläubig i.S.d. § 932 BGB gewesen und T hätte sich nicht wegen Betrugs zum Nachteil der Käufer strafbar gemacht; dann aber hätte sich T wohl wegen versuchten Betrugs und die Käufer hätten sich wohl wegen Hehlerei (§ 259) strafbar gemacht.
[948] In Anlehnung an den zielzitierten „Melkmaschinenfall" BGHSt 16, 321 ff.
[949] BGHSt 16, 321, 326, übereinstimmend wiedergegeben bspw. bei *Joecks*, § 263 Rn 157; *Lackner/Kühl*, § 263 Rn 48a; Sch/Sch-*Perron*, § 263 Rn 121; *Rengier*, BT I, § 13 Rn 177; *Jäger*, JA 2014, 875, 876. Vgl. auch BGH NJW 2006, 1679, 1680 ff. (Persönlicher Schadenseinschlag beim Betrug durch Fondseinlagen).

sei ausschließlich gegen Gewalt und Drohung, nicht gegen Täuschung geschützt – dazu Rn 615b, c), andererseits aber genau auf den Schutz der Verfügungsfreiheit abstellt, wenn der BGH eine Individualisierung des Schadens vornimmt. Denn gerade durch die Individualisierung des Schadens wird die Brauchbarkeit der empfangenen Leistung im konkreten Einzelfall ein entscheidender Faktor für die Bestimmung des geschützten Rechtsguts. Darüber hinaus bejaht der BGH ohne jegliches Problembewusstsein die Stoffgleichheit (dazu Rn 646), obwohl nicht ohne weiteres ersichtlich ist, wie die Einbuße an Lebensqualität beim Getäuschten das genaue Spiegelbild des Mehr an Lebensqualität beim Bereicherten darstellt.

634 Die Bedenken an der Richtigkeit der vom BGH aufgestellten Grundsätze vom „individualisierten Schadenseinschlag" finden ihren Höhepunkt schließlich darin, dass der BGH ein alternatives Vorliegen („oder") der genannten Voraussetzungen genügen lässt. Auf diese Weise konnte er auch in folgenden Fällen einen Vermögensschaden und damit einen Betrug bejahen[950]:

- Verkauf eines Lexikons an einen völlig Ungebildeten,
- Verkauf einer Fachzeitschrift an einen Laien,
- Verkauf eines Kleinwagens an einen häufig Reisenden,
- Verkauf einer Waschmaschine, obwohl das Opfer schon ein neuwertiges Gerät besitzt,
- Erwirken einer Mitgliedschaft in einem Buchclub, obwohl das Opfer weder liest noch Musik hört.

635 Warum in diesen (fast schon täglich vorkommenden und in gewisser Weise als „sozialadäquat" geltenden) Fällen trotz gegebener Äquivalenz zwischen Leistung und Gegenleistung ein Betrug angenommen werden soll, ist nicht ohne weiteres ersichtlich (vielleicht kommt im Lexikon-Fall der Ungebildete ja gerade zu einer Bildung). Denn wie bereits mehrfach ausgeführt, sind einer Marktwirtschaft Geschäftstüchtigkeit und Gewinnmaximierung auf Kosten anderer nicht fremd, sondern gerade immanent. Insbesondere würde in den genannten Fällen eine Bestrafung wegen Betrugs voraussetzen, dass § 263 nicht nur das Vermögen, sondern auch die Dispositionsfreiheit schützte. Doch dies ist – wie gesehen – nach Auffassung des BGH gerade nicht der Fall.

635a Ob die Rechtsprechung des BGH zum individuellen Schadenseinschlag angesichts der vom BVerfG[951] angemahnten restriktiven Auslegung bzgl. der (konkreten) Vermögensgefährdung, wonach diese der Höhe nach in wirtschaftlich nachvollziehbarer Weise beziffert werden müsse[952], noch haltbar ist, wurde selbst vom BGH angezweifelt[953], jedoch offengelassen[954], da im zu entscheidenden Fall bereits ein objektiver Vermögensschaden vorlag.

636 Hält man gleichwohl an der Figur des individuellen Schadenseinschlags fest, bietet sich für die entsprechenden Fälle (die oftmals in ein betrugsspezifisches Dreiecksverhältnis eingebettet sind[955]) folgende Lösung an:

> **Beispiel**[956]**:** Auch Harro ist Zeitschriftenwerber und arbeitet wie Peppo (Rn 621) auf Provisionsbasis für den Storno-Verlag. Am Tag der Tat schwatzt er dem 79-jährigen querschnittsgelähmten Willibald das Magazin „Der Bergsteiger" auf. Wahrheitswidrig erklärt er, es handele sich um eine äußerst günstige, nicht wiederkehrende Gelegenheit. W un-

---

[950] Aufzählung nach *Rengier*, BT I, § 13 Rn 179 (mit jeweiligen Nachweisen).
[951] BVerfGE 126, 170 ff.
[952] BGH NStZ 2013, 37 f.
[953] BGH NStZ 2014, 517, 518 f.
[954] BGH NStZ 2014, 517, 518 f.; NStZ 2014, 318 f.
[955] Vgl. dazu noch einmal die denkbaren Konstellationen bei Rn 521.
[956] Vgl. hierzu bereits die Fallvariante bei Rn 621 bezüglich der Stornobereitschaft.

terschreibt den Abonnentenvertrag. Daraufhin erhält H vom Storno-Verlag die Provision. W fühlt sich geschädigt und stellt Strafanzeige. Ist H wegen Betrugs strafbar?

Strafbarkeit des H gem. § 263 I zu seinem Vorteil und zum Nachteil des W

H hat W über das einmalige, nicht wiederkehrende Sonderangebot getäuscht. Daraufhin ist W einem entsprechenden Irrtum unterlegen, der kausal für das Eingehen des Abonnentenvertrags war. Fraglich ist, ob bei W ein Vermögensschaden entstanden ist. Bedenken ergeben sich daraus, dass keine Anhaltspunkte vorliegen, die auf ein Missverhältnis zwischen Leistung und Gegenleistung schließen lassen. Ungeachtet der Gleichwertigkeit der auszutauschenden Leistungen kann nach Auffassung des BGH aber auch dann ein Schaden vorliegen, wenn *aus der Sicht eines objektiven Beobachters* sich (1) der Getäuschte zur Erfüllung der übernommenen Verpflichtung am eigenen Vermögen schädigen, sich (2) infolge der übernommenen Verpflichtung in seiner Wirtschafts- und Lebensführung übermäßig einschränken muss oder (3) wenn er eine für seine Zwecke völlig ungeeignete Leistung erhält (s.o.).

Von einer Schädigung am eigenen Vermögen und von einer übermäßigen Einschränkung in der Lebensführung kann vorliegend nicht ausgegangen werden. Die fragliche Zeitschrift ist für W aber völlig unbrauchbar. Er wird aufgrund seines hohen Alters und seiner Querschnittslähmung die gebotenen Inhalte niemals in der Praxis anwenden können. Aus der Sicht eines objektiven Beobachters liegt daher ein individueller Vermögensschaden (in Form eines unerwünschten Vertrags) vor.

H handelte auch vorsätzlich und mit der Absicht, sich rechtswidrig zu bereichern. Die beabsichtigte Bereicherung müsste trotz der Formulierung in § 263 I „Wer in der Absicht, sich *oder einem Dritten* einen rechtswidrigen Vermögensvorteil zu verschaffen..." und damit der Möglichkeit eines fremdnützigen Betrugs aber auch das genaue Gegenstück (die „Kehrseite") des Vermögensschadens sein (sog. **Stoffgleichheit**). Daran fehlt es jedoch, wenn man auf die Eigennützigkeit der Betrugshandlung des H abstellt. Denn die von ihm erstrebte Bereicherung besteht in der Erlangung der vom Verlag versprochenen Provision.[957] Diese steht nicht spiegelbildlich zu dem bei W entstandenen Schaden, sondern geht nur mittelbar aus der Vertragskonstellation hervor.

H hat sich somit nicht wegen eigennützigen Betrugs zum Nachteil des W strafbar gemacht.

Strafbarkeit des H gem. § 263 I zum Vorteil des Verlags und zum Nachteil des W

H könnte sich aber wegen Betrugs zum Vorteil des Verlags und zum Nachteil des W strafbar gemacht haben. Dazu müsste er die Absicht gehabt haben, den Verlag rechtswidrig zu bereichern. Zwar verfolgte er die Absicht, *sich* durch die Provision zu bereichern. Um die erforderliche Stoffgleichheit zwischen dem erstrebten Vermögensvorteil und dem entstandenen Schaden zu erreichen, genügt aber auch - wie bei der Absicht selbst - das Vorhandensein eines notwendigen Zwischenziels. Dieses bestand vorliegend darin, dass H nur durch das Abschließen von Abonnentenverträgen in den Genuss der Provision kommen konnte. Folglich war die rechtswidrige Bereicherung des Verlags stoffgleich mit dem Schaden bei W.

H hat sich somit wegen (fremdnützigen) Betrugs zum Vorteil des Verlags und zum Nachteil des W strafbar gemacht.

Strafbarkeit des H gem. § 263 I zu seinem Vorteil und zum Nachteil des Verlags

H könnte sich auch wegen Betrugs zu seinem Vorteil und zum Nachteil des Verlags strafbar gemacht haben. Er hat das Personal des Verlags dadurch, dass er ihm den mit W geschlossenen Abonnentenvertrag vorlegte, konkludent über dessen Rechtmäßigkeit und Unanfechtbarkeit getäuscht.[958] Irrtumsbedingt zahlte der Verlag ihm daraufhin die Provision, womit auch eine Verfügung vorliegt. Beim Verlag müsste aber auch ein Schaden

---

[957] Vgl. dazu grundlegend BGHSt 6, 115, 116; 21, 384, 385 f. („Provisionsvertreterbetrug"); 34, 379, 391.
[958] Vertretbar wäre es auch, eine Täuschung durch Unterlassen anzunehmen. Die unterlassene Handlung bestünde dann in dem Verschweigen des wahren Sachverhalts. Die Offenbarung wäre auch möglich, erforderlich und zumutbar gewesen. Die Garantenpflicht würde sich aus dem Provisionsvertrag ergeben (freiwillige Übernahme einer Obhutspflicht).

entstanden sein. Der Abonnentenvertrag ist für den Verlag wirtschaftlich minderwertig, da er wegen der von H begangenen arglistigen Täuschung von W (im Rahmen der zeitlichen Grenze des § 124 I BGB) jederzeit angefochten werden kann, § 123 I Var. 1 BGB. Diese Vermögensgefährdung scheint umso konkreter, als W bereits geäußert hat, dass er sich geschädigt fühle. Daher ist ein Schaden des Verlags zu bejahen. H handelte auch vorsätzlich und mit der Absicht, sich rechtswidrig zu bereichern. Die erstrebte Provision bildete zudem das Spiegelbild des Schadens. H hat sich somit auch wegen (eigennützigen) Betrugs zu seinem Vorteil und zum Nachteil des Storno-Verlags strafbar gemacht, der in Idealkonkurrenz (§ 52) zu dem oben festgestellten fremdnützigen Betrug steht.

Auch im **Beispiel** von Rn 615b kommt ein Betrug unter dem Gesichtspunkt „nicht gegebene Brauchbarkeit für den vorausgesetzten Zweck und keine andere Verwendung in zumutbarer Weise" in Betracht. Jedoch sollen nach Auffassung des BGH Folgekosten keinen „individuellen Schadenseinschlag" begründen, solange sie i.V.m. dem gezahlten Kaufpreis den Wert der Felgen nicht überschreiten. Das ist nicht ganz unproblematisch, weil Folgekosten außerhalb der vereinbarten Gegenleistung stehen und daher dogmatisch nicht geeignet sind, einen Betrugsschaden zu verneinen.

bb.) Bewusste Selbstschädigung (Spenden-, Bettel- u. Schenkungsbetrug)

637   In den bisher behandelten Betrugskonstellationen war dem Getäuschten zwar bewusst, dass er verfügte, aufgrund des Irrtums, dem er unterlag, war ihm jedoch nicht bewusst, dass er durch die Verfügung sein Vermögen auch schädigen würde. Vielmehr ging er ja gerade davon aus, ein Äquivalent für seinen weggegebenen Vermögensteil zu erhalten. Nun soll der Frage nachgegangen werden, ob ein Betrug auch dann angenommen werden kann, wenn dem Getäuschten der vermögensschädigende Charakter seines Verhaltens **bewusst** ist, oder – anders ausgedrückt – ob ein Vermögensschaden überhaupt angenommen werden kann, wenn dem Verfügenden bewusst ist, dass er sowieso keine Gegenleistung erhält.

638   **Beispiel:** Der angeblich querschnittsgelähmte Poldi sitzt am Rande einer Fußgängerzone und erbettelt von den Passanten Almosen. Auf diese Weise erhält er auch von Ehrenfried einen 10-€-Schein. In Wirklichkeit ist Poldi kerngesund.

Variante: Diesmal sammelt Poldi angeblich für die Caritas. In Wirklichkeit ist das Geld für einen anderen gemeinnützigen Zweck bestimmt. Den auf diese Weise von Friedbald erhaltenen 10-€-Schein verwendet er wie geplant.

Eine Täuschung über Tatsachen ist in beiden Fällen gegeben. Auch haben E und F irrtumsbedingt über ihre Geldscheine verfügt. Es müsste aber auch ein Vermögensschaden entstanden sein. Bedenken knüpfen an den Umstand, dass E und F wussten, dass ihre jeweilige Leistung ohne Gegenleistung erfolgte. Sie haben sich somit bewusst selbst geschädigt. Fraglich ist daher, ob der Tatbestand des Betrugs eine *un*bewusste Selbstschädigung voraussetzt, d.h. ob ein Betrug voraussetzt, dass dem Opfer der vermögensschädigende Charakter seines Verhaltens verborgen bleibt, oder ob ein Betrug auch dann angenommen werden kann, wenn dem Getäuschten der vermögensschädigende Charakter seines Verhaltens **bewusst** ist. Über die Beantwortung dieser Frage herrscht Streit.

⇨ Eine ältere Auffassung[959] nimmt einen Vermögensschaden auch bei einer **bewussten Selbstschädigung** an, sofern der Geschädigte die Leistung nur aufgrund einer Täuschung erbracht hat. Demzufolge läge sowohl im Ausgangsfall als auch in der Variante ein Betrug vor.

---

[959] *Herzberg*, MDR 1972, 93; *Kindhäuser*, ZStW 103, 398, 410; BayObLG NJW 1952, 798.

⇨ Nach dem heute herrschenden Schrifttum[960] lässt sich der Vermögensschaden allein aus der täuschungsbedingten Vermögenseinbuße noch nicht ableiten. Vielmehr sei wegen des Charakters des § 263 als Selbstschädigungsdelikt stets eine **unbewusste Selbstschädigung** erforderlich. Allerdings sei der „unbewussten" Selbstschädigung der Fall gleichgestellt, in dem infolge der Täuschung der mit der Zuwendung verfolgte Zweck seinem sozialen Sinn nach verfehlt werde (sog. **Zweckverfehlungslehre**). Folgt man dieser Auffassung, läge zwar im Ausgangsfall, nicht aber in der Variante ein Betrug vor, weil F das Geld einem gemeinnützigen Zweck spenden wollte und dies letztlich auch getan hat.

Stellungnahme: Auch bei unentgeltlichen Austauschgeschäften erfolgt die Vermögenshingabe letztlich nicht ohne Gegenleistung. Die Gegenleistung kann in dem verfolgten nichtwirtschaftlichen, insbesondere sozialen Zweck gesehen werden. Wird dieser Zweck erreicht, sind Leistung und Gegenleistung äquivalent, sodass ein Vermögensschaden entfällt. Motivirrtümer, die nicht den verfolgten Zweck betreffen, beeinträchtigten bloß die Dispositionsfreiheit, deren Verletzung allein nicht ausreicht.[961] Mittlerweile hat auch der BGH klargestellt, dass nicht jeder Motivirrtum ausreichen könne, eine Strafbarkeit wegen Betrugs zu bejahen.[962] P ist daher in der Variante nicht wegen Betrugs strafbar.

cc. Sonstige Fallgruppen eines Vermögensschadens

a.) Erfüllungsbetrug

Bereits im Rahmen des Eingehungsbetrugs (vgl. Rn 617/617a) wurde aufgezeigt, dass allein mit Abschluss eines schuldrechtlichen Verpflichtungsgeschäfts das Vermögen des Getäuschten konkret gefährdet sein kann, was die h.M. veranlasst, eine schadensgleiche Vermögensgefährdung anzunehmen. Zugleich wurde das Problem aufgeworfen, dass mit der Anerkennung der schadensgleichen Vermögensgefährdung eine Vorverlagerung der Betrugsstrafbarkeit, eine Kollision mit der Wortlautgrenze und damit mit dem verfassungsrechtlichen Bestimmtheitsgrundsatz verbunden ist, dass sich diese Problematik aber auflöst, wenn der Vertrag wie vorgesehen erfüllt wird. Denn dann wirkt die Täuschung in den anschließenden Erfüllungshandlungen (Übereignung und Übergabe) nur fort; es liegt insgesamt nur *ein* Betrug vor (**unechter Erfüllungsbetrug** oder „**abgewickelter Eingehungsbetrug**").[963] Weiterhin wurde gesagt, dass man prüfungstechnisch in derartigen Fällen i.d.R. von einem **einheitlichen Geschehen** ausgehen und auf den im **Zeitpunkt der Vertragserfüllung** tatsächlich eingetretenen Schaden abstellen könne.

639

Anders liegt der Fall, in dem die Täuschungshandlung erst in unmittelbarem Zusammenhang mit dem Erfüllungsgeschäft vorgenommen wird (**echter Erfüllungsbetrug**). Bei diesem bleibt infolge einer Täuschung die tatsächlich erbrachte Leistung (= Erfüllung) hinter der geschuldeten zurück. Der Getäuschte erhält also weniger, als sein Anspruch wert ist. Der Schaden besteht dann darin, dass er die Gegenleistung auf die erhaltene (minderwertige) Leistung erbringt und damit Zurückbehaltungsrechte nicht mehr geltend machen kann. Die Möglichkeit der Anfechtung und Rückabwicklung des Geschäfts bzw. des Schadensersatzes wegen Nichterfüllung sind kein Äquivalent zur Leistung, sondern lediglich Folgeansprüche.

640

> **Beispiel:** Verkäufer T und Käufer O schließen einen Kaufvertrag über ein gebrauchtes Fahrzeug. Die Übergabe von Fahrzeug und Geld soll am nächsten Tag erfolgen. Noch am Abend des Verkaufstages tauscht T die neuwertige, erst kürzlich eingebaute Starterbatterie gegen eine alte, entsorgungsreife Batterie aus.

---

[960] *Rudolphi*, NStZ 1995, 289; Sch/Sch-*Perron*, § 263 Rn 102; SK-*Hoyer*, § 263 Rn 209 ff.; *Krey/Hellmann/Heinrich*, BT II, Rn 470; *Wessels/Hillenkamp*, BT 2, Rn 553 ff., 550 ff.; *Rengier*, BT I, § 13 Rn 146 ff.
[961] *Joecks*, § 263 Rn 102; *Wessels/Hillenkamp*, BT 2, Rn 553 ff; *Rengier*, BT I, § 263 Rn 149 ff.
[962] Vgl. BGH NJW 1995, 539.
[963] BGH wistra 1997, 144, 146; LK-*Tiedemann*, § 263 Rn 274.

Hier macht sich T im Zeitpunkt der Übergabe wegen vollendeten (Erfüllungs-)Betrugs strafbar.

641 Wie im Rahmen der Zweckverfehlungslehre und des subjektiven Schadenseinschlags bereits erläutert, ist – um einen Vermögensschaden annehmen zu können – nicht notwendigerweise ein rein objektiver Maßstab anzulegen. Dies gilt auch für den Erfüllungsbetrug. Hier kann ein Schaden auch dann vorliegen, wenn Anspruch und Erfüllung nach den *Anschauungen des Wirtschaftsverkehrs* nicht gleichwertig sind.

> **Beispiel:** V ist Inhaber einer Vertragswerkstatt des Kfz-Herstellers X. Er verkauft K einen jungen Gebrauchtwagen der oberen Mittelklasse. Im Vertrag vereinbart er mit K, dass er vor der Übergabe neue Reifen montiere. Zwar montiert V vor der Übergabe tatsächlich neue Reifen, bei diesen handelt es sich aber um in China produzierte Billigware, die den Sicherheitsanforderungen des modernen Kfz-Verkehrs nicht entsprechen.
>
> Nach den Anschauungen des Wirtschaftsverkehrs ist die Qualität von Autoreifen jedenfalls bei jungen Gebrauchtwagen der oberen Mittelklasse für die Wertbestimmung maßgebend. Der Anspruch auf Erfüllung und das zur Erfüllung Geleistete sind daher nicht gleichwertig. Es liegt ein Vermögensschaden vor.

642 Schließlich ist zu beachten, dass sowohl Eingehungs- und Erfüllungsbetrug nur im **Synallagma** (Kauf, Miete, Pacht, Werkvertrag etc.) begangen werden können. Bei einseitig verpflichtenden Verträgen (Schenkung, Bürgschaft etc.) ist ein Schaden nur dann in Betracht zu ziehen, wenn der Zweck der Leistung verfehlt ist; vgl. dazu die Ausführungen zur Zweckverfehlungslehre bei Rn 638.

b.) Ausschreibungs- oder Submissionsbetrug

643 Unter Submission versteht man die **Ausschreibung von Arbeiten** und die **Vergabe des Auftrags an den günstigsten Anbieter**. Differenziert wird danach, ob eine unbeschränkte Anzahl von Unternehmen zur Einreichung von Angeboten aufgefordert wird (*öffentliche Ausschreibung*) oder nur ein beschränkter Kreis (*beschränkte Ausschreibung*).[964]

644 **Beispiel**[965]**:** Die sich zu 100% in Staatseigentum befindliche Flughafen GmbH möchte eine zusätzliche Startbahn errichten. Dazu schreibt sie öffentlich einen entsprechenden Auftrag aus, um diesen anschließend an den günstigsten Anbieter zu vergeben. Die aufgrund ihrer technischen Ausstattung allein in Betracht kommenden Bauunternehmer A, B und C vereinbaren, dass A das günstigste Angebot abgibt und sich im Gegenzug verpflichtet, an die höher bietenden „Konkurrenten" B und C Ausgleichszahlungen zu leisten. So geschieht es. Auf diese Weise zahlt die Flughafen GmbH insgesamt 750.000,- € mehr, als sie ohne die Preisabsprache hätte zahlen müssen.

A, B und C könnten sich wegen Betrugs zu Lasten der Flughafen GmbH (d.h. zu Lasten der öffentlichen Hand) strafbar gemacht haben. Die hierzu erforderliche Täuschung kann in der auf der wettbewerbswidrigen (§ 1 GWB) Preisabsprache beruhenden Angebotsabgabe gesehen werden. Denn ein Angebot enthält vor dem Hintergrund des § 1 GWB die schlüssige (konkludente) Erklärung, dass das Angebot ohne eine vorherige Preisabsprache zwischen den Bietern zustande gekommen ist. Auch kann ein Irrtum bejaht werden, wenngleich angesichts der generell hohen Absprachequote im Baubereich beim Auftraggeber ein Unbehagen bleibt. Hinsichtlich des Vermögensschadens ist nach dem bisher Gesagten der tatsächlich geleistete Preis mit demjenigen, der ohne die wettbewerbswidrige Preisabsprache zu bezahlen gewesen wäre, zu vergleichen. Der BGH nimmt im vorliegenden Fall eine Normativierung des Schadens vor. Nach seiner Auffassung liegt ein Schaden vor, wenn in dem angenommenen Angebot als Rechnungsposten Ausgleichs-

---

[964] BGH NJW 2001, 3718; *Rönnau*, JuS 2002, 545; *Hohmann*, NStZ 2001, 567.
[965] In Anlehnung an BGH NJW 2001, 3718. Vgl. auch *Bechtold/Buntscheck*, NJW 2005, 2966, 2973.

bzw. Schmiergeldzahlungen einkalkuliert sind, deren Abzug zu einem niedrigeren Preis führt. Unter solchen Umständen kommt es nach Auffassung des BGH auch nicht darauf an, ob der tatsächlich vereinbarte Preis den allgemeinen Wertvorstellungen des Marktes entspricht. A, B und C haben sich somit wegen Betrugs strafbar gemacht. Der ebenfalls verwirklichte Tatbestand des § 298 steht in Tateinheit zum Betrug, da unterschiedliche Schutzrichtungen bestehen.[966]

2. Subjektiver Tatbestand

a. Vorsatz und Absicht

Subjektiv ist zunächst der allgemeine **Tatbestandsvorsatz** i.S.d. § 15 erforderlich, zumindest in Form des *dolus eventualis*.[967] Er muss sich auf alle objektiven Tatbestandsmerkmale einschließlich der sie verbindenden Kausalbeziehungen beziehen. Zudem setzt der subjektive Tatbestand die **Absicht** voraus, sich oder einem Dritten einen rechtswidrigen Vermögensvorteil (d.h. eine Erhöhung des wirtschaftlichen Gesamtwerts des Vermögens[968], wozu auch die Befreiung von einer Verbindlichkeit gehören kann[969]) zu verschaffen.

645

* **Absicht** bedeutet den auf Erlangung des Vorteils zielgerichteten Willen (i.S.d. *dolus directus* 1. Grades).
* **Vermögensvorteil** ist Bereicherung; es muss dem Täter also um eine günstigere Gestaltung der Vermögenslage gehen.

Daher ist die Bereicherungsabsicht nicht gegeben, wenn der Täter zwar kurzzeitigen Besitz begründen will, die Sache aber unmittelbar nach der Erlangung vernichtet, zerstört oder weggeworfen werden soll. Ebenso wenig reicht es aus, wenn der Täter den mit seiner Tat verbundenen Vermögensvorteil nur als notwendige oder mögliche Folge seines ausschließlich auf einen anderen Zweck gerichteten Verhaltens hinnimmt.[970] Schließlich fehlt es an der Absicht i.S.d. § 263, wenn der Täter Ware für einen anderen lediglich deswegen bestellt, um ihn zu ärgern oder sich an ihm zu rächen.[971]

b. „Stoffgleichheit"

Nach allgemeiner Auffassung wird darüber hinaus (als ungeschriebenes Tatbestandsmerkmal) verlangt, dass zwischen dem durch die Tathandlung verursachten Vermögensschaden und dem erstrebten Vermögensvorteil **„Stoffgleichheit"** besteht.[972] Wie bereits in dem Provisionsvertreterbeispiel bei Rn 636 herausgearbeitet wurde, hat das folgenden Grund: Dadurch, dass der Täter einen Vermögensvorteil erstreben muss, stellt der Betrug ein Vermögensverschiebungsdelikt dar (Rn 500). Die Vermögensminderung, die das Opfer erleidet, muss dem Täter (oder einem Dritten) unmittelbar als Vermögensmehrung zufließen. Der Vermögensschaden muss die „Kehrseite" des erstrebten Vermögensvorteils darstellen, d.h. er muss unmittelbare Folge der täuschungsbedingten Vermögensverfügung sein und der Wert muss dem Täter direkt aus dem

646

---

[966] Vgl. Sch/Sch-*Heine/Eisele*, § 298 Rn 22; *Lackner/Kühl*, § 298 Rn 9.
[967] Zum Eventualvorsatz beim Betrug vgl. BGH wistra 2008, 342 f.
[968] BGH NStZ 2011, 699, 701.
[969] Vgl. dazu BGHSt 42, 268, 272 ff.
[970] BGH NStZ 2011, 699, 701 f.
[971] *Wessels/Hillenkamp*, BT 2, Rn 583; *Eisele*, BT, II, Rn 637; *Joecks*, § 263 Rn 171; Sch/Sch-*Perron*, § 263 Rn 167; a.A. LG Kiel NStZ 2008, 219, 220 f.
[972] Vgl. grundlegend BGHSt 6, 115, 116; 21, 384, 385 f. („Provisionsvertreterbetrug"); später auch BGHSt 34, 379, 391; BGH NStZ 2015, 89, 92; NJW 2016, 3543, 3544.

geschädigten Vermögen zufließen.[973] Man sagt, zwischen dem Schaden und dem (erstrebten) rechtswidrigen Vermögensvorteil müsse „Stoffgleichheit" bestehen.[974]

Stoffgleichheit liegt vor, wenn Schaden und Vorteil auf derselben Vermögensverfügung beruhen, d.h. der Schaden muss unmittelbare Folge der täuschungsbedingten Vermögensverfügung sein und der Wert muss dem Täter direkt aus dem geschädigten Vermögen zufließen.[975]

Dieser allgemein anerkannte Begriff darf nicht dahingehend missverstanden werden, dass die Bereicherung mit dem Schaden identisch sein müsse, denn oft liegt der vom Täter erstrebte Vorteil auf einer anderen Ebene als der Nachteil des Opfers. Entscheidend ist vielmehr, dass *die* Verfügung des Getäuschten, die den Täter oder einen Dritten bereichern soll, den Schaden **unmittelbar** herbeiführt.[976]

> **Beispiel:** Die **Hingabe eines Schecks** enthält zumindest die konkludente Erklärung dafür, dass nach der Überzeugung des Ausstellers *bei Einlösung* Deckung vorhanden sein wird (sog. **Scheckbetrug**). Ob auch schon *vorhandene* Deckung zugesichert wird, ist umstritten und hängt von den Umständen des Einzelfalls ab. Jedenfalls scheitert die Annahme eines Betrugs bei Hingabe eines ungedeckten Schecks nicht an der Stoffgleichheit: Wenn nämlich der Empfänger eines ungedeckten Schecks den valutierten Betrag nicht von der bezogenen Bank gutgeschrieben bekommt, entsteht bei ihm unmittelbar ein Schaden, der das genaue Spiegelbild für die dem Bereicherten zugeflossene vermögenswerte Leistung darstellt.

Im Übrigen kommt als Vorteil – spiegelbildlich zum Vermögensschaden – jede Verbesserung der Vermögenslage des Täters (oder beim fremdnützigen Betrug: des Dritten) in Betracht; der Vorteil kann auch im Ersparen von Aufwendungen oder in einer günstigeren Beweislage bestehen. Beim Sachbetrug ist Stoffgleichheit bei einer Identität des Tatobjekts gegeben; beim Forderungsbetrug bezieht sich die Stoffgleichheit auf den Gegenstand der Forderung (Geldbetrag, sonstige Leistung). Dagegen scheiden Belohnungen, die der Täter für seine Täuschung von einem Dritten erhält, mangels Stoffgleichheit als betrugsrelevanter Vorteil aus.[977]

c. Rechtswidrigkeit des erstrebten Vermögensvorteils

647 Schließlich muss der erstrebte Vermögensvorteil **rechtswidrig** sein. Bei dieser Rechtswidrigkeit handelt es sich *nicht* um das gleichlautende allgemeine Verbrechensmerkmal, das im Rahmen des dreistufigen Deliktsaufbaus nach dem Tatbestand geprüft wird[978], sondern um ein objektives Tatbestandsmerkmal, das die (beabsichtigte) Bereicherung kennzeichnet und daher beim subjektiven Tatbestand eine Rolle spielt[979]. Rechtswidrig ist der (erstrebte) Vermögensvorteil, wenn er unter den konkreten Umständen objektiv der materiellen Rechtslage widerspricht, d.h., wenn der Täter auf ihn **keinen fälligen und einredefreien Anspruch** hat.[980] Dies richtet sich nach den Vorschriften des Zivilrechts; insbesondere macht die Täuschungshandlung im Rahmen des § 263 den Anspruch nicht rechtswidrig. Daher bleibt auch der aus dem betrügerischen Geschäft selbst erwachsene Anspruch außer Betracht, auch wenn noch keine Anfechtung wegen

---

[973] BGH NStZ 2015, 89, 92.

[974] Vgl. BGHSt 21, 384, 385 f.; 34, 379, 391; BGH NStZ 2015, 89, 92; NJW 2016, 3543, 3544. Vgl. aus der Lit. etwa *Lackner/Kühl*, § 263 Rn 59; SK-*Hoyer*, § 263, Rn 268; Sch/Sch-*Perron*, § 263 Rn 168.

[975] Siehe BGHSt 6, 115, 116; 21, 384, 385 f.; 34, 379, 391; BGH NStZ 2015, 89, 92; NJW 2016, 3543, 3544.

[976] BGHSt 6, 115, 116.

[977] *Kindhäuser/Nikolaus*, JuS 2006, 293, 298.

[978] Zur Rechtswidrigkeit als allgemeines Deliktsmerkmal vgl. *R. Schmidt*, AT, Rn 309 ff.

[979] Vgl. bereits die Ausführungen zur Rechtswidrigkeit der (erstrebten) Zueignung beim Diebstahl bei Rn 113 ff.

[980] Allg. Auffassung, vgl. etwa BGHSt 3, 160, 161; 16, 206, 216; 48, 322, 325; BGH NStZ 2002, 597, 598 (zu § 253); *Lackner/Kühl*, § 263 Rn 61; *Wittig*, JA 2013, 401, 403.

arglistiger Täuschung erfolgt ist, weil sonst der Betrugstatbestand im Rahmen von Rechtsgeschäften *ad absurdum* geführt würde.[981]

Da es sich bei der Rechtswidrigkeit der erstrebten Bereicherung um ein (objektives) Tatbestandsmerkmal handelt, muss sich auch der **Vorsatz** des Täters darauf beziehen. Insoweit genügt allerdings *dolus eventualis*.[982] Es genügt also, wenn der Täter es aufgrund einer rechtlichen Bewertung[983] für möglich hält und billigend in Kauf nimmt, dass seine Forderung nicht besteht oder aber von der Rechtsordnung nicht geschützt wird.

Hat der Täter also (bzw. beim fremdnützigen Betrug der begünstigte Dritte) einen fälligen **648** und einredefreien Anspruch gerade auf die betrügerisch erstrebte bzw. erlangte Sache, entfällt der Betrugstatbestand selbst dann, wenn sich der Täter dazu rechtswidriger oder unlauterer Mittel wie gefälschter Urkunden bedient.[984] Dabei spielt es – anders als bei § 242 – keine Rolle, ob es um die Durchsetzung eines Stück-, Gattungs- oder Geldanspruchs geht, weil der Schuldner durch seine Leistung das Schuldverhältnis auf den Gegenstand der Täuschungshandlung konkretisiert.[985]

> **Hinweis für die Fallbearbeitung:** Gerade das Vorsatzerfordernis bezüglich der Rechtswidrigkeit des erstrebten Vorteils wird bei der Klausurbearbeitung häufig übersehen. Hat der Täter die irrige Vorstellung, einen fälligen und einredefreien Anspruch zu haben oder einen vermeintlich unberechtigten Anspruch abzuwehren, unterliegt er gem. **§ 16 I S. 1** einem **vorsatzausschließenden Tatbestandsirrtum**.[986]
>
> **Beispiel:** S bezieht Sozialhilfe und verschweigt entgegen § 60 I S. 1 Nr. 1 SGB I anrechnungspflichtiges Einkommen. Nimmt S irrig an, die erhaltenen Geldzahlungen stellten kein Einkommen i.S.d. Sozialhilferechts dar, handelt er bezüglich der Rechtswidrigkeit des Vorteils **unvorsätzlich**. Folgt man dem juristisch-ökonomischen Vermögensbegriff, muss man in solchen Fällen zudem bereits den Schädigungsvorsatz verneinen.[987]
>
> Unterliegt S umgekehrt der Fehlvorstellung, einen vermeintlich rechtswidrigen Vorteil zu erstreben, liegt nicht etwa ein (strafloses) Wahndelikt, sondern ein (strafbarer) **untauglicher Versuch** vor, weil der Irrtum über das Bestehen eines Anspruchs einen tatsächlichen Umstand betrifft.[988]

II. Rechtswidrigkeit und III. Schuld

Hinsichtlich Rechtswidrigkeit und Schuld gelten die allgemeinen Grundsätze.   **649**

IV. Besonders schwere Fälle des Betrugs (§ 263 III)

Die **Strafzumessungsvorschrift** des § 263 III enthält **Regelbeispiele** für besonders **650** schwere Fälle des Betrugs (zur Regelbeispielstechnik und Indizwirkung vgl. bereits die zu § 243 bei Rn 128 ff. aufgestellten, auf § 263 III S. 2 weitgehend übertragbaren, Grundsätze). Im vorliegenden Zusammenhang ist daher lediglich auf betrugsspezifische Besonderheiten einzugehen:

---

[981] Vgl. dazu näher Sch/Sch-*Perron*, § 263 Rn 173.
[982] BGHSt 31, 178, 181; 42, 268, 273; BGH NStZ 2003, 663, 664; NStZ 2011, 519; *Fischer* § 263 Rn 112.
[983] Zu den normativen Tatbestandsmerkmalen, die eine rechtliche Bewertung des Täters hinsichtlich der wahrgenommenen Tatsachen fordern, vgl. *R. Schmidt*, AT, Rn 208.
[984] *Rengier*, BT I, § 13 Rn 265; vgl. auch BGHSt 20, 136, 137; 42, 268, 271 f.; BGH NStZ 2011, 519.
[985] *Rengier*, BT I, § 13 Rn 265; vgl. auch BGHSt 42, 268, 271 f.; LK-*Tiedemann*, § 263 Rn 265; SK-*Hoyer*, § 263 Rn 191.
[986] BGH NStZ 2017, 465, 467; BGHSt 42, 268, 272; BGH NStZ 2003, 663, 664; *Lackner/Kühl*, § 263 Rn 62; *Rengier*, BT I, § 13 Rn 268; *Joecks*, § 263 Rn 173.
[987] *Rengier*, BT I, § 13 Rn 268.
[988] Vgl. BGHSt 42, 268, 272 f.; *Rengier*, BT I, § 13 Rn 268; *Kudlich*, NStZ 1997, 432; *Wessels/Hillenkamp*, BT 2, Rn 587.

1. § 263 III S. 2 Nr. 1

651 In Anlehnung an §§ 243 I S. 2 Nr. 3, 244 I Nr. 2 sind in § 263 III S. 2 Nr. 1 als Regelbeispiele das **gewerbsmäßige** Betrügen sowie das Betrügen als **Mitglied einer Bande**, die sich zur fortgesetzten Begehung von Taten verbunden hat, genannt.

- **Gewerbsmäßigkeit** liegt vor, wenn der Täter in der Absicht handelt, sich durch wiederholte Tatbegehung eine fortlaufende Einnahmequelle von einiger Dauer und einigem Umfang zu verschaffen.[989] Liegt ein derartiges Gewinnstreben vor, ist schon die **erste** der ins Auge gefassten Tathandlungen als gewerbsmäßig anzusehen.[990] Unerheblich ist es auch, wenn die Einzeldelikte der Betrugsserie in Tateinheit zueinander stehen.[991]

- Was die Mindestmitgliederzahl einer **Bande** betrifft, wird die vom *Großen Senat* des BGH in Strafsachen[992] genannte Zahl von **drei** in der Literatur teilweise zwar immer noch als streitig gesehen[993], ist für die Praxis aber rechtsverbindlich und wird dort auch nicht mehr diskutiert.

2. § 263 III S. 2 Nr. 2

652 § 263 III S. 2 Nr. 2 enthält zwei Regelbeispiele: Das erste knüpft an einen **Vermögensverlust großen Ausmaßes** an. Diese Formulierung ist aufgrund ihrer Unbestimmtheit verfassungsrechtlich nicht ganz unbedenklich. Das betrifft sowohl den „Vermögensverlust" als auch das „große Ausmaß".

653
- Hinsichtlich der Frage, was unter „**Vermögensverlust**" zu verstehen ist, hat der BGH zu Recht entschieden, dass – anders als bei § 263 I – eine schadensgleiche Vermögens*gefährdung* nicht ausreiche. Vielmehr müsse (aufgrund der klaren Formulierung „Vermögensverlust") der Getäuschte die Leistung *tatsächlich* erbracht haben.[994] Nicht erforderlich sei jedoch, dass der Geschädigte eine *bleibende* Vermögenseinbuße erleide.[995]

654
- Ein Vermögensverlust „**großen Ausmaßes**" setzt nach der Intention des Gesetzgebers eine aus dem Rahmen durchschnittlicher Betrugsschäden nach objektivem Maßstab erheblich herausfallende Schädigung voraus und soll in Anlehnung an § 264 II S. 2 Nr. 1 bei (umgerechnet) 50.000,- € beginnen.[996] Der BGH hat nach anfänglicher Differenzierung zwischen Vermögensschaden und Vermögensgefährdung nunmehr entschieden, dass eine einheitliche Wertgrenze von 50.000,- € bei den Regelbeispielen der §§ 263 III S. 2 Nr. 2 Var. 1, 263a II, 264 II S. 2 Nr. 1, 266 II, 300 S. 2 Nr. 1 StGB und des § 370 III S. 2 Nr. 1 AO angemessen sei und zudem mehr Rechtssicherheit gewähre.[997] Nach der hier vertretenen Auffassung ist die (abstrakte) Festsetzung konkreter Zahlen nicht geeignet, um den Vermögensverlust „großen Ausmaßes" zu bestimmen. Vielmehr ist stets eine tatrichterliche Einzelfallentscheidung zu treffen, die sich nicht zuletzt an den Vermögensverhältnissen des Geschädigten orientiert (§ 263 ist immerhin ein Delikt, das Individualinteressen schützt). So stellt bspw. ein Vermögensschaden von 10.000,- € zu Lasten eines Durchschnittsverdieners für diesen ein „großes Ausmaß" dar, wohingegen der Verlust desselben Betrags für einen Milliardär nicht besonders schmerzhaft ist. Dass subjektive Schadenserwägungen von der übrigen Rechtslehre hier nicht angestellt werden, erstaunt, da gerade sie solche etwa beim Verlust eines wichtigen Körperglieds bei § 226 (vgl. dazu *R. Schmidt*, BT I, Rn 374 f.) annimmt. Subjektive Schadenserwägungen sollten bei den

---

[989] Vgl. auch *Jannusch*, NStZ 2012, 679.
[990] BGH NStZ 2004, 265, 266. Vgl. nun auch *Zieschang*, JA 2008, 192, 194. Zur Feststellung der Gewerbsmäßigkeit vgl. auch BGH wistra 2008, 342 f.
[991] BGHSt 49, 177, 180 ff.; BGH NStZ 2011, 401, 402 f.; *Jannusch*, NStZ 2012, 679.
[992] BGHSt 46, 321, 338; zust. *Erb*, NStZ 2001, 561, 562; *Ellbogen*, wistra 2002, 9 f.; *Lackner/Kühl*, § 244 Rn 6. Vgl. auch BGH NJW 2002, 1662; NJW 2004, 2840, 2842.
[993] So etwa von *Joecks*, § 263 Rn 182.
[994] BGHSt 48, 360, 362 (mit Anm. v. *Krüger*, wistra 2005, 247; *Lang* u.a., NStZ 2004, 528).
[995] BGH NStZ 2002, 547.
[996] Vgl. BT-Drs. 13/8587, S. 43.
[997] BGH NJW 2016, 965, 966 f.

Individualinteressen schützenden Betrugstatbeständen ebenfalls angenommen werden. Bei § 370 III S. 2 Nr. 1 AO mag das anders gesehen werden.

Im Übrigen ist zu beachten, dass bei einer (tateinheitlich zusammengefassten) Betrugsserie eine Addition von Einzelschäden nur dann in Betracht kommt, sofern sie dasselbe Opfer betreffen.[998]

Für die Verwirklichung des zweiten Regelbeispiels des § 263 III S. 2 Nr. 2 genügt die Absicht, durch die **fortgesetzte Begehung** von Betrug eine **große Zahl** von Menschen in die Gefahr des Verlusts von Vermögenswerten zu bringen.[999] **655**

Die geforderte „fortgesetzte" Begehung unterscheidet sich wohl nicht zum Merkmal der „wiederholten" Tatbegehung, die hinsichtlich der Gewerbsmäßigkeit i.S.d. Nr. 1 verlangt wird.[1000] Hinsichtlich des (erstrebten) Vermögensverlusts zeigt ein Vergleich mit dem ersten Regelbeispiel der Nr. 2, dass der (erstrebte) Vermögensverlust nicht „großen Ausmaßes" sein muss; dafür muss es sich aber um eine „große Zahl" von Menschen handeln, die der Täter in die Gefahr des Verlusts von Vermögenswerten zu bringen versucht. Hinsichtlich der Bestimmung der „großen Zahl" besteht ebenfalls erhebliche Unstimmigkeit. Hinsichtlich § 306b I, der eine vergleichbare Formulierung enthält, hat der BGH eine Zahl von 14 ausreichen lassen, aber zugleich deutlich gemacht, dass es sich um eine tatbestandsspezifische (also auf § 306b I beschränkte) Auslegung handele.[1001] Während die Rechtsprechung, die bislang zu § 263 III S. 2 Nr. 2 ergangen ist, keine konkrete Mindestzahl fordert, sondern darauf abstellt, ob von der Betrugshandlung eine „Breitenwirkung" ausgeht (OLG Jena NJW 2002, 2404), werden in der Literatur Zahlen zwischen 10 und 50 genannt[1002].

> **Stellungnahme und Hinweis für die Fallbearbeitung:** Allein die höchst unterschiedlich ausfallenden Mindestzahlen sollten verdeutlicht haben, dass es für eine gute Fallbearbeitung weniger darauf ankommt, die von den einzelnen Literaturstimmen genannten Zahlen benennen zu können, sondern dass unter Verwendung der anerkannten Auslegungsmethoden eine einzelfallbezogene Lösung herbeigeführt wird. Nur eine problemorientierte Diskussion, die sich am Schutzgut einerseits und am hohen Strafmaß andererseits orientiert, kann den Korrektor überzeugen. Beispielhaft ist die Vorgehensweise des OLG Jena NJW 2002, 2404, das wie hier auf die generelle Nennung einer Zahl verzichtet, sondern vielmehr auf den Einzelfall abstellt. **656**

3. § 263 III S. 2 Nr. 3

Das Regelbeispiel des § 263 III S. 2 Nr. 3 erfüllt, wer **eine andere Person in wirtschaftliche Not bringt**. Der Täter muss – wie bei §§ 283a S. 2 Nr. 2, 291 II S. 2 Nr. 1 – das Opfer in eine solche Lage versetzen, dass diesem die Mittel für lebenswichtige Aufwendungen für sich und seine unterhaltsberechtigten Angehörigen fehlen.[1003] **657**

4. § 263 III S. 2 Nr. 4

§ 263 III S. 2 Nr. 4 sanktioniert den Fall, dass der Täter – in Übereinstimmung mit § 264 II S. 2 Nr. 2 und § 370 III S. 2 Nr. 2 AO – seine Befugnisse oder Stellung als **Amtsträger** missbraucht. Zur Amtsträgereigenschaft vgl. § 11 I Nr. 2. **658**

5. § 263 III S. 2 Nr. 5

Zu § 263 III S. 2 Nr. 5 (Vortäuschen eines Versicherungsfalls) vgl. Rn 507. **659**

---

[998] BGH NStZ 2012, 213, 214; NStZ 2011, 401, 402.
[999] Ein *tatsächlich* eingetretener Erfolg ist also nicht erforderlich.
[1000] Vgl. *Jannusch*, NStZ 2012, 679, 680 f.
[1001] BGHSt 44, 175, 178. Zur Menschenmenge i.S.v. § 125 vgl. BGH NStZ 2002, 538.
[1002] Vgl. SK-*Hoyer*, § 263 Rn 282 ff. und LK-*Tiedemann*, § 263 Rn 299: 10 Personen; Sch/Sch-*Perron*, § 263 Rn 188d und *Fischer*, § 263 Rn 123: 20 Personen; *Joecks*, § 263 Rn 186: 50 Personen.
[1003] Sch/Sch-*Heine/Hecker*, § 291 Rn 44; *Wessels/Hillenkamp*, BT 2, Rn 595.

V. Tatbestandsqualifikation (§ 263 V)[1004]

660 § 263 V qualifiziert den Betrug zu einem **Verbrechen**. Ein Vergleich mit § 244a i.V.m. § 243 I S. 2 Nr. 1 und 3 zeigt, dass § 263 V diesen Vorschriften nachgebildet ist. Daher kann insoweit verwiesen werden.

VI. Strafverfolgungsvoraussetzungen/-hindernisse

661 Gemäß § 263 IV gelten die §§ 243 II, 247 und 248a entsprechend.

VII. Teilnahme und Konkurrenzen

662 Neben Mittäterschaft und mittelbarer Täterschaft ist auch Teilnahme möglich. Schwierigkeiten bereitet insbesondere die Abgrenzung zwischen Mittäterschaft und Beihilfe, etwa wenn sich ein Beteiligter auf die Mitwirkung im Vorbereitungsstadium beschränkt, indem er bspw. Täuschungsunterlagen erstellt und der andere allein die Täuschungshandlung durchführt. Hier muss mit den Instrumentarien der funktionalen Tatherrschaft bzw. dem Täterwillen eine Qualifikation des Täterverhaltens herbeigeführt werden (dazu *R. Schmidt*, AT, Rn 939 ff.). Beim Zusammentreffen von § 263 mit einem Ordnungswidrigkeitentatbestand greift § 21 OWiG mit der Folge, dass der Ordnungswidrigkeitentatbestand hinter dem Straftatbestand zurücktritt.[1005] Sollte ein Betrug zu Lasten der Finanzbehörde begangen werden, tritt § 263 hinter den speziellen Tatbestand der Steuerhinterziehung (§ 370 AO) subsidiär zurück, wenn der Täter nicht noch über die Verkürzung von Steuereinnahmen oder die Erlangung ungerechtfertigter Steuervorteile hinaus weitere Vorteile erstrebt.[1006]

[1004] Zum prüfungstechnischen Aufbau von Grundtatbestand und Tatbestandsqualifikation vgl. *R. Schmidt*, AT, Rn 84 ff.
[1005] Vgl. BayObLG NJW 2005, 309 f.
[1006] BGH NStZ 2007, 596, 597.

C. Computerbetrug (§ 263a)

Die Strafnorm des § 263a wurde nachträglich (d.h. 1986) in das StGB aufgenommen, um bestehende Strafbarkeitslücken zu schließen, die darin bestanden, dass bei einer missbräuchlichen Benutzung von Datenverarbeitungsanlagen mangels Täuschungspartner (generell: mangels personenbezogener Merkmale) ein Betrug ausscheidet.[1007] Denn der Betrugstatbestand setzt eine Täuschung, also eine Einwirkung auf das intellektuelle Vorstellungsbild eines anderen Menschen mit dem Ziel der Irreführung voraus. Bei der Manipulation einer Datenverarbeitungsanlage (etwa beim Ingangsetzen des Geldausgabemechanismus eines Geldautomaten oder bei der Eingabe eines gefälschten Überweisungsträgers in ein Bankterminal, das vollautomatisch die Echtheit der Überweisungsträger prüft und die Überweisung vornimmt), ist das nicht der Fall, weil hier nicht auf das intellektuelle Vorstellungsbild eines Menschen eingewirkt, sondern nur ein vollautomatisierter Datenverarbeitungsprozess in Gang gesetzt wird. Es fehlt mithin am Täuschungspartner bzw. an der täuschungsbedingten Irrtumserregung, die nur gegenüber einer natürlichen Person vorgenommen werden kann (vgl. dazu etwa BGHSt 51, 356 ff.). Da § 263 damit nicht erfüllt ist, bedurfte es der Schaffung eines betrugsäquivalenten Tatbestands, der diese Lücke schließt. Mit § 263 stimmt § 263a aber insoweit überein, dass auch er das Vermögen schützt.[1008] Mit der am 1.4.2004 in Kraft getretenen Änderung des StGB wurden in § 263a die Absätze III und IV angefügt. § 263a III stellt die Vorbereitungshandlungen unter Strafe; § 263a IV sieht die Möglichkeit der tätigen Reue vor.

663

> **Hinweis für die Fallbearbeitung:** Aufgrund des Umstands, dass § 263a Strafbarkeitslücken in Bezug auf § 263 schließen soll, kann es – in Abhängigkeit von der Fallgestaltung – zu empfehlen sein, bzgl. der fraglichen Tathandlung mit der Prüfung des § 263 zu beginnen, die Verwirklichung dieses Tatbestands am Merkmal der Täuschung scheitern zu lassen, um sodann auf § 263a einzugehen und diesen Tatbestand durchzuprüfen. Dabei ist zu beachten, dass der Prüfungsaufbau des § 263a dem des § 263 ähnlich ist, wobei die Tatbestandsmerkmale, die an die Eigenschaft eines Menschen anknüpfen, durch entsprechende computerspezifische Merkmale ersetzt werden: Das Täuschungsmerkmal des §_263 wird bei § 263a durch die vier aufgezählten Handlungsmodalitäten ersetzt. Der Irrtum und die Vermögensverfügung sind, da sie an die Eigenschaft als Mensch anknüpfen, nicht zu prüfen; sie werden durch das Merkmal der Beeinflussung des Ergebnisses eines Datenverarbeitungsvorgangs ersetzt.

Computerbetrug (§ 263a I, II)

I. Tatbestand
1. Objektiver Tatbestand

Alle in § 263a I Var. 1-4 genannten Tathandlungen setzen voraus, dass der Täter das Vermögen eines anderen dadurch beschädigt, dass er **das Ergebnis eines Datenverarbeitungsvorgangs beeinflusst**. Dieses Erfordernis tritt bei § 263a an die Stelle von Irrtum u. Vermögensverfügung. Der Begriff des Vermögensschadens ist mit dem des § 263 identisch.

- Unter **Daten** sind alle codierten und codierbaren Informationen unabhängig vom Verarbeitungsgrad zu verstehen. Dazu zählen auch der Verarbeitung dienende Programme, weil sie als fixierte Arbeitsanweisungen an den Computer aus Daten zusammengefügt sind.

- Unter **Datenverarbeitung** sind die elektronischen Vorgänge zu verstehen, bei denen durch Aufnahme von Daten und ihre Verknüpfung Arbeitsergebnisse erzielt werden.

- Der Täter muss durch seine Tathandlung **das Ergebnis beeinflussen**, d.h. für das Verar-

---

[1007] Vgl. auch BGHSt 47, 160, 162; BGH NStZ 2013, 281, 282; BGH NStZ 2016, 149, 150.
[1008] Das ist – soweit ersichtlich – unstreitig, vgl. etwa BGHSt 47, 160, 162 f.; BGH NStZ 2013, 586, 587; Sch/Sch-*Perron*, § 263a Rn 1.

beitungsergebnis zumindest mitursächlich geworden sein.

a. Unrichtige Gestaltung des Programms (Var. 1)

Die 1. Variante erfasst sog. **Programmmanipulationen**. Ein Programm ist eine durch Daten fixierte Arbeitsanweisung an den Computer. „Unrichtig" ist die Programmgestaltung, wenn Programme oder Programmteile neu geschrieben, verändert oder gelöscht wurden.

b. Verwendung unrichtiger oder unvollständiger Daten (Var. 2)

Hier werden Fälle erfasst, in denen eingegebene Daten in einen anderen Zusammenhang gebracht oder unterdrückt werden, sog. **Input- oder Eingabemanipulationen**.

- **Unrichtig** sind die Daten, wenn die mit ihnen dargestellten Informationen falsch sind, diese also die Wirklichkeit bzw. den Lebenssachverhalt unzutreffend wiedergeben.

- Daten sind **unvollständig**, wenn Informationen über „wahre" Tatsachen pflichtwidrig vorenthalten werden.

- Zur **Verwendung** von Daten siehe Var. 3.

c. Unbefugte Verwendung von Daten (Var. 3)

- **Verwendung** von Daten: Während eine weite Auslegung jede Nutzung von Daten genügen lässt, verlangt die (zutreffende) enge Auslegung eine Eingabe von Daten gerade in den Datenverarbeitungsprozess. Das Befolgen der engen Auslegung führt dazu, dass der Anwendungsbereich des Auffangtatbestands des § 263a I Var. 4 ausgedehnt wird.

- **Unbefugte** Verwendung von Daten: Auch die Auslegung des Merkmals „unbefugt" ist äußerst umstritten und sehr **prüfungs-** bzw. **examensrelevant**. Folgende Ansichten müssen bekannt sein:

    ⇨ Nach der am weitesten gehenden sog. **subjektivierenden** Auslegung ist jede Datenverarbeitung „unbefugt", die dem wirklichen oder mutmaßlichen *Willen des Rechtsgutinhabers* (des Berechtigten) widerspricht.

    ⇨ Vertreter der engen, sog. **computerspezifischen** Auslegung stellen darauf ab, ob der einer Datenverwendung entgegenstehende *Wille des Betreibers* im Computerprogramm berücksichtigt ist. Entscheidend ist danach, ob die Befugnis des Verwenders der Daten im Programmablauf Niederschlag gefunden hat, also vom Programm selbst überprüft wird. Diese Überprüfung findet regelmäßig durch eine entsprechende Nachfrage, etwa durch Anforderung und Überprüfung der persönlichen Geheimnummer, der PIN, statt.

    ⇨ Eine vermittelnde Ansicht, die § 263a I Var. 3 **betrugsspezifisch** auslegt, orientiert sich an § 263 und verlangt ein täuschungsäquivalentes Verhalten des Täters. Entscheidend ist danach, ob die Verwendung der Daten gegenüber einem Menschen als zumindest schlüssige Vorspiegelung der Befugnis zu deuten wäre. Durch ihre Anlehnung an § 263 entspricht sie dem Zweck des § 263a, lediglich bestehende Strafbarkeitslücken zu schließen, die darin bestanden, dass bei einer missbräuchlichen Benutzung von Datenverarbeitungsanlagen ein Betrug ausscheidet. Ihr ist daher zu folgen.

d. Sonst unbefugte Einwirkung auf den Ablauf (Var. 4)

Die letzte Tatvariante des § 263a I soll nach Auffassung des Gesetzgebers als **Auffangtatbestand** fungieren und die noch verbleibenden, von den anderen Tatvarianten nicht gedeckten Manipulationen erfassen. Die Reichweite der 4. Variante hängt also maßgeblich davon ab, wie viele der denkbaren Computerdelikte man bereits unter die ersten drei Varianten (insbesondere unter die 3. Variante) subsumieren konnte. Dies wiederum hängt davon ab, ob man für die „Verwendung von Daten" i.S. der 2. und 3. Variante mit der zutreffenden h.M. eine Eingabe in den Datenverarbeitungsprozess voraussetzt oder jede Nutzung von Daten genügen lässt.

2. Subjektiver Tatbestand

Vorsatz (mindestens *dolus eventualis*) und **Absicht** (*dolus directus* 1. Grades) der rechtswidrigen und stoffgleichen eigen- oder fremdnützigen Bereicherung.

II. Rechtswidrigkeit und III. Schuld: Es gelten die allgemeinen Grundsätze.

IV. Strafzumessungsregel (§ 263 III) und Qualifikation (§ 263 V)[1009]

[1009] Zum prüfungstechnischen Aufbau von Grundtatbestand und Tatbestandsqualifikation vgl. *R. Schmidt*, AT, Rn 84 ff.

Hinsichtlich der **Anwendbarkeit** des § 263a beim **Abheben von Geld am Geldau-** **664**
tomaten ist eine Besonderheit zu beachten, der folgende Überlegung zugrunde liegt:
I.d.R. geht dem Computerbetrug ein anderes Vermögensdelikt voraus. Zu denken ist
insbesondere an den Fall, in dem der Täter mit einer zuvor durch Diebstahl, Nötigung
bzw. räuberische Erpressung oder Betrug erlangten Girocard (früher: ec-Karte[1010]) Geld
von einem Automaten abhebt. In diesen Fällen stellt sich die Frage nach dem Konkurrenzverhältnis zwischen dem Computerbetrug und der vorangegangenen Tat. Während
der BGH bei einem Diebstahl oder einer Nötigung bzw. räuberischen Erpressung als
vorangegangener Tat Realkonkurrenz (Tatmehrheit) mit dem anschließenden durch
Abhebung von Geld am Geldautomaten verwirklichten § 263a annimmt[1011], verneint er
den Tatbestand des Computerbetrugs, wenn die Girocard zuvor vom Täter durch Betrug
erlangt worden ist[1012]. Das erscheint nicht ohne weiteres plausibel, vgl. dazu Rn 681a.

I. Tatbestand

1. Objektiver Tatbestand

§ 263a I formuliert zwar einen eigenständigen Tatbestand, entspricht aber – wie aufge- **665**
zeigt – in seiner Struktur dem des § 263 I. Alle in § 263a I Var. 1-4 genannten Tathandlungen setzen voraus, dass der Täter das Vermögen eines anderen dadurch beschädigt,
dass er das **Ergebnis eines Datenverarbeitungsvorgangs beeinflusst**. Dieses
Erfordernis tritt bei § 263a an die Stelle von Irrtum und Vermögensverfügung. Der
Datenverarbeitungsvorgang muss also **vermögenserheblich** sein.[1013] Der Begriff des
Vermögensschadens ist mit dem des § 263 identisch.

■ Der Begriff der **Daten** ist gesetzlich nicht näher bestimmt. Mit Blick auf den Zweck der **666**
 Vorschrift ist er aber weit zu verstehen. Nach h.M. umfasst er alle codierten und codier-
 baren Informationen unabhängig vom Verarbeitungsgrad (z.B. Eingabe-, Stamm- und
 Ausgabedaten usw.) und erfasst daher auch der Verarbeitung dienende Programme, weil
 sie als fixierte Arbeitsanweisungen an den Computer aus Daten zusammengefügt sind.[1014]
 Der Begriff der „Daten" i.S.v. § 263a ist damit weiter als der i.S.v. § 202a II.

■ Unter **Datenverarbeitung** sind die elektronischen Vorgänge zu verstehen, bei denen **667**
 durch Aufnahme von Daten und ihre Verknüpfung Arbeitsergebnisse erzielt werden. Mit
 Datenverarbeitungsvorgängen sind die konkreten, dem jeweiligen Ergebnis einer
 EDV vorhergehenden Vorgänge gemeint.[1015]

> **Hinweis für die Fallbearbeitung:** Obwohl Daten auch in rein mechanisch wirken-
> den Geräten verarbeitet werden können, dürfen Datenverarbeitungen, die zur Ver-
> wirklichung des § 263a führen können, nur in **EDV-Anlagen** vorkommen; anderen-
> falls würde die Vorschrift des § 265a (Automatenmissbrauch) funktionslos.[1016] Da an-
> dererseits aber in nahezu allen Waren- und Leistungsautomaten elektronische Geld-
> prüfvorrichtungen enthalten sind, die das eingeworfene Geld erst aufgrund des Er-
> gebnisses einer Datenverarbeitung akzeptieren, fällt der Missbrauch solcher Automa-
> ten im Allgemeinen unter § 263a.

[1010] Die Kreditinstitute geben seit einiger Zeit ausschließlich Girocards (Codekarten) aus, die sich in ihrer Funktion allerdings nicht von den bisherigen ec-Karten unterscheiden, da bereits die Bezeichnung „ec" nicht etwa für „eurocheque",
sondern für „electronic cash" stand. Daher sollte der Begriff „ec-Karte" nur noch für „Altfälle" verwendet werden, auch
wenn selbst der Reformgesetzgeber in § 152b IV noch von „Euroscheckkarten" spricht.
[1011] Vgl. BGH NStZ 2001, 316 f. (Codekarte zuvor durch Diebstahl erlangt); BGH StV 2002, 362 f. (Codekarte zuvor durch
räuberische Erpressung erlangt).
[1012] Vgl. BGH 15.1.2013 – 2 StR 553/12 (Codekarte zuvor durch Betrug erlangt); fortgeführt von BGH NStZ 2016, 149,
150.
[1013] Vgl. LK-*Tiedemann/Valerius*, § 263a Rn 65; *Laue*, JuS 2002, 359, 363; *Eisele/Fad*, Jura 2002, 305, 306.
[1014] *Lackner/Kühl*, § 263a Rn 3; *Hilgendorf*, JuS 1996, 509, 511; *Eisele/Fad*, Jura 2002, 305, 306; *Laue*, JuS 2002, 359,
362. Zum Begriff der Daten i.S.v. § 202a vgl. Rn 717c.
[1015] *Lackner/Kühl*, § 263a Rn 4.
[1016] LK-*Tiedemann/Valerius*, § 263a Rn 1 u. 22.

668 ■ Die Tathandlung des Täters muss **das Ergebnis beeinflusst** haben, d.h. für das Verarbeitungsergebnis zumindest mitursächlich geworden sein; eine Beeinflussung setzt keinen bereits in Gang befindlichen Datenverarbeitungsvorgang voraus. Vgl. dazu insbesondere das bei Rn 696 dargestellte Beispiel zum **Leerspielen von Geldspielautomaten**.

669 Die **Tathandlungen**, die im Verhältnis zu § 263 an die Stelle der Täuschung treten, sind in § 263a I Var. 1-4 **abschließend aufgezählt** und (wegen Art. 103 II GG) nicht durch Analogie erweiterungsfähig.[1017] Der objektive Tatbestand des § 263a I liegt vor, wenn die Tathandlung unter eine der Varianten fällt.

a. Unrichtige Gestaltung des Programms (§ 263a I Var. 1)

670 Die 1. Variante stellt sog. **Programmmanipulationen** unter Strafe.

671 Unter „**Programm**" ist eine durch Daten fixierte Arbeitsanweisung an den Computer zu verstehen. „**Unrichtig**" ist die Programmgestaltung, wenn sie bewirkt, dass die Daten zu einem Ergebnis verarbeitet werden, das inhaltlich objektiv unrichtig ist, wenn also Programme oder Programmteile neu geschrieben, verändert oder gelöscht wurden.[1018]

Da sich auch Programme aus Daten zusammensetzen und die Verwendung unrichtiger oder unvollständiger Daten von der 2. Variante erfasst wird, kann es sich bei der 1. Variante nur um einen Spezialfall der 2. Variante handeln. Der Gesetzgeber wollte die Variante wegen der spezifischen Gefährlichkeit einer Programmmanipulation besonders hervorheben.

> **Beispiel:** T ist als Angestellter des X für die Buchhaltung zuständig. Da er über vertiefte IT-Kenntnisse verfügt, manipuliert er im Einvernehmen mit X die eingesetzte Finanzsoftware so, dass Firmenbilanz und Steuererklärungen unrichtig erstellt werden, ohne dass dies ohne weiteres auffällt. Als „Gegenleistung" erhält er von seinem Chef 2.000,- € in bar.
>
> Hier ist das Programm objektiv unrichtig gestaltet, da es den rechtlichen Anforderungen nicht entspricht. T ist daher nach § 263a I Var. 1 strafbar, X nach §§ 263a I Var. 1, 26.

672 Wie sich aus der obigen Definition ergibt, ist nicht die Abweichung von der Verwendungsabsicht des Programms maßgeblich, sondern ein Abweichen vom **Ergebnis**, wie es nach der Aufgabenstellung des Datenverarbeitungsprozesses erstrebt war.

> **Beispiel:** Installiert jemand heimlich (über das Internet) Verknüpfungs- oder sonstige Programmdateien auf fremde Rechner, damit diese Passwörter ausspähen (sog. Spyware), verwirklicht der Täter den Tatbestand des § 263a I Var. 1.

b. Verwendung unrichtiger oder unvollständiger Daten (§ 263a I Var. 2)

673 Mit dieser Tatvariante werden Fälle erfasst, in denen eingegebene Daten in einen anderen Zusammenhang gebracht oder unterdrückt werden, sog. *Input- oder Eingabemanipulationen*.

■ **Unrichtig** sind die Daten, wenn die mit ihnen dargestellten Informationen falsch sind, also die Wirklichkeit bzw. den Lebenssachverhalt unzutreffend wiedergeben.[1019]

■ Daten sind **unvollständig**, wenn Informationen über „wahre" Tatsachen pflichtwidrig vorenthalten werden.[1020]

[1017] Vgl. *Hellmann*, JuS 2001, 353, 356.
[1018] Vgl. etwa *Fischer*, § 263a Rn 6; *Lackner/Kühl*, § 263a Rn 7; SK-*Hoyer*, § 263a Rn 22 ff.; LK-*Tiedemann/Valerius*, § 263a Rn 30.
[1019] BGH NJW 2014, 711, 712; *Fischer*, § 263a Rn 7; SK-*Hoyer*, § 263a Rn 26; *Laue*, JuS 2002, 359, 360.
[1020] Sch/Sch-*Perron*, § 263a Rn 7; *Lackner/Kühl*, § 263a Rn 10; *Fischer*, § 263a Rn 7.

■ **Verwendet** werden Daten, wenn sie in den Datenverarbeitungsprozess eingeführt werden (dazu näher in Var. 3).

Beispiele/Gegenbeispiele:

(1) Hebt der Täter mit einer **Girocard** (früher: ec-Karte), deren Kontendaten manipuliert sind, Geld von einem Automaten ab, verwendet er unrichtige Daten.

(2) Ein Sonderproblem stellen **Kreditkarten** dar: Mit Kreditkarten (zum Begriff der Kreditkarte vgl. die Ausführungen zu § 266b bei Rn 709) kann (bspw. im Internet) bezahlt werden, indem die 16-stellige Nummer und das dazugehörige Gültigkeitsdatum an- bzw. eingegeben wird. Die Eingabe einer PIN wie bei der Benutzung einer Girocard ist insoweit nicht erforderlich. Verwendet nun der Täter Kreditkartendaten eines anderen ohne dessen Erlaubnis, stellt sich die Frage, ob er sich wegen Computerbetrugs gem. § 263a Var. 2 strafbar macht. Da ebenfalls eine Strafbarkeit nach § 263a Var. 3 in Betracht kommt, sei insoweit auf die zusammenhängende Darstellung zu dieser Variante verwiesen (Rn 675 ff.).

(3) Fraglich ist, ob ein Fall des § 263a I Var. 2 auch vorliegt, wenn der Täter bewusst wahrheitswidrig die Durchsetzung eines tatsächlich nicht bestehenden zivilrechtlichen Anspruchs im Wege des **automatisierten Mahnverfahrens** (vgl. § 689 I S. 2 ZPO) beantragt. Ausgangspunkt der Überlegung ist, dass § 263a betrugsäquivalent auszulegen ist (dazu näher Rn 678). Zwar wird vom Gericht im Mahnverfahren die Richtigkeit des Anspruchs nicht geprüft (§ 692 I Nr. 2 ZPO), was zu der Annahme führen könnte, dass eine Betrugsäquivalenz nicht vorliegt. Jedoch müsste der Rechtspfleger bei Kenntnis der Nichtexistenz der Forderung den Erlass des beantragten Mahnbescheids ablehnen.[1021] Erlässt er den Mahnbescheid, geschieht dies daher in der Vorstellung, dass der Antragsteller, der ja gem. § 138 I ZPO verpflichtet ist, wahrheitsgemäß zu handeln, auch im Mahnverfahren nur eine tatsächlich bestehende Forderung geltend macht. Wird also im automatisierten Mahnverfahren eine nicht existente Forderung geltend gemacht, liegt darin ein täuschungsäquivalentes Verhalten, da bei gleichem Vorgehen gegen einen Rechtspfleger ein Vorspiegeln von Tatsachen i.S.d. § 263 (falsche Behauptung eines Sachverhalts, aus dem sich die angebliche Forderung ergeben soll) anzunehmen wäre.[1022] Bei einer betrugsspezifischen Auslegung ist daher § 263a I Var. 2 einschlägig, da die Beantragung eines Mahnbescheids im automatisierten Mahnverfahren auf der Grundlage einer fingierten, tatsächlich nicht bestehenden Forderung eine Verwendung unrichtiger Daten darstellt.[1023]

(4) Wer Zahlen in ein vollautomatisiertes **Lastschriftsystem** eines Zahlungsdienstleisters eingibt, um im Rahmen eines elektronischen Lastschriftverfahrens Geldbeträge einzuziehen, verwendet grds. unrichtige Daten i.S.v. § 263a I Var. 2.[1024] Hat der Täter aber aufgrund einer Täuschung des Opfers von diesem eine Einzugsermächtigung erlangt und verwendet die auf *diese Weise* erlangten Informationen sodann für ein Lastschriftverfahren, liegt kein Fall des § 263a I Var. 2 vor, da ja insoweit die Daten nicht „unrichtig" waren.[1025] Es liegt auch kein Fall des § 263a I Var. 3 vor, da die Daten insoweit zwar täuschungsbedingt, aber dennoch „freiwillig" herausgegeben worden waren.[1026] Vgl. dazu auch Rn 681b.

(5) Bei der Eingabe eines gefälschten **Überweisungsträgers** in ein Bankterminal, das vollautomatisch die Echtheit der Überweisungsträger prüft und die Überweisung vornimmt, liegt ebenfalls kein Fall des § 263a I Var. 2, aber ein Fall des § 263a I Var. 3 vor.[1027]

[1021] BGH NJW 2014, 711, 712; NJW 2012, 322, 323.
[1022] BGH NJW 2014, 711, 712.
[1023] BGH NJW 2014, 711, 712.
[1024] BGHSt 58, 119, 126. Vgl. auch *Heghmanns*, zjs 2013, 423, 425. Offengelassen von BGH NStZ 2016, 154, 155.
[1025] BGH NStZ 2016, 154, 155.
[1026] BGH NStZ 2016, 154, 155.
[1027] Vgl. BGH NStZ 2008, 281.

c. Unbefugte Verwendung von Daten (§ 263a I Var. 3)

675 Die Formulierung „**unbefugt**" stellt klar, dass die Daten jedenfalls „richtig" müssen, damit eine Strafbarkeit nach § 263a I Var. 3 in Betracht kommt. Im Übrigen ist die Auslegung dieser Variante äußerst schwierig und entsprechend umstritten.[1028] Eine dem Wortsinn durchaus entsprechende Erstreckung des Tatbestands auf jegliche unbefugte Datenverwendung würde den Tatbestand uferlos machen und möglicherweise dem Verdikt der **Verfassungswidrigkeit** (Verstoß gegen den Bestimmtheitsgrundsatz und gegen das Schuldprinzip) unterstellen. Nach der hier vertretenen Auffassung ist daher bei beiden Tatbestandsmerkmalen eine **restriktive Auslegung** geboten.

676 ▪ **Verwendung** von Daten: Während eine weite Auslegung jede Nutzung von Daten genügen lässt[1029], verlangt die (zutreffende) enge Auslegung eine Eingabe von Daten gerade in den Datenverarbeitungsprozess[1030]. Das Befolgen der engen Auslegung führt dazu, dass der Anwendungsbereich des Auffangtatbestands des § 263a I Var. 4 ausgedehnt wird (vgl. dort). Im Falle des missbräuchlichen Einsatzes von Codekarten (Kreditkarte, Girocard etc.) ist die Verwendung jedoch unproblematisch, weil durch das Einschieben der Karte in ein Gerät (Geldautomat, automatische Kasse etc.) und das Eingeben der persönlichen Identifikationsnummer (PIN) oder eines sonstigen Codes eine bestimmte Transaktion durchgeführt und damit in jedem Fall ein Datenverarbeitungsprozess in Gang gesetzt wird. Das Gleiche gilt für das Einschieben gefälschter Überweisungsträger in ein Terminal der Bank, das automatisch den Überweisungsvorgang vornimmt.

677 ▪ **Unbefugte** Verwendung von Daten: Auch die Auslegung des Merkmals „unbefugt" ist umstritten und sehr prüfungs- bzw. examensrelevant. Vor allem stellt sich die Frage, wann die Datenverwendung „unbefugt" ist. Des Weiteren ist bspw. unklar, ob auch der berechtigte Karteninhaber seine Kartendaten unbefugt verwenden kann. Insgesamt müssen im Bereich des § 263a I Var. 3 folgende Konstellationen sicher beherrscht werden (wobei das Merkmal „unbefugt" im Rahmen der Falllösungen der bei Rn 678 und 686 genannten Beispiele erörtert wird):

⇨ Verwendung einer **fremden Kreditkarte** bzw. von deren Daten zwecks **Erlangung von Leistungen aus dem Internet** (dazu sogleich)

⇨ Verwendung einer **fremden Girocard** zwecks **Geldabhebung von Geldautomaten** (Rn 681 ff.)

⇨ Verwendung der **eigenen Girocard**, um in **vertragswidriger** Weise **Geld von Geldautomaten** abzuheben (Rn 685 ff.)

⇨ Verwendung einer **eigenen** oder **fremden Girocard** im **Electronic-cash-Verfahren** (**Point-of-sale-Verfahren**) ⇒ 1. Variante des bargeldlosen Einkaufens mit Girocard (Rn 687 ff.)

⇨ Verwendung einer **eigenen** oder **fremden Girocard** im **elektronischen Lastschriftverfahren** ⇒ 2. Variante des bargeldlosen Einkaufens mit Girocard (Rn 691)

⇨ Verwendung einer fremden Girocard als **Geldkarte** ⇒ 3. Variante des bargeldlosen Einkaufens mit Girocard (Rn 694 ff.)

⇨ Verschicken von E-Mails an eine unbestimmte Zahl von Adressaten, um aus deren Computern Passwörter auszuspionieren (sog. **Phishing** – Rn 694a ff.)

[1028] Vgl. dazu auch *Mühlbauer*, wistra 2003, 244, 245 f.; *ders.*, NStZ 2003, 650.
[1029] So vertreten von BayObLG JR 1994, 289, 290 f.; *Ranft*, JuS 1997, 19, 20; *Hilgendorf*, JuS 1997, 130, 131; *Otto*, BT § 52 Rn 35; offengelassen von BGHSt 40, 331, 334.
[1030] So vertreten von LK-*Tiedemann/Valerius*, § 263a Rn 4 u. 42-46; *Lackner/Kühl*, § 263a Rn 12; *Rengier*, BT I, § 14 Rn 10; *Fischer*, § 263a Rn 8; *Laue*, JuS 2002, 359, 362; *Jerouschek/Kölbel*, JuS 2001, 780, 782. Vgl. auch *Kudlich*, JuS 2003, 537, 538.

aa. Verwendung einer fremden Kreditkarte bzw. von deren Daten zwecks Erlangung von Leistungen aus dem Internet.

Beispiel[1031]: Tankwart T hat sich in einem unbemerkten Moment von der **Kreditkarte** des Kunden O, der die Tankrechnung mit der Kreditkarte bezahlte, die 16-stellige Kreditkartennummer sowie das Ablaufdatum notiert. Am Abend zu Hause surfte er im Internet und rief eine von Provider P betriebene Seite auf, von der man gegen Bezahlung pornographische Bilder in hoher Auflösung herunterladen kann. Die Bezahlung erfolgt nach Wahl des Kunden über PayPal, Überweisung oder Kreditkarte. Bezüglich Letzterem muss der Kunde die 16-stellige Nummer seiner Kreditkarte sowie das Ablaufdatum eingeben. Die Eingabe einer PIN ist nicht erforderlich. Nach Inanspruchnahme der Leistung wird das Kreditkartenkonto des Karteninhabers entsprechend belastet. Auch T nahm diese Leistung in Anspruch. Zur Bezahlung verwendete er aber nicht seine eigenen, sondern die Kreditkartendaten des O. Als dessen Kreditkartenkonto i.H.v. 420,- € belastet wurde, meldete O den Schaden sofort dem Kreditkartenaussteller A und ließ die Karte sperren. A schrieb den Betrag, den T verbraucht hatte, gemäß der rechtlichen Verpflichtung dem Kreditkartenkonto des O gut. Gleichzeitig wendete A sich an den Anbieter der fraglichen Internetseite P und ließ sich gemäß der vertraglichen Ausgestaltung des Kreditkartenvertrags den an diesen zuvor geleisteten Betrag erstatten. P stellt nunmehr Strafanzeige. Strafbarkeit des T?

1. Handlungsabschnitt: Notieren der Kreditkartendaten in der Tankstelle

a. Ein **Ausspähen von Daten** (§ 202a) kommt nicht in Betracht, da Kreditkartendaten nicht gegen unberechtigten Zugang besonders gesichert sind.[1032]

b. Auch liegt im Ergebnis kein **Diebstahl** (§ 242) vor, da T dem O zum einen die Karte nicht weggenommen und zum anderen die Karte – wie von Anfang an geplant – dem O ohne Vermögensverlust wieder zurückgegeben und somit ohne Zueignungsabsicht gehandelt hat.

c. Ein **Betrug** (§ 263) kommt ebenfalls nicht in Betracht, weil es zumindest an der Vermögensverfügung durch O fehlte. Denn eine Vermögensverfügung muss unmittelbar zu einer Vermögensschädigung oder zumindest zu einer konkreten Vermögensgefährdung führen. Allein das Notieren der Kreditkartendaten führt noch nicht zu einer konkreten Vermögensgefährdung.

d. Hinsichtlich einer möglichen **Unterschlagung** (§ 246) ist zu beachten, dass T sich weder die Kreditkarte noch deren Sachwert zugeeignet hat.

e. Schließlich ist eine **Untreue** (§ 266) in Betracht zu ziehen. Doch auch dieser Tatbestand ist im Ergebnis nicht verwirklicht, weil T dem O gegenüber keine Vermögensbetreuungspflicht besaß.

2. Handlungsabschnitt: Verwendung der Kreditkartendaten im Internet

a. Eine Strafbarkeit des T wegen **Kreditkartenmissbrauchs gem. § 266b** kommt nicht in Betracht, da dieser Tatbestand die missbräuchliche Verwendung durch den *Karteninhaber* voraussetzt. T war nicht Inhaber der Kreditkarte, deren Daten er verwendet hat.

b. Möglicherweise liegt aber eine Strafbarkeit wegen **Computerbetrugs gem. § 263a I Var. 2** vor. Dazu müsste T unrichtige oder unvollständige Daten **verwendet** haben. Fraglich ist, ob allein die fehlende Berechtigung die verwendeten Daten unrichtig macht. Die Richtigkeit der Daten kann abstrakt oder konkret, d.h. im Hinblick auf den Verwender, beurteilt werden.

⇨ Bei einer *abstrakten* Betrachtungsweise können Daten einer Originalkarte im Regelfall (also dann, wenn keine zusätzlichen Daten gefordert werden) auch dann nicht unrich-

---

[1031] Vgl. *Laue*, JuS 2002, 359 ff.
[1032] Zu § 202a vgl. ausführlich Rn 717a ff.

tig sein, wenn sie ein Unberechtigter verwendet hat. Denn abstrakt gesehen werden genau die Daten verwendet, die auf der Originalkarte vorhanden sind.

⇨ Stellt man hingegen auf den *konkreten* Fall ab, bilden die Daten nur in der Hand des Karteninhabers die Wirklichkeit ab. Verwendet sie ein Unberechtigter, sind sie damit unrichtig, weil sie eine nicht mit der Wirklichkeit übereinstimmende Information über Identität und Berechtigung des Verwenders liefern.[1033]

Der Wortlaut der Norm lässt beide Auslegungen gleichermaßen zu. Berücksichtigt man aber, dass bei der Verwendung der Kreditkarte im beleglosen Zahlungsverkehr (also insbesondere bei Internetbestellungen oder -dienstleistungen) gerade auf die Eingabe einer PIN verzichtet wird, sodass allein die Karte als Identifikations- und Legitimationsmittel dient, scheint die *konkrete* Betrachtungsweise kriminalpolitisch sachgerecht. Allerdings hatte bereits der Rechtsausschuss des Deutschen Bundestages bei der Verabschiedung des Gesetzes Zweifel, ob die unberechtigte Verwendung ansonsten korrekter Kreditkartendaten unter § 263a I Var. 2 subsumiert werden kann, und daher die Aufnahme einer 3. Variante, die „unbefugte Verwendung von Daten" vorgeschlagen.[1034] Nachdem der Gesetzgeber diesem Vorschlag gefolgt ist, liegt die abstrakte Auslegung des Merkmals „Verwendung unrichtiger Daten" näher, sodass die Verwendung von Kreditkartendaten durch einen Unberechtigten die Daten nicht „unrichtig" macht.

c. T könnte sich aber wegen Computerbetrugs gem. **§ 263a I Var. 3** strafbar gemacht haben. Dazu müsste er Daten unbefugt verwendet haben. Die Kreditkartennummer und das Ablaufdatum stellen Daten dar. Diese Daten hat T auch verwendet, da er sie gerade in den Datenverarbeitungsprozess eingegeben hat. Die Verwendung müsste aber auch **unbefugt** erfolgt sein.

⇨ Nach der am weitesten gehenden sog. **subjektivierenden** Auslegung ist jede Datenverarbeitung „unbefugt", die dem wirklichen oder mutmaßlichen *Willen des Rechtsgutinhabers* (des Berechtigten) widerspricht.[1035] Demzufolge hat T sich nach § 263a I Var. 3 strafbar gemacht, da die Verwendung der Kreditkartendaten nicht dem Willen des O entsprach.

⇨ Vertreter der engen sog. **computerspezifischen** Auslegung stellen darauf ab, ob im Verhältnis zum berechtigten Karteninhaber eine missbräuchliche Verwendung der Codekarte dadurch erfolgt, dass fehlerhaft automatisierte Abläufe einer Datenverwendung beeinflusst werden.[1036] Da aber beim beleglosen Zahlungsverkehr allein die Eingabe der Kreditkartendaten genügt, um die Identität bzw. Berechtigung des Datenverwenders zu überprüfen, und auch im vorliegenden Fall das Computerprogramm des Providers nicht darauf angelegt ist, die Identität des Datenverwenders etwa durch Anforderung der PIN zu überprüfen, hat T sich nach dieser Auslegung *nicht* nach § 263a I Var. 3 strafbar gemacht.

⇨ Eine vermittelnde Ansicht, die § 263a **betrugsspezifisch** auslegt, orientiert sich an § 263 und verlangt ein täuschungsäquivalentes Verhalten des Täters: Verwendete der Täter die Daten gegenüber einem Menschen und spiegelte dabei zumindest schlüssig vor, zur Datenverwendung befugt zu sein, liegt, wenn die Daten gegenüber einer Datenverarbeitungsanlage verwendet werden, ein Fall des § 263a I Var. 3 vor.[1037] Hätte T also die Kreditkarte des O behalten und einem anderen als Zahlungsmittel vorgelegt, hätte er damit konkludent behauptet, berechtigter Karteninhaber zu sein. Dann

---

[1033] *Laue*, JuS 2002, 359, 362.

[1034] Vgl. BT-Drs. 10/5058, S. 30.

[1035] So vertreten von BGHSt 40, 331, 334 f.; BayObLG JR 1994, 289, 291; *Hilgendorf*, JuS 1997, 130, 131; *Otto*, BT, § 52 Rn 40; *Kindhäuser*, BT II, § 28 Rn 8; *Scheffler/Dressel*, NJW 2000, 2645; *Mitsch*, JZ 1994, 877, 883.

[1036] So vertreten von OLG Celle NStZ 1989, 367, 368; *Arloth*, Jura 1996, 354, 358; *Achenbach*, Jura 1991, 227 und JR 1994, 293, 295.

[1037] So vertreten von BGH NStZ 2016, 149, 150; NJW 2014, 711, 712; NStZ 2013, 281, 282; BGHSt 47, 160, 163 ff.; 38, 120, 121; OLG Köln NJW 1992, 125, 126; OLG Düsseldorf StV 1998, 266 f.; LG Bonn NJW 1999, 3726; LK-*Tiedemann/ Valerius*, § 263a Rn 44; SK-*Hoyer*, § 263a Rn 31 f.; *Fischer*, § 263a Rn 11; SK-*Günther*, § 263a Rn 18; *Rengier*, BT I, § 14 Rn 14; *Wessels/Hillenkamp*, BT 2, Rn 609; *Laue*, JuS 2002, 359, 363; *Tiedemann/Waßmer*, Jura 2000, 533, 536; *Kudlich*, JuS 2001, 20, 21; *ders.*, JuS 2003, 537, 538; *Jerouschek/Kölbel*, JuS 2001, 780 f.

hätte T sich wegen vollendeten oder versuchten Betrugs strafbar gemacht. Folgt man der betrugsspezifischen Auslegung, hätte T somit die Kreditkartendaten des O unbefugt verwendet und damit den Tatbestand des § 263a I Var. 3 verwirklicht.

Stellungnahme: Der subjektivierenden Auslegung ist entgegenzuhalten, dass sie praktisch jeden vertragswidrigen Gebrauch von elektronisch gesteuerten Geräten unter § 263a subsumiert. Sie geht damit zu weit und verkennt im Übrigen den Zweck des § 263a, nämlich lediglich Strafbarkeitslücken zu schließen, die mit § 263 verbunden sind. Aber auch die computerspezifische Auslegung ist nicht frei von Einwänden. Zwar schränkt sie die Weite des Tatbestands ein, allerdings wiederum zu sehr, sodass kriminologisch nicht hinnehmbare Strafbarkeitslücken entstehen. Die vermittelnde Auffassung, die sog. betrugsspezifische Auslegung, teilt die jeweiligen Schwächen gerade nicht. Durch ihre Anlehnung an § 263 entspricht sie zudem dem Zweck des § 263a, lediglich bestehende Strafbarkeitslücken zu schließen, die darin bestehen, dass bei einer missbräuchlichen Benutzung von Datenverarbeitungsanlagen ein Betrug ausscheidet (s.o.). Im Ergebnis ist daher der **betrugsspezifischen Auslegung** zu folgen.

d. Da T auch das **Ergebnis eines Datenverarbeitungsvorgangs beeinflusst** und das **Vermögen** des P in entsprechender Bereicherungsabsicht **beschädigt** hat, hat er sich nach § 263a I Var. 3 strafbar gemacht.

bb. Erhebliche Relevanz erlangt die 3. Variante auch beim sog. **Geldautomatenmissbrauch** mit **Codekarten**, insbesondere von **Girocards** (früher: **ec-Karten**, s.o.). Folgende prüfungsrelevante Konstellationen sind zu unterscheiden: | 679

- **Abheben von Geld** am Geldautomaten durch einen **unberechtigten Dritten** (Rn 680)
- **Überschreiten** der im Innenverhältnis eingeräumten Macht **eines Dritten**, der zur Abhebung eines bestimmten **Maximalbetrags** beauftragt ist (Rn 683 f.)
- **missbräuchliches Abheben** von Geld am Geldautomaten durch den (berechtigten) **Karteninhaber** (Rn 685 ff.)

a.) Abheben von Geld am Automaten durch einen unberechtigten Dritten

In dieser Konstellation hebt der Täter als **nichtberechtigter** Kartenbesitzer unter Verwendung der **richtigen PIN** und der dazugehörigen Kontendaten (sog. Quellcode) entweder mit Hilfe einer im Wege **verbotener Eigenmacht** (§ 858 I BGB) erlangten Codekarte oder mit einer **kopierten** bzw. **gefälschten Codekarte** Geld von einem Geldautomaten ab. | 680

Zunächst ist die Konstellation zu erläutern, in der ein unberechtigter Dritter Bargeld von einem Automaten abhebt mit einer Codekarte, die er zuvor im Wege verbotener Eigenmacht erlangt hat. | 681

Beispiel[1038]**:** Die Haushälterin H entdeckt in der Schublade ihres Geschäftsherrn G eine Girocard (früher: ec-Karte). Die dazugehörige PIN hatte sie zufällig während eines vor kurzer Zeit stattfindenden Gesprächs des G mit dessen Frau mitbekommen. Sie nimmt die Karte, hebt am nächsten Bankautomaten 200,- € ab und legt die Karte anschließend – wie von Anfang an geplant – wieder zurück.

1. Tatkomplex: Das Entnehmen der Karte

a. Diebstahl: Der objektive Tatbestand des § 242 bezüglich der Karte selbst ist erfüllt (und zwar unabhängig davon, ob die Karte dem G oder der Bank gehört). Es fehlte aber an der Zueignungsabsicht. Zwar handelte H mit Aneignungsabsicht, da sie von der Karte Gebrauch machen und sie diese somit wenigstens vorübergehend eigentümerähnlich dem eigenen Vermögen einverleiben wollte. Es fehlte jedoch am Enteignungselement, da sie die Karte nicht dauerhaft aus der Gewahrsamssphäre des G und aus der Eigentümerposi-

---

[1038] Nach BGHSt 35, 152 ff. Vgl. auch BGHSt 47, 160, 162 und bereits oben Rn 95, 578.

tion der Bank herauslösen wollte. Nach der Substanztheorie lag somit kein Diebstahl vor. Fraglich ist, ob sich unter Zugrundelegung der Sachwerttheorie etwas anderes ergeben kann. Im Gegensatz zum Sparbuch (vgl. Rn 93, 578) gelangt sie nicht als „leere Sachhülse" zurück, da sie lediglich als „Schlüssel" zum ständigen Zugriff auf das Konto dient und sich dadurch nicht verbraucht. Die Karte sollte also ohne Verminderung des in ihr verkörperten Wertes zurückgelangen. Auch nach der Sachwerttheorie lag daher kein Diebstahl, sondern nur eine straflose Gebrauchsanmaßung vor.[1039]

b. Urkundenunterdrückung: H könnte sich aber wegen Urkundenunterdrückung aus § 274 I Nr. 1 und 2 strafbar gemacht haben. Eine Girocard enthält in ihrer Funktion als Scheckkarte eine verkörperte Gedankenerklärung, die zum Beweis im Rechtsverkehr geeignet und bestimmt ist und die ihren Aussteller erkennen lässt (§ 274 I Nr. 1). Sie ist mithin als Urkunde zu qualifizieren. Die Verfügungsberechtigung über die Karte lag bei G. Die Karte enthält beweiserhebliche Daten i.S.v. § 202a II (§ 274 I Nr. 2). H hat diese Urkunde mit den auf ihr vorhandenen Daten unterdrückt, indem sie sie dem Gebrauch des verfügungsberechtigten G entzogen hat. Auch ein nur kurzfristiger Entzug genügt. H handelte in der Absicht, G einen Vermögensschaden, mithin einen Nachteil i.S.d. § 274 zuzufügen. Dieser Nachteil sollte aber *nicht* aus der Vereitelung der Beweisfunktion der Karte entstehen, wie es § 274 I Nr. 1 und 2 verlangen, sondern erst aus einer weiteren (missbräuchlichen) Nutzung der Karte. Daher ist H nicht wegen Urkundenunterdrückung aus § 274 I Nr. 1 oder 2 strafbar.

c. Datenveränderung: Dagegen kann eine Bestrafung wegen § 303a I Var. 2 bejaht werden. H hat Daten unterdrückt, die ihr nicht zustanden.

d. Ausspähen von Daten (§ 202a) scheidet dagegen aus, da H keine besondere Sicherung überwunden hat. Insbesondere stellt die PIN vorliegend keine besondere Sicherung dar, da diese der H bekannt war und es somit nichts zu überwinden gab.[1040]

2. Tatkomplex: Die Entnahme des Geldes am Automaten

a. Diebstahl: Da das Geld unter der Bedingung einer ordnungsgemäßen Bedienung des Bankautomaten übereignet wurde (§§ 929 S. 1, 158 I BGB) und H den Automaten funktionsgerecht bedient hat, war das Geld bei der Entnahme nicht mehr fremd (a.A. vertretbar).[1041] Ein Diebstahl scheidet aus.

b. Aus demselben Grund liegt auch eine **Unterschlagung** (§ 246) **nicht** vor.

c. Durch die Entnahme des Geldes kommt auch eine Bestrafung wegen **Betrugs** (§ 263) **nicht** in Betracht, da ein Geldautomat nicht getäuscht werden kann.

d. Der Tatbestand des § 265a (**Erschleichen von Leistungen**) ist ebenfalls nicht erfüllt. Zum einen handelt es sich bei einem Bankautomaten um einen Warenautomaten, nicht aber – wie die h.M. bei § 265a voraussetzt – um einen Leistungsautomaten.[1042] Zum anderen setzt § 265a eine ordnungswidrige Benutzung des Automaten voraus. H hat den Bankautomaten aber funktionsgerecht bedient. Ihr fehlte lediglich die Befugnis, über das Konto zu verfügen.

e. H könnte sich aber wegen **Computerbetrugs** (§ 263a) strafbar gemacht haben. Als Tatvariante kommt § 263a I Var. 3 (unbefugte Datenverwendung) in Betracht. Dazu hätte sie die Daten unbefugt verwendet haben müssen. Eine Verwendung von Daten liegt vor (vgl. Rn 676). Die Daten müssten auch unbefugt verwendet worden sein. Nach der

---

[1039] Wie hier *Eisele/Fad*, Jura 2002, 305, 306.
[1040] Zu § 202a vgl. ausführlich Rn 717a ff.
[1041] Wie hier *Eisele/Fad*, Jura 2002, 305, 306; *Löhnig*, JR 1999, 362, 364; *Spahn*, Jura 1989, 513, 517; *Ennuschat*, StV 1990, 498; *Wessels/Hillenkamp*, BT 2, Rn 164-176; anders BGHSt 35, 152, 161, nach dessen Auffassung das aus dem Automaten entnommene Geld für den Täter fremd bleibt, weil eine interessengerechte Auslegung der einschlägigen Geschäftsbedingungen ergebe, dass ein konkludentes Übereignungsangebot der Bank nur dann vorliege, wenn der Automat von einem Berechtigten bedient werde. Zu beachten ist jedoch, dass die Entscheidung des BGH zu einer Zeit erging, als es den § 263a noch nicht gab, und der BGH ersichtlich bemüht war, die vorhandene Strafbarkeitslücke zu schließen. Nach Einführung des § 263a am 1.8.1986 ist die (zweifelhafte) Annahme des § 242 nicht mehr erforderlich.
[1042] Vgl. dazu Rn 510.

betrugsspezifischen Auslegung[1043], die sich an § 263 orientiert und ein täuschungsäquivalentes Verhalten des Täters verlangt, ist entscheidend, ob die Verwendung der Daten gegenüber einem Menschen als zumindest schlüssige Vorspiegelung der Befugnis zu deuten wäre. Dies kann vorliegend ohne weiteres angenommen werden. Denn H müsste einem Bankangestellten vorspiegeln, Vollmacht über das Konto des G zu haben. Auch sind ein Vermögensschaden auf Seiten des G sowie die Bereicherungsabsicht auf Seiten der H gegeben. Durch die Verwendung der Girocard hat H sich deshalb nach § 263a I Var. 3 strafbar gemacht. Sofern entgegen dieser Lösung der Tatbestand des § 246 bejaht wurde, tritt dieses Delikt subsidiär hinter § 263a zurück. Hätte H hinsichtlich der Girocard mit Zueignungsabsicht gehandelt, wäre mit dem späteren Computerbetrug Tatmehrheit anzunehmen gewesen.[1044] Da dies vorliegend jedoch nicht der Fall ist, hat sich H also nach § 263a I Var. 3 in Tateinheit mit § 303a I Var. 2 strafbar gemacht.[1045]

Aus diesen Ausführungen ergibt sich, dass der BGH das Merkmal „unbefugt" insbesondere dann bejaht, wenn sich der Verwender die Codekarte zuvor mittels verbotener Eigenmacht verschafft hat. Gleiches gilt bei der nötigungsbedingten Verschaffung (namentlich durch räuberische Erpressung).[1046] Das Merkmal „unbefugt" scheidet nach Auffassung des BGH aber aus, wenn der Täter die Karte zuvor durch Betrug erlangt hat. Zur Begründung stellt der BGH auf eine Gesamtbetrachtung des Geschehens ab und zieht die Schlussfolgerung, dass der Täter nach vollendetem Betrug nicht noch zusätzlich einen Computerbetrug erfüllt.

681a

> **Beispiel**[1047]: Der Plan des T sieht vor, älteren Menschen durch Täuschung die Girokarte nebst Geheimzahl zu „entlocken" und damit an Geldautomaten Geld von deren Konto abzuheben. Auch zu O nimmt er telefonisch Kontakt auf und gibt sich als Mitarbeiter von dessen Bank aus. Unwahr gibt er an, dass ein Hackerangriff auf das Computersystem der Bank stattgefunden habe. Dadurch seien von Konten der Bankkunden ungewöhnliche Auslandsüberweisungen getätigt worden und auch das Bankguthaben des O sei in Gefahr. Daher müssten von allen betroffenen Bankkunden die Girokarten überprüft werden. Um die Unannehmlichkeiten für die betroffenen Bankkunden wie O so gering wie möglich zu halten, werde ein Bankmitarbeiter kurzfristig auch bei O erscheinen und die Bankkarte in Empfang nehmen, um die Karte zu überprüfen. Dazu sei es auch notwendig, dass O ihm die Geheimzahl (PIN) mitteile. O schöpft keinen Verdacht und händigt dem kurze Zeit später erscheinenden Mittäter M die Karte aus und teilt diesem die PIN mit. M hebt unmittelbar im Anschluss daran am nächsten Geldautomaten den Maximalbetrag ab und bringt O die Karte mit dem Hinweis zurück, dass nun wieder alles in Ordnung sei.

> Hier liegt zunächst ein Betrug vor, indem T und M den O veranlassten, die Karte auszuhändigen und die PIN mitzuteilen. Insbesondere ist die für einen Betrug erforderliche Vermögensschädigung – hier in Form der konkreten Vermögensgefährdung – bereits in der Aushändigung der Karte und der Nennung der PIN zu sehen. Denn der Erlangung des Geldes standen keine Hürden mehr entgegen; insbesondere war keine weitere Aktion von O mehr erforderlich, sodass im vorliegenden Fall trotz der skeptischen Haltung des Verfassers zur schadensgleichen Vermögensgefährdung (vgl. dazu Rn 617 f.) eine solche gut begründbar ist.

> Daneben kommt durch den Abhebevorgang ein Computerbetrug gem. § 263a I Var. 3 in Betracht. Jedoch ist der BGH der Auffassung, dass „unbefugt" i.S.d. § 263a I Var. 3 nur derjenige handele, der manipulierte oder kopierte Daten verwende oder sich durch verbotene Eigenmacht, insb. durch Diebstahl, Nötigung oder räuberische Erpressung die für den Abhebungsvorgang erforderliche Datenkenntnis und Kartenverwendungsmöglichkeit verschafft habe. Vorliegend hatten sich T und M die Karte nebst PIN aber lediglich durch

---

[1043] In der Klausur müsste an dieser Stelle der komplette (bei Rn 678 erörterte) Streitstand dargestellt werden. Um Wiederholungen zu vermeiden, wurde vorliegend lediglich die herrschende betrugsspezifische Auslegung wiedergegeben.
[1044] Vgl. *R. Schmidt*, AT, Rn 1205 sowie BGH NJW 2001, 1508 f.
[1045] So auch *Eisele/Fad*, Jura 2002, 305, 307.
[1046] Vgl. auch BGH 15.1.2013 – 2 StR 553/12; BGH NStZ 2016, 149. 150.
[1047] Nach BGH NStZ 2016, 149.

Betrug verschafft. Eine hier notwendige Gesamtbetrachtung des Geschehens ergebe, dass die spätere Geldabhebung lediglich die betrügerische Erlangung von Karte und PIN ergänzt habe. In einem solchen Fall könne nicht noch zusätzlich ein Computerbetrug vorliegen.[1048]

Bewertung: Auch auf dem Boden der (zutreffenden) betrugsspezifischen Auslegung des Merkmals „unbefugt", wonach es entscheidend darauf ankommt, ob die Verwendung der Daten gegenüber einem Menschen als zumindest schlüssige Vorspiegelung der Befugnis zu deuten wäre, lässt sich das Merkmal „unbefugt" nicht verneinen. Insofern ergeben sich nämlich keine Unterschiede zu der Konstellation, in der der Täter die Karte zuvor durch verbotene Eigenmacht erlangt hat. Die Differenzierung des BGH und die Verneinung des Merkmals „unbefugt" überzeugen daher nicht. Methodisch einwandfrei wäre es vielmehr gewesen, den nachfolgenden Computerbetrug als mitbestrafte Nachtat zurücktreten zu lassen, da die Täter mit der Verwirklichung des Merkmals „unbefugt" in § 263a I Var. 3 infolge der betrugsspezifischen Auslegung des § 263a keinen im Vergleich zum vorangegangenen Betrug weitergehenden Unrechtsgehalt verwirklicht haben. Ein Wertungswiderspruch zu den Fällen, in denen der Täter die Karte zuvor durch verbotene Eigenmacht (Beispiel Rn 681) oder Nötigung erlangt hat, besteht dadurch nicht.

681b Das Merkmal „unbefugt" scheidet nach Auffassung des BGH nicht nur aus, wenn der Täter die Karte zuvor durch Betrug erlangt hat (s.o.), sondern auch dann, wenn der Täter aufgrund einer Täuschung eine Einzugsermächtigung erlangt hat und sodann für ein Lastschriftverfahren verwendet.[1049]

> **Beispiel**[1050]**:** T betrieb ein Callcenter und plante in diesem Zusammenhang den Vertrieb eines Gewinnspieleintragungsprodukts. Gegen eine monatliche Gebühr i.H.v. 49,90 € sollten Kunden bei 200 Gewinnspielen automatisiert eingetragen werden. Entsprechendes wurde von den Mitarbeitern des T in den Telefonaten, bei denen ein Vertragsabschluss erstrebt wurde, behauptet. Auf diese Weise erhielt T Kundendaten nebst Bankverbindungen. In Wahrheit beabsichtigte T aber zu keiner Zeit eine Eintragung. Später reichte T diese Daten bei einem Zahlungsdienstleister (D) aufgrund eines mit diesem geschlossenen Vertrags ein. Durch die Verwendung der Daten in einem vollautomatisierten Lastschriftsystem veranlasste D sodann insgesamt rund 23.000 Abbuchungen. Es kam zu 12.000 Rücklastschriften. Die übrigen Abbuchungen führten bei D zu einem Zahlungseingang i.H.v. rund 550.000,- €, von denen rund 400.000,- € an T weitergeleitet wurden.
>
> T könnte sich wegen des beschriebenen Verhaltens wegen Computerbetrugs gem. § 263a I Var. 2 strafbar gemacht haben.[1051] Wer Zahlen in ein vollautomatisiertes Lastschriftsystem eines Zahlungsdienstleisters eingibt, um im Rahmen eines elektronischen Lastschriftverfahrens Geldbeträge einzuziehen, verwendet grds. unrichtige Daten i.S.v. § 263a I Var. 2.[1052] Hat der Täter aber aufgrund einer Täuschung des Opfers von diesem eine Einzugsermächtigung erlangt und verwendet die auf *diese Weise* erlangten Informationen sodann für ein Lastschriftverfahren, liegt kein Fall des § 263a I Var. 2 vor, da ja insoweit die Daten nicht „unrichtig" waren.[1053] T erlangte die Daten zwar durch Täuschung, aber letztendlich erlangte er dennoch „richtige" Kundendaten nebst „richtigen" Bankverbindungsdaten. Daher scheidet § 263a I Var. 2 aus.
>
> Es liegt auch kein Fall des § 263a I Var. 3 vor, da die Daten insoweit zwar täuschungsbedingt, aber dennoch „freiwillig" herausgegeben worden waren.[1054]

[1048] BGH NStZ 2016, 149, 150.
[1049] BGH NStZ 2016, 154, 155.
[1050] Nach BGH NStZ 2016, 154 (abgewandelt und vereinfacht).
[1051] Auf § 263a II i.V.m. § 263 III S. 2 Nr. 1 Var. 1 („gewerbsmäßig") und Nr. 2 („Vermögensverlust großen Ausmaßes" und „Absicht, durch die fortgesetzte Begehung von Betrug eine große Zahl von Menschen in die Gefahr des Verlustes von Vermögenswerten zu bringen") soll hier nicht weiter eingegangen werden.
[1052] BGHSt 58, 119, 126. Vgl. auch *Heghmanns*, zjs 2013, 423, 425. Offengelassen von BGH NStZ 2016, 154, 155.
[1053] BGH NStZ 2016, 154, 155.
[1054] BGH NStZ 2016, 154, 155.

T ist aber dadurch, dass er auf die beschriebene Weise Kundendaten nebst Bankverbindungsdaten erlangte, D zu 23.000 Abbuchungen veranlasste und dadurch bei 11.000 Personen Vermögensschäden verursachte[1055], strafbar wegen Betrugs im besonders schweren Fall gem. § 263 I, III S. 2 Nr. 1 Var. 1 („gewerbsmäßig"), Nr. 2 Var. 1 („Vermögensverlust großen Ausmaßes", den die Rspr. bei 50.000,- € ansiedelt[1056]) und Nr. 2 Var. 2 („Absicht, durch die fortgesetzte Begehung von Betrug eine große Zahl von Menschen in die Gefahr des Verlustes von Vermögenswerten zu bringen").

In einer nächsten Konstellation hebt ein unberechtigter Dritter, der die Codekarte zuvor kopiert bzw. gefälscht hat, Geld vom Automaten ab. **682**

Beispiel[1057]**:** T besorgt sich Kartenblankette und macht täuschend echt aussehende Girocards der B-Bank nach. Die zur Abhebung von Geld aus Geldautomaten erforderlichen Daten wie die PIN, die Kontendaten und den Quellcode erlangt er dadurch, dass er im Rahmen seines Einzelhandelsgeschäfts ein Kartenlesegerät zum bargeldlosen Zahlungsverkehr einsetzt und etliche Kunden bei ihm mit Girocards bezahlen. Durch Eingabe der PIN, die seinem Kunden O zugeordnet ist, hebt er am Geldautomaten 200,- € ab, die dem Girokonto des O belastet werden.

a. T hat sich wegen **Computerbetrugs** gem. § 263a I Var. 3 zum Nachteil der B strafbar gemacht.

b. Bezüglich des Herstellens der Girocard hat T den objektiven Tatbestand des § 152b I i.V.m. § 152a I Nr. 1 (**Fälschung von Zahlungskarten**) verwirklicht. Insbesondere ist eine Girocard eine Zahlungskarte i.S.d. § 152b, wie § 152b IV klarstellt (zumindest eine „sonstige Karte").[1058] Subjektiv müsste T vorsätzlich und zur Täuschung im Rechtsverkehr gehandelt haben. Nach § 270 steht die fälschliche Beeinflussung einer Datenverarbeitung im Rechtsverkehr der Täuschung im Rechtsverkehr gleich, sodass auch das Einsetzen gefälschter Girocards am Geldautomaten erfasst wird.

c. Da die gefälschte Girocard eine verkörperte Gedankenerklärung (die von B eingeräumte Girocard-Funktion), die zum Beweis im Rechtsverkehr geeignet und bestimmt war, sowie die Garantiefunktion (B war als Ausstellerin der Karte benannt) enthielt, hat T sich auch wegen **Urkundenfälschung** (§ 267 I Var. 1) strafbar gemacht. Die „Unechtheit" ergibt sich daraus, dass Aussteller in Wirklichkeit nicht B, sondern T war.

d. Schließlich liegt eine Strafbarkeit des T wegen **Fälschung beweiserheblicher Daten** (§ 269 I) vor, weil die auf der gefälschten Karte gespeicherten Daten (insbesondere die PIN, die Kontendaten und der Quell-Code) im Falle ihrer Wahrnehmbarkeit eine unechte Urkunde i.S.d. § 267 darstellen würden.

b.) Überschreiten der im Innenverhältnis eingeräumten Macht eines Dritten, der zur Abhebung eines Maximalbetrags beauftragt ist

Diese Konstellation betrifft den Fall, dass der berechtigte Karteninhaber einem nichtberechtigten Dritten Karte und Geheimnummer (PIN) anvertraut und diesen mit der Abhebung eines bestimmten Betrags beauftragt, der **Beauftragte** jedoch einen **höheren Betrag abhebt** und den Mehrbetrag für sich behält. **683**

Beispiel[1059]**:** O verbüßt wegen wiederholten Scheckkartenmissbrauchs eine Freiheitsstrafe. Um sich in der JVA bestimmte Privilegien zu verschaffen, benötigt er Bargeld. Daher beauftragt er seinen Freund F, der ihn öfter besuchen kommt, mit der Girocard, die sich **684**

[1055] Zur Frage, inwieweit bei den 12.000 Personen, die eine Rückbuchung veranlassten, eine konkrete Vermögensgefährdung vorliegt, die einem Vermögensschaden gleichzusetzen ist, siehe Rn 617.
[1056] Siehe dazu Rn 654.
[1057] Nach BGHSt 38, 120 ff. und *Eisele/Fad*, Jura 2002, 305, 309.
[1058] So nun auch BGH NStZ 2012, 318. Vgl. auch BGH NStZ 2014, 265.
[1059] Nach OLG Köln NJW 1992, 125 f.; OLG Düsseldorf, NStZ-RR 1998, 137; *Eisele/Fad*, Jura 2002, 305, 310; *Jerouschek/Kölbel*, JuS 2001, 780 ff.; *Hilgendorf*, JuS 1999, 542 ff. Vgl. auch BGH wistra 2004, 299, 300; BGH JP 2003, 259, mit Bespr. v. *Mühlbauer*, NStZ 2003, 650.

zu Hause im Schreibtisch befindet, 200,- € von einem Geldautomaten der kartenausstellenden B-Bank abzuholen. Die PIN teilt er ihm auch mit. F hebt jedoch 500,- € ab und behält den Rest für sich.

Unstreitig wäre der beauftragte nichtberechtigte Karteninhaber F straflos, wenn er sich im Rahmen des Auftrags bewegt hätte. Entgegenstehende Vereinbarungen zwischen dem berechtigten Karteninhaber und der kartenausstellenden Bank haben lediglich zivilrechtliche Bedeutung. Vorliegend hat F aber den Rahmen seines Auftrags überschritten.

a. In Betracht kommt zunächst eine Strafbarkeit des F wegen **Untreue** (§ 266). Unabhängig davon, ob man einen Missbrauchs- oder einen Treubruchstatbestand annähme, verlangt die zutreffende h.M. für beide Alternativen eine Vermögensbetreuungspflicht desselben Inhalts. Eine solche ist anzunehmen, wenn die Pflicht zur Wahrnehmung fremder Vermögensinteressen den typischen und wesentlichen Inhalt des rechtlich eingeräumten oder faktisch begründeten Treuverhältnisses bildet, diese Pflicht also den Hauptgegenstand des Verhältnisses bildet und eine gewisse Eigenverantwortlichkeit des Täters gegeben ist. Vorliegend sollte F strikt nach den Vorgaben des O handeln. Eine gewisse Eigenverantwortlichkeit wurde ihm nicht eingeräumt.

b. Möglicherweise liegt aber eine Strafbarkeit des F wegen **Computerbetrugs** nach § 263a I Var. 3 vor. Das OLG Köln geht auf der Grundlage der betrugsspezifischen Auslegung davon aus, dass F nicht unbefugt gehandelt habe. Da F zur Benutzung der Daten – Geheimzahl und auf dem Magnetstreifen gespeicherte Informationen – beauftragt gewesen sei, sei seinem Handeln kein Täuschungswert zugekommen. Die bloße Eingabe eines überhöhten Betrags sei keine Verwendung von Daten, da es sich nicht um auf dem Magnetstreifen der Karte gespeicherte Informationen handle.[1060] Dieser Auffassung wird in der Literatur mit dem Argument widersprochen, dass in der Überlassung der Karte noch nicht die Ermächtigung zur Abhebung von Geld in beliebiger Höhe gesehen werden könne. O hätte nämlich auch für den Fall des Abhebens des Geldes am Bankschalter dem F eine auf einen bestimmten Geldbetrag beschränkte Vollmacht erteilen können. Grundsätzlich könnten bei der Bestimmung des Umfangs einer Innenvollmacht Inhalt und Zweck des Grundgeschäfts mitberücksichtigt werden. F würde dann den Bankangestellten über das Bestehen einer (unbeschränkten) Vollmacht täuschen. Auf der Grundlage der betrugsspezifischen Auslegung sei daher eine unbefugte Verwendung von Daten und damit eine Strafbarkeit nach § 263a I Var. 3 anzunehmen. Dasselbe gelte, wenn F die Karte absprachewidrig mehrfach verwendet, um einen höheren Betrag zu erlangen und die Differenz für sich zu verbrauchen.[1061]

Schließt man sich dieser Auffassung an, hat F sich nach § 263a I Var. 3 strafbar gemacht.

c. Schließlich ist eine Strafbarkeit nach § 269 wegen **Fälschung beweiserheblicher Daten** in Erwägung zu ziehen. Durch die Eingabe der PIN und des überhöhten Betrags speichert F Daten, die zum Beweis geeignet und bestimmt sind. Dabei muss es sich – die optische Wahrnehmbarkeit unterstellt – um eine unechte Urkunde handeln. Vorliegend hat es den Anschein, als habe Karteninhaber O die Abhebung vorgenommen. Fraglich ist aber, ob O auch tatsächlicher Aussteller im Sinne der Geistigkeitstheorie ist. Dies wäre der Fall, wenn dem O die Erklärung des F im Wege der Stellvertretung zuzurechnen wäre. Doch eine Stellvertretung müsste nicht nur bestanden haben, sondern auch rechtlich zulässig gewesen sein. Die Allgemeinen Geschäftsbedingungen der Kreditinstitute schreiben jedoch vor, dass die PIN niemandem gegenüber bekannt gegeben werden darf, sodass eine wirksame Stellvertretung ausgeschlossen ist. Kann damit das Handeln des F dem O nicht zugerechnet werden, erscheint F als Aussteller der Urkunde. Aufgrund der damit vorliegenden Täuschung über die Identität ist die Urkunde – würde man diese wahrnehmen können – unecht, sodass F sich auch nach § 269 strafbar gemacht hat.

[1060] OLG Köln NJW 1992, 125 f.; OLG Düsseldorf, NStZ-RR 1998, 137; LK-*Tiedemann*, § 263a Rn 50.
[1061] *Eisele/Fad*, Jura 2002, 305, 310; *Lackner/Kühl*, § 263a Rn 14; *Hilgendorf*, JuS 1999, 542, 544.

c.) Missbräuchliches Abheben von Geld am Geldautomaten durch den berechtigten Karteninhaber

Von den unter a.) und b.) dargestellten missbräuchlichen Abhebungen durch einen (nichtberechtigten) Dritten ist der **Missbrauch** durch den **berechtigten Karteninhaber** abzugrenzen. Für die Lösung derartiger Fälle ist entscheidend zu wissen, dass trotz der am 1.1.2002 weggefallenen Scheckgarantie, wonach bis zu einer Höhe von 400,- DM die Einlösung eines Euroschecks auch bei nicht vorhandener Kontodeckung garantiert wurde, die ec-Karte ihre Bedeutung *nicht* verloren hat. Denn die ec-Karte gilt als „Girocard" in ihrer Funktion als **Codekarte** fort: Die auf ihr gespeicherten Daten gelten zusammen mit der PIN als **Zugangsschlüssel zum eigenen Girokonto**. Strafbarkeitsfragen entstehen also immer dann, wenn der berechtigte Karteninhaber Geld am Geldautomaten abhebt, obwohl er die ihm eingeräumte Kreditlinie (Dispositionskredit) bereits erschöpft hat. Es ist zwischen Barabhebungen bei kreditinstitutseigenen und kreditinstitutsfremden Geldautomaten zu unterscheiden:

Abheben von Bargeld bei einem **kreditinstitutseigenen Geldautomaten**: Keine Strafbarkeit liegt jedenfalls dann vor, wenn jemand bei einem kreditinstitutseigenen Geldautomaten Geld abhebt und sich dabei an den Verfügungsrahmen hält. Fraglich ist lediglich, ob etwas anderes gilt, wenn der Karteninhaber über den gewährten Verfügungsrahmen hinaus (die technische Möglichkeit sei an dieser Stelle unterstellt) verfügt.

- Teilweise wird eine Strafbarkeit aus § 263a I Var. 3 bejaht. Zwar habe es die kartenausstellende Bank in der Hand, durch eine Auszahlungssperre Überschreitungen des Kreditrahmens zu verhindern, jedoch könne man das Unterlassen einer Sperrung nicht als stillschweigende Duldung einer weiteren Überziehung deuten. Außerdem sei zu berücksichtigen, dass bei einer Barabhebung am Schalter das Bankpersonal prüfen würde, ob eine Kontoüberziehung über den gewährten Dispositionskredit hinaus in Betracht komme. Der Täter müsste also, um weitere Zahlungen zu erreichen, das Personal über die Bonität und den Rückführungswillen täuschen. Daher mache er sich aus § 263 strafbar. Nichts anderes könne gelten, wenn der Täter, statt das Schalterpersonal zu täuschen, unbefugt Geld vom kreditinstitutseigenen Geldautomaten abhebt. In diesem Fall verhalte sich der Täter betrugsnah und mache sich aus § 263a I Var. 3 strafbar.[1062]

- Nach der hier vertretenen Auffassung fehlt es jedoch an der Betrugsähnlichkeit, weil gegenüber einem an die Stelle des Automaten tretenden Bankangestellten nur das Vorliegen der Auszahlungserfordernisse, nicht aber die materielle Berechtigung der Forderung erklärt wird und dieser daher auch keinem entsprechenden Irrtum unterliegt.[1063] Auch der BGH ist zu Recht der Auffassung, dass § 263a nur die Verwendung gefälschter, manipulierter oder mittels verbotener Eigenmacht erlangter Karten durch einen Nichtberechtigten erfasse. Nicht tatbestandsmäßig sei hingegen die missbräuchliche Verwendung durch den Karteninhaber selbst; denn § 263a sei betrugsspezifisch auszulegen, sodass nur täuschungsgleiches Verhalten unbefugt i.S.d. § 263a sei.[1064]

> **Fazit:** Sofern es technisch überhaupt möglich ist, dass der Karteninhaber über den gewährten Verfügungsrahmen hinaus Bargeld von einem kreditinstitutseigenen Geldautomaten abhebt, ist nach zutreffender Auffassung in Ermangelung einer Betrugsähnlichkeit eine Strafbarkeit aus § 263a nicht gegeben. Zwar könnte dann noch an eine Strafbarkeit aus § 266b I Var. 1 gedacht werden, jedoch ist unabhängig von der Frage, ob eine Girocard

---

[1062] So NK-*Kindhäuser*, § 263a Rn 44; LK-*Tiedemann*, § 263a Rn 51; *Lackner/Kühl*, § 263a Rn 14; *Wessels/Hillenkamp*, BT 2 Rn 615; *Rengier*, BT I, § 14 Rn 24 f; *Eisele/Fad*, Jura 2002, 305, 311.
[1063] Wie hier *Sch/Sch-Perron*, § 263a Rn 11; SK-*Hoyer*, § 263a Rn 34 f.; *Fischer*, § 263a Rn 14a; *Krey/Hellmann/ Heinrich*, BT II, Rn 513c; *Kudlich*, JuS 2003, 537, 540.
[1064] BGHSt 47, 160, 162 f.; BGH NStZ 2005, 213 (zwar zur Telefonkarte, jedoch auf die Girocard übertragbar).

überhaupt eine „Scheckkarte" ist, der Tatbestand des § 266b schon von vornherein nicht anwendbar, weil er nach zutreffender h.M.[1065] nur das sog. „Dreipersonenverhältnis" (also die Benutzung einer Kreditkarte wie Visacard, Eurocard, Barclaycard, American-Express, Diners usw.) erfasst. Vorliegend geht es aber um eine Barabhebung bei einem kreditinstitutseigenen Geldautomaten. Der Missbrauch ist insoweit **straflos**.[1066]

685b Abheben von Bargeld bei einem **kreditinstitutsfremden Geldautomaten**: Sehr viel prüfungsrelevanter ist nicht nur die Frage, ob es technisch möglich ist, dass jemand bei einem kreditinstitutsfremden Geldautomaten unter Überschreitung des Verfügungsrahmens Geld abheben kann, sondern ob er sich – bei unterstellter technischer Möglichkeit – dann auch strafbar macht. Die Beantwortung dieser Fragen wird erleichtert, wenn man die rechtlichen Rahmenbedingungen des Giro-Geldautomatensystems kennt: Nach den Vereinbarungen der Kreditinstitute über das deutsche Girocard-Geldautomatensystem zieht das automatenbetreibende Kreditinstitut den von seinem Geldautomaten ausgezahlten Betrag bei institutsübergreifenden Verfügungen beleglos per Lastschrift bei dem kartenausgebenden Kreditinstitut ein; eine Rückgabe der Lastschrift wegen fehlender Deckung oder wegen Widerspruchs des Kontoinhabers ist unter den beteiligten Kreditinstituten abbedungen. Würde also ein Girocard-Inhaber, bei dessen Konto die Kreditlinie bereits erreicht bzw. überschritten ist, mit seiner Girocard unter Eingabe der PIN Geld am Automaten eines fremden Kreditinstituts abheben, läge der Schaden stets beim kartenausgebenden Kreditinstitut. Jedoch ist zu beachten, dass die Kreditinstitute in einem Online-Verbund stehen und daher eine Auszahlung an einem fremden Geldautomaten i.d.R. nicht mehr möglich ist, wenn die Kreditlinie des eigenen Kontos überschritten ist. Denn Aufgabe des Online-Verbundsystems ist es gerade zu gewährleisten, dass das den Geldautomaten betreibende Kreditinstitut über eine direkte Verbindung mit dem kartenausstellenden Kreditinstitut über den aktuellen Kontostand des Verfügenden informiert ist. Hat also das kartenausstellende Kreditinstitut ein Limit gesetzt und an das Verbundsystem gemeldet, ist es dem Verfügenden schon technisch unmöglich, über das Limit hinaus Geld bei einem Geldautomaten abzuheben. Die Verwirklichung des kriminellen Unrechts scheitert an dieser elektronischen Sicherung. Die bislang vereinzelt denkbare Möglichkeit, dass der Geldautomat gerade *offline* ist und daher keine Kontostandsabfrage durchführen kann, dürfte mittlerweile ebenfalls auszuschließen sein, weil die Geldautomaten bei zusammengebrochener Verbindung keine Auszahlungen mehr vornehmen. Zwar kommt bei gescheitertem Abhebungsversuch immer noch eine Versuchsstrafbarkeit in Betracht (vgl. § 263a II i.V.m. § 263 II), allerdings ist zum einen überhaupt das kriminelle Unrecht fraglich (dazu sogleich), und zum anderen werden der Tatbestandsvorsatz und die Bereicherungsabsicht kaum nachzuweisen sein. Daraus folgt: Ist das kartenausgebende Kreditinstitut dem Online-Verbundsystem angeschlossen und hat ein Verfügungslimit in das System eingegeben, wird eine Strafbarkeit weder aus § 263a noch aus § 266b zu bejahen sein.[1067] Dennoch sind in der universitären Ausbildung und in Examensklausuren Sachverhalte anzutreffen, in denen jemand jenseits des Verfügungslimits Geld am kreditinstitutsfremden Automaten abhebt. Diesbezüglich bietet sich folgende Lösung an:

686 **Beispiel**[1068]: T verfügt über ein nur sehr bescheidenes Einkommen. Dennoch hat ihm die O-Bank, bei der T ein Girokonto unterhält, eine Kreditlinie i.H.v. 5.000,- € eingeräumt. Mittlerweile weist das Girokonto ein Saldo i.H.v. - 4.800,- € auf. Wie T es jemals schaffen

---

[1065] BGHSt 47, 160, 163; BGHSt 38, 281, 282; Sch/Sch-*Perron*, § 266b Rn 5; SK-*Samson/Günther*, § 266b Rn 4; LK-*Gribbohm*, § 266b Rn 18 f.; *Lackner/Kühl*, § 266b Rn 4; *Fischer*, § 266b Rn 10; *Zielinski*, CR 1992, 223, 227; *Eisele/Fad*, Jura 2002, 305, 311; *Wessels/Hillenkamp*, BT 2, Rn 795. Anders *Hilgendorf*, JuS 1997, 131, 134 f.; *Otto*, JZ 1992, 1139; *Ranft*, NStZ 1993, 185 f. (Erstreckung des § 266b auch auf Karten im Zwei-Partner-System). Vgl. dazu näher Rn 712 ff.
[1066] Ebenso BGHSt 47, 160, 166 f.; Sch/Sch-*Perron*, § 266b Rn 8; SK-*Hoyer*, § 263a Rn 34 f.; *Fischer*, § 266b Rn 7; *Mühlbauer*, wistra 2003, 244, 252 f.
[1067] So auch im Ergebnis BGHSt 47, 160, 162 ff. (allerdings unter Nichtberücksichtigung des Online-Verbundsystems).
[1068] Nach BGHSt 47, 160 ff.

soll, das Konto auszugleichen, ist ihm schleierhaft. Da er aber nach wie vor Geld benötigt, hebt er mit seiner (noch nicht gesperrten) Girocard 200,- € am Automaten der D-Bank ab. Variante: T hebt nochmals Geld ab, diesmal 400,- €. Hat T sich dadurch strafbar gemacht?

Die Frage nach der Strafbarkeit im Ausgangsfall ist schnell beantwortet: T ist schon deshalb nicht strafbar, weil er sich innerhalb des Verfügungsrahmens bewegte. Auf den Umstand, dass er das Geld bei einem Automaten einer Drittbank abgehoben hat, kommt es nicht an. Anders sieht es in der Variante aus:

1. Strafbarkeit des T nach § 263a I Var. 3

Durch das Abheben der 400,- € bei einem Automaten der D-Bank könnte T sich wegen **Computerbetrugs** gem. § 263a I Var. 3 strafbar gemacht haben. Dazu müsste er Daten unbefugt verwendet haben.

T hat die auf dem Magnetstreifen der Girocard gespeicherten Informationen (Kontonummer, Bankleitzahl, Quellcode usw.) und die PIN durch Eingabe in den Geldautomaten „verwendet". Fraglich ist aber, ob er dabei **„unbefugt"** gehandelt hat.

⇨ Nach der am weitesten gehenden sog. **subjektivierenden** Auslegung ist jede Datenverarbeitung „unbefugt", die dem wirklichen oder mutmaßlichen *Willen des Rechtsgutinhabers* (des Berechtigten) widerspricht.[1069] Demzufolge hat sich T nach § 263a I Var. 3 strafbar gemacht, da die weitere Verwendung der Girocarddaten über das eingeräumte Limit hinaus nicht dem Willen des Automatenbetreibers (D-Bank) entsprach.

⇨ Vertreter der engen sog. **computerspezifischen** Auslegung stellen darauf ab, ob der einer Datenverwendung entgegenstehende *Wille des Betreibers* im Computerprogramm berücksichtigt ist.[1070] Entscheidend ist danach, ob die Befugnis des Verwenders der Daten im Programmablauf Niederschlag gefunden hat, also vom Programm selbst überprüft wird. Diese Überprüfung findet regelmäßig durch eine entsprechende Anfrage beim Verfügenden, etwa durch Anforderung und Überprüfung der persönlichen Geheimnummer, der PIN, statt. Da T diese ordnungsgemäß eingegeben hat, ist er nach dieser Auslegung nicht wegen unbefugter Verwendung von Daten strafbar.

⇨ Die herrschende Auffassung, die § 263a **betrugsspezifisch** auslegt, orientiert sich an § 263 und verlangt ein täuschungsäquivalentes Verhalten des Täters.[1071] Entscheidend ist danach, ob die Verwendung der Daten gegenüber einem Menschen als zumindest schlüssige Vorspiegelung der Befugnis zu deuten wäre. Hätte T am Bankschalter (der O-Bank!) eine Barauszahlung trotz bereits überschrittener Kreditlinie erbeten, wäre dies allenfalls möglich gewesen, wenn er das Schalterpersonal über seine Bonität und Zahlungsbereitschaft getäuscht hätte. Jedoch ist zu bedenken, dass eine Vergleichbarkeit nur mit einem Schalterangestellten angenommen werden kann, der sich mit den Fragen befasst, die auch der Computer prüft.[1072] Der Computer prüft aber nicht die Bonität und die Rückzahlungsbereitschaft des berechtigten Karteninhabers, sondern lediglich, ob sich dieser im Rahmen des Verfügungsrahmens bewegt (vgl. dazu die Angaben bei Rn 685a). Daher scheitert eine Strafbarkeit des T aus § 263a auch nach der betrugsspezifischen Auslegung.

[1069] So vertreten von BGHSt 40, 331, 334 f.; BayObLG JR 1994, 289, 291; *Hilgendorf*, JuS 1997, 130, 131; *Otto*, BT, § 52 Rn 40; *Kindhäuser*, BT II, § 28 Rn 8; *Scheffler/Dressel*, NJW 2000, 2645; *Mitsch*, JZ 1994, 877, 883.
[1070] So vertreten von OLG Celle NStZ 1989, 367, 368; *Arloth*, Jura 1996, 354, 358; *Achenbach*, Jura 1991, 227 f. und JR 1994, 293, 295.
[1071] So vertreten von BGH NJW 2014, 711, 712; BGHSt 47, 160, 163 ff.; 38, 120, 121; OLG Köln NJW 1992, 125, 126; OLG Düsseldorf StV 1998, 266 f.; LG Bonn NJW 1999, 3726; LK-*Tiedemann*, § 263a Rn 44; SK-*Hoyer*, § 263a Rn 31 f.; *Fischer*, § 263a Rn 11; *Rengier*, BT I, § 14 Rn 8; *Wessels/Hillenkamp*, BT 2, Rn 613; *Laue*, JuS 2002, 359, 363; *Tiedemann/ Waßmer*, Jura 2000, 533, 536; *Kudlich*, JuS 2001, 20, 21; *ders.*, JuS 2003, 537, 538; *Jerouschek/Kölbel*, JuS 2001, 780 f.
[1072] BGHSt 47, 160, 163 unter Bezugnahme auf *Altenhain*, JZ 1997, 752, 758.

Folgt man dieser Auffassung[1073], war T trotz seiner zu missbilligenden Absicht berechtigter Karteninhaber und zum Einsatz der Girocard an Geldautomaten befugt. Er hat seine Befugnis somit nicht täuschungsähnlich vorgespiegelt und daher nicht „unbefugt" i.S.v. § 263a I Var. 3 gehandelt.

Ergebnis: Ein Computerbetrug scheidet aus.

2. Strafbarkeit des T nach § 266b I Var. 1

Möglicherweise hat T sich aber durch den Einsatz der Girocard zur Bargeldbeschaffung am Bankautomaten wegen **Missbrauchs von Scheckkarten** nach § 266b I Var. 1 strafbar gemacht.

T war tauglicher Täter, da ihm durch die Überlassung der Girocard die Möglichkeit eingeräumt worden war, die ausstellende O-Bank zu einer Zahlung zu veranlassen. Auch hat er die ihm überlassene Girocard i.S.v. § 266b I Var. 1 „missbraucht", da er die O-Bank im Außenverhältnis zu Dritten (hier der D-Bank) wirksam, im Innenverhältnis jedoch pflichtwidrig zu einer Zahlung veranlasst hat.

Fraglich ist allerdings, wie es sich auswirkt, dass T seine Girocard nicht als Scheckkarte, sondern als Codekarte zur Bedienung von Geldautomaten eingesetzt hat, § 266b I Var. 1 jedoch von „Scheckkarte" und nicht von „Codekarte" spricht.

Zur Lösung dieser Problematik ist entscheidend zu wissen, dass Scheckkarten (konkret die Euroscheckkarte) seit der Beendigung des Euroschecksystems am 31.12.2001 nicht mehr gebräuchlich sind. In ihrer früheren Verwendungsform garantierte das ausstellende Kreditinstitut dem Schecknehmer (dem Gläubiger des Scheckausstellers) die Einlösung des Schecks von auf speziellen zur Scheckkarte ausgegebenen Scheckformularen („Euroschecks") bis zu einem bestimmten Betrag (bei Euroschecks bis 400,- DM) und nahm damit dem Schecknehmer das Risiko eines ungedeckten Schecks. Ein Missbrauch (Ausstellen von Euroschecks bei nicht vorhandener Kontodeckung bzw. Bonität) wurde durch § 266b I Var. 1 („Scheckkartenmissbrauch") sanktioniert. Wenn jedoch mit Wirkung zum 1.1.2002 die Zahlungsgarantie entfallen ist, die bis dahin die Banken bei der Bezahlung mittels Euroschecks und Scheckkarte übernommen hatten, hat damit auch die „Scheckkarte" ihre Funktion verloren. Somit kann es auch den „Scheckkartenmissbrauch" nicht mehr geben.[1074] Dem steht auch nicht BGHSt 47, 160 ff. entgegen, da dieses Urteil einen Sachverhalt betrifft, der vor dem 1.1.2002 stattfand.[1075]

Ergebnis: T hat sich nicht wegen Scheckkartenmissbrauchs strafbar gemacht.

3. Strafbarkeit des T nach § 266b I Var. 2

Somit bleibt nur noch die Möglichkeit einer Bestrafung wegen **Missbrauchs von Kreditkarten** nach § 266b I Var. 2. Doch ob eine Girocard eine Kreditkarte darstellt, ist zweifelhaft. Richtigerweise wird man dies verneinen müssen, weil eine Girocard ihre Garantiefunktion nicht – wie bei der „klassischen" Kreditkarte (American Express, Visa, Eurocard/Mastercard, Barclaycard, Diners Club etc.) – durch Kartenvorlage und Unterschrift, sondern ausschließlich durch Verwendung der auf ihr gespeicherten Daten und der korrespondierenden PIN auslöst. Außerdem werden nicht wie bei den „klassischen" Kreditkarten die Belege vom Geschäftspartner gesammelt und in bestimmten Zeitabständen bei den kartenausstellenden Kreditinstituten zwecks Einlösung eingereicht, sondern vielmehr erfolgt die Abbuchung vom Girokonto bereits am nächsten Werktag. Von einem „Kredit", der durch den Einsatz einer „Kreditkarte" gewährt wird, kann daher nicht gesprochen

---

[1073] Da die subjektivierende Auslegung zu einem anderen Ergebnis gelangt als die computerspezifische und die betrugsspezifische, müsste in der Prüfungsarbeit nunmehr der Streit entschieden werden. Da dies aber bereits bei Rn 678 vorgenommen wurde, sei insoweit darauf verwiesen.

[1074] So die mittlerweile wohl einhellige Auffassung, vgl. Sch/Sch-*Perron*, § 266b Rn 4; SK-*Samson/Günther*, § 266b Rn 4; *Fischer*, § 266b Rn 9; *Mühlbauer*, wistra 2003, 244, 252; *Krey/Hellmann/Heinrich*, BT II, Rn 513c; *Wessels/Hillenkamp*, BT 2, Rn 795; *Rengier*, BT I, § 19 Rn 1.

[1075] Wenn also teilweise (so *Fischer*, § 266b Rn 9) gesagt wird, der BGH sei anderer Meinung und bestrafe aus § 266b, wird dieser Umstand verkannt.

werden. Schließlich sieht auch der allgemeine Rechtsverkehr die Girocard nicht als Kredit-karte an.[1076]

Ergebnis: T hat sich schließlich auch nicht wegen Kreditkartenmissbrauchs strafbar gemacht.

Fazit: Da das Scheckkartensystem mit Wirkung zum 1.1.2002 weggefallen ist, hat auch die „Scheckkarte" ihre Bedeutung verloren und wird von den Kreditinstituten auch nicht mehr ausgegeben. Somit kann es auch den „Scheckkartenmissbrauch" i.S.v. § 266b I Var. 1 nicht mehr geben. Insbesondere ist die Girocard in ihrer einzigen Funktion als Codekarte keine Scheckkarte. Die Girocard ist aber auch keine Kreditkarte i.S.v. § 266b I Var. 2, weil sie weder die Eigenschaften einer „klassischen" Kreditkarte besitzt noch vom Rechtsverkehr als solche angesehen wird. Daraus folgt: Auch wenn der Karteninhaber bei einem kreditinstitutsfremden Geldautomaten Geld abhebt und dabei das Kreditlimit über-schreitet, macht er sich auch dann nicht strafbar, wenn er weiß bzw. davon ausgeht, den Betrag nicht rückführen zu können. Zur Frage, ob eine Strafbarkeit aus § 266b I Var. 2 in der Konstellation zu bejahen ist, dass die Codekarte im bargeldlosen Zahlungsverkehr („electronic cash") eingesetzt wird, vgl. sogleich Rn 687 ff.

Weiterführender Hinweis: Lediglich zur Verfestigung der Materie sei nochmals darauf hinge-wiesen, dass der vorige Fall auch nicht anders zu entscheiden gewesen wäre, wenn T aus-schließlich Geld an einem Automaten der *kartenausstellenden* O-Bank abgehoben hätte. Denn nach zutreffender h.M. ist § 266b nur auf Karten im sog. *Drei-Partner-System* (Vi-sacard, Eurocard, Barclaycard, American-Express, Diners usw. – vgl. dazu Rn 709), nicht auf Karten im Zwei-Partner-System (sog. Kundenkarten wie IKEA-Family-Card, Lufthansa Air-Plus-Karte usw.) anwendbar (vgl. dazu Rn 712 ff.). Aber auch wenn man von dem Erforder-nis des Dreipersonenverhältnisses absieht, ergibt sich nichts anderes. Denn der berechtigte Girocard-Inhaber, der Geld von einem Geldautomaten abhebt, verwendet die Karte lediglich als Schlüssel, um auf sein Girokonto zuzugreifen, nicht aber als Kreditkarte. Daraus folgt: Unabhängig davon, ob der Inhaber einer Girocard bei einem kreditinstitutseigenen oder -fremden Geldautomaten Geld abhebt und dabei das Kreditlimit überschreitet, macht er sich nicht strafbar.

cc. Verwendung einer eigenen oder fremden Girocard im Electronic-cash-Verfahren (Point-of-sale-Verfahren, sog. POS) ⇒ 1. Variante des bargeldlosen Einkaufens mit Girocard

Das Electronic-cash-Verfahren oder Point-of-sale-Verfahren (POS) ermöglicht eine bar-geldlose Bezahlung unter Verwendung einer Codekarte. Der Kunde steckt seine Karte in das Kartenlesegerät am Terminal der Kasse des Händlers und gibt seine PIN ein. Wie bei dem Bezahlen mit Kreditkarten des Drei-Partner-Systems erhält der Händler auf-grund eines Händlervertrags zwischen ihm und dem Kreditinstitut einen direkten An-spruch gegen das kartenausstellende Kreditinstitut. Die am Terminal eingelesenen Daten und die PIN werden online an eine Autorisierungszentrale bzw. an das jeweilige Kreditinstitut weitergeleitet. Dort werden die PIN und der Verfügungsrahmen des Kun-den sowie eine eventuelle Sperrung der Karte überprüft. Ist das Ergebnis der Prüfung positiv, wird die Zustimmung des kartenausgebenden Kreditinstituts zu der Transaktion (sog. Autorisierung) dem Vertragsunternehmen online innerhalb weniger Sekunden mitgeteilt. Zwischen dem Kreditinstitut und dem Karteninhaber besteht – neben dem Girovertrag – ein Geschäftsbesorgungsvertrag (§§ 675, 631 BGB), der die Teilnahme des Karteninhabers am Electronic-cash-Verfahren regelt.[1077]

687

[1076] Im Ergebnis wie hier *Sch/Sch-Perron*, § 266b Rn 5; *Wessels/Hillenkamp*, BT 2, Rn 795; *Rengier*, BT I, § 19 Rn 3 ff.; *Baier*, ZRP 2001, 456.
[1077] *Eisele/Fad*, Jura 2002, 305. Vgl. auch *Lackner/Kühl*, § 266b Rn 3; LK-*Gribbohm*, § 266 Rn 15.

688 Auch beim POS sind Straftaten denkbar. Hier sind zwei Konstellationen zu unterscheiden: In der ersten setzt der berechtigte Inhaber einer Girocard diese trotz überschrittener Kreditlinie im Electronic-cash-Verfahren zur Bezahlung von Waren ein, in der zweiten geschieht dies durch einen nichtberechtigten Dritten.

689 **Beispiel 1 (Einsatz der Girocard durch den berechtigten Karteninhaber):**
K kauft bei V Waren im Electronic-cash-Verfahren, obwohl der Kreditrahmen, den er von seiner kartenausstellenden O-Bank eingeräumt bekommen hat, bereits ausgeschöpft ist. An der Kasse schlägt die Zahlung mit seiner Girocard fehl.

Eine Strafbarkeit wegen (versuchten) Betrugs (**§ 263**) kommt bei der Bezahlung im Electronic-cash-Verfahren regelmäßig nicht in Betracht, weil sich der Händler aufgrund der mit der Online-Autorisierung verbundenen Garantiefunktion keine Gedanken über die Zahlungsfähigkeit machen muss und daher keinem Irrtum unterliegen kann.

Richtigerweise scheidet auch eine Strafbarkeit aus **§ 266b I Var. 2** aus, weil K nicht die Möglichkeit besaß, die O-Bank zu einer Auszahlung zu veranlassen. Das „Veranlassen" ist bei § 266b nämlich im Sinne von „Verpflichten" zu verstehen. Beim Einsatz im Electronic-cash-Verfahren verpflichtet aber nicht der Karteninhaber das Kreditinstitut im Wege der Stellvertretung, sondern das Kreditinstitut verpflichtet sich letztlich durch die elektronische Autorisation selbst.[1078] Außerdem handelt es sich bei einer Girocard nicht um eine Kreditkarte i.S.v. § 266b I Var. 2 (dazu Rn 686).

In Betracht kommt dann nur noch eine (Versuchs-)Strafbarkeit nach **§ 263a I Var. 3**. Möchte der berechtigte Inhaber einer Girocard trotz überschrittener Kreditlinie mit seiner Girocard bargeldlos bezahlen und hat sein Kreditinstitut der Autorisierungszentrale mitgeteilt, es wünsche keine weitere Belastung des Girokontos, wird das Ergebnis der Online-Anfrage negativ sein. Die Bezahlung ist fehlgeschlagen. Möglich ist dann eine Strafbarkeit wegen Versuchs. Wie schon beim Abheben am Bankautomaten kommt es hier darauf an, ob K die Karte unbefugt verwendete (bzw. verwenden wollte), was jedoch beim bloßen Überschreiten der eingeräumten Kreditlinie verneint wurde. Zudem war das Verhalten des K gerade infolge der Garantiefunktion im POS-Verfahren ungeeignet, einen Irrtum beim Verkaufspersonal zu erregen. Demzufolge ist K auch nicht wegen versuchten Computerbetrugs gem. §§ 263a I Var. 3, 22 strafbar.[1079] K ist **straflos**.

690 **Beispiel 2 (Einsatz der Girocard durch einen nichtberechtigten Dritten):**
Die Haushälterin H entdeckt in der Schublade ihrer Geschäftsherrin G deren Girocard. Die dazugehörige PIN hat sie vor einiger Zeit bei einem Gespräch zwischen der G und deren Mann mitbekommen. Sie nimmt die Karte, setzt diese im Electronic-cash-Verfahren zur Bezahlung von Waren in einer Boutique ein und legt die Karte anschließend – wie von Anfang an geplant – wieder an ihren Platz zurück.

Ein Diebstahl (**§ 242**) scheitert an der Enteignungskomponente des Zueignungsvorsatzes.

Auch ein Betrug (**§ 263**) zum Nachteil der kartenausstellenden Bank liegt im Ergebnis nicht vor. Zwar hat H durch Vorlage der Karte darüber getäuscht, dass sie zur Teilnahme am Electronic-cash-Verfahren berechtigt sei, da sich der Händler aufgrund der mit der Online-Autorisierung verbundenen Garantiefunktion jedoch keine Gedanken über die Berechtigung des Girocard-Benutzers zu machen braucht, kann er auch keinem Irrtum unterliegen.

H könnte sich aber wegen Computerbetrugs nach **§ 263a I Var. 3** zum Nachteil der Bank strafbar gemacht haben. Indem sie die Girocard nebst PIN in das Händlerterminal eingab, beeinflusste sie das Ergebnis der Datenverarbeitung des Computers der Autorisie-

---

[1078] Wie hier Sch/Sch-*Perron*, § 266b Rn 4; *Fischer*, § 266b Rn 6; *Lackner/Kühl*, § 266b Rn 3; a.A. LK-*Gribbohm*, § 266b Rn 15; NK-*Kindhäuser*, § 266b Rn 17.
[1079] Wie hier Sch/Sch-*Perron*, § 263a Rn 13; *Fischer*, § 263a Rn 15; *Krey/Hellmann/Heinrich*, BT II, Rn 518e; *Rengier*, BT I, § 14 Rn 27; a.A. LK-*Tiedemann/Valerius*, § 263a Rn 52; *Lackner/Kühl*, § 263a Rn 14; NK-*Kindhäuser*, § 263a Rn 53.

rungszentrale, wodurch die Bank einen Schaden erlitt. Dass Geschädigter (die Bank[1080]) und der Verfügende (das Kassenpersonal der Boutique) nicht personenidentisch sind, ist belanglos, da zwischen den Beteiligten eine vertraglich begründete Nähebeziehung besteht. Insoweit gelten nach h.M. die zu § 263 entwickelten Grundsätze. Daher handelte H insgesamt unbefugt. Hinsichtlich der subjektiv neben dem Tatbestandsvorsatz erforderlichen Bereicherungsabsicht muss – ebenso wie beim Betrug – Stoffgleichheit zwischen dem erstrebten Vermögensvorteil und dem Vermögensschaden bestehen. Voraussetzung für die Stoffgleichheit ist, dass Vermögensschaden und Vermögensvorteil auf derselben Vermögensverfügung beruhen und dass der Vorteil aus dem geschädigten Vermögen stammt. Dies ist hier der Fall: Der erstrebte Vermögensvorteil liegt in der Übereignung der Waren bzw. der Befreiung von der Pflicht zur Barzahlung, der Vermögensschaden in der Belastung der kartenausgebenden Bank mit einem entsprechenden Zahlungsanspruch des Händlers.[1081]

H ist gem. § 263a I Var. 3 strafbar.

dd. Verwendung einer eigenen oder fremden Codecard im elektronischen Lastschriftverfahren (ELV) ⇒ 2. Variante des bargeldlosen Einkaufens mit Girocard)

691

Auch beim elektronischen Lastschriftverfahren führt der Kunde seine Karte in das Händlerterminal ein. Im Gegensatz zu dem eben dargestellten POS-System gibt der Kunde aber nicht zusätzlich seine PIN ein, sondern unterschreibt (lediglich) eine Ermächtigung zum Lastschrifteinzug. Dadurch kann auch keine Online-Anfrage stattfinden, was wiederum zur Folge hat, dass in Ermangelung eines Garantievertrags ein eigener Anspruch des Händlers gegen das Kreditinstitut nicht besteht. Freilich führt dies zu einem Verlust an Sicherheit. Gleichwohl ist das elektronische Lastschriftverfahren in der Praxis nicht unüblich, da *die Händler* die Kosten für die Online-Abfrage des Electronic-cash-Verfahrens zu tragen haben und diese Kosten beim elektronischen Lastschriftverfahren naturgemäß nicht auftreten. Wegen dieser Kostenersparnis verzichten viele Händler auf die Sicherheiten, die das Electronic-cash-Verfahren bietet.[1082] Hinsichtlich möglicher Straftaten ist auch hier zu unterscheiden:

Beispiel 1 (Einsatz der Girocard durch den berechtigten Karteninhaber):

692

K bezahlt bei V Waren im elektronischen Lastschriftverfahren, obwohl er den Kreditrahmen, den er von seiner kartenausstellenden O-Bank eingeräumt bekommen hat, bereits ausgeschöpft hat.

Wird die Girocard vom berechtigten Karteninhaber im elektronischen Lastschriftverfahren verwendet, macht er sich nicht wegen Computerbetrugs gem. § 263a I Var. 3 strafbar, weil in diesem Fall von der kartenausstellenden Bank – anders als beim POS-Verfahren – keine Einlösegarantie übernommen wird, die durch das Einschieben der Karte in das Lesegerät und der Eingabe der PIN zustande käme. Das Einschieben der Karte in das Lesegerät dient allein der vereinfachten Herstellung einer persönlich zu unterzeichnenden Einzugsermächtigung.

Genau aus diesem Grund ist aber eine Strafbarkeit wegen Betrugs (**§ 263**) zum Nachteil des Händlers gegeben, da der Täter diesen über die Deckung seines Kontos täuscht. Im Gegensatz zum Electronic-cash-Verfahren unterliegt der Händler auch einem Irrtum, da die kartenausstellende Bank keine Zahlung garantiert. Mit der Übereignung der Waren trifft dieser schließlich auch eine Vermögensverfügung. Einen Vermögensschaden erleidet er dann, wenn (wie üblich) sich die Bank mangels Garantieübernahme weigert, die Zahlung vorzunehmen. K ist daher wegen Betrugs strafbar.

[1080] Zwar ist es richtig, dass die Bank die G ggf. (aufgrund grober Fahrlässigkeit) in Regress nehmen kann, jedoch liegt die Zahlungsverpflichtung gegenüber dem Inhaber der Boutique erst einmal bei der Bank.
[1081] *Eisele/Fad*, Jura 2002, 305, 308.
[1082] *Eisele/Fad*, Jura 2002, 305; LK-*Tiedemann*, § 263a Rn 53.

693 **Beispiel 2 (Einsatz der Girocard durch einen nichtberechtigten Dritten):**

Haushälterin H geht wie beim letzten Mal vor. Doch da die Boutique nicht am POS-Verfahren, sondern lediglich am elektronischen Lastschriftverfahren teilnimmt, kommt sie nur dadurch zu der Ware, dass sie auf dem Abrechnungsbeleg mit dem Namen der G unterzeichnet.

Durch das Unterschreiben des Abrechnungsbelegs mit dem Namen der G hat H sich zunächst wegen Urkundenfälschung (**§ 267 I Var. 1 und Var. 3**) strafbar gemacht.

Darüber hinaus hat H den Tatbestand des Betrugs (**§ 263**) zum Nachteil des Boutiqueinhabers verwirklicht. Sie hat diesen bzw. dessen Kassenpersonal über das wirksame Zustandekommen einer Abbuchungsermächtigung zu Lasten der G getäuscht. Diese besteht in Wirklichkeit nicht, da H die G nicht rechtlich bindend verpflichten kann. Auch hat sie beim Kassenpersonal einen Irrtum erregt, da sich dieses aufgrund des Nichtbestehens einer Garantieerklärung sehr wohl Gedanken über die Berechtigung bzw. Zahlungsfähigkeit macht. Hinsichtlich der Vermögensverfügung (die Übergabe und Übereignung der Waren) schadet es wegen der Regelung des § 56 HGB nicht, falls der Boutiqueinhaber nicht selbst an der Kasse gestanden haben sollte. Schließlich erleidet der Boutiqueinhaber auch einen Vermögensschaden, da er im elektronischen Lastschriftverfahren mangels Garantievertrags keinen Anspruch gegen die kartenausstellende Bank besitzt.

ee. Verwendung einer fremden Girocard als Geldkarte ⇒ 3. Variante des bargeldlosen Einkaufens mit Girocard

694 Seit einiger Zeit sind Codecards (optional) mit einem Chip versehen, mit dessen Hilfe die Karte an einem Terminal der kartenausstellenden Bank „aufgeladen" werden kann (meist bis zu einem Wert von 200,- €). Mit dem dann auf der Karte befindlichen Guthaben kann der Karteninhaber – ähnlich einer Telefonkarte – die Karte zur unmittelbaren Bezahlung kleinerer Beträge (beim Bäcker, Blumenladen, Kiosk etc.) einsetzen. Dazu steckt er die Karte in einen Terminal des Händlers, wodurch der geschuldete Betrag vom Kartenguthaben abgezogen wird (ähnlich dem „Abtelefonieren" von Telefonkarten). Hinsichtlich der Strafbarkeit ist zu unterscheiden: Das **Laden** der Geldkarte am Terminal der Bank ist wie das Abheben am Geldautomaten zu behandeln. Das unbefugte **Entladen** durch einen nichtberechtigten Dritten, der die Karte mit Einwilligung des Karteninhabers einsetzt, ist mangels Täuschungsäquivalenz nicht nach § 263a I Var. 3 zu Lasten des Karteninhabers strafbar; fehlt die Einwilligung, gilt das Gegenteil.[1083] Wurde die Karte zuvor gestohlen oder durch Unterschlagung erlangt, kommen neben § 263a I Var. 3 auch § 242 und § 246 in Betracht, weil der spätere Einsatz der Karte eine Zueignung des Sachwertes bedeutet. Bei Kartenfälschung ist zudem an §§ 152a und 152b zu denken.

ff. Ausspähen und Benutzen von Passwörtern über Programme, die via E-Mail verschickt werden (Spyware), sowie sog. Phishing

694a Ähnliche Probleme wie beim Codekartenmissbrauch ergeben sich beim Home-Banking via Internet („**Online-Banking**"), wenn sich der Täter bspw. durch den spammäßigen Versand von E-Mails, die Spähprogramme auf dem Computer des Opfers installieren, Passwörter verschafft. Mit Hilfe dieser Passwörter tätigt der Täter dann Online-Überweisungen zum Nachteil des Opfers.

Passwörter können aber auch durch das sog. **Phishing** („Password-Fishing") erlangt werden. Hierbei handelt es sich ebenfalls um E-Mails, die spammäßig an eine Vielzahl von E-Mail-Adressen verschickt werden. Anders als beim Ausspionieren von Passwörtern via „Spyware" sollen die E-Mails beim Empfänger den Eindruck erwecken, als stammten sie von der Hausbank. Um das zu erreichen, werden bekannte Logos, Bilder und andere Merkmale der Banken übernommen. In der E-Mail werden die Empfänger

---

[1083] Vgl. dazu LK-*Tiedemann/Valerius*, § 263a Rn 54.

dann aufgefordert, auf einen eingefügten Link zu klicken, um dann auf der Homepage der Bank ihre persönlichen Daten einzugeben, damit ein angebliches Sicherheitsupdate, Wartungsarbeiten oder planmäßige Aktualisierungen etc. durchgeführt werden könnten. Häufig sind selbst für den erfahrenen Internetnutzer diese Links nicht von den Original-Links der Banken zu unterscheiden.

Klickt das Opfer auf den in der E-Mail angegebenen Link, wird es auf eine Homepage weitergeleitet, die der Homepage der Bank täuschend ähnlich aussieht. Diese Vortäuschung der echten Homepage wird auch Visual-Spoofing genannt. Auf dieser Internetseite wird das Opfer dann aufgefordert, seine persönlichen Daten (PIN, TAN, Passwort oder sonstige Zugangsdaten) einzugeben, um die vorher angegebenen Maßnahmen zu ermöglichen. Die Angaben landen jedoch nicht bei der Bank, sondern bei den hinter der Phishing-Attacke stehenden Tätern. Diese nutzen die Daten, um Überweisungen von dem Geschädigten auf ihnen bekannte Konten zu tätigen.

Fraglich ist, ob bereits das **Ausspionieren der Daten** eine strafbare Handlung darstellt. Eine Verwirklichung des § 263a III scheidet aus. Denn Phishing-E-Mails sind keine Computerprogramme, da sie keine lauffähigen Applikationen sind (anderes gilt für die Installation von Spyware). Hinsichtlich der denkbaren Strafbarkeit aus § 202a müssten die Daten gegen unberechtigten Zugang besonders gesichert sein. In den meisten Fällen fehlt jedoch eine solche Zugangssicherung, sodass das Vorgehen der Phisher bis zur eigentlichen Abbuchung lediglich als Vorbereitungshandlung anzusehen ist.[1084] Eine solche Handlung war früher nicht unter Strafe gestellt, was vom Gesetzgeber jedoch durch das 41. StrÄG v. 7.8.2007 durch Schaffung der §§ 202b und 202c geändert wurde, vgl. dazu Rn 717a ff. **694b**

Auch ist § 263a I Var. 3 verwirklicht, wenn der Täter mit Hilfe der ausspionierten Daten **Überweisungen vom Konto des Opfers tätigt**. Durch das Einloggen auf der Homepage des Kreditinstituts und Eingabe der Zugangsdaten beeinflusst er das Ergebnis eines automatisierten Datenverarbeitungsvorgangs. Da diese Eingabe in der Regel ohne das Einverständnis des Kontoinhabers erfolgt, ist sie auch unbefugt im Sinne des § 263a I Var. 3. Zwar hat der Getäuschte die Zugangsdaten zuvor selbst preisgegeben, jedoch ausschließlich zu dem in der E-Mail angegebenen Zweck, und nicht für eine Überweisung. Somit ist das Täterverhalten auch täuschungsäquivalent. **694c**

Sofern die Transaktion Erfolg hatte und dem Täter das Geld gutgeschrieben wurde, liegt auch ein kausaler Vermögensvorteil vor. Dieser Vermögensvorteil ist verbunden mit einem Vermögensverlust i.S.d. geforderten Stoffgleichheit.

Unter den Voraussetzungen des § 263 III S. 2 Nr. 1-3, V, der über § 263a II Anwendung findet, ist die Annahme eines besonders schweren Falls bzw. die „Aufwertung" zum Verbrechen gegeben. **694d**

d. Sonstige unbefugte Einwirkung auf den Ablauf (§ 263a I Var. 4)

Die letzte Tatvariante des § 263a I – die sonstige unbefugte Einwirkung auf den Ablauf – soll nach Auffassung des Gesetzgebers als **Auffangtatbestand** fungieren und die noch verbleibenden, von den anderen Tatvarianten nicht gedeckten Manipulationen erfassen.[1085] Die Reichweite der 4. Variante hängt also maßgeblich davon ab, wie viele der denkbaren Computerdelikte man bereits unter die ersten drei Varianten (insbesondere unter die 3. Variante) subsumieren konnte. Dies wiederum hängt davon ab, ob man für die „Verwendung von Daten" i.S. der 2. und 3. Variante mit der zutreffenden h.M. eine Eingabe in den Datenverarbeitungsprozess voraussetzt oder jede Nutzung von **695**

[1084] So auch *Popp*, NJW 2004, 3517, 3518. Vgl. auch *Borges*, NJW 2005, 3313 ff.; *Gercke*, CR 2005, 606 ff.; *Knupfer*, MMR 2004, 641 ff. Zu § 202a vgl. Rn 717a ff.
[1085] Vgl. MüKo-*Wohlers*, § 263a Rn 56; LK-*Tiedemann/Valerius*, § 263a Rn 62.

Daten genügen lässt. Folgt man der h.M., können etwa das **Leerspielen von Geld-spielautomaten** oder das **Einscannen eines falschen Strichcodes** an einer Selbst-bedienungskasse[1086] ausschließlich von der 4. Variante erfasst werden.

696   **Beispiel (zugleich Abschlussfall zu § 263a I)**[1087]: T verschafft sich – vermutlich über das Internet – Kenntnis über einen – dem Automatenbetreiber bereits bekannten – Pro-grammfehler eines **Geldspielautomaten** mit der Bezeichnung *Royal Admiral*. Durch Be-tätigung einer bestimmten Tastenkombination wird der Automat veranlasst, ein Gratis-Spiel zu gewähren, das wiederum so lange gespielt werden kann, bis alle Walzen dassel-be Symbol zeigen und der Automat so den höchstmöglichen Gewinn auswirft. Mit diesem Wissen gelingt es T, das Gerät so zu bedienen, dass er es „leer spielt". Ist T strafbar?

1. Durch die Entgegennahme des ausgeworfenen Geldes könnte T sich zunächst wegen **Diebstahls** (§ 242 I) strafbar gemacht haben. Dazu hätte es sich bei dem Geld zunächst um eine fremde bewegliche Sache handeln müssen. Zweifelhaft ist allein das Merkmal *fremd*. Für den Täter ist die Sache fremd, wenn sie nicht in dessen Alleineigentum steht. Folglich ist die Frage zu beantworten, in wessen Eigentum die Münzen standen, als T sie entgegennahm. Sie standen im Eigentum des T, wenn sie ihm wirksam übereignet wur-den (§ 929 S. 1 BGB). Im Grundsatz ist davon auszugehen, dass ein genereller Eigen-tumsübertragungswille des Automatenbetreibers hinsichtlich des ausgeworfenen Geldes besteht. Etwas anderes könnte jedoch im Hinblick darauf gelten, dass T den Automaten mit Hilfe seiner „Spezialkenntnisse" bediente. Der generelle Eigentumsübertragungswille könnte unter dem Vorbehalt der ordnungsmäßigen Bedienung bestehen. Ein solcher Vor-behalt ist jedoch vorliegend objektiv nicht erkennbar. Ein (geheimer) subjektiver Vorbe-halt des Betreibers kann nicht genügen. Aber selbst wenn man davon ausgeht, dass der Betreiber eines Geldspielautomaten nur dann mit der Übergabe und Übereignung der in dem Gerät befindlichen und in seinem Eigentum und Gewahrsam stehenden Geldstücken an den Bediener einverstanden ist, wenn dieser den Automaten ordnungsgemäß – und nicht unter Ausnutzung eines Programmfehlers – betätigt, ist dies für den vorliegenden Fall doch anzunehmen. T hat den Automaten äußerlich vollkommen ordnungsgemäß be-dient. Daher ist in jedem Fall von einer wirksamen Eigentumsübertragung des Geldes auszugehen. Ein Diebstahl scheidet demnach mangels Fremdheit des Geldes aus.

2. T könnte sich aber wegen **Erschleichens von Leistungen** (§ 265a) strafbar ge-macht haben. Bei einem Geldspielautomaten handelt es sich um einen Automaten i.S.d. § 265a I Var. 1. Fraglich ist aber, ob T die Leistung „erschlichen" hat. Darunter wird überwiegend ein ordnungswidriges oder zumindest missbräuchliches Erreichen einer Leis-tung verstanden, und zwar durch den *Bedienungsvorgang* der technischen Vorrichtung selbst.[1088] T hat den Geldspielautomaten aber äußerlich völlig korrekt bedient. T hat somit die Leistung des Automaten nicht „erschlichen". Darüber hinaus hat T den subjektiven Tatbestand nicht erfüllt, weil dazu die Absicht, das Entgelt nicht zu entrichten, vorausge-setzt wird. T ging es aber nicht darum, das Spielentgelt nicht zu entrichten, sondern da-rum, den Automaten leer zu spielen. Er hat sich somit auch deshalb nicht aus § 265a I Var. 1 strafbar gemacht.

3. Eine Strafbarkeit wegen **Betrugs** (§ 263) kommt von vornherein nicht in Betracht, da T nicht auf das intellektuelle Vorstellungsbild eines anderen Menschen eingewirkt hat.

4. In Betracht kommt aber eine Strafbarkeit wegen **Computerbetrugs** (§ 263a I). Dazu müsste T unter Verwirklichung mindestens einer der vier in der Vorschrift genann-ten Tatvarianten das **Ergebnis eines Datenverarbeitungsvorgangs beeinflusst** ha-ben. **Datenverarbeitung** meint alle elektronischen Vorgänge, bei denen durch Aufnah-me von Daten und ihre programmgesteuerte Verknüpfung Arbeitsergebnisse erzielt wer-

---

[1086] Vgl. dazu OLG Hamm NStZ 2014, 275, 276 - dazu unten Rn 697.
[1087] Nach KG NStZ-RR 2015, 111 (vereinfacht, um das Kernproblem des Falls zu verdeutlichen).
[1088] Vgl. dazu Sch/Sch-*Perron*, § 265a Rn 8-11; LK-*Tiedemann/Valerius*, § 265a Rn 34-57; *Fischer*, § 265a Rn 5; *Lackner/Kühl*, § 265a Rn 6; *Hellmann*, JuS 2001, 353, 356; *Jerouschek/Kölbel*, JuS 2001, 780, 784.

den (Input-Output-Relation).[1089] Die Abarbeitung einer Zahlenfolge im Prozessor eines Geldspielautomaten stellt einen solchen Datenverarbeitungsvorgang dar.

Fraglich ist aber, ob T das Ergebnis dieses Vorgangs auch **beeinflusst** hat. Wenn man den Begriff der „Beeinflussung" so versteht, dass damit eine programmwidrige Einflussnahme, also eine solche, die zu einem Programmablauf führt, der vom Programm nicht vorgesehen war, gemeint ist, ist das Tatbestandsmerkmal der „Beeinflussung" vorliegend nicht erfüllt. T hätte dann aufgrund der äußerlich ordnungsgemäßen Bedienung keinen programmwidrigen Ablauf herbeigeführt.

Der Begriff der „Beeinflussung" könnte aber auch so ausgelegt werden, dass darunter *jede* Einwirkung zu verstehen ist, die das Ergebnis einer Datenverarbeitung modifiziert.[1090] Danach hätte T allein durch die Betätigung der Tasten des Spielautomaten den Datenverarbeitungsvorgang beeinflusst. Für die Auslegung in diesem Sinne sprechen jedenfalls die Semantik dieses Begriffs und der allgemeine Sprachgebrauch. Auch erscheint es aus kriminalpolitischer Sicht sachgerecht, den Begriff so zu verstehen. T hat daher den Datenverarbeitungsvorgang des Geldspielautomaten beeinflusst.

T müsste aber auch mindestens eine der vier Handlungsvarianten des § 263a I verwirklicht haben. In Betracht kommt zunächst eine **unrichtige Gestaltung des Programms (Var. 1)**.

Ein Programm ist eine durch Daten fixierte Arbeitsanweisung an den Computer. „Unrichtig" ist die Programmgestaltung, wenn die Arbeitsanweisung auf betrugsrelevante Tatsachen bezogen ist und sie bewirkt, dass die Daten zu einem Ergebnis verarbeitet werden, das inhaltlich unrichtig ist.[1091] Vorliegend hat T nicht auf die Programm*gestaltung* eingewirkt, sondern (lediglich) durch Betätigung einer bestimmten Tastenkombination den Programm*verlauf* beeinflusst. § 263a I Var. 1 scheidet damit aus.

T könnte aber **unrichtige oder unvollständige Daten verwendet haben (Var. 2)**. Mit dieser Tatvariante werden Fälle erfasst, in denen eingegebene Daten in einen anderen Zusammenhang gebracht oder unterdrückt werden, sog. *Input- oder Eingabemanipulationen*. **Unrichtig** sind die Daten, wenn die mit ihnen dargestellten Informationen falsch sind, also die Wirklichkeit bzw. den Lebenssachverhalt unzutreffend wiedergeben.[1092] Daten sind **unvollständig**, wenn Informationen über „wahre" Tatsachen pflichtwidrig vorenthalten werden.[1093] **Verwendet** werden Daten, wenn sie in den Datenverarbeitungsprozess eingeführt werden (dazu näher in Var. 3).

Aus diesen Definitionen ergibt sich, dass die Var. 1 lediglich einen Spezialfall der Var. 2 bildet. Aber auch die Var. 2 hat T nicht erfüllt, da T keine Daten eingegeben, sondern nur in Kenntnis eines Programmfehlers die Spieltasten bedient hat.

Möglicherweise hat T aber **Daten unbefugt verwendet (Var. 3)**. Dazu muss zunächst geklärt werden, was unter dem Merkmal „**Verwenden**" zu verstehen ist. Während eine weite Auslegung jede Nutzung von Daten genügen lässt[1094], verlangt die enge Auslegung eine Eingabe von Daten gerade in den Datenverarbeitungsprozess[1095]. Da T keine Daten in den Datenverarbeitungsprozess eingegeben hat, wäre bei Befolgung dieser Auffassung die Var. 3 zu verneinen und die Var. 4 zu prüfen. Im Ergebnis sind beide Auffassungen gleichermaßen vertretbar.

Folgt man der engen Auslegung, ist zu prüfen, ob T **sonst unbefugt auf den Programmablauf eingewirkt** hat (**Var. 4**). Schwierigkeiten bereitet insbesondere die Auslegung des Merkmals „unbefugt" (das im Übrigen auch hinsichtlich der Var. 3 zu prüfen gewesen wäre, hätte man das „Verwenden" bejaht).

[1089] *Lackner/Kühl*, § 263a Rn 4; *Jerouschek/Kölbel*, JuS 2001, 780, 782.

[1090] Vgl. zum Begriff der „Beeinflussung" auch LK-*Tiedemann*, § 263a Rn 26; *Fischer*, § 263a Rn 3; Sch/Sch-*Perron*, § 263a Rn 22; *Jerouschek/Kölbel*, JuS 2001, 780, 782.

[1091] *Fischer*, § 263a Rn 6; *Lackner/Kühl*, § 263a Rn 7; SK-*Hoyer*, § 263a Rn 22 ff.; LK-*Tiedemann/Valerius*, § 263a Rn 30.

[1092] *Fischer*, § 263a Rn 7; SK-*Hoyer*, § 263a Rn 26; *Laue*, JuS 2002, 359, 360.

[1093] Sch/Sch-*Perron*, § 263a Rn 7; *Lackner/Kühl*, § 263a Rn 10; *Fischer*, § 263a Rn 7.

[1094] So vertreten von BayObLG JR 1994, 289, 290 f.; *Ranft*, JuS 1997, 19, 20; *Hilgendorf*, JuS 1997, 130, 131; *Otto*, BT § 52 Rn 35; offengelassen von BGHSt 40, 331, 334.

[1095] So vertreten von LK-*Tiedemann/Valerius*, § 263a Rn 4 u. 42-46; *Lackner/Kühl*, § 263a Rn 12; *Fischer*, § 263a Rn 8; *Laue*, JuS 2002, 359, 362; *Jerouschek/Kölbel*, JuS 2001, 780, 782.

⇨ Nach der am weitesten gehenden sog. **subjektivierenden** Auslegung ist jede Datenverarbeitung „unbefugt", die dem wirklichen oder mutmaßlichen *Willen des Rechtsgutinhabers* (des Berechtigten) widerspricht.[1096] Demzufolge hat T sich nach § 263a I Var. 4 strafbar gemacht, da die Ausnutzung von Programmfehlern kaum dem Willen des Automatenbetreibers entspricht.

⇨ Vertreter der engen sog. **computerspezifischen** Auslegung stellen darauf ab, ob der einer Datenverwendung entgegenstehende *Wille des Betreibers* im Computerprogramm berücksichtigt ist.[1097] Entscheidend ist danach, ob die Befugnis des Verwenders der Daten im Programmablauf Niederschlag gefunden hat, also vom Programm selbst überprüft wird. Diese Überprüfung findet regelmäßig durch eine entsprechende Nachfrage, etwa durch Anforderung und Überprüfung der persönlichen Geheimnummer, der PIN, statt. Da eine solche zwar bei Geldautomaten, nicht aber bei Geldspielautomaten verlangt wird (Geldspielautomaten stehen für jeden Erwachsenen zur freien Benutzung bereit), ist diese Auslegung für den vorliegenden Fall nicht einschlägig.

⇨ Die herrschende Auffassung, die § 263a **betrugsspezifisch** auslegt, orientiert sich an § 263 und verlangt ein täuschungsäquivalentes Verhalten des Täters.[1098] Durch ihre Anlehnung an § 263 entspricht sie dem Zweck des § 263a, nämlich lediglich bestehende Strafbarkeitslücken zu schließen, die darin bestehen, dass bei einer missbräuchlichen Benutzung von Datenverarbeitungsanlagen ein Betrug ausscheidet. Ihr ist daher zu folgen. Da T aber weder programmwidrig gespielt noch das Programm manipuliert hat, hat er nicht „unbefugt" auf den Ablauf des Programms eingewirkt. Hinzu kommt, dass T sich die Programminformationen nicht illegal beschafft hat und somit auch der Schutzzweck des § 263a nicht greift.

Ist damit im Ergebnis jedenfalls das bloße Ausnutzen eines dem Automatenbetreiber bekannten Softwarefehlers nicht täuschungsäquivalent, unterfällt es auch nicht dem objektiven Tatbestand des § 263a I Var. 4.[1099]

Anmerkung: Wie zu entscheiden wäre, wenn der Fehler dem Automatenbetreiber *nicht* bekannt gewesen wäre, ist auf den ersten Blick unklar. Überträgt man – was aufgrund der betrugsspezifischen Auslegung des § 263a gut vertretbar erscheint – die beim Betrug anerkannte Auffassung, dass das bloße Ausnutzen eines Irrtums i.d.R. keine schlüssige Täuschungshandlung darstellt, da es insoweit an einem manipulativen Verhalten fehlt (Rn 551/562), gehört es auch im Rahmen des Computerbetrugs grds. zum Risikobereich des Leistenden, wenn er einen Fehler begeht und andere diesen Fehler bloß ausnutzen. Danach hätte sich T auch dann nicht nach § 263a I Var. 4 strafbar gemacht, wenn der Programmfehler dem Automatenbetreiber nicht bekannt gewesen wäre, zumal T sich die Informationen über den Programmfehler völlig legal beschafft hat. Auch hier greift nach der hier vertretenen Auffassung der Schutzzweck des § 263a nicht.

5. Zur möglichen Strafbarkeit wegen **Hausfriedensbruchs** (**§ 123**), die darin bestehen könnte, dass sich das Einverständnis des Spiel-Center-Inhabers zum Betreten der Räume nur auf redliche Spieler bezieht, vgl. die Ausführungen bei *R. Schmidt*, BT I, Rn 997 ff.

697 **Weiterführende Hinweise:** Der vorstehende Fall ist von demjenigen zu unterscheiden, bei dem der Täter einen **Geldwechselautomaten** mittels eines mit **Tesafilm**

[1096] So vertreten von BGHSt 40, 331, 334 f.; BayObLG JR 1994, 289, 291; *Hilgendorf*, JuS 1997, 130, 131; *Otto*, BT, § 52 Rn 40; *Scheffler/Dressel*, NJW 2000, 2645; *Mitsch*, JZ 1994, 877, 883.

[1097] So vertreten von OLG Celle NStZ 1989, 367, 368; *Arloth*, Jura 1996, 354, 358; *Achenbach*, Jura 1991, 227 f. und JR 1994, 293, 295.

[1098] So vertreten von BGHSt 47, 160, 163 ff.; 38, 120, 121; OLG Köln NJW 1992, 125, 126; OLG Düsseldorf StV 1998, 266 f.; LG Bonn NJW 1999, 3726; KG NStZ-RR 2015, 111; SK-*Hoyer*, § 263a Rn 31 f.; *Fischer*, § 263a Rn 11; SK-*Günther*, § 263a Rn 18; *Rengier*, BT I, § 14 Rn 8; *Wessels/Hillenkamp*, BT 2, Rn 613; *Laue*, JuS 2002, 359, 363; *Tiedemann/Waßmer*, Jura 2000, 533, 536; *Kudlich*, JuS 2001, 20 f.; JuS 2003, 537 f.; *Jerouschek/Kölbel*, JuS 2001, 780 f.

[1099] So das überzeugende Urteil des KG NStZ-RR 2015, 111. Anders entschied seinerzeit der BGH in dem Fall, in dem sich der Täter durch das Kopieren einer Diskette – also rechtswidrig – die erforderlichen Informationen über den Programmablauf (insb. über die sog. Risikotaste) verschafft und auf diese Weise das Gerät leer gespielt hatte (BGHSt 40, 331, 334 f.). Vorliegend hat sich T sein „Sonderwissen" aber nicht rechtswidrig verschafft.

beklebten Geldscheins „überlistet". In einem solchen Fall ist in Ermangelung einer äußerlich ordnungsgemäßen Bedienung nicht von einer Eigentumsübertragung des ausgeworfenen Geldes auszugehen. Der Täter begeht dann einen **Diebstahl**. Das gilt selbst dann, wenn das Gerät mit einem **elektronischen Geldprüfer** ausgestattet ist.[1100] Ein Diebstahl (und kein Computerbetrug) liegt auch vor, wenn der Täter an einer **Selbstbedienungskasse** (eines Supermarktes) einen **falschen Strichcode einscannt** und so das Lesegerät der Selbstbedienungskasse „täuscht".[1101]

> **Beispiel**[1102]: T kauft des Öfteren im Supermarkt S ein. Dort besteht die Möglichkeit, die Waren an einer Selbstbedienungskasse zu bezahlen. Um bei diesem System den Bezahlvorgang in Gang zu setzen, muss der Kunde den an den Artikeln befestigten Strichcode über das Lesegerät (den „Scanner") halten, bis das Gerät das korrekte Erfassen des Artikels durch einen „Piepton" quittiert. Nach Beendigung der Scanvorgänge bezahlt der Kunde mit einer Codekarte. Das ruft T auf den Plan. Er nimmt die Zeitschrift „Playboy" im Wert von 6,- €, hält aber den zuvor aus einer Tageszeitung herausgerissenen Strichcode an das Lesegerät. Auf diese Weise wird eine Zahlungspflicht von 1,20 € angezeigt, was T durch Codekartenzahlung begleicht. Strafbarkeit des T?

Strafbarkeit hinsichtlich der Zeitschrift: Ein **Betrug** gem. § 263 I nicht vor, da T nicht auf das Vorstellungsbild einer natürlichen Person eingewirkt hat. Durch das beschriebene Verhalten könnte T aber einen **Computerbetrug** verwirklicht haben.

⇨ § 263a I Var. 1 ist aber nicht verwirklicht, da T das Programm nicht „unrichtig" gestaltet hat.

⇨ T hat auch keine „unrichtigen" oder „unvollständigen" Daten verwendet, sodass auch § 263a I Var. 2 ausscheidet.

⇨ In Betracht kommt § 263a I Var. 3. Nach der zutreffenden „betrugsspezifischen" Auslegung, die ein täuschungsäquivalentes Verhalten des Täters verlangt, ist entscheidend, ob die Verwendung der Daten gegenüber einem Menschen als zumindest schlüssige Vorspiegelung der Befugnis zu deuten wäre. Vorliegend müsste also danach gefragt werden, ob das Verhalten des T gegenüber einem gedachten Kassierer eine Täuschung darstellen würde. Dies ist nicht der Fall. Denn entweder würde der Kassierer den losen Strichcode sofort bemerken oder er würde, wenn T den falschen Strichcode so auf das Magazin geklebt hätte, dass die Manipulation nicht auffällt, die Ware so einscannen, wie sie ihm präsentiert würde. So oder so würde der Kassierer nicht getäuscht (darin unterscheidet sich der Fall von dem bei Rn 590 dargestellten).

⇨ Schließlich ist § 263a I Var. 4 nicht gegeben, da T auch nicht auf sonstige Weise durch unbefugte Einwirkung den Programmablauf beeinflusst hat.

Zu alledem kommt hinzu, dass die Selbstbedienungskasse auch nicht „verfügt" hat, was bei § 263a aber erforderlich ist.

Ist § 263a I demnach nicht gegeben, ist zu prüfen, ob **Diebstahl** (§ 242 I) vorliegt. Bei dem Magazin „Playboy" handelt es sich um eine bewegliche Sache. Sie war auch für T fremd. T müsste sie weggenommen haben. Unter Wegnahme ist der Bruch fremden und die Begründung neuen Gewahrsams zu verstehen. Ein Gewahrsamsbruch wäre demzufolge ausgeschlossen, wenn dem T der „Playboy" übereignet worden wäre. Denn dann hätte eine Vermögensverfügung vorgelegen, die auch in dem Einverständnis der Ansichnahme durch den Täter gesehen werden kann (Rn 53, 54) und in einem Exklusivitätsverhältnis zur Wegnahme steht (Rn 586b). Hinsichtlich des Aufstellens von Selbstbedienungskassen lässt sich gut vertreten, dass ein generelles Einverständnis des Kassenbetreibers in den Gewahrsamsübergang vorliegt, allerdings nur unter der Bedingung, dass die richtigen Strichcodes gescannt werden.[1103] T hat einen falschen Strichcode gescannt.

[1100] Vgl. dazu das Beispiel bei Rn 63.
[1101] Vgl. dazu OLG Hamm NStZ 2014, 275, 276.
[1102] In Anlehnung an OLG Hamm NStZ 2014, 275 f.
[1103] Zum „bedingten" Einverständnis bzw. zur „bedingten" Übereignung vgl. Rn 61 ff.

Daher ist die Voraussetzung für einen konsentierten Gewahrsamswechsel nicht gegeben. T hat den „Playboy" daher weggenommen. Da er zudem vorsätzlich handelte und auch keinen fälligen und einredefreien Anspruch auf den „Playboy" hatte, hat er sich wegen Diebstahls strafbar gemacht.[1104]

Eine Strafbarkeit hinsichtlich der Fehlbuchung liegt nicht vor: Ein in Betracht kommender Computerbetrug scheidet aus, weil keine Forderung i.S.d. § 433 II BGB seitens des Kaufhausinhabers entstanden ist.[1105]

2. Subjektiver Tatbestand

698 Subjektiv ist neben dem **Vorsatz** (mindestens *dolus eventualis*) die **Absicht** (*dolus directus* 1. Grades) der rechtswidrigen und stoffgleichen eigen- oder fremdnützigen Bereicherung erforderlich.

II. Rechtswidrigkeit und III. Schuld

699 Es gelten die allgemeinen Grundsätze.

IV. Versuch (§ 263 II), Strafzumessungsregel (§ 263 III) und Qualifikation (§ 263 V) gem. § 263a II

700 Nach § 263a II gilt § 263 II bis VII entsprechend (insbesondere: Strafbarkeit des Versuchs, besonders schwere Fälle und §§ 247, 248a). Der Qualifikationstatbestand des § 263a II i.V.m. § 263 V ist entweder beim Tatbestand des § 263a I zu prüfen oder ausgegliedert (d.h. separat) hinter § 263a I.[1106]

V. Strafbare Vorbereitung (§ 263a III) und tätige Reue (§ 263a IV)

701 Veranlasst durch einen Rahmenbeschluss des Rates der EU aus dem Jahre 2001 (ABl. EG Nr. L 149 S. 1), der u.a. forderte, dass Betrugs- und Fälschungshandlungen im bargeldlosen Zahlungsverkehr sowie deren Vorbereitung in allen Mitgliedstaaten als Straftat angesehen und mit abschreckender Wirkung sanktioniert werden sollen, stellt der Gesetzgeber – ähnlich den §§ 149, 275 – mit § 263a III Vorbereitungshandlungen unter Strafe. Strafbar ist, wer zur Vorbereitung einer Straftat nach § 263a I Computerprogramme, deren objektiver Zweck die Begehung von Computerstraftaten ist, herstellt, sich oder einem anderen verschafft, feilhält, verwahrt oder anderen überlässt. Eine tatsächliche Begehung einer der in § 263a I genannten Straftaten ist also ebenso wenig erforderlich wie das Überschreiten der Versuchsschwelle. Damit wird die Strafbarkeit in die sonst straflose Vorbereitungsphase vorverlagert. Die damit verbundenen verfassungsrechtlichen Bedenken will der Gesetzgeber mit der Möglichkeit der tätigen Reue (§ 263a IV i.V.m. § 149 II, III ⇨ persönlicher Strafaufhebungsgrund) ausräumen.

[1104] So auch OLG Hamm NStZ 2014, 275, 276. Zu den weiteren Konsequenzen der Einordnung als (Computer-)Betrug oder Diebstahl (insbesondere mit Blick auf die Anwendbarkeit des § 252, wenn der Täter nach der Tat Gewalt anwendet, um sich im Besitz der Beute zu halten) vgl. Rn 590.
[1105] Vgl. auch *Jäger*, JA 2014, 155, 156; *Jahn*, JuS 2014, 179, 180.
[1106] Zum prüfungstechnischen Aufbau von Grundtatbestand und Tatbestandsqualifikation vgl. *R. Schmidt*, AT, Rn 84 ff.

D. Missbrauch von Scheck- und Kreditkarten (§ 266b)

Da die meisten Computerdelikte, die mit unbefugt eingesetzten Scheck- und Kreditkarten begangen werden, sowohl im Hinblick auf § 263a als *auch* auf § 266b relevant sind, wurden zugunsten einer zusammenhängenden Darstellung viele Aspekte des § 266b bereits umfassend im Rahmen der Darstellung zu § 263a erörtert. An dieser Stelle soll daher lediglich auf die noch verbleibenden Gesichtspunkte eingegangen werden, wobei aus Gründen der Klarheit und des Zusammenhangs gewisse Überschneidungen und Wiederholungen unumgänglich sind.

702

 I. Täter des § 266b kann nur der **berechtigte Karteninhaber** sein (= **Sonderdelikt**), weil nur *ihm* die Möglichkeit „eingeräumt" ist, den Aussteller „zu einer Zahlung zu veranlassen".

703

Alle anderen Personen können daher nur Anstifter bzw. Gehilfe zu § 266b sein. Das schließt freilich nicht aus, dass ein nichtberechtigter Dritter den Tatbestand des § 263a verwirklicht (vgl. dazu bereits den bei Rn 678 dargestellten Fall, in dem der Täter die Kreditkartendaten eines anderen zur Bezahlung von Leistungen aus dem Internet verwendet).

 II. Der Tatbestand des § 266b I beschreibt den Missbrauch von Scheck- und Kreditkarten. Geschütztes Rechtsgut ist nicht nur das Vermögen, sondern auch die Funktionsfähigkeit des bargeldlosen Zahlungsverkehrs. Unter **Scheckkarte** wurde früher ausschließlich die **ec-Karte** verstanden, unter deren Vorlage man mit einem **Euroscheck** bargeldlos bezahlen konnte (siehe bereits Rn 105). Da mit Datum vom 1.1.2002 die Scheckgarantie von 400,- DM weggefallen ist, die bis dahin die Banken bei der Bezahlung mittels Euroschecks und Scheckkarte übernommen hatten, wird allgemein angenommen, § 266b I Var. 1 habe seit dem 1.1.2002 keine Bedeutung mehr. Habe die „Scheckkarte" ihre Funktion verloren, könne es auch den „Scheckkartenmissbrauch" nicht mehr geben. Daher unterfalle der Missbrauch von Girocards dem Tatbestand des § 263a.[1107] Dem könnte entgegengehalten werden, dass die Verwendung der Girocard zur Barabhebung am Geldautomaten einer Drittbank mit der (nun weggefallenen) Bareinlösung eines Euroschecks bei anderen Kreditinstituten sehr wohl vergleichbar sei und diese nun alleinige Funktion der Codekarte der Anwendung des § 266b I Var. 1 nicht zwingend entgegenstehe. Auch könnte eine Gleichbehandlung mit der Bareinlösung eines Euroschecks bei einem anderen als dem bezogenen Kreditinstitut deshalb gerechtfertigt sein, weil auch in diesen Fällen das kartenausgebende Institut i.S.v. § 266b zu einer Zahlung „veranlasst" wird.
Allerdings wird die ehemalige ec-Karte (jetzt: Girocard) gerade nicht mehr als „Scheckkarte", sondern nur noch in ihrer Funktion als Codekarte, quasi als „Zugangsschlüssel" bspw. zum Abheben von Geld aus Geldautomaten, eingesetzt. Daher ist die Girocard keine „Scheckkarte" i.S.v. § 266b.

704

> **Fazit:** Da das Scheckkartensystem mit Wirkung zum 1.1.2002 weggefallen ist, hat auch der Begriff der „Scheckkarte" keine Relevanz mehr. Somit kann es auch den „Scheckkartenmissbrauch" i.S.v. § 266b I Var. 1 nicht mehr geben. Insbesondere ist die Girocard in ihrer (nunmehr) einzigen Funktion als Codekarte keine Scheckkarte.

705

▪ Hebt also ein Girocard-Inhaber, dessen Kreditlinie bereits überschritten ist, mit seiner Girocard unter Eingabe der PIN Geld an einem kreditinstitutseigenen oder -fremden **Geldautomaten** ab, liegt kein Fall des § 266b I Var. 1 vor. Denn es handelt sich bei der Girocard – wie gesehen – gerade nicht um eine Scheckkarte. Beim Abheben von Geld am Automaten des kartenausstellenden Kreditinstituts kommt hinzu, dass nach zutreffender

706

[1107] *Rengier*, BT I, § 19 Rn 2; *Wessels/Hillenkamp*, BT 2, Rn 616, 795 f.; Sch/Sch-*Perron*, § 266b Rn 4.

h.M.[1108] § 266b nur auf Karten im sog. **Drei-Partner-System** (Visacard, Eurocard, Barclaycard, American-Express, Diners usw.), nicht auf Karten im Zwei-Partner-System (sog. Kundenkarten wie IKEA-Family-Card, Lufthansa Air-Plus-Karte usw.) anwendbar ist (dazu näher Rn 709 ff.). Auch § 263a I Var. 3 greift nicht, da der Karteninhaber nicht „unbefugt" Daten verwendet (vgl. dazu den Fall bei Rn 686). Der Täter ist **straflos**.

707 ■ Auch bei der Verwendung der eigenen Girocard im **Electronic-cash-Verfahren** (Point-of-sale-Verfahren ⇒ **POS**-Verfahren) sind Straftaten i.S.v. § 266b I Var. 1 denkbar. Das betrifft namentlich den Fall, dass der Karteninhaber an der Kasse bspw. eines Supermarktes Waren im Electronic-cash-Verfahren bezahlt, obwohl er den Kreditrahmen, den er von seiner kartenausstellenden Bank eingeräumt bekommen hat, bereits ausgeschöpft hat.[1109] Vgl. dazu den Beispielsfall bei Rn 689 (Karteninhaber ist im Ergebnis **straflos**).

708 ■ Schließlich ist die Verwendung der eigenen Girocard im **elektronischen Lastschriftverfahren** zu nennen. Auch bei diesem Verfahren führt der Kunde seine Karte in den Händlerterminal ein. Im Gegensatz zu dem eben dargestellten POS-System gibt der Kunde aber nicht zusätzlich seine PIN ein, sondern unterschreibt (lediglich) eine Ermächtigung zum Lastschriftzug. Dadurch kann auch keine Online-Anfrage stattfinden, was wiederum zur Folge hat, dass in Ermangelung eines Garantievertrags ein eigener Anspruch des Händlers gegen das Kreditinstitut nicht besteht. Bezahlt nun jemand Waren im elektronischen Lastschriftverfahren, obwohl er den Kreditrahmen, den er von seiner kartenausstellenden Bank eingeräumt bekommen hat, bereits ausgeschöpft hat, macht er sich wegen Betrugs (**§ 263**) zum Nachteil des Händlers strafbar, da er ihn über die Deckung auf seinem Konto täuscht. Im Gegensatz zum Electronic-cash-Verfahren unterliegt der Händler einem Irrtum, da die kartenausstellende Bank keine Zahlung garantiert. Mit der Übereignung der Waren trifft er auch eine Vermögensverfügung. Einen Vermögensschaden erleidet er dann, wenn sich die Bank mangels Garantieübernahme weigert, die Zahlung vorzunehmen. Vgl. auch zu dieser Konstellation den Beispielsfall bei Rn 687.

709 **III.** Von dem Scheckkartenmissbrauch (§ 266b I Var. 1) ist der **Kreditkartenmissbrauch** (§ 266b I Var. 2) zu unterscheiden. Bei der Kreditkarte i.S.d. § 266b I Var. 2 handelt es sich zunächst unproblematisch um eine Kreditkarte im „**Drei-Partner-System**". Darunter ist ein Kreditkartensystem zu verstehen, bei dem der Karteninhaber berechtigt ist, unter Vorlage der Kreditkarte bei dem Vertragsunternehmen des Kreditkartenausstellers gegen bloße Unterschrift auf einem Abrechnungsbeleg Waren oder Dienstleistungen in Anspruch zu nehmen. Mit dieser Unterschrift anerkennt der Inhaber die sachliche Richtigkeit des Betrags und verpflichtet den Kartenaussteller, unter Belastung des Kontos des Karteninhabers an das Vertragsunternehmen zu zahlen.[1110]

710 Als Kreditkartenaussteller kommen zum **Beispiel** *Eurocard, American-Express, Diners* und *Visa* in Betracht. Typische Vertragsunternehmen sind Tankstellen, Restaurants, Boutiquen etc.

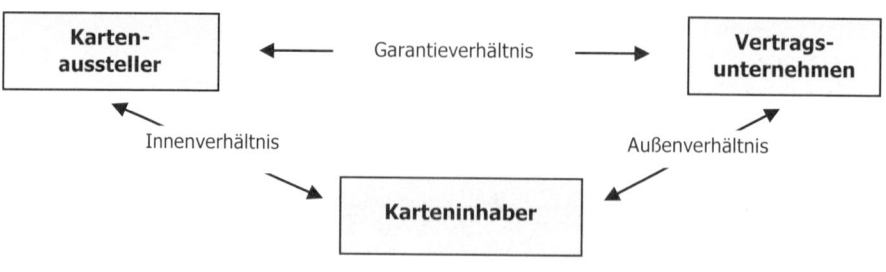

[1108] BGHSt 47, 160, 163; BGHSt 38, 281, 282; *Sch/Sch-Perron*, § 266b Rn 5; SK-*Samson/Günther*, § 266b Rn 4; LK-*Gribbohm*, § 266b Rn 18 f.; *Lackner/Kühl*, § 266b Rn 4; *Fischer*, § 266b Rn 10; *Zielinski*, CR 1992, 223, 227; *Eisele/Fad*, Jura 2002, 305, 311; *Wessels/Hillenkamp*, BT 2, Rn 795. Anders *Hilgendorf*, JuS 1997, 131, 134 f.; *Otto*, JZ 1992, 1139; *Ranft*, NStZ 1993, 185 f. (Erstreckung des § 266b auch auf Karten im Zwei-Partner-System).
[1109] Wie hier BGHSt 47, 160, 163, und nunmehr auch *Fischer*, § 266b Rn 6a.
[1110] *Fischer*, § 266b Rn 10; *Eisele/Fad*, Jura 2002, 305; LG Dresden NStZ 2006, 633.

IV. Da § 266b dem Missbrauchstatbestand der Untreue nachgebildet ist, besteht die **711** Tathandlung bei beiden Varianten folgerichtig in der **missbräuchlichen Ausnutzung** des rechtlichen Könnens im Außenverhältnis unter Überschreitung des rechtlichen Dürfens im Innenverhältnis.[1111] Das rechtliche Können im Außenverhältnis bedeutet das Verpflichten der kartenausstellenden Stelle, die Zahlung an das Vertragsunternehmen zu leisten. Das rechtliche Dürfen besteht in der Verpflichtung, die aus dem Kartenvertrag hervorgehenden Pflichten nicht zu verletzen. Diese dort genannten Pflichten bestehen zumeist darin, dass der Karteninhaber keine Verpflichtungen gegenüber einem Vertragsunternehmen eingehen darf, wenn seine Einkommens- und Vermögensverhältnisse den Kontoausgleich nicht gestatten.[1112]

> **Beispiel:** Lukrezia ist Inhaberin einer *Visacard* mit der vertraglichen Ausgestaltung, dass **712** sie nicht nur einen bestimmten Kreditrahmen nicht überschreiten darf, sondern dass ihr auch ganz allgemein untersagt ist, Verpflichtungen einzugehen, wenn ihre Einkommens- und Vermögensverhältnisse einen Kontoausgleich nicht gestatten. Als sie in einem Elektronikfachgeschäft einen 24-Zoll-Flachbildschirm für ihren PC entdeckt, entschließt sie sich zum Kauf, obwohl sie weiß, dass ihr Bankkonto keine Deckung aufweist und sie auch in absehbarer Zeit nicht an den erforderlichen Betrag kommen wird. An der Kasse zahlt sie den Kaufpreis i.H.v. 600,- € mit ihrer *Visacard*. Der Kartenaussteller muss diesen Betrag aufgrund der mit der Karte verbundenen Garantieerklärung an das Geschäft zahlen.

Hier könnte L sich wegen **Betrugs (§ 263)** zum Nachteil des Kartenausstellers strafbar gemacht haben. Dazu müsste sie zunächst über Tatsachen getäuscht haben. Ihre Zahlungsunfähigkeit, die sie bereits bei Benutzung der Karte kannte, ist eine Tatsache. Zweifelhaft ist aber, ob sie über ihre Zahlungsfähigkeit getäuscht hat. Bedenken knüpfen an den Umstand, dass mit einer **Kreditkarte** im **Drei-Partner-System** eine **Garantiefunktion** verbunden ist, die in ihrer Höhe von der individuellen Vereinbarung zwischen dem Kreditkartenaussteller und dem -inhaber abhängig ist. Für ein Überschreiten dieses Limits, das sich in der Sperrung der Karte auswirkt, liegen keine Anhaltspunkte vor. Wegen der mit einer nicht gesperrten Kreditkarte verbundenen Garantieerklärung braucht sich ein Vertragspartner keine Gedanken über die Deckung des Kontos zu machen.[1113] Da dies auch für den vorliegenden Fall zutrifft, scheitert ein Betrug schon an der fehlenden Täuschung.

Möglicherweise hat L sich aber wegen **Kreditkartenmissbrauchs (§ 266b I Var. 2)** strafbar gemacht. Die von L benutzte *Visacard* ist eine Kreditkarte i.S.d. § 266b I Var. 2. Die Möglichkeit ihrer Benutzung ist ihr durch die Überlassung auch eingeräumt worden. Diese ihr eingeräumte Möglichkeit müsste sie auch missbraucht haben. Der Begriff des Missbrauchs lehnt sich an § 266 und § 266b I Var. 1 an. Speziell bei der Kreditkarte wird von einem Missbrauch gesprochen, wenn zwischen dem Kartenaussteller und dem die Karte akzeptierenden Vertragspartner eine wirksame Zahlungsverpflichtung begründet wird, obwohl die Vermögensverhältnisse des Karteninhabers einen Zahlungsausgleich im Abrechnungszeitraum nicht erwarten lassen.[1114] Vorliegend wird wegen der bestehenden Garantiefunktion der *Visacard* die Zahlungsverpflichtung des Ausstellers wirksam begründet. Da auch nicht davon auszugehen ist, dass die Einkommens- und Vermögensverhältnisse der L innerhalb des (monatlichen) Abrechnungszeitraums einen Ausgleich erwarten lassen, hat L die ihr eingeräumte Möglichkeit zur Benutzung missbraucht. Da es L auch vertraglich untersagt war, keine Verpflichtungen einzugehen, wenn ein Ausgleich im Abrechnungszeitraum nicht gewährleistet ist, und in diesem Fall die Missbrauchs- und Schadensvoraussetzungen identisch sind[1115], liegt bei dem Kartenaussteller auch ein Vermögensschaden vor. L hat sich somit aus § 266b I Var. 2 strafbar gemacht.

[1111] So auch Sch/Sch-*Perron*, § 266b Rn 2.
[1112] LK-*Gribbohm*, § 266b Rn 27; *Lackner/Kühl*, § 266b Rn 5.
[1113] Vgl. BGHSt 33, 244, 249, und *Eisele/Fad*, Jura 2002, 305, 310.
[1114] LK-*Gribbohm*, § 266b Rn 23; *Fischer*, § 266b Rn 15-17; *Lackner/Kühl*, § 266b Rn 5.
[1115] Sch/Sch-*Perron*, § 266b Rn 10.

713   **V.** Vom Kreditkartensystem im „Drei-Partner-System" (*Universalkreditkarte*) ist das **„Zwei-Partner-System"** (*Spezialkreditkarte*) zu unterscheiden. Bei diesem Typ von Kreditkarten ist dem Kunden des Ausstellers lediglich ein für alle seine Filialen gültiger Kundenkredit eingeräumt worden. Der Ausgleich findet über einen Einzug des Geldes vom Bankkonto des Kunden statt.

> Als **Beispiele** sog. Kundenkarten sind die *IKEA-Family-Card*, die *Lufthansa Air-Plus-Karte* oder die *Karstadt-Kundenkarte* zu nennen. Keine Kreditkarten i.S.v. § 266b I Var. 2 sind auch die Codekarten im Girocard-System (vgl. Rn 686).

714   Ob das missbräuchliche Benutzen solcher Karten unter § 266b oder unter § 263 zu subsumieren ist, wird unterschiedlich gesehen.

715   **Beispiel:** Lieselotte kauft bargeldlos mit einer Kundenkarte, die ihr vom Warenhaus des W ausgestellt wurde, Waren im Wert von 300,- €, obwohl ihr Girokonto bei ihrer Hausbank bereits über den Kreditrahmen hinaus überzogen ist.

L könnte sich wegen **Kreditkartenmissbrauchs** (§ 266b I Var. 2) strafbar gemacht haben. Dazu müsste § 266b zunächst anwendbar sein. Die Anwendbarkeit des § 266b ist in Fällen, in denen der Täter keine sog. Universalkreditkarte, sondern eine Kundenkarte (Spezialkreditkarte) einsetzt, die dem Karteninhaber lediglich beim Einkauf in Filialen des kartenausgebenden Unternehmens einen Kredit gewährt, streitig.

⇨ Eine Minderheitsmeinung ist der Ansicht, dass auch Karten im sog. „Zwei-Partner-System" Kreditkarten i.S.v. § 266b seien. Das Merkmal „Zahlung" erfasse auch das Erbringen einer geldwerten (Waren-)Leistung. Zudem liege eine nicht gerechtfertigte Ungleichbehandlung vor, wenn dem Täter im „Zwei-Partner-System" der mildere Strafrahmen des § 266b vorenthalten werde.[1116]

⇨ Nach der h.M. unterfällt der Missbrauch von Kundenkarten nicht dem § 266b. Das Erbringen von Dienstleistungen sowie die Übereignung von Waren an den Kreditkarteninhaber könnten ohne Überschreitung der Wortlautgrenze kaum als „Zahlung" i.S.d. § 266b verstanden werden; vielmehr stellten die Karten akzeptierenden Vertragspartner Waren bzw. Dienstleistungen zur Verfügung. Zudem bestünden keine Strafbarkeitslücken, weil der Missbrauch von Kundenkarten i.d.R. von § 263 erfasst werde. Schließlich solle § 266b nach seinem Gesetzeszweck Dreiecksbeziehungen erfassen, in denen der Kreditgeber aufgrund der Garantiefunktion der Kreditkarte zu Zahlungen an Dritte verpflichtet werde.[1117]

Stellungnahme: Für die h.M. spricht nicht nur der Wortlaut des § 266b I, der die Veranlassung zu einer „Zahlung" verlangt, sondern auch der Umstand, dass der Gesetzgeber im Zuge des 6. StrRG 1998 in § 152a IV (a.F., vgl. nunmehr § 152b IV) den Begriff der Zahlungskarte definiert und seitdem auch die Kreditkarte als Zahlungskarte ansieht. Auch der Schutzzweck des § 266b ist ein Argument für die Beschränkung auf Karten im Drei-Partner-System. Erforderlich ist nämlich, dass der Aussteller zu einer garantierten Leistung veranlasst wird. Dies ist aber nur bei Zahlungskarten mit Garantiefunktion, also bei solchen, die im Drei-Partner-System verwendet werden, der Fall.

Folgt man der zutreffenden h.M., ist § 266b für den vorliegenden Fall nicht anwendbar. L ist dann aber wegen **Betrugs** (§ 263) strafbar, wenn man davon ausgeht, dass sich das Verkaufspersonal zumindest ansatzweise über die Zahlungsfähigkeit und -willigkeit Gedanken machte und diese nicht einfach (also ohne zu reflektieren) unterstellte.

[1116] *Hilgendorf*, JuS 1997, 130, 131; *Otto*, JZ 1992, 1139 f.; *Ranft*, NStZ 1993, 185 f.; *Löhnig*, JR 1999, 362.
[1117] BGHSt 47, 160, 163; BGHSt 38, 281, 282; Sch/Sch-*Perron*, § 266b Rn 5; SK-*Samson/Günther*, § 266b Rn 4; LK-*Gribbohm*, § 266b Rn 18 f.; *Lackner/Kühl*, § 266b Rn 4; *Fischer*, § 266b Rn 10; *Zielinski*, CR 1992, 223, 227; *Wessels/Hillenkamp*, BT 2, Rn 795.

VI. Sollte der Täter eine Kreditkarte des Drei-Partner-Systems zur Abhebung von **Bargeld aus Geldautomaten** verwenden (dies ist möglich, weil auch eine Kreditkarte als Codekarte mit PIN eingesetzt werden kann), ergibt sich kein Unterschied zu den Fällen, in denen der Täter seine Girocard missbraucht. Er ist weder nach § 263a I Var. 3 noch nach § 266a I Var. 1 strafbar (siehe Rn 685 ff.). Dabei spielt es keine Rolle, ob es sich um einen kreditinstitutseigenen oder -fremden Automaten handelt. Der Täter ist **straflos**.

716

VII. Liegen die Voraussetzungen des § 266b (Var. 2) nicht vor, etwa weil trotz Vorliegens eines Drei-Partner-Verhältnisses beim Kartenaussteller kein Schaden eingetreten ist, bleibt der Rückgriff auf § 266. Es ist dann zu prüfen, ob der Kartenverwender eine Vermögensbetreuungspflicht verletzt hat.

716a

> **Beispiel**[1118]: Das LKA des Landes L händigt seinen Außendienstmitarbeitern Tankkarten des Tankstellenverbunds UTA aus, mit denen die Beamten an allen Tankstellen, mit denen die UTA Rahmenverträge geschlossen hat, die Dienstwagen betanken können. Kriminalkommissar K bezahlt mit der ihm überlassenen Karte jedoch den Kraftstoff, den er in seinen Privatwagen getankt hat.
>
> Bei der genannten Tankkarte handelt es sich um eine Kreditkarte im Drei-Partner-System. Dennoch liegt bei K eine Strafbarkeit nach § 266b I Var. 2 nicht vor, weil beim Kartenaussteller kein Schaden eingetreten ist. Denn die UTA bekommt die Beträge vom LKA erstattet.
>
> K könnte aber wegen Untreue gem. § 266 I Var. 1 strafbar sein. Denn er hat die ihm eingeräumte Befugnis zur Nutzung der UTA-Karte dadurch überschritten, dass er in Kenntnis seiner Befugnis, lediglich sein Dienstfahrzeug betanken zu dürfen, sein Privatfahrzeug betankt hat. Hierdurch hat er die ihm eingeräumte Befugnis, seinen Dienstherrn finanziell zu verpflichten, missbraucht.
>
> Fraglich ist allein, ob K eine Vermögensbetreuungspflicht[1119] hatte. Die allgemeine Treuepflicht des Beamten, seinen Dienstherrn nicht zu schädigen, kann sicherlich keine Vermögensbetreuungspflicht i.S.v. § 266 I begründen, weil dafür die Verletzung einer Hauptpflicht in der Rechtsbeziehung zwischen dem Täter und dem Geschädigten erforderlich ist. Das LG Dresden hat die erforderliche Hauptpflicht bejaht, indem es nicht auf die allgemeine beamtenrechtliche Treuepflicht abgestellt hat, sondern auf die ganz konkrete Pflicht des K, die Tankkarte nur zu dem vorgesehenen Zweck einzusetzen. Das ist nicht ganz unproblematisch, weil man allgemein zum Bestehen einer Vermögensbetreuungspflicht einen gewissen selbstständigen und eigenverantwortlichen Entscheidungsspielraum fordert.[1120] Je nach Auffassung ist K aus § 266 I Var. 1 strafbar oder nicht.

VIII. Benutzt ein Dritter die ihm vom Karteninhaber zur eigennützigen Verwendung überlassene Kreditkarte, liegt grds. auch dann kein § 226b vor, wenn er die Karte nach dem Tod des Karteninhabers weiterbenutzt.[1121]

716b

[1118] Vgl. LG Dresden NStZ 2006, 633 f.
[1119] Vgl. dazu Rn 739 f.
[1120] Anders entschied daher auch das OLG Celle NStZ 2011, 218 in einem ähnlichen Fall.
[1121] Vgl. OLG Hamm NStZ-RR 2015, 213.

E. Übersicht über die Konstellationen des Code- und Kreditkartenmissbrauchs

717

- Verwendet der Täter eine **fremde Kreditkarte** bzw. deren Daten zwecks **Erlangung von Leistungen** (bspw. aus dem Internet), macht er sich nach § 263a I Var. 3 strafbar.

- Das Gleiche gilt, wenn der Täter eine **fremde Girocard** zwecks **Geldabhebung von Geldautomaten** verwendet.

- Verwendet der Täter die **eigene Girocard**, um in **vertragswidriger** Weise **Geld von Geldautomaten des Kreditinstituts, das die Karte ausgegeben hat**, abzuheben, macht er sich nicht strafbar.

- Das Gleiche gilt, wenn der Täter die **eigene Girocard** verwendet, um in **vertragswidriger** Weise **Geld von Geldautomaten anderer Kreditinstitute** abzuheben.

- Verwendet der Täter die **eigene Girocard** im **Electronic-cash-Verfahren** (**Point-of-sale-Verfahren**), ohne genügende Deckung auf dem Konto zu haben, macht er sich ebenfalls nicht strafbar.

- Verwendet der Täter eine **fremde Girocard** im **Electronic-cash-Verfahren** (**Point-of-sale-Verfahren**), macht er sich nach § 263a I Var. 3 strafbar.

- Verwendet der Täter die **eigene Girocard** im **elektronischen Lastschriftverfahren**, ohne genügende Deckung auf dem Konto zu haben, macht er sich nach § 263 strafbar.

- Verwendet der Täter eine **fremde Girocard** im **elektronischen Lastschriftverfahren**, macht er sich nach § 263 und nach § 267 I Var. 1 und 3 strafbar.

- **Hebt ein Dritter**, der zur Barabhebung eines bestimmten **Maximalbetrags** beauftragt ist, einen höheren Betrag ab und behält den Mehrbetrag für sich, macht er sich nach § 263a I Var. 3 strafbar.

- Verwendet der Täter eine **fremde** Girocard als **Geldkarte**, macht er sich nach § 263a I Var. 3 strafbar, sofern keine Einwilligung des Inhabers vorliegt.

- Verwendet der Täter die **eigene Kreditkarte** bzw. deren Daten zwecks **Erlangung von Leistungen**, obwohl er zahlungsunfähig bzw. -unwillig ist, macht er sich nach § 266b I Var. 2 strafbar.

- Benutzt ein **Dritter** die ihm vom Karteninhaber zur eigennützigen Verwendung überlassene Kreditkarte, liegt grds. auch dann kein § 226b vor, wenn er die Karte nach dem Tod des Karteninhabers weiterbenutzt.

- Verwendet der Täter die **eigene Kundenkarte** zwecks **Erlangung von Leistungen** des Vertragspartners, macht er sich nach § 263 strafbar.

F. Ausspähen und Abfangen von Daten (§§ 202a-202c); „Datenhehlerei" (§ 202d)

Das Ausspähen und Abfangen von Daten betrifft nicht nur den Bereich der Vermögensdelikte, sondern sämtliche Bereiche, in denen durch Datenspionage das persönliche, aber auch wirtschaftliche Interesse des Betroffenen verletzt werden kann. Man kann sagen, das Ausspähen von Daten stelle eine Form des „elektronischen Hausfriedensbruchs dar". Wegen des hauptsächlichen Anwendungsbereichs der §§ 202a-202c gerade aber im Rahmen der Computerkriminalität sollen diese Tatbestände an dieser Stelle erläutert werden. Zur „Datenhehlerei" vgl. Rn 717n.

717a

Geschütztes Rechtsgut ist entsprechend dem soeben Gesagten nicht nur der persönliche Geheimbereich, sondern auch und gerade das wirtschaftliche Interesse des Dateninhabers bzw. Berechtigten. §§ 202a-202c schützen die in Dateien, Datenbanksystemen oder anderen Formaten gespeicherten Informationen (Daten) vor unbefugtem Zugriff und Abfangen von Daten, vor allem davor, dass Datenbestände und Programme durch Spionage ausgebeutet werden (Fälle des sog. „Datendiebstahls").[1122] Durch § 202c sind auch Vorbereitungshandlungen erfasst.

717b

Eine Besonderheit besteht hinsichtlich wirtschaftlicher Unternehmen; diese sind teilweise auch ohne besondere Sicherung durch §§ 17 ff. UWG geschützt.

Tatobjekt der §§ 202a-202c sind **Daten**. Allerdings ist der Begriff der Daten nicht legaldefiniert. Insbesondere stellt § 202a II keine Legaldefinition dar. Denn diese Vorschrift beschränkt lediglich den Schutz auf **„nicht unmittelbar wahrnehmbare"** Daten, d.h. auf Daten, die erst mit technischen bzw. elektronischen Hilfsmitteln für die menschlichen Sinne erfassbar werden. Dementsprechend werden nur solche Daten von §§ 202a-202c erfasst, die auf Datenträgern wie Computerfestplatten, DVDs, CDs, USB-Sticks, Tonbändern, Schallplatten, Mikrofilmen, Magnetkarten etc. gespeichert sind oder zwischen Datenträgern übermittelt werden. Denn auf solchen Medien gespeicherte oder zwischen ihnen übermittelte Daten sind „nicht unmittelbar" wahrnehmbar, sondern erst dann, wenn sie mittels Programm, Bildschirm, Drucker, Verstärker etc. der menschlichen Sensorik zugänglich gemacht werden. Aus diesem Grund ist auch die Übertragung der Legaldefinition in § 3 I BDSG ausgeschlossen.

717c

Neben der Datenspeicherung spricht § 202a II alternativ von **Daten, die übermittelt werden**. Übermittlung ist jede Weiterleitung von Daten, insbesondere im Online-Verkehr von Rechner zu Rechner innerhalb eines Netzwerks oder über Fernmeldewege (z.B. via ISDN oder DSL).

717d

Der Begriff der Datenübermittlung wurde vom Gesetzgeber zur Erfassung von Handlungen eingefügt, die auf Daten während eines Übertragungsvorgangs zugreifen („Anzapfen" von Leitungen). I.d.R. wird eine „Übermittlung" nur zwischen zwei (Arbeits-)Speichern stattfinden. Da sich auf den (Arbeits-)Speichern aber gerade die Daten befinden, die ausgespäht werden sollen, unterfällt die Datenübermittlung schon der 1. Variante, also der Datenspeicherung. Daher ist auch die Definition des § 3 IV Nr. 3 BDSG hier unanwendbar.

Von der Vorschrift des § 202a erfasst werden nur solche Daten, die **für den Täter nicht bestimmt sind** („negatives Sonderdelikt"). Für den Täter nicht bestimmt sind Daten, die nach dem Willen des Dateninhabers bzw. Verfügungsberechtigten nicht oder nicht mehr in den Herrschaftsbereich des Täters gelangen sollen. Da der Berechtigte z.B. den Datenzugriff an Bedingungen knüpfen (Entgelt) und/oder auf gewisse Zeiten

717e

[1122] Vgl. LK-*Hilgendorf*, § 202a Rn 2 ff.; SK-*Hoyer*, § 202a Rn 1; MüKo-*Graf*, § 202a Rn 2; NK-*Jung*, § 202a Rn 2; Sch/Sch-*Lenckner/Eisele*, § 202a Rn 2.

bzw. Personen beschränken kann, liegt innerhalb dieser „Nutzungserlaubnis" ein tatbestandsausschließendes Einverständnis vor. Kein Fall des § 202a liegt auch vor, wenn der Täter die Daten, die für ihn bestimmt sind, lediglich missbraucht.

> **Beispiel:** T ist Beamter der Ordnungsbehörde und zuständig für die Auswertung von Fotos, die im Rahmen von Kraftfahrzeug-Geschwindigkeitsmessungen („Blitzerfotos") aufgenommen wurden. Als er auf einem der Fotos seinen Bruder erkennt, ruft er den dazugehörigen Datenbestand auf und sieht, dass sein Bruder die zulässige Höchstgeschwindigkeit um mehr als 40 km/h überschritten hat. Daraufhin löscht T kurzerhand die Daten.
>
> Hier liegt kein Fall des § 202a vor, weil T keine Daten ausgespäht hat. Wer ihm während der Dienstzeit generell zugängliche Daten im Dienst lediglich ohne dienstlichen Anlass abruft, erfüllt nicht den Tatbestand des § 202a. Denn die Daten sind „für ihn bestimmt", weil der Verfügungsberechtigte (hier: die Ordnungsbehörde) den Zugriff gestattet hat.[1123]

717f Des Weiteren müssen die Daten **gegen unberechtigten Zugang besonders gesichert** sein. Das ist der Fall, wenn Vorkehrungen getroffen wurden, deren Aufgabe gerade darin besteht, den Zugang Unberechtigter zu verhindern oder erheblich zu erschweren.[1124]

Die besondere Sicherung kann zunächst mechanischer Art zur Außensicherung sein (etwa verschlossene Räume oder Schränke; Verplombungen oder sonstige Sicherungen von Teilen der Hardware). Insbesondere gemeint sind aber software- und hardwareintegrierte Sicherungen. Es kommt allein darauf an, ob die Schutzvorrichtung (physischer, technischer oder elektronischer Art) den Täter zu einer Zugangsart zwingt, die der Verfügungsberechtigte erkennbar verhindern wollte. Sicherungen i.S.v. § 202a sind daher insbesondere systemimmanente Sicherungen wie Datenverschlüsselungen, Passwörter, Kennnummern, Magnetkarten u.Ä.[1125], weil sie den Zugang zu den zu schützenden Originaldaten ausschließen sollen; auch das Verstecken von (Zugangs-)Daten in anderen Dateien ist eine besondere Sicherung.[1126] Keine besondere Sicherung ist das bloße Speichern einer Datei unter einem unzutreffenden Dateinamen oder als versteckte Datei, die vom Betriebssystem ohne weiteres angezeigt wird.[1127] Auch Daten, die auf dem Magnetstreifen einer Zahlungskarte gespeichert sind, sind nicht gegen unberechtigten Zugang gesichert, wenn sie mit einem handelsüblichen Lesegerät ausgelesen werden können.[1128]

717g Die **Tathandlung** des § 202a besteht darin, dass der Täter sich oder einem anderen Zugang zu Daten unter Überwindung der besonderen (Zugangs-)Sicherung verschafft. **„Zugang verschaffen"** bedeutet nicht „Daten verschaffen". Daher ist der Tatbestand des § 202a bereits dann erfüllt, wenn der Täter schlicht eine Zugangssicherung überwindet, ohne Kenntnis von den Daten zu erlangen (zum sog. „Hacking" siehe sogleich). „Zugang verschaffen" bedeutet die Schaffung der Verfügungsgewalt über die Daten (wobei die parallele Verfügungsgewalt des Berechtigten unverändert bestehen bleiben kann). Das kann insbesondere durch Mitnehmen des Primärdatenträgers (der Festplatte etc.), aber auch durch Kopieren (auch ohne Kenntnisnahme!) von CDs oder DVDs (Raubkopien) oder schlichtes Ansehen der Daten auf dem Bildschirm geschehen. Hinsichtlich **verschlüsselter** Daten stellt sich die Frage, ob der Tatbestand des § 202a bereits durch das schlichte „Zugang verschaffen" oder erst mit dem Entschlüsseln oder zumindest mit dem Erlangen des Schlüssels verwirklicht wird.

[1123] BayObLG NJW 1999, 1727.
[1124] Teilweise wird in der Lit. (*Ernst*, NJW 2007, 2661) das einschränkende Merkmal „besonders" übersehen und damit irrtümlich konstatiert, dass das Überwinden der Sicherung weit auszulegen sei. Richtig ist das Gegenteil, da ansonsten eine Kollision mit dem Bestimmtheitsgrundsatz (Art. 103 II GG) unabwendbar wäre.
[1125] Sch/Sch-*Lenckner/Eisele*, § 202a Rn 7; *Fischer*, § 202a Rn 8; *Lackner/Kühl*, § 202a Rn 4.
[1126] *Hilgendorf*, JuS 1996, 702 f.; SK-*Hoyer*, § 202a Rn 8; LK-*Schünemann*, § 202a Rn 16.
[1127] Strittig, wie hier *Fischer*, § 202a Rn 8; a.A. LK-*Schünemann*, § 202a Rn 16; *Hilgendorf*, JuS 1996, 702, 703.
[1128] BGH NStZ 2010, 509.

Das betrifft in erster Linie das sog. **Skimming**, also das illegale Erlangen von Kartendaten, indem Daten von Magnetstreifen ausgelesen und auf gefälschte Karten kopiert werden. Entgegen der Auffassung des 3. Strafsenats[1129] des BGH ist der 4. Strafsenat[1130] der Meinung, dass das Auslesen von Daten vom Magnetstreifen einer Girocard (ec-Karte) nicht den Tatbestand des § 202a erfülle, da die Speicherung der Daten als solche noch keine besondere Sicherung gegen unberechtigten Zugang darstelle. Dem ist zuzustimmen. Der Magnetstreifen der Karte enthält auf drei Spuren gespeichert den Benutzernamen, die Kontonummer, den Landescode und die Gültigkeitsdauer. Anders als früher ist die PIN heute nicht mehr – auch nicht verschlüsselt – auf der Karte gespeichert. Stattdessen enthält die Karte auf einer dritten Spur eine verschlüsselte Sicherungsnummer. Beim Einsatz der Karte am Geldautomaten werden die Daten sowie die eingegebene PIN an den Zentralrechner übertragen. Erst dort erfolgt durch Vergleich der eingegebenen PIN mit der aus den Kartendaten ermittelten PIN die Authentifizierung des Zahlungsvorgangs. Die Codierung der auf dem Magnetstreifen gespeicherten Daten ist für Kartenlesesysteme ohne weiteres lesbar und stellt daher keine besondere Zugangssicherung i.S.v. § 202a dar. Dies gilt auch für die verschlüsselte Sicherungsnummer, die in verschlüsseltem Zustand ebenfalls durch jedes Kartenlesegerät ausgelesen werden kann und erst im Rahmen der Authentifizierung entschlüsselt wird.[1131] Daher verwirklicht das bloße Auslesen der verschlüsselten Sicherungsnummer und das Kopieren der Daten auf eine Dublette nicht den Tatbestand des § 202a.

Der Tatbestand des § 202a könnte allerdings gegeben sein, wenn zu dem Lesen und Kopieren der Kartendaten das Ausspähen der PIN hinzukommt. Die PIN kann z.B. durch Manipulation der Tastatur oder durch Beobachten mittels einer Kamara ausgespäht werden. Jedoch ist zu beachten, dass der Tatbestand des § 202a ein Sichverschaffen des Zugangs zu den Daten unter Überwindung der Zugangssicherung voraussetzt. Zwar sind als Zugangssicherung die Kartendaten gemeinsam mit der PIN anzusehen. Jedoch bereits die bloße Erlangung von Kartendaten und PIN als „Sichverschaffen des Zugangs" anzusehen, ist zweifelhaft. Denn um den eigens für Vorbereitungsmaßnahmen geschaffenen Tatbestand des § 202c nicht leerlaufen zu lassen, wird man fordern müssen, dass die tatbestandsmäßige Handlung bzgl. § 202a erst in der Nutzung der Daten z.B. am Automaten, nicht aber schon im Verschaffen der Zugangssicherung selbst erfüllt ist. Das Ausspähen der PIN erfüllt also den Tatbestand des § 202c, da sowohl die Sicherungsnummer als auch die PIN taugliche Tatobjekte des Tatbestandes sind, nicht jedoch den des § 202a.[1132]

Der Zugang zu Daten i.S.v. § 202a ist jedoch gegeben bei der Infizierung mit sog. **Trojanischen Pferden**, also mit (versteckten) Programmen zur Erlangung von Informationen über Vorgänge und zur Ausspähung von Daten. Dagegen ist bei bloßer Installation von Programmen zur (unbemerkten) Herstellung von DFÜ-Verbindungen zu 0900-Servicenummern (sog. **Dialer**), die allein der Verschaffung von Verbindungsgebühren dienen, i.d.R. § 202a nicht gegeben.[1133] Ein Sichverschaffen ist grds. aber dann gegeben, wenn der Täter durch täuschende Einwirkung auf den Berechtigten diesen veranlasst, Daten irrtümlich selbst zu übermitteln (z.B. durch täuschende Datenabfrage beim sog. **Phishing** - „password fishing"), wodurch der Nutzer dazu gebracht wird, geheime Kontodaten an die vermeintlich anfragende Bank zu leiten. Damit ist jedoch noch nicht gesagt, dass sich der Täter im Ergebnis gem. § 202a strafbar macht. Denn wie gesagt müssen die Daten gegen unberechtigten Zugang besonders gesichert sein. In den meisten Fällen fehlt jedoch eine solche Zugangssicherung, sodass das Vorgehen der Phisher bis zur eigentlichen Abbuchung (die den Tatbestand des § 263a I Var. 3 erfüllt) als – nunmehr strafbare (vgl. § 202c) – Vorbereitungshandlung anzusehen ist.[1134] Vgl. zum Phishing aus-

---

[1129] BGH NStZ 2005, 566.
[1130] BGH NStZ 2011, 154 f.
[1131] *Tyszkiewicz*, HRRS 2010, 207.
[1132] *Tyszkiewicz*, HRRS 2010, 207.
[1133] *Buggisch*, NStZ 2002, 178, 179
[1134] Zur bisherigen Rechtslage vgl. *Popp*, NJW 2004, 3517, 3518; *Borges*, NJW 2005, 3313 ff.; *Gercke*, CR 2005, 606 ff.; *Knupfer*, MMR 2004, 641 ff.

führlich Rn 694a ff. Zur möglichen Strafbarkeit nach § 269 vgl. *R. Schmidt*, BT I, Rn 1343.

Auch das sog. **Computerhacking** in Form eines bloßen unberechtigten Eindringens in fremde Dateien oder Datenübermittlungsvorgänge und das damit verbundene bloße Ansehen von Daten unterfällt dem Tatbestand des § 202a. Denn diese Vorschrift lässt das bloße Verschaffen des Zugangs genügen, ohne dass die Daten ausgespäht werden müssten. Zudem setzt auch das Überwinden von Software-Sicherungen zum (Selbst-)Zweck des Eindringens regelmäßig Entschlüsselung oder Kenntnisnahme von Programmdateien voraus; überdies ist ein (erfolgreiches) Eindringen ohne Kenntnisnahme der gesicherten Zieldateien in der Praxis fernliegend.[1135] Daher ist eine Strafbarkeit aus § 202a auch dann gegeben, wenn das „bloße" Eindringen in fremde Dateien unter Sichverschaffen von Daten im Einzelfall eine Vorbereitungshandlung für Taten nach §§ 263a, 269, 303a ist.

Fazit: Wer sich unbefugt in fremde Computersysteme einhackt, verwirklicht den Tatbestand des § 202a. Verfolgt das Ausspähen von Daten den Zweck, andere Straftaten zu begehen, besteht Idealkonkurrenz zu diesen anderen Straftaten.

717h Ein Verschaffen der Daten i.S.v. § 202a liegt auch dann vor, wenn der Täter (etwa als Eigentümer des Computers) **den Datenspeicher befugt besitzt**, jedoch die Dateien der Programme, die auf dem Datenträger installiert sind, ausspäht.

Beispiel: T gelingt es, den sog. Quellcode des auf seinem Rechner installierten Betriebssystems zu entschlüsseln. Dadurch wird er in die Lage versetzt, das Betriebssystem zu verändern und Zusatzprogramme zu installieren, die anderenfalls vom Betriebssystem nicht unterstützt würden.

Ob in dem beschriebenen Verhalten ein Ausspähen von Daten zu sehen ist, lässt sich beantworten, wenn man folgende Überlegung anstellt: Zwar ist T Eigentümer des Datenträgers, auf dem das Betriebssystem installiert ist. Allerdings wurde vom Entwickler des Betriebssystems bzw. vom Verfügungsbefugten nur die Nutzung gestattet, nicht auch das Eindringen in die Programmdateien und die Veränderung des Programms (vgl. dazu auch § 31 UrhG). Das Programm ist als geistiges Eigentum urheberrechtlich geschützt (vgl. Art. 14 I S. 1 GG, § 11 UrhG)[1136] und mit dem sog. Quellcode elektronisch vor Offenlegung des Programms und damit vor Missbrauch und Entwertung abgesichert. Wer den Quellcode ohne Einverständnis des Rechteinhabers bzw. Verfügungsbefugten offenlegt und/oder verändert, bewegt sich außerhalb des eingeräumten Nutzungsrechts.[1137]

Die Gegenauffassung, die meint, mit der Überlassung des Nutzungsrechts werde zugleich der (unbegrenzte) Zugang zu den Programmdaten eröffnet[1138], wird dem Schutzbedürfnis des Urhebers nicht gerecht und verkennt im Übrigen auch die Bedeutung der bereits erwähnten Verfassungsbestimmung des Art. 14 I S. 1 GG, die geistiges Eigentum in gleicher Weise erfasst wie „materielles" Eigentum. Dass der Rechteinhaber durch § 106 UrhG bzw. durch § 17 UWG geschützt ist, ist zwar richtig, kann aber kein Argument sein, ihm das die Anwendung des Kernstrafrechts gegenüber dem Täter zu verwehren.

717i Die soeben behandelte Streitfrage hat auch Auswirkungen auf die Frage nach der Strafbarkeit der sog. **Softwarepiraterie**. Nur wenn man der hier vertretenen Auffassung folgt, gelangt man zu einer Strafbarkeit (auch) aus § 202a. Denn nur dann kann die Herstellung und Weitergabe typischer Raubkopien (von erworbenen Computerspielen, Textverarbeitungsprogrammen usw.) den Tatbestand des § 202a erfüllen. Da die Strafbarkeit aus § 202a freilich noch an andere Voraussetzungen geknüpft ist (so müssen die Programmdaten, um die es in der Regel geht, mittels Kopierschutzvorrichtungen „be-

---

[1135] *Fischer*, § 202a Rn 10.
[1136] Vgl. BVerfG NJW 1999, 2880, 2881; BVerfG NJW 2001, 1784 und ausführlich *R. Schmidt*, Grundrechte, 22. Aufl. 2017, Rn 879.
[1137] Wie hier Sch/Sch-*Lenckner/Eisele*, § 202a Rn 6; *Lackner/Kühl*, § 202a Rn 3; *Meier*, JZ 1992, 661; *Hilgendorf*, JuS 1996, 512.
[1138] So OLG Duisburg wistra 1988, 278, 279; LK-*Schünemann*, § 202a Rn 9.

sonders gesichert" sein), ist im Ergebnis der Täter nicht stets (wohl aber überwiegend) aus § 202a strafbar. Jedenfalls bleiben auch hier die „Auffangtatbestände" der §§ 106 UrhG, 17 UWG.

717j

Wieder anders liegt der Fall beim illegalen Herunterladen von Programmen, Filmen oder Songs aus dem Internet: Insbesondere sog. **Internettauschbörsen**, deren Prinzip in dem Tausch von Daten (sog. **Filesharing**) besteht, werden dazu genutzt, auch urheberrechtlich geschützte Programme bzw. Daten auszutauschen. Dies entspricht jedoch nicht der Freigabe durch den jeweiligen Rechteinhaber bzw. Verfügungsberechtigten. Denn nach dem oben Gesagten hat dieser i.d.R. nur ein bestimmtes Nutzungsrecht (meist eine Einzelplatzlizenz) eingeräumt, das sich sicherlich nicht auf das unkontrollierte Vervielfältigen und Verbreiten der Inhalte erstreckt. Was die Strafbarkeit aus § 202a betrifft, so ist zu beachten, dass das Programm, der Film oder der Song gegen unberechtigten Zugang besonders gesichert sein müssen. Zwar ist dies bei den original CDs oder DVDs, auf denen die Programme bzw. Daten gespeichert sind, der Fall, sodass jedenfalls deren Kopieren § 202a unterfällt, bei den Internettauschbörsen werden aber gerade bereits „gecrackte" Programme, also Programme, deren Kopierschutz bereits aufgehoben wurde, angeboten. Daher macht sich derjenige, der solche Daten herunterlädt, nicht aus § 202a strafbar. Ob wenigstens eine Strafbarkeit aus § 106 UrhG gegeben ist, hängt davon ab, ob ein entsprechender Vorsatz vorliegt. Oftmals erkennt der Laie aber nicht, dass er mit dem Herunterladen automatisch Daten auch hochlädt[1139] und damit den objektiven Tatbestand des Vervielfältigens, Verbreitens oder öffentlichen Wiedergebens i.S.v. § 106 UrhG verwirklicht.

Der Täter muss (sowohl bei § 202a als auch bei § 202b und c) **unbefugt** handeln. **717k** Fraglich ist, ob dieses Merkmal ein **Attribut eines einzelnen Tatumstands** darstellt oder ob es sich dabei um einen (überflüssigen) Hinweis auf das allgemeine gesetzliche Verbot einer strafbaren Handlung (also auf das allgemeine Verbrechensmerkmal der **Rechtswidrigkeit**) handelt.

■ Handelte es sich um ein *echtes* Tatbestandsmerkmal, wäre die Konsequenz, dass der Vorsatz sich auch darauf beziehen müsste. Glaubte der Täter also, zum Ausspähen der Daten „befugt" zu sein, handelte er ohne Tatbestandsvorsatz (vgl. § 16 I S. 1). Weitere Konsequenz wäre, dass das Einverständnis des Rechteinhabers bereits tatbestandsausschließend wirkte und nicht nur die Rechtswidrigkeit entfallen ließe.

■ Wäre das Merkmal „unbefugt" dagegen lediglich ein überflüssiger Hinweis auf das allgemeine Verbrechensmerkmal der Rechtswidrigkeit, wäre der Täter nur dann gerechtfertigt, wenn ein Rechtfertigungsgrund eingriffe. Ein solcher könnte in der rechtfertigenden Einwilligung gesehen werden. Läge ein Rechtfertigungsgrund jedoch nicht vor, glaubte der Täter aber irrig, „befugt" zu sein, unterläge er einem Erlaubnistatbestandsirrtum, der nach dem BGH überwiegend gem. § 16 I S. 1 analog zum Vorsatzausschluss und nach der h.L., der sich teilweise auch der BGH anschließt, zum Ausschluss der Schuld (genauer: des Vorsatzschuldvorwurfs) führte.[1140] Konsequenz wäre, dass es bei einer vorsätzlichen und rechtswidrigen Tat bliebe, an der ein anderer sich (gem. §§ 26, 27) beteiligen könnte.

■ Richtigerweise wird man in dem Merkmal „unbefugt" lediglich einen überflüssigen Hinweis auf das allgemeine Verbrechensmerkmal der Rechtswidrigkeit sehen müssen. Die unterschiedliche Einstufung etwa im Vergleich zu § 303 II ist dadurch begründet, dass § 202a I bereits die Formulierung „nicht für ihn bestimmt" enthält. Denn willigte der Rechteinhaber bzw. Verfügungsbefugte in die Datenkenntnis ein, wären die Daten gerade

---

[1139] Die Computerprogramme, die erforderlich sind, um an der Tauschbörse teilzunehmen, enthalten i.d.R. die (nicht abschaltbare) Zusatzfunktion, dass Daten auch hochgeladen werden, also anderen Teilnehmern zur Verfügung gestellt werden. Denn das Filesharing beruht gerade auf dem Prinzip des „Gebens und Nehmens".
[1140] Vgl. dazu *R. Schmidt*, AT, Rn 541 ff.

für den Täter bestimmt, was umgekehrt zum Tatbestandsausschluss wegen Nichtvorliegens des Merkmals „nicht für ihn bestimmt" führte (vgl. bereits Rn 717e). Daher kann es sich bei dem genannten Merkmal nur um einen Hinweis auf das allgemeine Verbrechensmerkmal der Rechtswidrigkeit handeln.

717l Hinsichtlich der **Rechtswidrigkeit** als allgemeines Verbrechensmerkmal ist noch anzumerken, dass eine Einwilligung des Berechtigten, die durch Täuschung erlangt wird, nach allgemeinen Regeln unbeachtlich ist. Daher ist das als Vorbereitungshandlung für Taten nach § 263a durchgeführte Phishing (vgl. Rn 694a ff. sowie 717g) ein unbefugtes Sichverschaffen von Daten jedenfalls dann, wenn der Berechtigte aufgrund der Täuschung annimmt, die vorgeblich anfragende Bank sei zur Abfrage berechtigt (anders verhält es sich wohl, wenn der Berechtigte weiß, dass die Daten auch gegenüber der Bank geheim sind). Für Eingriffe von Strafverfolgungsorganen kommen als Rechtfertigungsgründe § 94 StPO sowie §§ 100a ff. StPO in Betracht; für verdeckte Zugriffe auf Passwort geschützte Mailboxen ist das jedoch sehr problematisch. Das BVerfG hat heimlichen Onlinedurchsuchungen von Computern durch die Strafverfolgungsbehörden in Ermangelung einer Rechtsgrundlage eine Absage erteilt. Insbesondere greift nicht § 102 StPO.[1141] Im Rahmen der Gefahrenabwehr reicht die polizeirechtliche Generalklausel selbstverständlich (ebenfalls) nicht aus. Hinsichtlich der Bekämpfung des internationalen Terrorismus ist § 20k BKAG („verdeckte Eingriffe in informationstechnische Systeme") geschaffen worden. Diese Vorschrift erlaubt sowohl präventive als auch repressive Onlinedurchsuchungen durch das BKA.

717m Eine **Versuchsstrafbarkeit** enthält § 202a nicht. Der misslungene virtuelle Einbruchversuch ist daher straflos, gleichgültig, ob die Verwirklichung des Taterfolgs an der Unfähigkeit des Täters oder an der Wirksamkeit der Zugangssicherung scheitert. Die fehlende Versuchsstrafbarkeit ist in Anbetracht des Umstands, dass es sich bei § 202a um ein (relatives) Antragsdelikt handelt (vgl. § 205 I S. 2) und auch das bloße Vorbereiten gem. § 202c strafbar ist, widersprüchlich.

717n Schließlich ist der am 18.12.2015 in Kraft getretene Tatbestand der „**Datenhehlerei**" (§ 202d) zu nennen. Nach § 202d I macht sich strafbar, wer Daten i.S.v. § 202a II, die nicht allgemein zugänglich sind und die ein anderer durch eine rechtswidrige Tat (§ 11 I Nr. 5) erlangt hat, sich oder einem anderen verschafft, einem anderen überlässt, verbreitet oder sonst zugänglich macht, um sich oder einen Dritten zu bereichern oder einen anderen zu schädigen.[1142] Die Neuregelung sichert das durch §§ 202a-202c geschützte formelle Datengeheimnis vor einer Fortsetzung und Vertiefung seiner durch die Vortat erfolgten Verletzung ab.[1143] Bekämpft werden soll also die mit der „Datenhehlerei" verbundene Aufrechterhaltung („Perpetuierung") des durch die Vortat geschaffenen rechtswidrigen Zustands durch kollusives, d.h. einvernehmliches Zusammenwirken mit dem Vortäter (vgl. dazu Rn 811). Erfasst sind dementsprechend nur nicht öffentlich zugängliche Daten, da hinsichtlich öffentlich zugänglicher Daten selbst dann kein (weiteres) Schutzbedürfnis besteht, wenn diese Daten illegal (etwa durch Urheberrechtsverletzung oder durch unberechtigten Zugriff auf Daten[1144]) beschafft wurden.[1145] Im Übrigen können aufgrund der starken Anlehnung an den Tatbestand der Sachhehlerei (§ 259) die zu § 259 entwickelten Auslegungsergebnisse (Vollendung der Vortat; einvernehmliches Zusammenwirken zwischen Vortäter und „Hehler") herangezogen werden. Verzichtet hat der Gesetzgeber lediglich auf die Übernahme der Tatbestandsvariante

---

[1141] Vgl. BVerfGE 120, 274, 302 ff.; *R. Schmidt*, Grundrechte, 22. Aufl. 2017, Rn 864 ff.
[1142] Zu § 202d vgl. auch *Brodowski/Marnau*, NStZ 2017, 377 ff.
[1143] BT-Drs. 18/5088, S. 45.
[1144] Auch das Beschaffen von Daten durch einen „Whistleblower" ist von § 202d erfasst; eine (diesbezügliche) Verfassungsbeschwerde ist anhängig (1 BvR 2821/16).
[1145] BT-Drs. 18/5088, S. 45 f.

„Ankaufen". Es genügt allein das „sich oder einem anderen verschaffen". Einen Tatbestandsausschluss enthält § 202d III hinsichtlich Handlungen, die ausschließlich zu dem Zwecke der Erfüllung rechtmäßiger dienstlicher oder beruflicher Pflichten dienen. Dazu gehören insbesondere Handlungen von Amtsträgern, mit denen Daten ausschließlich der Verwertung in einem Besteuerungsverfahren, einem Strafverfahren oder einem Ordnungswidrigkeitenverfahren zugeführt werden sollen.[1146] Somit bliebe etwa der Ankauf von sog. „Steuer-CDs" durch die Finanzverwaltung ausgenommen. Nach h.M. war der Ankauf von Steuer-CDs auch nach bisheriger Rechtslage straflos. In Ermangelung einer Versuchsstrafbarkeitsandrohung straflos ist auch der Versuch der Datenhehlerei.

[1146] BT-Drs. 18/5088, S. 48.

G. Untreue (§ 266)

718 Der Tatbestand der Untreue ist sehr unpräzise formuliert, weil er eine Vielzahl unbestimmter Rechtsbegriffe enthält und auch die Bestimmung des Nachteils als Taterfolg alles andere als klar ist. Dementsprechend verwundert es nicht, wenn die Vereinbarkeit der Vorschrift mit dem Bestimmtheitsgrundsatz aus Art. 103 II GG in Frage gestellt wird. Allerdings hat das BVerfG entschieden, dass § 266 mit dem Bestimmtheitsgrundsatz vereinbar sei, wenn er von der Rechtsprechung restriktiv und präzisierend ausgelegt werde. Die Rechtsprechung sei gehalten, Unklarheiten der Norm durch Präzisierung und Konkretisierung im Wege der Auslegung nach Möglichkeit auszuräumen (Präzisierungsgebot bzw. Konkretisierungsauftrag an den Rechtsanwender).[1147]

Ungeachtet der Problematik in Bezug auf die Unbestimmtheit des § 266 besteht der Unrechtsgehalt der Untreue in der Schädigung fremden Vermögens unter Ausnutzung einer Vertrauensstellung (**Sonderdelikt**; Täter kann nur der Inhaber einer Vertrauensstellung, also der Treupflichtige sein[1148]). Diese Vertrauensstellung war dem Täter gerade zu dem Zweck eingeräumt, das Vermögen des Geschäftsherrn in dessen Interesse zu betreuen.[1149] **Rechtsgut** ist allein das Vermögen.[1150] Eine Bereicherungsabsicht auf Seiten des Täters muss nicht bestehen.

Analysiert man die gesetzliche Formulierung, erkennt man, dass § 266 I im 1. Halbsatz zwei Tatbestände unterscheidet, den **Missbrauchstatbestand** (Var. 1) und den **Treubruchstatbestand** (Var. 2). Diese beiden Tatbestände trennt das Gesetz durch das „oder" hinter dem „missbraucht", sodass schon einmal klar ist, dass der Täter sich bereits bei der Verwirklichung von einem der beiden Tatbestände strafbar macht. Durch den dann folgenden 2. Halbsatz: „und dadurch dem, dessen Vermögensinteressen er zu betreuen hat, Nachteil zufügt" wird zudem deutlich, dass sich die im 2. Halbsatz genannte „**Vermögensbetreuungspflicht**" auf **beide** Tatbestände bezieht (vgl. dazu im Einzelnen Rn 736).

719

Untreue (§ 266)

I. Tatbestand
1. Objektiver Tatbestand

- **Missbrauchstatbestand:** Missbrauch der durch Gesetz, behördlichen Auftrag oder Rechtsgeschäft eingeräumten Befugnis, über fremdes Vermögen zu verfügen oder einen anderen zu verpflichten, unter gleichzeitiger Verletzung einer Vermögensbetreuungspflicht. **Täter** kann nur sein, wer dem Vermögensträger gegenüber im Zeitpunkt der Tathandlung treupflichtig ist (**Sonderdelikt**). Andere Personen können allenfalls Teilnehmer sein, deren Strafe nach § 28 I zu mildern ist. Unter **Befugnis**, über fremdes Vermögen zu verfügen oder einen anderen zu verpflichten, ist eine nach außen wirkende Rechtsmacht zu verstehen, rechtsgeschäftlich oder hoheitlich auf fremde Vermögensrechte einzuwirken oder eine schuldrechtliche Verpflichtung wirksam schaffen zu können. Die Befugnis kann gem. § 266 I durch Gesetz, behördlichen Auftrag oder Rechtsgeschäft eingeräumt worden sein.

[1147] BVerfGE 126, 170, 210 ff. (mit Bespr. v. *Saliger*, NJW 2010, 3195; *Kudlich*, JA 2011, 66; *Krüger*, NStZ 2011, 369; *Safferling*, NStZ 2011, 376); vgl. auch BVerfG NJW 2009, 2370 f. (mit Bespr. v. *Fischer*, StV 2010, 95). Vgl. daraufhin BGH NStZ 2013, 715 f.: „Erforderlich ist eine klare und evidente Pflichtwidrigkeit" und LG Hamburg ZWH 2015, 147 ff. (HSH Nordbank): „offensichtliche oder gravierende Pflichtverletzung". Siehe auch BGH NJW 2017, 578, 579, der zwar (unter Bezugnahme auf BVerfGE 126, 170, 210 ff.) ebenfalls eine „offensichtliche oder gravierende Pflichtverletzung" fordert, die Verneinung einer solchen Pflichtverletzung durch das LG Hamburg aber beanstandete, das Urteil aufhob und an eine andere Kammer des LG zurückverwies.
[1148] Insoweit klarstellend BGHSt 13, 330, 331. Vgl. auch BGH NJW 2002, 2801; NStZ 2003, 158, 159; NJW 2006, 522, 523; NJW 2010, 92 ff.; *Kudlich*, JA 2006, 171 ff.; *Saliger*, JA 2007, 326 ff.
[1149] SK-*Samson/Günther*, § 266 Rn 2.
[1150] Vgl. BGHSt 52, 324, 339; 47, 8, 10 ff.; 43, 293, 297; BGH NStZ-RR 2002, 107, 108; NStZ 2002, 262, 263; NJW 2002, 2801, 2802; NStZ 2003, 158, 159; NJW 2006, 522, 523; NJW 2010, 92 ff.; vgl. auch *Knauer*, NStZ 2009, 153; *Satzger*, NStZ 2009, 297, 303; *Rönnau*, StV 2009, 246, 249; *Bosch*, JA 2009, 235; *Saliger*, JA 2007, 326 ff.; *Kudlich*, JA 2006, 171 ff.; 826 ff.

Die Tathandlung besteht in dem **Missbrauch** der eingeräumten Befugnis. Als Faustregel hat sich folgende Kurzform durchgesetzt: Missbrauch ist Einhaltung des **rechtlichen Könnens** unter **Überschreitung des rechtlichen Dürfens**. Schließlich ist eine mit der Treubruchsalternative identische **Vermögensbetreuungspflicht** erforderlich.

■ **Treubruchsalternative:** Der Täter muss die ihm kraft Gesetzes, behördlichen Auftrags oder Rechtsgeschäfts obliegende **Vermögensbetreuungspflicht** verletzen. Eine solche setzt ein Pflichtverhältnis voraus, dessen typische und wesentliche Aufgabe (und damit i.d.R. eine Hauptpflicht) in der Betreuung fremder Vermögensinteressen liegt und das durch eine gewisse Eigenverantwortlichkeit und Selbstständigkeit des Verpflichteten geprägt ist. Im Hinblick auf die gebotene restriktive Auslegung des Untreuetatbestands ist die Vermögensbetreuungspflicht nur dann verletzt, wenn eine klare und evidente Pflichtwidrigkeit in Bezug auf die Betreuung des Vermögens vorliegt.

Hinsichtlich des Taterfolgs spricht § 266 I bei beiden Varianten von einem **Nachteil**. Nach überkommener Ansicht folgt die Bestimmung des „Nachteils" in § 266 ganz ähnlichen Regeln wie die Bestimmung des „**Vermögensschadens**" in **§ 263**. Für die Ausfüllung des Begriffs des Nachteils werden somit die zum Betrug vertretenen Vermögenslehren, für die Nachteilsfeststellung das Prinzip der **Gesamtsaldierung** relevant.

2. Subjektiver Tatbestand: Vorsatz (mindestens *dolus eventualis*)

II. Rechtswidrigkeit und III. Schuld: Es gelten die allgemeinen Grundsätze.

IV. Strafzumessungsregeln/Antragserfordernisse
Gem. § 266 II gelten die §§ 243 II, 247, 248a und 263 III entsprechend.

I. Objektiver Tatbestand

1. Missbrauchstatbestand (§ 266 I Var. 1)

Bei der Missbrauchsuntreue handelt es sich um den speziellen der beiden Tatbestände. Einer Prüfung der Treubruchsalternative bedarf es also nur dann, wenn der Missbrauchstatbestand nicht vorliegt (was freilich eine vorherige Prüfung erfordert). Beim Missbrauchstatbestand besteht die Tathandlung in dem Missbrauch der durch Gesetz, behördlichen Auftrag oder Rechtsgeschäft eingeräumten Befugnis, über fremdes Vermögen zu verfügen oder einen anderen zu verpflichten.

720

a. Täter: Der Treuepflichtige

Da die durch Gesetz, behördlichen Auftrag oder Rechtsgeschäft eingeräumte Befugnis, über fremdes Vermögen zu verfügen oder einen anderen zu verpflichten, notwendigerweise ein Treueverhältnis zwischen dem Täter und dem Vermögensträger voraussetzt, kann **Täter** nur sein, wer dem Vermögensträger gegenüber im Zeitpunkt der Tathandlung **treuepflichtig** ist (**Sonderdelikt**).

721

Beispiele: Ein Vertragsarzt („Kassenarzt") steht in einem Treueverhältnis zur gesetzlichen Krankenkasse seines Patienten. Erstellt er ohne medizinische Indikation und vorgehende Untersuchung seiner „Patienten" Heilmittelverordnungen, um sich hierdurch einen Vorteil zu sichern, erfüllt er den Tatbestand der Untreue gem. § 266 I Var. 1 zum Nachteil der Krankenkasse(n)[1151] (dazu Rn 727). Gleiches gilt für Rechtsanwälte/Notare hinsichtlich anvertrauter Gelder[1152] und für Manager hinsichtlich der Bildung schwarzer Kassen[1153]. Auch der Oberbürgermeister (einer Gemeinde) steht in einem Treueverhältnis in Bezug auf haushaltswirtschaftliche Angelegenheiten (dazu Rn 727).[1154]

[1151] BGH NJW 2016, 3253 ff.
[1152] Vgl. BGH NStZ 2015, 517, 518 f.
[1153] Vgl. BGHSt 51, 100 ff. (Kanther); 52, 324 ff. (Siemens).
[1154] BGH NJW 2016, 3734, 3735.

722 Da diese Treuepflicht ein besonderes persönliches Merkmal i.S.d. § 28 I darstellt, können andere Personen allenfalls Teilnehmer (Anstifter bzw. Gehilfe) sein, deren Strafe nach § 28 I zu mildern ist.[1155] Das gilt auch für die Treubruchsuntreue (§ 266 I Var. 2).

> **Beispiel:** Ist ein „Patient" in die Machenschaften des Vertragsarztes eingeweiht und lässt sich die medizinisch nicht notwendigen Heilmittel verordnen, um sie später etwa zu verkaufen, macht er sich (in Ermangelung einer Tätereigenschaft) lediglich wegen Beihilfe zur Untreue strafbar. Mangels eigener Pflichtenstellung gegenüber der Krankenkasse ist seine Strafe gem. § 28 I zu mildern. Daneben ist eine Täterschaft des „Patienten" wegen Betrugs (zum Nachteil der Krankenkasse) zu prüfen.

b. Tatobjekt: Fremdes Vermögen

723 **Vermögen** ist die Summe aller geldwerten Güter nach Abzug der Verbindlichkeiten.[1156] Nach h.M. ist das Vermögen **fremd**, wenn es nach materiellem Recht – nicht nach wirtschaftlichen Gesichtspunkten – einem anderen als dem Täter zuzurechnen ist.[1157]

c. Befugnis, über fremdes Vermögen zu verfügen oder einen anderen zu verpflichten

724 Der Täter muss befugt sein, über fremdes Vermögen zu verfügen oder einen anderen zu verpflichten.

725 Unter **Befugnis**, über fremdes Vermögen zu verfügen oder einen anderen zu verpflichten, ist eine nach außen wirkende Rechtsmacht zu verstehen, rechtsgeschäftlich oder hoheitlich auf fremde Vermögensrechte einzuwirken oder eine schuldrechtliche Verpflichtung schaffen zu können.[1158]

- **Verfügung** ist jede Aufhebung, Übertragung, Belastung und Inhaltsänderung einer Rechtsposition. Ob dies der Fall ist, entscheidet das bürgerliche Recht. Wenn wegen kollusiven Zusammenwirkens eine wirksame Verfügung nicht vorliegt, scheidet diese Variante der Untreue aus. Rein tatsächliche Einwirkungen auf das zu betreuende Vermögen, z.B. durch Verbindung, Vermischung, Verarbeitung, Sachbeschädigung oder Eigenverbrauch fallen nicht unter den Begriff des Verfügens.[1159]

- Einen anderen **verpflichtet**, wer dessen Vermögen schuldrechtlich mit einer Verbindlichkeit belastet.

726 Die Befugnis kann gem. § 266 I durch Gesetz, behördlichen Auftrag oder Rechtsgeschäft eingeräumt worden sein.

727 - Durch **Gesetz** eingeräumt sind solche Befugnisse, die dem Täter nicht aufgrund eines gerade auf ihre Begründung gerichteten Verleihungsakts, sondern aufgrund gesetzlicher Regelung als Inhaber einer bestimmten Stellung zukommen.[1160]

> **Beispiele:** Vertretungs- und Vermögensfürsorgepflicht der Eltern (§ 1626 I BGB), des Vormunds (§ 1793 BGB), des Betreuers (§ 1896 BGB), des Insolvenzverwalters (§ 80 I

[1155] Vgl. BGHSt 41, 1, 2.
[1156] BGHSt 16, 220, 221; Sch/Sch-*Perron*, § 266 Rn 39 ff.; *Fischer*, § 263 Rn 56.
[1157] BGHSt 1, 186, 187; BGH NJW 2002, 2801, 2802; NStZ 2003, 158, 159; NJW 2006, 522, 523; BGHSt 51, 100 ff. (Kanther); 52, 324 ff. (Siemens); LG Düsseldorf NJW 2004, 3275 ff.; vgl. auch *Saliger*, JA 2007, 326 ff.; *Kudlich*, JA 2006, 171 ff.; *Rönnau*, JuS 2003, 232 ff.; *Lackner/Kühl*, § 266 Rn 3 u. 39; Sch/Sch-*Perron*, § 266 Rn 6. Die Gegenauffassung legt eine wirtschaftliche Betrachtungsweise zugrunde, nach der auch dem Vermögensträger rechtlich gehörendes Vermögen fremd ist, wenn es ihm wirtschaftlich entzogen ist, wie etwa die Insolvenzmasse dem Gemeinschuldner. Demzufolge könnte der Gemeinschuldner an den Gegenständen der Insolvenzmasse Untreue begehen. Schließlich ist zu beachten, dass für den Täter fremdes Vermögen auch das einer Aktiengesellschaft sein kann, bei der der Verpflichtete Vorstandsvorsitzender ist (dazu sogleich Rn 733).
[1158] BGHSt 5, 61, 63; BGH NJW 2006, 522, 523; NStZ 2011, 280 f.; *Kudlich*, JA 2006, 171 ff.; *Seier*, JuS 2002, 237, 238.
[1159] SK-*Samson/Günther* § 266 Rn 8; LK-*Schünemann*, § 266 Rn 43; *Joecks*, § 266 Rn 13.
[1160] Sch/Sch-*Perron* § 266 Rn 8.

InsO), des Nachlassverwalters (§ 1985 BGB), des Testamentsvollstreckers (§§ 2205 ff. BGB), des Gerichtsvollziehers (§ 753 ZPO)[1161], des Geschäftsführers einer GmbH (§§ 35 I, 37 II GmbHG), des Vorstands eines Vereins (§ 26 BGB)[1162] oder einer AG (§§ 78, 82 AktG)[1163] sowie des Aufsichtsrats einer AG (§ 87 AktG)[1164]. Auch hat der Oberbürgermeister (einer Gemeinde) nach den entsprechenden Bestimmungen der Gemeindeordnung regelmäßig eine Vermögensbetreuungspflicht in haushaltswirtschaftlichen Angelegenheiten, die ihn grundsätzlich zur Wirtschaftlichkeit und Sparsamkeit verpflichtet.[1165] Schließlich hat der Vertragsarzt („Kassenarzt") eine Vermögensbetreuungspflicht gegenüber der gesetzlichen Krankenkasse, die ihm zumindest gebietet, keine Heilmittel ohne jegliche medizinische Indikation zu verschreiben[1166] (BVerfG: „Sachwalter der Kassenfinanzen"[1167]). Mit der Befugnis zur Verschreibung von Heilmitteln konkretisiert der Vertragsarzt die gesetzlichen Leistungsansprüche der Versicherten auf Sachleistungen (vgl. § 2 I S. 1, II S. 1 SGB V). Damit hat der Vertragsarzt eine ihm gesetzlich eingeräumte Befugnis, unmittelbar über das Vermögen der Krankenkasse zu verfügen.

■ Durch **behördlichen Auftrag** erhält eine Verfügungsbefugnis derjenige, zu dessen dienstlichen Obliegenheiten die Verfügung über fremdes Vermögen gehört.[1168]

    728

Beispiele: Staatlich bestellte Treuhänder oder Liquidatoren; beamtete Universitätsprofessoren, die als Ärztliche Direktoren von Universitätskliniken mit der Beschaffung von medizinischen Produkten beauftragt sind.[1169] Auch die Stellung als Amtsträger in einer Finanzbehörde kann eine Vertretungs- und Vermögensfürsorgepflicht begründen.[1170]

■ Schließlich kann die Befugnis **rechtsgeschäftlich** eingeräumt worden sein.

    729

Beispiele: Vollmacht (§§ 164 ff. BGB)[1171], Verfügungsermächtigung (§ 185 BGB), Prokura (§§ 48 ff. HGB) und Handlungsvollmacht nach § 54 HGB[1172]. Umstritten war früher, ob der Geschäftsführer einer Personengesellschaft (GbR, OHG oder KG) gegenüber seiner Gesellschaft Untreue begehen kann. Berücksichtigt man das Grundlagenurteil des BGH zur Rechtsfähigkeit der GbR[1173], muss man dies wohl bejahen.[1174]

Nicht ausreichend ist, dass die Macht auf Gutglaubensvorschriften (z.B. §§ 932 ff. BGB; § 366 II HGB) oder auf Rechtsscheinvorschriften beruht.[1175] Erst recht fehlt die Befugnis, wenn die Vertretungsmacht überschritten wurde. Auch ein rechtlich unwirksames Grundverhältnis verleiht *keine* Befugnis.

d. Tathandlung: Missbrauch der eingeräumten Befugnis

Die Tathandlung besteht, obwohl besser von „Missgebrauch" gesprochen werden müsste, in dem **Missbrauch der eingeräumten Befugnis**. Als Faustregel hat sich folgende Kurzform durchgesetzt:

    730

[1161] BGH NStZ 2011, 281 f.

[1162] Zur Untreue eines Parteivorstands durch verdeckte Parteifinanzierung vgl. LG Bonn NJW 2001, 1736 (Helmut Kohl). Zur Untreue des Vereinsvorstands allgemein *Seier*, JuS 2002, 237 ff. Zur Untreue eines GmbH-Geschäftsführers und eines Vorstands einer AG wegen Einrichtung schwarzer Kassen vgl. BGH NJW 2010, 3458 ff.

[1163] Vgl. dazu BGHSt 47, 8 ff.; BGH NStZ 2002, 262 ff.; LG Hamburg ZWH 2015, 147 ff. (HSH Nordbank).

[1164] BGH NJW 2016, 2585, 2590 (Nürburgring).

[1165] BGH NJW 2016, 3734, 3735.

[1166] BGH NJW 2016, 3253, 3254 f.

[1167] BVerfGE 103, 172, 191.

[1168] SK-*Samson/Günther*, § 266 Rn 14.

[1169] Vgl. dazu BGH NJW 2002, 2801 ff.; *Rönnau*, JuS 2003, 232 ff.; *Kindhäuser/Goy*, NStZ 2003, 291 ff.

[1170] Vgl. dazu BGH NStZ 2007, 596, 597.

[1171] Hierher gehört auch der Fall, dass ein Rechtsanwalt mit der Wahrnehmung von Vermögensinteressen beauftragt wird (vgl. BGH NStZ 2015, 517, 518 f.).

[1172] Zu § 54 HGB vgl. BGH NStZ 2011, 280 f.

[1173] Vgl. BGH NJW 2001, 1056 ff.

[1174] Davon geht auch das LG Düsseldorf NJW 2004, 3275 ff. im Fall Mannesmann/Vodafone aus (grundlegend BGHSt 47, 187 ff.).

[1175] BGHSt 5, 61, 62; *Wessels/Hillenkamp*, BT 2, Rn 751; Sch/Sch-*Perron*, § 266 Rn 4.

731 **Missbrauch** ist Einhaltung des rechtlichen Könnens unter Überschreitung des rechtlichen Dürfens.[1176]

732 ■ Das **rechtliche Können** im Außenverhältnis beschreibt die bereits genannte Befugnis, den Vermögensträger nach außen hin rechtlich *wirksam* zu verpflichten bzw. über dessen Vermögenswerte zugunsten Dritter zu verfügen.

733 ■ Die Grenzen des Innenverhältnisses (also des **rechtlichen Dürfens**) werden regelmäßig durch Weisungen, Dienstvorschriften oder Arbeitsanweisungen konkretisiert. Aber auch gesetzliche Vorschriften können Rechte und Pflichten im Innenverhältnis beschreiben. Verstößt der Treupflichtige gegen solche Weisungen bzw. Vorschriften, ist der Missbrauch aber noch nicht zwingend zu bejahen. Unter Beachtung der vom BVerfG angemahnten restriktiven Auslegung des Untreuetatbestands (siehe Rn 718), ist ein klarer, evidenter und schwerwiegender Verstoß in Bezug auf die Vermögensbetreuungspflicht zu fordern.[1177] Ist der Täter nicht weisungsgebunden, muss durch Auslegung des der Befugniserteilung zugrunde liegenden Gesetzes, behördlichen Auftrags oder Rechtsgeschäfts ermittelt werden, was ihm erlaubt ist. Insbesondere bei **Risikogeschäften** ist die Ermittlung dessen, was erlaubt bzw. pflichtwidrig ist, äußerst schwierig.

734 **Beispiele:**

(1) Zu den Pflichten des Vorstands einer Bank gehört es, keine Finanztransaktionen zu genehmigen, die mit hohen Risiken verbunden sind.[1178] So verletzten (ehemalige) Vorstandsmitglieder der HSH Nordbank ihre Vorstandspflichten u.a. dadurch, dass sie sich keine hinreichende Gewissheit darüber verschafften, ob das mit der Transaktion „Omega 55" verbundene Hauptziel, eine Verbesserung der aufsichtsrechtlichen Eigenkapitalkennziffern der HSH Nordbank zu erreichen, durch die komplizierte Transaktion gewährleistet wurde. Die dem Vorstand bei Genehmigung des Geschäfts vorliegenden Unterlagen enthielten nur ungefähre Angaben zu den wirtschaftlichen Kosten und Erträgen aus dem Geschäft. Gleichwohl sei die Informationslage des Vorstandes aber nicht derart lückenhaft gewesen, dass sich die Genehmigung des Geschäfts als „gravierende" oder „evidente" Pflichtverletzung darstelle.[1179]

(2) Aufgabe des Aufsichtsrats einer Aktiengesellschaft ist neben der Kontrolle des Vorstands die Festsetzung der Vergütung der Vorstandsmitglieder (vgl. § 87 AktG). Gewährt der Aufsichtsrat den Vorstandsmitgliedern Anerkennungsprämien in Millionenhöhe, obwohl dafür keine dienstrechtliche Grundlage besteht, kommt es für die Bejahung des Missbrauchstatbestands darauf an, ob es ersichtlich ist, dass diese Zahlungen der AG keinerlei Vorteile mehr bringen würde (etwa weil die AG gerade aufgrund des Bemühens des Vorstands von einem anderen Unternehmen übernommen wird); vgl. dazu auch das Beispiel bei Rn 742.

(3) Einem mit der Steuererhebung und -festsetzung befassten Finanzbeamten ist durch behördlichen Auftrag die Befugnis eingeräumt, seinen Dienstherrn durch Erstattungsverfügungen zur Auszahlung von Steuererstattungsbeträgen zu verpflichten. Gibt der Beamte nun für frei erfundene, d.h. nicht existente Personen Einkommensteuererklärungen ab und veranlasst die Auszahlung auf ein eigenes Konto, macht er sich wegen Missbrauchsuntreue und tateinheitlich mit Urkundenfälschung gem. § 267 StGB und Steuerhinterziehung gem. § 370 AO strafbar; der Computermissbrauch gem. § 263a wird von § 266 verdrängt.[1180]

735 Da der Untreuetatbestand an eine Pflichtverletzung anknüpft, kann die Missbrauchshandlung durch **tatbestandsausschließendes Einverständnis** des Vermögensinhabers ausgeschlossen sein. Denn dann handelt der Täter gerade nicht pflichtwidrig.

[1176] BGHSt 5, 61, 63; BGH NStZ 2002, 262, 263; NStZ 2007, 596, 597; *Mitsch*, JuS 2011, 97, 99.
[1177] BGH NStZ 2013, 715 f. (Berliner Bankkonsortium); LG Hamburg ZWH 2015, 147 ff. (HSH Nordbank).
[1178] LG Hamburg ZWH 2015, 147 ff. (HSH Nordbank).
[1179] LG Hamburg ZWH 2015, 147 ff. (HSH Nordbank).
[1180] BGH NStZ 2007, 596, 597.

Freilich setzt ein wirksames Einverständnis zumindest Kenntnis des Vermögensinhabers von den Maßnahmen des Treupflichtigen voraus. Unerheblich ist es indes, ob das Einverständnis ausdrücklich oder stillschweigend erteilt wurde. Ob der Treugeber entgegen den betrieblichen Compliance-Vorschriften, die ein Verbot der Bestechung im geschäftlichen Verkehr enthalten, stillschweigend mit der Bildung „schwarzer Kassen" zur Finanzierung solcher Bestechungen einverstanden ist, darf nicht ohne konkreten Nachweis unterstellt werden.[1181] Jedenfalls wäre ein solches Einverständnis nicht deshalb unwirksam, weil es sich auf denkbare Straftaten bezöge.[1182]

e. Vermögensbetreuungspflicht

Eine Vermögensbetreuungspflicht (zum Begriff vgl. Rn 739) ist jedenfalls bei der Treubruchsvariante erforderlich. Darüber, ob eine Vermögenbetreuungspflicht auch bei der Missbrauchsvariante erforderlich ist, gibt der Wortlaut des § 266 I keine eindeutige Auskunft. Denn der in § 266 I enthaltene Relativsatz „und dadurch dem, dessen Vermögensinteressen er zu betreuen hat ..." könnte sich lediglich auf die 2. Variante (die Treubruchsvariante) beziehen. Gleichwohl ist es ganz herrschende Auffassung, den genannten Relativsatz auf beide Varianten zu beziehen.[1183] Das ist nicht nur grammatikalisch zulässig, sondern mit Blick auf den Bestimmtheitsgrundsatz (Art. 103 II GG) auch verfassungsrechtlich geboten. Denn würde man die Vermögensbetreuungspflicht nur für die Treubruchsalternative fordern, bedeutete dies eine nicht zu tolerierende Weite der Missbrauchsalternative. Schließlich begründet die Verletzung der Vermögensbetreuungspflicht über die Vermögensschädigung hinaus gerade den spezifischen Unrechtsgehalt der Untreue, sodass auch kriminalpolitische Gründe für das Erfordernis einer Vermögensbetreuungspflicht hinsichtlich *beider* Untreuealternativen sprechen.

736

> **Hinweis für die Fallbearbeitung:** Da die h.M. zudem den Missbrauchstatbestand als Spezialfall des Treubruchstatbestands ansieht, sollte man auch in der Fallbearbeitung mit der Prüfung des Missbrauchstatbestands beginnen. Wird bei dessen Prüfung festgestellt, dass die Voraussetzungen des Missbrauchs der eingeräumten Befugnis nicht vorliegen, stellt sich die Frage nach dem Erfordernis einer Vermögensbetreuungspflicht erst gar nicht. Die Problematik der Vermögensbetreuungspflicht beim Missbrauchstatbestand darf demnach nur dann behandelt werden, wenn zuvor der Missbrauch der eingeräumten Befugnis festgestellt wurde! Liegt andererseits ein Missbrauch vor, besitzt der Täter regelmäßig auch eine eigenverantwortliche Stellung, die ihn zum Vermögensbetreuungspflichtigen macht. In einem solchen Fall liegt nach allgemeiner Auffassung eine Untreue vor. Um daher den Systemstreit nicht unnötig „aufzubauschen", sollte man vor der Frage nach der Vermögensbetreuungspflicht beim Missbrauchstatbestand stets die Voraussetzungen des Missbrauchs prüfen. Zum Inhalt der Vermögensbetreuungspflicht vgl. die Ausführungen bei Rn 737 ff. Die dortigen Ausführungen gelten gleichermaßen für den Missbrauchstatbestand.

2. Treubruchstatbestand (§ 266 I Var. 2)

a. Vermögensbetreuungspflicht

Der Treubruchstatbestand ist gesetzlich sehr weit gefasst. Der Täter muss lediglich die ihm kraft Gesetzes, behördlichen Auftrags oder Rechtsgeschäfts obliegende Pflicht, fremde Vermögensinteressen wahrzunehmen, verletzen. Um die Norm daher nicht dem Verdikt der Verfassungswidrigkeit (Art. 103 II GG) zu unterstellen, bedarf insbesondere die „Pflicht, fremde Vermögensinteressen wahrzunehmen" (**Vermögensbetreuungs-**

737

[1181] BGHSt 52, 323, 335 (Siemens).
[1182] *Ransiek*, StV 2009, 321; *Wessels/Hillenkamp*, BT 2, Rn 761.
[1183] BVerfGE 126, 170, 210 f. (dazu oben Rn 718); BGHSt 33, 244, 250; BGH NStZ 2013, 715 f.; NJW 2016, 3253; *Fischer*, § 266 Rn 6; Lackner/Kühl-*Heger*, § 266 Rn 4; *Wessels/Hillenkamp*, BT 2, Rn 750; SK-*Samson/Günther*, § 266 Rn 16; *Hoven*, NJW 2016, 3213.

pflicht), einer **einschränkenden Auslegung**.[1184] Die allgemeine Pflicht, einen Vertrag zu erfüllen und dabei auf die Interessen des anderen Teils Rücksicht zu nehmen, kann daher keine Vermögensbetreuungspflicht i.S.d. § 266 begründen. Das gilt selbst dann, wenn sich die vertragliche Beziehung insgesamt als Treueverhältnis darstellt.

738 Eine Vermögensbetreuungspflicht ist vielmehr nur dann anzunehmen, wenn die Pflicht zur Wahrnehmung fremder Vermögensinteressen den **typischen und wesentlichen Inhalt des rechtlich eingeräumten oder** (bei der Var. 2) **faktisch begründeten Treueverhältnisses bildet**, diese Pflicht also den **Hauptgegenstand** des Verhältnisses bildet und eine gewisse **Eigenverantwortlichkeit** des Täters gegeben ist.[1185] Für die Fallbearbeitung empfiehlt sich folgende Definition:

739 Eine **Vermögensbetreuungspflicht** setzt ein (gesetzliches oder vertragliches) Pflichtverhältnis voraus, dessen typische und wesentliche Aufgabe in der Betreuung fremder Vermögensinteressen liegt und das durch eine gewisse Eigenverantwortlichkeit und Selbstständigkeit des Verpflichteten („Einwirkungsmacht") in Bezug auf den Vermögensgegenstand geprägt ist.[1186]

740 So begründen schädigende Handlungen im Rahmen von üblichen Kauf-, Werk-, Miet- und Arbeitsverträgen sowie die Botenstellung i.d.R. *keine* Vermögensbetreuungspflicht.

> **Beispiel:** Der Auftraggeber, der im Rahmen eines Werkvertrags zur Absicherung eventueller Gewährleistungsansprüche einen Teil des Werklohns einbehält, hat jedenfalls die vertragliche Pflicht, den einbehaltenen Werklohn nicht anderweitig auszugeben, bis über die Berechtigung der Werklohnminderung entschieden ist. Ob er aber eine Vermögensbetreuungspflicht i.S.v. § 266 I Var. 2 hat, die ihn etwa zwingt, den einbehaltenen Teil des Werklohns auf ein Sperrkonto einzuzahlen, um ihn vor den Folgen einer möglichen Insolvenz zu schützen, ist fraglich. Denn die Vermögensbetreuungspflicht i.S.v. § 266 I setzt ein (gesetzliches oder vertragliches) Pflichtverhältnis voraus, dessen typische und wesentliche Aufgabe in der Betreuung fremder Vermögensinteressen besteht. Ein Werkvertrag hat jedoch die Erstellung eines Werks und die diesbezügliche Entlohnung zum Hauptgegenstand, nicht die Wahrung fremder Vermögensinteressen.[1187]
>
> Das Gleiche gilt nach h.M. für den Fall, dass ein Arbeitgeber seinem Arbeitnehmer eine Tankkarte überlässt, damit dieser die Karte als Zahlungsmittel beim Betanken des Geschäftswagens einsetzt. Das OLG Celle hat hierzu entschieden, dass die für die Vermögensbetreuungspflicht erforderliche Eigenverantwortlichkeit und Selbstständigkeit nicht vorlägen. Denn mit der Vorgabe des Arbeitgebers, die Karte nur beim Betranken des Geschäftswagens einzusetzen, fehle diese Voraussetzung.[1188]

741 Dagegen ist das erforderliche Maß an Eigenverantwortung und Selbstständigkeit i.S. einer Vermögensbetreuungspflicht bei Personen bzw. Berufsgruppen mit einer **gesetzlichen** Vertretungsmacht oftmals zu bejahen. Das gilt insbesondere für Rechtsanwälte, Steuerberater, Notare, Vermögensverwalter, Geschäftsführer[1189], Vorstände[1190], Aufsichtsräte, Prokuristen, Handelsvertreter, Kommissionäre i.S.d. §§ 383 ff. HGB und

---

[1184] Vgl. bereits Rn 718.
[1185] BGHSt 1, 186, 189; 13, 315, 317; 22, 190, 191; 60, 94, 104 f.; BGH NStZ 2013, 407; NJW 2016, 2585, 2590 f.; NJW 2016, 3253; Lackner/Kühl-*Heger*, § 266 Rn 11; Sch/Sch-*Perron*, § 266 Rn 24.
[1186] Vgl. auch BGH NJW 2016, 3253.
[1187] Gleichwohl nimmt das OLG München (NStZ 2006, 632 f.) in diesem Fall eine Vermögensbetreuungspflicht an und behandelt den Fall wie den sogleich angeführten Vermieterfall.
[1188] OLG Celle NStZ 2011, 218.
[1189] Vgl. dazu BGH NStZ 2013, 715 f. (Berliner Bankkonsortium).
[1190] Vgl. dazu BGH wistra 2010, 21, 22 ff. (Vorstandsmitglied einer Landesbank); LG Hamburg ZWH 2015, 147 ff. (Vorstände der HSH Nordbank). Vgl. auch BGH NStZ 2011, 403, 404 (CDU-Parteivorstand Landesverband, wobei der BGH entschieden hat, dass bei Verstößen gegen gesetzliche Vorschriften nur Verstöße gegen solche Normen eine Pflichtverletzung i.S.d. Untreue begründeten, die vermögensschützend seien).

Filial- bzw. Abteilungsleiter.[1191] Zur Vermögensbetreuungspflicht eines Beamten, der die von seinem Dienstherrn überlassene Tankkarte dazu benutzt, die Betankung seines Privatwagens zu bezahlen, vgl. Rn 716a. Eine häufig vorkommende Klausurkonstellation ist auch die eigennützige/zweckwidrige Verwendung von Fremdgeldern, die der Täter etwa als Anwalt[1192], Notar oder Insolvenzverwalter erhalten hat und eigentlich weiterleiten bzw. auf einem Treuhand-/Anderkonto „parken" müsste. Auch alleinverantwortliche Kassierer, die Gelder für andere kassieren, verwalten und abliefern, haben jedenfalls dann eine Vermögensbetreuungspflicht, wenn sie zur Kontrolle der Einnahmen und der Ablieferungen Bücher führen, Quittungen erteilen und Wechselgeld herauszugeben haben.[1193]

Ob ein **Vermieter**, der die vom Mieter überlassene Mietkaution anderweitig ausgibt und dann nach Beendigung des Mietverhältnisses nicht mehr in der Lage ist, die Kaution zurückzuzahlen, sich wegen Untreue strafbar macht, hängt davon ab, ob die vertraglichen und gesetzlichen Pflichten des Vermieters den Anforderungen an die Vermögensbetreuungspflicht i.S.d. § 266 I genügen. Dazu müsste es sich bei der Pflicht, die Kaution aufzubewahren, um eine Hauptpflicht aus dem Mietverhältnis handeln, dessen typische und wesentliche Aufgabe in der Betreuung fremder Vermögensinteressen besteht.

- Für eine Vermögensbetreuungspflicht des Vermieters in Bezug auf die Mietkaution spricht, dass nicht nur mit § 551 III BGB eine gesetzliche Vorschrift besteht, die auf eine Vermögensbetreuungspflicht schließen lassen könnte, sondern auch der Umstand, dass die Kaution nicht nur dem Sicherungsinteresse des Vermieters dient, sondern dem Interesse des Mieters daran, dass die Kaution nur zweckgerichtet eingesetzt und vom Vermieter treuhänderisch verwaltet wird. Auch der BGH hat entschieden, dass dieses Interesse gleichermaßen bedeutsam sei und daher eine (Haupt-)Pflicht des Vermieters begründe, das Vermögen des Mieters treuhänderisch zu verwalten.[1194] Er stützt die Vermögensbetreuungspflicht allein auf § 551 III BGB, wonach der Vermieter eine ihm als Sicherheit überlassene Geldsumme bei einem Kreditinstitut getrennt von seinem Vermögen anzulegen hat.

- Gegen diese Auffassung lässt sich jedoch einwenden, dass eine gesetzliche Vorschrift wie § 551 III BGB eine Vermögensbetreuungspflicht begründen *kann*, nicht aber begründen *muss*. Stets sind ergänzende strafrechtliche Kriterien heranzuziehen. So ist der Umstand bedeutsam, dass die Kaution zwar dazu dient, Ansprüche des Vermieters gegen den Mieter zu sichern und sie auch die Pflicht des Vermieters zur gesonderten verzinslichen Anlage begründet. Jedoch verfügt der Vermieter nur über einen geringen Entscheidungsspielraum, weil vertraglich und gesetzlich genau festgelegt ist, was mit der Kaution zu geschehen hat.[1195] Folgt man diesem Argument, gelangt man in dem Fall, dass ein Vermieter, der die Mietkaution für eigene Zwecke verwendet und nicht mehr zurückzahlen kann, **nicht wegen Untreue** strafbar ist.

- Jedenfalls gelangt der BGH zu Ungereimtheiten, wenn er allein aus der Existenz des § 551 III BGB (der sich ausschließlich auf Wohnraummiete bezieht) auf das Bestehen einer Vermögensbetreuungspflicht schließt und diese dann im Umkehrschluss wegen fehlender gesetzlicher Regelung oder vertraglicher Vereinbarung im Bereich der Gewerbemiete ablehnt.[1196] Dies birgt einen Wertungswiderspruch in sich und ist abzulehnen. Hier wie dort müssen bei der Frage nach der Vermögensbetreuungspflicht identische Kriterien herangezogen werden, zumal auch bei gewerblicher Miete die Pflicht zur gesonderten verzinslichen Anlage als zivilrechtliche Nebenpflicht anerkannt ist.

[1191] Vgl. die Aufzählungen bei Sch/Sch-*Perron*, § 266 Rn 25; *Lackner/Kühl*, § 266 Rn 12; *Fischer*, § 266 Rn 36.
[1192] Vgl. dazu BGH NStZ 2013, 407 f.
[1193] BGH wistra 1989, 60, 61; kritisch LK-*Schünemann*, § 266 Rn 82 ff.
[1194] So BGHSt 41, 224, 228 f.; (bestätigt in BGH NJW 2008, 1827 f.); vgl. auch *Fischer*, § 266 Rn 36; LK-*Schünemann*, § 266 Rn 113; *Pauly*, ZMR 1996, 417.
[1195] OLG Düsseldorf wistra 1994, 33, OLG Düsseldorf NJW 1989, 1171; Sch/Sch-*Perron*, § 266 Rn 31; *Lackner/Kühl*, § 266 Rn 12; *Wessels/Hillenkamp*, BT 2, Rn 771; *Saliger*, JA 2007, 326, 328; *Sowada*, JR 1997, 28; *Satzger*, Jura 1998, 570. Dem sich anschließend *Bosch*, JA 2008, 658 f.
[1196] So BGH NJW 2008, 1827 f. (vgl. auch die Besprechung von *Rönnau*, NStZ 2009, 632 ff.).

Folgt man der Auffassung, die eine Vermögensbetreuungspflicht des Vermieters in Bezug auf die Mietkaution verneint, macht sich ein Vermieter, der die vom Mieter überlassene Mietkaution anderweitig ausgibt und dann nach Beendigung des Mietverhältnisses nicht mehr in der Lage ist, die Kaution zurückzuzahlen, nicht wegen Untreue strafbar. Das gilt sowohl bei Wohnraummiete als auch bei Miete gewerblicher Räume.

> **Hinweis für die Fallbearbeitung:** Die Frage nach dem Bestehen einer Vermögensbetreuungspflicht ist eines der Kernprobleme des Untreuetatbestands. Insbesondere befreien die vorangestellten Beispiele den Klausurbearbeiter nicht von der Pflicht zur eigenen Argumentation. Für eine gute Fallbearbeitung wird ohnehin nicht das Rezipieren von Beispielen erwartet, sondern eine argumentative Auseinandersetzung mit den genannten Kriterien und eine nachvollziehbare Begründung für die eigene Lösung. Der Klausurbearbeiter sollte daher stets von folgender Prämisse ausgehen:
>
> **Die Pflicht zur Vermögensfürsorge muss wesensbestimmend für das tatsächlich begründete Treueverhältnis sein.**
>
> - Als Leitfiguren für den typischerweise treupflichtigen Personenkreis gelten der Geschäftsführer eines Unternehmens und der Vermögensverwalter.[1197]
> - Demgegenüber begründet die allgemeine Pflicht, einen Vertrag zu erfüllen und dabei auf die Interessen des anderen Teils Rücksicht zu nehmen, selbst dann keine Vermögensbetreuungspflicht i.S.d. § 266, wenn sich die vertragliche Beziehung insgesamt als Treueverhältnis darstellt.[1198]
>
> Zwischen diesen beiden „Extremen" gilt es für den Klausurbearbeiter, anhand einer eigenen Argumentation den nicht unbedeutenden Pflichtenkreis des Täters und die fremdnützige Vermögensbetreuungspflicht festzustellen.
>
> Schließlich ist zu beachten, dass die erforderliche Treuebeziehung auch nach Beendigung des sie begründenden Rechtsverhältnisses **fortbestehen** kann.[1199]

b. Tathandlung: Verletzung der Vermögensbetreuungspflicht

742 Der Täter muss die ihm kraft Gesetzes, behördlichen Auftrags oder Rechtsgeschäfts obliegende Pflicht, fremde Vermögensinteressen wahrzunehmen, verletzen. Diese sehr weite Formulierung zwingt den Rechtsanwender mit Blick auf Art. 103 II GG zu einer restriktiven Auslegung auch des Begriffs der Pflichtverletzung.[1200] Folgerichtig hat der BGH entschieden, dass der Untreuetatbestand nur bei **klarer und evidenter**[1201] bzw. **gravierender**[1202] Verletzung der Vermögensbetreuungspflicht gegeben sei. Das sei bei der Herbeiführung der Existenzgefährdung einer Bank durch Risikogeschäfte nicht der Fall, wenn die Existenzgefährdung trotz eingeholter interner und externer Expertisen nicht vorsehbar gewesen sei.[1203] Und im Prozess um die ehemaligen Vorstände der HSH Nordbank hat das LG Hamburg entschieden, dass die Pflichtverletzungen nicht „gravierend" genug gewesen seien[1204] (dazu oben Bsp. 1 bei Rn 734).

c. Sog. Ganovenuntreue

743 Jedenfalls kann von einer Pflichtverletzung nicht die Rede sein, wenn der Verpflichtete sitten- oder gesetzeswidrige Abreden nur nicht ausführt.

[1197] Vgl. hierzu BGHSt 47, 8 ff.
[1198] Vgl. hierzu BGH NStZ-RR 2002, 107 f.
[1199] BGH NStZ-RR 2013, 344.
[1200] Vgl. BVerfGE 126, 170, 210 ff. sowie oben Rn 718.
[1201] BGH NStZ 2013, 715 f. (Berliner Bankkonsortium).
[1202] BGHSt 56, 203, 213; BGH NJW 2016, 2585, 2592; NJW 2016, 3253, 3256.
[1203] BGH NStZ 2013, 715 f.
[1204] LG Hamburg ZWH 2015, 147 ff. (HSH Nordbank) – zu Recht aufgehoben von BGH NJW 2017, 578, 579, der zwar (unter Bezugnahme auf BVerfGE 126, 170, 210 ff.) ebenfalls eine „offensichtliche oder gravierende Pflichtverletzung" fordert, die Verneinung einer solchen Pflichtverletzung durch das LG Hamburg aber beanstandete.

Beispiel: Die schöne und junge T, die einige Zeit als Fotomodell für Gucci gearbeitet hatte, möchte ihren wesentlich älteren Ehemann E beseitigen lassen, um schon früher an die nicht unerhebliche Erbschaft zu kommen. Da sie es nicht gewohnt ist, auch nur einen Finger zu krümmen, heuert sie den Berufskiller K an. Diesem übergibt sie für die „Erledigung des Problems" 250.000,- €. Doch K denkt nicht daran, den Auftrag auszuführen. Das Geld verprasst er in der Südsee.

In diesem Fall liegt eine Untreue nicht vor, weil sich die Vermögensbetreuungspflicht nur aus einer Hauptpflicht, fremde Vermögensinteressen wahrzunehmen, ergeben kann. Vorliegend geht es aber lediglich darum, dass K den Auftrag nicht ausgeführt hat. Eine Hauptpflicht zur Vermögenswahrung ist nicht erkennbar.

Ist somit § 266 I nicht gegeben, ist der Weg frei für § 246 I (vgl. § 246 I a.E.), wobei problematisch ist, ob im Zeitpunkt der Manifestation des Zueignungswillens das Geld überhaupt noch fremd gewesen ist. Denn fallen Eigentumserwerb und Zueignung zeitlich zusammen, ist die Sache für den Täter nicht mehr fremd. Die von T an K übergebenen Geldscheine müssten daher zumindest für eine logische Sekunde noch im Eigentum der T gestanden haben. Das ist nur der Fall, wenn weder ein gesetzlicher noch rechtsgeschäftlicher Eigentumserwerb auf Seiten des K vorliegt. Ein gesetzlicher Eigentumserwerb liegt unter den Voraussetzungen der §§ 947, 948 BGB vor, wobei vorliegend nicht klar ist, ob die Voraussetzungen gegeben sind. Ein rechtsgeschäftlicher Eigentumserwerb kann verneint werden, wenn man unterstellt, dass die Übereignung des Geldes von T auf K nur unter der aufschiebenden Bedingung der Auftragsausführung stattfinden solle. Sofern man dies annimmt, waren die Geldscheine für K fremd. Dann war die Zueignung auch rechtswidrig. Denn K hat keinen fälligen, einredefreien Anspruch auf Einbehalt des Killerlohns.

Bestand bei K sogar bereits im Zeitpunkt der Entgegennahme des Killerlohns die Absicht, den Auftrag nicht auszuführen, ist vorrangig eine Strafbarkeit wegen Betrugs (§ 263) zu prüfen, wobei allerdings problematisch ist, dass das Geschäft von der Rechtsordnung missbilligt wird (Stichwort: juristischer Vermögensbegriff). Vgl. dazu Rn 606 ff.

744

Im Übrigen ist umstritten, ob eine Treuepflicht bei einem wegen Gesetzes- oder Sittenwidrigkeit nichtigen Rechtsgeschäft (§§ 134, 138 BGB) bestehen kann. Man denke etwa an den Fall, dass ein Finanzbuchhalter (F), der in die Geldwäschegeschäfte seines Chefs eingeweiht ist, einen Teil des illegalen Vermögens „leiht", um damit an der Börse zu spekulieren. Hier stellt sich die Frage, ob eine Strafbarkeit wegen Untreue überhaupt angenommen werden kann, da es um die „Veruntreuung" von Vermögensbestandteilen geht, die ihrerseits von der Rechtsordnung missbilligt werden.

■ Ein Teil des Schrifttums lehnt bei sittenwidrigen oder gesetzeswidrigen „Treueverhältnissen" eine Untreue ab mit der Begründung, dass das Strafrecht nicht schützen könne, was das Zivilrecht missbillige.[1205] Demzufolge hätte sich F nicht nach § 266 strafbar gemacht.

■ Demgegenüber bejaht die h.M. in solchen Fällen den Tatbestand der Untreue. Auch zwischen „Ganoven" könne kein straffreier Raum bestehen, der es dem Täter gestatte, sich an einer – zwar rechtswidrig erlangten, trotzdem vermögenswerten – Position des Betroffenen zu vergreifen.[1206] Folgt man dieser Auffassung, hätte sich F durchaus wegen Untreue strafbar gemacht.

■ Stellungnahme: In Übereinstimmung mit der Aufnahme rechtswidrig erlangter Vermögenspositionen in den Schutz des § 263[1207] ist auch bei § 266 eine Vermögensbetreuungspflicht im Ganovenmilieu zu fordern. Anderenfalls erhielte der Schädiger einen Freibrief, sich ungestraft Vermögenswerte zu verschaffen. Insbesondere versagt § 817 S. 2 BGB lediglich die zivilrechtliche Rückabwicklung des verbotenen Geschäfts und enthält

---

[1205] SK-*Samson/Günther*, § 266 Rn 3; Sch/Sch-*Perron*, § 266 Rn 11 u. 31.
[1206] BGHSt 20, 143, 146; BGH wistra 1999, 103, 107; LK-*Schünemann*, § 266 Rn 64 f.; Sch/Sch-*Perron*, § 266 Rn 31; *Fischer*, § 266 Rn 33; *Wessels/Hillenkamp*, BT 2, Rn 774; *Rengier*, BT I, § 18 Rn 19.
[1207] Vgl. BGH NStZ 2002, 33 (mit Bespr. v. *Heger*, JA 2002, 454); KG NJW 2001, 86; *Baier*, JA 2001, 280 ff.

aufgrund der unterschiedlichen Schutzrichtungen der Teilrechtsordnungen keine Wertung für das Strafrecht. Der h.M. ist daher zu folgen. F hat sich wegen Untreue strafbar gemacht.

d. Untreue durch Unterlassen?

745 Nach einhelliger Auffassung können die Tathandlungen der Untreue (der Missbrauch und die Pflichtverletzung) auch durch ein **Unterlassen** verwirklicht werden. Das ist insbesondere dann der Fall, wenn der Täter eine gebotene vermögensmehrende Handlung unter Verletzung der Vermögensbetreuungspflicht nicht vornimmt.[1208] Problematisch und umstritten ist jedoch, ob das Unterlassen vom Tatbestand des § 266 I direkt erfasst ist oder ob die Strafbarkeit nur unter Heranziehung der Voraussetzungen des **§ 13** gegeben ist. Auswirkungen hat die Streitfrage aber nicht auf die Strafbarkeit als solche, sondern nur auf die Anwendbarkeit der fakultativen Strafmilderung nach § 13 II.

- Die h.L. betrachtet § 266 als **echtes Unterlassungsdelikt** mit der Folge der Unanwendbarkeit des § 13.[1209] Folgt man dieser Auffassung, ist auch § 13 II nicht anwendbar. Eine Pflichtverletzung durch Unterlassen ist demnach nicht anders zu behandeln als eine Pflichtverletzung durch positives Tun.

- Der BGH hat die Frage der Anwendbarkeit des § 13 auf § 266 ausdrücklich offengelassen, wendet aber in Fällen, in denen das Unterlassen im Unrechtsgehalt hinter einem positiven Tun zurückbleibt, **§ 13 II** im Wege der Analogie auch auf die Untreue durch Unterlassen an.[1210]

- Stellungnahme: Da beide Untreuetatbestände lediglich eine Pflichtverletzung voraussetzen, können sie gleichermaßen durch Tun *und* Unterlassen verwirklicht werden. Dabei tritt schon tatbestandlich die Treuepflicht an die Stelle der Garantenpflicht, sodass ein Rückgriff auf § 13 insoweit nicht erforderlich ist. Wendet man demzufolge die Regelung des § 13 nicht an, ist aus systematischer Sicht auch die (analoge) Anwendung der fakultativen Strafmilderung nach § 13 II ausgeschlossen. Die Auffassung des BGH ist daher abzulehnen. Zudem leidet sie an der Inkonsequenz, dass sie auch sonst § 13 II nicht auf echte Unterlassungsdelikte anwendet.

3. Vermögensnachteil als Taterfolg

746 § 266 I spricht hinsichtlich beider Varianten von einem **Nachteil**. Nach überkommener Ansicht folgt die Bestimmung des „Nachteils" in § 266 ganz ähnlichen Regeln wie die Bestimmung des „Vermögensschadens" in § 263[1211] (siehe dazu Rn 614 ff.). Für die Nachteilsfeststellung i.S.d. § 266 ist somit ebenfalls das Prinzip der **Gesamtsaldierung** relevant. Maßgeblich ist ein Vergleich des gesamten Vermögens vor und nach der beanstandeten Verfügung unter wirtschaftlichen Gesichtspunkten.[1212] So fehlt es am Nachteil, wenn der Schaden durch gleichzeitige Vorteile ausgeglichen wird.[1213] Zu beachten ist schließlich, dass der Nachteil stets **Folge der Treuepflichtverletzung** sein muss.[1214]

> **Beispiel**[1215]**:** Ein kaufmännischer Geschäftsführer, der ein Angebot annimmt, in dem ein ihm gewährtes Bestechungsgeld einkalkuliert ist, fügt seinem Geschäftsherrn einen Schaden zu und verwirklicht insoweit den Tatbestand der Untreue. Hinsichtlich des Beste-

---

[1208] BGHSt 5, 187, 190; Sch/Sch-*Perron*, § 266 Rn 35.
[1209] SK-*Rudolphi*, § 13 Rn 4 u. 6; LK-*Weigend*, § 13 Rn 5 ff.; *Fischer*, § 13 Rn 4; *Wessels/Hillenkamp*, BT 2, Rn 765; *Rengier*, BT I, § 18 Rn 36; *Seier*, JuS 2002, 237, 240.
[1210] BGHSt 36, 227 ff.; BGH NStZ-RR 1997, 357; NStZ 2015, 517, 519.
[1211] Vgl. aus jüngerer Zeit etwa BGH NJW 2016, 2585, 2592; NJW 2016, 3253, 3256; NStZ 2013, 37 f.; BGHSt 43, 293, 297; 40, 287, 294 ff. sowie aus der Lit. LK-*Schünemann*, § 266 Rn 136 ff.; *Fischer*, § 266 Rn 59; Lackner/Kühl-*Heger*, § 266 Rn 17; *Wessels/Hillenkamp*, BT 2, Rn 775.
[1212] BGH NJW 2016, 2585, 2592; NJW 2016, 3253, 3256.
[1213] BGHSt 46, 30, 34; 43, 293, 207; BGH NStZ 2001, 248, 251.
[1214] Vgl. nur BGH NJW 2010, 92, 96 f. (Betriebsräte VW).
[1215] Nach BGH NJW 2001, 2102 ff.

chungsgeldes ist zu beachten, dass der Geschäftsführer dieses zwar gem. §§ 687 II, 681 S. 2, 667 BGB seinem Geschäftsherrn herausgeben muss, diese Herausgabepflicht jedoch nicht von den Treuepflichten des § 266 umfasst ist, sodass diesbezüglich eine Untreue nicht angenommen werden kann.[1216]

Auch die zu § 263 dargestellte Figur der **schadensgleichen Vermögensgefährdung** (Rn 617 ff.) ist gleichermaßen bei der Feststellung des Nachteils bei § 266 relevant. Da § 266 jedoch im Vergleich zu § 263 um einiges konturloser ist und zudem der Versuch nicht strafbar ist, zwingt der vom BVerfG[1217] aufgestellte Konkretisierungsauftrag bei § 266 zu einer (noch) restriktiveren Handhabung der Figur der schadensgleichen Vermögensgefährdung, um nicht Tathandlungen in das an sich straflose Vorfeld vorzuverlagern und so eine Strafbarkeit zu begründen. Diesbezüglich hat der BGH für die Untreue entschieden, dass die für den Vermögensschaden relevanten Posten vom Tatgericht **betragsmäßig zu berechnen** seien.[1218] Fälle der „**Eingehungsuntreue**" (die die Frage betreffen, ob allein das Eingehen einer vertraglichen Verpflichtung bereits einen Vermögensnachteil i.S.v. § 266 begründen kann[1219]) müssen daher wie die Fälle des Eingehungsbetrugs um einiges restriktiver gehandhabt werden und werden ohne konkrete Feststellung des Tatgerichts hinsichtlich Vorliegen und Höhe des Vermögensschadens nicht (mehr) zu bejahen sein. So lässt der BGH (wie bei der Feststellung des Vermögensschadens i.S.d. § 263) auch bei § 266 nur dann einen sog. Gefährdungsschaden genügen, wenn das Vermögen des Opfers aufgrund der bereits durch die Tathandlung begründeten Gefahr des späteren endgültigen Vermögensabflusses in einem Maße konkret beeinträchtigt wird, das bereits zu diesem Zeitpunkt eine faktische Vermögensminderung begründet.[1220]

Hinsichtlich der Zahlung von **Schmiergeldern** (etwa, um einen öffentlichen Auftrag zu erhalten) hat der BGH entschieden, dass ein Vermögensnachteil zumindest in Höhe des gezahlten Schmiergeldes vorliege.[1221] Auch die Übernahme der Kosten von **Bordellbesuchen** kann Untreue sein.[1222]

Soweit es um den Vorwurf der **Untreue im Öffentlichen Dienst** geht, stellt sich oftmals die Frage, inwiefern die Fehlleitung zweckgebundener öffentlicher Mittel einen Vorwurf der Untreue begründen kann. Nach Auffassung des BGH ist bei einem zweckwidrigen Einsatz öffentlicher Mittel der Staat grundsätzlich geschädigt, weil die zweckgebundenen Mittel verringert würden, ohne dass der Zweck erreicht werde.[1223]

> **Beispiel:** Der für die Anordnung von Überweisungen zuständige Regierungsdirektor des Bundesverteidigungsministeriums macht sich wegen Untreue strafbar, wenn er entgegen den Vorgaben im Wehretat Geld an den Bundesnachrichtendienst überweisen lässt.

Zu weit geht es nach Auffassung des BGH aber, schon im Überschreiten des Haushaltsplans oder in anderen Verstößen gegen das Haushaltsrecht eine zweckwidrige Verwendung und damit eine Untreue zu sehen.[1224]

Schließlich muss der Vermögensschaden auf Seiten des Treugebers kausal durch die Pflichtverletzung des Treunehmers herbeigeführt worden sein (vgl. den Wortlaut des § 266 I: „.... und dadurch"). Unbeschadet dieses Erfordernisses geht es weiterhin um die

---

[1216] BGH NJW 2001, 2102, 2105.
[1217] BVerfGE 126, 170 ff. (dazu bereits Rn 617 und 718).
[1218] BGH wistra 2011, 22, 23; NStZ-RR 2011, 312, 313. Vgl. auch BGH NStZ 2015, 517, 519.
[1219] Vgl. dazu ehemals BGH wistra 2010, 21).
[1220] BGH NJW 2016, 2585, 2592; NJW 2016, 3253, 3256.
[1221] BGHSt 50, 299 ff. („Kölner Müllskandal").
[1222] BGH NJW 2010, 92, 96 f. (Betriebsräte VW).
[1223] BGHSt 43, 293, 297 f.; 19, 37, 44 f.; BGH NJW 2001, 2411, 2413.
[1224] BGHSt 43, 293, 296 f.; BGH NJW 2001, 2411, 2413.

Frage, ob und inwieweit es erforderlich ist, dem pflichtwidrig handelnden Treunehmer den Vermögensschaden auch objektiv zuzurechnen.[1225]

II. Subjektiver Tatbestand

749 Für beide Varianten wird Vorsatz vorausgesetzt. Dabei besteht Einvernehmen, dass insbesondere der bedingte Vorsatz einer besonders sorgfältigen Prüfung bedarf.[1226] So müsse der Treupflichtige bei der Vornahme von Risikogeschäften das Risiko zutreffend bewerten und er müsse die Realisierung der Gefahr billigend in Kauf nehmen.[1227]

III. Rechtswidrigkeit und Schuld

750 Ist der Vermögensinhaber mit der Tathandlung einverstanden, liegt nicht etwa eine rechtfertigende Einwilligung vor, sondern es fehlt unter dem Aspekt des Einverständnisses schon an der Erfüllung des objektiven Tatbestands. Im Übrigen gelten hinsichtlich Rechtswidrigkeit und Schuld die allgemeinen Grundsätze.

IV. Täterschaft und Teilnahme

751 Die Untreue ist ein **Sonderdelikt** (s.o.). Täter einer Untreue kann daher nur sein, wer alle in § 266 genannten Pflichten (insbesondere die Vermögensbetreuungspflicht) in seiner Person erfüllt. Erfüllt die fragliche Person diese Voraussetzungen nicht, kann sie lediglich Teilnehmer (Anstifter oder Gehilfe) sein. Die Treuepflicht ist ein besonderes persönliches Merkmal i.S.d. § 28 I, sodass die Strafe des Teilnehmers nach § 28 I i.V.m. § 49 I zu mildern ist.[1228]

V. Strafzumessungsgesichtspunkte/Antragserfordernisse

752 Gemäß § 266 II gelten die §§ 243 II, 247, 248a und 263 III entsprechend.

VI. Keine Strafbarkeit des Versuchs

752a Da es sich bei der Untreue um ein Vergehen handelt (vgl. § 12 II), müsste die Versuchsstrafbarkeit angeordnet sein. Da dies jedoch nicht der Fall ist, gibt es keinen strafbaren Versuch einer Untreue.

VII. Konkurrenzen

753 Hinsichtlich der **veruntreuenden Unterschlagung** (§ 246 II BGB) kommt die in § 246 I angeordnete formelle Subsidiarität nicht zur Anwendung, weil beide Tatbestände die gleiche Strafe androhen. Etwas anderes gilt nur für den besonders schweren Fall der Untreue i.S.d. § 266 II. Hier ist fraglich, ob Tateinheit oder Konsumtion anzunehmen ist. Geht man davon aus, dass die Untreue typischerweise eigennützig begangen wird, sollte man § 246 II im Wege der Konsumtion (mitbestrafte Begleittat) hinter § 266 II zurücktreten lassen.[1229]

754 Zwischen **Betrug und Untreue** ist Tateinheit anzunehmen, wenn der Täter bei der Vornahme der Täuschung schon in einem Treueverhältnis zum Geschädigten stand oder wenn dem bereits durch den Betrug eingetretenen Nachteil durch das ungetreue Verhalten ein weiterer Schaden hinzugefügt wird.[1230] Demgegenüber tritt die einem Betrug

---

[1225] Die Behandlung dieser Problematik würde den Umfang dieses Buches sprengen; daher sei auf die Ausarbeitung von *Saliger*, JA 2007, 326, 332 f. verwiesen.
[1226] Vgl. BGHSt 46, 30, 35; BGH NStZ 2002, 262, 265; OLG Hamburg NStZ 2010, 335 f.; *Lackner/Kühl*, § 266 Rn 19.
[1227] BGH NStZ 2013, 715 f. (Berliner Bankkonsortium).
[1228] Vgl. BGHSt 41, 1, 2; BGH NStZ 2012, 316, 317; SK-*Samson/Günther*, § 266 Rn 51; *Fischer*, § 266 Rn 79.
[1229] BGH wistra 1991, 213, 214; *Lackner/Kühl*, § 266 Rn 23; Sch/Sch-*Perron*, § 266 Rn 55.
[1230] *Lackner/Kühl*, § 266 Rn 23.

nachfolgende Untreuehandlung als mitbestrafte Nachtat zurück, wenn ein Vermögens-gegenstand zuvor betrügerisch erlangt wurde. Umgekehrt tritt der Betrug als mitbe-strafte Nachtat zurück, wenn er ausschließlich der Sicherung der durch die Untreue erlangten Beute gilt. Erstrebt oder erlangt der Täter bei der Untreue aber keinen Vorteil, sondern erst durch die nachfolgenden Betrugshandlungen, kommt **Tatmehrheit** zwi-schen Untreue und Betrug in Betracht.[1231]

Zwischen **Untreue und Diebstahl** bzw. Hehlerei besteht Tateinheit.   **755**

Im Verhältnis der Untreue zu **Nichtvermögensdelikten** ergeben sich keine Besonder-heiten; je nach Fallkonstellation kann Tatmehrheit oder Tateinheit vorliegen.   **756**

[1231] Sch/Sch-*Perron*, § 266 Rn 54.

4. Kapitel – Erpressung und räuberische Erpressung

757 Die §§ 253, 255 müssen wegen der von der h.L. geforderten (nötigungsbedingten) Vermögensverfügung und der damit verbundenen parallelen Struktur zum Betrug im Zusammenhang mit diesem gesehen werden. Gleichzeitig muss § 255 im Zusammenhang mit § 249 gesehen werden, weil der BGH in § 255 kein Selbstschädigungsdelikt sieht, folgerichtig auch keine Vermögensverfügung verlangt und den Raub als Spezialfall der räuberischen Erpressung ansieht (Rn 325). Daher ist zu empfehlen, sich parallel zu der Bearbeitung der §§ 253, 255 die Grundzüge des Betrugs und des Raubs zu verdeutlichen: Während § 263 das Vermögen gegen durch Täuschung erschlichene Vermögensverfügungen und damit verbundene Vermögensschädigungen schützen will, betrifft (auf der Grundlage der h.L.) die Erpressung Vermögensverschiebungen, die aufgrund der im Tatbestand beschriebenen Nötigungsmittel (Gewalt oder Drohung) *erzwungen* werden. Die Nötigungsmittel entsprechen denen des § 240 (bzw. bei § 255 denen des § 249). Geschützte Rechtsgüter der Erpressung sind demnach die persönliche Freiheit und das Vermögen, wobei der Schwerpunkt auf Letzterem liegt.

> **Hinweis für die Fallbearbeitung:** § 253 ist *lex specialis* zu § 240. In der Fallbearbeitung, in der eine Strafbarkeit nach § 253 in Betracht kommt, ist daher stets mit dessen Prüfung zu beginnen. Wird § 253 bejaht, ist lediglich am Ende der Prüfung ein kurzer Hinweis auf den ebenfalls verwirklichten, aber wegen Spezialität verdrängten, § 240 erforderlich.

758 § 255 qualifiziert § 253 für den Fall, dass der Täter die qualifizierten Nötigungsmittel des § 249 einsetzt. Die räuberische Erpressung ist also immer dann einschlägig, wenn Personengewalt und Drohung mit *gegenwärtiger* Gefahr für Leib oder Leben angewendet wird. Für § 253 verbleibt somit nur die Drohung *ohne* gegenwärtige Gefahr für Leib oder Leben.

> **Hinweis für die Fallbearbeitung:** Liegen laut Sachverhalt eine Wegnahme und ein Nötigungsmittel des § 249 nahe, sollte mit der Prüfung des § 249 begonnen werden (Rn 326a). Ist dieser dann zu bejahen, erübrigt sich ein Eingehen auf §§ 253, 255 (dazu Rn 763 ff.). Ist § 249 zu verneinen (etwa weil eine „Weggabe" vorliegt oder es an der erstrebten Zueignung fehlt), ist auf §§ 253, 255 einzugehen. Bei der Prüfung der Erpressung ist dabei die mögliche Strafbarkeit nach § 255 bereits im Obersatz zu nennen („Strafbarkeit des T nach §§ 253, 255"). Dadurch entfällt bei der nachfolgenden Prüfung bei § 253 sonst erforderliche, mit § 240 II vergleichbare Verwerflichkeitsprüfung nach § 253 II. Voraussetzung dafür ist aber, dass § 255 nach dem subjektiven Tatbestand des § 253, aber noch vor dessen Rechtswidrigkeitsprüfung geprüft wird! Eine (vorzugswürdige) alternative Vorgehensweise besteht darin, §§ 253, 255 zusammen zu prüfen (ein gemeinsamer objektiver und ein gemeinsamer subjektiver Tatbestand). In der gemeinsamen Rechtswidrigkeitsprüfung ist dann festzustellen, dass aufgrund der vorliegenden Personengewalt die Verwerflichkeitsprüfung, die bei einer isolierten Prüfung des § 253 erforderlich wäre, entfallen kann. Vgl. dazu auch das Prüfungsschema bei Rn 760.

759 Aus der Formulierung „gleich einem Räuber" in § 255 folgt, dass nicht nur ein Verweis auf § 249 stattfindet, sondern auch auf die Raubqualifikationen der §§ 250, 251.[1232] Dadurch kann die räuberische Erpressung zur „schweren räuberischen Erpressung" (§§ 253, 255, 250) bzw. zur „räuberischen Erpressung mit Todesfolge" (§§ 253, 255,

---

[1232] Ganz h.M., vgl. nur BGHSt 27, 10, 11; BGH NStZ-RR 2012, 173, 174; *Fischer*, § 255 Rn 10; *Wessels/Hillenkamp*, BT 2, Rn 727; *Kudlich/Aksoy*, JA 2014, 81.

251)[1233] oder gar zur „schweren räuberischen Erpressung mit Toderfolge" (§§ 253, 255, 250, 251) qualifiziert sein. Es empfiehlt sich folgende Prüfungsreihenfolge:

760

Erpressung und räuberische Erpressung (§§ 253, 255)

I. Tatbestand der §§ 253, 255
1. Objektiver Tatbestand
Tathandlung ist die Anwendung eines in der Vorschrift beschriebenen Nötigungsmittels. Das kann **Gewalt** (bei § 255 gegen eine Person) oder **Drohung** mit einem empfindlichen Übel (bei § 255 mit gegenwärtiger Gefahr für Leib oder Leben) sein (vgl. dazu die Ausführungen zu § 249 in diesem Band sowie zu § 240 im BT I).

Nötigungserfolg ist eine **Handlung**, **Duldung** oder **Unterlassung** des Genötigten. Umstritten ist, ob diese drei abgenötigten Verhaltensweisen zu einer (nötigungsbedingten) **Vermögensverfügung** führen müssen.

- Nach Auffassung des **BGH** setzt die Erpressung *keine* Vermögensverfügung auf Seiten des Opfers voraus; vielmehr sieht der BGH den Raub lediglich als Spezialfall der räuberischen Erpressung. Bei der Abgrenzung zwischen diesen beiden Delikten muss er – da er bei den §§ 253, 255 gerade keine Vermögensverfügung verlangt – auf das äußere Tatgeschehen abstellen. Stelle sich das Tatgeschehen äußerlich als Nehmen dar, liege ein Raub vor. Das erkennbare Bild des Gebens führe dagegen zu einer räuberischen Erpressung.

- Demgegenüber verlangt das **herrschende Schrifttum** bei den §§ 253, 255 unter Hinweis auf die Strukturgleichheit mit § 263 eine Vermögensverfügung. Da diese freilich eine Willensbetätigung auf Seiten des Opfers voraussetzt, stellt das herrschende Schrifttum bei der Abgrenzung zwischen Nehmen (= Raub) und Geben (= räuberische Erpressung) folgerichtig auf die innere Willensrichtung des Opfers ab.

Als *Taterfolg* verlangen die §§ 253, 255, dass der Täter dem Vermögen des Genötigten oder eines anderen einen Nachteil zugefügt hat. Dieser sog. **Vermögensnachteil** ist gleichbedeutend mit der Vermögensbeschädigung beim Betrug.

2. Subjektiver Tatbestand
Zunächst ist Vorsatz (*dolus eventualis* genügt) bezüglich aller objektiven Tatbestandsmerkmale erforderlich. Zusätzlich ist – in voller Kongruenz zu § 263 – die Absicht, sich oder einen Dritten zu bereichern, sowie die Stoffgleichheit erforderlich. Darüber hinaus muss die erstrebte Bereicherung rechtswidrig sein. Rechtswidrig (= objektives Tatbestandsmerkmal, auf das sich der Vorsatz ebenfalls beziehen muss) ist die erstrebte Bereicherung, wenn sie der Rechtsordnung widerspricht, wenn der Täter also keinen zivil- oder öffentlich-rechtlichen fälligen und einredefreien Anspruch auf den Vermögensvorteil hat (vgl. §§ 242, 263).

II. Rechtswidrigkeit und III Schuld
§ 253 ist (wie § 240) ein sog. offener Tatbestand. Das bedeutet, dass die Rechtswidrigkeit positiv festgestellt werden muss, § 253 II. Steht aufgrund einer vorangegangenen gedanklichen Prüfung fest, dass Personengewalt i.S.v. § 255 vorliegt, ist mit dessen Prüfung zu beginnen, da die dort erforderlichen Nötigungsmittel stets verwerflich sind. Die bei § 253 erforderliche positive Feststellung entfällt dann. Im Übrigen gelten die allgemeinen Grundsätze.

IV. Besonders schwerer Fall, § 253 IV S. 2 (Strafzumessungsregel)
Ein besonders schwerer Fall der Erpressung liegt i.d.R. vor, wenn der Täter gewerbsmäßig oder als Mitglied einer zur fortgesetzten Begehung von Erpressungen verbundenen Bande handelt (vgl. dazu die Ausführungen zu § 244).

V. Schwere räuberische Erpressung, §§ 253, 255, 250 (Qualifikation)
Der Deliktsaufbau gleicht dem des schweren Raubs mit der Abweichung, dass statt des Raubs als Grundtatbestand die Erpressung geprüft wird. Dann ist § 250 zu prüfen.

VI. Räub. Erpressung mit Todesfolge, §§ 253, 255, 251 (Erfolgsqualifikation)
Der Deliktsaufbau gleicht dem des Raubs mit Todesfolge mit der Abweichung, dass statt des Raubs als Grundtatbestand die Erpressung geprüft wird. Dann ist § 251 zu prüfen.

[1233] Zu dieser Konstellation vgl. BGH NStZ 2003, 34.

I. Tatbestand

1. Objektiver Tatbestand

761 **a.** *Tathandlung* ist die Anwendung eines in der Vorschrift beschriebenen Nötigungsmittels. Das kann **Gewalt** (bei § 255 gegen eine Person) oder **Drohung** mit einem empfindlichen Übel (bei § 255 mit gegenwärtiger Gefahr für Leib oder Leben) sein (vgl. dazu die Ausführungen zu § 249 bei Rn 322 ff. sowie zu § 240 bei *R. Schmidt*, BT I, Rn 743 ff.).

Hinsichtlich der **Gewalt** ist streitig, ob bei § 253 nur **willensbeugende** Gewalt (*vis compulsiva*) in Betracht kommt oder ob auch **willensausschließende** Gewalt (*vis absoluta*) genügt. Da nach Auffassung des **herrschenden Schrifttums** die Erpressung in Parallele zum Betrug eine Vermögensverfügung durch das Opfer voraussetzt, kann nach ihr nur *vis compulsiva* in Betracht kommen. Die **Rechtsprechung** lässt dagegen auch *vis absoluta* („Duldung der Wegnahme") genügen, da nach ihrer Auffassung die Erpressung keine Vermögensverfügung verlangt (dazu sogleich).

762 **b.** *Nötigungserfolg* ist eine **Handlung**, **Duldung** oder **Unterlassung** des Genötigten aufgrund einer Einengung des Handlungsspielraums durch den Täter. Umstritten ist, ob die drei abgenötigten Verhaltensweisen zu einer (nötigungsbedingten) **Vermögensverfügung** führen müssen.

Hinweis für die Fallbearbeitung: Da die Erpressung nur nach Auffassung des herrschenden Schrifttums, nicht aber nach der Rechtsprechung des BGH eine Vermögensverfügung durch das Opfer voraussetzt und Raub und räuberische Erpressung nach Auffassung des herrschenden Schrifttums in einem Exklusivitätsverhältnis zueinander stehen (siehe sogleich Rn 765), muss in der Fallbearbeitung bei entsprechender Sachverhaltskonstellation eine Abgrenzung zwischen Raub und räuberischer Erpressung vorgenommen werden. Das gilt insbesondere dann, wenn der Raub an der Diebstahlskomponente (etwa weil beim Täter die Zueignungsabsicht fehlt) scheitert. Die Abgrenzung zwischen Raub und räuberischer Erpressung wird allgemein als schwierig und unübersichtlich empfunden, zumal eine Vielzahl an unterschiedlichen Fallkonstellationen anzutreffen ist und in der Literatur eine Vielzahl von Facetten vertreten wird. Die Abgrenzung erschließt sich aber schnell, wenn man folgende (vereinfachte) Gedankenführung nachvollzieht:

- Die (räuberische) Erpressung setzt nach Auffassung des **BGH** keine Vermögensverfügung auf Seiten des Opfers voraus; vielmehr lässt der BGH die Duldung der Wegnahme genügen und sieht für den Fall, dass der Täter das Opfer zur Duldung der Wegnahme nötigt, den Raub als Spezialfall der räuberischen Erpressung an, soweit die Tatbestandsvoraussetzungen des § 249 auch im Übrigen vorliegen. Für §§ 253, 255 ist auf der Basis der Rspr. nur Raum, wenn das Opfer (nötigungsbedingt) die Sache herausgibt. Bei der Abgrenzung zwischen diesen beiden Delikten stellt der BGH – da er bei §§ 253, 255 gerade keine Vermögensverfügung verlangt – auf das äußere Tatgeschehen ab. Stelle sich das Tatgeschehen äußerlich als Nehmen dar, liege ein Raub vor. Das erkennbare Bild des Gebens führe dagegen zu einer räuberischen Erpressung.

- Demgegenüber verlangt das **herrschende Schrifttum** bei §§ 253, 255 unter Hinweis auf die Strukturgleichheit mit § 263 eine Vermögensverfügung. Da diese freilich einen Restbereich an Willensbetätigung auf Seiten des Opfers voraussetzt, stellt das herrschende Schrifttum bei der Abgrenzung zwischen Nehmen (= Raub) und Geben (= räuberische Erpressung) folgerichtig auf die innere Willensrichtung des Opfers ab.

Zur Darstellung dieses Problems in der Fallbearbeitung siehe sogleich Rn 763 ff.

In einer Klausur, die einen Raub bzw. eine räuberische Erpressung zum Gegenstand hat, ist regelmäßig eine der folgenden Konstellationen anzutreffen:

aa. Vorliegen aller Tatbestandsvoraussetzungen des § 249; keine Anwendbarkeit der §§ 253, 255; Streitfrage kann offenbleiben

763

Nimmt der Täter dem Opfer die Sache unter Anwendung von willensausschließender Gewalt (*vis absoluta*) weg, liegt sowohl nach der Rechtsprechung (weil trotz des an sich erfüllten § 255 das äußere Bild des Nehmens zu § 249 führt) als auch nach der Literatur (weil sich Wegnahme und Vermögensverfügung terminologisch ausschließen) eine Wegnahme i.S.d. § 249 vor. Handelt der Täter zudem in Zueignungsabsicht, macht er sich wegen Raubs strafbar.[1234] In einem solchen Fall darf die o.g. Streitfrage nicht näher diskutiert werden.[1235]

> **Beispiel:** T schlägt den O mit einem Baseballschläger nieder, um diesem in Zueignungsabsicht das Portemonnaie aus der Tasche zu ziehen.
>
> T hat gegenüber O willensausschließende Personengewalt angewendet, um die Wegnahme des Portemonnaies zu ermöglichen. Da er auch mit der Absicht handelte, sich das Portemonnaie (nebst Inhalt) zuzueignen, hat er sich sowohl nach der Rechtsprechung (weil trotz des an sich erfüllten § 255 das äußere Bild des Nehmens zu § 249 führt und auch die Voraussetzungen des § 249 vorliegen) als auch nach dem herrschenden Schrifttum (weil sich Wegnahme und Vermögensverfügung terminologisch ausschließen) wegen Raubs strafbar gemacht. Die Streitfrage hinsichtlich des Verhältnisses zwischen Raub und räuberischer Erpressung kann (und muss) dahinstehen.

bb. Nach äußerem Erscheinungsbild liegt Weggabe vor; Streitfrage kann ebenfalls offenbleiben

763a

Des Weiteren kann die Frage nach der Abgrenzung zwischen § 249 und §§ 253, 255 bzw. nach der Anwendbarkeit der §§ 253, 255 unbeantwortet bleiben, wenn auch nach dem äußeren Erscheinungsbild eine Weggabe vorliegt. Denn dann gelangt auch die Rechtsprechung zu §§ 253, 255.

> **Beispiel:** T droht O damit, er werde ihn und sein Lokal mit einem Baseballschläger „kurz und klein" schlagen, wenn dieser ihn (T) nicht angemessen am Gewinn beteilige. Daraufhin übergibt O dem T monatlich zwei 500-€-Scheine.
>
> Durch das Drohen mit Gewalt und die Forderung nach einer „angemessenen Gewinnbeteiligung" könnte sich T wegen schwerer räuberischer Erpressung gem. §§ 253, 255, 250 I Nr. 1a Var. 2 strafbar gemacht haben.
>
> T hat gegenüber O das qualifizierte Nötigungsmittel der Drohung mit Gewalt bzw. mit gegenwärtiger Gefahr für Leib oder Leben eingesetzt. Dadurch wurde O zur „Beteiligung am Gewinn" gezwungen. Ob das Verhalten des Nötigungsopfers den Charakter einer Vermögensverfügung aufweisen muss, ist zwar streitig, kann im vorliegenden Fall aber dahinstehen, wenn eine Vermögensverfügung vorliegt:
>
> ⇨ Nach Auffassung des **BGH**[1236] setzt der objektive Tatbestand der §§ 253, 255 **keine Vermögensverfügung** voraus, kann also auch bei *vis absoluta* erfüllt sein („Duldung der Wegnahme"). Da aber die Wegnahme gerade den Raub kennzeichnet, erfüllt auf der Basis des BGH der Täter, der einen Raub begeht, gleichzeitig auch eine räuberische Erpressung, die nach Auffassung des BGH aber als das allgemeine Delikt hinter § 249 zurücktritt. Der BGH gelangt also nur dann zu §§ 253, 255, wenn eine Weggabe (und keine Wegnahme) des Vermögensgegenstands vorliegt. Da aber der BGH bei §§ 253, 255 gerade keine Vermögensverfügung (die ein gewisses Maß an

---

[1234] Fehlt es an der Zueignungsabsicht, ist der Rückgriff auf §§ 253, 255 möglich, vgl. Rn 765.
[1235] Ähnlich nun auch *Kudlich/Aksoy*, JA 2014, 81, 86.
[1236] Zu den Nachweisen vgl. Rn 765.

Verfügungsbewusstsein voraussetzt) fordert, kann er bei der Frage, ob eine Weggabe oder eine Wegnahme vorliegt, folgerichtig nicht nach der inneren Willensrichtung des Genötigten entscheiden, sondern ausschließlich nach dem **äußeren Erscheinungsbild** der Tat abgrenzen. Das erkennbare Bild des Nehmens führt demzufolge zu § 249, das Bild des Gebens zu § 255.

Da O dem T monatlich 1.000,- € aushändigte, muss man aufgrund des äußeren Erscheinungsbilds zu einer Strafbarkeit nach §§ 253, 255 kommen. Da gem. § 255 der Täter aber wie ein Räuber zu bestrafen ist und somit die Raubqualifikationen auch auf die räuberische Erpressung anwendbar sind, wäre T unter Zugrundelegung der Auffassung des BGH nach §§ 253, 255, 250 I Nr. 1a Var. 2 strafbar.

⇨ Das **herrschende Schrifttum**[1237] fordert bei §§ 253, 255 eine **Vermögensverfügung** mit dem Argument, dass auch die Erpressung ein Selbstschädigungsdelikt sei und dass deswegen als Nötigungsmittel nur eine willensbeugende Gewalt (*vis compulsiva*), also eine Gewalt, die noch Raum für eine Willensbetätigung lasse, in Betracht komme.

Demnach gelangt auch die h.L. zur Annahme einer Vermögensverfügung, weil O dem T monatlich 1.000,- € aushändigte, also über sein Vermögen verfügt hat.

Eine Streitentscheidung ist damit entbehrlich; T hat sich wegen schwerer räuberischer Erpressung gem. §§ 253, 255, 250 I Nr. 1a Var. 2 strafbar gemacht.

Weiterführender Hinweis: Zur Konstellation, in der nach h.L. trotz *vis compulsiva* eine Wegnahme vorliegt, weil für das Opfer die Sache aussichtslos erscheint und sich damit wie eine Wegnahme darstellt, vgl. Rn 767.

764 cc. Nichtvorliegen einer der Tatbestandsvoraussetzungen der §§ 253, 255; Streitfrage kann ebenfalls offenbleiben

Schließlich kann die Frage nach der Abgrenzung zwischen § 249 und §§ 253, 255 bzw. nach der Anwendbarkeit der §§ 253, 255 unbeantwortet bleiben, wenn es am Vorliegen einer der Tatbestandsvoraussetzungen der §§ 253, 255 fehlt.

Beispiel: Gläubiger G hat eine fällige und durchsetzbare Forderung gegenüber seinem Schuldner S wegen des Kaufs eines Fernsehgeräts. Da ihm das staatliche Gerichtsvollzieherwesen aber zu langatmig erscheint, nimmt er die Sache selbst in die Hand. Er begibt sich zu der Wohnung des S und nimmt dort eigenmächtig dessen erst zwei Tage alten Laptop „in Pfand", indem er S das Gerät, das dieser fest in den Händen hält, gewaltsam entreißt und mitnimmt. Wie geplant bewahrt G das Gerät bei sich zu Hause auf. Die Rückgabe soll erst stattfinden, wenn S seine Schulden beglichen hat.

I. Strafbarkeit wegen Raubs

Eine nötigungsbedingte Wegnahme liegt vor (vgl. dazu Rn 322 ff.). Sofern man sich jedoch auf den Standpunkt stellt, dass bei G die für einen Raub erforderliche Zueignungsabsicht fehlt (vgl. dazu Rn 88a und 90), hat er sich im Ergebnis nicht wegen Raubs strafbar gemacht.

II. Strafbarkeit wegen räuberischer Erpressung

Verneint man bei G die Zueignungsabsicht, könnte er sich durch die eigenmächtige „Inpfandnahme" des Laptops aber wegen räuberischer Erpressung gem. §§ 253, 255 strafbar gemacht haben.[1238]

Das gewaltsame Entreißen des Laptops könnte eine qualifizierte Nötigung i.S.d. § 255 (hier: vis absoluta) darstellen. Fraglich ist aber, ob willensausschließende Gewalt überhaupt ein Nötigungsmittel i.S.d. §§ 253, 255 sein kann, weil nach Auffassung des herrschenden Schrifttums die (räuberische) Erpressung ein Selbstschädigungsdelikt darstellt

---

[1237] Zu den Nachweisen vgl. ebenfalls Rn 765.
[1238] Hier wird noch einmal deutlich, dass erst bei Verneinung der Zueignungsabsicht auf §§ 253, 255 zurückgegriffen werden kann.

und daher eine Vermögensverfügung i.S. einer Weggabe fordert. S hat den Laptop aber nicht weggegeben, sondern er musste die Wegnahme durch G dulden. Auf der Basis des herrschenden Schrifttums ist eine Strafbarkeit aus §§ 253, 255 schon begriffslogisch ausgeschlossen, wenn eine Wegnahme i.S.d. § 249 vorliegt (= Exklusivität von Raub und räuberischer Erpressung, auch wenn es an der Zueignungsabsicht beim Raub fehlt). Demgegenüber steht die Rechtsprechung auf dem Standpunkt, dass der Wortlaut des § 253 („Duldung") auch die Nötigung zur Duldung einer Wegnahme genüge lasse, § 249 in diesem Fall jedoch als lex specialis den §§ 253, 255 vorgehe, soweit er auch im Übrigen erfüllt sei. Folgt man der Rechtsprechung, lag auch gegenüber S eine Nötigung zur Duldung der Wegnahme i.S.d. §§ 253, 255 vor. Allerdings können §§ 253, 255 nicht von § 249 verdrängt werden, da es bei G an der für § 249 erforderlichen Zueignungsabsicht fehlt.

Welche Argumente Schrifttum und Rechtsprechung jeweils für sich in Anspruch nehmen können und welcher Auffassung zu folgen ist[1239], braucht nicht erörtert bzw. entschieden zu werden, wenn eine Strafbarkeit gem. §§ 253, 255 aus anderen Gründen ausscheidet. Denn dann lägen nach allen Auffassungen tatbestandlich weder Raub noch räuberische Erpressung vor.

Zweifel am Vorliegen eines Vermögensschadens i.S.d. §§ 253, 255 bestehen nicht. S kann seinen Laptop für die Dauer der „Inpfandnahme" nicht benutzen. Die Nutzungsmöglichkeit einer Sache bedeutet einen vermögenswerten Vorteil, der dem S entzogen wurde.

G handelte auch mit Vorsatz hinsichtlich der Verwirklichung aller objektiven Tatbestandsmerkmale der §§ 253, 255. Auch die Absicht, sich rechtswidrig zu bereichern (dazu Rn 771 f.), liegt vor.

Zweifel bestehen indes hinsichtlich der Stoffgleichheit zwischen dem erstrebten Vermögensvorteil und dem eingetretenen Schaden. Der von G erstrebte Vermögensvorteil müsste sozusagen das Spiegelbild des bei S eingetretenen Schadens sein. Der bei S eingetretene Schaden besteht in dem (wenn auch nur temporären) Verlust der Nutzungsmöglichkeit. Dagegen steht die (erstrebte) Bereicherung auf Seiten des G gerade nicht in einer gewonnenen Nutzungsmöglichkeit. Denn G verwahrt den Laptop lediglich und benutzt ihn als Druckmittel zur „erleichterten" Durchsetzung einer hiervon unabhängig bestehenden Forderung.

Eine Strafbarkeit gem. §§ 253, 255 scheitert somit an der Stoffgleichheit des erstrebten Vermögensvorteils. Der oben aufgezeigte Streit über das Verhältnis von Raub und räuberischer Erpressung kann daher dahinstehen.

Es liegt aber eine Strafbarkeit wegen Nötigung gem. § 240 vor. Die Verwirklichung des § 123 I und der §§ 223 ff. ist eine Tatfrage.

dd. Nichtvorliegen der Diebstahlskomponente bei § 249; Problem der Anwendbarkeit der §§ 253, 255; Streitfrage muss entschieden werden

765

Die Streitfrage muss aber entschieden werden, wenn es an der Diebstahlskomponente des Raubs fehlt, etwa weil es an der Zueignungsabsicht fehlt. Denn liegt ein Raub (trotz Bejahung von Wegnahme und *vis absoluta*) im Ergebnis nicht vor, kann er selbst auf der Basis der Rechtsprechung keine Sperrwirkung gegenüber der räuberischen Erpressung entfalten. In diesem Fall ist (im Gutachten nach Verneinung des Raubs) stets auf die räuberische Erpressung einzugehen.[1240]

Beispiel: Der zu Fuß herangekommene A schlägt den Taxifahrer B, der mit seinem Taxi am Straßenrand steht, mit einem Baseballschläger nieder, um mit dessen Taxi einen „Ausflug" zu machen. Nach der Fahrt stellt er den Wagen – wie von Anfang an geplant – vor einer benachbarten Polizeidienststelle ab und wirft den Schlüssel in den Briefkasten.

[1239] Streng genommen wäre es sogar ein systematischer Fehler, Streitstände zu erörtern oder sogar eine Entscheidung zu treffen, wenn die verschiedenen Auffassungen zu demselben Ergebnis kommen.
[1240] Ähnlich nun auch *Kudlich/Aksoy*, JA 2014, 81, 87.

I. Strafbarkeit wegen Raubs

A hat ein Nötigungsmittel eingesetzt, sodass die Annahme eines **Raubs** naheliegt. Der Tatbestand des § 249 setzt u.a. eine nötigungsbedingte *Wegnahme* voraus. Wegnahme bedeutet Bruch fremden und Begründung neuen Gewahrsams. Den Gegensatz zur Wegnahme bildet die Weggabe, die Vermögensverfügung. Da eine *Vermögensverfügung* aber stets eine Willensbildung voraussetzt, kann (unabhängig von der Frage, ob bei der Abgrenzung zwischen der Wegnahme i.S.v. § 249 und der Weggabe i.S.v. §§ 253, 255 auf das äußere Tatgeschehen oder auf die innere Willensrichtung des Opfers abzustellen ist) bei Anwendung von willensausschließender Gewalt durch den Täter eine Vermögensverfügung nicht angenommen werden. Vorliegend konnte B keinen Willen bilden, weil er von A niedergeschlagen wurde. Daher liegt im Ergebnis keine Weggabe, sondern eine Wegnahme vor.

Gleichwohl scheitert im Ergebnis die Strafbarkeit wegen Raubs an der fehlenden Zueignungsabsicht bei A, denn dieser wollte B nicht dauerhaft enteignen.

II. Strafbarkeit wegen schwerer räuberischer Erpressung

Zu prüfen ist daher, ob A eine **schwere räuberische Erpressung** gem. §§ 253, 255, 250 II Nr. 1, 3a und b begangen hat. Doch da B nicht über sein Vermögen verfügt hat, scheitert auch diese, sofern man bei den §§ 253, 255 eine Vermögensverfügung fordert.

⇨ Das **herrschende Schrifttum bejaht** das Erfordernis einer **Vermögensverfügung** bei §§ 253, 255 mit dem Argument, dass auch die Erpressung ein Selbstschädigungsdelikt sei und dass deswegen als Nötigungsmittel nur eine willensbeugende Gewalt (*vis compulsiva*), also eine Gewalt, die noch Raum für eine Willensbetätigung lasse, in Betracht komme. Soweit der Täter *vis absoluta*, also eine Gewalt, die jede Willensbetätigung und damit auch eine auf Dispositionsfreiheit beruhende Verfügung unmöglich mache, einsetze, schieden §§ 253, 255 aus.[1241] Folgt man dieser Auffassung, ist A lediglich nach §§ 240, 248b und 223 ff. strafbar.

⇨ Nach der vom **BGH** angeführten Gegenmeinung verlangt der objektive Tatbestand der §§ 253, 255 **keine Vermögensverfügung**. Das hat zur Folge, dass an sich die den Raub kennzeichnende *vis absoluta* auch bei der räuberischen Erpressung erfüllt sein kann („Duldung der Wegnahme").[1242] Daher erfüllt der Täter, der einen Raub begeht, gleichzeitig auch eine räuberische Erpressung, die nach Auffassung des BGH aber als das allgemeine Delikt hinter § 249 zurücktritt.[1243] Da vorliegend § 249 aber nicht verwirklicht ist, kann dieser den § 255 folgerichtig nicht verdrängen. A wäre demzufolge wegen schwerer räuberischer Erpressung strafbar.

Stellungnahme: Die Forderung der h.L. nach einer Vermögensverfügung im Rahmen der §§ 253, 255 scheint in der Tat nicht ganz einsichtig, denn sie führt dazu, dass das stärkere Nötigungsmittel (vis absoluta) den Erpressungstatbestand ausschließt (willensausschließende Gewalt schließt ja bereits begrifflich ein Verfügungsverhalten aus), wohingegen das schwächere Nötigungsmittel (vis compulsiva) sehr wohl eine Vermögensverfügung bewirken kann. Für die Auffassung des BGH spricht v.a. aber der Gesetzeswortlaut der §§ 253, 255, aus dem sich nicht das Erfordernis einer Vermögensverfügung ergibt. Dem lässt sich allerdings entgegenhalten, dass bei § 263 I ebenfalls nicht von einer Verfügung die Rede ist, sie aber dort auch nach Auffassung des BGH als Tatbestandsmerkmal gefordert ist. Darüber hinaus erfordert die Erpressung sowohl den Eintritt eines Vermögensnachteils als auch eine Bereicherungsabsicht, ist also ein dem Betrug ähnlich konstruiertes Vermögensdelikt. Raub und Erpressung stehen daher aus dogmatischer Sicht wie Diebstahl und Betrug in einem strengen Alternativverhältnis. Dies spricht für das Erfordernis einer Vermögensverfügung bei den §§ 253, 255. Eine solche Annahme ist auch durchaus kriminalpolitisch sinnvoll. Auf der Basis der Rechtsprechung wird nämlich die

---

[1241] Sch/Sch-*Eser/Bosch*, § 253 Rn 8 f.; MüKo-*Sander*, § 253 Rn 13 ff.; *Lackner/Kühl*, § 253 Rn 3; *Fischer*, § 253 Rn 9; *Joecks*, § 255 Rn 4; *Wessels/Hillenkamp*, BT 2, Rn 710 ff.; *Rengier*, BT I, § 11 Rn 10; *Krey/Hellmann/Heinrich*, BT II, Rn 303 ff.; *Noak/Sengbusch*, Jura 2005, 494, 495 f.; vgl. auch *Maier/Ebner*, JuS 2007, 651, 652.

[1242] Vgl. BGHSt 7, 252, 254; 14, 386, 390; 25, 224, 228; 41, 123, 125; 42, 196, 199; BGH NStZ 2003, 604, 605.

[1243] BGHSt 14, 386, 390; BGH NStZ 2002, 31, 32; zust. LK-*Vogel*, § 249 Rn 27 f.; SK-*Günther*, vor § 249 Rn 5 ff.; § 253 Rn 16; *Kindhäuser*, BT II, § 17 Rn 20 ff. Vgl. auch BGH NStZ-RR 2003, 40.

Privilegierung der Gebrauchsanmaßung unterlaufen: Die Wegnahme ohne Zueignungsabsicht erfüllt weder § 242 noch § 249. Den Täter dennoch nach §§ 253, 255 „wie einen Räuber" zu bestrafen, erscheint vor dem Hintergrund der vom Gesetzgeber in § 248b zum Ausdruck gebrachten Wertung nicht sachgerecht. Die Gewaltanwendung kann durch § 240 und §§ 223 ff. hinreichend berücksichtigt werden. Im Ergebnis ist daher für §§ 253, 255 **eine Vermögensverfügung zu fordern**.

Ergebnis: Verlangt man mit dem herrschenden Schrifttum bei §§ 253, 255 eine Vermögensverfügung, hat A sich nicht wegen schwerer räuberischer Erpressung, sondern nur nach §§ 240, 248b und 223 ff. strafbar gemacht. Folgt man dagegen der Rechtsprechung, hat A sich wegen schwerer räuberischer Erpressung strafbar gemacht. Unabhängig von diesem Streit hat A sich ggf. wegen Aussetzung (§ 221) strafbar gemacht. § 316a ist jedenfalls nicht einschlägig, da A nicht die besonderen Verhältnisse des Straßenverkehrs ausgenutzt hat.

Hinweis für die Fallbearbeitung: In der Fallbearbeitung sollte - wie in Grenzfällen zwischen § 242 und § 263 - auch bei §§ 253, 255 stets mit dem Wegnahmedelikt des § 249 begonnen werden.[1244] Liegen dessen Voraussetzungen vor, erübrigt sich nach allen Auffassungen eine anschließende Prüfung der §§ 253, 255: Nach der h.L. kommen sie nicht in Betracht, weil die durch den bejahten Raub vorliegende Wegnahme nicht gleichzeitig eine Vermögensverfügung sein könne, diese aber von §§ 253, 255 vorausgesetzt werde. Nach der Rspr. erübrigt sich eine Prüfung der §§ 253, 255, weil ihr zufolge § 249 *lex specialis* zu §§ 253, 255 ist. Entscheidend ist daher, ob in dem Tatgeschehen eine Wegnahme oder eine Weggabe liegt. Weiterhin bedarf es keiner Ausführungen zum Streit über die Vermögensverfügung, wenn diese vorliegt. Denn dann schadet es nicht, wenn man mit dem BGH eine solche nicht fordert. Der Erpressungstatbestand liegt vor.

Schließlich ist zu beachten, dass eine Entscheidung zwischen beiden Auffassungen auch dann dahinstehen kann, wenn eine Strafbarkeit aus §§ 253, 255 ausscheidet, weil eine der übrigen Tatbestandsvoraussetzungen (etwa die Absicht, sich rechtswidrig zu bereichern) nicht gegeben ist.

766

---

ee. Trotz *vis compulsiva* scheint die Sache für das Opfer aussichtslos und stellt sich damit wie eine Wegnahme dar; Streitfrage muss entschieden werden

767

Die vorstehenden Ausführungen haben verdeutlicht, dass es für die Strafbarkeit des Täters im Fall von *vis absoluta* entscheidend darauf ankommt, ob man bei den §§ 253, 255 eine Vermögensverfügung verlangt. Fordert man eine solche, kann bei Anwendung von *vis absoluta* eine Strafbarkeit nach §§ 253, 255 nicht vorliegen. Eine Abgrenzung zwischen § 249 und § 255 entweder nach der inneren Willensrichtung (h.L.) oder dem äußeren Tatgeschehen (BGH) war insoweit nicht erforderlich. Anders stellt sich der Fall dar, wenn der Täter *vis compulsiva* anwendet, weil nach der h.L. trotz *vis compulsiva* eine Wegnahme vorliegt, wenn für das Opfer die Sache aussichtslos erscheint und sich damit wie eine Wegnahme darstellt.

Beispiel: Der zu Fuß herangekommene C entschließt sich, die Geldbörse des mit seinem Taxi am Straßenrand stehenden Taxifahrers D zu nehmen. Zur Unterstreichung seines Ziels bedroht er D mit einer Schusswaffe. Auf diese Weise kann er D zur Herausgabe der Geldbörse bewegen.

C könnte sich wegen Raubs strafbar gemacht haben. Fraglich ist, ob sein Verhalten als Wegnahme zu werten ist. Daran bestehen allerdings Bedenken, weil C dem D nichts entrissen, sondern diesen lediglich dazu gebracht hat, die Geldbörse zu übergeben. Statt Raub könnte vielmehr räuberische Erpressung angenommen werden.

[1244] Wie hier nun auch *Ronnau*, JuS 2012, 888, 891.

⇨ Nach dem **herrschenden Schrifttum** muss die Abgrenzung in Parallele zur Abgrenzung von Betrug und Diebstahl, also nach der **inneren Willensrichtung** des Genötigten (d.h. der Opferwirkung) erfolgen. Sei nach seiner Vorstellung seine Mitwirkung an der Vermögensverschiebung erforderlich, begründe dies – selbst wenn der Gewahrsamswechsel letztlich vom Täter vorgenommen werde – Erpressung. Hingegen liege eine Wegnahme i.S.v. § 249 vor, wenn es aus der Sicht des Genötigten gleichgültig ist, wie er sich verhalte, die Sache also unabhängig von dem eigenen Verhalten „so oder so" dem Zugriff des Täters preisgegeben sei. Als Indiz für die innere Willensrichtung könne aber durchaus das äußere Erscheinungsbild der Tat (Geben oder Nehmen) herangezogen werden.[1245]

> Als Schlagworte sollte man sich merken: Verbleibt dem Opfer aus seiner Sicht noch ein **Rest an Handlungsmöglichkeiten**, liegt nach Auffassung der h.L. eine Nötigung i.S.d. räuberischen Erpressung vor. Glaubt das Opfer hingegen, die Sache sei **so oder so verloren**, ist nach h.L. eine Nötigung i.S.d. Raubs anzunehmen.

Vorliegend konnte D zwar noch einen Willen bilden, er hatte aber unter dem Einfluss der vorgehaltenen Schusswaffe nicht wirklich eine Alternative. Vielmehr durfte er annehmen, dass die Geldbörse „so oder so" verloren sei. Grenzt man den Raub von der räuberischen Erpressung also nach der inneren Willensrichtung des Opfers ab, hat C in Ermangelung einer Vermögensverfügung keine räuberische Erpressung begangen. Demzufolge wäre C nach §§ 249, 250 II Nr. 1 strafbar.

⇨ Nach der **Rechtsprechung**, die bei der Erpressung keine Vermögensverfügung fordert, kann die Abgrenzung von Raub und räuberischer Erpressung folgerichtig nicht nach der inneren Willensrichtung des Genötigten erfolgen. Sie grenzt ausschließlich nach dem **äußeren Erscheinungsbild** der Tat ab. Das erkennbare Bild des Nehmens führt demnach zu § 249, das äußere Bild des Gebens zu § 255.[1246] Da vorliegend D dem C die Geldbörse aushändigte, muss man aufgrund des äußeren Erscheinungsbilds zu einer Strafbarkeit nach §§ 253, 255 kommen. Da gem. § 255 der Täter aber wie ein Räuber zu bestrafen ist und somit die Raubqualifikationen auch auf die räuberische Erpressung anwendbar sind, wäre C unter Zugrundelegung der Auffassung des BGH nach §§ 253, 255, 250 II Nr. 1 strafbar.

> **Hinweis für die Fallbearbeitung:** Aufgrund des identischen Strafmaßes spielt der Abgrenzungsstreit zumindest in der Praxis keine allzu große Rolle, sofern der Täter nach beiden Delikten strafbar wäre. Ob er deshalb aber auch im Rahmen des juristischen Studiums dahinstehen stehen kann, ist nicht ganz klar. Daher empfiehlt es sich, bei Zweifeln über die Auffassung des Korrektors den Streit zu entscheiden:

Da h.L. und Rspr. zu einer Strafbarkeit aus unterschiedlichen Tatbeständen kommen, ist eine Streitentscheidung notwendig. Fordert man mit der h.L. bei §§ 253, 255 eine Vermögensverfügung, liegt bei C keine räuberische Erpressung vor. Demzufolge ist C nach §§ 249, 250 II Nr. 1 strafbar (s.o.). Lässt man indes bei §§ 253, 255 als Nötigungserfolg die Duldung der Wegnahme genügen, ist C unter Zugrundelegung der Auffassung des BGH nach §§ 253, 255, 250 II Nr. 1 strafbar.

Die Forderung der h.L. nach einer Vermögensverfügung im Rahmen der §§ 253, 255 scheint in der Tat nicht ganz einsichtig, denn sie führt dazu, dass das stärkere Nötigungsmittel (vis absoluta) den Erpressungstatbestand ausschließt (willensausschließende Gewalt schließt ja bereits begrifflich ein Verfügungsverhalten aus), wohingegen das schwächere Nötigungsmittel (vis compulsiva) sehr wohl eine Vermögensverfügung bewir-

---

[1245] Lackner/Kühl, § 255 Rn 2; Fischer, § 253 Rn 5 u. 10; Sch/Sch-Eser/Bosch, § 253 Rn 8; Wessels/Hillenkamp, BT 2, Rn 713/731; Rengier, BT I, § 11 Rn 33 ff.; Krey/Hellmann/Heinrich, BT II, Rn 305d.
[1246] BGHSt 7, 252, 255; 14, 386, 390; 41, 123, 126; BGH NStZ 1999, 350; NStZ-RR 2011, 80; zust. NK-Kindhäuser, vor § 249 Rn 60-70; SK-Günther, vor § 249 Rn 10-18; § 253 Rn 16. Vgl. aber auch BGH NJW 2011, 1979, 1980 f., wo der BGH auf die psychische Zwangswirkung beim Opfer abstellt. Unpräzise bei der Abgrenzung BGH NStZ 2012, 389 (Annahme von Raub, obwohl sich das äußere Tatgeschehen als Geben darstellt).

ken kann. Für die Auffassung des BGH spricht v.a. aber der Gesetzeswortlaut der §§ 253, 255, aus dem sich nicht das Erfordernis einer Vermögensverfügung ergibt. Dem lässt sich allerdings entgegenhalten, dass bei § 263 I ebenfalls nicht von einer Verfügung die Rede ist, sie aber dort auch nach Auffassung des BGH als Tatbestandsmerkmal gefordert ist. Darüber hinaus erfordert die Erpressung sowohl den Eintritt eines Vermögensnachteils als auch eine Bereicherungsabsicht, ist also ein dem Betrug ähnlich konstruiertes Vermögensdelikt. Raub und Erpressung stehen daher aus dogmatischer Sicht wie Diebstahl und Betrug in einem strengen Alternativverhältnis. Dies spricht für das Erfordernis einer Vermögensverfügung bei den §§ 253, 255. Eine solche Annahme ist auch durchaus kriminalpolitisch sinnvoll. Auf der Basis der Rechtsprechung wird nämlich die Privilegierung der Gebrauchsanmaßung unterlaufen: Die Wegnahme ohne Zueignungsabsicht erfüllt weder § 242 noch § 249. Den Täter dennoch nach §§ 253, 255 „wie einen Räuber" zu bestrafen, erscheint vor dem Hintergrund der vom Gesetzgeber in § 248b zum Ausdruck gebrachten Wertung nicht sachgerecht. Die Gewaltanwendung kann durch § 240 und §§ 223 ff. hinreichend berücksichtigt werden. Im Ergebnis ist daher für §§ 253, 255 **eine Vermögensverfügung zu fordern**.

Ergebnis: Verlangt man mit dem herrschenden Schrifttum bei §§ 253, 255 eine Vermögensverfügung, liegt bei C keine räuberische Erpressung vor. Er ist somit gem. §§ 249, 250 II Nr. 1 strafbar.

§ 316a ist auch hier nicht einschlägig, da C nicht die besonderen Verhältnisse des Straßenverkehrs ausgenutzt hat.

ff. Vorgetäuschte Beschlagnahme

767a

Bei Rn 587 wurde der Fall behandelt, in dem sich der Täter fälschlich als Polizist ausgibt und behauptet, er müsse zu Ermittlungszecken den Gegenstand beschlagnahmen. Hinsichtlich der Abgrenzung des Diebstahls vom Betrug wurde gesagt, dass dabei auch der BGH auf die innere Willensrichtung des Opfers abstellt. Sehe das Opfer keine andere Wahl, als sich der Situation zu beugen, lägen eine Wegnahme und damit ein Diebstahl vor. Nun hat der BGH diese Grundsätze auf die Abgrenzung von Raub und Erpressung übertragen. Das Tatbestandsmerkmal der Wegnahme sei nicht dadurch ausgeschlossen, dass der Täter durch die falsche Behauptung einer amtlichen Beschlagnahme den Gewahrsam an einer einer fremden beweglichen Sache erlange. In einem solchen Fall sei für einen eigenen, freien Willensentschluss des Opfers, das sich dem Zwang füge, kein Raum.[1247]

> **Fall**[1248]: Olek hat bei einer Kunstauktion ordnungsgemäß eine russische Ikone ersteigert. Am nächsten Tag erscheint bei ihm der kleinkriminelle Toto, der sich als Kriminalbeamter ausgibt und mit einer Gaspistole ausgerüstet ist. Er versichert O glaubhaft, die Ikone stamme aus einem illegalen Handel; aus Gründen der Strafverfolgung müsse er sie daher **beschlagnahmen** (vgl. § 94 StPO). Er zeigt O zudem einen gefälschten Durchsuchungs- und Beschlagnahmebeschluss. Gleichzeitig richtet er die Gaspistole in Richtung O. Sich dieser Drucksituation beugend, lässt O den T gewähren und die Ikone an sich nehmen.
>
> T könnte sich wegen schweren Raubs strafbar gemacht haben. Fraglich ist, ob sein Verhalten als Wegnahme zu werten ist. Daran bestehen Bedenken, weil T dem O nichts entrissen, sondern diesen durch Täuschung und vermeintliche Drohung lediglich dazu gebracht hat, die Ansichnahme der Ikone durch T zu dulden. Statt Raub könnte vielmehr räuberische Erpressung angenommen werden. Zum Streitstand (der im Rahmen einer Fallbearbeitung an dieser Stelle dargestellt werden müsste) vgl. Rn 767.
>
> Unter dem Auftritt des T hatte O nicht wirklich eine Alternative. Er musste annehmen, dass die Ikone „so oder so" verloren sei. Auf der Basis der h.L. sind somit §§ 249 I, 250 II Nr. 1 heranzuziehen.

[1247] BGH NJW 2011, 1979, 1980 f.
[1248] In Anlehnung an BGH NJW 2011, 1979 ff. (Sachverhalt verändert, um die Probleme des Falls zu verdeutlichen).

Stellt man mit der Rspr. auf das äußere Erscheinungsbild der Tat ab, führt das erkennbare Nehmen der Ikone durch T ebenfalls zu §§ 249 I, 250 II Nr. 1.

Fraglich sind allerdings die für § 249 I erforderliche Nötigung und der Finalzusammenhang, da eine Drohung mit Erschießung nicht gerade naheliegt. Denn aus der Sicht des O hätte dieser allenfalls mit einer Festnahme rechnen müssen.

Verneint man daher den Raub, gelangt man mit der Rspr. trotz gegebener Wegnahme zur Erpressung (§ 253), da die Rspr. bei § 253 keine Vermögensverfügung verlangt, sondern die Duldung der Wegnahme genügen lässt.

Bei Befolgung der h.L., die für die Erpressung eine Vermögensverfügung fordert, bleibt Raum nur für § 242 (und § 240). Auf § 132 soll hier nicht eingegangen werden.

Zusammenfassung zum Verhältnis Raub/räuberische Erpressung

768

- **Rechtsprechung:** Die Rechtsprechung fordert bei §§ 253, 255 keine Vermögensverfügung; sie lässt die Duldung der Wegnahme genügen. Da die nötigungsbedingte Duldung der Wegnahme gerade aber auch den Raub kennzeichnet, führt der Standpunkt der Rechtsprechung bei Vorliegen der Voraussetzungen des Raubtatbestands zum Konkurrenzproblem, das die Rechtsprechung dergestalt löst, dass sie den Raub als Spezialfall der räuberischen Erpressung ansieht und den Täter ausschließlich wegen Raubs bestraft. Treffen also Raub und räuberische Erpressung zusammen, geht der Raub vor. Die Streitfrage, ob die Erpressung eine Vermögensverfügung verlangt, kann damit dahinstehen.

- **Literatur:** Die Literatur betrachtet § 249 als Fremdschädigungsdelikt und § 253 als Selbstschädigungsdelikt und fordert bei Letzterem demzufolge eine Vermögensverfügung i.S. einer Weggabe. Ein Konkurrenzverhältnis zu § 249 kann es folgerichtig nicht geben, da sich Wegnahme und Weggabe schon begrifflich ausschließen. Liegen also die Voraussetzungen des § 249 vor, sind die §§ 253, 255 in ihrer Anwendung gesperrt. Die Streitfrage, ob die Erpressung eine Vermögensverfügung verlangt, kann daher ebenfalls dahinstehen.

- **Erfordernis des Streitentscheids:** Liegen aber die Voraussetzungen des § 249 nicht vor, weil es z.B. an der Zueignungsabsicht fehlt, kann § 249 die §§ 253, 255 nicht verdrängen bzw. nicht in ihrer Anwendbarkeit sperren. Dann ist der Streit, ob bei §§ 253, 255 eine Vermögensverfügung erforderlich ist, zu entscheiden, weil hiervon die Strafbarkeit des Täters abhängt. Der Streit ist ebenfalls zu entscheiden, wenn der Täter *vis compulsiva* anwendet, weil nach der h.L. trotz *vis compulsiva* eine Wegnahme vorliegt, wenn für das Opfer die Sache aussichtslos erscheint und sich damit wie eine Wegnahme darstellt.

769 **gg. Dreieckserpressung:** Bei der Darstellung zum Betrug wurde gesagt, dass Getäuschter und Verfügender identisch sein müssten und dass eine Personenidentität dagegen nicht für Verfügenden und Geschädigten erforderlich sei, was die Möglichkeit eines Dreiecksbetrugs zulasse (Rn 597). Ähnlich verhält es sich bei der Erpressung, die sich ja (auf Basis der h.L.) vom Betrug im Wesentlichen nur durch den Einsatz des Tatmittels (Nötigung statt Täuschung) unterscheidet. Genötigter und Verfügender müssen also auch bei der Erpressung identisch sein[1249], nicht aber der Genötigte und der Geschädigte (Dreieckserpressung). Erforderlich ist nur eine sog. „**Zurechnungseinheit**". Das herrschende Schrifttum bedient sich hier der vom Dreiecksbetrug her bekannten „Lagertheorie".[1250] Nach der Rechtsprechung des BGH muss der Genötigte spätestens im Zeitpunkt der Tatbegehung schutzbereit auf der Seite des Vermögensin-

---

[1249] *Lackner/Kühl*, § 253 Rn 6.
[1250] Vgl. *Lackner/Kühl*, § 253 Rn 6; *Rengier*, BT I, § 11 Rn 32. Zur „Lagertheorie" vgl. Rn 597 f.

habers stehen; auf eine rechtliche oder tatsächliche Verfügungsmacht über die Verfügungsgegenstände komme es nicht an.[1251]

Beispiel[1252]: M, Angestellter eines Pizzaservices, ist verantwortlich für die Tageseinnahmen. Abends zählt er das eingenommene Geld; G, ein Hilfsarbeiter, hilft ihm dabei. Da das Telefon klingelt, geht M nach hinten ins Büro, um angeblich das Telefonat in Ruhe führen zu können. Nun kommt T, ein Komplize des M, in das Geschäft, sieht dort G mit dem Geld, hält diesem ein Messer an den Hals und nimmt das Geld an sich. Strafbarkeit?

In Betracht kommt zunächst eine Strafbarkeit des T wegen **schweren Raubs** gem. §§ 249 I, 250 II Nr. 1 Var. 2.[1253] Das würde zunächst eine Wegnahme, also einen Bruch fremden Gewahrsams und die Begründung neuen Gewahrsams voraussetzen. Das setzt aber wiederum einen Gewahrsam auf Seiten des M oder G voraus. Stellt man auf die Person des G ab, ist zu beachten, dass dieser allenfalls untergeordneten Mitgewahrsam hatte. Wegnahme gegenüber einer Person, die nur untergeordneten Mitgewahrsam hat, ist nicht möglich. Möglich ist aber eine Wegnahme gegenüber demjenigen, der bei Mitgewahrsam gleichrangigen oder, wie vorliegend, übergeordneten Gewahrsam hat (vgl. dazu Rn 41 ff.). M hatte im Verhältnis zu G übergeordneten Gewahrsam, da er allein für die Tageseinnahmen verantwortlich war. Daran ändert auch der Umstand nichts, dass er sich zum Zeitpunkt der Tatausführung hinten im Büro aufhielt. Denn nach der Verkehrsauffassung übt (gelockerten) Gewahrsam auch aus, wer zwar nicht direkt Sachherrschaft ausübt, aber in Kenntnis des Belegenheitsortes nach einer gewissen Zeit direkte Sachherrschaft (wieder) begründen könnte (Theorie vom gelockerten Gewahrsam bzw. sozialnormativer Gewahrsamsbegriff, vgl. Rn 28 ff.). Gleichwohl ist eine Wegnahme nicht erfolgt, da M mit der Gewahrsamsbegründung durch T einverstanden war (= tatbestandsausschließendes Einverständnis). Daher liegen also keine Wegnahme und damit kein Raub vor.

Möglicherweise hat sich T aber wegen **schwerer räuberischer Erpressung** gem. §§ 253, 255, 250 II Nr. 1 Var. 2 strafbar gemacht.

T müsste zunächst „Gewalt" angewendet haben. Das Halten des Messers an den Hals des G stellt eine willensausschließende Gewalt dar. Fraglich ist aber, ob willensausschließende Gewalt überhaupt ein Nötigungsmittel i.S.d. §§ 253, 255 sein kann, weil nach Auffassung des **herrschenden Schrifttums** die (räuberische) Erpressung unter Hinweis auf die Strukturgleichheit mit § 263 ein Selbstschädigungsdelikt darstellt und daher eine Vermögensverfügung i.S. einer Weggabe fordert. G hat das Geld aber nicht weggegeben. G hat also nicht „verfügt". Verfügt hat aber M, indem er dem Geschehen freien Lauf ließ. Jedoch kann hier – anders als bei dem Gewahrsam – nicht auf seine Person abgestellt werden, da auch nach Auffassung der h.L. bei einer Erpressung Genötigter und Verfügender identisch sein müssen. Das ist vorliegend aber nicht der Fall, da G von T genötigt wurde. Demzufolge muss auch eine räuberische Erpressung verneint werden. Schließt man sich dem an, kann T lediglich wegen Unterschlagung und Nötigung bestraft werden.

Auf der Basis der **Rechtsprechung** ist die fehlende Vermögensverfügung jedoch unschädlich, da sie als Nötigungserfolg auch eine Duldung der Wegnahme genügen lässt (Rn 762). G hat die Wegnahme geduldet, auch wenn sein Gewahrsam nur untergeordneter Natur war. Dass G mit dem Geschädigten (hier: dem Ladeninhaber) nicht personenidentisch ist, ist auf der Basis der Rechtsprechung unschädlich, da nach ihrer Auffassung die Erpressung keine Personenidentität zwischen dem Genötigten und dem Geschädigten verlangt. Erforderlich sei nur eine sog. „Zurechnungseinheit", um eine Dreieckserpressung annehmen zu können. Der Genötigte müsse spätestens im Zeitpunkt der Tatbegehung schutzbereit auf der Seite des Vermögensinhabers stehen; auf eine rechtliche oder tatsächliche Verfügungsmacht über die Verfügungsgegenstände komme es nicht an.

[1251] BGHSt 41, 123, 125; BGH NStZ 1997, 321.
[1252] Nach OLG Celle NStZ 2012, 447 f. (abgewandelt).
[1253] Auf mittäterschaftliche Gesichtspunkte (§ 25 II) wird aus Gründen der Veranschaulichung nicht eingegangen.

Vorliegend darf davon ausgegangen werden, dass G schutzbereit auf der Seite des Ladeninhabers stand, bevor T ihm das Messer an den Hals hielt. Auf Basis der Rechtsprechung hat sich T damit – da auch die anderen Tatbestandsvoraussetzungen vorliegen – wegen schwerer räuberischer Erpressung strafbar gemacht.

Ein weiteres Beispiel zur Dreieckserpressung findet sich bei Rn 774.

770 **c. Vermögensnachteil als Taterfolg:** Als *Taterfolg* verlangen §§ 253, 255, dass der Täter dem Vermögen des Genötigten oder eines anderen einen Nachteil zugefügt hat. Dieser sog. Vermögensnachteil ist gleichbedeutend mit der Vermögensbeschädigung beim Betrug.[1254]

2. Subjektiver Tatbestand

771 Zur Verwirklichung des subjektiven Tatbestands ist zunächst **Vorsatz** (*dolus eventualis* genügt) bezüglich aller objektiven Tatbestandsmerkmale erforderlich. Darüber hinaus erforderlich ist – in Kongruenz zu § 263 – die **Absicht** (i.S.v. *dolus directus* 1. Grades), sich oder einen Dritten **zu bereichern**.[1255] Diese (erstrebte) Bereicherung muss **rechtswidrig** sein. Mit diesem objektiven Tatbestandsmerkmal, auf das sich der Tatbestandsvorsatz (wobei hier *dolus eventualis* genügt) ebenfalls beziehen muss, ist gemeint, dass die (erstrebte) Bereicherung der materiellen Rechtslage widersprechen muss.[1256] Hat der Täter einen **fälligen einredefreien Anspruch**[1257] auf den Vermögensvorteil, ist die Rechtswidrigkeit der (erstrebten) Bereicherung nicht gegeben.[1258] Anderenfalls wäre die Formulierung in § 253 I „... um sich ... *zu Unrecht* zu bereichern" überflüssig.[1259] Eine Strafbarkeit wegen Erpressung scheidet dann aus. Dasselbe gilt, wenn der Täter irrtümlich davon ausgeht, einen entsprechenden Anspruch zu haben.[1260] Denn hat der Täter die irrige Vorstellung, einen fälligen und einredefreien Anspruch zu haben, unterliegt er nach allgemeiner Auffassung gem. § 16 I S. 1 einem **vorsatzausschließenden Tatbestandsirrtum**.[1261]

> **Beispiel**[1262]: U hat für sich das Geschäftsmodell entdeckt, mit den Eigentümern privater Parkplätze (etwa Betreibern von Supermärkten) die Vereinbarung zu treffen, widerrechtlich abgestellte Kraftfahrzeuge abzuschleppen bzw. mit einer Parkkralle zu versehen. Im Gegenzug sollten die Vertragspartner ihre Ansprüche gegen die Fahrzeughalter an U abtreten. Diese Ansprüche sollte U selbst gegenüber den Falschparkern eintreiben. Nach Abschluss entsprechender Vereinbarungen stellte U an den betreffenden Orten Schilder auf, welche die Parkplätze als Privatparkplätze kenntlich machten und darauf hinwiesen, dass widerrechtlich parkende Kraftfahrzeuge kostenpflichtig abgeschleppt bzw. mit einer Parkkralle versehen würden. In 14 Fällen brachte er anschließend eine Parkkralle an den jeweils widerrechtlich abgestellten Kraftfahrzeugen an und verlangte von den zu ihren Fahrzeugen zurückkommenden Fahrzeugführern vor Ort aufgrund der Abtretung der Ansprüche unmittelbar eine Bezahlung derjenigen Beträge, die sich aus den mit seinen Vertragspartnern vereinbarten Preislisten für die bereits erbrachten Leistungen ergaben. U berief sich jeweils auf ein Zurückbehaltungsrecht und erklärte, er werde die Parkkralle erst abnehmen, wenn ihm vor Ort der geforderte Betrag (hier: 119 €, was höhenmäßig nicht zu beanstanden war) vollständig gezahlt werde. Dabei ging U davon aus, dass alle seine Handlungen rechtens seien. Immerhin hatte er sich zuvor anwaltlich beraten und

---

[1254] BGHSt 34, 394, 395.
[1255] Zur Bereicherungsabsicht siehe die übertragbaren Ausführungen zum Betrug bei Rn 645. Zur ebenfalls erforderlichen Stoffgleichheit vgl. die ebenfalls übertragbaren Ausführungen zum Betrug bei Rn 646.
[1256] Vgl. dazu BGH NStZ 2002, 597, 598; NStZ-RR 2014, 341 f.; NJW 2017, 1487, 1488.
[1257] Siehe zu diesem Kriterium die (übertragbaren) Ausführungen zu § 242 bei Rn 115 ff.
[1258] Vgl. nur BGH NJW 2017, 1487, 1488.
[1259] Vgl. BGH NJW 2017, 1487.
[1260] Vgl. ebenfalls BGH NJW 2017, 1487, 1488 (mit Verweis auf BGH NStZ-RR 2014, 341).
[1261] BGHSt 42, 268, 272; BGH NStZ 2003, 663, 664; *Lackner/Kühl*, § 263 Rn 62; *Rengier*, BT I, § 13 Rn 268; *Joecks*, § 263 Rn 173. Speziell zu § 253 vgl. BGH StV 2014, 283.
[1262] Nach BGH NJW 2017, 1487 ff.

über den Rechtsanwalt ein Gutachten eines Zivilrechtsprofessors der hiesigen Universität einholen lassen. Aus diesem Gutachten ging hervor, dass es eine Rechtsprechung zur Zulässigkeit von Parkkralle und Vertragsstrafe – anders als zum Abschleppen – bundesweit bisher zwar nicht gebe, das Vorhaben des U aber gleichwohl zulässig sei. Dennoch wurde gegen U – aufgrund von Strafanzeigen – strafrechtlich ermittelt.

Hier könnte zunächst eine Strafbarkeit wegen **Erpressung** (§ 253) vorliegen. Der objektive Tatbestand liegt vor. U hat mit dem Anbringen der Parkkrallen mit einem empfindlichen Übel gedroht und damit die Betroffenen zu einer Handlung (namentlich die Begleichung der geltend gemachten Geldforderung) veranlasst. Auch ist der Tatererfolg gegeben. Durch die Tathandlung entstand bei den Betroffenen ein Vermögensnachteil und U erzielte einen Vermögensvorteil. U müsste aber auch den subjektiven Tatbestand erfüllt haben. Erforderlich ist zunächst Vorsatz (*dolus eventualis* genügt) bezüglich aller objektiven Tatbestandsmerkmale. Daran bestehen vorliegend keine Zweifel. Voraussetzung ist aber auch – in Kongruenz zu § 263 – die Absicht (i.S.v. *dolus directus* 1. Grades), sich (oder einen Dritten) zu bereichern.[1263] Diese (erstrebte) Bereicherung muss rechtswidrig sein. Mit diesem objektiven Tatbestandsmerkmal, auf das sich der Tatbestandsvorsatz (wobei hier *dolus eventualis* genügt) ebenfalls beziehen muss, ist gemeint, dass die (erstrebte) Bereicherung der materiellen Rechtslage widersprechen muss.[1264] Daran fehlt es, wenn der Täter auf den Vermögensvorteil einen fälligen einredefreien Anspruch hat oder irrtümlich davon ausgeht, einen solchen Anspruch zu haben.[1265] U ging vom Bestehen zivilrechtlich einklagbarer materieller Ansprüche in geltend gemachter Höhe aus. Fraglich sind die Folgen, die sich daraus ergeben.

Glaubt der Täter irrig, er habe einen fälligen einredefreien Rechtsanspruch auf den erstrebten Vermögensvorteil, irrt er über die Rechtswidrigkeit der (beabsichtigten) Bereicherung[1266] (fehlende „Parallelwertung in der Laiensphäre") und unterliegt gem. § 16 I S. 1 einem vorsatzausschließenden Tatbestandsirrtum[1267], da die Rechtswidrigkeit der (beabsichtigten) Bereicherung dem Tatbestand zugeordnet ist. Mithin handelte U nicht vorsätzlich in Bezug auf den Erpressungstatbestand und ist nicht nach § 253 strafbar.

Entfällt wegen § 16 I S. 1 der Vorsatz bzgl. der Rechtswidrigkeit der (erstrebten) Bereicherung, bleibt immerhin die Möglichkeit einer Strafbarkeit wegen Nötigung. **772**

Beispiel: War im obigen Beispiel Erpressung zu verneinen, kommt eine Strafbarkeit wegen **Nötigung** (§ 240) in Betracht. Dazu müsste U mit Gewalt oder einem empfindlichen Übel gedroht und damit zu einer Handlung genötigt haben (insoweit gilt dasselbe wie bei der soeben geprüften Erpressung). Indem U an den unberechtigt geparkten Fahrzeugen Parkkrallen angebracht und den Betroffenen anschließend erklärt hat, er werde die Parkkralle nur abnehmen, wenn ihm der verlangte Geldbetrag gezahlt werde, hat er ein empfindliches Übel angedroht. Dies müsste aber auch rechtswidrig i.S.d. § 240 II gewesen sein. Rechtswidrig i.S.d. § 240 II ist die Nötigung nur dann, wenn das Nötigungsmittel (hier: die Androhung des empfindlichen Übels) zu dem angestrebten Zweck als verwerflich anzusehen ist. Nach st. Rspr. des BGH ist das dann der Fall, wenn die Verquickung von Mittel und Zweck mit den Grundsätzen eines geordneten Zusammenlebens unvereinbar ist, sie „sozial unerträglich" ist.[1268] Während die Vorinstanz, das LG München I, dies bejahte, hat der BGH diese Frage offengelassen. Beide Gerichte nahmen jedoch an, U habe sich in einem unvermeidbaren Verbotsirrtum (§ 17 S. 1) befunden, weil er davon ausgehen durfte, die von ihm gewählte rechtliche Konstrukt sei zulässig.[1269] Zwar dürfe man sich, so der BGH, nicht allein auf die Auffassung eines Rechtsanwalts verlassen,

---

[1263] Zur Bereicherungsabsicht siehe die übertragbaren Ausführungen zum Betrug bei *R. Schmidt*, BT II, Rn 645. Zur ebenfalls erforderlichen Stoffgleichheit vgl. die ebenso übertragbaren Ausführungen zum Betrug bei *R. Schmidt*, BT II, Rn 646.
[1264] Vgl. dazu BGH NStZ 2002, 597, 598; NStZ-RR 2014, 341 f.; NJW 2017, 1487, 1488.
[1265] BGH NJW 2017, 1487, 1488 (mit Verweis auf BGH NStZ-RR 2014, 341).
[1266] Vgl. dazu auch BGH NJW 2017, 1487, 1488; NStZ-RR 2014, 341 f. (s.o.).
[1267] BGHSt 42, 268, 272; BGH NStZ 2003, 663, 664; *Lackner/Kühl*, § 263 Rn 62; *Rengier*, BT I, § 13 Rn 268; *Joecks*, § 263 Rn 173. Speziell zu § 253 vgl. BGH StV 2014, 283.
[1268] BGH NJW 2017, 1487, 1488 f. (mit Verweis auf BGH NStZ 2014, 149, 152).
[1269] Näher zum Verbotsirrtum und dessen dogmatische Einordnung *R. Schmidt*, AT, Rn 558.

wenn sie dem Vorhaben günstig sei. Eine Auskunft sei in diesem Sinne jedoch dann (und nur dann) verlässlich, wenn sie objektiv, sorgfältig, verantwortungsbewusst und insbesondere nach pflichtgemäßer Prüfung der Sach- und Rechtslage erteilt worden sei. Bei der Auskunftsperson sei dies der Fall, wenn sie die Gewähr für eine diesen Anforderungen entsprechende Auskunftserteilung biete. Insbesondere bei komplexen Sachverhalten und erkennbar schwierigen Rechtsfragen sei dies aber nicht ausreichend. Regelmäßig sei dann ein detailliertes, schriftliches Gutachten über die Rechtslage erforderlich, um die Unvermeidbarkeit des Verbotsirrtums zu begründen.[1270]

Da U nicht nur anwaltlichen Rat, sondern sogar ein rechtswissenschaftliches Gutachten einholte, das ihm die Rechtmäßigkeit seines Geschäftsmodells bescheinigte, ist nicht ersichtlich, was U noch hätte tun sollen, um einen etwaigen Verbotsirrtum zu vermeiden. Wäre das Anbringen von Parkkrallen und das anschließende Abhängigmachen des Lösens von der Bezahlung des geforderten Betrags also eine Nötigung, wäre U gleichwohl nicht strafbar, weil er sich in einem unvermeidbaren Verbotsirrtum befand.

II. Rechtswidrigkeit und III. Schuld

773-810   Vgl. hierzu die ausführlichen Erläuterungen im Aufbauschema.

[1270] BGH NJW 2017, 1487, 1489.

5. Kapitel – Hehlerei (§ 259)

Die Hehlerei ist ein sog. Anschlussdelikt und in der Fallbearbeitung folgerichtig meist im Anschluss an ein anderes Vermögensdelikt (etwa den Diebstahl), das die Ausgangslage für die Hehlerei geschaffen hat, zu prüfen. Hauptgrund für die Strafbarkeit des Täters nach § 259 ist nach allgemeiner Auffassung die mit der Hehlereitat verbundene Aufrechterhaltung („**Perpetuierung**") des durch die Vortat geschaffenen rechtswidrigen Vermögenszustands durch kollusives, d.h. einvernehmliches Zusammenwirken mit dem Vortäter oder dessen Besitznachfolger.[1271]

811

Daraus folgt, dass die Überlassung eines Vermögensgegenstandes auf Zeit nicht tatbestandsmäßig ist, da der Hehler hier nicht unabhängig vom Vortäter über die Sache verfügen kann (dieser kann bspw. im Rahmen eines Leihvertrags die Herausgabe verlangen).[1272] Ebenso ist der Tatbestand zu verneinen, wenn die Sache nach dem Erwerb nur vernichtet wird bzw. werden soll oder wenn jemand die gestohlene Sache für den Vortäter verarbeitet[1273]

> **Beispiel:** T stiehlt Rohdiamanten, H verarbeitet diese für T zu Schmuck zu dessen Eigengebrauch.

Fehlt es an dem Einvernehmen (etwa indem der Vortäter den „Hehler" über die Tatumstände täuscht), liegt Hehlerei nicht vor.[1274] Dann aber kommen §§ 253 oder 263 in Betracht.[1275]

Daneben ist anerkannt, dass § 259 auch **allgemeine Sicherheitsinteressen** schützt. Denn durch seine Abnahmebereitschaft schafft der Hehler einen ständigen Anreiz für die Begehung von Diebstählen und anderen Vermögensdelikten. Bei der Bekämpfung der Hehlerei geht es also auch darum, der Verwertung von rechtswidrig erlangten Vermögensgegenständen entgegenzutreten, um damit gleichzeitig dem Vortäter einen Anreiz zu nehmen, die Tat auszuführen.[1276] Denn oftmals ist es bspw. für einen Dieb überhaupt erst lukrativ, die Tat zu begehen, wenn er sich über die Verwertung der Beute keine Gedanken machen muss, weil er einen Hehler „an der Hand" hat, der die Verwertung übernimmt. Aus dieser Überlegung heraus ist es nachvollziehbar, dass der Gesetzgeber auf das Erfordernis eines weiteren Vermögensschadens verzichtet und allein typische Unterstützungs- und Verwertungshandlungen in ihren unterschiedlichsten Erscheinungsformen wie das Sichverschaffen, Absetzen und Absetzenhelfen erfasst hat. Auch darauf, ob der Hehler eigen- oder fremdnützig handelt, kommt es nicht an.

812

Aus diesen Überlegungen heraus wird deutlich, warum die Hehlerei nicht nur als abstraktes (**Vermögens-)Gefährdungsdelikt**, sondern zugleich auch als **Anschlussdelikt** bezeichnet wird. Besondere Probleme ergeben sich deswegen für Täter, die bereits an der Vortat beteiligt waren (dazu näher Rn 823 f.).

813

In der Fallbearbeitung geht § 259 oft mit einer **Geldwäsche** (§ 261) einher. Aber auch an eine Strafbarkeit wegen Begünstigung (§ 257) sollte stets gedacht werden. Zu berücksichtigen ist schließlich die Wertschwelle des § 259 II. Liegt der Sachwert des zu hehlenden Objekts unter 50,- € (vgl. Rn 167), liegt eine Bagatellhehlerei vor, für die die §§ 247 und 248a sinngemäß gelten. Es empfiehlt sich folgender Prüfungsaufbau:

814

[1271] Sog. Perpetuierungstheorie, vgl. BGHSt 7, 134, 137; 42, 196, 197 f.; 43, 110, 111; BGH NStZ 2014, 577; *Fischer*, § 259 Rn 1 f.; Sch/Sch-*Stree/Hecker*, § 259 Rn 1; *Wessels/Hillenkamp*, BT 2, Rn 823 f.; *Hecker*, JuS 2011, 1040, 1041.
[1272] Für das Vernichten: BGH NStZ 1995, 544. Für die Überlassung bzw. Nutzung auf Zeit: BGH StV 1987, 197 (für das Entleihen und Mieten eines Fahrzeugs).
[1273] BGH wistra 2005, 27, 28.
[1274] BGHSt 42, 196, 198 ff.; SK-*Hoyer*, § 259 Rn 31.
[1275] Vgl. SK-*Hoyer*, § 259 Rn 31; *El-Ghazi*, JA 2014, 26, 30 (Fallbearbeitung).
[1276] BGHSt 42, 196, 198 ff.; *Rengier*, BT I, § 22 Rn 1; *Wessels/Hillenkamp*, BT 2, Rn 823 f.; MüKo-*Lauer*, § 259 Rn 1 ff.; Sch/Sch-*Stree/Hecker*, § 259 Rn 1 ff.

Hehlerei (§ 259)

I. Tatbestand
1. Objektiver Tatbestand

Tatobjekte können bewegliche oder unbewegliche, fremde, tätereigene aber auch herrenlose Sachen sein. Forderungen und geistige Erzeugnisse scheiden daher mangels Körperlichkeit als taugliche Tatobjekte aus. Zu beachten ist aber, dass Datenträger und Papiere, die Rechte verkörpern (DVDs, CDs, USB-Sticks, Wertpapiere, Sparbücher, Fahrkarten), Sachen i.S.d. § 259 sind. Das Gleiche gilt für Geldscheine und -münzen.

Vortat: Voraussetzung ist eine rechtswidrige, nicht unbedingt schuldhafte Vortat. Eine Ordnungswidrigkeit reicht nicht. Die Vortat muss gegen fremdes Vermögen in weitem Sinne gerichtet sein. Gemeint sind also nicht nur die Vermögensdelikte im engeren Sinne (insb. § 242 und dessen Qualifikationen), sondern etwa auch §§ 154, 240, 257, 267, 283. Voraussetzung ist freilich, dass die Sache im Zeitpunkt der Vortat schon existiert und nicht erst durch diese hergestellt wird (so etwa beim Herstellen und Verwenden von Telefonkartensimulatoren oder Raubkopien). Die Vortat muss die eines *anderen* sein.

- Täter und Mittäter der Vortat können somit nicht Hehler sein.
- Anstifter und Gehilfen der Vortat können hingegen aus § 259 bestraft werden.

Aus der Vortat ist die Sache erst dann erlangt, wenn die Vortat abgeschlossen, d.h. **vollendet** ist (h.M.). Wird also die Vollendung der Vortat erst durch die als Hehlereitat in Betracht kommende Handlung vollendet, scheidet nach richtiger Auffassung eine Hehlerei aus. Freilich ist dann Beihilfe zur Haupttat zu prüfen. Weitere Voraussetzung ist, dass eine noch andauernde rechtswidrige Vermögenslage **durch** die Vortat geschaffen wurde. Der rechtswidrige Vermögenszustand kann auch enden. Zu beachten sind hier der unanfechtbare oder der gutgläubige Eigentumserwerb, die Ersitzung (§ 937 BGB), die Genehmigung des Geschädigten, der Erwerb für den Geschädigten und die Verarbeitung (§ 950 BGB). Das Merkmal „durch" in § 259 I kennzeichnet einen Unmittelbarkeitszusammenhang. Nur die unmittelbar aus der Vortat stammende Sache ist taugliches Tatobjekt (keine Strafbarkeit der Ersatzhehlerei, Abgrenzung zum Betrug).

Tathandlung: Ankaufen, Sichverschaffen, Absetzen oder Absetzenhelfen
Voraussetzung ist ein *einvernehmliches Zusammenwirken* des Hehlers mit mindestens einem der Vortäter oder seinem Besitznachfolger.

- Ein **Sichverschaffen** (Beispiel ist das „**Ankaufen**") ist dann gegeben, wenn der Täter oder der Dritte die tatsächliche Verfügungsgewalt (unmittelbarer Besitz ist nicht erforderlich) über die Sache zu eigenen Zwecken übertragen bekommt.

- Einem **Dritten** verschafft der Täter die bemakelte Sache, wenn er sie aus *eigenen* Interessen unmittelbar einem Dritten zukommen lässt, ohne zuvor selbst Besitz an derselben erlangt zu haben. Ein Sichverschaffen ist auch durch Unterlassen möglich.

- **Absetzen** bedeutet, die Sache im Einverständnis und im Interesse des Vortäters selbstständig und entgeltlich wirtschaftlich zu verwerten.
  - ⇨ Nach der früheren Rspr. reichte eine vom Absatzwillen getragene, objektiv geeignete vorbereitende Tätigkeit aus.
  - ⇨ Nach h.L. und der aktuellen Rspr. des BGH müssen die Absatzbemühungen des Täters erfolgreich sein. Dem ist mit Blick auf den Wortlaut „Absetzen" zuzustimmen.

- **Absatzhilfe** bedeutet das im wirtschaftlichen Interesse *des Vortäters* liegende *unselbstständige*, somit weisungsgebundene Unterstützen des Vortäters bei seinen Absatzbemühungen (wie z.B. der Verkaufsgehilfe).
  - ⇨ Nach früherer Rspr. reichte jede objektiv zur Aufrechterhaltung der rechtswidrigen Vermögenslage geeignete Hilfsaktivität aus.
  - ⇨ Nach h.L. und der neuen Rspr. muss es zu einem Wechsel in der Verfügungsgewalt kommen. Mit Blick auf die genannte Rechtsprechungsänderung bzgl. des „Absetzen" dürfte auch hier nunmehr ein Absatzerfolg zu fordern sein.

2. Subjektiver Tatbestand

Vorsatz in Form von Eventualvorsatz ist ausreichend. Für die **Bereicherungsabsicht** ist ein zielgerichtetes Wollen erforderlich. Insoweit entspricht sie der beim Betrug vorausgesetzten Absicht. Die Absicht, den Vortäter zu bereichern, ist keine Drittbereicherungsabsicht. Der Vortäter ist „anderer" und damit vom „Dritten" zu unterscheiden.

IV. Qualifikationstatbestände: §§ 260, 260a[1277]

II. Rechtswidrigkeit und III. Schuld

V. Strafantrag

Gemäß § 259 II gelten die §§ 247 und 248a entsprechend.

I. Tatbestand

1. Objektiver Tatbestand

a. Tatobjekt

Tatobjekt des § 259 kann jede Sache sein, also jeder körperliche Gegenstand, unabhängig davon, ob er beweglich oder unbeweglich ist. Auch muss es sich weder für den Täter noch für den Vortäter um eine fremde Sache handeln; auch tätereigene Sachen können Hehlereiobjekte sein.

> **Beispiel:** A verkauft B ein Auto unter Eigentumsvorbehalt (§ 449 BGB). Da er den Verkauf alsbald bereut, bittet er seinen Freund D, den Wagen unter Verwendung des noch im Besitz des A befindlichen Zweitschlüssels vom Hof des ahnungslosen B abzuholen.
>
> Hier hat sich D nach § 289 und A hat sich nach § 259 strafbar gemacht.

Auch herrenlose Sachen werden vom Sachbegriff des § 259 erfasst.[1278]

> **Beispiel:** Jäger Nimrod wildert im Revier des Baron B ein junges Reh. Anschließend verkauft er es an den Inhaber des Jägerhofes J, der laufend „günstiges" Wildbret von N bezieht.
>
> Hier hat sich N nach § 292 und J hat sich nach § 259 strafbar gemacht.

Nicht erfasst werden mangels Körperlichkeit Daten, Forderungen und geistige Erzeugnisse (bspw. Musikrechte wie Melodien oder Software-Know-how). § 259 kennt keine Wert- bzw. Datenhehlerei. Einschlägig sind hier aber § 202d (vgl. dazu Rn 717n) sowie §§ 106, 108 UrhG. Taugliche Objekte des § 259 sind hingegen Papiere, Datenträger etc. (DVD, USB-Stick; Grundschuldbriefe, Wertpapiere, Schuldscheine, Sparbücher, Fahrkarten etc.), die solche Rechte verkörpern.[1279] Das Gleiche gilt für Geldscheine und -münzen, sofern auch sie unmittelbar aus der Vortat stammen (zur straflosen Ersatzhehlerei vgl. Rn 834 f.).

b. Vortat: Gegen fremdes Vermögen gerichtete rechtswidrige Vortat eines anderen

aa. Vortat

Die Sache muss durch einen **Diebstahl** oder eine sonstige **gegen fremdes Vermögen gerichtete rechtswidrige Tat** erlangt sein. Unter „Diebstahl" sind die Taten nach §§ 242-248a gemeint. Hinsichtlich der anderen „gegen fremdes Vermögen gerichteten Tat" ist zumindest klar, dass sonstige **Vermögensdelikte** (etwa §§ 246, 249, 253, 263, 266, 289, 292, 293) als Vortaten der Hehlerei in Betracht kommen. Selbst die

816

817

818

819

[1277] Zum prüfungstechnischen Aufbau von Grundtatbestand und Tatbestandsqualifikation vgl. *R. Schmidt*, AT, Rn 84 ff.

[1278] Vgl. Sch/Sch-*Stree/Hecker*, § 259 Rn 5; *Rengier*, BT I, § 22 Rn 10; *Fischer*, § 259 Rn 2.

[1279] *Wessels/Hillenkamp*, BT 2, 828/829.

Hehlerei kommt als mögliches Vortatdelikt in Betracht (sog. Kettenhehlerei). Die h.M. fasst unter den Begriff der „gegen fremdes Vermögen gerichteten Tat" auch sonstige Delikte, sofern sie im Einzelfall unter Verletzung fremder Vermögensinteressen zu einem deliktischen Sacherwerb und dadurch zu einer rechtswidrigen Vermögenslage geführt haben.[1280] Das ist in der Sache richtig. Der Wortlaut des § 259 schließt es nicht aus, auch solche Delikte als Vortat i.S.v. § 259 anzusehen, die nicht primär auf Vermögensschutz abzielen. Auch kriminalpolitisch ist es angebracht, den Begriff der Vortat weit zu verstehen, um der von § 259 sanktionierten Aufrechterhaltung oder Vertiefung des durch die Vortat geschaffenen rechtswidrigen Zustands zu begegnen.

> **Beispiele:** Als Vortaten zur Hehlerei kommen somit nicht nur die genannten Zueignungs- bzw. Vermögensdelikte in Betracht, sondern u.U. auch Urkundendelikte (§§ 267 ff.), Begünstigung (§ 257), Nötigung (§ 240) und Aussagedelikte (§§ 153 ff.).[1281] Bei der Nötigung liegt somit eine „Vortat" vor, wenn das Nötigungsopfer etwa zur Herausgabe einer Sache, auf die der Täter glaubt, einen Anspruch zu haben, genötigt wird. Dann erwirbt der Täter rechtswidrig eine Vermögensposition und verwirklicht eine „Vortat".

Nicht erfasst werden Delikte, die nur öffentlichen Interessen zuwiderlaufen. Hierzu zählen die Geldfälschungsdelikte (§§ 146 ff.), der Verstrickungs- und Verwahrungsbruch nach § 136 I und § 133, die Bestechungstatbestände (§§ 331 ff.), BtMG-Delikte sowie Verstöße gegen die öffentliche Ordnung bzw. polizeiliche Vorschriften.[1282]

820   Die Vortat muss **rechtswidrig** sein (vgl. dazu § 11 I Nr. 5). Darauf, ob die Tat auch schuldhaft begangen worden ist, kommt es nicht an.

821   Weitere Voraussetzung ist, dass die Sache im Zeitpunkt der Vortat **bereits existiert** und nicht erst durch diese hergestellt wird. Dies ist nicht nur bei den „Raubkopiefällen" (unerlaubtes Kopieren bspw. von Videos oder Computerprogrammen von CDs, DVDs o.ä.) relevant. Hier scheidet eine Strafbarkeit nach § 259 (s.u.) aus (zu prüfen ist dann aber eine Strafbarkeit nach §§ 106, 108 UrhG). Examenstypische Probleme ergeben sich hingegen bei den Urkunden- und Münzdelikten. Bei beiden werden die fraglichen Sachen ebenfalls erst durch die Vortat hergestellt.

> **Beispiel:** T stellt gewerbsmäßig falsche 50-€-Scheine her. 100 dieser Scheine „verkauft" er an H zu einem Preis von je 30,- €, der sich um das weitere Inverkehrbringen kümmert.
>
> T hat sich gem. § 146 I Nr. 1 und 3, II Var. 1 (gewerbsmäßige Geldfälschung) strafbar gemacht. Fraglich, ob H den Tatbestand der Hehlerei verwirklicht hat. Dazu müsste der Vortäter T die falschen Geldscheine durch eine gegen fremdes Vermögen gerichtete rechtswidrige Tat erlangt haben. Begrifflich setzt das „erlangt haben" voraus, dass die Sache im Zeitpunkt der Vortat bereits vorhanden war und nicht erst durch die Vortat geschaffen wurde. Eben dies ist aber vorliegend der Fall. T hat durch seine Vortat die Sache erst hergestellt und nicht nur erlangt. Eine Strafbarkeit des H gem. § 259 liegt daher nicht vor. H ist aber wegen § 146 I Nr. 2 und 3 strafbar. Selbstverständlich ist auch an § 263 zum Nachteil desjenigen zu denken, der unter Entgegennahme des Falschgeldes über einen Vermögensgegenstand verfügt.

822   Ob eine **versuchte Vortat** genügt, ist unklar. Teilweise wird sie für ausreichend erachtet, wenn der Täter bereits durch diese in den Besitz der Sache gelangt ist.[1283] Nach der hier vertretenen Auffassung ist **Vollendung** zu fordern (vgl. dazu Rn 833).

[1280] *Wessels/Hillenkamp*, BT 2, Rn 830; *Fischer*, § 259 Rn 3, 4; Sch/Sch-*Stree/Hecker*, § 259 Rn 1; *Lackner/Kühl*, § 259 Rn 5; a.A. MüKo-*Lauer*, § 259 Rn 23 ff. (nur Delikte, die *vorrangig* Vermögensinteressen schützen) und wohl auch BGH NStZ 2012, 700 („Diebstahl oder anderes Vermögensdelikt").

[1281] Vgl. *Lackner/Kühl*, § 259 Rn 5; Sch/Sch-*Stree/Hecker*, § 259 Rn 7; *Fischer*, § 259 Rn 3, 4; *Wessels/Hillenkamp*, BT 2, Rn 831, jeweils m.w.N.

[1282] Vgl. dazu OLG Hamburg NJW 2000, 673 (in Bezug auf § 261); Sch/Sch-*Stree/Hecker*, § 259 Rn 9.

[1283] *Rengier*, BT I, § 22 Rn 5; BGH StV 1996, 81, 82.

bb. Vortäter

Täter oder Mittäter der Vortat können **nicht** Täter des § 259 sein, da die Hehlerei schon tatbestandlich die Vortat eines anderen voraussetzt.[1284] Auch wenn jemand seinen Beuteanteil veräußert oder tauscht und später rückerwirbt, kommt man nach der gegenwärtigen Gesetzeslage zu keinem anderen Ergebnis.[1285] Der Betreffende ist nicht Hehler. Stiften der Täter oder Mittäter der Vortat den Hehler zu dessen Tat nach § 259 an, handelt es sich bei der Anstiftung (§§ 259, 26) nach ganz h.M. um eine mitbestrafte Nachtat zur Vortat.[1286]

823

Für Anstifter und Gehilfen der Vortat ist die Strafbarkeit nach § 259 streitig. Der Wortlaut des § 259 I schließt an sich nur den Vortäter aus. In Rechtsprechung und Literatur haben sich daher die Stimmen durchgesetzt, welche eine Strafbarkeit der Teilnehmer an der Vortat nach § 259 grundsätzlich bejahen, sofern es sich um Sachen handelt, die andere Teilnehmer an der Vortat durch diese erlangt haben.[1287]

824

cc. „erlangt"

Der Vortäter muss die fragliche Sache **gestohlen** oder **sonst wie erlangt** haben, wobei das Stehlen nur einen Unterfall des Erlangens darstellt.

Erlangen bedeutet das Erringen der tatsächlichen (Mit-)Verfügungsgewalt, die auch durch mittelbaren Besitz hergestellt werden kann.[1288]

825

Auf welche Weise der Vortäter die Sache sonst wie erlangt hat, ist irrelevant. Es kommt allein darauf an, dass der Vortäter beim Erlangen **fremdes Vermögen verletzt** und eine **rechtswidrige Besitzlage** geschaffen hat. Wird dem Vortäter die Sache also infolge eines Rechtsgeschäfts (etwa Leihe) überlassen, ist die Besitzlage (vorerst) nicht rechtswidrig.

826

> **Beispiel:** O leiht T sein Fahrrad. Da dieser dringend Geld benötigt, verkauft er es – unter Vorspiegelung, Eigentümer zu sein – an D.
>
> Hier hat T von O das Fahrrad infolge eines Leihvertrags (§ 598 BGB) zur Nutzung überlassen bekommen. Es bestand daher (zunächst) eine rechtmäßige Besitzlage.

dd. Fortbestehen der rechtswidrigen Vermögenslage

Weitere und im Rahmen einer Fallbearbeitung häufig übersehene Voraussetzung für die Hehlereitat ist, dass bei Vornahme der Tathandlung die rechtswidrige Vermögenslage an der Sache noch fortbesteht. Denn eine rechtswidrige Vermögenslage kann auch enden. Zu nennen sind die Verarbeitung/Vermischung nach §§ 950, 948 BGB, der gutgläubige Eigentumserwerb nach § 932 BGB, der unanfechtbare Eigentumserwerb und die Ersitzung nach § 937 BGB.

827

> Als Testfrage sollte man sich merken: Kann der Geschädigte die Sache noch nach §§ 812, 985 BGB herausverlangen? Ist das nicht der Fall, besteht die rechtswidrige Vermögenslage nicht mehr fort. Eine Hehlerei ist nicht gegeben.

Verarbeitung, § 950 BGB: Eine rechtswidrige Vermögenslage endet dann, wenn der Täter das Eigentum an der Sache durch Verarbeitung erwirbt.[1289]

828

[1284] Vgl. zum Mittäter BGH StraFo 2005, 214, 215.
[1285] Vgl. *Geppert*, Jura 1994, 103 ff.; *Lackner/Kühl*, § 259 Rn 18; *Fischer*, § 259 Rn 27; *Kudlich*, JA 2002, 672.
[1286] Sch/Sch-*Stree/Hecker*, § 259 Rn 58; *Lackner/Kühl*, § 259 Rn 18.
[1287] BGHSt 5, 378, 379; 7, 134, 137 (Großer Senat); 8, 390, 392; 13, 403, 406; 33, 50, 52; BGH NStZ 2003, 32, 34; 2002, 200, 201; LK-*Vogel*, § 259 Rn 42; *Fischer*, § 259 Rn 26; *Wessels/Hillenkamp*, BT 2, Rn 884.
[1288] *Rengier*, BT I, § 22 Rn 5. Vgl. auch *Wessels/Hillenkamp*, BT 2, Rn 836.
[1289] Sch/Sch-*Stree/Hecker*, § 259 Rn 8; *Fischer*, § 259 Rn 6.

Beispiel: Edelgard betreibt eine Hummerfarm. Eines Nachts bricht der halbseidene Dietrich in die Farm ein und stiehlt 50 dieser Schalentiere. Am nächsten Morgen verkauft er sie für 500,- € an den redlichen Fischfabrikanten Fridolin. Dieser verarbeitet die Hummer zu Crabmeat in Konserven und verkauft diese an den Feinkosthändler Konrad, der über den gesamten Vorgang Bescheid weiß.

Zivilrechtlich: D war zur Veräußerung nicht berechtigt. Dennoch hat er verfügt, indem er die Hummer an F veräußerte. Fraglich ist, ob F Eigentum erwerben konnte. Zwar war er gutgläubig, sodass an sich §§ 929 S. 1, 932 I BGB greifen müssten, jedoch steht einem gutgläubigen Eigentumserwerb die Regelung des § 935 I BGB entgegen, wonach insbesondere hinsichtlich gestohlener Sachen ein gutgläubiger Eigentumserwerb ausscheidet. F konnte jedoch gem. § 950 BGB wegen der Verarbeitung der Hummer zu Crabmeat in Konserven das Eigentum erwerben (= gesetzlicher Eigentumserwerb bei Verarbeitung).[1290]

Strafrechtlich: Obwohl K über den ganzen Vorgang Bescheid wusste, hat er sich nicht wegen Hehlerei strafbar gemacht, weil im Zeitpunkt des Erwerbs der Konserven die rechtswidrige Vermögenslage wegen § 950 BGB beendet war.

829 **Vermischung, insbesondere von Geld, § 948 BGB:** Streitig ist ferner, ob die Vermischung von gestohlenem und eigenem Geld zu einer Beendigung der rechtswidrigen Vermögenslage führen kann.

Beispiel: T nimmt heimlich aus der Geldbörse des Arbeitskollegen O einige 5-€- und 10-€-Scheine und steckt sie zu den Scheinen in seiner Geldbörse. Zu Hause gibt er seiner Frau sämtliche Scheine, die davon den Einkauf tätigt.

Nach h.M. handelt es sich bei gestohlenen Geldstücken oder Scheinen um taugliche Tatobjekte, solange sie den Miteigentumsanteil des Vortäters übersteigen.[1291] Vorliegend ist es also eine Tatfrage, ob die Summe der eigenen Geldscheine größer war als die der Diebstahlsobjekte. Bejaht man dies, hat sich die Frau des T nicht wegen Hehlerei strafbar gemacht, weil im Zeitpunkt des Einsteckens der fremden Geldscheine in die Geldbörse des T die rechtswidrige Vermögenslage beendet war.

830 **Gutgläubiger Eigentumserwerb:** Weitere Fälle des Nichtbestehens bzw. Erlöschens der rechtswidrigen Vermögenslage sind der gutgläubige und der unanfechtbare Eigentumserwerb.

Ausgangsfall: gutgläubiger Eigentumserwerb: Adelheid leiht sich von ihrer Freundin Brunhilde deren Mountainbike, um ins Kino zu fahren. Auf dem Nachhauseweg begegnet sie dem redlichen Norbert, dem sie unter Vorspiegelung, Eigentümerin des Fahrrads zu sein, das Fahrrad für 100,- € verkauft und übergibt.

Zivilrechtlich: Hier war A zur Veräußerung (vgl. dinglich: § 929 BGB) nicht berechtigt, da sie das Fahrrad lediglich geliehen hatte (§ 598 BGB) und von B auch nicht zur Veräußerung ermächtigt wurde (§ 185 I BGB). Da N gutgläubig hinsichtlich der Eigentumsverhältnisse war (er durfte berechtigterweise davon ausgehen, A sei Eigentümerin des Fahrrads), konnte er gem. §§ 929 S. 1, 932 I BGB Eigentum an dem Fahrrad erwerben. B hat ihr Eigentum verloren; sie hat aber bestimmte Ersatzansprüche gegen A.[1292]

Strafrechtlich: A hat sich wegen Unterschlagung (§ 246) strafbar gemacht; durch die unberechtigte Veräußerung an N hat sich der Zueignungswille äußerlich manifestiert. N ist straflos. Zwar ist unklar, ob er durch den Ankauf den objektiven Tatbestand der Hehlerei

---

[1290] Zu den übrigen Ansprüchen dieses (an den Jungbullen-Fall angelehnten) Falls vgl. *R. Schmidt*, SchuldR BT II, 11. Aufl. 2016, Rn 499.
[1291] BGH NJW 1958, 1244 mit Anmerkung *Mittelbach*, JR 1958, 466; *Lackner/Kühl*, § 259 Rn 7. Vgl. auch *Gehrlein*, NJW 2010, 3543.
[1292] Vgl. dazu *R. Schmidt*, SchuldR BT II, 11. Aufl. 2016, Rn 496.

oder der Beihilfe zur Unterschlagung verwirklicht hat (dazu Rn 833), jedoch fehlte ihm der strafrechtlich relevante Vorsatz, da er gutgläubig hinsichtlich der Eigentumslage war.

Beendigung der rechtswidrigen Besitzlage durch zwischenzeitlichen gutgläubigen Eigentumserwerb: Adelheid leiht sich von ihrer Freundin Brunhilde deren Mountainbike, um ins Kino zu fahren. Auf dem Nachhauseweg begegnet sie dem redlichen Norbert, dem sie unter Vorspiegelung, Eigentümerin des Fahrrads zu sein, dieses für 100,- € verkauft und übergibt. N wiederum verschenkt das Fahrrad an seine Freundin Frida, die Kenntnis über die wahre Sachlage hat.

Zivilrechtlich: Zwar war A zur Veräußerung nicht berechtigt, jedoch konnte N gutgläubig Eigentum erwerben (§§ 929 S. 1, 932 I BGB, s.o.). Auch F konnte Eigentum erwerben, da N als Eigentümer zur Eigentumsübertragung berechtigt war; die Bösgläubigkeit der F ändert daran nichts.

Strafrechtlich: Zwar liegt eine Unterschlagung der A nach § 246 vor, die jedoch einem Eigentumserwerb des N nicht entgegensteht. Die Sache war B nicht abhandengekommen. Dies wäre nur dann der Fall gewesen, wenn sie den unmittelbaren Besitz ohne bzw. gegen ihren Willen verloren hätte. B hat den unmittelbaren Besitz jedoch auf A übertragen (Leihe).
Die mit der Unterschlagung eingetretene rechtswidrige Besitzlage endete gleichzeitig mit dem gutgläubigen Erwerb des N nach §§ 929, 932 BGB. N hat sich durch die Veräußerung an F auch nicht wegen Betrugs strafbar gemacht, weil er als Eigentümer zur Verfügung berechtigt war und F damit keinen Schaden hat. Auch F ist straflos. Trotz ihrer Bösgläubigkeit hat F sich nicht wegen Hehlerei strafbar gemacht, weil die bei N bestehende Besitzlage nicht rechtswidrig war.

Abhandengekommene Sachen: Abhandengekommene Sachen können nach § 935 I BGB nicht gutgläubig erworben werden (beachte aber die Ausnahmen in § 935 II BGB, dazu sogleich Rn 832). **831**

Beispiel: A verkauft und übereignet an B ein Gemälde. B verkauft und übereignet dieses weiter an C. Später stellt sich heraus, dass A sowohl im Zeitpunkt des Kaufvertrags mit B als auch in dem der Übereignung geschäftsunfähig war (vgl. § 104 BGB). Auch stellt sich heraus, dass dies C von Anfang an bekannt war.

Zivilrechtlich: Im Verhältnis *A-B* ist also nicht nur der Kaufvertrag, sondern auch die Übereignung des Bilds nichtig (vgl. § 105 BGB). A könnte also Eigentümer geblieben sein und nunmehr von C das Bild gem. § 985 BGB herausverlangen. Dieser Vindikationsanspruch besteht jedoch nicht, wenn C gutgläubig Eigentum an dem Gemälde erwerben konnte (§§ 929 S. 1, 932 I BGB). Der Gutglaubensschutz greift aber nicht, wenn dem A das Gemälde aufgrund seiner Geschäftsunfähigkeit „abhandengekommen ist" (vgl. § 935 I BGB). „Abhandengekommen" ist eine Sache, wenn der Eigentümer oder sein Besitzmittler den unmittelbaren Besitz ohne (nicht notwendig gegen) seinen Willen verloren haben. Gemeint ist also der unfreiwillige Besitzverlust. Nach h.M. stellt bei **Geschäftsunfähigkeit** die Weggabe durch den Geschäftsunfähigen wegen der in diesem Fall anzunehmenden Bedeutungslosigkeit eines etwaigen (natürlichen) Besitzwillens einen unfreiwilligen Besitzverlust dar.[1293] Demnach scheitert der gutgläubige Eigentumserwerb des C an § 935 I BGB.

Strafrechtlich: Alle Beteiligten sind straflos. Bei B scheitert die Unterschlagung am Vorsatz (er wusste im maßgeblichen Zeitpunkt nichts von der Geschäftsunfähigkeit des A). C wusste zwar von der Geschäftsunfähigkeit des A, war somit bösgläubig, jedoch bestand im Zeitpunkt der Veräußerung des Gemäldes von B an C keine rechtswidrige Besitzlage i.S.d. § 259 I. Denn B hatte das Gemälde nicht durch eine rechtswidrige Tat erlangt.

[1293] Erman-*Bayer*, BGB, § 935 Rn 4; Palandt-*Herrler*, BGB, § 935 Rn 5, jeweils unter Berufung auf BayObLG NJW 1991, 2571.

831a Einen Unterfall des Abhandenkommens i.S.v. § 935 I BGB stellt der **Diebstahl** dar.

> **Beispiel:** Adelheid hat sich das Fahrrad nicht geliehen, sondern hat es von Brunhilde gestohlen. Auf dem Nachhauseweg begegnet sie dem redlichen Norbert, dem sie unter Vorspiegelung, Eigentümerin des Fahrrads zu sein, dieses für 100,- € verkauft und übergibt. Variante: N wusste über den Diebstahl Bescheid.

> Zivilrechtlich: A war zur Veräußerung nicht berechtigt; auch konnte N trotz seiner Gutgläubigkeit kein Eigentum erwerben (§§ 929 S. 1, 932, 935 I BGB). B kann daher von N das Fahrrad herausverlangen (§ 985 BGB). N hat (alternativ) verschiedene Ersatzansprüche gegen A.

> Strafrechtlich: A ist wegen Diebstahls strafbar (§ 242). N ist im Ausgangsfall straflos. Zwar bestand eine rechtswidrige Besitzlage auf Seiten der A, N fehlte aber der Hehlereivorsatz. In der Variante ist N hingegen wegen Hehlerei gem. § 259 I strafbar.

832 Eine Ausnahme gilt nach § 935 II BGB für Bargeld, Inhaberpapiere (bspw. Eintrittskarten oder Fahrkarten der Bahn) und Sachen, die im Rahmen der öffentlichen Versteigerung erworben wurden. Hier liegt ein gutgläubiger Erwerb dem Grunde nach immer vor, sodass die rechtswidrige Besitzlage endet und eine Strafbarkeit wegen Hehlerei ausscheidet.

> **Beispiel:** A stiehlt B dessen *Kinokarte* und verkauft sie C. Den Erlös schenkt er D.

> Da C die Karte wegen § 935 II BGB gutgläubig erwerben konnte, scheidet eine Strafbarkeit des A wegen Betrugs aus. A hat sich lediglich wegen Diebstahls strafbar gemacht. D, der den Erlös als Geschenk annahm, hat sich nicht wegen Hehlerei strafbar gemacht, da das *Geld* nicht durch eine Straftat (Betrug) erlangt wurde.

832a **Unanfechtbarer Eigentumserwerb:** Hat der Vortäter die Sache durch einen Betrug erworben, besteht die rechtswidrige Vermögenslage nur so lange, wie die Übereignung der Sache noch anfechtbar ist.[1294]

> **Beispiel:** T stiehlt O den DVD-Festplattenrecorder. Diesen veräußert er an den gutgläubigen D für 500,- €. Die Hälfte des Erlöses gibt er seiner Mutter M als Haushaltsgeld, die von dem Vorgang weiß. Sie legt das Geld bis auf weiteres weg.

> O ist nach wie vor Eigentümer des DVD-Recorders, da eine Übertragung des Eigentums von T auf D nach § 929 BGB nicht möglich war; T war nicht Eigentümer. Ein gutgläubiger Erwerb des D gem. §§ 929, 932 BGB scheidet wegen § 935 I BGB aus, da O die Sache gestohlen wurde (Grundsatz: kein gutgläubiger Erwerb von gestohlenen oder abhandengekommenen Sachen). T ist hingegen Eigentümer des Geldes gem. § 929 BGB geworden. Denn dieses wurde von D an T übereignet. Daran ändert auch der Umstand nichts, dass T den Tatbestand des Betrugs (§ 263) verwirklicht und den Betrag eben infolge dieser Straftat erlangt hat.
> Das durch den Betrug erlangte Geld war aber taugliches Tatobjekt für eine Hehlerei, die von M dadurch begangen worden sein könnte, dass sie 250,- € annahm. Durch Betrug erlangtes Geld ist aber nur so lange taugliches Tatobjekt einer Hehlerei, wie die Übereignung des Geldes von D an T anfechtbar gem. § 123 I BGB ist. Diese Frist endet gem. § 124 I BGB ein Jahr nach Kenntnis (§ 124 II BGB). Hat D es unterlassen, die Übereignung des Geldes an T anzufechten, hat M unanfechtbar Eigentum an dem Geld erworben. Eine Strafbarkeit wegen Hehlerei entfällt in diesem Fall.

ee. Zeitliches Verhältnis der Hehlereihandlung zur Vortat

833 Problematisch ist auch das zeitliche Verhältnis zwischen Hehlereihandlung und der Vortat. Prüfungsrelevant wird der Streit vor allem bei der Unterschlagung einer Sache

---

[1294] BayObLG JR 1980, 229; *Rudolphi*, JA 1981, 3; *Otto*, Jura 1985, 151; *Sippel*, NStZ 1985, 348.

nach § 246, wenn die nach außen sichtbare Unterschlagungshandlung mit der Hehlerei-handlung zeitlich zusammentrifft.

Beispiel: Adelheid leiht sich von ihrer Freundin Brunhilde deren Mountainbike, um ins Kino zu fahren. Auf dem Nachhauseweg begegnet sie dem windigen Meierhans, dem sie unter Vorspiegelung, Eigentümerin des Fahrrads zu sein, das Fahrrad für 50,- € verkauft und übergibt. Doch M merkt sofort, dass bei diesem günstigen Kaufpreis etwas nicht stimmen kann, zumal A keine Dokumentation über das Fahrrad vorweisen kann.

A hat sich wegen Unterschlagung (§ 246) strafbar gemacht; zwar war sie zunächst auf-grund des Leihvertrags rechtmäßige Besitzerin, allerdings hat sich spätestens[1295] durch die unberechtigte Veräußerung an M der Zueignungswille äußerlich manifestiert.

Fraglich ist allein das Verhalten des M. Dieser könnte durch den Ankauf den Tatbestand der Hehlerei (§ 259 I) oder der Beihilfe zur Unterschlagung (§§ 246, 27 I) verwirklicht haben.

Stellt man sich auf den Standpunkt, dass das als Hehlereitat in Betracht kommende An-kaufen gleichzeitig mit der „Vortat", der Unterschlagung, begangen wurde, ja sogar not-wendiges Mittel zur Verwirklichung der „Vortat" gewesen ist, konnte das Ankaufen schon begriffslogisch nicht der Perpetuierung einer rechtswidrigen Besitzlage dienen.[1296] Folgt man diesem Gedanken, ist M „nur" wegen Beihilfe zur Unterschlagung strafbar.

Andere wollen mit der Begründung, Zufallsergebnisse im Bereich der Unterschlagung zu vermeiden, auch dann eine Hehlerei annehmen, wenn Vortat und Hehlerei **raum-zeitlich zusammenfallen**.[1297] Da dies vorliegend der Fall ist, wäre M demzufolge wegen Hehlerei strafbar.

Wieder andere fordern, dass die Vortat **beendet** sein müsse[1298], was für den vorliegen-den Fall eine Strafbarkeit des M wegen Beihilfe zur Unterschlagung zur Folge hätte, da die Unterschlagung erst mit der Übergabe der Sache an M beendet war.

Stellungnahme: Wer eine beendete Vortat fordert, stößt auf erhebliche Wertungsproble-me bei den typischen Vortatdelikten (§§ 242, 246) der Hehlerei. Denn dann muss der Gewahrsam des Vortäters eine gewisse Festigung und Sicherung erreicht haben. Dies ist aber eben nicht eine Voraussetzung der Hehlerei. Aber auch das Abstellen auf das raum-zeitliche Zusammenfallen überzeugt nicht, weil der Tatbestand des § 259 I eindeutig da-von ausgeht, dass die Vortat zumindest vollendet ist („... erlangt **hat**"). Die genannten Vertreter, die das raum-zeitliche Zusammenfallen zwischen Vortat und Hehlerei genügen lassen, verstoßen somit gegen das im Strafrecht geltende Analogieverbot. Zudem ist die allgemein anerkannte Rechtsnatur der Hehlerei als Anschlussdelikt zu beachten. Daher ist zumindest eine **vollendete Vortat** zu fordern.[1299]

Damit konzentriert sich im vorliegenden Fall die Frage darauf, ob im Zeitpunkt des An-kaufens durch M eine vollendete Vortat vorlag. Nach der zuerst genannten Auffassung ist das nicht der Fall, da nach diesem Ansatz Unterschlagungshandlung und Hehlereihand-lung gleichzeitig stattfinden. Jedoch ist es auf dem Boden der engen Manifestationstheo-rie möglich, eine vollendete Unterschlagung bereits in der Abgabe eines konkreten Kauf-angebots zu sehen (vgl. Rn 276 f.). Schließt man sich diesem Gedanken an, ergibt sich für den vorliegenden Fall Folgendes: A hat bereits in dem Zeitpunkt, in dem sie M das Fahrrad für 50,- € zum Kauf angeboten hat, den Tatbestand der Unterschlagung vollen-

---

[1295] Mit dem Hinweis: „spätestens" soll zum Ausdruck gebracht werden, dass die nach außen sichtbare Manifestation des Zueignungswillens ggf. zwar schon in der Abgabe des konkreten Kaufangebots gesehen werden kann, dies jedoch dadurch, dass tatsächlich ein Ankauf durch M stattgefunden hat, jedenfalls bei der Frage nach der Strafbarkeit der A dahinstehen kann.

[1296] Wie hier BGHSt 13, 403, 405; LK-*Vogel*, § 259 Rn 11 ff.; *Lackner/Kühl*, § 259 Rn 6; *Fischer*, § 259 Rn 10 und auch immerhin die amtliche Begründung BT-Drs. 7/550 S. 252.

[1297] Sch/Sch-*Stree/Hecker*, § 259 Rn 15 (anders aber *Hecker*, JuS 2011, 1040, 1041); *Rudolphi*, JA 1981, 1, 7.

[1298] Vgl. OLG Hamburg NJW 1966, 2226, 2227; BGHSt 3, 40, 44. Unklar BGH NStZ-RR 2011, 245 (die Vortat muss „recht-lich" abgeschlossen sein).

[1299] So auch *Wessels/Hillenkamp*, BT 2, Rn 833; *Kudlich*, NStZ 2008, 62, 63 ff.; *Hecker*, JuS 2011, 1040, 1041 und wohl auch BGH NStZ 2012, 700 („Vortat muss abgeschlossen sein").

det. Es liegt damit eine Vortat i.S.d. § 259 I vor. M hat durch den Ankauf den Tatbestand der Hehlerei verwirklicht.

Stellt man indes darauf ab, dass erst das als Hehlereitat in Betracht kommende Ankaufen des Fahrrads die Vollendung der Unterschlagung herbeigeführt hat, kann M nicht wegen Hehlerei strafbar sein. Strafbar ist er dann aber wegen Beihilfe zur Unterschlagung.

ff. Abgrenzung zur (bzgl. § 259) straflosen Ersatzhehlerei

834 § 259 I setzt eine unmittelbare Sachidentität voraus. Kennzeichen hierfür ist das Merkmal „durch". Gegenstand der Hehlerei muss die Sache der Vortat sein. Anderenfalls kann nicht eine rechtswidrige Vermögensposition aufrechterhalten werden.[1300] Bei dieser Abgrenzungsfrage wird der Unterschied zwischen Begünstigung (§ 257) und Hehlerei deutlich. Bei der Begünstigung geht es um die Sicherung der Tatvorteile schlechthin, bei der Hehlerei um die erlangte Sache selbst.

Beispiele für (bzgl. § 259) straflose[1301] Ersatzhehlerei:
(1) Die gestohlene Sache wird gegen einen anderen Gegenstand getauscht; die als Hehler in Betracht kommende Person kauft die Ersatzsache an.
(2) Von dem gestohlenen Geld werden Sachen gekauft; die als Hehler in Betracht kommende Person nimmt die Ersatzsachen an.
(3) Das gestohlene Geld wird eingewechselt (str., vgl. dazu das folgende Beispiel) bzw. gegen eine Fremdwährung eingetauscht.

834a Wird jedoch die Ersatzsache durch eine Straftat (regelmäßig ein Betrug nach § 263) erlangt, ist an dieser eine Hehlerei möglich.

Beispiel: T hat O im dichten Gedränge das Handy aus der Jackentasche gezogen. Noch am selben Tag veräußert er es an den gutgläubigen D. Den Verkaufserlös (50,- €) schenkt er seiner Freundin F, die über alles Bescheid weiß und sich von dem Geld im Geschäft des X einen Ring kauft.

T hat sich durch das Herausziehen des Handys aus der Jackentasche des O wegen Diebstahls (§ 242 I) strafbar gemacht. Auch hat er sich durch die Veräußerung des Handys an D wegen Betrugs (§ 263 I) strafbar gemacht, weil D niemals Eigentum an dem Handy erwerben konnte (§ 935 I BGB) und somit einen Schaden erlitten hat.

Fraglich ist, ob F durch die Entgegennahme der 50,- € wegen Hehlerei strafbar ist. Auf den ersten Blick könnte eine straflose Ersatzhehlerei gegeben sein, weil F nicht das Handy selbst, sondern lediglich den Verkaufserlös entgegengenommen hat. Stellt sich jedoch das Ersatzgeschäft seinerseits als Straftat dar, kommt Hehlerei am Ersatzgegenstand in Betracht. Vorliegend handelt es sich bei dem Ersatzgeschäft (Veräußerung des Handys an D) um einen Betrug, also um eine Straftat. Die 50,- € waren daher von T rechtswidrig erlangt i.S.v. § 259 I. Durch die Entgegennahme dieses Geldes hat sich F daher wegen Hehlerei strafbar gemacht. X ist straflos. Zwar stammt das Geld nach wie vor aus einer Straftat, bei X fehlte jedoch der Hehlereivorsatz.

835 Wirkt jemand bei der Erlangung der Ersatzsache mit, kommt für diesen eine Strafbarkeit nach § 259 wegen Absetzens oder Absatzhilfe an der ursprünglichen Sache in Betracht.

c. Tathandlungen: Ankaufen, Sichverschaffen, Absetzen, Absetzenhelfen

836 Die vier Tathandlungen des § 259 I können alternativ, aber auch kumulativ begangen werden. Sie sind allesamt durch ein **einverständliches Zusammenwirken** des Hehlers mit dem Vortäter (bei mehreren genügt das Einverständnis von einem[1302]) bzw.

[1300] BGHSt 9, 137, 139 (für das Mitverprassen von gestohlenem Geld); BGH NJW 1969, 1260.
[1301] Zu denken ist dann aber an Geldwäsche (§ 261).
[1302] *Fischer*, § 259 Rn 16.

dem Vorbesitzer gekennzeichnet.[1303] Ein solches Zusammenwirken wird daher immer dann in Frage zu stellen sein, wenn „Hehler und Stehler" nicht freiwillig zusammenarbeiten, sondern der Vortäter bzw. Vorbesitzer einem Zwang ausgesetzt ist. Wird der Vortäter bzw. Besitzer durch Täuschung, Drohung oder Nötigung dazu veranlasst, die Verfügungsgewalt an der Sache einem anderen zu übertragen, fehlt nach h.M. ein einverständliches Zusammenwirken.[1304] So kommen namentlich Raub, Diebstahl, Erpressung, Nötigung, Bedrohung und Betrug (für diesen streitig) als Mittel der Gefügigmachung in Betracht. Folge ist, dass § 259 nicht mehr einschlägig ist. Begründen lässt sich dies u.a. damit, dass der Hehler in diesem Fall dem Vortäter keinerlei Anreiz zur Begehung der Tat bietet, wenn die „Weitergabe" erzwungen wird.

Allen Tathandlungsmöglichkeiten ist gemeinsam, dass der Vortäter die Möglichkeit verlieren muss, auf die Sache einzuwirken.[1305]

aa. Ankaufen oder sonst einem Dritten oder sich verschaffen

a.) Sichverschaffen

Sichverschaffen ist die Herstellung eigener unmittelbarer Verfügungsgewalt über die Sache zu eigenen Zwecken und im Einverständnis mit dem Vortäter.[1306]   837

Wer also die aus der Vortat stammende Sache nur aufbewahrt, handelt nicht zu eigenen Zwecken und ist damit nicht Hehler. Aus der gesetzlichen Formulierung: „... oder sonst" geht des Weiteren hervor, dass das „Sichverschaffen" den Oberbegriff bildet und dass es sich bei dem „Ankaufen" nur um einen Unterfall des Sichverschaffens handelt. Wichtigste Unterscheidungsmerkmale zwischen den Varianten sind der Grad der Selbstständigkeit und Eigenverantwortlichkeit sowie das eigene wirtschaftliche Interesse.   838

Weiteres, jedoch ungeschriebenes, Erfordernis des Tatbestands ist das bereits genannte **einverständliche Zusammenwirken**. Hergeleitet wird es aus der innertatbestandlichen Systematik, da der Unterfall des Sichverschaffens – das Ankaufen – eine „synallagmatische Einigkeit" voraussetzt. Dieses Erfordernis muss somit auch für den Oberbegriff gelten. Im Fall einer Gewaltanwendung zur Erlangung der Sache gegenüber dem Vortäter scheidet somit eine Hehlerei aus, es liegt jedoch regelmäßig eine neue Straftat (bspw. §§ 240, 242, 249) vor.[1307]   839

Diesbezügliche Voraussetzungen für eine Strafbarkeit nach § 259 sind:

- **(1)** Verfügungsgewalt über die Sache,
- **(2)** Handeln im Einvernehmen mit dem Vortäter und
- **(3)** Handeln zu eigenen Zwecken.

b.) Einem Dritten verschaffen

„**Einem Dritten verschaffen**" liegt vor, wenn der Täter aus eigenen Interessen die bemakelte Sache unmittelbar einem Dritten zukommen lässt, ohne zuvor selbst Besitz erlangt zu haben.   840

Problematisch ist, ob der Vortäter Dritter sein kann. Dies sollte in Anbetracht des klaren Wortlauts abgelehnt werden. Der Vortäter wird in § 259 I als „anderer" bezeichnet und ist somit begriffslogisch vom „Dritten" personenverschieden.[1308] Für ein Bereicherungsstreben zugunsten des Vortäters geht aber grundsätzlich auch § 257 vor.

[1303] Sch/Sch-*Stree/Hecker*, § 259 Rn 42; MüKo-*Lauer*, § 259 Rn 61; BGHSt 7, 134, 137; 9, 137, 138.
[1304] *Fischer*, § 259 Rn 16; BGHSt 42, 196, 199; dem sich anschließend *Kudlich/Palm*, JuS 2009, 501, 502 f.
[1305] BGHSt 35, 172, 176.
[1306] *Fischer*, § 259 Rn 14 f.; BGHSt 15, 53, 56; 27, 160, 163; BGH StV 1999, 604 (für den Mitverzehr).
[1307] BGHSt 42, 196; *Kudlich*, JA 2002, 672, 673 f.
[1308] BGH NStZ 1995, 595.

c.) Unterfall des Sichverschaffens: Ankaufen

841 Das Ankaufen ist ein Unterfall des Sichverschaffens und kennzeichnet in besonderem Maße das Zusammenwirken zwischen Vortäter und Hehler. Zu beachten ist aber immer, dass der Abschluss des schuldrechtlichen Vertrags (des Kaufvertrags) nicht ausreicht. Notwendig ist die irgendwie geartete Übertragung des Besitzes, d.h. die Verschaffung der Verfügungsgewalt über den Gegenstand.[1309] Vgl. dazu das Beispiel bei Rn 852.

bb. Absetzen

Weitere Begehungsformen der Hehlerei sind das *Absetzen* und das *Absetzenhelfen*.

842 **Absetzen** bedeutet, die Sache im Einvernehmen mit dem Vortäter, jedoch im Übrigen selbstständig wirtschaftlich und gegen Entgelt zu verwerten.[1310]

Diesbezügliche Voraussetzungen für eine Strafbarkeit nach § 259 sind, dass die Verwertung

- **(1)** selbstständig,
- **(2)** wirtschaftlich und
- **(3)** im Einvernehmen mit dem Vortäter geschieht.

843 Bei einem Vergleich zum „Sichverschaffen" wird der Grad der persönlichen Abhängigkeit deutlich. Beim „Absetzen" handelt der Täter im Einvernehmen mit dem Vortäter und nicht bloß zu eigenen Zwecken. Davon abgesehen, bereitet die Definition des Begriffs „Absetzen" einige Probleme. Zum einen wird das Tatbestandserfordernis der „Entgeltlichkeit" teilweise verneint, zum anderen wird darüber gestritten, ob die Absatzbemühungen des Täters erfolgreich gewesen sein müssen.

844 **Erfordernis einer Entgeltlichkeit?** Eine Frage von eher untergeordneter Bedeutung ist die nach der Entgeltlichkeit der Verwertung.

- Die h.M. verlangt eine entgeltliche Veräußerung der Sache. Hierzu zähle die Verwertung durch Verkauf, Tausch oder Verpfändung.[1311]
- Lediglich eine Minderheitsmeinung lässt auch ein Verschenken genügen.[1312]

845 **Erfordernis eines Absatzerfolgs?** Von weitaus größerer Bedeutung sind die Frage nach dem Absatzerfolg und die damit einhergehende Abgrenzung zum Versuch.

- Vor allem die frühere Rspr. war der Auffassung, dass es nicht auf den Erfolg der Absatzbemühungen ankomme, sondern dass jede von einem Absatzwillen getragene **vorbereitende Tätigkeit genüge**, soweit sie geeignet sei, die rechtswidrige Vermögenslage aufrechtzuerhalten. Begründet wurde diese Auffassung v.a. mit kriminalpolitischen Erwägungen und dem Wortlaut des § 259 a.F. („Mitwirken beim Absatz").[1313]
- Der h.L. geht diese Auslegung zu weit. Vielmehr müsse die Absatzbemühung erfolgreich, also in einen **tatsächlichen Absatz** gemündet sein, mit der Folge, dass bei Ausbleiben des Absatzerfolgs keine vollendete Hehlerei, sondern lediglich ein Hehlereiversuch vorliege. Begründet wird dieser Standpunkt zum einen mit dem final gefassten Wortlaut des § 259 n.F. und zum anderen mit dem Strafzweck der Hehlerei. Setze § 259 in allen Begehungsformen die Aufrechterhaltung der rechtswidrigen Besitzlage durch einen Wechsel im Besitz voraus, sei ein gelungener Absatz erforderlich.[1314]

[1309] *Fischer*, § 259 Rn 12/13. Vgl. auch BGH NStZ-RR 2005, 236, 237; BGH wistra 2008, 423 f.
[1310] BGH NStZ 2014, 577; BGHSt 27, 45, 48 f.; 26, 358, 361; 2, 135, 137; *Fischer*, § 259 Rn 15 f.
[1311] BGHSt 27, 45, 48 f.; BGH NJW 1976, 1698, 1699; LK-*Walter*, § 259 Rn 53; *Rengier*, BT I, § 22 Rn 29; *Fischer*, § 259 Rn 15 f.
[1312] Sch/Sch-*Stree/Hecker*, § 259 Rn 32; NK-*Altenhain*, § 259 Rn 50.
[1313] BGHSt 22, 206, 208; 26, 358, 359; 27, 45, 49; BGH NJW 1989, 1490 (Lagerung von Diebesbeute); NJW 1997, 2610 (Lieferung an V-Mann); NStZ 1983, 455; NStZ-RR 2000, 266.
[1314] LK-*Walter*, § 259 Rn 55 f.; SK-*Hoyer*, § 259 Rn 20; NK-*Altenhain*, § 259 Rn 48 f.; MüKo-*Maier*, § 259 Rn 106; *Fischer*, § 259 Rn 23; *Lackner/Kühl*, § 259 Rn 13; Sch/Sch-*Stree/Hecker*, § 259 Rn 29.

■ Die genannten Argumente der h.L. hat nun auch der 3. Strafsenat des BGH aufgegriffen. Er stellt jetzt auf den Wortlaut und die Systematik ab und stellt klar, dass er früheren Judikaten, in denen die Absatzhehlerei sehr weit in das Vorfeld von Absatzbemühungen ausgedehnt wurde, nicht mehr zustimme.[1315]

■ Stellungnahme: Für den Standpunkt der (bisherigen) Rspr. spricht, dass mit dem weiten Verständnis des Absetzens besonders gefährliche Vorbereitungshandlungen, die auch dann gegeben sein können, wenn der tatsächliche Absatzerfolg ausbleibt, als Tathandlungen i.S.v. § 259 erfasst werden können. Gegen dieses weite Verständnis des Absetzens lässt sich aber neben dem final gefassten Wortlaut des § 259, der das Erfordernis eines Absatzerfolgs nahelegt, einwenden, dass dadurch die Absatzhehlerei sehr weit in das (an sich straflose) Vorfeld von Absatzbemühungen ausgedehnt wird, was eine Kollision mit dem Bestimmtheitsgrundsatz (Art. 103 II GG) bedeutet. Außerdem besteht auch kriminalpolitisch kein Grund, den Begriff des Absetzens derart weit auszudehnen, weil auch nach der engen Auslegung der Täter keinesfalls stets straflos ausgeht; immerhin ist der Versuch gem. § 259 III strafbar.

Beispiel[1316]: Dem E wurden mehrere Gemälde im Gesamtwert von ca. 1,5 Mio. € gestohlen. Auf ungeklärte Weise gelangten die Gemälde in den Besitz des T. Dieser bat den H, ihm bei der Suche nach Käufern zu helfen. H, der ahnte, dass es sich bei den Gemälden um Diebesgut handelte, erklärte sich v.a. wegen der versprochenen Provision i.H.v. 10% des Verkaufserlöses dennoch bereit, die Gemälde an sich zu nehmen und Käufer zu suchen. Er fertigte Fotos an, die er verschiedenen Interessenten zeigte. Doch die Verkaufsbemühungen blieben erfolglos. Nachdem einer der Interessenten die Polizei informiert hatte, wurde H vorläufig festgenommen.

Der 3. Senat ist richtigerweise der Auffassung, dass mangels Besitzerwechsels noch kein „Absetzen" vorgelegen habe. H ist somit nicht wegen vollendeter Hehlerei strafbar. In Betracht kommt aber ein Hehlereiversuch (§ 259 III).

Hat der Hehler, der die Sache an einen Dritten veräußert, die Sache zuvor vom Täter **846** angekauft, liegt in dem Ankauf die maßgebliche Hehlereihandlung, nicht in dem Weiterverkauf.[1317] Fraglich ist in diesem Zusammenhang aber, ob die **Rückveräußerung der Sache an den Eigentümer** ein Absatz sein kann. Die heute ganz. h.M. verneint dies richtigerweise mit dem Strafzweck. Die Aufrechterhaltung der rechtswidrigen Vermögenslage ende mit Erlangung der Sache durch den Berechtigten bzw. den Eigentümer. Dies gelte auch, wenn der Eigentümer nicht erkenne, dass es sich um sein Eigentum handele. Ausschlaggebend sei die tatsächliche Lage. Insoweit bilde der Betrug nach § 263 eine abschließende Straftat.[1318]

cc. Absatzhilfe

Absatzhilfe bedeutet das im wirtschaftlichen Interesse des Vortäters liegende un- **847** selbstständige, in gewisser Weise somit weisungsgebundene Unterstützen des Vortäters bei seinen Absatzbemühungen.[1319]

Diesbezügliche Voraussetzungen für eine Strafbarkeit nach § 259 sind gegeben bei:

(1) unselbstständigem (d.h. weisungsgebundenem)
(2) Helfen
(3) bei der Beuteverwertung.

[1315] BGH NJW 2014, 951, 952.
[1316] In Anlehnung an BGH NJW 2014, 851 f.
[1317] BGH NStZ 2014, 577.
[1318] BGHSt 43, 110, 111; *Wessels/Hillenkamp*, BT 2, Rn 868; Sch/Sch-*Stree/Hecker*, § 259 Rn 33; *Lackner/Kühl*, § 259 Rn 14; *Fischer*, § 259 Rn 18a; NK-*Altenhain*, § 259 Rn 47; LK-*Vogel*, § 259 Rn 27; MüKo-*Lauer*, § 259 Rn 86.
[1319] Sch/Sch-*Stree/Hecker*, § 259 Rn 35.

848 Bei der Absatzhilfe handelt es sich um die Form, die den geringsten Grad an Selbstständigkeit des Hehlers voraussetzt. Zu nennen ist hier beispielsweise die Vermittlung eines Interessenten für das Hehlereigut. Insoweit wird auch von einer Lückenfüllfunktion dieser Modalität gesprochen. Wesensmerkmal der Absatzhilfe ist, dass es sich hierbei um die zu einem eigenständigen Delikt erhobene (weil sonst nicht tatbestandsmäßige) Unterstützung des Vortäters zu der für ihn straflosen (er ist kein anderer) Beuteverwertung handelt. Es fehlt somit an einer teilnahmefähigen Haupttat. Deswegen bedarf es dieser Variante.

Zu berücksichtigen ist, dass das bloße Verwahren der Beute, ohne dass ein Absatzplan besteht, nicht als Absatzhilfe zu werten ist. Ebenso wenig sind Erkundigungen über eine mögliche Verwertung des Diebesguts tatbestandsmäßig i.S.d. § 259 (s.o.).

849 **Erforderlichkeit des Absatzerfolgs?** Bezüglich des Erfolgs der Absatzhilfe gilt das zum Absetzen Gesagte entsprechend (Rn 845). Nach der hier vertretenen Auffassung, die auch der 3. Strafsenat des BGH für erwägenswert erachtet, ist daher eine Abgrenzung zum Versuch vorzunehmen für den Fall, dass ein Absatzerfolg ausbleibt.

2. Subjektiver Tatbestand

850 Zunächst muss der Täter hinsichtlich aller objektiven Tatbestandsmerkmale **vorsätzlich** handeln. Es genügt, wenn er es für möglich hält (dolus eventualis), dass die Sache aus einer rechtswidrigen Vortat stammt. Ob die Annahme eines äußerst günstig erscheinenden Angebots auf dolus eventualis schließen lässt, kann nicht pauschal beantwortet werden.

> **Beispiel**[1320]: K erwarb bei eBay von V zum Höchstgebot von 671,- € (Startpreis: 1,- €) ein als „nagelneu", und „toplegal" und „aus Polen stammend" angebotenes Navigationsgerät. K wusste, dass die unverbindliche Preisempfehlung (UPE) des Herstellers bei 2.137,- € lag. Bei entsprechenden Versteigerungen verschiedener Anbieter hatte K festgestellt, dass das letztlich erfolgreiche Höchstgebot stets zwischen 500,- € und 800,- € lag. K ging davon aus, dass sich die erhebliche Differenz zwischen der UPE und den Versteigerungspreisen dadurch erkläre, dass es sich um sog. B-Ware handele.[1321] Auf den Gedanken, das ersteigerte Gerät könne womöglich gestohlen oder sonst durch eine Straftat erlangt worden sein, kam er nicht. Tatsächlich handelte es sich bei dem angebotenen Navigationsgerät um Diebesgut. Hat sich K wegen Hehlerei strafbar gemacht?
>
> Durch das Ankaufen des Navigationsgeräts hat K den objektiven Tatbestand der Hehlerei verwirklicht. Fraglich ist allein, ob er mit dem erforderlichen Vorsatz handelte. Dazu hätte er es für möglich halten müssen, dass die Sache aus einer rechtswidrigen Vortat stammte. Das LG Karlsruhe hat entschieden, dass derjenige, der ein neuwertiges Navigationsgerät bei eBay zum weit unter dem Neuwert liegenden Schnäppchenpreis kauft, nicht zwingend mit dolus eventualis in Bezug auf Hehlerei handele. Ein Startpreis von einem Euro, die Warenbeschreibung „toplegal" und die Herkunft der Ware aus Polen reichten als Beweisanzeichen nicht aus, um darauf schließen zu können, dass es der Käufer zumindest billigend in Kauf genommen habe, Diebesgut zu erstehen. Etwas anderes könne dann gelten, wenn sich sich für den Käufer aufgrund einer Gesamtwürdigung sämtlicher Umstände geradezu aufdrängen musste, dass es sich bei der gekauften Ware um Diebesgut handele.
>
> Für K musste es sich nicht aufdrängen, dass es sich um Diesbesgut handelte. Er bekam allein deshalb den „Zuschlag", weil kein Konkurrent mitbot, der bereit war, ein höheres Gebot abzugeben. Würde man bei K Hehlereivorsatz annehmen, müsste man dies bei jedem Bieter tun, der auf eine Sache bietet, die mit 1,- € Startpreis versehen ist. Das

---

[1320] In Anlehnung an LG Karlsruhe MMR 2007, 796 f.
[1321] B-Ware ist solche, die z.B. nicht mehr original verpackt ist, die leichte Kratzer am Gehäuse aufweist, aus Retouren stammt oder kurz getestet wurde, im Übrigen aber neuwertig ist.

führte zu einer Massenkriminalisierung, was ersichtlich nicht richtig sein kann. In Ermangelung von (sonstigen) Indizien, die auf Hehlereivorsatz schließen lassen, ist K nicht wegen Hehlerei strafbar.

Anmerkung: Ob dies auch bei einem „Sofortkauf"-Angebot gilt, bei dem von vornherein eine erhebliche Diskrepanz zum üblichen Marktpreis erkennbar ist, hat das LG nicht entschieden. Bei entsprechender Würdigung derartiger Fälle besteht ein erhebliches Risiko für den Käufer, wegen Verdachts der Hehlerei strafrechtlich verfolgt zu werden.

851 Zusätzlich zum soeben beschriebenen dolus eventualis muss der Täter in dem Bewusstsein des einverständlichen Zusammenwirkens handeln. Bei Absatz und Absatzhilfe ist außerdem ein entsprechendes Wissen um die Förderung der Interessen des Vortäters erforderlich.[1322]

852 Schließlich muss der Täter in der **Absicht** handeln, sich oder einen Dritten zu bereichern. Diese sog. **Bereicherungsabsicht** entspricht der des Betrugs, ohne dass jedoch Rechtswidrigkeit und Stoffgleichheit erforderlich wären.[1323] Gemeint ist ein Streben nach einem (nicht notwendigerweise rechtswidrigen) Vermögensvorteil. Der Hehler muss eine günstigere Gestaltung seiner materiellen Situation erlangen, welche regelmäßig dann nicht gegeben ist, wenn die Sache auf legalem Wege günstiger oder gar gleich teuer erworben werden kann.

Beispiel[1324]**:** H betreibt einen weltweiten Handel mit gebrauchten Flugzeugteilen. Der bei dem Flugzeugwerk O angestellte D verkaufte ihm in 55 Fällen Flugzeugteile im Neuwert von rund 3,5 Mio. €, die von O zur Verschrottung ausgesondert worden waren. Da die Verschrottung der Teile nach deren Aussonderung nur nachlässig überwacht wurde, gelang es D, die Teile entgegen einer Anweisung der Unternehmensleitung vom Firmengelände zu entfernen und dem H zum Kauf anzubieten, der ihm dafür insgesamt rund 450.000 € zahlte. Obwohl D ihm versicherte, O wolle „den Schrott loswerden" und habe seinen Mitarbeitern die Mitnahme und Veräußerung erlaubt, hielt H es für möglich, dass D die Flugzeugteile ohne Einverständnis des O mitgenommen habe. Dennoch übernahm er die Teile. Strafbarkeit von D und H?

D ist wegen Diebstahls strafbar, weil er die Flugzeugteile dem O weggenommen hat, um sie sich rechtswidrig zuzueignen. Auch liegt ein besonders schwerer Fall des Diebstahls gem. § 243 I S. 2 Nr. 3 vor, da es D darauf ankam, sich aus wiederholter Begehung eine Haupt- oder wenigstens Nebeneinnahmequelle von einiger Dauer und einigem Umfang zu schaffen.

H könnte sich durch den Ankauf der Flugzeugteile wegen gewerbsmäßiger Hehlerei (§§ 259, 260 I Nr. 1) strafbar gemacht haben.
Die Flugzeugteile waren „Sachen, die ein anderer gestohlen hat". Auch hat H die Sachen angekauft und von D übergeben bekommen.

H handelte vorsätzlich, da er es billigend in Kauf genommen hat, dass D die Teile gestohlen hatte. Und dadurch, dass er die Teile gewinnbringend weiterveräußern wollte, handelte er in der Absicht, sich zu bereichern. Geht man aufgrund der Tatsache, dass H bereits 55 Mal von D Flugzeugteile angekauft hat, schließlich davon aus, dass H sich aus den wiederholten Ankäufen eine fortlaufende Einnahmequelle von einigem Umfang und einiger Dauer verschafft hat bzw. weiterhin verschaffen wollte, hat er die Hehlerei „gewerbsmäßig" gem. § 260 I Nr. 1 begangen. Zur Frage nach der Strafbarkeit wegen Geldwäsche vgl. Rn 880a.

[1322] *Joecks*, § 259 Rn 29; BGHSt 10, 1, 3 ff.; *Lackner/Kühl*, § 259 Rn 16.
[1323] Wie hier *Fischer*, § 259 Rn 23; Sch/Sch-*Stree/Hecker*, § 259 Rn 48; SK-*Hoyer*, § 259 Rn 44; NK-*Altenhain*, § 259 Rn 65; a.A. *Seelmann*, JuS 1988, 42.
[1324] Nach BGH NJW 2006, 1297 ff.

II. Rechtswidrigkeit und III. Schuld

853 Bezüglich Rechtswidrigkeit und Schuld ergeben sich keine Besonderheiten, sodass die allgemeinen Grundsätze heranzuziehen sind.

IV. Strafantrag

854 Gemäß § 259 II gelten die §§ 247 und 248a entsprechend (s.o.).

V. Täterschaft und Teilnahme

855 Hehler kann jedenfalls sein, wer nicht an der Vortat beteiligt war. War die als Hehler in Betracht kommende Person aber Beteiligter an der Vortat, gilt:

- **Täter und Mittäter der Vortat als Täter der Hehlerei?**
  Täter und Mittäter der Vortat scheiden als taugliche Täter des § 259 schon deshalb aus, weil die Hehlerei die Tat eines „anderen" voraussetzt.[1325]

- **Anstifter und Gehilfen der Vortat als Täter der Hehlerei?**
  Dagegen kommt für Anstifter und Gehilfen der Vortat eine Strafbarkeit aus § 259 durchaus in Betracht.[1326] Das gilt auch dann, wenn der Teilnehmer der Vortat Bandenmitglied (i.S.d. § 260 I Nr. 2) gewesen ist[1327] oder er es von Anfang an auf ein bestimmtes Beutestück abgesehen hat.[1328] Voraussetzung ist nur, dass es um Sachen geht, die *andere* Teilnehmer an der Vortat durch diese erlangt haben (vgl. Rn 824).

- **Täter und Mittäter der Vortat als Anstifter oder Gehilfe der Hehlerei?**
  Stiften Täter oder Mittäter der Vortat den Hehler an oder leisten Beihilfe zur Hehlerei, tritt diese Handlung als mitbestrafte Nachtat zurück (Fall der Konsumtion, vgl. Rn 823).

VI. Qualifikationen, §§ 260, 260a[1329]

1. § 260 I Nr. 1 (Gewerbsmäßige Hehlerei)

856 **Gewerbsmäßige Hehlerei** liegt vor, wenn der Täter die Absicht verfolgt, sich durch wiederholte Tatbegehung eine nicht nur vorübergehende Einnahmequelle von einiger Dauer und von einigem Umfang zu verschaffen.[1330] Auch bei erstmaliger Tatbegehung kann daher „Gewerbsmäßigkeit" vorliegen, wenn eine entsprechende Absicht besteht. Bei einem nur einmaligen Ankauf gestohlener Sachen fehlt es indes an der „Gewerbsmäßigkeit" auch dann, wenn der Täter die Hehlerware sukzessive veräußert.

2. § 260 I Nr. 2 (Bandenhehlerei)

857 Die Ausführungen zu § 244 I Nr. 2 gelten hier sinngemäß. Der BGH schränkt den Bandenbegriff auf mindestens **drei Mitglieder** ein, ohne dass es hierbei einer festen Organisation der Mitglieder bedarf.[1331] Auf die Mitwirkung *mehrerer* Bandenmitglieder am Tatort kommt es bei der Bandenhehlerei nicht an. Denn in § 260 und § 260a fehlt die Wendung „*unter Mitwirkung eines anderen Bandenmitglieds*". Die Kenntnis des Täters von mehreren oder sämtlichen Bandenmitgliedern setzt der BGH nicht voraus. Es reicht somit, dass der Täter zumindest mit *einem* anderen die Bandenabrede getroffen hat (BGH NStZ 1996, 495). Hinsichtlich beider Qualifikationstatbestände ist der **Versuch** gem. § 260 II strafbar.

3. § 260a (gewerbsmäßige Bandenhehlerei)

858 Bei § 260a handelt es sich um eine Kombination der Erschwernisgründe aus § 260.

[1325] Insoweit klarstellend BGH wistra 2012, 433, 434.
[1326] Vgl. dazu BGH NStZ 2008, 516; BGH wistra 2012, 433, 434.
[1327] Vgl. BGH wistra 2012, 433, 434 sowie oben Rn 231, wonach auch ein Teilnehmer Bandenmitglied sein kann.
[1328] BGHSt 7, 134, 137; 33, 50, 52; BGH NStZ 1996, 493; *Wessels/Hillenkamp*, BT 2, Rn 884.
[1329] Zum prüfungstechnischen Aufbau von Grundtatbestand und Tatbestandsqualifikation vgl. *R. Schmidt*, AT, Rn 84 ff.
[1330] BGH NStZ 2014, 271. Hierbei handelt es sich um ein besonderes persönliches Merkmal i.S.d. § 28 II.
[1331] BGHSt 46, 321, 338; zust. *Ellbogen*, wistra 2002, 9 f.; *Joerden*, JuS 2002, 329; *Lackner/Kühl*, § 244 Rn 6.

VII. Konkurrenzen

1. Verhältnis zwischen Hehlerei und Vortat

Trifft die Hehlerei mit einer Teilnahme an der Vortat zusammen, liegt i.d.R. Tatmehrheit vor. Ist die Hehlerei oder die Vortatbeteiligung ungewiss, ist eine Wahlfeststellung zwischen §§ 242, 246 und § 259 möglich („Hängt den Hehler wie den Stehler"). **858a**

2. Verhältnis zwischen Hehlerei und Geldwäsche

Zum Verhältnis zwischen Hehlerei und Geldwäsche vgl. sogleich sowie Rn 880a. **858b**

3. Verhältnis zwischen Hehlerei und Betrug

Veräußert der Hehler eine Sache, die er zuvor dem Vortäter (dem Dieb) abgekauft hat, gewinnbringend an einen gutgläubigen Endabnehmer weiter, begeht er hierdurch diesem gegenüber einen Betrug. Dieser Betrug steht zur Hehlerei im Verhältnis der Tatmehrheit (§ 53). **859**

> **Beispiel**[1332]: D entwendete aus dem Warenlager der O-GmbH in insgesamt 34 Fällen Topfsets, Messerblöcke und weitere Küchengeräte, um sie zu verkaufen und sich hieraus eine fortlaufende Einnahmequelle zu verschaffen. H erwarb in Kenntnis dieser Umstände sukzessive die Sachen von D und verkaufte sie mit ca. 100% Gewinn an verschiedene Abnehmer weiter, welche H für den verfügungsbefugten Eigentümer hielten und daher den vereinbarten Kaufpreis nach Übergabe der Sachen entrichteten.
>
> D ist wegen Diebstahls (§ 242 I ggf. i.V.m. § 243) strafbar. H hat durch den An- und Verkauf des Diebesguts den Tatbestand der gewerbsmäßigen Hehlerei (§§ 259 I, 260 I Nr. 1) verwirklicht. Darüber hinaus hat er durch die Veräußerungen des Diebesguts den Tatbestand des gewerbsmäßigen Betrugs (§ 263 I, III S. 2 Nr. 1) verwirklicht (müsste in der Klausur geprüft werden).
>
> Zusätzlich zur Hehlerei und zum Betrug hat H auch in 34 Fällen eine Geldwäsche gem. § 261 I Nr. 4a i.V.m. II Nr. 1 i.V.m. IV S. 2 Var. 1 verwirklicht (müsste ebenfalls in der Klausur geprüft werden).
>
> Zum Konkurrenzverhältnis der von H verwirklichten Tatbestände. Die Geldwäsche tritt hinter die gewerbsmäßige Hehlerei zurück, da diese bereits eine Katalogtat nach § 261 I S. 2 darstellt, die eine zusätzliche Bestrafung wegen Geldwäsche erübrigt.[1333] Hinsichtlich der dann verbleibenden gewerbsmäßigen Hehlerei und des gewerbsmäßigen Betrugs besteht Tatmehrheit (§ 53), da diese Taten auf mehreren selbstständigen Tathandlungen beruhen und darüber hinaus auch verschiedene Rechtsgutträger schädigen (vgl. BGH wistra 2008, 423).
>
> H ist daher wegen gewerbsmäßiger Hehlerei in Tatmehrheit mit gewerbsmäßigem Betrug in jeweils 34 Fällen gem. §§ 259 I, 260 I Nr. 1, 263 I, III S. 2 Nr. 1, 53 strafbar.

[1332] In Anlehnung an BGH wistra 2008, 423 f.
[1333] BGH NJW 2006, 1297, 1298 ff. – dazu Rn 880a.

6. Kapitel – Geldwäsche (§ 261)

860 Geldwäsche bezeichnet die Überführung von illegal erwirtschafteten Vermögenswerten in den legalen Finanz- und Wirtschaftskreislauf. Die illegal erwirtschafteten Vermögenswerte sind das Ergebnis illegaler Tätigkeiten wie z.B. Drogenhandel, Waffenhandel, aber auch Steuerhinterziehung. Durch die „Geldwäsche" sollen die illegale Herkunft von Vermögenswerten verschleiert, diese dem Zugriff der Strafverfolgungsbehörden bzw. Steuerbehörden entzogen und Erlöse aus krimineller Tätigkeit durch möglichst unauffällige Geschäftstransaktionen, wie etwa Kauf und Verkauf von Immobilien oder Wertpapieren, in den legalen Wirtschaftskreislauf überführt werden. Damit wird zugleich die grenzüberschreitende Bedeutung dieses Delikts erkennbar, was die Anwendung moderner und wirksamer Verbrechensbekämpfungsmethoden auf internationaler Ebene erforderlich macht. Zu diesem Zweck hat die Europäische Union zahlreiche Verordnungen und Richtlinien erlassen. Zu nennen sind bspw. die Geldtransfer-Verordnung[1334] und die Vierte Geldwäscherichtlinie[1335], die vom Bundestag mit Gesetz vom 23.6.2017 in nationales Recht überführt bzw. umgesetzt wurden und Änderungen zahlreicher Rechtsvorschriften nach sich zogen[1336]. Auch hat am 19.12.2016 der Bundestag ein Zustimmungsgesetz erlassen zu dem Übereinkommen des Europarates vom 16.5.2005 über Geldwäsche sowie Ermittlung, Beschlagnahme und Einziehung von Erträgen aus Straftaten und über die Finanzierung des Terrorismus (BGBl II 2016, S. 1370). Danach verpflichten sich die Vertragsstaaten zu entsprechenden gesetzgeberischen und anderen Maßnahmen, um die im Übereinkommen genannten Ziele zu erreichen. Insbesondere zählen dazu das Einfrieren, die Beschlagnahme und die Einziehung von illegal erworbenem Vermögen (Art. 5 des Zustimmungsgesetzes). Entsprechende gesetzliche Regelungen werden daher in Kürze zu erwarten sein. Auch besteht die Pflicht der Vertragsstaaten, bestimmte vorsätzlich begangene Handlungen nach ihrem innerstaatlichen Recht als Straftaten der Geldwäsche zu umschreiben (Art. 9 des Zustimmungsgesetzes). Eine (zeitnahe) Änderung des § 261 StGB und anderer (auch) die Geldwäsche bekämpfender Gesetze[1337] dürfte daher ebenfalls zu erwarten sein. Solange Gesetzesänderungen aber noch nicht beschlossen und in Kraft getreten sind, ist die geltende Rechtslage zugrunde zu legen. Auch § 261 in der noch geltenden Fassung soll verhindern, dass illegale Vermögenswerte in legale umgewandelt werden, und gewährleisten, dass der Täter isoliert wird.[1338] Eingeführt wurde die Norm durch das Gesetz zur Bekämpfung des illegalen Rauschgifthandels und anderer Erscheinungsformen der Organisierten Kriminalität (OrgKG) vom 15.7.1992, ist aber insbesondere infolge der Terroranschläge vom 11.9.2001 in den Fokus strafrechtlicher Ermittlungstätigkeit gelangt. Nach der Intention des Gesetzgebers sollten mit § 261 Lücken geschlossen werden, welche die Anschlussdelikte der §§ 257-259 bei besonders gefährlichen Kriminalitätsformen, namentlich der Organisierten Kriminalität, auf objektiver und subjektiver Ebene offenlassen. Ergänzend zum Geldwäschetatbestand greift das Geldwäschegesetz (GWG), das insbesondere Banken bei Geldtransfers von Fremdkunden zu Registrierungen und Anzeigen verpflichtet.

Aus der gesetzgeberischen Intention ergibt sich der **Schutzzweck** des Geldwäschetatbestands. Dieser besteht in der Gewährleistung des staatlichen Zugriffs auf Vermögensgegenstände aus besonders gefährlichen Straftaten und mithin in der Abwendung besonderer Gefahren für die Volkswirtschaft und damit für den Staat.[1339]

[1334] Verordnung (EU) 2015/847 des Europäischen Parlaments und des Rates vom 20.5.2015 über die Übermittlung von Angaben bei Geldtransfers.
[1335] Richtlinie (EU) 2015/849 des Europäischen Parlaments und des Rates vom 20.5.2015 zur Verhinderung der Nutzung des Finanzsystems zum Zwecke der Geldwäsche und der Terrorismusfinanzierung.
[1336] BGBl I 2017, S. 1822.
[1337] Vgl. etwa die Abgabenordnung (AO), das Geldwäschegesetz (GWG) und das Kreditwesengesetz (KWG).
[1338] BGH wistra 2001, 379, 380. Vgl. auch *Fahl*, Jura 2004, 160 ff.
[1339] BGH NJW 2006, 1297, 1298 ff. Vgl. auch BGH NJW 2016, 3317.

In der universitären Ausbildung wurde der Strafnorm des § 261 bisher kaum Beachtung geschenkt, obwohl sie für das systematische Verständnis und „Zusammenspiel" der §§ 257, 258 und 259 von erheblicher Bedeutung ist. § 261 wird die Funktion einer Lückenschließung, eines Auffangtatbestands, beigemessen.[1340]

- **Verhältnis zu § 257:** § 257 setzt die rechtswidrige Tat eines anderen voraus und erfasst nur die Sicherung unmittelbarer Tat*vorteile*, nicht hingegen die Sicherung von Surrogaten. Probleme, v.a. bei Strafverteidigern, bereitet stets der Nachweis bezüglich einer Vorteilssicherungsabsicht. Dem Täter muss es darauf ankommen, im Interesse des Vortäters die Wiederherstellung des gesetzmäßigen Zustands zu verhindern oder zu erschweren. **861**

  Der Tatbestand des § 261 kann demgegenüber auch vom Vortäter verwirklicht werden. Die Tat eines anderen ist nicht (mehr) erforderlich (zu beachten ist aber § 261 IX S. 2). Bei § 261 ist Tatobjekt ein *Gegenstand*, also eine Sache oder ein Recht. Der Gegenstand muss nur aus einer rechtswidrigen Tat herrühren. Erfasst werden unter dem Merkmal des „Herrührens" auch Ersatzgegenstände (Surrogate), die ohne wesentliche Wertveränderung an ihre Stelle getreten sind.

- **Verhältnis zu § 258:** Die Strafvereitelung setzt wie § 257 einen „anderen" voraus. § 258 I Var. 1 stellt an den subjektiven Tatbestand hohe Anforderungen. Der Vereitelungstäter muss Kenntnisse in Bezug auf einen bestimmten Vortäter und eine konkrete Tat haben und insoweit absichtlich oder wissentlich handeln. **862**

  Täter der Geldwäsche kann auch der Vortäter sein (beachte aber hier § 261 IX S. 2). § 261 stellt weitaus geringere Anforderungen an den Vorsatz und lässt bedingten Vorsatz, in Absatz 5 sogar leichtfertiges Handeln genügen. Die Annahme verschiedener Herkunftsmöglichkeiten ist ausreichend. Der Täter muss nicht im Einzelnen konkretisierte Vorstellungen bezüglich der vorausgegangenen rechtswidrigen Tat haben.

- **Verhältnis zu § 259:** Die Hehlerei setzt ebenfalls die Tat eines anderen voraus. Taugliches Tatobjekt des § 259 ist nur ein körperlicher Gegenstand (keine Forderungen, keine Rechte oder sonstige geistige Erzeugnisse), der unmittelbar aus der Vortat stammt. Wenn beispielsweise ein Kreditinstitut zwischengeschaltet wird, scheidet die Unmittelbarkeit aus. Die Ersatzhehlerei ist bzgl. § 259 straflos. Des Weiteren muss bei § 259 die Tat gegen fremdes Vermögen gerichtet sein, sodass etwa Erlöse aus Rauschgiftdelikten untauglich sind. Für Auslandstaten sind die §§ 257 ff. nur im Rahmen der Anwendbarkeit der §§ 5 ff. tauglich. § 261 VIII macht von diesem Grundsatz eine Ausnahme und kommt somit dem Globalisierungsgedanken der Bekämpfung (übernationaler) organisierter Kriminalität nach. **863**

  Die Vortat eines *anderen* ist bei § 261 nicht erforderlich (s.o.). Die Geldwäsche schließt insbesondere die Lücken des Hehlereitatbestands. § 261 spricht von Gegenständen der Tat und meint alle vermögenswerten Sachen und Rechte, ohne sich auf Taten, die gegen fremdes Vermögen gerichtet sind, zu beziehen (vgl. den Katalog des § 261). Erfasst wird im Rahmen des Merkmals „Herrühren" auch die „Verwertungskette". So rührt der Gegenstand aus der Vortat, wenn er unter Beibehaltung seines Wertes durch einen anderen ersetzt wird. Vgl. im Übrigen zum Konkurrenzverhältnis zwischen Hehlerei und Geldwäsche Rn 880a.

I. Tatbestand

1. Objektiver Tatbestand

Täter der Geldwäsche kann – anders als bei §§ 257, 258 und 259 – jedermann, auch der Vortäter und ein anderer Beteiligter sein. Diese können jedoch nach **§ 261 IX S. 2** straflos sein, wenn sie aus der Vortat strafbar sind. Hierbei handelt es sich um einen persönlichen Strafausschließungsgrund. Prüfungsstandort ist nach der Schuld. Der **864**

Vorteil dieser Regelung ist, dass – auch bei Straffreiheit des Täters – Personen, die dem Täter bei der Geldwäsche Hilfe geleistet haben, nach § 261 weiterhin zu bestrafen sind. Eine vorsätzliche und rechtswidrige Tat liegt auch noch bei Eingreifen des § 261 IX S. 2 vor.[1341]

865 **Tatobjekt** der Geldwäsche ist ein Gegenstand, der aus einer rechtswidrigen Tat i.S.d. § 261 I herrührt. Mit Gegenstand ist jedes Rechtsobjekt gemeint, das einen Vermögenswert hat. Hierunter sind Sachen wie auch Rechte (Forderungen) zu verstehen. In erster Linie werden jedoch das Bar- und Buchgeld erfasst, aber auch Wertpapiere, Immobilien, Kunstgegenstände, Edelmetalle und Edelsteine.[1342]

866 Ob und unter welchen Voraussetzungen ein Gegenstand aus der Vortat **herrührt**, ist fraglich. Einigkeit besteht aufgrund des Schutzzwecks der Norm, dass „Herrühren" weiter zu verstehen ist als das „Erlangen" in § 259. Erfasst werden also nicht nur Gegenstände, die unmittelbar durch die rechtswidrige Tat erlangt (etwa als Gewinn oder Entgelt) oder hervorgebracht (Herstellung von Falschgeld/Raubkopien/Telefonkartensimulatoren/Designerdrogen) wurden, sondern auch Ersatzgegenstände. Ausgehend von einer wirtschaftlichen Betrachtungsweise muss es sich um solche Gegenstände handeln, die durch nachfolgende Vermögenstransaktionen als Ersatzgegenstände ohne wesentliche Wertveränderung an die Stelle der Ursprungsgegenstände getreten sind.[1343]

> **Beispiel:** Die Einzahlung von Drogengeldern auf ein Konto führt dazu, dass das Guthaben aus der Vortat herrührt. Werden mit dem Guthaben Überweisungen vorgenommen oder Sachen erworben, rühren diese ebenfalls aus der rechtswidrigen Vortat.
> Probleme ergeben sich bei der Vermischung von unredlich erworbenem Geld und redlich erworbenem Vermögen. Zahlt der Täter etwa 5.000,- € der Tatbeute auf sein Konto ein und verfügt er im Weiteren über 500,- € aus seiner Arbeitslosenhilfe, stellt sich die Frage, ob beispielsweise das aus Überweisungen Erlangte aus der Vortat herrührt. Im Grundsatz gilt, dass das Erlangte dann Gegenstand der Geldwäsche ist, wenn etwa Überweisungen den redlich erlangten Anteil des Guthabens übersteigen (also hier über 500,- €).[1344]

867 **Ausnahmen:**
   (1) Werden Gegenstände später infolge selbstständiger Leistung Dritter weiterverarbeitet, scheidet eine Strafbarkeit nach § 261 aus.[1345]
   (2) Werden Gegenstände durch (gutgläubige) Dritte rechtsfehlerfrei erworben, scheidet ebenfalls eine Strafbarkeit aus, § 261 VI.[1346] Folge ist die Tatbestandslosigkeit nachfolgender Verschaffungsakte. Der Dritte muss den Gegenstand also in nicht strafbarer Weise erlangt haben. Regelfall ist der gutgläubige Erwerb nach §§ 932, 935 II BGB. Zu bedenken ist, dass die Wirkung des § 261 VI recht schwach ist, zumal er sich nur auf § 261 II bezieht und nicht auch auf § 261 I. Aufgrund der schwammigen und sich häufig überschneidenden Tatbestandsvarianten wird aber regelmäßig auch eine der Voraussetzungen des § 261 I vorliegen. Der Regelungsgehalt des § 261 VI läuft somit praktisch leer. Aus diesem Grund wird eine Ausdehnung der Voraussetzungen des § 261 VI auch auf die Fälle des § 261 I erwogen.[1347] Einer derartig extensiven Regelungserweiterung stehen jedoch der Wortlaut der Vorschrift und der Wille des Gesetzgebers entgegen. § 261 VI gilt somit nur für § 261 II und nicht für § 261 I.

[1341] BT-Drs. 13/8651 S. 10; BGH NJW 2000, 3725; *Wessels/Hillenkamp*, BT 2, Rn 892.
[1342] *Lackner/Kühl*, § 261 Rn 3; *Wessels/Hillenkamp*, BT 2, Rn 892.
[1343] BT-Drs. 12/989 S. 27; *Fad*, JA 2002, 14, 15.
[1344] *Sch/Sch-Stree/Hecker*, § 261 Rn 9.
[1345] BT-Drs. 12/989 S. 27; *Lackner/Kühl*, § 261 Rn 5.
[1346] *Rengier*, BT I, § 23 Rn 13 ff.
[1347] *Rengier*, BT I, § 23 Rn 13 ff.; *Lackner/Kühl*, § 261 Rn 6.

Die **Tathandlungen** sind nach § 261 I und II zu differenzieren. Eine exakte Abgrenzung ist leider nicht möglich. Ergänzend zu den Tatbeständen in § 261 I und II sind die Absätze V, VI und VIII zu lesen. **868**

Tathandlung des § 261 I ist zunächst das **Verbergen** bzw. Verschleiern der Herkunft. Es setzt voraus, dass der behördliche Zugriff durch zielgerichtete Vorkehrungen erschwert wird.[1348] Mittel sind das Wegschaffen oder täuschende Manipulationen jeglicher Art. Das **Vereiteln** setzt voraus, dass die Ermittlungen zum Scheitern gebracht werden. Für das **Gefährden der Ermittlung** genügt die Schaffung einer konkreten Gefahr des Scheiterns.[1349] **869**

Eine konkrete Gefahr liegt immer dann nicht vor, wenn die Sache der Polizei oder dem Eigentümer bzw. Berechtigten übergeben werden soll.[1350] Möglich und durchaus praxisrelevant sind das Vereiteln oder Gefährden der Ermittlungen durch Unterlassen. So ist der Bankangestellte wegen Übertragung der Anzeigepflicht nach § 43 I GWG Garant.[1351] Dieses Ergebnis ist nachvollziehbar, zumal die Geldströme und der Wirtschaftskreislauf durch die Banken beeinflusst, wenn nicht gar gesteuert werden. Soll der Zweck des § 261 nicht leerlaufen, müssen v.a. die Geldinstitute nachhaltig zu einem Tun verpflichtet werden.

Ein **Gefährden des Auffindens** liegt vor, wenn jemand den tatsächlichen Zugriff auf den Gegenstand konkret erschwert.[1352] **870**

Tathandlung des § 261 II ist zunächst das Sich-oder-einem-Dritten-**Verschaffen** (§ 261 II Nr. 1). Das Verschaffen setzt im Gegensatz zu § 259 kein kollusives Zusammenwirken mit dem Vortäter voraus. Das Verschaffen verlangt nur, dass der Geldwäscher die Verfügungsgewalt über die Sache/das Vermögensgut im **Einvernehmen mit dem Vortäter** übertragen bekommen hat bzw. im Einvernehmen mit dem Vortäter die Verfügungsgewalt eines Dritten herstellt.[1353] **871**

Fraglich ist, ob das Einvernehmen des Vortäters **frei von Willensmängeln** sein muss. Der BGH bejaht diese Frage.[1354] Folgt man dieser Auffassung, ist es ohne Bedeutung, wenn der Vortäter infolge von Täuschung oder Nötigung in die Übertragung der Verfügungsgewalt „einwilligt". Doch die Auffassung des BGH geht zu weit, weil sie eine bedenkliche Ausweitung des § 261 II Nr. 1 zur Folge hat und somit mit dem Bestimmtheitsgrundsatz aus Art. 103 II GG in Kollision gerät. Zudem ist sie auch kriminalpolitisch nicht geboten. Immerhin ist das getäuschte bzw. genötigte Opfer bereits durch andere Tatbestände (etwa durch den Betrug gem. § 263 oder die Erpressung gem. §§ 253, 255) hinreichend geschützt.

Das **Verwahren** (§ 261 II Nr. 2) bedeutet, dass eine Sache in Gewahrsam genommen oder behalten wird, um sie für einen Dritten oder für eine eigene spätere Verwendung zu erhalten. Unter **Verwenden** versteht man den wirtschaftlichen Gebrauch. **872**

2. Subjektiver Tatbestand

Bei **§ 261 I** handelt es sich entweder um ein Vorsatzdelikt i.S.d. § 15 oder um eine Kombination aus Vorsatz- und Fahrlässigkeitsdelikt (vgl. § 261 V). Leichtfertigkeit i.S.v. § 261 V liegt vor, wenn sich die Herkunft des Gegenstands aus einer Katalogtat auf- **873**

[1348] *Lackner/Kühl*, § 261 Rn 7; *Rengier*, BT I, § 23 Rn 10.
[1349] *Lackner/Kühl*, § 261 Rn 7.
[1350] BGH StV 1999, 94 (in diesem Fall sollte jedoch ein Versuch bejaht werden); *Wessels/Hillenkamp*, BT 2, Rn 899.
[1351] *Lackner/Kühl*, § 261 Rn 7 m.w.N.
[1352] BGH NJW 1999, 436 (für das Verbringen in das Ausland).
[1353] BGH NJW 2010, 3730, 3732 ff.; *Lackner/Kühl*, § 261 Rn 8 mit Verweis auf § 259 Rn 9-12; *Jahn*, JuS 2010, 650, 651. Vgl. auch Rn 880a. Die Gegenauffassung (*Wessels/Hillenkamp*, BT 2, Rn 898; *Fischer*, § 261 Rn 24) verweist ohne Einschränkung auf das zu § 259 Gesagte.
[1354] BGH NJW 2010, 3730, 3732 ff.

drängen muss und dies der Täter aus grober Fahrlässigkeit nicht erkennt.[1355] Bedingter Vorsatz ist ausreichend. Der Täter muss nichts Konkretes über die Vortat wissen. Ausreichend ist die Annahme verschiedener Herkunftsmöglichkeiten. Am Vorsatz fehlt es, wenn der Täter irrig annimmt, dass ein Dritter den Gegenstand rechtsfehlerfrei und „legal" erworben habe. In diesem Fall ist ein Verbotsirrtum anzuprüfen.[1356]

Hinsichtlich **§ 261 II** gilt das zu § 261 I Gesagte, jedoch mit einigen Einschränkungen. Bei § 261 II Nr. 1 muss der Vorsatz dem der Hehlerei entsprechen. Der Täter muss bezüglich der Herkunft des Gegenstands mindestens bedingten Vorsatz haben. Des Weiteren muss der Geldwäscher bei Erlangung des Gegenstands im Fall der Tathandlung des Verwahrens und Verwendens (§ 261 II Nr. 2) Kenntnis bezüglich der Herkunft des Gegenstands haben. Spätere Kenntnis reicht nicht.[1357]

3. Tatbestandseinschränkungen

874 Der weit gefasste Wortlaut des § 261 und auch die zunehmend uneinheitliche Rechtsprechung machen es nötig, über eine Einschränkung des Tatbestands im Rahmen einer teleologischen Reduktion nachzudenken. Es wurden verschiedene Ansatzpunkte in Literatur und Rechtsprechung entwickelt, die unterschiedliche Auswirkungen auf den Tatbestandsaufbau haben.

a. Sozial- und berufsadäquate Verhaltensweisen

875 Beide Verhaltensweisen bilden im Rahmen des § 261 den größten Problemschwerpunkt. Möglicher Anknüpfungspunkt einer Prüfung dieses Problemfelds sind der objektive Tatbestand[1358], die objektive Zurechnung[1359], der subjektive Tatbestand[1360] und die Rechtswidrigkeit[1361].

- Geht es um Geschäfte, die der Befriedigung notwendiger Lebensbedürfnisse dienen, wird mehrheitlich und richtigerweise erwogen, ob nicht eine Strafbarkeit der „Geldabnehmer" ausscheiden muss. Gesprochen wird insoweit von **Geschäften des täglichen Lebens** bzw. Bagatellgeschäften wie dem Einkauf von Lebensmitteln, dem Tanken oder der Bezahlung von Heizkosten und Arztrechnungen etc.[1362] Dies gilt jedoch nur dann, wenn dem Täter keine legal erworbenen Mittel zur Begleichung seiner notwendigsten Aufwendungen zur Verfügung stehen.

- Insbesondere **Strafverteidiger** und Rechtsanwälte sind verunsichert, ob sie von ihren Mandanten Vergütungen für Rechtsberatungen oder Prozessvertretungen annehmen dürfen, wenn es ohne weiteres ersichtlich ist, dass diese Gelder aus Straftaten i.S.d. § 261 I stammen.[1363]

  Teilweise wird vertreten, dass sich Strafverteidiger durch die Annahme von Honorargeldern, die aus einer Katalogtat des § 261 I S. 2 herrühren, grundsätzlich nicht strafbar machten. Problematisch ist, dass der Gesetzgeber die Konfliktlage des Strafverteidigers sehr wohl gesehen hat, ohne hierfür eine Ausnahmeregelung zu treffen.[1364] Vor allem in

---

[1355] BGHSt 43, 158, 168; BGH NJW 1997, 3323, 3325.
[1356] BGHSt 43, 158 ff.
[1357] *Lackner/Kühl*, § 261 Rn 9.
[1358] *Wessels/Hillenkamp*, BT II, Rn 899; vgl. auch *Rengier*, BT I, § 23 Rn 21 ff.
[1359] OLG Hamburg NJW 2000, 673, 682. Nach OLG Hamburg scheiden Honorarzahlungen an Strafverteidiger tatbestandlich aus, wenn nicht unmittelbar Opferrechte auf Wiedergutmachung betroffen sind und die Honorarzahlung nicht zum Schein erfolgt oder maßlos überzogen ist. Zustimmend *Fad*, JA 2002, 14, 16.
[1360] Vgl. die Nachweise bei *Fad*, JA 2002, 14, 16.
[1361] OLG Hamm NJW 2000, 636, 637; *Bernsmann*, StV 2000, 40, 43.
[1362] Zustimmend für „neutrale Alltagshandlungen", *Kargl*, NJW 2001, 63; *Lackner/Kühl*, § 261 Rn 5.
[1363] Vgl. hierzu BVerfG NStZ 2004, 259 ff. Der Entscheidung lag der Sachverhalt zugrunde, dass zwei Anwälte jeweils 200.000 DM als Honorar annahmen und von der betrügerischen Herkunft des Gelds Kenntnis hatten. Siehe auch *Fahl*, Jura 2004, 160 ff.; *ders.*, JA 2004, 624 ff.
[1364] Stellungnahme des Deutschen Anwaltvereins mit Hinweis auf die Auswirkungen auf das Vertrauensverhältnis der in § 53 I Nr. 2/3 StPO aufgeführten Berufsträger; BT-Drs. 11/7663 S. 50.

der Literatur wird bemängelt, dass das Fehlen einer Sonderregelung für rechtsberatende Berufe, zumindest aber für Strafverteidiger, dazu führe, dass das Institut der Wahlverteidigung ausgehöhlt werde.[1365] Muss der Anwalt, der schließlich auch Unternehmer ist, vor der Annahme eines fragwürdig vermögenden Klienten erst fragen, woher das viele Geld stammt und sich die Antwort eidesstattlich versichern lassen? Würde sich der Anwalt nicht selbst das „Geschäft verderben", wenn er in positiver Kenntnis den Mandanten wegschicken müsste? Würden Richter nicht skeptisch reagieren, wenn vermögend erscheinende Angeklagte mit einem Pflichtverteidiger erscheinen? Kann dies nicht gerade als Indiz gegen den Angeklagten gewertet werden?

Bei der Diskussion sind folgende Ansatzpunkte zu berücksichtigen, mit denen sich der BGH[1366] und nunmehr auch das BVerfG[1367] auseinandergesetzt haben.

876

(1) Gerügt wurde ein Verstoß gegen **Art. 12 GG** und **Art. 6 IIIc EMRK**; gleichzeitig wurde eine verfassungskonforme Auslegung des § 261 verlangt. Der BGH hat einen Verstoß gegen Art. 12 GG und Art. 6 IIIc EMRK verneint. § 261 komme keine berufsregelnde Tendenz zu. Schon gar nicht liege ein Eingriff vor, da es dem Berufsbild des Anwalts nicht entspreche, Honorare entgegenzunehmen, von denen er wisse, dass sie aus schwerwiegenden Straftaten stammten. Dies folge aus der Stellung des Verteidigers als unabhängiges Organ der Rechtspflege nach § 1 BRAO.[1368] Eine vermehrte Anordnung der Pflichtverteidigung führe auch nicht zu einer Bedrohung der freien Advokatur.[1369]

Des Weiteren stehe dem Beschuldigten kein Recht auf Wahlverteidigung unter Einsatz illegal erworbener Mittel zu. Zwar habe der Beschuldigte gem. § 137 StPO, dem Rechtsstaatsprinzip nach Art. 20 III GG mit seiner verfassungsmäßigen Institutsgarantie für Strafverteidiger[1370] und Art. 6 IIIc EMRK das Recht, sich einen Verteidiger seiner Wahl zu suchen, dies setze jedoch voraus, dass er den oder die Verteidiger seiner Wahl auch (mit legalen Mitteln) bezahlen könne. Könne er dies nicht, sei ihm ein Pflichtverteidiger zu stellen. Habe ein Beschuldigter keine legalen Mittel, sei er einem mittellosen Beschuldigten gleichzustellen.[1371] Gegen diese Auffassung wird vehement Kritik geübt. Zum einen wird behauptet, ein Wahlverteidiger, der regelmäßig besser honoriert wird als ein Pflichtverteidiger, sei stets besser. Die Pflichtverteidigung sei lediglich eine Verteidigung zweiter Klasse. Auch habe die Hinzuziehung eines Pflichtverteidigers eine Signalwirkung für das erkennende Gericht.[1372]

(2) Weiterhin wurde gerügt, dass sich ein **Vertrauensverhältnis** zwischen Mandant und Rechtsanwalt nicht entwickeln könne, wenn der Anwalt stets damit rechnen müsse, ins Visier strafrechtlicher Fahndung zu geraten. So könne der Mandant eine große Gefahr für den Anwalt darstellen, wenn er als Belastungszeuge vernommen werde.[1373] Der BGH führt hierzu aus, dass dies mehr oder minder im „allgemeinen Berufsrisiko" des Anwalts wurzele. Ermittlungstätigkeiten seien nur bei einem bestehenden Anfangsverdacht zulässig. Allein das Indiz der Wahlverteidigerstellung könne jedoch nicht einen Anfangsverdacht begründen.[1374] Dieser Auffassung ist letztlich zuzustimmen. Aus der Stellung des Wahlverteidigers kann sich kein Anfangsverdacht ergeben. Hegt der Anwalt Zweifel, besteht für ihn (denn um seine Strafbarkeit geht es) die Möglichkeit, sich als Pflichtverteidiger beiordnen zu lassen.

Dem **BGH** ist beizupflichten. Der Gesetzgeber hat die Lage durch eine hinreichende Sachprüfung erkannt und von Ausnahmen abgesehen. Die Strafbarkeit des Strafverteidi-

---

[1365] Mit einem guten Überblick der Streitschilderung und einer rechtsdogmatischen Einordnung des Problems *Ambos*, JZ 2002, 70 ff.; *Katholnigg*, NJW 2001, 2041 ff.; *Gahlen* NJW 2003, 117.
[1366] BGH NJW 2001, 2891 mit Anm. v. *Katholnigg*, JR 2002, 27.
[1367] BVerfG NStZ 2004, 259 ff. mit Anm. v. *Dahs/Widmaier*.
[1368] BGH wistra 2001, 379, 381 mit Verweis auf BVerfGE 70, 191, 214; *Fad*, JA 2002, 14, 17.
[1369] So jedoch *Müther*, Jura 2001, 318, 320; OLG Hamburg NJW 2000, 673, 679.
[1370] BVerfGE 39, 156, 163.
[1371] BGH wistra 2001, 379, 381; *Burger/Peglau*, wistra 2000, 161, 162.
[1372] *Lüderssen*, StV 2000, 205, 207; OLG Hamburg NJW 2000, 673, 677; *Bernsmann*, StV 2000, 41.
[1373] *Bernsmann*, StV 2000, 40, 41; *Müther*, Jura 2001, 320; OLG Hamburg NJW 2000, 673, 676.
[1374] BGH wistra 2001, 379, 382.

gers entfällt somit nur dann, wenn die Voraussetzungen des subjektiven Tatbestands nicht vorliegen oder § 261 Absatz VI eingreift. Das **BVerfG** grenzt die Strafbarkeit nach § 261 auf „die sichere Kenntnis des Anwalts von der bemakelten Herkunft des Geldes" ein.[1375]

b. Verdeckte Ermittlungen

877 Um vor allem Geldströme nachvollziehen und aufdecken zu können, kann es notwendig sein, auf verdeckte Ermittler zurückzugreifen, die Transaktionen initiieren oder mindestens dulden. Ermittler, aber auch kooperierende Bankangestellte, stehen somit in der Gefahr, sich einer Geldwäsche strafbar zu machen. Der Gesetzgeber hat auch hier die Problematik erkannt, jedoch von einer Herausnahme derartiger Handlungen aus dem Tatbestand des § 261 abgesehen, weil sie nach seiner Auffassung dem Schutzzweck der Norm nicht zuwiderliefen.[1376] Das ist zwar ein gangbarer Weg, wünschenswert wäre jedoch aus Gründen der Rechtssicherheit für die Betroffenen eine gesetzliche Klarstellung. Das betrifft v.a. die Frage, inwieweit der Staat mit Blick auf das Rechtsstaatsprinzip überhaupt Geldwäschedelikte initiieren darf, sozusagen die vermeintlichen Täter erst durch eine Handlung, die nach allgemeinen Grundsätzen eine Anstiftung gem. § 26 darstellen würde, zur Geldwäsche veranlassen darf. Vgl. dazu *R. Schmidt*, AT, Rn 1073.

II. Rechtswidrigkeit und III. Schuld

878 Es gelten die allgemeinen Grundsätze.

IV. Strafzumessungsregelung gem. § 261 IV

879 Bei § 261 IV handelt es sich nicht um Tatbestandsqualifikationen, sondern um Regelbeispiele, die aus § 243 bekannt sind. Prüfungsstandort ist somit nach der Schuld. Die Voraussetzungen des § 261 IV ähneln denen des § 244. Aus diesem Grund ist auf die dortigen Ausführungen zu verweisen.

V. Tätige Reue gem. § 261 IX S. 1

880 § 261 IX S. 1 regelt den „Rücktritt" vom vollendeten Delikt. Kommt lediglich eine Strafbarkeit wegen Versuchs in Frage, ist auf § 24 zurückzugreifen. Zu beachten ist, dass ein ernsthaftes Bemühen nicht ausreicht. Der Täter muss den Anzeigeerfolg tatsächlich verursachen, insoweit sind die Voraussetzungen des § 261 IX enger als die des § 24.[1377]

VI. Konkurrenzverhältnis zur Hehlerei

880a Das Konkurrenzverhältnis zwischen Hehlerei und Geldwäsche wurde bereits bei Rn 863 angesprochen. Dennoch sind Fallkonstellationen anzutreffen, in denen sowohl Hehlerei als auch Geldwäsche erfüllt sind.

Auch im **Beispiel** von Rn 852 hat H zusätzlich zur Hehlerei den Tatbestand der Geldwäsche erfüllt, und zwar gem. § 261 I S. 2 Nr. 4a, II Nr. 1, IV S. 2: Die Flugzeugteile stammten aus einer Katalogtat i.S.v. § 261 I S. 2 Nr. 4a, da D den Diebstahl an ihnen „gewerbsmäßig" begangen hat. H hat sich auch die Teile durch ihren Ankauf i.S.v. § 261 II Nr. 1 verschafft. Schließlich handelte H auch vorsätzlich, da er beim Erwerb der Flugzeugteile in Kauf genommen hatte, dass D sie gewerbsmäßig gestohlen hatte. Aufgrund des gewerbsmäßigen Vorgehens hat H auch einen besonders schweren Fall der Geldwäsche begangen (§ 261 IV).

Da die Handlungsformen des Verschaffens in § 259 I einerseits und in § 261 II Nr. 1 andererseits übereinstimmen, sind häufig beide Tatbestände erfüllt, wenn die Vortat der

---

[1375] BVerfG NStZ 2004, 259 ff.
[1376] Vgl. BT-Drs. 13/8651, S. 9; *Wessels/Hillenkamp*, BT 2, Rn 899; *Lackner/Kühl*, § 26 Rn 4; Vor § 32 Rn 24.
[1377] Sch/Sch-*Stree/Hecker*, § 261 Rn 25; *Lackner/Kühl*, § 261 Rn 17a.

Hehlerei – wie im obigen Beispiel – zugleich eine Katalogtat i.S.v. § 261 I S. 2 darstellt. Das wirft die Frage nach dem Verhältnis der beiden Tatbestände zueinander auf.

Da die gewerbsmäßige Hehlerei ihrerseits nach § 261 I S. 2 Nr. 4a eine Katalogtat der Geldwäsche bildet, erscheint ein zusätzlicher Schuldspruch aus dem „Auffangtatbestand" der Geldwäsche nicht geboten. Dennoch tritt nach Auffassung des BGH die **Geldwäsche nur hinter die gewerbsmäßige Hehlerei** zurück, während sie neben der einfachen Hehlerei anwendbar bleibt: Sei das Ankaufen der Flugzeugteile durch H als gewerbsmäßige Hehlerei zu bewerten, trete der Straftatbestand der Geldwäsche dahinter zurück. Für die tateinheitliche Verurteilung wegen Geldwäsche fehle es in diesem Fall an einem kriminalpolitischen Bedürfnis, da die gewerbsmäßige Hehlerei bereits eine Katalogtat nach § 261 I S. 2 darstelle. Nach dem Willen des Gesetzgebers diene die Geldwäschestrafvorschrift dazu, die Bekämpfung besonders gefährlicher Kriminalitätsformen, deren Definition abschließend über den Katalog des § 261 I S. 2 erfolge, effektiver zu gestalten. Unter diesem Gesichtspunkt mache es in dem Fall, dass eine Verurteilung schon wegen einer Katalogtat erfolgt, wenig Sinn, die Tat als Geldwäschehandlung einem weiteren Straftatbestand zu unterwerfen.[1378]

Im Fall des Zusammentreffens von **einfacher Hehlerei und Geldwäsche** greift nach Auffassung des BGH das kriminalpolitische Argument für ein Zurücktreten der Geldwäsche im Wege der Gesetzeskonkurrenz nicht, da die einfache Hehlerei nicht dem Katalog der als besonders gefährlich eingestuften Kriminalitätsformen unterfalle. In diesem Fall werde wegen der unterschiedlichen Schutzrichtungen des § 259 einerseits und § 261 andererseits vielmehr Tateinheit anzunehmen sein. Das von § 259 geschützte Rechtsgut sei das Vermögen; Hehlerei sei Aufrechterhaltung des durch die Vortat geschaffenen rechtswidrigen Vermögenszustands durch einverständliches Zusammenwirken mit dem Vortäter. Der Straftatbestand der Geldwäsche ziele auf die Gewährleistung des staatlichen Zugriffs auf Vermögensgegenstände aus besonders gefährlichen Straftaten und mithin auf die Abwendung besonderer Gefahren für die Volkswirtschaft und damit den Staat. Gegen ein Zurücktreten der Geldwäsche hinter die einfache Hehlerei sprächen auch die für die Geldwäsche vorgesehene erhöhte Mindeststrafe und der Umstand, dass der Verdacht auf Geldwäsche – anders als der Verdacht auf einfache Hehlerei – als Ermittlungsmaßnahme nach § 100a I, II Nr. 1m StPO die Anordnung der Überwachung und Aufzeichnung der Telekommunikation zulässt.[1379]

Somit tritt die von H verwirklichte Geldwäsche hinter die von ihm gleichzeitig begangene gewerbsmäßige Hehlerei zurück. Dagegen sind die 55 Fälle der gewerbsmäßigen Hehlerei durch selbstständige Handlungen begangen worden. Zwischen ihnen besteht Tatmehrheit (§ 53).

Fazit:

- Treffen **einfache Hehlerei** (§ 259) und **Geldwäsche** (§ 261) zusammen, besteht wegen der unterschiedlichen Schutzrichtungen beider Straftatbestände **Tateinheit** (§ 52).

- Treffen **Geldwäsche** (§ 261) und **gewerbsmäßige Hehlerei** (§ 260 I Nr. 1) zusammen, **tritt** die Geldwäsche hinter die gewerbsmäßige Hehlerei **zurück**, da diese bereits eine Katalogtat nach § 261 I S. 2 darstellt, die eine zusätzliche Bestrafung wegen Geldwäsche erübrigt.

[1378] BGH NJW 2006, 1297, 1298 ff. unter Berufung auf BGH wistra 2000, 464, 465.
[1379] BGH NJW 2006, 1297, 1298 ff.

7. Kapitel – Sachbeschädigung und Veränderung des Erscheinungsbilds

881   § 303 schützt das **Eigentum** vor **Tauglichkeitsminderungen** und nach Inkrafttreten des 39. StrÄndG am 1.9.2005 auch vor **Veränderungen des Erscheinungsbilds**, die dem Gestaltungswillen des Eigentümers widersprechen.[1380] Tatbestandlich sind nur *vorsätzliche* Sachbeschädigungen und Zustandsveränderungen erfasst, obwohl auch *fahrlässig* herbeigeführte Sachbeschädigungen sanktionswürdig sein können.[1381] In Prüfungsarbeiten werden besondere Anforderungen an die Würdigung von Substanzbeeinträchtigungen, Brauchbarkeitsminderungen und bloß verunstaltenden Eingriffen, insbesondere durch Graffiti, gestellt. Regelmäßig sind die strittigen Tatbestandsmerkmale zu benennen und eine sachgerechte Lösung zu erarbeiten.

Bei dem in § 303 I genannten Merkmal „rechtswidrig" handelt es sich nicht um ein Tatbestandsmerkmal, sondern um einen (überflüssigen) Hinweis auf das allgemeine Rechtswidrigkeitsmerkmal im dreistufigen Deliktsaufbau. Demgegenüber handelt es sich bei dem in § 303 II genannten Merkmal „unbefugt" um ein objektives Tatbestandsmerkmal, auf das sich der Vorsatz beziehen muss.

Hinsichtlich des Verhältnisses zu anderen Sachbeschädigungsdelikten gilt, dass § 303 das „allgemeine" Delikt darstellt. Sondertatbestände wie § 133 (Verwahrungsbruch in Bezug auf dienstlich verwahrte Sachen), § 136 (Verstrickungs- und Siegelbruch in Bezug auf gepfändete Sachen), § 274 I Nr. 1 (Urkundenunterdrückung), § 273 I (in Bezug auf amtliche Ausweise), § 306 (Brandstiftung) sowie § 304 (gemeingefährliche Sachbeschädigung), § 305 (Zerstörung von Bauwerken) und § 305a (Zerstörung wichtiger Arbeitsmittel) verdrängen § 303, auch wenn sie teilweise nicht bloß Eigentumsdelikte sind, sondern die Interessen der Allgemeinheit schützen.

882

Sachbeschädigung (§ 303)

I. Tatbestand

1. Objektiver Tatbestand

a. Tatobjekt: fremde bewegliche oder unbewegliche Sachen

▪ **Sachen** sind körperliche Gegenstände i.S.d. § 90 BGB. Nach h.M. fallen auch Tiere gem. § 90a BGB unter den Sachbegriff des § 303. Bis auf die von § 303 erfasste Unbeweglichkeit der Sache besteht volle Kongruenz zu § 242.

▪ **Fremd** sind Sachen, wenn sie nicht im Alleineigentum des Täters stehen und nicht herrenlos sind. Es besteht volle Kongruenz zu § 242.

b. Tathandlung gem. § 303 I: Zerstören oder Beschädigen der Sache

▪ **Zerstört** (§ 303 I Var. 2) ist eine Sache, wenn sie so wesentlich beschädigt wurde, dass sie für ihren Zweck völlig unbrauchbar wird.

▪ **Beschädigt** (§ 303 I Var. 1) ist eine Sache, wenn sie in ihrer Substanz nicht unerheblich beeinträchtigt *oder* wenn auf sie körperlich derart eingewirkt wird, dass die bestimmungsgemäße Brauchbarkeit mehr als nur geringfügig beeinträchtigt wird. Die Tathandlung des Beschädigens wirft erhebliche Probleme auf, wenn es um die bloße Veränderung der Erscheinungsform (etwa durch Plakatieren oder Graffiti) geht.

c. Tathandlung gem. § 303 II: Verändern des Erscheinungsbilds

Tathandlung des neuen § 303 II ist das Verändern des Erscheinungsbilds einer fremden Sache. Damit stellt der Gesetzgeber auf den optischen Eindruck ab, den die Oberfläche des Tatobjekts bei einem Betrachter erzeugt. Den Begriff der **Veränderung des Erscheinungsbilds**

[1380] Sch/Sch-*Stree/Hecker*, § 303 Rn 1; SK-*Hoyer*, § 303 Rn 4; *Satzger*, Jura 2006, 428, 429.
[1381] Freilich ist zu beachten, dass eine fahrlässige Begehungsweise von Spezialtatbeständen der Sachbeschädigung erfasst sein kann, vgl. insb. § 306d I Var. 1 (dazu *R. Schmidt*, BT I, Rn 548).

hat der Gesetzgeber denkbar weit verstehen wollen; nach seiner Auffassung sollen nicht nur Einwirkungen auf die Substanz der Sache, sondern auch Behinderungen der Erscheinung (Verstellen; Verhängen) und wohl sogar das Verhindern der optischen Wahrnehmung (Aufbau von Sichthindernissen) erfasst sein; auf der anderen Seite hat der Gesetzgeber die tatbestandliche Einschränkung „nicht nur unerheblich und nicht nur vorübergehend" aufgenommen. Das heißt, dass **unerhebliche und vorübergehende Veränderungen** tatbestandlich **nicht erfasst** sind. Zudem muss die Veränderung **unbefugt** erfolgen.

2. Subjektiver Tatbestand

Der Täter muss **vorsätzlich** gehandelt haben. Es genügt *dolus eventualis*. Fehlt der Vorsatz in Bezug auf ein objektives Tatbestandsmerkmal (etwa das „unbefugt" in § 303 II), greift § 16 I S. 1; es fehlt an dem erforderlichen Vorsatz; eine fahrlässige Sachbeschädigung ist nicht strafbar.

II. Rechtswidrigkeit

Das Attribut „rechtswidrig" in § 303 I ist nicht etwa ein Tatbestandsmerkmal, sondern stellt nur einen überflüssigen Hinweis auf das allgemeine Verbrechensmerkmal der Rechtswidrigkeit dar. Es gelten somit (wie auch bei § 303 II) die allgemeinen Grundsätze. Zu den zivilrechtlichen Rechtfertigungsgründen wie §§ 228, 229 und 904 BGB vergleiche die Ausführungen im AT.

III. Schuld: Es gelten die allgemeinen Grundsätze.

IV. Qualifikation nach §§ 305, 305a

Bei §§ 305, 305a (Zerstörung von Bauwerken und wichtigen Arbeitsmitteln) handelt es sich um Qualifikationstatbestände zu § 303. *Keine* Qualifikationen stellen §§ 303a, 303b, 304 dar. Hier handelt es sich zwar um sachbeschädigungsverwandte, aber eigenständige Delikte.

V. Ggf. Strafantrag, § 303c

Hinweis zum Verhältnis der einzelnen Tathandlungen zueinander: Liegt ein Zerstören der Sache vor (§ 303 I Var. 2), erübrigt sich ein Eingehen auf die anderen Tathandlungsmöglichkeiten des § 303. Liegt (nur) eine Beschädigung vor (§ 303 I Var. 1), ist wiederum die Substanzverletzung vorrangig vor der Brauchbarkeitsminderung zu prüfen, d.h., dass auf die Brauchbarkeitsminderung nur dann einzugehen ist, wenn eine Substanzverletzung nicht vorliegt.

Auf § 303 II ist gemäß seiner Rechtsnatur als Auffangtatbestand wiederum nur dann einzugehen, wenn alle Tathandlungen des § 303 I verneint wurden.

I. Tatbestand

1. Objektiver Tatbestand

a. Tatobjekt *Fremde Sache*

Tatobjekte des § 303 sind fremde bewegliche oder unbewegliche Sachen (insoweit besteht ein Unterschied zu § 242, der nur bewegliche Sachen erfasst). Daher kommen als Tatobjekte i.S.v. § 303 u.a. auch Wiesen (Abgrasen durch Schafe), Äcker (Herausziehen von Rüben), Teiche (durch Vergiftung), bereits fast zerstörte Gebäude und Bäume (Anfahren mit dem Pkw) in Betracht.

Aufgrund des geschützten Rechtsguts (Eigentum) kommt es auf den *wirtschaftlichen Wert* der betroffenen Sache bei § 303 nicht an.[1382] Voraussetzung für diese umfassende Zuerkennung des Rechtsschutzes ist aber, dass der Eigentümer ein irgendwie geartetes und zu respektierendes Affektions- oder Gebrauchsinteresse an der Sache und ihrer Erhaltung hat.[1383]

883

[1382] *Fischer*, § 303 Rn 3; Sch/Sch-*Stree/Hecker*, § 303 Rn 1; *Wessels/Hillenkamp*, BT 2, Rn 16.
[1383] LK-*Wolff*, § 303 Rn 3; NK-*Zaczyk*, § 303 Rn 1; Sch/Sch-*Stree/Hecker*, § 303 Rn 3.

Daran soll es **beispielsweise** bei einem tollwütigen Hund fehlen.[1384] Hieran wird jedoch die Problematik deutlich, die sich daraus ergibt, dass versucht wird, einige (bereits beeinträchtigte) Sachen aus dem Schutzbereichsbegriff des § 303 herauszunehmen. Bei einem tollwütigen Hund kann sehr wohl ein Affektionsinteresse des Eigentümers bestehen. Aus diesem Grund vertritt eine vermittelnde Ansicht zu Recht die Auffassung, dass die „zu respektierenden oder vernünftigen" Eigentümerinteressen nicht beim Tatbestand, sondern im Rahmen der Rechtfertigung zu prüfen seien.[1385] Konsequenz der „Tatbestandslösung" sei nämlich, dass wenn kein vernünftiges Interesse des Eigentümers zu unterstellen wäre, das strafrechtliche Schutzbedürfnis entfiele. Dem ist schon deshalb zuzustimmen, weil es sich bei § 303 um ein Eigentumsdelikt handelt. Den Schutzgegenstand an das festzumachen, was die Allgemeinheit für schutzwürdig erachtet, läuft den Eigentumsdelikten zuwider. Freilich eine andere Frage ist, die Rechtswidrigkeit wegen Vorliegens eines Rechtfertigungsgrundes zu verneinen.

884 **Sachen** i.S.v. § 303 sind körperliche Gegenstände i.S.v. § 90 BGB. Nach h.M. gehören dazu auch Tiere gem. § 90a BGB.

885 Insoweit entspricht der Sachbegriff des § 303 dem des § 242 (mit der Ausnahme, dass von § 303 auch unbewegliche Sachen erfasst werden, s.o.). Es kommt nicht darauf an, ob es sich um feste, flüssige oder gasförmige Substanzen handelt. Voraussetzung ist aber, dass die Sache von der Außenwelt abgrenzbar ist. Nach h.M. werden auch Tiere vom Schutz des § 303 erfasst, obwohl § 90a BGB ausdrücklich statuiert, dass Tiere keine Sachen sind. Hierin liegt kein Verstoß gegen das Analogieverbot, weil der Gesetzgeber mit der Aufnahme des § 90a in das BGB den Tierschutz flankieren wollte, was gerade nicht der Fall wäre, nähme man Tiere aus dem Anwendungsbereich des § 303 oder des § 242 heraus. Zudem sind nicht nur gem. § 90a S. 3 BGB die für Sachen geltenden Vorschriften entsprechend anwendbar, sondern im Jahre 2002 hat auch der verfassungsändernde Gesetzgeber den Tierschutz als Staatsschutzbestimmung in das GG aufgenommen (vgl. die Erweiterung in Art. 20a GG). Der teilweise angenommene „eigene Sachbegriff" des StGB[1386] ist daher kaum noch vertretbar.[1387]

886 **Fremd** sind Sachen, wenn sie nicht im Alleineigentum des Täters stehen und nicht herrenlos sind.

Nicht erfasst ist daher das Beeinträchtigen herrenloser und tätereigener Sachen.[1388]

b. Tathandlung des § 303 I

aa. Zerstören (§ 303 I Var. 2)

887 Eine Sache ist **zerstört**, wenn sie so wesentlich beschädigt wurde, dass sie für ihren Zweck völlig unbrauchbar wird.[1389]

888 Es geht also um die Vernichtung der Sache *oder* die völlige Aufhebung der bestimmungsgemäßen Brauchbarkeit durch unmittelbare Sacheinwirkung. Bei dem Zerstören handelt es sich um einen stärkeren Grad der Beschädigung. Handlungsbeispiele für das Zerstören sind das Töten eines Tieres, Verbrennen, Einschmelzen oder Zertrümmern von Sachen. Werden funktionswesentliche Teile einer Sache vernichtet, kann dies für die ganze Sache eine Zerstörung bedeuten.

[1384] BayObLG NJW 1993, 2760.
[1385] *Wessels/Hillenkamp*, BT 2, Rn 16.
[1386] Vgl. dazu Rn 11.
[1387] Zu beachten ist aber § 17 TierSchG, dessen Strafrahmen über den des § 303 I StGB hinausgeht. Dadurch werden Tiere zwar nicht dem Anwendungsbereich des § 303 I StGB entzogen, jedoch wird § 303 I StGB im Anwendungsbereich des § 17 TierSchG verdrängt.
[1388] Sch/Sch-*Stree/Hecker*, § 303 Rn 2.
[1389] RGSt 8, 33.

Beispiel: Nina wirft nach einem heftigen Streit mit ihrem Freund dessen Fernsehgerät aus dem Fenster der im 1. Stock gelegenen Wohnung. Durch den Aufprall reißt das Gehäuse und der Plasma-Bildschirm platzt.

Da jedenfalls der Plasma-Bildschirm ein funktionswesentliches Teil darstellt, ist von einer Zerstörung des Fernsehers auszugehen. N ist wegen Sachbeschädigung gem. § 303 I Var. 2 strafbar.

bb. Beschädigung (§ 303 I Var. 1)

Die Definition der Tatbestandsvariante des Beschädigens ist sehr streitig. Durchgesetzt haben sich aber zwei Mindestanforderungen, die zumindest *alternativ* vorliegen müssen.

889

a.) Substanzverletzung

Eine Sachbeschädigung liegt immer dann vor, wenn die stoffliche Unversehrtheit aufgehoben wird, sei es durch Vernichtung, Verringerung oder durch Verschlechterung (unstreitig gegeben beim Zerkratzen, Verbeulen, Anbrechen, Verbiegen, Herausreißen von Buchseiten etc.). Bei der Verringerung und der Verschlechterung ist aber Voraussetzung, dass die Substanzverletzung nicht geringfügig bzw. unerheblich ist. Die Erheblichkeit ist stets in Relation zum Wiederherstellungs- und Renovierungsaufwand zu setzen. Anzuwendende Kriterien sind hier der Aufwand an Zeit, Kosten und Mühe.[1390]
Nicht erheblich sind etwa das Luftablassen bei einem in der Nähe einer Tankstelle stehenden Auto (auch wenn ein Ersatzrad vorhanden ist) oder das Abmontieren von Radkappen, die neben das Auto gelegt werden.[1391]

890

b.) Brauchbarkeitsminderung; Aufhebung der Brauchbarkeit

Eine Sachbeschädigung liegt nach h.M. auch dann vor, wenn die Einwirkung auf die Sache diese so verändert, dass deren bestimmungsgemäße Brauchbarkeit aufgehoben oder zumindest nachhaltig gemindert wird.[1392] Freilich ist eine restriktive Auslegung geboten, um nicht mit dem Bestimmtheitsgrundsatz und dem Schuldprinzip in Konflikt zu geraten. Sofern man also überhaupt eine Gebrauchsbeeinträchtigung tatbestandlich erfassen will, sind nur solche Einwirkungen als nachhaltige Minderung der bestimmungsgemäßen Brauchbarkeit anzusehen, die unter Berücksichtigung des Gebrauchsinteresses nur unter erheblichem Aufwand an Kosten, Mühe und Zeit beseitigt werden können.

891

Beispiele, bei denen je nach Auffassung eine nachhaltige Brauchbarkeitsminderung angenommen werden kann: Zusenden von unerwünschten (bzw. wettbewerbswidrigen) Werbefaxen und dadurch Verbrauch des Papiers[1393]; Zerlegen einer Maschine in ihre Einzelteile; Lockern von Befestigungsschrauben; Werfen von Metallbügeln auf eine Oberleitung der Bahn; Lagerung von Giftmüll auf Grünflächen; Beschmieren der Linse einer radargestützten Geschwindigkeitsmessanlage („Blitzeranlage") mit Senf oder Creme[1394]; Bekleben eines Verkehrsschildes; Betäubung eines Wachhundes; Urinieren an oder Bespucken von Kleidung; Ausströmenlassen von Gas und Entleeren von Feuerlö-

---

[1390] Sch/Sch-*Stree/Hecker*, § 303 Rn 8a; *Lackner/Kühl*, § 303 Rn 4; *Rengier*, BT I, § 24 Rn 11; BGHSt 29, 129, 133; OLG Düsseldorf NJW 1993, 869 (Für das Aufsprühen eines Symbols, beachte auch § 125 I).

[1391] Beispiele bei *Lackner/Kühl*, § 303 Rn 5.

[1392] RGSt 66, 203, 205; BGHSt 44, 34, 38; OLG München NJW 2006, 2132, 2133; OLG Frankfurt NJW 1987, 389; SK-*Hoyer*, § 303 Rn 9; Sch/Sch-*Stree/Hecker*, § 303 Rn 8b; *Stöber*, NStZ 2003, 515, 517.

[1393] Wie hier *Stöber*, NStZ 2003, 515 ff. Anders OLG Frankfurt NStZ 2004, 687; *GenStA Frankfurt*, NStZ 2002, 546 mit dem Argument, dass zum einen das Gerät bestimmungsgemäß in Gang gesetzt worden sei, und zum anderen, dass nur ein geringer finanzieller Schaden entstanden sei (dem sich anschließend *Walter/Uhl*, JA 2009, 31, 35). Dies ist abzulehnen, weil § 303 fremdes Eigentum unabhängig von dessen Wert schützt. Auch für das Zivilrecht ist anerkannt, dass unerwünschte Faxsendungen eine Eigentumsbeeinträchtigung sind (OLG München NJW-RR 2004, 1054, 1055). In jedem Fall aber ist wegen des wertlosen Angebots (versuchter) Betrug anzunehmen.

[1394] OLG Stuttgart NStZ 1997, 342.

schern[1395]; dagegen unterfallen das Löschen eines Datenträgers oder das Stören einer EDV-Anlage (bzw. das Manipulieren einer Internetseite) den §§ 303a, 303b[1396]

Dagegen übersteigt die strafgerichtliche Verurteilung wegen Sachbeschädigung für den Fall, dass ein Autofahrer eine **Verkehrsüberwachungs-Blitzanlage** mit einem Reflektor (Spiegel etc.), der am Fahrzeug angebracht ist, blendet[1397], in jedem Fall den Rahmen des Vertretbaren. Allenfalls wäre in einem solchen Fall an eine Vereitelung der Funktionstüchtigkeit zu denken, doch durch das Blenden einer Kamera wird nicht deren Funktionstüchtigkeit beeinträchtigt; im Gegenteil, die Kamera lichtet genau das ab, was vorhanden ist: eine Reflektion, verursacht durch einen Spiegel. Von daher ist die Kamera in ihrer Funktionsfähigkeit nie beeinträchtigt gewesen, sondern hat ihrer bestimmungsgemäßen Brauchbarkeit nach genau das gemacht, was sie sollte: ein Foto der aktuellen Situation. Die strafgerichtliche Verurteilung aus § 303 I wegen des Blendens einer Verkehrsüberwachungs-Blitzanlage mit einem Reflektor (Spiegel etc.), der am Fahrzeug angebracht ist, ist daher mit dem möglichen Wortsinn „Beschädigen" nicht vereinbar und stellt eine unzulässige Analogie dar.[1398] Das Gleiche gilt nach der hier vertretenen Auffassung für den Fall, dass ein Autofahrer das vordere Kennzeichen mit einer **„Antiblitzfolie"** überklebt und sodann mehrmals mit überhöhter Geschwindigkeit an einer Radarmessanlage vorbeifährt, bis deren Film voll ist. Die Gegenauffassung, die eine Sachbeschädigung damit begründen möchte, dass der Film nach der Belichtung unbrauchbar sei und dass ein bewusst zweckwidriges Auslösen der Überwachungskamera eben kein bestimmungsgemäßer Gebrauch sei[1399], überzeugt nicht. Denn der Zweck der Radarmessanlage besteht darin, alle Geschwindigkeitsübertretungen – gleichgültig, ob fahrlässig oder vorsätzlich begangen – zu erfassen. Zudem ist der Film auch nicht nutzlos verbraucht. Denn der Versuch, das Kennzeichen zu verschleiern, ist untauglich. Alle Verkehrsüberwachungskameras können Kfz-Kennzeichen auch dann erkennen, wenn sie mit einer „Antiblitzfolie" überklebt sind. Zur Frage nach der Strafbarkeit wegen Urkundenfälschung vgl. *R. Schmidt*, BT I, Rn 1292b und 1294.

Aber: Der **bestimmungsgemäße Verbrauch** einer Sache (Beispiel: Verzehr eines Schokoriegels im Supermarkt vor der Bezahlung an der Kasse) stellt keinen Fall der Brauchbarkeitsminderung bzw. der Aufhebung der bestimmungsgemäßen Brauchbarkeit und damit *keine* Sachbeschädigung dar, da die Sache ja gerade bestimmungsgemäß verbraucht wird. Ob dann aber ein Diebstahl vorliegt, ist eine Tatfrage.

Demnach ergibt sich für das Merkmal Beschädigen folgende Definition:

892 Eine Sache wird **beschädigt**, wenn ihre Substanz nicht unerheblich beeinträchtigt oder wenn auf sie körperlich derart eingewirkt wird, dass dadurch die bestimmungsgemäße Brauchbarkeit der Sache mehr als nur geringfügig beeinträchtigt wird.[1400]

c. Verunstalten als Sachbeschädigung i.S.v. § 303 II

893 Mit § 303 II hat der Gesetzgeber explizit das Verändern des Erscheinungsbilds unter Strafe gestellt.

aa. Substanzverletzung

894 Bevor jedoch (in der Fallbearbeitung) auf eine Strafbarkeit wegen „Veränderns des Erscheinungsbilds" gem. § 303 II eingegangen wird, ist stets vorrangig zu prüfen, ob durch die fragliche Handlung des Täters nicht bereits die Sachsubstanz gem. § 303 I verletzt wurde.

[1395] Nachweise bei Sch/Sch-*Stree/Hecker*, § 303 Rn 8b; *Fischer*, § 303 Rn 7.
[1396] Siehe dazu (zu § 303b) BGH NJW 2017, 838, 839 f. (Tatbestandliche Reichweite der Computersabotage – Angriff auf illegales Konkurrenzportal).
[1397] So das Urteil des OLG München NJW 2006, 2132, 2133.
[1398] Kritisch auch *Kudlich*, JA 2007, 72, 74.
[1399] OLG München NStZ 2006, 576 f.; Sch/Sch-*Stree/Hecker*, § 303 Rn 9; wohl auch *Walter/Uhl*, JA 2009, 31, 36.
[1400] Sch/Sch-*Stree/Hecker*, § 303 Rn 8; mit anderer Formulierung BGHSt 13, 207; 44, 34, 38.

Beispiel: Liebeskind ist Künstler und malt vornehmlich mit Wasserfarben. Er geht eines Tages in die Alte Nationalgalerie. Dort sucht er sich ein melancholisches Bild von *C.D. Friedrich* aus und bemalt es mit der Wasserfarbe. Die perlt auf der Ölleinwand nahezu rückstandslos ab. Durch die Feuchtigkeit der Farbe wellt sich jedoch das Bild.

Da bereits durch die Wellung des Bilds infolge der Farbe eine Substanzverletzung zu bejahen ist, hat sich L wegen Sachbeschädigung gem. § 303 I strafbar gemacht.

Insbesondere beim Besprühen einer Oberfläche mit Farbe oder beim Bekleben mit einem Aufkleber kann eine Substanzverletzung i.S.v. § 303 I auch dann anzunehmen sein, wenn die **Wiederherstellung** des ursprünglichen Zustands (insbesondere durch Reinigung) zwangsläufig zu einer nicht unerheblichen Beschädigung der Oberfläche führt bzw. führen würde. Denn für den Eigentümer kann es keinen Unterschied machen, ob die Oberfläche bereits unmittelbar durch die Farbe bzw. den Aufkleber beschädigt wird oder erst zwangsläufig durch das Entfernen. Aus diesem Grund werden auch **mittelbare Beschädigungen**, also solche, die erst durch Bemühungen des Betroffenen entstehen, den Ursprungszustand wiederherzustellen, unter dem Begriff der Substanzverletzung i.S.v. § 303 I subsumiert. Voraussetzung für eine Strafbarkeit unter dem Aspekt der Substanzverletzung ist aber, dass sich der ursprüngliche Zustand auch mit teuren Spezialmitteln nicht spurenlos und rückstandsfrei wiederherstellen lässt.[1401]

895

Beispiel: O gibt seine 14 Tage alte Suzuki Bandit zur 1000-km-Inspektion in die Werkstatt. Werkstattmeister T klebt einen Aufkleber „Lichttest 2017" auf die Kunststoffverkleidung. Der Aufkleber ist mit einem solch starken Kleber versehen, dass er später von O nur mit großer Mühe entfernt werden kann; trotz äußerster Vorsicht wird beim Entfernen die Oberfläche der Verkleidung zerkratzt.

Hier wird man durch das Anbringen des Aufklebers eine Substanzverletzung i.S.v. § 303 I bejahen können, sofern sich der ursprüngliche Zustand nicht spurenlos und rückstandsfrei wiederherstellen ließ.

Zu dem gleichen Ergebnis kommt man, wenn die Reinigung der Sache aggressive Mittel erfordert, etwa dann, wenn eine Sandstrahlung von Metallträgern oder Back- und Sandsteinfassaden erforderlich ist. Zu beachten ist aber stets, dass dem Betroffenen zur Entfernung der Schmierereien immer nur die Nutzung des mildesten Mittels (durch spezielle und somit in der Regel sehr teure Mittel) obliegt. Ansonsten läge es faktisch in seiner Hand, ob sich der Täter nach § 303 I strafbar macht oder nicht. Ist die rückstandsfreie Entfernung der Schmiererei oder eines Aufklebers durch den Berechtigten hingegen möglich (oder bereits erfolgt), liegt keine Sachbeschädigung i.S.v. § 303 I vor. Nach der bisherigen Rechtslage handelte es sich um ein tatbestandsloses Verunstalten. Um derartige Ergebnisse für die Zukunft zu vermeiden, hat der Gesetzgeber durch das 39. StRÄndG vom 1.9.2005 einen Abs. 2 eingefügt (der bisherige Abs. 2 wurde zu Abs. 3). Erfasst werden nunmehr Fälle, in denen eine Verunstaltung, Verdeckung oder Veränderung der Erscheinung die Grenze einer Substanzverletzung nicht erreicht und daher § 303 I nicht unterfällt.

896

bb. Verändern des Erscheinungsbilds

Führen das Bemalen, Besprühen, Beschmieren oder Versehen mit einem Aufkleber unmittelbar zu einer Substanzverletzung oder wird eine Substanzverletzung zwangsläufig durch die Wiederherstellung des ursprünglichen Zustands hervorgerufen, liegt bereits eine Substanzverletzung i.S.v. § 303 I vor (s.o.). § 303 II ändert daran nichts. Tathandlung des § 303 II ist das Verändern des Erscheinungsbilds einer fremden Sache.

897

[1401] Vgl. (zur alten Rechtslage) BGHSt 41, 47, 55; 29, 129, 133; OLG Düsseldorf NJW 1999, 1199 (Graffiti als jugendtypisches Verhalten); StV 1999, 567 ff.; KG NJW 1999, 1200; OLG Oldenburg JR 1984, 35; Sch/Sch-*Stree/Hecker*, § 303 Rn 8c.

Damit stellt der Gesetzgeber auf den optischen Eindruck ab, den die Oberfläche des Tatobjekts bei einem Betrachter erzeugt. Qualitative Veränderungen unterfallen i.d.R. schon § 303 I; auch eine Veränderung der äußeren Form wird meist eine Einwirkung auf die Substanz der Sache voraussetzen; § 303 II wird in diesem Fall (und generell bei Überschneidungen mit § 303 I) durch § 303 I verdrängt (s.o.).

898 Den Begriff der **Veränderung des Erscheinungsbilds** hat der Gesetzgeber denkbar weit verstehen wollen; nach seiner Auffassung sollen nicht nur Einwirkungen auf die Substanz der Sache, sondern auch Behinderungen der Erscheinung (Verstellen; Verhängen) und wohl sogar das Verhindern der optischen Wahrnehmung (Aufbau von Sichthindernissen) erfasst sein; so soll z.B. durch Aufhängen von Wäsche auf dem Balkon das Erscheinungsbild eines Hauses verändert sein (BT-Drs. 15/5313 S. 3). Ein derart weites Verständnis verblüfft auf den ersten Blick und deutet auf eine Verfassungswidrigkeit der Norm wegen zu großer Unbestimmtheit und Missachtung des Grundsatzes der Verhältnismäßigkeit hin. Derartige Bedenken werden jedoch relativiert, weil der Gesetzgeber die tatbestandliche Einschränkung „nicht nur unerheblich und nicht nur vorübergehend" aufgenommen hat. Das heißt, dass **unerhebliche und vorübergehende Veränderungen** tatbestandlich **nicht erfasst** sind.

899 „**Nicht nur unerheblich**" sind nach Ansicht des Gesetzgebers solche Veränderungen des Erscheinungsbilds, „bei denen unmittelbar auf die Substanz der Sache eingewirkt wird, wie dies namentlich bei Graffiti der Fall ist" (BT-Drs. 15/5313 S. 3). Unerheblich seien Veränderungen i.d.R., wenn „keine Einwirkung auf die Sache oder den Gegenstand vorliegt" (ebd.).

> **Beispiele/Gegenbeispiel:** Demzufolge „unerheblich" ist das Anbringen eines winzigen „tags" an einer schwer einsehbaren Stelle einer Hauswand. Dasselbe gilt für den Fall, dass ein kleiner Schriftzug auf einer bereits umfangreich mit Graffiti versehenen Fläche aufgesprüht wird.[1402] Demgegenüber ist das Aufbringen von Kosmetik auf das Fell eines Tieres „erheblich" und auch unmittelbar auf die Sachsubstanz einwirkend (wobei die Strafbarkeit gem. § 303 II an dem sogleich zu erörterten „Vorübergehend" scheitern dürfte, sofern die Kosmetik rückstandsfrei und ohne den Einsatz von Spezialmitteln entfernt werden kann).[1403]

900 „**Vorübergehend**" sind solche Veränderungen, die binnen kurzer Zeit selbst wieder vergehen oder ohne Aufwand an Mühe, Zeit oder Kosten wieder entfernt werden können; z.B. Überklebungen mit ablösbaren Klebestreifen, Beschriftungen oder Bemalungen mit abwischbaren Materialien, Verhüllungen, leicht entfernbare Verschmutzungen. Ihnen fehlt die erforderliche „Nachhaltigkeit". Damit werden, dem rechtspolitischen Anliegen entsprechend über § 303 I hinausgehend, im Ergebnis wohl Erscheinungsveränderungen erfasst, bei denen einerseits eine Substanzverletzung der Sache nicht gegeben ist, andererseits die Tathandlung eine physikalisch, nicht nur kurze Zeit anhaltende, Veränderung ihrer Oberfläche bewirkt (z.B. Beschriften und Bemalen mit nicht oder nur schwer abwischbarer Farbe; Bekleben mittels dauerhaften und haltbaren Klebstoffs).[1404]

900a

> **Fazit:** Insgesamt sollten die einschränkenden Merkmale „nicht nur unerheblich" und „vorübergehend" zugunsten des Täters großzügig verstanden werden, um die Anwendung des § 303 II nicht in den Bagatellbereich auszudehnen und nicht jeden Streich oder (jugendlichen) Übermut zu kriminalisieren.

[1402] BGH NStZ 2013, 45. Vgl. auch AG Berlin-Tiergarten NJW 2013, 801 f. (Anbringen von Graffiti, wenn Sache bereits umfangreich mit Graffiti versehen ist.)
[1403] Vgl. dazu die Fallbearbeitung von *Kreß/Baenisch*, JA 2006, 707, 709.
[1404] Vgl. *Fischer*, § 303 Rn 19; *Eisenschmid*, NJW 2005, 3033, 3034.

Tatbestandsmäßig gem. § 303 II sind demnach neben den verbreiteten vandalistischen Wand- und Bodenschmierereien (sog. **Graffiti**) z.B. auch das Anbringen von schwer ablösbaren Aufklebern und Plakaten sowie eine Vielzahl eigenmächtiger Veränderungen an gemieteten Sachen (Tapezieren; Streichen; Fliesenlegen in Mietwohnungen etc.), sofern kein Fall eines tatbestandsausschließenden Einverständnisses des Berechtigten (dazu Rn 900d) vorliegt.   900b

Nicht erfasst sind bloße Behinderungen freier Sicht, Gebrauchsbehinderungen; Aushängen von Fahnen oder Spruchbändern; Aufstellen von Sichtschutzwänden; (über-) Plakatieren mittels wasserlöslichem Kleber. Die Erweiterung gegenüber § 303 I ist damit nicht so groß, dass von einer Verfassungswidrigkeit gesprochen werden müsste. Das gilt jedenfalls dann, wenn man Bagatellverfehlungen aus dem Tatbestand herauslässt.   900c

Wie aufgezeigt, bestehen gewisse Überschneidungen mit § 303 I, die der Gesetzgeber mit der Subsidiaritätsanordnung in § 303 II geklärt hat.   900d

Schließlich liegt der Tatbestand des § 303 II nur dann vor, wenn die Veränderung des Erscheinungsbilds **„unbefugt"** erfolgt. Nach dem Willen des Gesetzgebers soll dieses Merkmal, abweichend vom Merkmal „rechtswidrig" in § 303 I, nicht auf die allgemeine Rechtswidrigkeitsvoraussetzung verweisen (vgl. dazu Rn 905), sondern **Tatbestandsmerkmal** sein (BT-Drs. 15/5313 S. 3). Das hat zur Folge, dass die Einwilligung (besser: das Einverständnis) des Eigentümers oder das Vorliegen der Voraussetzungen einer Befugnisnorm (insb. Vertrag; gesetzliche Befugnisse im Zivil- und Verwaltungsrecht; öffentlich-rechtliche Genehmigungen) schon den objektiven Tatbestand des § 303 II ausschließen. Insbesondere stellt Art. 5 III Var. 1 GG (Kunstfreiheit) keine Befugnisnorm dar. Zwar ist die Ausübung der Kunstfreiheit vorbehaltlos gewährleistet, sie kann aber nicht so weit gehen, dass andere die Beschädigung oder Verunstaltung ihres Eigentums dulden müssen. Kunstfreiheit lässt sich auch ohne Rechtsverletzung anderer ausüben. Im Übrigen stammen die meisten Graffiti (insb. das Anbringen sog. tags) von jugendlichen Tätern und sind sozialpsychologisch und kriminologisch nicht dem Bereich der Kunst oder der öffentlichen Kommunikation zuzuordnen, sondern eher dem des Vandalismus[1405], wobei Bagatellfälle nicht erfasst werden sollten (s.o.).   900e

Eine irrtümliche Annahme, zur Verunstaltung befugt zu sein, lässt den Vorsatz entfallen (vgl. § 16 I S. 1). Eine Rechtfertigung kommt daneben nach allgemeinen Regeln in Betracht.   900f

> **Fazit:** Um strafwürdiges und dem Unrechtsgehalt des § 303 I entsprechendes (vgl. § 303 II: „ebenso wird bestraft") Verhalten zu sanktionieren, setzt § 303 II voraus, dass die Veränderung des Erscheinungsbilds auf drei Merkmalen basiert:
>
> - Die Veränderung darf **nicht nur unerheblich** sein (= Überschreiten der Bagatellschwelle).
> - Die Veränderung darf **nicht nur vorübergehend** sein (= Dauerhaftigkeit der Veränderung).
> - Die Veränderung **muss unbefugt** erfolgen (= Fehlen eines tatbestandsausschließenden Einverständnisses).

    900g

d. Abgrenzung zur Sach- und Nutzungsentziehung

Da eine Strafbarkeit nur dann gegeben sein kann, wenn sie gesetzlich bestimmt ist, ist – bis auf die Fälle der §§ 248b und 289 – die **Sach- oder Nutzungsentziehung** straflos.   901

[1405] Vgl. *Fischer*, § 303 Rn 20; *Eisenschmid*, NJW 2005, 3033, 3034.

Beispiel: Um einen angetrunkenen Gast an der Heimfahrt mit dem eigenen Pkw zu hindern, nimmt der Gastgeber dem Gast den Autoschlüssel weg.

901a Hat die Sach- oder Nutzungsentziehung jedoch zur Folge, dass – wenn auch nur mittelbar – die entzogene Sache verkommt, verdirbt oder eingeht, liegen wiederum eine Zerstörung oder Substanzbeeinträchtigung vor, die zur Annahme einer Sachbeschädigung führen.

Beispiel: D will seiner Ex-Frau V wieder einmal einen Streich spielen. Er schleicht sich nachts heimlich in die Villa der nun zu Geld gekommenen V, nimmt das dort abgestellte Fahrrad an sich und wirft es sogleich in die Nordsee. Strafbarkeit des D?

D könnte sich zunächst wegen Diebstahls (§ 242 I) strafbar gemacht haben. Bei dem Fahrrad handelt es sich um eine im Eigentum der V stehende, und damit für D fremde und auch bewegliche Sache, die D der V dadurch wegnahm, indem er die Sachherrschaft darüber begründete. D handelte vorsätzlich. Fraglich ist jedoch, ob er mit der nötigen Zueignungsabsicht[1406] handelte und diese rechtswidrig war. Zueignung bedeutet die Anmaßung der eigentümerähnlichen Herrschaft über eine Sache. Der Täter muss mit Enteignungsvorsatz und Aneignungsabsicht handeln. Enteignungsvorsatz liegt immer dann vor, wenn der Täter den Eigentümer dauerhaft (endgültig oder auf unabsehbare Zeit) von seiner Position verdrängen will. D wollte V endgültig enteignen, indem er das Rad in die Nordsee warf. Sie sollte damit nie wieder radeln. Fraglich ist allein das Aneignungselement. Voraussetzung ist hier das (auch nur vorübergehende) Einverleiben der Sache in das Vermögen des Täters oder eines Dritten. D wollte das Rad nicht wirtschaftlich für sich oder einen anderen nutzen. Ihm ging es nur um die Entziehung der Sache. Somit scheidet eine Strafbarkeit nach § 242 I aus.

Möglicherweise hat sich D aber wegen Sachbeschädigung gem. § 303 I strafbar gemacht. Bei dem Rad handelt es sich um ein taugliches Tatobjekt (s.o.).

Dieses müsste D beschädigt haben. Beschädigt ist eine Sache, wenn der Täter sie zerstört oder wenn er zumindest körperlich auf sie einwirkt und sie dadurch in ihrer Substanz oder ihrer bestimmungsgemäßen Brauchbarkeit nicht nur unerheblich beeinträchtigt.

D warf das Rad später in die Nordsee. Zwar besteht in dieser Handlung zunächst nur eine reine Sach- und Nutzungsentziehung, allerdings hat eine zunächst straflose Sach- oder Nutzungsentziehung eine strafbare Sachbeschädigung zur Folge, wenn dadurch die Substanz beeinträchtigt wird. In der Nordsee wird bereits nach kurzer Zeit die Korrosion des Fahrrads einsetzen. Die Substanz wird dadurch erheblich angegriffen und somit auch die bestimmungsgemäße Brauchbarkeit auf lange Sicht bzw. dauerhaft aufgehoben. Insoweit ist eine Abgrenzung zur Zerstörung nicht erforderlich. Zweifel an Rechtswidrigkeit und Schuld liegen nicht vor. D hat sich somit gem. § 303 I strafbar gemacht.

901b Fraglich ist schließlich, ob von einer reinen Nutzungsentziehung gesprochen werden kann, wenn die Sache **bestimmungsgemäß dem Verbrauch zugeführt** wird.

Beispiele: A nimmt dem B den Schokoriegel weg, um ihn sogleich zu verzehren; C versendet unerwünschte Telefaxmitteilungen und verbraucht damit Toner (bzw. Tinte) und Papier des Empfängers

901c Von der h.M. wird in dem bestimmungsgemäßen Verzehr oder Verbrauch einer Sache ein Unterfall der straflosen Nutzungsentziehung gesehen, weil es auf die wirtschaftliche Zweckbestimmung, nicht auf den Willen des Berechtigten ankomme.[1407] Diese Auffassung ist abzulehnen. Zwar sind die Sachen bestimmungsgemäß verzehrt bzw. verbraucht worden, die Entscheidung, wann und von wem die Sachen verzehrt bzw. ver-

---

[1406] Bzgl. der Rechtswidrigkeit (kein fälliger und durchsetzbarer Anspruch) der Zueignungsabsicht ist an §§ 1301, 812 BGB zu denken. Dies scheidet jedoch aus, wenn man unterstellt, dass D und V bereits verheiratet waren.

[1407] So GenStA Frankfurt NStZ 2002, 546 ff.; OLG Frankfurt NStZ 2004, 687 (beide bzgl. Telefax); LK-*Wolff*, § 303 Rn 15; Sch/Sch-*Stree/Hecker*, § 303 Rn 10.

braucht werden, obliegt jedoch dem Berechtigten. Zudem haben die Vertreter der genannten Auffassung keine Erklärung angeboten, wie sie die Substanzverletzung, die mit dem unberechtigten Verzehr bzw. Verbrauch einhergeht, überwinden wollen. Nach der von ihnen selbst vertretenen Definition der Substanzverletzung unterfallen aber auch der bestimmungsgemäße Verzehr bzw. Verbrauch dem § 303 I. Derartige Widersprüche vermeidet man, indem man richtigerweise eine Sachbeschädigung annimmt.[1408] Dieser Befund ist auch sachgerecht, denn der Täter maßt sich an, mit der fremden Sache so zu verfahren, als sei es seine eigene. Ein stärkerer Grad einer Substanzverletzung als der Verzehr oder der Verbrauch ist zudem auch kaum vorstellbar.

> Zu weit ginge es aber, bloße Abnutzungserscheinungen, die infolge des unberechtigten Gebrauchs entstanden sind, als Sachbeschädigung anzusehen. Freilich ist wiederum eine Sachbeschädigung anzunehmen, wenn der Grad der Abnutzung eine Substanzverletzung bedeutet.

> Allerdings sind die praktischen Konsequenzen für den Täter nicht allzu groß. Zum einen handelt es sich um ein – wenn auch bedingtes bzw. unechtes – Antragsdelikt (§ 303c), und zum anderen bestehen einige prozessuale Möglichkeiten, von einer Bestrafung abzusehen (vgl. §§ 153, 153a, 153b StPO).

> Schließlich ist zu beachten, dass § 303 I im Wege der mitbestraften Begleit- bzw. Nachtat zurücktritt, wenn der Täter durch den Verzehr bzw. Verbrauch ein anderes Vermögensdelikt (z.B. § 242) verwirklicht (vgl. Rn 91).

e. Beschädigen einer bereits beschädigten Sache

902

Nicht einheitlich lässt sich die Frage beantworten, ob das Beschädigen einer bereits beschädigten Sache zu einer Strafbarkeit nach § 303 I führen kann. Abzustellen ist auf die jeweilige Sache und die bereits vorhandene Substanzverletzung bzw. Brauchbarkeitsminderung.

> Als Testfrage sollte man sich merken: Kommt es bei einer Wiederherstellung der Sache zu einem nennenswerten Mehraufwand oder nicht?

> So ist fraglich, ob man eine Sachbeschädigung bejahen kann, wenn bei einem bereits verbeulten Auto eine weitere Beule hinzugefügt oder eine bereits vorhandene Beule wesentlich vergrößert wird. Im Grundsatz wird man dann von einer Sachbeschädigung ausgehen können, wenn sich der Reparaturaufwand durch die Zweiteinwirkung nicht unerheblich vergrößert. Muss aber bspw. der Kotflügel bereits aufgrund der Ersteinwirkung ausgetauscht werden, spricht umgekehrt vieles dafür, den Strafzweck des § 303 I entfallen zu lassen, da in einem solchen Fall der Reparaturaufwand nicht wesentlich vergrößert wird.

> Gänzlich anders liegt der Fall bei einem (nur leicht) beschädigten Schaufenster. Hier führt jede weitere Einwirkung in jedem Fall zu einer Strafbarkeit nach § 303 I, da stets Sicherheits- und Funktionsinteressen des Eigentümers tangiert sind, auch wenn man bedenkt, dass heutzutage defekte Scheiben grundsätzlich komplett ausgetauscht werden.

f. Sachbeschädigung durch Unterlassen

903

Eine Sachbeschädigung in der Form des Zerstörens und des Beschädigens i.S.v. § 303 I ist auch durch **Unterlassen** nach **§ 13** möglich. Voraussetzung ist aber stets eine Garantenstellung des Täters. Beispielhaft wird an dieser Stelle immer das Vernachlässigen von „lebenden Sachen" wie Tieren oder Pflanzen genannt.

[1408] Wie hier *Kindhäuser*, BT II, § 20 Rn 26; *Stöber*, NStZ 2003, 515 ff.

2. Subjektiver Tatbestand

904 Der Täter muss **vorsätzlich** gehandelt haben. Es genügt *dolus eventualis*. Fehlt der Vorsatz in Bezug auf ein Tatbestandsmerkmal (etwa das „unbefugt" in § 303 II), greift § 16 I S. 1. Eine Fahrlässigkeitsstrafbarkeit, die wegen § 16 I S. 2 konstruktiv möglich wäre, scheitert an der fehlenden Strafbarkeitsanordnung (vgl. aber die Sondertatbestände der §§ 317 III, 318 VI, 319 IV; vgl. auch §§ 308 VI, 306d I).

904a Der **Versuch** ist gem. § 303 III strafbar. Erfasst ist insbesondere der untaugliche Versuch durch Beschädigung (oder Verunstaltung) irrig für fremd gehaltener eigener Sachen.

II. Rechtswidrigkeit

905 Bei der Sachbeschädigung i.S.v. § 303 I (aber auch bei einer Verunstaltung i.S.v. § 303 II) ist nicht selten an – vorrangige – zivilrechtliche Rechtfertigungsgründe wie §§ 228, 229, 904 BGB zu denken. Grundsätzlich ist (bei § 303 I) aber auch eine **rechtfertigende Einwilligung** des Berechtigten möglich.[1409] Zur Tötung wildernder Hunde und Katzen ist der Jagdschutzberechtigte gem. §§ 23, 25 BJagdG befugt.

Der Wille des Täters, die Sache anschließend zu ersetzen, ändert freilich nichts an der Rechtswidrigkeit, schon gar nichts an der Tatbestandsmäßigkeit.

III. Schuld

906 Es gelten die allgemeinen Grundsätze.

IV. Strafantrag, § 303c

907 Nach § 303c ist ein Strafantrag erforderlich, sofern nicht ein öffentliches Interesse an der Strafverfolgung besteht. Der Strafantrag kann nicht nur vom Eigentümer, sondern auch von sonstigen nutzungsberechtigten Personen wie dem Nießbraucher, Pächter oder Mieter gestellt werden.[1410]

V. Konkurrenzen

908 § 303 II wird, soweit eine Substanzverletzung oder Brauchbarkeitsbeeinträchtigung auch eine Veränderung des Erscheinungsbilds bewirkt, von § 303 I verdrängt. In Bezug auf § 304 (gemeingefährliche Sachbeschädigung) gilt, dass § 304 zwar keine Qualifikation zu § 303 darstellt (Schutzgut des § 304 ist nicht das Eigentum, sondern das öffentliche Nutzungsinteresse an den in § 304 I genannten Objekten), § 303 dennoch wegen Gesetzeskonkurrenz zurücktritt.

Davon unabhängig tritt § 303 (I und II) nach noch h.L.[1411] hinter §§ 242, 243 I S. 2 Nr. 1 und 2, sowie hinter § 274 im Wege der Konsumtion (mitbestrafte Begleittat) zurück. Jedoch neigt der BGH[1412] dazu, nicht mehr generell von einer Konsumtion des § 303 auszugehen, sondern in Einzelfällen **Tateinheit** zwischen §§ 242, 243 I S. 2 Nr. 1, 2 und § 303 anzunehmen. Dies insbesondere dann, wenn bspw. ein Einbrecher Mobiliar aus Enttäuschung wegen der geringen Beute zerstört. Regelmäßig tritt jedoch § 145 II hinter §§ 303, 304 zurück (Spezialität).

[1409] Vgl. Sch/Sch-*Stree/Hecker*, § 303 Rn 12; *Lackner/Kühl*, § 303 Rn 9; *Fischer*, § 303 Rn 16. Für Tatbestandsausschluss (bei § 303 I) *Gropengießer*, JR 1998, 89, 91; NK-*Zaczyk*, § 303 Rn 21.
[1410] *Fischer*, § 303c Rn 3.
[1411] *Lackner/Kühl*, § 243 Rn 24; Sch/Sch-*Eser/Bosch*, § 243 Rn 59 m.w.N.
[1412] BGH NJW 2002, 150, 151; NStZ 2014, 40 – dazu Rn 181.

VI. Übungsfall zu § 303 I

Sachverhalt: D will mal wieder seine Verflossene (V) ärgern. Diese hat sich einen Motorroller gekauft und fährt damit regelmäßig zu ihrem neuen Freund. Eines Nachts verwirklicht D in der Garage seiner Ex einen neuen Plan. Er lässt aus beiden Reifen die Luft heraus. V wundert sich über die platten Reifen, ist aber ansonsten ganz Frau und pumpt kurzerhand die Reifen wieder auf. Strafbarkeit des D nach § 303 I?

Lösungsgesichtspunkte: Bei dem Motorroller der V handelt es sich um eine für D fremde Sache. Indem D die Luft aus den Reifen ließ, müsste er ihn auch beschädigt haben. An dem Motorroller, insbesondere an den Reifen, kam es nicht unmittelbar zu einer Beschädigung der Substanz. Vielmehr lag eine Beeinträchtigung der Gebrauchstauglichkeit vor.

Fraglich ist jedoch, ob diese auch erheblich war, zumal V eine Luftpumpe in der Nähe hatte. Um die Erheblichkeit ermitteln zu können, sind die Kriterien der körperlichen Anstrengung bzw. Mühe, der Kosten und der in die Wiederherstellung des ursprünglichen Zustands investierten Zeit zu berücksichtigen. Hier kann man verschiedener Auffassung sein, zumal es vom Zufall abhängt, wo und unter welchen Umständen sich der Nutzungsberechtigte gerade befindet.[1413]

Sollte man den objektiven Tatbestand bejahen, ist im Rahmen des subjektiven Tatbestands nach dem **Vorsatz** des Täters zu fragen. Hier liegt eines der Kernprobleme des Allgemeinen Teils des StGB.

Erforderlich ist, dass der Täter bei Begehung der Tat alle Umstände kennt, die nach Gesetzeswortlaut und Auslegung zum gesetzlichen Tatbestand gehören, § 16. Anderenfalls entfällt die Appell- und Warnfunktion des Tatbestands. Der Täter muss wissen, was er tut. Anknüpfungspunkt für einen **Irrtum** kann der Begriff des „Beschädigens" sein. Im Gutachten ist kurz darzulegen, dass es Irrtümer bezüglich *normativer* und ***deskriptiver Tatbestandsmerkmale*** gibt. Deskriptive Merkmale sind sinnlich-wahrnehmbare, beschreibende Merkmale wie Sache i.S.v. §§ 242, 303 oder Gebäude i.S.v. §§ 305, 306.

Bei dem Begriff des Beschädigens handelt es sich jedoch um einen normativen Begriff. Dieser bedarf einer Auslegung. Ausgangspunkt ist eine juristische und/oder soziale Bewertung des Merkmals. Der Täter muss zudem den Sinngehalt des Merkmals zumindest laienhaft verstanden haben (**Parallelwertung in der Laiensphäre**). Allein hieraus ergibt sich, dass Bewertungsirrtümer, also solche im normativen Bereich, selten sind und sein müssen.[1414] Im vorliegenden Fall konnte D erkennen, dass das Herauslassen von Luft aus den Reifen zu einer erheblichen Tauglichkeitsminderung führen musste.

Sofern man also den objektiven Tatbestand des § 303 I bejaht, hat D sich wegen Sachbeschädigung strafbar gemacht.

[1413] Das OLG München NJW 1987, 3271, 3272 sah den Tatbestand des § 303 bereits beim Ablassen der Luft nur eines Reifens als erfüllt an, obwohl sich eine Luftpumpe am Rad befand. Der BGH (St 13, 207, 209) differenziert hingegen nach den o.g. Kriterien und stellt insoweit auf die gegebenen Verhältnisse ab.
[1414] Vgl. dazu ausführlich *R. Schmidt*, AT, Rn 276 ff.

8. Kapitel – Sonstige Straftaten gegen das Vermögen

A. Pfandkehr (§ 289)

910 Bei der Prüfung der Pfandkehr gilt es, die rechtliche Beziehung der Sache zu dem Täter bzw. Dritten festzustellen, was wiederum fundierte Kenntnisse des Schuldrechts, des Sachenrechts, aber auch des Handelsrechts voraussetzt. Daraus wird die gewisse Studien- und Prüfungsrelevanz dieses Straftatbestands deutlich.[1415] Schutzgüter des § 289 sind die vier in der Vorschrift genannten Sicherungs- und Nutzungsrechte an Sachen, deren Ausübung dem jeweils Berechtigten durch Wegnahme unmöglich gemacht wird. Neben der Bestimmung des jeweiligen Rechtsverhältnisses sind die Eigentumsverhältnisse der Sache sowie der Begriff der „Wegnahme" Kernprobleme des Tatbestands.

I. Tatbestand

1. Objektiver Tatbestand

911 **Täter** der Pfandkehr kann ausweislich des Wortlauts der Norm nur der *Eigentümer* der Sache (dann eigennützige Pfandkehr) oder ein im *Eigentümerinteresse* handelnder Dritter (dann fremdnützige Pfandkehr) sein. Nicht selten stellt die Übereignung der in Frage stehenden Sache nach § 929 BGB bereits ein Problem des Falls dar, sodass auf zivilrechtliche Grundkenntnisse zurückgegriffen werden muss. § 28 findet nach allgemeiner Auffassung keine Anwendung.[1416]

912 Als **Tatobjekte** kommen nur *bewegliche Sachen* in Betracht. Bezüglich der Begriffe „beweglich" und „Sache" kann auf die Ausführungen zu § 242 verwiesen werden. Es besteht insoweit volle Kongruenz.

913 Die Sache muss mit dem **Recht eines Dritten** belastet sein, welches diesem gestattet, die Sache allein zu besitzen bzw. dem Eigentümer das Fortschaffen zu untersagen. Diese Rechte müssen gegenüber dem Eigentümer *wirksam begründet* worden sein. Als solche Rechte kommen in Betracht:

914 **Nutznießungsrechte:** Als Recht kommt hier der **Nießbrauch** gem. §§ 1030 ff. BGB, aber auch das Recht der Eltern am Vermögen ihrer minderjährigen Kinder gem. § 1649 II BGB in Betracht. Des Weiteren ist § 1417 III S. 2 BGB zu beachten.[1417]

915 **Pfandrechte:** Bei den Pfandrechten ist nach dem jeweiligen Erwerb zu unterscheiden. Pfandkehr beim rechtsgeschäftlich erworbenen Pfandrecht gem. §§ 1204 ff. BGB ist eher selten in einer Prüfungsarbeit anzutreffen. Häufiger geht es um Pfandkehr bei **gesetzlich erworbenen Pfandrechten**, namentlich

⇨ beim Werkunternehmerpfandrecht nach § 647 BGB,
⇨ beim Vermieterpfandrecht nach § 562 BGB
⇨ und beim Pfandrecht des Gastwirts nach § 704 BGB.

> **Beispiel zum Werkunternehmerpfandrecht:** B gibt seinen Wagen zur Reparatur in die Werkstatt des U. Als B am Abend den Wagen abholen möchte, verlangt U Barzahlung der Rechnung. Da B nicht bereit ist, die Rechnung sofort zu bezahlen, verweigert U die Herausgabe des Wagens. Mürrisch geht B weg. In der Nacht holt er seinen Wagen, der auf dem offenen Betriebshof des U steht, mit seinem Zweitschlüssel ab.
>
> Das Werkunternehmerpfandrecht aus § 647 BGB ist ein gesetzliches Pfandrecht, das den Vergütungsanspruch des Werkunternehmers sichern soll. Zudem erleidet der Unternehmer, der z.B. Ersatzteile in ein Kfz verbaut, wegen § 947 BGB einen Eigentumsverlust.

[1415] Eine gutachtliche Prüfung des § 289 findet sich bei *Schmidt/Priebe*, Fälle zum Strafrecht I, Fall 4 Rn 15 ff.
[1416] Sch/Sch-*Heine/Hecker*, § 289 Rn 12. Vgl. auch *Joecks*, § 289 Rn 1 ff.
[1417] *Fischer*, § 289 Rn 1.

Zwar hat derjenige, der wegen §§ 946 ff. BGB einen Rechtsverlust (Eigentumsverlust) erlitten, nach § 951 I S. 1 BGB i.V.m. §§ 812 ff. BGB einen Ausgleichsanspruch, jedoch besteht auch diesbezüglich das Bedürfnis nach einer Forderungssicherung. Dem soll § 647 BGB Rechnung tragen.

Im vorliegenden Fall ist B als Eigentümer tauglicher Täter i.S.v. § 289.[1418] Auch bestand ein Werkunternehmerpfandrecht aus § 647 BGB zugunsten des U. Dieser durfte daher zur Sicherung seines Vergütungsanspruchs den Wagen bis zur Begleichung der Rechnung zurückbehalten (§ 273 BGB). Indem B nachts den Wagen mit dem Zweitschlüssel vom Hof des U holte, ohne die Rechnung bezahlt zu haben, hat er seinen Wagen dem U rechtswidrig weggenommen i.S.d. § 289 (zum Begriff der Wegnahme i.S.d. § 289 siehe näher Rn 919). B ist daher wegen Pfandkehr strafbar.

Variante 1: U gibt B den Wagen heraus und händigt B eine Rechnung aus, die B allerdings vier Wochen unbearbeitet zu Hause liegen lässt. Auch die Mahnungen des U ignoriert er. Als dann der Wagen erneut zwecks Reparatur in die Werkstatt des U muss, nimmt U den Wagen sofort in Gewahrsam und weigert sich, ihn an B herauszugeben. Erst wenn B die Rechnung bezahlt habe, könne er seinen Wagen wiederbekommen. Doch B ist damit gar nicht einverstanden. In der Nacht holt er seinen Wagen mit seinem Zweitschlüssel ab.

Hier stand U das Werkunternehmerpfandrecht nicht mehr zu, da er zwischenzeitlich den Wagen an B herausgegeben hatte. Denn das Werkunternehmerpfandrecht erlischt mit der Herausgabe des Pfandgegenstands (vgl. §§ 1257, 1253 BGB) und lebt auch nicht wieder auf, wenn der Unternehmer aufgrund eines weiteren Reparaturauftrags erneut in den Besitz der Sache kommt.[1419] B hat daher keine Pfandkehr begangen. Strafbar gemacht hat sich aber U, und zwar wegen Nötigung, da er widerrechtlich den Wagen einbehalten hat.

Variante 2: Wie im Ausgangsfall, allerdings mit dem Unterschied, dass es sich bei dem von B zur Reparatur gegebenen Wagen um ein Leasingfahrzeug handelt bzw. um ein finanziertes Fahrzeug, das B an die finanzierende Bank sicherungsübereignet hat.

Da § 289 I Var. 1 ausweislich des Wortlauts („seine eigene bewegliche Sache") eine Eigentümerstellung des Täters fordert[1420], macht sich folgerichtig nicht nach § 289 I Var. 1 strafbar, wer dem Pfandgläubiger eine Sache wegnimmt, die ihm (dem Wegnehmenden) nicht gehört. Leasingnehmer und Personen, die bewegliche Sachen sicherungsübereignen, sind daher nicht taugliche Täter i.S.d. § 289 I Var. 1, da ihnen die Sachen nicht gehören. Sie sind zwar unmittelbare Besitzer, nicht aber Eigentümer. Das sind der Leasinggeber bzw. der Kreditgeber (Gläubiger), zu dessen Gunsten die Sache gem. § 930 BGB sicherungsübereignet wurde.

B ist nicht Eigentümer des Wagens. Daher steht U insoweit auch kein Werkunternehmerpfandrecht zu. Ein gutgläubiger Erwerb eines gesetzlichen Pfandrechts, der daran etwas ändern könnte, wird mangels Regelung ganz überwiegend abgelehnt[1421], sodass B demzufolge keine Pfandkehr begangen hat.

Da es sich heutzutage wohl beim überwiegenden Teil von (neuen bzw. hochpreisigen) Kfz um geleaste bzw. um finanzierte Kfz handelt, läuft § 289 I Var. 1 damit praktisch leer. Eine analoge Anwendung kommt wegen des im Strafrecht geltenden Analogieverbots zulasten des Täters nicht in Betracht. Auch dürfte ein rechtsgeschäftlich vereinbartes Pfandrecht ausscheiden, da dies zulasten des Leasinggebers bzw. Kreditinstituts ginge, bei de-

---

[1418] Schwierigkeiten bestehen, wenn B den Wagen unter Eigentumsvorbehalt gekauft hat, eine Sicherungsübereignung vorliegt oder es sich bei dem Wagen um ein Leasingfahrzeug handelt. Dann hätte es sich nicht um „eine eigene Sache des Bestellers" gehandelt. Siehe dazu Variante 2 sogleich.
[1419] BGHZ 87, 274, 279; 101, 307, 315 ff.; Palandt-*Sprau*, BGB, § 647 Rn 5.
[1420] Auf den Wortlaut stellt auch der BGH ab (vgl. etwa BGHZ 34, 122, 124; 34, 153, 154; 87, 274, 280; 100, 95, 101; 119, 75, 89).
[1421] Vgl. *Hütte/Hütte*, SachenR I, 7. Aufl. 2015, Rn 835.

nen man nicht davon ausgehen darf, dass sie mit der Inpfandnahme ihres Eigentums einverstanden sind.

Möglich erscheint dann nur noch ein Zurückbehaltungsrecht aus § 1000 BGB, sofern dem Werkunternehmer ein Recht auf Verwendungsersatz nach §§ 994, 996 BGB zusteht.[1422]

Folgt man der Lösung über das Bestehen eines Zurückbehaltungsrechts aus § 1000 BGB, hat B eine Pfandkehr wegen Verletzung eines Zurückbehaltungsrechts begangen.

Beispiel zum Vermieterpfandrecht: Mieter M zahlt seit Monaten keine Miete. An eigenen Sachen hat er in der Wohnung neben einer Modelleisenbahn nur einen Wasserkocher, einige Lebensmittel, Wäsche und sein Bett. Vermieter V will pfänden. Dies merkt M. Um dem zuvorzukommen, packt er nachts seine Sachen und verlässt das Haus.

M ist als Eigentümer tauglicher Täter i.S.v. § 289. Sowohl der Hausrat (Wasserkocher, Lebensmittel, Wäsche und Bett) als auch die Eisenbahn sind bewegliche Sachen. An diesen hatte V als Vermieter auch ein gesetzliches Pfandrecht wirksam erworben (vgl. § 562 BGB). Zu beachten ist bei einem Vermieterpfandrecht jedoch auch § 562 I S. 2 BGB. Diese Vorschrift verweist (indirekt) auf § 811 ZPO. Demnach unterliegt der Hausrat des M nicht der Pfändung. Daher hat V kein Pfandrecht an dem Wasserkocher, den Lebensmitteln, der Wäsche und dem Bett. Die Eisenbahn gehört indes nicht zum Hausrat, sodass diese pfändbar ist. Diese müsste M, um wegen Pfandkehr strafbar zu sein, auch „weggenommen" haben. Der Wegnahmebegriff ist bei § 289 umstritten (dazu näher Rn 919). Die h.M. versteht unter Wegnahme i.S.d. § 289 die Entziehung der Sache aus dem tatsächlichen Machtbereich eines anderen, um die Rechtsausübung des Berechtigten unmöglich zu machen. Durch das Fortschaffen der Eisenbahn aus der Wohnung hat V keine Zugriffsmöglichkeit mehr auf die Sache. Somit liegt eine Wegnahme durch M vor. M handelte vorsätzlich und in der Absicht, das Recht des V zu vereiteln, um die eigene Verfügungsmöglichkeit wiederherzustellen. Er hat sich daher gem. § 289 strafbar gemacht.

Weiterführender Hinweis: Hätte eine **rechtsgeschäftliche Vereinbarung** zwischen M und V dahingehend vorgelegen, dass auch unpfändbare Sachen gem. § 811 ZPO der Pfändung unterliegen sollen, hätte ein Pfandrecht auch am Hausrat bestanden.[1423]

916 **Pfändungspfandrechte:** Ob auch Pfändungspfandrechte (§ 804 ZPO) zu den genannten Pfandrechten gehören, ist angesichts der Regelung in § 136 I (Verstrickungsbruch) zweifelhaft. Ein Pfändungspfandrecht entsteht im Zuge einer Zwangsvollstreckung durch Pfändung. Voraussetzung ist also die wirksame Pfändung *schuldnereigener* Sachen. Insoweit handelt es sich um eine Begleiterscheinung der Verstrickung (= Sicherstellung zur behördlichen Verfügung durch Pfändung oder Beschlagnahme). Geschützt wird dieses Recht bereits durch § 136 I. Nach einer Minderheitsmeinung hat § 136 I abschließenden Charakter, sodass für die Anwendung des § 289 kein Raum bleibt.[1424] Dem widerspricht die h.M.[1425] Sie stellt auf die unterschiedlichen Schutzrichtungen der Normen ab und verweist auf die Parallelität mit dem Faustpfand in § 804 II ZPO. Demnach ist auch das Pfändungspfandrecht von § 289 erfasst.

917 **Gebrauchsrechte:** Zu den Gebrauchsrechten zählt man die des Mieters, des Pächters und des Entleihers nach §§ 535, 581, 598 BGB. Gleichgültig ist die Rechtsnatur des Verhältnisses. Es kann öffentlich-rechtlich oder privatrechtlich gestaltet sein.[1426] Bei privatrechtlicher Ausgestaltung kommen eine schuldrechtliche und eine dingliche Entstehung in Betracht. Zu den Gebrauchsrechten wird auch das nicht gesondert aufgeführte **Anwartschaftsrecht des Eigentumsvorbehaltskäufers** gezählt. Zu beachten ist, dass im Fall des Rücktritts des EV-Verkäufers (beachte: Das Anwartschaftsrecht erlischt!) der EV-Käufer generell ein **Zurück-**

[1422] BGHZ 34, 122, 129 ff. Vgl. dazu auch unten Rn 918.
[1423] Sch/Sch-*Heine/Hecker*, § 289 Rn 4.
[1424] *Lackner/Kühl*, § 289 Rn 1.
[1425] Sch/Sch-*Heine/Hecker*, § 289 Rn 4.
[1426] Sch/Sch-*Heine/Hecker*, § 289 Rn 5.

behaltungsrecht nach § 273 BGB geltend machen kann.[1427] Das Gebrauchsrecht des Sicherungsgebers im Falle einer Sicherungsübereignung fällt ebenfalls unter die Gebrauchsrechte.

Zurückbehaltungsrechte: Als solche kommen die §§ 273, 972, 1000 BGB und die §§ 369 ff. HGB in Betracht. Auch hier ist die gesetzliche und vertragliche Entstehung eines Zurückbehaltungsrechts möglich. Zu beachten ist hier, dass Zurückbehaltungsrechte den Besitz an der Sache voraussetzen.[1428] Insofern ergeben sich Überschneidungen etwa mit dem Werkunternehmerpfandrecht. Gerade beim Werkunternehmerpfandrecht erlangt § 1000 BGB aber eigenständige Bedeutung, wenn der Unternehmer Verwendungen i.S.d. §§ 994, 996 BGB gemacht hat. Dann hat er ein Zurückbehaltungsrecht auch dann, wenn die in seinem Besitz befindliche Sache nicht im Eigentum des Bestellers steht (siehe bereits Rn 915).

918

Tathandlung ist die Wegnahme, wobei der Begriff nicht einheitlich definiert wird.

919

- Nach einer Minderheitsmeinung – die enge Auslegung – ist der Wegnahmebegriff des § 289 mit dem des § 242 identisch.[1429] Somit ist ein Gewahrsamsbruch notwendig. Für diese Auffassung spricht neben der Einheit der definierenden Rechtsanwendung v.a. der gegenüber §§ 288, 136 I erhöhte Strafrahmen. Der Täter muss also fremden Gewahrsam verletzen. Konsequenz ist, dass der Inhaber besitzloser Pfandrechte (Vermieter und Verpächter) nur den Schutz des § 288 genießt. Der „fliehende Mieter" wird somit von § 289 nicht erfasst, sehr wohl aber von § 288.

- Nach h.M.[1430] ist es ausreichend, wenn dem Berechtigten die Ausübung seines Pfandrechts unmöglich gemacht wird. Somit sind auch die Fälle des „fliehenden Mieters" erfasst.

- Stellungnahme: Dass § 289 den Bruch fremden Gewahrsams verlangt, ist weder dem Wortlaut noch dem Schutzzweck der Vorschrift zu entnehmen. Die Minderheitsmeinung interpretiert den Wegnahmebegriff daher zu eng. Richtigerweise sind auch besitzlose Pfandrechte (also solche des Vermieters/Verpächters) dem Schutz des § 289 zu unterstellen. Den Schutz des besitzlosen Pfandrechtsinhabers muss man also nicht davon abhängig machen, ob eine Vollstreckung „droht" i.S.v. § 288 (siehe dazu Rn 922 ff.).

2. Subjektiver Tatbestand

Erforderlich ist zunächst **Vorsatz** bezüglich der Verwirklichung der objektiven Tatbestandsmerkmale. Insoweit genügt *dolus eventualis*. Des Weiteren ist eine **rechtswidrige Absicht** zu fordern. Hierunter versteht man den zielgerichteten Willen (also Absicht i.S.d. *dolus directus* 1. Grades) des Täters, unter Vereitelung des fremden Rechts die eigene Verfügungsmöglichkeit wiederherzustellen, wobei die laienhafte Kenntnis des Täters vom Bestehen eines Rechts ausreichen soll. Liegt ein Fall der *fremdnützigen Pfandkehr* vor, muss der Täter die Sache zugunsten des Eigentümers wegnehmen.[1431]

920

II. Rechtswidrigkeit und III. Schuld

Es gelten die allgemeinen Grundsätze.

921

IV. Strafantrag gem. § 289 III

Es handelt sich um ein unbedingtes Antragsdelikt, d.h. die Strafverfolgungsbehörde kann ohne Strafantrag die Straftat nicht verfolgen, und zwar auch dann nicht, wenn sie ein öffentliches Interesse an der Strafverfolgung sieht.

921a

[1427] Sch/Sch-*Heine/Hecker*, § 289 Rn 7.
[1428] *Fischer*, § 289 Rn 1.
[1429] *Joecks*, § 289 Rn 3; Sch/Sch-*Heine/Hecker*, § 289 Rn 8 m.w.N.
[1430] Vgl. *Fischer*, § 289 Rn 2 m.w.N.; BayObLG NJW 1981, 1745 (für das Vermieterpfandrecht); *Wessels/Hillenkamp*, BT 2, Rn 443.
[1431] Insgesamt zum subjektiven Tatbestand vgl. *Lackner/Kühl*, § 289 Rn 4; Sch/Sch-*Heine/Hecker*, § 289 Rn 9 f.

B. Vollstreckungsvereitelung (§ 288)

922 Schutzzweck des § 288 ist es, die Befriedigung des Gläubigers im Wege der *Einzel*zwangsvollstreckung zu sichern. Für die (im juristischen Studium selten zu behandelnde) *Gesamt*vollstreckung (Insolvenz) gelten die §§ 283 ff. Als ungeschriebenes Tatbestandsmerkmal des § 288 ist nach allgemeiner Ansicht ein durchsetzbarer materieller Anspruch seitens des Gläubigers. Dieser Anspruch braucht jedoch nicht fällig zu sein.[1432] Wie bei § 289 ist somit das Zivilrecht, v.a. das Schuldrecht und das Sachenrecht, von Bedeutung. Zu beachten ist die Parallele zum Verstrickungsbruch nach § 136 I. Ge-Art. 101 I S. 2 GG kodifizierte Grundsatz des gesetzlichen Richtzt das durch Beschlagnahme oder Pfändung entstandene öffentlich-rechtliche Gewaltverhältnis (vgl. insoweit schon die Ausführungen zu § 289). § 288 schützt die Befriedigungsinteressen des Gläubigers, also eines Privaten.[1433]

> **Hinweis für die Fallbearbeitung:** Bei der Prüfung des § 288 sollte v.a. an §§ 274, 303, 289, 266, 136, 113 gedacht werden.

Es empfiehlt sich folgender Aufbau[1434]:

923

Vollstreckungsvereitelung (§ 288)

I. Tatbestand
1. Objektiver Tatbestand
a. Tatsituation: Eine ihm drohende Zwangsvollstreckung (ZV)

- **Zwangsvollstreckung** ist die durch staatliche (auch ausländische) Organe erfolgende zwangsweise Verwirklichung eines Anspruchs.
- Diese muss „**ihm**", also dem Täter selbst, drohen. Zu beachten ist die Erweiterung gem. § 14 (Handeln für andere). Es findet eine Erweiterung auf Organe, Vertreter und Verwalter statt.
- Die Zwangsvollstreckung muss „**drohen**". Dies ist der Fall, wenn der ernstliche Wille des Gläubigers, die Zwangsvollstreckung zu betreiben, aus seinen Handlungen hervorgeht.
- **Bestehen eines durchsetzbaren materiellen Anspruchs** des Gläubigers. Dieser ist in der Prüfung regelmäßig kurz darzulegen. Hierbei handelt es sich um ein ungeschriebenes Tatbestandsmerkmal. Der Anspruch muss durchsetzbar sein, ihm dürfen also keine Einreden entgegenstehen.

b. Tatobjekt: Bestandteile seines Vermögens

Auszugehen ist von einem *vollstreckungsrechtlichen Vermögensbegriff*. Umfasst werden alle pfändbaren (gegenwärtigen oder künftigen) Rechte und Sachen. Bei einer Vollstreckung wegen *Geldforderungen* scheiden – anders bei der Herausgabevollstreckung – mangels Verwertbarkeit unpfändbare Gegenstände (§ 811 ZPO) und schuldnerfremde Sachen aus. Im Fall eines EV-Kaufs ist aber die Pfändbarkeit des Anwartschaftsrechts zu beachten.

c. Tathandlungen

- **Veräußern - die „rechtliche" Vereitelung:** Unter Veräußern versteht man *rechtsgeschäftliche Verfügungen*, durch die ein Vermögenswert aus dem Schuldnervermögen ausgeschieden wird, sodass er dem Zugriff des Gläubigers rechtlich entzogen oder dessen Befriedigungsmöglichkeit verringert wird. Beispiele sind Übereignung von Sachen sowie die Abtretung von Rechten, sofern *kein vollwertiger Gegenwert* im Vermögen des Täters verbleibt.

  ⇨ Auch hier ist die *Wirksamkeit der Verfügung* zu prüfen! Zu beachten sind Nichtigkeitsgründe wie § 117 BGB (Scheingeschäft) sowie die §§ 1629, 1795 BGB.
  ⇨ Zu beachten ist des Weiteren, dass bloße *obligatorische Geschäfte* keine Verfügun-

---

[1432] *Wessels/Hillenkamp*, BT 2, Rn 475.
[1433] Sch/Sch-*Heine/Hecker*, § 288 Rn 2.
[1434] Eine gutachtliche Prüfung des § 288 findet sich bei *Schmidt/Priebe*, Fälle zum Strafrecht I, Fall 4 Rn 1 ff.

gen sind (Kauf ohne Übergabe)!

- ▪ **Beiseiteschaffen – die „tatsächliche" Vereitelung:** Unter Beiseiteschaffen versteht man jede räumliche Entfernung der Sache, sodass sie der Zwangsvollstreckung tatsächlich entzogen wird. Handlungen sind das Verstecken oder die Scheinabtretung.

2. Subjektiver Tatbestand

Subjektiv ist bezüglich der objektiven Tatbestandsmerkmale **Vorsatz** in Form von *dolus eventualis* erforderlich aber auch ausreichend. Des Weiteren muss der Täter mit der **Absicht** handeln, die Befriedigung des Gläubigers zu vereiteln. Unter Absicht ist *dolus directus* 2. Grades (**direkter Vorsatz**) zu verstehen. Es genügt also, dass der Täter die Benachteiligung des Gläubigers als sichere Nebenfolge erkennt.

II. Rechtswidrigkeit und III. Schuld

IV. Strafantrag nach § 288 II

I. Tatbestand

1. Objektiver Tatbestand

a. Tatsituation: Eine dem Täter drohende Zwangsvollstreckung

Dem Täter muss eine Zwangsvollstreckung (ZV) drohen. Probleme bereiten hier die geschriebenen Tatbestandsmerkmale des „ihm" und des „Drohens" sowie das ungeschriebene Tatbestandsmerkmal „Bestehen eines durchsetzbaren materiellen Anspruchs".   **924**

Zwangsvollstreckung ist die durch staatliche (auch ausländische) Organe erfolgende zwangsweise Verwirklichung eines Anspruchs.[1435]   **925**

Die Vollstreckung wird durch Gericht, einen Gerichtsvollzieher oder durch Verwaltungsbehörden durchgeführt. Grund für eine Zwangsvollstreckung ist das Bestehen eines privatrechtlichen oder öffentlich-rechtlichen Anspruchs (dazu sogleich), der auf Zahlung einer Geldsumme, Herausgabe einer Sache, aber auch auf Duldung gerichtet sein kann. Voraussetzung ist jedoch stets, dass der Anspruch einen vermögensrechtlichen Gehalt hat.[1436] Die Vereitelung eines Zwangsgeldes, einer Geldstrafe oder einer Einziehung sind nicht tatbestandlich i.S.v. § 288.[1437] Diese sollen vielmehr menschliches Verhalten beeinflussen; sie sind daher nicht zu den vermögensrechtlichen Positionen i.S.d. § 288 zu zählen.   **926**

Die Zwangsvollstreckung muss dem Täter („ihm"), also dem Vollstreckungsschuldner selbst drohen.   **927**

Vollstreckungsschuldner i.S.d. § 288 (und somit Täter) ist jeder, der aus einem rechtlichen Grund verpflichtet ist, die Vollstreckung zu dulden, auch wenn er, wie z.B. der Hintermann eines Strohmanns, prozessual als Vollstreckungsschuldner nicht in Erscheinung tritt.[1438]   **928**

Besondere Beachtung muss § 14 beigemessen werden. Diese Norm erweitert den Täterkreis auf Organe, Vertreter (hier ist insb. das elterliche Vertretungsrecht gem. § 1626 BGB zu beachten) und Verwalter.[1439]   **929**

[1435] Sch/Sch-*Heine/Hecker*, § 288 Rn 5; *Lackner/Kühl*, § 288 Rn 2.
[1436] *Lackner/Kühl*, § 288 Rn 2.
[1437] Sch/Sch-*Heine/Hecker*, § 288 Rn 5; *Wessels/Hillenkamp*, BT 2, Rn 475; *Lackner/Kühl*, § 288 Rn 2.
[1438] Sch/Sch-*Heine/Hecker*, § 288 Rn 24; *Fischer*, § 288 Rn 5; *Joecks*, § 288 Rn 1 ff.
[1439] *Fischer*, § 288 Rn 5.

Geht es um das gesparte Geld eines Minderjährigen, das der Vater vor dem Zugriff eines Geschädigten durch Verstecken schützen will, ist der Vater des Minderjährigen „ihm" i.S. der Norm, § 14 I Nr. 3 StGB i.V.m. 1626 BGB!

930 Nach h.M. ist die Schuldnereigenschaft ein **täterbezogenes Merkmal** i.S.d. § 28 I, sodass eine Milderung für Teilnehmer über § 28 I ausscheidet.[1440]

Die Zwangsvollstreckung muss dem Schuldner drohen.

931 Die Zwangsvollstreckung **droht**, wenn nach den Umständen des Falls anzunehmen ist, dass der Gläubiger den Willen hat, seinen Anspruch demnächst zwangsweise durchzusetzen.[1441]

932 Es muss also objektiv anzunehmen sein, dass der Gläubiger den Anspruch zwangsweise durchsetzen will. Hierfür ist es nicht erforderlich, dass bereits Klage erhoben wurde. Die Fälligkeit allein reicht hingegen ebenso nicht wie die Mahnung[1442].[1443] Es handelt sich somit um eine (in der Klausur regelmäßig zu unterstellende) Tatfrage. Sollten noch nicht alle Vollstreckungshandlungen abgeschlossen sein, droht eine Zwangsvollstreckung bei einer bereits begonnenen Zwangsvollstreckung.[1444] Auch liegt das Merkmal des „Drohens" vor, wenn eine Sache bereits gepfändet, aber noch nicht versteigert wurde.[1445]

933 Ungeschriebenes Tatbestandsmerkmal ist das **Bestehen eines durchsetzbaren materiellen Anspruchs des Gläubigers**. Der Anspruch ist durchsetzbar, wenn seine gerichtliche Geltendmachung zu einer Zwangsvollstreckung gegen den Schuldner führen könnte. Daher droht die Zwangsvollstreckung nicht, wenn es sich um anfechtbare oder verjährte oder sonst um Ansprüche handelt, bei denen feststeht, dass ihnen der Schuldner eine dauerhafte Einrede entgegensetzen kann.[1446] Grund für dieses ungeschriebene Tatbestandsmerkmal ist, dass dem Gläubiger nur dann eine „Befriedigung" zukommen kann, wenn er einen Anspruch hat.[1447] Der zivilrechtliche Anspruch muss somit in einer strafrechtlichen Fallbearbeitung kurz dargelegt werden:

(1) Der Anspruch muss bestehen (I. Anspruch entstanden – keine rechtshindernden Einwendungen, zu beachten sind die Nichtigkeitsgründe),

(2) darf nicht erloschen sein (II. Anspruch untergegangen – rechtsvernichtende Einwendungen, wie die Erfüllung nach § 362 BGB) und

(3) muss durchsetzbar sein (III. Anspruch durchsetzbar - also keine Einreden, wie die Verjährung des Anspruchs).[1448]

Der häufigste Fall wird der eines nicht durchsetzbaren Anspruchs sein. Hier sind insbesondere anfechtbare (an sich systemwidrig, da Nichtigkeitsgrund)[1449] oder verjährte Ansprüche zu prüfen. In der Praxis hat das zuständige Strafgericht die Prüfung durchzuführen.[1450] Sollte zuvor ein bejahendes Zivilgerichtsurteil ergangen sein, bindet dies das Strafgericht jedenfalls so lange nicht, wie es nicht rechtskräftig ist. Sollte zuvor ein ablehnendes Zivilgerichtsurteil ergangen sein (besteht also der Anspruch nicht), ist § 288 nicht mehr einschlägig.[1451]

[1440] Sch/Sch-*Heine/Hecker*, § 288 Rn 25; a.A. *Fischer*, § 288 Rn 14; *Lackner/Kühl*, § 288 Rn 7.
[1441] Sch/Sch-*Heine/Hecker*, § 288 Rn 10.
[1442] Anders bei einem bereits eingeleiteten Mahnverfahren.
[1443] *Fischer*, § 288 Rn 4.
[1444] RGSt 17, 42, 44.
[1445] *Fischer*, § 288 Rn 4.
[1446] Sch/Sch-*Heine/Hecker*, § 288 Rn 9.
[1447] BGHSt 16, 330, 334.
[1448] Zur Anspruchsprüfung vgl. *R. Schmidt*, BGB AT, 16. Aufl. 2017, Rn 115.
[1449] Die Prüfung der Anfechtbarkeit gehört als Nichtigkeitsgrund auf die Ebene I. „Anspruch entstanden".
[1450] BayObLGSt 1952, 224.
[1451] Sch/Sch-*Heine/Hecker*, § 288 Rn 8 f.

Grundsätzlich wird ein *bereits bestehender* Anspruch gefordert, sodass künftige Ansprüche ausscheiden. Eine Ausnahme soll hingegen dann möglich sein, wenn der künftige Anspruch sicher entstehen wird. Dies wird bei dem Anwartschaftsrecht eines ungeborenen Kindes auf Unterhalt bejaht (bemerkenswert, da der Geschädigte noch nicht vorhanden ist).[1452]

b. Tatobjekt: Bestandteile seines Vermögens

934 Der Täter muss Bestandteile seines Vermögens veräußern oder beiseiteschaffen.[1453] Auszugehen ist von einem **vollstreckungsrechtlichen Vermögensbegriff**, sodass ein Vergleich zu § 263 fernliegt.

935 **Pfändbar** sind alle Sachen und (gegenwärtige sowie künftige, bedingte oder betagte) Rechte, die Zugriffs- und Befriedigungsobjekt im Rahmen einer Einzelzwangsvollstreckung sein können.

936 Wichtig ist, dass der Unterschied zwischen einer Vollstreckung wegen einer Geldforderung gem. §§ 803 ff. ZPO (dann wird grds. in alle Sachen vollstreckt) und einer Herausgabevollstreckung i.S.v. § 883 ZPO (dann grds. nur in „die" Sache des Gläubigers) erkannt wird.

- **Zwangsvollstreckung wegen Geldforderung: §§ 803 ff. ZPO**
937 Bei einer Geldvollstreckung scheiden nicht verwertbare Sachen aus. Zu nennen sind unpfändbare Sachen gem. § 811 ZPO (für Haustiere gilt § 811c ZPO) und auch bloße Beweisurkunden wie Sparbücher, Kfz-Zulassungsbescheinigungen oder Pferdepässe. Zu beachten ist hier aber § 836 III S. 1 ZPO. Das Schuldnervermögen umfasst auch den Sachbesitz des EV-Käufers (der kein Eigentum hat) sowie als Recht das Anwartschaftsrecht (sofern es noch besteht!).[1454] Fremde Sachen scheiden ebenfalls aus (beachte hier insb. § 771 ZPO - Drittwiderspruchsklage, „ein die Veräußerung hinderndes Recht"); zu beachten ist jedoch das Besitzrecht des EV-Käufers (s.o.).

  Bei einer *Geldvollstreckung* hat der Gläubiger kein Wahlrecht. Er kann nicht fordern, aus einer bestimmten Sache Befriedigung zu erlangen (siehe dazu die Ausführungen im subjektiven Tatbestand).

- **Herausgabevollstreckung: § 883 ZPO**
938 Hier zählen auch unpfändbare Gegenstände zum Vermögen des Schuldners und können daher verwertet werden.[1455] Der Gläubiger begehrt die Herausgabe einer *bestimmten* Sache (*das* Auto, *die* Uhr).

c. Tathandlungen: Veräußern und Beiseiteschaffen

aa. Veräußern – die „rechtliche" Vereitelung

939 **Veräußerung** i.S.d. § 288 ist jede rechtsgeschäftliche Verfügung, durch die ein Vermögenswert aus dem Schuldnervermögen ausgeschieden wird, sodass er dem Zugriff des Gläubigers rechtlich entzogen oder dessen Befriedigungsmöglichkeit verringert wird.[1456]

[1452] RGSt 44, 251, 253; *Fischer*, § 288 Rn 2.
[1453] *Lackner/Kühl*, § 288 Rn 3 i.V.m. § 283 Rn 9; BGH NJW 1991, 2420.
[1454] BGHSt 16, 330; BGH NJW 1991, 2420.
[1455] Sch/Sch-*Heine/Hecker*, § 288, Rn 14.
[1456] RGSt 61, 107; *Wessels/Hillenkamp*, BT 2, Rn 478; LK-*Schünemann*, § 288 Rn 27.

940 Kernproblem der Prüfung der Veräußerung ist, dass häufig das Merkmal der *rechtsgeschäftlichen Verfügung* vorschnell bejaht wird.

Erfasst werden eben nicht obligatorische Geschäfte wie der bloße Verkauf ohne Übergabe (also wenn nur der schuldrechtliche Vertrag abgeschlossen wird) oder das Vermieten, Verpachten oder Verleihen. Hier wird der Gegenstand rechtlich im Vermögen des Schuldners belassen, sodass ein „Veräußern" ausscheidet. Zu prüfen ist dann aber regelmäßig ein „Beiseiteschaffen".

§ 288 ist auch dann nicht erfüllt, wenn der Schuldner durch Veräußerung einen anderen Gläubiger befriedigt, der zeitlich und inhaltlich die Leistung beanspruchen kann, sog. kongruente Deckung.[1457]

Erfasst werden somit die Übereignung, Abtretung und Belastung (Verpfändung).

941 Zu beachten ist, dass durchaus auch die Möglichkeit besteht, dass der Schuldner durch die Übereignung der Sache ein gutes Geschäft machen kann (also nicht, wenn der Preis bei einem Notverkauf gering und unter Wert angesetzt wird). Gelangt durch die Veräußerung der volle Gegenwert in das Vermögen des Schuldners, scheidet bei einer *Geldvollstreckung* (beachte §§ 803 ff. ZPO) § 288 aus. Bei einer Herausgabevollstreckung scheidet dieser Gedanke freilich aus.[1458]

942 Ist die rechtsgeschäftliche Verfügung **unwirksam**, scheidet eine Veräußerung aus. Zu nennen sind hier die Nichtigkeitsgründe des BGB AT, insbesondere § 117 BGB (also das Scheingeschäft); aber auch die §§ 1629, 1795 i.V.m. 181 BGB müssen beachtet werden. Zu prüfen ist dann aber regelmäßig ein „Beiseiteschaffen".

bb. Beiseiteschaffen – die „tatsächliche" Vereitelung

943 Unter **Beiseiteschaffen** versteht man jede räumliche Entfernung der Sache, sodass sie der Zwangsvollstreckung tatsächlich entzogen wird.[1459]

944 Beispielhaft für ein Beiseiteschaffen sind das Verstecken oder die Scheinabtretung zu nennen. Das Ableugnen des Besitzes allein reicht nicht aus. Streit besteht hinsichtlich des **Zerstörens** und **Beschädigens.**

Ausgangspunkt ist das Interesse des Opfers an der Verwertung der Sache. Diese ist im Fall einer Zerstörung nie, im Fall einer Beschädigung selten möglich.

⇨ Eine Auffassung verneint ein „Beiseiteschaffen" mit dem Argument, dass diese Handlungsweise von der Fortexistenz der Sache weiterhin ausgehe. Dies belege auch ein Vergleich zu § 283, der neben dem „Beiseiteschaffen" das „Zerstören" und „Beschädigen" als Tathandlungsvarianten aufweist.[1460]

⇨ Die Gegenauffassung differenziert. Das Zerstören der Sache sei tatbestandlich, wohingegen das Beschädigen nicht erfasst sei, zumal der Zugriff im Rahmen einer Vollstreckung nicht ausgeschlossen werde.[1461]

945 Der bloße Gebrauch bildet hingegen kein Beiseiteschaffen. Eine Ausnahme besteht hingegen dann, wenn die Sache einem Dritten unentgeltlich überlassen wird und Nutzungen abwirft.

[1457] *Wessels/Hillenkamp*, BT 2, Rn 478 m.w.N.
[1458] Sch/Sch-*Heine/Hecker*, § 288 Rn 15.
[1459] *Fischer*, § 288 Rn 10; *Lackner/Kühl*, § 288 Rn 4 mit Verweis auf § 283 Rn 10.
[1460] Sch/Sch-*Heine/Hecker*, § 288 Rn 17.
[1461] RGSt 19, 25; *Wessels/Hillenkamp*, BT 2, Rn 479; *Rengier*, BT I, § 27 Rn 11.

2. Subjektiver Tatbestand

Hinsichtlich der Verwirklichung der objektiven Tatbestandsmerkmale ist **Vorsatz** erforderlich, wobei jedoch *dolus eventualis* genügt. Darüber hinaus muss der Täter in der **Absicht** handeln, die Befriedigung des Gläubigers dauernd oder zeitweilig zu vereiteln.[1462] Absicht bezeichnet hier den **direkten Vorsatz** (*dolus directus* 2. Grades). Es genügt daher, dass der Täter die Schädigung des Opfers als sichere Folge seines Verhaltens vorhergesehen hat.[1463] Zu beachten ist des Weiteren, dass die Absicht des Täters, im Rahmen einer *Geldvollstreckung* ein bestimmtes Vermögensstück vor dem Gläubigerzugriff zu bewahren, nicht tatbestandsmäßig ist, *wenn im Übrigen ausreichende Vermögenswerte vorhanden* sind. Dies gilt nicht für den Fall der Herausgabevollstreckung, da dort in ein bestimmtes Objekt vollstreckt werden soll.[1464]

II. Rechtswidrigkeit und III. Schuld

Es gelten die allgemeinen Grundsätze.

IV. Strafantrag, § 288 II

V. Konkurrenzen

Tateinheit ist mit §§ 136, 246, 283c möglich, wenn die Zwangsvollstreckung bereits begonnen hat.[1465]

[1462] BayObLGSt 1952, 224; *Lackner/Kühl*, § 288 Rn 6; *Joecks*, § 288 Rn 6.
[1463] RGSt 27, 241, 242.
[1464] *Fischer*, § 288 Rn 13; *Wessels/Hillenkamp*, BT 2, Rn 481 f.
[1465] Sch/Sch-*Heine/Hecker*, § 288 Rn 27; *Lackner/Kühl*, § 288 Rn 8.

C. Jagdwilderei (§ 292)

947 Die Jagdwilderei kommt in der Praxis eher selten vor, erfreut sich demgegenüber bei Leistungskontrollen einiger Beliebtheit, da Verknüpfungen mit den §§ 242 ff., 263, 259 sowie zivilrechtlichen Normen (§§ 946-960 BGB) möglich sind. Das Schutzgut der Jagdwilderei ist nicht unumstritten. Nach allgemeiner Auffassung wird jedenfalls das **Aneignungsrecht** des Jagdausübungsberechtigten erfasst. Jagdrecht und Jagdschutz werden ausschließlich in den Jagdgesetzen geregelt. Streitig ist, ob darüber hinaus der Wildbestand als Allgemeingut erfasst wird.[1466] Wichtig ist die Streitfrage für die analoge Anwendung des § 248a (Geringwertigkeitsklausel). Zu beachten ist, dass § 292 nur Gegenstände erfasst, die herrenlos sind (§ 960 I S. 1 BGB). Aus diesem Grund scheidet eine Anwendung der §§ 242, 246 mangels Fremdheit der Sache aus. Nach § 295 unterliegen Jagd- und Fischereigeräte sowie andere typische Wildereigeräte (Gewehre, Schlingen, Schaufeln) der Einziehung. Ergänzend finden die §§ 74 ff. immer dann Anwendung, wenn es um atypische Gerätschaften geht (häufiges Abgrenzungsproblem). Die Jagdbeute kann nur gem. § 40 BJagdG eingezogen werden. § 292 I enthält zwei Varianten, die beide unter Verletzung fremden Jagdrechts verwirklicht werden müssen. Es empfiehlt sich folgender Aufbau:

948

Jagdwilderei (§ 292)
I. Tatbestand **1. Objektiver Tatbestand** **a. Dem Wild nachstellen, es fangen, erlegen oder zueignen, § 292 I Nr. 1** **Tatobjekt** bei den Tatbestandsmerkmalen in § 292 I Nr. 1 ist das **lebende** herrenlose Wild. Bereits getötete oder sonst verendete Tiere werden von Nr. 1 nicht erfasst (vgl. aber Nr. 2). Unter **Wild** versteht man alle jagdbaren Tiere i.S.d. § 2 BJagdG. Dem Jagdrecht unterliegende Sachen sind gem. § 960 BGB **herrenlos**, wenn sie noch nicht durch den Berechtigten angeeignet worden sind. Die „Herrenlosigkeit" ist ein oft vorkommendes Prüfungsthema. Tathandlungen sind das Nachstellen, Fangen, Erlegen oder Zueignen. **Nachstellen** ist jede (auch erfolglose) Handlung, die unmittelbar auf das Fangen, Erlegen oder Zueignen des lebenden Wildes gerichtet ist, etwa Durchstreifen des Forstes mit geladener Waffe, Stehen auf dem Anstand (auch mit ungeladener Waffe), Auslegen von vergifteten Ködern und Schlingen sowie das Anpirschen. Das Tatbestandsmerkmal Nachstellen weist als **unechtes Unternehmensdelikt** die Besonderheit auf, dass Versuch und Vollendung zusammenfallen. Abgrenzungsprobleme ergeben sich naturgemäß zu den straflosen Vorbereitungshandlungen. **Fangen** ist das Erlangen der tatsächlichen Herrschaft über ein lebendes Tier. **Erlegen** ist das Töten des Wildes, gleichgültig mit welchen Mitteln. Die **Sich- oder Drittzueignung** entspricht der Modalität des § 246. Erforderlich sind somit die objektive Manifestation und Betätigung des Zueignungswillens. **b. Zueignen, Beschädigen oder Zerstören einer Sache, die dem Jagdrecht unterliegt, § 292 I Nr. 2** **Tatobjekte** des § 292 I Nr. 2 sind die gem. § 1 V BJagdG dem Jagdrecht unterliegenden **herrenlosen Sachen**. Hierzu zählen insbesondere die abgetrennten bzw. abgeworfenen **Körperteile eines Tieres** (wie Abwurfstangen gem. § 1 V BJagdG). Erfasst werden aber ebenso das *tote* **Wild** (sei es, dass es natürlich oder unnatürlich verendet ist) sowie **Eier** von Federwild und **Gelege** geschützter Raubvögel. **Tathandlungen** sind das Sich- bzw. Drittzueignen, Beschädigen und Zerstören. Der Begriff der **Zueignung** entspricht § 246 (siehe bereits § 292 I Nr. 1), die Begriffe des **Beschädigens** und **Zerstörens** entsprechen denen in § 303 (vgl. dort). Zu beachten ist jedoch, dass es bei § 292 I Nr. 2 *nicht* um den Schutz fremden Eigentums geht (§§ 246, 303 sind Eigentumsdelikte), sondern dass das Aneignungsrecht des Berechtigten geschützt wird.

[1466] Dafür *Wessels/Hillenkamp*, BT 2, Rn 448; RGSt 70, 220, 222; *Fischer,* § 292 Rn 2; dagegen *Sch/Sch-Heine/Hecker*, § 292 Rn 1a m.w.N.

c. Verletzung fremden Jagdrechts oder Jagdausübungsrechts

Die Tathandlungen der Nrn. 1 *und* 2 müssen **unter Verletzung fremden Jagdrechts oder Jagdausübungsrechts** begangen werden, § 3 u. §§ 4-14 BJagdG.

2. Subjektiver Tatbestand

Der Täter muss **vorsätzlich** handeln. Er muss wissen, dass ihm kein Jagdrecht zusteht und dass das von ihm verfolgte Tier herrenlos ist. Bezüglich der Eigentums- und Jagdrechte (herrenlos oder doch fremd) an dem Wild ergeben sich zwar lebensfremde, aber klausurrelevante **Irrtumskonstellationen: Der Täter hält eine herrenlose Sache irrtümlich für fremd; der Täter hält eine fremde Sache für herrenlos.**

II. Rechtswidrigkeit und III. Schuld

Hinsichtlich Rechtswidrigkeit und Schuld gelten die allgemeinen Grundsätze.

IV. Strafzumessungsgesichtspunkte, § 292 II

§ 292 II normiert **besonders schwere Fälle** der Jagdwilderei. Hierbei handelt es sich um (nicht abschließende) **Regelbeispiele**, sodass Prüfungsstandpunkt nach der Schuld ist. Bei einem Vergleich zu §§ 242, 243 muss jedoch beachtet werden, dass in Ermangelung einer Verweisung die Geringwertigkeitsklausel des § 248a nicht zur Anwendung kommt.

V. Strafantrag gem. § 294

I. Tatbestand

1. Objektiver Tatbestand

Zu beachten ist bei den in § 292 I Nr. 1 und 2 genannten Tatbestandsmerkmalen, dass sie unter Verletzung eines fremden Jagdrechts oder Jagdausübungsrechts verwirklicht werden müssen (dazu Rn 963). **949**

a. Dem Wild nachstellen, es fangen, erlegen oder zueignen, § 292 I Nr. 1

aa. Tatobjekt: Herrenloses lebendes Wild

Tatobjekt bei den Tatbestandsmerkmalen in § 292 I Nr. 1 ist das **lebende** Wild. Bereits getötete oder sonst verendete Tiere werden von Nr. 1 nicht erfasst[1467] (vgl. aber Nr. 2). Unter **Wild** versteht man alle jagdbaren Tiere i.S.d. § 2 BJagdG. Dieses muss **herrenlos** gem. § 960 BGB sein. **950**

Dem Jagdrecht unterliegende Sachen sind **herrenlos**, wenn sie noch nicht durch den Berechtigten angeeignet worden sind. **951**

Die „Herrenlosigkeit" ist ein verbreitetes Prüfungsthema[1468]:

Wild kann herrenlos ***gewesen sein*** („... ursprünglich war der Fischotter herrenlos, dann wurde er von dem Aneignungsberechtigten in Besitz genommen; danach nahm ihn T an sich..." - § 292 ist anzuprüfen und zu verneinen; danach ist auf § 242 überzuschwenken), ***gegenwärtig herrenlos sein*** („... das im Wald lebende Reh wurde von Wilderer W gefangen ...", sehr str.) oder wieder ***herrenlos werden*** („... der vom Jagdberechtigten J gefangene Dachs rannte aus dem Käfig. J gab nach einer Stunde die Suche auf ", § 960 II BGB). **952**

Mangels „fremder Sache" scheiden bei Vorliegen von herrenlosem Wild als Tatobjekt die §§ 242, 246 aus. Befindet sich Wild i.S.d. § 2 BJagdG in Gefangenschaft, v.a. in Zoos oder Tiergärten, ist § 292 nicht anwendbar. Diese Tiere stehen im Eigentum eines anderen. Die Fälle der *Dereliktion* (Eigentumsaufgabe) gem. § 959 BGB und der nicht unverzüglichen Verfolgung oder deren Aufgabe bei Entlaufen des wilden Tieres i.S.d. *§ 960 II* BGB führen **953**

[1467] Sch/Sch-*Heine/Hecker*, § 292 Rn 4.
[1468] Vgl. dazu (und zum Begriff) Rn 20 ff.

zur Anwendbarkeit des § 292. Ein gezähmtes Tier kann wieder „wild" werden, wenn es die Gewohnheit aufgibt, zu den Menschen zurückzukehren, § 960 III BGB.[1469]

954 Die **Herrenlosigkeit endet**, wenn der Jagdberechtigte oder ein in seinem Interesse handelnder Dritter das Tier in Aneignungsabsicht in Besitz nehmen. Der Nichtberechtigte kann durch Besitzergreifung kein Eigentum erwerben. Als solcher kommt an sich nur der **Wilderer** in Betracht. Er kann nach 958 II BGB kein Eigentum erwerben, da ein fremdes Aneignungsrecht verletzt wird.[1470] Das Wild, das der Wilderer an sich nimmt, bleibt somit herrenlos und taugliches Tatobjekt i.S.d. § 292 (str.).[1471]

bb. Tathandlungen: Nachstellen, Fangen, Erlegen oder Zueignen

955 Das Tatbestandsmerkmal **Nachstellen** weist als **unechtes Unternehmensdelikt** die Besonderheit auf, dass Versuch und Vollendung zusammenfallen. Abgrenzungsprobleme ergeben sich naturgemäß zu den straflosen Vorbereitungshandlungen.

956 **Nachstellen** ist jede (auch erfolglose) Handlung, die unmittelbar auf das Fangen, Erlegen oder Zueignen des lebenden Wildes gerichtet ist.[1472]

957 Als Handlungsformen kommen somit das Durchstreifen des Forstes mit geladener Waffe, Stehen auf dem Anstand (auch mit ungeladener Waffe, wobei aber das Vorhandensein griffbereiter Munition zu fordern ist), Auslegen von vergifteten Ködern und Schlingen sowie das Anpirschen in Frage. Hierbei kommt es regelmäßig zu einer Gefährdung des Wildes, nicht zu einer unmittelbaren Schädigung. Aus diesem Grund wird das Nachstellen auch als Vorstufe bzw. Versuchshandlung zu den anderen Tatvarianten des § 292 I Nr. 1, deren Versuch nicht strafbar ist, bezeichnet. Die bloße Suche nach geeigneten Orten und das Aufsuchen eines Wildwechsels, um dort Fangvorrichtungen zu installieren, werden als zu weitgehende Ausweitung des Tatbestandsmerkmals aufgefasst und sind deswegen richtigerweise als straflose Vorbereitungshandlungen zu werten.[1473]

958 **Fangen** ist das Erlangen der tatsächlichen Herrschaft über ein lebendes Tier.

959 **Erlegen** ist das Töten des Wildes, gleichgültig mit welchen Mitteln.

960 Die **Sich- oder Drittzueignung** entspricht der Modalität des § 246.[1474] Erforderlich sind somit die objektive Manifestation und Betätigung des Zueignungswillens.

b. Zueignen, Beschädigen oder Zerstören einer Sache, die dem Jagdrecht unterliegt, § 292 I Nr. 2

961 **Tatobjekte** des § 292 I Nr. 2 sind die gem. § 1 V BJagdG dem Jagdrecht unterliegenden herrenlosen Sachen. Hierzu zählen insbesondere die abgetrennten bzw. abgeworfenen Körperteile eines Tieres (wie Abwurfstangen gem. § 1 V BJagdG). Erfasst werden aber ebenso das *tote* Wild (sei es, dass es natürlich oder unnatürlich verendet ist) sowie Eier von Federwild und Gelege geschützter Raubvögel.[1475]

962 **Tathandlungen** sind das Sich- bzw. Drittzueignen, Beschädigen und Zerstören. Der Begriff der Zueignung entspricht § 246 (siehe bereits § 292 I Nr. 1), die Begriffe des Beschädigens und Zerstörens entsprechen denen in § 303 (vgl. dort). Zu beachten ist jedoch, dass es bei § 292 I Nr. 2 *nicht* um den Schutz fremden Eigentums geht (§§ 246,

---

[1469] *Fischer*, § 292 Rn 4.
[1470] BayObLG 1954, 116.
[1471] Sch/Sch-*Heine/Hecker*, § 292 Rn 17; *Wessels/Hillenkamp*, BT 2, Rn 453; a.A. RGSt 63, 35, 36.
[1472] *Wessels/Hillenkamp*, BT 2, Rn 450.
[1473] Übereinstimmend Sch/Sch-*Heine/Hecker*, § 292 Rn 5; *Wessels/Hillenkamp*, BT 2, Rn 450.
[1474] Zu den Definitionen vgl. Sch/Sch-*Heine/Hecker*, § 292 Rn 5; *Fischer*, § 292 Rn 11.
[1475] Sch/Sch-*Heine/Hecker*, § 292 Rn 7.

303 sind Eigentumsdelikte), sondern dass das Aneignungsrecht des Berechtigten geschützt wird.

c. Verletzung fremden Jagdrechts oder Jagdausübungsrechts

Die Tathandlungen der Nrn. 1 *und* 2 müssen unter Verletzung fremden Jagdrechts oder Jagdausübungsrechts begangen werden.

963

Das Jagdrecht folgt als dingliches Recht aus dem Eigentum an Grund und Boden, mit dem es verbunden ist, § 3 I BJagdG. Zu beachten ist, dass nicht auf jedem Grundstück die Jagd zulässig ist; vielmehr muss das Grundstück zu einem *Jagdbezirk* gehören, §§ 3 III, 4-14 BJagdG. Die *Ausübung* des Jagdrechts ist übertragbar, §§ 11 ff. BJagdG. In solchen Fällen werden Jagdpachtverträge geschlossen. Bei Überschreitung der Erlaubnis kommt für den Pächter eine Strafbarkeit nach § 292 in Betracht. Gleiches gilt für den Eigentümer, wenn er auf seinem verpachteten Grundstück der Jagd nachgeht (dieser verletzt ja gerade „fremdes", nämlich das dem Pächter übertragene Jagdrecht).[1476]

Sollte auf einem Grundstück, welches nicht zu einem Jagdbezirk gehört, die Jagd ausgeübt werden, ist § 292 ebenfalls anwendbar, weil die Jagd außerhalb von Jagdbezirken ruht (§ 6 BJagdG). Dem Jagdausübungsberechtigten des umschließenden Jagdbezirks steht hier kein Jagdausübungsrecht zu. Er kann sich daher nach § 292 strafbar machen. Etwas anderes gilt für den Eigentümer des (unverpachteten) Grundstücks, da er insoweit kein fremdes Jagdausübungsrecht verletzt (für diesen verbleiben lediglich die Sanktionen des Jagdrechts).[1477]

Für die Strafbarkeit nach § 292 ist folglich der *Ort der Tat* relevant. Dieser muss auf fremdem Jagdgebiet liegen. Der Standort des Wildes (bei Verendung der Ort des Todeseintritts[1478]), nicht der des Jägers, ist entscheidend.

Zu beachten ist, dass die allgemeinen Rechtfertigungsgründe des BGB die Widerrechtlichkeit entfallen lassen. So ist der Schutzzweck der Norm nicht verletzt, wenn der Fahrer eines Pkw das von ihm angefahrene Reh tötet, um ihm weitere Qualen zu ersparen.[1479]

964

2. Subjektiver Tatbestand

Der Täter muss **vorsätzlich** fremdes Jagdrecht verletzen. Er muss wissen, dass ihm kein Jagdrecht zusteht und dass das von ihm verfolgte Tier herrenlos ist. Bezüglich der Eigentums- und Jagdrechte (herrenlos oder doch fremd) an dem Wild ergeben sich zwar lebensfremde, aber klausurrelevante **Irrtumskonstellationen**. Kernproblem ist, dass der Täter nicht weiß, ob die Sache fremd (immer dann, wenn sie der Aneignungsberechtigte in Besitz genommen hat) oder herrenlos (immer dann, wenn sich die Sache ein Wilderer angeeignet hat, str.) ist.

965

■ **Der Täter hält eine herrenlose Sache irrtümlich für fremd**

966

Beispiel: T nimmt einen gebratenen Dachs aus der Küche des Gastwirts G, um diese Köstlichkeit seinen japanischen Arbeitskollegen anzubieten. T ging davon aus, G habe den Dachs ehrlich erworben. In Wirklichkeit ist G jedoch ein Wilderer, der sich den fraglichen Dachs unter Verletzung fremden Jagdausübungsrechts angeeignet hatte.[1480]

Eine Strafbarkeit des T gem. § 292 I Nr. 2 kommt mangels Vorsatzes bezüglich des Merkmals „herrenlos" nicht in Betracht. T hat sich jedoch wegen versuchten Diebstahls gem. §§ 242, 22 strafbar gemacht (untauglicher Versuch).

[1476] Vgl. RGSt 63, 35, 36.
[1477] BayObLG NStZ 1988, 230 (Für den herrenlosen Hirsch).
[1478] BayObLG GA 1993, 121.
[1479] AG Öhringen NJW 1976, 580.
[1480] Da der Dachs bereits zubereitet gewesen ist, muss auch an einen Eigentumserwerb des Gastwirtes nach § 950 BGB gedacht werden. Problematisch ist regelmäßig die Wertklausel des § 950 BGB (häufig übersehen!).

967 ■ **Der Täter hält eine fremde Sache irrtümlich für herrenlos**

Problematischer ist der Fall, bei dem der Täter eine fremde Sache irrtümlich für herrenlos hält.

Beispiel: T ist nun schlauer geworden. Er weiß, dass G ein Doppelleben als Gastronom *und* Wilderer führt. Diesmal nimmt er unbemerkt ein totes Wildkaninchen mit in dem Glauben, es sei herrenlos. G hatte das Tier jedoch ordnungsgemäß gekauft.

Eine Strafbarkeit gem. § 242 liegt trotz Vorliegens der objektiven Tatbestandsmerkmale nicht vor. T fehlt der Vorsatz, eine *fremde* Sache wegzunehmen. T hielt das Wildkaninchen für herrenlos. Eine Strafbarkeit gem. § 292 I Nr. 2 entfällt bereits auf der Ebene des objektiven Tatbestands, da das Wildkaninchen eben nicht herrenlos, sondern fremd ist. Eine Versuchsstrafbarkeit ist nicht normiert.

Folge ist demnach eine Straflosigkeit des T. Bestrebungen, den Täter trotz Irrtums wegen § 242 bzw. § 292 zu bestrafen, verstoßen gegen die Garantiefunktion des Strafrechts und sind somit aus verfassungsrechtlichen Gründen abzulehnen.[1481]
Anders ist es, wenn sich der Täter gar keine Gedanken macht, woher das Tier kommt, bzw. wer es erlegt hat. In diesen Fällen wird häufig genereller Vorsatz angenommen. Nimmt der Täter hingegen beide Tatbestände in seinen Vorsatz auf, ist er aus dem Tatbestand zu verurteilen, den er tatsächlich verwirklicht hat (alternativer Vorsatz).

II. Rechtswidrigkeit und III. Schuld

968 Hinsichtlich Rechtswidrigkeit und Schuld gelten die allgemeinen Grundsätze.

IV. Strafzumessungsgesichtspunkte, § 292 II

969 § 292 II normiert besonders schwere Fälle der Jagdwilderei. Hierbei handelt es sich um (nicht abschließende) **Regelbeispiele**, sodass Prüfungsstandpunkt nach der Schuld ist. Bei einem Vergleich zu §§ 242, 243 muss jedoch beachtet werden, dass in Ermangelung einer Verweisung die Geringwertigkeitsklausel des § 248a nicht zur Anwendung kommt.

970 ⇨ **Gewerbsmäßig** i.S.v. § 292 II **Nr. 1** handelt, wer sich aus wiederholter Tatbegehung eine nicht nur vorübergehende Einnahmequelle verschaffen möchte.[1482] Bei der Gewerbsmäßigkeit handelt es sich um ein besonderes persönliches Merkmal i.S.v. § 28 II, der analog anwendbar ist.

971 ⇨ **Gewohnheitsmäßig** i.S.v. § 292 II **Nr. 1** handelt, wer mindestens zwei Taten begeht und einen durch Übung erworbenen, ihm aber vielleicht unbewussten Hang zu wiederholter Tatbegehung besitzt.[1483] Auch bei der Gewohnheitsmäßigkeit handelt es sich um ein besonderes persönliches Merkmal i.S.v. § 28 II, der analog anwendbar ist.

972 ⇨ Hinsichtlich des Wilderns zur Nachtzeit, in der Schonzeit, unter Anwendung von Schlingen oder in anderer nicht weidmännischer Art i.S.v. § 292 II **Nr. 2** gilt Folgendes: Unter **Nachtzeit** versteht man die Zeit zwischen dem Ende der Abenddämmerung und Beginn der Morgendämmerung.[1484] Die gesetzliche **Schonzeit** ergibt sich aus § 22 BJagdG i.V.m. der JagdzeitVO. Landesrechtliche Vorschriften sind ebenfalls zu berücksichtigen.[1485] **Nicht weidmännisch** ist die unübliche Jagdausübung, die eine empfindliche Schädigung des Wildbestands bedeutet oder geeignet ist, dem Wild besondere Qualen zu verursachen.[1486]

[1481] Ausführlich zu den Theorien und ihren Vertretern: *Wessels/Hillenkamp*, BT 2, Rn 457 ff.; *Fischer*, § 292 Rn 20; Sch/Sch-*Heine/Hecker*, § 292 Rn 15.
[1482] *Fischer*, Vor § 52 Rn 37.
[1483] *Fischer*, Vor § 52 Rn 38.
[1484] *Fischer*, § 292 Rn 24.
[1485] *Fischer*, § 292 Rn 24.
[1486] BayObLG NJW 1960, 446.

⇨ **Gemeinschaftlich mit Schusswaffen** i.S.v. § 292 II **Nr. 3** erfordert nicht, dass die Beteiligten Mittäter sind; es genügt ein Zusammenwirken zwischen Täter und Teilnehmer. Die Schusswaffen müssen hingegen im Stadium der Tatausführung bei sich geführt werden.[1487]

973

V. Strafantrag gem. § 294

VI. Konkurrenzen

Zu beachten ist, dass eine *gleichzeitige* Strafbarkeit nach § 292 und aus Eigentumsdelikten nicht möglich ist.

974

Eine Strafbarkeit nach § 259 ist neben § 292 möglich. Vortat für § 259 muss nicht ein Vermögensdelikt sein, sodass § 292 ausreicht. § 292 soll jedoch als das allgemeine Delikt hinter § 259 zurücktreten.[1488]

D. Fischwilderei (§ 293)

Die Fischwilderei ist tatbestandlich ähnlich strukturiert wie § 292. Aus diesem Grund soll an dieser Stelle eine Kurzübersicht genügen.

975

Fischwilderei (§ 293)

I. Tatbestand
1. Objektiver Tatbestand
a. Fischen unter Verletzung fremden Fischereirechts, § 293 I Nr. 1
Als Tatobjekte kommen nur *herrenlose lebende* Wassertiere in Betracht. Nicht herrenlos sind Fische in Teichen oder sonstigen Privatgewässern. Diese sind für den Täter fremd.
Fischen ist jede auf Erlangung oder Fang eines Wassertieres gerichtete Tätigkeit. Erfasst wird erst das unmittelbare Ansetzen zum Auswerfen der Angel (sofern eine solche verwendet wird). Die Tat muss nicht erfolgreich sein (unechtes Unternehmensdelikt).

b. Zueignen, Beschädigen oder Zerstören einer Sache, die dem Fischereirecht unterliegt, § 293 I Nr. 2
Unter den von § 293 I Nr. 2 erfassten Sachen sind *tote* Tiere, Muschelschalen oder Seemoose zu verstehen. Nicht zu den o.g. Sachen zählen Fischereigeräte. Für das Fischereirecht ist das jeweilige Landesrecht einschlägig (vgl. Art. 69 EGBGB).
Die Tathandlungen des § 293 I Nr. 2 entsprechen denen des § 292 I Nr. 2.

c. Unter Verletzung fremden Fischereirechts oder Fischereiausübungsrechts
Dieser Prüfungspunkt gilt für die Nrn. 1 *und* 2. Einschlägig ist das jeweilige Landesrecht, s.o.

2. Subjektiver Tatbestand: Vorsatz

II. Rechtswidrigkeit; III. Schuld; IV. Strafantrag, § 294
Es ergeben sich keine Besonderheiten.

[1487] *Wessels/Hillenkamp*, BT 2, Rn 465.
[1488] Sch/Sch-*Heine/Hecker*, § 292 Rn 20.

Ziffer = Randnummer

Ziffer = Randnummer

Ziffer = Randnummer

Sachverzeichnis

Ziffer = Randnummer

Ziffer = Randnummer

Ziffer = Randnummer

Ziffer = Randnummer

Sehr geehrte Leserinnen und Leser,

an dieser Stelle möchte ich hinweisen auf die auf meiner Internetseite verlag-rolf-schmidt.de präsentierten aktuellen Entwicklungen in Form von Gesetzesänderungen und Urteilsanmerkungen. Mit Stand August 2017 werden für das Jahr 2017 folgende Themen behandelt:

1. Strafrecht: Nochmalige Ausweitung des "Rücktrittshorizonts" (20.8.2017)
2. Strafrecht: Neues zu illegalen Straßenrennen (§ 315d StGB) (26.7.2017)
3. Strafrecht: Neues zum Wohnungseinbruchdiebstahl (22.7.2017)
4. Verfassungsrecht/Familienrecht: Öffnung der Ehe auch für gleichgeschlechtliche Paare (3.7.2017)
5. Strafprozessrecht: Fehlerhafte Besetzung des Strafgerichts (19.3.2017)
6. Staatsrecht/Verfassungsrecht: Kopftuchverbot durch Arbeitgeber (14.3.2017)
7. Familienrecht: Adoption des Kindes des Lebensgefährten führt zum Erlöschen von dessen Verwandtschaftsverhältnis zum Kind (7.3.2017)
8. Staatsrecht/Verfassungsrecht: Selfie aus der Wahlkabine (28.2.2017)
9. Staatsrecht/Familienrecht: EGMR: Kein Recht auf Scheidung (19.2.2017)
10. Staatsrecht/Verfassungsrecht: NPD-Verbotsverfahren erfolglos (17.1.2017)
11. Staatsrecht/Verfassungsrecht: Teilnahme muslimischer Mädchen am schulischen Schwimmunterricht (16.1.2017)
12. Staatsrecht/Europarecht: Allgemeine Verpflichtung zur Verkehrsdatenspeicherung ("Vorratsdatenspeicherung") unionsrechtswidrig (4.1.2017)

Exemplarisch sind folgende Entscheidungen zu nennen:

26.7.2017: Neues zu illegalen Straßenrennen (§ 315d StGB)

A. Der „Berliner-Todesraserfall"

Mit Urteil vom 22.2.2017 (Az. 535 Ks bzw. 251 Js 52/16 8/16) hat das LG Berlin nach einem Aufsehen erregenden Prozess um die sog. "Berliner Todesraser" entschieden, dass ein Kraftfahrer, der bei einem illegalen Autorennen in einer Ortschaft (hier: Berliner Innenstadt) mit deutlich überhöhter Geschwindigkeit (hier: ca. das Dreifache über der zulässigen Höchstgeschwindigkeit) einen anderen Menschen tötet, sich wegen Mordes in der Variante der Tötung mit einem gemeingefährlichen Mittel (§ 211 I, II Var. 7 StGB) strafbar machen könne. Ob dieses Urteil überzeugt, soll im Folgenden untersucht werden.

Strafrechtliche Ausgangslage: Um ein Tötungsdelikt nach § 212 StGB (Totschlag) bzw. Mord (§ 211 StGB) zu verwirklichen, muss der Täter subjektiv mindestens mit *dolus eventualis* handeln (beim Mord kommen ggf. noch subjektive Mordmerkmale hinzu). In Abgrenzung zur bewussten Fahrlässigkeit stellt der BGH in ständiger Rechtsprechung auf die sog. **Billigungstheorie** ab. Danach liegt *dolus eventualis* vor, wenn der Täter

- den Eintritt des Todes als mögliche Folge seines Handelns erkennt (Wissenselement; kognitives Element)
- und billigend in Kauf nimmt, d.h. sich mit dem Todeserfolg abfindet (Wollenselement; voluntatives Element) (vgl. nur BGH NStZ 2016, 341, 342; NStZ 2016, 25, 26; NStZ 2015, 580; NStZ 2015, 516. Vgl. grundlegend – auch zu den in der Literatur abweichend vertretenen Ansätzen – R. Schmidt, StrafR BT I, 17. Aufl. 2017, Rn. 20).

Dagegen liegt **bewusste Fahrlässigkeit** vor, wenn der Täter ernsthaft und nicht nur vage darauf vertraut, dass der als möglich angesehene Erfolg nicht eintritt (vgl. etwa BGH NStZ-RR 2016, 79, 80; NStZ 2015, 580, 581; NStZ 2015, 516; NStZ 2014, 84; NStZ 2013, 159, 160. Grundlegend BGHSt 7, 363, 368 ff. (Lederriemen-Fall); BGHSt 36, 1, 9 f. (HIV-Infizierung). Letztlich gehen diese Überlegungen auf eine Formel von Reinhard Frank, Das Strafgesetzbuch für das Deutsche Reich, 18. Aufl. 1931, § 59 Anm. V, S. 182 zurück. Dort heißt es: „Kommt man zu dem Ergebnis, daß der Täter auch bei bestimmter Kenntnis gehandelt hätte, so ist der Vorsatz zu bejahen; kommt man zu dem Ergebnis, daß er bei bestimmter Kenntnis die Handlung unterlassen hätte, so ist der Vorsatz zu verneinen" - siehe R. Schmidt, StrafR BT I, 17. Aufl. 2017, Rn. 20).

Allerdings ist diese Rechtsprechung nicht frei von Einwänden. So wird darauf hingewiesen, dass eine echte Gefahrenkenntnis unvereinbar sei mit einem Vertrauen auf einen guten Ausgang. Denn habe jemand erkannt, dass ein bestimmtes Ereignis drohe, könne er auf einen guten Ausgang nur noch hoffen, aber nicht mehr vertrauen, weil man von einem „Vertrauen" nur dann sprechen könne, wenn man innerlich sicher sei, dass nichts geschehe (Walter, NJW 2017, 1350, 135). Unter Zugrundelegung dieses Ansatzes ist es sicherlich richtig, die Schwäche der Rechtsprechung aufzuzeigen. Allerdings geht es bei der Frage nach der Bejahung von dolus eventualis zentral darum, dass der Täter den (für möglich gehaltenen bzw. für nicht ganz fernliegend erachteten) Taterfolg billigend in Kauf nimmt. Und dies lässt sich verneinen, wenn er davon ausgeht (nicht darauf vertraut!), der Taterfolg werde schon nicht eintreten. Folgerichtig ist bei der Frage nach der Abgrenzung zur Fahrlässigkeit das voluntative Element allein danach zu bestimmen, ob der Täter den Taterfolg **billigend in Kauf** genommen hat bzw. ihm **gleichgültig** gegenüberstand.

Fazit: Nach der richtig verstandenen Rechtsprechung, die danach fragt, ob der Täter den für möglich gehaltenen Taterfolg billigend in Kauf genommen hat bzw. ihm gleichgültig gegenüberstand, erfolgt die Abgrenzung zwischen bedingtem Vorsatz und Fahrlässigkeit also in zwei Schritten: Zuerst ist das kognitive Element zu prüfen, also danach zu fragen, ob der Täter den Eintritt des Taterfolgs für möglich gehalten hat. Erst wenn diese Frage bejaht wird, ist zu prüfen, ob der Täter den für möglich gehaltenen Erfolg „gebilligt" oder „billigend in Kauf genommen" hat, sich gleichwohl aber nicht von der Verwirklichung der Tat hat abbringen lassen.

Da bei der Frage nach der Abgrenzung zur Fahrlässigkeit das voluntative Element allein danach zu bestimmen ist, ob der Täter den Taterfolg billigend in Kauf genommen hat bzw. ihm gleichgültig gegenüber stand, ist – entgegen der Auffassung des LG Berlin, das im „Berliner-Todesraserfall" mit erheblichem Argumentations- und Begründungsaufwand bedingten Tötungsvorsatz angenommen hat – nicht davon auszugehen, dass die Teilnehmer des in der Berliner Innenstadt initiierten **illegalen Straßenrennens** den Tod anderer billigend in Kauf genommen haben. Insbesondere tragen die vom LG angeführten maßgeblichen Argumente zum voluntativen Vorsatzelement nicht. Es mag zwar zutreffen, dass sich die Raser im „Berliner-Todesraserfall" in ihren „tonnenschweren, stark beschleunigenden, mit umfassender Sicherheitstechnik ausgestatteten" Autos geschützt, stark und überlegen wie in einem Panzer oder in einer Burg gefühlt haben (so die Feststellungen des LG). Wer jedoch (wie insbesondere der Hauptangeklagte, der mit dem unbeteiligten Jeep kollidierte, wodurch dessen Fahrer getötet wurde) sein Auto „liebt" (so ebenfalls die Feststellungen des LG), riskiert nicht ohne weiteres die Beschädigung oder gar den Verlust seines Autos, und zwar auch dann nicht, wenn man sich in ihm „sicher wie in einem Panzer" fühlt. Denn wer (kollisionsbedingt) den Tod anderer in Kauf nimmt, muss unweigerlich auch eine (stärkere) Beschädigung oder gar den Verlust seines eigenen Fahrzeugs in Kauf nehmen. Vor allem aber überzeugt es nicht, wenn das

LG Berlin meint, die Fahrer hätten den Tod anderer in Kauf genommen, für sich selbst aber jegliches Risiko ausgeschlossen. Wer als Fahrer eines Kfz in Bezug auf fremde Rechtsgüter gleichgültig handelt und den Tod anderer in Kauf nimmt, wird auch für sich selbst ein Risiko sehen müssen. Die Argumentation des LG Berlin ist also nicht stimmig. Richtigerweise hätte es auf der Basis seiner Feststellungen Tötungsvorsatz ausschließen müssen.

Die Konsequenz der Bejahung bzw. Verneinung von Tötungsvorsatz liegt auf der Hand: Bei Bejahung droht eine Verurteilung auch wegen Mordes unter dem Aspekt des gemeingefährlichen Mittels (§ 211 II Var. 7 StGB). Bei Verneinung ist lediglich fahrlässige Tötung gegeben. In jedem Fall aber liegt § 315c I Nr. 2a) und Nr. 2d) StGB vor, nach der demnächst in Kraft tretenden Gesetzesänderung auch § 315d StGB.

B. Verbotene Kraftfahrzeugrennen (§ 315d StGB)

I. Übersicht

Nicht zuletzt in Reaktion auf den dargestellten „Berliner-Todesraserfall" sah sich der Gesetzgeber berufen, Gesetzeslücken zu schließen. Um nicht erlaubte Kraftfahrzeugrennen, bei denen (auch) Unbeteiligte getötet oder schwer verletzt werden, auch strafrechtlich zu bekämpfen, beschloss der Bundestag am 29.6.2017 ein entsprechendes Gesetz, das demnächst in Kraft treten soll. Nach alter Rechtslage konnten die Ausrichtung oder Durchführung von bzw. die Teilnahme an nicht erlaubten Kraftfahrzeugrennen lediglich als Ordnungswidrigkeit gem. §§ 29 I, 49 II Nr. 5 StVO („übermäßige Straßenbenutzung") i.V.m. § 24 StVG geahndet werden, sofern nicht die Voraussetzungen der §§ 315c, 211, 212, 222, 229, 223, 224, 226, 227, 303 I etc. vorliegen. Um den Schutz vor nicht erlaubten Kraftfahrzeugrennen schon im Vorfeld konkreter Rechtsgutsgefährdungen bzw. Rechtsgutverletzungen zu verbessern, wurden die Ausrichtung oder Durchführung von bzw. die Teilnahme an nicht erlaubten Kraftfahrzeugrennen durch Schaffung eines neuen Straftatbestands unter Kriminalstrafe gestellt (BT-Drs. 18/10145 zum ersten Gesetzentwurf, der später noch leicht abgewandelt und ergänzt wurde, S. 7). Hierzu führte das Gesetz einen neuen § 315d StGB ein. Der bisherige § 315d StGB (Schienenbahnen im Straßenverkehr) wurde zu § 315e StGB, dahinter wurde noch ein neuer § 315f StGB (Einziehung) eingefügt. Im Einzelnen gilt:

II. Ausrichtung oder Durchführung von oder Teilnahme an nicht erlaubten Kraftfahrzeugrennen

Gemäß § 315d I StGB macht sich strafbar, wer im Straßenverkehr ein nicht erlaubtes Kraftfahrzeugrennen ausrichtet oder durchführt (Nr. 1), als Kraftfahrzeugführer an einem nicht erlaubten Kraftfahrzeugrennen teilnimmt (Nr. 2) oder sich als Kraftfahrzeugführer mit nicht angepasster Geschwindigkeit und grob verkehrswidrig und rücksichtslos fortbewegt, um eine höchstmögliche Geschwindigkeit zu erreichen (Nr. 3). Die Vorschrift des § 315d I StGB wirft damit folgende Aspekte auf:

- Erfasst sind nur Rennen/Rasereien mit **Kraftfahrzeugen** (zum Begriff vgl. R. Schmidt, StrafR BT I, 17. Aufl. 2017, Rn. 600)
- Unter einem **Kraftfahrzeugrennen** ist ein Wettbewerb zu verstehen, bei dem zwischen mindestens zwei Teilnehmern ein Sieger durch Erzielung einer möglichst hohen Geschwindigkeit ermittelt wird, wobei es einer vorherigen Absprache der Beteiligten nicht bedarf (vgl. BT-Drs. 18/10145, S. 9 mit Verweis auf OLG Hamm 5.3.2013 – III-1 RBs 24/13 (NZV 2013, 403). Erfasst sind damit auch sog. Spontanrennen (einem zufällig begegneten Verkehrsteilnehmer wird Bereitschaft signalisiert, ein Rennen zu fahren).

- Mit **Straßenverkehr** ist (wie bei § 315c StGB) der Verkehr auf öffentlichen Straßen und Wegen gemeint (siehe dazu R. Schmidt, StrafR BT I, 17. Aufl. 2017, Rn. 599).

- Das Kraftfahrzeugrennen darf **nicht erlaubt** (muss also illegal) sein. Wettbewerbe, die von der Straßenverkehrsbehörde auf Antrag nach § 46 II S. 1 und 3 StVO erlaubt worden sind, werden also nicht erfasst. Die Straflosigkeit steht damit unter dem Vorbehalt behördlicher Erlaubnis („Verwaltungsakzessorietät im Strafrecht").

- **Veranstalter** eines Rennens ist derjenige, der als geistiger und praktischer Urheber, Planer und Veranlasser die Veranstaltung vorbereitet, organisiert oder eigenverantwortlich ins Werk setzt; (Hilfs-)Tätigkeiten, die ausschließlich im Stadium der Durchführung erbracht werden, genügen nicht, um eine Veranstaltereigenschaft zu begründen (vgl. BT-Drs. 18/10145, S. 9 mit Verweis auf OLG Karlsruhe 24.11.2010 - 3 (4) SsBs 559/10 u.a. (NZV 2012, 348), können selbstverständlich aber wegen Beihilfe (§§ 315d I Nr. 1, 27 StGB) strafbar sein.

- Mit **Teilnehmer** sind nicht Teilnehmer i.S.d. § 28 I StGB (also Anstifter und Gehilfen gem. §§ 26, 27 StGB) gemeint, sondern Personen, die als Fahrzeugführer am Wettbewerb teilnehmen. Fahrzeugführer ist (wie bei § 315c StGB), wer das Fahrzeug unter bestimmungsgemäßer Anwendung der Steuerungselemente unmittelbar in Bewegung setzt und lenkt (R. Schmidt, StrafR BT I, 17. Aufl. 2017, Rn. 600). § 315d I Nr. 2 StGB beschreibt damit (wie § 315c I Nr. 2a-f StGB) ein eigenhändiges Delikt, sodass Mitfahrer lediglich nach den Regeln der §§ 26, 27 StGB als Anstifter oder Gehilfen strafbar sein können.

- Das grob **verkehrswidrige** und **rücksichtslose** Fortbewegen mit nicht angepasster Geschwindigkeit, um eine **höchstmögliche Geschwindigkeit** zu erreichen (Nr. 3), erfasst in erster Linie sog. Speedjunkies – Extremraser, die ohne Rücksicht auf Gefahren für Leib, Leben und Gesundheit anderer unter Missachtung der Straßenverkehrsvorschriften handeln. Grob verkehrswidrig handelt dabei, wer objektiv *besonders schwer* gegen eine Verkehrsvorschrift verstößt (R. Schmidt, StrafR BT I, 17. Aufl. 2017, Rn. 609); rücksichtslos, wer sich aus eigensüchtigen Gründen über seine Pflichten gegenüber anderen Verkehrsteilnehmern hinwegsetzt oder aus Gleichgültigkeit von vornherein Bedenken gegen sein Verhalten nicht aufkommen lässt (vgl. BGH NJW 2005, 915 f.; OLG Oldenburg DAR 2002, 89; OLG Koblenz VA 2008, 214; KG NStZ-RR 2008, 257; Himmelreich/Halm, NStZ 2009, 373, 376; R. Schmidt, StrafR BT I, 17. Aufl. 2017, Rn. 610).

III. Konkrete Gefährdung von Leib, Leben, Sachwerten (§ 315d II StGB)

Den als konkretes Gefährdungsdelikt ausgestalteten Qualifikationstatbestand des § 315d II StGB verwirklicht, wer als Teilnehmer eines nicht erlaubten Straßenrennens (§ 315d I Nr. 2 StGB) oder als jemand, der sich mit nicht angepasster Geschwindigkeit und grob verkehrswidrig und rücksichtslos fortbewegt, um eine höchstmögliche Geschwindigkeit zu erreichen (Nr. 3), Leib oder Leben eines anderen Menschen oder fremde Sachen von bedeutendem Wert gefährdet. Zu den Begriffen *anderer Mensch*, *fremde Sachen von bedeutendem Wert* und *konkrete Gefährdung* vgl. R. Schmidt, StrafR BT I, 17. Aufl. 2017, Rn. 612 ff. Zum Zurechnungszusammenhang vgl. R. Schmidt, StrafR BT I, 17. Aufl. 2017, Rn. 618. Subjektiv ist Gefährdungsvorsatz erforderlich, wobei dolus eventualis genügt. Der Täter muss also wenigstens billigend in Kauf nehmen, dass das Ausbleiben einer Rechtsgutverletzung nur vom rettenden Zufall abhängen kann.

IV. Versuchsstrafbarkeit (§ 315d III StGB)

§ 315d III ordnet in den Fällen des § 315d I Nr. 1 StGB die Strafbarkeit des Versuchs an.

V. Fahrlässige Verursachung der Gefahr (§ 315d IV StGB)

Wer in den Fällen des § 315d II StGB die Gefahr nur fahrlässig verursacht (Vorsatz-Fahrlässigkeits-Kombination), unterfällt dem verringerten Strafrahmen des § 315d IV StGB. Siehe dazu bereits die übertragbaren Grundsätze zu § 315c StGB bei R. Schmidt, StrafR BT I, 17. Aufl. 2017, Rn. 620 f.

VI. Erfolgsqualifikation (§ 315d V StGB)

Verursacht der Täter in den Fällen des § 315d II durch seine Tat den Tod oder eine schwere Gesundheitsschädigung eines anderen Menschen oder eine Gesundheitsschädigung einer großen Zahl von Menschen, richtet sich die Straferwartung nach dem Verbrechenstatbestand des § 315d V StGB (1 Jahr bis 10 Jahre Freiheitsstrafe). Mit dieser Vorschrift trägt der Gesetzgeber dem Umstand Rechnung, dass eine Bestrafung allein aus bspw. §§ 222 oder 229 StGB dem Unwertgehalt der Tat nicht gerecht wird. Mit „verursacht" ist eine wenigstens fahrlässige Herbeiführung einer der schweren Folgen i.S.d. § 18 StGB gemeint. Damit ist auch eine billigende Inkaufnahme einer der genannten schweren Folgen erfasst, wenngleich in einem solchen Fall auch entsprechende Vorsatzdelikte wie §§ 211 I, II Var. 7, 212, 223 I, 224 I Nr. 2 Var. 2, Nr. 5 StGB greifen. § 315d V StGB tritt dann in Idealkonkurrenz zu dem jeweils verwirklichten Vorsatzdelikt. Hinsichtlich der Tatbestandsmerkmale des § 315d V StGB gilt:

- Die **schwere Gesundheitsschädigung** setzt (in Übereinstimmung mit § 315 III Nr. 2 StGB und anderen Tatbeständen wie etwa §§ 221 I, 250 I Nr. 1c, 239 III Nr. 2 StGB) keine schwere Körperverletzung i.S.d. § 226 I Nr. 1-3 StGB voraus, sondern liegt auch bei einschneidenden oder nachhaltigen Beeinträchtigungen der Gesundheit vor, insbesondere bei langwierigen ernsthaften Erkrankungen sowie bei Verlust oder erheblicher Einschränkung im Gebrauch der Sinne, des Körpers und der Arbeitsfähigkeit (BT-Drs. 18/10145, S. 10 mit Verweis auf die in Rspr. und Lit. entwickelten Auslegungsergebnisse zu § 315 III Nr. 2 StGB). Bei dem Opfer, dessen Tod herbeigeführt oder dessen Gesundheit schwer geschädigt wurde, muss es sich um einen *anderen* Menschen handeln, was die Frage aufwirft, ob auch die Insassen des vom Täter gesteuerten Wagens, die nach den Regeln der §§ 26, 27 StGB Teilnehmer sind, gemeint sind (siehe dazu R. Schmidt, 17. Aufl. 2017, StrafR BT I, Rn. 615).
- Das Merkmal der **Gesundheitsschädigung einer großen Zahl von Menschen** (die nicht „schwer" sein muss) birgt die Auslegungsschwierigkeit in sich, ab welcher Zahl man von einer „großen" Zahl sprechen kann. Der Gesetzgeber macht hierzu (anders als zu der Auslegung des Begriffs „schwere Gesundheitsschädigung") keine Angaben. Hinsichtlich des gleichlautenden Merkmals zu § 306b I StGB wird vom Verfasser die Mindestzahl 10 vertreten (siehe dazu R. Schmidt, StrafR BT I, 17. Aufl. 2017, Rn. 535). Angesichts der Gemeingefährlichkeit auch von nicht erlaubten Kraftfahrzeugrennen lässt sich diese Auslegung durchaus auf § 315d IV StGB übertragen.

VII. Minder schwere Fälle (§ 315d V a.E. StGB)

Um in Fällen geringeren Unrechts eine schuldunangemessene Strafandrohung auszuschließen, hat der Gesetzgeber eine Strafmilderung für minder schwere Fälle des § 315d V StGB vorgesehen (§ 315d V a.E. StGB: 6 Monate bis 5 Jahre Freiheitsstrafe). Der Verbrechenscharakter der Tat wird dadurch aber nicht berührt (vgl. § 12 III StGB).

VIII. Einziehung von Kraftfahrzeugen (§ 315f StGB)

Schließlich begegnet der Gesetzgeber dem von nicht erlaubten Kraftfahrzeugrennen i.S.d. § 315d I Nr. 2 StGB und/oder grob verkehrswidriger und rücksichtsloser Raserei i.S.d. § 315d I Nr. 3 StGB ausgehenden hohen Gefährdungspotential mit der Möglichkeit der Einziehung von Kraftfahrzeugen, die bei einem nicht erlaubten Kraftfahrzeugrennen eingesetzt worden sind, indem er in § 315f StGB auf § 74a StGB verweist. Durch die damit geschaffene Möglichkeit der Einziehung unter erweiterten Voraussetzungen dürfen Kraftfahrzeuge, auf die sich eine Tat nach § 315d I Nr. 2 oder Nr. 3, II, IV oder V StGB bezieht, eingezogen werden, wenn diejenigen, denen diese Fahrzeuge gehören oder zustehen, wenigstens leichtfertig dazu beigetragen haben, dass ihre Kraftfahrzeuge Mittel oder Gegenstand der Tat oder ihrer Vorbereitung gewesen sind (§ 74a Nr. 1 StGB). Folge der Einziehung ist der Übergang des Eigentums auf den Staat (§ 74e I StGB) (Sollte es sich um Leasingfahrzeuge oder um sicherungsübereignete Kraftfahrzeuge handeln (was insbesondere bei finanzierten Kraftfahrzeugen regelmäßig der Fall ist), greift § 74e II StGB, da die Fahrzeuge im Eigentum der Leasinggeber bzw. der Kreditinstitute stehen und damit „Rechte Dritter" bestehen). Diese Regelung mag den betroffenen Teilnehmer zwar stark belasten, sie verstößt nach der hier vertretenen Auffassung aber gerade aufgrund des hohen Gefährdungspotentials, das mit nicht erlaubten Kraftfahrzeugrennen und grob verkehrswidriger und rücksichtsloser Raserei verbunden ist, nicht gegen den verfassungsrechtlich verbürgten (und in § 74b StGB einfachgesetzlich konkretisierten) Grundsatz der Verhältnismäßigkeit.

R. Schmidt (26.7.2017)

19.3.2017: Fehlerhafte Besetzung des Strafgerichts

BGH, Urt. v. 7.11.2016 - 2 StR 9/15 (NJW 2017, 745)

Mit Urteil vom 7.11.2016 hat der BGH entschieden, dass eine Strafgerichtskammer, bei der eine sich im Mutterschutz befindliche Richterin mitgewirkt hat, fehlerhaft besetzt sei, was eine Verletzung des Art. 101 I S. 2 GG (Grundsatz des gesetzlichen Richters) und damit einen absoluten Revisionsgrund (i.S.v. § 338 Nr. 1 StPO) darstelle und somit zur Aufhebung des Strafurteils und zur Zurückverweisung führe. Ob das Urteil des BGH überzeugt, soll im Folgenden untersucht werden.

Ausgangslage: Die Frage nach der vorschriftsmäßigen Besetzung des Gerichts findet ihren Ursprung in Art. 101 I S. 2 GG. Diese Verfassungsbestimmung ist eine wichtige Ausprägung der rechtsstaatlichen Rechtssicherheit (BVerfGE 20, 336, 344) und des rechtsstaatlichen Objektivitätsgebots (BVerfGE 82, 159, 19). Der in Art. 101 I S. 2 GG kodifizierte Grundsatz des gesetzlichen Richters enthält für den Einzelnen die Garantie, dass nur der durch Gesetz im Voraus bestimmte Richter über ihn Recht spricht. Damit soll vermieden werden, dass die Urteilsfindung durch eine Manipulation der Auswahl der im Einzelfall zur Entscheidung berufenen Richter sachfremden Einflüssen ausgesetzt ist. Die richterliche Zuständigkeit muss damit durch förmliches Gesetz erfolgen, das die richterliche Zuständigkeit im Voraus abstrakt-generell ausgestaltet. Dieses hat festzulegen, welche Gerichte für welche Verfahren sachlich, örtlich und funktionell zuständig und wie die Spruchkörper regelmäßig zu besetzen sind. Das Gerichtsverfassungsgesetz und die Prozessordnungen (im Rahmen des Strafprozesses die Strafprozessordnung) tragen dem Rechnung (siehe dazu R. Schmidt, Grundrechte, 21. Aufl. 2017, Rn 1002 ff.).
Ergänzt werden die gesetzlichen Bestimmungen durch die Geschäftsverteilungs- und Mitwirkungspläne der Gerichte, durch welche im Voraus die Zuständigkeit der einzelnen Spruchkörper bzw. der einzelnen Richter so genau wie möglich festgelegt wird. Die Festlegung, welcher Richter für (zukünftige) Strafrechtsfälle zuständig ist, darf also nicht erst nach der Tat und nicht durch die Exekutive oder die Justizverwaltung allein geschehen. Sie steht auch nicht zur Disposition der Richter(innen) bzw. Spruchkörper.

Der Entscheidung des BGH lag folgender **Sachverhalt** zugrunde (aus didaktischen Gründen modifiziert, um den Fokus auf die relevante Problematik zu legen): Gegen drei Angeklagte lief ein strafgerichtliches Verfahren wegen (banden- und gewerbsmäßigen) Betrugs. Das Strafgericht war mit drei Berufsrichtern und zwei Schöffen besetzt; ein Ergänzungsrichter wurde nicht hinzugezogen. An der Hauptverhandlung und am Urteil wirkte eine Richterin mit, die im Laufe der Hauptverhandlung schwanger wurde und dies im vorletzten Hauptverhandlungstermin erkennbar noch war. Im letzten Hauptverhandlungstermin und bei der Urteilsverkündung war sie es erkennbar nicht mehr. Aufgrund einer Rückrechnung stellte sich heraus, dass der letzte Hauptverhandlungstermin und die Urteilsverkündung in einem Zeitraum innerhalb von 8 Wochen nach der Entbindung lagen.

Lösungsgesichtspunkte: In diesem Fall könnte das Gebot des gesetzlichen Richters verletzt sein, wenn die Richterin gegen ein gesetzliches Dienstleistungsverbot verstoßen hätte.

Ein gesetzliches Beschäftigungsverbot enthält § 6 Mutterschutzgesetz (MuSchG). Gemäß Abs. 1 S. 1 der Vorschrift dürfen Mütter bis zum Ablauf von acht Wochen nach der Entbindung nicht beschäftigt werden. Jedoch gilt das MuSchG lediglich für Frauen, die in einem Arbeitsverhältnis stehen (Arbeitnehmerinnen) oder in Heimarbeit tätig sind (§ 1 MuSchG). Für Beamtinnen und Richterinnen gilt das MuSchG also nicht (bzw. nicht direkt). Der Bund hätte auch schon gar keine Gesetzgebungskompetenz, Mutterschutzvorschriften in Bezug auf im Landesdienst stehende Richterinnen und Beamtinnen zu erlassen (Umkehrschluss Art. 74 I Nr. 27 GG: Mutterschutzvorschriften gehören nicht zu den Statusregelungen).

Jedoch enthalten das Bundesbeamtengesetz und die Beamtengesetze der Länder, die – soweit das Deutsche Richtergesetz und die Richtergesetze der Länder nichts anderes bestimmen – auch für die Rechtsverhältnisse der Richter(innen) entsprechend gelten (vgl. etwa § 2 hessisches Richtergesetz), hinsichtlich des Mutterschutzes Ermächtigungsnormen, wonach die Bundesregierung bzw. die jeweilige Landesregierung ermächtigt wird, durch Rechtsverordnung nähere Regelungen zum Mutterschutz zu treffen. Oft finden sich Formulierungen, die das MuSchG für entsprechend anwendbar erklären, freilich unter Berücksichtigung der Eigenart des öffentlichen Dienstes (vgl. etwa § 82 Nr. 1 hessisches Beamtengesetz i.V.m. der hessischen Mutterschutz- und Elternzeitverordnung). Eine solche Verweisung auf ein anderes Gesetz ist zwar nicht ganz unproblematisch, jedenfalls sofern die Verweisung - wie vorliegend - dynamisch erfolgt (d.h. die Anwendbarkeitserklärung auch für den Fall gültig ist, dass das Gesetz, auf das verwiesen wird, zwischenzeitlich geändert wird), aber nicht selten vorzufinden. Besonders virulent wird die Problematik, wenn (dynamisch) auf ein Gesetz eines anderen Gesetzgebers verwiesen wird. Auf diese verfassungsrechtliche Problematik (Vereinbarkeit insb. mit dem Parlamentsvorbehalt, dem Bestimmtheitsgrundsatz, der Wesentlichkeitsrechtsprechung des BVerfG) kann hier nicht weiter eingegangen werden.

Greift gleichwohl demnach der Schutzgedanke aus § 6 MuSchG aufgrund der Verweiskette (mittelbar) auch für Richterinnen (und Beamtinnen), gilt es zu klären, inwieweit das nachgeburtliche Beschäftigungsverbot (das im öffentlichen Dienst als Dienstleistungsverbot zu bezeichnen wäre) zur Disposition der Richterin (bzw. des Spruchkörpers) steht. Nach (insoweit!) zutreffender Auffassung des BGH handelt es sich bei dem nachgeburtlichen Mutterschutz um zwingendes Recht, auf das die Mutter nicht verzichten könne. Hinzu komme, dass es anderenfalls in der Entscheidungsbefugnis der Richterin läge, ob sie selbst weiterhin mitwirke oder der Ergänzungsrichter zum Einsatz käme (BGH NJW 2017, 745, 746).

Ergebnis: War die Richterin damit an der Mitwirkung in der Hauptverhandlung gehindert, hat ihre gleichwohl erfolgte Mitwirkung zur Folge, dass der Spruchkörper fehlerhaft besetzt war. Auf dieser Grundlage bestand mithin ein absoluter Revisionsgrund gem. § 338 Nr. 1 StPO (keine vorschriftsmäßige Besetzung des Gerichts).

Bewertung: Entnimmt man der Regelung des § 6 MuSchG einen Schutzgehalt, der nicht zur Disposition der Mutter steht, hat die Richterin des vorliegenden Falls gegen ein absolutes Dienstleistungsverbot verstoßen. Aber ob das i.S.d. § 338 Nr. 1 StPO zu einer "nicht vorschriftsmäßigen Besetzung des Gerichts" führt, darf nicht ohne weiteres unterstellt werden. Vielmehr wäre dies nur dann der Fall, wenn die gesetzlichen Mutterschutzvorschriften "Vorschriften i.S.d. § 338 Nr. 1 StPO" wären. Nach der hier vertretenen Auffassung ist das nicht der Fall. Unter Zugrundelegung einer teleologischen Auslegung des § 338 Nr. 1 StPO sind unter "Vorschriften" i.S.d. § 338 Nr. 1 StPO (nur) solche gemeint, die die richterliche Zuständigkeit im Voraus abstrakt-generell ausgestalten (so ist die ordnungsgemäße Besetzung des Gerichts im GVG, im DRiG und in der StPO geregelt, vgl. §§ 21a ff., 59, 70, 76 II, §§ 78 II, 122 GVG, §§ 18, 19, 28, 29, 37 DRiG). Die Richterin des vorliegenden Falls verstieß zwar gegen Mutterschutzvorschriften. Dies aber ließ die ursprüngliche Geschäftsverteilung und Zuständigkeit unberührt. Ein Verstoß gegen die Verfassungsbestimmung des Art. 101 I S. 2 GG, die - wie aufgezeigt - für den Einzelnen die Garantie enthält, dass nur der durch Gesetz im Voraus bestimmte Richter über ihn Recht spricht, ist damit gerade nicht zu erkennen.

Fazit: Unter Zugrundelegung einer teleologischen, am Schutzgehalt des Art. 101 I S. 2 GG orientierten Auslegung des § 338 Nr. 1 StPO führt ein Verstoß gegen Mutterschutzvorschriften nicht zur fehlerhaften Besetzung des Gerichts, weil die ursprüngliche Geschäftsverteilung und Zuständigkeit gerade unberührt bleibt.

Dass mit dieser Auslegung § 6 MuSchG u.U. weitgehend leerliefe, ist richtig. Aber kann diese Mutterschutzvorschrift dazu führen, dass Entscheidungen im Außenverhältnis unwirksam sind? Man denke an die Konstellation, dass in einer juristischen Staatsprüfung eine Richterin/Beamtin/Rechtsanwältin mitwirkt, die 6 Wochen zuvor entbunden hat, was in der Prüfungskommission niemand weiß. Soll dann die Prüfung erfolgreich angefochten werden können mit der Begründung, die Kommission sei nicht vorschriftsmäßig besetzt gewesen? Insgesamt ist der Gesetzgeber aufgefordert, eine allen Einwänden gerecht werdende Regelung zu treffen.

R. Schmidt (19.3.2017)

4.1.2017: Allgemeine Verpflichtung zur Verkehrsdatenspeicherung ("Vorratsdatenspeicherung") unionsrechtswidrig

EuGH, Urt. v. 21.12.2016 – C-203/15, C-698/15

Mit Urteil vom 21.12.2016 (C-203/15, C-698/15) hat der EuGH entschieden, dass Regelungen der Mitgliedstaaten, die den Betreibern elektronischer Kommunikationsdienste eine allgemeine Verpflichtung zur Vorratsdatenspeicherung auferlegen, mit EU-Recht, d.h. mit der im Lichte der Art. 7 (Achtung des Privat- und Familienlebens) und Art. 8 (Schutz personenbezogener Daten) der Grundrechtecharta auszulegenden Datenschutzrichtlinie 2002/58/EG, unvereinbar sind.

Ausgangslage: Die Europäische Union besitzt trotz fehlender Staatsqualität eine umfassende Rechtspersönlichkeit (vgl. Art. 1 III, 47 EUV). Verstößt ein Mitgliedstaat gegen zwingendes EU-Recht, greift der sog. Anwendungsvorrang. Anwendungsvorrang bedeutet, dass das mit höherrangigem Recht kollidierende niederrangige Recht zwar nicht ungültig ist, allerdings in seiner Anwendung gesperrt wird (siehe dazu R. Schmidt, Staatsorganisationsrecht, 17. Aufl. 2016, Rn. 355 ff.). Zum EU-Recht, das im Kollisionsfall Anwendungsvorrang genießt, gehört in erster Linie das primäre Unionsrecht, aber auch das sekundäre Unionsrecht. Zum primären Unionsrecht gehören im Wesentlichen die Gründungsverträge der Europäischen Gemeinschaft sowie die Änderungsverträge von Maastricht, Amsterdam, Nizza und Lissabon, die die Grundlage der heutigen Europäischen Union bilden. Mit dem Vertrag von Lissabon ist zudem die (im Zuge des Vertrags von Nizza verabschiedete) Europäische Grundrechtecharta (GRC) zum europäischen Primärrecht erklärt worden. Zum sekundären Unionsrecht zählen die von den Organen der Europäischen Union aufgrund der Gründungs- und Änderungsverträge erlassenen Rechtsvorschriften, d.h. Verordnungen, Richtlinien und Beschlüsse gem. Art. 288 AEUV.

Verordnungen (Art. 288 II AEUV) werden im ordentlichen Gesetzgebungsverfahren gemeinsam von Parlament und Rat (vgl. Art. 289 I AEUV) erlassen, in bestimmten Fällen aber auch durch das Parlament mit Beteiligung des Rates oder durch den Rat mit Beteiligung des Parlaments (vgl. Art. 289 II AEUV). Demgegenüber sind Richtlinien der EU gem. Art. 288 III AEUV grundsätzlich nur an die *Mitgliedstaaten* adressiert (d.h. sie entfalten grundsätzlich keine unmittelbare Geltung gegenüber den Unionsbürgern) und legen verbindliche Ziele der Union fest, die innerhalb einer vorgegebenen Frist umzusetzen sind. Bei der Wahl der Form und der Mittel der Umsetzung haben die entsprechenden staatlichen Stellen der Mitgliedstaaten i.d.R. jedoch einen gewissen Gestaltungsspielraum, solange sie die Richtlinie nur klar und eindeutig umsetzen (EuGH EuZW 2001, 437, 438 f.; R. Schmidt, Staatsorganisationsrecht, 17. Aufl. 2016, Rn. 346). Freilich müssen Verordnungen und Richtlinien mit höherrangigem Recht (d.h. mit dem Primärrecht) vereinbar sein.

Zu den Richtlinien gem. Art. 288 III AEUV zählt etwa die "Datenschutzrichtlinie für elektronische Kommunikation" (RL 2002/58/EG, ABl. L 201, 37). Ziel dieser Richtlinie ist gemäß ihren Erwägungsgründen 2, 6, 7, 11, 21, 22, 26 und 30 die Achtung der (persönlichkeitsschützenden) Grundrechte; insbesondere soll mit der Richtlinie gewährleistet werden, dass die in den Art. 7 (Achtung des Privat- und Familienlebens) und Art. 8 (Schutz personenbezogener Daten) der Grundrechtecharta niedergelegten Rechte (auch und insbesondere im Rahmen der Internetkommunikation) uneingeschränkt geachtet werden.

In Kenntnis dieser Grundsätze erschließt sich das vorliegend zu besprechende Urteil des EuGH leicht. Es geht namentlich um den Aspekt, dass nationale Regelungen, die die sog. Verkehrsdatenspeicherung zulassen oder gar vorschreiben, (auch) mit EU-Recht vereinbar sein müssen. Fällt eine nationale Regelung etwa in den Geltungsbereich der o.g. Datenschutzrichtlinie, muss sie sich an deren Maßstab messen lassen. Die Richtlinie wiederum muss sich an europäischem Primärrecht, insbesondere an der GRC, messen lassen. Das geschieht mittels Auslegung "im Lichte der GRC" (hier: Art. 7 GRC und Art. 8 GRC jeweils unter Beachtung der qualifizierten Schranken des 52 I GRC).

Verpflichtet eine nationale Regelung Betreiber elektronischer Kommunikationsdienste, systematisch und kontinuierlich ausnahmslos sämtliche Verkehrs- und Standortdaten aller Teilnehmer und registrierten Nutzer in Bezug auf alle elektronischen Kommunikationsmittel zu speichern, fällt sie in den **Anwendungsbereich der Datenschutzrichtlinie**. Das Gleiche gilt, wenn Betreiber öffentlicher Telekommunikationsdienste verpflichtet werden, (sämtliche) Kommunikationsdaten für bis zu zwölf Monate auf Vorrat zu speichern (auch wenn die Inhalte der Kommunikationsvorgänge nicht erfasst sind).

Fallen nationale Regelungen über die Verkehrsdatenspeicherung damit in den Anwendungsbereich der Datenschutzrichtlinie, müssen sie sich an dieser messen lassen. Dabei ist die Datenschutzrichtlinie wiederum im Lichte der Grundrechte der Art. 7 und 8 GRC sowie der Vorgaben der Einschränkbarkeit gem. 52 I GRC auszulegen (s.o.).

Die Entscheidung des EuGH: Nach Auffassung des EuGH fallen die in Rede stehenden nationalen (d.h. schwedischen) Rechtsvorschriften in den **Geltungsbereich** der Richtlinie. Denn die mit der Datenschutzrichtlinie garantierte Vertraulichkeit elektronischer Kommunikationen und der Verkehrsdaten gelte für Maßnahmen sämtlicher anderer Personen als der Nutzer, unabhängig davon, ob es sich um private Personen oder Einrichtungen oder um staatliche Einrichtungen handele.

In Bezug auf die Vorratsdatenspeicherung stellt der EuGH sodann einen **Grundrechtseingriff** fest: Die Gesamtheit der im Zuge der Vorratsdatenspeicherung gespeicherten Daten lasse sehr genaue Schlüsse auf das Privatleben der betroffenen Personen zu.

Hinsichtlich der **Rechtfertigung** hat der EuGH entschieden, dass die Datenschutzrichtlinie es den Mitgliedstaaten zwar grundsätzlich erlaube, die Vertraulichkeit der Kommunikation einzuschränken. Das Gericht stellt aber auch klar, dass es die Datenschutzrichtlinie nicht zulässt, wenn die mögliche Ausnahme von dieser grundsätzlichen Verpflichtung zur Sicherstellung der Vertraulichkeit personenbezogener Daten und insbesondere die mögliche Ausnahme von dem mit dieser Richtlinie aufgestellten Verbot der Speicherung dieser Daten zur Regel würden. Nach der ständigen Rechtsprechung des EuGH verlange der Schutz des Grundrechts auf Achtung des Privatlebens (Art. 7 GRC), dass sich die Ausnahmen vom Schutz personenbezogener Daten auf das absolut Notwendige beschränken. Das gelte sowohl hinsichtlich der Vorratsdatenspeicherung als auch hinsichtlich des Zugangs zu den gespeicherten Daten.

Der Grundrechtseingriff, der mit einer nationalen Regelung einhergehe, die eine Speicherung von Verkehrs- und Standortdaten vorsieht, sei somit als **besonders schwerwiegend** anzusehen. Der Umstand, dass die Vorratsspeicherung der Daten vorgenommen werde, ohne dass die Nutzer elektronischer Kommunikationsdienste darüber informiert würden, sei geeignet, bei den Betroffenen das Gefühl zu erzeugen, dass ihr Privatleben Gegenstand einer ständigen Überwachung sei. Deshalb vermöge allein die **Bekämpfung schwerer Straftaten** einen solchen Grundrechtseingriff zu rechtfertigen.

Eine nationale Regelung, die eine **allgemeine und unterschiedslose** Vorratsdatenspeicherung vorsehe, keinen Zusammenhang zwischen den Daten, deren Vorratsspeicherung vorgesehen ist, und einer Bedrohung der öffentlichen Sicherheit verlange und sich insbesondere nicht auf die Daten eines Zeitraums und/oder eines geografischen

Gebiets und/oder eines Personenkreises, der in irgendeiner Weise in eine schwere Straftat verwickelt sein könnte, beschränke, überschreite die Grenzen des absolut Notwendigen und könne **nicht** als in einer demokratischen Gesellschaft **gerechtfertigt** angesehen werden, wie es die im Lichte der Grundrechtecharta auszulegende Datenschutzrichtlinie verlange.

Mit der Datenschutzrichtlinie vereinbar sei jedoch eine nationale Regelung, die zur Bekämpfung schwerer Straftaten eine gezielte Vorratsspeicherung von Daten ermögliche, sofern diese Vorratsspeicherung hinsichtlich der Kategorien von zu speichernden Daten, der erfassten Kommunikationsmittel, der betroffenen Personen und der vorgesehenen Speicherungsdauer auf das absolut Notwendige beschränkt sei. Jede nationale Regelung, die Derartiges vorsehe, müsse **klar und präzise** sein und **hinreichende Garantien enthalten, um die Daten vor Missbrauchsrisiken zu schützen**. Die betreffende Regelung müsse angeben, unter welchen Umständen und Voraussetzungen eine Maßnahme der Vorratsspeicherung von Daten vorbeugend getroffen werden dürfe, um so zu gewährleisten, dass der Umfang dieser Maßnahme in der Praxis tatsächlich auf das **absolut Notwendige** beschränkt ist. Eine solche Regelung müsse insbesondere auf objektive Anknüpfungspunkte gestützt sein, die es ermöglichten, diejenigen Personen zu erfassen, deren Daten geeignet seien, einen Zusammenhang mit schweren Straftaten aufzuweisen, **zur Bekämpfung schwerer Straftaten** beizutragen oder eine **schwerwiegende Gefahr für die öffentliche Sicherheit zu verhindern**.

Des Weiteren hat der EuGH auch Anforderungen an die **materiell- und verfahrensrechtlichen** Voraussetzungen für den **Zugang** der zuständigen nationalen Behörden zu den gespeicherten Daten aufgestellt. So müsse die nationale Regelung sich bei der Festlegung der Umstände und Voraussetzungen, unter denen den zuständigen nationalen Behörden Zugang zu den Daten zu gewähren ist, auf objektive Kriterien stützen. Gehe es um die Bekämpfung von Straftaten, dürfe Zugang grundsätzlich nur zu Daten von Personen gewährt werden, die **im Verdacht stehen, eine schwere Straftat zu planen, zu begehen oder begangen zu haben** oder auf irgendeine Weise **in eine solche Straftat verwickelt** zu sein. Allerdings könne in besonderen Situationen wie etwa solchen, in denen vitale Interessen der nationalen Sicherheit, der Landesverteidigung oder der öffentlichen Sicherheit durch terroristische Aktivitäten bedroht seien, der Zugang zu Daten anderer Personen ebenfalls gewährt werden, wenn es objektive Anhaltspunkte dafür gebe, dass diese Daten im konkreten Fall einen wirksamen Beitrag zur Bekämpfung solcher Aktivitäten leisten könnten.

Zudem sei es unerlässlich, dass der Zugang zu den auf Vorrat gespeicherten Daten grundsätzlich, außer in Eilfällen, einer vorherigen Kontrolle entweder durch ein **Gericht** oder eine **unabhängige Stelle** unterworfen werde. Außerdem müssten die zuständigen nationalen Behörden, denen Zugang zu den gespeicherten Daten gewährt wurde, die betroffenen Personen davon **in Kenntnis setzen**. In Anbetracht der Menge an gespeicherten Daten, ihres sensiblen Charakters und der Gefahr eines unberechtigten Zugangs müsse die nationale Regelung vorsehen, dass die Daten im Gebiet der Union zu speichern sind und **nach Ablauf ihrer Speicherungsfrist unwiderruflich zu vernichten sind**.

Bedeutung für die Bundesrepublik Deutschland: Die sich in Deutschland stellende zentrale Frage dürfte sein, ob die am 16.10.2015 verabschiedete und am 18.12.2015 in Kraft getretene Neuregelung einer "Speicherpflicht und einer Höchstspeicherfrist für Verkehrsdaten" (BGBl I 2015, S. 2218) mit Neuregelungen insbesondere der §§ 113a ff. TKG und der §§ 100g, 101a StPO den o.g. Anforderungen des EuGH an die Auslegung der Datenschutzrichtlinie unter Beachtung der Grundrechte der Grundrechtecharta gerecht wird.

Zwar dienen die §§ 113a ff. TKG und die §§ 100g, 101a StPO der **Bekämpfung schwerer Straftaten**. Zweifel sind aber deswegen angebracht, weil auch § 113b TKG die Verpflichtung der Telekommunikationsdiensteanbieter enthält, anlasslos und undifferenziert (d.h. flächendeckend) bestimmte Daten zu speichern. Denn während die Erhebung (d.h. der Abruf) von Verkehrsdaten auf Grundlage des § 100g StPO von bestimmten, in der Vorschrift genannten Voraussetzungen (Verdacht einer besonders schweren Straftat oder einer Straftat, die mittels Telekommunikation begangen wurde) abhängt, erfolgt die Speicherung von Verkehrsdaten bei den Telekommunikationsdiensteanbietern anlasslos und undifferenziert. Die Zulässigkeit der Speicherung von Verkehrsdaten, ohne irgendeine Differenzierung, Einschränkung oder Ausnahme anhand des Ziels der Bekämpfung schwerer Straftaten vorzusehen, ist aber gerade vom EuGH abgelehnt worden.

Zugutezuhalten ist der deutschen Regelung immerhin, dass Verkehrsdaten über aufgerufene Internetseiten und Verkehrsdaten bzgl. des E-Mail-Verkehrs gem. § 113b V TKG nicht gespeichert werden dürfen. Auch dürfen gem. § 113b VI TKG Daten, die den in § 99 II TKG genannten Verbindungen zugrunde liegen, ebenfalls nicht gespeichert werden. Es handelt sich dabei um Anschlüsse von Personen, Behörden und Organisationen in sozialen oder kirchlichen Bereichen, die grundsätzlich anonym bleibenden Anrufern ganz oder überwiegend telefonische Beratung in seelischen oder sozialen Notlagen anbieten wie z.B. die Telefonseelsorge (siehe R. Schmidt, Polizei- und Ordnungsrecht, 18. Aufl. 2016, Rn. 309g). § 113c TKG erlaubt nur die Übermittlung von Verkehrsdaten i.S.v. § 113b TKG und für die Zwecke des § 100g II S. 1 StPO. Es muss also um die Aufklärung von besonders schweren Taten gehen, die in § 100g II S. 2 StPO genannt sind, und die Tat, derentwegen der Abruf stattfinden soll, muss auch im Einzelfall besonders schwer wiegen (siehe R. Schmidt, Polizei- und Ordnungsrecht, 18. Aufl. 2016, Rn. 309i). Das dürfte den vom EuGH aufgestellten Anforderungen genügen.

Dem vom EuGH aufgestellten Postulat, der Zugang zu den auf Vorrat gespeicherten Daten bedürfe grundsätzlich, außer in Eilfällen, einer vorherigen Kontrolle entweder durch ein **Gericht** oder eine **unabhängige Stelle**, ist ebenfalls Rechnung getragen. Denn aufgrund der Anordnung in § 101a I S. 1 StPO, dass § 100b I-IV StPO auch für § 100g StPO gilt, ergibt sich ein grundsätzlicher Richtervorbehalt für die Erhebung von Verkehrsdaten (nach § 100g II S. 1 StPO); es bedarf also grundsätzlich einer richterlichen Anordnung zur Herausgabe der Verkehrsdaten an Strafverfolgungsbehörden. Bei Gefahr im Verzug kann die Anordnung auch durch die Staatsanwaltschaft getroffen werden (§§ 101a I S. 1, 100b I S. 2 StPO), allerdings nur bezüglich Verkehrsdaten gem. §§ 100g I StPO, 96 I TKG, nicht bezüglich Verkehrsdaten gem. §§ 100g II StPO, 113b TKG (vgl. §§ 101a I S. 2, 100b I S. 2 StPO). Für diese bleibt es beim Richtervorbehalt. Das entspricht den Anforderungen des "Eilfalls", die der EuGH aufstellt.

Ergebnis: Zwar dienen die §§ 113a ff. TKG und die §§ 100g, 101a StPO der **Bekämpfung schwerer Straftaten** und sind insoweit mit den Vorgaben der Datenschutzrichtlinie und der Rechtsprechung des EuGH vereinbar. Auch ist die vom EuGH angemahnte Präventivkontrolle (in Form eines **Richtervorbehalts**) gewahrt. Zweifel sind aber dahingehend angebracht, dass § 113b TKG die Verpflichtung der Telekommunikationsdiensteanbieter enthält, **anlasslos und undifferenziert** (d.h. flächendeckend) bestimmte Daten zu speichern. Das dürfte weder mit der Datenschutzrichtlinie noch mit der Rechtsprechung des EuGH in Einklang zu bringen sein.

Am Maßstab des **Grundgesetzes** gemessen, dürften die Anlasslosigkeit und die Undifferenziertheit ebenfalls nicht unproblematisch sein. Zwar hat das BVerfG mit Beschluss v. 8.6.2016 (1 BvQ 42/15; 1 BvR 229/16) zwei Anträge auf Erlass einer einstweiligen Anordnung, die auf Außervollzugsetzung der Vorschriften über die Verkehrsdatenspeicherung gerichtet waren, abgewiesen. Jedoch ist zu beachten, dass das BVerfG bei Eilanträgen gem. § 32 BVerfGG grds. nur eine Abwägung der Folgen, die eine Außervollzugsetzung mit sich brächte, vornimmt. Eine summarische Prüfung der Rechtslage findet bei § 32 BVerfGG (anders als bei §§ 80 V, 123 VwGO) grds. nicht statt. Von daher dürfte der Ausgang des Hauptsacheverfahrens völlig offen sein. Nach hiesiger Einschätzung wird das BVerfG die Verpflichtung zur anlasslosen (und flächendeckenden) Speicherung bestimmter Daten (§ 113b TKG) beanstanden und dem Gesetzgeber die Pflicht zur Nachbesserung auferlegen.

R. Schmidt (4.1.2017)

8.2.2016: Benutzung eines Handys/Smartphones durch Richter(in) während Hauptverhandlung

BGH, Urt. v. 17.6.2015 - 2 StR 228/14 (NStZ 2016, 58)

Ausgangslage: Aus dem verfassungsrechtlich verbürgten und konventionsrechtlich flankierten Grundsatz des gesetzlichen Richters (vgl. Art. 101 Abs. 1 S. 2 GG, Art. 6 Abs. 1 S. 1 EMRK) und dem Fair-trial-Prinzip folgt nicht nur der Anspruch des Angeklagten auf Bestimmung des zuständigen Richters durch förmliches Gesetz, das die richterliche Zuständigkeit im Voraus abstrakt-generell ausgestaltet (vgl. Hartmann/Schmidt, StrafProzR, 5. Aufl. 2015, Rn. 112), sondern auch auf einen unvoreingenommenen, d.h. persönlich am Ausgang des Verfahrens nicht interessierten Richter, der mit der nötigen Distanz eines unbeteiligten Dritten über den Verfahrensgegenstand entscheidet. Folgerichtig sind der Grundsatz des gesetzlichen Richters und das Fair-trial-Prinzip verletzt, wenn ein Richter mitwirkt, der diese Unvoreingenommenheit nicht besitzt. Unter welchen Voraussetzungen dies anzunehmen ist, regeln die Ausschluss- und Ablehnungsvorschriften der §§ 22 ff. StPO (vgl. Hartmann/Schmidt, StrafProzR, 5. Aufl. 2015, Rn. 199).

Wie bei Hartmann/Schmidt, StrafProzR, 5. Aufl. 2015, Rn. 203 ausgeführt, kann ein(e) Richter(in) u.a. wegen der Besorgnis der Befangenheit abgelehnt werden (§ 24 Abs. 1 Var. 2 StPO). Besorgnis der Befangenheit besteht, wenn ein Grund vorliegt, der geeignet ist, Misstrauen gegen die Unparteilichkeit zu rechtfertigen (§ 24 Abs. 2 StPO). Ob der Richter/die Richterin also tatsächlich befangen ist, spielt keine Rolle, weil das Gesetz allein auf die Möglichkeit („Besorgnis") abstellt (insoweit lediglich klarstellend BGHSt 20, 9, 14; 24, 336, 338). Entscheidend ist, dass bei verständiger Würdigung der Umstände vom Standpunkt eines besonnenen Angeklagten (BGH NStZ 2016, 58, 59; BGHSt 21, 334, 341) der Verdacht aufkommen kann, der Richter/die Richterin nehme eine Haltung an, die dessen bzw. deren Unparteilichkeit und Unvoreingenommenheit störend beeinflussen kann (BGH NStZ 2016, 58, 59; NJW 2000, 965, 966 f.). Daher ist es auch unerheblich, ob der betroffene Richter bzw. die betroffene Richterin sich selbst für unbefangen hält (BVerfGE 32, 288, 290). Resultiert die Besorgnis der Befangenheit aber lediglich aus einem unbedachten Verhalten eines Richters bzw. einer Richterin (sog. Augenblicksversagen), kann nach Auffassung des BGH die Besorgnis der Befangenheit durch „Klarstellung und Entschuldigung" ausgeräumt werden (BGH NStZ 2016, 58 f.).

Dem hier zu besprechenden Urteil des BGH lag folgender **Sachverhalt** zugrunde: Während der Beweisaufnahme (hier: Zeugenvernehmung) bediente die beisitzende Richterin R zweimal ihr privates Mobiltelefon, las und übermittelte eine Kurznachricht („SMS"). Daraufhin stellte der Verteidiger des Angeklagten einen Antrag auf Ablehnung der R wegen Besorgnis der Befangenheit. R wendete ein, sie habe (wegen bereits deutlich überschrittener Sitzungszeit) lediglich eine kurze SMS („Bin in Sitzung") verschickt, sei aber zu keinem Zeitpunkt unaufmerksam gewesen.

Lösung des BGH: Das zweimalige Bedienen des privaten Mobiltelefons und das Verschicken einer SMS während der Zeugenvernehmung erscheinen durchaus geeignet, den Eindruck zu erwecken, R habe eine Haltung angenommen, die ihre Unparteilichkeit und Unvoreingenommenheit störend beeinflussen könnte. Die Besorgnis der Befangenheit kann aber entkräftet werden, wenn die Unaufmerksamkeit der R lediglich aus einem unbedachten Verhalten (sog. Augenblicksversagen) resultiert. Für den vorliegenden Fall hat der BGH aber entschieden, dass R sich während der Zeugenvernehmung durch eine mit der Sache nicht im Zusammenhang stehende private Tätigkeit gezielt abgelenkt und dadurch ihre Fähigkeit beeinträchtigt habe, die Verhandlung in allen wesentlichen Teilen zuverlässig in sich aufzunehmen und zu würdigen. Sie habe damit ihre Bereitschaft zu erkennen gegeben, in laufender Hauptverhandlung Telekommunikation im privaten Bereich zu betreiben und dies über die ihr obliegenden dienstlichen Pflichten zu stellen. Von einer kurzfristigen Abgelenktheit, wie sie während einer länger andauernden Hauptverhandlung auftreten könne, unterscheide sich dieser Fall dadurch, dass R eine von vornherein über den Verhandlungszusammenhang hinausreichende externe Telekommunikation unternommen habe; eine solche sei mit einer hinreichenden Zuwendung und Aufmerksamkeit für den Verhandlungsinhalt unvereinbar.

Bewertung: Die Annahme der Besorgnis der Befangenheit für den Fall des kurzen Benutzens des Handys und des Verschickens einer SMS mag auf den ersten Blick übertrieben wirken. Dennoch ist dem BGH zuzustimmen. Aus dem Grundsatz des gesetzlichen Richters und dem Fair-trial-Grundsatz folgt das Recht des Angeklagten auf uneingeschränkte Aufmerksamkeit des Gerichts, insbesondere im Rahmen der Beweisaufnahme. Ließe man das Verhalten der R durchgehen, wäre damit die (dem Privatleben zuzuschreibende) Benutzung von Handys, Smartphones, Notebooks durch Richter während der Hauptverhandlung denkbar; es stellte sich dann die Frage, wo man die Grenze ziehen wollte. Diese „Tür" wollte der BGH offenbar nicht auch nur einen Spalt öffnen. Dennoch bleiben im Ergebnis Fragen offen, etwa, wie zu entscheiden wäre, wenn ein(e) Richter(in) mit dem Smartphone Gesetzestexte nachschlagen würde. Würde man in diesem Fall ebenfalls ein "Abgelenktsein" und damit einen Verstoß gegen das Fair-trial-Prinzip annehmen können? Und wie wäre im vorliegenden Fall zu entscheiden gewesen, wenn die Richterin behauptet hätte, sie habe lediglich einen Gesetzestext nachgeschlagen?

R. Schmidt (8.2.2016)